MANUAL

PASSE NA

OAB

Teoria Sistematizada

www.editorasaraiva.com.br/direito

Visite nossa página

MANUAL

PASSE NA OAB

Teoria Sistematizada

COORDENADOR

Marcelo Hugo da Rocha

Alexandre Nápoles, Bruno Trigueiro, Bruno Villar, Clara Maria C. Brum de Oliveira, Daniel Sena, Gladstone Felippo, Guilherme de Luça, Marcelo Hugo da Rocha, Mario Godoy, Nidal Ahmad, Rafael Novais, Ricardo Xavier, Rodrigo Wassen Galia, Rogério Renzetti, Tatiana Marcello, Tatiana Scaranello, Vanderlei Garcia Junior

2018

saraiva jur

ISBN 978-85-472-3172-9

DADOS INTERNACIONAIS DE CATALOGAÇÃO NA PUBLICAÇÃO (CIP)
ANGÉLICA ILACQUA CRB-8/7057

Manual passe na OAB : teoria sistematizada / Mario Godoy [et al.] ; coordenação de Marcelo Hugo da Rocha. – São Paulo : Saraiva Educação, 2018.

1. Direito 2. Ordem dos Advogados do Brasil - Exames, questões etc. I. Godoy, Mario II. Rocha, Marcelo Hugo da.

18-0389 CDU 340(81)(079)

Índices para catálogo sistemático:

1. Direito : Brasil : Exames 340(81)(079)
2. Ordem dos Advogados do Brasil : Exames de Ordem 340(81)(079)

SOMOS EDUCAÇÃO | saraiva jur

Av. das Nações Unidas, 7.221, 1º andar, Setor B
Pinheiros – São Paulo – SP – CEP 05425-902

SAC
0800-0117875
De 2ª a 6ª, das 8h às 18h
www.editorasaraiva.com.br/contato

Vice-presidente Claudio Lensing
Diretora editorial Flávia Alves Bravin

Conselho editorial
Consultor acadêmico Murilo Angeli Dias dos Santos

Gerência
Planejamento e novos projetos Renata Pascual Müller
Editorial Roberto Navarro

Edição Liana Ganiko Brito Catenacci
Patricia Quero

Produção editorial Ana Cristina Garcia (coord.)
Carolina Massanhi

Arte e digital Mônica Landi (coord.)
Claudirene de Moura Santos Silva
Guilherme H. M. Salvador
Tiago Dela Rosa
Verônica Pivisan Reis

Planejamento e processos Clarissa Boraschi Maria (coord.)
Juliana Bojczuk Fermino
Kelli Priscila Pinto
Marília Cordeiro

Fernando Penteado
Tatiana dos Santos Romão

Novos projetos Laura Paraíso Buldrini Filogônio

Projeto gráfico Guilherme H. M. Salvador
Diagramação Luciano Assis
Revisão Setsuko Araki
Cecília Devus
Daniele Debora de Souza
Denise Pisaneschi
Ivani Aparecida Martins Cazarim
Ivone Rufino Calabria
Willians Calazans de V. de Melo

Comunicação e MKT Carolina Bastos
Elaine Cristina da Silva

Capa Aero Comunicação - Danilo Zanott

Produção gráfica Marli Rampim
Sergio Luiz Pereira Lopes

Impressão e acabamento Edições Loyola

Data de fechamento da edição: 19-3-2018

Dúvidas? Acesse www.editorasaraiva.com.br/direito

CL 604677 CAE 625429

SOBRE OS AUTORES

Alexandre Nápoles

Especialista em Direito Público. Atualmente exerce o cargo e as funções públicas de Gerente da Criança e do Adolescente da Secretaria Executiva de Direitos Humanos da Prefeitura do Recife. Vice-Presidente do Conselho Municipal da Criança e do Adolescente do Recife e Vice-Presidente da Comissão de Diversidade da OAB-PE. Leciona, em cursos preparatórios para concursos públicos e para o Exame de Ordem, as disciplinas de Direitos Humanos, Estatuto da Criança e do Adolescente, Filosofia do Direito, Hermenêutica Jurídica, Direitos da Pessoa Com Deficiência, Ética e Sustentabilidade.

Bruno Trigueiro

Analista judiciário. Especialista em ciências criminais. Professor de Processo Penal no Eu Vou Passar na OAB e no Curso Espaço Jurídico. Coordenador e professor da pós-graduação do Instituto dos Magistrados do Nordeste (IMN).

Bruno Villar

Professor de matemática, raciocínio lógico, matemática financeira, estatística básica e filosofia do direito. Mestre, começou a lecionar em preparatórios para concursos públicos no ano de 2003. Tendo atuado nos maiores cursos preparatórios do país. Atualmente, está lecionando nos seguintes cursos: LFG, Casa do Concurseiro, Sapiencia, Cejas, Curso Rômulo Passos e Curso Bruno Villar.

Clara Maria C. Brum de Oliveira

Doutoranda em Direito – PPGD/Unesa. Mestre em Filosofia e Especialista em Filosofia Contemporânea, pela UERJ. Especialista em Mediação Pedagógica em EAD – PUC-Rio. Bacharel em Direito pela Unesa. Atualmente é professora universitária e pesquisadora na área de direitos fundamentais e novos direitos.

Daniel Sena

Especialista em Direito Público. Professor de Direito Constitucional para concursos públicos e Exame de Ordem de renomados cursos preparatórios do Brasil. Cofundador do Instituto Daniel Sena. *Personal & Professional Coach* licenciado pela Sociedade Brasileira de *Coaching*, escritor, palestrante motivacional e colunista do *Jornal dos Concursos* e blogs especializados em concursos. Instagram: @profdanielsena | YouTube: profdanielsena | Facebook: profdanielsena | Periscope: @profdanielsena | Blog: www.danielsena.com.br | *Site* de cursos: www.institutodanielsena.com.br

Gladstone Felippo

Assessor jurídico autárquico. Professor de Direito Administrativo da graduação no Centro de Ensino Superior de Valença – Cesva, da pós-graduação na Universidade Estácio de Sá e em cursos preparatórios no Rio de Janeiro. Membro da Comissão de Direito a Educação da OAB-RJ. Especialista em Direito Público e Direito Previdenciário. Advogado e palestrante.

Guilherme de Luca

Pós-graduando em Direito do Trabalho. Mestre em Teoria do Direito e do Estado e Bacharel em Direito pelo Centro Universitário Eurípides de Marília – UNIVEM. Membro do grupo de pesquisa Difuso (Direitos Fundamentais Sociais), cadastrado no diretório de grupo de pesquisa do CNPQ. Professor de Direito e Processo do Trabalho em cursos preparatórios para concursos públicos e OAB. Advogado, consultor, parecerista jurídico e palestrante.

Marcelo Hugo da Rocha

Especialista em Direito Empresarial e Mestre em Direito, pela PUCRS. Professor de Civil e Empresarial no curso de Direito do Centro Universitário CNEC – UNICNEC. *Leader Coaching* no curso Saraiva Aprova. Advogado. Coordenador, autor e coautor de mais de 50 obras para Exame da OAB e concursos públicos. Mais de 150 mil exemplares vendidos. Destaque para as coleções Passe na OAB e Passe em Concursos Públicos, ambas publicadas pela Editora Saraiva. Palestrante motivacional. Editor do *blog Passe na OAB*.

Mario Godoy

Professor de Direito Civil no ATF Cursos, CERS, Espaço Heber Vieira, Espaço Jurídico, Eu Vou Passar e OAB de Bolso. Membro do Instituto Brasileiro de Direito de Família, do Instituto dos Advogados Brasileiros e do Instituto dos Advogados de Pernambuco. Advogado.

Nidal Ahmad

Assessor jurídico do Ministério Público do Estado do Rio Grande do Sul. Especialista e mestre em Direito. Professor de Direito Penal e Processo Penal da UNISC e do CEISC. *Coaching* especialista em Exame de Ordem.

Rafael Novais

Mestrando em Direito pela Universidade Católica de Pernambuco – Unicap. Especialista em Direito Público e Tributário. Especialista em Giustizia Constituzionale e Tutela Giurisdizionale dei Diritti, pela Universidade de Pisa. Palestrante, consultor e doutrinador. Instrutor e Assessor jurídico no Tribunal de Justiça do Estado de Pernambuco. Instrutor na Escola Fazendária da Secretaria da Fazenda Pública de Pernambuco – Esafaz. Professor de Direito e Processo Tributário em diversos cursos preparatórios para concursos públicos e exames da OAB em todo o Brasil.

Ricardo Xavier

Doutorando e Mestre pela Universidade Católica do Salvador – UCSal. Pós-graduado em Direito do Estado e em Direito Tributário. Professor auxiliar da Universidade do Estado da Bahia – Uneb, da Universidade Católica do Salvador – UCSal, da Escola Superior da Advocacia – ESA-BA e de cursos de pós-graduação e preparatórios para concurso. Advogado.

Rodrigo Wassen Galia

Doutor e Mestre em Direito pela PUCRS. Advogado Trabalhista. Professor universitário. Coordenador da pós-graduação em Direito do Trabalho, Direito Processual do Trabalho e Direito Previdenciário do Verbo Jurídico. Coordenador da OAB 2ª fase – Prática Trabalhista do Instituto de Desenvolvimento Cultural – IDC. Professor de pós-graduação em Direito do Trabalho da PUCRS, IDC, Imed, Femargs, UPF, Fadergs, Feevale, Unisc, Unochapecó, em Santa Catarina e do Centro Integrado de Campo Mourão, no Paraná. Membro de Conselho Editorial e palestrante.

Rogério Renzetti

Mestrando em Teoria do Direito e do Estado pelo Centro Universitário Eurípides de Marília (UNIVEM-SP). Especialista em Direito e Processo do Trabalho pela Escola de Magistratura da Justiça do Trabalho no Estado do Rio de Janeiro (EMATRA). Professor de Direito e Processo do Trabalho em cursos preparatórios para concursos públicos na área jurídica, preparatórios para o Exame de Ordem e prática para advogados na modalidade presencial e *on-line*, e professor da pós-graduação *lato sensu* em Direito do Trabalho na Rede LFG/Kroton.

Tatiana Marcello

Especialista em Processo Civil pela UCB e em Direito Civil pela Esade. Professora no programa de pós-graduação da PUCRS. Professora exclusiva no curso preparatório A Casa do Concurseiro. Coautora das obras *Passe na OAB 1ª Fase – Completaço*; *Passe na OAB 1ª Fase – Questões Comentadas*; *Manual de Dicas – 1ª Fase OAB*; *Coleção Passe em Concursos Públicos – 11 Mil Questões Comentadas*; *Coleção Passe em Concursos Públicos – Questões Comentadas* – volumes: Advocacia Pública 1 e 2, Defensoria Pública, Analistas de Tribunais; *Manual de Dicas* – volumes: Advocacia Pública, Defensoria Pública, Delegado de Polícia, Nível Médio, e de outros livros jurídicos. Advogada.

Tatiana Scaranello

Graduada em Direito pela Universidade Estadual Paulista "Júlio de Mesquita Filho" – UNESP. Pós-graduada em Direito Marítimo, Portuário e Aduaneiro pela Universidade Católica de Santos – UNISANTOS, com ênfase em Direito do Petróleo. Pós-graduada em Direito Tributário pelo Instituto Brasileiro de Estudos Tributários – IBET. Membro do Instituto dos Advogados Brasileiros – IAB. Autora de livros jurídicos. Professora de Direito Aduaneiro, Tributário e Ambiental para concursos públicos e Exame de Ordem. Professora da pós-graduação do Instituto de Direito Público (IDP) e da pós-graduação da Fundação Escola Superior do Ministério Público do Distrito Federal e Territórios (MPDFT). Advogada e empresária.

Vanderlei Garcia Junior

Mestre em Função Social do Direito pela Faculdade Autônoma de Direito de São Paulo – Fadisp e pela Università degli Studi di Roma II – Tor Vergata. Especialista em Direito Processual Civil pela Escola Paulista da Magistratura – EPM. Pós-graduado em Direito Privado pelo Damásio Educacional. Bacharel em Direito pela Faculdade de Direito da Universidade de Ribeirão Preto – UNAERP. Professor titular da graduação em Direito da Universidade Nove de Julho – Uninove e da Fadisp. Professor curador e titular do programa de pós-graduação da Universidade Presbiteriana Mackenzie. Professor convidado do programa de pós-graduação da Escola Paulista de Direito – EPD. Professor de cursos preparatórios para concursos públicos e Exame de Ordem. Membro e Secretário-geral da Comissão Permanente de Estudos de Processo Constitucional do Iasp. Membro efetivo do IBDP e do Centro de Estudos Avançados de Processo – Ceapro. Assessor jurídico do Tribunal de Justiça do Estado de São Paulo.

Transforme as pedras em que você
tropeça nas pedras de sua escada.

Sócrates

NOTA DA COORDENAÇÃO

Em 2012, lançamos a obra **Manual de Dicas – Passe na OAB** pela Editora Saraiva em um formato sintético e inédito, a partir do que realmente estava sendo cobrado no Exame de Ordem, como uma última revisão antes da prova. O seu sucesso foi imediato e estrondoso, o suficiente para a realização de uma nova edição para OAB e do surgimento de uma nova série editorial, **Manual de Dicas – Passe em Concursos Públicos**, cujos volumes destacam cada carreira jurídica e totalizam nove livros.

Em razão desse amplo envolvimento e de outros projetos, o livro da OAB estacionou, sem antes deixar dezenas de milhares de recomendações positivas. Com o rico histórico, era inevitável que retomássemos a linha de abordagem que levasse a uma revisão focada no que a banca FGV tem colocado em suas provas. Por outro lado, preparamos uma versão mais completa e aprimorada do que a original, além de uma nova seleção de professores experientes que assumiram a linda tarefa de levar você até a aprovação!

Mas, afinal, o que é um "manual"? Segundo os dicionários, manual é um livro portátil, leve, fácil, um compêndio que traz conhecimentos básicos de uma ciência ou técnica. Por isso, estamos lhe apresentando o **Manual Passe na OAB**. E a "teoria sistematizada"? Todas as disciplinas cobradas no Exame de Ordem têm o seu conteúdo doutrinário e referencial jurisprudencial abordado neste livro, de modo estruturado e elaborado conforme a importância que a FGV idealiza em suas provas.

Assim, planejamos e concebemos os caminhos que melhor conduzem à compreensão didática dos pontos temáticos que, realmente, importam para uma revisão para o Exame da OAB diante de um conteúdo programático ilimitado (e desconhecido).

Bons estudos!

Marcelo Hugo da Rocha

Blog Passe na OAB: <www.passenaoab.com.br>

SUMÁRIO

DIREITO ADMINISTRATIVO

Gladstone Felippo

1. Introdução 21
2. Agentes públicos 23
3. Organização administrativa 33
4. Intervenção estatal na propriedade 46
5. Serviços públicos, concessão e permissão 54
6. Poderes administrativos 61
7. Atos administrativos 67
8. Licitação 71
9. Contratos administrativos 77
10. Responsabilidade civil do Estado 82
11. Controle da Administração Pública 85
12. Improbidade administrativa 90
13. Bens públicos 93
14. Terceiro setor 94
15. Intervenção do Estado no domínio econômico 96

Referências 97

DIREITO AMBIENTAL

Tatiana Scaranello

1. Introdução 99
2. Princípio da prevenção 100
3. Princípio da precaução 100

4. Princípio da informação 101
5. Princípio do desenvolvimento sustentável 102
6. Princípio do poluidor pagador/predador/da responsabilidade 103
7. Princípio do usuário pagador 103
8. Princípio do protetor recebedor 104
9. Princípio da função socioambiental da propriedade 105
10. Princípio democrático ou da gestão democrática ou da participação 105
11. Princípio do limite 106
12. Princípio do direito humano fundamental 106
13. Princípio do não retrocesso ambiental 107
14. Princípio do acesso equitativo 107
15. Legitimidade ativa 115
16. Legitimidade passiva 118
17. Competência jurisdicional 118
18. Coisa julgada 120
19. Pedidos 120
20. Prescrição 121
Referências 151

DIREITO CIVIL

Mario Godoy

1. Parte Geral do Código Civil 153
2. Obrigações 167
3. Contratos 189
4. Responsabilidade Civil 198
Referências 208

DIREITO CONSTITUCIONAL

Daniel Sena

1. Introdução 209
2. Constitucionalismo 210
3. Classificação da Constituição 215
4. Aplicabilidade das normas constitucionais 218
5. Princípios fundamentais 220
6. Direitos e garantias fundamentais 226
7. Organização político-administrativa 242
8. Administração pública 245
9. Poder Legislativo 250
10. Poder Executivo 257
11. Poder Judiciário 260
12. Ordem social 267
13. Controle de constitucionalidade 272

DIREITO DO CONSUMIDOR

Tatiana Marcello

1. Introdução ... 285
2. Princípios ... 286
3. Relação de consumo ... 287
4. Direitos básicos do consumidor ... 289
5. Responsabilidade do fornecedor ... 291
6. Prazos e garantias ... 298
7. Desconsideração da personalidade jurídica ... 300
8. Práticas comerciais ... 300
9. Proteção contratual ... 304
10. Sanções administrativas ... 307
11. Infrações penais ... 308
12. Defesa do consumidor em juízo e a coisa julgada ... 310
13. Convenção coletiva de consumo ... 312

Referências ... 312

DIREITO DO TRABALHO

Rodrigo Wassen Galia

1. Fontes do Direito do Trabalho ... 314
2. Princípios do Direito do Trabalho ... 315
3. Contrato individual de trabalho ... 318
4. Remuneração e salário ... 321
5. Suspensão e interrupção do contrato individual de trabalho ... 331
6. Alteração do contrato individual de trabalho (arts. 468 a 470 da CLT) ... 337
7. Garantia de emprego e estabilidade no emprego ... 339

Referências ... 346

DIREITO EMPRESARIAL

Ricardo Xavier

1. Introdução ... 347
2. O Direito Empresarial ... 347
3. Empresário ... 348
4. Inscrição do empresário ... 349
5. Nome empresarial ... 350
6. Estabelecimento ... 351
7. Escrituração do empresário ... 352
8. Microempresa – ME e Empresa de Pequeno Porte – EPP ... 353
9. Propriedade Industrial – INPI ... 354
10. Sociedade ... 356
11. Títulos de crédito ... 367
12. Contratos mercantis ... 377
13. Recuperação empresarial ... 383

DIREITO PENAL

Nidal Ahmad

1. Introdução 399
2. Da lei penal no tempo 400
3. Da lei penal no espaço 402
4. Conflito aparente de normas 404
5. Do fato típico 405
6. Dos crimes doloso e culposo 412
7. Da consumação e tentativa 415
8. Desistência voluntária e arrependimento eficaz 417
9. Arrependimento posterior 418
10. Crime impossível 419
11. Erro de tipo 420
12. Ilicitude 423
13. Culpabilidade 429
14. Concurso de pessoas 435
15. Da fixação da pena 440
16. Da reincidência 442
17. Regime inicial de cumprimento de pena 445
18. Penas restritivas de direitos 446
19. Concurso de crimes 448
20. Erro na execução (aberratio ictus) e resultado diverso do pretendido (aberratio criminis) 451
21. Da suspensão condicional da execução da pena (sursis) 453
22. Extinção da punibilidade 454
23. Da prescrição 458

DIREITO PROCESSUAL CIVIL

Vanderlei Garcia Junior

1. Teoria geral do processo 469
2. Parte especial 494
3. Apelação 517
4. Agravo de instrumento 517
5. Agravo interno 517
6. Embargos de declaração 518
7. Recurso ordinário 518
8. Recurso especial 519
9. Recurso extraordinário 519
10. Agravo em RESP e RE 519
11. Embargos de divergência 520

DIREITO PROCESSUAL DO TRABALHO

Rogério Renzetti

1. Introdução 521
2. Princípios gerais do processo trabalhista 521

3. Da organização da justiça do trabalho 524
4. Jurisdição e competência 529
5. Dos atos, termos e prazos processuais 535
6. Dos procedimentos 537
7. Das provas 541
8. Das audiências 548
9. Da sentença e coisa julgada 552
10. Teoria geral dos recursos 555
11. Dos recursos em espécie 558
12. Liquidação de sentenças e execução nos processos trabalhistas 564
13. Execução trabalhista 565
Referências 568

DIREITO PROCESSUAL PENAL

Bruno Trigueiro

1. Introdução 569
2. Inquérito policial 570
3. Ação penal 577
4. Competência 583
5. Conexão e continência 589
6. Sujeitos processuais 592
7. Provas 598
8. Prisões cautelares 609
9. Procedimentos 618
10. Recursos 624
11. Recursos em espécie 628
Referências 634

DIREITO TRIBUTÁRIO

Rafael Novais

1. Introdução 635
2. Introdução ao estudo do Direito Tributário 636
3. Espécies tributárias 638
4. Princípios tributários 645
5. Imunidades tributárias 652
6. Legislação tributária 657
7. Obrigações tributárias e o fato gerador 660
8. Sujeitos da relação tributária 662
9. Responsabilidade tributária 665
10. Crédito tributário 668
11. Administração e repartição de receitas 676
12. Impostos em espécie 679
13. Processo tributário 685
Referências 688

DIREITOS HUMANOS

Alexandre Nápoles

1. Introdução 691
2. Terminologia 691
3. Características dos direitos humanos 692
4. A origem dos direitos humanos 693
5. A Magna Carta, de 1215 (Magna Charta Libertatum) 693
6. O Habeas Corpus Act, de 1679 694
7. A Declaração de Direitos (Bill of Rights), de 1689 694
8. As Declarações de Independência e da Virgínia dos Estados Unidos da América 695
9. A Declaração Universal dos Direitos do Homem e do Cidadão 695
10. A Internacionalização dos direitos humanos ou proteção internacional da pessoa humana 695
11. Gerações ou dimensões dos direitos humanos 696
12. A Organização das Nações Unidas – ONU 698
13. Sistema global de proteção aos direitos humanos 699
14. Tribunal Penal Internacional 702
15. A Declaração Universal dos Direitos Humanos 704
16. O Pacto Internacional dos Direitos Econômicos Sociais e Culturais da ONU (PIDESC) 706
17. Convenção suplementar sobre a abolição da escravatura, do tráfico de escravos e das instituições e práticas análogas à escravatura 706
18. Convenção sobre eliminação de todas as formas de discriminação racial 707
19. Convenção sobre eliminação de todas as formas de discriminação contra a mulher e seu protocolo facultativo 708
20. Convenção contra a tortura e outros tratamentos ou penas cruéis, desumanos ou degradantes e seu protocolo opcional 708
21. Convenção sobre os direitos das crianças e seus protocolos facultativos 709
22. Convenção dos direitos de todos os trabalhadores migrantes e dos membros das suas famílias 710
23. Convenção internacional para a proteção de todas as pessoas contra o desaparecimento forçado 711
24. Convenção sobre os direitos das pessoas com deficiência (Convenção de Nova Iorque) e seu protocolo facultativo 712
25. Conferência de Viena de 1993 713
26. Hierarquia dos Tratados Internacionais de Direitos Humanos 713
27. Sistemas regionais de proteção aos direitos humanos 714
28. Sistema Interamericano de Proteção aos Direitos Humanos 714
29. Convenção Americana de Direitos Humanos (CADH) 715
30. Comissão Interamericana de Direitos Humanos (CIDH) 717
31. Corte Interamericana de Direitos Humanos (Corte IDH) 719
32. Convenção 169 da OIT sobre povos indígenas e tribais 720
33. Direitos Humanos na Constituição Federal de 1988 721
34. Incidente de Deslocamento de Competência (IDC) 722
Referências 723

ESTATUTO DA CRIANÇA E DO ADOLESCENTE - ECA

Marcelo Hugo da Rocha

1. Introdução 725
2. O ECA – Estatuto da Criança e do Adolescente 725
3. Disposições preliminares 726
4. Direitos fundamentais 727
5. Prevenção 735
6. Política de atendimento 737
7. Medidas de proteção 737
8. Prática de ato infracional 738
9. Medidas pertinentes aos pais ou responsável 740
10. Conselho Tutelar 741
11. Acesso à Justiça 741
12. Crimes e infrações administrativas 743
Referências 743

ÉTICA PROFISSIONAL

Clara Maria C. Brum de Oliveira

1. Introdução 745
2. A advocacia 745
3. Da inscrição 747
4. Atividades privativas da advocacia 749
5. Do mandato advocatício 752
6. Advocacia Pública 755
7. Advogados Estrangeiros (Prov. n. 91/2000 e 129/2008) 756
8. Das prerrogativas 757
10. A publicidade e a advocacia 763
11. Sociedade de Advogados e a Sociedade Unipessoal 764
12. Do advogado empregado 766
13. Os honorários advocatícios 766
14. Incompatibilidades e impedimentos 770
15. Infrações ético-disciplinares e o Tribunal de Ética e Disciplina 775
16. A Ordem dos Advogados do Brasil 781
Referências 788

FILOSOFIA DO DIREITO

Bruno Villar

1. Introdução 789
2. Resumo das principais correntes filosóficas 790
3. Grécia Antiga 791
4. Sócrates 791
5. Platão 792
6. Aristóteles 792
7. Pensamento jurídico na Idade Média 795

8. Santo AgostinHo 795
9. São Tomás de Aquino 795
10. Escolas do Direito 796
11. Hans Kelsen 798
12. Herbert Hart 799
13. Escola Historicista Alemã 799
14. Utilitarismo 801
15. Immanuel Kant 804
16. Ética e Moral 806
17. Contratualistas 808
18. Hermenêutica jurídica 808
Referências 811

DIREITO INTERNACIONAL

Guilherme de Luca

1. Considerações sobre o Direito Internacional 813
2. Sujeitos de Direito Internacional Público 814
3. Classificação das Organizações Internacionais 815
4. Tratados 816
5. Da Organização das Nações Unidas – ONU 819
6. Sistema Internacional de Proteção dos Direitos Humanos 828
7. Domínio internacional público ou domínio público internacional 837
8. Conflitos internacionais 838
9 Direito de jurisdição, direito de julgar diplomatas 839
10. Proteção internacional dos direitos humanos 840
11. Características, vertentes e classificação dos direitos humanos 841
12. Sistema Universal de Proteção aos Direitos Humanos 847
13. Principais documentos jurídicos de proteção internacional dos direitos humanos adotados no âmbito da ONU 847
14. Órgãos criados no âmbito da ONU 847
15. Sistema regional de proteção aos direitos humanos 848
16. Nacionalidade 848

DIREITO ADMINISTRATIVO

Gladstone Felippo

1. INTRODUÇÃO

Convém, primeiramente, registrar que o Direito Administrativo (ADM) é uma das disciplinas mais importantes no Exame da OAB. No modelo atual, com 80 questões objetivas, 6 delas são de ADM e correspondem a 7,5% do total e 15% do necessário à passagem para a segunda fase. Lembre-se: você precisa acertar pelo menos 40 questões. Vamos ajudá-lo(a) nessa tarefa!

Ao analisar de forma detalhada o estilo da banca organizadora, ao longo das provas analisadas, percebemos que, em grande parte, as questões de ADM são multitemáticas, quase sempre exigindo do examinando o conhecimento de vários institutos combinados.

> No XV Exame, era necessário entender um pouco de organização administrativa e de controle administrativo (recursos), pois a banca consignou que são válidas tanto a constituição da autarquia para a gestão do regime previdenciário quanto a previsão de cabimento do recurso (hierárquico) ao órgão ao qual a autarquia está vinculada.

No entanto, esse modelo multitemático não deve ser motivo de preocupação. As questões de ADM são bem razoáveis, não exigem aprofundamento, e os temas mais importantes serão abordados neste livro. Na hora de responder a uma questão, é muito importante que você consiga desde logo identificar o(s) tema(s) cobrado(s) e criar um raciocínio jurídico sobre ele(s).

Algumas vezes, o enunciado da questão pode tentar parecer complexo e confuso, mas tenha a certeza de que a resposta é simples. Regra geral: quanto mais confuso for o enunciado, mais objetiva e clara será a resposta.

No XXI Exame, a questão dizia: *As duas maiores empresas do ramo de produção de componentes eletrônicos para máquinas industriais dominam mais de 50% (cinquenta por cento) do mercado. A fim de garantir determinada margem de lucro, elas resolveram acordar um mesmo preço para os bens que elas produzem.* Ou seja, a despeito de a questão abordar percentuais e tratar da atuação da Administração Pública no controle de atividades econômicas, restou evidente que o citado acordo entre as empresas viola um dos princípios basilares previstos na Constituição, a livre concorrência. Assim, trata de infração à ordem econômica, punível na forma da lei (Lei n. 12.529/2011 - SBDC).

Ainda em relação à resolução das questões, não poderíamos deixar de mencionar 3 pontos importantes:

1. As questões de ADM exigem uma leitura mais afinada, sem pressa, e costumam iniciar a partir da questão 29. Portanto, após Ética e Constitucional, se debruce sobre ADM, para não deixar por fim, já cansado, sob pena de escorregar em alguma vírgula.
2. Leia, pelo menos, duas vezes as questões de ADM. Na primeira vez, das quatro alternativas, procure deixar duas marcadas, mesmo que tenha certeza da resposta. Na segunda vez, confirme sua resposta.
3. Se, mesmo após estudar bastante e ler com calma cada alternativa da questão, você ainda tiver dúvida sobre a resposta correta, use o método da exclusão! Das quatro possibilidades de resposta, afaste as três com erros mais evidentes.

No XVII Exame, a questão 30 do caderno 1 abordou o tema da responsabilidade dos servidores públicos e a possibilidade de aplicação de penalidades administrativas. Vejamos o enunciado, as alternativas e os erros:

Fernando, servidor público de uma autarquia federal há nove anos, foi acusado de participar de um esquema para favorecer determinada empresa em uma dispensa de licitação, razão pela qual foi instaurado processo administrativo disciplinar, que resultou na aplicação da penalidade de demissão. Sobre a situação apresentada, considerando que Fernando é ocupante de cargo efetivo, por investidura após prévia aprovação em concurso, assinale a afirmativa correta.

A) Fernando não pode ser demitido do serviço público federal, uma vez que é servidor público estável. ***(ERRADA: você sabe minimamente que os servidores públicos podem ser demitidos, caso infrinjam as regras do respectivo estatuto funcional.)***

B) Fernando somente pode ser demitido mediante sentença judicial transitada em julgado, uma vez que a vitaliciedade é garantida aos servidores públicos. ***(ERRADA: você também sabe que a vitaliciedade é exceção, e não regra.)***

C) É possível a aplicação de penalidade de demissão a Fernando, servidor estável, mediante processo administrativo em que lhe seja assegurada ampla defesa. ***(CORRETA: você sabe que o servidor público pode ser demitido e sabe também que o princípio da ampla defesa é obrigatório na hipótese de aplicação de penalidade.)***

D) A aplicação de penalidade de demissão ao servidor público que pratica ato de improbidade independe de processo administrativo ou de sentença judicial. ***(MUITO ERRADA: lembre-se, sempre que houver a aplicação de penalidade, deve haver ampla defesa.)***

Portanto, seguindo as 3 orientações acima e utilizando este manual como norte de seus estudos, suas chances de gabaritar ADM são realmente consideráveis.

Por fim, é bom registrar que não teremos, neste livro, a pretensão de esgotar qualquer tema. Nosso objetivo é abordar os pontos mais cobrados na **primeira fase** até aqui, de forma objetiva e clara, com dicas fundamentais e dicas que serão extremamente úteis aos seus estudos e na resolução das questões.

Os assuntos a seguir não observarão uma ordem acadêmica, como aprendido em sua faculdade. O critério utilizado é o do tema mais cobrado pela banca, em ordem de importância!

2. AGENTES PÚBLICOS

O tema relativo aos agentes públicos é, sem dúvida, o mais cobrado pela banca organizadora do Exame. Até o XXIV Exame unificado, observamos a aparição desse assunto 28 vezes.

Para estudar os agentes públicos, precisamos nos socorrer da Constituição, arts. 37 a 41 (regime jurídico constitucional), e da Lei n. 8.112/90 (Estatuto dos Servidores Públicos Civis da União). Em relação ao Estatuto, os pontos mais cobrados são as formas de provimentos, os cargos públicos e o regime disciplinar.

No conceito de agentes públicos, podemos incluir todos aqueles que, a qualquer título, exercem uma função pública como representantes do Estado, quer seja de forma remunerada ou gratuita, definitiva ou transitória, política ou técnica. Trata-se de uma denominação bem ampla. O art. 2º da Lei n. 8.429/92 (Lei de Improbidade Administrativa - LIA) melhor definiu os agentes públicos.

2.1 CLASSIFICAÇÃO DE AGENTES PÚBLICOS

Por sua amplitude conceitual, podemos agrupar os agentes públicos em 3 categorias distintas: (i) agentes políticos; (ii) particulares em colaboração; e (iii) servidores públicos civis. O regime jurídico dos servidores públicos militares não costuma ser cobrado na prova. Militares das Forças Armadas (art. 142 da CRFB) e Militares das polícias estaduais (art. 42 da CRFB).

No Exame unificado 2010.3, a banca considerou que os notários e registradores são delegatários de serviços públicos aprovados em concurso público.

SERVIDORES PÚBLICOS		
Estatutários	Empregados Públicos	Temporários
Relação jurídica de trabalho disciplinada por leis (Estatutos). Servidores comuns (estatuto geral); servidores especiais (policiais, professores, fiscais - estatutos especiais). Demandam na Justiça Comum.	Vinculados à CLT ou legislação específica, com vínculo contratual de trabalho. Demandam na Justiça do Trabalho.	Contratação por tempo determinado para o atendimento de situações de excepcional interesse público (art. 37, IX, da CRFB/88). Demandam na Justiça Comum.

IMPORTANTE: os estatutários ocupam cargos públicos, que podem ser vitalícios, efetivos ou em comissão. Salvo no caso dos comissionados, os estatutários são admitidos por concurso público, assim como os empregados públicos (celetistas públicos). No entanto, os temporários são considerados servidores com funções públicas e sem cargo, portanto, não se submetem a concurso público, mas tão somente a um Processo Seletivo Simplificado (PSS).

> No XXI Exame, a banca considerou que a contratação temporária, nos termos da lei, é possível, desde que a situação apresentada caracterize necessidade temporária de excepcional interesse público.

2.2 CRIAÇÃO E EXTINÇÃO DE CARGOS PÚBLICOS

Como regra geral, os cargos públicos são criados ou extintos por lei de iniciativa de cada Poder (art. 48, X, CRFB/88). No entanto, essa regra comporta duas exceções: (i) criação e extinção de cargos e funções para os serviços auxiliares do Poder Legislativo, que podem ser feitas por mera resolução de cada Casa do Congresso Nacional (arts. 51, IV, e 52, XIII, da CRFB/88) e (ii) extinção de cargos declarados vagos, que pode ser feita mediante decreto autônomo do Chefe do Poder Executivo (art. 84, VI, *b*, da CRFB/88).

IMPORTANTE: em razão de sua natureza contratual, os empregos públicos encontrados nas empresas públicas e sociedades de economia mista não dependem de lei para sua criação ou extinção. São postos de trabalho criados por iniciativa de seus diretores-gerais, observados os limites de gastos com pessoal.

EXCEÇÕES AO PRINCÍPIO DA RESERVA LEGAL PARA CRIAÇÃO E EXTINÇÃO DE CARGOS PÚBLICOS	
Poder Legislativo	Cargos Declarados Vagos
Criação e extinção de cargos e funções para os serviços auxiliares do Poder Legislativo, que podem ser feitas por mera resolução de cada Casa do Congresso Nacional - arts. 51, IV, e 52, XIII, da CRFB/88.	Extinção de cargos declarados vagos, que pode ser feita mediante decreto autônomo do Chefe do Poder Executivo - art. 84, *b*, da CRFB/88.

A perda do cargo efetivo, depois da aquisição de estabilidade, só será possível mediante 4 hipóteses. Para ficar mais fácil de lembrar, pense que:

A perda de um cargo público **PESA** para o servidor.

Em que:

- **P** – Processo administrativo disciplinar *(com todas as garantias do devido processo legal (art. 41, § 1º, II)*
- **E** – Excesso de gasto *(para fins de redução de despesa e enquadramento na Lei Complementar n. 101/2000 (art. 169, § 4º)*
- **S** – Sentença judicial transitada em julgado *(com todas as garantias do devido processo legal (art. 41, § 1º, I)*
- **A** – Avaliação negativa de desempenho pós-estabilidade *(feita de forma periódica, na forma da lei complementar, ainda não editada (art. 41, § 1º, III)*

No XVIII Exame, a banca considerou que o servidor ocupante de cargo efetivo, nos casos de inassiduidade habitual ao serviço, pode ser demitido após decisão em processo administrativo em que lhe seja assegurada ampla defesa.

Já os **cargos em comissão** são aqueles destinados às nomeações advindas da confiança que a autoridade pública deposita no nomeado e possuem natureza transitória. Podem ser ocupados por servidores estatutários ou por qualquer pessoa de confiança da autoridade pública, mesmo não sendo de carreira. São cargos de livre nomeação e exoneração, chamados de *ad nutum*, preenchidos sem a necessidade de concurso público. Os cargos em comissão devem ser reservados em percentuais mínimos, a ser estabelecido por lei, a servidores de carreira.

IMPORTANTE: os cargos em comissão e as funções de confiança destinam-se apenas às atribuições de direção, chefia e assessoramento, na forma do inciso V do art. 37 da CRFB. A principal diferença entre ambos é que as funções de confiança são exercidas exclusivamente por servidores ocupantes de cargos efetivos, enquanto os cargos em comissão admitem o exercício por qualquer pessoa da confiança da autoridade pública.

2.3 PROVIMENTO

Prover significa preencher de um cargo público. As formas de provimento estão previstas no Estatuto dos Servidores e já foi objeto de três questões até o XXI Exame. Somente a reintegração tem previsão constitucional também (art. 41, § 2º, CRFB).

A doutrina reconhece que o provimento pode ser originário ou derivado. Será originário quando origina uma relação estatutária nova. Será derivado quando o cargo for preenchido por servidor com vínculo estatutário anterior sujeito ao mesmo Estatuto. Pode ser ainda derivação vertical, horizontal ou por reingresso.

As formas de provimento elencadas na Lei são: a promoção (derivada vertical), a readaptação e a recondução (derivadas horizontais), e a reversão, a reintegração e o aproveitamento (derivadas por reingresso). A nomeação é a única modalidade originária e pode se dar tanto para cargo efetivo quanto para cargo em comissão.

A disponibilidade é uma situação funcional na qual o servidor passa à inatividade em virtude da extinção de seu cargo ou da declaração de sua desnecessidade (art. 41, § 3º, da CRFB/88), ou ainda quando, em razão da reintegração de outro servidor, seja retirado do cargo que ocupava sem ter um cargo de origem para regressar. Diferente da disponibilidade punitiva, aplicável aos magistrados e membros do MP (arts. 93, VIII, e 130-A, § 2º, III, ambos da CRFB/88). A extinção do cargo, como pressuposto da disponibilidade, não depende da estabilidade.

Em regra, é remunerada de forma proporcional ao tempo de serviço. O retorno à atividade de servidor em disponibilidade far-se-á mediante aproveitamento obrigatório em cargo de atribuições e vencimentos compatíveis com o anteriormente ocupado.

IMPORTANTE: a transferência e a ascensão, duas modalidades de provimento que existiam na Lei n. 8.112/90, foram revogadas pela Lei n. 9.527/97, por violação ao princípio concursivo.

A título de memorização das formas de provimento, vamos observar o seguinte:

Promoção – novo posicionamento na carreira, de forma vertical.
Readaptação – limitação física ou psíquica vivida pelo servidor.
Recondução – retorno ao cargo anterior por inaptidão no novo cargo ou reintegração do anterior ocupante.
Reversão – volta do servidor aposentado por invalidez ou no interesse da Administração.
Reintegração – volta do demitido com todas as vantagens garantidas.

IMPORTANTE: no caso da recondução, encontrando-se provido o cargo de origem, o servidor será aproveitado imediatamente em outro ou colocado em disponibilidade. Já nas hipóteses de reintegração, encontrando-se provido o cargo, o seu eventual ocupante será reconduzido ao cargo de origem, sem direito à indenização ou aproveitado em outro cargo, ou, ainda, posto em disponibilidade.

No XII Exame, a banca entendeu que, no caso de reintegração pela via judicial, o atual ocupante deverá ser reconduzido ao cargo de origem, sem indenização, ou será aproveitado em outro cargo ou posto em disponibilidade.

A vacância é uma situação fática em que o cargo público fica vago, ou seja, apto a ser novamente preenchido. É como se o anterior usuário da armadura a deixasse no armário, pronta para ser usada por outro alguém. As causas que levam à vacância podem ser memorizadas da seguinte forma:

PADRE PF

Em que:

- **P** – Promoção
- **A** – Aposentadoria
- **D** – Demissão
- **R** – Readaptação
- **E** – Exoneração
- **P** – Posse em outro cargo inacumulável
- **F** – Falecimento

Exoneração × Demissão – A exoneração e a demissão não se confundem. A única semelhança é o rompimento do vínculo funcional. A demissão é sempre uma forma de punição. A exoneração não possui cunho punitivo.

2.4 PROCESSO ADMINISTRATIVO DISCIPLINAR E RESPONSABILIDADE DO SERVIDOR

O Processo Administrativo Disciplinar (PAD) é o meio formal pelo qual a Administração Pública apura eventuais infrações ao Estatuto Funcional praticadas por servidor no exercício de suas atribuições, ou que tenha relação com as atribuições do cargo em que se encontre investido, bem como possibilita a aplicação de eventual penalidade prevista na Lei e proporcional à gravidade da infração.

Conforme dispõe o art. 143 da Lei n. 8.112/90, a autoridade que tiver ciência de irregularidade no serviço público é obrigada a promover a sua apuração imediata, mediante sindicância ou Processo Administrativo Disciplinar, assegurada ao acusado ampla defesa.

Desse conceito legal, podemos extrair três premissas: (i) a obrigatoriedade de instauração de procedimento apuratório; (ii) a utilização da sindicância ou do PAD; e (iii) a garantia da ampla defesa ao acusado.

IMPORTANTE: há algum tempo, existiam três modalidades de apuração sumária de irregularidades funcionais: a sindicância, a verdade sabida e o termo de declarações. Com a elevação da ampla defesa ao *status* de princípio constitucional de observância obrigatória aos processos administrativos, apenas a sindicância sobreviveu, tendo em vista que as outras duas modalidades aplicavam penalidade diretamente sem a formação de processo de ampla defesa.

Lembre-se: todos os procedimentos que possam conduzir à aplicação de penalidades administrativas serão nulos sem a devida ampla defesa!!!!

> No XX Exame, a banca consignou que a aplicação de penalidade a servidor público sem a devida ampla defesa viola as garantias constitucionais da ampla defesa e do contraditório, razão pela qual o princípio da verdade sabida não guarda compatibilidade com a ordem constitucional vigente.

No procedimento de acusação, a presença do advogado no patrocínio da defesa do acusado, não é obrigatória. Segundo a Súmula Vinculante n. 5, o que torna nulo o processo disciplinar é a ausência de defesa técnica, que poderá ser exercida por qualquer profissional, além do advogado.

Um dos pontos mais cobrados em relação aos agentes públicos é a chamada responsabilidade do servidor pela prática de atos infracionais.

De acordo com a legislação, existem três esferas distintas de responsabilidade: administrativa, civil e penal.

RESPONSABILIDADE DO SERVIDOR		
Administrativa	Civil	Penal
Descumprimento das regras funcionais previstas nos estatutos.	Dano de natureza patrimonial à Administração ou a particulares (ação regressiva).	Cometimento de ato definido em lei como crime ou contravenção. Definição do art. 327 do CP, entenda-se "todos os agentes públicos".

IMPORTANTE: as sanções civis, penais e administrativas poderão cumular-se, sendo independentes entre si. Em outras palavras, o servidor que comete um ato que repercute nas três esferas de responsabilidade, poderá responder simultaneamente a três ações.

No entanto, existem duas exceções ao princípio da independência das instâncias. A primeira, muito comum em provas, está no art. 126 da Lei n. 8.112/90. A responsabilidade administrativa do servidor será afastada no caso de absolvição criminal que negue a existência do fato ou sua autoria.

Vale dizer, se o servidor responde a uma ação criminal e a um PAD ao mesmo tempo pelo mesmo fato, e se o juiz decide ser gente FINA, absolvendo o servidor por entender que inexistiu o fato delituoso ou a autoria, neste caso a absolvição opera efeitos no PAD, que deverá ser extinto.

> **Lembre-se do juiz gente FINA.**

Em que:

- **F** – Fato
- **I** – Inexistente
- **N** – Negativa
- **A** – Autoria

IMPORTANTE: porém, na hipótese de absolvição penal por qualquer outro motivo que não seja o FINA, o PAD seguirá normalmente, como, por exemplo, a absolvição por insuficiência de provas. A isso, chamamos de resíduo administrativo!

> No X Exame, a banca entendeu que, no caso de ausência de provas no processo criminal, a Administração Pública permanece livre para punir o funcionário, desde que verifique haver desvios na conduta funcional do servidor.

2.5 REGIME CONSTITUCIONAL DOS SERVIDORES PÚBLICOS: CONCURSO, ACUMULAÇÃO DE CARGOS E SISTEMA REMUNERATÓRIO

O tema referente ao regime constitucional dos servidores públicos diz respeito às regras funcionais previstas diretamente na CRFB/88, ao longo dos arts. 37 a 41. De fato, a maior concentração de regras está no art. 37, fundamental ao estudo dos servidores.

Inicialmente, cabe mencionar que a forma de admissão de servidores para cargos efetivos e empregos públicos é por intermédio de um procedimento administrativo impessoal denominado: Concurso Público.

Salvo as exceções previstas na própria CRFB/88, a ausência de concurso como forma de provimento originário gera a nulidade da contratação.

> No Exame realizado em 2010.2, a banca entendeu que é inconstitucional toda modalidade de provimento que propicie ao servidor investir-se, sem prévia aprovação em concurso público destinado ao seu provimento, em cargo que não integra a carreira na qual anteriormente foi investido.

Somente é admitida a realização de concurso em que sejam garantidas condições de igualdade a todos, respeitados os critérios razoáveis de acesso ao cargo.

> Sendo assim, no XV Exame, a banca entendeu que a realização de concurso interno é inválida, por ofensa à Constituição da República.

O concurso deve ser realizado sob a forma de provas ou provas e títulos. Jamais apenas sob a forma de títulos, por torná-lo subjetivo demais. Seu prazo de validade deverá ser de até 2 anos, podendo ser prorrogado uma única vez por igual período.

> Bom mencionar que, no XX Exame aplicado extraordinariamente em Salvador-BA, a banca reconheceu que a prorrogação do prazo de validade do concurso público é ato discricionário da Administração.

No que tange à realização de exame psicotécnico, de acordo com a jurisprudência consolidada do STJ, a legalidade do exame psicotécnico está condicionada à observância de três pressupostos necessários: (i) previsão legal – Súmula Vinculante n. 44; (ii) cientificidade e objetividade dos critérios adotados; e (iii) possibilidade de revisão do resultado obtido pelo candidato.

<u>Exceções ao concurso público</u> – o provimento mediante concurso é a regra que comporta algumas exceções, conforme quadro a seguir:

EXCEÇÕES AO PRINCÍPIO CONCURSIVO			
		Cargos Efetivos	Cargos Vitalícios
Cargos em Comissão (art. 37, II, CRFB)	Servidores Temporários (art. 37, IX, CRFB) e Agentes Comunitários de Saúde e de Combate às Endemias (art. 198, § 4º, CRFB)	Hipóteses legais de provimentos derivados e ex-combatentes da 2ª Guerra (art. 53, I, do ADCT).	Quinto constitucional (art. 94); membros dos Tribunais de Contas (art. 3º, §§ 1º e 2º); ministros do STF e do STJ (arts. 101, parágrafo único, e 104, parágrafo único).

Na elaboração dos editais, a Administração pode exigir determinados requisitos de acesso aos cargos públicos, que podem ser objetivos e subjetivos. Os primeiros guardam pertinência com as funções do cargo ou emprego, e os segundos dizem respeito às características físicas da pessoa do candidato.

Em relação aos requisitos objetivos, como, por exemplo, ser formado em Direito ou ter tempo de atividade jurídica, a exigência é considerada razoável e deve ser feita apenas na posse do cargo e não na inscrição definitiva (verbete n. 266 do STJ), salvo para o cargo de magistrado.

Já quanto aos requisitos subjetivos, como idade, sexo ou altura, deve-se levar em consideração o princípio da razoabilidade para admitir sua previsão e desde que justificável em relação à natureza das atribuições do cargo a ser exercido.

Recentemente, o STF julgou a questão das tatuagens em candidatos aos cargos públicos, principalmente às carreiras policiais. Entendeu a Corte que a tatuagem, por si só, não pode ser confundida como uma transgressão ou conduta atentatória aos bons costumes. Sendo assim, julgou inconstitucional a proibição de tatuagens a candidatos a cargo público estabelecida em leis e editais de concurso público. Foi dado provimento ao Recurso Extraordinário (RE) 898450, com repercussão geral reconhecida. Dessa forma, impedir que candidato com tatuagem seja investido em cargo público viola os princípios constitucionais ligados à liberdade de expressão e ao amplo acesso aos cargos públicos.

A única proibição aceitável, ressalvada na decisão da Suprema Corte, foi em relação às tatuagens que prejudicam a disciplina e a boa ordem, sejam extremistas, racistas, preconceituosas ou que atentem contra a instituição.

Acumulação de cargos – a regra geral estabelece que é vedada a cumulação remunerada de cargos, empregos e funções públicas, quer seja na Administração Direta, quer seja em autarquias, fundações, empresas públicas, sociedades de economia mista, suas subsidiárias, e sociedades controladas, direta ou indiretamente, pelo poder público (art. 37, XVI e XVII, da CRFB).

No entanto, o que costuma ser muito cobrado em prova são as exceções a essa regra. Na verdade, são quatro exceções previstas na CRFB (arts. 37, XVI, e art. 38, III). Mas antes de examinarmos essas exceções, cabe mencionar que a acumulação remunerada, em hipóteses permitidas, só é cabível caso (i) haja compatibilidade de horários e (ii) as remunerações não ultrapassem o teto constitucional.

Havia uma grande discussão doutrinária acerca da última condição. Alguns entendiam que a soma das remunerações dos cargos acumulados não poderia ultrapassar o teto constitucional. Outros enxergavam que cada um dos cargos, isoladamente, não poderia ultrapassar o teto. Recentemente, o STF decidiu em repercussão geral que, nos casos autorizados constitucionalmente de acumulação de cargos, empregos e funções, a incidência do art. 37, XI, da Constituição Federal pressupõe consideração de cada um dos vínculos formalizados, afastada a observância do teto remuneratório quanto ao somatório dos ganhos do agente público (RE 602043).

As exceções estão no quadro a seguir:

HIPÓTESES DE ACUMULAÇÃO DE CARGOS, EMPREGOS E FUNÇÕES			
Dois Cargos de Professor	Um cargo de professor com outro técnico ou científico	Dois cargos ou empregos privativos de profissionais de saúde, com profissões regulamentadas	Cargo, emprego ou função com mandato eletivo de vereador

IMPORTANTE: a vedação se estende por todo o serviço público, em qualquer ente da federação.

> No IX Exame, a banca registrou que o servidor fica impedido de cumular o emprego e o cargo, mesmo em se tratando de um ente federal e de um município.

IMPORTANTE: não há qualquer vedação, constitucional ou legal, ao exercício de atividade remunerada (não comercial) junto à iniciativa privada, desde que não haja incompatibilidade de horários prejudicial ao serviço público.

2.6 SISTEMA REMUNERATÓRIO DOS SERVIDORES PÚBLICOS

A remuneração dos servidores públicos efetivos é composta pelo vencimento básico e pelas vantagens percebidas, que podem ser adicionais, gratificações e indenizações. Alguns servidores, como os agentes políticos, os magistrados, os membros do MP e os que compõem as carreiras policiais recebem subsídio, que significa uma parcela única fixada em lei.

Quanto ao teto remuneratório, a regra é a que consta no art. 37, XI, CRFB/88, com redação dada pela EC n. 41/2003. Como teto geral para todos os Poderes de todos os entes federativos, é fixado o subsídio mensal, em espécie, dos Ministros do Supremo Tribunal Federal.

Há ainda a previsão de teto remuneratório específico (Estados e Municípios). Cada ente federativo tem a liberdade de fixar seus subtetos, respeitado o limite máximo constitucional. A Emenda Constitucional n. 47/2005 introduziu o § 12 ao art. 37, permitindo aos Estados e ao Distrito Federal fixarem um teto único local remuneratório, que será feito mediante emendas às Constituições Estaduais e Lei Orgânica. O limite único a ser respeitado deverá corresponder ao subsídio mensal dos Desembargadores do respectivo Tribunal de Justiça, o qual se limita a 90,25% do subsídio mensal dos Ministros do STF.

O teto atinge qualquer forma de pagamento, ou seja, remuneração, subsídio, salários (empregados públicos que dependem de verbas públicas), proventos, percebidos cumulativamente ou não, incluídas as vantagens pessoais de qualquer natureza.

IMPORTANTE: o STF já entendeu que apenas as verbas de caráter indenizatório estariam excluídas do teto, como, por exemplo, a ajuda de custo, o auxílio-moradia, a indenização de férias não gozadas, entre outras.

IMPORTANTE: em relação aos empregados públicos, aqueles servidores das estatais (empresas públicas e sociedades de economia mista), aplica-se igualmente o teto constitucional, desde que a referida estatal recebe recursos públicos para pagamento de pessoal e custeio em geral (art. 37, § 9º, da CRFB). Ao contrário, caso a estatal tenha receita própria advinda de sua atividade econômica (Petrobras, por exemplo), não há previsão de teto.

> A propósito, no XI Exame, a banca confirmou que o empregado pode receber acima do teto, caso a sociedade de economia mista não receba recursos de nenhum ente federativo para despesas de pessoal ou de custeio em geral.

Em relação ao teto específico (subteto), vejamos o quadro a seguir:

	ESTADOS E DISTRITO FEDERAL	MUNICÍPIOS
Legislativo	Subsídio mensal dos Deputados Estaduais e Distritais	Subsídio do Prefeito
Executivo	Subsídio mensal do Governador	Subsídio do Prefeito
Judiciário	Subsídio mensal dos Desembargadores do Tribunal de Justiça local (limitado a 90,25% do subsídio dos Ministros do STF), aplicável, também, o limite aos membros do Ministério Público, Procuradores e aos Defensores Públicos	----

2.7 IRREDUTIBILIDADE DE VENCIMENTOS

De acordo com a regra estabelecida no inciso XV do art. 37 da CRFB, o subsídio e os vencimentos dos ocupantes de cargos e empregos públicos são irredutíveis.

No entanto, a irredutibilidade não é absoluta. Apenas protege o servidor das chamadas reduções diretas de seus vencimentos concedidos legalmente, ou seja, não pode uma lei ou ato administrativo reduzir a parcela dos vencimentos anteriormente fixados para o cargo.

Vejamos os casos em que a redução é possível:

HIPÓTESES DE REDUÇÃO CONSTITUCIONAL DA REMUNERAÇÃO DOS SERVIDORES			
Remunerações Concedidas Ilegalmente	Para fins de corte e adequação ao teto remuneratório	Reduções indiretas (inflação, tributos)	Parcelas remuneratórias de caráter transitório, tais como gratificações ou adicionais devidos por força de circunstâncias específicas

Em relação ao salário pago aos empregados públicos celetistas, a garantia da irredutibilidade está disposta no art. 7º, VI, da CRFB.

3. ORGANIZAÇÃO ADMINISTRATIVA

O tema referente à Organização Administrativa diz respeito ao funcionamento da máquina pública, da instituição, grafada com letra maiúscula, em seu sentido subjetivo. Nesta parte, veremos os pontos principais das características dos Entes Federados que compõem a Administração Direta e as Entidades Administrativas da Indireta. Bom ressaltar que, até o XXIV Exame unificado, observamos a aparição desse assunto 18 vezes, com maior destaque para as Estatais (Sociedades de Economia Mista e Empresas Públicas) e os Consórcios Públicos.

Nos termos do art. 18 da CRFB, a Administração Direta ou Centralizada compreende a União, os Estados, o Distrito Federal e os Municípios, todos autônomos entre si. Essa autonomia diz respeito aos aspectos financeiros, administrativos e políticos. São pessoas jurídicas de Direito Público interno, denominadas Entes Federados, ou Pessoas Políticas.

Cabe registrar que os entes que integram a estrutura centralizada da Administração Pública, especialmente a Federal, devem observar os princípios do Planejamento, Coordenação, Descentralização, Delegação de Competência e Controle, todos previstos nos arts. 6º a 14 do Decreto-lei n. 200/67.

Para uma melhor eficiência administrativa, os Entes Federados procuram descentralizar a execução de suas competências próprias previstas na CRFB. Em razão disso, criam por lei entidades administrativas que passam a compor uma estrutura descentralizada, denominada Administração Indireta.

A Administração Pública Indireta é composta por entidades administrativas criadas pelas pessoas políticas por meio da descentralização. Essas entidades possuem personalidade jurídica própria, autonomia, e estão sujeitas a direitos e obrigações.

IMPORTANTE: convém frisar que entre um ente criador e uma entidade criada não existe subordinação hierárquica. O que há entre eles é uma espécie de controle por vinculação, ou tutela administrativa, em que o ente, por meio de um órgão próprio, irá supervisionar as atividades desenvolvidas pelas entidades. Na lei federal, recebe o nome de supervisão ministerial – art. 19 do Decreto-lei n. 200/67.

O elenco das Entidades Administrativas da Indireta pode ser encontrado no Decreto-lei n. 200/67, em seu art. 5º, e na Lei n. 11.107/2005 (Lei dos Consórcios Públicos).

Entidades da Indireta: F A S E

Em que:

- F – Fundação Pública
- A – Autarquias
- S – Sociedades de Economia Mista
- E – Empresas Públicas

Vale destacar que os Consórcios Públicos de Direito Público, chamados de Associações Públicas, são considerados como espécie autárquica, assim como os Conselhos de Classe (CREA, CRM, CREFITO), que são autarquias profissionais ou corporativas, integrantes da Administração Pública.

IMPORTANTE: no julgamento da ADIN 3026-4/DF, o STF consignou que a OAB não seria comparada às demais entidades de fiscalização profissional. Trata-se de um serviço público independente de categoria ímpar no elenco das personalidades jurídicas existentes no direito brasileiro. Sendo assim, entende o STF que a OAB não integra a Administração Pública Indireta, nem se submete ao Regime Público, embora seja uma entidade com prerrogativas somente aplicáveis a entes públicos, como imunidade tributária e sujeição à competência da Justiça Federal.

3.1 CRIAÇÃO DAS ENTIDADES ADMINISTRATIVAS DA INDIRETA

As entidades da Administração Pública Indireta são criadas por LEI – Princípio da Reserva Legal, previsto no inciso XIX do art. 37 da CRFB. A lei deve ser específica e ordinária, e pode criar diretamente a entidade, ou apenas autorizar sua criação.

DE OLHO NA DICA! Se a entidade ostentar natureza de direito público (autarquias, fundações públicas de direito público e consórcios públicos de direito público), a lei cria diretamente. Ao contrário, se a entidade for de direito privado (empresas públicas, sociedades de economia mista, fundações públicas de direito privado e consórcios públicos de direito privado), a lei apenas autoriza a criação, sendo necessário ainda o registro dos atos constitutivos no órgão competente, conforme a regra da lei civil.

PJ de Direito Privado	→	Lei civil – Regime privado	Registro dos atos constitutivos
PJ de Direito Público	→	Constituição – Regime público	Lei específica ordinária
PJ de Direito Privado, Integrante da Administração Pública	→	Lei civil + Constituição – Regime híbrido	Lei específica ordinária autorizativa + Registro dos atos constitutivos

3.2 FUNDAÇÕES PÚBLICAS

As fundações públicas podem assumir personalidade de direito público ou de direito privado. Quando públicas, o tratamento jurídico se assemelha ao das autarquias, inclusive quanto às prerrogativas públicas, a ponto de serem consideradas pelo STF como "fundações autárquicas". Ex.: FIOCRUZ, FUNAI.

Embora o Decreto-lei n. 200/67 só trate das fundações públicas de direito privado (art. 5º, IV), a existência das fundações públicas de direito público foi confirmada pela CRFB (arts. 39 e 150, § 2º) e mais recentemente pelo novo CPC (art. 183).

A criação das fundações públicas observará a regra do quadro acima, e vai depender de sua natureza. Importante ressaltar que a lei criadora tem natureza ordinária, e não complementar, não obstante a confusa redação do inciso XIX do art. 37 da CRFB. A

Lei complementar ali mencionada tem a função de definir áreas de atuação das fundações públicas, tão somente.

> Registre-se que, no XVIII Exame, a banca confirmou que a criação de uma fundação pública com personalidade jurídica de direito público há de ser feita por lei ordinária específica.

No que tange ao controle das fundações públicas, cabe salientar que é exercido pelo mesmo procedimento que qualquer outra entidade da Administração Pública, independente da sua natureza. Esse controle é por vinculação ao Ministério supervisor de suas atividades, ao qual está vinculado.

3.3 AUTARQUIAS

As autarquias são pessoas jurídicas de direito público, criadas e extintas por lei (princípio do paralelismo das formas), para desempenhar atribuições que, despidas de caráter econômico, sejam próprias e típicas do Estado (*longa manus*), de forma descentralizada.

As autarquias institucionais são entidades destinadas à execução de alguma atividade típica do Estado, exercendo funções administrativas e podem arrecadar tributos (Ex.: IBAMA e INSS). Possuem apenas capacidade de autoadministração, mas não possuem capacidade de auto-organização (a organização é determinada por ato da Administração Direta).

3.4 PRERROGATIVAS AUTÁRQUICAS

Por serem extensões da Administração Direta, as autarquias gozam de privilégios idênticos aos atribuídos à Fazenda Pública, tais como:

1. Imunidade tributária (art. 150, § 2º, da CRFB) – somente em relação a IMPOSTOS e abrange patrimônio, renda e serviços que forem vinculados às finalidades essenciais da autarquia ou sejam delas decorrentes.
2. São processadas no juízo do ente político a que se vinculam.
3. Seus atos são dotados de presunção de legalidade e veracidade e podem reunir os atributos da imperatividade e autoexecutoriedade.
4. Impenhorabilidade de seus bens e rendas (precatório).
5. Imprescritibilidade de seus bens – bens não são passíveis da usucapião (art. 183, § 3º, CRFB).
6. Créditos sujeitos à execução fiscal – inscrição em dívida ativa.
7. Prerrogativas processuais.

IMPORTANTE: em relação às prerrogativas processuais, o atual CPC deu nova roupagem a este tema. Agora, as autarquias e fundações de direito público gozarão de (i) prazo em dobro para todas as suas manifestações processuais, salvo quando a lei estabelecer, de forma expressa, prazo próprio para o ente público, como, por exemplo, o prazo do art. 910 do CPC. Além dos prazos mais dilatados, a sentença proferida contra as autarquias e fundações de direito público está sujeita ao (ii) duplo grau de jurisdição, não produzindo efeito senão depois de confirmada pelo tribunal (remessa necessária – art. 496 do CPC).

3.5 AGÊNCIAS REGULADORAS

As agências reguladoras são espécies de autarquias de controle sob o regime especial. São autarquias especiais que executam funções administrativas de caráter normativo (atividade regulatória), de caráter fiscalizatório (poder de polícia), além de cuidar administrativamente de questões relacionadas aos concessionários ou permissionários de serviços públicos.

Eis alguns exemplos de agências reguladoras federais: ANEEL (Lei n. 9.427/96), ANATEL (Lei n. 9.472/97), ANTT (transportes terrestres) e ANTAQ (transportes aquaviários – Lei n. 10.233/2001), ANAC (Lei n. 11.182/2005), ANCINE (MP n. 2.281/2001 e Lei n. 10.454/2002), ANP (Lei n. 9.478/97), ANVISA (Lei n. 9.782/99), ANS (saúde suplementar – Lei n. 9.961/2000), ANA (Lei n. 9.984/2000) e CVM (Leis n. 6.385/76 e 10.411/2002).

Bom lembrar também que os Estados e Municípios podem criar suas agências reguladoras quando se tratar de serviço público de sua competência, delegado à iniciativa privada. Ex.: AGETRANSP – Estado do RJ – Agência Reguladora de Serviços Públicos Concedidos de Transportes Aquaviários, Ferroviários e Metroviários e de Rodovias do ERJ – Lei Estadual n. 4.555/2005.

3.6 REGIME ESPECIAL DAS AGÊNCIAS REGULADORAS

Como vimos acima, em razão de sua posição estratégica na regulação de atividades econômicas exploradas pela iniciativa privada, o regime jurídico das agências reguladoras possui traços especiais em relação ao regime jurídico comum das demais autarquias. Vejamos abaixo as características deste chamado regime especial.

DICA: a lei de criação da ANATEL, Lei n. 9.472/97, em seu art. 8º, § 2º, a exemplo de outras leis próprias das agências, definiu as características do regime especial, a saber:

a. **Independência administrativa** – Caracterizada por uma capacidade de autoadministração, sem ingerência da Administração Direta (suas demissões, suas contratações etc.), bem como pela autonomia de suas decisões.

IMPORTANTE: os processos administrativos se iniciam e se esgotam no âmbito próprio da autarquia, sem recurso a nenhuma outra esfera (impossibilidade de recurso hierárquico impróprio).

> No II Exame unificado, a banca considerou que a independência administrativa das agências reguladoras seria mitigada, uma vez que a própria lei que cria cada uma das agências reguladoras define e regulamenta as relações de submissão e controle, fundado no poder de supervisão dos Ministérios a que cada uma se encontra vinculada, em razão da matéria, e na superintendência atribuída ao Chefe do Poder Executivo, como chefe superior da Administração Pública.

b. Ausência de subordinação hierárquica – Essa característica não chega a ser especial em relação ao regime comum, tendo em vista que se aplica a todas as entidades da Indireta. Sendo assim, a lei garante a não ingerência administrativa da pessoa política que a criou, limitando o exercício do poder de tutela, supervisão ou controle.

c. Mandato fixo e estabilidade de seus dirigentes – Essa talvez seja a característica mais definidora do regime especial. Seus dirigentes têm investidura a termo, são nomeados para prazo determinado fixado em lei. Possuem certa estabilidade. São nomeados pelo Presidente da República e sua investidura depende de aprovação do Senado (art. 52, III, *f*, da CRFB).

Considerando que os dirigentes das agências reguladoras não podem ser exonerados livremente pelo Chefe do Poder Executivo (estabilidade especial), somente poderão ser desligados nas seguintes situações: (a) ao término do período de investidura dito pela lei; (b) por renúncia; (c) por condenação judicial transitada em julgado; (d) ou após processo administrativo disciplinar, conforme dispõe o art. 9º da Lei n. 9.986/2000.

Bom ressaltar ainda que o dirigente de uma agência reguladora deverá ser brasileiro, de reputação ilibada, formação universitária e elevado conceito no campo de especialidade objeto da agência, na forma do art. 5º da Lei n. 9.986/2000.

> No XVII Exame, a banca entendeu que a adoção do mandato fixo para os dirigentes de agências reguladoras contribui para a necessária autonomia da entidade, impedindo a livre exoneração pelo Chefe do Poder Executivo.

d. Autonomia financeira – Capacidade de recolhimento de taxas e de outras fontes de recurso, estando excluídas do contingenciamento de verbas voltadas para as agências reguladoras nas leis orçamentárias, justamente para garantir que elas possam executar seu programa anual de fiscalização e controle.

IMPORTANTE: além dessas quatro características elencadas acima, a doutrina reconhece uma quinta: o poder normativo técnico das agências reguladoras. Trata-se da possibilidade de expedir regulamentos (resoluções) que são formalmente atos gerais e abstratos, como normativos primários. No entanto, entende-se que esse poder regulamentar limita-se a aspectos estritamente técnicos, como o alcance de uma onda de rádio ou doenças excluídas de carência em planos de saúde!

3.7 AGÊNCIAS EXECUTIVAS

Agência executiva é uma qualificação especial dada a uma autarquia ou fundação pública que celebra um contrato de gestão com o órgão da Administração Direta a que está vinculada, com o objetivo de melhoria da eficiência e redução de custos. A agência executiva não está sob regime especial. Trata-se apenas de uma qualificação especial dada a uma entidade preexistente (nenhuma entidade nasce agência executiva) – Lei n. 9.649/98 e Decreto n. 2.487/98.

A qualificação de autarquia ou fundação como agência executiva poderá ser conferida mediante iniciativa do Ministério supervisor, que verificará o cumprimento, pela entidade candidata à qualificação, dos seguintes requisitos: (a) ter celebrado contrato de gestão com o respectivo Ministério supervisor; e (b) ter plano estratégico de reestruturação e de desenvolvimento institucional, voltado para a melhoria da qualidade da gestão e para a redução de custos, já concluído ou em andamento.

Para melhor fixação, vejamos o quadro a seguir:

AGÊNCIA EXECUTIVA	
O que é?	Qualificação / título
Quem pode ser?	Autarquias e fundações públicas
Onde está previsto?	Lei n. 9.649/98 e Decreto n. 2.487/98
Quem concede?	Ministério supervisor da entidade
Como concede?	Mediante DECRETO
O que é necessário fazer?	a) ter celebrado contrato de gestão com o respectivo Ministério supervisor; b) ter plano estratégico de reestruturação e de desenvolvimento institucional.
Para que serve a qualificação?	Aumentar a autonomia gerencial da entidade e a melhoria da qualidade da gestão e redução de custos.
Exemplo de agência executiva	INMETRO

3.8 ESTATAIS – SOCIEDADES DE ECONOMIA MISTA E EMPRESAS PÚBLICAS

Chamamos de estatais as sociedades de economia mista e as empresas públicas, entidades dotadas de personalidade jurídica de direito privado, cuja maioria do capital votante pertença direta ou indiretamente ao ente federativo. Tratam-se de pessoas jurídicas integrantes da Administração Indireta do Estado, criadas por autorização legal e com o fim de possibilitar à Administração Pública a execução de determinada atividade de relevante interesse público com maior flexibilidade, podendo ser a prestação de serviços públicos ou a exploração de atividades gerais de caráter econômico.

IMPORTANTE: é por intermédio das estatais que a Administração Pública intervém no domínio econômico de forma atípica, ou seja, como agente de mercado. O art. 173 da CRFB preconiza que a exploração direta de atividade econômica pelo Estado só será permitida quando necessária aos imperativos da segurança nacional ou a relevante interesse coletivo, conforme definidos em lei.

A Emenda n. 19/98 alterou o § 1º do art. 173 da CRFB, determinando que a lei estabeleceria o estatuto jurídico da empresa pública, da sociedade de economia mista e de suas subsidiárias que explorem atividade econômica de produção ou comercialização de bens ou de prestação de serviços.

No entanto, o chamado "Estatuto das Estatais" demorou 18 anos para ser elaborado e finalmente, em junho de 2016, foi publicada a Lei n. 13.303, que trouxe regras e definições muito importantes ao estudo dessas figuras jurídicas.

A Lei n. 13.303/2016 é um diploma normativo de natureza nacional, abrangendo toda e qualquer empresa pública e sociedade de economia mista da União, dos Estados, do Distrito Federal e dos Municípios que explore atividade econômica de produção ou comercialização de bens ou de prestação de serviços, ainda que a atividade econômica esteja sujeita ao regime de monopólio da União, ou seja, de prestação de serviços públicos.

No fim de 2016, a União Federal regulamentou a Lei n. 13.303, por meio do Decreto n. 8.945, jogando ainda mais luzes sobre o tema, esclarecendo e ditando regras próprias de sujeição das estatais federais.

3.9 DEFINIÇÕES IMPORTANTES DA LEI E REGULAMENTO FEDERAL

Empresa pública – é a entidade dotada de personalidade jurídica de direito privado, com criação autorizada por lei e com patrimônio próprio, cujo capital social é integralmente detido pela União, pelos Estados, pelo Distrito Federal ou pelos Municípios. Desde que a maioria do capital votante permaneça em propriedade da União, do Estado, do Distrito Federal ou do Município, será admitida, no capital da empresa pública, a participação de outras pessoas jurídicas de direito público interno, bem como de entidades da administração indireta da União, dos Estados, do Distrito Federal e dos Municípios.

Sociedade de economia mista – é a entidade dotada de personalidade jurídica de direito privado, com criação autorizada por lei, sob a forma de sociedade anônima, cujas ações com direito a voto pertençam, em sua maioria à União, aos Estados, ao Distrito Federal, aos Municípios ou a entidade da Administração Indireta.

Subsidiária – empresa estatal cuja maioria das ações com direito a voto pertença direta ou indiretamente a empresa pública ou a sociedade de economia mista.

Função social das estatais – a empresa pública e a sociedade de economia mista terão a função social de realização do interesse coletivo ou de atendimento a imperativo da segurança nacional expressa no instrumento de autorização legal para a sua criação.

Forma jurídica societária – a sociedade de economia mista será constituída sob a forma de sociedade anônima (S.A.) e estará sujeita ao regime previsto na Lei n. 6.404, de 15 de dezembro de 1976, naquilo que não conflitar com a Lei n. 13.303/2016.

A empresa pública poderá adotar qualquer forma jurídica societária, preferencialmente, a forma de sociedade anônima, que será obrigatória para as suas subsidiárias.

Criação e extinção – as estatais são criadas e extintas a partir de autorização legal – art. 37, XIX, da CRFB/88, com a redação dada pela EC n. 19/98. Os estatutos devem ser registrados nos órgãos competentes para dar início à personalidade jurídica – art. 45 do CC.

IMPORTANTE: se por qualquer fato jurídico o Estado adquirir a maioria do capital social de uma empresa, esta não poderá ser considerada como uma estatal, porque lhe faltará elemento indispensável a esta configuração: a autorização legal.

Subsidiárias – art. 37, XX, da CRFB/88. Sua criação também depende de autorização legislativa. Contudo, a lei permite que essa autorização legal seja genérica e não específica. Basta que a lei disciplinadora da entidade controladora autorize genericamente a posterior criação de entidades subsidiárias.

> No XII Exame, a banca considerou que a constituição de empresa pública para exercer atividade econômica é permitida quando necessária ao atendimento de relevante interesse coletivo.

3.10 PATRIMÔNIO

Os bens das estatais são próprios e, em regra, o regime jurídico aplicável deve ser o privado, por força do disposto no art. 98 do Código Civil.

No entanto, segundo recentes decisões jurisprudenciais, embora privados, os bens das estatais que estejam afetados a uma destinação pública ou que sejam essenciais à atividade-fim desempenhada, não podem ser objeto de penhora, pois são considerados como bens públicos por equiparação.

> Muito bom lembrar que, no VII Exame, a banca considerou que os bens de empresas públicas que desenvolvem atividades econômicas que não estejam afetados à prestação de serviços públicos são passíveis de usucapião
> Em outra perspectiva, no XXI Exame, a banca entendeu que os bens das estatais são privados, mas, se necessários à prestação de serviços públicos, não podem ser penhorados.

3.11 PESSOAL

São considerados servidores públicos, admitidos por concurso público (art. 37, II, da CRFB) e submetidos ao regime trabalhista – vínculo contratual de trabalho, art. 173, § 1º. Nesse sentido, não há que se falar em estabilidade e a Justiça do Trabalho é a competente para dirimir os litígios – art. 114 da CRFB/88.

> No XVII Exame, a banca consolidou que a empresa pública que explora atividade econômica sujeita-se ao regime trabalhista próprio das empresas privadas, o que não afasta a exigência de concurso público.

Com relação ao regime de pessoal, existem três questões importantes:

(i) problema da acumulação de cargos ou empregos remunerados – não podem acumular empregos com cargos ou funções – art. 37, XVII, da CRFB/88;

(ii) a submissão ou não ao teto remuneratório – regra geral: se a empresa estatal recebe recursos públicos para custeio em geral e despesas com pessoal, então seus empregados são obrigados a observar o teto remuneratório constitucional (ex.: Casa da Moeda). Ao contrário, caso a estatal não necessite de recursos públicos em razão de sua atividade comercial, então os empregados não se submetem a teto (Ex.: Petrobras), *vide* art. 37, § 9º, da CRFB;

(iii) e se há ou não a chamada demissão imotivada, demissão sem justa causa – empresa pública e sociedade de economia mista não se submetem integralmente às mesmas regras celetistas, tendo em vista que os empregados públicos ingressam por concurso público (art. 37, II, da CRFB). Então, para que o empregado público seja demitido da empresa pública ou da sociedade de economia mista, é necessário que o ato seja motivado, porque se trata de ato administrativo obrigatoriamente motivado.

3.12 FALÊNCIA

Embora a CRFB/88 determine a aplicação do regime privado às obrigações comerciais das estatais (art. 173, § 1º, II), a Lei que regula a recuperação judicial, a extrajudicial e a falência do empresário e da sociedade empresária – Lei n. 11.101/2005, excluiu expressamente as estatais do regime falimentar. Sendo assim, as estatais não estão sujeitas à falência.

Responsabilidade das estatais – segundo a dicção do art. 37, § 6º, da CRFB/88, é necessário verificar a finalidade da estatal para saber se a ela se aplica a responsabilidade objetiva ou subjetiva. Se for meramente prestadora de serviço público, a responsabilidade será objetiva.

IMPORTANTE: dano ambiental será sempre responsabilidade objetiva por danos ambientais, independentemente da atividade estatal (art. 14, § 1º, da Lei n. 6.938/81 – Lei do Meio Ambiente).

3.13 REGIME JURÍDICO

A natureza dessas entidades é pacífica. São pessoas jurídicas de direito privado! No entanto, o regime jurídico aplicável é híbrido, porquanto utiliza regras de direito privado e regras de direito público. Vejamos o quadro-resumo a seguir:

REGIME PÚBLICO	REGIME PRIVADO
Licitação, admissão de pessoal, controle e princípios constitucionais	Criação, regime funcional (CLT), contratos, bens, ausência de privilégios processuais

No VIII Exame, a banca deixou registrado que, após a criação de uma sociedade de economia mista, esta ficaria sujeita à licitação e à contratação de obras, serviços, compras e alienações, observados os princípios da administração.

3.14 LICITAÇÕES E CONTRATOS DAS ESTATAIS

Até o surgimento da Lei n. 13.303, em junho de 2016, as empresas estatais realizavam licitações para serviços, alienações, compras e obras por meio da Lei n. 8.666/93, salvo a Petrobras, que possuía regulamento licitatório próprio (Decreto n. 2.745/98).

No entanto, a partir do novo Estatuto das Estatais, todos os procedimentos licitatórios das empresas estatais ficaram consolidados na Lei n. 13.303. A Lei 8.666/93 não mais se aplica às estatais, salvo em relação às normas de direito penal contidas nos arts. 89 a 99 daquela Lei e aos casos de desempate, quando não for possível aplicar os critérios contidos no art. 55 do Estatuto das Estatais.

Em relação aos contratos celebrados pelas estatais, as principais características são: (i) possuem natureza PRIVADA e (ii) não há aplicação das chamadas cláusulas exorbitantes.

Vejamos, por fim, as principais diferenças entre as empresas públicas e as sociedades de economia mista:

	EMPRESAS PÚBLICAS	SOCIEDADES DE ECONOMIA MISTA
Composição do Capital	Capital social constituído de recursos provenientes exclusivamente do setor público, podendo ser acionista qualquer ente ou entidade da Administração Pública Direta e Indireta.	Capital social admite a participação do setor privado, sendo a maioria das ações com direito a voto de propriedade do Poder Público.
Forma Jurídica Societária	Podem assumir qualquer forma jurídica, preferencialmente de sociedades anônimas.	Só podem ser sociedades anônimas.
Foro de Litígio	As empresas públicas federais têm seus litígios processados e julgados pela Justiça Federal (art. 109, I, da CRFB/88). As estaduais e as municipais, pela Justiça Comum.	As sociedades de economia mista, de qualquer nível federativo, litigam na Justiça Comum, salvo quando a União intervém como assistente ou opoente – verbetes n. 517 e 556 da Súmula do STF e verbete n. 42 da Súmula do STJ.

3.15 CONSÓRCIOS PÚBLICOS

O tema relativo aos consórcios públicos já foi cobrado em cinco exames da OAB até o XXIV, e sempre preocupa o examinando, que normalmente não viu, ou viu de forma incipiente na faculdade. Abordaremos os tópicos principais.

A previsão dos consórcios públicos está na CRFB, em seu art. 241, e na Lei n. 11.107/2005, regulamentada pelo Decreto n. 6.017/2007.

IMPORTANTE: trata-se de pessoa jurídica formada exclusivamente por entes da Federação, na forma do art. 1º da Lei n. 11.107, de 2005, para estabelecer relações de cooperação federativa, inclusive a realização de objetivos de interesse comum, constituída como associação pública, com personalidade jurídica de direito público e natureza autárquica, ou como pessoa jurídica de direito privado sem fins econômicos.

Principais características e pontos dos consórcios:

a) Somente poderá ser constituído por ENTES FEDERADOS.
b) Possui natureza autárquica.
c) Pode ser constituído como pessoa jurídica de direito público ou pessoa jurídica de direito privado.

> A propósito, no VI Exame, a banca confirmou ao pregar que o ordenamento jurídico brasileiro admite tanto a criação de uma pessoa jurídica de direito público (a chamada associação pública) quanto a de direito privado.

d) Na hipótese de ser um consórcio público de direito público, deverá ter natureza de associação pública.

> Foi exatamente como constou no XIII Exame, em que a banca entendeu que o consórcio público pode adquirir personalidade jurídica de direito público, constituindo-se em uma associação pública.

e) É vedada pela lei a constituição de consórcio público entre a União e Municípios somente. Nestes casos, é obrigatória a presença do Estado no consórcio.

> Assim constou no IV Exame, em que a banca entendeu que a União somente participará de consórcios públicos nos quais também façam parte todos os Estados em cujos territórios estejam situados os Municípios consorciados.

f) Pode ter prazo de duração certo ou indeterminado, conforme previsão no Protocolo de Intenções.

g) O representante legal do consórcio deverá ser, obrigatoriamente, o Chefe do Poder Executivo de ente da Federação consorciado.

Considerando que o consórcio público é uma pessoa jurídica formada pela associação de entes federados, para que essa nova pessoa possa atingir seus objetivos, a lei permitiu a possibilidade de, entre outras:

1. firmar convênios, contratos, acordos de qualquer natureza, receber auxílios, contribuições e subvenções sociais ou econômicas de outras entidades e órgãos do governo;
2. promover desapropriações e instituir servidões nos termos de declaração de utilidade ou necessidade pública, ou interesse social, realizada pelo Poder Público (importante salientar que o consórcio de direito público só poderá executar a desapropriação. A declaração expropriatória é exclusiva dos entes federados e de quem a lei permitir);

> Vale mencionar que, no XX Exame aplicado em Salvador, a banca entendeu que, após a constituição do consórcio, poderá ele promover desapropriação, desde que prevista no protocolo, mas a declaração de utilidade pública não pode ser feita pelo consórcio.

3. emitir documentos de cobrança e exercer atividades de arrecadação de tarifas e outros preços públicos pela prestação de serviços ou pelo uso ou outorga de uso de bens públicos por eles administrados ou, mediante autorização específica, pelo ente da Federação consorciado;
4. outorgar concessão, permissão ou autorização de obras ou serviços públicos mediante autorização prevista no contrato de consórcio público, que deverá indicar de forma específica o objeto da concessão, permissão ou autorização e as condições a que deverá atender, observada a legislação de normas gerais em vigor.

3.16 REGIME JURÍDICO E CONSTITUIÇÃO DOS CONSÓRCIOS

O consórcio público de direito público tem regência integral pelo direito público e adquire personalidade jurídica mediante a vigência das leis de ratificação do protocolo de intenções.

No entanto, o consórcio público de direito privado possui regime híbrido e adquire personalidade jurídica mediante o atendimento dos requisitos da legislação civil, ou seja, com o registro dos atos constitutivos. Neste caso, o consórcio público observará as normas de direito público no que concerne à realização de licitação, celebração de contratos, prestação de contas e admissão de pessoal (concurso público), que será regido pela Consolidação das Leis do Trabalho – CLT.

> A propósito, no XIX Exame, a banca considerou que o consórcio público de direito privado, formado entre um Estado e três Municípios, seria constituído por contrato e adquiriria personalidade jurídica mediante o atendimento dos requisitos da legislação civil.

3.17 CONTROLE FINANCEIRO DOS CONSÓRCIOS

O consórcio público está sujeito à fiscalização contábil, operacional e patrimonial pelo Tribunal de Contas competente para apreciar as contas do Chefe do Poder Executivo representante legal do consórcio, inclusive quanto à legalidade, legitimidade e economicidade das despesas, atos, contratos e renúncia de receitas, sem prejuízo do controle externo a ser exercido em razão de cada um dos contratos de rateio.

4. INTERVENÇÃO ESTATAL NA PROPRIEDADE

O instituto das intervenções estatais na propriedade é um dos temas preferidos pela banca, já tendo sido cobrado 14 vezes até o XXIV Exame. Neste ponto, veremos com maior cuidado a modalidade de intervenção mais drástica, a Desapropriação, cobrada 10 vezes até aqui.

Inicialmente, é preciso relembrar alguns conceitos sobre o direito de propriedade. O sistema brasileiro consagra a liberdade e o direito de ter propriedades privadas, conforme inciso XXII do art. 5º da CRFB. No entanto, tal direito não é absoluto e ilimitado. Pelo contrário, é um direito relativo e condicionado!

A utilização da propriedade deve obedecer às normas sociais previstas na CRFB. Sendo assim, não se admitem a não utilização, a subutilização, a não edificação e a utilização ilegal da propriedade. Em suma, devemos condicionar a utilização da propriedade a fim de atingir as múltiplas faces de sua FUNÇÃO SOCIAL – arts. 5º, XXIII, e 170, III, da CRFB.

Nesse sentido, caso se verifique a violação à função social, deve o Estado intervir para amoldá-la a essa qualificação. Além da adequação da propriedade a sua função social, pode o Estado intervir para atender ao interesse coletivo, com base no princípio da SUPREMACIA DO INTERESSE PÚBLICO. Assim, o direito de propriedade é relativo e condicionado.

Em resumo, os dois fundamentos das intervenções estatais na propriedade são os princípios da função social e da supremacia do interesse público.

IMPORTANTE: todas as modalidades de intervenção na propriedade são imperativas, ou seja, independem da vontade do proprietário.

4.1 MODALIDADES DE INTERVENÇÕES

Dependendo do fato gerador da intervenção e de sua finalidade, o Estado pode simplesmente intervir na propriedade, de forma a criar uma restrição branda em sua utilização, sem retirar a propriedade de seu dono, ou pode mesmo suprimir a propriedade. No primeiro caso, teremos as chamadas intervenções restritivas. No segundo caso, a intervenção supressiva.

- Modalidades restritivas – são modalidades restritivas: (i) a Servidão Administrativa; (ii) a Requisição Administrativa; (iii) a Ocupação Temporária ou Provisória; (iv) o Tombamento; e (v) a Limitação Administrativa.
- Modalidade supressiva – (vi) a Desapropriação.

Vejamos as mais cobradas:

(i) Servidão Administrativa

É a modalidade restritiva que representa a imposição de um direito real de natureza pública sobre coisa de outrem, em que o proprietário tem a obrigação de tolerar um ônus parcial sobre o imóvel de sua propriedade, em benefício da passagem ou fixação de um serviço público ou de um bem afetado a um serviço público.

Não ocasiona a perda da propriedade, mas afeta a exclusividade do direito de propriedade, porque transfere a outrem as faculdades de uso e gozo. São relações individualizadas e podem ser instituídas por acordo administrativo ou sentença judicial.

A servidão, via de regra, é onerosa. O valor da indenização deve compensar as restrições impostas e admitem-se juros compensatórios, quando o uso efetivo do bem antecede o pagamento da indenização.

Exemplos de servidões administrativas – instalação de redes elétricas, oleodutos e gasodutos; fixação de placas de ruas; servidão de trânsito (uso do solo para fins urbanísticos).

Base normativa: art. 40 do Decreto-lei n. 3.365/41.

> No III Exame Unificado, a banca registrou que a servidão administrativa é uma forma de intervenção restritiva do Estado na propriedade que afeta as faculdades de uso e gozo sobre o bem objeto da intervenção, em razão de um interesse público. E, no X Exame, entendeu que cabe indenização pelos danos decorrentes dessa forma de intervenção na propriedade.

Dica de prova: a questão abordou uma intervenção necessária à instalação de equipamento público de caráter permanente, então é servidão!

(ii) Requisição Administrativa

Dica de prova: a questão mencionou alguma situação de perigo público, como enchentes, sequestros, afogamentos, então é requisição!

(iii) Ocupação Temporária ou Provisória

Dica de prova: a questão falou em necessidade provisória de utilização, sem o perigo público, então é ocupação provisória!

(iv) Limitação Administrativa

Dica de prova: a questão abordou uma medida de intervenção de caráter geral e gratuita, então é limitação!

Vejamos o quadro-resumo abaixo:

	NATUREZA JURÍDICA	OBJETO	PRAZO	INSTITUIÇÃO	INDENIZAÇÃO
Servidão Administrativa	Direito real.	Bens imóveis alheios.	Indeterminado.	Acordo ou decisão judicial.	Prévia e condicionada (no caso de prejuízo).
Requisição	Direito pessoal.	Bens móveis, imóveis e serviços.	Transitório.	Atos autoexecutórios (iminente perigo público).	Só se houver prejuízo. É posterior.
Ocupação Temporária	Direito pessoal.	Bens imóveis.	Transitório.	Ato formal (necessidade de realização de obras e serviços públicos).	Só se houver prejuízo.
Limitação Administrativa	Atos legislativos ou administrativos de caráter geral.	Interesses públicos abstratos.	Indeterminado.	Leis de caráter geral.	Não há.

(v) Tombamento

O tombamento caracteriza-se pela limitação restritiva e perpétua ao direito de propriedade, que tem como fato gerador a necessidade de proteção do patrimônio cultural, artístico, histórico, arqueológico, turístico ou paisagístico brasileiro, em benefício das gerações futuras. O tombamento é uma das formas de acautelamento e preservação desse patrimônio.

Efeitos do tombamento – restrições ao uso e disposição do bem tombado:

1. Necessidade de registro no RGI.
2. Vedação à demolição e alteração do bem sem a prévia manifestação do Poder Público.
3. Dever de conservação. Deve o proprietário manter o bem adequado às suas características culturais. Se não dispuser de recursos, deve o Poder Público executar eventuais obras de conservação às suas expensas.
4. Dever de observância da vizinhança quanto à visibilidade do bem. Sem prévia autorização do Poder Público, não se poderá, na vizinhança da coisa tombada, fazer construção que lhe impeça ou reduza a visibilidade, nem nela colocar anúncios ou cartazes, sob pena de ser destruída a obra ou retirado o objeto.

IMPORTANTE: o bem tombado PODE ser alienado (vendido) e gravado. O atual CPC revogou o art. 22 do Decreto-lei n. 25/37, que cuida do tombamento na esfera federal, não sendo mais necessário garantir o direito de preferência ao Poder Público.

> No VII Exame, a banca esclareceu que o proprietário do bem, mesmo diante do tombamento promovido pelo Município, poderá gravá-lo com o penhor.

(vi) Desapropriação

A desapropriação, ou expropriação, é a modalidade mais drástica de intervenção estatal na propriedade, pois não se limita a restringir o uso. A desapropriação retira a propriedade – modalidade supressiva.

Trata-se de um procedimento administrativo de Direito Público, pelo qual o Poder Público ou quem possui autorização legal ou contratual, mediante prévia declaração de necessidade pública, utilidade pública ou interesse social, impõe ao proprietário a perda de um bem, compulsoriamente e de forma originária, incorporando-o ao seu patrimônio, em regra de maneira indenizatória.

A matriz da desapropriação está no art. 5º, XXIV, da CRFB, regulamentado pelo Decreto-lei n. 3.365/41 (Estatuto Geral – desapropriação por utilidade e necessidade públicas) e pela Lei n. 4.132/62 (desapropriação por interesse social).

> A propósito, no II Exame Unificado, a banca apontou como requisitos constitucionais da desapropriação a comprovação da necessidade ou utilidade pública ou de interesse social; pagamento de indenização prévia ao ato de imissão na posse pelo Poder Público, e que seja justo e em dinheiro; e observância de procedimento administrativo, com respeito ao contraditório e ampla defesa por parte do proprietário.

4.2 PRESSUPOSTOS

O pressuposto de uma desapropriação deve estar claro no ato administrativo que declarar o interesse público em determinado bem. A própria Constituição fixou os pressupostos expropriatórios ao mencionar no art. 5º, XXIV, que a lei estabeleceria o procedimento para desapropriação por necessidade ou utilidade pública, ou por interesse social.

A necessidade ou utilidade pública e o interesse social são os pressupostos eleitos pela Carta Magna. Os primeiros são tratados na Lei Geral de Desapropriações – Decreto-lei n. 3.365/41, enquanto o interesse social possui regramento próprio previsto na Lei n. 4.132/62.

Além da previsão legal, existem basicamente duas outras diferenças importantes entre eles, que costumam ser cobradas em provas:

	CADUCIDADE DO DECRETO	DESTINAÇÃO DO BEM	EXEMPLOS
Necessidade ou Utilidade Pública	O Decreto que declara a desapropriação de um bem, tendo como pressuposto a necessidade ou utilidade pública, perde seus efeitos em 5 anos, caso a desapropriação não seja iniciada.	Os bens desapropriados devem atender à coletividade como um todo.	Construção de escola, hospital, viadutos, ampliação de vias, obras de prevenção de acidentes.
Interesse Social	Caducidade do Decreto – 2 anos.	Em regra, os bens expropriados possuem destinatários certos, que a lei credencia para recebê-los e utilizá-los convenientemente.	Assentamentos populares, reforma agrária.

4.3 OBJETO

Desde que tenham valor comercial, todos os bens podem ser objeto de desapropriação, incluindo as coisas móveis ou imóveis, corpóreas ou incorpóreas, públicas ou privadas. O espaço aéreo e o subsolo também podem ser expropriados, quando da utilização do bem puder resultar prejuízo patrimonial ao proprietário do solo – art. 2º e parágrafos do Decreto-lei n. 3.354/41.

> Nesse sentido, a banca se posicionou no IX Exame – Ipatinga, ao dizer que a desapropriação do espaço aéreo ou do subsolo só se tornará necessária, quando de sua utilização resultar prejuízo patrimonial do proprietário do solo.

Contudo, há bens que não podem ser objeto de desapropriação, pois carecem de valor econômico (patrimonial), como é o caso dos direitos personalíssimos (honra, liberdade, cidadania) e dos bens em outros Municípios ou Estados – um Município desapropriando um bem localizado em outro Município –, pois violaria a autonomia federativa.

<u>Bens públicos</u> – os bens públicos também podem ser objeto de desapropriação, desde que se observem dois requisitos (art. 2º, § 2º, do Decreto-lei n. 3.365/41):

1. autorização legislativa específica;
2. a União pode desapropriar bens de Estados e Municípios; Estados podem desapropriar bens de Municípios; mas estes últimos não podem desapropriar bens públicos de outros entes.

IMPORTANTE: o STF não admite a desapropriação de bens estaduais ou municipais por outro Estado ou Município, respectivamente.

IMPORTANTE: vamos imaginar que um determinado Município queira desapropriar um bem, ações, cotas ou direitos representativos do capital que pertence a uma sociedade de economia mista federal. É possível? Em regra não, salvo mediante prévia autorização, por decreto do Presidente da República.

4.4 DESAPROPRIAÇÃO POR ZONA

Ocorre nos casos em que a Administração Pública deseja realizar uma obra pública de grande vulto e se antecipa na valorização que esta obra trará aos imóveis adjacentes, incluindo esta área contígua na desapropriação pelo preço que antecede à realização da obra e, alienando-os posteriormente, beneficia-se com a diferença entre o preço da aquisição e o de revenda.

Essas hipóteses também são conhecidas como "desapropriações extensivas", e estão previstas no art. 4º do Decreto-lei n. 3.365/41. Convém registrar que o proprietário que tiver seu bem prejudicado extraordinariamente em sua destinação econômica pela desapropriação de áreas contíguas terá direito a reclamar perdas e danos do expropriante.

> No XVII Exame, a banca confirmou que é válida, no curso da obra, a desapropriação, pelo Município, de novos imóveis em área contígua necessária ao desenvolvimento da obra.

4.5 FASES OU PROCEDIMENTO DA DESAPROPRIAÇÃO

A desapropriação é um procedimento composto por uma sucessão de atos definidos em lei e que terminam com a incorporação do bem ao patrimônio público. Esse procedimento compreende duas fases: a declaratória e a executória, abrangendo esta última uma etapa administrativa e outra judicial.

- Fase Declaratória – a declaração expropriatória é um poder de império. Trata-se de um ato discricionário, que pode ser feito pelo Poder Executivo, por decreto (art. 6º do Estatuto), pelo Legislativo, por lei (art. 8º do Estatuto), cumprindo, neste caso, ao Executivo, praticar os atos necessários à sua efetivação, ou por ato administrativo de umas das autarquias dotadas de competência expropriante.

Esta primeira fase já produz alguns efeitos importantes, tais como: submeter o bem à força expropriatória do Estado; fixar o Estado do bem para fins de futura indenização (art. 26, § 1º, do Estatuto); iniciar o prazo de caducidade da declaração.

IMPORTANTE: caducidade é a perda superveniente dos efeitos jurídicos de um ato administrativo em decorrência de certa situação fática ou jurídica mencionada expressamente na lei. A declaração de utilidade pública ou necessidade pública para fins de desapropriação caduca em 5 anos (art. 10 do Estatuto). E a declaração de interesse social caduca em 2 anos (art. 3º da Lei n. 4.132/62). A caducidade da declaração de desapropriação é temporária, pois, decorrido um ano, poderá ser o mesmo bem objeto de nova declaração.

> Quantos aos efeitos dessa fase declaratória, além dos mencionados acima, a banca, no IX Exame, acrescentou, ainda, o nascimento, para a Administração, do direito de penetrar no bem objeto da desapropriação.

- Fase Executória ou de Promoção – conjunto de medidas necessárias à efetivação da desapropriação, pela transferência do bem ao patrimônio público.

A fase executória poderá ser apenas ADMINISTRATIVA quando houver acordo entre expropriante e expropriado a respeito da indenização, hipóteses em que serão observadas formalidades normais de uma compra e venda (desapropriação amigável).

Se não houver acordo ou o proprietário for indefinido, a fase executória deverá ser JUDICIAL e só poderão ser discutidas questões relativas a preço ou a vício processual (art. 9º do Estatuto).

4.6 SUJEITOS DA DESAPROPRIAÇÃO

O sujeito passivo é o proprietário do bem expropriado. Vejamos o quadro abaixo, com os sujeitos da desapropriação:

Fase Declaratória	A União, os Estados, os Municípios, o Distrito Federal e os Territórios, além do DNIT (Lei n. 10.233/2001, art. 82, IX) e da ANEEL, (Lei n. 9.074/95, art. 10).
Fase Executória ou de Promoção	Autarquias, fundações públicas, empresas publicas, sociedade de economia mista, concessionários de serviços públicos e os estabelecimentos de caráter público ou que exerçam funções delegadas de Poder Público, mediante autorização expressa, constante de lei ou contrato.

O sujeito ativo é aquele que detém o direito subjetivo de expropriar, de submeter o bem à força expropriatória. Não se confundem com os sujeitos que podem promover a desapropriação, meramente atividades executórias. Lembrando que os sujeitos ativos também podem executar a desapropriação.

> No VII Exame, ao questionar sobre a declaração de desapropriação feita por uma estatal, a banca entendeu que os proprietários poderiam opor-se à desapropriação, ao fundamento de que a empresa pública não é competente para declarar um bem como de utilidade pública. Nesta mesma linha de raciocínio, no VIII Exame, a banca registrou que a sociedade concessionária poderia promover desapropriações mediante autorização expressa, constante de lei ou contrato.

4.7 INDENIZAÇÃO E PARCELAS INDENIZATÓRIAS

Como regra geral, a indenização a ser paga ao expropriado pela perda do bem deve ser JUSTA, PRÉVIA e EM DINHEIRO.

Exceções – desapropriação para fins de reforma agrária (art. 184 e § 1º da CRFB/88); desapropriação para fins urbanísticos (art. 182, § 4º, III, da CRFB/88); e expropriação confiscatória (sem indenização – art. 243 da CRFB).

Cabe frisar que devem ser incluídas no cálculo da indenização as seguintes parcelas:

i. o valor do bem expropriado com todas as benfeitorias que já existiam no imóvel antes do ato expropriatório; quanto às benfeitorias posteriores, aplica-se a regra do art. 26, § 1º, do Decreto-lei n. 3.365/41;
ii. lucros cessantes e danos emergentes;
iii. juros compensatórios, em caso de ter havido imissão provisória na posse, computando-se a partir da imissão;
iv. juros moratórios;
v. honorários advocatícios;
vi. correção monetária, calculada a partir do laudo de avaliação do bem.

4.8 MODALIDADES DE DESAPROPRIAÇÃO

Existem duas modalidades mais conhecidas de desapropriação.

1. Desapropriação Comum ou Ordinária – prevista no Decreto-lei n. 3.365/41, tem como fundamento a supremacia do interesse público sobre o privado e requer que a indenização seja feita de forma justa, prévia e em pecúnia.
2. Desapropriação Sancionatória (extraordinária ou especial) – tem como fundamento a violação ao princípio da utilização conforme a função social da propriedade, quer seja pela não edificação, não utilização, subutilização ou utilização ilegal da propriedade.

Em relação às desapropriações sancionatórias, vejamos o quadro a seguir:

	COMPETÊNCIA	PREVISÃO	INDENIZAÇÃO
Por Descumprimento da Função Social da Propriedade Urbana	Municípios	Lei n. 10.257/2001 (Estatuto da Cidade) e art. 182, § 4º, da CRFB.	Títulos da dívida pública de emissão previamente aprovada pelo Senado Federal, com prazo de resgate de até dez anos, em parcelas anuais, iguais e sucessivas.
Por Descumprimento da Função Social da Propriedade Rural	União Federal	Arts. 184 a 186 da CRFB, e Lei Complementar n. 76/93, alterada pela Lei Complementar n. 88/96.	Títulos da dívida agrária, resgatáveis em até 20 anos, sendo, no entanto, as benfeitorias úteis e necessárias pagas em dinheiro – art. 184, § 1º, CRFB.
Por Uso Ilegal da Propriedade (Culturas Ilegais de Plantas Psicotrópicas ou a Exploração de Trabalho Escravo)	União Federal	Art. 243 da CRFB e Lei n. 8.257/91.	Não há indenização.

IMPORTANTE: em relação à desapropriação confiscatória, a medida sancionatória recairá sobre a totalidade do imóvel, ainda que o cultivo ilegal ou a utilização de trabalho escravo tenham ocorrido em apenas parte dele. Além disso, a expropriação pode ser afastada, desde que o proprietário comprove que não incorreu em culpa, ainda que *in vigilando* ou *in eligendo*.

5. SERVIÇOS PÚBLICOS, CONCESSÃO E PERMISSÃO

O tema relativo aos serviços públicos, uma das principais atividades estatais, já foi objeto de 11 questões até o XXIV Exame. Se incluirmos as seis questões sobre as PPPs (Parcerias Público-Privadas), espécie de concessão especial de serviços, chegaremos a 17 questões até aqui, uma quantidade considerável de abordagens.

De maneira resumida, podemos dizer que o serviço público corresponde a toda atividade prestada pelo Estado, com base legal (Lei n. 8.987/95) e sob o regime público (art. 175 da CRFB), com efeitos imediatos ou mediatos, e objetivando a satisfação das necessidades de interesse geral.

5.1 CONCESSÕES E PERMISSÕES DE SERVIÇO PÚBLICO

Concessão de serviço público – é a delegação de sua prestação, feita pelo poder concedente (Estado), mediante licitação, na modalidade de concorrência, à pessoa jurídica ou consórcio de empresas que demonstre capacidade para seu desempenho, por sua conta e risco e por prazo determinado (art. 2º, II, da Lei n. 8.987/95).

Características principais do conceito: (i) necessidade de licitação na modalidade concorrência; (ii) pessoa jurídica; (iii) por conta e risco; (iv) por prazo determinado.

Permissão de serviço público – é a delegação, a título precário, mediante licitação, da prestação de serviços públicos, feita pelo poder concedente à pessoa física ou jurídica que demonstre capacidade para seu desempenho, por sua conta e risco.

Ambas possuem natureza de contrato administrativo; no entanto, existem algumas diferenças entre Concessão e Permissão:

	QUANTO AO PARTICULAR	NATUREZA DO VÍNCULO CONTRATUAL	LICITAÇÃO
Concessão	Só pode ser pessoa jurídica, sozinha ou em consórcio.	Vínculo não precário.	Modalidade concorrência.
Permissão	Pode ser pessoa jurídica ou física.	Vínculo precário.	Lei não definiu.

IMPORTANTE: o art. 40 da Lei n. 8.987/95 dispõe que o contrato de permissão de serviço público, além de vínculo precário, também seria de adesão. No entanto, é bom registrar que TODOS os contratos administrativos são de adesão!

5.2 MODALIDADES DE CONCESSÃO DE SERVIÇOS PÚBLICOS

A concessão de serviço público pode ser comum ou especial. A principal diferença entre ambas é quanto à participação financeira do poder concedente. Nas concessões comuns da Lei n. 8.987/95, não há aporte financeiro do poder concedente. Já nas concessões especiais, conhecidas como PPPs (parcerias público-privadas), a participação financeira do "parceiro público" é da essência do contrato.

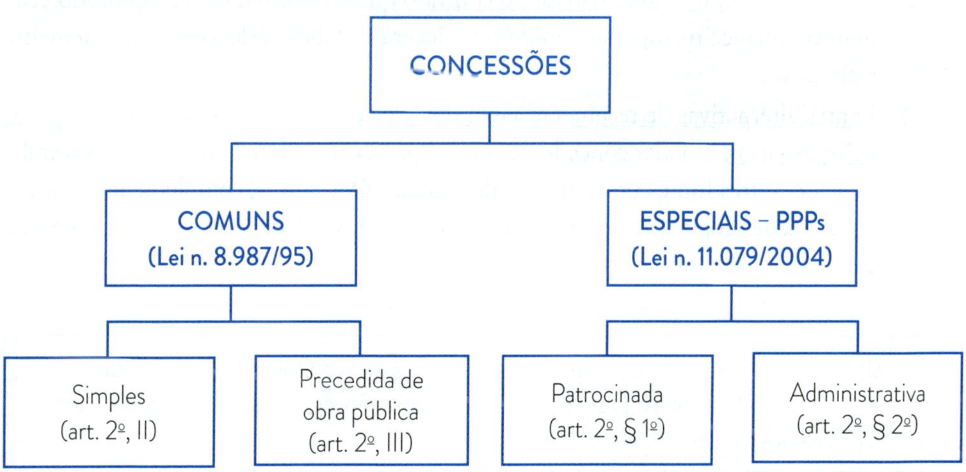

IMPORTANTE: em relação às concessões comuns precedidas da execução de obra pública, o Poder Concedente alinha com o concessionário a execução de determinada obra pública por sua conta e risco, delegando ao particular concessionário, após a conclusão das obras, sua exploração por determinado prazo.

> No XIV Exame, a banca entendeu que, no caso de o Estado delegar a reforma, manutenção e operação de uma rodovia estadual à iniciativa privada, com a previsão de que a amortização dos investimentos e a remuneração do particular decorram apenas da tarifa cobrada dos usuários do serviço (sem participação financeira do Estado), estaremos diante de uma concessão de serviço público precedida da execução de obra pública.

IMPORTANTE: vale ressaltar que, devido a sua natureza de contrato administrativo, as concessões, embora não se submetam diretamente à Lei n. 8.666/93, devem prever as cláusulas exorbitantes ou de privilégios, conforme estabelece o art. 23, V, da Lei n. 8.987/95.

5.3 ONZE CARACTERÍSTICAS DA LEI DE CONCESSÕES COMUNS – LEI N. 8.987/95

1. Embora a prestação de serviço público seja considerada como relação consumerista, o CDC só se aplica de forma subsidiária, naquilo que não colidir com a Lei n. 8.987/95.
2. Política tarifária: as tarifas cobradas pelos concessionários são fixadas por ato do poder concedente. Não pode a Administração, sem prévia justificativa, alterar o valor das tarifas. Somente no caso de previsão contratual, redução dos ônus e encargos do concessionário ou mediante indenização, poderá o poder concedente alterar o valor das tarifas, de forma a manter o equilíbrio contratual.
3. Em havendo alteração unilateral do contrato que afete o seu inicial equilíbrio econômico-financeiro, o poder concedente deverá restabelecê-lo, concomitantemente à alteração.
4. Fontes alternativas de receita em favor dos concessionários, além das tarifas pagas pelos usuários: o poder concedente poderá prever no edital de licitação a possibilidade de outras fontes provenientes de receitas alternativas, complementares, acessórias ou de projetos associados, com ou sem exclusividade, com vistas a favorecer a modicidade das tarifas.

> No XIII Exame, a banca considerou possível a previsão em edital de licitação da utilização de receitas alternativas, provenientes da exploração de placas publicitárias, com vistas a favorecer a modicidade das tarifas.

5. A outorga de concessão ou permissão não terá caráter de exclusividade, salvo no caso de inviabilidade técnica ou econômica devidamente justificada.
6. Na licitação das concessões, o edital poderá prever a inversão da ordem das fases de habilitação e julgamento.
7. Arbitragem: o contrato de concessão poderá prever o emprego de mecanismos privados para resolução de disputas decorrentes ou relacionadas ao contrato, inclusive a arbitragem.
8. Responsabilidade do concessionário: cabe ao concessionário responder por todos os prejuízos causados ao poder concedente, aos usuários ou a terceiros, sem que a fiscalização exercida pelo órgão competente exclua ou atenue essa responsabilidade. Os contratos celebrados entre a concessionária e terceiros, reger-se-ão pelo direito privado, não se estabelecendo qualquer relação jurídica entre os terceiros e o poder concedente.
9. Subconcessão: é admitida a subconcessão, nos termos previstos no contrato de concessão, sempre precedida de concorrência, desde que expressamente autorizada pelo poder concedente.
10. Intervenção: o poder concedente poderá intervir na concessão, por meio de decreto do poder concedente, com o fim de assegurar a adequação na prestação do serviço, bem como o fiel cumprimento das normas contratuais, regulamentares e legais pertinentes.

> No XVI Exame, a banca considerou que, cessada a intervenção, a administração do serviço será devolvida à concessionária, se não for extinta a concessão.

11. Extinta a concessão por qualquer razão, haverá a imediata assunção do serviço pelo poder concedente, procedendo se aos levantamentos, avaliações e liquidações necessários. A assunção do serviço autoriza a ocupação das instalações e a utilização, pelo poder concedente, de todos os bens reversíveis.

5.4 EXTINÇÃO DO CONTRATO DE CONCESSÃO

São seis modalidades de extinção das concessões, que dependem de fato gerador específico: 1. termo final do prazo; 2. anulação; 3. rescisão; 4. caducidade; 5. encampação; 6. falência e extinção da concessionária.

1. Termo final do prazo – tem como fato gerador o advento do prazo contratual. Trata-se de uma forma natural de extinção das concessões. Todos os contratos de concessões estão sujeitos a prazo determinado. Findo o prazo, extingue-se, naturalmente, a concessão.
2. Anulação – tem como fato gerador algum vício de ilegalidade. Opera efeitos *ex tunc*.

3. Rescisão – tem como fato gerador o descumprimento de obrigações contratuais. A rescisão é deflagrada pelo concessionário, ou por acordo entre as partes, na hipótese de descumprimento de obrigações por parte do poder concedente. Conforme dispõe o art. 39 da Lei n. 8.987/95, apenas na via judicial é possível a rescisão da concessão, salvo quando for distrato (acordo).

IMPORTANTE: no caso da rescisão, os serviços prestados pela concessionária não poderão ser interrompidos ou paralisados, até a decisão judicial transitada em julgado. Sendo assim, a Lei de Concessões impede a aplicação da *exceptio non adimpleti contractus* (exceção do contrato não cumprido) em favor do concessionário, tendo em vista o princípio da continuidade do serviço público.

4. Caducidade – tem como fato gerador o descumprimento de obrigações contratuais. Porém, ao contrário da rescisão, a caducidade se observa quando há atividade culposa da concessionária, relativa à inexecução total ou parcial de suas obrigações contratuais. Pode ser decretada unilateralmente pelo poder concedente (decreto), após a observância obrigatória do procedimento de ampla defesa (devido processo legal), previsto no art. 38 da Lei de Concessões, independentemente de indenização prévia.

IMPORTANTE: a transferência de concessão ou do controle societário da conce ssionária, sem prévia anuência do poder concedente, também implica caducidade da concessão – art. 27 da Lei de Concessões.

No II Exame Unificado, a banca destacou uma importante característica dos contratos administrativos ao afirmar que, no caso de transferência do controle acionário para uma outra empresa privada, sem notificar previamente o poder concedente, a concessionária estaria sujeita à caducidade da concessão, tendo em vista o caráter *intuitu personae* do contrato de concessão.

5. Encampação – tem como fato gerador a ausência de conveniência e oportunidade na manutenção da execução do serviço público por parte do concessionário. É a retomada do serviço pelo poder concedente, durante o prazo de execução do contrato, por razões de interesse público. Também conhecida como resgate.

IMPORTANTE: a encampação, como forma de extinção das concessões, pressupõe duas condições prévias de validade do ato: autorização legislativa específica e prévia indenização ao concessionário.

6. Falência e extinção do concessionário – tem como fato gerador a incapacidade financeira do concessionário em manter a execução do serviço.

5.5 REVERSÃO

A reversão não é uma forma de extinção de concessões. Trata-se de um fenômeno administrativo que ocorre AO FIM das concessões, por necessidade de se manter a adequada prestação do serviço público. Extinta a concessão, retornam ao poder concedente todos os bens reversíveis, direitos e privilégios transferidos ao concessionário conforme previsto no edital e estabelecido no contrato.

Caso o contrato de concessão seja extinto naturalmente, pelo decurso do tempo, somente haverá indenização em relação às parcelas dos investimentos vinculados a bens reversíveis, ainda não amortizados ou depreciados.

> No XX Exame, a banca entendeu que a estipulação do retorno ao poder concedente de todos os bens reversíveis já amortizados, quando do advento do termo final do contrato, não ensejaria enriquecimento sem causa do Estado, por força do Princípio da Continuidade dos Serviços Públicos.

5.6 CONCESSÕES ESPECIAIS – PARCERIAS PÚBLICO-PRIVADAS

As concessões especiais, ou simplesmente Parcerias Público-Privadas (PPPs), previstas na Lei n. 11.079/2004, são contratos de prestação de obras ou serviços não inferiores a R$ 10 milhões, com duração mínima de 5 e, no máximo, 35 anos, firmados entre empresa privada e os governos federal, estadual ou municipal.

IMPORTANTE: de acordo com a Lei, é vedada a celebração de contrato de PPP que tenha como objeto único o fornecimento de mão de obra, o fornecimento e instalação de equipamentos ou a execução de obra pública.

> No IX Exame, a banca dispôs que as parcerias público-privadas não podem ter por objeto, exclusivamente, a execução de obra pública de restauração do Parque de Esportes.

A principal característica das concessões especiais, que as difere das concessões comuns, é a <u>necessidade de participação financeira do Poder Público</u>. E mais, a contraprestação da Administração Pública será obrigatoriamente precedida da disponibilização do serviço objeto do contrato de parceria público-privada.

Dependendo do modo de aporte, teremos duas modalidades de PPPs:

Concessão patrocinada: envolve, adicionalmente à tarifa cobrada dos usuários, uma contraprestação pecuniária do parceiro público ao parceiro privado. As tarifas cobradas dos usuários da concessão não são suficientes para pagar os investimentos feitos pelo parceiro privado. Assim, o Poder Público complementa a remuneração da empresa por meio de contribuições regulares.

IMPORTANTE: as concessões patrocinadas em que mais de 70% (setenta por cento) da remuneração do parceiro privado for paga pela Administração Pública dependerão de autorização legislativa específica.

> No XXI Exame, a banca abordou o caso de uma autarquia federal que divulgou edital de licitação para a concessão da exploração de uma rodovia que interliga diversos Estados da Federação. Como o fluxo esperado de veículos não era suficiente para garantir, por meio do pedágio, a amortização dos investimentos e a remuneração do concessionário, haveria, adicionalmente à cobrança do pedágio, contraprestação pecuniária por parte do Poder Público. Eis um exemplo de parceria público-privada, na modalidade concessão patrocinada.

Concessão administrativa: a Administração Pública é a usuária direta ou indireta dos serviços prestados no âmbito da PPP, ainda que envolva execução de obra ou fornecimento e instalação de bens. Isso ocorre quando não é possível ou conveniente cobrar do usuário pelo serviço de interesse público prestado pelo parceiro privado. Por isso, a remuneração da empresa é integralmente feita pelo Poder Público.

5.7 NOVE PRINCIPAIS CARACTERÍSTICAS DA LEI DAS PPPS – LEI N. 11.079/2004

1. Necessidade de contraprestação financeira por parte do Poder Público, ausente nas concessões comuns, em que o concessionário é remunerado exclusivamente pelas tarifas cobradas aos usuários. Dessa forma, não constitui parceria público-privada a concessão comum, assim entendida a concessão de serviços públicos ou de obras públicas quando não envolver contraprestação pecuniária do parceiro público ao parceiro privado.
2. Os contratos não podem ser inferiores a 10 milhões de reais.
3. Prazo mínimo de contrato de 5 anos e máximo de 35 anos.
4. A Lei n. 11.079/2004 trata de normais gerais, o que não impede que Estados e Municípios tenham suas próprias regras sobre PPPs, observadas as normas gerais.
5. As funções de regulação, jurisdicional, do exercício do poder de polícia e de outras atividades exclusivas do Estado são indelegáveis.
6. Repartição de riscos entre as partes, inclusive os referentes a caso fortuito, força maior, fato do príncipe e álea econômica extraordinária.

> No VI Exame, prova aplicada em Caxias-RJ, a banca confirmou que a Lei de Parcerias Público-Privadas atribui ao contrato autonomia para definir a repartição de riscos entre as partes, inclusive os referentes a caso fortuito, força maior, fato do príncipe e álea econômica extraordinária.

7. O contrato poderá prever o pagamento ao parceiro privado de remuneração variável vinculada ao seu desempenho, conforme metas e padrões de qualidade e disponibilidade definidos no contrato – contrato de performance.
8. Antes da celebração do contrato, deverá ser constituída sociedade de propósito específico (SPE), incumbida de implantar e gerir o objeto da parceria. Fica vedado à Administração Pública ser titular da maioria do capital votante das SPEs.
9. A contratação de parceria público-privada será precedida de licitação na modalidade de concorrência e o edital poderá prever a inversão da ordem das fases de habilitação e julgamento.

6. PODERES ADMINISTRATIVOS

O tema dos poderes administrativos já foi cobrado 13 vezes até o XXIV Exame, com destaque absoluto para o Poder de Polícia, com 8 questões.

Cabe mencionar que não existem poderes de fato. Existem deveres, que são instrumentos jurídicos colocados à disposição da Administração Pública para que consiga desempenhar suas funções, de acordo com o interesse público.

6.1 ABUSO DE PODER

Ao se valer desses instrumentos de poder, não raras são as vezes em que o gestor público faz mau uso deles, ou praticando atos fora de suas competências legais, ou desviando a finalidade a que se destinam, ou, até mesmo, omitindo-se de praticá-los. Quando isso ocorre, diz-se que houve abuso de poder.

O abuso de poder, além da omissão, admite duas espécies: o Excesso de poder e o Desvio de poder/finalidade.

No excesso de poder, o agente público pratica ato além de suas competências legais. Ex.: um gerente administrativo que remove um servidor, sendo que a competência para a remoção era do diretor.

No desvio de finalidade ou de poder, o agente possui competência para a prática do ato, porém, em vez do interesse público, acaba satisfazendo interesse pessoal. Ex.: o diretor remove um servidor por vingança.

> No XIX Exame, a banca considerou que não é cabível a remoção do servidor com finalidades punitivas, por se ter, em tal hipótese, desvio de finalidade.

A omissão em praticar determinado ato também gera abuso de poder, desde que haja de fato violação a direitos subjetivos. O silêncio da lei em relação ao prazo para a prática de um ato, não opera efeitos positivos nem negativos. Deve-se adotar a teoria do prazo razoável. Nesses casos, a parte prejudicada deverá buscar a tutela judicial a fim de que o juiz determine prazo para a prática do ato.

A Lei n. 4.898/65, que regula o direito de representação e o processo de responsabilidade administrativa civil e penal, contra as autoridades que, no exercício de suas funções, cometerem abusos, é um importante instrumento de controle do abuso de poder.

6.2 CLASSIFICAÇÃO OU ESPÉCIES DE PODERES ADMINISTRATIVOS

No sistema jurídico brasileiro, a doutrina identifica seis espécies de poderes administrativos, conforme a necessidade de atingir e assegurar o interesse público. Vejamos as principais.

1. **Poder hierárquico** – é a prerrogativa do Poder Executivo para escalonar, organizar e distribuir as competências entre seus órgãos, estabelecendo a relação de subordinação entre os servidores do seu quadro de pessoal.

IMPORTANTE: a hierarquia orgânica é elemento típico da organização e ordenação dos serviços administrativos. Sendo assim, só existe em razão da função administrativa.

Entre os efeitos do Poder Hierárquico, podemos destacar: (i) dar ordens; (ii) revisar e corrigir atos; (iii) fiscalizar a execução dos atos; (iv) obedecer a ordens, salvo manifestamente ilegais; (v) delegar competências; (vi) avocar competências.

> No II Exame Unificado, a banca entendeu que o poder hierárquico é inerente à ideia de verticalização administrativa, e revela as possibilidades de controlar atividades, delegar competência, avocar competências delegáveis e invalidar atos, dentre outros.

Em relação à delegação de competência, prevista entre os arts. 11 a 14 da Lei n. 9.784/99, cabe lembrar que a competência é irrenunciável. No entanto, em razões de circunstâncias de índole técnica, social, econômica, jurídica ou territorial, admite o exercício cumulativo de atribuições, onde uma autoridade delega parte de sua competência, por certo prazo, a outra autoridade.

Vejamos as principais e mais cobradas características da delegação de competência:

- Pode se dar no plano vertical (mais comum) ou no plano horizontal. Quando há hierarquia entre as autoridades delegante e delegada, a delegação é vertical. Caso contrário, será horizontal.
- É parcial, precária (pode ser revogada a qualquer tempo), formal (tem que ser publicada) e temporária.
- Os atos praticados sob delegação, são de responsabilidade da autoridade delegada, ou seja, se A delegou parte de sua competência a B, a responsabilidade pelos atos praticados será de B.
- A delegação de competência é um fenômeno advindo do poder hierárquico, muito útil na fluidez do serviço público. No entanto, existem atos que pela sua própria natureza não podem ser delegados, são eles:

CE NO RA

Em que:

- CE – Competências Exclusivas (art. 13, III, da Lei n. 9.784/99).
- NO – Atos Normativos (art. 13, I, da Lei n. 9.784/99).
- RA – Decisões em Recursos Administrativos (art. 13, II, da Lei n. 9.784/99).

O outro efeito do poder hierárquico que merece destaque é a avocação, prevista no art. 15 da Lei n. 9.784/99, que consiste em uma autoridade chamar para si funções originalmente atribuídas a um subordinado. Possui caráter excepcional, é sempre vertical, e só deve ser adotada quando houver motivos relevantes para a substituição da competência.

2. **Poder disciplinar** – trata-se do poder conferido à Administração Pública para apurar infrações funcionais e aplicar penalidades aos servidores públicos e demais pessoas sujeitas à disciplina administrativa. Em relação à disciplina interna (servidores), a investigação de ilícitos cometidos é obrigatória (art. 143 da Lei n. 8.112/90) e a aplicação da punição por parte do superior hierárquico é um poder-dever, se não o fizer incorrerá em crime contra a Administração Pública (Código Penal, art. 320).

IMPORTANTE: o poder disciplinar vai além da disciplina interna e alcança todos aqueles que mantêm vínculo jurídico com a Administração Pública, como os contratados e alunos de escola e universidades públicas. Sendo assim, a multa aplicada a um contratado em razão do descumprimento de obrigação contratual é atribuída ao poder disciplinar, bem como uma punição dada a um aluno de escola pública.

3. **Poder de polícia** – sem dúvida, o ponto mais cobrado na matéria de poderes. Para facilitar seus estudos, vou colocar aqui um conceito dado pelo Código Tributário, lá

no art. 78, aproveitando apenas uma parte dele: "Considera-se poder de polícia atividade da administração pública que, limitando ou disciplinando direito, interesse ou liberdade, regula a prática de ato ou abstenção de fato, em razão de interesse público (...)".

Dessa forma, o poder de polícia é uma atividade própria do Estado, exercida diretamente ou por seus delegatários, prevista em lei e materializada por atos concretos de repressão, prevenção ou fiscalização, impondo coercitivamente aos particulares um dever de abstenção, limitando direitos, bens e atividades em benefício de toda a coletividade.

PODER DE POLÍCIA ADMINISTRATIVA	PODER DE POLÍCIA JUDICIÁRIA
1. É, via de regra, preventivo. Mas pode ser repressivo em determinados casos.	É sempre repressivo.
2. Incide sobre direitos, bens e atividades.	Incide sobre pessoas.
3. É atividade administrativa de limitação de direitos particulares em benefício da coletividade.	É atividade investigativa e preparatória para a repressão por parte do Poder Judiciário.
4. Exercido por toda a Administração Pública.	Exercido por órgãos específicos como a Polícia Civil e a Polícia Federal.

Resumidamente, podemos dizer que o poder de polícia administrativa é um NÃO GERAL, pois se aplica a todos de forma geral e se caracteriza por ser uma abstenção.

IMPORTANTE: é exatamente neste ponto que o poder de polícia se afasta do poder disciplinar. Este último se consubstancia em uma relação individualizada e não geral, como ocorre com o poder de polícia.

6.3 OUTRAS CARACTERÍSTICAS DO PODER DE POLÍCIA ADMINISTRATIVA

1. Pode ser repressivo ou preventivo.
2. É fato gerador de taxa, por isso sua previsão no CTN.
3. Não é ilimitado. Encontra barreiras nos direitos dos cidadãos (direitos adquiridos e direitos subjetivos públicos), nas prerrogativas individuais (prisão especial para diplomados de forma preventiva) e nas liberdades públicas (locomoção, manifestação do pensamento, prática de culto religioso).
4. Não pode suprimir direitos, apenas limitá-los, restringi-los ou condicioná-los ao bem-estar comum, sempre de forma proporcional e razoável.

6.4 DELEGAÇÃO DO PODER DE POLÍCIA

O poder de polícia, por se caracterizar como poder de império, fundamentado na supremacia do interesse coletivo, em regra não pode ser delegado a pessoas jurídicas de direito privado. No entanto, a jurisprudência vem reconhecendo a necessidade de estabelecer fases ou momentos da atividade de polícia, inclusive com previsão legal (art. 269, § 1º, da Lei n. 9.503/97 – Código de Trânsito Brasileiro). Nesse sentido, ao examinar cada fase, podemos identificar que, em algumas delas, é possível o exercício por particulares, sem ofender o sistema jurídico. Vejamos:

1. Ordem de polícia – qualquer norma, princípio da legalidade. A ordem de polícia é matéria sujeita à reserva legal. Momento em que são estabelecidas as diretrizes da atividade sujeita ao poder de polícia do Estado.
2. Consentimento de polícia – ocorre sob o pálio da ordem de polícia. O consentimento de polícia para o exercício de atividades sujeitas ao controle do Estado é materializado pelo alvará, que pode ser uma licença ou uma autorização.

LICENÇA	AUTORIZAÇÃO
1. Ato administrativo vinculado e permanente (uma vez reunidas as condições da lei, deve ser concedido).	Ato administrativo discricionário e precário (pode ser revogado a qualquer tempo).
2. Típica para o consentimento de atividades que exijam grau de permanência, tais como: construir, dirigir, comércio, exercer profissão.	Típica para o consentimento de atividades que não podem ser permanentes, tais como: comércio ambulante em logradouro público, porte de armas, atividades perigosas.

3. Fiscalização de polícia – atividade instrumental. Serve para verificar se a atividade consentida está sendo realizada conforme a ordem de polícia.
4. Sanção de polícia – ocorre quando desobedecida a ordem de polícia. O poder sancionatório do Estado submete-se ao princípio da legalidade e proporcionalidade.

IMPORTANTE: diante disso, há um consenso no sentido de admitir que as atividades de consentimento e de fiscalização possam ser exercidas por particulares, ficando a ordem de polícia e a sanção de polícia restritas às pessoas jurídicas de Direito Público.

> No XVI Exame, a banca, ao analisar a contratação de uma sociedade empresária para instalar câmeras do tipo "radar", que fotografam infrações de trânsito, bem como disponibilizar agentes de trânsito para orientar os cidadãos (fiscalização) e aplicar multas (sanção), entendeu ser possível a contratação de equipamentos eletrônicos de fiscalização, mas o poder decisório não poderia ser transferido à empresa.

6.5 ATRIBUTOS DO PODER DE POLÍCIA

O poder de polícia tem atributos que lhe são específicos:

D A C

Em que:

- D – Discricionariedade.
- A – Autoexecutoriedade.
- C – Coercibilidade.

1. Discricionariedade – em matéria de poder de polícia, o atributo da discricionariedade é o livre atuar, com base em conveniência e oportunidade, sobre o momento de seu exercício e a sanção a ser aplicada, observadas a razoabilidade e a proporcionalidade entre a conduta e a sanção. Ex.: se, na atividade fiscalizatória, um agente público se depara com mercadoria estragada em estabelecimento comercial, ele deverá ponderar o grau de infração e aplicar a sanção adequada, prevista na lei.
2. Autoexecutoriedade – é a possibilidade de a Administração decidir e fazer atuar as suas próprias decisões, independentemente de ordem judicial, assegurados o contraditório e a ampla defesa que, em casos de flagrante e urgência, deverão ser postergados. Ex.: em uma *blitz*, o agente de trânsito não pode aguardar uma ordem judicial para apreender o veículo de transporte coletivo que não possui licença para tal atividade, sob pena de comprometer e esvaziar a atuação administrativa.

> No XIV Exame, a banca consignou que a cominação de multa a uma empresa particular, em razão da instalação de uma saída de esgoto clandestina em uma lagoa, representa exercício do poder de polícia, mas não autoriza a apreensão de bens para a quitação da dívida.

IMPORTANTE: nem todo ato de polícia é autoexecutório. A multa, por exemplo, é exigível, mas não é autoexecutória! A cobrança tem que ser efetivada por ação própria.

> No IX Exame, aplicado em Ipatinga-MG, a banca entendeu que a Administração goza da prerrogativa da autoexecutoriedade, mas a cobrança das multas aplicadas não se pode dar de maneira forçada, *manu militari*, devendo ser feita por meio de processo judicial, caso não ocorra o pagamento administrativamente.

3. Coercibilidade – é a imposição coercitiva, forçada, das medidas adotadas pela Administração no exercício do poder de polícia. Deve respeito ao princípio da proporcionalidade entre a irregularidade apontada e a sanção adotada. Importante deixar claro que tais meios coercitivos devem estar, previamente, indicados na lei que disciplina a matéria policiada (tipicidade). Ex.: a lei que proíbe jogar lixo em logradouro público traz medidas de coerção a quem fizer, tais como a multa (coerção indireta). A interdição de estabelecimento comercial e a apreensão de mercadorias são medidas de coerção direta.

7. ATOS ADMINISTRATIVOS

Este assunto já foi cobrado 11 vezes até o XXIV Exame, com destaque para o tema da extinção dos atos administrativos.

O ato administrativo é uma espécie de ato jurídico, porquanto produz efeitos jurígenos, consubstanciado na manifestação unilateral de vontade da Administração Pública, ou por quem lhe faça as vezes, sob a regência do Direito Público, individualizado por características próprias, tais como as relativas aos seus elementos formadores e às condições de sua válida produção, sujeito a duplo controle jurídico (administrativo e judicial).

IMPORTANTE: para ser ato administrativo, é necessário que produza efeitos jurídicos, seja manifestação unilateral de vontade, sob a regência do Direito Público.

7.1 ELEMENTOS OU REQUISITOS FORMADORES DOS ATOS ADMINISTRATIVOS

De acordo com o art. 2º da Lei de Ação Popular – Lei n. 4.717/65, os elementos dos atos administrativos são: (i) a competência; (ii) a forma; (iii) o objeto; (iv) o motivo; e (v) a finalidade (COMFIFORMOB ou FF.COM).

Importante é conhecer o que de fato leva à invalidação de um ato administrativo, analisando o vício em cada elemento, conforme o parágrafo único do art. 2º da Lei n. 4.717/65:

	COMPETÊNCIA	FORMA	OBJETO	MOTIVO	FINALIDADE
Vício	Caracterizado quando o ato não se incluir nas atribuições legais do agente que o praticou.	Consiste na omissão ou na observância incompleta ou irregular de formalidades indispensáveis à existência ou seriedade do ato.	Ocorre quando o resultado do ato importa em violação de lei, regulamento ou outro ato normativo.	Verifica-se quando a matéria de fato ou de direito, em que se fundamenta o ato, é materialmente inexistente ou juridicamente inadequada ao resultado obtido.	Verifica-se quando o agente pratica o ato visando a fim diverso daquele previsto, explícita ou implicitamente, na regra de competência.

No XIX Exame, a banca entendeu que, diante do erro na fundamentação da prática de um ato administrativo, o mesmo é inválido, uma vez que, pela teoria dos motivos determinantes, a validade do ato está ligada aos motivos indicados como seu fundamento.

7.2 ATRIBUTOS

Os atos administrativos, como espécies de atos jurídicos, possuem características que os destacam dos demais, porquanto partem de agentes públicos dotados de parcela de poder. São estes os atributos:

APITE

Em que:

- A – Autoexecutoriedade.
- P – Presunção de Legitimidade e Veracidade.
- I – Imperatividade.
- T – Tipicidade.
- E – Exigibilidade.

1. **Autoexecutoriedade** – significa que o ato administrativo, tão logo praticado, pode ser imediatamente executado, sem a necessidade de prévia ordem judicial. Cabe lembrar que nem todo ato administrativo é autoexecutório, bastando lembrar da multa.
2. **Presunção de legitimidade e veracidade** – os atos administrativos nascem com a presunção de serem verdadeiros e legítimos. Isso decorre da regência do ato (Direito Público) e da autoridade que o pratica. Por serem presumidamente verdadeiros, cabe ao particular provar o contrário. Desse atributo, decorrem a autoexecutoriedade e a inversão do ônus da prova.

IMPORTANTE: a presunção de legitimidade é apenas relativa, cabendo prova em contrário. No entanto, enquanto não provado, o ato produz efeitos regulares.

3. **Imperatividade** – significa que os atos administrativos são cogentes, ou seja, independem da vontade do administrado, que não pode se recusar a cumprir ordem contida em ato administrativo quando proferida de acordo com a lei.
4. **Tipicidade** – embora seja reconhecida sua discricionariedade, o ato administrativo deve corresponder a tipos previamente definidos pela lei para produzir os efeitos regulares. Em síntese, o ato administrativo deve ser típico.
5. **Exigibilidade** – é a característica que os atos administrativos possuem de serem exigidos quanto ao seu cumprimento, sob ameaça de sanção.

7.3 CONTROLE DO ATO ADMINISTRATIVO

O controle do ato administrativo, quando vinculado, pode se dar pela própria Administração, por meio da autotutela, mas também pelo Poder Judiciário, na qualidade de "guardião" da legalidade.

> Em um caso em que o prefeito de uma determinada cidade resolveu alterar unilateralmente as vias de transporte de ônibus municipais, modificando o que estava previsto nos contratos de concessão pública de transportes municipais válidos por vinte anos, para favorecer duas empresas concessionárias específicas, com que mantinha ligações políticas e familiares, a banca, no III Exame Unificado, entendeu que o prejudicado deveria ingressar com ação judicial, com pedido de liminar para que o Poder Judiciário exercesse o controle do ato administrativo expedido pelo prefeito e decretasse a sua nulidade ou suspensão imediata, já que eivado de vício e nulidade, por configurar ato fraudulento e atentatório aos princípios que regem a Administração Pública.

Já o controle do mérito administrativo (ato discricionário) se dá no âmbito interno da Administração, quando a conveniência e oportunidade de dada situação não se verificar mais. Assim, em regra, não cabe ao Judiciário controlar questão de mérito do ato, sob pena de violar os princípios da insindicabilidade e da separação dos poderes. Não pode o juiz substituir a valoração da conduta do administrador por sua própria.

IMPORTANTE: no entanto, a jurisprudência vem admitindo o controle judicial do mérito administrativo, de forma cautelosa. Pode o Judiciário examinar os atos discricionários a fim de verificar se: (i) a finalidade pública foi atendida, sem qualquer desvio de poder; (ii) se o ato administrativo observou a proporcionalidade e razoabilidade (se foi necessário e se os meios foram proporcionais aos fins pretendidos e executados); e (iii) se o ato atendeu aos motivos que determinaram a sua edição ou se apenas atendeu a interesses privados e secundários (teoria dos motivos determinantes).

> No XVII Exame, a banca considerou que, a despeito de se tratar de ato administrativo discricionário, é admissível o controle judicial do ato.

7.4 EXTINÇÃO DOS ATOS ADMINISTRATIVOS

Extinguir é retirar o ato administrativo do mundo jurídico. Existem diversas modalidades de extinção de ato. No entanto, abordaremos somente as principais.

1. Extinção por caducidade – caducidade significa a perda superveniente dos efeitos jurídicos, quando o advento de nova legislação impede a permanência da situação anteriormente consentida. Ex.: permissão de uso. Lei superveniente impede o uso privativo de bem público. O ato de permissão extingue-se por caducidade.

No XII Exame, a banca entendeu que deveria ser declarada a caducidade do ato administrativo que concedeu a um particular a autorização para a prática de determinada atividade e, posteriormente, é editada lei vedando a realização daquela atividade.

2. Extinção por anulação – ocorre quando há vicio de ilegalidade na prática do ato administrativo. Pode ser efetivada pela própria Administração ou pelo Poder Judiciário e opera efeitos retroativos (*ex tunc*).
3. Extinção por revogação – ocorre quando, embora legal, um ato se torna inconveniente ou inoportuno ao interesse público. Só pode ser extinto pela própria Administração e opera efeitos prospetivos (*ex nunc*).

No V Exame, a banca consignou que a revogação apenas pode se dar em relação aos atos válidos, praticados dentro de uma competência discricionária, produzindo efeitos *ex nunc*.

	COMPETÊNCIA PARA A EXTINÇÃO	EFEITOS DA EXTINÇÃO	LIMITES DA EXTINÇÃO (ATOS QUE NÃO PODEM SER EXTINTOS)
Anulação	Administração Pública (autotutela) e Poder Judiciário.	*Ex tunc.*	Teoria do ato consumado pelo decurso do tempo.
Revogação	Somente a Administração de qualquer dos Poderes.	*Ex nunc.*	1. Atos consumados ou que já exauriram seus efeitos. 2. Atos vinculados. 3. Atos declaratórios. 4. Atos que geram direitos adquiridos.

IMPORTANTE: o direito administrativo pátrio adotou a teoria dualista das nulidades, ao prever a possibilidade de convalidação (ajuste) de atos originalmente viciados. De acordo com a Lei n. 9.784/99, em decisão na qual se evidencie não acarretarem lesão ao interesse público nem prejuízo a terceiros, os atos que apresentarem defeitos sanáveis poderão ser convalidados pela própria Administração.

Sendo assim, são requisitos para a convalidação: (i) vícios devem ser sanáveis (competência e forma, desde que não seja essencial à validade do ato); (ii) não acarretar lesão ao interesse público nem prejuízo a terceiros; (iii) a verificação de que a convalidação do ato viciado será mais benéfica do que sua extinção.

8. LICITAÇÃO

A licitação vem sendo exigida com mais frequência nos últimos Exames e já foi cobrada 11 vezes até o XXIV Exame, com destaque para as modalidades de contratação direta, ou seja, exceções à licitação. No entanto, com o incremento de legislações tratando de licitações, hoje em dia temos um campo fértil para outros assuntos.

A licitação é um procedimento administrativo complexo, previsto em lei, formado por fases sucessivas e preclusivas, com o objetivo de celebrar uma contratação pública.

8.1 PREVISÃO CONSTITUCIONAL E LEGISLATIVA

A matriz constitucional da licitação está no art. 22, XXVII, ao dispor que compete privativamente à União Federal legislar sobre normas gerais de licitações e contratos administrativos. Isso quer dizer que não há impedimento aos Estados e Municípios para legislarem sobre licitações de forma complementar, apenas em aspectos regionais e locais, não afrontando as regras da lei geral.

Além do art. 22, XXVII, existem outros dois artigos na CRFB que tratam de licitações: o art. 37, XXI (que vai estabelecer o objeto da licitação e determinar a observância de alguns princípios) e o art. 173, § 1º, III (que remete a licitação das Estatais a Estatuto próprio).

IMPORTANTE: no que se refere à previsão legal, segue o rol de leis que tratam de licitação: 1. Lei n. 8.666/93 (Estatuto Geral de Licitações e Contratos); 2. Lei n. 10.520/2002 (Lei da Modalidade Pregão); 3. Lei n. 13.303/2016 (Licitação das Estatais); 4. Lei n. 12.462/2011 (Lei do Regime Diferenciado de Contratações – RDC); 5. Lei n. 12.232/2010 (Cuida da Licitação para Serviços de Publicidade Prestados por Intermédio de Agências de Propaganda); 6. Lei Complementar n. 123/2006 (Licitações Relativas às Microempresas e da Empresas de Pequeno Porte).

8.2 OBRIGAÇÃO DE LICITAR

Segundo o art. 22, XXVII, da CRFB, toda a Administração Pública Direta (União, Estados, Distrito Federal e Municípios) e a Indireta (Autarquias, Fundações Públicas, Empresas Públicas e Sociedades de Economia Mista), estão obrigadas a licitar, ressalvados os casos previstos em lei. Nesse sentido, as concessionárias, permissionárias, delegatárias de serviços públicos e as paraestatais (OS, OSCIP, Serviço Social Autônomo e Parcerias) não estariam obrigadas pela CRFB, apenas realizando o procedimento licitatório por uma questão de transparência e economicidade.

8.3 OBJETO A SER LICITADO

Segundo o art. 37, XXI, da CRFB, as obras, serviços, compras e alienações serão contratados mediante processo de licitação pública. Em resumo:

Licito o que está no S A C O

Em que:

- **S** – Serviços.
- **A** – Alienações.
- **C** – Compras.
- **O** – Obras.

A doutrina reconhece que o PATROCÍNIO do Poder Público para promoção de atividades culturais, sociais, esportivas, educacionais e de inovação tecnológica não estaria no objeto a ser licitado, desde que comprovadamente vinculadas ao fortalecimento de sua marca ou do incentivo àquelas áreas.

8.4 FUNDAMENTOS DA LICITAÇÃO

Conforme o art. 3º da Lei n. 8.666/93, são três os fundamentos da licitação:

1. Observância do princípio constitucional da isonomia.
2. Seleção da proposta mais vantajosa para a administração.
3. Promoção do desenvolvimento nacional "sustentável", termo acrescentado pela Lei n.12.349/2010.

8.5 PRINCÍPIOS DA LICITAÇÃO

Dentre todos os princípios licitatórios elencados no *caput* do art. 3º da Lei n. 8.666/93, daremos destaque a três:

1. Princípio da Vinculação ao Ato Convocatório, também conhecido como Edital ou Carta-convite – art. 41 do Estatuto – a Administração não pode descumprir as normas e condições do Edital, ao qual se acha estritamente vinculada.
2. Princípio do Julgamento Objetivo – previsto nos arts. 44 e 45 do Estatuto – impede que os membros da comissão licitatória julguem as propostas com base em critérios que não sejam passíveis de apreciação por outras pessoas, especialmente os próprios licitantes.

> No VI Exame aplicado em Caxias-RJ, a banca entendeu que seria vedada a utilização, no julgamento das propostas, de elemento, critério ou fator sigiloso, secreto, subjetivo ou reservado.

3. Princípio da Ampla Competição ou Competitividade – previsto no art. 3º, § 1º, I, do Estatuto – direcionado ao gestor público, impede a previsão de cláusulas ou condições que comprometam, restrinjam ou frustrem o seu caráter competitivo. Somente poderão ser cobradas dos licitantes as exigências de qualificação técnica e econômica indispensáveis à garantia do cumprimento das obrigações.

8.6 MODALIDADES

As modalidades correspondem à maneira pela qual determinada licitação será processada, com regras próprias em relação a participação, valores e prazos. Existem ao total 6 modalidades de licitação, sendo a Concorrência, Tomada de Preços (TP), Convite, Concurso e Leilão previstas na Lei n. 8.666/93 e o Pregão da Lei n. 10.520/2002.

> No XII Exame, a banca registrou que a realização de licitação por modalidade não prevista na lei não é viável por expressa vedação da Lei n. 8.666/93.

1. Concorrência – art. 22, § 1º – definida em razão do valor ou do objeto (concessões de serviços públicos). Modalidade de licitação entre quaisquer interessados que comprovem possuir os requisitos mínimos de qualificação exigidos no edital para execução de seu objeto.
2. Tomada de Preços – art. 22, § 2º – definida em razão do valor. Modalidade de licitação entre interessados devidamente cadastrados ou que atenderem a todas as condições exigidas para cadastramento até o terceiro dia anterior à data do recebimento das propostas.

> No IX Exame aplicado em Ipatinga-MG, a banca confirmou que, na modalidade tomada de preços, o Estado somente receberá propostas dos licitantes que estejam devidamente cadastrados, permitindo-se, porém, o cadastramento até o terceiro dia anterior à data do recebimento das propostas, observada a necessária qualificação.

3. Convite – Art. 22, § 3º – Definida em razão do valor. Modalidade de licitação entre interessados do ramo pertinente ao seu objeto, cadastrados ou não, escolhidos e convidados em número mínimo de 3 (três) pela unidade administrativa, a qual afixará, em local apropriado, cópia do instrumento convocatório e o estenderá aos demais cadastrados na correspondente especialidade que manifestarem seu interesse com antecedência de até 24 (vinte e quatro) horas da apresentação das propostas.
4. Concurso – Art. 22, § 4º – Definida em função do objeto. Modalidade de licitação entre quaisquer interessados para escolha de trabalho técnico, científico ou artístico,

mediante a instituição de prêmios ou remuneração aos vencedores, conforme critérios constantes de edital publicado na imprensa oficial com antecedência mínima de 45 (quarenta e cinco) dias.

5. Leilão – Art. 22, § 5º - Definida em razão do objeto. Modalidade de licitação entre quaisquer interessados para a venda de bens móveis inservíveis para a administração ou de produtos legalmente apreendidos ou penhorados, ou para a alienação de bens imóveis oriundos de procedimento judicial, a quem oferecer o maior lance, igual ou superior ao valor da avaliação.

	CONCORRÊNCIA	TP	CONVITE
Obras e Serviços de Engenharia	Acima de R$ 1,5 milhão.	Entre R$ 150 mil e R$ 1,5 milhão.	Entre R$ 15 mil e R$ 150 mil.
Compras e Serviços Simples	Acima de R$ 650 mil.	Entre R$ 80 mil e R$ 650 mil.	Entre R$ 8 mil e R$ 80 mil.

6. Pregão – prevista na Lei n. 10.520/2002. Modalidade definida pelo objeto (bens e serviços comuns), independentemente do valor.

Principais características do Pregão:

1. Pode ser eletrônico ou presencial.
2. Admite uma fase de lances verbais. No curso da sessão, o autor da oferta de valor mais baixo e os das ofertas com preços até 10% superiores àquela poderão fazer novos lances verbais e sucessivos, até a proclamação do vencedor. Não havendo pelo menos 3 (três) ofertas abaixo dos 10%, poderão os autores das melhores propostas, até o máximo de 3 (três), oferecer novos lances verbais e sucessivos, quaisquer que sejam os preços oferecidos.
3. Prazos mais curtos.
4. Inversão das fases de habilitação e julgamento.
5. Possibilidade de adjudicação do objeto pelo pregoeiro na mesma sessão, caso não haja recurso.
6. Responsabilidade pessoal do pregoeiro por atos praticados no processo.

8.7 CONTRATAÇÃO DIRETA OU EXCEÇÕES À LICITAÇÃO

Nas compras e serviços adquiridos pela Administração Pública, a regra é licitar antes. No entanto, a Lei n. 8.666/93 permite que a contratação seja direta, sem licitação, nas seguintes hipóteses:

LICITAÇÃO DISPENSADA	LICITAÇÃO DISPENSÁVEL	INEXIGIBILIDADE DE LICITAÇÃO
Art. 17, I, *a* até *i*; art. 17, II, *a* até *f*. Situações em que a licitação não ocorrerá, pela natureza da relação.	Art. 24. Rol taxativo. Possibilidade de realizar ou não a licitação. Envolve contratações de pequeno valor, emergências e de caráter social.	Art. 25. Rol exemplificativo. Situações em que a competição é inviável, quer seja pela singularidade do serviço ou pela exclusividade do objeto.

IMPORTANTE: em qualquer hipótese de contratação direta, se comprovado superfaturamento, respondem solidariamente pelo dano causado à Fazenda Pública o fornecedor ou o prestador de serviços e o agente público responsável, sem prejuízo de outras sanções legais cabíveis.

No X Exame, a banca considerou que, nos casos de licitação deserta, onde não houve nenhum interessado, a contratação direta é admitida, se a licitação não puder ser repetida sem prejuízo para a Administração.

Convém ressaltar que, mesmo nos casos de contratação direta, a Administração Pública fica obrigada a justificar a escolha do fornecedor ou executante, bem como o preço pago.

No XV Exame, a banca entendeu que a dispensa de licitação, assim como a de inexigibilidade, é necessária à justificativa de preço, uma vez que a autorização legal para não licitar não significa possibilidade de contratação por preços superiores aos praticados no mercado.

IMPORTANTE: em relação à venda de imóveis da Administração Pública, é necessária a licitação na modalidade concorrência, desde que sejam imóveis originariamente públicos. Caso sejam imóveis cuja aquisição haja sido derivada de procedimentos judiciais ou de dação em pagamento, a licitação poder-se-à dar também por leilão.

No que se refere à aquisição de bens imóveis pela Administração Pública, a regra também impõe a licitação. No entanto, no XV Exame, a banca, aplicando a literalidade do art. 24, X, da Lei Geral, repetiu ser possível a compra de bem imóvel pela Administração, dispensada a licitação no caso de as necessidades de instalação e localização condicionarem a sua escolha.

Ainda sobre esse tema, no XVIII Exame, ao falar sobre organizações sociais, a banca entendeu que seria dispensável a realização de licitação para a celebração do contrato de prestação de serviços com essas figuras do terceiro setor, tendo em vista sua finalidade filantrópica.

IMPORTANTE: os Tribunais de Contas e os órgãos integrantes do sistema de controle interno poderão solicitar para exame, até o dia útil imediatamente anterior à data de recebimento das propostas, cópia de edital de licitação já publicado, obrigando-se os órgãos ou entidades da Administração interessada à adoção de medidas corretivas pertinentes que, em função desse exame, lhes forem determinadas.

8.8 OUTROS ASPECTOS IMPORTANTES DA LEI N. 8.666/93

1. Indicação de marcas – é vedada a realização de licitação cujo objeto inclua bens e serviços sem similaridade ou de marcas, características e especificações exclusivas, salvo nos casos em que for tecnicamente justificável.
2. Para a habilitação nas licitações exigir-se-á dos interessados, exclusivamente, documentação relativa a: (i) habilitação jurídica; (ii) qualificação técnica; (iii) qualificação econômico-financeira; (iv) regularidade fiscal e trabalhista; (v) declaração de que não emprega menor de 16 anos, salvo na condição de aprendiz a partir dos 14 anos, e de que não exige trabalho noturno, perigoso ou insalubre a menores de dezoito.
3. Participação do advogado público – as minutas de editais de licitação, bem como as dos contratos, acordos, convênios ou ajustes devem ser previamente examinadas e aprovadas por assessoria jurídica da Administração.
4. Orçamento público – o orçamento estimado da licitação em planilhas de quantitativos e preços unitários constitui anexo do edital, dele fazendo parte integrante.
5. Tipos de licitação – constituem tipos de licitação, exceto na modalidade concurso: I – a de menor preço – quando o critério de seleção da proposta mais vantajosa para a Administração determinar que será vencedor o licitante que apresentar a proposta de acordo com as especificações do edital ou convite e ofertar o menor preço; II – a de melhor técnica; III – a de técnica e preço; IV – a de maior lance ou oferta – nos casos de alienação de bens ou concessão de direito real de uso.
6. Licitação fracassada – quando todos os licitantes forem inabilitados ou todas as propostas forem desclassificadas, a Administração poderá fixar aos licitantes o prazo de oito dias úteis para a apresentação de nova documentação ou de outras propostas escoimadas das causas referidas neste artigo, facultada, no caso de convite, a redução deste prazo para três dias úteis.
7. Anulação e indenização – a anulação do procedimento licitatório por motivo de ilegalidade não gera obrigação de indenizar.
8. Comissão na modalidade concurso – no caso de concurso, o julgamento será feito por uma comissão especial integrada por pessoas de reputação ilibada e reconhecido conhecimento da matéria em exame, servidores públicos ou não.

8.9 TRATAMENTO DIFERENCIADO NAS LICITAÇÕES PARA MICROEMPRESA E EMPRESA DE PEQUENO PORTE

A CRFB, em seu art. 179, determina que se dê tratamento diferenciado e favorecido às microempresas e empresas de pequeno porte, assim definidas em lei, visando a incentivá-las pela simplificação de suas obrigações administrativas, tributárias, previdenciárias e creditícias, ou pela eliminação ou redução destas por meio de lei.

A Lei n. 8.666/93 também estabelece essa obrigação em seu art. 5º-A. Sendo assim, a LC n. 123/2006, em seus arts. 42 a 49, previu o tratamento diferenciado em relação às licitações com participação destes tipos de pessoas jurídicas.

Vejamos quais a regras licitatórias especiais que se aplicam às microempresas e empresas de pequeno porte:

1. Comprovação de regularidade fiscal e trabalhista diferida – nas licitações públicas, a comprovação de regularidade fiscal e trabalhista das microempresas e das empresas de pequeno porte somente será exigida para efeito de assinatura do contrato. Havendo alguma restrição na comprovação da regularidade fiscal e trabalhista, será assegurado o prazo de cinco dias úteis, cujo termo inicial corresponderá ao momento em que o proponente for declarado vencedor do certame, prorrogável por igual período, a critério da Administração Pública, para regularização da documentação, para pagamento ou parcelamento do débito e para emissão de eventuais certidões negativas ou positivas com efeito de certidão negativa.
2. Empate ficto ou presumido – nas licitações será assegurada, como critério de desempate, preferência de contratação para as microempresas e empresas de pequeno porte. Entende-se por empate aquelas situações em que as propostas apresentadas pelas microempresas e empresas de pequeno porte sejam iguais ou até 10% (dez por cento) superiores à proposta mais bem classificada. Na modalidade de pregão, o intervalo percentual será de até 5% (cinco por cento) superior ao melhor preço.
3. Licitação exclusiva – a Administração deverá realizar processo licitatório destinado exclusivamente à participação de microempresas e empresas de pequeno porte nos itens de contratação cujo valor seja de até R$ 80.000,00.

9. CONTRATOS ADMINISTRATIVOS

Ponto que já foi cobrado cinco vezes até o XXIV Exame e, se entendermos que as PPPs também são contratos administrativos, então passaremos a 11 questões cobradas.

Os contratos administrativos, em regra, são celebrados após o procedimento licitatório, salvo os casos de contratação direta. A grande característica dos contratos administrativos é a presença das chamadas "Cláusulas Exorbitantes ou de Privilégio", em razão do regime público que incide sobre eles.

Além dessas cláusulas exorbitantes, o regime público que norteia os contratos administrativos define outras características próprias dessa relação contratual, tais como: (i)

Formalismo; (ii) Comutatividade – equivalência entre as obrigações; (iii) Caráter personalíssimo (*intuitu personae*); (iv) Bilateralidade; e (v) Posição de supremacia da Administração.

O diploma que regula a disciplina dos contratos administrativos é a própria Lei n. 8.666/93, a partir do art. 54. No entanto, as Leis n. 8.987/95 e 11.079/2004 cuidam de contratos especiais, os de concessão de serviço público.

IMPORTANTE: embora sejam regidos pelo Direito Público, em caráter excepcional, aplicam-se aos contratos administrativos, de forma supletivamente, os princípios da teoria geral dos contratos e as disposições de Direito Privado.

9.1 PRAZOS CONTRATUAIS E PRORROGAÇÃO

Diferentemente do que ocorre com os prazos relativos aos contratos de concessão de serviço público, nos contratos administrativos da Lei n. 8.666/93, sua duração deverá ser ânua, tendo em vista a vigência dos créditos orçamentários – art. 57.

No entanto, esse prazo de um ano de duração admite exceções, que são muito cobradas em prova. Havendo qualquer das hipóteses abaixo, o contrato poderá ter prazos maiores que a vigência do respectivo crédito orçamentário:

1. Projetos cujos produtos estejam contemplados nas metas estabelecidas no Plano Plurianual, os quais poderão ser prorrogados se houver interesse da Administração e desde que isso tenha sido previsto no ato convocatório – o PPA tem vigência de até 4 anos. Ex.: uma grande obra com previsão no PPA e duração de pelo menos 3 anos;
2. Prestação de serviços a serem executados de forma contínua, que poderão ter a sua duração prorrogada por iguais e sucessivos períodos com vistas à obtenção de preços e condições mais vantajosas para a Administração, limitada a sessenta meses. Ex.: serviços de limpeza e serviços de vigilância;
3. Aluguel de equipamentos e à utilização de programas de informática, podendo a duração estender-se pelo prazo de até 48 (quarenta e oito) meses após o início da vigência do contrato;
4. Algumas hipóteses de dispensa de licitação, cujos contratos poderão ter vigência por até 120 (cento e vinte) meses, caso haja interesse da administração.

Os prazos contratuais de início de etapas de execução, de conclusão e de entrega, desde que mantidas as demais cláusulas do contrato e assegurada a manutenção de seu equilíbrio econômico-financeiro, <u>admitem prorrogação, nos casos taxativos previstos no § 1º do art. 57</u>.

IMPORTANTE: é proibida a celebração de contrato com prazo de vigência indeterminado, mesmo os de concessão de serviço público.

No XVIII Exame, a banca entendeu que, no caso de contratação de serviços de limpeza predial, o contrato poderá ter a sua duração prorrogada por iguais e sucessivos períodos com vistas à obtenção de preços e condições mais vantajosas para a Administração, limitada a sessenta meses.

9.2 CLÁUSULAS EXORBITANTES OU DE PRIVILÉGIO

As cláusulas exorbitantes conferem à Administração Pública certos privilégios ausentes em contratos comuns. Esses privilégios são obrigatórios em razão do regime público e de sua posição de supremacia em relação aos contratados. São eles:

1. Alteração unilateral do contrato, para melhor adequação às finalidades de interesse público, respeitados os direitos do contratado.

Sobre esse tema, cabem algumas considerações. Essas alterações só são clausulas exorbitantes se forem UNILATERAIS. Se for por acordo entre as partes, não há que se falar em privilégio. As alterações no contrato podem se referir à quantidade do objeto contratado (quantitativa) ou da qualidade do projeto ou das especificações, para melhor adequação técnica aos seus objetivos (qualitativa) – art. 65, I.

As alterações são impostas ao contratado, não cabendo a ele rejeitá-las. No entanto, não são ilimitadas. O contratado fica obrigado a aceitar, nas mesmas condições contratuais, os acréscimos (mais objeto) ou supressões (menos objeto) que se fizerem nas obras, serviços ou compras, até 25% do valor inicial atualizado do contrato, e, no caso particular de reforma de edifício ou de equipamento, até o limite de 50% para os seus acréscimos.

IMPORTANTE: no caso de acordo entre as partes, estes limites (25% e 50%) podem ser majorados, apenas na hipótese de SUPRESSÕES (para menos), nunca nos casos de acréscimos (para mais). Ex.: o Município X comprou 1.000 cadeiras a 10 reais e gastou 10 mil reais. Se houver acordo entre as partes, a quantidade de cadeiras poderá ser diminuída além dos 25%. Mas, para aumentar a quantidade de cadeiras, deve-se obervar o limite legal, mesmo na hipótese de acordo.

No XI Exame, a banca entendeu que a alteração do projeto, pela Administração, autoriza a recomposição do equilíbrio econômico-financeiro e também a prorrogação do prazo de entrega da obra.

2. Rescisão unilateral do contrato. Aqui também vale registrar que existem 3 formas de rescisão contratual previstas no art. 79 da Lei n. 8.666/93: (i) Rescisão administrativa unilateral; (ii) Rescisão amigável e (iii) Rescisão judicial. Somente a primeira é considerada exorbitante.

3. Fiscalização da execução do contrato.
4. Aplicação de sanções motivadas pela inexecução total ou parcial do ajuste.
5. Ocupar provisoriamente bens móveis, imóveis, pessoal e serviços vinculados ao objeto do contrato, na hipótese da necessidade de acautelar apuração administrativa de faltas contratuais pelo contratado, bem como na hipótese de rescisão do contrato administrativo, no caso de serviços essenciais.

9.3 INEXECUÇÃO CONTRATUAL

Inexecução é o descumprimento parcial ou total de obrigações previstas no contrato administrativo. De acordo com a lei, a inexecução pode se dar com culpa ou sem culpa.

A inexecução culposa ocorre com base nos incisos I a XI e XVIII do at. 78 da Lei Geral de Licitações. Nestes casos, a consequência é a rescisão do contrato, além de outras penalidades previstas em lei e regulamento.

No entanto, podemos identificar algumas ocorrências que geram inexecução contratual, porém sem culpa do contratado. São elas:

1. Teoria da Imprevisão – também chamada de *álea* econômica. São acontecimentos supervenientes à celebração do contrato, imprevisíveis, ou previsíveis, porém de consequências incalculáveis, retardadores ou impeditivos da execução do ajustado, que geram onerosidade excessiva a uma das partes. Nestes casos, deverá ocorrer a revisão das condições econômicas do contrato, de modo a restabelecer a relação que as partes pactuaram inicialmente entre os encargos do contratado e a retribuição da Administração para a justa remuneração da obra, serviço ou fornecimento – manutenção do equilíbrio econômico-financeiro inicial do contrato. Ex.: crise econômica mundial, guerra, elevado aumento do dólar.
2. Fato do Príncipe – também chamado de álea administrativa. Ocorre quando o Estado (príncipe), mediante ato ou medida de cunho lícito, modifica as condições do contrato, provocando prejuízo ao contratado. O ato tem aspecto de generalidade, embora indiretamente incida sobre o contrato, ocasionando onerosidade excessiva ao particular. Nestes casos, também deve haver a revisão das condições financeiras a fim de restabelecer o equilíbrio econômico-financeiro. Ex.: Lei Nacional de competência da União Federal que retira os idosos da relação contratual de transporte coletivo.
3. Caso Fortuito/Força maior – situações de fato que ocasionam a impossibilidade de serem cumpridas as obrigações contratuais. Ex.: eventos da natureza, greve.
4. Fato da Administração – uma hipótese muito clara desta forma de inexecução contratual por parte do contratado está no inciso XVI do art. 78 do Estatuto Geral. Ex.: a não liberação, por parte da Administração, de área, local ou objeto para execução de obra, serviço ou fornecimento, nos prazos contratuais, bem como das fontes de materiais naturais especificadas no projeto.

Como visto, vários fatores podem desequilibrar a equação econômico-financeira do contrato, sendo necessário compor a linha de equilíbrio que liga a atividade contratada ao encargo financeiro correspondente. Vejamos os mecanismos de composição:

9.4 RESPONSABILIDADE DO CONTRATADO – ARTS. 70 E 71 DA LEI N. 8.666/93

Independentemente da fiscalização ou acompanhamento exercido pela Administração Pública, o contratado é responsável pelos danos causados diretamente à Administração ou a terceiros, decorrentes de sua culpa ou dolo na execução do contrato.

O contratado é o responsável direto e primário pelos encargos trabalhistas, comerciais e fiscais, resultantes da execução do contrato. A inadimplência do contratado, com referência a estes encargos, não transfere à Administração Pública a responsabilidade por seu pagamento. A Administração Pública, nestes casos, responde apenas de forma subsidiária, desde que haja participado da relação processual e conste também do título executivo judicial.

IMPORTANTE: no entanto, em relação aos encargos previdenciários, a responsabilidade será solidária entre a Administração Pública e o contratado.

9.5 ANULAÇÃO DOS CONTRATOS

A anulação do contrato administrativo se dá por vícios de ilegalidade. Ex.: ausência de licitação prévia; afronta aos requisitos de formalização dos contratos (arts. 60 a 64 do Estatuto).

IMPORTANTE: a anulação do contrato administrativo opera efeitos retroativos (art. 59) e gera consequências indenizáveis (parágrafo único do art. 59).

> No III Exame Unificado, a banca entendeu que a anulação do contrato não exonera a Administração do dever de indenizar o contratado de boa-fé, por tudo o que este houver executado e por outros prejuízos comprovados.

9.6 OUTROS ASPECTOS IMPORTANTES DA LEI DE CONTRATOS ADMINISTRATIVOS – LEI N. 8.666/93

1. É vedada a celebração de contrato verbal com a Administração, salvo o de pequenas compras de pronto pagamento, de valor até 4 mil reais, feitas em regime de adiantamento.
2. Nos contratos da Lei n. 8.666/93, é admitida a chamada Exceção do Contrato não Cumprido (*exceptio non adimpleti contractus*), inciso XV do art. 78, nos casos de atraso superior a 90 dias dos pagamentos devidos pela Administração decorrentes

de obras, serviços ou fornecimento, ou parcelas destes, já recebidos ou executados, salvo em caso de calamidade pública, grave perturbação da ordem interna ou guerra. Nessas hipóteses, fica assegurado ao contratado o direito de optar pela suspensão do cumprimento de suas obrigações até que seja normalizada a situação.

10. RESPONSABILIDADE CIVIL DO ESTADO

O instituto da responsabilidade civil do Estado já foi cobrado 9 vezes até o XXI Exame. Um detalhe curioso é que nos primeiros exames este tema foi citado com muita frequência até o VIII Exame. Depois ficou um longo tempo sem ser cobrado e voltou com força a partir do XIX Exame, tendo sido exigido nos 3 últimos.

Trata-se de um tema bastante controvertido e a banca gosta de explorar todos os aspectos possíveis, desde a responsabilidade por dano de obra pública, até a por ato legislativo. Alguns autores, com bastante propriedade, chamam o tema de responsabilidade patrimonial ou responsabilidade extracontratual do Estado.

Começamos analisando a matriz constitucional do tema. O art. 37, § 6º, da CRFB esclarece que: "As pessoas jurídicas de direito público e as de direito privado prestadoras de serviços públicos responderão pelos danos que seus agentes, nessa qualidade, causarem a terceiros, assegurado o direito de regresso contra o responsável nos casos de dolo ou culpa".

Dispõe o art. 927 do Código Civil: "aquele que, por ato ilícito, causar dano a outrem, fica obrigado a repará-lo". Todos respondem quando causam danos a outrem, e quando isso ocorre, para que seja possível a imputação de responsabilidade, é necessário averiguar a culpa do agente causador em relação ao dano (responsabilidade subjetiva).

IMPORTANTE: no entanto, como se nota, a CRFB reservou a determinadas pessoas um tratamento diferenciado em relação à responsabilização. Em outras palavras, as pessoas jurídicas de Direito Público e as pessoas jurídicas de Direito Privado, na qualidade de prestadoras de serviço público, responderão de forma OBJETIVA, em que o elemento culpa é PRESUMIDO.

Sendo assim, em relação às pessoas citadas no § 6º do art. 37 da CRFB, a responsabilidade civil pressupõe uma (i) conduta do agente, nesta qualidade; (ii) um resultado danoso; e (iii) um nexo de causalidade entre a conduta e o resultado, sendo desnecessária qualquer comprovação de culpa por parte da vítima.

> No III Exame Unificado, a banca entendeu que um agente público que causa um dano a alguém, fora do serviço público, o Estado não será responsabilizado, pois o agressor, apesar de ser agente público, não atuou nessa qualidade; sua conduta não pode, pois, ser imputada ao Ente Público.

Dá para perceber que, na responsabilidade objetiva, há uma clara inversão do ônus da culpa. Se o autor da ação alega a existência do fato, do dano e do nexo causal entre um e outro, caberá ao Estado-réu provar a inexistência do fato administrativo, a inexistência de dano ou a ausência do nexo causal (excludentes de responsabilidade).

Embora o Código Civil fale em ato ilícito, no caso de ato LÍCITO praticado pela Administração Pública que cause danos a alguém, a responsabilidade do Estado existe e se sustenta no princípio da isonomia, ou seja, na igualdade entre os cidadãos na repartição de encargos impostos em razão do interesse público (responsabilidade social). Assim, quando for necessário o sacrifício de um direito em prol do interesse da coletividade, tal sacrifício não pode ser suportado por um único sujeito, devendo ser repartido entre toda a coletividade.

No caso de ter que indenizar o particular por ato causado por seu agente, diz a CRFB que nasce para a Administração Pública o direito de regresso em face do servidor, que atua nesta qualidade, ou seja, a serviço do Estado. Trata-se de ação autônoma em que o Estado busca a composição do prejuízo suportado. Entretanto, o agente só será obrigado a ressarcir, caso fique comprovada sua culpa. Daí, podemos dizer que a ação regressiva é de cunho subjetivo.

> No V Exame, a banca consignou que o direito à ação regressiva, em regra, deve ser exercido, sob pena de afronta ao princípio da indisponibilidade do interesse público.
> No XX Exame, aplicado em Salvador-BA, a banca confirmou a natureza da ação regressiva, ao prever que, no caso de um policial militar causar dano a um particular, pode o Estado ingressar com ação de regresso em face do agente, devendo o ente público demonstrar a existência de culpa ou dolo do agente.

10.1 TEORIAS ADMINISTRATIVAS

As atividades administrativas estão sujeitas, com maior frequência, ao cometimento de danos aos particulares. Sendo assim, a responsabilidade objetiva é baseada no chamado "Risco administrativo", que pode ser mitigado/moderado/temperado, ou integral.

1. Risco administrativo mitigado/moderado/temperado – é a base da responsabilidade objetiva e adotado majoritariamente no Brasil. Significa que a responsabilidade da Administração Pública pela indenização pode ser afastada ou atenuada, caso seja inexistente ou rompido o nexo causal, ou quando há a participação efetiva do lesado no evento danoso. Mas, lembrando: o ônus da prova, nesse caso, cabe à Administração, tendo em vista a presunção relativa de culpa.

São hipóteses de exclusão de responsabilidade ou rompimento do nexo causal: (i) culpa exclusiva da vítima; (ii) força maior e caso fortuito.

> No VI Exame, a banca confirmou ao mencionar que não haverá o dever de indenizar se ficar configurada a culpa exclusiva da vítima, que dirigia na contramão, excluindo a responsabilidade do Estado.

IMPORTANTE: quando se tratar de dever de cautela do Estado, previsto na CRFB ou em lei, o Estado responde objetivamente, mesmo na hipótese de culpa exclusiva da vítima, salvo nos casos em que o dano aconteceria mesmo se estivesse fora da cautela do Estado.

> Nesse sentido, no XXI Exame, a banca entendeu que, no caso de morte de detento em unidade prisional, estão presentes os elementos configuradores da responsabilidade civil do Estado, porque o Poder Público tem o dever jurídico de proteger as pessoas submetidas à custódia de seus agentes e estabelecimentos.

Na mesma linha, na hipótese de um paciente em unidade psiquiátrica escapar por desídia dos agentes públicos e vier a sofrer danos, o Estado responde objetivamente.

> Foi o que entendeu a banca no XIX Exame, ao dispor que o Estado responde pela morte do paciente, garantido o direito de regresso contra os servidores no caso de dolo ou culpa.

Com relação à atenuação da responsabilidade do Estado, podemos citar a culpa concorrente, prevista no art. 945 do Código Civil, caso em que a vítima contribui significativamente para o evento danoso.

> No XX Exame, a banca apresentou um caso em que a vítima participou efetivamente no evento que gerou danos físicos ao invadir uma área em obras e sinalizada. Os agentes da empresa contratada não perceberam. Assim, a empresa contratada e o Município respondem de forma atenuada pelos danos causados, tendo em vista a culpa concorrente da vítima.

2. Teoria do risco integral – essa teoria só se aplica a praticamente dois casos no Brasil: (i) danos nucleares e (ii) atentados terroristas em aeronave brasileira, dentro ou fora do País.

10.2 PRESCRIÇÃO

A ação indenizatória, de responsabilidade em face de danos causados pelo Estado, deve ser movida pela vítima em até 5 anos, conforme Decreto n. 20.910/32, sendo que o termo inicial do prazo prescricional das ações indenizatórias, em observância ao princípio da *actio nata*, é a data em que a lesão e os seus efeitos são constatados, segundo a orientação jurisprudencial do Superior Tribunal de Justiça.

Já quanto ao prazo da ação regressiva em face do agente público causador do dano, movida pelo Estado, há profunda discussão, ainda longe de um desfecho. O STF entende ser de 3 anos, com base no art. 206, § 3º, V, do CC. Já o STJ mantém a posição dos 5 anos, aplicados por isonomia.

10.3 RESPONSABILIDADE DO NOTÁRIO

O Notário e o Oficial de Registro de Notas agem em nome do Estado, sob delegação, na forma do art. 236 da CRFB.

IMPORTANTE: a natureza da responsabilidade civil do notário foi recentemente modificada pela Lei n. 13.286/2016, que alterou a redação do art. 22 da Lei n. 8.935/94. A partir de agora, para fins de questões de prova, a responsabilidade civil é SUBJETIVA, ou seja, os notários e oficiais de registro são civilmente responsáveis por todos os prejuízos que causarem a terceiros, por culpa ou dolo, pessoalmente, pelos substitutos que designarem ou escreventes que autorizarem, assegurado o direito de regresso.

E mais: prescreve em **três anos** a pretensão de reparação civil, contado o prazo da data de lavratura do ato registral ou notarial. Trata-se de norma especial em relação à norma geral prevista no Decreto n. 20.910/32.

11. CONTROLE DA ADMINISTRAÇÃO PÚBLICA

O tema relativo ao Controle da Administração Pública já foi cobrado 8 vezes até o XXIV Exame, com certo destaque à atuação do Tribunal de Contas como órgão que exerce o controle financeiro técnico da Administração Pública.

Vamos concentrar o estudo na natureza do controle, citando, por conseguinte, sua posição em relação ao órgão controlador.

11.1 CONTROLE ADMINISTRATIVO

Trata-se de um conjunto de mecanismos administrativos por meio dos quais se exerce o poder de fiscalização e de revisão da função administrativa em qualquer dos poderes. É exercido pelo Executivo e pelos órgãos administrativos do Legislativo e Judiciário, para confirmar, rever ou alterar condutas internas, com relação à legalidade e conveniência. Trata-se de controle interno – controlador e controlado pertencem à mesma organização. Autotutela. Os instrumentos de controle mais conhecidos são o Processo Administrativo e o Recurso Administrativo.

Processo administrativo – é o instrumento pelo qual a Administração desenvolve suas atividades, sempre objetivando o atendimento ao interesse público.

IMPORTANTE: há inúmeras diferenças entre o processo administrativo (PA) e o processo judicial (PJ), embora o art. 15 no atual CPC disponha que, na ausência de normas que regulem processos administrativos, as disposições do processo judicial serão aplicadas supletiva e subsidiariamente.

A Lei de processo administrativo no âmbito da União Federal é a Lei n. 9.784/99, que se aplica também aos órgãos dos Poderes Legislativo e Judiciário da União, quando no desempenho de função administrativa.

Princípios do processo administrativo – dentre todos os princípios elencados no art. 2º da Lei n. 9.784/99, podemos destacar o da oficialidade (art. 29 - a administração pode instaurar e impulsionar, de ofício, o processo, e não depende da vontade do interessado), o do formalismo moderado (art. 22 – os atos do processo administrativo não dependem de forma determinada senão quando a lei expressamente a exigir) e o da verdade real ou material (art. 27 – o que impede a revelia, na medida em que o desatendimento da intimação não importa o reconhecimento da verdade dos fatos, nem a renúncia a direito pelo administrado).

11.2 RECURSOS ADMINISTRATIVOS

Trata-se de meio formal de controle administrativo interno, pelo qual o interessado postula a revisão ou alteração de um ato administrativo, motivada pelo inconformismo e pautado no sistema de hierarquia orgânica.

Reformatio in pejus – significa a possibilidade de reforma da decisão administrativa com o agravamento da situação do recorrente. A Lei n. 9.784/99 contemplou essa possibilidade no paragrafo único do art. 64 ao prever expressamente que, se da decisão do recurso puder decorrer gravame à situação do recorrente, este deverá ser cientificado para que formule suas alegações antes da decisão.

> No II Exame Unificado, a banca entendeu que, no caso de aplicação de penalidade mais severa em processo administrativo disciplinar, por ocasião da interposição de recurso, a Administração agiu em respeito aos princípios da legalidade e autotutela, autorizativos da reforma em prejuízo do recorrente.

Exigência de caução para recorrer administrativamente – após inúmeras discussões, o STF pacificou esse assunto ao editar a Súmula Vinculante n. 21, vazada nos seguintes termos: "É inconstitucional a exigência de depósito ou arrolamento prévios de dinheiro ou bens para admissibilidade de recurso administrativo".

Classificação dos recursos administrativos – os recursos administrativos podem ser hierárquicos próprios ou impróprios. Recurso hierárquico próprio é aquele em que sua interposição pressupõe hierarquia entre a autoridade que vai julgar o recurso e a autoridade que emanou o ato impugnado. Ex.: recurso da decisão do Diretor de Administração para o Presidente da Autarquia, ou do Ministro da Fazenda para o Presidente da República.

Já o recurso hierárquico impróprio, por violar sistema de hierarquia orgânica, necessita de expressa previsão legal. É interposto perante autoridade ou órgão estranho àquele em que se originou o ato impugnado. Entre o autor do ato administrativo e a autoridade julgadora não há propriamente uma relação de hierarquia, e sim uma vinculação administrativa.

Ex.: decisão do presidente de uma autarquia (Administração Indireta) para o Ministro de Estado (Administração Direta).

Revisão recursal – conforme o art. 65 da Lei n. 9.784/99, é a reapreciação de determinada decisão sancionatória, já proferida em processo administrativo, quando surgirem fatos novos ou circunstâncias relevantes suscetíveis de justificar a inadequação da sanção aplicada. Tem aplicação nas decisões administrativas de que resultem sanções ou de que já não caiba recurso, nem pedido de reconsideração. A decisão pode ser revista de ofício ou por provocação e a qualquer tempo, respeitada a prescrição, em regra, quinquenal.

IMPORTANTE: da revisão do processo não poderá resultar agravamento da sanção (*reformatio in pejus*).

> No XII Exame, a banca considerou correta a afirmação de que o não conhecimento do recurso não impedirá a Administração de rever de ofício o ato ilegal, desde que não ocorrida a preclusão administrativa.

Esgotamento das vias administrativas – dá-se o esgotamento administrativo (coisa julgada administrativa) tanto na hipótese de exaustão das instâncias (quando o interessado percorre todas as instâncias da Administração), quanto nos casos de desistência de recurso, desde que não envolva direitos indisponíveis.

IMPORTANTE: via de regra, não é necessário exaurir as vias administrativas para que o interessado possa ingressar com o pedido perante o Poder Judiciário. No entanto, a lei determina o prévio caminho administrativo em alguns casos, como condição de interposição de ação judicial, por exemplo: art. 217, § 1º, da CRFB (Justiça Desportiva); *Habeas Data* e Concessão de Benefício Previdenciário (o STF decidiu que, em regra, o segurado/dependente do INSS somente pode propor a ação pleiteando a concessão do benefício previdenciário se anteriormente formulou requerimento administrativo junto ao INSS e este foi negado).

> No VI Exame, a banca entendeu que o Poder Judiciário poderia rever decisões proferidas pela Justiça Desportiva; ainda assim, exige-se, anteriormente ao ajuizamento da ação cabível, o esgotamento da instância administrativa, por se tratar de exceção prevista na Constituição.

11.3 OUTROS ASPECTOS IMPORTANTES DA LEI N. 9.784/93

1. Presença do advogado – tendo em vista o princípio do formalismo moderado, nos processos administrativos, a assistência por advogado é facultativa, salvo quando obrigatória a representação, por força de lei.

2. Desistência do processo – o interessado poderá, mediante manifestação escrita, desistir total ou parcialmente do pedido formulado ou, ainda, renunciar a direitos disponíveis.
3. Efeito dos recursos – salvo disposição legal em contrário, o recurso administrativo não tem efeito suspensivo, apenas devolutivo.

11.4 CONTROLE LEGISLATIVO

O controle legislativo é o exercido pelo Poder Legislativo em relação aos aspectos políticos e financeiros da atuação estatal. O controle político é o exercido pelo Congresso Nacional e se refere a atos ligados à função administrativa e de organização do Executivo e do Judiciário. Ex.: art. 49, X, da CRFB.

Já o controle financeiro é o exercido pelo Legislativo sobre o Judiciário, sobre o Executivo e sobre ele mesmo, no que se refere à receita, despesa e respectiva gestão dos recursos públicos. Pode ser interno (quando é exercido por órgãos internos de controle de cada poder) e externo, quando exercido pela Casa Parlamentar, com o auxílio do Tribunal de Contas.

11.5 TRIBUNAL DE CONTAS

O Tribunal de Contas é um órgão independente que possui a função constitucional de auxiliar o Poder Legislativo na fiscalização contábil, financeira, orçamentária, operacional e patrimonial da União e das entidades da Administração Direta e Indireta (controle externo), em relação aos aspectos da legalidade, legitimidade, economicidade, aplicação das subvenções e renúncia de receitas.

Todos se submetem ao controle financeiro exercido pelo Tribunal de Contas, sejam eles pessoas jurídicas ou físicas, públicas ou privadas, desde que utilize, arrecade, guarde, gerencie ou administre dinheiros, bens e valores públicos ou pelos quais a União responda, ou que, em nome desta, assuma obrigações de natureza pecuniária.

> No XV Exame, a banca considerou correta a assertiva de que o Tribunal de Contas da União tem competência para apurar eventual irregularidade praticada pela OSCIP, por se tratar de recursos públicos federais.
> Ainda nessa linha, no XVI Exame, a banca considerou que o Tribunal de Contas da União é competente para fiscalizar obra e pode indicar prazo para que o órgão ou a entidade adote as providências necessárias ao exato cumprimento da lei, se verificada ilegalidade.

Dentre as principais atribuições e competências do Tribunal de Contas, que estão ao longo do art. 71 da CRFB, podemos destacar:

1. Poder de apreciar – apreciar as contas prestadas anualmente pelo Presidente da República, mediante parecer prévio.

> No IX Exame, seguindo a literalidade do art. 31, § 2º, da CRFB, a banca afirmou que o parecer desfavorável emitido pelo Tribunal de Contas do Estado pode ser superado por decisão de dois terços dos membros da Câmara Municipal *(regra aplicável somente ao controle dos Prefeitos).*

2. Poder de julgar – julgar as contas dos administradores e demais responsáveis por dinheiros, bens e valores públicos da Administração Direta e Indireta.
3. Admissões e aposentadorias – apreciar, para fins de registro, a legalidade dos atos de admissão de pessoal, a qualquer título, na Administração Direta e Indireta, bem como a das concessões de aposentadorias, reformas e pensões, ressalvadas as melhorias posteriores que não alterem o fundamento legal do ato concessório.
4. Poder de fiscalizar – fiscalizar a aplicação de quaisquer recursos repassados pela União mediante convênio, acordo, ajuste ou outros instrumentos congêneres, a Estado, ao Distrito Federal ou a Município.
5. Poder de aplicar sanções – aplicar aos responsáveis, em caso de ilegalidade de despesa ou irregularidade de contas, as sanções previstas em lei, que estabelecerá, entre outras cominações, multa proporcional ao dano causado ao erário.
6. Poder de sustar – sustar, se não atendida, a execução do ato impugnado, comunicando a decisão à Câmara dos Deputados e ao Senado Federal.

IMPORTANTE: no caso de contrato, o ato de sustação será adotado diretamente pelo Congresso Nacional, que solicitará, de imediato, ao Poder Executivo as medidas cabíveis.

11.6 CONTROLE JUDICIAL

Compete ao Judiciário examinar a legalidade e a constitucionalidade de atos e leis. O controle judicial incide especialmente sobre a atividade administrativa do Estado, seja qual for o Poder em que esteja sendo desempenhada.

No Brasil, encontramos o sistema de unidade de jurisdição no art. 5º, XXXV, da CRFB. Apenas o Judiciário pode decidir definitivamente.

Instrumentos de controle judicial específicos – a CRFB contempla alguns instrumentos judiciais de controle, com ritos próprios e objetos bem definidos. São eles:

	MANDADO DE SEGURANÇA	AÇÃO POPULAR	*HABEAS DATA*
Previsão	Art. 5º, LXIX e LXX, da CRFB e Lei n. 12.016/2009.	Art. 5º, LXXIII, da CRFB e Lei n. 4.717/65.	Art. 5º, LXXII, da CRFB e Lei n. 9.507/97.
Objeto	Proteger direito líquido e certo, não amparado por *habeas corpus* ou *habeas data*.	Anular ato lesivo ao patrimônio público ou de entidade de que o Estado participe, à moralidade administrativa, ao meio ambiente e ao patrimônio histórico e cultural.	Assegurar o conhecimento de informações relativas à pessoa do impetrante, constantes de registros ou bancos de dados de entidades governamentais ou de caráter público e para a retificação de dados, quando não se prefira fazê-lo por processo sigiloso, judicial ou administrativo.

No XIX Exame, ao analisar o caso de um decreto que extrapola a função regulamentar, a banca entendeu que, como ato normativo infralegal, o decreto se sujeita ao controle judicial e ao controle legislativo.

12. IMPROBIDADE ADMINISTRATIVA

A improbidade é a desonestidade na gestão da coisa pública. Trata-se de uma espécie de imoralidade qualificada pela CRFB, em seu art. 37, § 4º, regulamentado pela Lei n. 8.429/92, a chamada Lei de Improbidade Administrativa – LIA.

12.1 SUJEITOS

Podem ser autores de atos de improbidade administrativa: (i) os agentes públicos e (ii) aquele que, mesmo não sendo agente público, induza ou concorra para a prática do ato de improbidade; ou (iii) aquele que dele se beneficie sob qualquer forma direta ou indireta.

O conceito de agente público consta na própria lei (art. 2º) e é bastante abrangente. Para os fins da LIA, agente público é "todo aquele que exerce, ainda que transitoriamente ou sem remuneração, por eleição, nomeação, designação, contratação ou qualquer outra forma de investidura ou vínculo, mandato, cargo, emprego ou função nas entidades mencionadas no artigo anterior".

No XX Exame aplicado em Salvador-BA, a banca considerou que uma organização da sociedade civil, que se qualifica como entidade privada sem fins lucrativos, ao receber recursos públicos, inclusive sob a forma de auxílio ou subvenção, pode ser sujeito passivo de ato de improbidade administrativa.

12.2 PENALIDADES

O ímprobo está sujeito a diversas penalidades administrativas e civil, sem prejuízo da ação penal cabível. As principais penas administrativas constam diretamente no texto constitucional, em seu § 4º do art. 37, e são elas:

SUPER IRresponsável

Em que:

- SU – Suspensão dos direitos políticos.
- PER – Perda da função pública.
- I – Indisponibilidade de bens.
- R – Ressarcimento ao erário.

Ainda consta na lei a penalidade de multa, de natureza civil.

12.3 DOS ATOS DE IMPROBIDADE

A lei estabelece quatro grupos de atos que geram improbidade administrativa.

1. Art. 9º – Dos Atos de Improbidade Administrativa que Importam Enriquecimento Ilícito.

> No XVIII Exame, ao afirmar que um agente político estava sendo acusado da pratica de ato previsto no art. 9º da LIA, a banca entendeu que o referido agente está sujeito, dentre outras sanções, à perda dos bens ou valores acrescidos ilicitamente ao patrimônio, ao ressarcimento integral do dano e à suspensão dos direitos políticos pelo período de oito a dez anos.

2. Art. 10 – Dos Atos de Improbidade Administrativa que Causam Prejuízo ao Erário.
3. Art. 10-A – Dos Atos de Improbidade Administrativa Decorrentes de Concessão ou Aplicação Indevida de Benefício Financeiro ou Tributário.
4. Art. 11 – Dos Atos de Improbidade Administrativa que Atentam contra os Princípios da Administração Pública.

> No XIV Exame, ao mencionar que determinado agente havia revelado segredo que detinha em função de suas atribuições, a banca asseverou que o ato de improbidade pode estar configurado com a mera comunicação, antes da divulgação oficial, da informação sigilosa, ainda que não tenha havido qualquer vantagem para o agente.

	ENRIQUECIMENTO ILÍCITO	CAUSAR PREJUÍZO AO ERÁRIO	CONCESSÃO OU APLICAÇÃO INDEVIDA DE BENEFÍCIO FINANCEIRO OU TRIBUTÁRIO	ATENTAR CONTRA OS PRINCÍPIOS DA ADMINISTRAÇÃO PÚBLICA
Principais Ações	Receber, perceber, utilizar, adquirir, incorporar e usar.	Facilitar, permitir, conceder, frustrar (a licitude de processo licitatório), agir negligentemente e liberar recursos	Conceder, aplicar ou manter benefício financeiro ou tributário em desacordo com a lei.	Praticar, retardar, revelar, negar, frustrar (a licitude de concurso público) e descumprir.
Principais Penas	Suspensão dos direitos políticos de 8 a 10 anos e proibição de contratar com o Poder Público ou receber benefícios ou incentivos fiscais ou creditícios, pelo prazo de 10 anos.	Suspensão dos direitos políticos de 5 a 8 anos e proibição de contratar com o Poder Público ou receber benefícios ou incentivos fiscais ou creditícios, pelo prazo de 5 anos.	Perda da função pública, suspensão dos direitos políticos de 5 a 8 anos e multa civil de até 3 vezes o valor do benefício financeiro ou tributário concedido.	Suspensão dos direitos políticos de 3 a 5 anos e proibição de contratar com o Poder Público ou receber benefícios ou incentivos fiscais ou creditícios, pelo prazo de 3 anos.
Elemento Configurador	DOLO.	CULPA.	DOLO.	DOLO.

IMPORTANTE: convém deixar registrado que o rol previsto nos arts. 9º, 10, 10-A e 11 é meramente EXEMPLIFICATIVO.

12.4 APLICAÇÃO DAS SANÇÕES - ART. 21

A aplicação das penalidades vistas acima, não depende da efetiva ocorrência de dano ao patrimônio público, salvo quanto à pena de ressarcimento; e da aprovação ou rejeição das contas pelo órgão de controle interno ou pelo Tribunal ou Conselho de Contas. Se qualquer evento impedir a concretização da conduta, a mera intenção já basta para a caracterização do ato de improbidade.

> No XIII Exame, a banca considerou que a propositura da ação de improbidade é admissível mesmo que não haja prejuízo ao erário nem enriquecimento do agente público.

12.5 PRESCRIÇÃO DA PRETENSÃO PUNITIVA – ART. 23

A prescrição da pretensão punitiva do Estado, em relação às sanções previstas na LIA, ocorre em 5 anos após o término do exercício de mandato, de cargo em comissão ou de função de confiança; no caso de servidores efetivos, sem cargo de confiança ou ocupantes de emprego público, dentro do prazo prescricional previsto em lei específica para faltas disciplinares puníveis com demissão a bem do serviço público; e a prescrição punitiva de até 5 anos da data da apresentação à administração pública da prestação de contas final pelas entidades referidas no parágrafo único do art. 1º desta Lei (inciso III do art. 23, incluído pela Lei n. 13.019/2014).

12.6 ALGUMAS QUESTÕES IMPORTANTES DA JURISPRUDÊNCIA DO STJ

1. Quando o ato praticado pelo agente for também um tipo previsto na Lei Penal, os prazos prescricionais serão aqueles do Código Penal (art. 109 do CP). Ex.: Peculato.
2. A eventual prescrição das sanções decorrentes dos atos de improbidade administrativa não impede o prosseguimento da demanda quanto ao pleito de ressarcimento dos danos causados ao erário, que é imprescritível, à luz do art. 37, § 5º, parte final, da CRFB.
3. O sucessor daquele que causar lesão ao patrimônio público ou se enriquecer ilicitamente está sujeito às cominações desta lei até o limite do valor da herança.
4. O termo inicial da prescrição em improbidade administrativa em relação a particulares que se beneficiam de ato ímprobo é idêntico ao do agente público que praticou a ilicitude.
5. É inviável a propositura de ação civil de improbidade administrativa exclusivamente contra o particular, sem a concomitante presença de agente público no polo passivo da demanda.
6. No caso de agentes políticos reeleitos, o termo inicial do prazo prescricional nas ações de improbidade administrativa deve ser contado a partir do término do último mandato.

13. BENS PÚBLICOS

Toda a dinâmica dos bens públicos se encontra no Código Civil e na Lei Federal n. 9.636/98. De acordo com o at. 98 do CC, "são públicos os bens do domínio nacional pertencentes às pessoas jurídicas de direito público interno; todos os outros são particulares, seja qual for a pessoa a que pertencerem".

Neste sentido, fica fácil identificar o bem público. Basta observar seu proprietário. Se o titular do bem for uma pessoa jurídica de Direito Público, o bem seguirá seu regime jurídico.

13.1 CARACTERÍSTICAS DO REGIME DOS BENS PÚBLICOS

1. Alienabilidade condicionada – art. 100 do CC c/c art. 17 da Lei n. 8.666/93 – os bens públicos podem ser alienados (vendidos), desde que observem 5 requisitos/

condições: (i) interesse público devidamente justificado; (ii) autorização legislativa específica; (iii) prévia avaliação; (iv) licitação, na modalidade concorrência ou leilão; e (v) desafetação – bem dominical.

> No XVI Exame, ao citar um prédio público abandonado em razão de um incêndio, a banca entendeu que seria possível a alienação do antigo prédio, por se tratar de bem público dominical.

2. Impenhorabilidade e não onerabilidade – os bens públicos não podem ser objeto de penhor, hipoteca e anticrese
3. Imprescritibilidade – os bens públicos são insuscetíveis de aquisição por usucapião – arts. 102 do CC e 183, § 3º, do CRFB.

13.2 INSTRUMENTOS DE USO PRIVATIVO DE BENS PÚBLICOS

1. Autorização de uso – ato administrativo precaríssimo, unilateral e discricionário, tendo como objeto a utilização de um bem público no interesse exclusivo do particular. Ex.: fechamento de rua.
2. Permissão de uso – ato administrativo unilateral, precário e discricionário, de caráter personalíssimo, tendo como objeto a utilização de um bem público no interesse de ambas as partes. Ex.: cantina em hospital público.
3. Cessão de uso – ato administrativo precário, discricionário, que tem como beneficiário outra pessoa jurídica de direito público, ou particular sem fins lucrativos, para a utilização do bem de acordo com o interesse público. Ex.: uso de bem por ONGs, OSs.
4. Concessão de uso – contrato administrativo, e não ato, com todas as características a ele inerentes. Previsão de obrigações recíprocas. Fixação de prazo.

14. TERCEIRO SETOR

Estes regimes de parceria na execução de serviços públicos, desde que vinculados à Administração Pública por força de lei ou de convênio, podem ser divididos em regimes dos contratos de gestão (OS), gestão por colaboração (OSCIP), parcerias entre a administração pública e organizações da sociedade civil (Lei n. 13.019/2014) e Serviços Sociais Autônomos.

É bom ressaltar que as entidades do terceiro setor não fazem parte da estrutura da Administração Pública!!!!

IMPORTANTE: é bom ressaltar que OS e OSCIP são apenas qualificações, títulos dados a alguma pessoa jurídica de direito privado, sem fins lucrativos, que atendam às exigências legais. Não se tratam de figuras jurídicas novas.

	ORGANIZAÇÕES SOCIAIS - OSs	ORGANIZAÇÃO DA SOCIEDADE CIVIL DE INTERESSE PÚBLICO - OSCIP
Previsão	Lei n. 9.637/98.	Lei n. 9.790/99.
Natureza do Ato de Outorga	Discricionária.	Vinculada.
Nome do Instrumento de Outorga	Contrato de gestão.	Termo de parceria.
Benefícios	Recebem repasse de recursos públicos; cessão especial de servidores; permissão de uso de bens móveis e imóveis públicos; possibilidade de o Poder Público contratá-la para desenvolver atividade que seja seu objeto sem licitação (art. 24, XXIV, Lei n. 8.666/93).	Apenas repasse de recursos públicos. Não estão dispensadas de participação em licitação.
Exemplo	Rede Sarah Hospitais de Reabilitação.	Centro de Tradições Nordestinas - RJ.

> No XIV Exame, a banca considerou que um sindicato não pode se qualificar como OSCIP, em virtude de vedação expressa da lei federal sobre o tema.

IMPORTANTE: as OSs e OSCIPs não são obrigadas a fazer licitação nem concurso público, mas são fiscalizadas pelo TCU.

14.1 SERVIÇOS SOCIAIS AUTÔNOMOS - SISTEMA "S"

São aquelas entidades instituídas por lei específica e própria, com personalidade jurídica de direito privado, para ministrar assistência ou ensino a certas categorias sociais ou grupos profissionais, e que não tenham finalidade lucrativa.

Sua função é atuar ao lado do Estado, executando atividades privadas que o Poder Público tem interesse em incentivar; sobrevivem, em parte, com contribuições parafiscais, cuja arrecadação e utilização, na sua manutenção, são autorizadas pelo Estado. Ex.: SENAI, SESI, SESC, SENAC.

> No XI Exame, a banca considerou que os serviços sociais autônomos são custeados, em parte, com contribuições compulsórias cobradas sobre a folha de salários.

14.2 PARCERIAS ENTRE A ADMINISTRAÇÃO PÚBLICA E AS ORGANIZAÇÕES DA SOCIEDADE CIVIL – LEI N. 13.019/2014

Em 2014, foi publicado o que se convencionou chamar de Estatuto das Parcerias Voluntárias, a Lei n. 13.019/2014, que ficou longo tempo em *vacatio* e só entrou em vigor para a União e Estados em janeiro de 2016, e para os Municípios em janeiro de 2017. Bom que se diga que em 2015 ela foi profundamente alterada pela Lei n. 13.204/2015.

A Lei instituiu normas gerais para as parcerias entre a Administração Pública e organizações da sociedade civil, em regime de mútua cooperação, para a consecução de finalidades de interesse público e recíproco, mediante a execução de atividades ou de projetos previamente estabelecidos em planos de trabalho inseridos em termos de colaboração, em termos de fomento ou em acordos de cooperação.

IMPORTANTE: a Lei de Parcerias não se aplica às OSs e às OSCIPs.

15. INTERVENÇÃO DO ESTADO NO DOMÍNIO ECONÔMICO

A intervenção do Estado no domínio econômico está prevista nos arts. 173 e 174 da CRFB, e pode ser direta ou indireta.

A intervenção direta, prevista no art. 173 da CRFB, é feita por meio das estatais (empresas públicas e sociedades de economia mista), e corresponde à atividade atípica do Estado. Nesses casos, o Estado atua diretamente no mercado, como participante da atividade econômica.

A intervenção indireta, prevista no art. 174 da CRFB, é função normativa e reguladora da atividade econômica, em que o Estado exerce, na forma da lei, as atribuições de fiscalização, incentivo e planejamento, sendo o planejamento determinante para o setor público e indicativo para o setor privado. Trata-se de poder de polícia do Estado.

Em relação à intervenção indireta, ou como agente regulador, um ponto fundamental é entender o SBDC (Sistema Brasileiro de Defesa da Concorrência), integrado principalmente pela Lei n. 12.529/2010. Esta Lei cria o CADE e dispõe sobre a prevenção e a repressão às infrações contra a ordem econômica, orientada pelos ditames constitucionais de liberdade de iniciativa, livre concorrência, função social da propriedade, defesa dos consumidores e repressão ao abuso do poder econômico.

Os pontos mais importantes estão nos arts. 36 e 37 da Lei. Infrações e Penas, respectivamente.

Vejamos como estes pontos são cobrados na prova:

> No XIV Exame, uma questão apresentou um caso em que cinco empresas que, somadas, dominam 90% (noventa por cento) da produção metalúrgica nacional acordam, secretamente, a redução da oferta de bens por elas produzidos, a fim de elevar o preço dos seus produtos. Neste caso, a banca considerou que a atuação das empresas configura infração da ordem econômica, sujeitando-as à intervenção do Estado.
> Em outra oportunidade, no XXI Exame, a questão mencionou que as duas maiores empresas do ramo de produção de componentes eletrônicos para máquinas industriais dominam mais de 50% (cinquenta por cento) do mercado. A fim de garantir determinada margem de lucro, elas resolveram acordar um mesmo preço para os bens que elas produzem. Nesse caso, a banca entendeu tratar-se de infração à ordem econômica, punível na forma da lei.

Por fim, cabe citar que, na forma do art. 46 da Lei n. 12.529/2010, prescrevem em 5 anos as pretensões punitivas da Administração Pública Federal, direta e indireta, objetivando apurar infrações da ordem econômica, contados da data da prática do ilícito ou, no caso de infração permanente ou continuada, do dia em que tiver cessada a prática do ilícito.

REFERÊNCIAS

Constituição da República Federativa Brasileira.

DI PIETRO, Maria Sylvia Zanella. *Direito administrativo*. 27. ed. São Paulo: Atlas, 2014.

FILHO, José dos Santos Carvalho. *Manual de direito administrativo*. 27. ed. São Paulo: Atlas, 2014.

MADEIRA, José Maria Pinheiro. *Administração pública*. 12. ed. Rio de Janeiro: Freitas Bastos, 2014. t. I.

MARINELA, Fernanda. *Direito administrativo*. 10. ed. São Paulo: Saraiva, 2016.

DIREITO AMBIENTAL

Tatiana Scaranello

1. INTRODUÇÃO

Disciplina muito importante, embora seja pouco contemplada pelo Exame de Ordem, é o Direito Ambiental, uma vez que a sociedade contemporânea se depara cada vez mais com a necessidade de promover o desenvolvimento sustentável a fim de frear o aquecimento global, garantindo a continuidade da humanidade nos próximos séculos.

Portanto, deve-se atentar para o estudo desta disciplina tão encantadora, cobrada em poucas questões pela banca FGV, mas de forma tão detalhada e complexa, principalmente por meio de casos concretos que fundamentam as questões de Direito Ambiental. Duas questões podem ser decisivas para sua aprovação.

PONTO 1: PRINCÍPIOS DO DIREITO AMBIENTAL

Princípios do Direito Ambiental é tema sempre muito presente nas questões de Direito Ambiental, cobrado de forma direta ou indireta. Portanto, é indispensável o estudo atento!

Primeiro, será abordada a classificação dos princípios da Constituição Federal de 1988, algo indispensável para conhecer de forma individual os pertinentes ao Direito Ambiental, correlacionando-os com os demais preceitos dispostos na legislação infraconstitucional.

CLASSIFICAÇÃO

Os princípios do Direito Ambiental classificam-se como:

a) EXPLÍCITOS: encontram-se expressos no corpo da Constituição Federal de 1988.

b) IMPLÍCITOS: não estão expressos, mas decorrem do sistema normativo e da interpretação dos diplomas internacionais sobre meio ambiente, além dos dispositivos constitucionais, principalmente do art. 225, CF/88.

2. PRINCÍPIO DA PREVENÇÃO

É IMPLÍCITO na CF/88 e previsto na Resolução CONAMA n. 306/2002.

Pressupõe que os impactos ambientais já conhecidos e que haja certeza científica sobre suas consequências e as maneiras para saná-los ou minimizá-los, diferenciando-se, então, do princípio da precaução, quando não há certeza científica acerca das consequências do empreendimento, fundamentando o procedimento do licenciamento ambiental e a elaboração do EIA/RIMA e a adoção de medidas mitigadoras dos impactos ambientais para que a Administração Pública possa autorizar a atividade potencialmente poluidora.

3. PRINCÍPIO DA PRECAUÇÃO

É mais um princípio ambiental implícito na CF/88, mas consagrado pela Declaração do Rio de Janeiro sobre o Meio Ambiente e o Desenvolvimento (ECO RIO-92) e pela Lei n. 9.605/98 (Lei de Crimes Ambientais).

Diferentemente do princípio da prevenção, no princípio da precaução há a ocorrência de incerteza científica quanto às consequências do empreendimento; desta feita a decisão sobre o investimento econômico SEMPRE deve favorecer o meio ambiente (*in dubio pro natura*), isto é, na dúvida da viabilidade ou não, não se concederá a licença ambiental solicitada.

Adota-se a inversão do ônus da prova em ação civil pública ambiental, pela qual o réu deve provar que sua atividade não é prejudicial ao meio ambiente, conforme previsto no art. 6º, VIII, do Código de Defesa do Consumidor.

> Art. 6º São direitos básicos do consumidor:
>
> VIII – a facilitação da defesa de seus direitos, inclusive com a inversão do ônus da prova , a seu favor, no processo civil, quando, a critério do juiz, for verossímil a alegação ou quando for ele hipossuficiente, segundo as regras ordinárias de experiências.

Nesse sentido, já se pronunciou o Superior Tribunal de Justiça (STJ):

> "SEGUNDA TURMA. ACP. DANO AMBIENTAL. ÔNUS. PROVA.
>
> Trata-se da inversão do ônus probatório em ação civil pública (ACP) que objetiva a reparação de dano ambiental. A Turma entendeu que, nas ações civis ambientais, o caráter público e coletivo do bem jurídico tutelado e não eventual hipossuficiência do autor da demanda em relação ao réu conduz à conclusão de que alguns direitos do consumidor também devem ser estendidos ao autor daquelas ações, pois essas buscam resguardar (e muitas vezes reparar) o patrimônio público coletivo consubstanciado no meio ambiente. A essas regras, soma-se o princípio da precaução. Esse preceitua que o meio ambiente deve ter em seu favor o benefício da dúvida no caso

de incerteza (por falta de provas cientificamente relevantes) sobre o nexo causal entre determinada atividade e um efeito ambiental nocivo. Assim, ao interpretar o art. 6º, VIII, da Lei n. 8.078/1990 c/c o art. 21 da Lei n. 7.347/1985, conjugado com o princípio da precaução, justifica-se a inversão do ônus da prova, transferindo para o empreendedor da atividade potencialmente lesiva o ônus de demonstrar a segurança do empreendimento. Precedente citado: REsp 1.049.822-RS, *DJe* 18/5/2009" (REsp 972.902-RS, Rel. Min. Eliana Calmon, julgado em 25-8-2009).

Assim como:

> "(...) em matéria de meio ambiente vigora o princípio da precaução. Esse princípio deve ser observado pela Administração Pública, e também pelos empreendedores. A segurança dos investimentos constitui, também e principalmente, responsabilidade de quem os faz. À luz desse pressuposto, surpreende na espécie a circunstância de que empreendimento de tamanho vulto tenha sido iniciado, e continuado, sem que seus responsáveis tenham se munido da cautela de consultar o órgão federal incumbido de preservar o meio ambiente a respeito de sua viabilidade" (STJ, AgRg na SLS 1564, de 16-5-2012).

Prevê a necessidade de adoção de medidas para coibir perigo de dano à saúde e ao meio ambiente.

IMPORTANTE: é muito comum a prova induzir o candidato ao erro, causando certa confusão entre o princípio da prevenção e da precaução.

PRINCÍPIO DA PREVENÇÃO	PRINCÍPIO DA PRECAUÇÃO
Há uma certa CERTEZA científica quanto ao dano que aquele empreendimento ou aquele bem possa vir a causar ao meio ambiente e à saúde pública.	Há uma INCERTEZA científica quanto ao que o empreendimento ou o bem possa vir a causar ao meio ambiente e à saúde pública.

4. PRINCÍPIO DA INFORMAÇÃO

Trata-se de um princípio ambiental explícito no art. 225, § 1º, VI, CF/88, que pressupõe a educação ambiental, bem como a conscientização pública como instrumentos de efetivação do direito ao meio ambiente ecologicamente equilibrado.

Encontra-se amparado pela Lei n. 10.650/2003: todos os atos administrativos em matéria ambiental com relevância coletiva devem ser públicos, disponibilizados em meios de comunicação.

É de extrema importância para o Direito Ambiental, visto que a sociedade deve ter acesso às informações referentes à qualidade de vida e do meio ambiente, intimamente interligadas. Será mais bem abordado nos próximos capítulos, principalmente no referente ao licenciamento ambiental.

5. PRINCÍPIO DO DESENVOLVIMENTO SUSTENTÁVEL

Importante princípio que rege o Direito Ambiental como um todo, principalmente no cenário internacional, por meio de diplomas importantes sobre a disciplina. No ordenamento constitucional brasileiro, encontra-se implícito no art. 225, combinado com o art. 170, ambos da CF/88, interpretados conjuntamente, e expresso na Declaração do Rio de Janeiro sobre Meio Ambiente e Desenvolvimento (ECO-92):

Princípio 3: "O Direito ao desenvolvimento deve ser exercido de modo a permitir que sejam atendidas equitativamente as necessidades de gerações presentes e futuras".

No Relatório de Brundtland (Nosso Futuro Comum) – 1987, importante documento internacional, é disposto como "(...) o desenvolvimento que satisfaz as necessidades presentes, sem comprometer a capacidade das gerações futuras de suprir suas próprias necessidades".

Na legislação brasileira infraconstitucional foi consagrado anteriormente pelo art. 4º, I, Lei n. 6.938/81 (Política Nacional do Meio Ambiente):

> Art. 4º A Política Nacional do Meio Ambiente visará:
> I – à compatibilização do desenvolvimento econômico-social com a preservação da qualidade do meio ambiente e do equilíbrio ecológico.

Outros diplomas brasileiros contemplam o Princípio em comento expressamente, tais quais:

a) Novo Código Florestal, art. 73:

> Art. 73. Os órgãos centrais e executores do Sisnama criarão e implementarão, com a participação dos órgãos estaduais, indicadores de sustentabilidade, a serem publicados semestralmente, com vistas em aferir a evolução dos componentes do sistema abrangidos por disposições desta Lei.

b) Lei n. 9.433/97, Lei de Gerenciamento de Recursos Hídricos, a ser estudada em capítulo próprio.

c) Lei n. 9.985/2000, Lei do Sistema Nacional de Unidades de Conservação da Natureza.

> Art. 4º O SNUC tem os seguintes objetivos:
> IV – promover o desenvolvimento sustentável a partir dos recursos naturais.

Ou seja, o Princípio do Desenvolvimento Sustentável resume-se na necessidade de ponderação entre as necessidades sociais econômicas (Princípio do Desenvolvimento Econômico) e o direito ao meio ambiente equilibrado, previsto no *caput* do art. 225, CF/88, fundado em três pilares: econômico, ambiental e social.

6. PRINCÍPIO DO POLUIDOR PAGADOR/PREDADOR/DA RESPONSABILIDADE

Por meio deste princípio, deve o poluidor responder por custos sociais da degradação resultante da sua atividade poluidora, agregando a este valor (das externalidades negativas) ao custo produtivo. Encontra-se previsto na Declaração do Rio de Janeiro sobre Meio Ambiente e Desenvolvimento (ECO RIO-92).

Pela Política Nacional do Meio Ambiente (Lei n. 6.938/81), "é o poluidor obrigado, independentemente da existência de culpa, a indenizar ou reparar os danos causados ao meio ambiente e a terceiros, afetados por sua atividade" (art. 14, § 1º).

Um exemplo muito contumaz é a cobrança de compensação ambiental durante o procedimento do licenciamento ambiental, conforme entendimento do Supremo Tribunal Federal (STF):

> "(...) 2. Compete ao órgão licenciador fixar o quantum da compensação, de acordo com a compostura do impacto ambiental a ser dimensionado no relatório – EIA/RIMA.
>
> 3. O art. 36 da Lei n. 9.985/2000 densifica o princípio usuário-pagador, este a significar um mecanismo de assunção partilhada da responsabilidade social pelos custos ambientais derivados da atividade econômica.
>
> 4. Inexistente desrespeito ao postulado da razoabilidade. Compensação ambiental que se revela como instrumento adequado à defesa e preservação do meio ambiente para as presentes e futuras gerações, não havendo outro meio eficaz para atingir essa finalidade constitucional. Medida amplamente compensada pelos benefícios que sempre resultam de um meio ambiente ecologicamente garantido em sua higidez" (STF, ADI 3378/DF, 2008).

Resumindo: aquele que se utiliza de recursos de maneira individualizada do meio ambiente, direito difuso de terceira dimensão, deverá compensar a coletividade.

7. PRINCÍPIO DO USUÁRIO PAGADOR

Segundo este Princípio, mesmo que NÃO HAJA POLUIÇÃO, as pessoas que utilizarem o bem deverão pagar pelo seu uso.

O art. 19 da Lei n. 9.433/97, norma que instituiu a Política Nacional de Recursos Hídricos, pressupõe que a cobrança para utilização do recurso natural água, deve: a) gerar no usuário o reconhecimento de que a água é um bem econômico; b) formular a consciência de que a água tem um valor; c) incentivar a racionalização do uso da água, garantindo sua existência para as futuras gerações; e d) captar recursos financeiros, cujo objetivo seja o de custear programas visando à preservação dos recursos hídricos. Nesse sentido, o entendimento do Supremo Tribunal Federal (STF):

> "(...) 3. O art. 36 da Lei 9.985/2000 densifica o princípio usuário-pagador, este a significar um mecanismo de assunção partilhada da responsabilidade social pelos custos ambientais derivados da atividade econômica" (STF, ADI 3378/DF, 9-4-2008).

IMPORTANTE: é muito comum a confusão entre o princípio do usuário pagador e o princípio da responsabilidade. A banca pode explorar essa diferença:

PRINCÍPIO DO USUÁRIO PAGADOR	PRINCÍPIO DA RESPONSABILIDADE
Não gera poluição a simples utilização do recurso natural. Entretanto, como há uso de um recurso natural dotado de valor econômico, deve-se pagar um valor pecuniário a título de levar em consideração seu uso consciente.	Há uma poluição gerada por parte daquele que utiliza o meio ambiente para suas finalidades. Portanto, aquele que polui, deve reparar o meio ambiente lesado.

8. PRINCÍPIO DO PROTETOR RECEBEDOR

Preservar o meio ambiente é uma atitude muito apreciada pela Administração Pública, por isso este princípio vem ganhando muita relevância no cenário atual. Por meio dele, as pessoas físicas ou jurídicas responsáveis pela preservação ambiental devem ser agraciadas com benefícios, já que estão colaborando para a manutenção do meio ambiente ecologicamente equilibrado.

Tal fundamento embasa a chamada tributação ecológica, tema que merece atenção. Um exemplo muito eficaz, que colabora com a preservação do meio ambiente, é a instituição do ICMS ecológico, tributo de competência estadual, utilizado para estabelecer o percentual que cada Município de um determinado Estado instituidor tem direito de receber quando do repasse constitucional do Imposto de Circulação de Mercadorias e Serviços (ICMS). Seu caráter de extrafiscalidade fundamenta-se no art. 155, § 2º, III, CF/88: "(...) facultando, assim, o seu uso com função extrafiscal".

Quanto aos benefícios, o Novo Código Florestal prevê a possibilidade da compensação financeira aos proprietários rurais que mantêm reserva legal em sua propriedade acima do limite mínimo.

> Art. 15, § 2º O proprietário ou possuidor de imóvel com Reserva Legal conservada e inscrita no Cadastro Ambiental Rural – CAR de que trata o art. 29, cuja área ultrapasse o mínimo exigido por esta Lei, poderá utilizar a área excedente para fins de constituição de servidão ambiental, Cota de Reserva Ambiental e outros instrumentos congêneres previstos nesta Lei.

Já a Política Nacional de Resíduos Sólidos (Lei n. 12.305/2010), em seu art. 6º, II, adota expressamente o mencionado princípio:

> Art. 6º São princípios da Política Nacional de Resíduos Sólidos:
>
> II – o poluidor-pagador e o protetor-recebedor.

Atualmente, está tramitando no Congresso Nacional o Projeto de Lei n. 312/2015, que visa instituir a Política Nacional de Pagamento por Serviços Ambientais e, por meio dela, estimular a conservação dos ecossistemas, dos recursos hídricos, do solo, da biodiversidade, do patrimônio genético e do conhecimento tradicional, através da iniciativa do particular associada à assistência do Poder Público.

9. PRINCÍPIO DA FUNÇÃO SOCIOAMBIENTAL DA PROPRIEDADE

O Princípio da Função Social da Propriedade pressupõe obrigações de fazer e de não fazer, respaldadas na supremacia do bem da coletividade sobre a ordem econômica, previstas nos seguintes dispositivos constitucionais: arts. 170, III, 182 e 186.

Primeiro, o art. 170, III, CF/88 legitima tal supremacia ao dispor que a ordem econômica deve observar o Princípio da Função Social da Propriedade, que, por sua vez, na leitura do art. 182, CF/88, compreende-se ser exercido quando a propriedade urbana cumpre a exigência disposta em seus §§ 1º e 2º, isto é, a execução do previsto no plano diretor, obrigatório para cidades com população com mais de 20 mil habitantes, segundo o texto constitucional, e para as demais que se encaixam no rol do art. 41 da Lei n. 10.257/2001 (Estatuto da Cidade). Acaso o plano diretor não seja respeitado, mediante lei específica, o Município poderá exigir a efetivação da função social da propriedade, sob pena de parcelamento ou edificação coercitivos, bem como, sucessivamente, instituir IPTU progressivo no tempo e, por último, desapropriação da propriedade com pagamento mediante títulos da dívida pública de emissão previamente aprovada pelo Senado Federal, com prazo de resgate de até dez anos, em parcelas anuais, iguais e sucessivas, assegurados o valor real da indenização e os juros legais.

Por fim, o art. 186, CF/88, menciona que a propriedade rural cumprirá sua função social quando cumprir cumulativamente os seguintes requisitos: a) aproveitamento racional e adequado; b) utilização adequada dos recursos naturais disponíveis e preservação do meio ambiente; c) observância das disposições que regulam as relações de trabalho; e d) exploração que favoreça o bem-estar dos proprietários e dos trabalhadores.

A jurisprudência compreende que, devido ao Princípio da Função Socioambiental (função ecológica ou social) da propriedade, assegura, na ordem jurídica atual, a possibilidade de imposição ao proprietário rural do dever de recomposição da vegetação em áreas de preservação permanente e de reserva legal, mesmo que não tenha sido ele o responsável pelo desmatamento, pois tal obrigação possui caráter *propter rem*.

10. PRINCÍPIO DEMOCRÁTICO OU DA GESTÃO DEMOCRÁTICA OU DA PARTICIPAÇÃO

Previsto, inicialmente, no *caput* do art. 225, CF/88, este Princípio pressupõe ser dever do Poder Público e da sociedade a defesa do meio ambiente, assim como a sua preservação.

Fundamenta a participação popular em AUDIÊNCIAS PÚBLICAS no procedimento de licenciamento ambiental que demande a realização do EIA/RIMA, segundo previsto na Resolução CONAMA n. 9/87:

> Art. 2º Sempre que julgar necessário, ou quando for solicitado por entidade civil, pelo Ministério Público, ou por 50 (cinquenta) ou mais cidadãos, o Órgão de Meio Ambiente promoverá a realização de audiência pública.

Também, está disposto na Convenção n. 169 da Organização Internacional do Trabalho (OIT) sobre Povos indígenas e tribais, promulgada pelo Brasil por meio do Decreto n. 5.051, de 19 de Abril de 2004. Assim dispõe a referida Convenção:

> Art. 6º. 1. Ao aplicar as disposições da presente Convenção, os governos deverão:
>
> a) consultar os povos interessados, mediante procedimentos apropriados e, particularmente, através de suas instituições representativas, cada vez que sejam previstas medidas legislativas ou administrativas suscetíveis de afetá-los diretamente;

11. PRINCÍPIO DO LIMITE

É destinado à Administração Pública e fundamentado pelo art. 225, § 1º, V, CF/88, o qual dispõe que:

> § 1º Para assegurar a efetividade desse direito, incumbe ao Poder Público:
>
> V – controlar a produção, a comercialização e o emprego de técnicas, métodos e substâncias que comportem risco para a vida, a qualidade de vida e o meio ambiente;

Conclui-se que é dever da Administração Pública elaborar e fixar parâmetros sobre o acompanhamento da emissão de poluentes e destinação de resíduos sólidos, por exemplo. Ultimamente, este princípio encontra-se em pauta devido à relevância que a Política Nacional de Resíduos Sólidos, instituída por meio da Lei n. 12.305/2010, tomou no cenário nacional, além da Política Nacional de Mudanças Climáticas (Lei n. 12.187/2009).

12. PRINCÍPIO DO DIREITO HUMANO FUNDAMENTAL

Inicialmente previsto na Conferência das Nações Unidas sobre o Meio Ambiente (Estocolmo, 1972), a qual dispunha em seu Princípio 1 que "o homem tem direito fundamental à liberdade, à igualdade e ao desfrute de condições de vida adequada em um meio, cuja qualidade lhe permita levar uma vida digna e gozar de bem-estar, e tem a solene obrigação de proteger e melhorar esse meio para as gerações futuras e presentes".

Previsto, também, na Lei n. 6.938/81 (Política Nacional de Meio Ambiente), em seu art. 2º:

> A Política Nacional do Meio Ambiente tem por objetivo a preservação, a melhoria e a recuperação da qualidade ambiental propícia à vida, visando assegurar, no País, condições ao desenvolvimento socioeconômico, aos interesses da segurança nacional e à proteção da dignidade da vida humana (...).

13. PRINCÍPIO DO NÃO RETROCESSO AMBIENTAL

Encontra-se respaldado pela ECO-92, cujo conceito prevê que as normas ambientais não devem ser flexibilizadas para que se evite o comprometimento das conquistas alcançadas. Discute-se no Congresso Nacional a proposta de emenda à Constituição (PEC) n. 65/2012, segundo a qual prevê a inserção do § 7º no art. 225, que consistiria no seguinte teor: "A apresentação do estudo prévio de impacto ambiental importa autorização para a execução da obra, que não poderá ser suspensa ou cancelada pelas mesmas razões a não ser em face de fato superveniente". Adotando o diploma proposto, o legislador estaria contrariando o Princípio do Não Retrocesso Ambiental, já que o Brasil aderiu a diversas Declarações e Convenções sobre Direito Ambiental, destacando a Declaração de Estocolmo (1972), que reconheceu o direito ao meio ambiente ecologicamente equilibrado como um direito fundamental.

14. PRINCÍPIO DO ACESSO EQUITATIVO

Conceituado pelo Princípio n. 5 da Declaração Universal do Meio Ambiente, fruto da Conferência das Nações Unidas sobre o Meio Ambiente (Estocolmo, 1972), o qual prevê que os recursos não renováveis devem ser explorados de tal forma que não haja risco de serem exauridos e que as vantagens extraídas de sua utilização sejam partilhadas a toda a humanidade.

No corpo da Constituição Federal de 1988, o *caput* do art. 225 prevê o meio ambiente como bem de uso comum do povo, devendo ser administrado de forma sustentável, principalmente no que tange à utilização dos recursos naturais, facilitando o acesso equitativo, o qual é classificado como intergeracional (entre as gerações atuais) e intrageracional (entre as gerações atuais e as futuras).

PONTO 2: RESPONSABILIDADE CIVIL AMBIENTAL

Neste ponto, destaca-se o art. 225, CF/88, prevendo em seus §§ 2º e 3º o instituto idealizado pela Declaração. Assim dispõem:

> § 2º Responsabilidade do minerador de reparar o local
>
> § 3º estabelece que seja pessoa física ou jurídica, o poluidor deverá reparar o meio ambiente lesado pelos danos causados em decorrência de sua atividade poluidora.

Assim, pela simples leitura do § 3º, há inexistência de *bis in idem*, isto é, o mesmo ato pode gerar uma responsabilidade civil, administrativa e criminal ambientais.

Importante mencionar que a poluição será considerada lícita ou ilícita, não importando a modalidade para ser OBJETIVA, mesmo que amparada por licença ambiental, e será SOLIDÁRIA entre os poluidores, conforme prevê o § 1º do art. 14 da Lei n. 6.938/81:

> Sem obstar a aplicação das penalidades previstas neste artigo, é o poluidor obrigado, independentemente da existência de culpa, a indenizar ou reparar os danos causados ao meio ambiente e a terceiros, afetados por sua atividade. O Ministério Público da União e dos Estados terá legitimidade para propor ação de responsabilidade civil e criminal, por danos causados ao meio ambiente.

Vale destacar a possibilidade de a Administração Pública ser considerada poluidora, devido ao previsto no art. 37, § 6º, CF/88, combinado com o art. 3º, IV, da Lei n. 6.938/81, dividindo-se sua responsabilidade em:

a) Direta: agindo de forma direta no empreendimento que venha a causar uma degradação ambiental.
b) Indireta: quando, por exemplo, uma licença ambiental for concedida de forma irregular por um servidor público.

Em entendimentos jurisprudenciais firmados pelos Tribunais Superiores, prevalece que, no tocante aos atos comissivos, a responsabilidade da Administração Pública será pautada na Teoria do Risco Integral, isto é, de natureza objetiva, independentemente de haver concorrido com culpa ou dolo, solidária e ilimitada.

Entretanto, quanto à responsabilidade civil em casos omissivos possuirá natureza jurídica subjetiva ou por culpa, regra adotada pelo art. 37, CF/88; contudo, há duas exceções, dentre elas quando a responsabilização objetiva do ente público decorrer de expressa previsão legal, em microssistema especial, como na proteção do meio ambiente (Lei n. 6.938/81, art. 3º, IV, c/c o art. 14, § 1º). Neste último caso em tela, não responderá, a Administração Pública, de forma solidária com o particular, mas sim, subsidiariamente, segundo entendimento do Superior Tribunal de Justiça (STJ).

NATUREZA JURÍDICA	A responsabilidade civil em matéria de Direito Ambiental SEMPRE será OBJETIVA, ou seja, é dispensável que demonstre que o agente praticou o dano ambiental com culpa ou dolo. Basta, em regra, que seja demonstrado o NEXO DE CAUSALIDADE entre a conduta do indivíduo e o dano ambiental, salvo quanto às obrigações *propter rem*, previstas no art. 2º, § 2º, do Código Florestal – acompanham o bem, não havendo a demonstração do nexo de causalidade. Tal entendimento se aplica também à ADMINISTRAÇÃO pública, ponto já cobrado na prova do Exame de Ordem Unificado – OAB – FGV – 2014: "Em se tratando de área de preservação permanente, a Administração Pública responderá de forma objetiva pelos danos causados ao meio ambiente, independentemente das responsabilidades administrativa e penal".

TEORIA DO RISCO CRIADO/ PROVEITO/ ADMINISTRATIVO	TEORIA DO RISCO INTEGRAL
Teoria MINORITÁRIA, que prevê a possibilidade de excludentes de responsabilidade daquele que causou o dano ambiental.	Teoria MAJORITÁRIA, a qual não admite a possibilidade de excludentes de responsabilidade para eximir aquele que causou o dano ambiental de sua responsabilidade de indenizar o meio ambiente lesado pela poluição.

Responsabilidade da Administração Pública	Responsabilidade de natureza OBJETIVA, ainda que quanto aos atos OMISSIVOS, pautada na Teoria do Risco Integral. Entretanto, quando corroborar de forma indireta para o dano ambiental, ou seja, deixar de fiscalizar, responderá de forma SUBSIDIÁRIA para com o agente que causou a poluição. CUIDADO! Veja como a FGV já cobrou esse entendimento na prova do Exame de Ordem de 2014: "No curso de obra pública, a Administração Pública causa dano em local compreendido por área de preservação permanente. Sobre o caso apresentado, assinale a opção que indica de quem é a responsabilidade ambiental. b) Em se tratando de área de preservação permanente, a Administração Pública responderá de forma objetiva pelos danos causados ao meio ambiente, independentemente das responsabilidades administrativa e penal".

No mais, é possível condenar o poluidor de forma cumulativa em indenização pecuniária com as obrigações de fazer, bem como a condenação em danos morais coletivos, consoante entendimento do Superior Tribunal de Justiça, no REsp 1.269.494, de 24-9-2013. Tal tema já foi cobrado pela FGV, na prova do Exame de Ordem de 2016: "(...) sendo admissível o manejo de ação civil pública pelo Ministério Público, demandando a condenação em dinheiro e o cumprimento de obrigação de fazer".

PONTO 3: RESPONSABILIDADE ADMINISTRATIVA AMBIENTAL

Há uma divergência recente na jurisprudência do Superior Tribunal de Justiça (STJ) acerca do tema.

A segunda turma do Superior Tribunal de Justiça (STJ), no julgamento do Recurso Especial n. 1.251.697, em 12-4-2012, entende que a natureza jurídica da responsabilidade administrativa é SUBJETIVA, posição justificada por meio da adoção do princípio da intranscendência das penas, disposta no art. 5º, XLV, CF/88, aplicável não só ao âmbito penal, mas também a todo o Direito Sancionador.

Em contrapartida, a primeira Turma do Superior Tribunal de Justiça (STJ), no julgamento do Recurso Especial n. 1318051, julgado em 17-3-2015, entendeu ser OBJETIVA, a natureza jurídica da responsabilidade administrativa, por compreender que o § 1º do art. 14 da Lei n. 6.938/81 define que o poluidor é obrigado, sem que haja a exclusão das penalidades, a indenizar ou reparar os danos, independentemente da existência de culpa.

> PROCESSUAL CIVIL E ADMINISTRATIVO. RECURSO ESPECIAL. EMBARGOS À EXECUÇÃO. AUTO DE INFRAÇÃO LAVRADO POR DANO AMBIENTAL. A RESPONSABILIDADE ADMINISTRATIVA AMBIENTAL É OBJETIVA. A LEI N. 9.605/1998 NÃO IMPÕE QUE A PENA DE MULTA SEJA OBRIGATORIAMENTE PRECEDIDA DE ADVERTÊNCIA.

1. A responsabilidade administrativa ambiental é objetiva. Deveras, esse preceito foi expressamente inserido no nosso ordenamento com a edição da Lei de Política Nacional do Meio Ambiente (Lei n. 6.938/1981). Tanto é assim, que o § 1º do art. 14 do diploma em foco define que o poluidor é obrigado, sem que haja a exclusão das penalidades, a indenizar ou reparar os danos, independentemente da existência de culpa (REsp 1318051, 17-3-2015).

Entretanto, o mais recente julgado AgRg no Agravo em Recurso Especial n. 62.584 – RJ, *DJe* 7-10-2015, o STJ firmou entendimento de a modalidade adotada ser a SUBJETIVA. CUIDADO!

Natureza Jurídica	Consoante mais recente entendimento do Superior Tribunal de Justiça sobre o tema, a natureza jurídica é SUBJETIVA, ou seja, deve-se verificar se o agente praticou a conduta por meio de dolo ou de culpa, diferentemente da responsabilidade civil em matéria de Direito Ambiental. Cuidado!

Outro tema importante sobre o ponto responsabilidade administrativa ambiental é quanto à competência. Não se confunde a responsabilidade para concessão de licença amiental com competência para exercer a fiscalização.

> (...) 5. Atividade desenvolvida com risco de dano ambiental a bem da União pode ser fiscalizada pelo IBAMA, ainda que a competência para licenciar seja de outro ente federado. Agravo regimental provido (AgRg no REsp 711.405/PR, j. 28-4-2009).

Importante saber que a Lei Complementar n. 140/2011 dispõe acerca das competências referentes ao licenciamento ambiental, as quais não se confundem com as responsabilidades de fiscalizar. Nada obsta que o IBAMA fiscalize um empreendimento irregular por descumprimento dos requisitos indispensáveis para a manutenção da licença ambiental concedida pelo órgão ambiental estadual e, também, autue o infrator aplicando uma multa administrativa. No entanto, acaso o ente competente para o procedimento de licenciamento ambiental autuar também, a autuação deste prevalecerá em face do auto lavrado por autoridade diversa que exerceu o Poder de Polícia. Isso decorre da vedação ao *bis in idem*, impedindo que um indivíduo seja penalizado duas vezes pelo mesmo fato por entes diferentes (art. 76, Lei n. 9.605/98).

Art. 17, LC n. 140/2011:

> Compete ao órgão responsável pelo licenciamento ou autorização, conforme o caso, de um empreendimento ou atividade, lavrar auto de infração ambiental e instaurar processo administrativo para a apuração de infrações à legislação ambiental cometidas pelo empreendimento ou atividade licenciada ou autorizada.

COMPETÊNCIA PARA FISCALIZAR E LAVRAR AUTO DE INFRAÇÃO	COMPETÊNCIA PARA CONCEDER LICENÇA AMBIENTAL
COMUM a todos os entes da Federação, prevalecendo o auto de infração lavrado pelo órgão ambiental competente para a concessão da licença ambiental, independentemente de ter sido o primeiro a lavrar ou não.	Conforme disposto na Lei Complementar n. 140/2011. Portanto, pode coincidir ou não com a competência para fiscalizar ou lavrar o auto de infração ambiental.

PONTO 4: RESPONSABILIDADE PENAL AMBIENTAL E CRIMES AMBIENTAIS

Diferentemente da responsabilidade civil ambiental, cuja natureza jurídica é objetiva, e da responsabilidade administrativa ambiental, a qual mereceu um estudo mais aprofundado no capítulo anterior devido à jurisprudência divergente do Superior Tribunal de Justiça (STJ), a responsabilidade penal é subjetiva de forma incontestável, pautada no Princípio Penal da Intranscedência das Penas (art. 5º, XLV, CF/88). Uma terceira pessoa não poderá ser punida por crime cometido por outra, isto é vedado no Direito Penal, não se adotando, aqui, o *propter rem* como é feito em relação à responsabilidade civil, até porque é necessária a comprovação da culpa para responsabilizar um indivíduo pela prática de um crime ambiental, o que é dispensável em âmbito civil, apenas carecendo da demonstração do dano e do nexo causal entre este e a conduta do agente que praticou a degradação ambiental.

A questão da verificação da culpabilidade encontra-se expressa na Lei n. 9.605/98:

> Art. 2º Quem, de qualquer forma, concorre para a prática dos crimes previstos nesta Lei, incide nas penas a estes cominadas, na medida da sua culpabilidade, bem como o diretor, o administrador, o membro de conselho e de órgão técnico, o auditor, o gerente, o preposto ou mandatário de pessoa jurídica, que, sabendo da conduta criminosa de outrem, deixar de impedir a sua prática, quando podia agir para evitá-la.

Assim, para não confundir na hora da prova, lembre-se:

Responsabilidade Civil Ambiental	OBJETIVA.
Responsabilidade Penal Ambiental	SUBJETIVA.
Responsabilidade Administrativa Ambiental	STJ, REsp. 1.251.697, de 12-4-2012; e AgRg no Ag no Resp n. 62.584/ RJ, *DJE* 7-10-2015 – SUBJETIVA.

> Perceba, que uma mesma conduta poderá ensejar a responsabilidade do causador do dano ambiental nas três esferas. Veja como a FGV já cobrou tal entendimento no Exame de Ordem, em 2016:
> "Pedro, em visita a determinado Município do interior do Estado do Rio de Janeiro, decide pichar e deteriorar a fachada de uma Igreja local tombada, por seu valor histórico e cultural, pelo Instituto Estadual do Patrimônio Histórico-Cultural – INEPAC, autarquia estadual. Considerando o caso em tela, assinale a afirmativa correta: c) Pedro, por ter causado danos ao meio ambiente cultural, poderá ser responsabilizado administrativa, penal e civilmente, sendo admissível o manejo de ação civil pública pelo Ministério Público, demandando a condenação em dinheiro e o cumprimento de obrigação de fazer".

Um tema muito complexo na doutrina e na jurisprudência é acerca da possibilidade de responsabilização penal da pessoa jurídica. A Lei de Crimes Ambientais prevê em seu art. 3º, *caput* e parágrafo único, ser possível, desde que a infração seja cometida por decisão de seu representante legal ou contratual, ou de seu órgão colegiado, no interesse ou benefício da sua entidade. Com base nesse dispositivo interpreta-se que a pessoa jurídica só será responsabilizada se seu representante legal, podendo ser caracterizado como diretor ou administrador, atue praticando o ilícito mas em favor da entidade, não excluindo, para tanto, a responsabilidade da pessoa física que assim o praticou. Portanto, há dois pressupostos cumulativos para responsabilização da pessoa jurídica, apresentados:

a) Gestor tenha determinado sua prática.
b) Ser praticado com a finalidade de interesse ou benefício da entidade.

> Art. 3º As pessoas jurídicas serão responsabilizadas administrativa, civil e penalmente conforme o disposto nesta Lei, nos casos em que a infração seja cometida por decisão de seu representante legal ou contratual, ou de seu órgão colegiado, no interesse ou benefício da sua entidade.
> Parágrafo único. A responsabilidade das pessoas jurídicas não exclui a das pessoas físicas, autoras, coautoras ou partícipes do mesmo fato.

No caso da primeira parte do *caput*, temos a Responsabilidade Penal em Ricochete, isto é, de empréstimo, subsequente ou por procuração: "(...) decisão de praticar a infração tenha emanado de representante legal ou contratual, ou órgão colegiado da empresa."

Dessa forma, pode-se afirmar que o art. 3º da Lei de Crimes Ambientais adota o Sistema de Dupla Imputação Paralela ou mais conhecido como Dupla Imputação? A jurisprudência majoritária tinha o entendimento que sim, afirmando que, segundo previsto no parágrafo único do art. 3º, a responsabilidade ambiental criminal estaria pautada no sistema da DUPLA IMPUTAÇÃO, ou seja, é necessário que, além da indicação da pessoa jurídica na denúncia, também esteja contemplada a pessoa física, já que a pessoa jurídica não pode responder a crime ambiental sozinha (STJ, AgRg no REsp 89830/10).

Contudo, em 2013 a primeira turma do Supremo Tribunal Federal (STF), no julgamento do RE 548181/PR, entendeu que é possível a condenação da pessoa jurídica, apenas, no caso de as pessoas físicas ocupantes de cargos de gestão ou de direção serem absolvidas. O caso concreto tratava-se de um crime imputado à PETROBRAS e aos seus gestores, responsável pela poluição dos Rios Barigui e Iguaçu e suas áreas ribeirinhas, no município de Araucária, no Estado do Paraná, a partir do vazamento de óleo cru, causando a mortandade de diversas espécimes da fauna e a impossibilidade de utilização das águas para consumo da população local e regional. E manteve seu entendimento e um julgado que apreciou matéria semelhante à já contemplada. Neste sentir:

> DIREITO PENAL E PROCESSUAL PENAL. DESNECESSIDADE DE DUPLA IMPUTAÇÃO EM CRIMES AMBIENTAIS.
>
> É possível a responsabilização penal da pessoa jurídica por delitos ambientais independentemente da responsabilização concomitante da pessoa física que agia em seu nome. Conforme orientação da Primeira Turma do STF, "O art. 225, § 3º, da Constituição Federal não condiciona a responsabilização penal da pessoa jurídica por crimes ambientais à simultânea persecução penal da pessoa física em tese responsável no âmbito da empresa. A norma constitucional não impõe a necessária dupla imputação (STF, RE 548.181, Primeira Turma, *DJe* 29-10-2014).

Por algum tempo, o Superior Tribunal de Justiça (STJ) manteve seu entendimento consolidado, mas acabou alinhando sua jurisprudência à do Supremo Tribunal Federal (STF) no julgamento do RMS 39.173-BA, Rel. Min. Reynaldo Soares da Fonseca, j. 6-8-2015. Assim, destaca-se:

> Diante dessa interpretação, o STJ modificou sua anterior orientação, de modo a entender que é possível a responsabilização penal da pessoa jurídica por delitos ambientais independentemente da responsabilização concomitante da pessoa física que agia em seu nome. Precedentes citados: RHC 53.208-SP, Sexta Turma, DJe 1º/6/2015; HC 248.073-MT, Quinta Turma, DJe 10/4/2014; e RHC 40.317-SP, Quinta Turma, DJe 29/10/2013 (RMS 39.173-BA, Rel. Min. Reynaldo Soares da Fonseca, j. 6-8-2015, *DJe* 13-8-2015).

Um dos fundamentos que norteiam as decisões elencadas supra é o de que o § 3º do art. 225 da CF/88 não exige, para que haja responsabilidade penal da pessoa jurídica, que pessoas físicas sejam também, obrigatoriamente, denunciadas.

Portanto, pode-se afirmar que a jurisprudência pátria não adota mais a dupla imputação, podendo a pessoa jurídica ser responsabilizada penalmente sozinha sem necessidade de ser denunciada a pessoa física.

Responsabilidade penal em ricochete ou Sistema da Dupla Imputação e os crimes ambientais praticados pela pessoa jurídica.	NÃO É MAIS ADOTADA pela jurisprudência pátria. Tanto o STF quanto o STJ compreendem dessa forma.

Outro tema importante sobre responsabilidade criminal é quanto à aplicabilidade do princípio da insignificância em relação aos crimes ambientais.

Em interessante julgado, o Superior Tribunal de Justiça compreendeu não haver justa causa para uma eventual ação penal, determinando o trancamento do inquérito policial em questão. Neste sentir:

> HABEAS CORPUS. AÇÃO PENAL. CRIME AMBIENTAL. ART. 34 DA LEI N. 9.605/98. AUSÊNCIA DE DANO AO MEIO AMBIENTE.CONDUTA DE MÍNIMA OFENSIVIDADE PARA O DIREITO PENAL. ATIPICIDADE MATERIAL. PRINCÍPIO DA INSIGNIFICÂNCIA . APLICAÇÃO. TRANCAMENTO. ORDEM CONCEDIDA.
>
> 1. Segundo a jurisprudência do Supremo Tribunal Federal, o princípio da insignificância tem como vetores a mínima ofensividade da conduta do agente, a nenhuma periculosidade social da ação, o reduzido grau de reprovabilidade do comportamento e a inexpressividade da lesão jurídica provocada.
> 2. Hipótese em que, com os acusados do crime de pesca em local interditado pelo órgão competente, não foi apreendido qualquer espécie de pescado, não havendo notícia de dano provocado ao meio-ambiente, mostrando-se desproporcional a imposição de sanção penal no caso, pois o resultado jurídico, ou seja, a lesão produzida, mostra-se absolutamente irrelevante.
> 3. Embora a conduta dos pacientes se amolde à tipicidade formal e subjetiva, ausente no caso a tipicidade material, que consiste na relevância penal da conduta e do resultado típicos em face da significância da lesão produzida no bem jurídico tutelado pelo Estado (STJ, HC 143208/SC, j. 25-5-2010).

Apesar de haver julgados isolados da segunda turma da Suprema Corte em sentido oposto, a jurisprudência majoritária entende pela aplicabilidade da insignificância. Nesse sentido, também o Superior Tribunal de Justiça num julgado mais recente do REsp 1.409.051/SC, j. 20-4-2017.

PONTO 5: AÇÃO CIVIL PÚBLICA

Atualmente, a ação civil pública é regida pela Lei n. 7.347/85 (LACP); entretanto, a Lei de Política Nacional do Meio Ambiente (Lei n. 6.938/81) já previa um instrumento cujo objetivo era o de tutelar o meio ambiente ecologicamente equilibrado. Portanto, a legislação específica em vigor deve ser a primeira opção a ser utilizada.

O atual Código de Defesa do Consumidor complementa, no que for compatível, o processo coletivo de tutela do meio ambiente, por força do disposto no art. 21 da LACP, formando, então, o "microssistema processual coletivo".

Porém, nada obsta que sejam aplicados os artigos do Novo Código de Processo Civil, no que couber, de forma supletiva a ambas as legislações em destaque acima.

O art. 1º da LACP menciona o rol de objetos a serem protegidos, incluindo o meio ambiente, como gênero, e os bens e direitos de valor artístico, estético, histórico, turístico e paisagístico, todos como espécimes de meio ambiente. Outros bens estão previstos nesta lista do dispositivo em comento, mas, para o estudo da Ação Civil Pública Ambiental (ACPA), os destacados bastam. Importante discorrer que todos os objetos são classificados como direitos difusos, ou direitos coletivos, ou direitos individuais homogêneos, sendo que:

a) **direitos difusos** – transindividuais, de natureza indivisível, de que sejam titulares pessoas indeterminadas e ligadas por circunstâncias de fato;
b) **direitos coletivos** – transindividuais, de natureza indivisível de que seja titular grupo, categoria ou classe de pessoas ligadas entre si ou com a parte contrária por uma relação jurídica base;
c) **direitos individuais homogêneos** – titularizados por um grupo determinado ou determinável.

O Direito Ambiental classifica-se como um direito difuso. Ora, tomando como exemplo o desastre ambiental proveniente do rompimento da barragem de Fundão, em Mariana/ MG, não se sabe a quantidade de pessoas lesadas, até porque as consequências se prolongam no tempo e por gerações devido ao contato com a lama tóxica, assim como no caso do desastre do Césio 137, em Goiânia-GO, e o de Chernobyl, na Ucrânia.

15. LEGITIMIDADE ATIVA

A questão sobre a legitimidade ativa de propositura de uma ação civil pública ambiental merece atenção, visto que a jurisprudência possui diversos julgados recentes acerca do assunto. Primeiro, é necessária a leitura do art. 5º da LACP:

Art. 5º Têm legitimidade para propor a ação principal e a ação cautelar:

a) o Ministério Público (combinado com o art. 129, III, CF/88);
b) a Defensoria Pública (por força da Lei n. 11.448/2007);
c) as entidades políticas, inclusive o Distrito Federal, agora com previsão expressa na Lei n. 11.448/2007;
d) as entidades da Administração Pública Indireta, ou seja, as autarquias, fundações, empresas públicas e sociedades de economia mista, as quais deverão demonstrar pertinência temática;
e) associações públicas, constituídas há, pelo menos, 1 (um) ano, cujo objeto de suas finalidades institucionais seja a defesa do meio ambiente.

Passemos ao estudo individual dos legitimados mais importantes para provas de concursos públicos.

a) Ministério Público

Primeiro, o Ministério Público é o principal legitimado na prática, até porque, dispõe o art. 7º, LACP, que os juízes e tribunais ao terem conhecimento dos fatos plausíveis para a propositura da ação civil pública ambiental, deverão remeter as informações ao *parquet*. Além do caso concreto abordado alhures, outro exemplo recente é o da Chevron, desastre ambiental ocorrido no Campo do Frade, na Bacia petrolífera de Campos, o qual acarretou vazamento de petróleo no mar, cujo legitimado ativo mencionado foi autor da ação civil pública ambiental em face das empresas CHEVRON BRASIL UPSTREAM FRADE LTDA. e TRANSOCEAN BRASIL LTDA.

Quando o Ministério Público não for autor da ação civil pública ambiental, este deverá atuar como *custos legis,* ou seja, deverá atuar como fiscal da lei, podendo assumir a autoria em caso de desistência por um dos colegitimados, até porque o meio ambiente, como já estudado, é bem de comum a todos, ou seja, de interesse público, prevalecendo o Princípio da Indisponibilidade e Obrigatoriedade da Demanda Coletiva. Importante ponto a mencionar é o em que outro colegitimado poderá assumir a autoria, não sendo obrigado, o Ministério Público, de imediato, por força do 3º do art. 5º da Lei n. 7.347/85:

> § 3º Em caso de desistência infundada ou abandono da ação por associação legitimada, o Ministério Público ou outro legitimado assumirá a titularidade ativa.

Ocorrendo, então, a desistência, deverá o juiz abrir oportunidade para que outros interessados assumam o polo ativo da demanda (REsp 1177453/RS, Rel. Min. MAURO CAMPBELL MARQUES, SEGUNDA TURMA, j. 24-8-2010, *DJe* 30-9-2010).

Também, tanto a doutrina quanto a jurisprudência majoritárias e a Lei (art. 5º, § 5º, da Lei n. 7.347/85) entendem que é possível que haja litisconsórcio facultativo entre os órgãos do Ministério Público Estadual e o Ministério Público da União (STF, ACO 1.020/SP, Rel. Min. Carmen Lúcia, j. 8-10-2008). Recente decisão do Supremo Tribunal Federal (STF) também prevê que o Ministério Público do Trabalho poderá atuar no polo ativo em litisconsórcio com o Ministério Público do Estado e o Ministério Público Federal, quando o interesse for comum a todos (STJ, 1ª Turma, REsp 1.444.484-RN, Rel. Min. Benedito Gonçalves, j. 18-9-2014).

Apesar de não ter que observar a pertinência temática, o *parquet* sofrerá uma certa limitação. Tomando por exemplo um dano ambiental no meio ambiente do trabalho, será competente o Ministério Público do Trabalho quanto à propositura de eventual ação civil pública ambiental, não sendo legítimo o Ministério Público Federal atuar como autor neste caso.

b) Administração pública indireta (autarquia, empresa pública, fundação ou sociedade de economia mista)

Neste caso, alguns legitimados merecem destaque. Primeiro, o IBAMA, competente para atuar em defesa do meio ambiente ecologicamente equilibrado, poderá ser autor de uma ação civil pública ambiental, assim como o IPHAN, no que concerne à tutela do patrimônio cultural, e a FUNAI, nos interesses das terras e das populações indígenas.

c) União, Estados, Distrito Federal e Municípios

Aos entes estatais, distrital e municipais é indispensável estar presente o interesse por meio de pertinência temática quanto ao dano ocorrido, enquanto, em relação ao ente federal, este sempre será legitimado, visto que qualquer degradação ambiental terá ocorrido, hipoteticamente, em seu território.

d) Associações Públicas

Em regra, as associações deverão estar constituídas há mais de um ano; no entanto este requisito poderá ser prescindível, acaso seja constatado interesse social justificado devido à dimensão da degradação ambiental ocorrida ou à relevância do bem jurídico a ser protegido. Na prática, é muito comum haver esta dispensa pelo magistrado. Entretanto, entende a jurisprudência que há a necessidade da pertinência temática, ou seja, é imprescindível que seja objeto de suas finalidades institucionais a defesa do meio ambiente (STJ, REsp 332.879, *DJ*, 10-3-2003).

Já se pronunciou o Supremo Tribunal Federal (STF), no RE n. 573.232/SC, 14-5-2014, que os efeitos da decisão somente atingirão os associados que autorizaram expressamente o ajuizamento da ACP. O Superior Tribunal de Justiça (STJ) alinhou seu entendimento ao da Suprema Corte em 23 de maio de 2015 (REsp 573.232, STJ, 23-5-2015) ao entender que as associações, quando propõem ações coletivas, são consideradas como representantes de seus associados, não mais subsistindo a ideia de agirem como substitutas processuais daqueles. Diante desse entendimento, a pessoa não filiada, em regra, não detém legitimidade para executar individualmente a sentença de procedência oriunda de ação coletiva proposta pela associação, salvo no caso de mandado de segurança coletivo.

Outra decisão importante do Superior Tribunal de Justiça (STJ) que merece atenção é que, em caso de ocorrência da dissolução da associação que ajuizou ação civil pública, não é possível a sua substituição no polo ativo por outra associação, ainda que os interesses discutidos na ação coletiva sejam comuns a ambas (STJ, 3ª Turma, REsp 1.405.697-MG, Rel. Min. Marco Aurélio Bellizze, j. 17-9-2015). Nada obsta, porém, que uma outra associação ingresse com uma nova ação civil pública formulando os mesmos pedidos presentes na outra ação civil pública. Por fim, as associações públicas poderão habilitar-se como litisconsortes facultativos dos demais legitimados em uma ação civil pública.

e) Defensoria Pública

> Esse tema é um dos favoritos da banca FGV nas provas do Exame de Ordem, até porque está em pauta no cenário jurídico devido ao acidente da mineradora Samarco no Rio Doce, em Mariana (MG). Assim, já foi cobrado em prova pela banca, em 2016: "No curso de obra pública de construção de represa para fins de geração de energia hidrelétrica em rio que corta dois estados da Federação, a associação privada Sorrio propõe ação civil pública buscando a reconstituição do ambiente ao *status quo* anterior ao do início da construção, por supostos danos ao meio ambiente. Considerando a hipótese, assinale a afirmativa correta. a) Caso a associação Sorrio abandone a ação, o Ministério Público ou outro legitimado assumirá a titularidade ativa".

16. LEGITIMIDADE PASSIVA

No polo passivo da demanda coletiva estará o poluidor, seja direto ou indireto, conforme já conceituado em tópico pertinente à responsabilidade civil ambiental, salvo exceção do adquirente do imóvel (*propter rem*), apesar de não ter concorrido para a degradação ambiental em questão.

17. COMPETÊNCIA JURISDICIONAL

Por primeiro, quanto à competência territorial esta é absoluta, ou seja, improrrogável, não podendo ser modificada.

> **COMPETÊNCIA. ACP. DANO REGIONAL. A Turma entendeu que compete ao foro da capital do Estado processar e julgar a ação civil pública que se insurge contra danos que produzem efeitos em âmbito regional, conforme estabelece o art. 93, II, do CDC, tratando-se de competência absoluta.** Frisou-se que, não obstante esse dispositivo situar-se no capítulo relativo às ações coletivas para a defesa de interesses individuais homogêneos, ele é aplicável também às ações coletivas para a defesa de direitos difusos e coletivos, não se limitando às demandas que envolvam relações de consumo. Precedente citado: REsp 448.470-RS, *DJe* 15.12.2009 (**STJ, REsp 1.101.057-MT, Rel. Min. Nancy Andrighi, j. 7-4-2011**).

Na LACP, o art. 2º discorre ser competente o juízo do local da ocorrência do dano ambiental ou de onde ele se concretizará. Atualmente está em pauta o caso da Samarco Mineradora, ré em uma ação civil pública proposta pelo Ministério Público Federal (ACP n. 23863-07.2016.4.01.3800), devido ao desastre ambiental oriundo do rompimento da barragem de Fundão, em Mariana-MG. No julgamento do conflito de competência suscitado no caso, entendeu o Superior Tribunal de Justiça (STJ) ser a competência para julgar os processos, neste caso, da Justiça Federal, por força do art. 109, I, CF/88, por haver interesse da União, já que a lama tóxica estocada na barragem transcendeu o local, poluindo o Rio Doce, o qual, segundo o art. 20, III, CF/88, é bem do ente federal, do mesmo modo se for o Ministério Público Federal autor da ação (**STJ, AgRg no REsp 1.192.569, de 19.10.2010**).

Do mesmo caso concreto em pauta, extrai-se que o dano que atinja uma região integrante de mais de uma comarca será competente onde ocorrer a PREVENÇÃO, vislumbrada por meio da propositura da ação civil pública. Assim como, em se tratando de dano ambiental regional ou nacional, a competência será do foro da Capital do Estado ou do Distrito Federal (REsp 1.018.214-PR, Rel. Min. Mauro Campbell Marques, j. 2-6-2009). Quanto ao caso da Samarco, o Superior Tribunal de Justiça compreendeu ser a 12ª Vara da Justiça Federal de Belo Horizonte-MG (STJ, CC 144922, 24-6-2016).

Outro acontecimento que serve como exemplo é o desastre ambiental ocorrido na Bacia de Campos, no Campo do Frade, em 2011. No mesmo sentir do desastre ambiental de Mariana-MG, pronunciou-se o Superior Tribunal de Justiça (STJ):

Caso da Chevron – Campos dos Frades – Bacia de Campos

> (...) Isso considerado e verificando-se que o Ministério Público Federal optou por ajuizar a ação civil pública na Subseção Judiciária de Campos dos Goytacazes/RJ, situada em localidade que também é passível de sofrer as consequências dos danos ambientais que se querem evitados, é nela que deverá tramitar a ação. A isso deve-se somar o entendimento de que a *ratio essendi* da competência para a ação civil pública ambiental, calca-se no princípio da efetividade, por isso que, o juízo federal do local do dano habilita-se, funcionalmente, na percepção da degradação ao meio ambiente posto em condições ideais para a obtenção dos elementos de convicção conducentes ao desate da lide (**STJ, AgRg no CC 118.023, 1ª Seção, de 28-3-2012**).

Em outra perspectiva, reconhecendo a competência da Justiça Estadual, no caso concreto, o Conflito e Competência n. 143204/RJ, 13-4-2016:

> CONFLITO DE COMPETÊNCIA. AÇÃO DE REPARAÇÃO DE DANOS. DERRAMAMENTO DE ÓLEO. PESCADORES ARTESANAIS PREJUDICADOS. ACIDENTE DE CONSUMO. CONSUMIDOR POR EQUIPARAÇÃO. FORO. DOMICÍLIO DOS AUTORES. 1. Trata-se de ação ordinária ajuizada por pescadores artesanais visando a reparação de danos materiais e morais decorrentes de dano ambiental. 2. Os autores foram vítimas de acidente de consumo, visto que suas atividades pesqueiras foram supostamente prejudicadas pelo derramamento de óleo ocorrido no Estado do Rio de Janeiro. Aplica-se à espécie o disposto no art. 17 do Código de Defesa do Consumidor. 3. As regras consumeristas contidas no art. 101, I, da Lei n. 8.078/1990 devem incidir no caso, sendo facultada ao consumidor a propositura da ação no foro do seu domicílio. 4. Conflito conhecido para declarar competente o Juízo de Direito da Vara Cível de Marataízes/ES, o suscitado (**STJ, CC 143204/RJ, 13-4-2016**).

18. COISA JULGADA

Nos termos do art. 16, LACP:

> A sentença civil fará coisa julgada erga omnes, nos limites da competência territorial do órgão prolator, exceto se o pedido for julgado improcedente por insuficiência de provas, hipótese em que qualquer legitimado poderá intentar outra ação com idêntico fundamento, valendo-se de nova prova.

Da leitura do artigo, exprime-se que a coisa julgada em processo coletivo não se limita às partes, mas abrange todos os lesados titulares do direito difuso e muito menos se limita ao espaço geográfico do foro julgador (efeito *ultra partes*). Também, conforme prevê o art. 103, CDC, a coisa julgada é *secundum eventum litis*, ocorrendo conforme o resultado da demanda processual coletiva, ou seja, na improcedência por insuficiência de provas, como explica o artigo supra, não há coisa julgada.

> DIREITO PROCESSUAL. RECURSO REPRESENTATIVO DE CONTROVÉRSIA (ART. 543-C, CPC). DIREITOS METAINDIVIDUAIS. AÇÃO CIVIL PÚBLICA. APADECO X BANESTADO. EXPURGOS INFLACIONÁRIOS. EXECUÇÃO/LIQUIDAÇÃO INDIVIDUAL. FORO COMPETENTE. ALCANCE OBJETIVO E SUBJETIVO DOS EFEITOS DA SENTENÇA COLETIVA. LIMITAÇÃO TERRITORIAL. IMPROPRIEDADE. REVISÃO JURISPRUDENCIAL. LIMITAÇÃO AOS ASSOCIADOS. INVIABILIDADE. OFENSA À COISA JULGADA. 1. Para efeitos do art. 543-C do CPC: 1.1. A liquidação e a execução individual de sentença genérica proferida em ação civil coletiva pode ser ajuizada no foro do domicílio do beneficiário, porquanto os efeitos e a eficácia da sentença não estão circunscritos a lindes geográficos, mas aos limites objetivos e subjetivos do que foi decidido, levando-se em conta, para tanto, sempre a extensão do dano e a qualidade dos interesses metaindividuais postos em juízo (arts. 468, 472 e 474, CPC, e 93 e 103, CDC) (**STJ, REsp 1243887/PR, 19-10-2011**).

Diante do exposto, os indivíduos lesados pelo dano ambiental deverão liquidar individualmente suas indenizações com base no título judicial formado em sentença coletiva, devendo demonstrar o dano decorrente do ato lesivo ao meio ambiente.

Acaso haja uma ação individual tramitando conjuntamente com a ação coletiva e ambas possuírem o mesmo objeto, não haverá litispendência entre elas; entretanto, poderá o juiz, ao receber a ação coletiva proposta por um dos legitimados elencados no art. 1º, LACP, determinar a suspensão das ações individuais, no aguardo do julgamento da ação civil pública (REsp 1.353.801-RS, Rel. Min. Mauro Campbell Marques, j. 14-8-2013).

19. PEDIDOS

Em sede de ação civil pública ambiental, o autor deverá, em primeiro lugar, pedir a reparação integral do meio ambiente, em segundo lugar, medidas compensatórias para minimizar o impacto ambiental sofrido pelo local; e, por último, no caso de inviabilidade do retorno do meio ambiente em questão ao seu *status quo ante*, indenização pecuniária.

Também, é admissível nas ações civis públicas ambientais, segundo jurisprudência do Superior Tribunal de Justiça (STJ), o pedido de condenação em dinheiro ou o cumprimento de obrigação de fazer ou não fazer, podendo ambos ser cumulativos (REsp 1.114.893-MG, Rel. Min. Herman Benjamin, j. 16-3-2010). E mais, nada obsta que sejam cumulados os pedidos de abstenção de determinada atividade lesiva ao meio ambiente, além de condenação cumulativa de danos morais e materiais ambientais.

Um ponto em destaque sobre o assunto é o da possibilidade da condenação do réu em danos morais coletivos na ação civil pública, podendo, inclusive, ser cumulada com a obrigação de reparar o meio ambiente. O art. 3º da Lei n. 7.347/85 afirma que a ACP "poderá ter por objeto a condenação em dinheiro ou o cumprimento de obrigação de fazer ou não fazer". A conjunção "OU" deve ser entendida no sentido de soma e não de alternativa:

> (...) 4. O dano moral coletivo ambiental atinge direitos de personalidade do grupo massificado, sendo desnecessária a demonstração de que a coletividade sinta a dor, a repulsa, a indignação, tal qual fosse um indivíduo isolado.
> 5. Recurso especial provido, para reconhecer, em tese, a **possibilidade de cumulação de indenização pecuniária com as obrigações de fazer**, bem como a **condenação em danos morais coletivos**, com a devolução dos autos ao Tribunal de origem para que verifique se, no caso, há dano indenizável e fixação do eventual *quantum debeatur* (**REsp 1.269.494, de 24-9-2013**).

Por último, a doutrina vem se posicionando a favor da condenação a danos morais sociais em processos coletivos, os quais são diferentes dos danos morais coletivos, por serem oriundos de condutas socialmente reprováveis, devendo o valor a título de indenização ser destinado a um fundo de proteção ao meio ambiente. Além disso, o magistrado não está adstrito aos pedidos formulados na inicial, e adotando-se o art. 6º, VIII, CDC, haverá a inversão do ônus da prova, devendo ser o réu incumbido de demonstrar que não praticou a lesão ao meio ambiente.

20. PRESCRIÇÃO

Devido à lacuna na LACP acerca do prazo para propositura da ação civil pública, o Superior Tribunal de Justiça entende ser cabível a adoção do art. 21 da Lei n. 4.717/65 (Lei da Ação Popular), já que ambas compõem um microssistema de tutela dos direitos difusos (Resp 1.070.896/SC, 2ª Seção, Rel. Min. Luis Felipe Salomão, *DJe* 4-8-2010).

Indispensável lembrar que o dano ambiental é imprescritível, assim como o dano ao Erário, previsto no § 5º, do art. 37 da CF/88, não podendo ser confundido com o prazo de propositura da ação.

O mesmo prazo prescricional de cinco anos terá o beneficiário da ação civil pública para o ajuizamento da execução individual, contados a partir do trânsito em julgado da ação coletiva, aplicando-se a dicção da Súmula 150/STF (AgRg no Resp 1.289.463/PR, 4ª Turma, Rel. Min. Luis Felipe Salomão, *DJe* 8-2-2012).

PONTO 6. COMPETÊNCIAS CONSTITUCIONAIS E BENS

> Este ponto é de extrema relevância para a prova da banca FGV, principalmente para o Exame de Ordem. Além de ser fundamental para o tema de licenciamento ambiental, o qual será abordado mais adiante, é indispensável para gabaritar uma questão multidisciplinar, envolvendo Direito Constitucional e Direito Ambiental. Veja como a FGV já cobrou o assunto no Exame de Ordem, de 2015:
> "O Município Z deseja implementar política pública ambiental, no sentido de combater a poluição das vias públicas. Sobre as competências ambientais distribuídas pela Constituição, assinale a afirmativa correta. a)União, Estados, Distrito Federal e Municípios têm competência material ambiental comum, devendo leis complementares fixar normas de cooperação entre os entes".

Portanto, requer-se uma maior atenção aos tópicos a seguir.

- **COMPETÊNCIA LEGISLATIVA**

Por força do art. 24, CF/88, compete concorrentemente aos entes da Federação legislar sobre meio ambiente.

Primeiro, destaca-se o inciso VI, "florestas, caça, pesca, fauna, conservação da natureza, defesa do solo e dos recursos naturais, proteção do meio ambiente e controle da poluição". Tomando como exemplo o Estado do Pará, mais precisamente a Lei n. 7.596, de 29 de dezembro de 2011, a qual institui Cadastro Técnico Estadual de Atividades Potencialmente Poluidoras ou Utilizadoras de Recursos Ambientais, nada mais é do que o ente estadual legislando de forma suplementar, conforme suas necessidades regionais, assim disposto no texto constitucional. Nada impede que um Município paraense legisle, também, sobre o mesmo tema em relação aos aspectos locais.

Antes de analisar os próximos incisos, vale salientar que apesar do ente municipal não ter sido contemplado no art. 24 da Constituição Federal de 1988, o art. 30, I e II, CF/88, atribui tal competência, confirmando as posições doutrinárias e jurisprudenciais majoritárias acerca do assunto.

O próximo inciso do art. 24 refere-se à proteção ao patrimônio histórico, cultural, artístico, turístico e paisagístico (VII), já estudado em capítulo anterior, inclusive quanto à referência da possibilidade de os Estados, Distrito Federal e Municípios tombarem bens particulares e uns dos outros, inclusive da União, através da edição de uma lei ou um ato jurídico.

Por último: "VIII – responsabilidade por dano ao meio ambiente, ao consumidor, a bens e direitos de valor artístico, estético, histórico, turístico e paisagístico".

Uma observação indispensável para o aprendizado neste ponto da matéria é referente às águas, energias, jazidas, minas e outros recursos minerais, cuja competência para legislar será PRIVATIVA da UNIÃO, prevista no art. 22, CF/88. Atualmente está em pauta a ação direta de inconstitucionalidade ADI 5512, no Supremo Tribunal Federal (STF), questionando a Lei fluminense (Lei n. 7.182/2015), que instituiu a Taxa de Controle, Monitoramento e Fiscalização Ambiental das Atividades de Pesquisa, Lavra, Exploração e Produção de Petróleo e Gás (TFPG), exatamente por alegada ofensa ao artigo constitucional em comento.

- **COMPETÊNCIA MATERIAL**

Devido à natureza jurídica de bem comum do povo, é dever do Poder Público e da sociedade prezar pela proteção do meio ambiente ecologicamente equilibrado, até porque assim preceitua o *caput* do art. 225, CF/88. Por meio dessa interpretação literal do dispositivo constitucional, o legislador constituinte atribuiu aos entes da Federação a competência comum para resguardar os direitos ambientais decorrentes do texto constitucional. Para tanto:

> Art. 23. É competência comum da União, dos Estados, do Distrito Federal e dos Municípios:
>
> III – proteger os documentos, as obras e outros bens de valor histórico, artístico e cultural, os monumentos, as paisagens naturais notáveis e os sítios arqueológicos;
>
> IV – impedir a evasão, a destruição e a descaracterização de obras de arte e de outros bens de valor histórico, artístico ou cultural;
>
> VI – proteger o meio ambiente e combater a poluição em qualquer de suas formas;
>
> VII – preservar as florestas, a fauna e a flora;
>
> XI – registrar, acompanhar e fiscalizar as concessões de direitos de pesquisa e exploração de recursos hídricos e minerais em seus territórios.

Nada obstante, a preocupação do legislador em proteger excessivamente o meio ambiente, atribuindo à competência comum de todos os entes da Federação a proteção de todos esses bens que compõem o meio ambiente como um todo, causou um enorme conflito de leis no espaço, as quais se tornaram ineficazes, não atingindo o alvo principal.

Em complemento aos incisos do art. 23, CF/88, seu parágrafo único faz referência à lei complementar cuja preocupação será a de fixar normas para a cooperação entre a União, os Estados, o Distrito Federal e os Municípios, tendo em vista o equilíbrio do desenvolvimento e do bem-estar em âmbito nacional. Assim, foi criada a Lei Complementar n. 140/2011 visando à regulamentação e repartição de competências materiais no âmbito do Direito Ambiental.

No ponto referente ao licenciamento ambiental, a LC n. 140/2011 será mais bem aprofundada, restando, agora, apenas delimitar as matérias atribuídas a cada ente.

Primeiro, no que tange à União, a execução e o planejamento da Política Nacional do Meio Ambiente é o principal aspecto, principalmente no que repercute aos estudos e gestão dos recursos naturais, fundamentando a instituição da Política Nacional de Resíduos Sólidos, por exemplo. Também, estão incluídos entre as competências do ente Federal a aprovação do manejo e da supressão de vegetação em florestas públicas federais, terras devolutas federais e unidades de conservação instituídas pela União, cuja gestão é de competência do Instituto Chico Mendes (ICMBio), salvo nas Áreas de Proteção Ambiental (APAs).

Quanto aos Estados, estes devem desenvolver e executar a Política Nacional do Meio Ambiente em seus territórios; além de promoverem o licenciamento ambiental, deverão aprovar o manejo e a supressão de vegetação em florestas públicas estaduais ou unidades de conservação do Estado, exceto em Áreas de Proteção Ambiental (APAs) e em atividades ou empreendimentos licenciados ou autorizados pelo Estado.

Por último, cabe aos Municípios as mesmas atribuições do ente estatal mas em âmbito local.

Após apresentar os aspectos principais da competência comum dispensada aos entes da Federação, para finalizar o ponto, o art. 21, CF/88, aborda a competência material exclusiva da União, isto é, apenas a União é detentora daquelas atribuições previstas no dispositivo constitucional. Dentre elas é prevista a competência para instituir sistema nacional de gerenciamento de recursos hídricos e definir critérios de outorga de direitos de seu uso, através da Agência Nacional de Águas (ANA); elaborar e executar planos nacionais e regionais de ordenação do território e de desenvolvimento econômico e social; e explorar os serviços e instalações nucleares de qualquer natureza e exercer monopólio estatal sobre a pesquisa, a lavra, o enriquecimento e reprocessamento, a industrialização e o comércio de minérios nucleares e seus derivados.

- **BENS**

Outro tema muito pertinente em matéria de Direito Ambiental na Constituição Federal de 1988 é o que toca aos bens de cada ente da Federação.

Pela simples leitura do art. 20, CF/88, constata-se que os bens predominantes são da União, restando aos Estados os excluídos do artigo em destaque e previstos no art. 26, CF/88.

Para melhor didática, inicia-se o estudo dos bens da União comparando-os com os dos Estados. Entre eles estão "as terras devolutas indispensáveis à defesa das fronteiras, das fortificações e construções militares, das vias federais de comunicação e à preservação ambiental, definidas em lei", todas as terras devolutas não compreendidas neste inciso estarão enquadradas como bens dos Estados, consoante o disposto no inciso IV, art. 26, CF/88, por isso são considerados como bens residuais.

Uma observação pertinente é quanto às águas. O inciso III do art. 20 prevê que "os lagos, rios e quaisquer correntes de água em terrenos de seu domínio, ou que banhem mais de um Estado, sirvam de limites com outros países, ou se estendam a território estrangeiro ou dele provenham, bem como os terrenos marginais e as praias fluviais"; portanto, estas são bens da União, mas as águas subterrâneas não são contempladas por esse rol, não se aplicando o mesmo entender quanto às águas superficiais. Ou seja, as águas presentes nos aquíferos, mesmo que estes se estendam pelos territórios de diversos Estados, serão considerados como bens estaduais, pertencentes a cada Estado e não à União. Diferentemente do que ocorre quanto às águas de um rio: se ele, apenas, cruzar o território de um Estado da

Federação, será considerado um rio estadual (art. 26, I, CF/88), como acontece com o Rio Tietê (SP), diferentemente na questão do Rio Doce, considerado um rio federal, um bem da União, já que cruza diferentes Estados (Minas Gerais e Espírito Santo).

Para finalizar a correspondência entre os bens federais e estaduais em Direito Ambiental, são bens da União "as ilhas fluviais e lacustres nas zonas limítrofes com outros países; as praias marítimas; as ilhas oceânicas e as costeiras", mas perceba que o próprio texto do inciso excetua as ilhas que sejam sedes de Municípios, como ocorre no caso da cidade de Florianópolis-SC, bem municipal; aquelas áreas afetadas ao serviço público e a unidade ambiental federal e as que estiverem em domínio dos Estados, preceituadas no art. 26, CF/88.

Para finalizar o rol de bens da União:

a) Os recursos naturais da plataforma continental e da zona econômica exclusiva, cuja extensão é de 200 milhas marítimas, conforme a Convenção de Montego Bay (Jamaica, 1982, promulgada pelo Brasil), principalmente em relação aos poços de hidrocarbonetos, possuindo, a União, a propriedade e concedendo a exploração a terceiros vencedores dos processos de licitação pública.

Apenas para fins de complementação, o § 1º do art. 20 dispõe que "é assegurada, nos termos da lei, aos Estados, ao Distrito Federal e aos Municípios, bem como a órgãos da administração direta da União, participação no resultado da exploração de petróleo ou gás natural, de recursos hídricos para fins de geração de energia elétrica e de outros recursos minerais no respectivo território, plataforma continental, mar territorial ou zona econômica exclusiva, ou compensação financeira por essa exploração".

b) O mar territorial, compreendido como o território de 12 milhas marítimas contados da linha de preamar médio de 1831, determinante, também, para delimitação dos terrenos de marinha.
c) Os terrenos de marinha e seus acrescidos.
d) Os potenciais de energia hidráulica.
e) Os recursos minerais, inclusive os do subsolo.
f) As cavidades naturais subterrâneas e os sítios arqueológicos e pré-históricos.
g) As terras tradicionalmente ocupadas pelos índios, já que os povos indígenas, legitimados pela Teoria do Indigenato, possuem a posse permanente das terras demarcadas e o usufruto exclusivo das riquezas do solo, dos rios e dos lagos nelas existentes, não sendo proprietários, diferentemente do que ocorre com os quilombolas, povos tradicionais que possuem a propriedade das terras ocupadas e, não apenas, a posse permanente.

PONTO 7. LICENCIAMENTO AMBIENTAL

Em observância ao Princípio do Desenvolvimento Sustentável, decorrente da interpretação dos arts. 170 e 225, da Constituição Federal de 1988, o licenciamento ambiental, um processo administrativo complexo, torna-se o instrumento indispensável para resguardar os direitos ambientais conquistados até os dias de hoje, visto que proporciona um controle prévio em face dos empreendimentos que poderão vir a causar danos irreversíveis ao meio ambiente. Quanto à previsão constitucional expressa para realização do processo administrativo em questão, o inciso V, § 1º, do art. 225 destina ao Poder Público a incumbência de fiscalizar e controlar a comercialização e o emprego de técnicas, métodos e substâncias que comportem risco para a vida, a qualidade de vida e o meio ambiente.

Mister é recordar que o Princípio da Precaução é o que rege o licenciamento ambiental, inclusive a elaboração do EIA/RIMA quando o empreendimento preencher os requisitos previstos no art. 225, § 1º, IV, CF/88.

> Art. 225, § 1º Para assegurar a efetividade desse direito, incumbe ao Poder Público: IV – exigir, na forma da lei, para instalação de obra ou atividade potencialmente causadora de significativa degradação do meio ambiente, estudo prévio de impacto ambiental, a que se dará publicidade.

- **PEDIDO DE SUSPENSÃO DE MEDIDA LIMINAR. LICENCIAMENTO AMBIENTAL**

Em matéria de meio ambiente, vigora o princípio da precaução. A ampliação de uma avenida litorânea pode causar grave lesão ao meio ambiente, sendo recomendável a suspensão do procedimento de licenciamento ambiental até que sejam dirimidas as dúvidas acerca do possível impacto da obra. Agravo regimental não provido (STJ, AgRg na SLS 1524/MA, 18-5-2012).

Diversas legislações dispõem sobre o tema, inclusive, a mais recente, o Decreto n. 8.437/2015, que regulamenta a Lei Complementar n. 140/2011 e define a competência da União para licenciar. Ademais, a própria Lei traz, em seu art. 2º, I, o conceito de licenciamento ambiental: "o procedimento administrativo destinado a licenciar atividades ou empreendimentos utilizadores de recursos ambientais, efetiva ou potencialmente poluidores ou capazes, sob qualquer forma, de causar degradação ambiental". Com isso, não apenas as atividades poluidoras estão sujeitas ao licenciamento ambiental, mas também as que têm a capacidade para poluir.

Outros diplomas pátrios merecem ser mencionados, tais como a Lei n. 6.938/81 e a Lei n. 12.651/2012 (Novo Código Florestal) e as Resoluções CONAMA n. 237/97, n. 1/86 e n. 9/87, todas a serem estudadas neste capítulo. Quanto à primeira Resolução citada, seu Anexo 1 traz algumas atividades passíveis de licenciamento ambiental; contudo, trata-se de um rol aberto e não taxativo, comportando outras não contempladas por ele.

- **PODER DE POLÍCIA AMBIENTAL**

Por ser um dever do Poder Público defender o meio ambiente ecologicamente equilibrado (*caput*, art. 225, CF/88), a natureza jurídica, em regra, do poder de polícia é VINCULADA, não podendo a Administração Pública abster-se de realizar o processo administrativo de concessão de licença ambiental quando for obrigatório por Lei.

Mais uma vez, não custa recordar que a competência para o licenciamento ambiental não é a mesma para o exercício do poder de polícia ambiental fiscalizatório, mas podem se coincidir.

• LICENÇA AMBIENTAL

Fundamento da licença ambiental:

Prévia condição para o exercício das atividades poluidoras, salvo exceção prevista no art. 170, CF/88.

Art. 170, parágrafo único. É assegurado a todos o livre exercício de qualquer atividade econômica, independentemente de autorização de órgãos públicos, salvo nos casos previstos em lei.

Assim, prevê o art. 10, *caput*, da Lei n. 6.938/81, com redação dada pela Lei Complementar n. 140/2011, que "a construção, instalação, ampliação e funcionamento de estabelecimentos e atividades utilizadores de recursos ambientais, efetiva ou potencialmente poluidores ou capazes, sob qualquer forma, de causar degradação ambiental dependerão de prévio licenciamento ambiental".

No que pese a importância do licenciamento ambiental, o novo Código Florestal mitigou sua exigência em casos, tais quais: relevância e urgência nas áreas de preservação ambiental, relacionadas com segurança nacional ou para evitar catástrofes. Dispõe, desta maneira, o art. 8º:

> Art. 8º A intervenção ou a supressão de vegetação nativa em Área de Preservação Permanente somente ocorrerá nas hipóteses de utilidade pública, de interesse social ou de baixo impacto ambiental previstas nesta Lei.
>
> § 3º É dispensada a autorização do órgão ambiental competente para a execução, em caráter de urgência, de atividades de segurança nacional e obras de interesse da defesa civil destinadas à prevenção e mitigação de acidentes em áreas urbanas.

• NATUREZA JURÍDICA DA LICENÇA AMBIENTAL

A natureza jurídica da licença ambiental é muito debatida entre os juristas especialistas em Direito Ambiental e Direito Administrativo; entretanto, a melhor posição a ser adotada nas provas de concurso público é a de autorização administrativa, ou seja, a licença ambiental é um ato administrativo praticado pelo órgão ambiental. Não se deve confundir com a natureza jurídica do licenciamento ambiental, a qual consiste em um procedimento administrativo, segundo distinção prevista no art. 1º da Resolução CONAMA n. 237/97.

Isso porque a mesma Resolução CONAMA, em seu art. 19, atribui competência para suspensão ou revogação da licença concedida pelo órgão competente, ou seja, a licença ambiental é precária, deixando de ser um ato vinculado passando a ser um ato discricionário de natureza *sui generis*.

> Art. 19. O órgão ambiental competente, mediante decisão motivada, poderá modificar os condicionantes e as medidas de controle e adequação, suspender ou cancelar uma licença expedida, quando ocorrer:
>
> I – violação ou inadequação de quaisquer condicionantes ou normas legais;

II – omissão ou falsa descrição de informações relevantes que subsidiaram a expedição da licença;

III – superveniência de graves riscos ambientais e de saúde.

Observe como o XXI Exame de Ordem, de 2016, cobrou o tema:

> "A sociedade empresária Xique-Xique S.A. pretende instalar uma unidade industrial metalúrgica de grande porte em uma determinada cidade. Ela possui outras unidades industriais do mesmo porte em outras localidades. Sobre o licenciamento ambiental dessa iniciativa, assinale a afirmativa correta: b) Para uma nova atividade industrial utilizadora de recursos ambientais, se efetiva ou potencialmente poluidora, é necessária a obtenção da licença ambiental, por meio do procedimento administrativo denominado licenciamento ambiental".

• COMPETÊNCIA PARA O LICENCIAMENTO

A Lei Complementar n. 140/2011, regulamentada pelo Decreto n. 8.437/2015, dispõe sobre a competência dos entes da Federação para o licenciarem, para tanto necessário é verificar uma ordem cronológica:

1º – UNIÃO.

2º – MUNICÍPIO.

3º – ESTADO.

Perceba que o ente estatal está na última posição, cabendo-lhe licenciar aquilo que não for de competência da União e dos Municípios, em decorrência de sua competência residual.

Antes de analisar a competência individual de cada ente para o processo de licenciamento, importante é conhecer os critérios adotados que nortearão as competências.

Vislumbram-se dois critérios adotados:

a) Critério do ente instituidor – art. 12, LC n. 140/2011

   Art. 12. Para fins de licenciamento ambiental de atividades ou empreendimentos utilizadores de recursos ambientais, efetiva ou potencialmente poluidores ou capazes, sob qualquer forma, de causar degradação ambiental, e para autorização de supressão e manejo de vegetação, o critério do ente federativo instituidor da unidade de conservação não será aplicado às Áreas de Proteção Ambiental (APAs).

A exceção em relação às áreas de preservação ambiental (APAs) é fundamentada pelo argumento de que são inúmeras áreas dessa natureza instituídas ao longo do país, e a grande maioria, pela União. Ora, seria inviável o ente Federal proceder ao licenciamento ambiental em todas essas áreas, incumbindo, assim, aos entes onde estão localizadas procederem ao eventual processo administrativo, adotando o critério da localização do impacto ambiental. Nas demais unidades de conservação ambiental, valerá a regra da primeira parte do *caput* do art. 12, LC n. 140/2011, cuja atribuição para o licenciamento ambiental nas federais será do Instituto Chico Mendes (ICMBio) e não do IBAMA.

b) Critério da localização do impacto ambiental

Considera-se impacto ambiental "qualquer alteração das propriedades físicas, químicas e biológicas do meio ambiente, causada por qualquer forma de matéria ou energia resultante das atividades humanas que, direta ou indiretamente, afetam: I – a saúde, a segurança e o bem-estar da população; II – as atividades sociais e econômicas; III – a biota; IV – as condições estéticas e sanitárias do meio ambiente; V – a qualidade dos recursos ambientais" (art. 1º, da Resolução CONAMA n. 1/86).

Já em relação ao critério, divide-se a competência em três vertentes:

b.1) Competência do Município – impacto local, quando não ultrapassar as fronteiras do território municipal.

b.2) Competência do Estado – impacto estadual, quando ultrapassa os limites municipais, mas fica restrito às fronteiras do Estado federativo.

b.3) Competência da União – impacto regional ou local, quando ultrapassa as fronteiras de um Estado da Federação, abarcando várias regiões ou todo o território nacional.

c) Critério da dominialidade do bem público

Por fim, a competência será determinada conforme a titularidade do bem a ser afetado pelo empreendimento a ser licenciado, prevista nos arts. 20 e 26 da Constituição Federal de 1988, ambos estudados em capítulo anterior.

c.1) Competência municipal – bens públicos municipais.

c.2) Competência estadual – bens públicos estaduais.

c.3) Competência federal – bens públicos federais.

Começando pela União, esta é competente para licenciar as atividades e os empreendimentos localizados ou desenvolvidos conjuntamente no Brasil e em país limítrofe; no caso, a Usina Hidrelétrica de Itaipu; os localizados ou desenvolvidos em terras indígenas, já que o texto constitucional as remete à propriedade do ente federal; os localizados ou desenvolvidos no Mar Territorial, na Plataforma Continental ou na Zona Econômica Exclusiva; os localizados ou desenvolvidos em dois ou mais Estados; os de caráter militar, salvo os previstos no preparo e emprego das Forças Armadas; os relativos a material radioativo ou energia nuclear; os localizados ou desenvolvidos em unidades de conservação instituídas pela União, exceto em Áreas de Proteção Ambiental (APAs); e os que atendam à tipologia estabelecida por ato do Poder Executivo, a partir de proposição da Comissão Tripartite Nacional, assegurada a participação de um membro do Conselho Nacional do Meio Ambiente (CONAMA), e considerados os critérios de porte, potencial poluidor e natureza da atividade ou empreendimento (art. 7º, LC n. 140/2011).

Em reforço à Lei Complementar n. 140/2011, o Decreto n. 8.437/2015 também vem acrescentar a competência da União para licenciar, atribuindo à sua esfera de responsabilidade os empreendimentos que envolvam portos organizados; terminais de uso privativo; exploração de petróleo, gás e outros hidrocarbonetos, construção de rodovias federais (art. 5º, Decreto n. 8.437/2015) e outras atividades consideradas de grande valia para o cenário econômico brasileiro, mas que possuem uma tendência incontestável de causarem danos ao meio ambiente.

Passando para a segunda competência, a Lei Complementar n. 140/2011 trouxe em seu art. 9º o rol de empreendimentos e atividades a serem licenciados pelos Municípios. Antes de apresentá-los, deve-se ter o conhecimento de que o empreendimento ou a atividade não poderão ultrapassar os limites territoriais do Município, mas também é necessário que haja resolução estadual que autorize o Município para tais empreendimentos. Em destaque, o inciso XIV e suas alíneas *a* e *b*, respectivamente:

> XIV – observadas as atribuições dos demais entes federativos previstas nesta Lei Complementar, promover o licenciamento ambiental das atividades ou empreendimentos:
>
> *a*) que causem ou possam causar impacto ambiental de âmbito local, conforme tipologia definida pelos respectivos Conselhos Estaduais de Meio Ambiente, considerados os critérios de porte, potencial poluidor e natureza da atividade; ou
>
> *b*) localizados em unidades de conservação instituídas pelo Município, exceto em Áreas de Proteção Ambiental (APAs).

Para finalizar o tema sobre competência e ressaltando o raciocínio apresentado alhures, a competência dos Estados é residual, contida expressamente no art. 8º, XIV, da Lei Complementar n. 140/2011:

> XIV – promover o licenciamento ambiental de atividades ou empreendimentos utilizadores de recursos ambientais, efetiva ou potencialmente poluidores ou capazes, sob qualquer forma, de causar degradação ambiental, ressalvado o disposto nos arts. 7º e 9º.

No que toca ao Distrito Federal, cabe a este ente as mesmas atribuições aos Municípios e Estados, cumulativamente (art. 10, Lei Complementar n. 140/2011).

Diante de todo o exposto, é vedado o licenciamento ambiental múltiplo, cabendo, apenas, a um único ente da Federação proceder à concessão de licença ambiental (art. 13, LC n. 140/2011). Não obstante, nada impede que os demais entes federativos participem a título de informação do processo de licenciamento ambiental.

Veja como o assunto foi cobrado pela FGV no Exame de Ordem de 2014:

> "Antes de dar início à instalação de unidade industrial de produção de roupas no Município X, Julio Cesar consulta seu advogado acerca dos procedimentos prévios ao começo da construção e produção. Considerando a hipótese, assinale a afirmativa correta. d) Caso o impacto seja âmbito local, a competência para o licenciamento ambiental será do Município".

• REVOGAÇÃO, SUSPENSÃO, ANULAÇÃO E CASSAÇÃO DA LICENÇA AMBIENTAL

A partir do preceito de que não há direito adquirido a poluir, a licença ambiental poderá ser suspensa ou revogada sem, em regra, consistir em indenização ao particular, salvo se a Administração Pública tiver dado causa. Entretanto, o ato deverá ser motivado pelo Poder Público.

> Art. 19, Resolução n. 237/97-CONAMA. O órgão ambiental competente, mediante decisão motivada, poderá modificar os condicionantes e as medidas de controle e adequação, suspender ou cancelar uma licença expedida, quando ocorrer:
>
> I – violação ou inadequação de quaisquer condicionantes ou normas legais;
>
> II – omissão ou falsa descrição de informações relevantes que subsidiaram a expedição da licença;
>
> III – superveniência de graves riscos ambientais e de saúde.

A jurisprudência pátria, em diversos julgados, acolhe o preceito do art. 19 da Resolução CONAMA n. 237/97, não encontrando óbices para que as condicionantes sejam modificadas pela Administração Pública e, muito menos, em relação à suspensão da licença ambiental concedida.

> AMBIENTAL. ATIVIDADES MADEIREIRAS. CADASTRO EM SISTEMA PRÓPRIO DE CONTROLE E PROTEÇÃO. REQUISITOS PARA O CADASTRAMENTO. DESCUMPRIMENTO. EVENTUAL OCORRÊNCIA DE FRAUDE NA OPERAÇÃO DO SISTEMA. SUSPENSÃO DO CADASTRO E DA LICENÇA AMBIENTAL SEM MANIFESTAÇÃO DA EMPRESA AFETADA. CONTRADITÓRIO E AMPLA DEFESA DIFERIDOS. POSSIBILIDADE. BUSCA PELA PRESERVAÇÃO AMBIENTAL.
>
> 10. A suspensão do cadastro, no caso, encontra amparo não só na necessidade genérica de preservação do meio ambiente (art. 225 da Constituição da República vigente) – na medida em que as atividades que envolvem a extração e comercialização de madeira são potencialmente lesivas ao patrimônio ambiental –, mas também na norma específica do art. 19 da Resolução Conama n. 237/97 – pela qual "[o] órgão ambiental competente, mediante decisão motivada, poderá modificar os condicionantes e as medidas de controle e adequação, suspender ou cancelar uma licença expedida, quando ocorrer: I – violação ou inadequação de quaisquer condicionantes ou normas legais; II – omissão ou falsa descrição de informações relevantes que subsidiaram a expedição da licença; III – superveniência de graves riscos ambientais e de saúde". No caso em tela, há enquadramento nos três incisos.
>
> 11. Não há ofensa ao princípio do devido processo legal porque, embora a suspensão da licença tenha se dado em caráter inicial, sem a possibilidade de manifestação da recorrente, o contraditório e a ampla defesa serão (ou deverão ser) respeitados durante a sindicância aberta para averiguar as fraudes (Portarias n. 72/2006 e

105/2006). Trata-se, portanto, de contraditório e ampla defesa diferidos, e não inexistentes (STJ, RMS 25.488/ MT, 1º-9-2009).

Apenas para distinguir, a anulação da licença ambiental ocorre quando presentes irregularidades na sua concessão, desconsiderando o previsto na norma pertinente, diferentemente do que ocorre na cassação, quando a irregularidade é constatada posteriormente à concessão da licença ambiental, decorrente do descumprimento das condicionantes. Por último, devido à superveniência de graves riscos para o meio ambiente e para a saúde humana, a licença ambiental poderá ser revogada, pautada nos critérios de conveniência e oportunidade do Poder Público.

• ESPÉCIES DE LICENÇAS E PRAZOS

Acaso o empreendimento não traga impactos ambientais consideráveis, será adotado o procedimento de licenciamento unifásico, que, ao final, será concedida a licença simplificada, autorizada pelo art. 12, § 1º, da Resolução CONAMA n. 237/97.

Em regra, são três espécies de licenças, cada uma expedida ao final de cada etapa:

a) Licença Prévia (LP) – será concedida na fase preliminar do planejamento do empreendimento ou atividade aprovando sua localização e concepção, atestando a viabilidade ambiental e estabelecendo os requisitos básicos e condicionantes a serem atendidos nas próximas fases de sua implementação.

Seu prazo de validade é de até cinco anos, prorrogáveis dentro desse limite, contemplando o prazo mínimo estabelecido pelo cronograma de elaboração dos planos, programas e projetos relativos ao empreendimento ou atividade (art. 18, I, Resolução CONAMA n. 237/97).

b) Licença de Instalação (LI) – autoriza a instalação do empreendimento ou da atividade de acordo com as especificações constantes dos planos, programas e projetos aprovados, incluindo as medidas de controle ambiental e demais condicionantes, da qual constituem motivo determinante.

Quanto ao prazo de validade é de até seis anos, prorrogáveis respeitando esse limite máximo, contemplando, no mínimo, o estabelecido pelo cronograma de instalação do empreendimento ou atividade (art. 18, II, Resolução CONAMA n. 237/97).

c) Licença de Operação (LO) – autoriza a operação da atividade ou empreendimento, após a verificação do efetivo cumprimento do que consta das licenças anteriores, com as medidas de controle ambiental e condicionantes determinados para a operação.

Seu prazo variará entre quatro e dez anos, podendo ser renovado dentro desse período, devendo seu pedido ser solicitado no prazo de antecedência mínima de 120 dias, ficando renovado automaticamente até a manifestação do licenciante (art. 18, § 4º, Resolução CONAMA n. 237/97).

Acaso o empreendimento funcione sem essa licença, teremos tipificado o crime ambiental do art. 60 da Lei n. 9.605/98. Vale relembrar:

> Art. 60. Construir, reformar, ampliar, instalar ou fazer funcionar, em qualquer parte do território nacional, estabelecimentos, obras ou serviços potencialmente poluidores, sem licença ou autorização dos órgãos ambientais competentes, ou contrariando as normas legais e regulamentares pertinentes:
>
> Pena – detenção, de um a seis meses, ou multa, ou ambas as penas cumulativamente.

Apesar de existir um prazo máximo para cada tipo de licença, importante salientar que a licença não é incorporada ao patrimônio jurídico do ente que a obteve, devido ao seu caráter precário, como discorrido no ponto específico. Dessa forma, ela poderá ser cassada, anulada, revogada ou suspensa.

O prazo para que o órgão competente analise o pedido de licença é de seis meses para a licença prévia, licença de instalação e para a licença de operação, podendo se estender para meses, acaso seja necessário o EIA/RIMA, podendo ser alterados se for demonstrada a necessidade pelo licenciante. A contagem desse prazo será suspensa durante a elaboração dos estudos ambientais complementares ou preparação de esclarecimentos pelo empreendedor.

Havendo prazo extrapolado por omissão da Administração Pública para analisar a documentação pertinente e proferir decisão sobre a concessão ou não da licença, caberá mandado de segurança para que o Judiciário determine que seja analisado o pedido.

Ocorrendo o decurso do prazo, sem a emissão da licença ambiental, deverá ser instaurada a competência supletiva; isto é, no caso do decurso do prazo de uma licença ambiental, cuja competência for de um órgão estadual, deverá o IBAMA atuar supletivamente. O mesmo ocorrerá caso o órgão municipal competente não cumpra o prazo, devendo o órgão estadual atuar supletivamente, conforme previsto na LC n. 140/2011:

> Art. 15. Os entes federativos devem atuar em caráter supletivo nas ações administrativas de licenciamento e na autorização ambiental, nas seguintes hipóteses:
>
> I – inexistindo órgão ambiental capacitado ou conselho de meio ambiente no Estado ou no Distrito Federal, a União deve desempenhar as ações administrativas estaduais ou distritais até a sua criação;
>
> II – inexistindo órgão ambiental capacitado ou conselho de meio ambiente no Município, o Estado deve desempenhar as ações administrativas municipais até a sua criação; e
>
> III – inexistindo órgão ambiental capacitado ou conselho de meio ambiente no Estado e no Município, a União deve desempenhar as ações administrativas até a sua criação em um daqueles entes federativos.

- **AVALIAÇÕES DE IMPACTOS AMBIENTAIS**

Partindo da ordem constitucional, o art. 225, § 1º, IV, CF/88, dispõe que, para assegurar o direito ao meio ambiente ecologicamente equilibrado, o Poder Público deverá "exigir, na forma da lei, para instalação de obra ou atividade potencialmente causadora de significativa degradação do meio ambiente, estudo prévio de impacto ambiental, a que se dará publicidade". Percebe-se pela simples leitura que não são todas as atividades ou empreendimentos que necessitarão apresentar um estudo de impactos ambientais no processo administrativo de concessão de licença ambiental. Outro destaque é que se não for significativa degradação, será dispensado o EIA/RIMA, espécie de avaliação ambiental, exigindo-se um estudo mais simplório.

No âmbito da legislação infraconstitucional, o art. 9º, III, da Lei n. 6.938/81 contemplou a avaliação de impactos ambientais como um importante instrumento de defesa do meio ambiente, mais precisamente através da elaboração do estudo e formação de um documento técnico de impactos ambientais (EIA) e seu relatório (RIMA). É muito comum a confusão dos estudiosos quanto aos conceitos, os quais são distintos e importantes quanto à publicidade, pois, na verdade, é o relatório de conclusão do EIA para acessibilidade pública, o RIMA, a ser publicado para conhecimento da população.

O art. 1º, III, Resolução CONAMA n. 237/97, traz o conceito legal, muito cobrado nas provas:

> Art. 1º Para efeito desta Resolução são adotadas as seguintes definições:
>
> III – Estudos Ambientais: são todos e quaisquer estudos relativos aos aspectos ambientais relacionados à localização, instalação, operação e ampliação de uma atividade ou empreendimento, apresentado como subsídio para a análise da licença requerida, tais como: relatório ambiental, plano e projeto de controle ambiental, relatório ambiental preliminar, diagnóstico ambiental, plano de manejo, plano de recuperação de área degradada e análise preliminar de risco.

Quando exigido, o EIA/RIMA é requisito para a localização, instalação, operação e ampliação de uma atividade ou de um empreendimento. Quanto ao destinatário, este é o Poder Público, conforme o art. 225, § 1º, IV, CF/88 e a Resolução CONAMA n. 1/86, isto é, trata-se de um documento elaborado para auxiliar a Administração Pública durante o processo administrativo de licenciamento ambiental. Através das informações obtidas, o órgão ambiental competente proferirá a decisão sobre o deferimento ou não da concessão da licença ambiental ao requerente, sempre fundamentado no Princípio da Precaução, que assim orienta: no caso de dúvida, aplica-se o *in dubio pro natura*, não viabilizando o funcionamento do empreendimento em questão. Mas também, se os riscos forem conhecidos, o empreendimento será autorizado, desde que sejam adotadas medidas efetivas, visando à contenção e à mitigação de um eventual dano ambiental, adotando-se, aqui, o Princípio da Prevenção.

Embora seja destinado ao Poder Público, é o proponente do projeto quem contratará uma equipe técnica multidisciplinar para elaboração, tornando-se responsável solidária por eventuais omissões ou erros contidos no documento de estudos de impactos ambientais e seu respectivo relatório, inclusive estarão sujeitos à responsabilidade criminal do tipo previsto na Lei de Crimes Ambientais (art. 69-A, Lei n. 9.605/98), além de multa aplicável no caso de informação enganosa presente no documento (art. 82, Decreto n. 6.514/2008).

Art. 69-A. Elaborar ou apresentar, no licenciamento, concessão florestal ou qualquer outro procedimento administrativo, estudo, laudo ou relatório ambiental total ou parcialmente falso ou enganoso, inclusive por omissão:

Pena – reclusão, de 3 (três) a 6 (seis) anos, e multa.

§ 1º Se o crime é culposo:

Pena – detenção, de 1 (um) a 3 (três) anos.

§ 2º A pena é aumentada de 1/3 (um terço) a 2/3 (dois terços), se há dano significativo ao meio ambiente, em decorrência do uso da informação falsa, incompleta ou enganosa.

Em relação à lista de empreendimentos que geram a degradação ambiental e necessitam do EIA/RIMA, o art. 2º, Resolução n. 1/86, não é exauriente. Perceba que se trata de um rol exemplificativo, isto é, podendo outras atividades, conforme previsto em demais atos normativos, necessitar do estudo de impacto ambiental e seu relatório. Exemplificando, algumas atividades previstas nos incisos do art. 2º:

I – Estradas de rodagem com duas ou mais faixas de rolamento;

II – Ferrovias;

III – Portos e terminais de minério, petróleo e produtos químicos;

IV – Aeroportos, conforme definidos pelo inciso 1, art. 48, do Decreto-lei n. 32, de 18-11-66; e

V – Oleodutos, gasodutos, minerodutos, troncos coletores e emissários de esgotos sanitários.

Acaso o órgão ambiental competente para o licenciamento dispense a elaboração do EIA/RIMA, o Superior Tribunal de Justiça (STJ) entendeu no REsp 1330841/2013 que, por ser uma decisão vinculada, devendo o Poder Público exercer seu poder de polícia ambiental, poderá ser reapreciada pelo Poder Judiciário, respaldado no Princípio da Inafastabilidade da Jurisdição.

1. A verificação da necessidade de realização do EIA/RIMA na hipótese passa necessariamente pelo exame de Resoluções do CONAMA e da SMA, normas insuscetíveis de apreciação em sede de recurso especial por não se inserirem no conceito de lei federal. Precedentes.
2. O órgão estadual afastou a necessidade de realização do estudo prévio de impacto ambiental no caso, decisão passível de análise pelo Poder Judiciário, diante do princípio da inafastabilidade da jurisdição. Precedente (STJ, REsp 1330841/SP, 6-8-2013).

No mesmo sentir:

3. A natureza do direito ao meio ambiente ecologicamente equilibrado – fundamental e difusa – não confere ao empreendedor direito adquirido de, por meio do

desenvolvimento de sua atividade, agredir a natureza, ocasionando prejuízos de diversas ordens à presente e futura gerações.

4. Atrita com o senso lógico, contudo, pretender a realização de prévio Estudo de Impacto Ambiental (EIA/RIMA) num empreendimento que está em atividade desde 1971, isto é, há 43 anos.
5. Entretanto, impõe-se a realização, em cabível substituição, de perícia técnica no intuito de aquilatar os impactos físicos e econômicos decorrentes das atividades desenvolvidas pela Usina Hidrelétrica de Chavantes, especialmente no Município autor da demanda (Santana do Itararé/PR).
6. Recurso especial parcialmente provido (STJ, REsp 1172553/PR, 4-6-2014).

Quanto à composição, o conteúdo mínimo necessário que deve constar no EIA é:

a) Diagnóstico da área de influência do projeto.
b) Impactos positivos (benefícios ambientais) e os impactos negativos (danos ao meio ambiente).
c) Medidas mitigadoras dos impactos ambientais.
d) Medidas de monitoramento.
e) Viabilidade ou não do empreendimento.

Também deverá atender às seguintes diretrizes (art. 5º, Resolução CONAMA n. 1/86), podendo outras serem adicionadas pelo IBAMA, pelo órgão ambiental estadual e pelo municipal, além de atender à legislação, em especial aos princípios e objetivos expressos na Lei de Política Nacional do Meio Ambiente:

> I – Contemplar todas as alternativas tecnológicas e de localização de projeto, confrontando-as com a hipótese de não execução do projeto.
>
> II – Identificar e avaliar sistematicamente os impactos ambientais gerados nas fases de implantação e operação da atividade.
>
> III – Definir os limites da área geográfica a ser direta ou indiretamente afetada pelos impactos, denominada área de influência do projeto, considerando, em todos os casos, a bacia hidrográfica na qual se localiza.
>
> IV – Considerar os planos e programas governamentais, propostos e em implantação na área de influência do projeto, e sua compatibilidade.

Atente-se ao que a FGV já cobrou no Exame de Ordem de 2015:

"Determinada sociedade empresária consulta seu advogado para obter informações sobre as exigências ambientais que possam incidir em seus projetos, especialmente no que tange à apresentação e aprovação de Estudo Prévio de Impacto Ambiental e seu respectivo Relatório (EIA/RIMA). Considerando a disciplina do EIA/RIMA pelo ordenamento jurídico, assinale a afirmativa correta. d) O EIA-RIMA é um instrumento de avaliação de impactos ambientais, de natureza preventiva, exigido para atividades/empreendimentos não só efetiva como potencialmente capazes de causar significativa degradação, sendo certo que a sua publicidade é uma imposição Constitucional (CRFB/1988)".

- **AUDIÊNCIA PÚBLICA**

Importante instrumento pautado no Princípio Democrático, proveniente da Convenção n. 169, da Organização Internacional do Trabalho, pela qual as comunidades atingidas diretamente pelos atos administrativos ou jurídicos deverão ser consultadas. Embora destine-se aos povos tradicionais, principalmente aos povos indígenas, esse instrumento internacional é referência no que tange à proteção do meio ambiente ecologicamente equilibrado, estando em conformidade com diversas normas infralegais brasileiras.

A principal que aborda a questão da participação popular é a Resolução CONAMA n. 9/87, que prevê a possibilidade da realização de audiência pública no processo de licenciamento ambiental.

O art. 1º preceitua que a Audiência Pública tem por finalidade expor aos interessados o conteúdo do produto em análise e do seu referido RIMA, dirimindo dúvidas e recolhendo dos presentes as críticas e sugestões a respeito.

Será obrigatória, em caso de requerimento, previsto no art. 2º , sendo condição de validade da licença ambiental requerida:

> Art. 2º Sempre que julgar necessário, ou quando for solicitado por entidade civil, pelo Ministério Público, ou por 50 (cinquenta) ou mais cidadãos, o Órgão de Meio Ambiente promoverá a realização de audiência pública.

Não obstante a existência desses requisitos, nada impede que uma legislação estadual acrescente mais legitimados nesse rol. Tomando por exemplo a legislação paulista, os deputados federais eleitos pelo Estado de São Paulo poderão requerer a realização de uma audiência pública para discutir o conteúdo do relatório de impactos ambientais (RIMA) e a viabilidade do empreendimento ou da atividade a ser desenvolvidos em sua região.

No caso de haver solicitação de audiência pública e na hipótese de o Órgão Estadual não realizá-la, a licença concedida não terá validade. Assim como, "em função da localização geográfica dos solicitantes, e da complexidade do tema, poderá haver mais de uma audiência pública sobre o mesmo projeto de respectivo relatório de impacto ambiental (RIMA) (§ 5º)".

O Princípio da Publicidade irá reger a implementação desse instrumento popular, cuja atribuição de anunciar no lapso temporal previsto em norma legal é do órgão do meio ambiente responsável pelo licenciamento ambiental, fixando edital e anunciar na imprensa local a abertura do prazo que será, no mínimo, de quarenta e cinco dias para a solicitação da audiência pública, requisito que visa a atingir o maior número possível de interessados em participar.

PONTO 8. SISTEMA DE UNIDADE DE CONSERVAÇÃO DA NATUREZA

Pode-se afirmar que as unidades de conservação ambiental são espaços que recebem um tratamento diferenciado de proteção por parte do Poder Público, visto que o que legitima tal proteção são as características únicas a serem protegidas. Um exemplo é um Parque Nacional da Serra da Capivara (PI), unidade de conservação ambiental incluída no grupo de proteção integral, cujas características quanto à beleza cênica são ímpares.

Na Constituição Federal do Brasil de 1988, o § 1º, III, do art. 225, legitima ao Poder Público a incumbência de definir espaços ambientais diferenciados, consoante destacado:

> Art. 225, CF/88. Todos têm direito ao meio ambiente ecologicamente equilibrado, bem de uso comum do povo e essencial à sadia qualidade de vida, impondo-se ao Poder Público e à coletividade o dever de defendê-lo e preservá-lo para as presentes e futuras gerações.
>
> § 1º Para assegurar a efetividade desse direito, incumbe ao Poder Público:
>
> III – definir, em todas as unidades da Federação, espaços territoriais e seus componentes a serem especialmente protegidos, sendo a alteração e a supressão permitidas somente através de lei, vedada qualquer utilização que comprometa a integridade dos atributos que justifiquem sua proteção.

• EXCEÇÃO AO PRINCÍPIO DO PARALELISMO

A atribuição de criar espaços ambientais protegidos é COMUM aos entes da Federação, como já abordado no capítulo sobre competências e bens, devendo proceder com base na edição de atos jurídicos ou administrativos.

Constitui uma exceção ao Princípio do Paralelismo das Formas, isto é, para criar uma unidade de conservação ambiental, o Poder Público poderá proceder por meio de lei, decreto do Poder Executivo (STF, MS n. 23.800/MS, 7-2-2003) ou ato administrativo, mas para suprimir ou desafetar, SOMENTE mediante LEI, mesmo que tenha sido criada por decreto. Importante compreender essa observação, muito cobrada em provas de concursos públicos, pois tal legitima o Princípio do não retrocesso ambiental, já estudado no capítulo pertinente. Ademais, encontra fundamentação no art. 225, § 1º, III, CF/88, mencionando a palavra "lei", devendo ser interpretada de forma literal.

Assim, para facilitar a compreensão do leitor:

a) CRIAÇÃO – por lei ou ato do Poder Público, cuja finalidade é facilitar a criação.
b) ALTERAÇÃO – somente por lei; entretanto, há corrente doutrinária que permite se dar por ato do Poder Público, caso seja benéfica.
c) EXTINÇÃO – somente por lei, para dificultar a extinção.

Vale a pena observar como a FGV já cobrou o assunto no Exame de Ordem de 2015:

"Determinado Município, por intermédio de lei que contemplou questões como potencial construtivo, zoneamento de bairros e complexos esportivos, reduziu os limites de uma determinada Unidade de Conservação. Considerando o caso hipotético em tela, assinale a opção que se harmoniza com a legislação ambiental. d) A redução dos limites da Unidade de Conservação, conquanto possa evidenciar os efeitos concretos da lei, somente pode ser feita mediante lei específica, regra esta que também se aplica à desafetação".

• MODALIDADES DE UNIDADES DE CONSERVAÇÃO

Para melhor memorização, os dois grupos que formam o Sistema de Unidade de Conservação da Natureza foram distribuídos em tabelas. Assim, o leitor poderá identificar a denominação de cada unidade de conservação e suas especificidades. Pede-se uma especial atenção, pois a FGV já cobrou este assunto em prova, como poderá ser verificado abaixo das tabelas.

GRUPO DE PROTEÇÃO INTEGRAL	OBJETIVO	DOMÍNIO
Refúgio da Vida Silvestre	Reprodução de espécies flora local e fauna local ou migratória.	PÚBLICO OU PRIVADO, se compatível, podendo ser desapropriada.
Monumento Natural	Preservar sítios naturais raros, singulares ou de grande beleza cênica.	PÚBLICO OU PRIVADO, se compatível, podendo ser desapropriada.
Estação Ecológica	Preservação da natureza e a realização de pesquisas científicas.	PÚBLICO.
Reserva Biológica	Preservação integral da biota e demais atributos naturais existentes em seus limites, sem interferência humana direta ou modificações ambientais, excetuando-se as medidas necessárias para a recuperação de seus ecossistemas alterados e as ações de manejo.	PÚBLICO.
Parque Nacional	Preservação dos ecossistemas naturais de grande relevância ecológica e beleza cênica. Pesquisa científica, desenvolvimento de atividades de educação, turismo ecológico.	PÚBLICO.

GRUPO DE USO SUSTENTÁVEL	OBJETIVO	DOMÍNIO
Área de Proteção Ambiental (APA)	Área extensa, com um certo grau de ocupação humana, dotada de atributos bióticos ou abióticos.	PÚBLICO OU PRIVADO.
Área de Relevante Interesse Ecológico	Área de pequena extensão, com pouca ou nenhuma ocupação humana, com características naturais extraordinárias ou que abrigue exemplares raros da biota regional.	PÚBLICO OU PRIVADO.
Floresta Nacional	Área de cobertura predominantemente nativa. Uso sustentável dos recursos naturais.	PÚBLICO.
Reserva Extrativista	Área utilizada por populações extrativistas locais.	PÚBLICO.
Reserva da Fauna	Área natural com populações de animais de espécies nativas.	PÚBLICO.
Reserva do Desenvolvimento Sustentável	Área natural que abriga populações tradicionais.	PÚBLICO.
Reserva Particular do Patrimônio Natural ***	Área privada, gravada com perpetuidade, com o objetivo de conservar a diversidade biológica.	PÚBLICO.

*** Observe que a Reserva Particular do Patrimônio Natural é a ÚNICA que é apenas formada por propriedade privada.

*** Ademais, a Reserva Particular do Patrimônio Natural e a Área de Proteção Ambiental são as únicas unidades de conservação que prescindem de zona de amortecimento, ou seja, aquela área em volta da unidade de conservação a ser preservada para protegê-la.

Veja como foi cobrado o tema no Exame de Ordem de 2016:

> "Paulo é proprietário de um grande terreno no qual pretende instalar um loteamento, já devidamente aprovado pelo Poder Público. Contudo, antes que Paulo iniciasse a instalação do projeto, sua propriedade foi integralmente incluída nos limites de um Parque Nacional. Considerando as normas que regem o Sistema Nacional de Unidades de Conservação – SNUC, é correto afirmar que: c) Caso seu terreno não seja desapropriado, Paulo poderá ajuizar ação de desapropriação indireta em face da União".

PONTO 9. POLÍTICA NACIONAL DO MEIO AMBIENTE E O SISTEMA NACIONAL DO MEIO AMBIENTE

Para fins de Exame de Ordem, basta saber que o licenciamento ambiental, as avaliações de estudos de impacto ambientais, o zoneamento ambiental, a concessão florestal e a servidão ambiental são instrumentos da Política Nacional do Meio Ambiente, dispostos no rol do art. 9º da Lei n. 6.938/81.

A concessão florestal é prevista na Lei n. 11.284/2006, cuja natureza jurídica é de uma espécie de concessão administrativa especial de caráter temporário, prevista na competência de cada ente federal.

É indispensável a realização de licitação na modalidade CONCORRÊNCIA, consoante previsto na Lei n. 8.666/93, cabendo, somente, a participação de pessoa jurídica brasileira.

Há a necessidade de um plano aprovado pelo órgão licitador do respectivo ente, visando à exploração sustentável, apoiando-se no Princípio do Desenvolvimento Sustentável.

Ao fim do processo de licitação pública, é transferido o direito às empresas brasileiras vencedoras para a exploração sustentável por parte do ente da Federação licitante.

Um pouco mais detalhado é o instituto da servidão ambiental, previsto nos arts. 9-A, B e C, da Lei n. 6.938/81. A servidão ambiental é definida como uma espécie especial de servidão administrativa, podendo o proprietário ou possuidor de imóvel urbano e rural que possua recurso ambiental conservado constituir a servidão ambiental, renunciando ao direito de explorar os recursos ambientais em sua propriedade, definindo o percentual. Em regra, é perpétua, salvo exceção, cujo prazo mínimo será de quinze anos, podendo ser de caráter gratuito ou oneroso. Será considerada um direito real, visto que deverá ser registrada no cartório de imóveis.

A servidão ambiental privilegia o Princípio do Protetor-Recebedor, pois gerará uma cota ambiental, conforme o art. 44, Novo Código Florestal:

> Art. 44. É instituída a Cota de Reserva Ambiental – CRA, título nominativo representativo de área com vegetação nativa, existente ou em processo de recuperação:
> I – sob regime de servidão ambiental, instituída na forma do art. 9º-A da Lei n. 6.938, de 31 de agosto de 1981.

A compensação de reserva legal proveniente da servidão deverá ser averbada na matrícula de todos os imóveis envolvidos, podendo ser vendida, para compensar, ao proprietário que não tem o percentual mínimo.

Antes de 2012, quando instituído o Novo Código Florestal, as servidões ambientais eram conhecidas como servidões florestais. Com o advento da Lei Florestal, hoje são convertidas em servidões ambientais.

Não se aplica servidão ambiental às áreas de preservação permanente (APPs) nem à reserva legal mínima; portanto, não poderá gerar, nessas áreas, cotas de reserva ambiental.

A restrição ao uso da água ou à exploração da vegetação da área sob servidão ambiental deverá ser, no mínimo, a mesma estabelecida para a reserva legal.

Durante o prazo de vigência da servidão ambiental, a alteração da destinação da área é vedada, até porque constitui um direito *propter rem*.

Vide como o XXI Exame de Ordem cobrou o assunto:

> "O Governo Federal, tendo em vista a grande dificuldade em conter o desmatamento irregular em florestas públicas, iniciou procedimento de concessão florestal para que particulares possam explorar produtos e serviços florestais. Sobre o caso, assinale a afirmativa correta: B) Essa concessão, que tem como objeto o manejo florestal sustentável, deve ser precedida de licitação na modalidade de concorrência".

• ESTRUTURA DO SISNAMA

De tamanha importância, também, são os órgãos que compõem o Sistema Nacional do Meio Ambiente (SISNAMA) e suas respectivas funções.

ÓRGÃO	FUNÇÕES
Órgão Superior	É formado pelo Conselho de Governo, com a função de assessorar o Presidente da República na formulação da política nacional e nas diretrizes governamentais para o meio ambiente e recursos ambientais.
Órgão Consultivo e Deliberativo	O Conselho Nacional do Meio Ambiente (CONAMA), com a finalidade de assessorar, estudar e propor ao Conselho de Governo diretrizes de políticas governamentais para o meio ambiente e recursos naturais, e deliberar.
Órgão Central	A Secretaria do Meio Ambiente da Presidência da República***, com a finalidade de planejar, coordenar, supervisionar e controlar, como órgão federal, a política nacional e as diretrizes governamentais fixadas para o meio ambiente.
Órgãos Executores	O Instituto Brasileiro do Meio Ambiente e dos Recursos Naturais Renováveis – IBAMA e o Instituto Chico Mendes de Conservação da Biodiversidade – Instituto Chico Mendes (ICMBio), com a finalidade de executar e fazer executar a política e as diretrizes governamentais fixadas para o meio ambiente, de acordo com as respectivas competências.
Órgãos Seccionais	Os órgãos ou entidades estaduais responsáveis pela execução de programas, projetos e pelo controle e fiscalização de atividades capazes de provocar a degradação ambiental.
Órgãos Locais	Os órgãos ou entidades municipais, responsáveis pelo controle e fiscalização dessas atividades, nas suas respectivas jurisdições.

*** Atualmente, é o Ministério do Meio Ambiente, mas a Lei ainda se refere à Secretaria do Meio Ambiente da Presidência da República.

Destaque necessário é quanto aos órgãos executores: Instituto Brasileiro do Meio Ambiente e dos Recursos Renováveis (IBAMA) e Instituto Chico Mendes de Conservação da Biodiversidade (ICMBio). Ambos ostentam a natureza jurídica de autarquias federais vinculadas ao Ministério do Meio Ambiente.

Quanto às funções do IBAMA, podem-se delimitar:

a) Exercício do Poder de Polícia Ambiental de competência do ente federal.
b) Proceder ao licenciamento ambiental, em áreas ou bens pertencentes à União ou de Estados e Municípios de forma suplementar, como visto no capítulo sobre licenciamento ambiental.

Antes da criação do Instituto Chico Mendes (ICMBio), em 2007, ao IBAMA era conferida a gestão das Unidades de Conservação criadas pela UNIÃO. Hoje, cuidado com as armadilhas em provas de concursos, pois essa atribuição passou a ser da competência do ICMBio.

Ademais, conforme estudado no capítulo sobre licenciamento ambiental e a Lei Complementar n. 140/2011, poderá o IBAMA atuar de forma supletiva na concessão de licença ambiental, no caso de o órgão ambiental competente ser omisso. Também, nada obsta de autuar o infrator em face do acometimento de infrações administrativas em empreendimentos, cuja licença ambiental fora concedida por órgão ambiental diverso.

PONTO 10. NOVO CÓDIGO FLORESTAL

O Novo Código Florestal (Lei n. 12.651/2012), objeto de muitas críticas por parte da doutrina, revogou a Lei n. 4.771/65, o antigo Código Florestal.

Para o Exame de Ordem, indispensável é conhecer os aspectos essenciais das áreas de proteção permanente (APPs) e as áreas de reserva legal, muito cobradas em provas.

• ÁREAS DE PRESERVAÇÃO PERMANENTE (APPs)

Primeiramente, o art. 3º, II, do Novo Código Florestal apresenta um conceito muito cobrado na íntegra em provas de concursos públicos:

> Art. 3º, II – Área de Preservação Permanente – APP: área protegida, coberta ou não por vegetação nativa, com a função ambiental de preservar os recursos hídricos, a paisagem, a estabilidade geológica e a biodiversidade, facilitar o fluxo gênico de fauna e flora, proteger o solo e assegurar o bem-estar das populações humanas.

A Lei exemplifica, em um rol aberto disposto no art. 6º, as áreas de preservação permanente ao listar os manguezais, margens de rios, restingas, veredas, topos de morros, montanhas e serras como exemplos de vegetações contempladas pelo conceito.

Em regra, a supressão nativa é vedada, salvo em casos excepcionais que serão vistos adiante.

Merece distinção quanto à instituição das áreas de preservação ambiental permanente (APPs) e à das áreas de reserva legal: a primeira pode ser instituída tanto em imóveis rurais quanto em imóveis urbanos, sejam propriedades públicas ou privadas; a das áreas de reserva legal será instituída em propriedades rurais. Essa diferença é muito cobrada em provas; portanto, o leitor deve dispensar-lhe a máxima atenção possível.

Em relação à natureza jurídica das áreas de preservação permanente, tanto a doutrina quanto a jurisprudência majoritárias estão de acordo que comportam limitações administrativas à propriedade que, em regra, não estão sujeitas a indenizações por parte do Poder Público, consoante o disposto no Direito Administrativo brasileiro.

As características se resumem em: a) gratuidade; b) generalidade e unilateralidade. São indispensáveis quanto à questão de indenização para fins de desapropriação da propriedade. Como será analisado nos julgados a seguir pelos Superiores Tribunais.

Por conseguinte, melhor estudar de forma individual as espécies de áreas de preservação permanente (APPs) previstas no Novo Código Florestal.

Primeiro a ser estudado, o grupo da mata de galeria, as áreas no entorno dos lagos e lagoas naturais e entorno das nascentes.

A mata de galeria consiste na área de preservação permanente (APP) presente em curso de água PERENE/intermitente, isto é, aquele situado em determinada localidade no ano inteiro, SALVO em épocas de seca. Desse conceito estão excluídos os cursos efêmeros. Também, prevê o inciso II do art. 4º, do Novo Código Florestal, as áreas no entorno dos lagos e lagoas naturais.

O inciso I do art. 4º do Novo Código Florestal menciona que é considerada mata de galeria a prevista "desde a borda da calha do leito regular em largura mínima de" (art. 4º). Aqui, uma crítica da doutrina de Direito Ambiental ao retrocesso escolhido pelo legislador pátrio, já que o antigo Código Florestal assim previa: "desde a linha média das enchentes das marés".

> I – as faixas marginais de qualquer curso d'água natural perene e intermitente, excluídos os efêmeros, desde a borda da calha do leito regular, em largura mínima de:
>
> a) 30 (trinta) metros, para os cursos d'água de menos de 10 (dez) metros de largura;
>
> b) 50 (cinquenta) metros, para os cursos d'água que tenham de 10 (dez) a 50 (cinquenta) metros de largura;
>
> c) 100 (cem) metros, para os cursos d'água que tenham de 50 (cinquenta) a 200 (duzentos) metros de largura;
>
> d) 200 (duzentos) metros, para os cursos d'água que tenham de 200 (duzentos) a 600 (seiscentos) metros de largura;
>
> e) 500 (quinhentos) metros, para os cursos d'água que tenham largura superior a 600 (seiscentos) metros;

> II – as áreas no entorno dos lagos e lagoas naturais, em faixa com largura mínima de:
> a) 100 (cem) metros, em zonas rurais, exceto para o corpo d'água com até 20 (vinte) hectares de superfície, cuja faixa marginal será de 50 (cinquenta) metros;
> b) 30 (trinta) metros, em zonas urbanas.

Outro retrocesso que este artigo traz é quanto ao previsto no § 4º, o qual dispõe que "nas acumulações naturais ou artificiais de água com superfície inferior a 1 (um) hectare, fica dispensada a reserva da faixa de proteção prevista nos incisos II e III do *caput*, vedada nova supressão de áreas de vegetação nativa, salvo autorização do órgão ambiental competente do Sistema Nacional do Meio Ambiente – Sisnama". Também se aplica, este dispositivo, aos reservatórios artificiais. Com isso, mesmo se o espelho d'agua for inferior a um hectare, não haverá área de preservação permanente (APP).

Assim, conclui-se que só caberá a instituição de área de preservação permanente (APP) quando as áreas no entorno de lagos e lagoas forem fruto de barramento de curso d'agua natural.

Outra questão importante é que apenas barramentos de curso d' agua natural necessitarão de licença ambiental, conforme interpretação literal do inciso III.

Quanto aos entornos das nascentes, também denominados olhos d'água, o inciso IV define como "(...) as áreas no entorno das nascentes e dos olhos d'água perenes, qualquer que seja sua situação topográfica, no raio mínimo de 50 (cinquenta) metros".

Outras áreas de preservação permanente, previstas no art. 4º, que merecem o estudo são:

> VI – as restingas, como fixadoras de dunas ou estabilizadoras de mangues;
> VII – os manguezais, em toda a sua extensão.

As demais estão previstas ao longo dos incisos do art. 4º, do Novo Código Florestal, não sendo exaurientes quanto às espécies, visto que, por disposição do art. 6º, o rol é aberto, como já mencionado, quando, por ato do Chefe do Poder Executivo, podem ser consideradas como áreas de preservação permanente (APP), sempre fundamentadas por interesse social, as áreas cobertas com florestas ou outras formas de vegetação destinadas a uma ou mais das seguintes finalidades: a) proteger as restingas ou veredas; b) proteger várzeas; c) abrigar exemplares da fauna ou da flora ameaçados de extinção; d) proteger sítios de excepcional beleza ou de valor científico, cultural ou histórico; e e) proteger áreas úmidas, especialmente as de importância internacional.

Não obstante o regime árduo de proteção, é permitido o acesso de pessoas e animais às áreas de preservação permanente para obtenção de água e para realização de atividades de baixo impacto ambiental.

Já foi mencionado em outro ponto quanto à possibilidade da supressão da vegetação nativa em áreas de preservação permanente (APP). O art. 8º do Código Florestal Nacional é taxativo quanto à permissão para tal quando somente será viável nas hipóteses de utilidade pública, de interesse social ou de baixo impacto ambiental previstas na referida Lei. E, mais, "a supressão de vegetação nativa protetora de nascentes, dunas e restingas somente poderá ser autorizada em caso de utilidade pública" (§ 1º). A legislação em pauta é expressa ao dispensar a autorização do órgão ambiental competente para a execução, em caráter de urgência, de atividades de segurança nacional e obras de interesse da defesa civil destinadas à prevenção e mitigação de acidentes em áreas urbanas.

Outro retrocesso apontado na novel legislação florestal é quanto à possibilidade de supressão da vegetação nativa contida em locais onde a função ecológica do manguezal esteja comprometida, para execução de obras habitacionais e de urbanização, inseridas em projetos de regularização fundiária de interesse social, em áreas urbanas consolidadas e ocupadas por população de baixa renda. Errou o legislador, pois apesar de nobre a preocupação com a população de baixa renda, objeto de estudo no Direito Ambiental, principalmente no que tange à erradicação da pobreza mundial, o mangue é considerado um ecossistema rico e indispensável à sobrevivência de diversas espécimes da flora e da fauna marinhas, além de fomentar a economia local, visto que muitas populações ribeirinhas são altamente dependentes desta área de preservação permanente (APP). Para se ter ideia, os mangues são a espinha dorsal das costas dos oceanos tropicais, responsáveis por mais de 10 por cento do carbono orgânico dissolvido fornecido ao oceano a partir da terra.

Por fim, dispõe o § 4º que "não haverá, em qualquer hipótese, direito à regularização de futuras intervenções ou supressões de vegetação nativa, além das previstas nesta Lei".

Sobre a agricultura nas áreas de preservação permanente, o novel Código dispõe que:

> Art. 4º, § 6º Nos imóveis rurais com até 15 (quinze) módulos fiscais, é admitida, nas áreas de que tratam os incisos I e II do *caput* deste artigo, a prática da aquicultura e a infraestrutura física diretamente a ela associada, desde que:
>
> I – sejam adotadas práticas sustentáveis de manejo de solo e água e de recursos hídricos, garantindo sua qualidade e quantidade, de acordo com norma dos Conselhos Estaduais de Meio Ambiente;
>
> II – esteja de acordo com os respectivos planos de bacia ou planos de gestão de recursos hídricos;
>
> III – seja realizado o licenciamento pelo órgão ambiental competente;
>
> IV – o imóvel esteja inscrito no Cadastro Ambiental Rural – CAR.
>
> V – não implique novas supressões de vegetação nativa.
>
> Art. 5º Na implantação de reservatório d'água artificial destinado a geração de energia ou abastecimento público, é obrigatória a aquisição, desapropriação ou instituição de servidão administrativa pelo empreendedor das Áreas de Preservação Permanente criadas em seu entorno, conforme estabelecido no licenciamento ambiental, observando-se a faixa mínima de 30 (trinta) metros e máxima de 100 (cem) metros em área rural, e a faixa mínima de 15 (quinze) metros e máxima de 30 (trinta) metros em área urbana.

Por fim, importante observar como a FGV vem cobrando tal assunto, em especial no Exame de Ordem, de 2015:

> "João acaba de adquirir dois imóveis, sendo um localizado em área urbana e outro, em área rural. Por ocasião da aquisição de ambos os imóveis, João foi alertado pelos alienantes de que os imóveis contemplavam Áreas de Preservação Permanente (APP) e de que, por tal razão, ele deveria buscar uma orientação mais especializada, caso desejasse nelas intervir. Considerando a disciplina legal das Áreas de Preservação Permanente (APP), bem como as possíveis preocupações gerais de João, assinale a afirmativa correta: c) As APPs são espaços territoriais especialmente protegidos, comportando exceções legais para fins de intervenção, sendo certo que os Estados e os Municípios podem prever outras hipóteses de APP além daquelas dispostas em normas gerais, inclusive em suas Constituições Estaduais e Leis Orgânicas, sendo que a supressão irregular da vegetação nela situada gera a obrigação do proprietário, possuidor ou ocupante a qualquer título de promover a sua recomposição, obrigação esta de natureza *propter rem*".

Quanto à reparação de dano ocasionado em área de preservação permanente, a FGV entendeu no Exame de Ordem, de 2014 que "em se tratando de área de preservação permanente, a Administração Pública responderá de forma objetiva pelos danos causados ao meio ambiente, independentemente das responsabilidades administrativa e penal".

• ÁREAS DE RESERVA LEGAL

Consistem no percentual da vegetação nativa a ser preservada, existentes, apenas, em áreas rurais (art. 12), cuja função é assegurar o uso econômico de modo sustentável dos recursos naturais do imóvel rural (art. 3º, III, do Novo Código Florestal).

Novamente, semelhante às áreas de preservação permanente (APPs), a natureza jurídica das áreas de reserva legal é de limitação administrativa à propriedade rural, não gerando indenização, por ostentarem caráter de gratuidade. Neste sentir, o Superior Tribunal de Justiça (STJ):

> "3. 'A obrigação de reparação dos danos ambientais é *propter rem*' (REsp 1.090.968/SP, Rel. Min. Luiz Fux, Primeira Turma, *DJe* 3.8.2010), sem prejuízo da solidariedade entre os vários causadores do dano, descabendo falar em direito adquirido à degradação. O 'novo proprietário assume o ônus de manter a preservação, tornando-se responsável pela reposição, mesmo que não tenha contribuído para o desmatamento. Precedentes' (REsp 926.750/MG, Rel. Min. Castro Meira, Segunda Turma, *DJ* 4.10.2007; em igual sentido, entre outros, REsp 343.741/PR, Rel. Min. Franciulli Netto, Segunda Turma, *DJ* 7.10.2002; REsp 843.036/PR, Rel. Min. José Delgado, Primeira Turma, *DJ* 9.11.2006; EDcl no Ag 1.224.056/SP, Rel. Min. Mauro Campbell Marques, Segunda Turma, *DJe* 6.8.2010; AgRg no REsp 1.206.484/SP, Rel. Min. Humberto Martins, Segunda Turma, *DJe* 29.3.2011; AgRg nos EDcl no REsp 1.203.101/SP, Rel. Min. Hamilton Carvalhido, Primeira Turma, *DJe* 18.2.2011). Logo, a obrigação de reflorestamento com espécies nativas pode 'ser imediatamente exigível do proprietário atual, independentemente de qualquer indagação a respeito de boa-fé

do adquirente ou de outro nexo causal que não o que se estabelece pela titularidade do domínio' (REsp 1.179.316/SP, Rel. Min. Teori Albino Zavascki, Primeira Turma, *DJe* 29.6.2010).

4. 'O § 1º do art. 18 do Código Florestal quando dispôs que, 'se tais áreas estiverem sendo utilizadas com culturas, de seu valor deverá ser indenizado o proprietário', apenas criou uma regra de transição para proprietários ou possuidores que, à época da criação da limitação administrativa, ainda possuíam culturas nessas áreas' (REsp 1237071/PR, Rel. Min. Humberto Martins, Segunda Turma, *DJe* 11.5.2011).
5. Recurso Especial não provido.

(REsp 1240122/PR, Rel. Ministro HERMAN BENJAMIN, SEGUNDA TURMA, julgado em 28/6/2011, *DJe* 11/9/2012)".

Um outro importante julgado do Superior Tribunal de Justiça (STJ), sobre a questão da inclusão da área de reserva legal na contabilidade do *quantum debeatur* devido na desapropriação do imóvel rural mediante apuração do cálculo de sua produtividade é o REsp 1.235.220/PR, 22-4-2014. Nele, o STJ entendeu que "não se encontrando averbada no registro imobiliário antes da vistoria, a reserva florestal não poderá ser excluída da área total do imóvel desapropriando para cálculo da produtividade do imóvel rural".

O Supremo Tribunal Federal (STF) também já se pronunciou sobre o tema:

"4. Para a exclusão das áreas de preservação permanente ou de reserva legal, estas devem estar devidamente averbadas no respectivo registro de imóvel. Não se encontrando individualizada na averbação, a reserva florestal não poderá ser excluída da área total do imóvel desapropriado para efeito de cálculo de produtividade (STF, MS 24924/DF, 24-2-2011)".

A legislação prevê, no art. 12, os percentuais de reserva legal a serem preservados nas propriedades rurais. Para maior facilitação de memorização, estão sistematizados em uma tabela. *Vide*:

Floresta Amazônica – AMAZÔNIA LEGAL	Mínimo de 80% da propriedade rural
Floresta Amazônica – CERRADO	Mínimo de 35% da propriedade rural
Campos Gerais	Mínimo de 20% da propriedade rural
Demais	Mínimo de 20% da propriedade rural

Há a possibilidade de elevação desses percentuais, a critério do Poder Público FEDERAL, quando indicado pelo zoneamento ecológico econômico estadual para cumprimento de metas nacionais de proteção à biodiversidade ou de redução de gases de efeito estufa.

Mas, também, podem ser reduzidos em relação às propriedades rurais localizadas na Amazônia Legal:

Para até 50% – Poder Público Municipal	Quando o Município tiver mais de 50% da área ocupada por unidade de conservação da natureza de domínio público e por terras indígenas homologadas.
Para até 50% – Poder Público Estadual	Ouvido o Conselho Estadual do Meio Ambiente, quando o Estado tiver zoneamento ecológico econômico aprovado e mais de 65% do seu território ocupado por unidade de conservação de domínio público, devidamente regularizada, ou por terras indígenas.
Para até 50% – Poder Público Federal	Quando indicado pelo Zoneamento Ecológico Econômico estadual, para fins de regularização, mediante recomposição ou compensação da Reserva Legal, de imóveis com área rural consolidada, excluídas as áreas prioritárias para conservação da biodiversidade e dos recursos hídricos.

Quanto à localização da área de reserva legal no imóvel rural deverá levar em consideração os seguintes estudos e critérios, previstos no art. 14:

> I – o plano de bacia hidrográfica;
>
> II – o Zoneamento Ecológico-Econômico;
>
> III – a formação de corredores ecológicos com outra Reserva Legal, com Área de Preservação Permanente, com Unidade de Conservação ou com outra área legalmente protegida;
>
> IV – as áreas de maior importância para a conservação da biodiversidade; e
>
> V – as áreas de maior fragilidade ambiental.

Referente ao registro da área de reserva legal, este deverá ser realizado no órgão ambiental competente por meio de inscrição no cadastro ambiental rural (CAR) sendo vedada a alteração de sua destinação, nos casos de transmissão, a qualquer título, ou de desmembramento, salvo exceções.

O registro da Reserva Legal no CAR dispensa a averbação no Cartório de Registro de Imóveis, sendo que, no período entre a data da publicação da novel legislação florestal e o registro no cadastro ambiental rural (CAR), cujo término foi adiado para dezembro de 2017, o proprietário ou aquele que desejar fazer a averbação terá direito à gratuidade deste ato.

Apesar de ser facultativa, a averbação da reserva legal no Cartório de Registro de Imóveis, mediante entendimento jurisprudencial, é recomendável que seja realizado para fins de obtenção de isenção do imposto territorial rural (ITR) para áreas de reserva legal. Neste entender:

> PROCESSO CIVIL. TRIBUTÁRIO E AMBIENTAL. ITR. ISENÇÃO. RESERVA LEGAL. AVERBAÇÃO. IMPRESCINDIBILIDADE. NECESSIDADE DE INTERPRETAÇÃO EXTRAFISCAL DA RENÚNCIA DE RECEITA. PRECEDENTES.
>
> 1. A questão em debate foi prequestionada, ainda que implicitamente, possibilitando, portanto, o conhecimento do recurso especial interposto pela União.

2. A Primeira Seção firmou entendimento no sentido de que, em se tratando da "área de reserva legal", é imprescindível a averbação da referida área na matrícula do imóvel para o gozo do benefício da isenção vinculado ao ITR. EREsp 1.027.051/SC, Rel. Ministro Benedito Gonçalves, Primeira Seção, julgado em 28-8-2013, *DJe* 21-10-2013.
3. No mesmo sentido: REsp 1.027.051/SC, Rel. Ministro Humberto Martins, Rel. p/Acórdão Ministro Mauro Campbell Marques, Segunda Turma, j. 7-4-2011, *DJe* 17-5-2011; AgRg no REsp 1.310.871/PR, Rel. Ministro Humberto Martins, Segunda Turma, j. 4-9-2012, *DJe* 14-9-2012; REsp 1.125.632/PR, Rel. Ministro Benedito Gonçalves, Primeira Turma, j. 20-8-2009, *DJe* 31-8-2009.
4. As áreas de preservação permanente não sofrem a obrigatoriedade do mencionado registro.

   Agravo regimental parcialmente provido (STJ, AgRg no REsp n. 1.407.688/PB, 21-10-2013).

No final do julgado, perceba que a conclusão é que a necessidade do referido registro para obtenção da isenção do ITR não recai sobre às áreas de preservação permanente (APPs), mas apenas nas áreas de reserva legal.

Outra questão referente ao ITR, mas não contemplado pelo registro, é quanto à exclusão da base de cálculo desse imposto às áreas de floresta nativa, áreas de preservação permanente, áreas de reserva legal, de interesse ecológico e as imprestáveis para qualquer exploração agrícola, pecuária, granjeira, aquícola ou florestal e as que estiverem sob regime de servidão ambiental , consoante previsto no art. 10, § 1º, II, da Lei n. 9.393/96.

Veja como a FGV já cobrou esse assunto na prova do Exame de Ordem de 2015:

> "Hugo, proprietário de imóvel rural, tem instituída Reserva Legal em parte de seu imóvel. Sobre a hipótese, considerando o instituto da Reserva Legal, de acordo com a disciplina do Novo Código Florestal (Lei n. 12.651/2012), assinale a afirmativa correta: a) As áreas de Reserva Legal são excluídas da base tributável do Imposto sobre a Propriedade Territorial Rural (ITR), compreendendo esta uma função extra-fiscal do tributo".

Para maior proteção às áreas de reserva legal é vedado o desmatamento e o corte raso; entretanto, é admissível a exploração econômica da Reserva Legal mediante manejo sustentável, previamente aprovado pelo órgão competente do Sisnama. Em regra, o proprietário do imóvel rural deverá manter a vegetação nativa para cômputo dos percentuais exigíveis; entretanto, o art. 54 do Novo Código Florestal prevê a exceção de serem computados os plantios de árvores frutíferas, ornamentais ou industriais, compostos por espécies exóticas, cultivadas em sistema intercalar ou em consórcio com espécies nativas da região em sistemas agroflorestais.

Apesar de toda a exigência da previsão de área de reserva legal, corroborando para a proteção do meio ambiente ecologicamente equilibrado, há a possibilidade de sua dispensa quanto às obras públicas; empreendimentos de abastecimento público de água e tratamento de esgoto e nas áreas adquiridas ou desapropriadas por concessão, permissão ou autorização para explorar potencial hidráulico, visando à geração de emergência elétrica, linhas de transmissão e distribuição.

Não obstante a dispensa apresentada no parágrafo acima, as áreas de reserva legal poderão ser extintas quando ocorrer o registro do parcelamento do solo, ou seja, conter as melhorias que caracterizam como zona urbana, aprovado conforme a legislação específica e diante das diretrizes do Plano Diretor. Antes disso, não está desobrigado o proprietário ou posseiro da manutenção da área de reserva legal.

Por último, a área de preservação permanente (APP) prevista em uma propriedade rural poderá ser utilizada para o cômputo da área de reserva legal, desde que (art. 15):

> I – o benefício previsto neste artigo não implique a conversão de novas áreas para o uso alternativo do solo;
> II – a área a ser computada esteja conservada ou em processo de recuperação, conforme comprovação do proprietário ao órgão estadual integrante do Sisnama; e
> III – o proprietário ou possuidor tenha requerido inclusão do imóvel no Cadastro Ambiental Rural – CAR, nos termos desta Lei.

Tomando por exemplo o caso concreto de uma fazenda de cem hectares, localizada no Estado de São Paulo: o percentual mínimo de área de reserva legal e de vinte por cento, conforme a tabela apresentada sobre o caso. Suponha que na fazenda exista um rio, cuja área de preservação permanente (APP), neste caso, seja de cinco hectares. Neste exemplo, serão computados dos cem hectares de reserva legal o percentual em questão, cujo resultado é de vinte hectares obrigatórios de área de reserva legal. Destes, serão subtraídos cinco hectares de área de preservação permanente (APP), resultando em quinze hectares referentes à reserva legal e cinco hectares de área de preservação permanente (APP).

REFERÊNCIAS

ANTUNES, Paulo de Bessa. *Direito ambiental*. 19. ed. Rio de Janeiro: GEN, 2017.

FIORILLO, Celso Antonio Pacheco. *Curso de direito ambiental*. 17. ed. São Paulo: Saraiva, 2017.

MACHADO, Paulo Affonso Leme. *Direito ambiental brasileiro*. 24. ed. São Paulo: Malheiros, 2016.

MILARÉ, Édis. *Direito do ambiente*. 10. ed. São Paulo: RT, 2015.

DIREITO CIVIL

Mario Godoy

1. PARTE GERAL DO CÓDIGO CIVIL

1.1 PERSONALIDADE

O primeiro tema que se coloca à análise de quem inicia os estudos de Direito Civil se refere à **personalidade**. E por personalidade deve-se entender a aptidão de ser titular de direitos e deveres. De acordo com o art. 1º do CC, toda pessoa é dotada de personalidade.

O início da personalidade se dá com o **nascimento com vida**. E seu fim, com a **morte**.

Cumpre destacar que, nos termos do art. 2º do CC, a lei põe a salvo, desde a concepção, os **direitos do nascituro**. Cuida-se aqui, na verdade, de direitos expectativos, que têm seu aperfeiçoamento condicionado ao nascimento com vida. Nesse sentido, já decidiu o STJ que o nascituro pode sofrer dano moral (REsp 931.556/RS).

E, no tocante à possibilidade de pleitear **alimentos gravídicos**, que são aqueles que visam suprir as despesas relacionadas ao período de gestação, a Lei n. 11.804/2008, em seu art. 1º, destaca que a legitimidade para a propositura da ação compete à **mulher grávida** (e não ao nascituro). Somente após o nascimento com vida é que os alimentos gravídicos passam a se converter em pensão alimentícia em favor do menor, até que se solicite sua revisão (art. 6º, parágrafo único).

1.2 AUSÊNCIA

Entende-se por **ausente** a pessoa que desaparece do seu domicílio sem que haja notícias de seu paradeiro.

Nesse contexto, o processo de sucessão por ausência desdobra-se em três etapas fundamentais:

1) *Curadoria provisória.* Visa declarar o estado de **ausência**, ordenar a **arrecadação** dos bens do ausente e nomear um **curador** para administrá-los.

Conforme o art. 25 do CC, esse curador será preferencialmente o cônjuge, desde que não esteja separado judicialmente, ou de fato, há mais de 2 anos. Na sua falta, a curadoria incumbirá aos pais do ausente. E em não os havendo, aos seus descendentes (nessa ordem).

DICA DE MEMORIZAÇÃO: mentalizar a sigla **C-A-D** (cônjuge-ascendente-descendente).

2) *Sucessão provisória.* O prazo para sua abertura é de pelo menos **1 ano**, a contar da arrecadação, ou **3 anos**, se o ausente deixou representante ou procurador (CC, art. 26). A sucessão provisória tem por objetivo declarar o estado de **ausência**, autorizar o **inventário e partilha** dos bens e transferi-los à **posse** dos herdeiros.

Via de regra, o ingresso na posse vem condicionado à prestação de **garantias**, ou cauções (art. 30). Tais garantias serão, no entanto, dispensáveis, se o herdeiro se enquadrar na classe do cônjuge, ascendente ou descendente (mais uma vez, a sigla **C-A-D**).

3) *Sucessão definitiva.* A ser aberta no prazo de **10 anos** após o trânsito em julgado da sentença de sucessão provisória (CC, art. 37). Gera o reconhecimento judicial **da morte presumida** e a transferência da **propriedade** dos bens aos herdeiros.

Confira-se o gráfico abaixo:

Ainda nesse contexto, cumpre observar que a decretação da morte presumida traz como consequência a **dissolução do casamento**, de sorte a possibilitar um novo matrimônio do cônjuge do ausente (art. 1.571, § 1º).

Outro aspecto importante tem a ver com a preservação dos **direitos patrimoniais** da pessoa desaparecida. Nesse sentido, entende o art. 39 do CC que, se o ausente regressar dentro dos **10 anos** seguintes à abertura da sucessão definitiva, ele poderá recuperar seus bens de volta, ou o preço de sua venda (caso tenham sido vendidos), ou os sub-rogados em seu lugar (em caso de troca, ou permuta). Transcorrido o decênio, ele perde tudo. Observe-se que esse prazo de 10 anos deve-se contar a partir da **abertura da sucessão definitiva.**

Por outro lado, o legislador contempla três situações em que a **morte presumida** pode ser declarada independentemente de prévia decretação de ausência (CC, arts. 7º e 39):

a) se for extremamente provável a morte de quem estava em **perigo de vida** (por exemplo, naufrágio, acidente aéreo, terremoto etc., sem que haja a localização do cadáver);
b) se alguém, desaparecido em campanha ou feito prisioneiro, não for encontrado até **2 anos** após o término da **guerra**;
c) se o ausente tiver completado **80 anos de idade** e se encontrar desaparecido há pelo menos **5 anos**.

Em todos esses casos, admite-se a abertura imediata do processo de sucessão definitiva.

1.3 COMORIÊNCIA

Têm-se por **comorientes** as pessoas que falecem na mesma ocasião, sem que se possa averiguar qual delas morreu primeiro. Consoante o art. 8º do CC, os comorientes presumem-se simultaneamente mortos.

> No IX Exame de Ordem (reaplicação: Ipatinga), foi trabalhada uma questão que versava sobre dois cônjuges, casados pelo regime da separação convencional de bens, que vieram a falecer em um acidente, sem que a perícia conseguisse comprovar os horários das mortes de cada um. Deu-se como correta a resposta que afirmava que os bens pertencentes ao marido passariam ao seu herdeiro mais próximo (no caso, o seu irmão), enquanto os bens da esposa seriam repassados à herdeira mais próxima dela (que era a sua irmã).

1.4 CAPACIDADE CIVIL

A capacidade civil desdobra-se em **capacidade de direito**, representando a aptidão de ser titular de direitos e deveres, e **capacidade de fato**, que se relaciona à aptidão de exercer pessoalmente os direitos e deveres na vida civil.

Todas as pessoas possuem capacidade de direito, mas nem todas possuem capacidade de fato.

Nesse contexto, a **incapacidade** representa uma restrição legal à capacidade de fato. O Código Civil conhece dois graus de incapacidade: **a absoluta e a relativa**. Enquanto os absolutamente incapazes agem **representados**, por não poderem exprimir sua vontade, os relativamente incapazes agem **assistidos**, ou seja, acompanhados da pessoa do assistente.

Ressalte-se que os negócios praticados pelo absolutamente incapaz sem a presença do seu representante incorrerão em **nulidade absoluta** (ou, simplesmente, nulidade). Já os negócios que o relativamente incapaz vier a celebrar desacompanhado do seu assistente incidirão em **nulidade relativa** (ou anulabilidade).

DICA DE MEMORIZAÇÃO: absolutamente incapaz → nulidade absoluta; relativamente incapaz → nulidade relativa.

Conforme o art. 3º do CC, são **absolutamente incapazes** apenas os menores de 16 anos. E, de acordo com o art. 4º, consideram-se **relativamente incapazes**:

a) os maiores de 16 e menores de 18 anos;
b) os ébrios habituais e os viciados em tóxicos;
c) aqueles que, por causa transitória ou permanente, não puderem exprimir sua vontade;
d) os pródigos.

Cabe, afinal, destacar, que, nos termos do art. 84 do Estatuto da Pessoa com Deficiência (Lei n. 13.146/2015), o **portador de deficiência mental** tem assegurado o direito ao pleno exercício de sua capacidade civil, em igualdade de condições com os demais.

Outro ponto para relevar refere-se à **emancipação**, ou seja, à antecipação da plena capacidade civil. Essa possibilidade se revela nas hipóteses previstas no art. 5º, parágrafo único, do CC. Vejamos:

a) por concessão dos pais, ou de um deles na falta do outro, mediante instrumento público, independentemente de homologação judicial, se o menor tiver 16 anos completos;
b) por sentença do juiz, ouvido o tutor, se o menor estiver sob tutela e já tiver completado 16 anos;
c) pelo casamento;
d) pelo exercício de emprego público efetivo;
e) pela colação de grau em curso de ensino superior;
f) pelo estabelecimento civil ou comercial, ou pela existência de relação de emprego, desde que, em função deles, o menor com 16 anos completos tenha economia própria.

1.5 PESSOAS JURÍDICAS

Pessoas jurídicas são entidades para as quais a lei reconhece **personalidade civil**, gozando de autonomia em face de seus instituidores. Constituem-se, na prática, a partir da inscrição do seu ato constitutivo no **registro civil** competente (CC, art. 45).

Em caráter excepcional, a lei permite ao juiz decretar a **desconsideração da personalidade jurídica**, o que implica a suspensão temporária de sua autonomia patrimonial, a fim de estender a execução aos bens particulares dos respectivos sócios ou administradores.

Sob esse aspecto, o Código Civil adota a chamada **teoria maior da desconsideração**, a qual vem fundamentada na ideia de **abuso de personalidade**. E, em consonância com o art. 50 do CC, esse abuso de personalidade pode se verificar em duas situações distintas: **desvio de finalidade** ou **confusão patrimonial**.

Confira-se o gráfico abaixo:

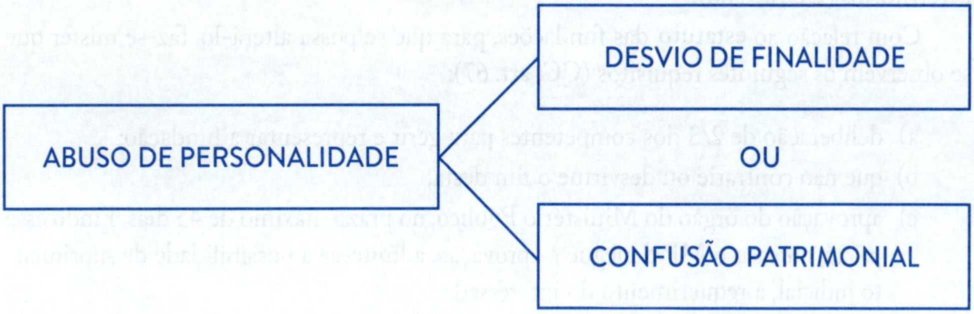

Cumpre frisar que a desconsideração da personalidade jurídica deve ser decretada pelo **juiz**, o qual não pode, contudo, agir de ofício, e sim mediante provocação de qualquer interessado ou do Ministério Público.

Atualmente, vem ganhando vulto na jurisprudência a chamada **desconsideração inversa**, que busca alcançar, dentro do patrimônio empresarial, os bens pessoais que os sócios vieram a repassar para o nome da entidade.

Ainda no campo das pessoas jurídicas, é preciso atentar para o tema relativo às **fundações**. Por fundações entendam-se pessoas jurídicas constituídas em torno de um **patrimônio destinado a um fim**.

Elas poderão ser criadas para as seguintes finalidades: assistência social; cultura, defesa e conservação do patrimônio histórico e artístico; educação; saúde; segurança alimentar e nutricional; defesa, preservação e conservação do meio ambiente e promoção do desenvolvimento sustentável; pesquisa científica, desenvolvimento de tecnologias alternativas, modernização de sistemas de gestão, produção e divulgação de informações e conhecimentos técnicos e científicos; promoção da ética, da cidadania, da democracia e dos direitos humanos; atividades religiosas (CC, art. 62, paragráfo único).

Sua constituição passa por quatro etapas fundamentais:

1) *Dotação*. É o ato unilateral por cujo intermédio o fundador separa uma parcela de seu patrimônio e a destina à criação do ente fundacional. Pode ser promovida *inter vivos*, por **escritura pública**, ou *causa mortis*, através de **testamento** (CC, art. 62).
2) *Estatuto*. A ser elaborado pelo próprio fundador ou pela pessoa que ele credenciar (CC, art. 65).
3) *Aprovação do Ministério Público*. Com a ressalva de haver possibilidade de **suprimento judicial**, caso o órgão do MP a denegue (CC, art. 65).
4) *Registro*. A ser implementado no Registro de Pessoas Jurídicas (CC, art. 45).

Cumpre observar que as fundações serão **fiscalizadas** pelo Ministério Público do Estado onde se situarem. Caso estendam suas atividades por mais de um Estado, caberá a veladura, em cada um deles, ao respectivo Ministério Público. E se funcionarem no Distrito

Federal ou em Território, a fiscalização competirá ao Ministério Público do Distrito Federal e Territórios (CC, art. 66).

Com relação ao **estatuto** das fundações, para que se possa alterá-lo, faz-se mister que se observem os seguintes requisitos (CC, art. 67):

a) deliberação de 2/3 dos competentes para gerir e representar a fundação;
b) que não contrarie ou desvirtue o fim desta;
c) aprovação do órgão do Ministério Público, no prazo máximo de 45 dias. Findo esse prazo, ou caso o MP denegue a aprovação, admite-se a possibilidade de suprimento judicial, a requerimento do interessado.

Salienta, afinal, o art. 69 do CC, que a fundação será extinta quando se tornar **ilícita**, **impossível** ou **inútil** a finalidade por ela visada, ou quando **vencer o prazo** de sua existência, hipóteses em que o seu patrimônio, salvo disposição contrária no ato constitutivo, deverá ser incorporado ao de outra fundação de fim igual ou semelhante.

1.6 NEGÓCIO JURÍDICO: DISPOSIÇÕES GERAIS

Negócio jurídico é todo ato de vontade capaz de criar, modificar, ou extinguir direitos e deveres. São exemplos o contrato, o casamento, o testamento, dentre outros.

Conforme o art. 104 do CC, para que o negócio jurídico possa valer, é necessário que se preencham três **pressupostos de validade**:

a) agente capaz;
b) objeto lícito, possível, determinado ou determinável;
c) forma prescrita ou não defesa em lei.

No tocante ao pressuposto relativo à forma, entende o art. 108 do CC que a **escritura pública** é essencial à validade dos negócios jurídicos que versem sobre **direitos reais imobiliários** (por exemplo, propriedade, usufruto, hipoteca), sempre que o imóvel objeto do ajuste **for de valor superior a 30 vezes o salário mínimo vigente no País**.

Outro ponto para enfatizar refere-se ao tema da **reserva mental**. Em linhas gerais, entende-se por reserva mental **a** manifestação de vontade feita pelo agente sem que tenha a intenção de cumpri-la.

Exemplo típico temos com o dono do cachorro que, após sofrer sua perda, anuncia nos jornais que pagará uma vultosa recompensa para quem vier a entregá-lo, mas sem que pretenda, efetivamente, pagar a importância prometida. Nesse contexto, se alguém vier a devolver o animal perdido, terá ele o direito de cobrar a quantia objeto da promessa, a despeito de o declarante ter agido em reserva mental.

Entretanto, se o destinatário da declaração tinha conhecimento da reserva, se desde o início ele sabia que o declarante não pretendia cumprir o que havia declarado, não há como atribuir, nesse caso, eficácia à declaração. Para melhor esclarecimento, suponha-se que, no exemplo referido, o dono do animal houvesse comentado com o vizinho que não tinha a menor intenção de pagar um centavo a quem localizasse o animal, e que, por coincidência, o mesmo vizinho viesse, depois, a achar o cachorro perdido passeando em seu jardim. Nesse caso específico, a manifestação de vontade no sentido da recompensa não tem como subsistir em relação ao vizinho, pois este tinha conhecimento de que incidira uma reserva mental.

Nos termos do art. 110 do CC, a manifestação de vontade **subsiste**, ainda que o seu autor haja feito reserva mental de não querer o que manifestou, **salvo se a outra parte dela tinha conhecimento.**

1.7 DEFEITOS DO NEGÓCIO JURÍDICO

Um dos assuntos mais recorrentes nos Exames da OAB tem a ver com os **defeitos do negócio jurídico**. Consistem eles na incidência de vícios capazes de provocar a **anulabilidade** da relação negocial, sendo de **4 anos** o prazo decadencial para a propositura da competente ação anulatória (CC, art. 178, I e II).

O Código Civil reconhece a existência de seis defeitos capazes de provocar a anulação dos negócios. São eles **o erro, o dolo, a coação, o estado de perigo, a lesão e a fraude contra credores**. Façamos uma análise sucinta de cada um deles:

a) Erro. O **erro** se revela na falsa percepção da realidade. Exemplo: o sujeito compra um anel, achando que é de ouro maciço, quando, na verdade, a peça é apenas folheada.

Para que se justifique a anulação do negócio por erro, é necessário que se caracterize como **erro substancial**, ou seja, que ele realmente tenha o condão de viciar a vontade do declarante.

Nesse contexto, o art. 139 do CC aponta várias hipóteses de erro substancial, com especial destaque para o **erro quanto à natureza do negócio** (exemplo: o sujeito aceita o objeto a título de doação, quando, na verdade, o negócio envolve uma venda), o **erro quanto à qualidade essencial do objeto** (o exemplo, acima descrito, do anel folheado) e o **erro quanto à pessoa** (exemplo: alguém contrata um professor para ministrar aulas de violino, sem saber que, na verdade, ele é versado em violão).

Um importante desdobramento do erro quanto à pessoa encontra-se no campo do Direito de Família, ao se permitir a **anulação do casamento** quando contraído por erro essencial. Nesse sentido, o art. 1.557 do CC põe em destaque três hipóteses de erro essencial quanto à pessoa do cônjuge: aquele que diz respeito à sua **identidade, honra e boa fama**; **a ignorância de crime**, anterior ao casamento; **o defeito físico irremediável que não caracterize deficiência ou a moléstia grave e transmissível**.

IMPORTANTE: em todos esses casos, o prazo para promover a anulação será de **3 anos,** a contar da **celebração** do casamento.

> No III Exame de Ordem, foi trabalhada uma questão que versava sobre um transgênero que, após submeter-se a cirurgia de mudança de sexo, veio a alterar seu registro civil, passando a adotar um nome feminino. Em seguida, ele (ou ela) contraiu matrimônio com um homem que ignorava seu histórico registral. Somente dez meses após o casamento é que a verdade foi revelada ao marido. Deu-se como correta a resposta que o casamento poderia ser anulado pela identidade errônea do cônjuge.

Ainda com relação ao erro, o art. 140 do CC chama a atenção para a problemática do **falso motivo**. A ideia de falso motivo vem associada ao **erro sobre o motivo**, o que se revela toda vez que o motivo que conduziu o agente à celebração do negócio não corresponde à realidade. Por exemplo, o sujeito adquire um fundo de comércio sob a perspectiva de angariar uma numerosa freguesia, e seu objetivo não chega a se consumar. É preciso ressaltar que, nos termos do art. 140 do CC, o falso motivo só conduzirá à anulação do negócio se nele vier **expresso** como razão determinante (no exemplo, o vendedor garantiu no contrato que a freguesia seria vasta e abundante).

Outro aspecto importante tem a ver com a **transmissão errônea da vontade por meios interpostos**. Assim, se o declarante transmite sua vontade através de meios interpostos (por exemplo, anúncio em jornal), e a mensagem, devido a falha do sistema de transmissão, chega deturpada ao destinatário, o negócio será passível de anulação, do mesmo modo que o seria caso se tratasse de declaração direta de vontade (CC, art. 141).

Também digno de menção é o **erro de cálculo**, de resto muito comum na construção civil. Esse tipo de erro apenas autoriza que se proceda à retificação da declaração de vontade (CC, art. 143), sem implicar a anulabilidade do ajuste.

Admite, afinal, o CC, em seu art. 144, a possibilidade de **correção do erro**, o que pode acontecer toda vez que o outro contratante se oferece para executar o negócio em conformidade com a vontade real da vítima (no exemplo, acima descrito, do anel folheado, o dono da joalheria se propõe voluntariamente a substituí-lo por uma peça de ouro maciço).

b) Dolo. O **dolo** é o artifício utilizado para induzir a parte ao engano, levando-a a concluir um negócio prejudicial. Exemplo: o sujeito oferece um relógio à venda, afirmando tratar-se de um legítimo *Cartier*, quando na verdade é uma réplica.

IMPORTANTE: é preciso atentar para uma diferença fundamental entre erro e dolo. Enquanto no erro **o engano é espontâneo**, por partir da pessoa da vítima, no dolo **o engano é provocado**, já que se apresenta como resultado da malícia da outra parte (ou de terceiro).

A doutrina classifica o dolo em duas espécies distintas: o **principal** e o **acidental**.

Dolo principal é aquele que se apresenta como a causa determinante da celebração do ajuste (o exemplo, acima citado, do relógio falso). Tem como consequência a **anulabilidade negocial** (CC, art. 145).

Já o dolo acidental ocorre quando, a seu despeito, o negócio teria sido realizado, embora por outro modo, servindo o dolo apenas para provocar maior onerosidade (exemplo: o dono do estabelecimento comercial que adultera a balança, de modo a lucrar com o sobrepeso). Enseja como consequência a indenização das perdas e danos (CC, art. 146).

O dolo ainda pode ser recíproco e de terceiro.

O dolo recíproco ocorre quando ambas as partes tiverem agido com dolo, enganando-se mutuamente, hipótese em que nenhuma delas poderá alegar o vício para anular o negócio, ou reclamar indenização (art. 150).

Por sua vez, o dolo de terceiro tem lugar quando uma outra pessoa, estranha à relação, induz de forma maliciosa uma das partes a fechar o negócio com a outra (exemplo: o corretor imobiliário que afirma ao cliente de fora que o terreno oferecido à venda situa-se em região valorizada, de excelente localização, quando na verdade se trata de área perigosa, com altos índices de criminalidade). Em semelhante situação, caso a parte beneficiada (no caso, o dono do terreno) tenha ou deva ter conhecimento do dolo praticado pelo terceiro, o negócio será anulável; se, ao contrário, ela estiver de boa-fé, o negócio subsistirá, respondendo o terceiro por perdas e danos (CC, art. 148).

c) Coação. A coação se traduz na grave ameaça, apta a provocar na vítima um fundado receio de dano iminente à sua pessoa, à sua família, ou aos seus bens. Exemplo: o sujeito aponta arma de fogo à vítima e ameaça matá-la caso ela não assine o contrato.

Para que apure a gravidade da ameaça, é necessário levar em conta o sexo, a idade, a condição, a saúde, o temperamento e todas as demais circunstâncias pessoais da pessoa coagida (CC, art. 152).

De resto, destaca o art. 153 do CC que não se consideram coação a ameaça do exercício normal de um direito, nem o simples temor reverencial. Assim, se alguém ameaça exercer legitimamente um direito que lhe é assegurado (exemplo, o locador que envia carta ao inquilino, afirmando que irá pedir seu despejo caso a inadimplência persista), ou se o sujeito celebra o ajuste movido pelo receio de não desagradar a outra parte (exemplo, a mulher, que, mesmo sem o querer, empresta vultosa quantia ao marido, apenas para não provocar desconforto na relação conjugal), tais práticas não serão enquadradas no vício da coação.

d) Estado de perigo. Configura-se o estado de perigo quando alguém, sob premente necessidade de salvar a si ou a pessoa de sua família, de um grave dano, conhecido pela outra parte, assume obrigação excessivamente onerosa (CC, art. 156). Exemplo: o paciente que chega em estado grave ao hospital, e se vê obrigado a assinar uma caução exorbitante a fim de obter socorro médico.

IMPORTANTE: os autores apontam uma diferença fundamental entre coação e estado de perigo. Enquanto na coação o risco é provocado pelo coator (que ameaça, por exemplo, disparar revólver contra a vítima), no estado de perigo, por sua vez, o risco é preexistente, dele se valendo a outra parte para tirar proveito excessivo (o exemplo, acima citado, da caução hospitalar).

> No XXI Exame de Ordem, foi trabalhada uma questão muito interessante sobre estado de perigo. Mencionou-se o caso de um passageiro que sofreu mal súbito no interior da aeronave, e o único médico que também estava embarcado veio a demandar pagamento bastante superior ao de costume para oferecer seus préstimos à vítima. O gabarito deu como correta a resposta que afirmava que o negócio médico-paciente poderia ser anulado por estado de perigo.

e) Lesão. Ocorre **lesão** quando uma pessoa, sob premente necessidade, ou por inexperiência, se obriga a prestação manifestamente desproporcional ao valor da prestação oposta (CC, art. 157).

Exemplos: o motorista que, após estourar o pneu numa estrada deserta, procura o único borracheiro que trabalha nas redondezas, e vem a ser compelido por este a pagar um valor exorbitante pelo reparo (premente necessidade). Ou o sujeito que, sem qualquer experiência no mercado automotivo, paga muito mais caro por um veículo usado, do que pagaria por um similar zero quilômetro (inexperiência).

IMPORTANTE: não se pode confundir estado de perigo com lesão. Como foi dito, o estado de perigo vem pautado pela **premente necessidade de salvamento** (o exemplo, tantas vezes citado, do contrato de serviços médicos em situação de emergência), enquanto a lesão, por outro lado, se relaciona a **outros tipos de necessidade** (como no exemplo do contrato com o borracheiro).

Afinal, admite o art. 157 do CC, em seu § 2º, que o vício da lesão possa **convalescer**, toda vez que for oferecido **suplemento suficiente** (algum tipo de produto ou serviço extra, para compensar o desequilíbrio do vínculo), ou quando a parte favorecida concordar com a **redução do seu proveito** (oferecendo um desconto no valor cobrado, o que, de resto, é mais comum).

f) Fraude contra credores. A **fraude contra credores** acontece quando o devedor insolvente, ou na iminência de se tornar insolvente, promove a transferência de seus bens para o nome de terceiro, em detrimento dos seus credores. É o caso do pai que, endividado, vem a transferir todos os bens que possui para o nome do filho, a fim de salvaguardar seu patrimônio em caso de uma eventual execução.

A princípio, somente os **credores quirografários**, que são aqueles desprovidos de garantia, é que poderão sofrer a fraude contra credores (CC, art. 158).

Excepcionalmente, porém, os **credores com garantia real**, ou seja, aqueles que têm seus créditos garantidos por penhor ou hipoteca, também poderão ser prejudicados pela fraude. Isso acontece toda vez que o valor do bem dado em garantia não for suficiente para assegurar o pagamento do crédito (exemplo: o devedor contrai uma dívida junto ao banco no valor de R$ 100 mil, e o imóvel hipotecado, que a garante, vem a alcançar em hasta pública o valor de apenas R$ 70 mil).

Saliente-se que ação destinada a anular a fraude contra credores recebe o nome de **ação pauliana.** Sua titularidade compete aos credores quirografários que já o eram ao tempo dos atos fraudulentos, bem como aos credores com garantia real cuja garantia se tornar insuficiente (CC, art. 158, §§ 1º e 2º). Devem ser chamados a compor o polo passivo o devedor insolvente, a pessoa que com ele celebrou a estipulação fraudulenta, e terceiros adquirentes que hajam procedido de má-fé (CC, art. 161). E, uma vez anulada a fraude, a vantagem dela resultante deverá ser revertida em proveito do acervo sobre o qual se efetuará o concurso de credores (CC, art. 165).

Confira-se o gráfico abaixo:

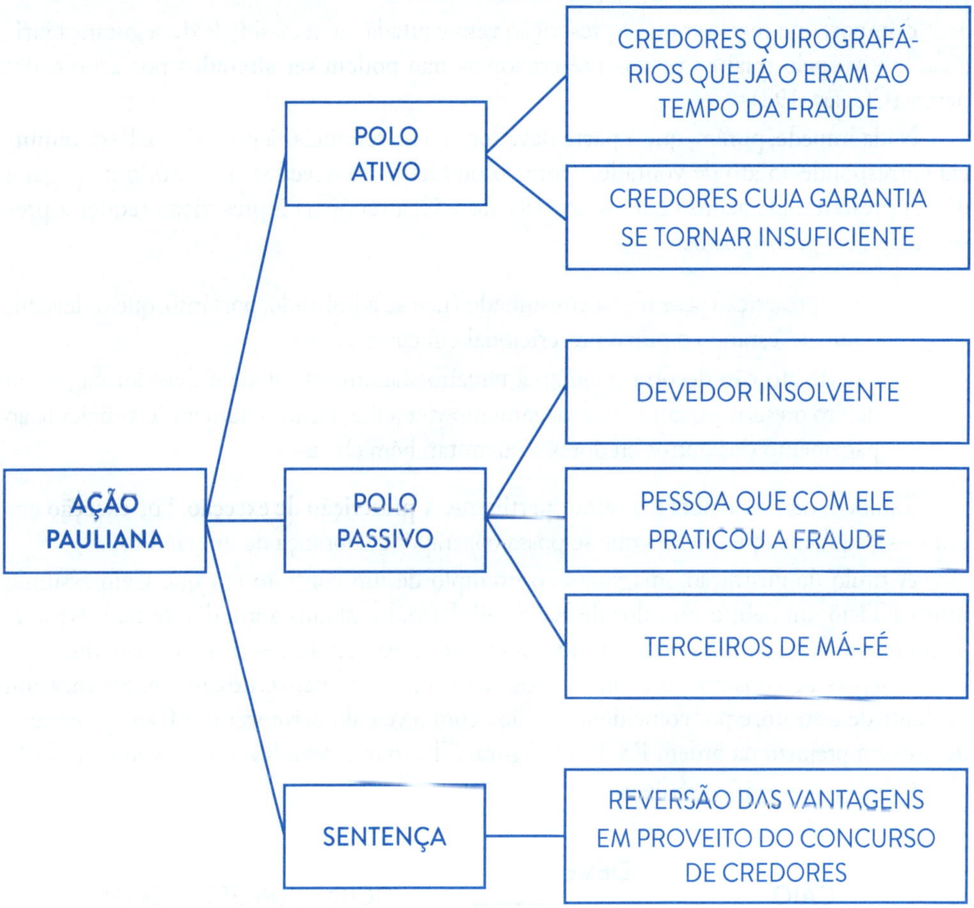

1.8 PRESCRIÇÃO

Toda pessoa pode titularizar **direito subjetivo**, o que lhe permite exigir de outra que satisfaça uma obrigação. E se a obrigação não for voluntariamente cumprida pela parte contrária, nasce, para o titular do direito, uma **pretensão**, que vem a ser, na prática, a exigibilidade do direito subjetivo violado. Nesse contexto, para que se possa impor a pretensão ao cumprimento da outra parte, faz-se necessária a propositura de uma **ação judicial**, dentro do prazo fixado para o seu exercício.

Caso a ação não seja proposta em tempo hábil, restará consumada a **prescrição**. Por prescrição entenda-se a perda da **pretensão** diante da não propositura oportuna da ação judicial (CC, art. 189).

Observe-se que a prescrição não chega a extinguir o direito subjetivo da parte, mas apenas retira a sua **pretensão**, fazendo com que o direito se torne, assim, inexigível. Do mesmo modo, a prescrição não tem força de extinguir o direito de ação perante o Estado-juiz, mesmo porque a sentença que reconhece o transcurso da prescrição gera a extinção do processo com resolução de mérito (CPC, art. 487, II).

É importante registrar que a prescrição vem pautada na necessidade de segurança jurídica, motivo pelo qual os prazos prescricionais **não podem ser alterados** por acordo das partes (CC, art. 192).

Nada impede, porém, que a parte devedora possa renunciar à prescrição. Essa **renúncia** corresponde ao ato de vontade, expresso ou tácito, do devedor, no sentido de pagar a dívida prescrita. De acordo com o art. 191 do CC, a renúncia à prescrição requer a presença de dois pressupostos:

a) que a prescrição já se tenha consumado (não se admitindo, portanto, que o devedor renuncie, estando o prazo prescricional em curso); *e*
b) que do ato não decorra prejuízo a terceiros (assim, não pode o devedor pagar um débito prescrito, quando esse pagamento vier a lhe retirar o numerário suficiente ao pagamento dos outros credores a quem também ele deve).

Também digno de nota é o ponto pertinente à **prescrição de exceção**. Por **exceção** entenda-se, aqui, qualquer defesa que se possa contrapor à cobrança de um crédito.

A título de ilustração, imagine-se o exemplo de um contrato em que Caio assumiu junto a Tício um débito no valor de R$ 5 mil. Passados alguns anos, diante da inércia de Tício (credor) em cobrar o valor devido, veio a se consumar a prescrição. Ocorre que, dois meses depois de consumado o prazo prescricional, Tício, inadvertidamente, provoca um acidente de trânsito, e por coincidência colide com o veículo pertencente a Caio, provocando-lhe um prejuízo na ordem R$ 3 mil. Agora, é Tício que deve R$ 3 mil a Caio (credor).

Confira-se o gráfico abaixo:

Diante do caso exposto, cabe indagar: se Caio vier a cobrar os R$ 3 mil devidos por Tício em razão do acidente, poderá Tício se defender, alegando que, no passado, Caio lhe devia a importância de R$ 5 mil, e que até hoje essa importância não foi paga?

Resposta: **NÃO!** Isso porque, uma vez prescrita para Tício a pretensão de cobrar, prescreve também a exceção (= defesa) correspondente. Em outras palavras: o devedor não pode formular sua defesa com base em matéria prescrita. Salienta, a propósito, o art. 190 do CC, que a exceção **prescreve** no mesmo prazo que a pretensão.

Outra questão a pontuar tem a ver com o momento processual em que se pode alegar a prescrição. Nesse contexto, ressalta o art. 193 do CC que a prescrição pode ser alegada **em qualquer tempo e grau de jurisdição**. E, nos termos do art. 487, II, do CPC, o juiz tem poderes para reconhecer, **de ofício**, a ocorrência de prescrição.

Por outro lado, enfatiza o art. 196 do CC que, se o devedor falecer durante o curso do prazo prescricional, a prescrição **continua a correr** normalmente contra seus sucessores.

Não se pode, ainda, perder de vista, que o legislador contempla várias **causas impeditivas e suspensivas** do prazo prescricional. Nesse contexto, cumpre observar que tanto as causas impeditivas como as suspensivas criam, na prática, um obstáculo à fluência normal da prescrição. A diferença é que **a causa impeditiva** preexiste à contagem do prazo, impedindo o início de seu curso, ao passo que a **causa suspensiva** se revela durante a contagem, paralisando sua fluência, e, uma vez cessada, faz com que o prazo volte a correr pelo restante.

Suponha-se, por exemplo, que uma criança de oito anos de idade seja alvejada pelo disparo de um projétil e venha ficar tetraplégica. Nos termos da lei civil, prescreve em 3 anos a pretensão reparatória pelos danos sofridos (art. 206, § 3º, V). Porém, considerando-se a regra de que não corre prescrição contra os **absolutamente incapazes** (CC, art. 198, I), o prazo prescricional terá seu curso **impedido**, somente se iniciando quando a vítima deixar de ser absolutamente incapaz (ou seja, quando completar a idade de 16 anos).

Confira-se o gráfico abaixo:

Admita-se, por outro lado, que, durante o namoro, a namorada venha a tomar um empréstimo de R$ 10 mil junto ao namorado, mediante a assinatura de um instrumento particular de confissão de dívida. Sabe-se que, em consonância com o art. 206, § 5º, I, do CC, prescreve em 5 anos a pretensão de cobrança de dívidas líquidas constantes de instrumento público ou particular. Acontece que, durante o curso da prescrição, exatamente no terceiro ano do prazo, sobrevém o casamento do credor com a devedora, provocando a incidência da regra de que não corre prescrição entre **cônjuges, na** constância da sociedade conjugal (CC, art. 197, I). Nesse caso específico, o prazo prescricional terá sua contagem **suspensa**, e assim permanecerá enquanto o casamento persistir. Com a dissolução do vínculo pelo divórcio (que pode, inclusive, ocorrer décadas depois), o prazo retomará seu curso pelo remanescente.

Confira-se o gráfico abaixo:

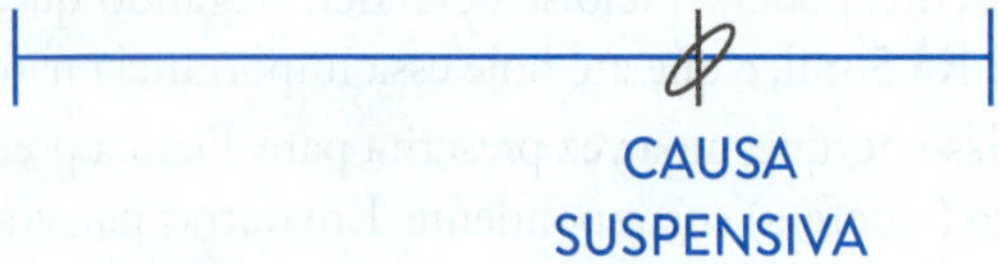

Paralelamente às causas impeditivas e suspensivas, também são contempladas pelo Código algumas **causas interruptivas** da prescrição. Causa interruptiva é aquela que, uma vez incidente, faz com que o prazo prescricional seja **zerado e reiniciado**, voltando a correr por inteiro mais uma vez (CC, art. 202, parágrafo único).

Como exemplo, pode-se apontar o do devedor que, durante a fluência da prescrição, envia uma carta ao credor em que confessa a existência do débito e pede a concessão de um desconto. Nessa particular hipótese, ter-se-á como consequência a **interrupção** da contagem, já que a carta em questão representa um **ato extrajudicial que importa reconhecimento do direito pelo devedor** (hábil a provocar o efeito interruptivo, nos termos do art. 202, VI, do CC). Com a interrupção, o prazo zera e recomeça a correr por inteiro a partir da data do ato que o interrompeu.

Confira-se o gráfico abaixo:

É oportuno salientar, afinal, que, em qualquer hipótese, a interrupção da prescrição só se admite **uma única vez** (CC, art. 202).

1.9 DECADÊNCIA

Para que se possa compreender o fenômeno da decadência, é preciso antes ter em vista o significado de direito potestativo. **Direito potestativo** vem a ser aquele que autoriza seu titular a dar ensejo à criação, à modificação ou à extinção de uma relação jurídica.

Imagine-se, por exemplo, o caso do negócio jurídico viciado por coação. Como foi visto, a incidência da coação permite ao coagido demandar a anulação do negócio dentro do prazo de 4 anos (CC, art. 178, I). Ora, considerando-se que toda ação anulatória tem por objetivo provocar a **extinção** de uma relação jurídica, conclui-se que o pleito anulatório em questão revela, na prática, o exercício de um direito potestativo. E, uma vez transcorrido o prazo legal sem que a ação seja proposta, restará consumada, em tese, a decadência.

Sob essa ótica, tem-se por **decadência** a perda do direito potestativo diante da inércia do seu titular.

Confira-se, abaixo, o quadro comparativo entre prescrição e decadência:

PRESCRIÇÃO	DECADÊNCIA
Corresponde à perda da pretensão	Corresponde à perda do direito potestativo
Admite causas impeditivas, suspensivas e interruptivas.	Não admite causas impeditivas, suspensivas e interruptivas. A única **exceção** se refere ao **absolutamente incapaz**, contra o qual não corre nem prescrição nem decadência (CC, art. 208).
Só pode ser criada através de lei.	Pode ser criada pela lei ou pela vontade das partes.

Como se pode observar no gráfico, o prazo de decadência se subdivide em **legal** e **convencional**. Enquanto a decadência legal é criada diretamente através de lei, a decadência convencional pressupõe um prazo concebido pela vontade das partes.

Confira-se, abaixo, o quadro comparativo entre decadência legal e convencional:

DECADÊNCIA LEGAL	DECADÊNCIA CONVENCIONAL
Criada pela lei	Criada pela vontade das partes
Deve ser conhecida de ofício pelo juiz (CC, art. 210).	Depende de alegação da parte interessada (CC, art. 211).
Não admite renúncia, sendo **nula** eventual cláusula renunciativa (CC, art. 209).	Admite renúncia.

2. OBRIGAÇÕES

2.1 OBRIGAÇÃO DE DAR

Obrigação de dar é aquela cujo objeto consiste na entrega de uma coisa. Subdivide-se em três modalidades distintas:

a) Obrigação de dar coisa certa. Diz respeito a uma coisa **certa e determinada.** Exemplo: o devedor, que se obriga a entregar o carro daquele modelo, ano, placa e chassi. Nesse contexto, é conveniente ressaltar que o credor de coisa certa não é obrigado a receber coisa diversa, mesmo que mais valiosa.

b) Obrigação de restituir. Corresponde ao dever de efetuar a **devolução** de uma coisa. Exemplo: o amigo, que tomou o livro do outro emprestado, e se obriga a devolvê-lo.

c) Obrigação de dar coisa incerta. Envolve coisas indicadas pelo **gênero e quantidade**. Exemplo: o criador que se obriga a entregar três bois de determinada raça.

Para melhor compreensão da matéria, é interessante fazermos um **estudo de casos** envolvendo aspectos variados de cada uma dessas modalidades:

CASO 1. João vendeu seu automóvel a Pedro, já tendo recebido o preço. A entrega ficou ajustada para o domingo. Na véspera da entrega, João conduz o automóvel embriagado e provoca uma colisão, vindo o veículo a sofrer perda total.

A coisa **perece por culpa** do devedor antes da tradição.

Solução. Toda vez que, na obrigação de dar coisa certa, a coisa vier a perecer por culpa do devedor, antes da tradição, este se obriga a responder pelo **equivalente mais perdas e danos** (CC, art. 234).

No caso em tela, João (devedor) deverá reembolsar o valor pago por Pedro, e também deverá ressarcir as perdas e danos que Pedro vier a comprovar (se Pedro, por exemplo, fosse um taxista, as perdas e danos envolveriam os lucros cessantes decorrentes daquilo que ele deixou de ganhar).

> No XIX Exame de Ordem, foi cobrada uma questão que versava sobre um escultor que vendeu sua estátua a uma galeria pelo preço de R$ 100 mil. A questão informou, ainda, que a galeria pagou o preço à vista, e que a estátua somente seria entregue dez dias depois. Nesse ínterim, a galeria passou a vender ingressos para uma exposição que teria a escultura como atração principal. Ocorre que, no dia ajustado para a entrega, o escultor, que conduzia a obra de arte em seu veículo, realizou uma ultrapassagem indevida e colidiu na traseira de outro carro, causando, em conseqüência, a destruição da peça. Considerou-se correta a resposta que afirmava que a galeria poderia cobrar do escultor o equivalente pecuniário da escultura mais o prejuízo decorrente da devolução do valor dos ingressos.

CASO 2. João vendeu seu automóvel a Pedro, já tendo recebido o preço. A entrega ficou ajustada para o domingo. Na véspera da entrega, João conduz o automóvel embriagado e provoca uma colisão, vindo o veículo a sofrer avarias na parte dianteira.

A coisa **se deteriora por culpa** do devedor antes da tradição.

Solução. Toda vez que, na obrigação de dar coisa certa, a coisa vier a se deteriorar por culpa do devedor, antes da tradição, abrem-se ao credor duas **opções**: exigir o **equivalente mais perdas e danos**, com a consequente resolução da obrigação; ou **aceitar a coisa** no estado em que se acha, com direito a reclamar **perdas e danos** (CC, art. 236).

No caso em tela, Pedro (credor) poderá escolher entre pleitear a devolução do valor pago com acréscimo das perdas e danos, hipótese em que a obrigação será resolvida; ou concordar em receber o carro deteriorado, mas sem abrir mão das perdas e danos.

IMPORTANTE: tanto no CASO 1 como no CASO 2, observe-se que a lei impõe ao devedor a obrigação de responder por **perdas e danos**. Isso acontece porque, em ambos os casos, o prejuízo se apresentou como resultado da **culpa**. Logo, onde houver **culpa**, haverá obrigação de ressarcir **perdas e danos**.

CASO 3. João vendeu seu automóvel a Pedro, já tendo recebido o preço. A entrega ficou ajustada para o domingo. Na véspera da entrega, ocorre um terremoto na cidade, e a casa onde João reside desmorona, vindo o veículo, que se encontrava guardado na garagem, a sofrer perda total.

A coisa **perece sem culpa** do devedor antes da tradição.

Solução. Toda vez que, na obrigação de dar coisa certa, a coisa vier a perecer, sem culpa do devedor, antes da tradição, a obrigação **se resolve** para ambas as partes, reembolsando-se o credor do valor pago (CC, art. 234).

No caso em tela, a obrigação ficará resolvida para João e Pedro, mas João (devedor) terá de reembolsar Pedro da importância já adimplida.

CASO 4. João vendeu seu automóvel a Pedro, já tendo recebido o preço. A entrega ficou ajustada para o domingo. Na véspera da entrega, ocorre um terremoto na cidade, vindo o veículo, que se encontrava estacionado embaixo de uma árvore, a sofrer avarias em decorrência da queda de um galho sobre o porta-malas.

A coisa **se deteriora sem culpa** do devedor antes da tradição.

Solução. Toda vez que, na obrigação de dar coisa certa, a coisa vier a se deteriorar, sem culpa do devedor, antes da tradição, abrem-se ao credor duas opções: **resolver** a obrigação, com reembolso do valor pago; ou **aceitar a coisa** no estado em que se acha, **abatendo-se no preço o valor do dano que sofreu** (CC, art. 235).

No caso em tela, Pedro (credor) poderá escolher entre pleitear a devolução do valor pago, com a consequente resolução da obrigação; ou anuir em receber o carro avariado, abatido no preço o valor do estrago.

IMPORTANTE: tanto no CASO 3 como no CASO 4, a lei dispensa o devedor de responder por perdas e danos. A justificativa é que, em ambos os casos, o prejuízo se apresentou como resultado do **motivo de caso fortuito ou força maior**. Logo, **onde** houver **caso fortuito ou força maior**, ficará excluída a obrigação de ressarcir perdas e danos.

CASO 5. Maria emprestou seu automóvel a Paulo. A devolução ficou ajustada para a segunda-feira. Na véspera da entrega, estando Paulo com o veículo parado em frente ao sinal vermelho, aparecem dois meliantes armados, que anunciam o assalto e ordenam que Paulo se retire do automóvel. O veículo é levado pelos marginais, sem que até hoje se saiba do seu paradeiro.

A coisa restituível **perece sem culpa** do devedor antes da tradição.

Solução. No campo da obrigação de restituir, se a coisa vier a perecer, sem culpa do devedor, antes da tradição, **o credor sofre a perda,** e a obrigação se resolve (CC, art. 238).

No caso em tela, Maria (credora) terá de suportar o prejuízo, sem que Paulo seja obrigado a pagar qualquer indenização.

CASO 6. Maria emprestou seu automóvel a Paulo. A devolução ficou ajustada para a segunda-feira. Na véspera da entrega, estando o veículo estacionado em via pública, aconteceu que uma forte tempestade provocou o desprendimento de uma telha. A telha cai exatamente em cima da carroceria do veículo, vindo a lhe causar um amassão.

A coisa restituível **se deteriora sem culpa** do devedor antes da tradição.

Solução. Tratando-se de obrigação de restituir, se a coisa se deteriorar, sem culpa do devedor, antes da tradição, **o credor deve recebê-la como se ache,** sem indenização (CC, art. 240).

No caso em tela, Maria (credora) terá de aceitar o carro avariado, no estado em que se acha, sem que possa pleitear qualquer indenização de Paulo.

IMPORTANTE: tanto no CASO 5 como no CASO 6, a lei, ao se reportar à obrigação de restituir, determina que os prejuízos sejam suportados pelo **credor**. A solução se justifica, já que, em ambos os casos, o credor figura como **dono** do bem. E, pelos **riscos** que recaem sobre a coisa, quem deve responder é o **dono** (*res perit domino*).

Concluído esse estudo, é importante tecer algumas considerações sobre a obrigação de dar coisa incerta. Por **coisa incerta**, entende-se aquela referida pelo gênero e quantidade (exemplo: três bois da raça tal).

E, por mais que o contrato envolva uma obrigação de dar coisa incerta, é necessário que, em determinado momento, o objeto se individualize, que o gênero se converta em espécie, que a coisa incerta se transforme em coisa certa. Esse momento é chamado de **escolha,** ou concentração.

Confira-se o gráfico abaixo:

COISA INCERTA	→	COISA CERTA

Pode, no entanto, acontecer, que antes de a escolha ser feita, sobrevenha alguma **fatalidade** que impossibilite sua efetivação. Admita-se, como exemplo, que um fazendeiro tenha se obrigado a entregar três bois da raça *Nelore*, e que, antes de se implementar a escolha, ocorra uma enxurrada que inunde a fazenda e provoque a morte de todos os animais.

Nesse caso, qual deve ser a solução? Simples. A obrigação **subsiste**, como se nada tivesse acontecido.

A explicação é muito lógica. É só acompanhar o raciocínio: antes de a escolha ser feita, a obrigação permanece em seu **gênero** (bois da raça *Nelore*). E, por mais que todos os espécimes pertencentes ao devedor tenham perecido, o gênero continua a existir. Cabe, portanto, ao devedor obter novos espécimes para entregá-los à parte credora.

Conclui-se, desse modo, que, **antes** de realizada a escolha, não pode o devedor alegar perecimento ou deterioração da coisa, ainda que resultantes de caso fortuito ou força maior (CC, art. 246).

E, para finalizar o estudo da obrigação de dar coisa incerta, importa responder à seguinte indagação: a quem compete o exercício da **escolha**? Ao credor ou ao devedor?

A resposta vem prevista no art. 244 do CC: via de regra, a escolha pertence ao **devedo**r, salvo se o contrário resultar do título da obrigação.

No exemplo dos bois, será o fazendeiro (devedor) o responsável pela escolha. Eventual afastamento dessa regra depende de ressalva expressa no título obrigacional.

E, uma vez atribuído ao devedor o direito de escolha, não poderá ele dar a coisa pior (exemplo, animais doentes), nem será obrigado a entregar a melhor (exemplo, os premiados).

2.2 OBRIGAÇÃO DE FAZER

Obrigação de fazer é aquela que tem por objeto a prestação de um fato. Subdivide-se em três espécies principais:

a) Infungível. Envolve uma prestação que deve ser cumprida pessoalmente pelo devedor. Exemplo: o cantor famoso, que se obriga a cantar seu repertório em um *show*.

Pode acontecer que, uma vez contraída essa obrigação, o devedor venha a se recusar a prestar o fato devido. Nessa hipótese, diante da impossibilidade fática de se impor ao inadimplente o cumprimento obrigacional, nada mais resta ao credor ao não ser pleitear o ressarcimento das perdas e danos.

No exemplo citado, não há como se extrair compulsoriamente o som das cordas vocais de um cantor. Em virtude do fato, irá ele incorrer, via de consequência, na obrigação de indenizar perdas e danos, já que se recusou ao cumprimento de prestação só por ele exequível (CC, art. 247).

b) Fungível. Quando o devedor puder se substituir por um terceiro. Exemplo: o pedreiro, que se obriga a construir um muro.

Admita-se que ocorra o descumprimento de uma obrigação de fazer fungível. Em semelhante situação, a lei assegura ao credor a possibilidade de credenciar outra pessoa para prestar o fato devido. E quem arcará com os custos dessa prestação é exatamente o devedor, que se recusara a cumprir com sua obrigação, o qual também será compelido a satisfazer as perdas e danos.

Voltando ao exemplo do pedreiro. Caso ele se recuse a iniciar os trabalhos, será facultado ao credor mandar executá-los por outra pessoa, à custa do inadimplente – já que trata de um fato que pode ser executado por terceiro –, sem prejuízo das perdas e danos (CC, art. 249).

c) Obrigação de prestar vontade. É aquela que tem por objeto a futura emissão de uma declaração de vontade. Ocorre em situações mais específicas. Exemplo: o promitente vendedor de imóvel, que, após receber o pagamento integral do preço, obriga-se a outorgar a escritura definitiva.

Cumpre aprofundar melhor a questão. É sabido que, na maioria dos casos, aquele que compra imóvel financiado costuma celebrar um contrato preliminar de compra e venda (também chamado promessa de compra e venda). Por esse contrato, o promitente comprador obriga-se a pagar todas as parcelas do imóvel, a fim de que, após a quitação da última, possa ele exigir do promitente vendedor que venha a assinar o contrato definitivo. Tem-se aqui, portanto, uma obrigação de prestar vontade, consistente na assinatura do documento contratual definitivo.

Pode acontecer, no entanto, que, após receber o pagamento integral das parcelas, o promitente vendedor, sem qualquer justificativa, se recuse a outorgar a escritura definitiva do imóvel. Nesse caso, qual seria a solução?

Simples. A parte lesada moverá uma ação e nela pedirá ao juiz que profira uma decisão que seja apta a suprir a vontade do promitente vendedor. Referida decisão recebe o nome de **adjudicação compulsória.**

Entende-se por adjudicação compulsória a decisão judicial que visa **suprir** a vontade do promitente vendedor em externar a vontade necessária à celebração do contrato definitivo. Sua previsão legal consta do art. 501 do CPC.

Uma observação final. Ao se reportar ao contrato preliminar, em nenhum momento o legislador impõe que ele se formalize mediante escritura pública. Mesmo porque **a forma** do contrato preliminar não vem atrelada àquela legalmente imposta ao contrato definitivo (CC, art. 462). Assim, nada impede que o contrato definitivo seja firmado por escritura pública (e deverá sê-lo, toda vez que o valor do imóvel superar o teto legal de 30 salários mínimos, como já foi dito), e que, nesse mesmo contexto, o contrato preliminar se formalize por instrumento particular.

2.3 OBRIGAÇÃO DE NÃO FAZER

Obrigação de não fazer é aquela pela qual a parte se vincula a um dever de abstenção.

Exemplo: o vizinho, que se obriga, perante o outro, a não construir muro entre as divisas.

Observe-se que o inadimplemento da obrigação de não fazer acontece exatamente quando o devedor **pratica** o ato, a cuja abstenção se obrigara (no exemplo, o vizinho descumpre a obrigação caso proceda à construção do muro). Configurada essa hipótese, a lei faculta ao credor pleitear judicialmente o **desfazimento** do ato, às custas do devedor, sem prejuízo das **perdas e danos** (CC, art. 251).

2.4 OBRIGAÇÃO ALTERNATIVA

Obrigação alternativa é aquela que envolve uma pluralidade de prestações, exonerando-se o devedor com a satisfação de uma OU outra.

Como exemplo, pode-se apontar o do agricultor que se obriga à entrega mensal de 30 sacas de trigo, ou 30 sacas de milho, ou 30 sacas de café.

No campo das obrigações alternativas, a primeira questão que se propõe consiste em saber a quem é conferido o direito de **escolha**. Nesse ponto, sendo o contrato omisso a respeito, a escolha é atribuída ao **devedor** (CC, art. 252). No exemplo citado, é o agricultor (devedor) que escolherá entre a entrega de trigo, milho ou café, se não houver estipulação diversa.

Uma vez atribuída a escolha a uma das partes, é preciso enfatizar que **a** lei não admite a chamada **escolha mista**, ou seja, que a escolha tenha por objeto parte de uma e parte de outra prestação (CC, art. 252, § 1º). Basta lembrar que obrigação alternativa se relaciona à entrega de uma prestação OU outra, e não de fração ideal de cada uma delas.

> No XIX Exame da OAB, caiu uma questão versando sobre o caso de uma devedora que se obrigara a entregar em contrato 50 computadores ou 50 impressoras. Salientou-se, ainda, que o contrato era silente a respeito de quem deveria realizar a escolha. Foi considerada INCORRETA a resposta que admitia que a devedora pudesse entregar 25 computadores e 25 impressoras.

Finalmente, pode acontecer que a escolha seja atribuída a uma **pluralidade de pessoas**. Nessa hipótese, que vontade deve prevalecer?

Admita-se, por exemplo, que Pedro, Maria e José, donos de um canil, devam optar, em conjunto, pela entrega de um cachorro, ou de uma cadela. No momento da escolha, Pedro e Maria decidem entregar o cachorro, ao passo que José manifesta sua opção pela entrega da cadela.

Diante da divergência apontada, exige a lei que se obtenha um **consenso unânime** entre as partes. E, caso não se alcance essa unanimidade, quem decide é o **juiz**, após encerrado o prazo para deliberação (CC, art. 252, § 3º).

2.5 OBRIGAÇÃO INDIVISÍVEL

A obrigação se diz **indivisível** quando a prestação tem por objeto uma coisa ou um fato não suscetíveis de divisão, por sua **natureza** (exemplo, um cavalo), por motivo de **ordem econômica** (exemplo, uma joia rara), ou dada a **razão determinante do negócio** (quando o contrato exige que o objeto seja entregue em sua totalidade, a exemplo de uma biblioteca) (CC, art. 258).

Como se nota, a obrigação indivisível pressupõe um objeto que deve ser entregue por inteiro, sem que haja a possibilidade de parcelamento, ou divisão.

Feita essa ressalva, importa analisar como funciona a dinâmica da obrigação indivisível se dela constar uma **pluralidade de devedores**.

Admita-se, por exemplo, que dois devedores, D_1 e D_2, tenham se obrigado à entrega de um cavalo em favor de *C* (credor). No dia combinado para a entrega, nenhum deles cumpre com a obrigação. Nessa particular hipótese, diante da impossibilidade de se exigir metade do cavalo de um e a outra metade do outro, tem-se que **cada um dos devedores** será responsável pela **dívida toda** (CC, art. 259). Logo, o credor poderá exigir o cumprimento integral da obrigação de qualquer um deles.

Prosseguindo com o raciocínio. Imagine-se que D_1 seja o devedor escolhido. Chamado ao cumprimento da obrigação, ele efetua uma série de gastos para proceder à entrega do animal (transporte, alimentação, vermifugação etc.). Nesse caso específico, por ter satisfeito o débito sozinho, ele se **sub-rogará** nos direitos do credor em face do outro coobrigado (CC, art. 259, parágrafo único). Em outras palavras: D_1 irá se substituir na posição de C, a fim de que possa cobrar de D_2 a parte que lhe cabe no total.

Confira-se o gráfico abaixo:

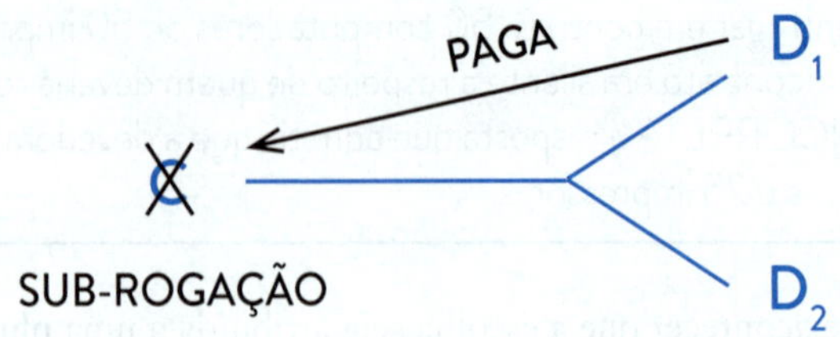

Ainda nesse contexto, figure-se agora que D_1, chamado a entregar o animal, proceda de maneira culposa e, como consequência, venha a provocar seu perecimento. Resultado: a obrigação, até agora indivisível, será convertida em **perdas e danos**, passando a se tornar uma **obrigação divisível**.

Destaca, a propósito, o art. 263 do CC: perde a qualidade indivisível a obrigação que se resolver em **perdas e danos**.

A discussão não termina aqui. Operada a conversão em perdas e danos, é preciso ainda determinar qual dos devedores arcará com o prejuízo. Considerando-se que, no Direito Civil, as perdas e danos aparecem como decorrência da culpa, a conclusão que se extrai é que, se **só um dos devedores** for culpado, somente ele responderá (no caso, D_1). Mas se a culpa for de **todos eles**, responderão todos por partes iguais (ou seja, D_1 pagaria a metade, e D_2, a outra metade).

Encerrado esse ponto, é importante analisar, agora, a dinâmica da obrigação indivisível quando dela constar uma **pluralidade de credores**.

Imagine-se, dessa feita, que C_1 e C_2 figurem como credores do recebimento de um automóvel, em face de um devedor comum (D). Vencida a obrigação, pergunta-se: a qual dos credores o devedor deverá efetuar a entrega, a fim de que possa se exonerar?

Resposta: contraída a obrigação indivisível junto a vários credores, o devedor somente se exonera pagando a **todos, conjuntamente**, ou a **um deles, com caução de ratificação dos demais** (CC, art. 260).

Voltando ao exemplo do automóvel: D poderá exigir que, no ato da entrega, estejam presentes C_1 e C_2, para que procedam ao recebimento conjunto do bem; ou, ainda, poderá entregar o bem apenas a C_1, desde que este preste uma caução capaz de resguardar o bem contra eventuais prejuízos.

2.6 OBRIGAÇÃO SOLIDÁRIA

Obrigação solidária é aquela na qual concorre mais de um credor, ou mais de um devedor, cada um deles com direito, ou obrigado, à totalidade da dívida.

Significa dizer: se, no âmbito de uma obrigação solidária, concorrem vários credores, cada um deles estará legitimado a formular a cobrança integral da dívida; se, ao contrário, existem vários devedores, qualquer um poderá ser convocado para pagar a dívida em seu total.

Nesse contexto, é importante ressaltar que **solidariedade não se presume**. Na dúvida, não se pode concluir pura e simplesmente que a obrigação tenha caráter solidário. Para que a solidariedade exista, é necessário que ela resulte da lei ou da vontade das partes (CC, art. 265).

> No XXI Exame de Ordem, trabalhou-se uma questão que envolvia um casal de namorados que veio a firmar contrato de compra e venda tendo por objeto um automóvel, a ser pago em dez parcelas de R$ 3 mil. Cumpre salientar que, **em nenhum momento, a questão mencionou que se tratava de uma obrigação solidária**. Ocorre que, após ser paga a terceira parcela, o casal decidiu romper a relação. Questionou-se quem deveria ser o responsável pelo pagamento das parcelas restantes. O gabarito deu como correta a afirmativa de que poderia ser cobrada metade da dívida do namorado, e a outra metade da namorada. Fundamento da resposta: **solidariedade não se presume**.

Nos termos preconizados pela lei civil, a solidariedade tanto pode ser **ativa** (quando concorrem vários credores, podendo qualquer um deles exigir a integralidade do débito), como **passiva** (quando vários são os devedores, qualquer um deles podendo ser compelido a tudo pagar).

Dito isso, passemos à análise das principais regras referentes à **solidariedade ativa**:

a) Cada um dos credores solidários tem direito a exigir do devedor o cumprimento da prestação **por inteiro** (CC, art. 267). O que decorre logicamente da própria essência da obrigação solidária.

b) O credor que tiver recebido o pagamento responderá aos outros pela **parte que lhes caiba** (CC, art. 272). Exemplificando: *C1*, *C2* e *C3* são credores solidários de R$ 30 mil em face de um mesmo devedor (*D*). *C1*, sozinho, toma a iniciativa de demandar *D*, e exige que ele proceda ao pagamento integral da dívida. Consumado o pagamento, *C1* deverá repassar R$ 10 mil a *C2* e R$ 10 mil a *C3*.

c) Se um dos credores solidários falecer deixando herdeiros, cada um destes só terá direito de cobrar **a** quota correspondente ao seu **quinhão hereditário**, salvo se a obrigação for **indivisível** ou se todos os herdeiros atuarem **conjuntamente** (CC, art. 270).

Mais uma vez, suponha-se que *C1*, *C2* e *C3* sejam credores solidários da importância de R$ 30 mil. Pouco depois, *C1* vem a falecer, deixando como herdeiros *A* e *B*.

Confira-se o gráfico abaixo:

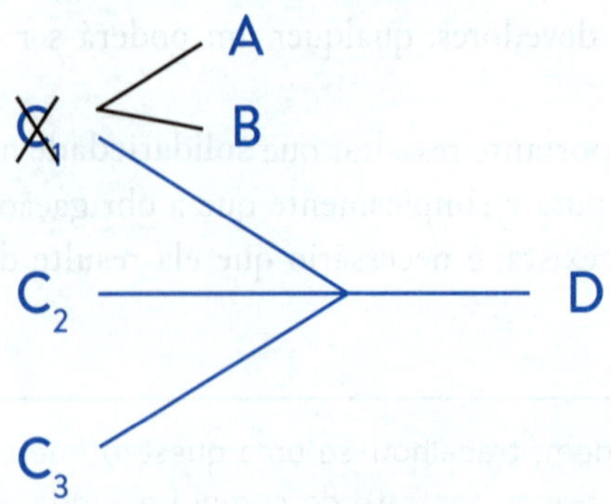

Com a morte de C_1, pergunta-se: será a solidariedade transmitida aos herdeiros?

Resposta: Em regra, **não**! O vínculo solidário é, em regra, **personalíssimo**, somente atingindo as partes que figuraram na relação original.

No exemplo, *A* e *B* não poderão investir-se na qualidade de credores solidários. Cada um deles só terá direito de exigir a quota correspondente ao seu quinhão hereditário (no caso, R$ 5 mil para *A*, e R$ 5 mil para *B*).

A regra comporta, no entanto, duas exceções.

A primeira delas se dá quando o objeto da obrigação tiver caráter **indivisível**. Se, no exemplo versado, a obrigação tivesse por objeto a entrega de um cavalo, ficaria completamente inviável a entrega fracionada do bem; o que bastaria, por si só, para legitimar qualquer dos herdeiros a pleitear sua entrega total, de forma solidária.

Já a segunda exceção incide quando todos os herdeiros atuarem **de forma conjunta**. A justificativa é que todos os herdeiros, reunidos, consideram-se como se fossem um único credor solidário em face dos demais. Logo, se, no exemplo dos R$ 30 mil, *A* e *B* viessem a demandar o pagamento em conjunto, seria perfeitamente possível exigir do devedor que pagasse a totalidade do débito.

d) Convertendo-se a prestação em perdas e danos, **subsiste**, para todos os efeitos, a **solidariedade** (CC, art. 271). Para melhor esclarecimento, imagine-se que C_1, C_2 e C_3 sejam credores solidários junto a *D* da entrega de um automóvel. Em virtude da culpa de *D*, o automóvel vem a perecer, com a consequente conversão da obrigação em perdas e danos. Diante do fato, cumpre indagar: poderão C_1, C_2 e C_3 exigir, solidariamente, que *D* seja obrigado a pagar o valor fixado a título de perdas e danos?

Resposta: **Sim**! Isto porque, com a **conversão** da obrigação em perdas e danos, será mantida, para todos os fins, a relação solidária.

e) A um dos credores solidários não pode o devedor opor **exceção pessoal** oponível a outro (CC, art. 273).

Observe-se que a palavra "exceção" está sendo empregada, aqui, em acepção técnica, no sentido de **defesa**. Nesse contexto, a doutrina classifica as exceções em duas espécies distintas: as **pessoais** e as **comuns**.

Exceções pessoais são aquelas que só podem ser opostas contra um dos credores solidários, pois só guardam relação com sua pessoa. Admita-se, por exemplo, que C_1, C_2 e C_3 sejam credores solidários junto a *D* da importância de R$ 30 mil. Paralelamente a esse negócio, sucede que C_1, enquanto dirige seu carro em alta velocidade, vem a provocar um acidente de trânsito, colidindo, coincidentemente, no veículo pertencente a *D*. O prejuízo sofrido por *D* foi de R$ 30 mil. Logo, C_1 passa a dever a *D* a importância de R$ 30 mil.

Confira-se o gráfico abaixo:

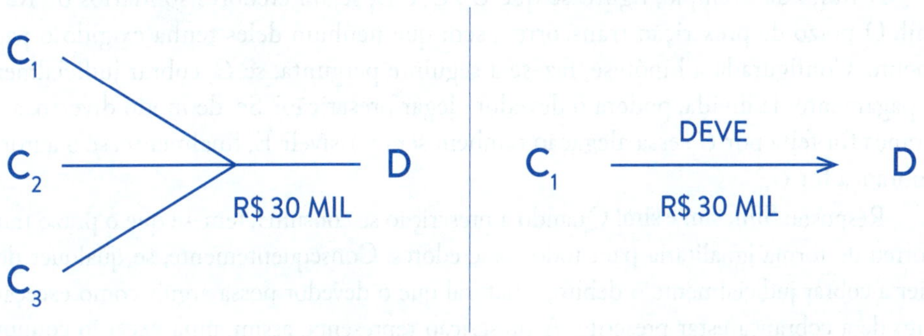

Diante da situação apresentada, a pergunta que se faz é: se C_1, com base na relação solidária, vier a cobrar de *D* o pagamento de R$ 30 mil, poderá *D* se defender, alegando compensação com o prejuízo de R$ 30 mil que C_1 lhe causou, em decorrência do acidente de trânsito?

Resposta: **Sim**! Se C_1 cobrar R$ 30 mil de *D*, é claro que *D* poderá invocar contra ele a exceção de compensação. E, uma vez acolhida a exceção pelo juiz, *D* ficará completamente exonerado do débito, cabendo a C_1 recompor, às suas expensas, as quotas devidas a C_2 e C_3.

Voltando mais uma vez ao exemplo. Suponha-se, agora, que C_2 é que vem a propor ação de cobrança contra *D*.

Confira-se o gráfico abaixo:

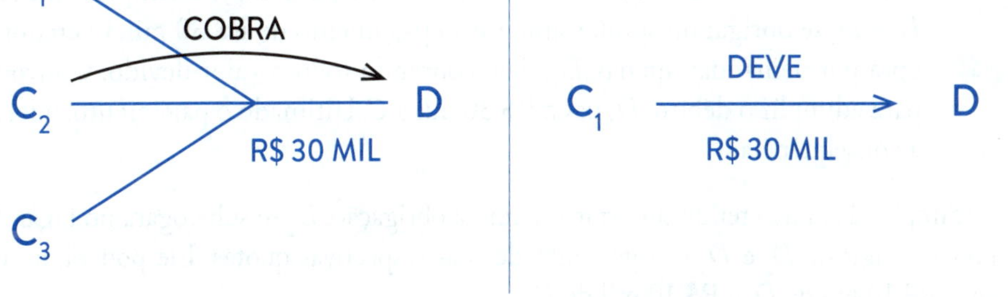

Nesse caso específico, cabe indagar: poderá *D* resistir à pretensão de C_2, alegando como defesa a exceção de compensação de que dispõe contra C_1?

Resposta: **Não**! A exceção de compensação apresenta caráter personalíssimo, somente podendo ser utilizada se C_1 for o autor da cobrança. Basta lembrar que foi C_1 que colidiu no automóvel de *D*, provocando, com isso, a compensação dos débitos. Daí a justificativa da regra do Código Civil que determina que, a um dos credores solidários não pode o devedor opor **exceção pessoal** oponível a outro (art. 273).

Por outro lado, quando se trata de **exceções comuns**, a solução é diferente. Por exceções comuns entendam-se aquelas que podem ser opostas, indistintamente, contra qualquer dos credores solidários.

A título de exemplo, figure-se que C_1, C_2 e C_3 sejam credores solidários de R$ 30 mil. O prazo de prescrição transcorreu, sem que nenhum deles tenha exigido o pagamento. Configurada a hipótese, faz-se a seguinte pergunta: se C_1 cobrar judicialmente o pagamento da dívida, poderá o devedor alegar prescrição? Se, de modo diverso, a cobrança for feita por C_2, essa alegação também será possível? E, finalmente, se o autor da cobrança for C_3?

Resposta: **Sim, sim e sim**! Quando a prescrição se consuma, tem-se que o prazo transcorreu de forma igualitária para todos os credores. Consequentemente, se qualquer deles vier a cobrar judicialmente o débito, é natural que o devedor possa arguir como exceção o fato de a cobrança estar prescrita. A prescrição representa, assim, uma **exceção comum** a todos os credores.

Concluída essa análise, iniciemos agora o estudo das principais regras pertinentes à **solidariedade passiva**:

a) O credor tem direito de exigir **de um, de alguns ou de todos os devedores**, total ou parcialmente, a dívida comum (CC, art. 275). Em outras palavras: o credor pode escolher qualquer dos devedores, ou mesmo alguns deles, ou ainda todos, para demandar o pagamento total ou parcial da dívida.
b) A propositura da ação contra um dos devedores não importa **renúncia** da solidariedade quanto aos demais (CC, art. 275, parágrafo único). Sendo assim, se a ação for proposta apenas contra D_1, e o credor, por qualquer motivo, vier a perder a causa, nada impede que, posteriormente, ele possa propor outra ação contra D_2 ou D_3.
c) O devedor que satisfez a dívida por inteiro tem direito a exigir de cada um dos outros codevedores a sua respectiva **quota** (CC, art. 283). Exemplificando: D_1, D_2 e D_3 se obrigaram solidariamente ao pagamento de R$ 30 mil. O credor (*C*) opta por demandar apenas D_1, dele cobrando todo o valor devido. Convocado para adimplir o débito, D_1 paga R$ 30 mil a *C*. Ultimado o pagamento, qual será a consequência?

Simples. Para não ter de suportar sozinho a obrigação, D_1 se sub-rogará no lugar de *C* e poderá exigir de D_2 e D_3 o pagamento de suas respectivas quotas. Ele poderá, no caso, cobrar R$ 10 mil de D_2 e R$ 10 mil de D_3.

Confira-se o gráfico abaixo:

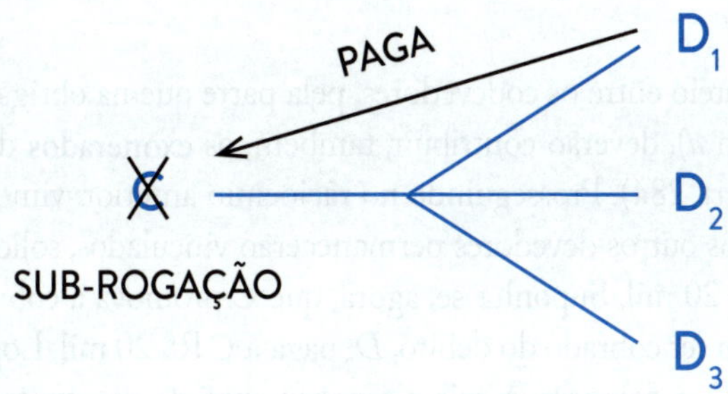

d) A quota do devedor insolvente será rateada entre os demais (CC, art. 283). Dando sequência ao exemplo anterior: após ter pago a *C* o valor de R$ 30 mil, D_1 se volta contra D_2 e D_3 para cobrar R$ 10 mil de cada. Ocorre que, ao demandar D_3 pela sua parte, este se revela em situação de insolvência, por não contar com recursos para prover o pagamento. Nesse caso, qual será a solução?

O problema é facilmente resolvido. Basta dividir a quota de D_3 entre D_1 e D_2. Fazendo uma matemática simples: como D_1 já havia pago R$ 30 mil a *C*, ele poderá, em seguida, cobrar de D_2 a importância correspondente a R$ 15 mil (ou seja, R$ 10 mil, valor referente à quota que D_2 já devia, mais R$ 5 mil, referentes à contribuição de D_2 diante da insolvência de D_3).

Confira-se o gráfico abaixo:

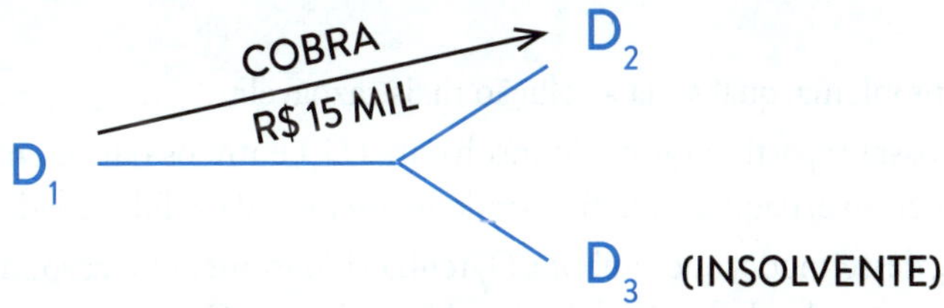

e) Se o credor renunciar à solidariedade em favor de um dos devedores, subsistirá, para todos os efeitos, o vínculo solidário quanto aos demais (CC, art. 282). Imagine-se, mais uma vez, que D_1, D_2 e D_3 sejam devedores solidários de R$ 30 mil junto a *C*. Em dado momento, *C* se reporta a D_1 e renuncia à solidariedade em seu favor. Com a renúncia, D_1 fica exonerado da relação solidária. Nesse caso, qual será a consequência quanto aos outros codevedores?

Resposta: os outros codevedores ficarão, para todos os efeitos, vinculados à solidariedade. Entretanto, é importante frisar que, com relação a esses devedores, o débito sofrerá uma necessária redução, que corresponde exatamente à parte renunciada em favor de D_1.

Em valores matemáticos, D_2 e D_3 passarão a dever, solidariamente, a importância de R$ 20 mil, já que foi deduzida, do montante original, a cifra de R$ 10 mil, correspondente à exoneração obtida por D_1.

f) No caso de rateio entre os codevedores, pela parte que na obrigação incumbia ao insolvente (item *d*), deverão contribuir, também, os **exonerados** da solidariedade pelo credor (CC, art. 284). Prosseguindo no raciocínio anterior: vimos que, com a exoneração de D_1, os outros devedores permanecerão vinculados, solidariamente, ao pagamento de R$ 20 mil. Suponha-se, agora, que *C* promova a cobrança desse valor em face de D_2. Ao ser cobrado do débito, D_2 paga a *C* R$ 20 mil. Logo em seguida, D_2 se volta contra D_3 e dele vem a exigir o pagamento de sua quota (R$ 10 mil). Nesse momento, recebe a informação de que D_3 se encontra em estado de insolvência.

Confira-se o gráfico abaixo:

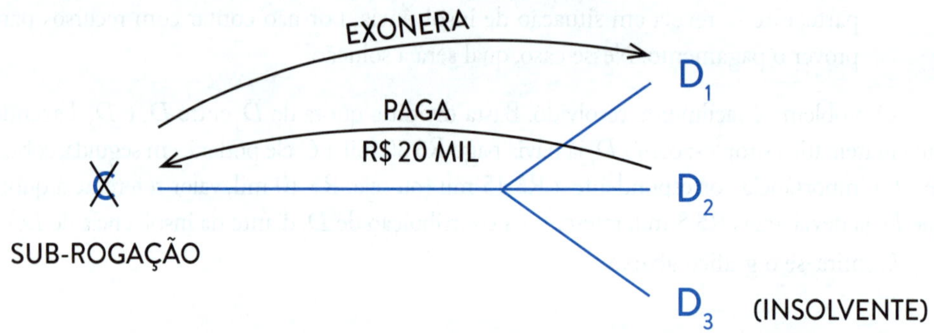

Diante do problema, qual seria a solução mais razoável?

É simples: basta repartir a quota do insolvente (D_3) entre os outros **codevedores**, com a participação, inclusive, daquele que tinha sido **exonerado** da solidariedade (D_1).

Conclui-se, desse modo, que, embora D_1 tenha sido exonerado da solidariedade por *C*, ele continua responsável pelo rateio da quota do insolvente. Como bem frisa o art. 284 do CC, pela quota do insolvente, **todos** devem contribuir, inclusive os exonerados da solidariedade pelo credor.

g) Impossibilitando-se a prestação por **culpa** de um dos devedores solidários, subsiste para **todos** o dever de pagar o **equivalente**; mas **pelas perdas e danos** só responde o **culpado** (CC, art. 279). A título de exemplo, figure-se a seguinte hipótese: D_1, D_2 e D_3 obrigaram-se, solidariamente, à entrega de um automóvel. Ocorre que, por culpa exclusiva de D_1, o objeto vem a perecer, resultando, em consequência, na impossibilidade da prestação. Como resultado, o débito se converte na obrigação de prestar o equivalente mais perdas e danos. Nesse contexto, quem deverá assumir a responsabilidade pelo pagamento?

Resposta: no tocante ao **equivalente** em dinheiro, **todos** os codevedores devem responder, de forma solidária. Isso porque, se todos estavam vinculados, solidariamente, à entrega do bem, nada mais justo que componham o seu equivalente em dinheiro, também em regime de solidariedade.

Por outro lado, no que respeita às **perdas e danos**, somente responderá o **devedor culpado** (D_1). A solução se justifica, já que, em Direito Civil, as perdas e danos se apresentam como decorrência lógica da culpa. Logo, recaindo a culpa em apenas um dos devedores, somente ele deverá se responsabilizar pelo pagamento das perdas e danos.

h) Todos os devedores respondem pelos **juros** da mora, ainda que a ação tenha sido proposta somente contra um deles; mas o **culpado** responde aos outros pelo **acréscimo** na obrigação (CC, art. 280). A questão que se propõe é bastante simples. Considerando-se que um dos devedores solidários, após sofrer uma ação de cobrança, venha a atrasar o pagamento, quem deverá arcar com os juros moratórios?

> No XXIV Exame de Ordem, foi trabalhada uma questão que cuidava de três amigos que pegaram um automóvel emprestado e se comprometeram solidariamente a restituí-lo no prazo de 15 dias. Nos termos do enunciado, em decorrência da culpa de um deles, que estava dirigindo com excesso de velocidade, o automóvel veio a sofrer um acidente, dele decorrendo sua perda total. O gabarito deu como correta a resposta que atribuía a todos os amigos a responsabilidade pelo equivalente pecuniário do veículo, com a ressalva de que as perdas e os danos seriam imputados exclusivamente ao culpado.

Resposta: **todos, solidariamente**. Pelos juros de mora, todos os devedores são responsáveis, de forma solidária. Mas a fim de sanar eventual injustiça, a lei atribui aos devedores inocentes, que tiveram de arcar com esses juros, **ação regressiva** contra o **culpado**.

i) Se um dos devedores solidários falecer deixando herdeiros, nenhum destes será obrigado a pagar senão a quota correspondente ao seu **quinhão hereditário**, salvo se a obrigação for **indivisível**; mas **todos reunidos** serão considerados como um único devedor solidário em relação aos demais devedores (CC, art. 276).

Mais uma vez, a regra aqui se repete: **solidariedade não passa aos herdeiros**. Se um dos devedores solidários falecer deixando herdeiros, cada um deles responderá, em princípio, apenas pela quota correspondente ao seu **quinhão hereditário**.

Entretanto, conforme mencionado no campo da solidariedade ativa, a regra admite duas exceções: a primeira, se a obrigação tiver caráter **indivisível**; a segunda, se todos os herdeiros atuarem **reunidos**. Nesses dois casos, ocorrerá a transferência do vínculo solidário aos herdeiros do devedor falecido (para maiores detalhes, consulte-se o que falamos a respeito do tema ao analisarmos o regime da solidariedade ativa).

2.7 PAGAMENTO

Pode-se conceituar pagamento como o ato jurídico pelo qual o devedor, ou um terceiro, extingue a obrigação, mediante o cumprimento da prestação devida.

Nesse sentido, todo pagamento envolve a necessária participação de dois personagens: aquele que paga (*solvens*) e aquele que recebe (*accipiens*).

Normalmente, a pessoa mais interessada em realizar o pagamento é o devedor. Por outro lado, é o credor, mais do que ninguém, o maior interessado em receber o pagamento. Mas nem sempre as coisas funcionam dessa maneira.

No caso do devedor, pode acontecer, eventualmente, que um terceiro ingresse na relação e venha a pagar ao credor o débito que cabia ao primeiro satisfazer. Ter-se-á, nessa hipótese, o pagamento feito por terceiro.

Para que se possa compreender a consequência desse pagamento, é preciso, antes, que se saiba a que título o terceiro pagou a dívida. Com efeito, em se tratando de pagamento feito por terceira pessoa, pode-se estar diante de duas situações distintas:

a) Pagamento feito por terceiro interessado. Terceiro interessado é aquele que, para todos os efeitos, tem interesse jurídico em pagar. Um bom exemplo seria o fiador. No momento em que assume a garantia do débito, o fiador passa a ter interesse jurídico em realizar o pagamento, já que com isso evita a excussão de seus bens.

Nesse contexto, a principal questão que se coloca é: qual seria a consequência se, diante do inadimplemento do débito pelo devedor, viesse o fiador, enquanto terceiro interessado, a tomar a iniciativa de pagar?

Resposta: o pagamento feito pelo terceiro interessado importa sub-rogação nos direitos do credor (CC, art. 346, III). Ou seja, ao satisfazer o pagamento da dívida, o fiador, agindo como terceiro interessado, passa a assumir o polo ativo da relação, de modo a ocupar a situação jurídica que até então vinha sendo exercida pelo credor.

Confira-se o gráfico abaixo:

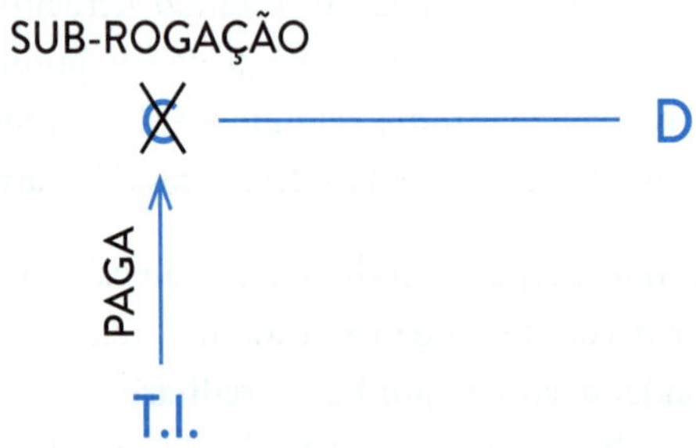

b) Pagamento feito por terceiro não interessado. Terceiro não interessado é aquele que paga a dívida alheia, sem ter interesse algum no pagamento. Exemplo: o vizinho que, por amizade, paga a taxa condominial do outro.

Configurada a hipótese, cabe indagar: que consequência seria legalmente atribuída ao pagamento feito por terceiro não interessado?

Resposta: o terceiro não interessado, que paga a dívida em seu próprio nome, pode reembolsar-se do devedor da importância paga; mas não se sub-roga nos direitos do credor (CC, art. 305). Significa dizer: após efetuar o pagamento em nome próprio, o terceiro não interessado passa a se investir em um direito regressivo contra o devedor. Mas sem que ocorra sua sub-rogação nos direitos do credor. A propósito, é preciso lembrar que sub-rogação é uma possibilidade aberta somente para o terceiro interessado. Ela não tem lugar quando se trata de terceiro que, embora tenha tomado a iniciativa de pagar a dívida alheia, carece de interesse jurídico em realizar o pagamento.

Confira-se o gráfico abaixo:

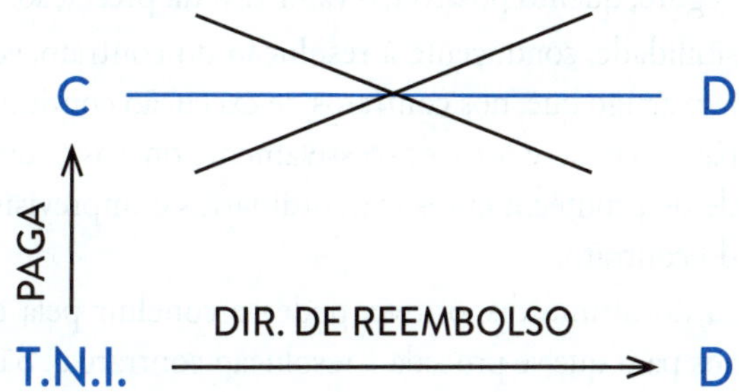

Passemos agora à análise da figura do credor. Como já foi dito, credor é a pessoa legitimada a receber o pagamento.

Pode acontecer, todavia, que a dívida tenha sido contraída perante um credor incapaz. Nesse caso, o correto seria o devedor se exonerar pagando ao seu responsável legal (pai, tutor ou curador). Se, porém, o devedor realizar o pagamento diretamente ao incapaz, entende-se que ele pagou mal. E, em Direito Civil, quem paga mal, paga duas vezes. Donde se conclui que não vale o pagamento cientemente feito ao credor incapaz (CC, art. 310).

Entretanto, existe uma situação específica em que o devedor pode efetuar o pagamento diretamente ao incapaz, sem que disso resulte a obrigação de pagar novamente. A hipótese se verifica quando ficar demonstrado que o pagamento, para todos os fins, conseguiu reverter em proveito do incapaz. Exemplo: o devedor paga R$ 1 mil ao credor menor de idade, e este, de posse do dinheiro, vem a antecipar o pagamento de sua mensalidade escolar. Como nesse caso houve proveito auferido pelo menor, o devedor não será obrigado a pagar de novo.

Outra questão importante que merece destaque, nesse campo, tem a ver com o chamado credor putativo. Entende-se por credor putativo todo aquele que traz em si a aparência de credor, embora de fato não o seja. Um bom exemplo seria o do ladrão que, após subtrair o recibo contendo a assinatura do credor, apresenta-se no domicílio do devedor a fim de receber o pagamento e dar quitação.

Nessa particular hipótese, se ficar caracterizado que o devedor pagou de boa-fé, deixando-se iludir pela falsa aparência, o pagamento terá validade jurídica. Portanto, há de se considerar válido o pagamento feito de boa-fé ao credor putativo, ainda que se prove depois que ele não era credor (CC, art. 309).

Isto posto, passemos agora à análise da **teoria da imprevisão**. De acordo com essa teoria, todos os **contratos a prazo** trazem implícita uma cláusula que antevê a possibilidade de que fatores supervenientes possam alterar o equilíbrio da contratação (**cláusula** ***rebus sic stantibus***). Por força dessa cláusula, uma vez rompido o equilíbrio, a parte lesada terá legitimidade para pleitear a **revisão** ou mesmo a **resolução** do vínculo contratual.

A primeira possibilidade, consistente em pleitear a **revisão** dos valores, encontra-se prevista no art. 317 do CC. De acordo com o dispositivo, toda vez que, por motivos imprevisíveis, sobrevier desproporção manifesta entre os valores inicialmente acordados e aqueles incidentes no momento da execução contratual, poderá o juiz **corrigi-los**, a requerimento da parte, de modo que assegure, quanto possível, o valor real da prestação.

Já a segunda possibilidade, conducente à **resolução** do contrato, vem contemplada no art. 478 do CC. Dispõe o artigo que, nos contratos de execução continuada ou diferida, se a prestação de uma das partes vier a se tornar excessivamente onerosa, com extrema vantagem para a outra, em virtude de acontecimentos extraordinários e imprevisíveis, poderá o devedor pedir a resolução do contrato.

A partir da leitura do último dispositivo, pode-se concluir pela exigência de **quatro pressupostos** necessários para que se proceda à resolução contratual. São eles:

a) Que o contrato seja de execução continuada ou diferida. Significa dizer, a resolução somente terá lugar quando o contrato envolver o pagamento de prestações parceladas (**execução continuada**), ou, ainda, quando for estipulado um prazo certo para a efetivação do pagamento (**execução diferida**).
b) A superveniência de um acontecimento extraordinário e imprevisível. Ou seja, algum tipo de intercorrência que escapa àquilo que normalmente se espera.

IMPORTANTE: para que o acontecimento possa se enquadrar como extraordinário e imprevisível, é necessário que ele apresente **repercussão social** relevante (por exemplo, uma guerra, uma crise econômica, uma catástrofe etc.). Tratando-se, por outro lado, de intercorrências de **ordem pessoal** (como, por exemplo, um assalto, um enfarte, um acidente de trânsito), não será apropriado invocar a teoria da imprevisão. O correto, aqui, é que a parte busque isenção de responsabilidade alegando **caso fortuito ou força maior**.

c) Que a prestação se torne excessivamente onerosa para uma das partes, com extrema vantagem para a outra. O que traduz a ideia de **desequilíbrio contratual**, hábil a provocar a quebra da isonomia anteriormente existente.
d) Decretação judicial por sentença, a requerimento da parte. Para que se promova a resolução contratual, é necessário que haja pedido expresso da parte, com a consequente prolatação de uma sentença que decrete a extinção do vínculo entre os contratantes. É oportuno ressaltar que os efeitos dessa sentença **retroagem** à data da **citação**.

Concluído esse assunto, outro ponto que merece destaque tem a ver com a **quitação**. Os autores, a propósito, definem quitação como a prova documental do pagamento. Na prática, a quitação corresponde ao recibo assinado pelo credor acusando que o pagamento foi realizado.

A primeira observação que se impõe é que, seja qual for a natureza da dívida, a quitação sempre poderá ser dada por **instrumento particular** (CC, art. 320). Até mesmo quando se trate do pagamento de dívida imobiliária, o instrumento particular será apto para formalizar a quitação.

Outrossim, é necessário que a quitação discrimine o valor e a espécie da dívida, o nome do devedor, o tempo e lugar do pagamento, e que, além disso, contenha a assinatura do credor, ou do seu representante (CC, art. 320).

IMPORTANTE: ainda que alguma dessas infomações venha a faltar, **a** quitação poderá ser **validada** pelo juiz, se, de seus termos ou circunstâncias, resultar haver sido paga a dívida (art. 320, parágrafo único).

Como se nota, a quitação aparece como consequência direta do pagamento. Todo devedor, que paga, tem direito a exigir do credor que emita a quitação. E, havendo recusa do credor em quitar, a lei permite que o devedor possa reter o pagamento consigo, para, em seguida, intentar a competente **ação de consignação em pagamento** (CC, art. 335, I).

Feitos esses esclarecimentos, cumpre ainda analisar uma questão final: **o lugar** do pagamento.

Para ilustrar a matéria, suponha-se que João, domiciliado em Recife, tenha se obrigado, em contrato, a entregar cinco bois de raça a Pedro, que mantém domicílio em São Paulo. Na falta de acordo entre as partes, pergunta-se: onde os bois deverão ser entregues?

Resposta: Em Recife, cidade que corresponde ao **domicílio do devedor**. A justificativa é que, na falta de estipulação em contrário, as dívidas deverão ser pagas no domicílio do devedor (CC, art. 327). Por esse motivo, se for da vontade das partes eleger um outro local para o pagamento, terão de fazê-lo constar expressamente do contrato.

Casos há, porém, em que a própria lei determina um local específico para a realização do pagamento. É o que se dá, por exemplo, quando o pagamento se vincula à **entrega de um imóvel**, ou a **prestações relativas a imóvel**. Nessa particular hipótese, deve prevalecer o **local onde o imóvel se situa** (CC, art. 328).

Por outro lado, às vezes acontece que, embora as partes tenham ajustado um lugar para o pagamento, o devedor tenha por costume pagar o débito em outra localidade. Configurada a situação, deve-se entender que o pagamento reiteradamente feito em lugar diverso faz presumir **renúncia do credor** em relação ao previsto no contrato (CC, art. 330).

Finalmente, caso ocorra algum motivo grave que impeça o pagamento no lugar devido, o devedor poderá pagar em **outro local**, sem prejuízo para o credor (CC, art. 329).

2.8 MORA

Antes de tudo, é necessário fixar uma diferença de suma importância entre **inadimplemento total** e **mora**.

O inadimplemento total reflete a conduta do devedor que, ao deixar de cumprir a obrigação, faz com que **a prestação perca sua utilidade**. Em outras palavras: por não pagar o que deve, o devedor retira todo e qualquer proveito que se possa extrair do débito.

Exemplo clássico é o do estilista que, contratado pela noiva para confeccionar o vestido até o dia do casamento, atrasa os trabalhos, e somente vem a entregá-lo após a celebração do enlace.

Já a mora, por sua vez, pressupõe o atraso no cumprimento obrigacional, que não chega, porém, a retirar a utilidade do débito. No caso da mora, **a prestação permanece útil ao seu fim**.

É o que se passa, por exemplo, com o inquilino que atrasa o pagamento dos aluguéis. Se ele vier a pagá-los mais tarde, mesmo após transcorrido um longo período de tempo, é óbvio que o credor ainda terá interesse em receber o valor correspondente.

O conceito de **mora** vem muito bem delineado no art. 394 do CC. De acordo com o artigo, considera-se em mora **o devedor** que não efetuar o pagamento, e o **credor** que não quiser recebê-lo, no tempo, lugar e forma que a lei ou a convenção estabelecer.

Como se observa, a mora tanto pode ser **do devedor**, como **do credor**. No primeiro caso, fala-se em **mora *solvendi***. No segundo, em **mora *accipiendi***.

A **mora *solvendi*** se apresenta quando **o devedor** deixa de efetuar o pagamento no tempo, lugar e forma estabelecidos.

Um importante desdobramento dessa espécie de mora é a chamada ***perpetuatio obligationis***. Em que consiste esse fenômeno?

Em apertada síntese, ***perpetuatio obligationis*** é a responsabilização do devedor em mora pelos prejuízos decorrentes do caso fortuito ou força maior, que se verificaram durante o atraso.

Um bom exemplo serve para ilustrar a questão. Imagine-se que Paulo tenha se obrigado contratualmente a entregar um automóvel a Pedro. A entrega ficou ajustada para a segunda-feira. No dia combinado, Paulo (devedor) entra em contato com Pedro para informar que irá atrasar a entrega, pois no momento se encontra em viagem de lazer com a família. Dois dias mais tarde, o edifício onde Paulo reside vem a sofrer um desmoronamento, com a consequente destruição do veículo que lá se encontrava abrigado.

Diante da situação, pergunta-se: deverá Paulo, enquanto devedor, indenizar o prejuízo causado?

Resposta: **Sim!** Pelo princípio da *perpetuatio obligationis*, o devedor em mora deve, em tese, responder pela impossibilidade da prestação, ainda que essa impossibilidade resulte de caso fortuito ou força maior, se estes ocorreram durante o atraso (CC, art. 399).

O princípio admite, no entanto, **duas exceções**.

A primeira delas se verifica quando o devedor demonstrar **isenção de culpa pelo atraso.** Reformulando o exemplo anterior. Se, porventura, Paulo conseguir comprovar ao juiz que somente atrasou a entrega em razão de um infarto que sofrera na data ajustada, e que, portanto, não houve culpa alguma de sua parte, ele conseguirá afastar sua responsabilidade pelo dano.

Já a segunda exceção se apresenta quando o devedor demonstrar **que o dano teria ocorrido, ainda que a prestação fosse oportunamente desempenhada**. Reformulando, mais uma vez, o mesmo exemplo. Imagine-se, dessa feita, que Paulo e Pedro sejam dois vizinhos que moram no mesmo prédio. Sucede que Paulo atrasa a entrega do carro e, dois dias depois, o prédio vem a desmoronar. Note-se, aqui, que, mesmo que Paulo tivesse cumprido a obrigação pontualmente, o dano teria ocorrido do mesmo jeito. Pouco importa que o veículo se encontrasse estacionado na garagem de Paulo ou de Pedro; de toda sorte ele teria sido destruído. Logo, Paulo ficará isento de responsabilidade.

> No XVI Exame de Ordem, trabalhou-se uma questão que versava sobre o tema da ***perpetuatio obligationis.*** A questão envolvia o caso de uma amiga que emprestou seu carro à outra pelo prazo de cinco dias. Informou-se, ainda, que, após expirado o prazo, o carro não foi devolvido à proprietária. Dias depois, sobreveio uma forte tempestade que danificou o para-choque e a lanterna do veículo. O gabarito deu como correta a resposta que afirmava que a amiga, que estava usando o carro emprestado, deveria responder pelos danos sofridos pelo bem, salvo se provar que estes teriam ocorrido ainda que tivesse adimplido a obrigação no termo ajustado.

Concluído esse raciocínio, cumpre agora fazer uma rápida observação sobre a ***mora accipiendi***. Esta se apresenta toda vez que **o credor** se recusa a receber o pagamento no tempo, lugar e forma estabelecidos.

Diante da recusa do credor em receber, o instrumento mais apropriado de que se pode valer o devedor é a propositura da correspondente **ação de consignação em pagamento** (CC, art. 335, I).

2.9 CLÁUSULA PENAL

Normalmente, quando o devedor deixa de cumprir a prestação, a lei impõe como consequência a obrigação de responder por **perdas e danos** (CC, art. 389). Todavia, se do negócio constar a previsão de uma **cláusula penal** (ou multa), toda a discussão relativa às perdas e danos perde seu interesse prático. Isto porque a cláusula penal funciona como um **substitutivo** das perdas e danos.

Cláusula penal é a penalidade prevista no negócio para o caso de inadimplemento, em substituição às perdas e danos.

De sorte que a parte lesada pelo inadimplemento fica autorizada a cobrar o valor fixado a título de cláusula penal. E, para exigir o pagamento desse valor, **não é necessário sequer alegar prejuízo** (CC, art. 416).

A cláusula penal admite duas espécies distintas:

a) Cláusula penal compensatória. Pressupõe o **inadimplemento total** da prestação. Como já foi dito, o inadimplemento total tem lugar toda vez que o devedor descumpre a obrigação, fazendo com que se retire toda e qualquer utilidade do débito (confira-se, no *item 2.8*, o exemplo do vestido de noiva entregue após o casamento).

Portanto, quando as partes estipulam uma cláusula penal antevendo a possibilidade de haver inadimplemento total da obrigação, ter-se-á, nesse caso, uma cláusula penal compensatória.

Voltando ao exemplo do vestido de noiva. Suponha-se que as partes resolveram inserir no contrato uma cláusula penal no valor de R$ 10 mil para o caso de o vestido não ser concluído até o dia do casamento. Chega a data, e o estilista ainda não conseguiu terminar o serviço. Nesse caso, qual seria a consequência?

Consoante o art. 410 do CC, a cláusula penal compensatória se converte em **alternativa** a benefício do credor. Ou seja, diante da ocorrência do inadimplemento absoluto, a lei confere ao credor duas opções fundamentais: exigir do devedor a prestação devida (o vestido), **OU** pleitear dele a importância correspondente à cláusula penal (os R$ 10 mil). É isso que a lei quer dizer, quando afirma que a cláusula penal compensatória converte-se em alternativa **a benefício do credor**.

b) Cláusula penal moratória. Estabelecida para o caso de **mora**. A propósito, cabe relembrar que a mora se revela quando o atraso no cumprimento da obrigação não chega a ter força de retirar a utilidade do débito (reveja-se, no *item 2.8*, o exemplo do aluguel pago fora do prazo).

Segue daí que se as partes estipularem uma cláusula penal contemplando a possibilidade de mora, a penalidade assumirá feição de cláusula penal moratória.

Recorrendo, mais uma vez, ao exemplo do aluguel. Imagine-se que, no contrato de locação, tenha sido prevista uma cláusula penal de 10% sobre o valor devido para o caso de impontualidade. Sobrevém o vencimento, e o inquilino deixa de pagar o aluguel do mês. Diante dessa situação, qual seria a consequência?

Nos termos do art. 411 do CC, o credor terá direito de exigir o cumprimento da obrigação principal **juntamente** com a satisfação da cláusula penal. Em outras palavras: configurada a hipótese de mora, a lei permite que o credor exija do devedor que satisfaça a prestação devida (o aluguel) **e** que, além disso, também arque com o valor correspondente à cláusula penal (os 10%).

Para que se possa compreender melhor a questão, confira-se o gráfico abaixo:

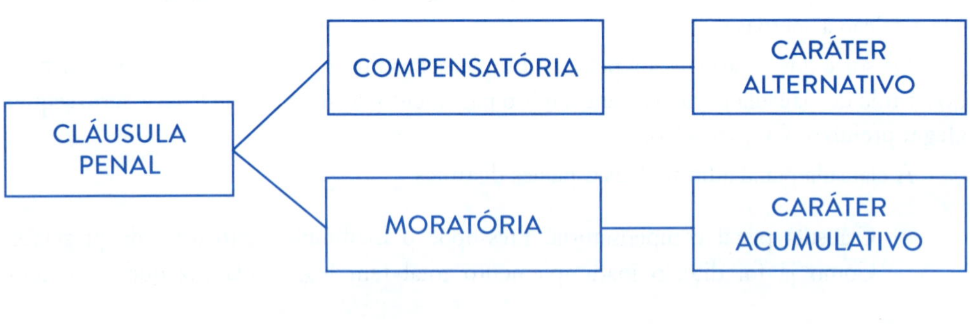

Outro aspecto importante que envolve o estudo da cláusula penal tem a ver com a possibilidade, ou não, de haver sua **cumulação com perdas e danos**. Nesse contexto, cabe indagar: se a cláusula penal tiver valor insignificante, ou irrisório, será lícito exigir seu pagamento juntamente com a composição das perdas e danos?

Resposta: A princípio, deve-se entender que **não**. Como foi dito no início, a cláusula penal tem por objetivo básico servir de **substitutivo** às perdas e danos. Logo, ainda que os prejuízos sofridos pela parte superem o valor da cláusula penal, não será lícito cobrar esse valor com acréscimo das perdas e danos.

Mas, como, em Direito Civil, tudo são regras e exceções, pode acontecer que a referida cumulação (cláusula penal + perdas e danos) seja eventualmente aceita. Isso acontece quando do próprio negócio constar uma **previsão** contemplando a possibilidade de se requerer **indenização suplementar** em caso de insuficiência da cláusula penal (CC, art. 416, parágrafo único).

Suponha-se, por exemplo, que a cláusula penal seja de escasso valor. Diante do fato, as partes inserem no contrato uma outra cláusula com os seguintes dizeres: "Caso os prejuízos resultantes do inadimplemento superem o valor fixado na cláusula penal, a parte prejudicada se reserva o direito de pleitear indenização suplementar a título de perdas e danos". Como, nessa hipótese, os próprios contratantes estão admitindo o pleito conjunto da cláusula penal com as perdas e danos, nada impede que as duas indenizações possam se cobrar de forma cumulada.

Para concluir, uma última observação. Em três hipóteses a lei admite que o juiz possa decretar a **redução** da cláusula penal. São elas:

a) quando seu valor exceder o da obrigação principal (CC, art. 412);
b) no caso de a obrigação principal ter sido cumprida em parte (CC, art. 413);
c) se o montante da penalidade for manifestamente excessivo (CC, art. 413).

3. CONTRATOS

3.1 CONCEITO DE CONTRATO

Contrato é todo acordo de vontades destinado a criar, modificar, resguardar, transferir ou extinguir direitos e obrigações.

IMPORTANTE: não se pode confundir contrato com **documento escrito**. O documento é um dos meios utilizados para que o contrato se instrumentalize. A grande maioria dos contratos, no entanto, aperfeiçoa-se de **modo verbal**.

3.2 PRINCÍPIOS CONTRATUAIS

Os contratos se orientam pelos seguintes **princípios**:

a) Obrigatoriedade. Uma vez firmado o contrato, ele passa a ter **força de lei** (*pacta sunt servanda*).

Sobrevindo, porém, circunstâncias excepcionais, a própria lei toma a iniciativa de afastar a obrigatoriedade contratual e admite que o contratante peça em juízo a resolução do contrato (veja-se o que falamos, no *item 2.7*, acerca da teoria da imprevisão).

b) Função social. Esse princípio tem por objetivo básico assegurar a igualdade entre as partes, protegendo o contratante vulnerável, de modo a corrigir eventual desequilíbrio na relação. Sob esse aspecto, a liberdade de contratar será exercida em razão e nos limites de sua função social (CC, art. 421).

Uma importante aplicação prática do princípio revela-se na adoção, pelo STJ, da teoria do adimplemento substancial. Por essa teoria, se o devedor satisfez uma parcela considerável do débito, mas sem pagá-lo em sua totalidade, retira-se do credor a prerrogativa de proceder à resolução contratual. Admite-se, no entanto, que o credor possa promover a cobrança do remanescente devido.

Em julgado referente a um contrato de *leasing*, o STJ aplicou essa teoria ao caso de um devedor que já havia pago 86% das prestações contratadas, e que estava com dificuldade em pagar as parcelas restantes. Reconheceu-se, no acórdão, a impossibilidade de se pleitear a resolução do contrato, por ser medida desarrazoada diante do adimplemento substancial da avença. Foi determinado, afinal, que o credor prosseguisse na execução judicial do título (REsp. 1.051.270/RS, j. 4-8-2011).

c) Boa-fé objetiva. Por esse princípio, impõe-se que os contratantes se pautem pela probidade e confiança recíproca, e que ambos colaborem mutuamente para o êxito da relação.

Observe-se que, em matéria contratual, a boa-fé apresenta conotação estritamente objetiva. Vale dizer, a boa-fé deve ser aferida a partir de um padrão comportamental médio, resultante dos usos sociais do lugar em que o contrato foi celebrado (CC, art. 113).

Além disso, é preciso ressaltar que a boa-fé deve se fazer presente em todos os momentos da contratação, tanto na fase pré-contratual (período em que as partes negociam os termos do ajuste), como na fase pós-contratual (ou seja, após o vínculo contratual ter expirado).

Em síntese, os contratantes são obrigados a guardar, já na conclusão do contrato, como em sua execução, os princípios da probidade e da boa-fé (CC, art. 422).

3.3 CONTRATOS DE ADESÃO

Contratos de adesão são aqueles cujas cláusulas se encontram predispostas pela vontade única de uma das partes.

Aqui não existe espaço para que o aderente possa divergir do modelo contratualmente imposto. Ou ele aceita todas as disposições contratuais em bloco, ou simplesmente deixa de contratar. É o que se passa, por exemplo, com o contrato de fornecimento de energia elétrica.

Muitas vezes se constata, dentro dos contratos de adesão, a presença de cláusulas abusivas. Sobretudo aquelas que obrigam o aderente a renunciar a direitos que a própria lei reconhece e garante. Como exemplo, pode-se apontar o *ticket* de estacionamento que traz a ressalva de que "a empresa não se responsabiliza por furto ou dano causado ao veículo no interior do recinto".

Presente esse tipo de cláusula no ajuste, é forçoso reconhecer sua **nulidade**. Em sede de contratos de adesão, é **nula**, portanto, toda e qualquer cláusula que venha a estipular **renúncia antecipada** do aderente a direito resultante da natureza do negócio (CC, art. 424).

Uma última palavra sobre o contrato de adesão. Toda vez que nesse modelo de contrato se detectar algum tipo de **contradição ou ambiguidade**, a interpretação a ser dada pelo juiz deve ser aquela mais favorável ao aderente (CC, art. 423).

3.4 CONTRATOS ATÍPICOS

Contratos atípicos, ou inominados, são aqueles que não contam com regulamentação legal específica.

Como nem sempre os códigos conseguem acompanhar a evolução social, daí resulta a existência de diversos contratos que até hoje não receberam a regulamentação do direito. É o que acontece, por exemplo, com o contrato de hospedagem, o de turismo, o de cartão de crédito etc.

Na falta de uma disciplina legal específica, manda o legislador que o juiz aplique aos contratos atípicos as **normas gerais** fixadas pelo Código Civil (CC, art. 425).

3.5 VÍCIOS REDIBITÓRIOS

Em princípio, todo aquele que adquire **coisa defeituosa** poderá depois se voltar contra o alienante recorrendo à tutela legal contra os vícios redibitórios.

Por **vícios redibitórios** entendam-se defeitos ocultos e graves, em coisa recebida em virtude de contrato bilateral e comutativo (CC, art. 441).

Como que se observa, o conceito de vícios redibitórios impõe a presença de dois requisitos essenciais:

a) Que o defeito seja oculto e grave. **Defeito oculto** é aquele que não se apresenta a um primeiro lance de vista, em uma primeira experimentação (exemplo, a falha interna do motor do automóvel). Caso, ao contrário, trate-se de defeitos facilmente perceptíveis (exemplo, um arranhão na porta do veículo), não há que se falar em vícios redibitórios.

Além de oculto, também se exige que o defeito em questão seja grave. **Defeito grave** é aquele que torna a coisa imprópria ao uso a que se destina, ou diminui o seu valor (o exemplo, já mencionado, da falha interna do motor do veículo). Se, no entanto, o defeito for de pequena monta, de escassa repercussão (exemplo, uma ligeira falha no ajuste do espelho retrovisor do carro), será descabido invocar a presença de vícios redibitórios.

b) Que o defeito incida em coisa recebida em virtude de contrato bilateral e comutativo. Consequentemente, não é qualquer tipo de contrato que vai legitimar a tutela legal contra os vícios redibitórios.

Para tanto, é necessário, em primeiro lugar, que o contrato seja bilateral. **Contrato bilateral** é aquele que estabelece deveres recíprocos para ambas as partes (exemplo, a compra e venda).

Quando se trata, porém, de contrato unilateral, ou seja, daquele que impõe deveres para apenas uma das partes (como se passa com a doação), a lei, nesse caso, repele a possibilidade de se reclamar contra vícios redibitórios.

IMPORTANTE: se a doação vier gravada com **encargo**, ou seja, se restar configurada uma **doação onerosa**, ela irá assumir, para todos os efeitos, a feição de contrato bilateral. Nesse caso específico, haverá possibilidade de se responsabilizar o doador pelos vícios redibitórios (CC, art. 441, parágrafo único). Exemplo: João doa um imóvel a Paulo, mas impõe como encargo que Paulo nele construa uma creche. Se, na hipótese versada, o imóvel vier com falhas estruturais, que inviabilizem a instalação da creche, Paulo poderá propor ação contra João alegando vícios redibitórios.

Em todo caso, não basta que o contrato se caracterize como bilateral. Para fins de alegação de vícios redibitórios, a lei também impõe, outrossim, que o contrato tenha caráter comutativo. **Contrato comutativo** é aquele cujos participes podem, desde logo, antever a equivalência subjetiva entre as prestações (exemplo, a compra e venda de um veículo pelo preço de R$ 50 mil: cada uma das partes sabe previamente o preço que se deve pagar pelo objeto que se pretende vender).

De modo diverso, quando se cuida de contrato aleatório, que envolve a incidência de riscos para os contratantes (como, por exemplo, a compra de uma safra futura), já não se poderá invocar a tutela legal contra os vícios redibitórios.

Em suma, são esses os dois pressupostos que se devem fazer presentes para que se possa admitir a reclamação contra vícios redibitórios: primeiro, que o defeito seja **oculto e grave**; segundo, que ele incida sobre coisa recebida em virtude de **contrato bilateral e comutativo**.

Outra questão para debater tem a ver com a **ciência prévia** do alienante acerca da existência do defeito. Imagine-se, por exemplo, que o alienante coloque o bem à venda sabendo da presença do vício, e, ao mesmo tempo, omita a informação do adquirente. Nesse caso, qual seria a solução?

Resposta: por ter procedido de **má-fé**, o alienante responderá pela **restituição do valor recebido** com acréscimo de **perdas e danos** (CC, art. 443).

Entretanto, mesmo que o alienante ignore o defeito, ainda assim sua responsabilidade persiste, já que o objetivo da lei, em todo caso, é garantir segurança às relações. A isto se acresça que todo aquele que vende, tem a obrigação de fazer boa a coisa vendida.

Considerando-se, nesse contexto, que o alienante desconhecia a existência do vício, a pergunta que se faz é: como ficará configurada sua responsabilidade?

Resposta: diante da **ausência de má-fé**, o alienante responderá pela restituição do **valor recebido** juntamente com as **despesas do contrato** (CC, art. 443).

> No IX Exame de Ordem, foi trabalhada uma questão que abordava o caso de uma compra e venda que tinha por objeto um automóvel defeituoso. De acordo com a questão, o defeito só foi percebido pelo comprador vinte dias após a celebração do negócio. Considerou-se correta a resposta que afirmava que, se, no momento da venda, o vendedor desconhecia o defeito incidente sobre o veículo, ele deveria restituir o valor recebido e arcar com as despesas decorrentes do contrato.

Feita essa ressalva, é preciso ainda destacar que, no campo dos vícios redibitórios, a lei confere ao adquirente **duas ações** para defesa do seu direito (CC, art. 442):

a) Ação redibitória. Por meio dessa ação, o adquirente irá pleitear a **rescisão do contrato**, enjeitando a coisa defeituosa, com o consequente reembolso do valor que já foi pago;

b) Ação *quanti minoris* (ou estimatória). Essa ação tem por objetivo básico pleitear **abatimento de preço**. Na prática, ela costuma ser movida quando o adquirente tem interesse em permanecer com o objeto.

IMPORTANTE: a escolha de uma entre as duas ações fica a critério exclusivo do adquirente.

Com relação aos **prazos decadenciais** para a propositura das ações, a lei civil estabelece dois critérios diferentes, conforme se trate de bens móveis ou imóveis (CC, art. 445).

Confira-se o gráfico abaixo:

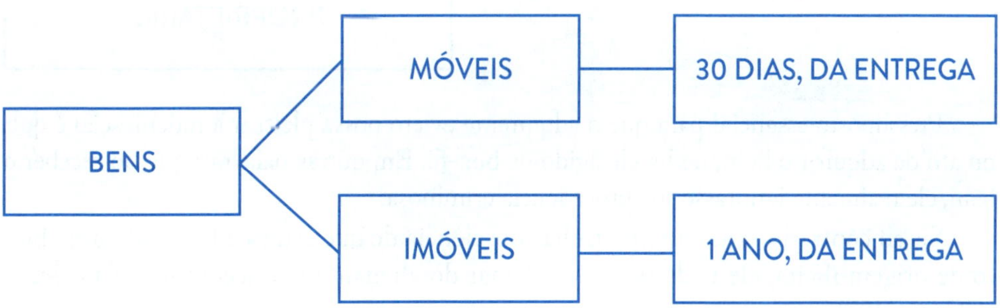

3.6 EVICÇÃO

Toda vez que o objeto é alienado por quem não é dono, o adquirente corre o risco de, mais tarde, responder a um processo instaurado pelo verdadeiro proprietário e, por força da sentença, ser condenado a restituir-lhe o bem.

É o que se passa, por exemplo, com a venda de carro roubado. Após a consumação do roubo, o ladrão promove a venda do carro a um adquirente de boa-fé. Este, posteriormente, vem a ser demandado pelo dono do veículo e o juiz o condena a proceder à sua devolução. Fala-se, no caso, que o adquirente sofreu **evicção**.

Sob esse aspecto, a **evicção** corresponde à perda judicial do bem em favor do seu legítimo proprietário.

DICA DE MEMORIZAÇÃO: quem compra do ladrão, sofre **evicção**.

Da evicção resulta, por outro lado, um prejuízo patrimonial para o adquirente, o que, na prática, irá legitimá-lo a exercer uma pretensão indenizatória contra o alienante. É preciso, pois, que o alienante indenize o adquirente pelos prejuízos resultantes da evicção.

Confira-se o gráfico abaixo:

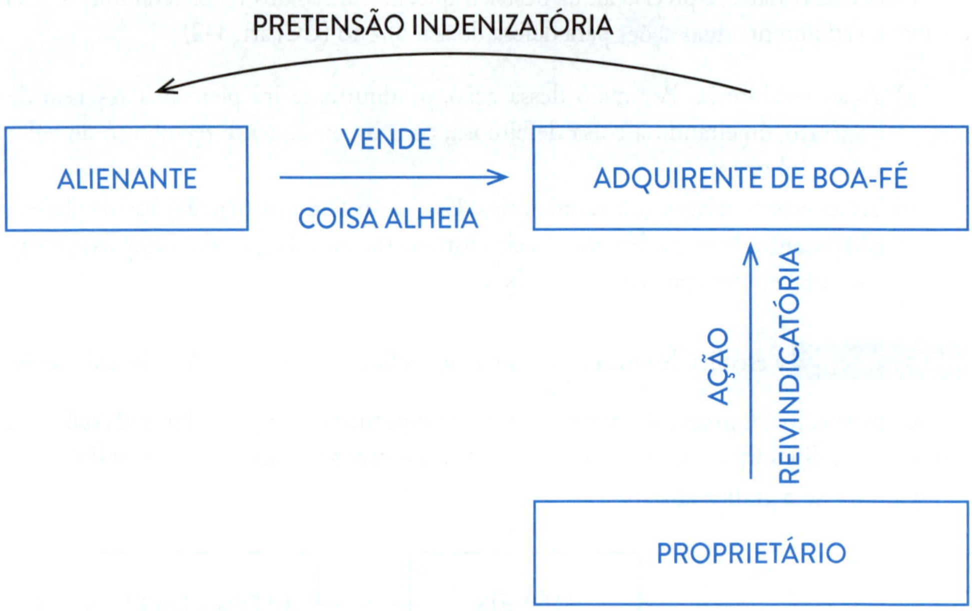

Pressuposto essencial para que o adquirente evicto possa pleitear a indenização é que, no ato de adquirir o bem, tenha ele agido de **boa-fé**. Em outras palavras: que, ao receber o bem, ele realmente ignorasse sua procedência criminosa.

Se, ao contrário, o adquirente tinha consciência de que estava adquirindo um objeto de origem ilícita, ele nada poderá reclamar do alienante em decorrência da evicção (CC, art. 457).

Outro pressuposto fundamental para que se possa responsabilizar o alienante é que a alienação se tenha dado a **título oneroso** (CC, art. 447). Afinal, como foi dito no item anterior, todo aquele que vende, tem a obrigação de fazer boa a coisa vendida.

Se, de modo diverso, o adquirente vier a sofrer evicção de coisa recebida a título gratuito, obtida, por exemplo, através de doação, ele nada terá a reclamar da outra parte.

IMPORTANTE: se a doação vier gravada com **encargo**, ela passa a ser tratada como **contrato oneroso**, e, como tal, poderá dar ensejo à responsabilidade do doador pela evicção.

> No XX Exame de Ordem (reaplicação: Salvador), foi trabalhada uma questão extremamente polêmica a respeito do tema da evicção. Narrou-se o caso de um sujeito que teve o seu paletó furtado e que depois foi colocado à venda no mostruário de um brechó. Um mês depois, o paletó foi comprado no brechó por um cliente que não sabia de sua origem. O gabarito deu como correta a afirmativa que dizia que o cliente tornou-se proprietário legítimo do paletó. O fundamento foi buscado num dispositivo obscuro do Código Civil que determina que, se a coisa for vendida ao público, em leilão ou estabelecimento comercial, em circunstâncias tais que criem a aparência de que o estabelecimento teria, de fato, o domínio sobre o bem, a tradição terá força de transferir a propriedade (CC, art. 1.268).

Ainda no campo da evicção, um problema interessante que se coloca tem a ver com a **cláusula excludente de responsabilidade**. A questão se apresenta mais ou menos nos seguintes termos: o alienante vende o bem e, ao mesmo tempo, faz constar do contrato uma cláusula pela qual se isenta de qualquer responsabilidade caso o adquirente venha a sofrer evicção.

Por mais estranho que possa parecer, esse tipo de cláusula é acatada pela legislação civil. Se for da vontade das partes, elas poderão, por cláusula expressa, reforçar, diminuir ou até mesmo **excluir** a responsabilidade pela evicção (CC, art. 448).

Entretanto, o simples fato de existir a cláusula no contrato, por si só, não será suficiente para exonerar o alienante de responsabilidade. É necessário, além disso, que o adquirente **saiba do risco** que está correndo; que ele seja **informado do risco**; e, sobretudo, que ele **assuma o risco** em termos expressos.

Exemplo: José vende a Maria uma obra de arte recebida através de herança. Como José não tem noção exata a respeito da origem do bem, ele insere no contrato uma **cláusula** pela qual não indenizará Maria caso ela venha a sofrer evicção.

Maria, pessoa experimentada nesse ramo negocial, sabe do risco que está suportando. O próprio José fez questão de informá-la previamente a respeito do risco. E com isso ela assume para si todo o risco da operação. Presentes essas condições, a cláusula que exclui a responsabilidade de José pela evicção será considerada **válida**.

Por outro lado, se, a despeito da existência da cláusula, Maria não sabia do risco, ou, mesmo que informada, não chegou a assumi-lo, a responsabilidade de José continuará a persistir.

Logo, não obstante a cláusula que exclui a garantia contra a evicção, se esta se der, terá o evicto o direito de recobrar do alienante o preço que pagou pelo bem, se não sabia do risco, ou, mesmo que informado, não o assumiu (CC, art. 449).

Outro aspecto importante que merece ser enfatizado refere-se ao cálculo da **indenização devida** em decorrência da evicção.

A título de exemplo, suponha-se que determinado comprador tenha pago a importância de R$ 2 mil por um cavalo roubado, sem saber, contudo, de sua origem criminosa. Após ser submetido a vários treinos, o cavalo em questão conquista o primeiro prêmio em uma competição de hipismo, o que faz com que seu valor de mercado salte para R$ 50 mil. Dias depois, o comprador é citado para responder a uma ação movida pelo legítimo proprietário do animal.

Nesse contexto, pergunta-se: qual o valor indenizatório que o evicto poderá exigir do alienante?

Resposta: **R$ 50 mil**. O valor a ser pago ao contratante evicto corresponde ao preço da coisa **à época da evicção** (CC, art. 450, parágrafo único).

3.7 ESTIPULAÇÃO EM FAVOR DE TERCEIRO

A princípio, o contrato gera efeitos somente entre as partes que nele atuaram, não aproveitando nem prejudicando terceiros estranhos à relação.

Pode, no entanto, acontecer de um terceiro ser afetado por um vínculo contratual do qual não chegou a participar. É o que se verifica no caso da **estipulação em favor de terceiro**.

Na **estipulação em favor de terceiro**, um dos contratantes vincula o outro partícipe a satisfazer uma prestação em favor de uma terceira pessoa, pessoa esta alheia à relação jurídica.

Nesse tipo de ajuste, aparecem três personagens: **o estipulante**, que tomou a iniciativa de criar o vínculo jurídico, **o promitente**, que se obriga a satisfazer a prestação, e **o beneficiário**, que é o terceiro a ser favorecido pela estipulação.

Confira-se o gráfico abaixo:

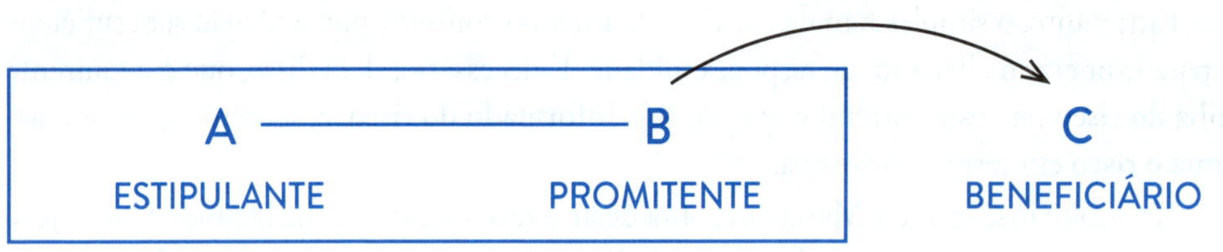

Um bom exemplo ajudará a esclarecer a situação. Admita-se que João promova a doação de um imóvel rural a Pedro. No instrumento do contrato, João determina que Pedro ficará obrigado a transferir, todos os anos, 10% de sua safra para Marcelo. Acontece que, em nenhum momento, Marcelo chegou a participar da celebração do ajuste. Teremos, aqui, um caso típico de estipulação em favor de terceiro.

O principal problema que pode aparecer nesse tipo de negócio é o **descumprimento da obrigação** pelo promitente. A questão pode ser colocada nos seguintes termos: e se, no exemplo anterior, Pedro se recusar a transferir a Marcelo a parte que lhe cabe na colheita?

Resposta: Pedro poderá ser compelido judicialmente a fazê-lo através de ação que pode ser promovida tanto pelo **estipulante** (João) como pelo **beneficiário** (Marcelo).

A explicação é simples. Em primeiro lugar, **aquele que estipula** em favor de terceiro pode exigir do promitente que cumpra a obrigação (CC, art. 436). Afinal de contas, nada mais natural que um dos contratantes exija do outro que proceda ao cumprimento do que foi ajustado.

Mas, além dele, também ao **beneficiário**, em favor de quem se estipulou a obrigação, será facultado exigir seu cumprimento (art. 436, parágrafo único). Assim o é porque, ao anuir expressamente à estipulação, o beneficiário passa a titularizar um direito contra o promitente, o que evidencia o seu legítimo interesse de agir em caso de inexecução do contrato.

Para concluir, uma última observação. O estipulante pode se reservar o direito de **substituir** o beneficiário por outro. Essa substituição, vale ressaltar, pode ser feita independentemente da vontade do promitente ou do beneficiário original (CC, art. 438).

3.8 CONTRATO COM PESSOA A DECLARAR

Pode acontecer que, no momento da celebração contratual, uma das partes faça constar uma cláusula que a autorize a indicar um terceiro para assumir sua posição dentro do negócio.

Sob esse aspecto, o **contrato com pessoa a declarar** aparece como a operação pela qual um dos contratantes se reserva a prerrogativa de nomear uma terceira pessoa para adquirir os direitos e assumir as obrigações decorrentes da relação jurídica (CC, art. 467).

Trata-se de uma verdadeira **substituição de parte**: o contratante que pactuou a cláusula pode se fazer substituir no negócio por pessoa estranha à relação.

Confira-se o gráfico abaixo:

Uma vez nomeado o terceiro, sua indicação deve ser comunicada à outra parte em no máximo **5 dias**, contados da conclusão do contrato, salvo estipulação diversa (CC, art. 468).

E essa nomeação, para todos os fins, opera **efeito *ex tunc***: o terceiro nomeado passa a assumir os direitos e obrigações contratuais de forma retroativa, desde o momento da celebração do negócio (CC, art. 469).

Observe-se, afinal, que existem certas restrições quanto à liberdade de nomear terceiros. Se ficar patente que o terceiro nomeado é pessoa **insolvente ou incapaz**, sua nomeação não terá validade jurídica. O contrato, nesse caso, produzirá seus efeitos somente entre os contratantes originários (CC, art. 471).

3.9 PROMESSA DE FATO DE TERCEIRO

Quando alguém promete algo, normalmente se vincula a desempenhar pessoalmente determinada prestação. Entretanto, aquele que promete **fato de terceiro** age de modo diferente, já que sua promessa tem por objeto uma prestação que será cumprida por intermédio de uma terceira pessoa.

Tome-se como referência o caso da empresa de eventos que se compromete, perante os formandos de uma universidade, a chamar um famoso conjunto musical para cantar no baile de formatura.

E se, nesse exemplo, os músicos não chegarem a comparecer ao baile?

Resposta: a responsabilidade corre por conta da empresa de eventos. Isso porque **aquele que promete fato de terceiro** transforma a si próprio, e não ao terceiro, em parte contratante. E por essa razão responderá por **perdas e danos**, caso o terceiro deixe de executar a prestação devida (CC, art. 439).

> No III Exame de Ordem, chegou a ser apreciado um caso parecido. Foi dito na questão que um sujeito havia se comprometido, junto ao locutor de uma rádio, a trazer um famoso cantor popular para conceder uma entrevista. Chegada a hora do programa, o cantor deixou de comparecer à rádio. A resposta dada como correta afirmava que o locutor poderia cobrar perdas e danos do promitente.

Cessará, contudo, a responsabilidade do promitente, se o terceiro, após se vincular ao contrato, deixar de cumprir a prestação (CC, art. 440).

4. RESPONSABILIDADE CIVIL

4.1 PRESSUPOSTOS DA ILICITUDE

A **responsabilidade civil** consiste na obrigação de reparar os danos resultantes de um ato ilícito (CC, art. 927).

Logo, para que se possa compreender adequadamente o tema da responsabilidade civil, é necessário ter conhecimento prévio a respeito do significado de **ato ilícito**.

De acordo com o art. 186 do CC, aquele que, por ação ou omissão voluntária, negligência ou imprudência, violar direito e causar dano a outrem, ainda que exclusivamente moral, comete **ato ilícito**.

Perceba-se que o dispositivo associa o ato ilícito à prática de uma **ação ou omissão**. Mas não só isso. É preciso também que daquela ação ou omissão tenha decorrido um **resultado** danoso. Além disso, exige-se também a presença de um **nexo causal** entre a ação ou omissão e o resultado. Finalmente, é preciso demonstrar que a atuação do agente se deveu à presença do elemento **culpa**.

Logo, a configuração do ato ilícito requer o necessário preenchimento de **quatro pressupostos** essenciais. Confira a seguir:

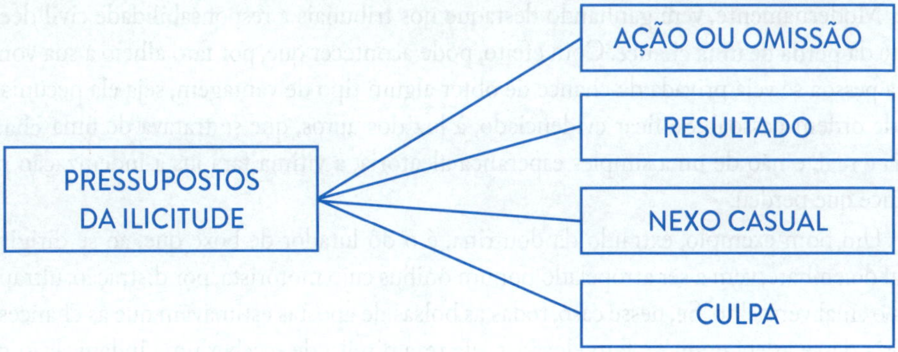

Analisemos detidamente cada um desses pressupostos:

a) Ação ou omissão. A ilicitude tanto pode decorrer de um **comportamento ativo** (exemplo, desferir um golpe de faca), como de uma **conduta omissiva** (exemplo, deixar o salva-vidas de prestar socorro à vítima de afogamento).
b) Resultado. Corresponde à ocorrência efetiva de um **dano**, que tanto pode ser **material, moral ou estético**, ou, ainda, resultar da **perda de uma chance**.

Entende-se por **dano material** aquele que atinge o patrimônio da vítima. Pode-se apontar como exemplo o da colisão automobilística que provoca deteriorações no veículo abalroado. Ou, ainda, o da vítima de atropelamento que, além de ter de suportar despesas médico-hospitalares, ainda fica privada de auferir ganhos financeiros durante o período de internação (lucros cessantes).

Já o **dano moral** é aquele que se reflete na ofensa ao sentimento de honra, de modo a infligir dor, sofrimento, angústia e humilhação à pessoa da vítima.

IMPORTANTE: a jurisprudência tem entendido que o mero dissabor, por si só, não caracteriza dano moral.

Finalmente, o **dano estético** é aquele que consubstancia uma deformidade física de caráter permanente (exemplo, a amputação de um membro, uma cicatriz).

Observe-se que um mesmo fato danoso pode ensejar, na prática, a **cumulação** das três espécies de dano: o material, o moral e o estético.

> No V Exame de Ordem, foi formulada uma questão que versava sobre essa possibilidade. A questão mencionou o caso de um pedestre que foi atropelado por um veículo que trafegava em alta velocidade. Para conseguir se recuperar, a vítima teve de ficar internada por dez dias, sem possibilidade de exercer atividade laborativa, além de ter ficado com cicatrizes no corpo. Considerou-se correta a resposta que afirmava que a vítima poderia receber indenização pelo **dano material**, em virtude do tempo que ficou sem trabalhar, pelo **dano moral**, em razão do sofrimento sentido, e pelo **dano estético**, diante das cicatrizes com que ficou.

Modernamente, vem ganhando destaque nos tribunais a responsabilidade civil decorrente da perda de uma chance. Com efeito, pode acontecer que, por fato alheio à sua vontade, a pessoa se veja privada da chance de obter algum tipo de vantagem, seja ela pecuniária, ou de ordem pessoal. Se ficar evidenciado, à luz dos autos, que se tratava de uma chance séria e real, e não de uma simples esperança aleatória, a vítima fará jus à indenização pela chance que perdeu.

Um bom exemplo, extraído da doutrina, é o do lutador de boxe que, ao se dirigir ao local do embate, vem a ser atropelado por um ônibus cujo motorista, por distração, ultrapassara o sinal vermelho. Se, nesse caso, todas as bolsas de apostas estimavam que as chances de vitória desse atleta eram de fato elevadas, ele terá direito de receber uma indenização pela oportunidade perdida.

c) Nexo causal. Traduz a relação de causa e efeito entre a ação ou omissão e o resultado danoso (exemplo: do ato de disparar um revólver, o agente vem a atingir a incolumidade física da vítima).

Como se observa, o nexo causal se apresenta como um elo de ligação entre a conduta do ofensor e o dano provocado. Ocorre, porém, que, em determinadas circunstâncias, é possível que esse elo de ligação inexista, ou mesmo que ele venha a ser afastado.

A esse respeito, a doutrina aponta dois importantes fatores que são capazes de provocar a ruptura do nexo causal. São eles: a culpa exclusiva da vítima e o motivo de caso fortuito ou força maior.

Confira-se o gráfico abaixo:

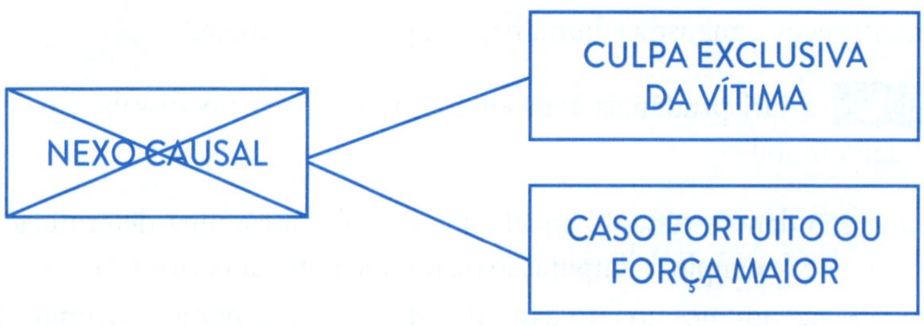

Primeiro, se ficar comprovado que a vítima, ela própria, foi exclusivamente culpada pelo dano que veio a sofrer, será forçoso concluir pelo afastamento do nexo causal. Tome-se como exemplo o do sujeito que, completamente embriagado, se atira sob as rodas de um veículo que vinha sendo regularmente conduzido pelo motorista. O acidente, no caso, teve lugar em razão da culpa exclusiva da vítima.

O segundo fator que também desencadeia a ruptura do nexo causal corresponde ao caso fortuito ou força maior. Assim, se o dano adveio de um fato necessário, cujos efeitos não era possível evitar ou impedir, também aqui inexistirá qualquer relação de causa e efeito entre ação ou omissão e resultado. É o que se passa, por exemplo, com o terremoto que provoca diversos acidentes em certa localidade.

IMPORTANTE: a incidência de qualquer desses fatores (culpa exclusiva da vítima/caso fortuito ou força maior), ao provocar a ruptura do nexo causal, faz com que deixe de haver a configuração da ilicitude. E, por não restar configurada a ilicitude, fica afastada, em tese, a responsabilidade civil.

d) Culpa. Em Direito Civil, a expressão culpa deve ser tomada em acepção *lato sensu*, englobando-se no conceito tanto a culpa *stricto sensu* (negligência, imperícia e imprudência), como o dolo. Em todo caso, para alcançar a reparação do dano, a vítima deve, a princípio, demonstrar que o agente atuou de maneira culposa.

Cumpre atentar que a presença do elemento culpa para efeito de caracterização do ato ilícito resulta da adoção, pelo Código Civil, da teoria da responsabilidade subjetiva. Como regra geral, somente após demonstrada a culpa do agente, é que o juiz poderá condená-lo a reparar o dano.

Mas não se pode olvidar que, em caráter excepcional, a lei também admite que o sujeito possa ser chamado à responsabilidade independentemente de ter agido com culpa. Em outras palavras: o legislador também contempla situações em que o elemento culpa deixa de ser pressuposto necessário para a imputação de responsabilidade. São casos, esses, de responsabilidade objetiva, sobre os quais falaremos no item seguinte.

4.2 RESPONSABILIDADE OBJETIVA

Em linhas gerais, pode-se definir responsabilidade objetiva como aquela cuja configuração independe de culpa.

Sua previsão consta de dispositivos esparsos do Código Civil. Apontam-se os seguintes casos principais:

a) Responsabilidade por atividade de risco (CC, art. 927, parágrafo único). Todo aquele que desenvolve atividade de risco, como, por exemplo, fabricação de explosivos, transporte de mercadorias inflamáveis etc., responderá objetivamente, ou seja, independentemente de culpa, pelos danos que provocar.
b) Responsabilidade por fato do produto (CC, art. 931). A empresa que coloca em circulação produtos que venham a causar danos à sua clientela assume responsabilidade objetiva, sem que se faça qualquer indagação acerca da culpa. É o caso, por exemplo, do aparelho celular que explode no bolso da calça do usuário, provocando a necessidade de se amputar um dos seus testículos.
c) Responsabilidade por fato do animal (CC, art. 936). Mesmo sem ter agido com culpa, o dono ou detentor do animal deve ressarcir o dano por este causado. Isso acontece, por exemplo, com o cão bravio que se desprende da coleira e vem a atacar um pedestre. Cuida-se, aqui, de mais um caso de responsabilidade objetiva.

IMPORTANTE: a responsabilidade por fato do animal tanto pode ser atribuída ao **dono**, como ao seu **detentor**, cabendo à vítima escolher contra qual deles irá mover a ação.

Em todo caso, essa responsabilidade poderá ser excluída caso se demonstre qualquer dos fatores que desencadeiam a ruptura do nexo causal, vale lembrar: a **culpa da vítima** ou a **força maior**.

Assim, não tem direito à indenização o sujeito que açula o animal alheio e com isso recebe uma mordida (culpa da vítima). Como também não será indenizado aquele que sofre ataque de um animal que acabou de escapar da jaula em decorrência de um terremoto (força maior).

d) Responsabilidade por coisas caídas de prédio (CC, art. 938). **Se a coisa cai da janela de um apartamento** e vem a atingir uma pessoa ou um veículo, a responsabilidade do morador será aferida objetivamente, sem que seja preciso demonstrar a existência de culpa.

IMPORTANTE: nos termos da previsão legal, o responsável civil é **aquele que habita** o prédio. Logo, tratando-se de imóvel alugado, a responsabilidade deve correr por conta do inquilino.

> No V Exame de Ordem, foi contemplada uma questão interessante sobre coisas caídas de prédio. Narrou-se o caso de uma moradora que gostava de decorar a janela de sua sala com vasos de plantas. Até que, um dia, uma forte ventania fez com que os vasos caíssem em cima dos carros que estavam estacionados logo abaixo da janela. Deu-se como correta a resposta que afirmava que a moradora deveria indenizar os proprietários lesados.

e) Responsabilidade por ato de terceiro (art. 932). Além de se responsabilizar pelos seus próprios atos, também pode acontecer, em determinadas circunstâncias, que o sujeito seja levado a responder por **atos praticados por terceira pessoa**.

Se, por exemplo, um **filho menor** provocar qualquer tipo de dano, seus **pais** serão civilmente responsáveis.

Pela mesma razão, se o dano for gerado por um **incapaz sujeito a tutela ou curatela**, caberá a seus **tutores e curadores** assumir a responsabilidade.

Além disso, se é o **empregado** que causa dano no desempenho de suas funções, a lei vai responsabilizar o **empregador ou comitente**.

Como também, se o dano é causado pelo **hóspede ou aluno**, dentro do estabelecimento hoteleiro ou escolar, a responsabilidade será do **dono do hotel ou da escola**.

Finalmente, se o sujeito assume **participação gratuita no produto de um crime**, deverá responder por sua entrega ao proprietário, ainda que o autor do delito tenha sido **outra pessoa**.

Observe-se, em todos esses casos, a presença de um **agente causador**, que provoca a ocorrência do dano, e de um **sujeito responsável**, que assume a obrigação de indenizá-lo.

Para ficarmos num exemplo. Suponha-se que um motorista particular, enquanto conduz os filhos do patrão à escola, provoque um atropelamento com vítima fatal. Nesse caso, por ter sido o dano causado pelo **empregado** no exercício de suas funções (agente causador), caberá ao **empregador** (sujeito responsável) assumir a responsabilidade pelo ocorrido.

É preciso ressaltar que a responsabilidade, no caso, assume caráter **objetivo**, já que nela não se discute a culpa *in eligendo* ou *in vigilando* do sujeito responsável pela reparação (CC, art. 933). No exemplo citado, ainda que não tenha havido culpa do empregador na escolha ou fiscalização do empregado, mesmo assim a lei determina que ele indenize os danos por este causados.

Outro dado importante. Após ser paga a indenização, o sujeito responsável passa a ostentar um **direito regressivo** contra o agente causador, a fim de que possa se reembolsar da importância despendida (CC, art. 934). Voltando ao exemplo anterior: o empregador indeniza os danos sofridos pela vítima, e depois pode mover ação de regresso contra o empregado.

Confira-se o gráfico abaixo:

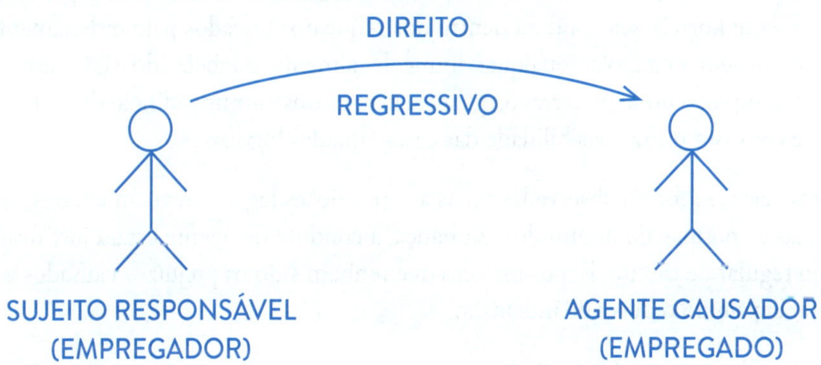

IMPORTANTE: a única hipótese em que o direito de regresso é excluído é quando se trata de dano causado por **descendente incapaz**, em face de considerações ligadas à moralidade familiar.

f) Responsabilidade por abuso de direito (CC, art. 187). O **abuso de direito** se revela quando o agente, atuando dentro do exercício do seu direito, ultrapassa, de modo considerável, certos limites que o ordenamento considera indispensáveis ao convívio social. Esses **limites** são ditados pelo **fim econômico ou social**, pela **boa-fé** ou pelos **bons costumes**.

Para ficarmos apenas em um exemplo. Não se nega ao hóspede de um hotel o direito de fazer uso dos serviços de água e luz. Mas aquele que sai do aposento e deixa as torneiras abertas e as lâmpadas ligadas, provocando desperdícios inúteis, incorre na prática abusiva (contrariedade ao fim econômico ou social).

Releva notar que, uma vez consumado o abuso de direito, não se exige prova de culpa para que o agente seja condenado a reparar o dano (responsabilidade objetiva).

4.3 EXCLUDENTES DA ILICITUDE

Assim como ocorre no Direito Penal, as **excludentes da ilicitude** correspondem a justificativas de ordem legal, aptas a retirar o caráter ilícito da conduta.

A nossa legislação civil reconhece a existência de três excludentes da ilicitude. São elas:

a) Legítima defesa. Dá-se a **legítima defesa** quando a vítima recorre ao uso da força para reagir a uma ameaça ou agressão injusta, que se revele também atual ou iminente (CC, art. 188, I). Exemplo: a vítima do assalto que, com a arma apontada para sua cabeça, saca rapidamente sua pistola e atira contra o assaltante.

Observe-se que, uma vez configurados os pressupostos da legítima defesa, a pessoa que reagiu ficará isenta da obrigação de reparar o dano.

b) Exercício regular de direito. O **exercício regular de direito** tem lugar quando o agente norteia sua conduta dentro dos requisitos traçados pelo ordenamento jurídico, sem extrapolar qualquer limite legalmente estabelecido (CC, art. 188, I). Exemplo: o dono do terreno, que nele vem a construir um edifício de vinte andares, e com isto retira a visibilidade das casas situadas logo atrás.

Nesse caso, se foram observadas todas as prescrições legais e regulamentares, se foram respeitadas as normas do direito de vizinhança, a conduta do agente estará justificada pelo exercício regular de direito. E, por maiores que tenham sido os prejuízos causados a terceiros, restará excluído o dever de indenizar.

c) Estado de necessidade. Pode-se definir o **estado de necessidade** como a deterioração ou destruição de coisa alheia, ou a lesão a pessoa, a fim de remover perigo iminente (CC, art. 188, II).

De fato, em diversas ocasiões o ser humano se vê colocado em uma situação de risco tal, que a única maneira que ele encontra para conseguir se resguardar é exatamente lesionando o interesse de terceiro inocente.

É o que se passa, por exemplo, com o motorista de um automóvel que, a fim de evitar um choque com um outro veículo que vinha sendo conduzido em alta velocidade na contramão, efetua um desvio de forma repentina. Em razão do fato, vem colidir com o muro de uma casa (deterioração de coisa alheia), ou a atropelar um pedestre (lesão a pessoa).

É importante relembrar que o estado de necessidade opera como causa excludente da ilicitude. Como tal, serve para afastar o caráter ilícito da conduta. Entretanto, por mais que o agente atue amparado por uma justificativa legal, ele incorrerá, não obstante, na **obrigação de indenizar** (CC, art. 929).

No exemplo citado, embora o desvio realizado pelo motorista encontre-se plenamente justificado pelas circunstâncias, ainda assim ele terá de ressarcir o dono da casa cujo muro foi atingido, ou o pedestre que foi atropelado.

É interessante observar que, ao mesmo tempo que se condena o autor do fato a prover o pagamento da indenização, a norma também vai lhe conferir um **direito regressivo** contra o terceiro responsável pela situação de perigo (CC, art. 930).

Em outras palavras: através de uma ação regressiva ajuizada contra o autor do perigo, aquele que agiu em estado de necessidade terá como reaver o valor indenizatório desembolsado em favor da vítima.

Voltando, mais uma vez, ao exemplo anterior. Se, ao desviar seu automóvel, o sujeito termina por provocar a colisão em um muro, ou o atropelamento de um pedestre, daí resulta que, embora seja ele legalmente obrigado a indenizar os prejuízos sofridos pela vítima, poderá depois ajuizar ação regressiva contra o proprietário do veículo que deu causa ao acidente.

Confira-se o gráfico abaixo:

4.4 RESPONSABILIDADE DO INCAPAZ

Como já foi dito antes, a lei responsabiliza os pais, tutores e curadores pelos danos que a **pessoa incapaz** causar a terceiros (CC, art. 932, I e II).

Existem, no entanto, certas situações, em que a vítima da conduta praticada pelo incapaz não conta com chances concretas de obter o ressarcimento das pessoas por ele responsáveis. Em semelhante contexto, a lei prevê a possibilidade de se responsabilizar o próprio incapaz pela indenização devida.

Duas são as hipóteses em que se admite legalmente a **responsabilidade pessoal do incapaz** (CC, art. 928):

a) Quando seus responsáveis não tiverem a obrigação de indenizar. É o que ocorre, por exemplo, com o **dano causado por empregado menor de idade** no desempenho de atividade profissional. Considerando-se que a lei, no presente contexto, responsabiliza o empregador pelos atos praticados por seus empregados (CC, art. 932, III), daí resulta a impossibilidade de se mover a ação contra os responsáveis pelo menor que causou o prejuízo. Responsável, no caso, seria o incapaz.

b) Quando seus responsáveis não dispuserem de meios suficientes. Como exemplo, pode-se apontar o **dano causado pelo filho menor que já conta com patrimônio próprio**, mas cujos pais são pessoas desprovidas de recursos. Diante das dificuldades que a vítima teria de enfrentar caso fosse buscar a indenização de seus responsáveis legais, a lei, também nessa hipótese, permite que o próprio incapaz possa ser chamado a responder pelo dano.

Em ambos os casos, a responsabilidade do incapaz se reveste de **caráter subsidiário**. Primeiro, deve-se procurar responsabilizar os pais, tutores ou curadores. Somente quando esses responsáveis não tiverem a obrigação de reparar o dano, ou não dispuserem de recursos bastantes, é que se poderá responsabilizar, subsidiariamente, o incapaz.

Além de subsidiária, essa responsabilidade se apresenta de **forma mitigada**. Isso porque o juiz, ao fixar o montante indenizatório, deve agir com um certo grau de equidade, evitando condenar o incapaz ao pagamento de valores excessivos. Pelo mesmo motivo, nenhuma condenação será imposta ao incapaz caso venha a privá-lo ou aos seus dependentes dos meios necessários (CC, art. 928, parágrafo único).

Confira-se o gráfico abaixo:

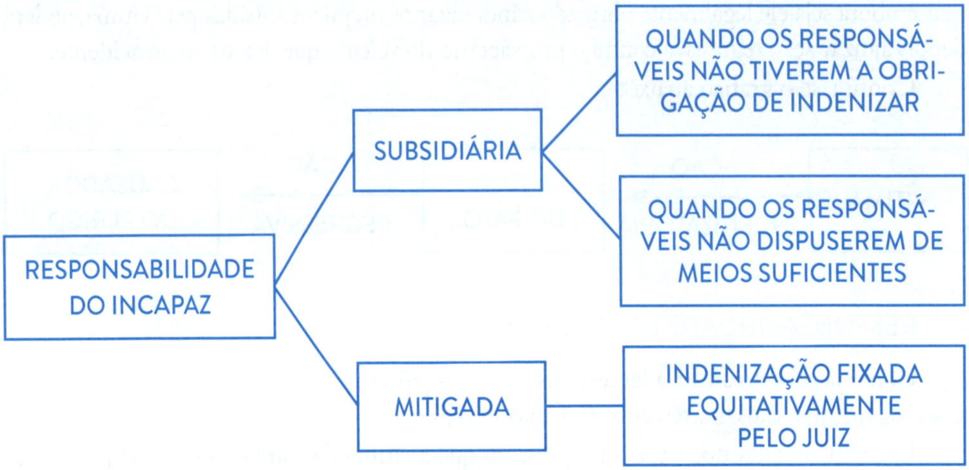

4.5 CULPA CONCORRENTE

Quando autor e vítima concorrem, de forma culposa, para a consumação do dano, impõe-se que o juiz, ao calcular a indenização, leve em conta **a gravidade da culpa de um, em confronto com a do outro envolvido** (CC, art. 945).

Como exemplo de culpa concorrente, pode-se apontar o do motorista que, conduzindo seu veículo em alta velocidade na contramão, vem a colidir com um automóvel que acabara de ultrapassar o sinal vermelho.

Configurada a hipótese, é preciso antes de tudo apurar a **gradação de culpa de cada partícipe**, para que se possa, desse modo, fixar o montante indenizatório devido.

4.6 RESPONSABILIDADE POR HOMICÍDIO

Em caso de **homicídio**, a indenização deve abarcar os seguintes valores (CC, art. 948):

a) despesas de tratamento da vítima;

b) funeral;

c) luto de família (o que inclui, por exemplo, santinhos, missa de sétimo dia etc.);
d) outras reparações devidas (a exemplo dos danos morais);
e) pensão aos dependentes, levando-se em conta a duração provável da vida da vítima.

Note-se que a obrigação de pensionar os dependentes é restrita ao **tempo provável de vida da vítima**, o que, no Brasil, limita-se à idade em que ela alcançaria **70 anos**.

> No XIII Exame de Ordem, foi ventilada uma questão que abordava a responsabilidade civil em caso de homicídio. Nela foi narrado o caso de um motorista que, desatento, falando ao celular enquanto dirigia, passou por cima da faixa de pedestres, ao mesmo tempo que um pai de família atravessava a mesma faixa para buscar seus dois filhos em uma creche. Como era de esperar, o pai de família foi atropelado e pouco depois veio a falecer em decorrência das lesões. O gabarito deu como correta a afirmativa que dizia que o motorista teria de indenizar as despesas gastas com a internação para tratamento da vítima, alimentos indenizatórios aos filhos, tendo em conta a **duração provável da vida do genitor**, sem excluir outras reparações.

4.7 RESPONSABILIDADE POR LESÃO CORPORAL

A responsabilidade decorrente de **lesão corporal** toma por base os seguintes valores (CC, arts. 949-950):

a) despesas de tratamento;
b) lucros cessantes até o fim da convalescença;
c) outros prejuízos sofridos (como, por exemplo, danos morais e estéticos);
d) pensão à vítima.

Cumpre observar que a vítima só terá direito ao recebimento da pensão em caso de **incapacitação laboral** ou **redução da capacidade laborativa**. E a depender da gravidade da ofensa, o pensionamento pode mesmo chegar a ser fixado pelo juiz em **caráter vitalício**. Porém, se a vítima preferir, a pensão será arbitrada e paga de uma só vez (CC, art. 950, parágrafo único).

Dados curriculares do autor:

- Advogado.
- Membro do Instituto Brasileiro de Direito de Família.
- Membro do Instituto dos Advogados Brasileiros.
- Membro do Instituto dos Advogados de Pernambuco.
- Professor de Direito Civil no ATF Cursos, CERS, Espaço Heber Vieira, Espaço Jurídico, Eu Vou Passar e OAB de Bolso.

REFERÊNCIAS

BEVILÁQUA, Clóvis. *Teoria geral do direito civil*. 2. ed. São Paulo: Francisco Alves, 1929.

BROX, Hans; WALKER, Wolf-Dietrich. *Allgemeiner Teil des bürgerlichen Gesetzbuch*. 30. ed. München: Carl Heymanns Verlag, 2006.

MELLO, Marcos Bernardes de. *Teoria do fato jurídico* – plano da existência. 20. ed. São Paulo: Saraiva, 2014.

PONTES DE MIRANDA, Francisco Cavalcanti. *Tratado de direito privado*. 2. ed. São Paulo: Bookseller, 1999.

DIREITO CONSTITUCIONAL

Daniel Sena

1. INTRODUÇÃO

Este material foi pensado para você que está prestes a realizar o Exame de Ordem. Os conteúdos aqui abordados foram escolhidos conforme seu grau de importância nas últimas provas.

A prova de Constitucional costuma apresentar 7 questões dentro do universo de 80 que compõe a prova, ou seja, quase 10% das questões de toda a prova. Além de ter o seu grau de importância definido na própria matéria, todas as outras disciplinas, de alguma forma, abordam aspectos constitucionais. Dessa forma, não se trata de uma matéria optativa para os seus estudos, mas essencial para toda a prova, tanto da primeira quanto da segunda fase.

Em se tratando de direito constitucional, o universo de questões possíveis é infindável; contudo, acredito que, para os que estudaram, as dicas aqui serão valiosíssimas, pois ressaltarão os principais aspectos desta matéria e te auxiliarão na fixação dos pontos mais relevantes.

Nos últimos exames, as questões têm abordado a Constituição de forma prática, exigindo sempre do candidato o conhecimento do seu texto para conseguir interpretar os casos concretos. Não apenas o texto constitucional se torna alvo das perguntas, mas também a doutrina e o posicionamento jurisprudencial predominante e atualizado. Em relação à jurisprudência, é muito importante salientar que, dentre os órgãos do Judiciário, o Supremo Tribunal Federal possui uma presença mais marcante nas questões de matéria constitucional.

Na hierarquia dos temas mais cobrados nos últimos exames, os direitos fundamentais aparecem em primeiro lugar. Esse sempre será o tema mais questionado nas provas. Depois vêm o processo legislativo, a organização político-administrativa, o Poder Executivo, o Poder Judiciário e o controle de constitucionalidade fechando o bloco dos temas mais abordados nas últimas provas.

Busquei organizar os conteúdos seguindo a lógica constitucional doutrinária e da própria organização topográfica da Carta Magna. Apesar de seguirem essa tendência, os assuntos possuem autonomia de forma que você tenha liberdade para escolher qual conteúdo estudar e quando estudar dentro do seu planejamento de estudos.

Aproveito para sugerir uma metodologia de estudo que possa influenciar o seu resultado positivamente. Considero que o direito constitucional deve ser enfrentado seguindo três passos simples: leitura da Constituição, leitura do material (anotações, caderno, livros, doutrina e jurisprudência) e a realização de exercícios. Seguindo essa metodologia eu tenho certeza que sua aprovação no Exame chegará.

Logicamente que essa obra não tem a pretensão de esgotar o conteúdo, mas de apresentar dicas essenciais para seu estudo de primeira fase. Tenho certeza que o conteúdo aqui apresentado corroborado com o seu conhecimento possibilitarão a você a realização de uma excelente prova de Constitucional.

Por fim, espero que esse material seja de fácil compreensão e, acima de tudo, que ele o(a) auxilie na realização desse sonho. Antes que eu me esqueça, desejo-lhe bons estudos e uma excelente prova!

2. CONSTITUCIONALISMO

2.1 CONCEITO

Chamamos de Constitucionalismo o estudo das Constituições dentro dos Estados, independentemente das características ou do momento em que se manifesta sua existência.

2.2 HISTÓRICO

Ao longo da história da humanidade, alguns momentos se destacaram na construção do constitucionalismo como conhecemos atualmente.

2.3 CONSTITUCIONALISMO ANTIGO

Esse período refere-se ao movimento constitucional do final do século XVIII, tendo como precursoras as experiências constitucionais do Estado hebreu, Grécia, Roma e Inglaterra, apesar de esse fenômeno ter se concretizado realmente pelos Estados ocidentais algum tempo depois. Vamos analisar agora os aspectos mais importantes de contribuição de cada Estado.

2.3.1 Estado hebreu

Segundo Loewenstein (1970), o constitucionalismo nasceu a partir da experiência histórica de criação do Estado hebreu, que, por conta dos costumes e grande influência religiosa, estabeleceu regras rígidas para o funcionamento do Estado com a criação de limites para os governantes. A sociedade nessa época vivia sob a autoridade divina, e os líderes eram considerados representantes de Deus na Terra.

Dentre as características do constitucionalismo dessa época podemos destacar:

- As leis não eram escritas e estavam alinhadas com os costumes do povo.
- Influência religiosa.
- Os líderes eram representantes de Deus.
- O respeito às leis era imposto pelo constrangimento público, as chamadas ordálias.
- Julgamento dos conflitos baseado nos julgamentos anteriores.

2.3.2 Grécia

A democracia ateniense foi uma das maiores provas de um Estado plenamente constitucional. A Constituição de Sólon traz a ideia de racionalização do poder, em que o poder do governante deveria ser limitado pela lei.

Como características desse movimento grego, temos:

- As constituições não eram escritas.
- O parlamento tinha um poder que prevalecia.
- As proclamações constitucionais podiam ser modificadas pelos atos legislativos ordinários.
- Os governantes eram irresponsáveis.

2.3.3 Roma

O imperador Adriano utilizava o termo "constituição" para se referir às normas editadas pelo próprio imperador e que tinham força de lei. Foi uma experiência muito parecida com a da Grécia só com aspectos que ampliaram a visão da constituição. Devemos aos romanos institutos como a *res publica*.

2.3.4 Inglaterra

A experiência inglesa foi de extrema utilidade para o constitucionalismo moderno, a qual foi baseada no princípio do estado de direito (*rule of law*), em que os governantes deveriam ter seu poder limitado pela lei, o que chamamos hoje de princípio da primazia da lei. Durante a Idade Média, não era assim; os soberanos titulares do poder utilizavam a autoridade divina para impor sua vontade, até que a sociedade se rebelou em luta por suas liberdades individuais.

O que facilitou a implantação de um estado de direito na Inglaterra foi a independência dos juízes, os quais eram responsáveis pela proteção da *common law* (direito comum), interpretação dada pelos juízes e que originou vários princípios jurídicos.

Vários documentos importantíssimos para o constitucionalismo foram desenvolvidos na Inglaterra:

- *Magna Charta Libertatum (1215).*
- *Petition of Rights (1628).*
- *Habeas Corpus Act (1679).*

- *Bill of Rights (1689).*
- *Act of Settlement (1701).*

As principais características do constitucionalismo inglês dessa época foram:

- O poder do parlamento.
- Uma monarquia parlamentar.
- A responsabilidade do governo nas mãos do parlamento.
- A autonomia do poder judiciário.
- Ausência de um direito administrativo formal.
- Valorização das convenções constituc ionais.

2.4 CONSTITUCIONALISMO MODERNO

O constitucionalismo moderno se desenvolve a partir do final do século XVIII com as revoluções liberais até após o final das grandes guerras mundiais do século XX. É nesse período que o constitucionalismo moderno surge com força se destacando por dois modelos constitucionais: as Constituições liberais e as sociais. Veremos agora os principais aspectos desses dois modelos constitucionais.

2.4.1 Constituições liberais

Com o surgimento das primeiras Constituições rígidas e escritas foi que o conceito de Constituição como a conhecemos nos dias de hoje tomou maior proporção. Isso se deu no final do século XVIII quando as Constituições passaram a ser dotadas de supremacia e construídas por conhecimentos teóricos e científicos.

Surgem nesse período os chamados direitos de primeira geração marcados pela forte presença dos direitos civis e políticos, direitos que garantiam a liberdade do indivíduo e limitavam o poder do Estado. Com a Revolução Francesa, instala-se primeiro modelo realmente institucionalizado de Estado de Direito, o chamado Estado Liberal.

2.4.2 A Constituição dos Estados Unidos

A Constituição americana surge amparada por fortes influências de John Locke e Montesquieu, no que tange ao viés individualista e liberal, além de impor fortes limitações ao poder do Estado. Isso se deu logo que as 13 colônias romperam com a Inglaterra, o que ficou instrumentalizado pela *Virginia Bill of Rights* e pela *Constituition of Virginia* (1776). Em seguida, a declaração de independência foi confirmada em *Articles of Confederation and Perpetual Union* (1777), que deram origem aos Estados Unidos da América. Em 1787, foi aprovada a atual Constituição dos Estados Unidos.

Entre as ideias que mais se destacam nessa evolução constitucional está a supremacia constitucional e garantia da jurisdição. A Constituição americana se destaca por ter estabelecido a organização dos poderes e como eles deveriam exercer este poder, inclusive no que se refere aos limites desse exercício. Dentre as principais características do movimento constitucional americano podemos destacar:

- A primeira Constituição escrita e rígida.
- Supremacia constitucional.
- Controle jurisdicional da constitucionalidade.
- Forma federativa de Estado.
- Sistema presidencialista de governo.
- Forma de governo republicana.
- Regime de governo democrático.
- Separação dos poderes.
- Declaração de direitos humanos.
- Fortalecimento do Poder Judiciário.

2.4.3 A Constituição francesa

A insatisfação demonstrada pelo povo, fortalecida pela burguesia que crescia, em relação aos privilégios da nobreza e do clero pagos com os tributos do próprio povo, deu causa à Revolução Francesa. A partir dessa ruptura com o antigo regime é que a Constituição escrita ganha espaço na França. O constitucionalismo francês nasceu sob forte influência do constitucionalismo inglês e amparado em duas ideias básicas: separação dos poderes e garantia dos direitos. Teve também influência do constitucionalismo norte-americano com adoção de um único diploma escrito.

Dentre as principais características desse período podemos destacar:

- Manutenção da monarquia constitucional com limites impostos ao poder do rei.
- Separação dos poderes.
- Distinção do poder constituinte originário e do poder constituinte derivado.

A experiência constitucional francesa não se encerra por aqui, pois ainda passa pelo agravamento da Revolução Francesa e estabelecimento de dois partidos que disputam a direção do Estado: os jacobinos e os girondinos. Mas os conflitos só acabam com o golpe de Estado promovido por Napoleão Bonaparte, que retoma a ideia de um governo ditatorial com forte apelo popular.

2.5 CONSTITUIÇÕES SOCIAIS

O estabelecimento do Estado de direito e fortalecimento das liberdades individuais gerou na classe operária um grande empobrecimento, o que motivou um movimento social logo no final da Primeira Guerra Mundial (1918) pela igualdade de direitos e pela prestação estatal de garantias nas relações trabalhistas, educação e apoio aos hipossuficientes.

A profunda crise econômica que abalou os Estados liberais agravou a situação de desigualdade exigindo uma mudança de postura por parte do Estado que abandona suas características abstencionistas e passa a interferir nas relações sociais. É aí que surge, juntamente com a evolução dos direitos de segunda geração, o Estado Social.

A primeira Constituição a incluir no rol de direitos os trabalhistas foi a Mexicana (1917). Na Europa esse movimento se inicia com a Constituição de Weimar (1919), na Alemanha. Nesse período também surge o controle de constitucionalidade concentrado realizado por um tribunal constitucional, o qual foi desenvolvido por Hans Kelsen e fez parte da Constituição Austríaca (1920).

> O XX Exame de Ordem trouxe uma questão em que se perguntava qual teria sido a contribuição da Constituição de Weimar no que tange à proteção dos direitos fundamentais. A resposta certa previa a consagração dos direitos sociais prestacionais de segunda dimensão.

2.6 CONSTITUCIONALISMO CONTEMPORÂNEO

Também chamada pela doutrina de Neoconstitucionalismo, surgiu logo após o final da Segunda Guerra Mundial (1945) e trouxe muitas mudanças para o constitucionalismo mundial. Com a experiência de extrema violência ocorrida na Segunda Guerra, esse movimento passa a valorizar a dignidade da pessoa humana não mais apenas como um instituto teórico e filosófico, mas com um aspecto normativo e como núcleo básico de todas as Constituições. Além disso, ocorre um fortalecimento dos direitos individuais e do Estado democrático de direito.

Em razão dessa evolução e da importância da dignidade da pessoa humana é que as Constituições passam a conter também direitos de terceira (direitos de fraternidade), quarta (direito à democracia, informação, pluralismo) e quinta geração (direito à paz).

Alguns fenômenos ocorrem nesse período e passam a caracterizar as Constituições contemporâneas:

- Rematerialização constitucional – imposição de limites ao legislador e diretrizes políticas.
- Transbordamento da Constituição – as normas constitucionais dependem menos dos legisladores, pois possuem aplicabilidade imediata.
- Força normativa da Constituição – as Constituições deixam de ser meras declarações e passam a ser normas supremas que conferem validade para todas as outras normas e impõem suas diretrizes, garantindo principalmente os direitos fundamentais e a preservação da democracia.
- Ampliação dos direitos fundamentais – os direitos fundamentais deixam de ter apenas eficácia vertical (perante o Estado) e passa a ter eficácia horizontal (eficácia perante os particulares).

- Atuação positiva do Estado – em vez de ter atuação meramente negativa, o poder público passa a interferir nas relações sociais por meio de prestações positivas que visem garantir a igualdade.
- Estado democrático de direito – garantia da soberania popular e maior efetividade aos direitos fundamentais.

2.7 CONSTITUCIONALISMO DO FUTURO

Já se fala em constitucionalismo do futuro, o qual conterá sete valores fundamentais: verdade, solidariedade, consenso, continuidade, participação, integração e universalização.

Seu teórico, o jurista argentino José Roberto Dromi, entende que a verdade imporá ao governante o dever de prometer apenas o que for possível de ser cumprido. Essas Constituições estarão baseadas em um consenso democrático influenciada pela solidariedade entre os povos. Elas priorizarão a continuidade daquilo que já foi conquistado pela humanidade sempre com a participação do povo na construção da vontade política. Elas propiciarão uma melhor integração entre os povos, o que conduzirá a universalização dos direitos fundamentais.

3. CLASSIFICAÇÃO DA CONSTITUIÇÃO

Ao estudarmos as Constituições, detectamos algumas características que as diferenciam umas das outras. Na tentativa de sistematizar essas peculiaridades, a doutrina classificou as Constituições conforme as espécies a seguir:

- **Quanto à origem:** como a Constituição se originou. Classifica-se em:

a) Outorgadas – impostas pelo titular do poder sem a participação popular.

b) Promulgadas – democráticas, derivam da participação popular por meio da democracia representativa. **A nossa Constituição é promulgada.**

c) Cesaristas – impostas pelo titular do poder, sujeitando-se a participação popular após a sua criação por meio de referendo.

d) Pactuadas – resulta da combinação de forças opostas de poder, como na monarquia x democracia.

- **Quanto à forma:** diz respeito à organização textual, podendo ser:

a) Escritas – são as Constituições sistematizadas e formalizadas em um texto escrito. Podem ser codificadas ou legais. As **codificadas** possuem seu texto elaborado apenas em um documento. As **legais** estão espalhadas em vários documentos. **A Constituição brasileira atual é escrita.**

b) Não escritas – essas também são conhecidas como costumeiras, exatamente porque as normas constitucionais não estão deduzidas em um texto escrito, mas estão espalhadas entre os costumes, jurisprudências, textos escritos ou convenções. Apesar disso, mesmo os Estados que utilizem Constituições não escritas possuem, pelo menos, um texto escrito fundamental com as regras constitucionais mais importantes.

- **Quanto ao modo de elaboração:** estabelece como a Constituição foi elaborada. Podem ser:

a) Dogmáticas – são as elaboradas pelo órgão instituído com essa finalidade. Ela representa os dogmas políticos do momento e são sempre escritas. Será **dogmática ortodoxa,** caso tenha fundamento em apenas uma ideologia dominante. Ou **dogmática eclética,** caso seja influenciada por ideologias distintas. São menos estáveis, sujeitando-se a alterações frequentes em seu texto. **A CF é classificada como dogmática eclética.**

b) Históricas – são elaboradas ao longo da história, e decorrem da evolução dos valores políticos da sociedade. Tendem a ser mais estáveis.

- **Quanto ao conteúdo:** diz respeito ao conteúdo que forma a Constituição. Classifica-se em:

a) Formal – é constitucional toda norma que esteja no texto escrito e tenha sido elaborada segundo o processo legislativo especial. Não importa se o conteúdo tem essência de Constituição. **A nossa Constituição é formal.**

b) Material – o que importa é o conteúdo possuir essência constitucional, independentemente de estar no texto escrito ou de ter passado pelo processo legislativo especial. Geralmente são normas que organizam a estrutura do Estado e dos seus poderes ou que prevejam direitos fundamentais.

- **Quanto à estabilidade:** está relacionada à forma de modificação do texto constitucional e pode ser dividida em quatro espécies:

a) Imutável – não pode ter o texto modificado.

b) Rígida – o processo de modificação do texto constitucional é mais rigoroso do que o das leis. **A nossa Constituição é rígida.**

c) Flexível – o processo de modificação do texto é igual ao das leis.

d) Semirrígida ou semiflexível – esta prevê um processo especial para alterar uma parte do seu texto e, para outra parte, o mesmo processo de alteração das leis. A Constituição do Império (1824) era classificada como semirrígida.

- **Quanto à correspondência com a realidade:** é o critério ontológico, pois se preocupa em saber se a Constituição elaborada tem ligação com a realidade ou não. Classifica-se em:

a) Normativa – esta corresponde à realidade político-social. Ela efetivamente regula a vida da sociedade. **A CF é normativa.**

b) Nominativa – não consegue regular a vida da sociedade, pois não corresponde à realidade.

c) Semântica – não possui nenhuma intenção de regular a vida do Estado, apenas resguarda o interesse do titular do poder.

- **Quanto à extensão:** está relacionada à extensão do texto constitucional. São duas espécies:

a) Sintética – contém apenas o que é essencial para Organização do Estado.

b) Analítica – é extensa, pois contempla diversos outros temas que não precisariam estar na Constituição. **A CF é analítica.**

- **Quanto à finalidade:** tem relação com a finalidade principal da Constituição. Classifica-se em:

a) Constituição-garantia – utilizada nos Estados liberais, preocupa-se apenas em limitar o poder do Estado. Ela garante a organização do Estado e a previsão de direitos fundamentais, por isso costuma ser sintética.

b) Constituição-balanço – tem como objetivo registrar momento político do Estado, que, quando é superado, elabora-se uma nova Constituição. Ela serve apenas para aquele momento.

c) Constituição-dirigente ou compromissória – preocupa-se em estabelecer objetivos sociais. Costuma ser analítica e ter normas programáticas. Marca registrada do Estado Social (*Welfare state*). É dirigente, pois dirige a atuação do Estado para a concretização dos fins sociais. **A nossa Constituição é dirigente.**

VAI E LEMBRAR! **A Constituição Brasileira se classifica como promulgada, escrita, codificada, dogmática, eclética, formal, rígida, normativa, analítica, dirigente.**

> No XXI Exame da Ordem, a banca trabalhou esse tema elencando 3 artigos com características que se relacionassem de alguma forma com algumas classificações. O primeiro artigo dizia que as normas da Constituição poderiam ser alteradas mediante processo legislativo próprio, com a aprovação da maioria qualificada de três quintos dos membros das respectivas Casas Legislativas, em dois turnos de votação, exceto as normas constitucionais que não versassem sobre a estrutura do Estado ou sobre os direitos e garantias fundamentais, que poderiam ser alteradas por lei infraconstitucional. O segundo artigo dizia que a Constituição, concebida diretamente pelo Exmo. Sr. Presidente da República, deveria ser submetida à consulta popular, por meio de plebiscito, visando à sua aprovação definitiva. E o terceiro artigo previa que a ordem econômica seria fundada na livre-iniciativa e na valorização do trabalho humano, devendo seguir os princípios reitores da democracia liberal e da social democracia, bem como o respeito aos direitos fundamentais de primeira dimensão (direitos civis e políticos) e de segunda dimensão (direitos sociais, econômicos, culturais e trabalhistas). A resposta certa adotada pela banca relacionou os artigos com as Constituições semiflexível, cesarista e compromissória.

4. APLICABILIDADE DAS NORMAS CONSTITUCIONAIS

4.1 INTRODUÇÃO

Estudar a aplicabilidade das normas constitucionais é entender a capacidade que essas normas têm de produzir efeitos. Esse é um tema muito interessante e que costuma ser cobrado em prova, não só com o nome de aplicabilidade, mas também com o nome eficácia.

Vários doutrinadores aprofundaram seu estudo criando teorias e classificações, mas um nome tem prevalecido como pensamento majoritário e, por sua vez, cobrado nas provas. Refiro-me ao professor José Afonso da Silva, cuja classificação estudaremos a partir de agora.

4.2 CLASSIFICAÇÃO

Primeiramente, José Afonso classificou a eficácia das normas constitucionais em duas espécies:

1. Eficácia jurídica.
2. Eficácia social.

Entende-se como eficácia jurídica a capacidade de a norma constitucional produzir efeitos no ordenamento jurídico.

Já a eficácia social é o efeito causado na sociedade. É quando a norma constitucional modifica a vida das pessoas na prática. É uma aplicabilidade concreta.

Percebeu a diferença? *A eficácia jurídica opera no mundo jurídico enquanto a eficácia social opera na sociedade.*

DE OLHO NA DICA: Toda norma constitucional possui eficácia jurídica, mas nem toda norma constitucional possui eficácia social.

José Afonso, ao chegar até aqui, percebeu que essa classificação era insuficiente para compreendermos toda a dimensão da aplicabilidade social das normas constitucionais. Diante disso, ele criou outras subclassificações, as quais veremos aqui:

- Eficácia social plena.
- Eficácia social contida.
- Eficácia social limitada.

4.2.1 *Normas de eficácia social plena*

São consideradas normas de eficácia social plena aquelas que possuem aplicação automática, que são autoaplicáveis, ou seja, não dependem de outras normas para produzir efeitos. Dizemos ainda que essas normas possuem aplicação direta, imediata e integral.

Como exemplos podemos citar os arts. 1º; 2º, 5º, *caput* e incisos XXXV e XXXVI; 19; 21; 53; 60, §§ 1º e 4º; 69; 128, § 5º, I e II; 145, § 2º; entre outros.

4.2.2 Normas de eficácia social contida

As normas de eficácia social contida, também chamadas de restringíveis, redutíveis, contíveis ou prospectivas, são autoaplicáveis, isto é, possuem aplicabilidade desde o momento em que entram em vigor. Possuem aplicação automática, direta e imediata. Contudo, é restringível, exatamente porque é possível que seus efeitos sejam restringidos por outra norma. Diante disso, podemos dizer que, apesar da semelhança com as normas de eficácia plena, a aplicação de uma norma de eficácia contida possivelmente não será integral. É o que ocorre, por exemplo, com os arts. 5º, VIII, XII, XIII, XV, XXVII, XXXIII; 9º; 37, I; 170, parágrafo único; entre outros.

4.2.3 Normas de eficácia social limitada

São consideradas normas com eficácia limitada as que não possuem, por si só, aplicabilidade social. São normas que para serem utilizadas na prática precisam de uma outra norma regulamentadora que lhe dê eficácia. Por essa razão, dizemos que elas são aplicáveis de forma mediata e indireta, diferentemente das duas anteriores que estudamos. A sua falta de eficácia imediata lhe confere ainda uma aplicabilidade reduzida, mitigada, diferida. Enquanto não forem regulamentadas, permanecem apenas com a eficácia jurídica, mas sem aplicação prática.

Um exemplo bacana e que costuma cair em prova é o previsto no art. 5º, XLIII, da CF. Mas o professor José Afonso não parou por aqui. Ele ainda classificou essa espécie em duas:

- **Normas de eficácia limitada de princípio institutivo.**
- **Normas de eficácia limitada de princípio programático.**

Também conhecidas como normas de princípio organizativo ou organizatório, as normas de eficácia limitada de ***princípio institutivo*** costumam prever a criação de institutos ou estruturas. Geralmente são utilizadas para organizar órgãos e entidades estatais. Um exemplo interessante é o previsto no art. 88 da CF.

Outros exemplos que podem cair na sua prova: arts. 18, § 2º; 22, parágrafo único; 25, § 3º; 33; 90, § 2º; 102, § 1º; 107, § 1º; 113; 121; 125, § 3º; 128, § 5º; 131; dentre outros.

São consideradas normas de eficácia limitada de princípio programático aquelas que revelam alguns objetivos que o Estado pretende executar, programas sociais que devem ser implementados. Geralmente possuem fins sociais. Como exemplos desse tipo de norma podemos citar: arts. 7º, XI, XX, XXVII; 173, § 4º; 196; 205; 215; 218; 227; dentre outros.

O STF já decidiu conferindo a classificação como sendo de eficácia limitada os seguintes dispositivos: arts. 5º, LI; 37, I e VII; 40, § 4º; 18, § 4º.

No XVI Exame foi perguntado sobre esse tema quando a FGV trouxe caso concreto em que era afirmado que o exercício de qualquer atividade laborativa só seria exercido se fosse regulamentado. A resposta certa dizia que o comando havia apresentado argumentos contrários à ordem constitucional, pois o dispositivo da Constituição Federal que afirma ser livre o exercício de qualquer trabalho, ofício ou profissão, atendidas as qualificações profissionais que a lei estabelecer, possui eficácia contida, de modo que, inexistindo lei que regulamente o exercício da atividade profissional, é livre o seu exercício.

5. PRINCÍPIOS FUNDAMENTAIS

5.1 INTRODUÇÃO

Os princípios fundamentais, também chamados de princípios constitucionais, são um conjunto de diretrizes que fundamentam a organização do Estado e dos seus poderes além de orientar o estabelecimento dos direitos e garantias fundamentais. Seu papel essencial dentro da Constituição acaba por se desdobrar em toda estrutura da norma fundamental, sendo possível encontrar seus preceitos estampados em todos os artigos que compõem a Constituição Federal.

Por uma razão lógica, os princípios estão previstos topograficamente entre os arts. 1º e 4º da Constituição, e os estudaremos em dois momentos distintos.

5.2 FUNDAMENTOS DA REPÚBLICA FEDERATIVA DO BRASIL

O art. 1º da Constituição Federal apresenta como primeira norma fundamental o rol dos fundamentos, que, como o próprio nome diz, embasam, dão suporte para todas as demais normas constitucionais. São cinco os fundamentos: soberania, cidadania, dignidade da pessoa humana, valor social do trabalho e da livre-iniciativa e pluralismo político. Para ajudá-lo a memorizar os cinco fundamentos, costumo usar um mnemônico muito útil formado com as iniciais dos cinco fundamentos: **SO CI DI VA PLU**.

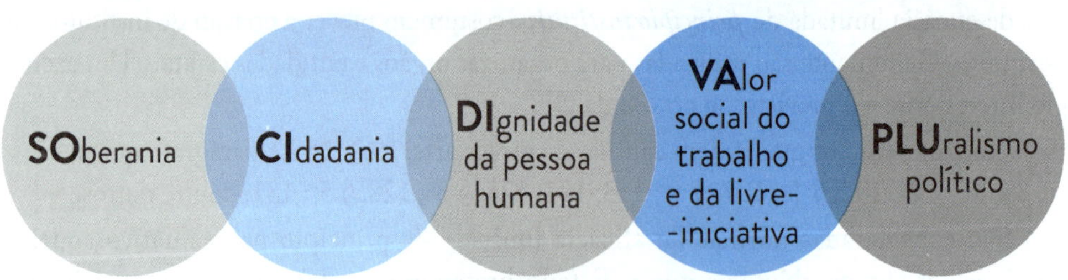

5.3 OBJETIVOS DA REPÚBLICA FEDERATIVA DO BRASIL

O art. 3º da Constituição Federal consagra os objetivos da República Federativa do Brasil. São metas, fins a serem perseguidos pelo Estado, objetivando o atingimento de um estado de bem-estar social. Por serem ações a serem perseguidas pelo poder público, possuem graus de concretização diferentes, os quais fatalmente não são realizados em sua plenitude, revelando, assim, seu caráter de norma programática. São objetivos do Estado brasileiro: construir uma sociedade livre, justa e solidária; garantir o desenvolvimento nacional; erradicar a pobreza e a marginalização e reduzir as desigualdades sociais e regionais; e promover o bem de todos, sem preconceitos de origem, raça, sexo, cor, idade e quaisquer outras formas de discriminação. Para memorizar use o mnemônico: **CON GA ER PRO**.

- **CON** • Construir uma sociedade livre, justa e solidária.
- **GA** • Garantir o desenvolvimento nacional.
- **ER** • Erradicar a pobreza e a marginalização e reduzir as desigualdades sociais e regionais.
- **PRO** • Promover o bem de todos, sem preconceitos de origem, raça, sexo, cor, idade e quaisquer outras formas de discriminação.

5.4 PRINCÍPIOS QUE REGEM AS RELAÇÕES INTERNACIONAIS

E, finalmente, o art. 4º da Constituição traz os princípios que regem as relações internacionais do Brasil, sempre tendo como base o fundamento da soberania, colocando-o em pé de igualdade com os demais países do mundo. Para memorizar:

- **A** • Autodeterminação dos povos
- **IN** • Independência nacional
- **DE** • Defesa da paz
- **NÃO** • Não intervenção
- **CON** • Concessão de asilo político
- **PRE** • Prevalência dos direitos humanos
- **I** • Igualdade entre os Estados
- **RE** • Repúdio ao terrorismo e ao racismo
- **CO** • Cooperação entre os povos para o progresso da humanidade
- **S** • Solução pacífica dos conflitos

5.5 PRINCÍPIO DA TRIPARTIÇÃO DOS PODERES

Conhecido como Princípio da Separação dos Poderes, objetiva a limitação do poder estatal evitando, assim, abusos cometidos por seu titular. Alguns filósofos perceberam que, se o poder do Estado estivesse dividido entre três entidades diferentes, seria possível que a sociedade exercesse um maior controle de sua utilização. Seu principal expoente foi Montesquieu, que, através da sua obra *O espírito das leis*, propõe a divisão dos poderes do Estado em três, sendo que cada um dos poderes desempenharia uma função específica:

1. Poder Executivo – função principal (típica) de administrar o Estado.
2. Poder Legislativo – função principal (típica) de legislar e fiscalizar as contas públicas.
3. Poder Judiciário – função principal (típica) jurisdicional.

Para evitar o engessamento da atividade estatal, cada poder exerce, além da sua função típica, a função do outro poder de forma acessória, ou, como preferem algumas bancas, de forma atípica.

Não existe hierarquia entre os três poderes. O que existe entre eles é uma relação de harmonia e independência, como prevê expressamente o art. 2º da Constituição Federal: "São Poderes da União, independentes e harmônicos entre si, o Legislativo, o Executivo e o Judiciário".

Com o intuito de proteger esse equilíbrio, o direito constitucional brasileiro importou do direito norte-americano uma teoria chamada de Sistema de Freios e Contrapesos *(checks and balances)*. Para essa teoria, nenhum poder é tão poderoso ou independente que não dependa do outro poder. Significa dizer que, em algumas situações expressamente previstas na Carta Fundamental, as atribuições de um poder dependerão da participação de outro poder em uma espécie de controle recíproco. Pode-se dizer, portanto, que o sistema de freios e contrapesos é exceção à separação dos poderes. Um exemplo interessante é a criação de uma lei em que o Poder Legislativo fosse responsável pela sua elaboração, e, em seguida, ela devesse passar pelo Poder Executivo que a sancionaria, e, no caso de essa lei ser por algum motivo inconstitucional, o responsável por essa declaração seria o Poder Judiciário.

Outra informação importantíssima para sua prova é que esse princípio encontra-se listado no rol de cláusulas pétreas, ou seja, ele não pode ser retirado, abolido ou diminuído da Constituição Federal, nos termos do art. 60, § 4º, III, da Constituição.

5.6 PRINCÍPIO FEDERATIVO

Essa é a Forma de Estado adotada no Brasil. Significa o modo como o poder político é exercido dentro do território nacional. A classificação mais comum acerca das formas de Estado adotadas no mundo divide-se em duas espécies:

1. Estado Unitário – o poder político é centralizado.
2. Estado Composto (complexo) – o poder político é descentralizado.

A forma federativa de Estado é uma espécie de forma complexa, visto que existe uma pluralidade de poderes políticos internos. A descentralização política do Estado é representada por meio de quatro entes: União, Estados, Distrito Federal e Municípios.

Esses entes federativos, também chamados de entes políticos, são pessoas jurídicas de direito público interno, ou seja, possuem personalidade jurídica, cuja atuação é regulada por normas de direito público, e a representatividade jurídica se dá no âmbito interno do país. Cada um possui sua própria autonomia política e isso não significa que sejam soberanos. A soberania é atributo pertencente apenas ao Estado Federal, ou seja, à República Federativa do Brasil. Memorize: ente federativo não possui soberania, mas possui autonomia.

Autonomia significa dizer que cada ente federativo possui sua própria capacidade política, ou seja, cada ente terá a liberdade para se autodeterminar, e essa capacidade se manifesta por meio da auto-organização, autogoverno, autoadministração e autolegislação.

Auto-organização	• Capacidade para se auto-organizar através da sua norma fundamental. • Estados = Constituição Estadual. • Municípios e DF = Lei Orgânica.
Autogoverno	• Capacidade que cada ente possui de escolher seus próprios representantes do Poder Executivo e Legislativo através das eleições.
Autoadministração	• Capacidade que cada ente possui para administrar-se, gerir suas contas, planejar seus orçamentos, cobrar seus tributos conforme a distribuição das competências na Constituição Federal.
Autolegislação	• Capacidade que cada ente tem de criar suas próprias normas conforme a distribuição das competências constitucionais.

Mesmo reconhecendo a autonomia desses entes, algumas características de preservação do pacto federativo são essenciais nessa forma de Estado. Primeiramente, destaca-se a existência de uma Constituição Federal como norma fundamental do Estado Federal. Ela ditará as regras de funcionamento do Estado e repartirá as competências entre os entes federativos.

Decorre também desse princípio a proibição de secessão (Princípio da Indissolubilidade do Vínculo Federativo). Esse princípio impede que algum ente federativo tente se desvincular do pacto garantindo-se assim a unidade do Estado Federal. Caso algum ente federativo tente se separar, a Constituição Federal permitirá a relativização da autonomia federativa através da Intervenção Federal ou Estadual.

> Foi exatamente o que a banca no Exame de Ordem XX trouxe como resposta certa da questão ao afirmar que a forma federativa de Estado impõe a necessidade de existência de uma cláusula de garantia ao pacto federativo, tal como a chamada intervenção federal.

Não existe hierarquia entre os entes federativos, ou seja, nenhum ente federativo é maior que o outro ou mais poderoso.

Ressalte-se ainda a possibilidade de participação dos Estados e do Distrito Federal na construção da vontade política nacional através do Senado Federal.

E, por fim, uma das características mais importantes do Estado Federal, a existência de um guardião da norma fundamental, o Supremo Tribunal Federal.

A Forma Federativa de Estado é uma cláusula pétrea conforme o art. 60, § 4º, I, da CF.

5.7 PRINCÍPIO DEMOCRÁTICO

A democracia prevista no art. 1º da CF é o Regime de Governo ou Regime Político adotado no Brasil. Esse princípio decorre da evolução do Estado de Direito e do Estado Democrático. Essa composição exige do Estado brasileiro o respeito às leis e à dignidade da pessoa humana.

Abraham Lincoln define com muita precisão o que seria a democracia:

> Democracia é o governo do povo, pelo povo e para o povo.

Quem exerce o poder são os cidadãos que podem fazê-lo de duas formas: direta ou indireta. A democracia indireta se concretiza por meio de representantes. Já na democracia direta o titular do poder político a exerce sem intermediários através de ferramentas específicas para interferir diretamente na vontade política do Estado. São quatro as formas de exercício do poder político direto previstas na Constituição: o plebiscito, o referendo, a iniciativa popular e a ação popular.

Democracia direta

- Plebiscito: consulta popular feita **ANTES** da decisão governamental.
- Referendo: consulta popular feita **DEPOIS** da decisão governamental.
- Iniciativa Popular: iniciativa de lei de pelo menos 1% do eleitorado nacional, cinco Estados, com não menos de três décimos por cento dos eleitores de cada um deles.
- Ação Popular: visa a anular ato lesivo ao patrimônio público, à moralidade administrativa, ao meio ambiente e ao patrimônio histórico e cultural.

Em razão da democracia brasileira poder ser efetivada de forma direta ou indireta, a doutrina acabou classificando-a como democracia semidireta ou participativa. O art. 34, VII, da CF considera a democracia como um princípio sensível, isto é, caso esse princípio seja ofendido, será possível a decretação de intervenção federal.

5.8 PRINCÍPIO REPUBLICANO

O princípio republicano é a Forma de Governo aplicada no Brasil. Esse princípio revela o modo como o poder político é adquirido e exercido pelo governante. Esse princípio será mais bem entendido através das suas características:

"Res publica" (coisa pública)	O governante deve cuidar da coisa pública.
Temporariedade	O governante não ficará para sempre no poder que é temporário (4 anos).
Eletividade	O governante é eleito pelo povo.
Responsabilidade	O governante poderá ser responsabilizado pelos seus atos.
Igualdade formal	Todos devem ser tratados da mesma forma.

Segundo o art. 60, § 4º, da CF, que traz o rol de cláusulas pétreas, não há previsão deste instituto como norma protegida contra a abolição do texto constitucional. Contudo, para o STF, o princípio republicano é uma cláusula pétrea implícita. Ele também aparece no art. 34, VII, como princípio sensível.

5.9 PRESIDENCIALISMO

O Presidencialismo é o Sistema de Governo adotado no Brasil. Ele revela como é a relação entre o Poder Executivo e o Legislativo no que tange ao nível de dependência entre eles. No caso do Presidencialismo a relação é caracterizada pela separação entre os dois poderes, nos termos do art. 2º da CF, que diz serem poderes independentes e harmônicos entre si.

6. DIREITOS E GARANTIAS FUNDAMENTAIS

6.1 INTRODUÇÃO

Iniciamos agora o estudo dos direitos e garantias fundamentais, tema de suma importância para sua prova. Na verdade, é o tema que reputo mais relevante exatamente por ser o mais cobrado nos exames de ordem. Dentro da Constituição Federal, ele está elencado entre os arts 5º e 17. Começaremos o estudo pela teoria geral dos direitos fundamentais.

6.2 TEORIA GERAL DOS DIREITOS FUNDAMENTAIS

Chamamos de teoria geral dos direitos fundamentais, o conjunto de regras e princípios que influenciam a interpretação dos direitos fundamentais ajudando-nos em sua aplicação e melhor compreensão. Começaremos com uma primeira pergunta: o que são os direitos fundamentais?

6.2.1 Conceito

Chamamos de direitos e garantias fundamentais o conjunto de normas previstas no texto da Constituição, que tem como objetivo principal proteger o indivíduo do poder arbitrário do Estado. São um desdobramento dos Direitos Humanos, frutos de grandes lutas da humanidade ao longo da sua história em prol da preservação de um núcleo mínimo de garantias atreladas à dignidade da pessoa humana. Costumo dizer que os direitos fundamentais são os próprios direitos humanos internalizados na nossa Constituição e adequados à nossa realidade e cultura.

6.2.2 Classificação

Os direitos fundamentais se classificam em cinco espécies: direitos e deveres individuais e coletivos; direitos sociais; direitos de nacionalidade; direitos políticos; e partidos políticos.

Trata-se de um rol exemplificativo de direitos, conforme o § 2º do art. 5º da CF. A doutrina acabou dando a esse parágrafo o nome de **Cláusula de Abertura Material.**

6.2.3 Força normativa dos tratados internacionais

O § 3º do art. 5º da CF permite que os tratados e convenções internacionais de direitos humanos possam inserir novos direitos fundamentais no ordenamento jurídico brasileiro com força normativa de emenda constitucional. Veremos agora os requisitos para incorporação dos tratados internacionais e suas respectivas forças normativas:

Em suma, os tratados internacionais poderão ter três forças normativas conforme as regras acima: força de emenda constitucional, de norma supralegal ou de lei ordinária.

6.2.4 Dimensões dos direitos fundamentais

Estudaremos agora a evolução histórica dos direitos fundamentais. A doutrina chamou esse estudo de **Dimensões ou Gerações dos Direitos Fundamentais.** Atualmente, de forma mais consolidada, pode-se falar em cinco gerações, cada qual com suas características bem delineadas:

1ª geração	2ª geração	3ª geração	4ª geração	5ª geração
Liberdade	Igualdade	Fraternidade	Globalização dos direitos fundamentais	Direito à paz
Direitos individuais	Direitos sociais	Direitos coletivos	Direito à democracia	
Direitos de defesa	Prestações estatais	Direito ao meio ambiente saudável	Direito ao pluralismo político	
Status negativo	*Status* positivo	Direito ao progresso da humanidade	Direitos modernos	
Direitos civis, políticos, individuais, liberdades	Direitos sociais, culturais e econômicos	Direito ao patrimônio comum	Direito informático, espacial, genético	

6.2.5 *Titulares dos direitos fundamentais*

Quem são os titulares dos direitos fundamentais? Segundo o *caput* do art. 5º da CF são destinatários dos direitos fundamentais os brasileiros e estrangeiros residentes do país. Para o STF, o termo "residente" significa "estar", ou seja, todos os estrangeiros que estão no país, ainda que temporariamente, são titulares de direitos fundamentais. Lembre-se que as pessoas jurídicas também são destinatárias desses direitos. E tanto faz se são pessoas jurídicas de direito privado ou pessoas jurídicas de direito público.

Em suma, podemos dizer que são titulares dos direitos fundamentais, os brasileiros e os estrangeiros, pessoas físicas e jurídicas, de direito público ou de direito privado, que estão no território nacional.

6.3 DIREITOS E DEVERES INDIVIDUAIS E COLETIVOS

Iniciaremos o nosso estudo pelo primeiro grupo de direitos fundamentais previstos no art. 5º da CF: os direitos e deveres individuais e coletivos. No *caput* desse artigo foram elencados 5 direitos que são a base de todos os outros trabalhados no dispositivo: direito à vida, à liberdade, à igualdade, à segurança e à propriedade. Aproveitando essa classificação faremos o nosso estudo seguindo esse esquema, estudando cada uma das cinco espécies de direitos individuais previstos aqui. Vamos lá?

6.3.1 *Direito à vida*

Falar do direito à vida é falar de um dos direitos mais essenciais da existência humana. É o pressuposto para o exercício dos demais direitos, ou seja, sem vida, não seria possível exercermos os demais direitos fundamentais.

Lembre-se: **não existe direito fundamental absoluto, nem mesmo o direito à vida**. Prova disso é a possibilidade de pena de morte no caso de guerra declarada prevista no inciso XLVII desse mesmo artigo. Ainda temos as possibilidades de aborto permitida no art. 128 do Código Penal (aborto sentimental, no caso de a mulher ser vítima de estupro, e o aborto necessário, quando a vida da mãe corre risco na hora do parto). O STF legitimou, ainda, o aborto do feto sem cérebro (feto anencefálico), e recentemente a 1ª Turma do Supremo reconheceu que a prática de aborto nos três primeiros meses de gestação não constitui crime. Temos, ainda, a possibilidade de restrição legal do direito à vida nos casos de legítima defesa e estado de necessidade previstos no art. 23 do Código Penal.

6.3.2 *Direito à igualdade*

Também conhecido como isonomia, a igualdade é um típico direito fundamental de segunda geração, que tem como objetivo reduzir as desigualdades entre as pessoas. Segundo o *caput* do art. 5º temos a chamada igualdade formal, em que todos são tratados da mesma forma. Contudo, essa simples abordagem da igualdade é insuficiente para produzir um tratamento justo entre as pessoas, pois algumas circunstâncias colocam os indivíduos em situação jurídica diferente. Surge, então, a igualdade material. Igualdade material é tratar os iguais com igualdade e os desiguais com desigualdade. Um instrumento muito utilizado no Brasil que visa reduzir as diferenças sociais é a chamada Ação Afirmativa (discriminação positiva). As ações afirmativas são políticas públicas de compensação social desenvolvidas pelos governantes com o objetivo de reparar os prejuízos que algumas minorias possuem em razão da sua condição social. Decorrem diretamente da igualdade material. O exemplo mais utilizado no país são as cotas para afrodescendentes em universidades públicas e nos concursos públicos, as quais já foram declaradas pelo Supremo Tribunal Federal como sendo constitucionais.

Segundo o STF, podem-se exigir critérios distintivos para o acesso a cargos públicos. Obviamente que não é qualquer exigência que poderá ser feita, devendo ser observadas duas condições para isso:

1. **Ser fixado em lei** – o critério distintivo não basta estar previsto no edital do concurso, sendo imprescindível que esteja previsto na lei do cargo. Posição confirmada pelo STF na Súmula Vinculante 44.
2. **Ser necessário ao exercício do cargo** – o órgão não pode exigir uma condição que não seja necessária ao exercício do cargo.

6.3.3 Direito à liberdade

Quando falamos em liberdade, lembramos automaticamente na primeira geração de direitos fundamentais conquistados pela humanidade. A Constituição, no art. 5º, avançou ao garantir diversas prescrições que efetivam a liberdade como direito individual:

1. **Liberdade de ação:** o art. 5º, II, diz que ninguém será obrigado a fazer ou deixar de fazer alguma coisa senão em virtude de lei. Ele revela o **Princípio da Legalidade**.
2. **Liberdade de expressão:** o inciso IV diz que é livre a manifestação do pensamento, sendo vedado o anonimato. O STF tem algumas decisões importantíssimas acerca desse direito. Sobre a **denúncia anônima** ele diz que é constitucional, desde que não sirva de base para instauração de procedimento formal de investigação. Também considerou constitucional a "**marcha da maconha**".
3. **Liberdade de crença:** nos incisos VI a VIII percebe-se que o Estado brasileiro é laico, pois não possui uma religião oficial. Deve ser assegurada assistência religiosa às entidades de internação coletiva. Também temos a **escusa de consciência,** principio cuja previsão é de que ninguém será privado de direitos por motivo de crença religiosa ou de convicção filosófica ou política, salvo se as invocar para eximir-se de obrigação legal a todos imposta e recusar-se a cumprir prestação alternativa, fixada em lei.

No XIX Exame de Ordem havia uma questão envolvendo caso concreto, em que um cidadão que estava internado em um hospital público para tratamento de saúde, solicitou a presença de um pastor para lhe conceder assistência religiosa. O pedido, porém, é negado pela direção do hospital, sob a alegação de que, por se tratar de instituição pública, a assistência não seria possível em face da laicidade do Estado. A banca considerou como resposta correta posição de que a direção do hospital não tinha razão, pois, embora a Constituição Federal de 1988 reconheça a laicidade do Estado, a assistência religiosa é um direito garantido pela mesma ordem constitucional.

4. **Liberdade de reunião:** esta é uma das mais cobradas em prova por causa dos seus requisitos. O inciso XVI diz que todos podem reunir-se **pacificamente, sem armas,** em **locais abertos ao público, independentemente de autorização, desde que não frustrem outra reunião** anteriormente convocada para o mesmo local, **sendo apenas exigido prévio aviso** à autoridade competente. Em situações de exceção como no Estado de Sítio (suspensão) e no Estado de Defesa (restrição) é possível limitar esse direito (arts. 136 e 139 da CF).
5. **Liberdade de associação:** entre os incisos XVII e XXI existem várias regras para o exercício desse direito. Qualquer pessoa tem liberdade para se associar ou permanecer associado. Esse direito poderá ser exercido de forma plena, mas não absoluta. A associação tem que ter finalidade lícita e não pode ter caráter paramilitar. Não precisa de autorização estatal nem pode sofrer interferência do poder público em suas atividades. Caso a associação desenvolva atividades ilícitas, o Poder Judiciário poderá dissolvê-la compulsoriamente ou suspender suas atividades desde que haja uma decisão judicial. No caso da dissolução, a decisão judicial deverá ser transitada em julgado. Para que as associações defendam seus filiados tanto na esfera judicial quanto na esfera administrativa precisam ser expressamente autorizadas.

6.3.4 Direito à propriedade

Falar em propriedade nos remete à ideia de que algo nos pertence. Se pertence, então posso fazer o que quiser. Posso usar como quiser, posso dar, posso vender, posso dispor como achar melhor, mas esse direito não goza de caráter absoluto. A Constituição trouxe algumas **limitações** que sempre caem em prova:

1. **Função social** – segundo o inciso XXIV do art. 5º, a propriedade deve atender a sua função social. Trata-se de um limitador do caráter privatístico da propriedade.
2. **Requisição administrativa** – é um limitador do caráter absoluto da propriedade e é muito cobrada em prova. O art. 5º, XXV, prevê que, no caso de iminente perigo público, a autoridade competente poderá usar de propriedade particular, assegurada ao proprietário indenização ulterior, se houver dano. É um instituto autoexecutável em razão da sua natureza administrativa.

3. **Desapropriação** – é literalmente a perda da propriedade. Esse pode ser considerado o limitador mais importante do direito de propriedade, pois ataca o seu caráter perpétuo. A Constituição fala de três espécies de desapropriação, as quais quero apresentar aqui:

   a) **Desapropriação por necessidade pública, utilidade pública, interesse social** – mediante prévia e justa indenização paga em dinheiro (art. 5º, XXIV, da CF).
   b) **Desapropriação sanção** – ocorre quando o proprietário não atenda a sua função social. Segundo os arts. 182 e 184 da CF, ela também será indenizada mediante títulos da dívida pública ou agrária.
   c) **Desapropriação confiscatória (expropriação)** – segundo o art. 243 da CF, ocorrerá quando o proprietário cultivar ilegalmente plantas psicotrópicas ou explorar trabalho escravo. Neste caso não haverá indenização.

> Sobre a expropriação, o XVIII Exame trouxe um caso concreto em que o Ministério do Trabalho fiscalizou uma fazenda de plantação de café e acabou constatando que existia exploração de mão de obra escrava. Diante do caso, a banca considerou que aquela propriedade, após comprovada de forma definitiva a ilegalidade, deveria ser objeto de expropriação, sem qualquer indenização, e, no caso em tela, destinada à reforma agrária.

6.3.5 Direito à segurança

Como último grupo de direitos individuais, o art. 5º escolheu o chamado direito de segurança. Segurança aqui se refere à segurança jurídica, isto é, a segurança das relações sociais. As normas que estudaremos a partir de agora, além de serem muito cobradas em prova, são essenciais para o convívio pacífico da sociedade. Os dispositivos mais relevantes para sua prova são:

1. **Inviolabilidade domiciliar** – segundo o inciso XI ninguém pode entrar na casa de alguém sem o seu consentimento, salvo em 4 casos: flagrante delito, desastre, para prestar socorro e por determinação judicial (só durante o dia). No caso da determinação judicial só poderá entrar durante o dia. Nos demais casos, será possível entrar a qualquer hora. Entende-se como "dia" o período compreendido entre 6 e 18 horas (mais cobrado em prova), sendo possível uma interpretação físico-astronômica que considera dia o período entre a aurora e o crepúsculo. O conceito de casa deve ser interpretado de forma ampla. Considera-se casa além da residência de uma pessoa: o quarto de um hotel, barco, *trailer*, estabelecimento comercial, escritório profissional.
2. **Inviolabilidade das comunicações:** o inciso XII diz que é inviolável o sigilo das comunicações por meio de correspondência, telegráfica, dados e comunicação

telefônica. Das quatro espécies de comunicação, a Constituição só previu a possibilidade de quebra do sigilo da **comunicação telefônica**, por decisão judicial, para instruir investigação criminal ou processo penal. Mas, o STF, por entender que não existe direito absoluto no Brasil, deixou claro que as outras formas de comunicação também pode ter o seu sigilo violado por ordem judicial para auxiliar a investigação criminal ou instruir o processo penal. No caso do **sigilo das correspondências**, poderão ser violados diretamente pela autoridade penitenciária como forma de evitar a prática de atos ilícitos pelos sentenciados. Sendo sigilo dos dados, segundo o STF, a violação do **sigilo dos dados** poderá ser determinada pelo juiz ou por uma CPI (Comissão Parlamentar de Inquérito). Podem ser dados bancários, dados fiscais, dados informáticos, dados telefônicos. Em relação aos dados bancários, o Supremo decidiu recentemente que o FISCO poderá ter acesso aos dados bancários sem autorização judicial.

CUIDADO! Sigilo da comunicação telefônica só poderá ser quebrado pelo juiz. Sigilo dos dados telefônicos poderá ser quebrado pelo juiz ou pela CPI.

3. **Contraditório e ampla defesa:** são utilizados como ferramenta de defesa perante as acusações impostas pelo Estado ou por algum particular, sejam nos processos judiciais, ou mesmo nos procedimentos administrativos conforme prevê o inciso LV. Esses princípios são dispensados em alguns procedimentos administrativos, desde que não restrinjam direitos, como no inquérito policial, sindicância investigativa e no inquérito civil. O STF entende que nos processos perante o Tribunal de Contas da União asseguram-se o contraditório e a ampla defesa quando da decisão puder resultar anulação ou revogação de ato administrativo que beneficie o interessado, excetuada a apreciação da legalidade do ato de concessão inicial de aposentadoria, reforma e pensão (SV n. 3). Também foi prevista na SV n. 5 que a falta de defesa técnica por advogado no processo administrativo disciplinar não ofende a Constituição, o que não significa a ausência do contraditório e ampla defesa sob pena de nulidade do procedimento. Uma questão excelente para sua prova é a trazida pela Lei n. 13.245/2016, que alterou o art. 7º do Estatuto da OAB, o qual conferiu o direito de participação do advogado no inquérito, reforçando a aplicação da SV n. 14 a qual foi praticamente reproduzida na lei. Lembre-se também das SV n. 21 e 28, que consideram inconstitucionais a exigência de depósito prévio em alguns procedimentos como condição para o exercício do direito de contraditório.
4. **Proibição de provas ilícitas:** segundo o inciso LVI, são inadmissíveis, no processo, as provas obtidas por meios ilícitos. Para a Constituição, a existência de provas ilícitas dentro do processo gera sua nulidade como efeito natural da chamada Teoria dos Frutos da Árvore Envenenada. Quando uma prova é produzida de forma ilícita, tudo que dela decorre também será ilícito. É o que chamamos de

ilicitude por derivação. O STF tem adotado essa teoria com parcimônia entendendo que a existência de uma prova ilícita no processo não o anula de imediato. Uma vez encontradas provas ilícitas, apenas os atos e demais provas que decorreram direta ou indiretamente daquela produzida de forma ilícita é que devem ser anulados. Se existirem provas lícitas que não decorram daquelas, o processo poderá seguir seu curso amparado nessas provas produzidas segundo a lei. Destaca-se, ainda, a possibilidade de prova ilícita ser admitida pelos tribunais brasileiros quando produzida em legítima defesa.

5. **Prisão civil por dívida:** segundo o inciso LXVII do art. 5º estão previstas expressamente duas formas de prisão civil por dívida no Brasil: a do devedor de pensão alimentícia e a do depositário infiel. Contudo, segundo o STF só poderá ser preso civilmente o devedor de pensão alimentícia (Súmula Vinculante 25); logo, não é permitida a prisão do depositário infiel no Brasil.
6. **Extradição:** segundo os incisos LI e LII, no caso de algum país solicitar para o Brasil a extradição de alguém (extradição passiva), deverão ser observadas as seguintes regras:
   1. **Brasileiro nato** – nunca será extraditado.
   2. **Brasileiro naturalizado** – pode ser extraditado em dois casos:
      a) prática de crime comum antes da naturalização; ou
      b) comprovado envolvimento em tráfico ilícito de entorpecentes e drogas afins, antes ou depois da naturalização.
   3. **Estrangeiro** – pode ser extraditado, **salvo** em dois casos:
      a) crime político;
      b) crime de opinião.

No caso de extradição ativa (quando o Brasil solicita a extradição de alguém) qualquer pessoa poderá ser extraditada.

Os acordos de extradição seguem alguns princípios muito importantes para sua prova:

1. **Princípio da reciprocidade** – só extradita para quem extradita para o Brasil.
2. **Dupla tipicidade** – só extradita se for crime lá e aqui.
3. **Princípio da especialidade** – só pune pelo crime informado no pedido de extradição.
4. **Comutação da pena** – só pode executar penas permitidas no Brasil.

6.3.6 Remédios constitucionais

Para finalizarmos o estudo do art. 5º, veremos agora mais uma espécie de garantia fundamental, os chamados remédios constitucionais. Os remédios, previstos entre os incisos LXVIII e LXXIII, são uma classe de ações judiciais, com estatura constitucional, que visam proteger direitos fundamentais específicos. Segue abaixo um quadro comparativo com as principais informações sobre cada um dos remédios.

Habeas Corpus	– Regulado no inciso LXVIII. – Protege liberdade de locomoção. – No caso de restrição com ilegalidade ou abuso de poder. – Pode ser preventivo ou repressivo. – Não precisa de advogado. – É gratuito. – Qualquer pessoa pode impetrar, inclusive menor, louco, pessoa jurídica. – Pessoa jurídica pode ser impetrante, mas não pode ser paciente. – Contra ato de autoridade pública ou privada. – Não cabe HC no Processo Administrativo Disciplinar, *Impeachment*, pena de multa. – Não cabe HC em punição disciplinar militar, segundo o art. 142 da CF, mas para o STF é cabível se a prisão foi ilegal. – Cabe HC para impugnar inserção de provas ilícitas no processo, quebra de sigilo telefônico sem autorização judicial, excesso de prazo processual penal.
Habeas Data	– Regulado pelo inciso LXXI e Lei n. 9.507/97. – Protege liberdade de informação. – Serve para conhecer, retificar ou inserir informações. – Só cabe contra banco de dados de entidade governamental ou de caráter público. – Só cabe para conhecer informações do próprio impetrante. – É gratuito. – Precisa de advogado. – Só cabe a ação se comprovar a negativa administrativa.
Mandado de Segurança Individual e Coletivo	– Regulado no inciso LXIX e pela Lei n. 12.016/2009. – Protege direito líquido e certo não amparado por *habeas corpus* ou *habeas data*. – No caso de restrição do direito com ilegalidade e abuso de poder. – Contra ato de autoridade pública ou de agente de pessoa jurídica no exercício de atribuições do poder público. – Prazo para entrar com a ação (decadencial): 120 dias. – No MS Coletivo precisa ser legitimado para impetrar a ação: **partido político** com representação no Congresso Nacional; **organização sindical, entidade de classe** ou **associação** legalmente constituída e em funcionamento há pelo menos um ano, em defesa dos interesses de seus membros ou associados. Para o partido ter legitimidade basta um representante em qualquer uma das Casas do Congresso Nacional. O requisito de um ano de funcionamento só se aplica às associações.
Mandado de Injunção	– Regulado no inciso LXXI e pela Lei n. 13.300/2016. – Serve para suprir a falta de norma regulamentadora que torna inviável o exercício de direitos e liberdades constitucionais e das prerrogativas inerentes à nacionalidade, à soberania e à cidadania. – Só cabe diante de normas de eficácia limitada. – Em regra, a eficácia do MI é *inter partes*, mas excepcionalmente poderá ser dado efeito *erga omnes*.

Ação Popular	– Regulada no inciso LXXIII. – Desdobramento dos direitos políticos. – Só pode ser impetrada por cidadão. – Serve para fiscalizar o poder público, no que tange ao patrimônio público ou de entidade de que o Estado participe, à moralidade administrativa, ao meio ambiente e ao patrimônio histórico e cultural. – O autor é isento de custas judiciais, salvo comprovada má-fé. – Pessoa jurídica não tem legitimidade para entrar com ação popular (Súmula 365, STF). – Ministério Público não tem legitimidade para entrar com a ação.

6.4 DIREITOS SOCIAIS

Os direitos sociais estão elencados entre os arts. 6º e 11 da Constituição Federal e, por serem classificados como direitos de 2ª geração, têm como objetivo garantir a igualdade por meio de prestações de natureza positiva. Dizemos prestações positivas em virtude da necessidade de intervenção do Estado na luta pela diminuição das desigualdades sociais, e isso requer o investimento de recursos financeiros.

Segundo o art. 6º da Constituição Federal são direitos sociais a educação, a saúde, a alimentação, o trabalho, a moradia, o transporte, o lazer, a segurança, a previdência social, a proteção à maternidade e à infância, a assistência aos desamparados, na forma desta Constituição. Veja que o direito à moradia é um desdobramento do direito individual à propriedade. Segurança no art. 6º é diferente da segurança do art. 5º. O art. 6º trata de segurança social ou segurança pública, enquanto este trata de segurança jurídica.

No art. 7º, temos os direitos sociais dos trabalhadores. Estes são os direitos gerais de todos os trabalhadores do Brasil. Algumas categorias, como veremos logo à frente, não possuem todos os direitos aqui descritos, mas a grande maioria dos trabalhadores regidos pela Consolidação das Leis do Trabalho possui. Eles estão concentrados basicamente no art. 7º da CF, que é, sem dúvida, o artigo dos direitos sociais mais cobrado em prova. Dessa forma, sugiro que você o memorize e o estude com afinco.

Muita atenção para os direitos trabalhistas garantidos aos empregados domésticos, previstos no parágrafo único do art. 7º. A primeira coisa que precisa saber é que os empregados domésticos não possuem todos os direitos sociais trabalhistas do art. 7º, mas apenas os previstos no parágrafo único. Outra coisa importante é que a eficácia do dispositivo é híbrida, sendo que parte dele é autoaplicável e a outra parte, não. Dessa forma, considera-se autoaplicável a primeira parte do dispositivo, que garante os direitos previstos nos incisos IV, VI, VII, VIII, X, XIII, XV, XVI, XVII, XVIII, XIX, XXI, XXII, XXIV, XXVI, XXX, XXXI e XXXIII. Os incisos I, II, III, IX, XII, XXV e XXVIII, para serem efetivados aos trabalhadores domésticos, necessitam de edição de lei regulamentadora, ou seja, são de eficácia reduzida.

6.5 DIREITO DE NACIONALIDADE

O direito de nacionalidade previsto entre os arts. 12 e 13 da CF é o direito fundamental que todo indivíduo possui de ter vínculo jurídico com um Estado, ou seja, a possibilidade de ter direitos e obrigações em relação ao Estado a que pertence. Essa condição poderá ser adquirida pelo nascimento ou pela manifestação de vontade. A nacionalidade oriunda do nascimento é chamada de Nacionalidade Originária. Se ela é adquirida pela manifestação de vontade chamamo-la de Nacionalidade Secundária. Ao juntarmos todos os brasileiros, sejam natos, sejam naturalizados, formamos o povo. O conceito de povo está atrelado ao conceito de nacionalidade.

Para se tornar um brasileiro nato, foram adotados dois critérios pela nossa Constituição:

1. *Jus solis* – critério territorial.
2. *Jus sanguinis* – critério do sangue.

A Constituição previu quatro formas de aquisição da nacionalidade originária previstas no inciso I do art. 12. A primeira regra descrita na alínea *a* utilizou o critério *ius solis* para fixação da nacionalidade originária; logo serão considerados brasileiros natos os que nascerem no Brasil, mesmo que filhos de pais estrangeiros, desde que eles não estejam a serviço do seu país. Significa dizer que qualquer pessoa que nascer no país, mesmo que seja filho de pais estrangeiros, terá direito à nacionalidade originária brasileira. Caso os pais do estrangeiro nascido no Brasil estejam a serviço do seu país, seu filho nascido aqui não terá direito a ser um brasileiro nato. Este impedimento não alcançará o filho de estrangeiros nascido aqui em que os pais estejam a serviço de outro país.

A segunda regra de aquisição da nacionalidade originária está na alínea *b*. Essa hipótese utiliza o critério *ius sanguinis* para fixação da nacionalidade, porque aqui o indivíduo, filho de pai ou mãe brasileiros, nasce no estrangeiro e, pelo menos, um dos pais deve estar a serviço da República Federativa do Brasil. Pode ser a serviço de qualquer um dos entes da administração direta (União, Estados, Distrito Federal ou Município), incluídos os seus órgãos, ou da administração indireta (fundações, autarquias, empresas públicas e sociedades de economia mista). Quem nascer nessas circunstâncias será automaticamente considerado brasileiro nato.

A terceira regra estampada na alínea *c*, na verdade, traz duas hipóteses para se tornar brasileiro nato. Na primeira hipótese, será considerado brasileiro nato o nascido no estrangeiro (*jus sanguinis*), filho de pai ou mãe brasileira, desde que seja registrado em repartição brasileira competente. Na segunda hipótese, será brasileiro nato o nascido no estrangeiro, filho de pai brasileiro ou de mãe brasileira, desde que venha a residir na República Federativa do Brasil e opte, em qualquer tempo, depois de atingida a maioridade, pela nacionalidade brasileira (nacionalidade potestativa). Veja que nessa última hipótese será necessária a manifestação da vontade do requerente.

Por fim, devemos ressaltar que as hipóteses de aquisição da nacionalidade originária são apenas estas previstas no texto constitucional; logo, são consideradas um rol taxativo.

Veremos agora as regras constitucionais para aquisição de nacionalidade secundária, previstas no inciso II do art. 12. Temos nesse dispositivo duas regras para aquisição da nacionalidade secundária. A primeira regra, prevista na alínea *a*, é chamada de naturalização ordinária. A que está na alínea *b*, naturalização extraordinária. Vamos dar uma olhada na diferença entre elas.

A naturalização ordinária está regulada pela Lei n. 13.445/2017, a nova Lei de Migração que revogou o antigo Estatuto do Estrangeiro, sendo que no texto constitucional garantiu um benefício aos originários de países de língua portuguesa, bastando apenas residência por um ano ininterrupto e idoneidade moral. Essa hipótese não gera para o requerente o direito subjetivo de ser naturalizado. O Brasil concederá a naturalização se quiser. Não é adquirida de forma automática, pois tem que ser requerida.

A naturalização extraordinária, também chamada de quinzenária, está prevista na alínea "b" do inciso II e destina-se a qualquer estrangeiro. Nesse caso, exige-se apenas residência ininterrupta por 15 anos e que não tenha condenação penal. O pedido de naturalização nessa circunstância gera para o requerente o direito subjetivo à aquisição da nacionalidade, não podendo ser denegada pelo Brasil, que é obrigado a naturalizá-lo.

Um detalhe importante aplicável aos dois casos é que a ausência temporária do país não extingue o vínculo ininterrupto exigido pela Constituição para aquisição da naturalização. E lembre-se que esse rol é exemplificativo, haja vista existirem outras hipóteses na Lei de Migração.

Um dos institutos mais interessantes do Direito de Nacionalidade é a figura do português equiparado ou quase nacional. Ele está previsto no § 1º do art. 12 da CF. O português equiparado é um tratamento diferenciado que os portugueses recebem no Brasil como desdobramento de um acordo de reciprocidade celebrado entre Brasil e Portugal através do Decreto n. 3.927/2001, o qual recepcionou o Tratado de Cooperação, Amizade e Consulta entre Brasil e Portugal. Não se trata de uma forma de naturalização, mas de um tratamento de equiparação. O português será tratado aqui como se fosse brasileiro naturalizado. Logo, ele terá todos os direitos de um brasileiro naturalizado, como, por exemplo, o direito de ser nomeado a cargos públicos que não sejam privativos de brasileiros natos, bem como o exercício de direitos políticos. São condições para o tratamento de equiparação: permanência habitual no país pelo prazo mínimo de 1 ano e requerimento pelo interessado à autoridade competente.

Em regra, os brasileiros natos e naturalizados não podem ser tratados de forma diferente; contudo, o § 2º do art. 12 excepciona essa regra nos casos previstos na Constituição. São quatro situações em que os brasileiros natos são tratados diferentemente dos naturalizados: 1. Extradição (art. 5º, LI); 2. Assentos no Conselho da República (art. 89, VII); 3. Propriedade de empresas jornalística ou de radiodifusão (art. 222 da CF); 4. Cargos privativos de brasileiros natos: o § 3º do art. 12 da CF traz o rol de cargos que só podem ser ocupados por brasileiros natos. Decore-os:

M	• MINISTRO DO STF
P3	• PRESIDENTE E VICE-PRESIDENTE DA REPÚBLICA • PRESIDENTE DA CÂMARA • PRESIDENTE DO SENADO
C	• CARREIRA DIPLOMÁTICA
O	• OFICIAL DAS FORÇAS ARMADAS
M	• MINISTRO DE ESTADO DA DEFESA

Por fim, vamos estudar agora a regra mais interessante sobre nacionalidade para sua prova: perda da nacionalidade. O brasileiro poderá perder a nacionalidade em duas hipóteses: cancelamento da naturalização por decisão judicial, em virtude de atividade nociva ao interesse nacional, ou no caso de aquisição de outra nacionalidade. Existem duas exceções em que, mesmo adquirindo outra nacionalidade, o indivíduo não perderá a nacionalidade brasileira:

1. Quando houver reconhecimento de nacionalidade originária pela norma estrangeira.
2. No caso de imposição de naturalização, pela norma estrangeira, ao brasileiro que resida no estado estrangeiro, como condição à permanência em seu território ou para o exercício de direitos civis.

Caso o brasileiro perca sua nacionalidade, será possível readquiri-la. No caso de a perda ter como fundamento o inciso I do § 4º do art. 12 da CF (cancelamento de naturalização por sentença judicial), a reaquisição só será possível por meio de ação rescisória. Na hipótese de a perda ser em razão da aquisição de outra nacionalidade, nos termos do inciso II do § 4º do art. 12 da CF, a reaquisição se dará por meio de requerimento, após cessada a causa da perda de nacionalidade, endereçado ao Ministro da Justiça e Segurança Pública, e o deferimento do requerimento de reaquisição ou a revogação da perda importará no restabelecimento da nacionalidade originária brasileira (art. 254, Decreto n. 9.199/2017).

6.6 DIREITOS POLÍTICOS

Direitos políticos são os direitos fundamentais que possibilitam ao indivíduo participar ativamente das decisões governamentais e da construção da vontade política nacional. São de duas espécies: direitos políticos positivos e direitos políticos negativos.

Chamamos de direitos políticos positivos os direitos que permitem a participação ativa do indivíduo na construção da vontade política nacional. Para manifestar esses direitos, o indivíduo precisa adquirir a chamada capacidade eleitoral. Capacidade eleitoral é a condição jurídica que capacita o indivíduo a exercer os direitos políticos. Ela pode ser ativa ou passiva. Considera-se capacidade eleitoral ativa a capacidade de votar, enquanto a capacidade eleitoral passiva é a capacidade de ser votado.

A aquisição da capacidade eleitoral depende do chamado alistamento eleitoral, que ocorre quando você se registra junto à justiça eleitoral e adquire o seu título de eleitor. O alistamento eleitoral e o voto serão: obrigatório, facultativo e proibido. Vejam nesse esquema as regras estabelecidas no art. 14 da CF:

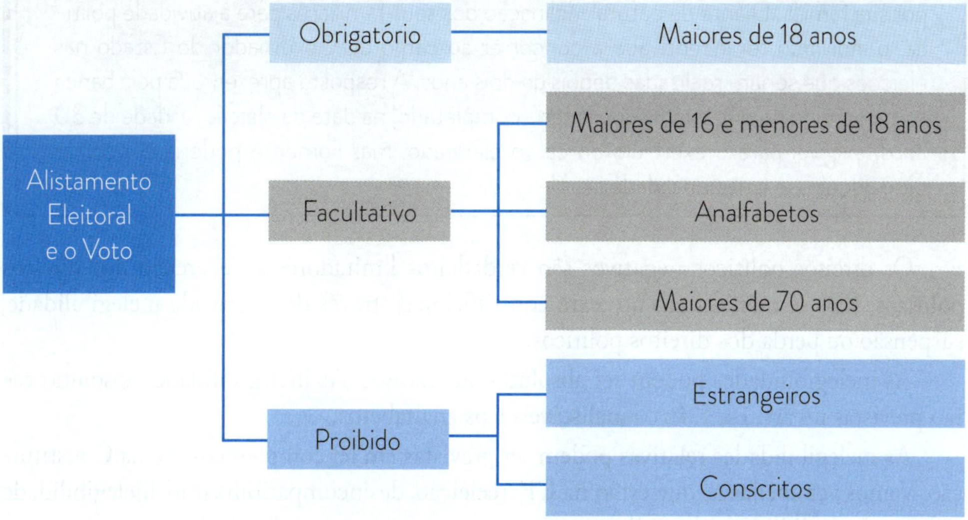

A capacidade eleitoral passiva é a capacidade de ser votado, cujos requisitos de elegibilidade estão previstos no art. 14, § 3º, da CF, os quais apresento nesse esquema abaixo:

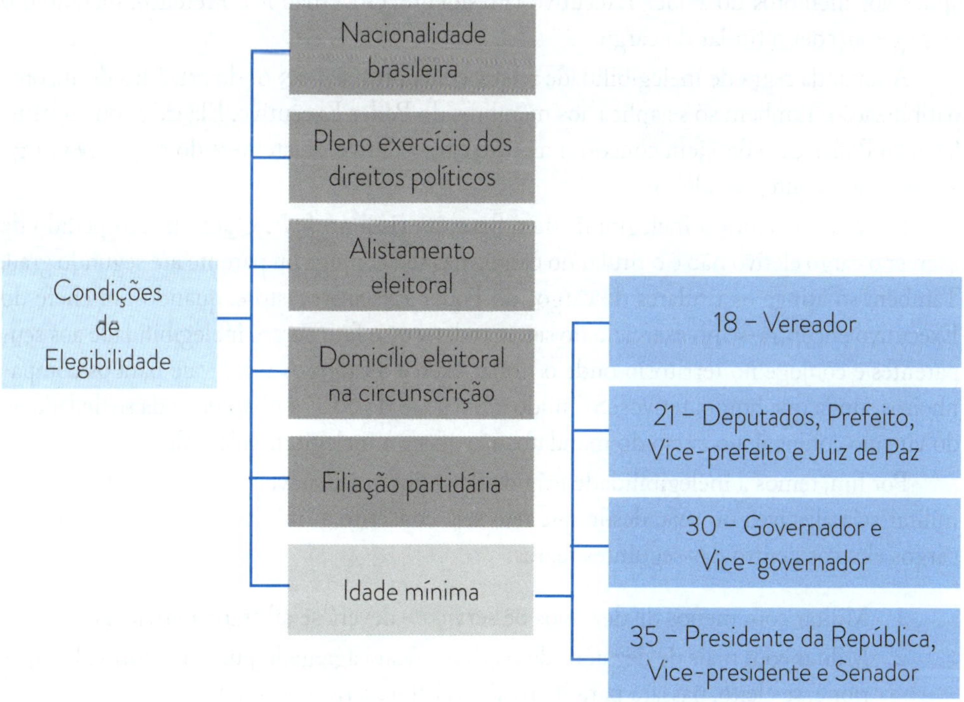

> Sobre essas condições a banca trouxe uma questão no XX Exame, ocorrido em 2016, em que **um indivíduo** nascido nos Estados Unidos da América, com 29 anos de idade, filho de pais brasileiros, fluente na língua portuguesa, participava com brilho da política partidária regional de um Estado da Federação brasileira, dominado há várias gerações por sua família. Diante da natural inclinação dos seus familiares para a atividade política, o indivíduo foi incentivado a concorrer ao cargo de Governador do Estado nas eleições que seriam realizadas depois de dois anos. A resposta apresentada pela banca foi no sentido de que o indivíduo já teria completado, na data da eleição, a idade de 30 anos, exigível para o exercício do cargo pleiteado, mas somente poderia concorrer caso adquirisse a nacionalidade brasileira.

Os direitos políticos negativos são verdadeiros limitadores ao exercício dos direitos políticos. Eles se manifestam no texto constitucional através das regras de inelegibilidade, suspensão ou perda dos direitos políticos.

As inelegibilidades podem ser absolutas ou relativas. As inelegibilidades absolutas estão previstas no art. 14, § 4º: os inalistáveis e os analfabetos.

As inelegibilidades relativas podem ser previstas em lei complementar e na Constituição. Vamos ver apenas as que estão na CF: reeleição, desincompatibilização, inelegibilidade reflexa e inelegibilidade dos militares.

O § 5º do art. 14 apresenta-nos a primeira regra de inelegibilidade, a reeleição. No Brasil, só é permitida uma reeleição, ou seja, duas eleições consecutivas. A restrição só se aplica aos membros do Poder Executivo (Presidente, Governador e Prefeito), incluindo o vice que suceder o titular do cargo.

A segunda regra de inelegibilidade relativa encontra-se no § 6º do art. 14: a desincompatibilização. Também só se aplica aos membros do Poder Executivo. Ela exige que os titulares do Poder, caso desejem concorrer a outro cargo eletivo, afastem-se do respectivo cargo até seis meses antes do pleito.

Por último, temos a inelegibilidade reflexa, prevista no § 7º. Quem fica impedido de exercer o cargo eletivo não é o titular do cargo, mas seu cônjuge ou parente até segundo grau. Também só atinge os titulares de cargos do Poder Executivo, isto é, quando um chefe do Executivo encontra-se no exercício do seu mandato, esse fato gerará inelegibilidade aos seus parentes e cônjuge no território onde o titular exerce o cargo. A regra vale para os companheiros, ainda que homoafetivos. Segundo a SV n. 18 do STF, a dissolução da sociedade ou do vínculo conjugal, no curso do mandato, não afasta a inelegibilidade reflexa.

Por fim, temos a inelegibilidade exigida dos militares alistáveis. Segundo o § 8º, caso o militar seja alistável, ou seja, desde que não seja conscrito, o militar poderá concorrer aos cargos eletivos dentro das seguintes regras:

1. Militar com menos de dez anos de serviço – deverá se afastar da atividade.
2. Militar com mais de dez anos de serviço – ficará agregado junto à autoridade superior e, se eleito, passará para inatividade, isto é, será aposentado.

Segundo o art. 15, não existe cassação dos direitos políticos no Brasil, mas eles podem ser suspensos ou perdidos. Ocorrerá suspensão dos direitos políticos nos casos de:

a) incapacidade civil absoluta;
b) condenação criminal transitada em julgado, enquanto durarem seus efeitos;
c) improbidade administrativa, nos termos do art. 37, § 4º.

Ocorrerá perda dos direitos políticos nos casos de:

a) cancelamento da naturalização por sentença transitada em julgado;
b) recusa de cumprir obrigação a todos imposta ou prestação alternativa, nos termos do art. 5º, VIII.

6.7 PARTIDOS POLÍTICOS

Os partidos políticos, segundo a Constituição, são instituições de natureza jurídica privada, pois adquirem a sua personalidade jurídica na forma da lei civil, nos termos do art. 17, § 2º. Após adquirirem sua personalidade jurídica, para funcionarem, precisam registrar seus estatutos no Tribunal Superior Eleitoral.

Com a Emenda Constitucional n. 97/2017, o direito de antena garante o acesso gratuito ao rádio e à televisão. O acesso aos recursos do fundo partidário fica condicionado a uma Cláusula de Barreira, a qual exige do partido o preenchimento de um dos dois requisitos: obter, nas eleições para a Câmara dos Deputados, no mínimo, 3% (três por cento) dos votos válidos, distribuídos em pelo menos um terço das unidades da Federação, com um mínimo de 2% (dois por cento) dos votos válidos em cada uma delas; ou eleger pelo menos quinze Deputados Federais distribuídos em pelo menos um terço das unidades da Federação. Caso o partido não preencha esses requisitos, o eleito poderá mudar de partido sem correr o risco de perder o mandato. Sugiro a leitura do texto da referida emenda, pois foi fixado um período de transição da regra atual para uma posterior, que ocorrerá até a eleição de 2030.

Os partidos gozam de autonomia para serem criados, fundirem-se, incorporarem-se ou extinguirem-se. Não precisam mais seguir a regra de verticalização, estando livres para estabelecer a coligação partidária que, segundo a nova redação dada pela EC n. 97/2017, só poderá ocorrer nas eleições majoritárias. Ficam proibidas as coligações partidárias nas eleições proporcionais a partir das eleições de 2020. Contudo, essa liberdade recebe como contrapartida várias limitações para sua criação. Um partido jamais poderá propor qualquer posicionamento que ofenda a soberania nacional, o regime democrático, o pluripartidarismo e os direitos fundamentais da pessoa humana. Além disso, os partidos precisam ser nacionais. Não é permitido partido político de caráter regional. Como forma de proteger a soberania do país, os partidos também estão proibidos de receber recursos financeiros estrangeiros. E, para fechar as vedações, os partidos não podem se utilizar de organizações paramilitares para fazer valer sua opinião.

Atenção para a Emenda Constitucional n. 91, que criou uma janela permitindo a troca de partidos sem que o parlamentar tivesse qualquer punição. Essa Emenda, diferentemente das anteriores, não promoveu qualquer alteração no texto constitucional originário. Trata-se de uma emenda aleatória, avulsa, sem inserção no texto da Constituição Federal. Ela criou uma janela de 30 dias a partir do dia 18 de fevereiro de 2016, permitindo que os detentores de mandatos eletivos desligassem-se dos seus partidos originais sem qualquer prejuízo nos direitos do político nem nos direitos dos partidos.

7. ORGANIZAÇÃO POLÍTICO-ADMINISTRATIVA

A organização do Estado brasileiro se dá através da forma de Estado adotada no país, que é a federativa. Nessa forma de organização, o poder político é dividido em função do território, havendo, assim, uma pluralidade de poderes políticos organizados de forma descentralizada. No Brasil, são quatro entes que formam a Federação: União, Estados, Distrito Federal e Municípios. Cada ente federativo possui sua autonomia política, financeira, administrativa e orçamentária, sendo que a soberania pertence apenas ao Estado Federal, representado pela União.

Ainda, os territórios não são entes federativos, pois não possuem autonomia, são apenas partes de terras que integram a União. São considerados autarquias federais, sendo criados apenas através de lei federal após a aprovação das populações diretamente envolvidas, por meio de plebiscito.

A UNIÃO é uma pessoa jurídica de direito público interno, onde se concentra o poder central, sendo responsável pelos assuntos gerais do Estado. É este ente que exerce a soberania da República Federativa do Brasil perante outros Estados, quando falamos de uma representação internacional. **Cuidado! A União não tem soberania, mas exerce a soberania em nome da República Federativa do Brasil.** O art. 20 da CF traz os bens que pertencem à União.

Os ESTADOS também são pessoas jurídicas de direito público interno, autônomos, inclusive com relação a suas normas, conforme se observa no texto constitucional, e também, quanto a sua capacidade de organização dos seus próprios poderes, como, por exemplo, o que dispõe a Constituição Federal sobre a organização legislativa no art. 27. O texto constitucional traz a possibilidade de criação de novos Estados após aprovação da população diretamente interessada, por meio de plebiscito e mediante lei complementar federal. Os Estados também possuem bens determinados pela CF, em seu art. 26.

Os MUNICÍPIOS, assim como a União e os Estados também são detentores de autonomia, inclusive dos poderes executivos e legislativos, sendo regidos por uma Lei Orgânica. Suas regras de funcionamento estão previstas nos arts. 29 e 29-A da CF. Ainda que possua autonomia, é limitado em alguns aspectos, como, por exemplo, a inexistência de poder judiciário municipal, e, ainda, a falta de representante municipal no Congresso Nacional. Novos Municípios poderão ser criados conforme regra constitucional do art. 18, § 4º. Este dispositivo dita que serão criados por lei ordinária estadual, após autorização de lei complementar federal, devendo ter um plebiscito das populações envolvidas, sendo exigido um estudo de viabilidade municipal. Apesar de não existir ainda a lei complementar federal que autorize a criação de Municípios, o art. 96 dos Atos de Disposições Constitucionais Transitórias (ADCT) autorizou a criação de Municípios até 31 de dezembro de 2006.

O DISTRITO FEDERAL, como o nome já diz, não é considerado Estado nem Município, apesar de possuir competência híbrida conferida pela própria CF, podendo, portanto, exercer competências estaduais e competências municipais, a depender da necessidade. Sua autonomia está presente na criação de sua Lei Orgânica, e pela existência dos três poderes em sua esfera. Mas possui algumas limitações, como é o caso da vedação de divisão em Municípios, e, ainda, de organizar e manter a polícia civil e militar, o corpo de bombeiros militar, o Poder Judiciário e o Ministério Público, os quais são de competência da União.

Como já mencionado, os entes federativos se diferenciam por conta das competências que lhe foram atribuídas pelo texto constitucional utilizando o critério da predominância do interesse de cada ente. Sendo assim, para a União foram destinadas competências que tratam de interesses gerais e de toda a sociedade, enquanto, para os Estados, as competências estão vinculadas a interesses regionais, e, para os municípios, competências de interesse local. O Distrito Federal, por conta de sua forma híbrida, possui competências de interesse regional e local, conforme será estudado a seguir.

Existem as competências materiais ou administrativas, as quais são destinadas às atividades e ações que cada ente deve realizar, e as competências legislativas, as quais conferem a capacidade de criar leis e inovar suas normas jurídicas.

Primeiramente, vamos ver as competências materiais da União, as quais podem ser exclusivas ou comuns. As exclusivas (art. 21) são aquelas que apenas a União pode realizar; por isso são chamadas de indelegáveis, enquanto as competências comuns são aquelas que estão previstas para qualquer um dos entes; estas, por sua vez, previstas no art. 23 da Carta Magna.

Os Estados possuem competência material residual, ou seja, poderão fazer tudo o que não for vedado e não for competência da União ou dos Municípios conforme regra prevista no art. 25, § 1º.

As competências exclusivas dos Municípios estão previstas no rol do art. 30, III a IX.

O Distrito Federal possui competência híbrida, logo o que for de competência dos Estados ou dos Municípios poderá ser executado pelo DF naquilo que for aplicável.

Quanto às competências legislativas da União, podem ser classificadas de duas maneiras: privativa ou concorrente. A primeira diz respeito às competências que poderão ser delegadas aos Estados mediante lei complementar criada pela União, conforme o art. 22, enquanto a concorrente é a prevista no art. 24 e que confere a competência aos Estados, ao DF e à União de forma concorrente.

Quando tratamos da competência legislativa concorrente entre os entes é importante lembrar que a União legisla sobre a norma geral referente ao assunto, enquanto os Estados legislam de forma suplementar. Sendo assim, caso não haja regulamentação geral da União sobre determinada matéria, cabe aos Estados o direito de legislar sobre a matéria de forma plena. Entretanto, se sobrevier uma lei federal que trate o assunto legislado pelo Estado, a lei estadual terá sua eficácia suspensa pela lei federal, naquilo que estiver em desacordo.

Aos Estados, a Constituição conferiu a competência legislativa residual, aquelas que ocorrerem por delegação da União, a concorrente suplementar explanada acima e as expressas, estas previstas nos arts. 18, § 4º, e 25, §§ 2º e 3º.

Já aos Municípios foram previstas duas competências, uma exclusiva e outra suplementar, ambas previstas no art. 30, I e II, respectivamente.

No caso do Distrito Federal, lembre-se sempre que ele possui competência híbrida.

O quadro a seguir resumirá a distribuição das competências para que evite confusões na hora do estudo:

	COMPETÊNCIAS ADMINISTRATIVAS (MATERIAIS)	COMPETÊNCIAS LEGISLATIVAS
UNIÃO	*Exclusiva (art. 21)* *Comum (art. 23)*	*Privativa (art. 22)* *Concorrente (art. 24)*
ESTADOS	*Comum (art. 23)* *Residual, reservada, remanescente (art. 25, § 1º)*	*Concorrente suplementar (art. 24)* *Residual, reservada, remanescente (art. 25, § 1º)* *Por delegação da União (art. 22, parágrafo único)* *Expressa (art. 25, §§ 2º e 3º)*
MUNICÍPIOS	*Comum (art. 23)* *Exclusiva (art. 30, III-IX)*	*Exclusiva (art. 30, I)* *Suplementar ao Estado e à União (art. 30, II)*
DISTRITO FEDERAL	*Competência híbrida (Estados e Municípios)*	*Competência híbrida (Estados e Municípios)*

Outro assunto que precisa ser estudado quando se fala em uma Federação é a característica da **não intervenção** entre os entes, uma vez que são autônomos e não possuem hierarquia entre si.

Entretanto, a Constituição Federal trouxe a possibilidade de **intervenção** de um ente federativo em outro em algumas situações excepcionais, a fim de que haja a preservação da forma de Estado federativo e dos princípios fundamentais.

A intervenção de um ente federativo em outro ocorrerá apenas nos casos previstos na Constituição Federal, portanto, estamos falando de um **rol taxativo** de situações. Ainda, a intervenção só poderá ser **decretada pelo chefe do Poder Executivo** do ente que a está realizando.

A Constituição trouxe duas espécies de intervenção, a federal, realizada pela União nos Estados e no DF, e a estadual realizada pelos Estados em seus Municípios.

A **intervenção federal**, disposta no rol do art. 34 da CF, será decretada pelo Presidente da República, após consulta ao Conselho da República e ao Conselho da Defesa Nacional, os quais emitirão parecer opinativo sobre a ocasião. O ato de intervenção poderá ocorrer de duas formas: **espontânea ou provocada**.

A **intervenção espontânea**, também conhecida como de ofício, acontecerá quando o Presidente da República, agindo na sua discricionariedade, decretar a intervenção independentemente da provocação de outros órgãos, como previsto nos incisos I, II, III e V.

Já a **intervenção provocada** será aquela em que houver uma provocação dos órgãos legitimados no art. 36 da CF, a qual ocorrerá por meio de solicitação, que não vincula a decisão do Presidente, ou por meio de requisição, que obriga a execução por parte do Presidente.

As intervenções por meio de solicitação ocorrerão na hipótese do inciso IV do art. 34: "garantir o livre exercício de qualquer dos Poderes nas unidades da Federação", cabendo ao STF requerer a intervenção quando o Poder Judiciário for coagido.

Já as intervenções, por meio de requisição, ocorrerão conforme os incisos IV, VI e VII, sendo que, no caso de coação do exercício dos poderes, a requisição deverá surgir do STF, STJ ou do TSE. No caso dos outros dois incisos, a requisição virá do STF.

O decreto que determinar a intervenção deverá conter todas as condições em que ocorrerá o procedimento e terá aplicação imediata após sua sanção, devendo o Congresso Nacional apreciar a medida em 24 horas após sua decretação, podendo optar pela suspensão ou aprovação da intervenção.

No caso de intervenção requisitada pelo Poder Judiciário, não haverá necessidade de apreciação pelo Congresso Nacional do decreto.

Devido à natureza política da intervenção, não cabe controle judicial ou qualquer atuação do Poder Judiciário sobre ela.

A **intervenção estadual** ocorrerá pelos Estados em seus Municípios, mediante decretação do governador, com avaliação da Assembleia Legislativa. Poderá ocorrer nos seguintes casos estabelecidos no art. 35 da CF. Apenas na última hipótese do artigo, a intervenção ocorrerá após representação interventiva do Procurador-Geral de Justiça, não sendo necessária a avaliação da Assembleia Legislativa.

> No Exame XX a banca trouxe exatamente essa situação em que determinado Município localizado no âmbito de um Estado-membro da Federação brasileira deixa de cumprir ordem judicial emanada do Tribunal de Justiça local incidindo na hipótese de intervenção estadual. Na questão foi considerada como correta a assertiva em que o Procurador-Geral de Justiça poderia ajuizar Ação Direta Interventiva estadual junto ao Tribunal de Justiça local, que, julgando-a procedente, autorizaria a intervenção estadual no referido Município, a ser decretada pelo Governador do Estado.

8. ADMINISTRAÇÃO PÚBLICA

O estudo sobre este tema está presente, principalmente, nos arts. 37 a 43 da Constituição Federal, de forma que um estudo mais aprofundado se dará na matéria de Direito Administrativo. Ou seja, o intuito deste conteúdo é o de introduzir os temas mais relevantes acerca da Administração Pública, conforme o texto constitucional.

Para que haja uma boa introdução ao tema, é necessário dar uma estudada no conceito de Administração Pública, que se encontra no art. 37 da Constituição Federal.

No viés constitucional, é de maior relevância a perspectiva subjetiva, que, por sua vez, se classifica em Administração Pública Direta e Indireta.

A **Administração Pública Direta** é aquela constituída pelas pessoas jurídicas de direito público, também chamadas de pessoas políticas, ou seja, por aquelas que possuem autonomia e personalidade jurídica. É formada pela União, pelos Estados, pelo Distrito Federal e pelos Municípios. Essas pessoas exercem suas funções através de seus agentes públicos e seus órgãos, os quais não possuem personalidade jurídica própria, uma vez que representam a pessoa jurídica a que estão vinculados.

Já a Administração Pública Indireta é composta por pessoas jurídicas tanto de direito público como de direito privado, as quais realizam a atividade estatal por meio da descentralização administrativa. Fazem parte dessa classificação as Autarquias, as Fundações Públicas, as Sociedades de Economia Mista e as Empresas Públicas.

Veja mapa mental sobre a classificação da Administração Pública:

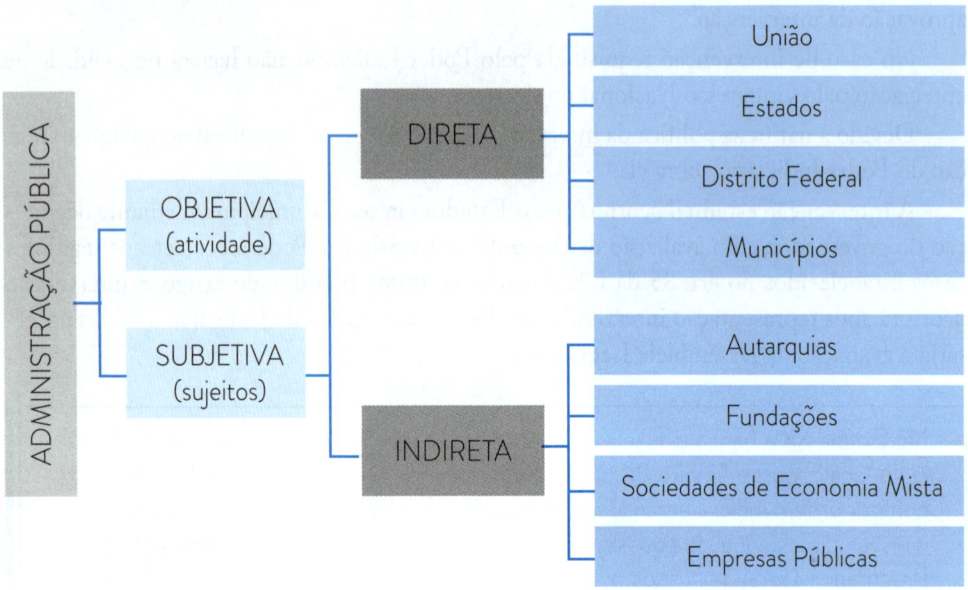

A Constituição Federal traz em seu texto, expressamente, cinco princípios que devem ser observados por toda a Administração Pública, seja ela direta ou indireta, ou de qualquer dos poderes. São eles: Legalidade, Impessoalidade, Moralidade, Publicidade e Eficiência. Esse é o famoso mnemônico L I M P E.

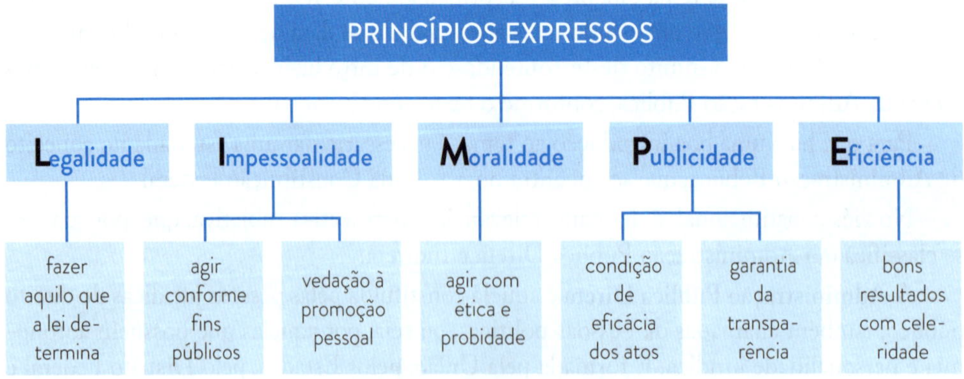

> No Exame XX a banca trouxe um caso concreto em que um brasileiro com dezesseis anos de idade, possuidor de título de eleitor e no pleno gozo dos seus direitos políticos, identificava, com provas irrefutáveis, ato lesivo do Presidente da República que atentava contra a moralidade administrativa. Como resposta correta, foi considerada a assertiva que previa a possibilidade de o brasileiro, ainda que sem assistência, ser parte legítima para propor Ação Popular em face do Presidente da República perante o juiz natural de primeira instância.

Para ocupar um cargo ou emprego público é necessário que o indivíduo seja aprovado em concurso público de provas ou de provas e títulos. Entretanto, os cargos em comissão são de livre nomeação e livre exoneração, não sendo, portanto, necessária a realização de concurso para serem ocupados. Sendo que tanto a administração pública direta como a indireta, de qualquer dos poderes, estão obrigadas a contratar por meio de concurso público.

Os concursos públicos possuem prazo de validade de até 2 anos, prorrogáveis uma vez por igual período, assim determinado nos incisos III e IV do art. 37. Esse prazo se inicia na homologação do resultado do concurso realizado para aquele cargo ou emprego, devendo esse prazo ser respeitado pela Administração na hora de nomear e contratar os aprovados pela prova.

> Este tema foi alvo de uma questão no Exame XX em que a banca apresentou um caso concreto de um indivíduo que havia sido aprovado em concurso público para o provimento do cargo de auditor fiscal da Receita Federal, alcançando a sexta colocação na classificação geral. O edital previa a existência de cinco vagas, a serem preenchidas ao longo do prazo de validade do concurso. A banca considerou como resposta correta o fato de a prorrogação do prazo de validade do concurso público ser ato discricionário da administração.

O STF entende que aquele que foi aprovado em colocação abrangida pelo número de vagas previstas no edital da prova possui **direito subjetivo à nomeação** durante o prazo de validade. Entretanto, aquele que está colocado além do número de vagas, conhecido como cadastro de reserva, possui apenas expectativa do direito de nomeação.

Ainda, uma regra bem importante sobre o concurso é que, conforme a Constituição Federal, aqueles que foram aprovados em concurso que ainda estiver com seu prazo de validade em curso terão prioridade sobre novos aprovados em concursos posteriores do mesmo cargo ou função. Perceba que esta regra não impede a realização de novo concurso enquanto houver um em processo de nomeação.

Como mencionado anteriormente, além dos cargos de provimento afetivo, ocupados através de concursos públicos, há também na Administração Pública as funções de confiança e os cargos em comissão, previstos no inciso V do art. 37 da CF. As funções de confiança são de livre designação e livre dispensa, destinadas aos servidores que ocupam um cargo efetivo, enquanto os cargos em comissão, que são de livre nomeação e livre exoneração, poderão ser preenchidos por qualquer pessoa. Ambos são cargos destinados à direção, chefia e assessoramento.

Outro modo de trabalhar na Administração Pública é através da **contratação por tempo determinado**, também previsto no art. 37 da CF, desta vez, em seu inciso IX. Neste modelo não há contratação para cargo público, nem vínculo trabalhista, o que ocorre é apenas uma contratação para uma função de caráter público por um tempo determinado, devendo ser alicerçado ao interesse público para que seja atendida uma necessidade excepcional, sendo que será regido por norma específica de regime especial, como ocorre no âmbito federal com a Lei n. 8.745/93.

> O XXI Exame trouxe como alternativa para uma situação de greve nas escolas públicas a possibilidade de contratação temporária, nos termos da lei, em razão de a situação apresentada caracterizar-se como necessidade temporária de excepcional interesse público.

Como demonstrado e mencionado anteriormente, qualquer brasileiro pode ocupar um cargo público, salvo aqueles que são privativos de brasileiros natos. No entanto, a Constituição Federal trouxe uma limitação para o preenchimento desses cargos, que são as **regras de acumulação dos cargos, empregos e funções públicas.**

Este esquema é de grande auxílio para a memorização das regras referentes à acumulação de cargos e funções:

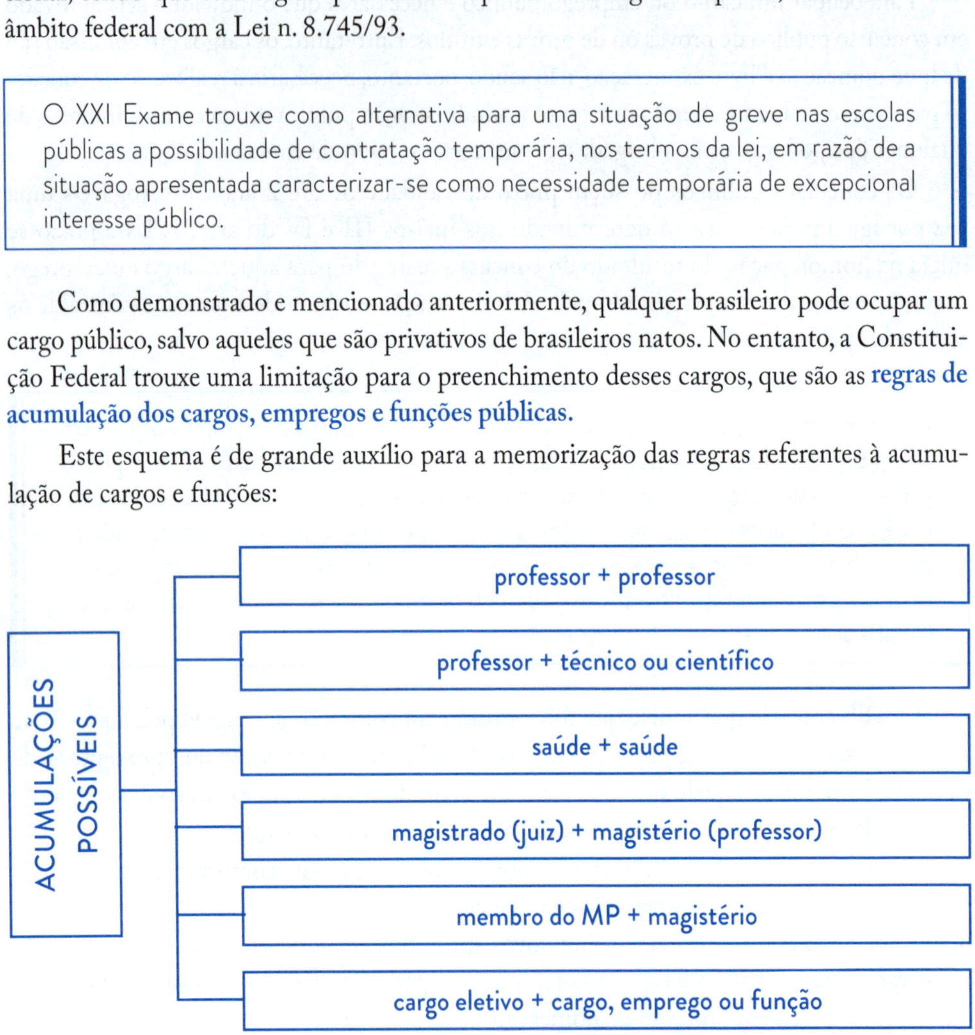

E a última, prevista também na Constituição Federal, em seu art. 38, em que é permitida a acumulação de um cargo eletivo com um cargo, emprego ou função pública. Nesse caso do mandato eletivo, temos, em suma, que, em mandatos federais, distritais e estaduais, o servidor deverá se afastar do cargo. Mas, quando o mandato for municipal, o servidor terá duas opções: sendo prefeito, deverá se afastar do cargo, mas poderá optar pela remuneração, mas, sendo vereador, só poderá acumular os cargos e as remunerações se houver compatibilidade de horários; logo, se assim não for possível a conciliação de ambos, deverá optar pela remuneração de um dos dois e se afastar do cargo.

As regras de vedação no acúmulo de cargos e funções abrange também o acúmulo de percepção da remuneração e aposentadoria, como se pode ver no § 10 do art. 37. Ainda, a Constituição autorizou o acúmulo de aposentadoria nos casos em que o acúmulo de cargos for possível (§ 6º do art. 40).

Com o concurso público, além de alcançar um cargo ou emprego público, o indivíduo tem a possibilidade de se tornar **estável** em seu cargo, ou seja, ele passa a ter a garantia de que poderá exercer suas atividades sem que perca seu emprego por qualquer motivo ou por vontade do empregador. Essa regra está prevista no art. 41 da Constituição Federal.

É válido lembrar que a estabilidade do cargo só é adquirida após 3 anos de efetivo exercício. Quando um servidor se torna estável só perderá o cargo nas seguintes situações: sentença judicial transitada em julgado, procedimento administrativo disciplinar, insuficiência de desempenho comprovada na avaliação periódica e corte de despesas com pessoal, nos termos do art. 169, § 3º, da CF.

As remunerações dos servidores possuem um limite, denominado teto constitucional, previsto no inciso XI do art. 37 da CF.

O teto geral é o primeiro limite que deve ser observado, e corresponde ao subsídio do Ministro do Supremo Tribunal Federal, ou seja, nenhum servidor público, de qualquer dos poderes, pode receber uma remuneração maior que o subsídio do Ministro.

O segundo limite a ser observado é o subteto. Esse limite ocorre em cada ente federativo. No âmbito dos Municípios, o limite remuneratório será o subsídio do prefeito. No âmbito dos Estados e do Distrito Federal, o limite será fixado em razão de cada poder: no Poder Executivo, o limite será o subsídio do Governador; no Poder Legislativo, o do Deputado Estadual ou Distrital; e no Poder Judiciário, o do Desembargador do Tribunal de Justiça, aplicável também aos membros do Ministério Público, Procuradores e Defensores Públicos.

Ainda, a Constituição Federal traz alguns limites específicos para algumas autoridades, como: o **Governador e o Prefeito** estão sujeitos ao subsídio do ministro do STF; o **Deputado Estadual e Distrital**: a 75% do subsídio do Deputado Federal; o **Vereador**: a 75% do subsídio do Deputado Estadual para os Municípios com mais de 500.000 habitantes, enquanto aos Municípios com menos habitantes aplica-se a regra proporcional à população, conforme o art. 29, VI, da Constituição Federal; os **Magistrados dos Tribunais Superiores** a 95% do subsídio dos ministros do STF; e os **demais magistrados**, a 95% do subsídio dos ministros dos Tribunais Superiores.

Esses limites também são aplicados às Empresas Públicas e Sociedades de Economia Mista que recebem recursos da União, dos Estados e do Distrito Federal para custeio geral.

> Sobre o teto remuneratório, o XX Exame trouxe questão em que determinada mulher exercia o cargo público de servidora da câmara de vereadores do Município Z. A questão afirmava que, como servidora municipal, sua remuneração tinha um limite remuneratório. Foi dada como correta a assertiva que previu como teto remuneratório do cargo da servidora o subsídio do prefeito.

9. PODER LEGISLATIVO

9.1 REGRAS GERAIS

As regras trazidas pela Constituição sobre esse poder se refere, principalmente, ao Legislativo da União; logo, esse será o foco deste material.

A função típica desse poder é a de legislar e fiscalizar, ou seja, criar leis e atuar no controle financeiro, contábil e orçamentário das contas públicas.

O órgão que representa o Poder Legislativo federal é o Congresso Nacional, formado por duas Casas, a Câmara dos Deputados e o Senado Federal; por isso, é chamado de bicameral.

A **Câmara dos Deputados** é a casa do povo, logo abriga seus representantes conhecidos como deputados federais, os quais são eleitos pelo sistema proporcional entre 8 e 70 deputados por Estado e pelo DF. No caso de ser criado um novo território, este elegerá 4 deputados. A quantidade de eleitos se dá proporcionalmente pela população do ente, ou seja, quanto maior for a população, mais deputados serão eleitos; logo, hoje existem 513 membros na Câmara.

O mandato de um deputado é de 4 anos, sendo permitida a sua recondução sem limite.

Já o **Senado Federal** é composto pelos representantes dos Estados e do DF, isto é, pelos senadores, os quais são eleitos pelo sistema majoritário, sendo que cada ente elegerá os 3 senadores mais votados, totalizando 81 senadores.

O mandato do senador é de 8 anos, mas a eleição ocorre de 4 em 4 anos de forma alternada, ou seja, em uma eleição elegem-se 2 senadores e na outra, mais 1. Cada senador eleito leva dois suplentes para o Congresso.

Apesar de ser bicameral, o Poder Legislativo possui três órgãos, o Congresso Nacional, a Câmara dos Deputados e o Senado Federal, cada um com sua competência.

As competências do Congresso estão previstas nos arts. 48 e 49 da Constituição Federal. As do art. 48 dependem de sanção presidencial e são efetivadas por lei dispondo sobre matéria de competência da União. Já, no art. 49, encontram-se as competências exclusivas do órgão, concretizadas pelo decreto legislativo independentemente de sanção presidencial.

As competências da Câmara estão descritas no art. 51 da CF e são exercidas por meio de Resolução da Câmara, não podendo ser delegadas.

Por sua vez, o Senado Federal possui suas competências arroladas pelo art. 52 da CF, que deverão ser concretizadas por meio das Resoluções do Senado, não podendo ser delegadas.

9.2 ESTATUTO DO CONGRESSISTA

Os parlamentares possuem algumas prerrogativas decorrentes de sua função que visam garantir a independência durante o tempo do mandato, denominadas **imunidades parlamentares.**

Existem dois tipos de imunidade, a material e a formal. A primeira, conhecida como inviolabilidade parlamentar, retira qualquer responsabilidade civil, penal e administrativa do titular do cargo quanto às suas palavras, ao seu voto e às suas opiniões, desde que praticada na função ou em razão dela. O parlamentar estará protegido ainda que tenha proferido suas palavras fora do recinto parlamentar, desde que estejam ligadas à função e seja durante o seu mandato, mesmo que a tentativa de responsabilizá-lo ocorra após o término do mandato.

Já a imunidade formal se refere à ordem processual dando ao parlamentar regras próprias quanto ao foro de julgamento, à prisão e ao processo em si.

A partir da expedição do diploma, o congressista possui a chamada **prerrogativa de foro**, a qual confere a ele o direito de ser julgado pelo STF nas ações de natureza penal cometidas antes ou depois da diplomação, sem que haja autorização da Casa legislativa.

Vale lembrar que a prerrogativa é da função; logo, quando acabar seu mandato, o processo continuará na instância comum.

Quanto à **prisão** do parlamentar, a CF prevê que apenas será preso em caso de flagrante delito de crime inafiançável. Ocorrendo a prisão, os autos deverão ser remetidos em 24 horas à Casa parlamentar respectiva para que decidam sobre a manutenção da prisão, necessitando do voto da maioria dos membros. Fora dessa hipótese, não poderá ser levado à prisão cautelar durante o processo. Obviamente que se houver condenação criminal transitada em julgado poderá ser preso.

A **imunidade processual** consiste na possibilidade de sustação do andamento da ação penal de crime cometido após a diplomação. A iniciativa do pedido de sustação pertence a qualquer partido político da Casa e será apreciado no prazo de 45 dias. Só será possível a suspensão se for decidida antes da sentença definitiva, sendo necessária a aprovação da maioria absoluta dos membros da Casa a que pertence o parlamentar. Caso seja aprovada a suspensão, o prazo prescricional também ficará sustado.

9.3 PROCESSO LEGISLATIVO

A outra função típica desse poder é a legisladora, que se dá através do **PROCESSO LEGISLATIVO**, o qual consiste nas etapas necessárias para a criação das normas.

Veja que o art. 59 da CF trouxe as principais normas que podem ser criadas através do processo legislativo: **emendas à Constituição; leis complementares; leis ordinárias; leis delegadas; medidas provisórias; decretos legislativos; resoluções.**

Existem três espécies de processo legislativo: ordinário, sumário e especial. Cada um desses processos será responsável pela criação de algumas espécies normativas. Vamos ao estudo primeiramente do processo legislativo ordinário.

O Processo Legislativo Ordinário é responsável pela criação das leis ordinárias e se compõe de três fases: introdutória, constitutiva e complementar.

A fase introdutória é formada pela iniciativa do projeto de lei. No art. 61 da CF, encontram-se os legitimados para iniciar um processo legislativo ordinário, que são: qualquer membro ou comissão do Congresso Nacional, da Câmara ou do Senado, Presidente da República, STF, Tribunais Superiores, Procurador-geral da República e os cidadãos.

Algumas matérias são de iniciativa privativa do Presidente da República, ou seja, apenas ele pode iniciar a proposta de lei sobre os assuntos previstos no art. 61.

Ao mencionar que o cidadão pode iniciar um projeto de lei, a Constituição se referiu ao instituto da lei por iniciativa popular, encontrado no § 2º do mesmo artigo, que exige como requisitos para propositura do projeto, no mínimo, um por cento do eleitorado nacional, distribuído, pelo menos, por cinco Estados, com não menos de três décimos por cento dos eleitores de cada um deles.

O Supremo Tribunal Federal e os Tribunais Superiores possuem também legitimidade para propor projetos de lei atinentes à estrutura do próprio Poder Judiciário, conforme preveem os arts. 93 e 96 da Constituição.

A iniciativa do Procurador-geral da República também tem como objetivo organizar a estrutura do Ministério Público, conforme o art. 127, § 2º, da CF.

Apesar de não constar no rol de legitimados do art. 61, o Tribunal de Contas da União também possui legitimidade para propor projetos de lei que digam respeito à sua estrutura, conforme previsto no art. 73, que concedeu as mesmas prerrogativas dadas ao Judiciário. No mesmo sentido, foi dada à Defensoria Pública a equiparação ao Poder Judiciário, no que tange à autonomia legislativa (art. 134, § 4º).

Quando o processo legislativo se inicia, deve ser encaminhado a uma das Casas do Poder Legislativo da União, ou à Câmara ou ao Senado. É mais comum que se inicie na Câmara dos Deputados, sendo que, no Senado, só receberá de início o projeto que for proposto por um de seus membros, uma de suas comissões ou por uma comissão mista do Congresso Nacional (nesse caso ele se iniciará de forma alternada, ora na Câmara, ora no Senado). A Casa em que se iniciar o projeto será chamada de **casa iniciadora**, enquanto a outra será a **Casa Revisora**, pois revisará o projeto após a criação.

Quando o projeto for apresentado à Casa iniciadora, iniciar-se-á a fase constitutiva, que será formada por três momentos: a discussão, a votação e a sanção.

Primeiramente, o projeto será discutido e votado na Comissão de Constituição e Justiça (CCJ) e nas Comissões temáticas (CT), passando em seguida para o Plenário, onde ocorrerão o debate e a votação final.

A CCJ analisa a constitucionalidade do projeto e sua formalidade emitindo um parecer terminativo, ou seja, ela que decide o destino do projeto de lei.

As comissões temáticas analisarão a matéria e emitirão parecer opinativo apenas, que não vincula o destino do projeto.

Das comissões, o projeto irá para o Plenário, onde passará pela discussão e votação definitivas.

Para compreender a votação, é necessário conhecer os quóruns exigidos nos processos legislativos. Tem a **maioria absoluta**, quórum equivalente à maioria dos membros e utilizado como quórum de deliberação e também para aprovação de lei complementar. Tem também a **maioria simples ou relativa,** correspondente à maioria dos presentes e exigida em regra quando não há especificação de quórum. Este é utilizado na aprovação de leis ordinárias, medidas provisórias e outras votações sem exigência de quórum especial. Por fim, temos o **quórum qualificado (especial)** quando a quantidade de votos é maior que a maioria absoluta. É o caso das emendas constitucionais que necessitam do voto de três quintos dos membros para aprovação.

Após a votação no Plenário, dois resultados são possíveis, ou a rejeição do projeto de lei, o que enseja em seu arquivamento, ou aprovação do projeto que deve seguir para a Casa Revisora. Havendo rejeição, o projeto será arquivado aplicando-se aqui o princípio da **irrepetibilidade relativa**. Significa dizer que o projeto rejeitado só poderá ser proposto novamente na mesma sessão legislativa se tiver o voto da maioria absoluta dos membros de qualquer uma das Casas.

> Sobre a possibilidade de apreciação de projeto de lei rejeitado dentro da mesma sessão legislativa, a FGV trouxe uma questão no Exame XX cuja resposta dizia que a matéria objeto do projeto de Lei rejeitado poderia ser apreciada na mesma sessão legislativa, desde que proposta pela maioria absoluta dos membros de qualquer uma das Casas do Congresso Nacional.

Na **Casa Revisora**, o projeto passará pela deliberação da CCJ, das comissões temáticas e irá para o Plenário para nova votação. Desta vez, a votação poderá resultar em três possibilidades: rejeição, acarretando o arquivamento do projeto; aprovação sem emenda, destinando o projeto ao Presidente da República para sancioná-lo ou vetá-lo; aprovação com emendas, que deve ser devolvido à Casa iniciadora para que esta faça a revisão das emendas, as quais, após aprovação ou rejeição pela Casa iniciadora enseja no envio do projeto para sanção do Presidente da República.

É importante observar que, uma vez rejeitado um projeto de lei, apenas poderá ser apresentado na mesma sessão legislativa por maioria absoluta dos membros de qualquer das Casas, regra essa conhecida como **princípio da irrepetibilidade relativa**. Dentro da fase constitutiva ainda, o projeto de lei agora vai para o Presidente da República para sua **sanção ou veto**, última etapa dessa fase. A sanção se dá quando o Presidente concorda com o projeto, enquanto o veto ocorre quando há discordância.

A sanção poderá ocorrer de forma expressa ou tácita. Devido ao prazo de 15 dias úteis que o Presidente possui para anunciar sua escolha, caso não o faça nesse prazo, ocorrerá a sanção tácita. Já a expressa, como o nome já deixa bem claro, ocorrerá quando a autoridade sancionar a lei expressamente, deixando claro que concorda com o projeto. O veto, por sua vez, será sempre expresso, devendo o Presidente sempre motivá-lo no prazo de 48 horas após sua decretação. O veto poderá ocorrer de forma total ou parcial. Será total quando todo o projeto de lei for desaprovado pela autoridade e parcial quando apenas parte dele for vetado. O veto poderá ser Jurídico quando o projeto de lei for considerado inconstitucional, ou, ainda, Político quando não for considerado benéfico ao interesse público.

Quando o presidente vetar o projeto, o Congresso terá 30 dias para analisá-lo, podendo, mediante voto da maioria absoluta rejeitá-lo, sendo o projeto reenviado ao Presidente apenas para sua promulgação.

> No XX Exame, a banca apresentou questão em que um Senador havia apresentado um projeto de lei visando determinar à União que fossem adotadas as providências necessárias para que toda a população brasileira fosse vacinada contra determinada doença causadora de pandemia transmitida por mosquito. O Senado Federal, no entanto, preocupado com o fato de que os servidores da saúde poderiam descumprir o que determinaria a futura lei, isso em razão de seus baixos salários, acabou por emendar o projeto de lei, determinando, igualmente, a majoração da remuneração dos servidores públicos federais da área de saúde pública. Aprovado em ambas as Casas do Congresso Nacional, o projeto foi encaminhado ao Presidente da República. Diante do caso, a resposta correta considerou que o Presidente da República poderia vetá-lo, por motivo de inconstitucionalidade formal, na parte que majorou a remuneração dos servidores públicos, uma vez que a iniciativa legislativa nessa matéria é privativa do Chefe do Poder Executivo, devendo o veto ser exercido no prazo de quinze dias úteis.

Com isso a fase constitutiva foi finalizada e dar-se-á início à **FASE COMPLEMENTAR**, a qual se subdivide em dois momentos: a promulgação e a publicação.

A promulgação é o ato que atesta a existência da lei, em regra, realizado pelo Presidente da República, que possui 48 horas para fazê-lo após a sanção ou a rejeição do veto. Se não o fizer nesse prazo, a responsabilidade passará a ser do Presidente do Senado Federal, que, se também não o fizer, passará a competência para o Vice-Presidente do Senado.

A publicação é ato posterior à promulgação e marca o início de exigência da lei, salvo se houver outro prazo previsto para sua exigência, pois a norma se torna pública. A publicidade é feita em jornais oficiais como o *Diário Oficial da União*.

Cessado o estudo sobre o processo legislativo ordinário, é importante lembrar que a criação de uma lei ordinária para uma lei complementar se diferencia no quórum de aprovação e na matéria de competência de cada uma.

Segue um quadro esquematizado de resumo deste estudo:

PROCESSO LEGISLATIVO ORDINÁRIO

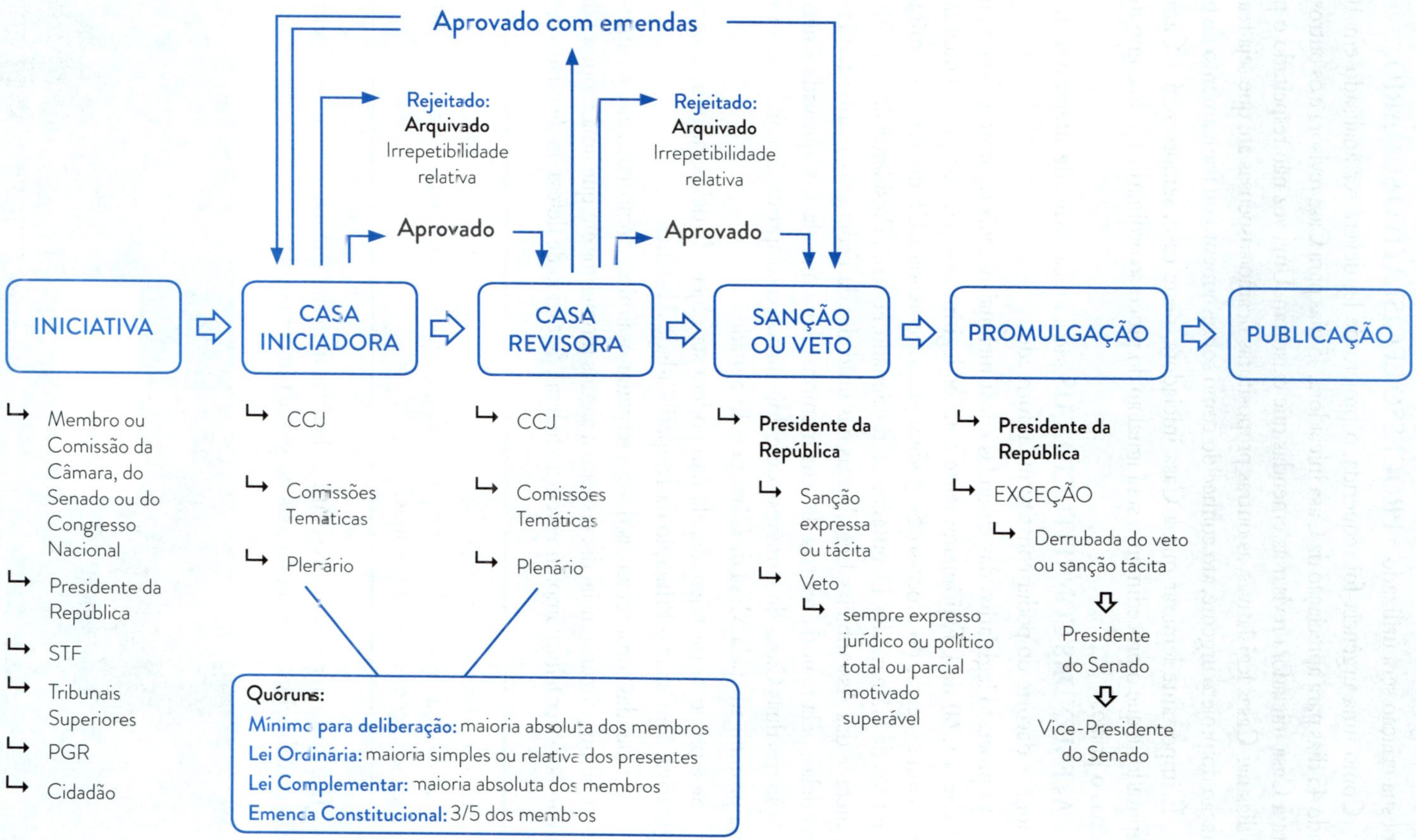

Nos projetos de lei de iniciativa do Presidente da República, em que houver urgência para sua criação será utilizado o **PROCESSO LEGISLATIVO SUMÁRIO**.

Como uma urgência foi requerida, o projeto de lei deverá ser analisado em 100 dias, sendo 45 dias para apreciação da Casa iniciadora, 45 dias para Casa revisora e os outros 10 dias para a Casa iniciadora revisar as emendas que existirem. Uma vez não respeitado o prazo de 45 dias nas Casas legislativas, as outras proposituras ficarão suspensas até que seja realizada a votação do projeto urgente, ato conhecido como **sobrestamento ou trancamento de pauta.**

É importante lembrar que a Casa iniciadora, neste caso, sempre será a Câmara dos Deputados e que o procedimento será igual ao do processo ordinário, tendo como diferença apenas o prazo.

As **EMENDAS CONSTITUCIONAIS** são a única forma de alterar o texto constitucional e decorre do poder constituinte reformador.

O processo legislativo das emendas constitucionais é mais rigoroso e está regulamentado no art. 60 da CF, primeiramente com os legitimados para propor a emenda e, logo após, com as regras do processo. Só podem propor emenda à CF um terço, no mínimo, dos membros da Câmara dos Deputados ou do Senado Federal; Presidente da República; mais da metade das Assembleias Legislativas das unidades da Federação, manifestando-se, cada uma delas, pela maioria relativa de seus membros. Para que ela seja aprovada é necessária a votação nas duas Casas do Congresso, em dois turnos, com aprovação por 3/5 dos membros. Será promulgada pela Mesa da Câmara e do Senado.

Se a proposta for rejeitada, ela não poderá ser objeto de deliberação na mesma sessão legislativa, conforme o Princípio da Irrepetibilidade Absoluta.

As emendas constitucionais devem respeitar os limites circunstanciais e os limites materiais. O limite circunstancial diz respeito a alguns momentos em que uma proposta de emenda não pode ser feita, como: intervenção federal, de estado de defesa ou de estado de sítio.

> Sobre os limites circunstanciais, o X Exame perguntou em quais momentos a Constituição não poderia ser emendada, trazendo como resposta exatamente as três situações acima elencadas.

Já o limite material diz respeito a algumas matérias que não podem ser objeto de abolição constitucional, estão previstas no § 4º e são conhecidas como cláusulas pétreas:

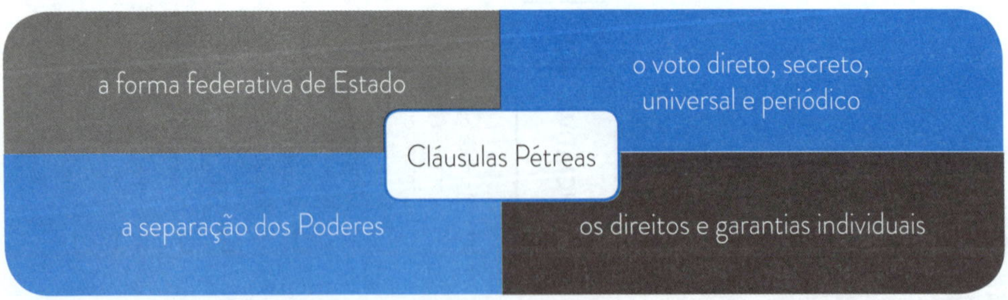

Quanto às **MEDIDAS PROVISÓRIAS**, são normas de competência privativa do Presidente da República, podendo ser elaboradas apenas em situações de relevância e urgência, como se vê no art. 62 da CF.

As medidas provisórias não são leis, possuem apenas força de lei, tanto que, uma vez editada, possui efeito imediato, devendo, mesmo assim, ser apreciada pelo Congresso Nacional. No Congresso passará por uma comissão mista para a análise dos requisitos constitucionais, depois será encaminhada para o Plenário de cada Casa Legislativa, sendo que a Casa iniciadora sempre será a Câmara dos Deputados.

O Congresso terá um prazo de 60 dias para aprovar a medida provisória, transformando-a em lei, podendo esse prazo ser prorrogado por mais 60 dias, quando necessário. Mas, se, nos primeiros 45 dias do prazo a proposta não for analisada, a pauta da Casa em que se encontra será sobrestada, apenas voltando ao normal após a votação da Medida Provisória.

Importante lembrar que o prazo de análise se suspende durante o recesso parlamentar.

Ao apreciar uma medida provisória, o Congresso poderá dar a ela três consequências: 1) será convertida em lei sem emendas, seguindo para promulgação e conversão em lei ordinária pelo presidente da Mesa do Congresso Nacional, não estando sujeita a sanção ou veto presidencial; 2) será convertida em lei com emendas, transformando-se em projeto de lei sob o rito ordinário; ou, ainda, 3) será rejeitada, ensejando na perda de sua eficácia (*ex tunc*). A rejeição poderá ocorrer de forma tácita ou expressa. Se rejeitada, o Congresso deverá em 60 dias regular mediante Decreto Legislativo as consequências e as relações jurídicas decorrentes do período de vigência da medida provisória; caso não o faça no prazo, será regulamentada pela própria medida. Quando rejeitada, uma medida provisória não poderá ser reeditada na mesma sessão legislativa (Princípio da Irrepetibilidade Absoluta).

O § 1º do art. 62 juntamente com o art. 25, § 2º, da CF trazem limites de matérias que não poderão ser editadas por Medida Provisória como os temas relacionados à nacionalidade, cidadania, direitos políticos, partidos políticos e direito eleitoral; direito penal, processual penal e processual civil; organização do Poder Judiciário e do Ministério Público, carreira e garantia de seus membros; planos plurianuais, diretrizes orçamentárias, orçamento e créditos adicionais e suplementares, ressalvado o previsto no art. 167, § 3º, que vise a detenção ou sequestro de bens, de poupança popular ou qualquer outro ativo financeiro; reservada a lei complementar; já disciplinada em projeto de lei aprovado pelo Congresso Nacional e pendente de sanção ou veto do Presidente da República.

10. PODER EXECUTIVO

Estudaremos agora os dois temas mais cobrados do Poder Executivo: atribuições e responsabilidade do Presidente da República.

10.1 ATRIBUIÇÕES

Primeiramente, vamos dar uma olhada no art. 84 da Constituição Federal, o qual traz o rol de atribuições do Presidente da República. Todas estas atribuições podem ser divididas em três grupos: atribuições de Chefe de Estado, de Chefe de Governo ou de Chefe da Administração Pública. Por sermos um sistema de governo presidencialista, o Presidente da República acumulará todas elas ao mesmo tempo. Para ajudá-lo(a) no estudo, procurei adequar cada atribuição à sua respectiva função, seguindo a melhor doutrina, de forma que você consiga responder às questões de prova:

1. **Chefe de Estado** (relações externas do Brasil) – as funções de Chefe de Estado são as expressas nos incisos VII, VIII, XIX, XX e XXII.
2. **Chefe de Governo** (relações internas do Brasil) – as funções de Chefe de Governo são as descritas nos incisos I, III, IV, V, IX, X, XI, XII, XIII, XIV, XV, XVI, XVII, XVIII, XXI, XXIII, XXIV, XXVI e XXVII.
3. **Chefe da Administração Pública** – as funções de Chefe da Administração Pública são as que estão nos incisos II, VI e XXV.

Uma característica importante e que sempre cai em prova é que **essas competências formam um rol exemplificativo.** A maioria das competências do presidente são indelegáveis, enquanto apenas três delas são delegáveis. São delegáveis os incisos VI, XII e XXV, primeira parte. As três competências podem ser delegadas para três autoridades: Ministro de Estado, Procurador-Geral da República e Advogado-Geral da União.

10.2 RESPONSABILIDADES

Quando estudamos as **responsabilidades do Presidente**, o que estamos fazendo é compreender uma das características mais importantes da forma de governo republicana, pois é esse princípio que nos permite responsabilizar o Presidente por seus atos.

A Constituição Federal, em obediência a esse princípio norteador, fez questão de prever a possibilidade de responsabilização do Presidente que só se dará em dois casos: ou ele será responsabilizado por **crime de responsabilidade** ou por **infrações penais comuns**.

Antes de iniciar o estudo das responsabilidades, sempre gosto de analisar um tema que facilitará o entendimento lá na frente: **imunidades.**

ATENÇÃO! As imunidades pertencem aos cargos, não às pessoas.

Elas podem ser de duas espécies: material ou formal.

Chamamos de **imunidade material** a prerrogativa que gera uma irresponsabilidade total. A **imunidade formal** é espécie de prerrogativa de ordem processual. Uma observação importantíssima para sua prova: **o cargo do Presidente da República possui imunidades formais, mas não tem imunidade material.**

Elencarei agora quatro prerrogativas, imunidades formais que o presidente possui e que o auxiliarão no exercício da sua função como governante:

1. **Processo** – o Presidente só poderá ser processado por infração penal comum ou por crime de responsabilidade se tiver autorização de 2/3 dos membros da Câmara dos Deputados (**juízo de admissibilidade**).
2. **Prerrogativa de Foro** – o presidente será julgado em dois locais possíveis a depender da infração que estiver sendo processado: **Supremo Tribunal Federal (infrações penais comuns)** ou no **Senado Federal (crimes de responsabilidade)**.

Considera-se **infração penal comum** qualquer infração penal cometida pelo presidente, seja crime ou contravenção penal, desde que cometida no exercício da função ou em razão da sua função de presidente.

Chamamos de **crime de responsabilidade** as infrações de natureza político-administrativa que sejam cometidas pelo presidente. É o famoso processo de *impeachment*. Apesar do nome "crime", essa infração não tem nada a ver com um crime. São considerados crimes de responsabilidade as condutas previstas no art. 85 da Constituição. Trata-se de um rol exemplificativo de condutas haja vista não ser possível a punição do Presidente com base apenas no que está escrito nesse artigo. As condutas aqui estão previstas de forma genérica necessitando de complementação legislativa para produzirem seus efeitos. Diante disso podemos afirmar que se trata de norma de eficácia limitada. Esse dispositivo foi regulamentado pela Lei n. 1.079/50 (Lei de Crime de Responsabilidade).

Como já afirmamos, essa infração não é um crime, propriamente dito; logo, não pode resultar, como consequência da sua condenação, uma pena privativa de liberdade. A consequência para quem é condenado pela prática do crime de responsabilidade, prevista no art. 52, parágrafo único, é a **perda do cargo e a inabilitação para o exercício de qualquer função pública pelo prazo de 8 anos.**

Veja que a Constituição determina a aplicação das duas consequências de forma cumulativa. Outro detalhe importante para sua prova é que o Presidente do Supremo Tribunal Federal presidirá a sessão de julgamento no Senado Federal, que o condenará pelo voto de 2/3 dos membros.

Uma vez iniciado o processo, seja no Supremo ou no Senado, a Constituição determina no art. 86 que o Presidente ficará suspenso das suas funções pelo prazo de 180 dias. Esse foi o prazo que o constituinte originário achou por bem estabelecer como o necessário à finalização do processo. Caso o processo não seja finalizado nesse período, e o Presidente não seja julgado, ele retornará ao exercício das suas funções sem que isso prejudique a continuidade do processo. Agora veja que detalhe interessante para sua prova acerca do início do prazo de suspensão:

a) **Infração Penal Comum** – a suspensão se dará **a partir do recebimento da denúncia ou queixa.**
b) **Crime de Responsabilidade** – a suspensão iniciará **a partir da instauração do processo.**

Recentemente o Supremo Tribunal Federal redefiniu alguns detalhes do processo de *impeachment*. Entre as mudanças mais relevantes para sua prova está o estabelecimento do **Juízo de Instauração** no Senado Federal. Isso significa dizer que o Senado não está mais vinculado à autorização de processamento expedida pela Câmara. Da mesma forma, caso o processo seja por infração penal comum, o STF não está obrigado a processar o Presidente da República. Este é um desdobramento do princípio da separação dos poderes.

3. **Prisão** – segundo o art. 86, § 3º, da CF, o Presidente da República só será preso se tiver sentença condenatória. Significa dizer que ele não se sujeitará a prisões processuais, nem mesmo a prisões em flagrante.
4. **Irresponsabilidade Penal Relativa** – também chamada pela doutrina de Imunidade Formal Temporária, essa imunidade garante ao Presidente da República que não seja responsabilizado por atos estranhos ao exercício das suas funções. Significa dizer que, se o Presidente fizer algo que não tenha nada a ver com suas funções, ele não poderá ser responsabilizado enquanto estiver no cargo, nos termos do art. 86, § 4º, da Constituição. Logicamente que a imunidade é em razão do cargo; ou seja, ao sair do cargo, o Presidente será responsabilizado pela justiça comum. Segundo o STF, durante o período de cobertura da imunidade, não ocorrerá prazo prescricional, impedindo, assim, que ocorra impunidade no caso.

> No XX Exame de Ordem, ocorrido em 2016, a FGV trouxe uma questão contendo um caso concreto em que o Presidente da República, após manter áspera discussão com um de seus primos, que teve por motivação assuntos relacionados à herança familiar, efetua um disparo de arma de fogo e mata o referido parente. Abalado com o grave fato e preocupado com as repercussões políticas em razão de sua condição de Presidente da República, consulta seu corpo jurídico, indagando quais as consequências do referido ato no exercício da presidência. Como a infração penal não possuía nenhuma relação com sua função de presidente, a FGV considerou como resposta a alternativa em que o Presidente seria criminalmente processado apenas após o término do mandato, tendo imunidade temporária à persecução penal.

11. PODER JUDICIÁRIO

O Poder Judiciário é o poder que detém como função típica a de "aplicar o direito ao caso concreto", denominada função jurisdicional. Além disso, desempenha também as chamadas funções atípicas, que são aquelas referentes a funções dos outros poderes como a de administrar sua organização e criar suas normas internas.

Esse poder é dividido em órgãos, os quais estão previstos no art. 92 da CF, de acordo com a função que necessita desempenhar. O Supremo Tribunal Federal, o Conselho Nacional de Justiça e os Tribunais Superiores têm sede na Capital Federal, sendo que o STF e os Tribunais Superiores possuem jurisdição em todo o território nacional.

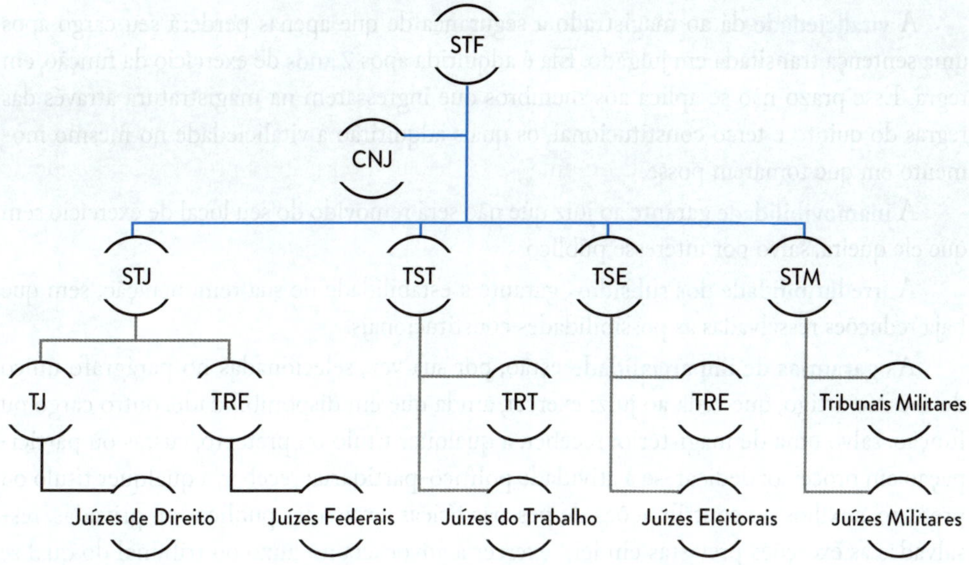

Para o ingresso na carreira de magistrado é necessário preencher alguns requisitos previstos no art. 93 da CF: aprovação em concurso público de provas e títulos, comprovação de, no mínimo, 3 anos de atividade jurídica, bem como o diploma de bacharelado no curso de direito.

Há uma outra forma de entrar na carreira da magistratura, diferente do concurso, conhecida como **Quinto Constitucional**. Esse presente dado pela própria CF destina 1/5 das vagas de alguns órgãos do Poder Judiciário aos membros do Ministério Público e a advogados, conforme o art. 94. Para concorrerem a essas vagas, os membros serão indicados pelas próprias instituições no caso de possuírem, no mínimo, 10 anos de experiência na carreira, notório saber jurídico e reputação ilibada, bem como estar na indicação da lista sêxtupla formada pelo órgão representativo da classe. É possível o ingresso pelo Quinto Constitucional nos seguintes órgãos: **Tribunais de Justiça, Tribunais Regionais Federais, Tribunal Superior do Trabalho e Tribunais Regionais do Trabalho,** sendo que esses dois últimos possuem previsão nos arts. 111-A e 115, respectivamente.

É necessário tomar grande cuidado com a previsão do art. 104, parágrafo único, quanto ao ingresso de membros do Ministério Público e da advocacia no STJ. Dessa vez, a Constituição garante 1/3 das vagas.

Os membros do Poder Judiciário, ou seja, os magistrados, possuem algumas **GARANTIAS** constitucionais por conta da função que exercem, sendo elas de duas espécies. As garantias de independência são aquelas que garantem segurança ao juiz em desempenhar sua função sem que haja interrupções de outros membros ou poderes. Já as garantias de Imparcialidade são aquelas que apresentam impedimentos ao juiz, com o intuito de garantir a imparcialidade jurisdicional.

As **garantias de independência** estão previstas no art. 95, I a III, da CF e abrangem a vitaliciedade, a inamovibilidade e a irredutibilidade do subsídio.

A **vitaliciedade** dá ao magistrado a segurança de que apenas perderá seu cargo após uma sentença transitada em julgado. Ela é adquirida após **2 anos** de exercício da função, em regra. Esse prazo não se aplica aos membros que ingressarem na magistratura através das regras do quinto e terço constitucional, os quais adquirirão a vitaliciedade no mesmo momento em que tomarem posse.

A **inamovibilidade** garante ao juiz que não será removido do seu local de exercício sem que ele queira, salvo por interesse público.

A **irredutibilidade dos subsídios** garante a estabilidade de sua remuneração, sem que haja reduções ressalvadas as possibilidades constitucionais.

As **garantias de imparcialidade** estão, por sua vez, selecionadas no parágrafo único do mesmo artigo, que veda ao juiz: exercer, ainda que em disponibilidade, outro cargo ou função, salvo uma de magistério; receber, a qualquer título ou pretexto, custas ou participação em processo; dedicar-se à atividade político-partidária; receber, a qualquer título ou pretexto, auxílios ou contribuições de pessoas físicas, entidades públicas ou privadas, ressalvadas as exceções previstas em lei; exercer a advocacia no juízo ou tribunal do qual se afastou, antes de decorridos três anos do afastamento do cargo por aposentadoria ou exoneração (quarentena).

Vamos dar uma olhada agora nos órgãos do Poder Judiciário.

11.1 SUPREMO TRIBUNAL FEDERAL

O STF é o órgão máximo do Poder Judiciário. É composto por 11 ministros, escolhidos pelo Presidente da República, sabatinados pelo Senado Federal com aprovação da maioria absoluta, dentre os cidadãos, brasileiros natos, com idade entre trinta e cinco anos e sessenta e cinco, com notável saber jurídico e reputação ilibada.

O **STF** é denominado como Tribunal Constitucional por conta de sua principal competência, que é a guarda da Constituição. Suas competências são taxativas e estão divididas em três tipos: competência originária, competência recursal ordinária e competência recursal extraordinária.

As **originárias** são aquelas em que o STF é o primeiro órgão jurisdicional a analisar as ações presentes no rol do art. 102, I, da CF. São competências para julgamento de crimes como no caso do Presidente e vice-presidente da República, litígio entre Estado estrangeiro ou organismo internacional e os entes federativos, conflitos de competência, dentre outras ações. A leitura desse artigo é imprescindível para sua prova.

A competência em sede de **recurso ordinário** prevista no inciso II traz duas hipóteses: processar e julgar o *habeas corpus*, o mandado de segurança, o *habeas data* e o mandado de injunção decididos em única instância pelos Tribunais Superiores, se denegatória a decisão; e o crime político.

E no **recurso extraordinário** atua na defesa da ordem constitucional, julgando as causas decididas em única ou última instância, quando a decisão recorrida: contrariar dispositivo desta Constituição; declarar a inconstitucionalidade de tratado ou lei federal; julgar válida lei ou ato de governo local contestado em face desta Constituição; ou julgar válida lei local contestada em face de lei federal.

Possui, ainda, competência para apreciar o controle de constitucionalidade concentrado, que ocorrerá nos casos em que for interposta uma Ação Direta de Inconstitucionalidade ou uma Ação Declaratória de Constitucionalidade. Essas ações indagam a constitucionalidade de alguma lei ou ato normativo que parece violar dispositivo constitucional.

Essas ações apenas podem ser apresentadas pelos legitimados presentes no art. 103. Veja:

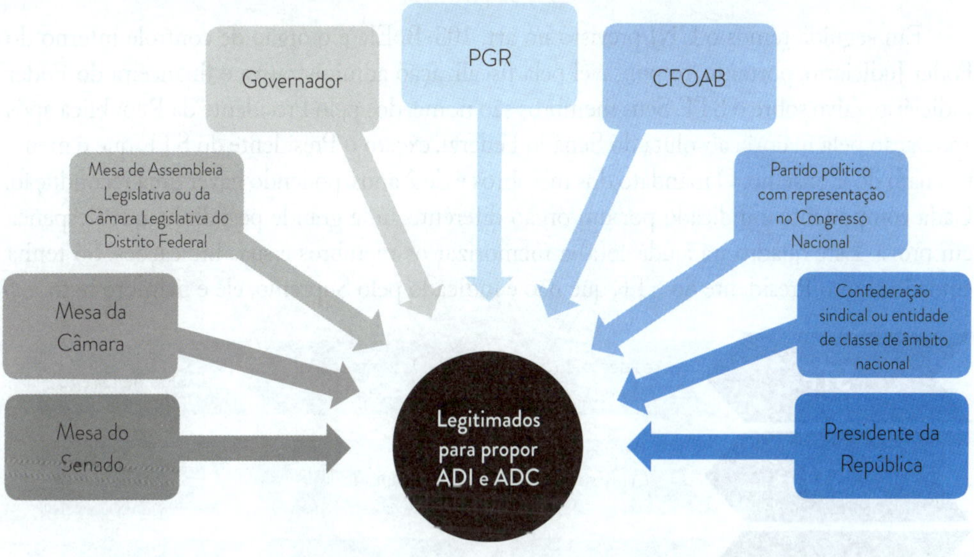

Alguns aspectos devem ser observados quanto aos legitimados, como, por exemplo, as autoridades dos outros poderes que aparecem nesse rol serem todas da União, dos Estados e do Distrito Federal, não havendo, assim, legitimidade para essas autoridades municipais. Ainda, quando o artigo menciona as Casas legislativas, deixa bem claro que a competência é da Mesa da Casa, que é o órgão de direção da Casa.

Também deve ser observado que o partido político com legitimidade deve ser aquele que possui representação no Congresso Nacional e isso implica, no mínimo, um membro em uma de suas Casas.

Outra competência exclusiva do STF é a edição das chamadas **Súmulas Vinculantes**, as quais representam o entendimento do Tribunal sobre questões que já foram analisadas diversas vezes. Para sua aprovação e concretização do efeito vinculante, será necessário o voto de 2/3 dos membros. Essas súmulas possuem efeito vinculante para todos os órgãos do Poder Judiciário e da Administração Pública de todas as esferas, não vinculando o Legislativo nem o próprio STF, que tem competência para rever o seu próprio posicionamento. Caso uma súmula vinculante seja desrespeitada, caberá **Reclamação para o STF**.

> Sobre esse tema o XX Exame trouxe uma questão em que um cidadão inconformado com decisão proferida em sede de primeiro grau da Justiça Estadual, que reconheceu a licitude da exigência de prévio depósito de dinheiro como condição para a admissibilidade de recurso administrativo, em clara afronta à Súmula Vinculante editada pelo Supremo Tribunal Federal, buscava orientação acerca da ação à qual poderia recorrer. Em resposta, a FGV disse que ele poderia ingressar com reclamação perante o Supremo Tribunal Federal, por contrariar Súmula Vinculante por ele aprovada.

11.2 CONSELHO NACIONAL DE JUSTIÇA

Em seguida temos o CNJ previsto no art. 103-B. Ele é o órgão de controle interno do Poder Judiciário, portanto, responsável pela fiscalização administrativa e financeira do Poder Judiciário, salvo sobre o STF. Seus membros são nomeados pelo Presidente da Republica após aprovação pela maioria absoluta do Senado Federal, exceto o Presidente do STF, que é membro nato do Conselho. O mandato dos membros é de 2 anos, podendo haver uma recondução. Cada componente é indicado por um órgão diferente, uma grande pegadinha que despenca em prova. Este quadro irá ajudá-lo(a) a memorizar os membros e suas indicações. Só tenha cuidado com o Presidente do STF, que não é indicado pelo Supremo; ele é membro nato.

STF	Presidente do STF (membro nato)	Desembargador do TJ	Juiz de Direito
STJ	Ministro do STJ	Juiz do TRF	Juiz Federal
TST	Ministro do TST	Juiz do TRT	Juiz do Trabalho
PGR	Membro do MPU	Membro do MPE	
CFOAB	2 advogados		
Câmara e Senado	2 cidadãos		

> Sobre o CNJ, a FGV trouxe no XX Exame uma questão interessante acerca das suas atribuições, dizendo que, embora seja um órgão pertencente à estrutura do Poder Judiciário, possui atribuições exclusivamente administrativas, não sendo, portanto, órgão com competência jurisdicional.

11.3 SUPERIOR TRIBUNAL DE JUSTIÇA

O STJ é um órgão composto de, **no mínimo, 33 ministros**, nomeados pelo Presidente da República após aprovação da maioria absoluta do Senado Federal, dentre brasileiros com idade superior a 35 anos e inferior a 65, sendo que: 1/3 será de membros dos Tribunais Regionais Federais; 1/3, para os desembargadores dos Tribunais de Justiça; e outro 1/3, dividido em partes iguais, entre os membros do Ministério Público e os advogados com mais de 10 anos de experiência.

O **STJ**, por sua vez, é o protetor da legislação federal e possui três formas de competência previstas no art. 105; a originária (inciso I), a recursal ordinária (inciso II) e a recursal especial (inciso III).

A **originária** é aquela em que o STJ é o primeiro Tribunal competente para apreciar a matéria. Dou um destaque à homologação de sentenças estrangeiras e a concessão de *exequatur* às cartas rogatórias que outrora fora competência do STF.

A competência **recursal ordinária** ocorre quando o STJ age como Tribunal da 2ª instância julgando, portanto, recursos de outro tribunal.

Já a **recursal especial** é quando atua na defesa de normas da legislação federal, de causas já julgadas por outros tribunais.

11.4 JUSTIÇA FEDERAL

A Justiça Federal é composta pelos **Tribunais Regionais Federais** e pelos **Juízes Federais.** Os TRFs são compostos por, no mínimo, 7 juízes da região, que tenham idade entre 30 e 65 anos com mais de 5 anos de exercício, mediante promoção por antiguidade ou merecimento, sendo nomeados pelo Presidente da República, sem a necessidade de aprovação pelo Senado Federal.

É preciso lembrar que no TRF 1/5 das vagas é destinada aos advogados e membros do Ministério Público com mais de 10 anos de experiência.

A competência da **Justiça Federal** está altamente ligada a causas que influenciam no interesse da União e de seus órgãos, sendo que a Constituição separou bem as funções dos TRFs (art. 108) e dos Juízes federais (art. 109).

> Interessante foi a questão trazida no XX Exame que relata o conflito envolvendo a China que ajuizou ação contra um Estado e um Município brasileiros. Ao questionar de quem era a competência para julgar as ações, a banca considerou competentes o Supremo Tribunal Federal na relação jurídica entre a China e o Estado, e juiz federal, na relação entre a China e o Município, por expressa determinação constitucional.

11.5 JUSTIÇA DO TRABALHO

A Justiça do Trabalho é formada pelo **Tribunal Superior do Trabalho, Tribunais Regionais do Trabalho e pelos Juízes do Trabalho.** O TST, sendo o órgão de cúpula da justiça trabalhista, é composto por 27 membros dentre brasileiros com mais de 35 anos e menos de 65, de notável saber jurídico e reputação ilibada, nomeado pelo Presidente da República após aprovação pela maioria absoluta do Senado Federal, sendo que 1/5 de sua composição será de advogados e membros do Ministério Público com mais de 10 anos de efetivo exercício, e o resto por juízes de carreira dos Tribunais Regionais do Trabalho indicados pelo próprio Tribunal.

O TST terá auxílio da Escola de Formação e Aperfeiçoamento de Magistrados do Trabalho e do Conselho Superior da Justiça do Trabalho em seu funcionamento.

Recentemente, a Emenda Constitucional n. 92 deu ao TST maior destaque, colocando-o em linha com o STJ em grau de importância na uniformização da jurisprudência. Dentre as mudanças, destaca-se ainda a criação de uma competência originária para o TST que deverá processar e julgar, originariamente, a reclamação para a preservação de sua competência e garantia da autoridade de suas decisões.

Os membros dos **Tribunais Regionais do Trabalho** são, no mínimo, 7 juízes da região do Tribunal dentre brasileiros com idade de 30 a 65 anos, nomeados pelo Presidente da República, sendo 4/5 promovidos por antiguidade e merecimento e outro 1/5 através da regra do quinto constitucional.

Nos TRTs, há a possibilidade de se criar uma justiça itinerante nos lugares abrangidos por sua jurisdição, como também a criação de câmaras regionais, a fim de estender o acesso à Justiça trabalhista.

Caso não haja Justiça do Trabalho em alguma localidade, a Constituição autorizou aos juízes de direito daquela comarca a competência de julgar matérias da Justiça trabalhista.

As competências da **Justiça do Trabalho** foram bem definidas pela CF no art. 114, as quais estão ligadas, basicamente, às relações de trabalho, abrangidos os entes de direito público externo e da administração pública direta e indireta da União, dos Estados, DF e Municípios. Destaca-se, ainda, a competência sobre o direito de greve e das ações que envolvam sindicatos.

11.6 JUSTIÇA ELEITORAL

A **Justiça Eleitoral** é composta do **Tribunal Superior Eleitoral, Tribunais Regionais Eleitorais, Juízes Eleitorais e Juntas Eleitorais.**

Os membros da Justiça Eleitoral não gozam de vitaliciedade, uma vez que possuem mandato de, no mínimo, 2 anos, podendo exercê-lo por até duas vezes consecutivas.

O TSE é composto de, <u>no mínimo</u>, 7 membros eleitos e nomeados, sendo 3 juízes dentre ministros do STF, 2 juízes dentre os ministros do STJ e os outros 2 membros por nomeação do Presidente da República dentre 6 advogados indicados pelo STF.

O Presidente e o Vice-presidente do TSE serão escolhidos dentre os 3 ministros do STF, enquanto o Corregedor Eleitoral, dentre os 2 ministros do STJ.

Os **TREs** são compostos por 7 membros e estão distribuídos nas capitais de todos os Estados e no Distrito Federal, sendo 2 juízes nomeados pelo Presidente da República dentre 6 advogados indicados pelo Tribunal de Justiça; 2 juízes eleitos dentre os desembargadores do Tribunal de Justiça; 2 juízes eleitos, sendo 1 dentre os juízes de direito escolhidos pelo Tribunal de Justiça e 1 juiz do TRF cuja sede seja na capital do Estado.

Quanto à **Justiça Eleitoral**, a Constituição se manteve inerte ao elencar suas competências, as quais foram estabelecidas em matéria e lei especializada. Mas, é importante observar os §§ 3º e 4º do art. 121. Lembre-se que são irrecorríveis as decisões do TSE, salvo as que contrariarem esta Constituição e as denegatórias de *habeas corpus* ou mandado de segurança.

A organização e composição das juntas eleitorais e dos juízes estão dispostas no Código Eleitoral e deve ser estudado na matéria de Direito Eleitoral.

11.7 JUSTIÇA MILITAR

A **Justiça Militar** é composta pelo **Superior Tribunal Militar, Tribunais e Juízes militares.**

O STM é composto por 15 membros nomeados pelo Presidente da República, após aprovação do Senado Federal, entre militares da ativa, do posto mais elevado da carreira, e civis escolhidos pelo Presidente da República com mais de 35 anos de idade, sendo: 3 oficiais-generais da Marinha, 4 oficiais-generais do Exército, 3 oficiais-generais da Aeronáutica, 3 civis dentre advogados com mais de 10 anos de efetiva atividade profissional e 2 civis escolhidos dentre juízes auditores e membros do Ministério Público da Justiça Militar.

Quanto à **Justiça Militar**, a Constituição Federal se encarregou de elencar apenas quanto à Justiça Militar da União, podendo cada Estado criar sua Justiça Militar a fim de poder julgar os militares estaduais.

Para finalizar, a organização e composição dos **Tribunais Estaduais** ficarão a critério de seus respectivos Estados.

12. ORDEM SOCIAL

A ordem social abrange ações através de prestações positivas do Estado que possuem o intuito de diminuir as desigualdades sociais e garantir um mínimo de dignidade humana, principalmente através do trabalho, de forma que o bem-estar e a justiça social sejam garantidos, como se pode ver no art. 193 da CF.

Os direitos deste capítulo são de 2ª geração, ou seja, decorrem dos direitos sociais, sendo efetivados através das políticas públicas. São direitos previstos neste capítulo: seguridade social; educação, cultura e desporto; ciência, tecnologia e inovação; comunicação social; meio ambiente; família, criança, adolescente, jovem e idoso; índios.

12.1 SEGURIDADE SOCIAL

Direito previsto no art. 194 é determinado pelo conjunto de ações que busca assegurar o mínimo existencial para o indivíduo de forma que possa melhorar as condições de vida. É formada pela saúde, previdência social e assistência social.

O acesso à saúde independe de contribuição prévia e é direito de todos; logo, diz-se que esse instituto não possui caráter contributivo, como descrito no art. 196 da CF. É, ainda, um direito vinculado ao direito fundamental à vida e visa garantir a qualidade de vida, de forma que tenha o mínimo de dignidade. É importante lembrar da norma constitucional que regula a remoção de órgãos, tecidos e substâncias humanas (art. 199, § 4º, da CF) e veda a sua comercialização sendo permitida apenas a doação.

> No XXI Exame de Ordem, a banca trouxe um caso concreto em que um governador, diante da informação de que poderia dispor de um lastro orçamentário mais amplo para a execução de despesas com a seguridade social, convocou seu secretariado a fim de planejar o encaminhamento a ser dado a tais recursos. Na reunião foram apresentadas quatro propostas, mas, o governador, consultando sua equipe de assessoramento jurídico, foi informado de que apenas uma das propostas era adequada para assegurar diretamente direitos relativos à seguridade social, segundo a definição que lhe dá a CRFB/88. A resposta correta era a que falava sobre ampliação da rede hospitalar de atendimento à população da região, a qual garantia a seguridade social através da proteção do direito à saúde.

Já o instituto da previdência social, sendo totalmente contrário ao da saúde, exige uma contribuição e filiação obrigatória de seus contribuintes para que eles possam ter acesso ao benefício, conforme ditado no art. 201 da CF.

Os benefícios previdenciários, sua forma de custeio e os riscos sociais cobertos por este instituto estão presentes nas Leis n. 8.213/91 e 8.212/91, as quais serão estudadas na disciplina de direito previdenciário.

Dentro deste tema é importante destacar a regra sobre a aposentadoria especial de quem exerce função de magistério, esta, por sua vez, prevista no mesmo artigo em seus §§ 7º e 8º. Veja que no caso de quem é professor de Educação Infantil, Ensino Fundamental e Ensino Médio há uma redução de 5 anos da idade necessária para o benefício, mesmo que pratique a profissão no cargo de direção, coordenação e assessoramento pedagógico.

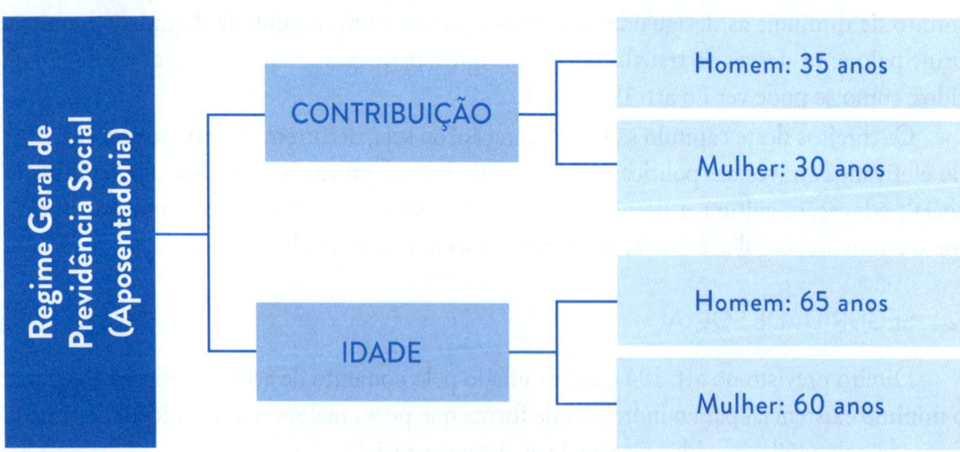

Ainda sobre a previdência, a CF trouxe a possibilidade de filiação a uma previdência privada, sendo essa complementar ao regime geral, autônoma com relação ao regime público e facultativa aos beneficiários, como observado no art. 202.

A **assistência social**, prevista no art. 203 da CF, consiste em um conjunto de benefícios concedidos aos que necessitam dela, ou seja, aos hipossuficientes, não dependendo de contribuição prévia, como na previdência social.

12.2 EDUCAÇÃO

Prevista no art. 206 da CF, a educação possui como base os seguintes princípios: igualdade de condições para o acesso e permanência na escola; liberdade de aprender, ensinar, pesquisar e divulgar o pensamento, a arte e o saber; pluralismo de ideias e de concepções pedagógicas, e coexistência de instituições públicas e privadas de ensino; gratuidade do ensino público em estabelecimentos oficiais; valorização dos profissionais da educação escolar, garantidos, na forma da lei, planos de carreira, com ingresso exclusivamente por concurso público de provas e títulos, aos das redes públicas; gestão democrática do ensino público, na forma da lei; garantia de padrão de qualidade; piso salarial profissional nacional para os profissionais da educação escolar pública, nos termos de lei federal.

A Constituição Federal garante a gratuidade do ensino público, pensamento reforçado pelo STF que editou uma Súmula Vinculante que proíbe, inclusive, a cobrança de taxa de matrícula nas universidades públicas (SV n. 12).

O princípio da igualdade de condições para acesso às escolas traz a ideia de acesso por meio da meritocracia, uma vez que as universidades utilizam os vestibulares para a seleção de estudantes.

A Carta Magna prevê, ainda, que o ensino obrigatório seja gratuito consistindo em direito subjetivo de cada indivíduo, possibilitando, inclusive, interposição de ação judicial com o intuito de ver esse direito garantido, como se prevê no art. 208, § 1º.

Como forma de proteção ao Estado laico, a Constituição trouxe a possibilidade de inserção da matéria de Ensino Religioso nas escolas públicas, cuja matrícula é facultativa.

12.3 CULTURA

Outro direito previsto dentro da ordem social é o acesso à cultura, ferramenta disponível a todos da sociedade, conforme se confirma no art. 215.

Esse direito é protegido pelo fundamento da República da pluralidade política, o qual garante a multiplicidade de ideias e acesso a várias manifestações culturais de qualquer grupo social.

Uma manifestação cultural muito presente no Brasil, e também prevista na CF, são os feriados religiosos considerados como datas comemorativas e forma de garantia da manifestação cultural do povo.

Ainda, está elencado no art. 216 da Carta Magna, um rol de elementos culturais que fazem parte do patrimônio cultural brasileiro: as formas de expressão; os modos de criar, fazer e viver; as criações científicas, artísticas e tecnológicas; as obras, objetos, documentos, edificações e demais espaços destinados às manifestações artístico-culturais; os conjuntos urbanos e sítios de valor histórico, paisagístico, artístico, arqueológico, paleontológico, ecológico e científico.

12.4 DESPORTO

Este direito garante a prática de esportes, com a finalidade de assegurar o desenvolvimento físico e mental, sendo formais ou não formais. São conhecidos como formais esportes como futebol, vôlei, basquete, entre outros; já os informais são aqueles utilizados mais como brincadeiras, por exemplo, pique-esconde, queimada, amarelinha etc.

Quando houver conflitos dentro desse assunto, está garantido constitucionalmente acesso à Justiça Desportiva, a qual não faz parte do Poder Judiciário. O livre acesso ao Judiciário, em questões esportivas, só será possível após esgotadas vias administrativas da Justiça Desportiva. Quando se falar em ação trabalhista, será competente a Justiça do Trabalho, conforme entendimento do TST.

Segundo o STF, os membros do Poder Judiciário não farão parte da Justiça Desportiva.

12.5 CIÊNCIA, TECNOLOGIA E INOVAÇÃO

Direito garantido pelo art. 218 da CF traz dois tipos de pesquisas para a efetivação desse instituto, a pesquisa científica e a pesquisa tecnológica, ambas determinadas pelos §§ 1º e 2º do artigo. A pesquisa científica básica e tecnológica receberá tratamento prioritário do Estado, tendo em vista o bem público e o progresso da ciência, tecnologia e inovação. A pesquisa tecnológica voltar-se-á preponderantemente para a solução dos problemas brasileiros e para o desenvolvimento do sistema produtivo nacional e regional.

O Estado deve garantir e fornecer a capacitação necessária aos indivíduos nas áreas de ciência, pesquisa, tecnologia e inovação, como também deverá estimular o investimento de empresas nessa área.

Há, ainda, a faculdade de vinculação de parcela da receita orçamentária dos estados e do Distrito Federal a entidades públicas de fomento ao ensino e à pesquisa científica e tecnológica.

12.6 COMUNICAÇÃO SOCIAL

Direito decorrente de um outro direito fundamental, a liberdade, e também, do princípio da pluralidade, uma vez que garante a manifestação do pensamento sem que haja restrições abusivas por parte do Estado.

A matéria de comunicação social é de competência federal, ou seja, apenas a União poderá legislar sobre ela, como se pode confirmar pelos arts. 21, XVI, e 220, § 3º, ambos da CF.

Foi com base na liberdade de expressão que o **STF julgou não ser necessária a obtenção de nível superior para a profissão de jornalista.**

Entretanto, para que seja **proprietário de uma empresa jornalística é necessário ser brasileiro nato ou naturalizado há mais de 10 anos**, podendo um estrangeiro fazer parte da sociedade empresarial, desde que tenha, no máximo, 30% do capital votante, requisitos presentes no art. 222 da CF.

12.7 MEIO AMBIENTE

O meio ambiente é um direito garantido de forma completa pela CF brasileira, de forma que sua preservação visa assegurar um bem de uso comum sadio para todas as gerações, inclusive, as futuras.

O art. 225 da CF dita que todos têm direito a um meio ambiente equilibrado, sendo dever do Poder Público e da coletividade sua defesa e preservação.

Quanto à responsabilidade da Administração Pública com o meio ambiente, a CF previu vários deveres no § 1º do artigo que o institui.

Como forma de proteção a este bem tão precioso, a Carta Magna trouxe também a possibilidade de responsabilização por dano ambiental tanto na esfera administrativa, como na esfera criminal. Lembrando que **até as pessoas jurídicas poderão ser responsabilizadas criminalmente pelos danos causados ao meio ambiente.**

Esse direito é tão relevante para o bem-estar social, que foram elencados 5 tipos de ecossistemas como **patrimônio nacional**, de forma que pudessem ser sempre preservados e cuidados. São eles: **a Floresta Amazônica, o Pantanal Mato-Grossense, a Zona Costeira, a Serra do Mar e a Mata Atlântica.**

Outra forma de proteção a esse instituto foi a previsão de terras devolutas e arrecadadas, consideradas bens do Estado e indisponíveis, conforme regra do § 5º. E, por fim, deve-se registrar a inserção do § 7º no art. 225 através da Emenda Constitucional n. 96/17, que passou a permitir as práticas desportivas que utilizem animais como vaquejadas e rodeios. Essas atividades passaram a ser consideradas como bem de natureza imaterial integrante do patrimônio cultural brasileiro.

12.8 FAMÍLIA, CRIANÇA, ADOLESCENTE, JOVEM E IDOSO

A **família** foi tema de grande discussão no ano de 2010, o que gerou mudanças constitucionais e mudanças de interpretação jurisprudenciais de alta relevância para a sociedade. Para efeito de proteção, a Constituição Federal reconheceu como entidades familiares as formadas pelo casamento, pela união estável e a monoparental.

Com as mudanças, a dissolução do casamento só se torna possível pelo divórcio, sem a necessidade de ocorrer a separação judicial.

Outra mudança foi a autorização de união estável entre casais homoafetivos, conforme entendimento do STF. O Conselho Nacional de Justiça seguindo essa linha determinou aos cartórios que não deixem de realizar o casamento homoafetivo.

Há também uma proteção muito grande para a **criança, o adolescente e o jovem**, de forma que a leitura do art. 227 é de suma importância para conhecimento de suas garantias.

É necessário observar a questão da imputabilidade penal; ou seja, de acordo com a CF, os menores de 18 anos não podem ser submetidos às leis penais pela prática de algum crime, sendo que possuem lei especial para esse fim, chamada de ECA – Estatuto da Criança e do Adolescente – Lei n. 8.069/90.

É importante ressaltar que os pais possuem um dever de cuidado com os filhos menores, assim como os filhos possuem a mesma tarefa quando os pais atingirem a velhice, a carência ou encontrarem-se enfermos.

Esse cuidado é tão importante que inclusive o **idoso** recebe proteção especial da CF, que, em seu art. 230 e §§, estabelece como dever da família, da sociedade e do Estado o seu amparo, assegurando a ele sua participação na comunidade, seu bem-estar e seu direito à vida. Como destaque, a CF determinou que os **programas de amparo aos idosos sejam executados preferencialmente em seus lares e garantiu aos maiores de sessenta e cinco anos a gratuidade dos transportes coletivos urbanos.**

12.9 ÍNDIOS

A proteção aos povos indígenas se dá, principalmente, quanto às terras que eles tradicionalmente ocupam, ou seja, que estejam na posse deles, sendo que elas pertencem à União.

O cuidado com o indígena é muito grande, o que gerou a proibição de serem removidos sem que haja determinação do Congresso Nacional e apenas em caso de catástrofe ou epidemia que ponha em risco sua população, ou no interesse da soberania do País, após deliberação do Congresso Nacional, garantido, em qualquer hipótese, o retorno imediato logo que cesse o risco (**Princípio da Irremovibilidade Indígena**). Este princípio impede o índio de ser intimado a testemunhar fora de seu habitat.

Veja que o Ministério Público possui o dever de acompanhar os processos que envolvam os indígenas, suas comunidades e organizações (art. 129, V, da CF).

13. CONTROLE DE CONSTITUCIONALIDADE

13.1 ASPECTOS GERAIS

No Brasil, há uma norma fundamental que rege todas as diretrizes do Estado e das normas que se encontram, hierarquicamente, abaixo dela. A norma de que se fala aqui é a Constituição Federal.

Portanto, caso uma lei ou um ato normativo esteja em desacordo com a norma constitucional, caberá ao Estado o direito de exercer o **controle de constitucionalidade** daquela regra.

De forma mediata, o controle de constitucionalidade visa garantir o Estado Democrático de Direito, a separação dos poderes e a efetividade dos direitos fundamentais, de modo que, quando uma lei for declarada inconstitucional se tornará nula e não produzirá mais efeitos no ordenamento.

Para que o controle de constitucionalidade seja possível, é necessário respeitar alguns pressupostos, os quais serão explanados logo abaixo.

O **primeiro pressuposto** a ser observado é a **obrigatoriedade de a Constituição ser rígida**, isto é, a alteração do texto constitucional só ocorrerá após aprovação da emenda por votação em dois turnos com voto de 3/5 dos membros em cada Casa do Congresso Nacional, procedimento esse mais rigoroso que o da alteração das leis.

Uma vez rígida, a Constituição se torna o poder supremo, o que leva ao **segundo pressuposto, a supremacia da Constituição.** Só haverá controle de constitucionalidade quando a Constituição for a norma mais respeitada, ou seja, suprema, dentro do ordenamento jurídico. A supremacia deverá ser formal e material. A supremacia formal diz respeito aos processos e procedimentos para a criação das normas trazidos pela Constituição e estudados juntamente com o Poder Legislativo, enquanto a supremacia material se refere ao conteúdo que a norma deve tratar, sempre previsto no texto constitucional.

Outro pressuposto exigido pela CF **é que deve haver ao menos um órgão responsável pelo controle de constitucionalidade**, devendo ser diferente daquele que cria as leis como forma de garantir a separação dos poderes.

Em regra, **toda lei é considerada constitucional até que se prove o contrário.** O que enseja no próximo pressuposto, só será declarada a inconstitucionalidade da lei após as formalidades exigidas pela própria CF; logo, a declaração de inconstitucionalidade é medida excepcional.

Observados os pressupostos, é necessário estabelecer qual o parâmetro necessário dentro do ordenamento jurídico para se declarar a inconstitucionalidade. Ele é composto pelo **bloco de constitucionalidade**, que, por sua vez, abrange as **normas originárias da CF**, bem como seus princípios explícitos e implícitos, **as emendas à Constituição, os atos de disposições constitucionais transitórias**, os quais ditam as regras para a transição da Constituição passada para esta, e, por fim, os **tratados internacionais de direitos humanos** aprovados nas duas Casas do Congresso, em dois turnos por 3/5 dos votos de seus membros.

É importante lembrar que o **preâmbulo da Constituição, conforme entendimento do STF, não tem força normativa**, então não é utilizado para a realização do controle de constitucionalidade.

Poderão sujeitar-se ao controle de constitucionalidade as normas que, por ação ou omissão, ofenderem o texto constitucional, em sua totalidade ou apenas em uma parte, inclusive as manifestações de delegações da Administração Pública, abrangendo todas as esferas do poder.

As normas constitucionais originárias e as pré-constitucionais não podem ser objeto de controle, por não existir no Brasil a possibilidade de controle das normas constitucionais.

Ao ser declarada inconstitucional a norma passa a ser considerada nula desde o seu nascimento por não possuir validade, o que produz efeito ***ex tunc*** à norma. Essa teoria é conhecida como **teoria da nulidade (sistema norte-americano)**, criada por John Marshall, sendo a **aplicada no Brasil.**

Há outra teoria para a declaração de inconstitucionalidade da norma, a qual determina que a lei inconstitucional é anulável **(teoria da anulabilidade)**, ou seja, os efeitos da inconstitucionalidade nascem quando houver sua declaração, ou seja, efeito *ex nunc* da norma. Esta teoria foi criada por Hans Kelsen e é aplicada aos sistemas constitucionais austríacos, onde a inconstitucionalidade é verificada na eficácia da norma e não em sua criação.

Como a teoria aplicada no Brasil é a da nulidade, o STF precisou adotar a **modulação temporal dos efeitos nas decisões de inconstitucionalidade** como forma de garantir a segurança jurídica das relações sociais (art. 27 da Lei n. 9.869/99).

Segundo essa regra, o STF poderá alterar o efeito da declaração de inconstitucionalidade da lei no tempo, de forma retroativa ou prospectiva, de acordo com os benefícios trazidos pela decisão.

13.2 ESPÉCIES DE INCONSTITUCIONALIDADE

A doutrina brasileira classificou as espécies de inconstitucionalidade a fim de melhor identificá-las; logo, será o próximo tópico a ser estudado.

1. **Quanto ao tipo de conduta:** se a inconstitucionalidade se deu por ação de algum órgão ou omissão do legislador pode ser total ou parcial. Será total quando houver ausência de ato ou lei que vise complementar a norma constitucional, e será parcial quando o ato existir, mas não for adequado para efetivar a norma constitucional.
2. **Quanto ao tipo de vício:** dar-se-á por vício formal ou material. O vício formal ocorrerá quando a elaboração da norma estiver em desacordo com o processo exigido pelo texto constitucional. Já o vício material ocorrerá quando o conteúdo da lei for contrário aos valores constitucionais. O vício formal se subdivide ainda em 4 espécies: vício orgânico, que ocorrerá quando a lei for elaborada por órgão incompetente; vício formal, propriamente dito, quando não houver o respeito ao trâmite processual, sendo subjetivo quando o erro se der em sua iniciativa e objetivo quando o erro ocorrer em qualquer outra fase do processo; vício formal por ausência de pressupostos objetivos, ou seja, quando a norma não observar os pressupostos constitucionais; vício formal de decoro parlamentar, que surgirá quando a norma for aprovada por causa de valores recebidos pelo parlamentar antes da votação (Pedro Lenza).
3. **Quanto à extensão:** se a inconstitucionalidade estiver em toda a norma, teremos a **inconstitucionalidade total**, ou apenas em parte dela, que enseja a **inconstitucionalidade parcial**. Ao declarar inconstitucionalidade parcial da norma, o Poder Judiciário não poderá alterar seu sentido, ou seja, caso a declaração alterar substancialmente a norma, deverá ser declarada sua inconstitucionalidade total.
4. **Quanto ao momento de elaboração da norma:** a inconstitucionalidade poderá ser **originária ou superveniente.** Será originária quando a norma infringir norma constitucional vigente durante a sua elaboração. E será superveniente quando a norma entrar em conflito com norma constitucional que surgiu após sua elaboração, como se pode observar com algumas leis que são anteriores à Constituição Federal de 1988.

5. **Prisma de atuação:** a inconstitucionalidade poderá ser **direta ou indireta.** Será direta quando a norma se encontrar em confronto direto com o texto constitucional e indireta quando uma norma secundária entrar em confronto com a norma primária que a embasou. No caso da indireta, não se fala em inconstitucionalidade, pois não ocorre controle de constitucionalidade, mas, sim, controle de legalidade da norma conforme entendimento do STF.

Há, ainda, a chamada **INCONSTITUCIONALIDADE CIRCUNSTANCIAL**, a qual, apesar de não ser espécie de inconstitucionalidade, ocorre na aplicação de uma norma que, apesar de se encontrar de acordo com o texto constitucional, não é adequada para a circunstância a que está sendo aplicada.

O STF traz ainda a existência da **INCONSTITUCIONALIDADE CHAPADA**, ou desvairada, que ocorre quando não há dúvidas sobre a inconstitucionalidade do ato normativo.

13.3 ESPÉCIES DE CONTROLE DE CONSTITUCIONALIDADE

Após estudar as espécies de inconstitucionalidade, é necessário, agora, estudar as **espécies de controle de constitucionalidade**:

1. **Quanto ao momento de sua realização: o controle poderá ser preventivo ou repressivo.** Será **preventivo** quando realizado antes da entrada da norma em vigor, ou seja, durante o processo legislativo, através da CCJ (Comissão de Constituição e Justiça), ou ainda pelo veto jurídico do Presidente, e também através de mandado de segurança impetrado por parlamentar que deseja garantir o devido processo legal. Já o controle **repressivo** acontece quando a norma já está em vigor, visando retirá-la do ordenamento jurídico por ser inconstitucional, sendo realizado, em regra, pelo Poder Judiciário. Mas o Poder Legislativo poderá exercer o controle repressivo em duas situações. A primeira, quando o Congresso precisar suspender os atos normativos que extrapolem o poder regulamentar do Poder Executivo, e a segunda, quando analisar os requisitos da medida provisória que está produzindo efeitos desde sua publicação. E o Poder Executivo poderá também realizar o controle repressivo quando o Chefe do Executivo deixar de cumprir alguma norma que ele ache ser inconstitucional ou ordene aos órgãos que deixem de aplicá-la, conforme precedente do STF. Também possuirá controle repressivo o TCU quando realizar sua função fiscalizatória, como dita a Súmula 347 do STF.
2. **Quanto à natureza do órgão:** pode ser **sistema judicial, sistema político ou sistema misto.** O controle realizado no sistema judicial ocorre por um órgão do Poder Judiciário, como é aplicado hoje no Brasil. No sistema político, o controle ocorre através de órgãos alheios ao Poder Judiciário, geralmente criado apenas para este fim. No Brasil, o controle pelo sistema político ocorre nos casos apresentados anteriormente quando outros órgãos o realizam. Já o sistema é misto quando o controle ocorre tanto pelo Poder Judiciário como por algum órgão específico.

3. **Quanto à competência do órgão:** o controle poderá ser **difuso ou concentrado.** Será difuso quando for realizado por qualquer órgão do Poder Judiciário e visa garantir um direito concreto que está em desacordo com a lei inconstitucional, sendo que a declaração de inconstitucionalidade gerará efeito apenas entre as partes envolvidas. O concentrado ocorre quando apenas um órgão é autorizado a realizar o controle, de forma abstrata, ou seja, independentemente de sua aplicação ao caso concreto, gerando efeito *erga omnes*, ou seja, contra todos.
4. **Quanto à via de ação utilizada:** o controle será por **via incidental ou pela via principal.** Ocorrerá pela via incidental quando for sobre um caso concreto, em que o controle ocorre como uma prejudicial de mérito para o objeto da ação, sendo utilizado, em regra, no sistema difuso. Será pela via principal quando ocorrer sobre a norma, podendo ser utilizado apenas pelos legitimados para a ação, sendo que o controle será o objeto principal da ação. Ocorre, em regra, no controle concentrado. No Brasil, o controle de constitucionalidade se diz misto, uma vez que pode acontecer tanto pelo sistema difuso-concreto, como pelo sistema concentrado-abstrato; por isso, serão estudados com mais propriedade, explorando suas características e regras.

13.4 CONTROLE DIFUSO

O **Controle Difuso** foi originado nos Estados Unidos, em 1803 com o caso "Marbury x Madison", em que a Constituição prevaleceu sobre a lei, e, como já estudado, é realizado por qualquer órgão do Poder Judiciário, podendo ser chamado também de incidental. Ao analisar a constitucionalidade da lei, o órgão precisa observar a **Cláusula de Reserva do Plenário**, prevista no art. 97 da CF, que exige o voto de maioria absoluta dos membros do tribunal ou órgão especial para declarar a inconstitucionalidade de lei ou ato normativo do Poder Público. Sendo assim, essa possibilidade foge da competência de um órgão fracionário, devendo sujeitar ao órgão pleno a análise da constitucionalidade conforme SV n. 10 do STF. Entende, ainda, o STF que a Turma recursal poderá declarar inconstitucionalidade ou a não recepção de uma lei.

> No Exame XXI foi cobrada questão em que a Cláusula de Reserva de Plenário é violada. Trata-se de um caso concreto em que uma parte autora em um processo judicial, inconformada com a sentença de primeiro grau de jurisdição que se embasou no ato normativo X, apela da decisão porque, no seu entender, esse ato normativo seria inconstitucional. A 3ª Câmara Cível do Tribunal de Justiça do Estado Alfa, ao analisar a apelação interposta, reconhece que assiste razão à recorrente, mais especificamente no que se refere à inconstitucionalidade do referido ato normativo X. Ciente da existência de Cláusula de Reserva de Plenário, a referida Turma dá provimento ao recurso sem declarar expressamente a inconstitucionalidade do ato normativo X, embora tenha afastado a sua incidência no caso concreto.

O controle difuso poderá ocorrer em qualquer fase, e em qualquer processo, pois não necessita de procedimento especial para ser realizado, desde que não seja ele o objeto principal da ação. Inclusive, predomina o entendimento de que o controle difuso pode ocorrer em ação rescisória quando a declaração de inconstitucionalidade causar desconstituição da coisa julgada.

O STF é responsável por apreciar o controle difuso quando apreciar algum recurso extraordinário ou ordinário, conforme se observa no art. 102, II e III, da CF. A discussão sobre a inconstitucionalidade de uma lei poderá ser incentivada por qualquer pessoa, sendo que, de ofício, são legitimados o Ministério Público, o terceiro interveniente e o juiz.

Qualquer ato normativo ou administrativo é suscetível ao controle de constitucionalidade, mesmo que seja anterior à Constituição de 1988, desde que o controle seja feito com relação à Constituição vigente na época em que a lei foi editada. É preciso lembrar, como mencionado anteriormente, que as normas constitucionais originárias não são passíveis de controle de constitucionalidade, como também as súmulas não vinculantes e as vinculantes. **Quando declarada a inconstitucionalidade de uma norma através do controle difuso, dois efeitos ocorrerão: *ex tunc* e *inter partes*.** Lembrando que o STF pode aplicar a modulação temporal e modificar o efeito principal.

Se a mesma matéria for discutida várias vezes em ações semelhantes haverá a possibilidade de ampliar os efeitos do controle difuso, atividade conhecida como **abstrativização do controle difuso**, em que os efeitos passam de *ex tunc* e *inter partes* para *ex nunc* e *erga omnes*. Isso acontece apenas após preencher os requisitos do art. 52, X, da CF.

O STF amplia os efeitos do controle difuso quando edita uma súmula vinculante, conforme previsão no art. 103-A da CF. Como o controle difuso se dá quando há uma ação em curso, sendo, portanto, incidental ao objeto do processo, o Brasil adotava a **Teoria da Transcendência dos Motivos Determinantes**, a qual diz que os motivos que fundamentam uma decisão de controle de constitucionalidade são além daqueles que motivam a ação principal. Essa teoria não é mais aceita no Brasil por causa de possibilidade de controle difuso com as súmulas vinculantes e as resoluções do Senado do art. 52, X.

13.5 CONTROLE CONCENTRADO

O **Controle Concentrado** nasceu na Áustria, em 1920, com Hans Kelsen, partindo da ideia de que um órgão do Poder Judiciário deve realizar o controle de constitucionalidade, que, no Brasil, é representado pelo STF, quando se tem a Constituição Federal como parâmetro ou dos Tribunais de Justiça quando o parâmetro é a Constituição Estadual. É preciso lembrar do conceito trabalhado em tópico anterior sobre o controle concentrado. Esse tipo de controle ocorre diretamente sobre a lei, não tendo partes envolvidas ou um caso real, sendo que produz efeito *erga omnes* e *ex tunc*, em regra.

O controle realizado pelo STF se dá através de algumas ações específicas, que serão estudadas a seguir. São elas: Ação Direta de Inconstitucionalidade (ADI), Ação Declaratória de Constitucionalidade (ADCON), Arguição de Descumprimento de Preceito

Fundamental (ADPF), Ação Direta de Inconstitucionalidade por Omissão (ADI por omissão) e Ação Direta de Inconstitucionalidade Interventiva (ADI Interventiva).

13.5.1 Ação Direta de Inconstitucionalidade

A **Ação Direta de Inconstitucionalidade** é a principal ação para se realizar o controle concentrado. Foi trazida ao ordenamento jurídico brasileiro na Constituição de 1946.

Possui como legitimados para sua propositura as autoridades previstas no rol taxativo do art. 103 da CF, que foram divididos em dois grupos pela doutrina por conta da necessidade de apresentação de relevância entre o tema e sua profissão. São chamados de legitimados universais aqueles que podem impetrar uma ADI contra qualquer ato ou norma. São eles: Presidente da República, Mesa da Câmara e do Senado, Procurador-Geral da República, Conselho Federal da OAB e o Partido Político com representação do Congresso Nacional.

O outro grupo, denominado legitimados especiais, é formado pelas autoridades que precisam comprovar a relação entre o pedido e a sua função exercida. Fazem parte deste grupo: Governador, Mesa da Assembleia Legislativa e da Câmara Legislativa do DF, Confederação sindical e as entidades de classe de âmbito nacional.

Ainda sobre os legitimados, mesmo que o Presidente da República tenha proposto a lei em discussão ou ainda editado a medida provisória objeto do controle, poderá entrar com ADI contra essas normas.

É preciso observar que o rol do artigo acima citado trouxe apenas as Mesas da Câmara e do Senado; logo, não é legitimada a Mesa do Congresso Nacional.

Quando a Constituição Federal menciona a necessidade de representação do partido político do Congresso, refere-se à necessidade de haver, pelo menos, um representante em qualquer uma das Casas.

Ao se referir à entidade de classe de âmbito nacional, quer dizer aquela que esteja presente em, pelo menos, 1/3 dos Estados da Federação.

A confederação do último inciso se refere a uma reunião de sindicatos, o que não abrange o Conselho de Fiscalização Profissional nem as Centrais Sindicais.

A maioria dos legitimados, exceto pelos partidos políticos, as confederações sindicais e as entidades de classe possuem capacidade postulatória; logo, não precisam de representação de advogado.

A ADI poderá impugnar a constitucionalidade de qualquer lei ou ato normativo, desde que preencha alguns requisitos. O ato a ser impugnado deve ser originado pelo poder público, logo não cabe o controle sobre atos da iniciativa privada. A norma deve ser posterior à CF, uma vez que lei anterior é apenas recepcionada, ou não, pela edição de nova Constituição. Deverá ter caráter geral e impessoal, ou seja, sem efeitos específicos a certa situação. A CF deverá ser ofendida de forma direta pela lei. E, ainda, a norma deve estar em vigor no momento em que for questionada sua constitucionalidade.

PODERÁ SER OBJETO DE ADI	NÃO SERÁ OBJETO DE ADI
Leis ou atos normativos federais.	Normas constitucionais originárias e pré-constitucionais.
Leis e atos normativos estaduais, inclusive a Constituição Estadual.	Lei ou ato normativo municipal.
Tratados internacionais.	Normas revogadas e atos privativos.
Decretos autônomos.	Leis ou atos normativos com efeitos concretos.
Resoluções do Poder Judiciário ou do CNMP.	Decretos regulamentares e regulamentos executivos.
Regimentos internos.	Súmulas, decisões judiciais e sentenças coletivas ou convenções coletivas do trabalho.

O procedimento da ADI está previsto na Lei n. 9.868/99, a qual será estudada a seguir. O processo se inicia com uma petição inicial, prevista no art. 3º da Lei, que exige o dispositivo legal impugnado, a fundamentação jurídica do pedido e o pedido. O fundamento jurídico apresentado não vincula a decisão do STF, o qual poderá utilizar de qualquer outro parâmetro para apresentar sua decisão. Entretanto, estará extremamente vinculado ao pedido. Caso a petição não contenha os requisitos apresentados no artigo anterior poderá ser declarada inepta pelo revisor, o que possibilita a interposição de um agravo da decisão. Após o recebimento da petição inicial, o relator intimará o órgão criador do ato normativo para que apresente informações no prazo de 30 dias, ou, de 5 dias, quando houver pedido liminar. Na ADI não se admite intervenção de terceiros, nem desistência.

O Advogado-Geral da União (AGU) possui 15 dias para se manifestar sobre a constitucionalidade da lei impugnada. Entretanto, se já houver posicionamento acerca da inconstitucionalidade da norma, ele poderá ser dispensado. No mesmo prazo será chamado para prestar informações sobre a Constituição Federal o Procurador-Geral da República (PGR).

O relator **poderá optar por ouvir o parecer técnico do *amicus curiae***, a fim de que tenha um auxílio em sua decisão. Para que isso ocorra é necessário que a matéria tenha relevância e que tenha representatividade dos postulantes.

É **cabível medida cautelar em ADI** quando forem preenchidos os requisitos do *fumus boni iuris* e do *periculum in mora*, servindo para sustar o ato normativo enquanto a ação está sendo julgada. A liminar será concedida após aprovação da maioria absoluta do STF, ou, durante recesso forense, pelo relator. A medida cautelar produzirá efeito *erga omnes* e *ex nunc*, salvo decisão contrária do Tribunal.

Não há prescrição ou decadência quanto ao direito de entrar com a ADI, sendo necessário apenas que a lei esteja em vigor no momento da proposta.

A ADI possui caráter ambivalente. Isso se dá porque, quando declarada a improcedência da ação, significa que a norma é constitucional, ao passo que, quando declarada a sua procedência, a decisão declarará a inconstitucionalidade do ato.

A decisão pelo STF é irrecorrível, cabendo, apenas, embargos de declaração nos casos em que houver obscuridade, omissão ou contradição.

O STF poderá julgar inconstitucional o texto inteiro da norma ou em partes, o que caracteriza o **princípio da parcelaridade.**

É possível, ainda, que o STF declare a interpretação da norma como constitucional ou inconstitucional, sem que haja alteração do texto legal.

A decisão da ADI produzirá efeito *erga omnes*, ou seja, contra todo mundo; *ex tunc*, isto é, retroagirá ao início de sua vigência; *vinculante*, logo, todo o Poder Judiciário e o Poder Executivo ficarão atados a essa decisão; *repristinatório*, lei anterior que fora revogada pela lei declarada inconstitucional voltará a viger.

13.5.2 Ação Declaratória de Constitucionalidade

Outra ação de controle concentrado é a **Ação Declaratória de Constitucionalidade** (ADC), a qual procura declarar a constitucionalidade da norma, afastando qualquer presunção de inconstitucionalidade sobre a norma questionada.

São legitimados, para propor a ADC, os mesmos da ADI presentes no art. 103. Poderá ser objeto de ADC apenas as leis e atos normativos federais, ou seja, os previstos no art. 59 da CF, que tenham relevante controvérsia judicial comprovada mediante a presença de diversas ações impugnando a mesma situação.

No procedimento da ADC serão aplicadas, em sua maioria, as regras da ADI; portanto, o STF não se encontra vinculado aos fundamentos, apenas aos pedidos, possui também natureza ambivalente, e é permitida a participação do *amicus curiae*.

Nesse caso, é dispensável a presença do AGU, por se buscar a declaração da constitucionalidade da norma federal, mas continua sendo obrigatória a presença do PGR.

Na ADC, não há requerimento de prestação de informações ao órgão que expediu a norma, tendo em vista que não há polo passivo.

É **admissível o pedido de medida cautelar,** cabendo efeito suspensivo sobre as ações judiciais em curso, até o julgamento definitivo da ADC, sendo que a medida cautelar produzirá efeitos por um período de 180 dias.

Na ADC também não caberá recurso da decisão de mérito, bem como será aplicado o princípio da parcelaridade, assim como ocorre na ADI.

Inclusive possuem os mesmos efeitos: "*erga omnes*", "*ex-tunc*", *vinculante* e *repristinatório*.

13.5.3 Ação Direta de Inconstitucionalidade por Omissão

Outra espécie a ser estudada é a **Ação Direta de Inconstitucionalidade por Omissão** (ADO), criada no art. 103, § 2º, da CF, com previsão também na Lei n. 9.868/99, e que visa objetivar uma norma constitucional. Nesse caso, a inconstitucionalidade é decorrente da omissão do poder público, sendo legislativa nas normas de eficácia limitada, ou administrativa.

Quando o poder público for omisso, há duas ferramentas possíveis para garantir a efetividade da norma, o mandado de injunção, que é um remédio constitucional, ou a ADO.

A omissão poderá ser total quando não existir algum ato normativo que regulamente a norma constitucional, ou parcial, quando o ato normativo que deveria regulamentar a norma não é eficaz, ou por não interpretar da forma correta ou por regular o direito em prol de apenas um grupo.

Os legitimados para propor ADO são os mesmos para propor a ADI; entretanto, se a omissão foi causada por algum dos legitimados, este perderá sua legitimação.

Portanto, o objeto da ADO é a ausência de lei ou ato normativo que preveja efetividade à norma constitucional; logo, utiliza como parâmetro as normas de eficácia limitada que necessitam de regulamentação.

Seu procedimento também está previsto na Lei n. 9.868/99 e institui-se com uma petição inicial devendo conter as provas da omissão e o pedido com as demais informações.

Recebida a petição inicial, o relator comunicará o órgão responsável pela edição da norma para que preste informações acerca da omissão.

Nesse caso, o AGU também não é obrigado, mas poderá ser ouvido mediante requisição do relator, enquanto o PGR continua na obrigatoriedade de se manifestar no prazo de 15 dias.

Identifica-se com a ADI quanto à impossibilidade de desistência, a inexistência de prazo prescricional e decadencial, a possibilidade de medida cautelar nos casos de relevância da matéria e da irrecorribilidade da decisão.

Os efeitos da declaração da omissão dependerá de cada órgão; além disso, também produzirá efeito *"erga omnes"*, *"ex tunc"*, e *vinculante*. Caso a omissão tenha ocorrido em decorrência de competência legislativa, o STF irá declará-lo em mora e jogará a responsabilidade ao poder, não podendo obrigá-lo por conta da separação dos poderes.

Mas, se a omissão for de algum órgão administrativo, o STF concederá um prazo de 30 dias ao órgão para que sane a omissão.

> No Exame XIV, a banca considerou como correta a medida cautelar em ação direta de inconstitucionalidade por omissão, que poderia consistir na suspensão de procedimentos administrativos.

13.5.4 Ação de Descumprimento de Preceito Fundamental

Outra ação de controle concentrado é a **Ação de Descumprimento de Preceito Fundamental** (ADPF), prevista expressamente no § 1º do art. 102 da CF, foi criada a fim de que pudesse controlar a constitucionalidade de atos que não podem ser objetos de ADI. Possui os mesmos legitimados da ADI, previstos no art. 103 da CF.

Como parâmetro, é utilizado o bloco de constitucionalidade da ADI, desde que invocados os preceitos fundamentais da Constituição, os quais são definidos como os princípios constitucionais, direitos fundamentais, cláusulas pétreas e outros institutos essenciais para a estrutura constitucional.

Portanto, é objeto da ADPF qualquer lei ou ato normativo não passível de controle de constitucionalidade, sendo ele municipal ou de direito pré-constitucional; logo, só será objeto da ADPF aquilo que não for objeto de outra ação de controle concentrado, o que enseja, no princípio basilar da ADPF, o princípio da subsidiariedade.

> Foi exatamente isso que apareceu no XIII Exame cuja resposta correta estava de acordo com a Lei n. 9.882/99, em que vige o princípio da subsidiariedade quanto ao cabimento da ADPF.

Segundo o STF, não poderão ser objeto de ADPF os atos políticos, as súmulas e as decisões judiciais transitadas em julgado.

Poderá ser aplicado à ADPF o princípio da fungibilidade, como se ADI fosse.

No ordenamento existem duas espécies de ADPF, a autônoma e a incidental. A **ADPF autônoma** é utilizada como se ADI fosse, ou seja, a que visa evitar ou reparar lesão a preceito fundamental. Já a **ADPF incidental** é a que parte de uma controvérsia em juízo e de casos concretos, sendo cabível quando o fundamento for relevante com relação a lei ou ato normativo federal, estadual ou municipal.

O procedimento da ADPF está previsto na Lei n. 9.882/99, mas é aplicada de forma subsidiária à lei que prevê o procedimento da ADI (Lei n. 9.868/99).

Nesse caso, o PGR será ouvido obrigatoriamente, enquanto o AGU, apenas se for necessário.

Cabem medida cautelar e ADPF, sendo que o pedido será deferido pelo Tribunal Pleno ou pelo próprio relator, não tendo que respeitar o quórum previsto para a ADI. Nesse caso, ficarão suspensos os processos e o ato normativo questionado.

A decisão da ADPF também é irrecorrível, como nas outras. Caberá reclamação ao STF apenas contra o descumprimento da decisão.

Os efeitos da ADPF são: ***"erga omnes"***, ***"ex tunc"*** e ***vinculante***.

13.5.5 Ação Direta de Inconstitucionalidade Interventiva

A próxima ação a ser estudada é a **Ação Direta de Inconstitucionalidade Interventiva** (ADI Interventiva), ou também conhecida como representação interventiva.

Essa ação é utilizada quando um ente federativo fere o pacto federativo e for necessária a intervenção de outro ente para que a harmonia política seja restabelecida. Ocorrerá quando o Tribunal de Justiça der provimento à representação para assegurar a observância de princípios indicados na Constituição Estadual, ou para prover a execução de lei, de ordem ou de decisão judicial. A decretação da intervenção dependerá de provimento, pelo Supremo Tribunal Federal, de representação do Procurador-Geral da República, na hipótese do art. 34, VII, e no caso de recusa à execução de lei federal.

Quando a intervenção ocorrer em âmbito federal, a representação interventiva terá como objeto a segurança dos princípios sensíveis e da execução de lei federal. Em ambos os casos, é possível observar que ocorre uma inconstitucionalidade no caso concreto, e não em lei ou ato normativo.

Os princípios sensíveis acima mencionados são aqueles que protegem a organização do Estado e os direitos da pessoa humana e estão previstos no art. 34, VII, da CF:

O objetivo dessa ação não é a declaração de um ato ou norma como inconstitucional ou constitucional, como no caso das outras, mas sim que o STF autorize a intervenção, a qual deverá ocorrer, em âmbito federal, mediante decreto do Presidente da República.

Foi conferido apenas ao Procurador-Geral da República a legitimação de representar perante o STF a intervenção federal, enquanto, nos Estados, o legitimado será o Procurador-Geral de Justiça, cabendo a ambos uma decisão discricionária sobre a representação ou não.

A decisão emanada pelo Judiciário não determina medidas, uma vez que a medida será executada pelo Executivo, que poderá decretar a suspensão do ato, ou, ainda, a intervenção pelo ato necessário.

13.5.6 Controle de constitucionalidade estadual

O controle concentrado também ocorre no âmbito estadual, ação prevista no art. 125, § 2º da CF, desde que prevista no texto constitucional estadual.

Os legitimados serão previstos em cada Constituição estadual, desde que seja concedida a mais de um órgão, podendo haver simetria entre os legitimados da Constituição Federal.

O parâmetro do controle nos Estados será a Constituição estadual, assim como no controle federal é a CF.

Serão objeto dessa ação as leis e atos normativos municipais e estaduais que estão em desacordo com a Constituição estadual.

O procedimento também será fixado em cada Estado, sendo o órgão competente para julgamento o Tribunal de Justiça.

Os efeitos que essa ação produz são: "*erga omnes*", "*ex nunc*", *vinculante* e *repristinatório*.

DIREITO DO CONSUMIDOR

Tatiana Marcello

1. INTRODUÇÃO

O Direito do Consumidor é uma disciplina bem prestigiada pela banca FGV nos Exames de Ordem. Na primeira fase, religiosamente, a banca cobra **duas questões** objetivas, sempre em forma de casos, fazendo com que o examinando tenha que raciocinar e aplicar as regras às situações hipotéticas, posicionando-se como se fosse um advogado diante do problema relatado por um cliente. Na segunda fase de Direito Civil, pelo menos, **uma das questões** práticas aborda o conhecimento do Direito do Consumidor, sendo que ao estudar o conteúdo para a primeira fase, o examinando já estará se preparando para a segunda, caso tenha optado pela disciplina de Direito Civil nessa fase.

Outra característica da banca em relação à disciplina é que, muito embora o **Código de Defesa do Consumidor** seja o principal diploma aplicável às relações de consumo, o conhecimento exigido no Exame não se restringe ao CDC, sendo imprescindível, portanto, ao examinando, estar atualizado em relação ao entendimento **jurisprudencial** e **legislações correlatas**.

Para começar o estudo do Direito do Consumidor, na preparação para o Exame de Ordem, é indispensável que seja feita uma **leitura atenta do Código de Defesa do Consumidor (Lei n. 8.078/90)**. Trata-se de uma leitura leve, considerando que os artigos são redigidos de forma clara e linguagem simplificada, pois o objetivo do legislador foi o de fazer com que o próprio consumidor conseguisse entender seus direitos.

Conforme as estatísticas, é possível constatar que há assuntos que quase **sempre são cobrados** (ex.: relação de consumo, responsabilidade pelo *vício* e pelo *fato* dos produtos e serviços, práticas comerciais, proteção contratual) e outros que raramente aparecem em prova (ex.: defesa do consumidor em juízo, sanções administrativas e infrações penais). A maioria das questões aborda assuntos tratados até o art. 54 do CDC, sendo rara a presença de assuntos a partir desse artigo. Mas esses são apenas dados estatísticos, importantes para saber o que deve ser estudado com maior dedicação, o que não dispensa o estudo completo da disciplina.

O Direito do Consumidor está regulado, principalmente, pelo **Código de Defesa do Consumidor**, Lei n. 8.078/90, cujas normas são de **interesse social** e de **ordem pública**, criado em conformidade com as disposições constitucionais do art. 5º, XXXII (*o Estado promoverá, na forma da lei, a defesa do consumidor*), arts. 170, V, e 48 da ADCT. Por se tratarem de normas de **ordem pública**, têm aplicação obrigatória, não podendo ser derrogadas pelas partes.

O CDC é uma **legislação especial**, contendo regras de direito material e processual, cujo regime jurídico é aplicável sempre que se tratar de **relação de consumo**. Portanto, nos casos trazidos nas questões, sendo relação de consumo e havendo regra especial sobre o assunto, esta deve ser aplicada.

2. PRINCÍPIOS

O art. 4º do CDC prevê que a Política Nacional das Relações de Consumo deve, dentre seus objetivos, atender a alguns princípios, sendo os mais importantes:

- **Princípio da Vulnerabilidade** – ao estudar o Direito do Consumidor, deve-se ter como premissa que o consumidor é a parte **vulnerável** na relação de consumo. A vulnerabilidade é uma **presunção legal** conferida a **todo** consumidor. A intenção do legislador foi a de criar uma situação jurídica mais favorável à parte mais fraca na relação (consumidor), a fim de equilibrar as desigualdades.
- **Princípio do Dever Governamental** – é visto sob dois aspectos, o primeiro diz respeito ao dever do Estado em promover mecanismos suficientes à efetiva proteção do consumidor, e o segundo diz respeito ao dever do Estado em promover a racionalização e melhoria do serviço público, enquanto Estado-fornecedor.
- **Princípio da Harmonização das Relações** – a Política Nacional das Relações de Consumo deve propiciar a harmonia entre a necessidade de desenvolvimento econômico e tecnológico do mercado de consumo e a proteção do consumidor, evitando-se que um desses interesses prejudique ou inviabilize o outro.
- **Princípio da Garantia de Adequação** – emana da necessidade de garantir ao consumidor produtos e serviços adequados, atendendo-se sempre ao binômio qualidade-segurança.
- **Princípio da Boa-Fé Objetiva** – norma de conduta norteadora das relações de consumo, consubstanciada no dever de honestidade, lealdade e confiança entre fornecedor e consumidor.
- **Princípio da Transparência e Informação** – quanto mais bem informado estiver o consumidor sobre os produtos e serviços, mais consciente estará em suas escolhas. Para tanto, é preciso que haja a educação para o consumo, ao mesmo tempo que os

produtos e serviços ofertados devem trazer de forma correta e clara todas as informações ao consumidor.

- **Princípio do Acesso à Justiça** – de natureza constitucional, esse princípio é direcionado ao legislador, para que forneça mecanismos de acesso à justiça ao consumidor, como, por exemplo, os Juizados Especiais Cíveis e a justiça gratuita para necessitados.

> No III Exame da OAB, a banca FGV entendeu ser **INCORRETA** a afirmativa de que:
> *A boa-fé prevista no CDC é a boa-fé subjetiva.*

Sobre a vulnerabilidade, um dos princípios mais abordados em provas, é necessário fazer um breve comentário acerca da classificação doutrinária desse conceito. Segundo Cláudia Lima Marques[1], são quatro as espécies de vulnerabilidade:

- **Técnica** – falta de conhecimentos específicos sobre o que adquire ou contata;
- **Jurídica** – falta de conhecimento jurídico, contábil ou econômico em relação ao que se está contratando;
- **Fática** – insuficiência econômica, física e psicológica do consumidor;
- **Informacional** – dados insuficientes, não verdadeiros ou manipulados sobre o produto ou serviço.

> No III Exame da OAB, a banca considerou como INCORRETA a afirmativa de que:
> *A vulnerabilidade nas relações de consumo se divide em apenas duas espécies: a jurídica ou científica e a técnica. Aquela representa a falta de conhecimentos jurídicos ou outros pertinentes à contabilidade e à economia, e esta, à ausência de conhecimentos específicos sobre o serviço oferecido, sendo que sua verificação é requisito legal para inversão do ônus da prova, a favor do casal e do consequente direito à indenização.*

3. RELAÇÃO DE CONSUMO

O primeiro desafio do examinando é identificar a relação de consumo, para então aplicar as regras consumeristas. Para que haja uma **relação de consumo**, é necessário que, de um lado, esteja alguém que se enquadre no conceito de **consumidor**, e, de outro, alguém que se enquadre no conceito de **fornecedor**, os quais serão os ***sujeitos*** da relação. Já os **produtos** e **serviços** serão os ***objetos*** da relação de consumo.

O art. 2º do CDC traz um conceito-padrão de **Consumidor**, sendo *toda pessoa física ou jurídica que adquire ou utiliza produto ou serviço como destinatária final.* No entanto, a lei

[1] Marques, Cláudia Lima. *Manual de direito do consumidor.* São Paulo: Revista dos Tribunais, 2008.

prevê categorias que, mesmo não se enquadrando nesse conceito geral, também receberão a proteção como se consumidores fossem. São os chamados **consumidores por equiparação**:

- I – a coletividade de pessoas que haja intervindo nas relações de consumo (art. 2º, parágrafo único, CDC);
- II – todas as vítimas de acidente de consumo (art. 17, CDC);
- III – todas as pessoas expostas às práticas comerciais e contratuais (art. 29, CDC).

Destinatário final – como o CDC não explica "quem" é destinatário final, algumas dúvidas surgem a respeito desse tema, sendo que a doutrina e a jurisprudência encarregam-se de dirimi-las: se a pessoa adquire um produto ou serviço como *intermediário do ciclo de produção* (ex.: matéria-prima), **não** é considerada consumidora. Mas, há casos em que a pessoa adquire produtos ou serviços como *bem de produção,* que vão incrementar, mas que não são objeto da sua atividade (ex.: cadeiras para um escritório de contabilidade). Para esse último caso, a doutrina chegou a criar correntes (Finalista e Maximalista) a respeito das possibilidades e hipóteses em que a pessoa poderia ou não ser considerada consumidora. Atualmente, essas correntes já estão superadas pela jurisprudência que entende o seguinte: a regra é a de que a pessoa que adquire bens de produção **não** será considerada consumidora. Mas, se verificado, no caso concreto, que há **vulnerabilidade** dessa pessoa que adquiriu ou utilizou o produto ou serviço diante da que forneceu, *excepcionalmente*, poderá ter a aplicação do CDC. Esse entendimento é chamado de **Teoria Finalista Mitigada ou Aprofundada**. O fundamento é o de que, se a lei consumerista foi feita para proteger a parte mais vulnerável na relação, a pessoa que adquire bens de produção somente poderá se beneficiar dessa prerrogativa, se efetivamente, estiver em situação de vulnerabilidade; caso contrário (em havendo igualdade na relação), não será relação de consumo, devendo se valer de outras normas, como o Código Civil, por exemplo. Essa discussão é mais recorrente quando se trata de pessoas **jurídicas** como consumidoras, mas o mesmo entendimento é feito quando se trata de pessoas **físicas**, como a decisão paradigmática do STJ, que aplicou o CDC no caso de um taxista que adquiriu um veículo para utilização em sua atividade, diante de sua vulnerabilidade.

O conceito de **fornecedor** é trazido pelo art. 3º, *caput*, do CDC. **Fornecedor** é toda pessoa: física ou jurídica, pública ou privada, nacional ou estrangeira, incluindo entes despersonalizados (ex.: massa falida, sociedade de fato), **que desenvolvam atividade de:** produção, montagem, criação, construção, transformação, importação, exportação, distribuição ou comercialização de produtos ou prestação de serviços. Lembrando que o termo *fornecedor* é **gênero**, do qual são espécies, o *fabricante*, o *comerciante*, o *importador*, o *produtor*, entre outros.

Produto é conceituado pelo art. 3º, § 1º, do CDC, sendo *qualquer bem móvel, imóvel, material ou imaterial* (também chamados de *corpóreos* e *incorpóreos*). O legislador deixou o conceito bem amplo, abrangendo todo e qualquer bem oferecido no mercado de consumo.

Serviço é tratado no art. 3º, § 2º, do CDC, sendo *qualquer atividade fornecida no mercado, mediante remuneração, salvo as decorrentes de relação de trabalho*. De forma exemplificativa, o CDC enfatiza que estão incluídas no conceito de serviço as atividades de natureza **bancária**, **financeira**, de **crédito** e **securitária**.

Quando o assunto "serviço" é abordado em prova, geralmente exige-se o conhecimento dos entendimentos trazidos pelas seguintes **Súmulas do STJ**:

> **Súmula 297** – O Código de Defesa do Consumidor é aplicável às instituições financeiras.
>
> **Súmula 469** – Aplica-se o Código de Defesa do Consumidor aos contratos de plano de saúde.
>
> **Súmula 563** – O Código de Defesa do Consumidor é aplicável às entidades abertas de previdência complementar, não incidindo nos contratos previdenciários celebrados com entidades fechadas. (Essa súmula veio substituir a anterior **Súmula 321**, que previa que o CDC era *aplicável à relação jurídica entre a entidade de previdência privada e seus participantes*, sem fazer distinção entre entidade aberta – empresas privadas que comercializam planos ao público em geral – e entidade fechada – fundações ou sociedades civis criadas por grandes empresas para prestar planos de previdências complementares aos seus funcionários).

Em relação à **remuneração** do serviço, deve-se compreender não apenas a **direta** como também a **indireta** (serviço aparentemente gratuito), ou seja, quando o custo do serviço vem embutido na própria atividade do fornecedor (ex.: estacionamentos *gratuitos* de supermercado, ou frete *gratuito* na compra de determinado produto, cujos custos estão diluídos nos produtos vendidos). Assim, esses serviços são considerados "remunerados", mesmo que indiretamente, sendo, portanto, objeto da relação de consumo.

> O XVII Exame da OAB trouxe a situação hipotética em que um casal ingressou no ramo de festas de casamento, produzindo doces bem-casados, porém, sem terem registro da atividade desenvolvida. Venderam os doces para um casamento, sendo que os convidados sofreram infecção intestinal, já que o produto estava estragado. A banca entendeu correta a alternativa que dizia: *Embora a empresa do casal Saulo e Bianca não esteja devidamente registrada na Junta Comercial, pode ser considerada fornecedora à luz do Código do Consumidor, e os convidados do casamento, na qualidade de consumidores por equiparação, poderão pedir indenização diretamente àqueles.*

Quanto à aplicação do CDC aos **serviços públicos** (prestados pela administração direta ou indireta), é necessário fazer a distinção entre serviços públicos *uti singuli* e *uti universi*. Aos primeiros, cuja remuneração é mensurada e feita individualmente pelo consumidor, aplica-se o CDC (ex.: serviço de energia elétrica, telefonia, transporte público etc.), enquanto os segundos, custeados por tributos, não são considerados relação de consumo, não se aplicando, portanto, o CDC (ex.: atendimento em postos de saúde, ensino da rede pública etc.).

4. DIREITOS BÁSICOS DO CONSUMIDOR

O art. 6º do CDC traz um rol exemplificativo dos **direitos básicos do consumidor**:

- a proteção da vida, saúde e segurança contra os riscos provocados por práticas no fornecimento de produtos e serviços considerados perigosos ou nocivos;
- a educação e divulgação sobre o consumo, asseguradas a liberdade de escolha e a igualdade nas contratações;
- a informação adequada e clara sobre os diferentes produtos e serviços, com especificação correta de quantidade, características, composição, qualidade, tributos incidentes e preço, bem como sobre os riscos que apresentem (a informação deve ser acessível à pessoa com deficiência, observado o disposto em regulamento);
- a proteção contra a publicidade enganosa e abusiva, métodos comerciais coercitivos ou desleais, bem como contra práticas e cláusulas abusivas ou impostas no fornecimento de produtos e serviços;
- a modificação das cláusulas contratuais que estabeleçam prestações desproporcionais ou sua revisão em razão de fatos supervenientes que as tornem excessivamente onerosas;
- a efetiva reparação por danos patrimoniais e morais, individuais, coletivos e difusos;
- o acesso aos órgãos judiciários e administrativos com vistas à prevenção ou reparação de danos patrimoniais e morais, individuais, coletivos ou difusos, assegurada a proteção jurídica, administrativa e técnica aos necessitados;
- a facilitação da defesa de seus direitos, inclusive com a inversão do ônus da prova, a seu favor, no processo civil, quando, a critério do juiz, for verossímil a alegação ou quando for ele hipossuficiente, segundo as regras ordinárias de experiências;
- a adequada e eficaz prestação dos serviços públicos em geral.

Dos direitos básicos referidos no art. 6º, alguns merecem ser mais bem esclarecidos, como é o caso do direito à **modificação ou revisão de cláusulas contratuais** (inciso V). Conforme entendimento doutrinário e do STJ, em se tratando de **relação de consumo**, para que ocorra a revisão ou modificação, não há necessidade de o fato superveniente ser *imprevisível* (Teoria da Imprevisão), bastando que, após a celebração do contrato, surja fato que torne suas cláusulas excessivamente onerosas ao consumidor.

> No IV Exame da OAB, ao referir-se ao direito à modificação e revisão de cláusulas contratuais, a banca considerou **INCORRETA** a afirmativa que dizia: *Exige a imprevisibilidade do fato superveniente.*

Outro direito básico que merece maior atenção é a **inversão do ônus da prova (inciso VIII)**. Para sua concessão, que pode ser **de ofício** e somente **em favor do consumidor**, é necessário que o juiz verifique a presença de **verossimilhança <u>ou</u> hipossuficiência** (não necessariamente ambos). É comum, em provas da OAB, questionarem se a *inversão do ônus da prova* se dá de forma *automática* e se é *regra* no direito do consumidor. A resposta é **não**. A inversão do ônus da prova é um direito básico do consumidor, mas é considerada uma *exceção*, pois somente poderá ser deferida, a critério do juiz, mediante a presença dos requisitos *verossimilhança* ou *hipossuficiência*. Além disso, deve-se atentar para não confundir: hipossuficiência é requisito para a inversão do ônus da prova e sua presença deve ser analisada no *caso concreto*, enquanto a vulnerabilidade é uma *presunção* legal conferida a todos os consumidores. Assim, é possível afirmar que todo consumidor é vulnerável, mas nem todo é hipossuficiente.

> No XII Exame da OAB, foi considerada **incorreta** a alternativa que dizia: *É dominante o entendimento no sentido de que a vulnerabilidade nas relações de consumo é sinônimo exato de hipossuficiência econômica do consumidor.*
>
> No VI Exame da OAB, considerou-se correta a seguinte afirmativa: *O ônus da prova incumbe a quem alega a existência do fato constitutivo do seu direito e impeditivo, modificativo ou extintivo do direito daquele que demanda. O Código de Defesa e Proteção do Consumidor, entretanto, prevê a possibilidade de inversão do onus probandi e, a respeito de tal tema, é correto afirmar que ocorrerá em casos excepcionais em que o juiz verifique ser verossímil a alegação do consumidor ou quando for ele hipossuficiente.*

5. RESPONSABILIDADE DO FORNECEDOR

5.1 DISPOSIÇÕES GERAIS

Um dos assuntos mais abordados no Exame de Ordem, quando se trata de Direito do Consumidor, é a responsabilidade. Em regra, as questões trazem hipóteses de responsabilidade pelo fato ou pelo vício do produto ou serviço, exigindo que o candidato saiba precisamente a diferença entre esses dois institutos que, apesar de parecidos, têm consequências diversas que não podem ser confundidas.

A regra é que a responsabilidade do fornecedor é objetiva, ou seja, responderá independentemente da existência de culpa (em sentido amplo), bastando que se verifique a existência do dano e do nexo de causalidade com o defeito ou vício do produto ou serviço, já que a responsabilidade advém do "risco da atividade".

No entanto, o próprio CDC traz uma exceção a essa regra, ao dispor que o profissional liberal responderá mediante a verificação de culpa, ou seja, responderá de forma subjetiva. Há de se tomar cuidado, pois essa prerrogativa do profissional liberal se deve à natureza da obrigação assumida na sua atividade, que geralmente é de *meio* e não de *resultado*; por essa lógica, havia entendimentos de que, se o profissional liberal realizasse atividade cuja obrigação fosse de *resultado*, poderia responder de forma *objetiva* (*ex.: cirurgia plástica meramente embelezadora*). Atualmente, o STJ entende que, mesmo que o profissional liberal assuma obrigação de *resultado*, continuará respondendo de forma *subjetiva*; porém, sua culpa será presumida, tendo *ele* o ônus de comprovar que o dano ou resultado insatisfatório ocorreram por fatores externos e alheios a sua atuação.

O XI Exame da OAB trouxe a situação hipotética em que a consumidora ajuizou ação indenizatória em face de um dentista, lastreada em prova pericial que constatou falha, durante um tratamento de canal, na prestação do serviço odontológico. O referido laudo comprovou a inadequação da terapia dentária adotada, o que resultou em vários danos. A banca considerou correta a afirmativa: *A obrigação de indenizar por parte do dentista é subjetiva e fica condicionada à comprovação de dolo ou culpa.*

O CDC trata primeiramente do *fato* (arts. 12 e seguintes) e depois do *vício* (arts. 18 e seguintes), mas, para fins didáticos, vamos inverter essa ordem.

5.2 VÍCIO

O **vício** afeta a qualidade/quantidade/disparidade dos produtos ou serviços, os quais se tornarão impróprios ou inadequados para o fim a que se destinavam ou lhe diminuirão o valor (*ex.: liquidificador que, após ser ligado, em razão de um vício de qualidade, para de funcionar*). O consumidor terá os seguintes **prazos** decadenciais para reclamar junto ao fornecedor (art. 26, CDC):

- **30 dias**, tratando-se de produtos e serviços não duráveis;
- **90 dias**, tratando-se de produtos e serviços duráveis.

Na hipótese de **vício de *qualidade* de produto** (art. 18, CDC), o fornecedor terá o **prazo de 30 dias** para **saná-lo** (efetuar a substituição das partes viciadas). Esse prazo pode ser reduzido ou ampliado por convenção das partes, desde que não fique inferior a 7 nem superior a 180 dias. Não sendo resolvido o problema nesse prazo, caberá **ao consumidor escolher** umas destas opções:

Substituição	Restituição	Abatimento
Do produto por outro da mesma espécie, em perfeitas condições de uso.	Imediata da quantia paga, monetariamente atualizada, sem prejuízo de eventuais perdas e danos.	Proporcional do preço.

O consumidor poderá fazer uso **imediato** das opções acima (ou seja, sem precisar aguardar o prazo dos 30 dias para o fornecedor sanar o vício) sempre que, em razão da extensão do vício, a substituição das partes viciadas puder **comprometer a qualidade ou características do produto, diminuir-lhe o valor** ou se tratar de **produto essencial**. *Ex.: vício em um medicamento adquirido pelo consumidor para uso contínuo, em que não seria adequado aguardar 30 dias pela solução.*

O V Exame da OAB trouxe a seguinte situação hipotética: *Ao instalar um novo aparelho de televisão no quarto de seu filho, o consumidor verifica que a tecla de volume do controle remoto não está funcionando bem. Em contato com a loja onde adquiriu o produto, é encaminhado à autorizada. O que esse consumidor pode exigir com base na lei, nesse momento, do comerciante?* Foi considerada correta a alternativa que dizia: *O conserto do produto no prazo máximo de 30 dias.* As demais alternativas traziam: *a imediata substituição do produto por outro novo; o dinheiro de volta; um produto idêntico emprestado enquanto durar o conserto.*

O XVIII Exame da OAB trouxe a situação hipotética em que uma consumidora, portadora de enfisema pulmonar, adquiriu um aparelho respiratório, já que, em razão do avançado estágio da doença, foi prescrito como essencial o tratamento de suplementação de oxigênio. Uma semana depois da compra, o produto parou de funcionar. Procurando a loja, foi informada de que deveria aguardar o prazo de 30 dias para que sanassem o vício. A banca considerou correta a afirmativa: *Joana não precisa aguardar o prazo legal de trinta dias para conserto, pois tem direito de exigir a substituição imediata do produto, em razão de sua essencialidade.*

Em se tratando de **vício de *quantidade* de produto** (art. 19, CDC), não há que se falar em prazo para o fornecedor sanar o vício, podendo o consumidor exigir, **imediatamente**, à sua escolha, dentre as opções abaixo:

Substituição	Restituição	Abatimento	Complementação
Do produto por outro da mesma espécie, marca ou modelo, sem os aludidos vícios.	Imediata da quantia paga, monetariamente atualizada, sem prejuízo de eventuais perdas e danos.	Proporcional do preço.	Do peso ou medida.

Produtos vendidos ***in natura*** são de responsabilidade do fornecedor imediato (comerciante), exceto quando claramente identificado o seu produtor. O **fornecedor imediato** será responsável quando fizer a **pesagem** ou a **medição** e o instrumento utilizado nao estiver aferido segundo os padrões oficiais.

O XIX Exame da OAB apresentou a situação hipotética em que um fornecedor (comerciante) do ramo de hortifrutigranjeiro vende grãos e cereais de marca conhecida no mercado, mas com pesagem na hora. Certo dia, uma cliente conferiu e havia divergência no peso. Diante disso, a banca entendeu que: *Trata-se de responsabilidade civil exclusiva do comerciante, na qualidade de fornecedor imediato.*

O CDC traz um rol exemplificativo de **vícios de produtos**, que os tornam **impróprios** ao uso e consumo:

- os produtos cujos prazos de validade estejam vencidos;
- os produtos deteriorados, alterados, adulterados, avariados, falsificados, corrompidos, fraudados, nocivos à vida ou à saúde, perigosos ou, ainda, aqueles em desacordo com as normas regulamentares de fabricação, distribuição ou apresentação;
- os produtos que, por qualquer motivo, se revelem inadequados ao fim a que se destinam.

Em se tratando de **vício do serviço** (art. 18, CDC), também não há prazo para o fornecedor sanar o vício, podendo o consumidor exigir, imediatamente, à sua escolha, dentre as opções abaixo:

Reexecução	Restituição	Abatimento
Dos serviços, sem custo adicional e quando cabível (que poderá ser realizada por terceiros, mas por conta e risco do fornecedor).	Imediata da quantia paga, monetariamente atualizada, sem prejuízo de eventuais perdas e danos.	Proporcional do preço.

No caso de **serviço** para **reparação** de produto, está implícita a obrigação do fornecedor em usar componentes de reposição originais adequados e novos, ou que mantenham as especificações técnicas do fabricante, salvo autorização em contrário do consumidor (desde que não traga risco à sua saúde e segurança).

Ressaltamos que os **serviços públicos** também estão sujeitos a essas regras de responsabilidade, devendo ser **adequados**, **eficientes**, **seguros** e, quanto aos essenciais, **contínuos**, sob pena de serem as pessoas jurídicas obrigadas a cumprir essas obrigações e reparar os danos causados.

Posicionamento do STJ quanto ao corte de *energia elétrica* ou de *água* por *inadimplemento*: o *princípio da continuidade* dos serviços essenciais previsto no CDC deve ser ponderado com a previsão do art. 6º, § 3º, II, da Lei n. 8.987/95, segundo a qual não se caracteriza *descontinuidade* a interrupção, após aviso prévio, por *inadimplemento* do usuário, considerado o interesse da coletividade. Portanto, para o STJ, é possível o corte desses serviços quando, após aviso prévio, permanecer inadimplente o usuário, em razão do interesse da coletividade. Porém, o corte não pode ocorrer indiscriminadamente, preservando-se as *unidades públicas essenciais* (ex.: quando o usuário inadimplente é um hospital ou escola não pode haver a interrupção do serviço).

Considerando que o fornecedor responde objetivamente, sua **ignorância** sobre os vícios dos produtos ou serviços **não** o exime da responsabilidade, ou seja, mesmo que o fornecedor não tenha ciência de possíveis vícios, continuará respondendo por eles.

Em se tratando de responsabilidade, é importante entender quem responde por vício e por fato. No **vício**, a regra é a da **solidariedade**, ou seja, o consumidor poderá se dirigir a **qualquer um** dos fornecedores. Todos (qualquer um deles) têm o dever de solucionar o problema perante o consumidor, e, depois, entre eles, que apurem e façam seus ressarcimentos. *Ex.: é comum o consumidor se dirigir ao comerciante para reclamar um vício do produto e esse fornecedor alegar que o problema deve ser reclamado diretamente com o fabricante; entretanto, independentemente de ser "problema de fábrica" ou qualquer outro tipo de vício, por disposição legal, todos são solidariamente responsáveis perante o consumidor.*

> No XI Exame da OAB, foi trazida a situação hipotética em que o Mercado A comercializa desinfetante fabricado por W. O mercado B adquire o produto para higienizar as partes comuns de suas instalações (destinatário final). Houve vícios decorrentes de disparidade do volume contido no rótulo. O comerciante A alegou que a responsabilidade era do fabricante W. A banca considerou correta a afirmativa: *Trata-se de vício do produto, logo o réu e o fabricante são solidariamente responsáveis.*

5.3 FATO

O **fato**, também chamado de ***acidente de consumo***, caracteriza-se por um dano decorrente de defeito do produto ou serviço. *Ex.: liquidificador que, após ser ligado, em razão de defeito técnico, explode, causando lesões físicas ou psíquicas ao consumidor ou estragando outros objetos que estejam próximos.*

O CDC deixa claro que o produto ou serviço **defeituoso** é aquele que não apresenta a segurança que dele se espera, levando-se em consideração, obviamente, o modo de fornecimento ou sua apresentação, o resultado e os riscos que razoavelmente dele se esperam e a época em que foi fornecido ou colocado no mercado. Entretanto, o produto não será considerado defeituoso em razão de outro de melhor qualidade ter sido colocado no mercado, da mesma forma que o serviço não será considerado defeituoso pela adoção de novas técnicas.

Tanto o *defeito* no produto ou serviço em si como também as **informações insuficientes ou inadequadas** sobre a utilização, fruição ou riscos dos produtos ou serviços podem gerar danos ao consumidor, caracterizando o *fato*. *Ex.: um produto que, por suas características, é inflamável, mas que não traz de forma suficiente ou adequada essa informação ao consumidor e este acaba sofrendo algum dano em razão da utilização equivocada.*

> O VIII Exame da OAB trouxe a situação hipotética em que um consumidor teve a quebra de um dente ao mastigar um pão com geleia. Ingressou com processo, restando comprovado que o elemento era uma pequena porção de açúcar. A banca considerou correta a assertiva: *O elemento rígido não característico do produto, ainda que não o tornasse impróprio para o consumo, violou padrões de segurança, já que houve dano comprovado pelo consumidor.*

O *fato* gera um dano (que vai além do prejuízo do produto ou serviço em si); portanto, a responsabilidade do fornecedor será a de **indenizar**, o que, em regra, será buscado através de uma ação judicial. O **prazo** para a propositura da ação será **prescricional de 5 anos**. Observa-se que o prazo para o consumidor reclamar indenização pelo *fato* é mais favorável do que a regra geral do Código Civil, que prevê o prazo prescricional de 3 anos para pretensão de reparação civil.

Apesar de a responsabilidade do fornecedor ser objetiva, o próprio CDC elenca hipóteses de **exclusão da responsabilidade**, quais sejam, a prova de que:

- o fornecedor não colocou o produto no mercado;
- embora tenha colocado o produto no mercado ou prestado o serviço, o defeito inexiste;
- a culpa foi exclusiva do consumidor ou de terceiro.

Apesar de a maior parte da doutrina entender que essas três hipóteses excludentes da responsabilidade elencadas no CDC são **taxativas**, há entendimentos controvertidos sobre a possibilidade de considerar-se o *caso fortuito* ou *força maior* também como excludentes. Parte da doutrina e a jurisprudência (do **STJ**) classificam o caso fortuito em *interno* e *externo*, sendo o primeiro aquele fato imprevisível, inevitável e *ligado à atividade desenvolvida* pelo fornecedor, enquanto o segundo é aquele fato imprevisível, inevitável, mas *estranho à atividade*, sendo que neste último caso, mesmo não estando contemplado expressamente no CDC, pode haver a exclusão da responsabilidade do fornecedor (REsp 726371/RJ). Portanto, é necessário verificar se a banca quer a resposta à luz do CDC (o que é mais comum) ou do entendimento do STJ.

Pelo **fato** respondem o **fabricante**, o **produtor**, o **construtor**, nacional ou estrangeiro, e o **importador**. Entretanto, o **comerciante** somente responderá em três hipóteses:

- I – quando o fabricante, o construtor, o produtor ou o importador não puderem ser identificados;
- II – quando o produto for fornecido sem identificação clara do seu fabricante, produtor, construtor ou importador;
- III – quando não conservar adequadamente os produtos perecíveis.

Isso significa dizer que o comerciante responde de forma *subsidiária*, pois somente será responsável nas três hipóteses acima. Porém, presente uma dessas hipóteses, responderá *solidariamente* com os demais.

Essa regra da **solidariedade**, considerando-se a peculiaridade quanto ao comerciante (que somente responderá nas três hipóteses mencionadas), irá definir o **polo passivo** da ação de reparação do dano. Como a responsabilidade solidária faculta ao consumidor ingressar com a ação contra todos ou contra qualquer um dos fornecedores, não se permitindo *denunciação à lide*, aquele que efetivar o pagamento ao autor poderá exercer o **direito de regresso** contra os demais responsáveis, na medida de sua participação na causação do dano. O direito de regresso pode ser exercido nos mesmos autos ou em ação autônoma. A *ratio legis* é a mesma do *vício*, ou seja, que reparem os danos causados ao consumidor, depois, os fornecedores que apurem quem deles efetivamente foi responsável pelo dano e busquem o ressarcimento entre si.

Ao tratarmos da *relação de consumo*, no início deste estudo, foi mencionada a figura do **consumidor por equiparação** quando **vítima de acidente de consumo (fato)**. Agora fica mais fácil entender esse conceito, pois se trata de terceiro que, mesmo não tendo adquirido o produto ou serviço como destinatário final, acabou sendo atingido pelo *acidente de consumo. Ex.: um veículo que, por um defeito no sistema de freios, não consegue frear, chocando-se com outro e causando danos a ambos os condutores. O primeiro condutor, por ter adquirido o produto como destinatário final, já é considerado consumidor, e o segundo, que simplesmente sofreu danos oriundos do fato, também será considerado consumidor (por equiparação), utilizando-se das mesmas regras que o primeiro ao buscar a reparação dos danos.*

O instituto da responsabilidade pelo **fato** (acidente de consumo) busca, principalmente, proteger a incolumidade físico-psíquica do consumidor. Entretanto, danos materiais também devem ser reparados.

Para fixar:

Responsabilidade pelo vício	Responsabilidade pelo fato
• Surge o dever de sanar o vício.	• Surge o dever de reparar danos.
• Em regra, será exercido perante o próprio fornecedor.	• Em regra, será exercido através de uma ação judicial.
• Prazo **decadencial** para reclamar é de **30 dias** (produtos ou serviços não duráveis) e **90 dias** (produtos ou serviços duráveis).	• Prazo **prescricional** para a propositura da ação é de **5 anos.**

Exemplos para diferenciar:

Vício	Fato
• O telefone celular para de funcionar.	• O telefone celular explode e causa danos ao consumidor ou a terceiro.
• O salto da sandália descola.	• O salto da sandália descola e causa uma lesão no tornozelo da consumidora.
• O alimento é vendido com o prazo de validade vencido.	• Esse alimento é ingerido e causa algum dano ao consumidor ou a terceiro.

Ainda sobre a responsabilidade, importante fazer um breve comentário sobre o *recall* (art. 10, CDC). O fornecedor não poderá colocar no mercado produto ou serviço que sabe ou deveria saber apresentar alto grau de nocividade ou periculosidade à saúde ou segurança do consumidor. Caso, após a colocação no mercado desse produto ou serviço, tome conhecimento desses riscos, deverá o fornecedor comunicar o fato às autoridades competentes e ao consumidor, através de anúncios publicitários, veiculados na imprensa, rádio e televisão. Muito embora o CDC não utilize esse termo, trata-se do chamado *recall*, através do qual se faz o chamamento do consumidor para a reparação do problema, a fim de evitar possíveis danos.

Por fim, nas ações de responsabilidade civil do fornecedor de produtos ou serviços, o consumidor poderá optar pelo ajuizamento no foro do seu domicílio a fim de facilitar sua defesa e acesso ao Judiciário. Em contrato de adesão, caso haja cláusula de eleição de foro, impedindo o consumidor de ajuizar ação no seu domicílio, esta será considerada nula de pleno direito.

6. PRAZOS E GARANTIAS

Os prazos e garantias estão relacionados à responsabilidade; porém, como o assunto é bastante cobrado em Exame de Ordem, vamos analisar mais alguns detalhes a seu respeito.

O prazo prescricional para entrar com ação de reparação de danos oriundos do fato do produto ou serviço é de 5 anos, a contar do conhecimento do dano e sua autoria.

Já os prazos decadenciais para reclamar por vício do produto ou serviço são de:

- 30 dias para produtos e serviços não duráveis (ex.: alimento).
- 90 dias para produtos e serviços duráveis (ex.: eletrodoméstico).

Se o vício for aparente ou de fácil constatação, o prazo começa a contar da entrega efetiva do produto ou do final da execução do serviço. Se for vício oculto, o prazo começa a contar do momento em que ficar evidenciado o vício.

> O III Exame da OAB considerou correto que: *O prazo para reclamar sobre vício oculto de produto durável é de 90 (noventa) dias a contar de quando ficar evidenciado o vício.*

Nesses prazos decadenciais (30 ou 90 dias) reclama-se a chamada garantia legal, ou seja, a garantia nada mais é do que um prazo que o consumidor tem para reclamar por um *vício* do produto ou serviço. A garantia legal é obrigatória, imposta por lei, não precisando de termo escrito, sendo vedada e exoneração do fornecedor. *(Ex.: é comum que um fornecedor venda determinado produto e "avise" que não há garantia alguma; entretanto, essa informação é nula, já que a garantia legal não é dada pelo fornecedor, e sim imposta pela lei, sendo obrigatória em qualquer produto ou serviço no mercado de consumo.)*

Há também a chamada garantia contratual, a qual é uma faculdade do fornecedor (mas, quando oferecida, deve ser obrigatoriamente cumprida), a fim de conquistar o cliente. Essa garantia, que pode ser total ou parcial (desde que clara e previamente especificada), deve obrigatoriamente constar em termo escrito (o chamado termo de garantia) com todas as informações ao consumidor.

Prática comum no mercado é a chamada garantia estendida, espécie de garantia contratual, que consiste em um seguro pago pelo consumidor para ter uma cobertura por tempo maior do que o oferecido pelo fornecedor; essa prática é aceita, desde que não seja *imposta* ao consumidor (deve ser opcional) e este esteja *ciente* de que se trata de um valor a mais por um contrato extra (para evitar que seja embutida no preço do produto ou serviço no momento da contratação).

O CDC menciona que a garantia *contratual* é complementar à *legal*. A respeito do tema, a jurisprudência do STJ já firmou posicionamento de que, em havendo, além da garantia legal, também a contratual, estas devem ser consideradas na seguinte ordem: contratual + legal. *Ex.: se uma televisão tem 1 ano de garantia (contratual), após transcorrido esse prazo, o consumidor terá mais 90 dias (bem durável) de garantia (legal) para reclamar por eventuais vícios.* Atenção para não cair em *pegadinhas*: 30 ou 90 dias não são necessariamente 1 ou 3 meses. Portanto, as questões devem ser lidas com bastante atenção.

Dos prazos importantes previstos no CDC, temos o direito de arrependimento ou prazo de reflexão, conferido ao consumidor para desistir do negócio, sempre que a contratação de fornecimento de produtos ou serviços ocorrer fora do estabelecimento comercial. São 7 dias a contar da assinatura do contrato ou do recebimento do produto ou serviço. O CDC traz exemplos, como vendas *por telefone* ou *em domicílio*, mas o exemplo mais comum atualmente são as compras ou contratações de serviços pela *internet*. Exercido esse direito de arrependimento (que não precisa ser motivado), os valores pagos serão imediatamente devolvidos e monetariamente atualizados.

ATENÇÃO: somente há direito de *arrependimento* (desistência do negócio) quando a contratação foi fora do estabelecimento comercial e somente há direito à *troca* nos casos já vistos em que o produto apresente vícios. *Ex.: é comum, após as datas festivas (Natal, Dia das Mães etc.), os consumidores (que compraram em lojas físicas) retornarem às lojas por não terem gostado da cor ou modelo do produto, ou por terem ganhado de presente e não ter servido o tamanho, e os comerciantes efetuarem as trocas; no entanto, isso é uma faculdade do fornecedor, que não quer desapontar o cliente, mas não há qualquer obrigação legal em efetuar tal troca. Obviamente que, quando o próprio fornecedor se compromete a trocar, no momento da oferta ou contratação, deverá cumprir o ofertado ou pactuado, mas foi por sua liberalidade e não por obrigação.*

O VII Exame da OAB trouxe a seguinte questão hipotética: *A telespectadora Maria, após assistir ao anúncio de certa máquina fotográfica, ligou e comprou o produto via telefone. No dia 19 de março, a câmera chegou ao seu endereço. Acerca dessa situação, está correta a afirmativa de que: Mesmo que o produto não tenha defeito, se Maria se arrepender da aquisição e desistir do contrato no dia 25 de março do mesmo ano, os valores eventualmente pagos, a qualquer título, deverão ser devolvidos, monetariamente atualizados.*

O V Exame da OAB questionou: *Quando a contratação ocorre por site da Internet, o consumidor pode desistir da compra? Sim. Quando a compra é feita fora do estabelecimento comercial, o consumidor pode desistir do contrato no prazo de sete dias, mesmo sem apresentar seus motivos para a desistência.*

7. DESCONSIDERAÇÃO DA PERSONALIDADE JURÍDICA

O juiz poderá desconsiderar a personalidade jurídica nas seguintes hipóteses:

- abuso de direito;
- excesso de poder;
- infração da lei;
- fato ou ato ilícito;
- violação dos estatutos ou contrato social;
- falência; estado de insolvência; encerramento ou inatividade da pessoa jurídica, provocados por má administração;
- sempre que sua personalidade for, de alguma forma, obstáculo ao ressarcimento de prejuízos causados aos consumidores.

As sociedades integrantes dos grupos societários e as sociedades controladas são *subsidiariamente* responsáveis, enquanto as sociedades consorciadas são *solidariamente* responsáveis pelas obrigações decorrentes do CDC. Já as sociedades coligadas só responderão por *culpa*.

8. PRÁTICAS COMERCIAIS

8.1 OFERTA

Toda informação, suficientemente precisa, veiculada por qualquer forma ou meio de comunicação, obriga o fornecedor e integra o contrato que eventualmente vier a ser celebrado. A oferta e apresentação de produtos ou serviços devem trazer de forma correta, clara, precisa e ostensiva todas as informações ao consumidor.

Em caso de recusa do fornecedor em cumprir a oferta, o consumidor poderá, alternativamente e à sua livre escolha:

- exigir o cumprimento forçado da obrigação, nos termos da oferta, apresentação ou publicidade;
- aceitar outro produto ou prestação de serviço equivalente;
- rescindir o contrato, com direito à restituição de quantia eventualmente antecipada, monetariamente atualizada, e a perdas e danos.

O XIII Exame da OAB trouxe a seguinte situação: *Eliane trabalha em determinada empresa para a qual uma seguradora apresentou proposta de seguro de vida e acidentes pessoais aos empregados. Eliane preencheu o formulário entregue pela seguradora e, dias depois, recebeu comunicado escrito informando, sem motivo justificado, a recusa da seguradora para a contratação por Eliane.* A banca entendeu correta a afirmativa de que: *Eliane pode exigir o cumprimento forçado da obrigação nos termos do serviço apresentado, já que a oferta obriga a seguradora e a negativa constituiu prática abusiva pela recusa infundada de prestação de serviço.*

8.2 PUBLICIDADE

A publicidade deve ser veiculada de forma que o consumidor fácil e imediatamente a identifique como tal, ou seja, que o destinatário tenha **consciência** de que está sendo estimulado a adquirir ou utilizar determinado produto ou serviço, evitando-se a chamada publicidade **subliminar ou clandestina**. Ademais, o ônus da prova da veracidade e correção da informação ou comunicação publicitária cabe a quem as **patrocina**.

É **proibida** qualquer publicidade:

Enganosa	Abusiva
Aquela parcial ou inteiramente **falsa**, que **induz em erro** o consumidor (quanto à natureza, características, qualidade, quantidade, propriedades, origem, preço e quaisquer outros dados sobre produtos e serviços). Poderá ser **enganosa por omissão**, quando deixa de informar sobre algo essencial.	Aquela que **desrespeita valores** (discriminatória, que incita violência, explora medo ou superstição, aproveita-se da deficiência de julgamento da criança, desrespeita valores ambientais, induz o consumidor a se comportar de forma prejudicial ou perigosa à sua saúde ou segurança).

No IX Exame da OAB, a banca trouxe a hipótese em que uma academia de ginástica veiculou anúncio em que o aluno que se matriculasse poderia utilizar de suas filiais no exterior, sem custo adicional. Porém, após a contratação, os consumidores verificaram que em outros países era exigida tarifa adicional para a utilização. Nesse contexto, a resposta correta foi: *A loja faz publicidade enganosa, que se configura, basicamente, pela falsidade, total ou parcial, da informação veiculada.*

No II Exame da OAB, a banca afirmou que: *Sobre o tratamento da publicidade no Código de Defesa do Consumidor, é abusiva a publicidade que desrespeita valores ambientais.*

8.3 PRÁTICAS ABUSIVAS

Nas **práticas abusivas**, cujo rol exemplificativo segue abaixo, é **vedado** (art. 39, CDC):

- condicionar o fornecimento de produto ou de serviço ao fornecimento de outro produto ou serviço (trata-se da chamada **venda casada**), bem como, sem justa causa, a limites quantitativos;
- recusar atendimento às demandas dos consumidores, na exata medida de suas disponibilidades de estoque, e, ainda, de conformidade com os usos e costumes;
- enviar ou entregar ao consumidor, sem solicitação prévia, qualquer produto, ou fornecer qualquer serviço (caso ocorra essa prática, os produtos ou serviços remetidos ao consumidor equiparam-se a **amostras grátis**, inexistindo obrigação de pagamento). **Obs.: Súmula 532, STJ** *constitui prática comercial abusiva o envio de cartão de crédito sem prévia e expressa solicitação do consumidor, configurando-se ato ilícito indenizável e sujeito à aplicação de multa administrativa.*
- prevalecer-se da fraqueza ou ignorância do consumidor, tendo em vista sua idade, saúde, conhecimento ou condição social, para impingir-lhe seus produtos ou serviços;
- exigir do consumidor vantagem manifestamente excessiva;
- executar serviços sem a prévia elaboração de orçamento e autorização expressa do consumidor, ressalvadas as decorrentes de práticas anteriores entre as partes;
- repassar informação depreciativa, referente a ato praticado pelo consumidor no exercício de seus direitos;
- colocar, no mercado de consumo, qualquer produto ou serviço em desacordo com as normas expedidas pelos órgãos oficiais competentes ou, se normas específicas não existirem, pela ABNT ou outra entidade credenciada pelo Conselho Nacional de Metrologia, Normalização e Qualidade Industrial (Conmetro);
- recusar a venda de bens ou a prestação de serviços, diretamente a quem se disponha a adquiri-los mediante pronto pagamento, ressalvados os casos de intermediação regulados em leis especiais;
- elevar sem justa causa o preço de produtos ou serviços;
- deixar de estipular prazo para o cumprimento de sua obrigação ou deixar a fixação de seu termo inicial a seu exclusivo critério;
- aplicar fórmula ou índice de reajuste diverso do legal ou contratualmente estabelecido;
- permitir o ingresso em estabelecimentos comerciais ou de serviços de um número maior de consumidores que o fixado pela autoridade administrativa como máximo.

O XXI Exame da OAB trouxe um caso em que o Banco X enviou um cartão de crédito a Jeremias, com limite, seguro e anuidade. Jeremias recebeu a correspondência com o cartão bloqueado. Ocorre que Jeremias não é cliente do Banco X, nem solicitou o cartão.

A banca entendeu como correto que: *Foi abusiva e constitui ilícito indenizável em favor de Jeremias, mesmo sem prejuízo comprovado, em razão da configuração de dano moral in re ipsa na hipótese, que pode ser cumulada com a aplicação de multa administrativa, que não será fixada em favor do consumidor.*

8.4 ORÇAMENTO

O fornecedor de serviço deve entregar previamente orçamento, discriminando valor da mão de obra, dos materiais e equipamentos, as condições de pagamento, bem como datas de início e término do serviço. Aprovado pelo consumidor, o orçamento **obriga** as partes e somente poderá ser modificado mediante livre negociação. Salvo estipulação em contrário, o orçamento tem **validade de 10 dias**, a contar do recebimento pelo consumidor, sendo que o consumidor não responde por quaisquer ônus ou acréscimos decorrentes da contratação de serviços de terceiros não previstos no orçamento prévio.

O VI Exame da OAB trouxe a seguinte situação hipotética: *A empresa Cristal Ltda., atendendo à solicitação da cliente Ruth, realizou orçamento para prestação de serviço, discriminando material, equipamentos, mão de obra, condições de pagamento e datas para início e término do serviço de instalação de oito janelas e quatro portas em alumínio na residência da consumidora.* Segundo a banca: *O valor orçado terá validade de dez dias, contados do recebimento pela consumidora; aprovado, obriga os contraentes, que poderão alterá-lo mediante livre negociação.*

8.5 COBRANÇA DE DÍVIDAS

O consumidor inadimplente não poderá ser exposto a ridículo ou submetido a qualquer tipo de constrangimento ou ameaça. Caso seja cobrado indevidamente, terá direito à **repetição em dobro**, acrescida de juros e correção monetária, salvo engano justificável (nessa hipótese, a repetição será simples). Os documentos cobrando as dívidas deverão trazer o nome, endereço, CPF ou CNPJ do fornecedor do produto ou serviço correspondente.

8.6 BANCOS DE DADOS E CADASTROS DE CONSUMIDORES

São considerados entidades de caráter ***público*** e devem permitir ao consumidor o acesso às informações existentes. O consumidor terá acesso às informações (que devem ser disponibilizadas em formatos acessíveis, inclusive para a pessoa com deficiência, mediante solicitação do consumidor) existentes em cadastros, fichas, registros e dados pessoais e de consumo arquivados sobre ele, bem como sobre as suas respectivas fontes. As informações negativas sobre o consumidor não podem permanecer registradas por período superior a **5 anos**. Da mesma forma, não poderão ser fornecidas por esses órgãos informações sobre débitos cuja cobrança já esteja **prescrita**.

Sobre os bancos de dados e cadastros de consumidores, atentar para os seguintes entendimentos do **STJ**:

> **Súmula 323** – A inscrição do nome do devedor pode ser mantida nos serviços de proteção ao crédito até o prazo máximo de cinco anos, independentemente da prescrição da execução.
>
> **Súmula 359** – Cabe ao órgão mantenedor do Cadastro de Proteção ao Crédito a notificação do devedor antes de proceder à inscrição.
>
> **Súmula 404** – É dispensável o aviso de recebimento (AR) na carta de comunicação ao consumidor sobre a negativação de seu nome em bancos de dados e cadastros.
>
> **Súmula 385** – Da anotação irregular em cadastro de proteção ao crédito, não cabe indenização por dano moral, quando preexistente legítima inscrição, ressalvado o direito ao cancelamento.
>
> **Súmula 548** – Incumbe ao credor a exclusão do registro da dívida em nome do devedor no cadastro de inadimplentes no prazo de cinco dias úteis, a partir do integral e efetivo pagamento do débito.

O XX Exame da OAB trouxe o caso em que Marieta teve seu nome inserido em cadastro negativo por uma empresa de alimentos. Após o pagamento da dívida que ensejou a inscrição, quer saber como deve proceder a fim de que seu nome seja excluído do cadastro negativo. A banca considerou correta: *Após a quitação do débito, compete à sociedade empresária de gêneros alimentícios solicitar a exclusão do nome de Marieta do cadastro negativo, no prazo de cinco dias a contar do primeiro dia útil seguinte à disponibilização do valor necessário para a quitação do débito.*

9. PROTEÇÃO CONTRATUAL

9.1 DISPOSIÇÕES GERAIS

As **cláusulas contratuais** serão interpretadas de maneira **mais favorável** ao consumidor. Da mesma forma, os contratos que regulam as relações de consumo **não obrigarão os consumidores**, se não lhes for dada a oportunidade de tomar conhecimento prévio de seu conteúdo, ou se os respectivos instrumentos forem redigidos de modo a dificultar a compreensão de seu sentido e alcance.

9.2 CLÁUSULAS ABUSIVAS

Prevê o art. 51 que são **cláusulas abusivas**, **nulas** de pleno direito, as que:

- impossibilitem, exonerem ou atenuem a responsabilidade do fornecedor por vícios de qualquer natureza dos produtos e serviços ou impliquem renúncia ou disposição de direitos (nas relações de consumo entre o fornecedor e o consumidor pessoa jurídica, a indenização poderá ser limitada, em situações justificáveis);
- subtraiam ao consumidor a opção de reembolso da quantia já paga, nos casos previstos no CDC;
- transfiram responsabilidades a terceiros;
- estabeleçam obrigações consideradas iníquas, abusivas, que coloquem o consumidor em desvantagem exagerada, ou sejam incompatíveis com a boa-fé ou a equidade;
- estabeleçam inversão do ônus da prova em prejuízo do consumidor;
- determinem a utilização compulsória de arbitragem;
- imponham representante para concluir ou realizar outro negócio jurídico pelo consumidor;
- deixem ao fornecedor a opção de concluir ou não o contrato, embora obrigando o consumidor;
- permitam ao fornecedor, direta ou indiretamente, variação do preço de maneira unilateral;
- autorizem o fornecedor a cancelar o contrato unilateralmente, sem que igual direito seja conferido ao consumidor;
- obriguem o consumidor a ressarcir os custos de cobrança de sua obrigação, sem que igual direito lhe seja conferido contra o fornecedor;
- autorizem o fornecedor a modificar unilateralmente o conteúdo ou a qualidade do contrato, após sua celebração;
- infrinjam ou possibilitem a violação de normas ambientais;
- estejam em desacordo com o sistema de proteção ao consumidor;
- possibilitem a renúncia do direito de indenização por benfeitorias necessárias.

> O IX Exame da OAB afirmou: *Sobre a proteção contratual e a validade de regras contratuais no mercado de consumo, assinale a afirmativa correta: Não vale a cláusula que estipula, de antemão, representante para concluir outro contrato pelo consumidor.*

As **cláusulas abusivas** são **nulas** de pleno direito; contudo, a nulidade de uma das cláusulas não invalida o contrato, salvo se, apesar dos esforços de integração, ocorrer ônus excessivo a qualquer das partes.

O XX Exame da OAB trouxe uma questão tratando de uma consumidora que contratou um empréstimo e ingressou com ação revisional de juros. A banca considerou correta afirmativa: A respeito dessa situação, é correto afirmar que o Código de Defesa do Consumidor é aplicável na relação jurídica entre Inês e a instituição financeira, cabível a inversão do ônus da prova caso a consumidora comprove preenchimento dos requisitos legais, sendo certo que a declaração de nulidade da cláusula não invalida o contrato, salvo se importar em ônus excessivo para o consumidor, apesar dos esforços de integração.

Muito embora a doutrina sustente que a abusividade das cláusulas pode ser declarada **de ofício** pelo julgador, o **STJ** entende não ser possível esse reconhecimento de ofício, mesmo em se tratando de contrato regulado pelo CDC (REsp 1044499/RS), o que ensejou, inclusive, a previsão da **Súmula 381 do STJ**: "nos contratos bancários, é vedado ao julgador conhecer, de ofício, da abusividade das cláusulas". Assim, pela lógica das disposições do CDC, cujas normas são de ordem pública e interesse social, é de se entender pela possibilidade do reconhecimento de ofício da abusividade das cláusulas; porém, se a questão solicitar uma resposta à luz do posicionamento do STJ, entende-se que é vedado esse reconhecimento de ofício.

As **multas** de mora decorrentes de inadimplemento de obrigações não poderão ser superiores a **2%** do valor da prestação. Caso o consumidor opte por **liquidar antecipadamente** seu débito, parcial ou totalmente, deverão ser reduzidos proporcionalmente os juros e demais acréscimos. **Súmula 285, STJ** – *Nos contratos bancários posteriores ao Código de Defesa do Consumidor incide a multa moratória nele prevista.*

No XIV Exame da OAB, em relação aos serviços de crédito e financiamento, foi considerada **INCORRETA** a seguinte afirmativa: *A liquidação antecipada do débito financiado comporta a devolução ou a redução proporcional de encargos, mas só terá cabimento, se assim optar o consumidor no momento da contratação do serviço.*

No fornecimento de produtos ou serviços que envolva outorga de **crédito** ou concessão de **financiamento** ao consumidor, o fornecedor deverá, entre outros requisitos, informá-lo prévia e adequadamente sobre:

I – preço do produto ou serviço em moeda corrente nacional;

II – montante dos juros de mora e da taxa efetiva anual de juros;

III – acréscimos legalmente previstos;

IV – número e periodicidade das prestações;

V – soma total a pagar, com e sem financiamento.

> No XIV Exame da OAB, em relação aos serviços de crédito e financiamento, foi considerada correta a afirmativa de que: *As informações sobre o preço e a apresentação do serviço de crédito devem ser, obrigatoriamente, apresentadas em moeda corrente nacional.*

Nos contratos de compra e venda de móveis ou imóveis mediante **pagamento em prestações**, bem como nas **alienações fiduciárias em garantia** (contratos que deverão ser expressos em moeda corrente nacional), consideram-se **nulas** de pleno direito, as cláusulas que estabeleçam a **perda total das prestações** pagas em benefício do credor que, em razão do inadimplemento, pleitear a resolução do contrato e a retomada do produto alienado. Nos contratos do sistema de **consórcio** de produtos duráveis, a compensação ou a restituição das parcelas quitadas terá **descontada**, além da vantagem econômica auferida com a fruição, os prejuízos que o desistente ou inadimplente causar ao grupo.

9.3 CONTRATOS DE ADESÃO

Os **contratos de adesão** trazem cláusulas rígidas, uniformes e preestabelecidas unilateralmente pelo fornecedor; pode até haver inserção de cláusulas, o que não retirará a natureza de adesão do contrato. Por esses motivos, esse tipo de contrato deve ser redigido em termos claros, com caracteres ostensivos e legíveis, cuja fonte não pode ser inferior a 12. Ademais, as cláusulas que impliquem limitação de Direito do Consumidor deverão ser redigidas em destaque.

Quando se tratou do conceito de consumidor, no início deste estudo, foi vista a figura do **consumidor por equiparação** por estar **exposto às práticas comerciais e contratuais**; pois tais práticas são as vistas acima, ou seja, mesmo que a pessoa (ou coletividade) não adquira ou utilize os produtos ou serviços aludidos, poderá ser considerada consumidora (por equiparação) por estar exposta às tais práticas, podendo se valer de todas as prerrogativas das normas consumeiristas.

> O Exame da OAB 03-2011 trouxe a seguinte situação: *Josefa celebrou contrato de prestação de serviço com a Transportadora X, cujo teor do documento assinado seguia o formato "de adesão". Considerando tal instrumento de negócio jurídico nas relações de consumo, é correto afirmar que: Serão redigidos com caracteres ostensivos, cujo tamanho da fonte não seja inferior ao corpo doze, e as cláusulas que limitem direito do consumidor deverão ser redigidas com destaque.*

10. SANÇÕES ADMINISTRATIVAS

Segundo o CDC, as infrações às normas de defesa do consumidor ficam sujeitas às seguintes **sanções administrativas**:

<table>
<tr><th>Sanção</th><th>Particularidades</th></tr>
<tr><td>• Multa.</td><td>• Será graduada conforme a gravidade da infração, a vantagem auferida e a condição econômica do fornecedor.</td></tr>
<tr><td>• Apreensão do produto.</td><td rowspan="6">• Aplicadas quando forem constatados vícios de quantidade ou de qualidade por inadequação ou insegurança do produto ou serviço.</td></tr>
<tr><td>• Inutilização do produto.</td></tr>
<tr><td>• Cassação do registro do produto junto ao órgão competente.</td></tr>
<tr><td>• Proibição de fabricação do produto.</td></tr>
<tr><td>• Suspensão de fornecimento de produtos ou serviço.</td></tr>
<tr><td>• Revogação de concessão ou permissão de uso.</td></tr>
<tr><td>• Suspensão temporária da atividade.</td><td rowspan="4">• Aplicadas quando o fornecedor reincidir na prática das infrações de maior gravidade previstas no CDC e na legislação de consumo.</td></tr>
<tr><td>• Cassação de licença do estabelecimento ou de atividade.</td></tr>
<tr><td>• Interdição, total ou parcial, de estabelecimento, de obra ou de atividade.</td></tr>
<tr><td>• Intervenção administrativa.</td></tr>
<tr><td>• Imposição de contrapropaganda.</td><td>• Aplicada quando o fornecedor incorrer na prática de publicidade enganosa ou abusiva.
• Será divulgada da mesma forma, frequência e dimensão e, preferencialmente, no mesmo veículo, local, espaço e horário da publicidade veiculada, a fim de desfazer o malefício causado.</td></tr>
</table>

As **sanções administrativas** serão aplicadas pela autoridade administrativa, no âmbito das suas atribuições, podendo ser **cumuladas.** Essas penalidades são aplicadas mediante a instauração de procedimento administrativo, com garantia de ampla defesa e contraditório ao fornecedor. No entanto, em caráter de urgência, poderão ser aplicadas por medida cautelar, antecedente ou como incidente do procedimento administrativo, sem prejuízo das sanções de natureza civil, penal e das definidas em normas específicas.

11. INFRAÇÕES PENAIS

O CDC tipifica algumas condutas que constituem **crimes** contra as relações de consumo, sem prejuízo das previstas no Código Penal e leis especiais:

CRIMES	PENAS
Omitir dizeres ou sinais ostensivos sobre a nocividade ou periculosidade de produtos, nas embalagens, nos invólucros, recipientes ou publicidade.	– Detenção de 6 meses a 2 anos + multa. – Se culposo: detenção de 1 a 6 meses ou multa.
Deixar de comunicar à autoridade competente e aos consumidores a nocividade ou periculosidade de produtos cujo conhecimento seja posterior à sua colocação no mercado.	– Detenção de 6 meses a 2 anos + multa.
Executar serviço de alto grau de periculosidade, contrariando determinação de autoridade competente.	– Detenção de 6 meses a 2 anos + multa (sem prejuízo das penas por lesão corporal e morte). Obs.: a prática de permitir o ingresso em estabelecimentos comerciais ou de serviços de um número maior de consumidores que o fixado pela autoridade administrativa como máximo também caracteriza esse crime.
Fazer afirmação falsa ou enganosa, ou omitir informação relevante sobre a natureza, característica, qualidade, quantidade, segurança, desempenho, durabilidade, preço ou garantia de produtos ou serviços.	– Detenção de 3 meses a 1 ano + multa – Se culposo: detenção de 1 a 6 meses ou multa.
Fazer ou promover publicidade que sabe ou deveria saber ser enganosa ou abusiva.	– Detenção de 3 meses a 1 ano + multa.
Fazer ou promover publicidade que sabe ou deveria saber ser capaz de induzir o consumidor a se comportar de forma prejudicial ou perigosa a sua saúde ou segurança.	– Detenção de 6 meses a 2 anos + multa.
Deixar de organizar dados fáticos, técnicos e científicos que dão base à publicidade.	– Detenção de 1 a 6 meses + multa.
Empregar na reparação de produtos peça ou componentes de reposição usados, sem autorização do consumidor.	– Detenção de 3 meses a 1 ano + multa.
Utilizar, na cobrança de dívidas, de ameaça, coação, constrangimento físico ou moral, afirmações falsas, incorretas ou enganosas ou de qualquer outro procedimento que exponha o consumidor, injustificadamente, a ridículo ou interfira com seu trabalho, descanso ou lazer.	– Detenção de 3 meses a 1 ano + multa.
Impedir ou dificultar o acesso do consumidor às informações que sobre ele constem em cadastros, banco de dados, fichas e registros.	– Detenção de 6 meses a 1 ano ou multa.

CRIMES	PENAS
Deixar de corrigir imediatamente informação sobre consumidor constante de cadastro, banco de dados, fichas ou registros que sabe ou deveria saber ser inexata.	– Detenção de 1 a 6 meses ou multa.
Deixar de entregar ao consumidor o termo de garantia adequadamente preenchido e com especificação clara de seu conteúdo.	– Detenção de 1 a 6 meses ou multa.

São **agravantes** dos crimes acima tipificados:

- serem cometidos em época de grave crise econômica ou por ocasião de calamidade;
- ocasionarem grave dano individual ou coletivo;
- dissimular-se a natureza ilícita do procedimento;
- quando cometidos: a) por servidor público, ou por pessoa cuja condição econômico-social seja manifestamente superior à da vítima; b) em detrimento de operário ou rurícola; de menor de dezoito ou maior de sessenta anos ou de pessoas portadoras de deficiência mental interditadas ou não;
- serem praticados em operações que envolvam alimentos, medicamentos ou quaisquer outros produtos ou serviços essenciais.

12. DEFESA DO CONSUMIDOR EM JUÍZO E A COISA JULGADA

A defesa em juízo dos consumidores e das vítimas poderá ser exercida **individual** ou **coletivamente**. A defesa será **coletiva** quando se tratar de:

- **interesses ou direitos difusos** (transindividuais, de natureza indivisível, de que sejam titulares pessoas indeterminadas e ligadas por circunstâncias de fato); nesse caso, a sentença fará **coisa julgada *erga omnes***, exceto se o pedido for julgado improcedente por insuficiência de provas (hipótese em que qualquer legitimado poderá intentar outra ação, com idêntico fundamento valendo-se de nova prova);
- **interesses ou direitos coletivos** (transindividuais, de natureza indivisível de que seja titular grupo, categoria ou classe de pessoas ligadas entre si ou com a parte contrária por uma relação jurídica base); nesse caso, a sentença fará **coisa julgada *ultra partes***, mas limitadamente ao grupo, categoria ou classe, salvo improcedência por insuficiência de provas;
- **interesses ou direitos individuais homogêneos** (decorrentes de origem comum); nesse caso, a sentença fará **coisa julgada *erga omnes***, apenas no caso de procedência do pedido, para beneficiar todas as vítimas e seus sucessores.

Segue um quadro explicativo dos **interesses/direitos** (são tratados como sinônimos) **coletivos**:

DIREITOS	DIFUSOS	COLETIVOS (*STRICTU SENSU*)	INDIVIDUAIS HOMOGÊNEOS
Titulares	indetermináveis	determináveis	determináveis
Origem	relação de fato	relação jurídica	origem comum
Objeto	indivisível	indivisível	divisível
Efeito da Procedência	*Erga omnes*	*Ultra partes*	*Erga omnes*

O CDC (art. 82) traz um rol dos **legitimados** concorrentemente para a defesa **coletiva** dos consumidores, os quais, autorizados por lei, buscarão em nome próprio direito alheio (*legitimação extraordinária* ou *substituição processual*). São eles:

- Ministério Público (obs.: o **MP**, quando não ajuizar a ação, atuará sempre como **fiscal da lei**);
- União, Estados, Municípios e o Distrito Federal;
- entidades e órgãos da Administração Pública, direta ou indireta, ainda que sem personalidade jurídica, especificamente destinados à defesa dos interesses e direitos protegidos pelo CDC;
- associações legalmente constituídas há pelo menos um ano e que incluam, entre seus fins institucionais, a defesa dos interesses e direitos protegidos pelo CDC, dispensada a autorização assemblear. O requisito da pré-constituição pode ser dispensado pelo juiz, quando haja manifesto interesse social evidenciado pela dimensão ou característica do dano, ou pela relevância do bem jurídico a ser protegido.

A Defensoria Pública também é **legítima** para propor Ação Civil Pública em defesa coletiva dos consumidores. Porém, **não consta** no rol dos legitimados do CDC e sim no art. 5º, II, da Lei n. 7.347/85 (Lei da ACP, cujo artigo foi alterado pela Lei n. 11.448/2007).

Nas ações coletivas tratadas no CDC, **não haverá** adiantamento de custas, emolumentos, honorários periciais e quaisquer outras despesas, nem condenação da associação autora, salvo comprovada **má-fé**, em honorários de advogados, custas e despesas processuais.

Para a defesa dos direitos e interesses protegidos pelo CDC, são admitidas **todas as espécies de ações** capazes de propiciar a adequada e efetiva tutela dos consumidores.

Nas ações que tenham por objeto o cumprimento de **obrigação de fazer** ou **não fazer**, o juiz concederá a **tutela específica** (para que o fornecedor cumpra exatamente a sua obrigação), ou determinará outras medidas que assegurem o resultado prático equivalente.

A obrigação de fazer poderá ser convertida em **perdas e danos** (sem prejuízo de multa), se for opção do autor ou se impossível a tutela específica ou o resultado equivalente. Ainda, em sendo relevante o fundamento da demanda e havendo justificado receio de ineficácia do provimento final, o juiz poderá conceder a **antecipação de tutela** liminarmente ou após justificação prévia (com citação do réu), com a imposição de **multa diária** (de ofício) e fixação de prazo para o cumprimento.

13. CONVENÇÃO COLETIVA DE CONSUMO

O art. 107 do CDC prevê a possibilidade de as entidades civis de consumidores e as associações de fornecedores ou sindicatos de categoria econômica regularem, por convenção escrita, relações de consumo que tenham por objeto estabelecer condições relativas ao preço, à qualidade, à quantidade, à garantia e características de produtos e serviços, bem como à reclamação e composição do conflito de consumo.

Os parágrafos do referido artigo preveem que: a) a convenção tornar-se-á obrigatória a partir do registro do instrumento no cartório de títulos e documentos; b) a convenção somente obrigará os filiados às entidades signatárias; e c) não se exime de cumprir a convenção o fornecedor que se desligar da entidade em data posterior ao registro do instrumento.

REFERÊNCIAS

ALMEIDA, Fabrício Bolzan de. *Direito do Consumidor Esquematizado*. São Paulo: Saraiva, 2013.

ALMEIDA, João Batista. *Manual de Direito do Consumidor*. 5. ed. São Paulo: Saraiva, 2011.

BENJAMIN, Antônio Herman V. *Manual de Direito do Consumidor*. 2. ed. São Paulo: Revista dos Tribunais, 2009.

MARQUES, Cláudia Lima. *Manual de Direito do Consumidor*. São Paulo: Revista dos Tribunais, 2008.

MIRAGEM, Bruno. *Curso de Direito do Consumidor*. 2. ed. São Paulo: Revista dos Tribunais, 2010.

NUNES, Rizzatto. *Curso de Direito do Consumidor*. 4. ed. São Paulo: Saraiva, 2009.

________. *Comentários ao Código de Defesa do Consumidor*. 7. ed. São Paulo: Saraiva, 2013.

THEODORO JÚNIOR, Humberto. *Direitos do Consumidor*. 6. ed. Rio de Janeiro: Forense, 2009.

DIREITO DO TRABALHO

Rodrigo Wassen Galia

Convém, primeiramente, registrar que o Direito do Trabalho é uma das disciplinas mais importantes no Exame da OAB. No modelo atual, com 80 questões objetivas, 5 delas são de Direito do Trabalho e correspondem a 6,25% do total e 12,5% do necessário à passagem para a 2ª fase. Lembre-se: você precisa acertar pelo menos 40 questões. Vamos te ajudar nessa tarefa!

Ao avaliar de forma detalhada o estilo da banca organizadora, ao longo das provas analisadas, percebemos que, em grande parte, as questões de Direito do Trabalho apresentam abordagens multitemáticas, quase sempre exigindo do examinando o conhecimento de vários institutos trabalhistas conjugados. Dessa forma, no momento de responder uma questão, é muito importante que você consiga desde logo identificar o(s) tema(s) cobrado(s) e criar um raciocínio jurídico sobre ele(s).

Algumas vezes, o enunciado da questão pode tentar parecer complexo e confuso, mas tenha a certeza de que a resposta é simples. Regra geral: quanto mais confuso for o enunciado, mais objetiva e clara será a resposta. É preciso ter tenacidade para resolver as questões.

Ainda, é bom observar que não teremos, nesta obra, a aspiração de exaurir qualquer tema. Nossa finalidade é abordar os pontos mais cobrados na 1ª fase até aqui, de forma objetiva e clara, com dicas fundamentais que serão extremamente úteis aos seus estudos e na resolução das questões.

Por fim, ressalte-se que os conteúdos já estão adaptados à Reforma Trabalhista, com as alterações na CLT pela Lei n. 13.467/2017, que entraram em vigor em 11 de novembro de 2017. Assim, mesmo nas questões da OAB comentadas pela antiga redação dos artigos da CLT correspondentes, faz-se menção das alterações nos institutos trabalhistas.

Bons estudos!

1. FONTES DO DIREITO DO TRABALHO

Direito do Trabalho: Empregador X Empregado:
Exigência de rentabilidade econômica da empresa (Capital) X Exigência de respeito à dignidade da pessoa do Trabalhador[1].
Fontes e Princípios devem atender a esses interesses.
Aplicação no Direito do Trabalho, lembrando a aplicação subsidiária do Direito Comum, por força do art. 8º, § 1º, da CLT.

1.1 CONCEITO DE FONTE E DE FONTES JURÍDICAS (ORIGEM DAS NORMAS JURÍDICAS)

Fonte significa origem de algo, ponto de partida, nascedouro.

Remontar as fontes de um rio é saber de onde brotam as suas águas.

Remontar as fontes jurídicas, por seu turno, representa saber de onde nascem as normas jurídicas para a superfície social. Assim sendo, as fontes do Direito representam um momento de formação e manifestação das normas jurídicas.

Fontes do Direito do Trabalho: do ponto de vista jurídico, a fonte indica o modo, as formas e os meios pelos quais o Direito do Trabalho se revela.

---

[1] RAMOS, Luis Leandro Gomes; GALIA, Rodrigo Wasem. *Assédio Moral no Trabalho*: o abuso do poder diretivo do empregador e a responsabilidade civil pelos danos causados ao empregado, atuação do Ministério Público do Trabalho. 2. ed. Porto Alegre: Livraria do Advogado, 2013, p. 35-36.

Na concepção de Vólia Bomfim Cassar: "Assim, fonte de Direito do Trabalho significa: meio pelo qual o Direito do Trabalho se forma, se origina e estabelece as suas normas jurídicas".[2]

1.2 FONTES MATERIAIS (FATO SOCIAL)

São os valores morais, éticos, políticos, econômicos, religiosos existentes na sociedade, em um determinado momento, e que levam ao surgimento das normas. Ex.: manifestações, acontecimentos sociais, como greves, passeatas, pressões políticas.

Fontes Formais: são os instrumentos, meios pelos quais a norma jurídica se expressa, não sendo necessariamente escrita, podendo decorrer de uma lei ou costume.[3]

Subdividem-se em autônomas e heterônomas.

1.3 FONTES FORMAIS AUTÔNOMAS

Decorrem da pactuação entre as partes, ou seja, as próprias partes que vão sofrer a incidência da norma participam da sua elaboração. Não há interferência do Estado. Ex.: Acordos Coletivos, Convenções Coletivas, Costumes, Regulamentos de Empresas, Contrato de Trabalho.

Fontes Formais Heterônomas: decorrem de um terceiro, diferente das partes que vão sofrer a sua incidência, em regra, esse terceiro é o Estado. Ex: As leis em geral (CF, Leis, Decretos), sentenças normativas, súmulas vinculantes e, excepcionalmente, os costumes.

1.4 HIERARQUIAS DAS FONTES FORMAIS

No direito do trabalho, aplica-se a hierarquia das normas, ou seja, prevalece a norma mais favorável ao empregado.

No entanto, com a Reforma Trabalhista (Lei n. 13.467/2017), foi acrescentado o § 2º do art. 8º da CLT, que refere que: "Súmulas e outros enunciados de jurisprudência editados pelo Tribunal Superior do Trabalho e pelos Tribunais Regionais do Trabalho não poderão restringir direitos legalmente previstos nem criar obrigações que não estejam previstas em lei".

2. PRINCÍPIOS DO DIREITO DO TRABALHO

2.1 PRINCÍPIO DA PROTEÇÃO OU TUTELA DO EMPREGADO

Proteção ao hipossuficiente da relação – o empregado. Subdivide-se em:

a) **Princípio do *IN DUBIO PRO EMPREGADO*:** dispõe que sempre que houver dúvida quanto à interpretação das normas, deve prevalecer aquela interpretação mais favorável ao empregado.

---

[2] CASSAR, Vólia Bomfim. *Direito do Trabalho*. 10. ed. rev., atual. e ampl. Rio de Janeiro: Forense; São Paulo: Método, 2014, p. 49.

[3] JORGE NETO, Francisco Ferreira; CAVALCANTE, Jouberto de Quadros Pessoa. *Direito do Trabalho*. 7. ed. São Paulo: Atlas, 2013, p. 131.

b) **Princípio da Condição mais Benéfica:** toda condição mais benéfica concedida ao empregado de forma habitual e incondicional passa a integrar seu contrato de trabalho e não pode mais ser suprimida. Exceção: se essa condição mais favorável for concedida sob condição, pois, desse modo, quando a condição se implementar poderá ser suprimida. Exemplo: no contrato de trabalho, estipula-se que o trabalhador trabalhe 8 horas diárias. Na prática, o trabalhador passa a trabalhar, habitualmente, apenas 6 horas diárias; essa passa a ser a regra em seu contrato. Todavia, se o empregador admitisse que esse empregado trabalhasse 6 horas diárias apenas durante os últimos seis meses de sua faculdade, até sua formatura, assim que se formar na faculdade poderá voltar a trabalhar 8 horas.

> No X Exame de Ordem da FGV, questionou-se sobre o princípio da proteção ou tutela do empregado e o subprincípio da condição mais benéfica (regra do direito adquirido). A questão dizia que uma empresa contratava plano de saúde para os seus empregados, sem custo para estes, com direito de internação em quarto particular. Posteriormente, estando em dificuldade financeira, resolve alterar as condições do plano para uso de enfermaria coletiva, em substituição ao quarto particular. Após a alteração, um empregado era contratado, passava mal e exigia da empresa sua internação em quarto particular. Diante dessa situação, **o empregado está errado, pois sua contratação já ocorreu na vigência das novas condições, retirando o direito ao quarto particular. Assim, as alterações decorrentes de não renovação das cláusulas somente atingem os empregados novos, mantendo-se intacto o direito dos empregados antigos. Como no caso da questão o empregado foi contratado após a alteração, este não tem direito, por força da Súmula 51, item I, do TST.**

c) **Princípio da Norma mais Favorável:** havendo conflito de normas, ou seja, mais de uma norma aplicável a uma mesma situação, aplicar-se-á aquela que, no todo, no conjunto, seja mais favorável ao empregado. É a chamada hierarquia dinâmica das fontes do Direito do Trabalho.

2.2 PRINCÍPIO DA PRIMAZIA DA REALIDADE

No Direito do Trabalho, prevalece a realidade fática, o dia a dia, sobre aquilo que foi formalmente pactuado. Ex: se o empregado provar que além de seu salário fixo ainda recebia um "salário por fora", prevalecerá a realidade dos fatos (salário fixo + salário por fora), e não apenas o salário fixo anotado em sua CTPS (Carteira de Trabalho e Previdência Social).

2.3 PRINCÍPIO DA CONTINUIDADE DA RELAÇÃO DE EMPREGO

A relação de emprego deve ser preservada, deve ter continuidade no tempo[4], tendo em vista o caráter alimentar, salarial, de subsistência dos créditos trabalhistas. Como

4 DELGADO, Mauricio Godinho. *Curso de direito do trabalho*. 9. ed. São Paulo: LTr, 2010. p. 194-195.

decorrência direta desse princípio, os contratos de trabalho são, em regra, fixados por prazo indeterminado.[5]

> Súmula 212 do TST: O ônus de provar o término do contrato de trabalho, quando negadas a prestação de serviço e o despedimento é do empregador, pois o princípio da continuidade da relação de emprego constitui presunção favorável ao empregado.

Súmula 338 do TST: "Determinação Judicial – Registros de Horário – Ônus da Prova

I – é ônus do empregador que conta com mais de 10 (dez) empregados o registro da jornada de trabalho na forma do art. 74, § 2º, da CLT. A não apresentação injustificada dos controles de frequência gera presunção relativa de veracidade da jornada de trabalho, a qual pode ser elidida por prova em contrário.

II – a presunção de veracidade da jornada de trabalho, ainda que prevista em instrumento normativo, pode ser elidida por prova em contrário.

III – os cartões de ponto que demonstram horários de entrada e saída uniformes são inválidos como meio de prova, invertendo-se o ônus da prova, relativo às horas extras, que passa a ser do empregador, prevalecendo a jornada da inicial se dele não se desincumbir.

2.4 PRINCÍPIOS DA INTANGIBILIDADE E DA IRREDUTIBILIDADE SALARIAL

O salário é irredutível (não pode ter seu valor reduzido – art. 7º, VI, Constituição da República Federativa do Brasil de 1988) e intangível (o empregador não pode descontar nada do salário do empregado, salvo nos casos previstos no art. 462, CLT).

Art. 462, CLT: Ao empregador é vedado efetuar qualquer desconto nos salários do empregado, salvo quando este resultar de adiantamentos, de dispositivos de lei ou de contrato coletivo.

> Súmula 342 TST: Desconto Salarial – Plano de Assistência – descontos salariais efetuados pelo empregador, com a autorização prévia e por escrito do empregado, para ser integrado em planos de assistência odontológica, médico-hospitalar, de seguro, de previdência privada, ou de entidade cooperativa, cultural ou recreativa associativa dos seus trabalhadores, em seu benefício e dos seus dependentes, não afrontam o disposto pelo art. 462 da CLT, salvo se ficar demonstrada a existência de coação ou de outro defeito que vicie o ato jurídico.

[5] Nesse sentido: GALIA, Rodrigo Wasem. *Os interesses difusos nas dispensas coletivas no Brasil.* Belo Horizonte: Editora D'Plácido, 2016. p. 43.

2.5 PRINCÍPIO DA INALTERABILIDADE CONTRATUAL (ART. 468, CLT)

O empregador não pode, unilateralmente, alterar, em regra, condições essenciais de trabalho contidas no contrato de trabalho de seus empregados apenas por sua vontade. A própria lei autoriza que o empregador varie as condições de trabalho, mas desde que essa alteração seja bilateral e não cause prejuízos ao empregado.[6]

É lícita a determinação do empregador para que o empregado deixe o exercício de função de confiança e retorne a ocupar o cargo efetivo (art. 468, parágrafo único, da CLT).

O empregado transferido do período noturno para o período diurno perde o direito ao adicional noturno, segundo a Súmula 265 do TST.

3. CONTRATO INDIVIDUAL DE TRABALHO

Contrato individual de trabalho é o acordo tácito ou expresso, correspondente à relação de emprego.[7]

Morfologia do contrato de trabalho: regra determinada pelos arts. 442 e 443 da CLT – como se forma o contrato de trabalho: tácito ou expresso; verbal ou escrito; a prazo determinado ou a prazo indeterminado. Em regra, não exige forma especial.

> Observação: Art. 442-A, CLT: Para fins de contratação, o empregador não exigirá do candidato a emprego comprovação de experiência prévia por tempo superior a 6 meses no mesmo tipo de atividade.

Pelo Princípio da Autonomia da Vontade: As relações contratuais de trabalho podem ser objeto de livre estipulação das partes interessadas, em tudo quanto, não contravenha às disposições de proteção ao trabalho, aos contratos coletivos que lhe sejam aplicáveis e às decisões das autoridades competentes (art. 444 da CLT).

3.1 CARACTERÍSTICAS DO CONTRATO DE TRABALHO

a) **bilateral ou sinalagmático:** direitos e obrigações (deveres) recíprocos entre as duas partes contratantes. O empregado tem o dever de obediência ao poder de direção do empregador, de fidelidade, e não deve divulgar segredos do seu empregador. O empregador tem a obrigação de oferecer trabalho e de pagar o salário ajustado;

---

6 ROCHA, Marcelo Hugo (Coord.). *Passe na OAB 1ª Fase*: manual de dicas. São Paulo: Saraiva, 2012. p. 351.

7 HABLICH, Fernanda Campos; GALIA, Rodrigo Wasem. *O término do contrato de trabalho por justa causa do empregador:* a falta de recolhimento dos depósitos do FGTS e a ação de rescisão indireta do contrato de trabalho: análise sob a perspectiva do direito constitucional do trabalho. Porto Alegre: Livraria do advogado, 2014. p. 55.

b) *intuito personae*: pessoal, direcionado a uma pessoa determinada, escolhida para a realização do serviço (em relação ao empregado o contrato de trabalho é *intuitu personae*);

c) **consensual:** pois requer a vontade das partes, que consentem na relação de emprego e nas condições de trabalho;

d) **onerosidade:** o empregador deve pagar a contraprestação pelos serviços prestados (obrigação de dar coisa certa – pagar salários) e o empregado deve prestar serviços (obrigação de fazer infungível – trabalhar);

e) **comutativo:** cada parte sabe previamente seu direito em relação à outra, cujas obrigações são recíprocas e equivalentes (o direito de um é o dever de outro e vice-versa);

f) **execução continuada ou trato sucessivo:** o contrato é duradouro, de débito e crédito permanente, renovando-se a cada dia as obrigações assumidas, diferentemente de outros contratos que têm uma execução instantânea, como o de compra e venda, por exemplo.

3.2 CONTRATO DE TRABALHO A TERMO OU POR PRAZO DETERMINADO

Conceito: considera-se como de prazo determinado o contrato de trabalho cuja vigência dependa de termo prefixado ou da execução de serviços especificados ou ainda da realização de certo acontecimento suscetível de previsão aproximada (art. 443, § 1º, CLT).

3.3 HIPÓTESES DE CABIMENTO E OBSERVAÇÕES GERAIS

1ª hipótese: serviço cuja natureza ou transitoriedade justifique a predeterminação do prazo (ex.: acréscimo extraordinário de serviço ou para substituição de empregado de férias, de licença, que sofreu acidente de trabalho, gestante etc.) – prevista no art. 443, § 2º, *a*, da CLT;

2ª hipótese: atividades empresariais de caráter transitório (ex.: se a empresa só funcionar em determinadas épocas do ano poderá contratar empregados apenas para esses períodos, muito comum em cidades de veraneio – praias etc.) – prevista tal hipótese no art. 443, § 2º, *b*, da CLT;

3ª e última hipótese: contrato de experiência – prevista essa hipótese no art. 443, § 2º, *c*, da CLT (vale lembrar que todo contrato de experiência é uma subespécie de contrato a prazo determinado, mas nem todo contrato a prazo determinado é um contrato de experiência).

FIQUE LIGADO!

1. Cabe aviso prévio nas rescisões antecipadas dos contratos de experiência, na forma do art. 481 da CLT (Súmula 163 do TST) – contrato de experiência com cláusula assecuratória do direito recíproco de rescisão.

2. O contrato de experiência pode ser prorrogado, respeitado o limite máximo de 90 (noventa) dias (Súmula 188 do TST).

3. A empregada gestante tem direito à estabilidade provisória prevista no art. 10, II, *b*, do Ato das Disposições Constitucionais Transitórias, mesmo na hipótese de admissão mediante contrato por tempo determinado (Súmula 244, III, TST) – enquadrados na hipótese de contrato a prazo determinado pela FGV: o próprio contrato a prazo determinado da CLT, o contrato de experiência (pois conforme dito anteriormente o contrato de experiência é uma subespécie de contrato a prazo determinado), o contrato de trabalho temporário (regido pela Lei n. 6.019/74), o curso do aviso prévio também se considera determinação de prazo, pois, ao final do período de aviso, o contrato de trabalho estará extinto.

3.4 CONTRATO DE APRENDIZAGEM

O contrato de aprendizagem é um contrato de trabalho especial, ajustado por escrito e por prazo determinado (máximo 2 anos, salvo para aprendizes portadores de deficiência (§ 3º), em que o empregador se compromete a assegurar ao maior de 14 anos e menor de 24 anos, salvo para aprendizes portadores de deficiência (§ 5º), formação técnico-profissional metódica compatível com o seu desenvolvimento físico, moral e psicológico, e o aprendiz, a executar com zelo e diligência as tarefas necessárias a essa formação (arts. 428 a 433 da CLT – dentro das regras de proteção ao trabalho do menor).

> No XI Exame de Ordem, o contrato de trabalho de aprendizagem foi alvo de questionamento por parte da banca examinadora. A questão dizia o seguinte: Determinada empresa é procurada por um jovem portador de deficiência, que tem 30 anos, e deseja ser contratado como aprendiz de marceneiro. A empresa tem dúvida sobre a possibilidade legal dessa contratação. A partir do caso relatado, não se aplica a idade máxima ao aprendiz portador de deficiência, de modo que a contratação é possível (art. 428, § 3º, da CLT).

3.5 CONTRATO DE SAFRA

Contrato de safra: é aquele que tem a sua duração dependente de variações estacionais da atividade agrária. Típico do meio rural, por exemplo, para a safra do café, do milho etc. (art. 14, parágrafo único, Lei n. 5.889/73 – Lei do Trabalhador Rural).

3.6 CONTRATO DE TRABALHO POR OBRA CERTA

É aquele contrato que é regulado pela Lei n. 2.959/56. O contrato de trabalho por obra certa é uma espécie de contrato de trabalho por prazo determinado a ser utilizada pelo setor da construção civil, cuja natureza ou transitoriedade das atividades justifique a predeterminação do prazo.

3.7 CONTRATO A PRAZO DETERMINADO INSTITUÍDO POR NORMA COLETIVA

As convenções e acordos coletivos poderão instituir contrato de trabalho por prazo determinado, de que trata o art. 443 da CLT, independentemente das condições estabelecidas em seu § 2º, em qualquer atividade desenvolvida pela empresa ou estabelecimento, para admissões que representem acréscimo no número de empregados (Lei n. 9.601/98).

3.8 PRAZO E PRORROGAÇÃO DO CONTRATO A PRAZO DETERMINADO REGIDO PELA CLT

O prazo máximo de duração é de 2 anos – art. 445, *caput*, da CLT (exceção: contrato de experiência: máximo 90 dias).

Há a possibilidade de uma única prorrogação, sob pena de se tornar um contrato a prazo indeterminado (art. 451 da CLT).

FIQUE LIGADO! Na sucessão de contratos a termo, em conformidade com a regra do art. 452 da CLT, entre o término de um contrato de trabalho por prazo determinado e o início de outro contrato determinado, deve haver um interregno mínimo de 6 meses. Se não for respeitada tal norma, o contrato de trabalho tornar-se-á a prazo indeterminado, pelo princípio da continuidade da relação de emprego.

> No XVII Exame de Ordem, a Banca da FGV questionou se uma determinada empregada tivesse sido contratada, a título de experiência, por 30 dias, e que, após 22 dias de vigência do contrato, o empregador resolvesse romper antecipadamente o contrato, que não possuía cláusula assecuratória do direito recíproco de rescisão, qual seria a consequência. Sobre o caso, de acordo com a CLT, essa empregada teria direito à remuneração, e por metade, a que teria direito até o termo do contrato, em conformidade com o que preconiza o art. 479 da CLT.

4. REMUNERAÇÃO E SALÁRIO

4.1 NOÇÕES GERAIS

Compreende-se na remuneração do empregado, para todos os efeitos legais, além do salário devido e pago diretamente pelo empregador, como contraprestação dos serviços, as gorjetas que receber, a teor do art. 457, *caput*, da CLT.

REMUNERAÇÃO = SALÁRIO + GORJETAS

E as gorjetas, o que são?

Gorjeta, segundo o § 3º do art. 457 da CLT, é não só a importância espontaneamente dada pelo cliente ao empregado, como também aquela que for cobrada pela empresa ao cliente, como adicional nas contas, a qualquer título, sendo destinada à distribuição dos empregados.

As gorjetas integram o salário?

Não, as gorjetas não integram o salário do empregado, pois não são pagas diretamente pelo empregador, mas sim por terceiros.

O pagamento da gorjeta é feito, assim, por um terceiro, o cliente, e não pelo próprio empregador, por isso não integra o salário, o qual é pago diretamente pelo empregador.

No Brasil adota-se o sistema facultativo, sendo que o cliente não é obrigado a pagar gorjeta, mesmo que ela venha incluída na conta. Pode a gorjeta tanto ser um valor fixo dado pelo cliente, como cobrada à razão de um percentual sobre a nota de serviço, que geralmente é 10%.

A gorjeta sempre é paga em dinheiro. A Lei n. 13.419/2017 acrescentou mais sete parágrafos ao art. 458 da CLT, §§ 4º ao 11.

A gorjeta mencionada não constitui receita própria dos empregadores, destina-se aos trabalhadores e será distribuída segundo critérios de custeio e de rateio definidos em convenção ou acordo coletivo de trabalho, conforme § 4º do art. 458 da CLT.

Pelo § 5º do mesmo artigo, inexistindo previsão em convenção ou acordo coletivo de trabalho, os critérios de rateio e distribuição da gorjeta e os percentuais de retenção previstos nos §§ 6º e 7º deste artigo serão definidos em assembleia geral dos trabalhadores.

Pelo § 6º, as empresas que cobrarem a gorjeta deverão, se inscritas em regime de tributação federal diferenciado, lançá-la na respectiva nota de consumo, facultada a retenção de até 20% (vinte por cento) da arrecadação correspondente, mediante previsão em convenção ou acordo coletivo de trabalho, para custear os encargos sociais, previdenciários e trabalhistas derivados da sua integração à remuneração dos empregados, devendo o valor remanescente ser revertido integralmente em favor do trabalhador. Se as empresas não forem inscritas em regime de tributação federal diferenciado, lançá-la na respectiva nota de consumo, facultada a retenção de até 33% (trinta e três por cento) da arrecadação correspondente, mediante previsão em convenção ou acordo coletivo de trabalho, para custear os encargos sociais, previdenciários e trabalhistas derivados da sua integração à remuneração dos empregados, devendo o valor remanescente ser revertido integralmente em favor do trabalhador. Ainda, deverá o empregador anotar na Carteira de Trabalho e Previdência Social e no contracheque de seus empregados o salário contratual fixo e o percentual percebido a título de gorjeta.

Entretanto, se a gorjeta for entregue pelo consumidor diretamente ao empregado, terá seus critérios definidos em convenção ou acordo coletivo de trabalho. As empresas deverão anotar na Carteira de Trabalho e Previdência Social de seus empregados o salário fixo e a média dos valores das gorjetas referente aos últimos 12 meses. Cessada pela empresa a cobrança da gorjeta, desde que cobrada por mais de 12 meses, essa se incorporará ao salário do empregado, tendo como base a média dos últimos 12 meses, salvo o estabelecido em convenção ou acordo coletivo de trabalho.

As gorjetas poderão ser pagas como complementação ao salário mínimo do trabalhador?

Não, é de ressaltar que as gorjetas não poderão ser utilizadas para a complementação do salário mínimo, pois este último é pago diretamente pelo empregador (art. 76 da CLT) e a gorjeta deve ser paga pelo cliente, terceiro.

A Súmula 354, TST, refere que as gorjetas, cobradas pelo empregador na nota de serviço ou oferecidas espontaneamente pelos clientes, integram a remuneração do empregado, não servindo de base de cálculo para as parcelas de aviso prévio, adicional noturno, horas extras e repouso semanal remunerado.

No XIII Exame de Ordem, foi questionado se as gorjetas que um garçom venha a receber dos clientes de forma espontânea integrariam ou não a remuneração do empregado. A banca considerou que as gorjetas integram a remuneração, mas não servem de base de cálculo para o pagamento do aviso prévio, adicional noturno, horas extras e repouso semanal remunerado.

O **art. 29 da CLT** foi cobrado no **XXI Exame de Ordem, pois a Carteira de Trabalho e Previdência Social será obrigatoriamente apresentada, contra recibo, pelo trabalhador ao empregador que o admitir, o qual terá o prazo de quarenta e oito horas para nela anotar, especificamente, a data de admissão, a remuneração e as condições especiais, se houver**, sendo facultada a adoção de sistema manual, mecânico ou eletrônico, conforme instruções a serem expedidas pelo Ministério do Trabalho. As anotações concernentes à remuneração devem especificar o salário, qualquer que seja sua forma de pagamento, seja ele em dinheiro ou em utilidades, **bem como a estimativa da gorjeta.** (grifo nosso)

Dessa forma, só se pode considerar como salário o valor econômico pago diretamente pelo empregador ao empregado.

4.2 SALÁRIO

SALÁRIO = SALÁRIO BÁSICO + SOBRESSALÁRIO

Sendo assim, só podemos considerar como salário, o valor econômico pago diretamente pelo empregador ao empregado. Já a remuneração inclui o salário direto pago pelo empregador (em dinheiro ou utilidades), bem como as gorjetas pagas por terceiros.

Nessa esteira, o art. 457, § 1º, da CLT, menciona que integram ao salário não só a importância fixa estipulada, como também as gratificações legais e as comissões pagas pelo empregador.

O art. 457, § 2º, da CLT, refere que não se incluem nos salários as importâncias, ainda que habituais, pagas a título de ajuda de custo, como auxílio-alimentação, vedado seu pagamento em dinheiro, diárias para viagem, prêmios e abonos, que não se incorporam ao contrato de trabalho e não constituem base de incidência de qualquer encargo trabalhista e previdenciário.

Importante referir que a participação nos lucros e resultados depende de pactuação para ser obrigatória e não tem natureza salarial, em conformidade com o art. 7º, XI, da Constituição Federal de 1988.

> No III Exame de Ordem, foi questionada sobre a participação nos lucros ou resultados. Dizia a questão:
>
> Em se tratando de salário e remuneração, é correto afirmar que a parcela de participação nos lucros ou resultados, habitualmente paga, não integra a remuneração do empregado.

O art. 458, *caput*, da CLT também elenca outras parcelas com natureza salarial:

Além do pagamento em dinheiro, compreendem-se no salário, para todos os efeitos legais, a alimentação, habitação, vestuário ou outras prestações *in natura* que a empresa, por força do contrato ou do costume, fornecer habitualmente ao empregado. Em caso algum, será permitido o pagamento com bebidas alcoólicas ou drogas nocivas.

> No XVI Exame de Ordem, foi questionado se cigarros (10 pacotes por mês), habitação/moradia (para o trabalho), conta de luz e combustível poderiam ou não ser considerados como utilidades com natureza salarial. A banca considerou que tais utilidades não têm natureza salarial, por força da Súmula 267, I e II, TST.

Portanto, a lei permite o pagamento do salário em utilidades, como alimentação, habitação, vestuário etc., não se permitindo, porém, como única forma de pagamento.

Exige-se que, pelo menos, 30% do pagamento do salário seja efetuado em dinheiro, conforme dispõe o art. 82, parágrafo único, combinado com o art. 458, § 1º, ambos da CLT.

FIQUE LIGADO! Como se vê, a lei permite o pagamento do salário em utilidades, como alimentação, habitação, vestuário etc., não se permitindo, porém, como única forma de pagamento. Assim, exige-se que, pelo menos, 30% do pagamento seja efetuado em dinheiro, consoante o art. 82, paragráfo único, da CLT, que, embora se refira à composição do salário mínimo, tem sido utilizado pela doutrina como parâmetro para os demais salários. Todavia, traz o art. 458, § 2º, da CLT, utilidades que não são consideradas salário: vestuários, equipamentos e acessórios dados pelo empregador para a prestação do trabalho (natureza de instrumento de trabalho: para o trabalho – não tem natureza salarial; mas, se for pelo trabalho realizado, passa a ter natureza de contraprestação pelos serviços prestados, e assim terá natureza salarial, desde que a utilidade seja concedida com HABITUALIDADE E GRATUIDADE), educação, assistência médico-hospitalar e odontológica, entre outros exemplos.

O art. 458, § 2º, da CLT elenca as utilidades que não são consideradas salário: "I – vestuários, equipamentos e outros acessórios fornecidos aos empregados e utilizados no local de trabalho, para a prestação do serviço; II – educação, em estabelecimento de ensino próprio ou de terceiros, compreendendo os valores relativos a matrícula, mensalidade, anuidade, livros e material didático; III – transporte destinado ao deslocamento para o trabalho e retorno, em percurso servido ou não por transporte público; IV – assistência médica, hospitalar e odontológica, prestada diretamente ou mediante seguro-saúde; V – seguros de vida e de acidentes pessoais; VI – previdência privada".

> No XX Exame de Ordem, foi questionado se um determinado empregado poderia pleitear a integração do plano de saúde à sua remuneração. A banca considerou que, na contestação, o advogado da empresa deveria aduzir a inexistência de caráter remuneratório do benefício, o que está expressamente previsto em lei.

A Súmula 241 do TST aduz que o vale para refeição, fornecido por força do contrato de trabalho, tem caráter salarial, integrando a remuneração do empregado, para todos os efeitos legais.

Em regra, é defeso ao empregador efetuar descontos nos salários, ressalvados adiantamentos salariais e as hipóteses previstas em lei ou convenção coletiva (art. 462, *caput*, da CLT).

Dispõe a CLT, ainda, que "em caso de dano causado pelo empregado, o desconto será lícito, desde que esta possibilidade tenha sido acordada ou na ocorrência de dolo do empregado" (art. 462, § 1º, CLT).

> No XVIII Exame de Ordem, foi questionado se um determinado empregado causasse um prejuízo ao patrimônio do empregador por dolo, aquele poderia ter esse valor descontado de seu TRCT (Termo de Rescisão do Contrato de Trabalho). A banca considerou que o empregador poderia descontar o valor mesmo sem previsão contratual para tanto, pois a atitude do obreiro, ao praticar o dano, foi dolosa.
> No XI Exame de Ordem foi questionado se um determinado empregado causasse um prejuízo ao patrimônio do empregador por culpa, aquele poderia ter esse valor descontado de seu salário. A banca considerou que o empregador poderia descontar o valor, pois havia previsão contratual para tanto, pois a atitude do obreiro, ao praticar o dano, foi culposa.

A Súmula 342 do TST ressalta que os descontos salariais efetuados pelo empregador, com a autorização prévia e por escrito do empregado, para ser integrado em planos de assistência odontológica, médico-hospitalar, de seguro, de previdência privada, ou de entidade cooperativa, cultural ou recreativa associativa dos seus trabalhadores, em seu benefício e dos seus dependentes, não afrontam o disposto pelo art. 462 da CLT, exceto se restar demonstrada a existência de coação ou de outro defeito que vicie o ato jurídico.

4.3 PROTEÇÃO DO SALÁRIO

4.3.1 *Princípio da Irredutibilidade*

O salário do empregado, tendo em vista sua natureza alimentar, goza de proteção constitucional quanto à possibilidade de sua redução. Dessa forma, é vedada a redução do salário do empregado pelo empregador. Todavia, a própria Constituição abre uma exceção a essa regra, prevendo a possibilidade de redução do salário do empregado, se essa questão restar expressamente convencionada em Acordo Coletivo de Trabalho ou Convenção Coletiva de Trabalho.

ATENÇÃO:

> Constituição Federal/1988:
>
> Art. 7º São direitos dos trabalhadores urbanos e rurais, além de outros que visem à melhoria de sua condição social:
>
> VI – irredutibilidade do salário, salvo o disposto em convenção ou acordo coletivo;

Quanto aos eventuais descontos que poderão ser realizados no salário do empregado, a Lei estabelece que esses somente poderão ocorrer, mediante autorização expressa do empregado, ou quando a Lei assim o autorizar.

Exemplo: desconto autorizado por Lei.

O desconto da contribuição previdenciária, mais comumente conhecida como desconto do INSS. Desconto que exige a autorização expressa do empregado: o desconto relativo à cobrança de mensalidade pela participação em plano de saúde.

ATENÇÃO:

> Consolidação das Leis do Trabalho
>
> Art. 462. Ao empregador é vedado efetuar qualquer desconto nos salários do empregado, salvo quando este resultar de adiantamentos, de dispositivos de lei ou de contrato coletivo.
>
> § 1º Em caso de dano causado pelo empregado, o desconto será lícito, desde de que esta possibilidade tenha sido acordada ou na ocorrência de dolo do empregado. (Parágrafo único renumerado pelo Decreto-lei n. 229, de 28-2-67, *DOU* de 28-2-67.)
>
> § 2º É vedado à empresa que mantiver armazém para venda de mercadorias aos empregados ou serviços destinados a proporcionar-lhes prestações *in natura* exercer qualquer coação ou induzimento no sentido de que os empregados se utilizem do armazém ou dos serviços.
>
> (Parágrafo incluído pelo Decreto-lei n. 229, de 28-2-67, *DOU* de 28-2-67.)
>
> § 3º Sempre que não for possível o acesso dos empregados a armazéns ou serviços não mantidos pela empresa, é lícito à autoridade competente determinar a adoção de medidas adequadas, visando a que as mercadorias sejam vendidas e os

serviços prestados a preços razoáveis, sem intuito de lucro e sempre em benefícios dos empregados.

(Parágrafo incluído pelo Decreto-lei n. 229, de 28-2-67, *DOU* de 28-2-67.)

§ 4º Observado o disposto neste Capítulo, é vedado às empresas limitar, por qualquer forma, a liberdade dos empregados de dispor do seu salário.

(Parágrafo incluído pelo Decreto-lei n. 229, de 28-2-67, *DOU* de 28-2-67.)

4.3.2 *Intangibilidade*

É a possibilidade de descontos não previstos em lei ou autorizados pelo empregado. Intangível também tem o significado de intocável. Os descontos classificam-se em legais ou autorizados. Os primeiros são legais, que previstos em instrumento legal que estabeleça a possibilidade, podendo ser citados.

Os legais são:

– os adiantamentos salariais – art. 462, CLT;
– o INSS e o IRRF;
– faltas ao trabalho – art. 473, CLT;
– danos causados por dolo ou culpa – art. 462, § 1º, CLT;
– aviso prévio não cumprido pelo empregado.

Os autorizados: dependem da anuência do empregado, e são exemplos:

– mensalidade de plano de saúde;
– assistência odontológica;
– seguro de vida;
– previdência privada.

4.3.3 *Inalterabilidade*

O empregador não pode alterar o cálculo dos salários de forma unilateral, causando, com isso, diminuição nos ganhos do trabalhador. Não se confunde com redução salarial, mas com a modificação da periodicidade ou forma de cálculo que traga prejuízos ao trabalhador. Portanto, há restrição na modificação das cláusulas contratuais (art. 468, CLT), estabelecendo que as alterações contratuais só são possíveis por mútuo consentimento, desde que não cause prejuízos ao trabalhador.

4.3.4 *Impenhorabilidade*

Prevê o nosso ordenamento jurídico que o salário do empregado, tendo em vista o seu caráter alimentar, é impenhorável, ou seja, não pode sofrer qualquer constrição judicial por dívidas. Exceção a essa regra, pode-se citar o caso do pagamento de pensão alimentícia.

> No VI Exame de Ordem, foi questionado se, no direito brasileiro, a redução do salário era ou não possível. A banca considerou possível, mediante convenção ou acordo coletivo de trabalho.

4.4 EQUIPARAÇÃO SALARIAL

A equiparação salarial trata-se da possibilidade de um empregado requerer, na Justiça do Trabalho, através de ação trabalhista, salário igual ao de seu colega de trabalho (que será o paradigma = modelo salarial), desde que preenchidos certos requisitos previstos no art. 461 da CLT e na Súmula 6, itens I a X, do TST.[8]

FIQUE LIGADO! O art. 461 da CLT estabelece: "sendo idêntica a função, a todo trabalho de igual valor, prestado ao mesmo empregador, na mesma localidade, corresponderá igual salário, sem distinção de sexo, nacionalidade ou idade.

> § 1º Trabalho de igual valor, para fins deste capítulo, será o que for feito com igual produtividade e com a mesma perfeição técnica, entre pessoas cuja diferença de tempo de serviço não for superior a dois anos;
>
> § 2º Os dispositivos deste artigo não prevalecerão quando o empregador tiver pessoal organizado em quadro de carreira, hipótese em que as promoções deverão obedecer aos critérios de antiguidade e merecimento;
>
> § 3º No caso do parágrafo anterior, as promoções deverão ser feitas alternadamente por merecimento e por antiguidade, dentro de cada categoria profissional;
>
> § 4º O trabalhador readaptado em nova função, por motivo de deficiência física ou mental, atestada pelo órgão competente da previdência social, não servirá de paradigma para fins de equiparação salarial;
>
> § 5º A equiparação salarial só será possível entre empregados contemporâneos no cargo ou na função, ficando vedada a indicação de paradigmas remotos, ainda que o paradigma contemporâneo tenha obtido a vantagem em ação judicial própria;
>
> § 6º No caso de comprovada discriminação por motivo de sexo ou etnia, o juízo determinará, além do pagamento das diferenças salariais devidas, multa, em favor do empregado discriminado, no valor de 50% (cinquenta por cento) do limite máximo dos benefícios do Regime Geral de Previdência Social".

4.4.1 Requisitos para a configuração da equiparação salarial

1. Identidade de funções.
2. Trabalho de igual valor.

---

[8] ROCHA, Marcelo Hugo da (Coord.). *Manual de dicas*: Advocacia Pública Municipal, Estadual e Federal. Coleção Passe em Concursos Públicos. São Paulo: Saraiva, 2013, p. 280.

3. Mesmo município.
4. Mesmo empregador = mesmo estabelecimento empresarial.
5. Simultaneidade na prestação do serviço (contemporaneidade).
6. Diferença de tempo de serviço.
7. Inexistência de quadro organizado de carreira.

1. **Identidade de funções:** o importante é que equiparando e paradigma exerçam as mesmas atividades, as mesmas funções, independentemente da nomenclatura conferida ao cargo pela empresa.
2. **Trabalho de igual valor:** o que for feito com igual produtividade e com a mesma perfeição técnica. A identidade quantitativa é medida pela produtividade e a identidade qualitativa é medida pela perfeição técnica.
3. **Mesmo município:** já que no requisito 4, mesmo empregador é igual a mesmo estabelecimento empresarial.
4. **Mesmo empregador = Mesmo estabelecimento empresarial**

> No XII Exame de Ordem, foi questionado se um determinado empregado de uma empresa terceirizada poderia obter equiparação salarial em relação à outra empregada, exercente de mesma função, mas de outra empresa terceirizada. A banca considerou que não seria possível a equiparação salarial porque os respectivos empregadores eram diferentes.

5. **Simultaneidade na prestação de serviços (Contemporaneidade):** é mister que haja simultaneidade na prestação de serviços entre equiparando e paradigma. Assim, essas pessoas devem ter trabalhado juntas em alguma oportunidade. O TST decidiu que é desnecessário que, ao tempo da reclamação sobre equiparação salarial, reclamante e paradigma estejam a serviço do estabelecimento desde que o pedido se relacione com situação pretérita (Súmula 6, IV, TST). Inexistindo simultaneidade na prestação de serviços, mas sucessividade, ou seja, o empregado vem a suceder a outra pessoa que deixou a empresa, não é o caso de equiparação salarial (ver Súmula 159, TST).

> No XVII Exame de Ordem, foi questionado se numa substituição de caráter não-eventual, no período de férias, caberia ou não a equiparação salarial. A banca considerou que enquanto perdurar a substituição que não tenha caráter meramente eventual, inclusive nas férias, o empregado substituto fará jus ao salário contratual do substituído (Súmula 159, I, TST).

6. **Diferença de tempo de serviço não for superior a dois anos, com diferença não superior a quatro anos para o mesmo empregador:** entre pessoas cuja diferença de tempo de serviço não seja superior a dois anos (tempo de serviço na função e não na empresa – Súmula 135, TST). A diferença de tempo de empresa não pode ser superior a quatro anos.
7. **Inexistência de quadro organizado de carreira:** há causas que impedem a equiparação salarial. A primeira delas é a adoção pelo empregador de quadro organizado em carreira, ou de negociação coletiva, plano de cargos e salários, dispensada qualquer forma de homologação ou registro em órgão público. As promoções no quadro de carreira poderão ser feitas por merecimento e por antiguidade, ou por apenas um destes critérios, dentro de cada categoria profissional.

A justiça do trabalho será competente para apreciar reclamação do empregado que tenha por objeto direito fundado no quadro de carreira (Súmulas 19 e 127, TST).

A segunda causa excludente do direito de equiparação salarial é a hipótese de o paradigma se encontrar em regime de readaptação em nova função, por motivo de algum acidente ou doença que lhe causou alguma deficiência ou limitação. A readaptação deve ser atestada pela previdência social.

Outrossim, vantagens incorporadas ao patrimônio do paradigma, de caráter pessoal, não poderão ser objeto de extensão, pois as especificidades não se comunicarão para efeito de isonomia salarial (Súmula 120, TST).

O empregado ajuizará reclamação trabalhista indicando o paradigma e requerendo a equiparação salarial, provando a identidade de funções (fato constitutivo). Ao empregador caberá demonstrar o fato modificativo, extintivo ou impeditivo do direito do autor, como, por exemplo, prova de que não é o mesmo empregador, não é a mesma localidade, que houve readaptação, que não é trabalho de igual valor etc.

> No V Exame de Ordem, houve questionamento sobre os requisitos da equiparação salarial. Dizia a questão que:
> Para equiparação salarial, é necessário que haja identidade de funções, trabalho de igual valor para o mesmo empregador, na mesma região metropolitana, sendo a prestação de serviços entre o empregado e o modelo contemporâneo na mesma função, mas com diferença não superior a 2 anos, inexistindo quadro de carreira organizado.

ATENÇÃO!

Paradigma: modelo
Paragonado: requerente da equiparação

5. SUSPENSÃO E INTERRUPÇÃO DO CONTRATO INDIVIDUAL DE TRABALHO

5.1 CONCEITOS, NOTAS DISTINTIVAS E INTRODUTÓRIAS

A suspensão contratual é a sustação temporária dos principais efeitos do contrato no tocante às partes, em virtude de um fato juridicamente relevante, sem ruptura, contudo, do vínculo contratual formado. Já a interrupção contratual é a sustação temporária da principal obrigação do empregado no contrato de trabalho (prestação de trabalho e disponibilidade perante o empregador), em virtude de um fato juridicamente relevante, mantidas em vigor as demais cláusulas contratuais.

Segundo Vólia Bomfim[9], a maior distinção entre a suspensão e a interrupção é que nesta há o pagamento total ou parcial do salário. Via de regra, na suspensão, o tempo de serviço não é computado nem é devida qualquer contraprestação, enquanto na interrupção, ao contrário, o tempo de serviço é computado para todos os efeitos e as parcelas salariais são devidas. Na suspensão, as partes desobrigam-se do cumprimento das obrigações contratuais, ao passo que na interrupção o empregado está desobrigado a prestar serviços.

5.2 CARACTERÍSTICAS

Suspensão: praticamente todas as cláusulas contratuais não se aplicam durante a suspensão: não se presta serviço, não se paga salário, não se computa tempo de serviço, não se produzem recolhimentos vinculados ao contrato. No período suspensivo, empregado e empregador têm, desse modo, a ampla maioria de suas respectivas prestações contratuais sem eficácia. Não perdem a plena eficácia as regras impositivas de condutas omissivas obreiras vinculadas aos deveres de lealdade e fidelidade contratuais (ex.: violação de segredo de empresa). Também em relação ao empregador em face do obreiro (respeito à integridade física e moral do empregado).

Interrupção: sustação irrestrita e unilateral de efeitos contratuais, abrangendo, essencialmente, apenas a prestação laborativa e disponibilidade obreira perante o empregador.

5.3 SUSPENSÃO DO CONTRATO INDIVIDUAL DE TRABALHO

Durante a suspensão contratual o empregado deixa de prestar serviços temporariamente ao empregador. Este, por sua vez, susta o pagamento dos salários ou qualquer outra contraprestação ou vantagem ao trabalhador.

O contrato não é executado e, por isso, não produz os principais efeitos. Todavia, as obrigações acessórias continuam em vigor, cabendo, no caso de violação, a rescisão por justa causa. Não é o contrato que fica suspenso, mas a sua execução.

---

9 CASSAR, Vólia Bomfim. *Direito do Trabalho*. 10. ed. rev., atual. e ampl. Rio de Janeiro: Forense; São Paulo: Método, 2014, p. 951.

FIQUE LIGADO! A doutrina controverte quanto aos casos de acidente do trabalho, licença-maternidade e serviço militar, aduzindo que, nesses casos, seria caso de interrupção e não suspensão, pois durante o período é devido o FGTS e computado o tempo de serviço. Opta-se na presente obra por classificar o acidente de trabalho, a licença-maternidade e o serviço militar obrigatório como causas de suspensão híbrida ou atípica do contrato de trabalho, pois não se classificam nem como interrupção pura (nessas hipóteses o empregado não trabalha para o empregador), nem como suspensão pura (há recolhimento de FGTS do período e contagem do tempo como tempo de serviço). Logo, nesses três casos acima elencados o empregado não trabalha, não recebe salários, mas tem recolhimento do FGTS do período.

Durante a suspensão, o empregador não poderá despedir o empregado sem justa causa, salvo em caso de extinção da empresa ou força maior.

As partes não podem estipular a suspensão do contrato fora dos casos previstos em lei, pois isso prejudica o empregado, que fica o período sem receber salários, salvo se foi por ele expressamente requerido e em seu benefício. Portanto, as licenças sem vencimento, rotineiramente impostas pelo empregador ao empregado (ex.: professor universitário) são nulas de pleno direito.

Quando o empregado retornar do período de suspensão receberá as benesses, a partir daí, que a sua categoria obteve (art. 471, CLT).

O prazo para retornar ao serviço é de 30 dias contados da data em que cessou a causa da suspensão das cláusulas contratuais. Passados os 30 dias, o empregador poderá aplicar a justa causa ao empregado, pelo abandono de emprego, rescindindo o contrato.

O empregador deve respeitar o empregado durante o período de suspensão contratual, abstendo-se de divulgar informações que denigram a imagem profissional e pessoal do trabalhador.

Caso a suspensão tenha ocorrido por motivo de acidente ou doença, algumas utilidades, como as relativas à saúde, por exemplo, plano de saúde, não deixariam de ser concedidas, justamente porque são benesses que fazem frente a tais situações. Isso atende ao princípio da dignidade humana e ao princípio protetivo do direito do trabalho.

> Súmula 440 do TST:
>
> AUXÍLIO-DOENÇA ACIDENTÁRIO. APOSENTADORIA POR INVALIDEZ. SUSPENSÃO DO CONTRATO DE TRABALHO. RECONHECIMENTO DO DIREITO À MANUTENÇÃO DE PLANO DE SAÚDE OU DE ASSISTÊNCIA MÉDICA – Res. 185/2012, *DEJT* divulgado em 25, 26 e 27-9-2012
>
> Assegura-se o direito à manutenção de plano de saúde ou de assistência médica oferecido pela empresa ao empregado, não obstante suspenso o contrato de trabalho em virtude de auxílio-doença acidentário ou de aposentadoria por invalidez.

No XIX Exame de Ordem, questionou-se a respeito de uma determinada empregada que trabalhava para uma determinada sociedade empresária e que havia sido aposentada por invalidez. Diante desse fato, a empresa cancelou o plano de saúde da empregada. Em relação à hipótese retratada e de acordo com o entendimento sumulado do TST, a sociedade empresária se equivocou, porque o contrato estava suspenso, devendo ser mantido o plano de saúde até o término do período de suspensão do contrato individual da obreira em questão.

Durante o período de suspensão contratual, via de regra, o empregado não pode ser despedido sem justa causa, sendo nula a rescisão injusta, garantindo-se ao empregado o direito à reintegração.

Porém, a jurisprudência do TST tem reconhecido como regular a dispensa, mas os seus efeitos são protraídos até a primeira data possível para a dispensa. Ou seja, reconhece como válida a declaração unilateral do empregador no sentido de romper o vínculo sem justa causa, mas os efeitos só serão produzidos depois da alta médica ou cessação do motivo de suspensão contratual.

> RECURSO DE REVISTA – ESTABILIDADE PROVISÓRIA - DOENÇA PROFISSIONAL – PAGAMENTO DOS SALÁRIOS DO PERÍODO ENTRE O AFASTAMENTO E O RETORNO AO TRABALHO – INDEVIDO 1. Durante a suspensão do contrato, em face da ocorrência de doença profissional, há a cessação de obrigações de empregado e empregador, entre as quais a de pagamento dos salários. Nesse caso, a data da rescisão contratual é protraída até o término do motivo ensejador da suspensão. 2. Desse modo, na hipótese dos autos, com o afastamento da autora, em razão da moléstia profissional, houve a suspensão do contrato, pelo que não é devido o pagamento dos salários no período entre a licença médica e o retorno ao trabalho (TST – RECURSO DE REVISTA: RR 4568300552002502).

5.4 HIPÓTESES DE SUSPENSÃO DO CONTRATO INDIVIDUAL DE TRABALHO

a) **serviço militar obrigatório:** o empregador não terá ônus salarial no período. Como o tempo de afastamento é computado para fins de depósito do FGTS, alguns doutrinadores consideram como caso de interrupção. Se o trabalhador ingressar voluntariamente nas Forças Armadas, seu contrato não suspende nem interrompe. Considera-se que o empregado deu fim ao contrato;

Questionamento do IV Exame de Ordem: Durante a prestação do serviço militar obrigatório pelo empregado, ainda que se trate de período de suspensão do contrato de trabalho, é devido o depósito em sua conta vinculada do FGTS (art. 4º, parágrafo único, da CLT c/c art. 15, § 5º, da Lei n. 8.036/90).

> Durante a prestação do serviço militar obrigatório pelo empregado, ainda que se trate de período de suspensão do contrato de trabalho, é devido o depósito em sua conta vinculada do FGTS. É a denominada suspensão híbrida ou atípica do contrato de trabalho, que mescla características tanto da suspensão contratual (o empregado não trabalha e não recebe salários) como também da interrupção contratual (mas o empregador fica obrigado a recolher o FGTS do empregado durante o ano de prestação do serviço militar obrigatório), conforme preconiza o art. 472 da CLT. Também são exemplos de suspensão híbrida ou atípica do contrato de trabalho a licença-adotante (art. 392-A da CLT) e o acidente de trabalho após o 15º dia (Súmula 378 do TST, I e II, e art. 118 da Lei n. 8.213/91).

b) **encargos civis públicos:** a eleição ou a designação de um empregado para ocupar cargo público acarreta a suspensão do contrato. Ex.: empregado eleito para a Câmara Municipal;
c) **mandato sindical:** art. 543, § 2º, da CLT – desde que a acumulação da função de dirigente com a de empregado seja incompatível com o horário de trabalho;
d) **suspensão disciplinar:** é uma punição ao empregado, em virtude de falta cometida (art. 474, CLT). Não deve ultrapassar mais de 30 dias, sob pena de caracterizar despedida sem justa causa;
e) **suspensão para responder inquérito judicial:** quando o empregador desejar a despedida sem justa causa do seu empregado estável, deverá promover a ação chamada inquérito judicial. Entre a falta e o ajuizamento, o empregador poderá suspender o contrato para afastar o empregado da empresa, havendo o prazo decadencial de 30 dias para o ajuizamento da ação, sob pena de o empregado retornar ao emprego recebendo o salário do período (Súmula 403 do STF);
f) **diretor eleito de S/A:** o contrato suspende, porque o empregado deixa de ser subordinado à empresa para comandá-la;
g) **greve:** a adesão suspende o contrato durante o movimento. Se o Tribunal determinar ou o empregador espontaneamente pagar os salários, aí se caracteriza uma interrupção;

> No XV Exame de Ordem, caiu uma questão sobre os efeitos da greve no contrato de trabalho. A questão dizia o seguinte: Os empregados da empresa Calçados Ribeiro Ltda. decidem entrar em greve para reivindicar aumento de salário. A greve foi deliberada e votada em assembleia convocada apenas para tal, tendo o empregador sido comunicado com 48 horas de antecedência acerca do movimento paredista. Durante a greve, de acordo com a Lei, os contratos de trabalho ficarão suspensos.

h) **auxílio-doença:** nos primeiros 15 dias será interrupção. A partir do 16º passa a se caracterizar como suspensão e ônus salarial ficará a cargo da Previdência Social;

i) **aposentadoria por invalidez:** é provisória, e, enquanto perdurar o contrato, permanece suspenso. A jurisprudência adota a tese de que a suspensão é igual ao período da aposentadoria por invalidez, mesmo que ultrapasse 5 anos (Súmula 160 do TST). Porém, a doutrina entende que, passados os 5 anos, a aposentadoria se torna definitiva e rompe o contrato;

> No IX Exame de Ordem, a aposentadoria por invalidez e seus efeitos sobre o contrato de trabalho do empregado foi questionada. A questão dizia o seguinte: Após sofrer um acidente automobilístico de gravíssimas proporções enquanto viajava a lazer, o empregado foi aposentado por invalidez pelo INSS. O contrato desse empregado será suspenso (art. 475 da CLT).

j) **licença-maternidade:** afastamento de 120 dias e é pago pelo empregador. Entendimento para casais homossexuais. A licença da mãe adotiva também será de 120 dias. Há controvérsia se é caso de suspensão ou interrupção;

k) **acidente de trabalho:** igualmente há a controvérsia;

> No XX Exame de Ordem, a banca da FGV perguntou sobre os efeitos do acidente de trabalho no contrato individual de trabalho. A questão assim dizia: Após ter sofrido um acidente do trabalho reconhecido pela empresa, que emitiu a competente CAT, um empregado afastou-se do serviço e passou a receber auxílio-doença acidentário. Sobre essa situação, em relação ao período no qual o empregado recebeu benefício previdenciário, ter-se-á suspensão contratual e a empresa continuará obrigada a depositar o FGTS na conta vinculada do trabalhador.
>
> Trata-se de um caso em que, como foi dito acima, parte da doutrina trabalhista entende que é caso de interrupção do contrato de trabalho, e outra parte entende que é suspensão do contrato de trabalho.
>
> Posicionamo-nos no sentido do acidente de trabalho, nos primeiros quinze dias de afastamento do empregado ser tido como causa de interrupção do contrato de trabalho (o empregado não trabalha, não está à disposição do empregador, mas recebe salários deste é há o recolhimento do FGTS do período).
>
> Do 16º dia de afastamento em diante (como é o caso da questão, já que o empregado passou a receber auxílio-doença acidentário), operou-se aquilo que chamamos de suspensão atípica (=híbrida) do contrato individual de trabalho. Ou seja, não é causa nem de interrupção pura, nem de suspensão pura (típica ou comum) do contrato de trabalho. Na suspensão híbrida ou atípica, o empregado não trabalha e não recebe salários do empregador durante esse período de afastamento (está em auxílio-doença acidentário), mas o empregador continuará recolhendo o FGTS do período (ao contrário do que acontece na suspensão comum ou típica do contrato, em que o empregado não trabalha, não recebe salários e não há contagem do tempo trabalhado – não há recolhimento do FGTS do período).

l) **suspensão para curso:** período de 2 a 5 meses para o empregado participar de curso profissionalizante custeado pelo empregador, desde que previsto em norma coletiva e autorizado pelo empregado. A suspensão durará o tempo do curso;
m) **faltas injustificadas:** são aquelas não autorizadas por lei ou que não haja pagamento de salário;
n) **afastamento de 6 meses pela Lei Maria da Penha:** a lei não determina o pagamento de salários, sendo caso de suspensão. Mas é controverso, em vista da pouca quantidade de pesquisas nesse tema e jurisprudência.

5.5 INTERRUPÇÃO DO CONTRATO INDIVIDUAL DE TRABALHO

Ocorre a interrupção quando o empregado deixa de prestar serviços, porém continua a receber a totalidade ou parte de seu salário. Conta-se o tempo de serviço para todos os efeitos, como se trabalhando estivesse.

Durante o período de interrupção, o empregador não pode despedir o empregado sem justa causa.

5.6 HIPÓTESES DE INTERRUPÇÃO DO CONTRATO INDIVIDUAL DE TRABALHO

a) ausências legais do art. 473, CLT;
b) ausência prevista no art. 131, IV, CLT: falta justificada pela empresa;
c) professor, nove dias por falecimento de pai, mãe ou filho – art. 320 da CLT;
d) duas semanas em caso de aborto – arts. 392 e 395 da CLT;
e) domingos e feriados;
f) representante dos empregados nas comissões de conciliação prévia;
g) aviso prévio indenizado de 30 dias ou proporcional ao tempo de serviço;
h) testemunha ou parte;
i) acidente de trabalho, nos primeiros 15 dias;
j) doença, nos primeiros 15 dias;
k) afastamento para inquérito por motivo de segurança nacional – art. 472, § 5º, CLT – 90 dias, após será suspensão;
l) comparecimento à sessão do júri como jurado;
m) trabalho nas eleições;
n) força maior: paralisação da atividade empresarial ou interrupção da atividade econômica;
o) *lockout*: art. 722, § 3º, CLT – é o mecanismo utilizado pelos empregadores de compelirem os empregados à prática de algum ato. Para tanto, o empregador fecha o estabelecimento ou empresa impedindo o trabalho de seus empregados, que possuem o direito à integralidade salarial dos dias parados;
p) amamentação;

q) repousos intrajornadas, férias e DSR;

r) dirigente sindical quando se ausentar por motivo de viagem internacional representando o sindicato, falência convertida em recuperação judicial e membro do conselho curador do FGTS.

OBSERVAÇÃO: nos casos de interrupção, o retorno do obreiro às atividades é imediato. Não se estende o prazo de 30 dias ocorrido nos casos de suspensão.

> No XXI Exame de Ordem caiu uma questão sobre ausências legais (art. 473 da CLT). A questão versava sobre duas empregadas que se afastavam do serviço. Uma delas, por causa da morte do irmão (interrupção do contrato de trabalho – direito a dois dias consecutivos de licença-nojo, art. 473, I, CLT), e a outra, em virtude de casamento (licença-gala, nos termos do art. 473, II, da CLT – três dias consecutivos de licença – causa interruptiva do contrato individual de trabalho).

5.7 SUSPENSÃO E INTERRUPÇÃO NOS CONTRATOS POR PRAZO DETERMINADO

Duas correntes:

a) **Extinção peremptória do contrato:** os fatores suspensivos e interruptivos não obstam a extinção contratual no termo final. O prazo contratual flui normalmente e os efeitos da suspensão e interrupção ocorrem apenas no período contratual. É a linha que segue a jurisprudência dominante.

b) **Extinção contratual prorrogada:** defende, pelo menos, a prorrogação contratual para o dia seguinte ao findar da causa suspensiva ou interruptiva. Esse prazo não modifica o contrato determinado para prazo indeterminado.

6. ALTERAÇÃO DO CONTRATO INDIVIDUAL DE TRABALHO (ARTS. 468 A 470 DA CLT)

Em razão do seu poder de direção, o empregador dirige a prestação pessoal do serviço do empregado, instrumentalizando um complexo de faculdades necessárias à organizaçao, fiscalização, coordenação e regulamentação geral do trabalho, com vistas aos fins e necessidades da empresa.

Indiscutivelmente o empregador necessita do poder de direção – externado através do poder de fiscalizar, coordenar e punir o empregado – para dar eficácia ao exercício de sua atividade empresarial.

Em razão desse poder de direção, pacificamente reconhecido pela nossa doutrina e jurisprudência trabalhista, fica concedido ao empregador o *jus variandi*, isto é, **a faculdade de introduzir pequenas alterações relacionadas com a prestação de serviço do empregado ou com a organização da empresa**.

É exatamente sobre o *jus variandi* do empregador, isto é, sobre a possibilidade de alterações contratuais relacionadas com a prestação de serviços do empregado ou com a organização da empresa é que vamos estudar, estabelecendo os seus limites e as suas condições de validade.

O *jus variandi* do empregador encontra plena justificativa no contrato de trabalho, pelo fato de este ser de trato sucessivo e dinâmico, o que o torna impossível, durante toda a sua vigência, ser mantido na íntegra, sem sofrer qualquer tipo de modificação em razão de circunstâncias relativas à prestação de serviços do empregado ou à organização da empresa.

Como é lógico, o contrato de trabalho é essencialmente dinâmico, por estar atrelado às vicissitudes próprias da vida, das circunstâncias próprias do momento, ensejando surgirem modificações ao longo de sua vigência.

De regra, as cláusulas básicas do contrato não podem ser modificadas, porque sobre elas recai o **Princípio da força obrigatória dos contratos**, que encontra sua substância na máxima latina *pacta sunt servanda*, tornando imperativa a fiel observância das condições pactuadas.

No âmbito do direito do trabalho, a **imodificabilidade do contrato de trabalho** está consubstanciada no **art. 468 da CLT**, que veda ao empregador promover alterações contratuais que possam causar prejuízo ao empregado. Portanto, os limites da alteração contratual possuem expressa previsão legal, qual seja: **prejuízo causado ao empregado**.

Por outras palavras, todas as alterações contratuais que causem ou venham a causar prejuízo ao empregador são expressamente proibidas. É a regra contida no art. 468 da CLT, que prevê o princípio da imodificabilidade das cláusulas e condições contratuais.

A REGRA GERAL está contida no art. 468 da CLT: bilateral (feita pelo empregador com a concordância do empregado) e não pode causar prejuízos ao empregado.

Ex.: a transferência do empregado (art. 469, CLT), que, em regra, segue essa previsão legal.

EXCEÇÕES LEGAIS previstas na CLT:

Hipóteses nas quais o empregado pode ter seu contrato de trabalho alterado mesmo que não concorde ou lhe cause um prejuízo: (*jus variandi* do empregador):

1º caso: art. 468, § 1º, da CLT: o empregado que ocupa cargo de confiança pode ser destituído e retornar ao seu cargo efetivo, anteriormente ocupado, sendo que perderá a gratificação de função de confiança que recebia (§ 2º do mesmo artigo, acrescentado pela Lei n. 13.467/2017 – Lei da Reforma Trabalhista).

Com isso, a Súmula 372 do TST deverá ser cancelada. Refere tal súmula que, se o empregado permanecer por 10 ou mais anos no cargo de confiança, poderá perder o cargo, mas não perderá a gratificação.

2º caso: art. 469, § 1º, da CLT: empregados que ocupam cargo de confiança ou que possuam cláusula de transferência em seu contrato de trabalho, havendo necessidade do serviço, podem ser transferidos (será devido o adicional de transferência enquanto estiverem transferidos, por força do § 3º do art. 469 da CLT).

ATENÇÃO! Por força do disposto na Súmula 43 do TST: TRANSFERÊNCIA – NECESSIDADE DO SERVIÇO. Presume-se abusiva a transferência de que trata o § 1º do art. 469 da CLT, sem comprovação da necessidade do serviço.

3º caso: art. 469, § 2º, da CLT: havendo extinção do estabelecimento em que trabalham, os empregados podem ser transferidos (devida à ajuda de custo, nos termos do art. 470 da CLT).

> No XIX Exame de Ordem, caiu uma questão sobre alteração contratual envolvendo cargo de confiança e supressão ou não da gratificação de função, seguindo os comandos do art. 468, parágrafo único, da CLT (que permite a reversão do cargo de confiança para o cargo originariamente ocupado) e da Súmula 372, I, do TST, que aduz que, percebida a gratificação de função por dez ou mais anos pelo empregado, se o empregador, sem justo motivo, revertê-lo a seu cargo efetivo, não poderá retirar-lhe a gratificação, tendo em vista o princípio da estabilidade financeira. Na questão em tela, o empregado estava há 8 anos no cargo, logo, poderia ser retirada a gratificação de função.
> Com a reforma trabalhista, que entrou em vigor em 11 de novembro de 2017, a gratificação de função, independentemente do tempo em que o empregado ficar na função de confiança, não será mais incorporada ao salário.
> A questão dizia o seguinte: Jonilson trabalhava na sociedade empresária XYZ Ltda. e atuava como analista financeiro. Mostrando bom desempenho, o empregador o promoveu ao cargo de confiança de gerente financeiro e, dali em diante, passou a lhe pagar, além do salário, uma gratificação de função de 50% do salário. Oito anos após, a empresa resolveu retornar Jonilson ao cargo de origem e suprimiu a gratificação de função. Diante da situação apresentada, a reversão é válida, pois não há estabilidade em cargos de gerência.

7. GARANTIA DE EMPREGO E ESTABILIDADE NO EMPREGO

Há duas acepções da palavra estabilidade.

Primeira, a de estabilidade do emprego, fruto de uma política geral que se caracteriza pelo conjunto de medidas do governo destinadas a fazer com que não falte trabalho na sociedade. Sendo um dever social, o trabalho deve merecer posição especial nos programas estatais, com a abertura de frentes de trabalho, serviços públicos de emprego, assistência pecuniária ao desempregado etc., é a estabilidade no sentido econômico.

Segunda, a da estabilidade no emprego, assim considerado o direito do empregado de manter o emprego mesmo contra a vontade do empregador, salvo causas previstas em lei. É a estabilidade no sentido jurídico.

Esta subdivide-se em estabilidade definitiva e estabilidade transitória, aquela produzindo efeitos para toda a relação de emprego, esta somente enquanto persistir uma causa especial que a motive.

7.1 DEFINIÇÃO

Numa rescisão contratual, faz-se necessário analisar se o contrato de trabalho está revestido de alguma condição impeditiva, representada pela existência de estabilidade provisória de emprego.

Estabilidade provisória é a garantia transitória à manutenção do emprego, sendo algumas expressamente definidas em lei e outras previstas por meio de cláusula constante em documento coletivo de entidade representativa de categoria profissional.

As estabilidades provisórias de emprego podem ser legais ou convencionais.

São denominadas legais quando previstas em lei, situação em que atingem todo e qualquer empregado que se enquadre nas condições determinadas pelo ato que a instituiu.

Assim, existindo ato normativo que conceda estabilidade provisória de emprego, a empresa deve acatá-lo, e cumprir o que nele estiver especificado.

7.2 ESTABILIDADE DECENAL

O art. 492 da CLT refere que o empregado que contar mais de 10 anos de serviço na mesma empresa não poderá ser despedido senão por motivo de falta grave ou circunstância de força maior, devidamente comprovadas.

É importante observar que a Constituição Federal de 1988 tornou o FGTS como regime obrigatório, assim, quem conseguiu se tornar estável decenal até 4 de outubro de 1988, teve seu adquirido resguardado, de outra banda, quem não conseguiu, não há mais como adquirir esse tipo de estabilidade no emprego. Correspondia a uma estabilidade legal permanente, uma vez adquirida, acompanhava o empregado até a sua aposentadoria, salvo em caso de falta grave ou circunstância de força maior devidamente comprovadas.[10]

7.3 DIRIGENTE SINDICAL

O art. 8º, VIII, da Constituição Federal de 1988, e o art. 543, § 3º, da CLT dispõe que "Fica vedada a dispensa do empregado sindicalizado ou associado, a partir do momento do registro de sua candidatura a cargo de direção ou representação de entidade sindical ou de associação profissional, até 1 (um) ano após o final do seu mandato, caso seja eleito, inclusive como suplente, salvo se cometer falta grave devidamente apurada nos termos desta Consolidação".

> No XII Exame de Ordem e no XV Exame de Ordem, foi proposta a seguinte questão: uma determinada empregada se candidatou em uma chapa para a direção de um determinado sindicato, sendo eleita posteriormente. Contudo, o sindicato não havia comunicado o registro da candidatura, eleição e posse da empregada ao empregador.

[10] FRANCO FILHO, Georgenor de Sousa. *Curso de direito do trabalho.* São Paulo: LTr, 2015, p. 328.

Durante o mandato dessa empregada, o empregador a dispensou sem justa causa e com cumprimento do aviso prévio. A empregada, então, enviou um *e-mail* para o empregador, dando-lhe ciência dos fatos, mediante prova documental. Apesar das provas, a empresa não aceitou suas razões e ratificou o desejo de romper o contrato de trabalho. Sobre o caso narrado, de acordo com a jurisprudência do TST, a empregada tem garantia no emprego, já que a comunicação, apesar de fora do prazo legal, foi feita na vigência do contrato.

Esta é a redação do item I da Súmula 369 do TST, que estabelece: "I – É assegurada a estabilidade provisória ao empregado dirigente sindical, ainda que a comunicação do registro da candidatura ou da eleição e da posse seja realizada fora do prazo previsto no art. 543, § 5º, da CLT, desde que a ciência ao empregador, por qualquer meio, ocorra na vigência do contrato de trabalho".

No VIII Exame de Ordem, a banca questionou a respeito da estabilidade. A estabilidade do dirigente sindical dura do registro da candidatura até 1 ano após o término do mandato, servindo para os representantes dos empregados eleitos e seus suplentes, estando limitada ao número de 7 dirigentes sindicais. Esse é o teor do item II da Súmula 369 do TST.

A Súmula 369, V, do TST refere que não cabe o registro da candidatura para obter estabilidade no caso de dirigente sindical no curso do aviso prévio.

No XVII Exame de Ordem, a banca questionou se um determinado empregado despedido imediatamente, com aviso prévio pago na forma indenizada, após transcorridos 10 dias de pagamento das verbas rescisórias, candidatou-se a dirigente do sindicato da sua categoria e foi eleito presidente na mesma data. Sobre a hipótese apresentada, de acordo com o entendimento consolidado do TST, tal empregado poderá ser desligado ao término do aviso prévio, pois não possui garantia no emprego.

Já a Súmula 379 do TST estabelece a obrigatoriedade de ingresso, por parte do empregador, da ação de inquérito judicial para apuração de falta grave em relação ao dirigente sindical, portador de estabilidade legal provisória.

A Orientação Jurisprudencial n. 365 da SDI-1 do TST aduz que o membro de conselho fiscal de sindicato não goza de estabilidade, porque não representa ou atua na defesa de direitos da categoria respectiva, tendo sua competência limitada à fiscalização financeira do sindicato.

O art. 659, X, da CLT permite ao juiz da Vara do Trabalho conceder medida liminar até decisão final do processo, em reclamações trabalhistas que visem reintegrar no emprego dirigente sindical afastado, suspenso ou dispensado pelo empregador.

A Orientação Jurisprudencial n. 369 da SDI-I do TST refere que o delegado sindical não é beneficiário da estabilidade provisória prevista no art. 8º, VIII, da CF/88, a qual é dirigida, exclusivamente, àqueles que exerçam ou ocupem cargos de direção nos sindicatos, submetidos a processo eletivo.

7.4 MEMBRO DA CIPA

Representa uma estabilidade relativa – a dispensa está condicionada tanto por cometimento de falta grave (motivo disciplinar) quanto por motivos de ordem técnica, econômica ou financeira.

Nesse sentido, segundo o art. 10, II, *a*, do ADCT, veda-se a dispensa arbitrária ou sem justa causa do empregado eleito para cargo de direção de Comissões Internas de Prevenção de Acidentes (CIPAs), desde o registro de sua candidatura até um ano após o final de seu mandato.

Observa-se que essa estabilidade não se estende aos representantes dos empregadores, titulares e suplentes. Estes, designados pelos empregadores, não participam do processo eletivo.

A Súmula 339 do TST dispõe que essa garantia se estende, também, ao suplente da CIPA.

O mandato é de um ano, permitida uma reeleição (art. 164, § 3º, da CLT).

Se extinta a empresa, não se verifica a despedida arbitrária (não cabe reintegração nem indenização do período estabilitário).

7.5 GESTANTE

Possui uma estabilidade relativa – a dispensa está condicionada tanto por cometimento de falta grave (motivo disciplinar) quanto por motivos de ordem técnica, econômica ou financeira.

Veda-se a dispensa arbitrária ou sem justa causa da empregada gestante, desde a confirmação da gravidez até 5 meses após o parto, nos termos do art. 10, II, *b*, **do Ato das Disposições Transitórias da Constituição Federal de 1988 (ADCT).**

> No XXI Exame de Ordem, a banca questionou sobre duas empregadas, uma engravidou, a outra adotou uma criança. A banca questionou sobre a possibilidade de ambas terem estabilidade ou não. E considerou como resposta que só teria estabilidade a gestante, que tem garantia no emprego até 5 meses após o parto, enquanto a adotante não.

O desconhecimento do estado gravídico pelo empregador não afasta o direito ao pagamento da indenização decorrente da estabilidade (teoria objetiva, basta ser gestante para ter direito à estabilidade – em conformidade com a Súmula 244, I, do TST).

A garantia de emprego à gestante só autoriza a reintegração se esta se der durante o período de estabilidade. Do contrário, a garantia restringe-se aos salários e demais direitos correspondentes ao período de estabilidade, isto é, converte-se a estabilidade em indenização do período estabilitário (Súmula 244, II, TST).

A empregada gestante tem direito à estabilidade provisória prevista no art. 10, II, *b*, do Ato das Disposições Constitucionais Transitórias, mesmo na hipótese de admissão mediante contrato por tempo determinado (Súmula 244, III, do TST). São espécies de contrato por tempo determinado: o próprio contrato por tempo determinado, o contrato de experiência e o contrato temporário (regido este último pela Lei n. 6.019/74).

A confirmação do estado de gravidez advindo no curso do contrato de trabalho, ainda que durante o prazo do aviso prévio trabalhado ou indenizado, garante à empregada gestante a estabilidade provisória prevista na alínea *b* do inciso II do art. 10 do Ato das Disposições Constitucionais Transitórias (art. 391-A da CLT).

Em caso de aborto não criminoso, comprovado por atestado médico oficial, a mulher terá um repouso remunerado de 2 (duas) semanas, ficando-lhe assegurado o direito de retornar à função que ocupava antes de seu afastamento (art. 395 da CLT).

Ressalvadas as disposições legais destinadas a corrigir as distorções que afetam o acesso da mulher ao mercado de trabalho e certas especificidades estabelecidas nos acordos trabalhistas, é vedado exigir atestado ou exame, de qualquer natureza, para comprovação de esterilidade ou gravidez, na admissão ou permanência no emprego (art. 373-A, IV, da CLT).

7.6 ACIDENTE DO TRABALHO

O segurado que sofreu acidente do trabalho tem garantida, pelo prazo mínimo de 12 meses, a manutenção do seu contrato de trabalho na empresa, após a cessação do auxílio-doença acidentário, independentemente de percepção de auxílio-acidente (art. 118 da Lei n. 8.213/91).

São pressupostos para a concessão da estabilidade o afastamento superior a 15 dias e a consequente percepção do auxílio-doença acidentário, salvo se constatada, após a despedida, doença profissional que guarde relação de causalidade com a execução do contrato de emprego (Súmula 378, II, TST).

O empregado submetido a contrato de trabalho por tempo determinado goza da garantia provisória de emprego decorrente de acidente de trabalho, prevista no art. 118 da Lei n. 8.213/91 (Súmula 378, III, TST).

7.7 MEMBROS DO CONSELHO CURADOR DO FGTS

Aos membros do Conselho Curador do FGTS, enquanto representantes dos trabalhadores, efetivos e suplentes, é assegurada a estabilidade no emprego, desde a nomeação (pela CUT e CGT – Confederação Geral dos Trabalhadores) até um ano após o término do mandato de representação, somente podendo ser demitidos por motivo de falta grave, regularmente comprovada por meio de processo sindical, nos termos do art. 3º, § 9º, da Lei n. 8.036/90 (Lei do FGTS).

> No III Exame de Ordem, a banca questionou sobre a estabilidade dos membros do Conselho Curador do FGTS. Com relação às estabilidades e às garantias provisórias de emprego, é correto afirmar que os membros do Conselho Curador do FGTS representantes dos trabalhadores, efetivos e suplentes, têm direito à estabilidade no emprego, da nomeação até um ano após o término do mandato de representação, somente podendo ser dispensados por motivo de falta grave, regularmente comprovada por processo sindical.

7.8 MEMBROS DO CONSELHO NACIONAL DE PREVIDÊNCIA SOCIAL

Aos membros do Conselho Nacional da Previdência Social (CNPS), enquanto representantes dos trabalhadores em atividade, titulares e suplentes, é assegurada a estabilidade no emprego, desde a nomeação até um ano após o término do mandato de representação. Somente poderão ser despedidos por falta grave, regularmente comprovada em processo judicial, nos termos do art. 3º, § 7º, da Lei n. 8.213/91.

7.9 DIRETORES DE SOCIEDADES COOPERATIVAS

Os empregados de empresas que sejam eleitos diretores de sociedades cooperativas por eles criadas, gozam das mesmas garantias asseguradas aos dirigentes sindicais, nos termos do art. 55 da Lei n. 5.764/71 (Lei das Cooperativas).

> No XIX Exame de Ordem foi questionado se uma empregada de uma sociedade cooperativa de crédito, eleita diretora suplente, teria direito a ser reintegrada logo após ter sido despedida da empresa. A banca considerou que tal empregada não teria estabilidade por ser suplente, e a estabilidade alcançaria apenas o titular.

7.10 REPRESENTANTES DOS EMPREGADOS NA COMISSÃO DE CONCILIAÇÃO PRÉVIA

Veda-se a dispensa dos representantes dos empregados membros da Comissão de Conciliação Prévia, titulares e suplentes, até um ano após o final do mandato (que é de um ano, permitida uma recondução), salvo se cometerem falta grave, nos termos da lei.

FIQUE LIGADO! A Ação de Inquérito Judicial para Apuração de Falta Grave: necessária para que haja a dispensa por justa causa de determinados empregados detentores de garantia de estabilidade no emprego. Tal ação cabe nas seguintes estabilidades legais: estável decenal (art. 492, CLT); dirigente sindical (art. 494 c/c art. 853, CLT, e Súmula 379, TST, e Súmula 197, STF); membros do Conselho Nacional da Previdência Social (art. 3º, § 7º, Lei n. 8.213/91); membros do Conselho Curador do FGTS (art. 3º, § 9º, Lei n. 8.036/90); empregados eleitos diretores de sociedades cooperativas (art. 55 da Lei n. 5.764/71).

O prazo para propositura da ação de inquérito judicial para apuração de falta grave é de 30 dias, a contar da suspensão do empregado (prazo decadencial – art. 853 da CLT e Súmula 403 do STF). Constitui direito líquido e certo do empregador a suspensão do empregado, ainda que detentor de estabilidade sindical, até a decisão final do inquérito em que se apure a falta grave a ele imputada, na forma do art. 494, *caput* e parágrafo único, da CLT. O empregado detentor de estabilidade que, no curso dessa garantia de emprego, for dispensado (despedido) terá direito a ser REINTEGRADO no emprego.

No XIV Exame de Ordem, a banca questionou sobre uma determinada empregada que trabalhava numa empresa que se dedicava a dar assessoria àqueles que desejavam emagrecer. Em razão de problemas familiares, tal empregada foi acometida por um distúrbio alimentar e engordou 30 quilos. Em razão disso, a empresa afirmou que agora ela não mais apresentava o perfil desejado para o atendimento aos clientes, já que deveria ser o primeiro exemplo para eles, de modo que a dispensou sem justa causa. De acordo com a situação retratada e diante do comando legal, a situação retrata dispensa discriminatória, podendo a empregada optar entre o retorno ou a indenização em dobro do período de afastamento. Esse é o entendimento do art. 4o, I e II, da Lei n. 9.029/95 (práticas discriminatórias).

No XV Exame de Ordem, foi questionado sobre a dispensa discriminatória de um empregado. Determinado obreiro de uma empresa siderúrgica é portador do vírus HIV. Tomando conhecimento dessa notícia, o empregador o dispensou imotivadamente e pagou todas as verbas rescisórias. No momento da dispensa, o chefe afirmou que esta somente ocorreu em razão de sua doença, apesar de ser um excelente profissional. O empregado, inconformado, ajuizou ação trabalhista para resguardar o seu direito. No caso, se o pedido for julgado procedente, Paulo tem direito a ser reintegrado. Esse é o entendimento da Súmula 443 do TST, que refere que: DISPENSA DISCRIMINATÓRIA. PRESUNÇÃO. EMPREGADO PORTADOR DE DOENÇA GRAVE. ESTIGMA OU PRECONCEITO. DIREITO À REINTEGRAÇÃO – Res. 185/2012, *DEJT* divulgado em 25, 26 e 27 9-2012. Presume-se discriminatória a despedida de empregado portador do vírus HIV ou de outra doença grave que suscite estigma ou preconceito. Inválido o ato, o empregado tem direito à reintegração no emprego.

ATENÇÃO: Diferenças entre REINTEGRAÇÃO e READMISSÃO:

1) Na reintegração, a dispensa é nula, revigorando o contrato de trabalho; há apenas um único contrato de trabalho; os salários são devidos desde a dispensa nula até a efetiva reintegração no emprego.

2) Na readmissão, pressupõe-se que a dispensa foi válida; que os contratos são distintos (2 contratos); e há direito apenas de retorno ao serviço, não se pagando os salários atrasados.

7.11 COMISSÃO DE EMPRESA

A criação de comissões de empresas é uma das mudanças mais enigmáticas da reforma trabalhista. Ela mereceu quatro extensos artigos – 510-A, 510-B, 510-C e 510-D – com inúmeros parágrafos e itens que regulamentam a nova representação dos empregados em empresas com mais de 200 funcionários. Esses artigos antecedem, na lei, os artigos que tratam da representação sindical (511 e s.).

O § 1º do art. 510-C estabelece que é "vedada a interferência da empresa e do sindicato da categoria" na eleição da comissão. Da empresa, compreende-se, mas do sindicato? Qual seria a razão disso? Entre as atribuições da comissão, previstas no art. 510-B, estão atribuições nitidamente do sindicato, tais como: "VI – encaminhar reivindicações específicas dos empregados de seu âmbito de representação; VII – acompanhar o cumprimento das leis trabalhistas, previdenciárias e das convenções coletivas e acordos coletivos de trabalho".

Vislumbra-se que, na prática, a comissão extingue o monopólio da representação dos trabalhadores pelo sindicato, previsto na CLT e na Constituição Federal. A representação no local de trabalho independente do sindicato, inclusive por meio de comissão, podendo significar o embrião do sindicato por empresa.

REFERÊNCIAS

CASSAR, Vólia Bomfim. *Direito do Trabalho*. 10. ed. rev., atual. e ampl. Rio de Janeiro: Forense; São Paulo: Método, 2014.

DELGADO, Mauricio Godinho. *Curso de Direito do Trabalho*. 9. ed. São Paulo: LTr, 2010.

FRANCO FILHO, Georgenor de Sousa. *Curso de Direito do Trabalho*. São Paulo: LTr, 2015.

GALIA, Rodrigo Wasem. *Os interesses difusos nas dispensas coletivas no Brasil*. Belo Horizonte: Editora D´Plácido, 2016.

HABLICH, Fernanda Campos; GALIA, Rodrigo Wasem. *O término do contrato de trabalho por justa causa do empregador:* a falta de recolhimento dos depósitos do FGTS e a ação de rescisão indireta do contrato de trabalho: análise sob a perspectiva do direito constitucional do trabalho. Porto Alegre: Livraria do Advogado, 2014.

JORGE NETO, Francisco Ferreira; CAVALCANTE, Jouberto de Quadros Pessoa. *Direito do Trabalho*. 7. ed. São Paulo: Atlas, 2013.

RAMOS, Luis Leandro Gomes; GALIA, Rodrigo Wasem. *Assédio moral no trabalho:* o abuso do poder diretivo do empregador e a responsabilidade civil pelos danos causados ao empregado, atuação do Ministério Público do Trabalho. 2. ed. Porto Alegre: Livraria do Advogado, 2013.

ROCHA, Marcelo Hugo da (Coord.). *Manual de dicas:* advocacia pública municipal, estadual e federal. São Paulo: Saraiva, 2013. (Coleção Passe em Concursos Públicos)

________. *Passe na OAB 1ª fase:* manual de dicas. São Paulo: Saraiva, 2012.

DIREITO EMPRESARIAL

Ricardo Xavier

1. INTRODUÇÃO

O capítulo sobre Direito Empresarial tem como objetivo relembrar ao examinando(a) os principais pontos a serem estudados com foco na 1ª fase do Exame da OAB, direcionando-o(a) diretamente aos dispositivos legais, súmulas de jurisprudência e questões que foram objeto das provas passadas.

Desejo a você muito sucesso nessa jornada!

2. O DIREITO EMPRESARIAL

O Direito Empresarial é ramo autônomo da ciência jurídica que tem como objeto a análise de direitos e obrigações do empresário (incluindo a sociedade empresária), bem como as matérias correlatas à atividade dos empresários, mas que não são exclusivas destes, tal como os títulos de crédito.

É ramo de direito privado, por isso marcado pelos princípios da autonomia de vontade e isonomia. Ademais, são princípios próprios do Direito Empresarial: (a) a liberdade de iniciativa; (b) a liberdade de concorrência; (c) a garantia da propriedade privada; (d) a função social da empresa; e (e) a preservação da empresa.

De acordo com o art. 22, I, da Constituição Federal de 1988, compete privativamente à União legislar sobre Direito Comercial (que nesta obra será sinônimo de Direito Empresarial).

3. EMPRESÁRIO

De acordo com o art. 966 do Código Civil, "considera-se empresário quem exerce profissionalmente atividade econômica organizada para a produção ou a circulação de bens ou de serviços". Ademais, o parágrafo único do mesmo artigo estabelece que "não se considera empresário quem exerce profissão intelectual, de natureza científica, literária ou artística, ainda com o concurso de auxiliares ou colaboradores, salvo se o exercício da profissão constituir elemento de empresa".

Empresário é a pessoa física ou jurídica que exerce a empresa. Sendo a atividade econômica exercida por uma sociedade, ela será o empresário e não os sócios que a compõem.

Do conceito de empresário extrai-se o conceito de empresa. Sendo assim, empresa é atividade econômica organizada para a produção ou a circulação de bens ou de serviços.

> O XVII Exame da OAB considerou correta a afirmativa que "empresa é a atividade econômica organizada para a produção e/ou a circulação de bens e de serviços; empresário é o titular da empresa, quem a exerce em caráter profissional".

O art. 967 do CC estabelece que "é obrigatória a inscrição do empresário no Registro Público de Empresas Mercantis da respectiva sede, antes do início de sua atividade". Fato que se deve lembrar é que a inscrição do empresário no Registro do Comércio (Junta Comercial) é declaratória; contudo, para o RURAL (aquele empresário que desenvolve atividade rural), a inscrição é constitutiva, na forma do art. 971 do CC.

> O XV Exame da OAB considerou como correto que a condição de empresário independe do registro de sua inscrição na Junta Comercial.
> O XX Exame da OAB – Reaplicação Salvador – considerou como correto que produtor rural, ainda que exerça atividade econômica organizada, não será considerado empresário pelo fato de não ter realizado seu registro na Junta Comercial.

De acordo com o art. 968 do CC, "a inscrição do empresário far-se-á mediante requerimento que contenha: (I) o seu nome, nacionalidade, domicílio, estado civil, e, se casado, o regime de bens; (II) a firma, com a respectiva assinatura autógrafa que poderá ser substituída pela assinatura autenticada com certificação digital ou meio equivalente que comprove a sua autenticidade, ressalvado o disposto no inciso I do § 1º do art. 4º da Lei Complementar n. 123, de 14 de dezembro de 2006; (III) o capital; e (IV) o objeto e a sede da empresa".

Outro item que também não se pode esquecer é a responsabilidade daquele que atua indevidamente como empresário, pois, conforme preconiza o art. 973 do CC, responderá pelas obrigações contraídas.

Na forma do art. 974 do CC, a empresa poderá ser prosseguida pelo incapaz, por meio de representante ou devidamente assistido, continuar a empresa antes exercida por ele enquanto capaz, por seus pais ou pelo autor de herança. De acordo com o § 1º do mesmo artigo "nos casos deste artigo, precederá autorização judicial, após exame das circunstâncias e dos riscos da empresa, bem como da conveniência em continuá-la, podendo a autorização ser revogada pelo juiz, ouvidos os pais, tutores ou representantes legais do menor ou do interdito, sem prejuízo dos direitos adquiridos por terceiros". Já o § 2º afirma que "não ficam sujeitos ao resultado da empresa os bens que o incapaz já possuía, ao tempo da sucessão ou da interdição, desde que estranhos ao acervo daquela, devendo tais fatos constar do alvará que conceder a autorização".

> O XX Exame da OAB considerou como correta assertiva que é possível a concessão de autorização judicial para o prosseguimento da empresa do empresário interditado, mas, se o Curador for impedido de exercer, este nomeará, com a aprovação do juiz, um ou mais gerentes.

No que se refere à sociedade entre cônjuges, o CC estabelece no seu art. 977 que eles podem contrair sociedade, "desde que **não tenham** casado no regime da **comunhão universal de bens**, ou no da **separação obrigatória**". Outrossim, o art. 978 do CC informa também que "o empresário casado pode, **sem necessidade de outorga conjugal**, qualquer que seja o regime de bens, alienar os imóveis que integrem o patrimônio da empresa ou gravá-los de ônus real".

> O XVII Exame da OAB considerou como correto que o empresário pode, sem necessidade de outorga conjugal, qualquer que seja o regime de bens, gravar com hipoteca os imóveis que integram o seu estabelecimento.

Por fim, ainda sobre o empresário, é bom lembrar também que o art. 222 da CF/88 estabelece que "a propriedade de empresa jornalística e de radiodifusão sonora e de sons e imagens **é privativa de brasileiros natos** ou **naturalizados há mais de dez anos**, ou de pessoas jurídicas constituídas sob as leis brasileiras e que tenham sede no País".

4. INSCRIÇÃO DO EMPRESÁRIO

Sobre a inscrição do empresário calha lembrar que este deve se inscrever perante a JUNTA COMERCIAL do Estado da Federação onde se situar a sua sede, conforme já foi visto no art. 967 do CC acima transcrito.

Outro dispositivo que você não pode esquecer, meu(minha) Doutor(a), é o art. 969 do CC e o seu parágrafo único, pois o referido artigo estabelece que, se o empresário for abrir filial, sucursal ou agência em Estado Federado diverso do da sua sede, deverá este providenciar a inscrição primeiro na Junta Comercial da sua sede para depois averbar a criação do estabelecimento secundário na Junta Comercial do Estado Federado onde pretenda se instalar. Já o seu parágrafo único estabelece que, "em qualquer caso, a constituição do estabelecimento secundário deverá ser averbada no Registro Público de Empresas Mercantis da respectiva sede".

5. NOME EMPRESARIAL

Assunto que também não pode ser esquecido, o nome empresarial é aquele que o empresário se identifica nos negócios que for estabelecer, registrando-se com este perante a Junta Comercial (um nome de batismo, pode-se dizer).

O nome empresarial é gênero do qual extraímos duas espécies: firma (individual e social) e denominação.

Firma	é espécie de nome empresarial formada por um nome civil – do próprio empresário, no caso de firma individual, ou de um ou mais sócios, no caso de firma social.
Denominação	só pode ser social – pode ser formada por qualquer expressão linguística, e a indicação do objeto social é obrigatória.

O grande detalhe é o(a) examinando(a) identificar qual nome empresarial as sociedades podem adotar:

Sociedade limitada	firma ou denominação
EIRELI	firma ou denominação
Sociedade anônima	denominação social
Sociedades de responsabilidade ilimitada	firma
Sociedade em comandita por ações	denominação
Sociedade em conta de participação	não pode ter firma ou denominação
Sociedade cooperativa	denominação integrada pelo vocábulo "cooperativa"

Sobre as Sociedades Limitadas, preste atenção na questão da designação LTDA. ou "limitada" ao final do nome. Nesse sentido, de acordo com a redação do art. 1.158 do CC "pode a sociedade limitada adotar firma ou denominação, integradas pela palavra final 'limitada' ou a sua abreviatura". Já o § 1º do artigo em questão afirma que "a firma será composta com o nome de um ou mais sócios, desde que pessoas físicas, de modo indicativo da relação social". O seu § 2º informa que "a denominação deve designar o objeto da sociedade, sendo permitido nela figurar o nome de um ou mais sócios", e o seu § 3º estabelece que "a omissão da palavra 'limitada' determina a responsabilidade solidária e ilimitada dos administradores que assim empregarem a firma ou a denominação da sociedade".

Necessária a atenção também para o fato de poder constar no nome empresarial da S.A. o nome do seu fundador ou pessoa que contribui para o desenvolvimento da Companhia; contudo, ainda assim, será uma **denominação** e não uma firma social, conforme se observa do art. 3º da Lei n. 6.404/76.

Outro detalhe que você não pode esquecer é que, de acordo com o art. 1.164 do CC, o nome empresarial não pode ser alienado; contudo o detentor pode ceder seu direito de uso.

6. ESTABELECIMENTO

De acordo com o art. 1.142 do CC, "considera-se estabelecimento todo complexo de bens organizado, para exercício da empresa, por empresário, ou por sociedade empresária".

O estabelecimento tem natureza jurídica de **Universalidade de Fato**, e pode ser alienado (Contrato de Trespasse), sendo um "objeto unitário de direitos e de negócios jurídicos, translativos ou constitutivos, que sejam compatíveis com a sua natureza" (art. 1.143 do CC).

O regramento do trespasse encontra-se disposto nos arts. 1.144 a 1.146 do CC. Para melhor compreensão, veja:

1º	Contrato de Trespasse é o contrato de alienação do estabelecimento.
2º	Para a produção de efeitos é necessária a averbação do contrato juntamente com o registro do empresário (pessoa física ou jurídica) perante a Junta Comercial da sua sede e de sua publicação na imprensa oficial.
3º	Se não restarem bens suficientes ao empresário alienante ele deverá pagar todos os credores ou notificar os seus credores. Os credores deverão responder no prazo de 30 dias se concordam ou não. Após a notificação, o silêncio dos credores é considerado uma aceitação tácita.
4º	Aquele que adquire o estabelecimento obtém o bônus acompanhado do ônus, sucedendo, assim, o alienante. Contudo, o alienante não fica livre permanecendo solidário durante o período de 1 ano junto com o adquirente, da seguinte forma: a) quanto aos débitos vencidos: 1 ano a partir da publicação na imprensa oficial. b) quanto aos débitos vincendos: 1 ano a partir do vencimento.

Lembre também da cláusula de não concorrência, pois, de acordo com o art. 1.147 do CC, "não havendo autorização expressa, o alienante do estabelecimento não pode fazer concorrência ao adquirente, nos cinco anos subsequentes à transferência".

Doutor(a), havendo o trespasse, "salvo disposição em contrário, a transferência importa a sub-rogação do adquirente nos contratos estipulados para exploração do estabelecimento, se não tiverem caráter pessoal, podendo os terceiros rescindir o contrato em noventa dias a contar da publicação da transferência, se ocorrer justa causa, ressalvada, neste caso, a responsabilidade do alienante", na forma do art. 1.148 do CC.

Outro ponto importante quando se trata de estabelecimento é a questão da **proteção ao ponto comercial** e os requisitos para a Ação Renovatória insculpidos no art. 51 da Lei n. 8.245/91, pois aquele que cumulativamente (importante frisar isso) tenha contratos escritos, com prazo determinado, que o prazo mínimo ou a soma dos prazos ininterruptos seja de 5 anos, e que explore há pelo menos 3 anos ininterruptos o mesmo ramo de atividade, tem direito ao ponto do negócio, ou seja, à renovação do contrato de aluguel não residencial.

Cumpre observar que o STF na Súmula 482 firmou que "o locatário, que não for sucessor ou cessionário do que o precedeu na locação, não pode somar os prazos concedidos a este, para pedir a renovação do contrato, nos termos do Decreto n. 24.150".

Também é importante lembrar o prazo da Ação Renovatória, pois, na forma do art. 51, § 5º, Lei n. 8.245/91, a ação renovatória deve ser proposta "no interregno de um ano, no máximo, até seis meses, no mínimo, **anteriores** à data da finalização do prazo do contrato em vigor".

No que se refere à renovação nos contratos de locação em *shopping center*, o art. 54 do mesmo diploma legal informa que "nas relações entre lojistas e empreendedores de shopping center, prevalecerão as condições livremente pactuadas nos contratos de locação respectivos e as disposições procedimentais previstas nesta lei".

Ainda, o art. 54-A da Lei n. 8.245/91 positivou o contrato de locação "*Built to suit*" (construído para servir), especificando que "na locação não residencial de imóvel urbano na qual o locador procede à prévia aquisição, construção ou substancial reforma, por si mesmo ou por terceiros, do imóvel então especificado pelo pretendente à locação, a fim de que seja a este locado por prazo determinado, prevalecerão as condições livremente pactuadas no contrato respectivo e as disposições procedimentais previstas nesta Lei".

7. ESCRITURAÇÃO DO EMPRESÁRIO

Todo empresário é obrigado a escriturar suas contas, mantendo sua escrituração através do livro obrigatório, que é o LIVRO DIÁRIO.

O Livro Diário é que contém o Balanço Patrimonial – BP e o Demonstrativo de Resultado Econômico – DRE, conforme o § 2º do art. 1.184 do CC, que informa que "serão lançados no Diário o balanço patrimonial e o de resultado econômico, devendo ambos ser assinados por técnico em Ciências Contábeis legalmente habilitado e pelo empresário ou sociedade empresária".

Bom lembrar também, Doutor(a), que o BP e o DRE deverão ser deliberados até quatro meses após o encerramento do exercício social (que não se confunde com o ano fiscal – 01-01 a 31-12), na forma do art. 1.078 do CC. Contudo, o BP e o DRE deverão ser apresentados aos sócios 30 (trinta) dias antes, na forma do § 1º do mesmo dispositivo legal.

Contudo, lembre-se que o MICROEMPREENDEDOR INDIVIDUAL – MEI (pequeno empresário) fica dispensado da escrituração, na forma do art. 1.179, § 2º, CC.

A definição do MEI encontra-se na observação dos arts. 68 e 18-A da LC n. 123/2006, sendo o empresário individual caracterizado como microempresa que aufira receita bruta anual até R$ 81.000,00 (oitenta e um mil reais), que seja optante pelo Simples Nacional e que não esteja impedido de tal opção.

As regras (alguns autores tratam como princípio) sobre o sigilo dos livros empresariais também são importantes. O art. 1.190 do CC estabelece que "ressalvados os casos previstos em lei, nenhuma autoridade, juiz ou tribunal, sob qualquer pretexto, poderá fazer ou ordenar diligência para verificar se o empresário ou a sociedade empresária observam, ou não, em seus livros e fichas, as formalidades prescritas em lei".

Contudo, é bom lembrar as exceções à regra do sigilo. De acordo com o art. 1.193 do CC, "as restrições estabelecidas ao exame da escrituração, em parte ou por inteiro, não se aplicam às autoridades fazendárias, no exercício da fiscalização do pagamento de impostos, nos termos estritos das respectivas leis especiais".

Cabe destacar, ainda, que o livro empresarial poderá ser exibido por ordem judicial. A ordem judicial poderá determinar a **exibição integral**, que, conforme estabelece o art. 420 do CPC, poderá ocorrer: (I) na liquidação de sociedade, (II) na sucessão por morte de sócio; (III) quando e como determinar a lei.

No mesmo sentido encontra-se o art. 1.191 do CC, o qual informa que "o juiz só poderá autorizar a exibição integral dos livros e papéis de escrituração quando necessária para resolver questões relativas a sucessão, comunhão ou sociedade; administração ou gestão à conta de outrem, ou em caso de falência".

Sobre a possibilidade de exibição parcial, o CPC, em seu art. 421 estabelece que "o juiz pode, de ofício, ordenar à parte a exibição parcial dos livros e documentos, extraindo-se deles a suma que interessar ao litígio, bem como reproduções autenticadas".

Os livros também possuem eficácia probatória, mas desde que preenchidos os requisitos legais. O art. 417 do CPC afirma que "os livros empresariais provam contra seu autor, sendo lícito ao empresário, todavia, demonstrar, por todos os meios permitidos em direito, que os lançamentos não correspondem à verdade dos fatos". Já o art. 418, também do CPC, informa que "os livros empresariais que preencham os requisitos exigidos por lei provam a favor de seu autor no litígio entre empresários".

> O XVI Exame considerou como correto que "o balanço patrimonial deverá exprimir, com fidelidade e clareza, a situação real da empresa e indicará o ativo e o passivo distintamente".

8. MICROEMPRESA – ME E EMPRESA DE PEQUENO PORTE – EPP

No intuito de promover a inclusão do pequeno empresário, a CF/88 estabeleceu em seu art. 179 que "a União, os Estados, o Distrito Federal e os Municípios dispensarão às microempresas e às empresas de pequeno porte, assim definidas em lei, tratamento jurídico diferenciado, visando a incentivá-las pela simplificação de suas obrigações administrativas, tributárias, previdenciárias e creditícias, ou pela eliminação ou redução destas por meio de lei".

De acordo com o art. 3º da Lei Complementar n. 123/2006 conceitua ME e EPP afirmando que "consideram-se microempresas ou empresas de pequeno porte a sociedade empresária, a sociedade simples, a empresa individual de responsabilidade limitada e o empresário a que se refere o art. 966 da Lei n. 10.406, de 10 de janeiro de 2002 (Código Civil), devidamente registrados no Registro de Empresas Mercantis ou no Registro Civil de Pessoas Jurídicas, conforme o caso, desde que: (I) no caso da microempresa, aufira, em cada ano-calendário, receita bruta igual ou inferior a R$ 360.000,00 (trezentos e sessenta mil reais); e (II) "no caso de empresa de pequeno porte, aufira, em cada ano-calendário, receita bruta superior a R$ 360.000,00 (trezentos e sessenta mil reais) e igual ou inferior a R$ 4.800.000,00 (quatro milhões e oitocentos mil reais)".

Ademais, o § 1º do mesmo artigo conceitua Receita Bruta informando que "considera-se receita bruta, para fins do disposto no *caput* deste artigo, o produto da venda de bens e serviços nas operações de conta própria, o preço dos serviços prestados e o resultado nas operações em conta alheia, não incluídas as vendas canceladas e os descontos incondicionais concedidos".

De acordo com o art. 70 da LC n. 123/2006, "as microempresas e as empresas de pequeno porte são desobrigadas da realização de reuniões e assembleias em qualquer das situações previstas na legislação civil, as quais serão substituídas por deliberação representativa do primeiro número inteiro superior à metade do capital social". Outrossim, na forma do § 1º, "o disposto no *caput* deste artigo não se aplica caso haja disposição contratual em contrário, caso ocorra hipótese de justa causa que enseje a exclusão de sócio ou caso um ou mais sócios ponham em risco a continuidade da empresa em virtude de atos de inegável gravidade". Já o § 2º informa que "nos casos referidos no § 1º deste artigo, realizar-se-á reunião ou assembleia de acordo com a legislação civil".

Ainda, na forma do art. 71 da LC n. 123/2006, "os empresários e as sociedades de que trata esta Lei Complementar, nos termos da legislação civil, **ficam dispensados da publicação de qualquer ato societário**".

9. PROPRIEDADE INDUSTRIAL – INPI

A disciplina da propriedade industrial nasce para proteger patrimônio imaterial que compõe o estabelecimento do empresário. Sobre o tema (Lei n. 9.279/96 – Lei de Propriedade Industrial – LPI), necessário observar a divisão entre patente (invenção e modelo de utilidade) e o registro (desenho industrial e marca), e ainda a questão das indicações geográficas.

a) A patente	Toda vez que alguém projeta algo que desconhecia estará produzindo uma invenção.
b) Modelo de invenção	É o objeto de uso prático suscetível de aplicação industrial, com novo formato de que resultam melhores condições de uso ou fabricação.

Na forma do art. 40 da LPI, a patente de invenção vigorará pelo prazo de 20 (vinte) anos e a de modelo de utilidade pelo prazo de 15 (quinze) anos contados da data de depósito, não sendo inferior a 10 (dez) anos para a patente de invenção e a 7 (sete) anos para a patente de modelo de utilidade, a contar da data de concessão, ressalvada a hipótese de o INPI estar impedido de proceder ao exame de mérito do pedido, por pendência judicial comprovada ou por motivo de força maior.

> O XVI Exame da OAB considerou que têm legitimidade para requerer patente de invenção ou modelo de utilidade, de acordo com a Lei n. 9.279/96, "o próprio autor, os herdeiros ou sucessores do autor, o cessionário ou aquele a quem a lei ou o contrato de trabalho ou de prestação de serviços determinar que pertença a titularidade da patente ou do modelo de utilidade".

Tema relevante dentro das patentes é a invenção ou modelo de utilidade realizado por empregado ou prestador de serviço. Com efeito, o art. 88 da LPI informa que "a invenção e o modelo de utilidade pertencem exclusivamente ao empregador quando decorrerem de contrato de trabalho cuja execução ocorra no Brasil e que tenha por objeto a pesquisa ou a atividade inventiva, ou resulte esta da natureza dos serviços para os quais foi o empregado contratado". Ainda, de acordo com o art. 89, "o empregador, titular da patente, poderá conceder ao empregado, autor de invento ou aperfeiçoamento, participação nos ganhos econômicos resultantes da exploração da patente, mediante negociação com o interessado ou conforme disposto em norma da empresa". Contudo, a lei esclarece em seu art. 90 que "pertencerá **exclusivamente** ao empregado a invenção ou o modelo de utilidade por ele desenvolvido, desde que desvinculado do contrato de trabalho e não decorrente da utilização de recursos, meios, dados, materiais, instalações ou equipamentos do empregador".

c) O desenho industrial	Diz respeito à forma dos objetos, e serve tanto para conferir-lhes um ornamento harmonioso como para distingui-los de outros do mesmo gênero.

Não esqueça sobre desenho industrial que "o registro vigorará pelo prazo de 10 (dez) anos contados da data do depósito, prorrogável por 3 (três) períodos sucessivos de 5 (cinco) anos cada" (art. 108 da LPI).

d) A marca	São suscetíveis de registro como marca os sinais distintivos visualmente perceptíveis, não compreendidos nas proibições legais.

Sobre a marca é bom lembrar a diferença entre Alto Renome × Notório Reconhecimento.

ALTO RENOME	NOTÓRIO RECONHECIMENTO
Proteção Nacional	Proteção Internacional
Art. 125. À marca registrada no Brasil considerada de alto renome será assegurada proteção especial, em todos os ramos de atividade.	Art. 126. A marca notoriamente conhecida em seu ramo de atividade nos termos do art. 6º *bis* (I), da Convenção da União de Paris para Proteção da Propriedade Industrial, goza de proteção especial, independentemente de estar previamente depositada ou registrada no Brasil.

Outrossim, prazo e vigência não podem ser esquecidos, e, na forma do art. 133 da LPI, "o registro da marca vigorará pelo prazo de 10 (dez) anos, contados da data da concessão do registro, prorrogável por períodos iguais e sucessivos". Já o § 1º desse artigo informa que "o pedido de prorrogação deverá ser formulado durante o último ano de vigência do registro, instruído com o comprovante do pagamento da respectiva retribuição". E o § 2º informa que "se o pedido de prorrogação não tiver sido efetuado até o termo final da vigência do registro, o titular poderá fazê-lo nos 6 (seis) meses subsequentes, mediante o pagamento de retribuição adicional". Por fim, o § 3º informa que "a prorrogação não será concedida se não atendido o disposto no art. 128".

e) Indicações geográficas	Art. 176. Constitui indicação geográfica a indicação de procedência ou a denominação de origem.

10. SOCIEDADE

Primeiramente há que relembrar a diferença entre Sociedade Empresária e Sociedade Simples, na forma do art. 982 do CC. A sociedade empresária é aquela que desenvolve atividade de empresário na forma do art. 966 do CC. Já a sociedade simples é um conceito por exclusão. Toda sociedade que não for empresária será simples.

Algumas observações devem ser feitas:

OBSERVAÇÃO 1: a sociedade de advogados sempre será simples, conforme bem estabelece o art. 16 da Lei n. 8.906/94 (Estatuto da Ordem dos Advogados do Brasil), e deverá ser registrada perante o Conselho Seccional da OAB em cuja base territorial tiver sede (art. 15, § 1º, Lei n. 8.906/94).

OBSERVAÇÃO 2: como você já leu acima no parágrafo único do art. 982 do CC, a sociedade cooperativa sempre será sociedade simples. Contudo, de acordo com o art. 18 da Lei n. 5.764/71 (Lei da Cooperativa), os atos constitutivos dessas sociedades são registrados perante a Junta Comercial.

> O XVII Exame da OAB, em questão sobre a sociedade simples, considerou correto que o empresário ingressante é responsável por todas as dívidas sociais anteriores à admissão.

As sociedades classificam-se quanto à sua composição, regime de constituição e responsabilidade:

Quanto à composição	a) De pessoas: importa a pessoa do sócio; a entrada de estranhos depende da autorização dos demais sócios. b) Capital: importa que o sócio tenha condição financeira de participar do quadro societário, não importando a autorização dos demais sócios.
Quanto ao regime de constituição	a) Contratual: os sócios se vinculam ao quanto estabelecido no contrato social. b) Institucional: os sócios se vinculam ao quanto estabelecido no estatuto social.
Quanto à responsabilidade dos sócios	a) Limitada: a responsabilidade dos sócios é limitada ao capital subscrito e integralizado. b) Ilimitada: a responsabilidade dos sócios não se limita ao capital subscrito e integralizado.

10.1 DA EMPRESA INDIVIDUAL DE RESPONSABILIDADE LIMITADA – EIRELI

Tem-se que abrir um tópico para lembrar da **EIRELI – Empresa Individual de Responsabilidade Limitada.**

Lembre-se que o **empresário individual que realiza seu registro na Junta Comercial é pessoa física e não pessoa jurídica!**

A confusão instaura-se em virtude de o empresário individual ter que se inscrever no Cadastro Nacional de Pessoa Jurídica – CNPJ. Contudo, a sua inscrição no CNPJ é somente para fins de arrecadação e fiscalização tributária, não fazendo dele uma pessoa jurídica.

A EIRELI (pessoa jurídica na forma do art. 44, VI, do CC) se regerá de acordo com o que estabelece o art. 980-A do CC.

Na forma do art. 980-A do CC, "a empresa individual de responsabilidade limitada será constituída por uma única pessoa titular da totalidade do capital social, devidamente integralizado, que não será inferior a 100 (cem) vezes o maior salário mínimo vigente no País". O § 1º estabelece que "o nome empresarial deverá ser formado pela inclusão da expressão "EIRELI" após a firma ou a denominação social da empresa individual de responsabilidade limitada". Já o § 2º informa que "a pessoa natural que constituir empresa individual de responsabilidade limitada somente poderá figurar em uma única empresa dessa modalidade". O § 3º informa que "a empresa individual de responsabilidade limitada também poderá resultar da concentração das quotas de outra modalidade societária num único sócio, independentemente das razões que motivaram tal concentração". O § 5º informa que "poderá ser atribuída à empresa individual de responsabilidade limitada constituída para a prestação de serviços de qualquer natureza a remuneração decorrente da cessão de direitos patrimoniais de autor ou de imagem, nome, marca ou voz de que seja detentor o titular da pessoa jurídica, vinculados à atividade profissional". E, por fim, o § 6º esclarece que "aplicam-se à empresa individual de responsabilidade limitada, no que couber, as regras previstas para as sociedades limitadas".

> O XIX Exame da OAB considerou como correto que a EIRELI adquire personalidade jurídica com a inscrição do ato de constituição no Registro Público de Empresas Mercantis, a cargo das Juntas Comerciais.
> O XIX Exame da OAB considerou como correto que o titular da EIRELI poderá indicar terceira pessoa como administradora, mas somente poderá figurar em uma única empresa dessa modalidade.

Passa-se, então, a enfrentar o tema das sociedades não personificadas para depois adentrar nas personificadas.

10.2 SOCIEDADE EM COMUM

A sociedade em comum é uma sociedade de pessoas que ainda não foi registrada na Junta Comercial, ou que tem alguma irregularidade que impeça o seu registro, ou, mesmo, aquela que os sócios nunca quiseram registrar.

O art. 986 estabelece que, "**enquanto não inscritos os atos constitutivos**, reger-se-á a sociedade, exceto por ações em organização, pelo disposto neste Capítulo, observadas, subsidiariamente e no que com ele forem compatíveis, as normas da sociedade simples".

Tem alguns aspectos das Sociedades em Comum que o examinando não poderá esquecer:

a.1	De acordo com o art. 987 do CC, "os sócios, nas relações entre si ou com terceiros, somente por escrito podem provar a existência da sociedade, mas os terceiros podem prová-la de qualquer modo".
a.2	De acordo com o art. 990 do CC, "todos os sócios respondem solidária e ilimitadamente pelas obrigações sociais, excluído do benefício de ordem, previsto no art. 1.024, aquele que contratou pela sociedade".

> O XX Exame da OAB considerou como correto que, na sociedade em comum, os bens sociais respondem pelos atos de gestão praticados pelo sócio.

10.3 SOCIEDADE EM CONTA DE PARTICIPAÇÃO - SCP

A SCP é uma sociedade irregular por natureza, assemelhando-se a um contrato de investimento firmado entre empresários, contando com um sócio que exerce o objeto social (ostensivo) e um sócio que investe na atividade (oculto).

De acordo com o art. 991, "na sociedade em conta de participação, a atividade constitutiva do objeto social é exercida unicamente pelo sócio ostensivo, em seu nome individual e sob sua própria e exclusiva responsabilidade, participando os demais dos resultados correspondentes". Ademais, o parágrafo único informa que "obriga-se perante terceiro tão somente o sócio ostensivo; e, exclusivamente perante este, o sócio participante, nos termos do contrato social".

10.4 SOCIEDADE EM NOME COLETIVO

É uma sociedade de pessoas, contratual e na qual os sócios possuem responsabilidade ilimitada e subsidiária.

Alguns pontos devem ser destacados:

i – Adota-se firma social (art. 1.041 do CC).

ii – Não se admite a participação de incapazes, posto que nestas sociedades o sócio tem uma contribuição não só pessoal como patrimonial, e os incapazes não podem se obrigar.

iii – Ampla liberdade dos sócios.

iv – Sociedade de pessoas.

v – A administração compete aos próprios sócios.

10.5 SOCIEDADE EM COMANDITA SIMPLES

A Sociedade em Comandita Simples é uma sociedade de pessoas, contratual, mas os sócios podem ter responsabilidade limitada ou ilimitada.

Os sócios de responsabilidade ilimitada são chamados de SÓCIOS COMANDITADOS. São os sócios que exercem a administração da sociedade, devendo ser uma pessoa física, que emprestará seu nome à firma e que terá responsabilidade ilimitada. Já os sócios de responsabilidade limitada são os SÓCIOS COMANDITÁRIOS, que não exercem a administração e não emprestam seu nome à firma.

a) Sócio Comanditado	- Pessoa física. - Responsabilidade ilimitada. - Exerce a administração. - Empresta seu nome à firma.
b) Sócio Comanditário	- Responsabilidade limitada. - Não exerce a administração. - Não empresta seu nome à firma.

10.6 SOCIEDADE EM COMANDITA POR AÇÕES

É uma sociedade estatutária, que o capital é dividido em ações, na qual os administradores devem ser acionistas, respondendo de forma subsidiária, solidária e ilimitada, pelas obrigações sociais. Sobre a Sociedade em Comandita por Ações tem-se que lembrar:

a) Sócios Administradores	- Responsabilidade ilimitada, solidária e subsidiária.
b) Demais Sócios	- Responsabilidade limitada ao preço das ações subscritas.

10.7 SOCIEDADE LIMITADA

A sociedade limitada é uma sociedade, em regra, de pessoas, contratual e na qual os sócios têm responsabilidade limitada ao capital que subscrevem.

A sociedade limitada pode ser de pessoas ou de capital, de acordo com a vontade dos sócios. O contrato social define a natureza de cada limitada.

Sobre a questão, de acordo com o art. 1.057 do CC, "na omissão do contrato, o sócio pode ceder sua quota, total ou parcialmente, a quem seja sócio, independentemente de audiência dos outros, ou a estranho, se não houver oposição de titulares de mais de um quarto do capital social".

A legislação aplicável é o Código Civil, dos arts. 1.052 a 1.087 do CC. Contudo, se o contrato nada previr, aplicar-se-ão subsidiariamente as regras da Sociedade Simples, mas se o contrato poderá ter previsão expressa de aplicação supletiva das regras da Sociedade Anônima, afastam-se as regras da Sociedade Simples (art. 1.053 do CC).

Na forma do art. 1.055 do CC, "o capital social divide-se em quotas, iguais ou desiguais, cabendo uma ou diversas a cada sócio". Já o § 1º do mesmo artigo informa que "pela exata estimação de bens conferidos ao capital social respondem solidariamente todos os sócios, até o prazo de cinco anos da data do registro da sociedade"; e o **§ 2º estabelece que "é vedada contribuição que consista em prestação de serviços".**

Sobre o capital da Sociedade Limitada ainda é bom lembrar:

i – não estipula um valor predeterminado para as quotas, mínimo ou máximo;
ii – não consagra a exigência de integralização inicial de certo percentual de capital;
iii – não fixa qualquer prazo para a sua efetiva integralização;
iv – não exige um capital mínimo para a constituição da sociedade.

Sobre a indivisibilidade da quota, o art. 1.056 do CC informa que "a quota é indivisível em relação à sociedade, salvo para efeito de transferência, caso em que se observará o disposto no artigo seguinte". O § 1º estabelece que "no caso de condomínio de quota, os direitos a ela inerentes somente podem ser exercidos pelo condômino representante, ou pelo inventariante do espólio de sócio falecido". Já o § 2º informa que "sem prejuízo do disposto no art. 1.052, os condôminos de quota indivisa respondem solidariamente pelas prestações necessárias à sua integralização".

O XV Exame considerou como correto que, na sociedade limitada, é lícito aos sócios dispor no contrato sobre as regras a serem observadas na cessão de quotas.

Sobre a Administração, o art. 1.060 do CC informa que "a sociedade limitada é administrada por uma ou mais pessoas designadas no contrato social ou em ato separado".

A questão do novo sócio é interessante no caso da Administração da sociedade limitada, pois, de acordo com o parágrafo único do art. 1.060, "a administração atribuída no contrato a todos os sócios não se estende de pleno direito aos que posteriormente adquiram essa qualidade".

Interessante também é a existência do **Administrador não sócio**, conforme estabelece a redação do art. 1.061 do CC, que diz que "se o contrato permitir administradores não sócios, a designação deles dependerá de aprovação da unanimidade dos sócios, enquanto o capital não estiver integralizado, e de dois terços, no mínimo, após a integralização".

Pois bem, no caso do Administrador não sócio a regra fica assim:

Aprovação Unânime	Capital não integralizado.
Aprovação de 2/3	Capital totalmente integralizado.

O XXI Exame da OAB, em questão sobre a nomeação de administrador estranho ao quadro social, considerou como correto que tal ato é legal, desde que seja aprovado pela unanimidade dos sócios diante da não integralização do capital social.

No que tange aos **Poderes dos Administradores**, o art. 1.015 do CC estabelece que, "no silêncio do contrato, os administradores podem praticar todos os atos pertinentes à gestão da sociedade; não constituindo objeto social, a oneração ou a venda de bens imóveis depende do que a maioria dos sócios decidir".

Contudo, interessante observar que a questão do excesso de poderes do Administrador tratada no parágrafo único do art. 1.015 do CC, o qual informa que "o excesso por parte dos administradores somente pode ser oposto a terceiros se ocorrer pelo menos uma das seguintes hipóteses: (I) se a limitação de poderes estiver inscrita ou averbada no registro próprio da sociedade; (II) provando-se que era conhecida do terceiro; (III) tratando-se de operação evidentemente estranha aos negócios da sociedade.

No que tange às **Deliberações dos Sócios**, o art. 1.071 do CC informa que "dependem da deliberação dos sócios, além de outras matérias indicadas na lei ou no contrato: (I) a aprovação das contas da administração; (II) a designação dos administradores, quando feita em ato separado; (III) a destituição dos administradores; (IV) o modo de sua remuneração, quando não estabelecido no contrato; (V) a modificação do contrato social; (VI) a incorporação, a fusão e a dissolução da sociedade, ou a cessação do estado de liquidação; (VII) a nomeação e destituição dos liquidantes e o julgamento das suas contas; (VIII) o pedido de concordata".

O art. 1.072 do CC especifica que "as deliberações dos sócios, obedecido o disposto no art. 1.010, serão tomadas em reunião ou em assembleia, conforme previsto no contrato social, devendo ser convocadas pelos administradores nos casos previstos em lei ou no contrato". Ademais, diferenciando assembleia e reunião o § 1º do mesmo dispositivo legal informa que "a deliberação em assembleia será obrigatória se o número dos sócios for superior a dez".

Ainda o art. 1.076 do CC informa o quórum especial para as deliberações, trazendo que "ressalvado o disposto no art. 1.061 e no § 1º do art. 1.063, as deliberações dos sócios serão tomadas: (I) pelos votos correspondentes, no mínimo, a três quartos do capital social, nos casos previstos nos incisos V e VI do art. 1.071; (II) pelos votos correspondentes a mais de metade do capital social, nos casos previstos nos incisos II, III, IV e VIII do art. 1.071; (III) pela maioria de votos dos presentes, nos demais casos previstos na lei ou no contrato, se este não exigir maioria mais elevada".

> O XV Exame da OAB considerou como correto que as deliberações infringentes da lei que titular de uma EIRELI vier a tomar acarretarão sua responsabilidade ilimitada pelas obrigações da pessoa jurídica.

Para a exclusão por justa causa do sócio na Sociedade Limitada, o art. 1.085 do CC estabelece que "ressalvado o disposto no art. 1.030, quando a maioria dos sócios, representativa de mais da metade do capital social, entender que um ou mais sócios estão pondo em risco a continuidade da empresa, em virtude de atos de inegável gravidade, poderá excluí-los da sociedade, mediante alteração do contrato social, **desde que prevista neste a exclusão por justa causa**". Ademais, o parágrafo único do mesmo artigo disciplina o procedimento de exclusão afirmando que "a exclusão somente poderá ser determinada em reunião ou assembleia especialmente convocada para esse fim, ciente o acusado em tempo hábil para permitir seu comparecimento e o exercício do direito de defesa".

> O XVI Exame da OAB considerou correto que na exclusão extrajudicial de sócio de uma sociedade limitada será realizada a liquidação de suas quotas, com base em balanço especial, bem como que a ex-sócia responderá pelas obrigações sociais anteriores, até dois anos após a averbação da resolução da sociedade na Junta Comercial.

Sobre a **dissolução da sociedade**, segundo o art. 1.033 do CC, dissolve-se a sociedade quando ocorrer: (I) o vencimento do prazo de duração, salvo se, vencido este e sem oposição de sócio, não entrar a sociedade em liquidação, caso em que se prorrogará por tempo indeterminado; (II) o consenso unânime dos sócios; (III) a deliberação dos sócios, por maioria absoluta, na sociedade de prazo indeterminado; (IV) a falta de pluralidade de sócios, não reconstituída no prazo de cento e oitenta dias; e (V) a extinção, na forma da lei, de autorização para funcionar.

Ainda, cumpre lembrar que o parágrafo único do art. 1.033 informa claramente que "não se aplica o disposto no inciso IV caso o sócio remanescente, inclusive na hipótese de concentração de todas as cotas da sociedade sob sua titularidade, requeira, no Registro Público de Empresas Mercantis, a transformação do registro da sociedade para empresário individual ou para empresa individual de responsabilidade limitada, observado, no que couber, o disposto nos arts. 1.113 a 1.115 deste Código".

Ademais, o art. 1.034 do CC informa que "a sociedade pode ser dissolvida judicialmente, a requerimento de qualquer dos sócios, quando: (I) anulada a sua constituição; e (II) exaurido o fim social, ou verificada a sua inexequibilidade".

> O XVIII Exame, em questão sobre o falecimento de sócio, considerou como correta que se opera a resolução da sociedade em relação ao sócio falecido, bem como que caberá a liquidação da quota do falecido, cujo valor, considerado pelo montante efetivamente realizado, será apurado, com base na situação patrimonial da sociedade à data do óbito, verificada em balanço especialmente levantado, salvo disposição contratual em contrário.

10.8 SOCIEDADE COOPERATIVA

Doutor(a), tal sociedade sempre será uma SOCIEDADE SIMPLES (art. 982, parágrafo único, CC).

De acordo com o art. 1.094 do CC, "são características da sociedade cooperativa: (I) variabilidade, ou dispensa do capital social; (II) concurso de sócios em número mínimo necessário a compor a administração da sociedade, sem limitação de número máximo; (III) limitação do valor da soma de quotas do capital social que cada sócio poderá tomar; (IV) intransferibilidade das quotas do capital a terceiros estranhos à sociedade, ainda que por herança; (V) *quorum*, para a assembleia geral funcionar e deliberar, fundado no número de sócios presentes à reunião, e não no capital social representado; (VI) direito de cada sócio a um só voto nas deliberações, tenha ou não capital a sociedade, e qualquer que seja o valor de sua participação; (VII) distribuição dos resultados, proporcionalmente ao valor das operações efetuadas pelo sócio com a sociedade, podendo ser atribuído juro fixo ao capital realizado; (VIII) indivisibilidade do fundo de reserva entre os sócios, ainda que em caso de dissolução da sociedade".

Na forma do art. 1.195 do CC, "na sociedade cooperativa, a responsabilidade dos sócios pode ser limitada ou ilimitada". De acordo com o § 1º do mesmo artigo, "é limitada a responsabilidade na cooperativa em que o sócio responde somente pelo valor de suas quotas e pelo prejuízo verificado nas operações sociais, guardada a proporção de sua participação nas mesmas operações". Já na forma do § 2º "é ilimitada a responsabilidade na cooperativa em que o sócio responde solidária e ilimitadamente pelas obrigações sociais".

Necessário lembrar que a Cooperativa, **apesar de ser uma sociedade simples, é registrada na Junta Comercial**. O art. 18 da Lei n. 5.764/71 informa que "verificada, no prazo máximo de 60 (sessenta) dias, a contar da data de entrada em seu protocolo, pelo respectivo órgão executivo federal de controle ou órgão local para isso credenciado, a existência de condições de funcionamento da cooperativa em constituição, bem como a regularidade da documentação apresentada, o órgão controlador devolverá, devidamente autenticadas, 2 (duas) vias à cooperativa, acompanhadas de documento dirigido à Junta Comercial do Estado, onde a entidade estiver sediada, comunicando a aprovação do ato constitutivo da requerente".

10.9 SOCIEDADE ANÔNIMA

A Sociedade Anônima é uma sociedade estatutária, de capital, na qual os sócios têm responsabilidade limitada, regulamentada pela Lei n. 6.404/76 – Lei das S.A. – LSA. Estas são suas características principais:

i) Natureza capitalista	É uma sociedade de capital por excelência.
ii) Essência empresarial	Ainda que não explore atividade econômica, ela será sempre empresarial e se submeterá às regras do regime jurídico empresarial.
iii) Identificação exclusiva por denominação	Art. 1.160 do CC: A sociedade anônima opera sob denominação designativa do objeto social, integrada pelas expressões "sociedade anônima" ou "companhia", por extenso ou abreviadamente.
iv) A responsabilidade limitada dos acionistas	Art. 1º da LSA: A companhia ou sociedade anônima terá o capital dividido em ações, e a responsabilidade dos sócios ou acionistas será limitada ao preço de emissão das ações subscritas ou adquiridas.

Sobre a classificação das S.A., estas podem ser abertas ou fechadas. De acordo com o art. 4º da LSA, "para os efeitos desta Lei, a companhia é aberta ou fechada conforme os valores mobiliários de sua emissão estejam ou não admitidos à negociação no mercado de valores mobiliários".

Aberta	Fechada
Quando tiver autorização para negociar seus valores mobiliários no mercado de capitais.	Quando não tiver autorização.

No que se refere ao Capital Social, o art. 5º da LSA estabelece que "o estatuto da companhia fixará o valor do capital social, expresso em moeda nacional". Já o parágrafo único informa que "a expressão monetária do valor do capital social realizado será corrigida anualmente (art. 167)".

A formação do capital é trazida no art. 7º da LSA, o qual informa que "o capital social poderá ser formado com contribuições em dinheiro ou em qualquer espécie de bens suscetíveis de avaliação em dinheiro".

A ação é valor mobiliário da S.A. que confere ao seu titular a condição de sócio, ou seja, de acionista. **A Classificação das Ações poderá ser,** quanto aos direitos e obrigações (art. 15 da LSA): "As ações, conforme a natureza dos direitos ou vantagens que confiram a seus titulares, são ordinárias, preferenciais, ou de fruição".

a) ordinárias	que conferem direitos normais ao seu titular;
b) preferenciais	que conferem preferência ou vantagem ao seu titular;
c) de fruição	que conferem apenas direito de gozo ao seu titular.

Quanto à forma de transferência, as ações podem ser nominativas e escriturais:

Nominativas	São aquelas que se transferem mediante registro levado a efeito em livro específico escriturado pela S.A. para tal finalidade.
Escriturais	Art. 34. O estatuto da companhia pode autorizar ou estabelecer que todas as ações da companhia, ou uma ou mais classes delas, sejam mantidas em contas de depósito, em nome de seus titulares, na instituição que designar, sem emissão de certificados.

> O XXI Exame da OAB considerou correta que a transferência de ações preferenciais escriturais se operará pelo lançamento efetuado pela instituição depositária em seus livros, a débito da conta de ações de alienante e a crédito da conta de ações do adquirente.

Sobre os direitos e obrigações conferidos pelas ações, cumpre observar que cada ação confere direito aos seus titulares. Como existem diferentes ações, então alguns acionistas possuem direitos que não são conferidos a outros acionistas.

De acordo com o art. 109 da LSA, "nem o estatuto social nem a assembleia geral poderão privar o acionista dos direitos de: (I) participar dos lucros sociais; (II) participar do acervo da companhia, em caso de liquidação; (III) fiscalizar, na forma prevista nesta Lei, a gestão dos negócios sociais; (IV) preferência para a subscrição de ações, partes beneficiárias conversíveis em ações, debêntures conversíveis em ações e bônus de subscrição, observado o disposto nos arts. 171 e 172; (V) retirar-se da sociedade nos casos previstos nesta Lei".

O voto não é um direito essencial de todo acionista. Nesse sentido, o art. 110 da LSA estabelece que "a cada ação ordinária corresponde 1 (um) voto nas deliberações da assembleia geral". Já o seu § 1º informa que "o estatuto pode estabelecer limitação ao número de votos de cada acionista". E o § 2º informa que "é vedado atribuir voto plural a qualquer classe de ações".

No que se refere ao exercício do direito de voto, cumpre lembrar o art. 111 da LSA, que trata das ações preferenciais. De acordo com art. 111, "o estatuto poderá deixar de conferir às ações preferenciais algum ou alguns dos direitos reconhecidos às ações ordinárias, inclusive o de voto, ou conferi-lo com restrições, observado o disposto no art. 109". Já o § 1º afirma que "as ações preferenciais sem direito de voto adquirirão o exercício desse direito se a companhia, pelo prazo previsto no estatuto, não superior a 3 (três) exercícios consecutivos, deixar de pagar os dividendos fixos ou mínimos a que fizerem jus, direito que conservarão até o pagamento, se tais dividendos não forem cumulativos, ou até que sejam pagos os cumulativos em atraso". O § 2º informa que "na mesma hipótese e sob a mesma condição do § 1º, as ações preferenciais com direito de voto restrito terão suspensas as limitações ao exercício desse direito". Por fim, o § 3º estabelece que "o estatuto poderá estipular que o disposto nos §§ 1º e 2º vigorará a partir do término da implantação do empreendimento inicial da companhia".

De acordo com o art. 52 da LSA, "a companhia poderá emitir debêntures que conferirão aos seus titulares direito de crédito contra ela, nas condições constantes da escritura de emissão e, se houver, do certificado".

De acordo com o art. 46 da LSA, "a companhia pode criar, a qualquer tempo, títulos negociáveis, sem valor nominal e estranhos ao capital social, denominados "partes beneficiárias". De acordo com o § 1º do mesmo artigo, "as partes beneficiárias conferirão aos seus titulares direito de crédito eventual contra a companhia, consistente na participação nos lucros anuais (art. 190)". Já o § 2º informa que "a participação atribuída às partes beneficiárias, inclusive para formação de reserva para resgate, se houver, não ultrapassará 0,1 (um décimo) dos lucros". O § 3º informa que "é vedado conferir às partes beneficiárias qualquer direito privativo de acionista, salvo o de fiscalizar, nos termos desta Lei, os atos dos administradores". Por fim, o § 4º estabelece que "é proibida a criação de mais de uma classe ou série de partes beneficiárias".

O bônus de subscrição é título que assegura ao seu titular o direito de preferência na subscrição de novas ações. O bônus não confere aos seus titulares a ação, mas apenas um direito de preferência na sua subscrição.

A assembleia geral é o órgão máximo de deliberação da S.A. O art. 121 da LSA estabelece que "a assembleia geral, convocada e instalada de acordo com a lei e o estatuto, **tem poderes para decidir todos os negócios relativos ao objeto da companhia** e tomar as resoluções que julgar convenientes à sua defesa e desenvolvimento".

Já o art. 122 da LSA estabelece a competência exclusiva da AG informando que compete privativamente à assembleia geral: (I) reformar o estatuto social; (II) eleger ou destituir, a qualquer tempo, os administradores e fiscais da companhia, ressalvado o disposto no inciso II do art. 142; (III) tomar, anualmente, as contas dos administradores e deliberar sobre as demonstrações financeiras por eles apresentadas; (IV) autorizar a emissão de debêntures, ressalvado o disposto nos §§ 1º, 2º e 4º do art. 59; (V) suspender o exercício dos direitos do acionista (art. 120); (VI) deliberar sobre a avaliação de bens com que o acionista concorrer para a formação do capital social; (VII) autorizar a emissão de partes beneficiárias; (VIII) deliberar sobre transformação, fusão, incorporação e cisão da companhia, sua dissolução e liquidação, eleger e destituir liquidantes e julgar-lhes as contas; e (IX) autorizar os administradores a confessar falência e pedir concordata. Outrossim, o parágrafo único do mesmo artigo estabelece que "em caso de urgência, a confissão de falência ou o pedido de concordata poderá ser formulado pelos administradores, com a concordância do acionista controlador, se houver, convocando-se imediatamente a assembleia geral, para manifestar-se sobre a matéria".

Sobre a Assembleia Geral Ordinária e Assembleia Geral Extraordinária. A divisão encontra-se insculpida no art. 131 da LSA, o qual informa que "a assembleia geral é ordinária quando tem por objeto as matérias previstas no art. 132, e extraordinária nos demais casos". Ademais, o parágrafo único do mesmo artigo estabelece que "a assembleia geral ordinária e a assembleia geral extraordinária poderão ser, cumulativamente, convocadas e realizadas no mesmo local, data e hora, instrumentadas em ata única".

Assembleia Geral Ordinária (AGO)	Assembleia Geral Extraordinária (AGE)
Art. 132. Anualmente, nos 4 (quatro) primeiros meses seguintes ao término do exercício social, deverá haver 1 (uma) assembleia geral para: I – tomar as contas dos administradores, examinar, discutir e votar as demonstrações financeiras; II – deliberar sobre a destinação do lucro líquido do exercício e a distribuição de dividendos; III – eleger os administradores e os membros do conselho fiscal, quando for o caso; IV – aprovar a correção da expressão monetária do capital social (art. 167).	Conforme dito acima, a apreciação das matérias não elencadas no art. 132 será feita por AGE.

10.10 A DESCONSIDERAÇÃO DA PERSONALIDADE JURÍDICA

O art. 50 do CC estabelece, "em caso de abuso da personalidade jurídica, caracterizado pelo desvio de finalidade, ou pela confusão patrimonial, pode o juiz decidir, a requerimento da parte, ou do Ministério Público quando lhe couber intervir no processo, que os efeitos de certas e determinadas relações de obrigações sejam estendidos aos bens particulares dos administradores ou sócios da pessoa jurídica".

11. TÍTULOS DE CRÉDITO

Título de crédito é questão certa na sua prova. A primeira coisa a lembrar é o conceito, de onde se podem extrair os seus elementos.

O Código Civil, utilizando-se dos ensinamentos de Cesare Vivante, estabeleceu em seu art. 887 que "o título de crédito, documento necessário ao exercício do direito literal e autônomo nele contido, somente produz efeito quando preencha os requisitos da lei".

Doutor(a), é bom frisar que o CC se aplica aos Títulos de Crédito que não estão regidos por lei especial, conforme bem estabelece o art. 903 do CC.

Os títulos próprios, que serão objetos desta revisão, possuem leis que os regem:

a) Letra de Câmbio	Decreto n. 57.663/66 e o Decreto n. 2.044/08.
b) Nota Promissória	Decreto n. 57.663/66.
c) Duplicata Mercantil	Lei n. 5.474/86.
d) Cheque	Lei n. 7.357/85.

11.1 PRINCÍPIOS DOS TÍTULOS DE CRÉDITO

Três são os princípios dos Títulos de Crédito – TC: cartularidade, literalidade e autonomia.

O **princípio da cartularidade** prescreve a necessidade de existência de documento. O TC não pode ser transmitido sem a sua tradição e não pode ser exigido sem a sua apresentação. Ademais, cabe considerar também:

> I – a posse do título pelo devedor presume o pagamento do título;
>
> II – só é possível protestar o título apresentando-o; e
>
> III – só é possível executar o título apresentando-o, não suprimindo a sua ausência, nem mesmo a apresentação de cópia autenticada.

É importante destacar a questão da desmaterialização dos Títulos de Crédito, possibilitando os títulos de créditos magnéticos. Nesse sentido, o Código Civil informa no § 3º do art. 889 que "o título poderá ser emitido a partir dos caracteres criados em computador ou meio técnico equivalente e que constem da escrituração do emitente, observados os requisitos mínimos previstos neste artigo". Como exemplo de Título de Crédito eletrônico, pode-se citar a Duplicata Virtual.

O **princípio da literalidade** resume-se na assertiva que o TC vale o que nele está escrito.

Já o **princípio da autonomia** preconiza que o título desvincula-se do negócio jurídico anterior. O legítimo portador do título pode exercer seu direito de crédito sem depender das demais relações que o antecederam, atribuindo negociabilidade e circulabilidade ao TC.

O princípio da autonomia se subdivide nos subprincípios da abstração e da inoponibilidade das exceções pessoais ao terceiro de boa-fé.

O **subprincípio da abstração** significa a desvinculação do Título em relação à causa que originou a sua emissão. Cumpre lembrar que é necessário a circulação para que se opere a Abstração. Lembra-se que a prescrição do TC retira a sua executividade e a sua cambiariedade, cabendo ao credor demonstrar a origem da dívida.

O **subprincípio da inoponibilidade das exceções pessoais ao terceiro de boa-fé** é o sentido processual do princípio da autonomia. A Lei Uniforme de Genebra (LUG) consagra tal princípio no seu art. 17, o qual informa que "as pessoas acionadas em virtude de uma letra não podem opor ao portador exceções fundadas sobre as relações pessoais delas com o sacador ou com os portadores anteriores, a menos que o portador ao adquirir a letra tenha procedido conscientemente em detrimento do devedor". Outrossim, o CC traz o mesmo subprincípio em seu art. 916.

11.2 ENDOSSO

É ato cambiário que põe o título em circulação.

São efeitos do endosso: (a) transfere a titularidade do crédito e (b) responsabiliza o endossante, passando este a ser codevedor do título.

Cumpre observar que o endosso poderá conter a "cláusula sem garantia", através da qual o endossante não se coobriga pelo pagamento do TC.

O endosso também não pode ser parcial, estipulando o art. 12 da LUG que "o endosso deve ser puro e simples. Qualquer condição a que ele seja subordinado considera-se como não escrita. O endosso parcial é nulo. O endosso ao portador vale como endosso em branco". E, no mesmo sentido, encontra-se o parágrafo único do art. 912 do CC.

> O XV Exame da OAB considerou como correta a assertiva: "a cessão de crédito ao cessionário pode ser parcial ou total, enquanto o endosso deve ser feito pelo valor integral do título, sob pena de nulidade".

O endossante poderá <u>proibir novo</u> endosso. Nesse caso, o art. 15 da LUG esclarece que o efeito será a não garantia do pagamento às pessoas a quem a letra for posteriormente endossada.

> O XX Exame da OAB considerou correto que, havendo proibição de endosso, a endossante, embora coobrigada, não responde pelo pagamento da letra de câmbio perante os endossatários posteriores na cadeia.

Também há que esclarecer a existência do **endosso em branco e endosso em preto, que se relaciona com a** questão da identificação ou não do beneficiário (endossatário) do título. Ou seja, no endosso em branco não se identifica para que será transferido o título (não se identifica o endossatário), já no endosso em preto identifica-se para quem o título será transferido (Pague-se a _____).

O **Endosso Impróprio** é modalidade que tem a finalidade apenas de legitimar a posse de alguém sobre o título, permitindo-lhe o exercício representado na cártula. São espécies o Endosso-mandato e o Endosso-caução.

Endosso-mandato: art. 18 da LUG	Endosso-caução: art. 19 da LUG
Art. 18. Quando o endosso contém a menção "valor a cobrar" (*valeur en recouvrement*), "para cobrança" (*pour encaissement*), "por procuração" (*par procuration*), ou qualquer outra menção que implique um simples mandato, o portador pode exercer todos os direitos emergentes da letra, mas só pode endossá-la na qualidade de procurador. Os coobrigados, neste caso, só podem invocar contra o portador as exceções que eram oponíveis ao endossante. O mandato que resulta de um endosso por procuração não se extingue por morte ou sobrevinda incapacidade legal do mandatário.	Art. 19. Quando o endosso contém a menção "valor em garantia", "valor em penhor" ou qualquer outra menção que implique uma caução, o portador pode exercer todos os direitos emergentes da letra, mas um endosso feito por ele só vale como endosso a título de procuração. Os coobrigados não podem invocar contra o portador as exceções fundadas sobre as relações pessoais deles com o endossante, a menos que o portador, ao receber a letra, tenha procedido conscientemente em detrimento do devedor.

Sobre o endosso-mandato, não se pode esquecer a Súmula 476 do STJ, que dispõe que "o endossatário de título de crédito por endosso-mandato só responde por danos decorrentes de protesto indevido se extrapolar os poderes de mandatário".

Ainda cumpre lembrar a existência do **Endosso póstumo ou tardio**, no qual o art. 20 da LUG estabelece que "o endosso posterior ao vencimento tem os mesmos efeitos que o endosso anterior. Todavia, o endosso posterior ao protesto por falta de pagamento, ou feito depois de expirado o prazo fixado para se fazer o protesto, **produz apenas os efeitos de uma cessão ordinária de créditos**".

11.3 AVAL

O Aval é instituto através do qual um terceiro se responsabiliza pelo pagamento da obrigação constante do Título de Crédito.

O art. 30 da LUG estabelece que pagamento de uma letra pode ser no todo ou em parte garantido por aval. Ademais, esta garantia é dada por um terceiro ou mesmo por um signatário da letra. Já o art. 31 da LUG informa que "o aval é escrito na própria letra ou numa folha anexa. Exprime-se pelas palavras "bom para aval" ou por qualquer fórmula equivalente; e assinado pelo dador do aval. O aval considera-se como resultante da simples assinatura do dador aposta na face anterior da letra, salvo se se trata das assinaturas do sacado ou do sacador. O aval deve indicar a pessoa por quem se dá. **Na falta de indicação, entender-se-á pelo sacador.**

O art. 32 da LUG lembra que "o dador de aval é responsável da mesma maneira que a pessoa por ele afiançada. A sua obrigação mantém-se, mesmo no caso de a obrigação que ele garantiu ser nula por qualquer razão que não seja um vício de forma. Se o dador de aval paga a letra, fica sub-rogado nos direitos emergentes da letra contra a pessoa a favor de quem foi dado o aval e contra os obrigados para com esta em virtude da letra".

O XVII Exame da OAB considerou como correta que, havendo nota promissória incompleta, o avalista em branco poderá alegar vício de forma como exceção ao pagamento perante a sociedade empresária.

Doutor(a), só para lembrar: no aval em branco, considera-se como avalizado o SACADOR!

Outrossim, cumpre lembrar que, na forma do art. 30 da LUG, o aval poderá ser parcial. Contudo, o art. 897 do CC, em seu parágrafo único, informa que "é vedado o aval parcial". Lembre-se que o próprio CC informa no seu art. 903 que ele somente se aplica aos TCs que não sigam legislação especial. Sendo assim o paragráfo único do art. 897 não se aplica à Letra de Câmbio, Nota Promissória, Duplicata Mercantil e Cheque.

Sobre o local do aval, o art. 898 do CC informa que "o aval deve ser dado no verso ou no anverso do próprio título". Já em seu § 1º estabelece que "para a validade do aval, dado no anverso do título, é suficiente a simples assinatura do avalista".

Doutor(a), para lembrar, **Aval em Branco** é aquele em que não se identifica o avalizado, e, sendo assim, avalia-se o próprio Sacador. Já no **Aval em Preto** identifica-se o Avalizado.

Lembre-se também a diferença entre Avais Simultâneos e Avais Sucessivos:

Avais Simultâneos	Avais Sucessivos
Mais de um avalista assume responsabilidade solidária (entre eles) em favor do mesmo devedor.	O avalista garante o pagamento do título em favor do devedor e tem a sua própria obrigação também garantida por aval.

Não se pode esquecer que a Súmula 189 do STF estabelece que "avais em branco e superpostos consideram-se simultâneos e não sucessivos".

Outro tema que também não pode faltar no nosso resumo é a diferença entre Aval e Fiança:

Aval	Fiança
- Submissão do aval ao princípio da autonomia. - Não admite benefício de ordem.	- Regime civil; obrigação acessória leva a mesma sorte da principal. - Admite o benefício de ordem.

OBSERVAÇÃO: necessidade de outorga conjugal, salvo separação de bens, pois, de acordo com o art. 1.647, "ressalvado o disposto no art. 1.648, nenhum dos cônjuges pode, sem autorização do outro, exceto no regime da separação absoluta: (III) prestar fiança ou aval".

11.4 VENCIMENTO: MODALIDADES

São essas as modalidades de vencimento previstas na LUG:

a) À vista	Vencimento com a sua apresentação (art. 34 da LUG). O prazo para apresentação será de até 1 ano.
b) A certo termo de vista	Vencimento começa a correr a partir do aceite ou do protesto (art. 35 da LUG).
c) A certo termo de data	Indicação no título de determinado prazo de vencimento após a sua emissão.
d) A dia certo	Data indicada no próprio título.

11.5 PROTESTO

Ato formal através do qual se atesta um fato relevante para a relação cambial. Os fatos para se protestar o título são: (i) a falta de aceite do título; (ii) a falta de devolução do título; e (iii) a falta de pagamento do título.

O protesto é indispensável para a execução de devedores indiretos (coobrigados).

> O XVI Exame da OAB considerou como correta que a apresentação de declaração de anuência firmada apenas pelo endossante da letra de câmbio, com identificação do título e firma reconhecida, enseja o cancelamento do protesto, porque é suficiente a declaração de anuência firmada pelo endossante-mandante.

11.6 ESPÉCIES TÍPICAS DE TÍTULO DE CRÉDITO

São as espécies que se destacam no ordenamento jurídico brasileiro: Letra de Câmbio, Nota Promissória, Cheque e Duplicata.

Também são conhecidas como títulos de crédito próprios ou típicos.

11.6.1 Letra de câmbio

A Letra de Câmbio – LC é ordem de pagamento que uma pessoa determina a outra perante a qual detém crédito, para que pague a soma em dinheiro nela indicada.

Importante destacar o instituto do **"Aceite"**, que é a declaração cambiária facultativa, eventual e sucessiva, pela qual o sacado se torna o principal devedor, em substituição ao sacador e endossantes. De acordo com o art. 21 da LUG, "a letra pode ser apresentada, até o vencimento, ao aceite do sacado, no seu domicílio, pelo portador ou até por um simples detentor".

O art. 22 da LUG estabelece que "o sacador pode, em qualquer letra, estipular que ela será apresentada ao aceite, com ou sem fixação de prazo". Estabelece no mesmo dispositivo ainda que o sacador "pode proibir na própria letra a sua apresentação ao aceite, salvo se se tratar de uma letra pagável em domicílio de terceiro, ou de uma letra pagável em localidade diferente da do domicílio do sacado, ou de uma letra sacada a certo termo de vista". Informa ainda que "o sacador pode também estipular que a apresentação ao aceite não poderá efetuar-se antes de determinada data", bem como que "todo endossante pode estipular que a letra deve ser apresentada ao aceite, com ou sem fixação de prazo, salvo se ela tiver sido declarada não aceitável pelo sacador".

Necessário frisar também que se admite o aceite parcial, conforme autoriza o art. 26 da LUG, que informa que "o aceite é puro e simples, mas o sacado pode limitá-lo a uma parte da importância sacada".

Admite-se o cancelamento do aceite, sendo possível desde que ocorra antes da restituição da letra (art. 29 da LUG).

O sacado pode recusar aceite. A recusa do aceite se prova pelo protesto e acarreta o vencimento antecipado do título.

Doutor(a), é bom lembrar que a recusa do aceite, seja total ou parcial, faz com que haja o vencimento antecipado do título pelo seu valor integral. Isso mesmo, a recusa parcial (ou aceite parcial) faz com que haja a antecipação integral do vencimento do título.

Necessário informar também que o prazo prescricional da Ação Cambial (Execução) encontra-se insculpido no art. 70 da LUG, podendo ser esquematizado:

Aceitante (Sacado)	<u>3 anos</u>, a contar do seu vencimento.
Endossantes e contra o Sacador	<u>1 ano</u>, a contar da data do protesto feito em tempo útil ou da data do vencimento, se se trata de letra que contenha cláusula "sem despesas".
Endossantes, Uns contra os Outros e contra o Sacador	<u>6 meses</u>, a contar do dia em que o endossante pagou a letra ou em que ele próprio foi acionado.

11.6.2 Nota promissória

A nota promissória – NP é uma promessa de pagamento pela qual o <u>emitente</u> (DEVEDOR) se compromete diretamente com o <u>beneficiário</u> (CREDOR) a pagar-lhe certa quantia em dinheiro. Sendo promessa de pagamento a nota promissória envolve, primeiramente, dois personagens cambiários: (a) o emitente, a pessoa que emite a nota promissória, na qualidade de devedor do título; e (b) o beneficiário, a pessoa que se beneficia da nota promissória, na qualidade de credor do título.

A NP é diferente da LC, fundamentalmente, por ser promessa de pagamento, enquanto a LC é ordem de pagamento. Contudo, aplicam-se à NP as mesmas regras da LC, contudo modificadas para a sua estrutura. Sendo assim, cumpre observar: (a) não se admite "aceite"; (b) aplicam-se as regras do aceitante da Letra de Câmbio; (c) o subscritor como avalizado no aval em branco; e (d) admite-se a modalidade a "certo termo de vista" (o visto) – art. 78 da LUG.

Os prazos prescricionais da Ação Cambial da NP são iguais aos da LC (art. 70).

Sobre a cobrança de NP através da Ação Monitória, a Súmula 504 do STJ afirma que "o prazo para ajuizamento de ação monitória em face do emitente de nota promissória sem força executiva é quinquenal, a contar do dia seguinte ao vencimento do título".

Cumpre, ainda, observar que a Súmula 60 do STJ prescreve que "é nula a obrigação cambial assumida pelo procurador do mutuário vinculado ao mutuante, no exclusivo interesse deste". Ademais, conferir também a Súmula 258 do STJ informa que "a nota promissória vinculada a contrato de abertura de crédito não goza de autonomia em razão da iliquidez do título que a originou".

> O XIX Exame da OAB considerou como correta que a Nota Promissória vinculada ao contrato de abertura de crédito não goza de autonomia em razão da iliquidez do título que a originou.

11.6.3 Duplicata

A Duplicata é título causal **(Causalidade da Duplicata)**, só podendo ser emitida em determinadas relações jurídicas: (a) em uma compra e venda mercantil; ou (b) em um contrato de prestação de serviço. É regida pela Lei n. 5.474/68 (Lei de Duplicata).

Cumpre enfatizar também que a Duplicata admite aceite, mas o aceite é obrigatório, sendo que os motivos para não aceitar estão insculpidos no art. 8º da Lei de Duplicatas, sendo eles: (a) avaria ou não recebimento das mercadorias, quando não expedidas ou não entregues por sua conta e risco; (b) vícios, defeitos e diferenças na qualidade ou na quantidade das mercadorias, devidamente comprovados; e (c) divergência nos prazos ou nos preços ajustados. O mesmo se aplica nas Duplicatas de Serviços (art. 21 da Lei de Duplicatas).

Necessário frisar também que no Aval em Branco na Duplicata considera-se avalizado o sacado (regra inversa à prevista para a LC), conforme estabelece o art. 12 da Lei de Duplicatas, que estipula que "o pagamento da duplicata poderá ser assegurado por aval, sendo o avalista equiparado àquele cujo nome indicar; na falta da indicação, àquele abaixo de cuja firma lançar a sua; fora desses casos, ao comprador".

> O XX Exame da OAB considerou que, havendo aval em branco na duplicata, será considerado o avalista o comprador/sacado.
>
> O XXI Exame da OAB considerou como correto que, sendo o pagamento das duplicatas garantido por aval, o avalista é equiparado àquele cujo nome indicar; na falta da indicação, àquele abaixo de cuja firma lançar a sua; fora desses casos, ao sacado.

A execução da Duplicata seguirá o quanto exposto no art. 15 da Lei de Duplicatas, ou seja, aplicar-se-á o processo de execução de Título Extrajudicial, seguindo as seguintes regras:

I - de duplicata ou triplicata aceita, protestada ou não;

II - de duplicata ou triplicata não aceita, contanto que, cumulativamente:

a) haja sido protestada;

b) esteja acompanhada de documento hábil comprobatório da entrega e recebimento da mercadoria; e

c) o sacado não tenha, comprovadamente, recusado o aceite, no prazo, nas condições e pelos motivos previstos nos arts. 7º e 8º desta Lei.

Ademais, o prazo prescricional para ingressar com a ação de execução da Duplicata segue as regras do art. 18 da Lei de Duplicatas:

Contra o sacado e respectivos avalistas	3 (três) anos, contados da data do vencimento do título.
Contra o endossante e seus avalistas	1 (um) ano, contado da data do protesto.
Qualquer dos coobrigados contra os demais	1 (um) ano, contado da data em que haja sido efetuado o pagamento do título.

Observa-se que a Duplicata, quando não aceita, somente tem a sua exigibilidade para ação de execução quando o exequente juntar o documento comprobatório da compra e venda ou da prestação do serviço.

11.6.4 Cheque

O cheque é uma ordem incondicional de pagamento à vista, de uma certa quantia em dinheiro, dada com base em suficiente provisão de fundos ou decorrente de contrato de abertura de crédito disponíveis em banco ou instituição financeira equiparada, sendo disciplinado pela Lei n. 7.357/85 – Lei de Cheque.

São tipos de Cheques:

a) Cheque Cruzado	– possibilita a identificação do credor e só poderá ser pago via depósito em conta. O cruzamento pode ser: • geral: dois traços paralelos no anverso; • especial: entre os traços, figura o nome do Banco.
b) Cheque para Ser Creditado em Conta	o emitente/portador proíbe o pagamento em dinheiro mediante a inscrição no anverso da expressão: "para ser creditado em conta".
c) Cheque Visado	é aquele garantido pelo banco sacado durante um certo período.
d) Cheque Administrativo	é aquele sacado pelo banco contra um de seus estabelecimentos.

O XVIII Exame da OAB considerou como correto que o cruzamento especial não pode ser convertido em geral e a inutilização do cruzamento ou a do nome do banco é reputada como não existente.

Cumpre lembrar ainda que o vencimento do cheque é sempre à vista, contra apresentação.

O cheque por ser sustado por duas formas:

a) Revogação (Contraordem)	Notificação dos motivos, feitos após o prazo para apresentação do cheque.
b) Oposição	Aviso escrito, relevante razão de direito, antes da liquidação do título. A sustação pode configurar crime de fraude no pagamento por cheque (art. 171). O sacado não pode questionar a ordem.

O cheque é título à vista, mas tem prazo para ser apresentado ao sacado, qual seja, 30 (trinta) dias se for da mesma praça e 60 (sessenta) dias se for de praça diferente.

Sobre o prazo prescricional para ajuizar a ação de execução, deve ser observada a regra prevista no art. 59 da Lei n. 7.357/85:

Do Portador contra o Emitente e seus Avalistas	6 meses, contados da expiração do prazo de apresentação.
Do Portador contra os Endossantes e seus Avalistas	6 meses, contados da expiração do prazo de apresentação.
De Qualquer dos Coobrigados contra os Demais	6 meses, contados do dia em que pagou o cheque ou foi acionado.

Sobre a cobrança do cheque prescrito através da Ação Monitória, confira a Súmula 503 do STJ, que estabelece que "o prazo para ajuizamento de ação monitória em face do emitente de cheque sem força executiva é quinquenal, a contar do dia seguinte à data de emissão estampada na cártula". Outrossim, a Súmula 531 do STJ preconiza que, "em ação monitória fundada em cheque prescrito ajuizada contra o emitente, é dispensável a menção ao negócio jurídico subjacente à emissão da cártula".

É interessante lembrar que, de acordo com a Lei de Cheque, esse título é ordem de pagamento à vista. Havendo preenchimento de data futura ao dia real da emissão, a data futura não é considerada e o cheque será pagável à vista. Sendo assim, não existe na Lei a disciplina sobre o "Cheque Pré-datado". Contudo, cabe lembrar que a

Súmula 370 do STJ estabelece que "caracteriza dano moral a apresentação antecipada de cheque pré-datado".

12. CONTRATOS MERCANTIS

O contrato mercantil é o negócio jurídico bilateral, firmado entre empresários que naquele negócio atuam nessa qualidade.

12.1 COMISSÃO MERCANTIL

Sobre o Contrato de Comissão, pode-se observar que o comissário é um empresário que irá realizar negócios no interesse dum outro empresário, o comitente, mas os realizará em seu nome, a conta do comitente, conforme o art. 693 do CC.

Há que se observar, ainda, Doutor(a), que o comissário assume a responsabilidade do negócio (*diferença do mandato*), na forma do art. 694 do CC.

Doutor(a), não se pode esquecer que o ponto alto desse tema é a chamada *Cláusula "del Credere"*, que solidariza o Colaborador com o Terceiro contratante. Ou seja, havendo tal cláusula o comissário responde solidariamente com terceiros com que contratar perante o comitente, conforme estabelece o art. 697 do CC. Na ausência da cláusula, os riscos cabem ao comitente.

12.2 REPRESENTAÇÃO COMERCIAL (AGÊNCIA)

A representação comercial autônoma é modalidade especial de contrato de colaboração em que o colaborador, chamado de **representante**, assume a incumbência de obter pedidos de compra e venda para os produtos comercializados pelo colaborado, chamado de **representado**; conforme o art. 1º da Lei n. 4.886/65 "exerce a representação comercial autônoma a pessoa jurídica ou a pessoa física, sem relação de emprego, que desempenha, em caráter não eventual por conta de uma ou mais pessoas, a mediação para a realização de negócios mercantis, agenciando propostas ou pedidos, para transmiti-los aos representados, praticando ou não atos relacionados com a execução dos negócios".

Ponto importante sobre o tema é a cláusula de EXCLUSIVIDADE DE ZONA. Essa cláusula é importante nos contratos de colaboração, uma vez que visa assegurar ao colaborador (representante) o retorno dos investimentos que ele fez para iniciar a colaboração (pesquisa de mercado, formação de estoque, campanhas publicitárias etc). O art. 31 da Lei de Representação informa que, "prevendo o contrato de representação a exclusividade de zona ou zonas, ou quando este for omisso, fará jus o representante à comissão pelos negócios aí realizados, ainda que diretamente pelo representado ou por intermédio de terceiros. (Redação dada pela Lei n. 8.420, de 8.5.1992)".

Ademais, frisa-se que, salvo cláusula contratual em contrário, o representante não tem exclusividade com o representado, na forma do art. 41 da Lei de Representação Comercial Autônoma.

Ponto que não se pode esquecer de tratar é que Foro competente para tratar das demandas em questão é o do domicílio do Representante, e juízo é o cível, na forma do art. 39 da Lei de Representação Comercial.

Por fim, o art. 43 da Lei de Representação informa que "é vedada no contrato de representação comercial a inclusão de cláusulas *del credere*. (Incluído pela Lei n. 8.420, de 8.5.1992)".

12.3 FRANQUIA (*FRANCHISING*)

De acordo com o art. 2º da Lei n. 8.955/94, "franquia empresarial é o sistema pelo qual um franqueador cede ao franqueado o direito de uso de marca ou patente, associado ao direito de distribuição exclusiva ou semiexclusiva de produtos ou serviços e, eventualmente, também ao direito de uso de tecnologia de implantação e administração de negócio ou sistema operacional desenvolvidos ou detidos pelo franqueador, mediante remuneração direta ou indireta, sem que, no entanto, fique caracterizado vínculo empregatício".

Ainda, o art. 3º da Lei de Franquia informa que "sempre que o franqueador tiver interesse na implantação de sistema de franquia empresarial, deverá fornecer ao interessado em tornar-se franqueado uma circular de oferta de franquia, por escrito e em linguagem clara e acessível, contendo obrigatoriamente as seguintes informações: (I) histórico resumido, forma societária e nome completo ou razão social do franqueador e de todas as empresas a que esteja diretamente ligado, bem como os respectivos nomes de fantasia e endereços; (II) balanços e demonstrações financeiras da empresa franqueadora relativos aos dois últimos exercícios; (III) indicação precisa de todas as pendências judiciais em que estejam envolvidos o franqueador, as empresas controladoras e titulares de marcas, patentes e direitos autorais relativos à operação, e seus subfranqueadores, questionando especificamente o sistema da franquia ou que possam diretamente vir a impossibilitar o funcionamento da franquia; (IV) descrição detalhada da franquia, descrição geral do negócio e das atividades que serão desempenhadas pelo franqueado; (V) perfil do franqueado ideal no que se refere a experiência anterior, nível de escolaridade e outras características que deve ter, obrigatória ou preferencialmente; (VI) requisitos quanto ao envolvimento direto do franqueado na operação e na administração do negócio; (VII) especificações quanto ao: a) total estimado do investimento inicial necessário à aquisição, implantação e entrada em operação da franquia; b) valor da taxa inicial de filiação ou taxa de franquia e de caução; e c) valor estimado das instalações, equipamentos e do estoque inicial e suas condições de pagamento; (VIII) informações claras quanto a taxas periódicas e outros valores a serem pagos pelo franqueado ao franqueador ou a terceiros por este indicados, detalhando as respectivas bases de cálculo e o que as estas remuneram ou o fim a que se destinam, indicando, especificamente, o seguinte: a) remuneração periódica pelo uso do sistema, da marca ou em troca dos serviços efetivamente prestados pelo franqueador ao franqueado (*royalties*); b) aluguel de equipamentos ou ponto comercial; c) taxa de publicidade ou semelhante; d) seguro mínimo; e e) outros valores devidos ao franqueador ou a terceiros que a ele sejam ligados; (IX) relação completa de todos os franqueados, subfranqueados e subfranqueadores da rede, bem como dos que se desligaram nos últimos doze meses, com nome, endereço e telefone; (X) em relação ao território, deve ser especificado o seguinte: a) se é garantida ao franqueado exclusividade ou preferência sobre determinado território de atuação e, caso positivo, em que condições o faz; e b) possibilidade de o franqueado realizar vendas ou prestar serviços fora de seu território ou realizar exportações; (XI) informações claras e detalhadas quanto à obrigação do franqueado de adquirir quaisquer bens, serviços ou insumos necessários à implantação, operação ou administração de sua franquia, apenas de fornecedores indicados e aprovados pelo franqueador, oferecendo ao franqueado relação completa desses fornecedores; (XII) indicação do que é efetivamente oferecido ao franqueado pelo franqueador, no que se refere a: a) supervisão de rede; b) serviços de orientação e outros prestados ao franqueado; c) treinamento do franqueado, especificando duração, conteúdo e custos; d) treinamento dos funcionários do franqueado; e) manuais de franquia; f) auxílio na análise e escolha do ponto onde será instalada a franquia; e g) *layout* e padrões arquitetônicos nas instalações do franqueado; (XIII) situação perante o Instituto Nacional de Propriedade Industrial (INPI) das marcas ou patentes cujo uso estará sendo autorizado pelo franqueador; (XIV) situação do franqueado, após a expiração do contrato de franquia, em relação a: a) *know how* ou segredo de indústria a que venha a ter acesso em função da franquia; e b) implantação de atividade concorrente da atividade do franqueador; (XV) modelo do contrato-padrão e, se for o caso, também do pré-contrato-padrão de franquia adotado pelo franqueador, com texto completo, inclusive dos respectivos anexos e prazo de validade".

O prazo de entrega da circular de ofertas de franquia será de ao menos 10 dias antes da assinatura do contrato, pois, na forma do art. 4º da Lei de Franquia, "a circular oferta de franquia deverá ser entregue ao candidato a franqueado no mínimo 10 (dez) dias antes da assinatura do contrato ou pré-contrato de franquia ou ainda do pagamento de qualquer tipo de taxa pelo franqueado ao franqueador ou a empresa ou pessoa ligada a este".

Ainda, o parágrafo único do mesmo artigo informa que "na hipótese do não cumprimento do disposto no *caput* deste artigo, o franqueado poderá arguir a anulabilidade do contrato e exigir devolução de todas as quantias que já houver pago ao franqueador ou a terceiros por ele indicados, a título de taxa de filiação e *royalties*, devidamente corrigidas, pela variação da remuneração básica dos depósitos de poupança mais perdas e danos".

> O XVIII Exame da OAB considerou como correto que o franqueador é obrigado a incluir na circular de oferta de franquia informação em relação ao território de atuação do franqueado, especificando a possibilidade de o franqueado realizar vendas ou prestar serviços fora de seu território, ou realizar exportações.

12.4 CONTRATO DE ALIENAÇÃO FIDUCIÁRIA EM GARANTIA

Contrato instrumental em que uma das partes, em confiança, aliena a outra propriedade de um determinado bem, ficando esta parte (instituição financeira, em regra) obrigada a devolver àquela o bem que lhe foi alienado quando verificada a ocorrência de determinado fato.

No caso de inadimplemento ou mora aplicar-se-á o art. 2º do DL n. 911/69, o qual informa que, "no caso de inadimplemento ou mora nas obrigações contratuais garantidas mediante alienação fiduciária, o proprietário fiduciário ou credor poderá vender a coisa a terceiros, independentemente de leilão, hasta pública, avaliação prévia ou qualquer outra medida judicial ou extrajudicial, salvo disposição expressa em contrário prevista no contrato, devendo aplicar o preço da venda no pagamento de seu crédito e das despesas decorrentes e entregar ao devedor o saldo apurado, se houver".

Ainda, não podemos nos esquecer das seguintes Súmulas de Jurisprudência sobre o tema:

STJ, 28	O contrato de alienação fiduciária em garantia pode ter por objeto bem que já integrava o patrimônio do devedor.
STJ, 384	Cabe ação monitória para haver saldo remanescente oriundo de venda extrajudicial de bem alienado fiduciariamente em garantia.
STJ, 72	A comprovação da mora e imprescindível a busca e apreensão do bem alienado fiduciariamente.
STJ, 245	A notificação destinada a comprovar a mora nas dívidas garantidas por alienação fiduciária dispensa a indicação do valor do débito.
Súmula Vinculante 25	É ilícita a prisão civil de depositário infiel, qualquer que seja a modalidade do depósito.
STJ, 92	A terceiro de boa-fé não é oponível a alienação fiduciária não anotada no certificado de registro do veículo automotor.

12.5 CONTRATO DE ARRENDAMENTO MERCANTIL (*LEASING*)

Contrato especial de locação que assegura ao locatário a prerrogativa de adquirir o bem alugado ao final da avença, pagando, nesse caso, uma diferença chamada de valor residual.

O arrendador sempre será pessoa jurídica (art. 1º da Resolução n. 2.039 do BACEN). Ao Arrendatário caberá como opções ao final do aluguel: (i) renovar a locação; (ii) encerrar o contrato, não mais renovando a locação; e (iii) comprar o bem alugado, pagando-se o valor residual.

Outrossim, são espécies de *leasing*: (i) Financeiro (bem não pertence à arrendadora), bem como (ii) Operacional (bem da arrendadora)(75%). Admite-se também o *lease back* ou *leasing* de retorno.

Ademais, é admitida a cobrança antecipada do valor residual (VRG), conforme bem esclarece a Súmula 293 do STJ, que diz "a cobrança antecipada do valor residual garantido (VRG) não descaracteriza o contrato de arrendamento mercantil".

A Súmula 369 do STJ enuncia que, "no contrato de arrendamento mercantil (*leasing*), ainda que haja cláusula resolutiva expressa, é necessária a notificação prévia do arrendatário para constituí-lo em mora".

Cumpre observar também a Súmula 564 do STJ que estabelece que, "no caso de reintegração de posse em arrendamento mercantil financeiro, quando a soma da importância antecipada a título de valor residual garantido (VRG) com o valor da venda do bem ultrapassar o total do VRG previsto contratualmente, o arrendatário terá direito de receber a respectiva diferença, cabendo, porém, se estipulado no contrato, o prévio desconto de outras despesas ou encargos pactuados".

12.6 CONTRATO DE *FACTORING* (FATURIZAÇÃO)

É o contrato por meio do qual o empresário transfere a uma instituição financeira (que não precisa ser exatamente um banco) as atribuições atinentes à administração de seu crédito. O objetivo é orientar o empresário sobre a concessão de crédito; antecipar o valor dos créditos; e assumir a inadimplência desses créditos.

Pode ser de duas espécies: i – *conventional factoring*: há antecipação (serviços de administração de crédito, seguro e financiamento); e ii – *maturity factoring*: não há antecipação (serviços de administração de crédito e seguro).

Lembre-se que, o contrato de *factoring* se submete à LEI DE USURA, não podendo cobrar juros superiores a 12% ao ano.

Lembre também, Doutor(a), que o contrato de *factoring* não é fiscalizado pelo Banco Central (regra nos contratos bancários típicos), mas pelo CONSELHO REGIONAL DE ADMINISTRAÇÃO – CRA, da região onde se encontra prestando o serviço.

> O XVI Exame da OAB considerou que as sociedades que exercem as atividades de fomento comercial, mesmo não sendo consideradas instituições financeiras para efeitos legais, estão obrigadas a conservar sigilo em suas operações ativas e passivas e serviços prestados aos faturizados.

12.7 SOLUÇÃO ALTERNATIVA DE CONFLITO – ARBITRAGEM

Na arbitragem, o árbitro julga o litígio a ele submetido e impõe às partes uma solução definitiva, tal como ocorre no processo jurisdicional.

No caso em tela, aplica-se a Lei n. 9.307/96.

O árbitro tem função de um juiz togado, e, de acordo com o art. 17 da Lei, "os árbitros, quando no exercício de suas funções ou em razão delas, ficam equiparados aos funcionários públicos, para os efeitos da legislação penal". Já o art. 18 do mesmo diploma normativo informa que "o árbitro é juiz de fato e de direito, e a sentença que proferir não fica sujeita a recurso ou a homologação pelo Poder Judiciário".

O art. 1º da Lei n. 9.307/96 estabelece que "as pessoas capazes de contratar poderão valer-se da arbitragem para dirimir litígios relativos a direitos patrimoniais disponíveis". Entretanto, uma novidade veio insculpida no § 1º do mesmo artigo estabelecendo que "a administração pública direta e indireta poderá utilizar-se da arbitragem para dirimir conflitos relativos a direitos patrimoniais disponíveis".

> O XIX Exame da OAB considerou como correto que é possível a utilização da arbitragem pela administração pública direta ou indireta, e, uma vez instituída quando aceita a nomeação pelo árbitro, se for único, ou por todos, se forem vários, haverá a interrupção da prescrição, retroagindo à data do requerimento de sua instauração.

Uma característica peculiar da sentença arbitral é a sua irrecorribilidade, pois, de acordo com o art. 30 da Lei, "no prazo de 5 (cinco) dias, a contar do recebimento da notificação ou da ciência pessoal da sentença arbitral, salvo se outro prazo for acordado entre as partes, a parte interessada, mediante comunicação à outra parte, poderá solicitar ao árbitro ou ao tribunal arbitral que (I) corrija qualquer erro material da sentença arbitral; (II) esclareça alguma obscuridade, dúvida ou contradição da sentença arbitral, ou se pronuncie sobre ponto omitido a respeito do qual devia manifestar-se a decisão".

Bom lembrar, Doutor(a), que o STJ, em sua Súmula de Jurisprudência 485, estabelece que "a Lei de Arbitragem aplica-se aos contratos que contenham cláusula arbitral, ainda que celebrados antes da sua edição".

De acordo com o art. 3º da Lei n. 9.307/96 "as partes interessadas podem submeter a solução de seus litígios ao juízo arbitral mediante convenção de arbitragem, assim entendida a cláusula compromissória e o compromisso arbitral".

Na forma do art. 4º do mesmo dispositivo legal, "a **cláusula compromissória** é a convenção através da qual as partes em um contrato comprometem-se a submeter à arbitragem os litígios que possam vir a surgir, relativamente a tal contrato". O § 1º desse dispositivo informa que "a cláusula compromissória deve ser estipulada por escrito, podendo estar inserta no próprio contrato ou em documento apartado que a ele se refira". Já o § 2º diz que "nos contratos de adesão, a cláusula compromissória só terá eficácia se o aderente tomar a iniciativa de instituir a arbitragem ou concordar, expressamente, com a sua instituição, desde que por escrito em documento anexo ou em negrito, com a assinatura ou visto especialmente para essa cláusula".

O art. 9º da Lei n. 9.307/96 estabelece que "o **compromisso arbitral** é a convenção através da qual as partes submetem um litígio à arbitragem de uma ou mais pessoas, podendo ser judicial ou extrajudicial". O § 1º informa que "o compromisso arbitral judicial celebrar-se-á por termo nos autos, perante o juízo ou tribunal, onde tem curso a demanda". Já o § 2º diz que "o compromisso arbitral extrajudicial será celebrado".

13. RECUPERAÇÃO EMPRESARIAL

A recuperação empresarial visa assegurar ao empresário em crise meios para a permanência da atuação da empresa e o seu soerguimento (atividade econômica), promovendo o princípio da função social da empresa e da sua preservação. Ainda, disciplina também a liquidação das empresas que não estão aptas a se recuperarem.

Neste trabalho caberá destacar os dispositivos mais importantes da Lei n. 11.101/2005 (Lei de Recuperação Empresarial – LRE), que auxiliarão na aprovação do examinando.

Metodologicamente, será enfrentada primeiramente a Falência para depois os dispositivos que tratam da Recuperação Judicial e Extrajudicial.

13.1 FALÊNCIA

A falência é o processo de execução concursal do devedor empresário insolvente (em crise).

Na forma do art. 1º da LRE, "esta Lei disciplina a recuperação judicial, a recuperação extrajudicial e a falência do <u>**empresário e da sociedade empresária**</u>, doravante referidos simplesmente como devedor". Deveras, são excluídos da falência, uma vez que o art. 2º da LRE estabelece que "esta Lei não se aplica a: (I) empresa pública e sociedade de economia mista; (II) instituição financeira pública ou privada, cooperativa de crédito, consórcio, entidade de previdência complementar, sociedade operadora de plano de assistência à saúde, sociedade seguradora, sociedade de capitalização e outras entidades legalmente equiparadas às anteriores".

A causa de pedir no processo de falência encontra-se insculpida no art. 94 da LRE:

Art. 94. Será decretada a falência do devedor que:	
I – sem relevante razão de direito, não paga, no vencimento, obrigação líquida materializada em título ou títulos executivos protestados cuja soma ultrapasse o equivalente a 40 (quarenta) salários mínimos na data do pedido de falência;	Permitida a Reunião de Credores (§ 1º): § 1º Credores podem reunir-se em litisconsórcio a fim de perfazer o limite mínimo para o pedido de falência com base no inciso I do *caput* deste artigo. O protesto do título (§ 3º): § 3º Na hipótese do inciso I do *caput* deste artigo, o pedido de falência será instruído com os títulos executivos na forma do parágrafo único do art. 9º desta Lei, acompanhados, em qualquer caso, dos respectivos instrumentos de protesto para fim falimentar nos termos da legislação específica.
II – executado por qualquer quantia líquida, não paga, não deposita e não nomeia à penhora bens suficientes dentro do prazo legal;	Execução Frustrada – Tríplice omissão.

III – pratica qualquer dos seguintes atos, exceto se fizer parte de plano de recuperação judicial:	a) procede à liquidação precipitada de seus ativos ou lança mão de meio ruinoso ou fraudulento para realizar pagamentos; b) realiza ou, por atos inequívocos, tenta realizar, com o objetivo de retardar pagamentos ou fraudar credores, negócio simulado ou alienação de parte ou da totalidade de seu ativo a terceiro, credor ou não; c) transfere estabelecimento a terceiro, credor ou não, sem o consentimento de todos os credores e sem ficar com bens suficientes para solver seu passivo; d) simula a transferência de seu principal estabelecimento com o objetivo de burlar a legislação ou a fiscalização ou para prejudicar credor; e) dá ou reforça garantia a credor por dívida contraída anteriormente sem ficar com bens livres e desembaraçados suficientes para saldar seu passivo; f) ausenta-se sem deixar representante habilitado e com recursos suficientes para pagar os credores, abandona estabelecimento ou tenta ocultar-se de seu domicílio, do local de sua sede ou de seu principal estabelecimento; g) deixa de cumprir, no prazo estabelecido, obrigação assumida no plano de recuperação judicial.

O Exame XVIII da OAB considerou correto que a duplicata não aceita, mas, protestada, é título hábil para instruir pedido de falência, comprovada a prestação dos serviços.

O pressuposto formal da falência é a sentença que decreta a falência do devedor (sentença constitutiva).

O autor do pedido de falência encontra-se insculpido no art. 97 da LRE, sendo ele (a) o próprio devedor, na forma do disposto nos arts. 105 a 107 desta Lei; (b) o cônjuge sobrevivente, qualquer herdeiro do devedor ou o inventariante; (c) o cotista ou o acionista do devedor na forma da lei ou do ato constitutivo da sociedade; e (d) qualquer credor.

Cumpre lembrar que o § 1º do art. 97 estabelece que "o credor empresário apresentará certidão do Registro Público de Empresas que comprove a regularidade de suas atividades. Já de acordo com o § 2º do mesmo artigo "o credor que não tiver domicílio no Brasil deverá prestar caução relativa às custas e ao pagamento da indenização de que trata o art. 101 desta Lei".

Na forma do art. 3º da LRE, "é competente para homologar o plano de recuperação extrajudicial, deferir a recuperação judicial ou decretar a falência o juízo do local do principal estabelecimento do devedor ou da filial de empresa que tenha sede fora do Brasil". Contudo, lembre-se da Súmula 480 do STJ, a qual estabelece que "o juízo da recuperação judicial não é competente para decidir sobre a constrição de bens não abrangidos pelo plano de recuperação da empresa".

No processo de falência o devedor tem prazo de 10 dias para contestar (art. 98 da LRE), podendo, ainda, "nos pedidos baseados nos incisos I e II do *caput* do art. 94 desta Lei, o devedor poderá, no prazo da contestação, depositar o valor correspondente ao total do crédito, acrescido de correção monetária, juros e honorários advocatícios, hipótese em que a falência não será decretada e, caso julgado procedente o pedido de falência, o juiz ordenará o levantamento do valor pelo autor" (art. 98, paragráfo único, LRE), ou seja, o chamado Depósito Elisivo.

A forma de recurso da sentença da falência encontra-se insculpida no art. 100 da LRE, o qual informa que "da decisão que decreta a falência cabe agravo, e da sentença que julga a improcedência do pedido cabe apelação".

O conteúdo da sentença que decreta a falência encontra-se insculpido no art. 99 da LRE. Destacando os pontos mais importantes da sentença, podemos citar a fixação do termo legal da falência (período suspeito), que encontra estabelecido na forma do inciso II deste artigo, o qual informa que a sentença: "(II) fixará o termo legal da falência, sem poder retrotraí-lo por mais de 90 (noventa) dias contados do pedido de falência, do pedido de recuperação judicial ou do 1º (primeiro) protesto por falta de pagamento, excluindo-se, para esta finalidade, os protestos que tenham sido cancelados".

Cumpre observar que com a decretação da falência ocorrerá a **instauração do juízo universal**. Na forma do art. 76 da LRE, "o juízo da falência é indivisível e competente para conhecer todas as ações sobre bens, interesses e negócios do falido, ressalvadas as causas trabalhistas, fiscais e aquelas não reguladas nesta Lei em que o falido figurar como autor ou litisconsorte ativo". Ademais, de acordo com o parágrafo único do mesmo artigo "todas as ações, inclusive as excetuadas no *caput* deste artigo, terão prosseguimento com o administrador judicial, que deverá ser intimado para representar a massa falida, sob pena de nulidade do processo".

Contudo, são exceções ao princípio da universalidade: (a) ações em que a massa falida for autora ou litisconsorte; (b) ações que demandem quantia ilíquida; (c) reclamações trabalhistas (art. 114 da CF/88); (d) execuções tributárias (art. 187 do CTN); e (e) ações de conhecimento em que a União for parte interessada.

Com a decretação da falência, o juiz nomeará o Administrador Judicial, que, na forma do art. 21 da LRE, "será profissional idôneo, preferencialmente advogado, economista, administrador de empresas ou contador, ou pessoa jurídica especializada". Ademais, o parágrafo único do mesmo artigo ainda informa que "se o administrador judicial nomeado for pessoa jurídica, declarar-se-á, no termo de que trata o art. 33 desta Lei, o nome de profissional responsável pela condução do processo de falência ou de recuperação judicial, que não poderá ser substituído sem autorização do juiz.

Doutor(a), só para lembrar que o art. 21 acima transcrito utiliza a expressão "preferencialmente". Ou seja, poderemos ter um administrador engenheiro, médico, fisioterapeuta etc.

O art. 24 da LRE estabelece a remuneração do Administrador Judicial, informando que "o juiz fixará o valor e a forma de pagamento da remuneração do administrador judicial, observados a capacidade de pagamento do devedor, o grau de complexidade do trabalho e os valores praticados no mercado para o desempenho de atividades semelhantes". Já o § 1º estabelece que "em qualquer hipótese, o total pago ao administrador judicial não excederá 5% (cinco por cento) do valor devido aos credores submetidos à recuperação judicial ou do valor de venda dos bens na falência". Contudo, o § 5º informa que "a remuneração do administrador judicial fica reduzida ao limite de 2% (dois por cento), no caso de microempresas e empresas de pequeno porte".

> O XX Exame da OAB, na questão sobre a remuneração do administrador judicial, considerou correto que caberá ao devedor arcar com as despesas relativas à remuneração do administrador judicial e das pessoas eventualmente contratadas para auxiliá-lo.

Há que se lembrar também a existência do Comitê de credores, que tem suas atribuições insculpidas no art. 27 da LRE, quando diz: (I) na recuperação judicial e na falência: (a) fiscalizar as atividades e examinar as contas do administrador judicial; (b) zelar pelo bom andamento do processo e pelo cumprimento da lei; (c) comunicar ao juiz, caso detecte violação dos direitos ou prejuízo aos interesses dos credores; (d) apurar e emitir parecer sobre quaisquer reclamações dos interessados; (e) requerer ao juiz a convocação da assembleia geral de credores; (f) manifestar-se nas hipóteses previstas nesta Lei; (II) na recuperação judicial: (a) fiscalizar a administração das atividades do devedor, apresentando, a cada 30 (trinta) dias, relatório de sua situação; (b) fiscalizar a execução do plano de recuperação judicial.

Já a composição do Comitê de Credores encontra-se disciplinada no art. 26 da LRE, o qual informa que "o Comitê de Credores será constituído por deliberação de qualquer das classes de credores na assembleia geral e terá a seguinte composição: (I) 1 (um) representante indicado pela classe de credores trabalhistas, com 2 (dois) suplentes; (II) 1 (um) representante indicado pela classe de credores com direitos reais de garantia ou privilégios especiais, com 2 (dois) suplentes; (III) 1 (um) representante indicado pela classe de credores quirografários e com privilégios gerais, com 2 (dois) suplentes; (IV) 1 (um) representante indicado pela classe de credores representantes de microempresas e empresas de pequeno porte, com 2 (dois) suplentes.

13.1.1 Dos efeitos da falência

Doutor(a), os efeitos da sentença que decreta a falência **quanto ao falido** é a dissolução da sociedade e impedimento do empresário individual de exercer atividade empresária.

Quanto aos sócios do falido não esquecer que o sócio de responsabilidade ILIMITADA também irá falir junto com a sociedade empresária. É justamente o que se observa da redação do *caput* do art. 81 da LRE, quando informa que "**a decisão que decreta a falência da sociedade com sócios ilimitadamente responsáveis também acarreta a falência destes**, que ficam sujeitos aos mesmos efeitos jurídicos produzidos em relação à sociedade falida e, por isso, deverão ser citados para apresentar contestação, se assim o desejarem".

No que tange aos sócios de responsabilidade limitada, o art. 82 da LRE informa que "a responsabilidade pessoal dos sócios de responsabilidade limitada, dos controladores e dos administradores da sociedade falida, estabelecida nas respectivas leis, será apurada no próprio juízo da falência, independentemente da realização do ativo e da prova da sua insuficiência para cobrir o passivo, observado o procedimento ordinário previsto no Código de Processo Civil". Para a responsabilização desses sócios o § 1º desse artigo informa que "prescreverá em 2 (dois) anos, contados do trânsito em julgado da sentença de encerramento da falência, a ação de responsabilização prevista no *caput* deste artigo". Outrossim, na forma do § 2º, "o juiz poderá, de ofício ou mediante requerimento das partes interessadas, ordenar a indisponibilidade de bens particulares dos réus, em quantidade compatível com o dano provocado, até o julgamento da ação de responsabilização".

Quanto aos Contratos do Falido é bom lembrar que eles NÃO se resolvem com a falência! Atenção nisso, Doutores(as).

Sobre o contrato bilateral, o art. 117 da LRE informa que "os contratos bilaterais não se resolvem pela falência e podem ser cumpridos pelo administrador judicial se o cumprimento reduzir ou evitar o aumento do passivo da massa falida ou for necessário à manutenção e preservação de seus ativos, mediante autorização do Comitê". Ainda, em seu § 1º informa também que "o contratante pode interpelar o administrador judicial, no prazo de até 90 (noventa) dias, contado da assinatura do termo de sua nomeação, para que, dentro de 10 (dez) dias, declare se cumpre ou não o contrato", e no § 2º diz que "a declaração negativa ou o silêncio do administrador judicial confere ao contraente o direito à indenização, cujo valor, apurado em processo ordinário, constituirá crédito quirografário".

> O XVII Exame da OAB, em questão sobre contrato bilateral na qual foi interpelado o administrador judicial, e este resolveu não executar o contrato, considerou como correto que "o comprador terá seu crédito relativo ao valor pago habilitado como quirografário na falência".

Sobre o contrato unilateral, o art. 118 da LRE afirma que "o administrador judicial, mediante autorização do Comitê, poderá dar cumprimento a contrato unilateral se esse fato reduzir ou evitar o aumento do passivo da massa falida ou for necessário à manutenção e preservação de seus ativos, realizando o pagamento da prestação pela qual está obrigada".

A disciplina especial de alguns contratos encontra-se especificada no art. 119 da LRE:

> I – o vendedor não pode obstar a entrega das coisas expedidas ao devedor e ainda em trânsito, se o comprador, antes do requerimento da falência, as tiver revendido, sem fraude, à vista das faturas e conhecimentos de transporte, entregues ou remetidos pelo vendedor;
>
> II – se o devedor vendeu coisas compostas e o administrador judicial resolver não continuar a execução do contrato, poderá o comprador pôr à disposição da massa falida as coisas já recebidas, pedindo perdas e danos;

> III – não tendo o devedor entregue coisa móvel ou prestado serviço que vendera ou contratara a prestações, e resolvendo o administrador judicial não executar o contrato, o crédito relativo ao valor pago será habilitado na classe própria;
> IV – o administrador judicial, ouvido o Comitê, restituirá a coisa móvel comprada pelo devedor com reserva de domínio do vendedor se resolver não continuar a execução do contrato, exigindo a devolução, nos termos do contrato, dos valores pagos.
> V – tratando-se de coisas vendidas a termo, que tenham cotação em bolsa ou mercado, e não se executando o contrato pela efetiva entrega daquelas e pagamento do preço, prestar-se-á a diferença entre a cotação do dia do contrato e a da época da liquidação em bolsa ou mercado;
> VI – na promessa de compra e venda de imóveis, aplicar-se-á a legislação respectiva;
> VII – a falência do locador não resolve o contrato de locação e, na falência do locatário, o administrador judicial pode, a qualquer tempo, denunciar o contrato;
> VIII – caso haja acordo para compensação e liquidação de obrigações no âmbito do sistema financeiro nacional, nos termos da legislação vigente, a parte não falida poderá considerar o contrato vencido antecipadamente, hipótese em que será liquidado na forma estabelecida em regulamento, admitindo-se a compensação de eventual crédito que venha a ser apurado em favor do falido com créditos detidos pelo contratante;
> IX – os patrimônios de afetação, constituídos para cumprimento de destinação específica, obedecerão ao disposto na legislação respectiva, permanecendo seus bens, direitos e obrigações separados dos do falido até o advento do respectivo termo ou até o cumprimento de sua finalidade, ocasião em que o administrador judicial arrecadará o saldo a favor da massa falida ou inscreverá na classe própria o crédito que contra ela remanescer.

O XVII Exame da OAB, em questão sobre contrato bilateral na qual foi interpelado o administrador judicial, este resolveu não executar o contrato, considerou como correto que "o comprador terá seu crédito relativo ao valor pago habilitado como quirografário na falência."
O XV Exame da OAB considerou como correto que com a decretação da falência, o contrato de locação comercial firmado pelo locatário será mantido, mas poderá ser denunciado, a qualquer tempo, pelo administrado judicial da massa falida.

Os atos do falido podem ser considerados ineficazes perante a massa falida. Os atos objetivamente ineficazes são aqueles que o juiz pode declarar a ineficácia independente de terem sido praticados com o conhecimento do estado de insolvência do devedor, ou mesmo que tenha sido para fraudar credores. O rol dos atos objetivamente ineficazes encontra-se no art. 129 da LRE, sendo um rol taxativo:

I – o pagamento de dívidas não vencidas realizado pelo devedor dentro do termo legal, por qualquer meio extintivo do direito de crédito, ainda que pelo desconto do próprio título;

II – o pagamento de dívidas vencidas e exigíveis realizado dentro do termo legal, por qualquer forma que não seja a prevista pelo contrato;

III – a constituição de direito real de garantia, inclusive a retenção, dentro do termo legal, tratando-se de dívida contraída anteriormente; se os bens dados em hipoteca forem objeto de outras posteriores, a massa falida receberá a parte que devia caber ao credor da hipoteca revogada;

IV – a prática de atos a título gratuito, desde 2 (dois) anos antes da decretação da falência;

V – a renúncia à herança ou a legado, até 2 (dois) anos antes da decretação da falência;

VI – a venda ou transferência de estabelecimento feita sem o consentimento expresso ou o pagamento de todos os credores, a esse tempo existentes, não tendo restado ao devedor bens suficientes para solver o seu passivo, salvo se, no prazo de 30 (trinta) dias, não houver oposição dos credores, após serem devidamente notificados, judicialmente ou pelo oficial do registro de títulos e documentos;

VII – os registros de direitos reais e de transferência de propriedade entre vivos, por título oneroso ou gratuito, ou a averbação relativa a imóveis realizados após a decretação da falência, salvo se tiver havido prenotação anterior.

O art. 130 da LRE trata do atos do falido subjetivamente ineficazes, informando que "são revogáveis os atos praticados com a intenção de prejudicar credores, provando-se o conluio fraudulento entre o devedor e o terceiro que com ele contratar e o efetivo prejuízo sofrido pela massa falida".

Ainda sobre o tema cabe lembrar da ação revocatória.

Tem legitimidade ativa para propor a **Ação Revocatória** o administrador judicial, qualquer credor ou o Ministério Público no prazo de 3 (três) anos, contado da decretação da falência (art. 132, LRE).

De acordo com o art. 134 da LRE, a **ação revocatória** correrá perante o juízo da falência e obedecerá ao procedimento ordinário previsto no Código de Processo Civil.

Já o art. 133 da LRE afirma que "a ação revocatória pode ser promovida: (I) contra todos os que figuraram no ato ou que por efeito dele foram pagos, garantidos ou beneficiados; (II) contra os terceiros adquirentes, se tiveram conhecimento, ao se criar o direito, da intenção do devedor de prejudicar os credores; (III) contra os herdeiros ou legatários das pessoas indicadas nos incisos I e II do *caput* deste artigo.

13.1.2 Da habilitação de crédito

Havendo a decretação da falência ou deferimento dos processamento da Recuperação Judicial, os credores serão convocados a habilitarem seus créditos no processo.

De acordo com o art. 7º da LRE, "a verificação dos créditos será realizada pelo administrador judicial, com base nos livros contábeis e documentos comerciais e fiscais do devedor e nos documentos que lhe forem apresentados pelos credores, podendo contar com o auxílio de profissionais ou empresas especializadas". Ademais, na forma do § 1º "publicado o edital previsto no art. 52, § 1º, ou no parágrafo único do art. 99 desta Lei, os credores terão o prazo de 15 (quinze) dias para apresentar ao administrador judicial suas habilitações ou suas divergências quanto aos créditos relacionados". Já o § 2º informa que "o administrador judicial, com base nas informações e documentos colhidos na forma do *caput* e do § 1º deste artigo, fará publicar edital contendo a relação de credores no prazo de 45 (quarenta e cinco) dias, contado do fim do prazo do § 1º deste artigo, devendo indicar o local, o horário e o prazo comum em que as pessoas indicadas no art. 8º desta Lei terão acesso aos documentos que fundamentaram a elaboração dessa relação".

Necessário lembrar ainda sobre as habilitações retardatárias, que, de acordo com o § 5º do art. 10, "as habilitações de crédito retardatárias, se **apresentadas antes da homologação do quadro geral de credores**, serão recebidas como impugnação e processadas na forma dos arts. 13 a 15 desta Lei". Já o § 6º do mesmo artigo estabelece que, "**após a homologação do quadro geral de credores**, aqueles que não habilitaram seu crédito poderão, observado, no que couber, o procedimento ordinário previsto no Código de Processo Civil, requerer ao juízo da falência ou da recuperação judicial a retificação do quadro geral para inclusão do respectivo crédito.

13.1.3 Do pedido de restituição

No caso de arrecadação de bem de terceiro durante o processo de falência, a ele é reservado o procedimento do pedido de restituição, cabendo tal pedido em quatro hipóteses:

1ª	Art. 85, *caput*, LRE	O proprietário de bem arrecadado no processo de falência ou que se encontre em poder do devedor na data da decretação da falência poderá pedir sua restituição.
2ª	Art. 85, parágrafo único, LRE	Também pode ser pedida a restituição de coisa vendida a crédito e entregue ao devedor nos 15 (quinze) dias anteriores ao requerimento de sua falência, se ainda não alienada.
3ª	Art. 86, II, LRE	Da importância entregue ao devedor, em moeda corrente nacional, decorrente de adiantamento a contrato de câmbio para exportação, na forma do art. 75, §§ 3º e 4º, da Lei n. 4.728, de 14 de julho de 1965, desde que o prazo total da operação, inclusive eventuais prorrogações, não exceda o previsto nas normas específicas da autoridade competente.
4ª	Art. 86, III, LRE	Dos valores entregues ao devedor pelo contratante de boa-fé na hipótese de revogação ou ineficácia do contrato, conforme disposto no art. 136 desta Lei.

13.1.4 Da realização do ativo

A realização do ativo é a venda dos bens arrecadados, angariando o dinheiro necessário para o pagamento dos credores.

De acordo com o art. 140 da LRE, "a alienação dos bens será realizada de uma das seguintes formas, observada a seguinte ordem de preferência: (I) alienação da empresa, com a venda de seus estabelecimentos em bloco; (II) alienação da empresa, com a venda de suas filiais ou unidades produtivas isoladamente; (III) alienação em bloco dos bens que integram cada um dos estabelecimentos do devedor; (IV) alienação dos bens individualmente considerados.

Sobre as modalidades de venda, o art. 142 da LRE informa que "o juiz, ouvido o administrador judicial e atendendo à orientação do Comitê, se houver, ordenará que se proceda à alienação do ativo em uma das seguintes modalidades: (I) leilão, por lances orais; (II) propostas fechadas; (III) pregão".

Sobre o tema, é importante lembrarmos também que inexiste sucessão empresarial nos bens adquiridos em processo falimentar. Nesse sentido, o art. 141 da LRE informa que, "na alienação conjunta ou separada de ativos, inclusive da empresa ou de suas filiais, promovida sob qualquer das modalidades de que trata este artigo: (II) o objeto da alienação estará livre de qualquer ônus e não haverá sucessão do arrematante nas obrigações do devedor, inclusive as de natureza tributária, as derivadas da legislação do trabalho e as decorrentes de acidentes de trabalho".

13.1.5 Pagamento dos credores

Ponto alto do processo de falência é o pagamento dos credores. Na forma do art. 147 LRE, "as quantias recebidas a qualquer título serão imediatamente depositadas em conta remunerada de instituição financeira, atendidos os requisitos da lei ou das normas de organização judiciária".

Sobre as **restituições e extraconcursais** o art. 149 da LRE informa que "realizadas as restituições, pagos os créditos extraconcursais, na forma do art. 84 desta Lei, e consolidado o quadro geral de credores, as importâncias recebidas com a realização do ativo serão destinadas ao pagamento dos credores, atendendo à classificação prevista no art. 83 desta Lei, respeitados os demais dispositivos desta Lei e as decisões judiciais que determinam reserva de importâncias". Os pagamentos então seguirão a seguinte ordem:

1ª	Pagamento imediato – art. 151 da LRE	Os créditos trabalhistas de natureza estritamente salarial vencidos nos 3 (três) meses anteriores à decretação da falência, até o limite de 5 (cinco) salários mínimos por trabalhador, serão pagos tão logo haja disponibilidade em caixa.
2ª	Despesas necessárias – art. 150 da LRE	As despesas cujo pagamento antecipado seja indispensável à administração da falência, inclusive na hipótese de continuação provisória das atividades previstas no inciso XI do *caput* do art. 99 desta Lei, serão pagas pelo administrador judicial com os recursos disponíveis em caixa.

3ª	Restituições em dinheiro – parágrafo único do art. 86 da LRE	As restituições de que trata este artigo somente serão efetuadas após o pagamento previsto no art. 151 desta Lei.
4ª	Créditos extraconcursais – art. 84 da LRE – créditos que não existem por ocasião da decretação da falência ou do deferimento da recuperação judicial, mas que são, antes, resultados desses processos	I – remunerações devidas ao administrador judicial e seus auxiliares, e créditos derivados da legislação do trabalho ou decorrentes de acidentes de trabalho relativos a serviços prestados após a decretação da falência; II – quantias fornecidas à massa pelos credores; III – despesas com arrecadação, administração, realização do ativo e distribuição do seu produto, bem como custas do processo de falência; IV – custas judiciais relativas às ações e execuções em que a massa falida tenha sido vencida; V – obrigações resultantes de atos jurídicos válidos praticados durante a recuperação judicial, nos termos do art. 67 desta Lei, ou após a decretação da falência, e tributos relativos a fatos geradores ocorridos após a decretação da falência, respeitada a ordem estabelecida no art. 83 desta Lei.
5ª	Créditos concursais – art. 83 da LRE	I – os créditos derivados da legislação do trabalho, limitados a 150 (cento e cinquenta) salários mínimos por credor, e os decorrentes de acidentes de trabalho; Obs.[1]: § 4º Os créditos trabalhistas cedidos a terceiros serão considerados quirografários. Obs.[2]: Os créditos decorrentes de acidente de trabalho não se limitam a 150 salários mínimos. II – créditos com garantia real até o limite do valor do bem gravado; Obs.: § 1º Para os fins do inciso II do *caput* deste artigo, será considerado como valor do bem objeto de garantia real a importância efetivamente arrecadada com sua venda, ou, no caso de alienação em bloco, o valor de avaliação do bem individualmente considerado. III – créditos tributários, independentemente da sua natureza e tempo de constituição, excetuadas as multas tributárias; IV – créditos com privilégio especial, a saber: a) os previstos no art. 964 da Lei n. 10.406, de 10 de janeiro de 2002; b) os assim definidos em outras leis civis e comerciais, salvo disposição contrária desta Lei; c) aqueles a cujos titulares a lei confira o direito de retenção sobre a coisa dada em garantia;

5ª	Créditos concursais – art. 83 da LRE	d) aqueles em favor dos microempreendedores individuais e das microempresas e empresas de pequeno porte de que trata a Lei Complementar n. 123, de 14 de dezembro de 2006; V – créditos com privilégio geral, a saber: a) os previstos no art. 965 da Lei n. 10.406, de 10 de janeiro de 2002; b) os previstos no parágrafo único do art. 67 desta Lei; c) os assim definidos em outras leis civis e comerciais, salvo disposição contrária desta Lei; VI – créditos quirografários, a saber: a) aqueles não previstos nos demais incisos deste artigo; b) os saldos dos créditos não cobertos pelo produto da alienação dos bens vinculados ao seu pagamento; c) os saldos dos créditos derivados da legislação do trabalho que excederem o limite estabelecido no inciso I do *caput* deste artigo. VII – as multas contratuais e as penas pecuniárias por infração das leis penais ou administrativas, inclusive as multas tributárias; VIII – créditos subordinados, a saber: a) os assim previstos em lei ou em contrato; b) os créditos dos sócios e dos administradores sem vínculo empregatício.

O Exame da OAB considerou como crédito subordinado o de pró-labore bimestral percebido pelo sócio-administrador.

13.1.6 Da extinção das obrigações do falido

No que se refere à EXTINÇÃO DAS OBRIGAÇÕES DO FALIDO, o art 158 da LRE informa que “extingue as obrigações do falido: (I) o pagamento de todos os créditos; (II) o pagamento, depois de realizado todo o ativo, de mais de 50% (cinquenta por cento) dos créditos quirografários, sendo facultado ao falido o depósito da quantia necessária para atingir essa porcentagem se para tanto não bastou a integral liquidação do ativo; (III) o decurso do prazo de 5 (cinco) anos, contado do encerramento da falência, se o falido não tiver sido condenado por prática de crime previsto nesta Lei; e (IV) o decurso do prazo de 10 (dez) anos, contado do encerramento da falência, se o falido tiver sido condenado por prática de crime previsto nesta Lei”.

13.2 DA RECUPERAÇÃO EMPRESARIAL

Com a edição da LRE houve uma mudança de paradigma na crise empresarial, dando destaque agora à preservação da atividade econômica (empresa).

A LRE realizou a divisão em Recuperação Judicial e Extrajudicial.

13.2.1 Da recuperação judicial

O art. 47 da LRE estabelece que "a recuperação judicial tem por objetivo viabilizar a superação da situação de crise econômico-financeira do devedor, a fim de permitir a manutenção da fonte produtora, do emprego dos trabalhadores e dos interesses dos credores, promovendo, assim, a preservação da empresa, sua função social e o estímulo à atividade econômica".

Doutor(a), bom lembrar que, para o Devedor realizar o pedido de recuperação judicial ele deverá estar devidamente inscrito na Junta Comercial há, pelo menos 2 anos. Lembre-se também que para ser réu no processo de falência não há a necessidade de o empresário estar inscrito na Junta Comercial.

Conforme o art. 48 da LRE, "poderá requerer recuperação judicial o devedor que, no momento do pedido, exerça regularmente suas atividades há mais de 2 (dois) anos e que atenda aos seguintes requisitos, cumulativamente: (I) não ser falido e, se o foi, estejam declaradas extintas, por sentença transitada em julgado, as responsabilidades daí decorrentes; (II) não ter, há menos de 5 (cinco) anos, obtido concessão de recuperação judicial; (III) não ter, há menos de 5 (cinco) anos, obtido concessão de recuperação judicial com base no plano especial de que trata a Seção V deste Capítulo; (IV) não ter sido condenado ou não ter, como administrador ou sócio controlador, pessoa condenada por qualquer dos crimes previstos nesta Lei".

Minha galera, é bom lembrar que o Devedor irá pleitear ao juiz o processamento da Recuperação Judicial (e não o deferimento da RJ). O juiz, analisando a petição inicial e os documentos acostados (art. 51 da LRE), poderá então deferir o processamento do pedido de recuperação judicial (art. 52 da LRE).

De acordo com o art. 52, "estando em termos a documentação exigida no art. 51 desta Lei, o juiz deferirá o processamento da recuperação judicial e, no mesmo ato: (I) nomeará o administrador judicial, observado o disposto no art. 21 desta Lei; (II) determinará a dispensa da apresentação de certidões negativas para que o devedor exerça suas atividades, exceto para contratação com o Poder Público ou para recebimento de benefícios ou incentivos fiscais ou creditícios, observando o disposto no art. 69 desta Lei; (III) ordenará a suspensão de todas as ações ou execuções contra o devedor, na forma do art. 6º desta Lei, permanecendo os respectivos autos no juízo onde se processam, ressalvadas as ações previstas nos §§ 1º, 2º e 7º do art. 6º desta Lei e as relativas a créditos excetuados na forma dos §§ 3º e 4º do art. 49 desta Lei; (IV) determinará ao devedor a apresentação de contas demonstrativas mensais enquanto perdurar a recuperação judicial, sob pena de destituição de seus administradores; (V) ordenará a intimação do Ministério Público e a comunicação por carta às Fazendas Públicas Federal e de todos os Estados e Municípios em que o devedor tiver estabelecimento".

Há que se lembrar da suspensão das ações que tramitam contra o Devedor – prazo de 180 dias. De acordo com o art. 6º da LRE, "a decretação da falência ou o deferimento do processamento da recuperação judicial suspende o curso da prescrição e de todas as ações e execuções em face do devedor, inclusive aquelas dos credores particulares do sócio solidário". Já o § 4º informa que "na recuperação judicial, a suspensão de que trata o *caput* deste artigo em hipótese nenhuma excederá o prazo improrrogável de 180 (cento e oitenta) dias contado do deferimento do processamento da recuperação, restabelecendo-se, após o decurso do prazo, o direito dos credores de iniciar ou continuar suas ações e execuções, independentemente de pronunciamento judicial". O § 5º informa que "aplica-se o disposto no § 2º deste artigo à recuperação judicial durante o período de suspensão de que trata o § 4º deste artigo, mas, após o fim da suspensão, as execuções trabalhistas poderão ser normalmente concluídas, ainda que o crédito já esteja inscrito no quadro-geral de credores". E o § 7º informa que "as execuções de natureza fiscal não são suspensas pelo deferimento da recuperação judicial, ressalvada a concessão de parcelamento nos termos do Código Tributário Nacional e da legislação ordinária específica".

Sobre a apresentação do plano de recuperação empresarial, o art. 53 da LRE estabelece que "o plano de recuperação será apresentado pelo devedor em juízo no prazo improrrogável de 60 (sessenta) dias da publicação da decisão que deferir o processamento da recuperação judicial, sob pena de convolação em falência, e deverá conter: (I) discriminação pormenorizada dos meios de recuperação a ser empregados, conforme o art. 50 desta Lei, e seu resumo; (II) demonstração de sua viabilidade econômica; e (III) laudo econômico-financeiro e de avaliação dos bens e ativos do devedor, subscrito por profissional legalmente habilitado ou empresa especializada.

Os créditos trabalhistas no plano de recuperação judicial seguem o quanto estabelece o art. 54 da LRE, pois "o plano de recuperação judicial não poderá prever prazo superior a 1 (um) ano para pagamento dos créditos derivados da legislação do trabalho ou decorrentes de acidentes de trabalho vencidos até a data do pedido de recuperação judicial". Ademais, o parágrafo único do mesmo dispositivo informa que "o plano não poderá, ainda, prever prazo superior a 30 (trinta) dias para o pagamento, até o limite de 5 (cinco) salários mínimos por trabalhador, dos créditos de natureza estritamente salarial vencidos nos 3 (três) meses anteriores ao pedido de recuperação judicial".

Na forma do art. 49 da LRE "estão sujeitos à recuperação judicial todos os créditos existentes na data do pedido, ainda que não vencidos". Mas, há que se ter um cuidado grande com a expressão "todos os créditos existentes", pois, como se verá mais abaixo, §§ 3º e 4º, alguns créditos não estão submetidos.

De acordo com o § 3º, "tratando-se de credor titular da posição de proprietário fiduciário de bens móveis ou imóveis, de arrendador mercantil, de proprietário ou promitente vendedor de imóvel cujos respectivos contratos contenham cláusula de irrevogabilidade ou irretratabilidade, inclusive em incorporações imobiliárias, ou de proprietário em contrato de venda com reserva de domínio, seu crédito não se submeterá aos efeitos da recuperação judicial e prevalecerão os direitos de propriedade sobre a coisa e as condições contratuais, observada a legislação respectiva, não se permitindo, contudo, durante o prazo de suspensão a que se refere o § 4º do art. 6º desta Lei, a venda ou a retirada do estabelecimento do devedor dos bens de capital essenciais a sua atividade empresarial". Já o § 4º informa que "não se sujeitará aos efeitos da recuperação judicial a importância a que se refere o inciso II do art. 86 desta Lei".

Frise-se que, na forma do § 1º do art. 49 da LRE, "os credores do devedor em recuperação judicial conservam seus direitos e privilégios contra os coobrigados, fiadores e obrigados de regresso". A regra foi chancelada pela Súmula 581 do STJ, a qual estabeleceu que "A recuperação judicial do devedor principal não impede o prosseguimento das ações e execuções ajuizadas contra terceiros devedores solidários ou coobrigados em geral, por garantia cambial, real ou fidejussória".

> O XX Exame da OAB – Reaplicação Salvador – considerou correto que, diante do processamento da recuperação judicial de sociedade empresária, o exercício dos direitos derivados de contratos de arrendamento mercantil pelos credores não ficará suspenso em nenhuma hipótese e os créditos decorrentes dos contratos de arrendamento não se submeterão aos efeitos da recuperação judicial, prevalecendo os direitos de propriedade sobre a coisa e as condições contratuais.
> O XVIII Exame da OAB considerou correto que, quando o credor não tem alterado, no plano de recuperação, o valor ou as condições originais de pagamento do seu crédito, não terá direito a voto nas assembleias de credores realizadas durante a recuperação judicial e o crédito não será considerado para fins de verificação de quórum de deliberação.
> O Exame XX da OAB – Reaplicação Salvador – considerou correto que o crédito de um empresário enquadrado como microempresa será classificado na falência como com privilégio especial.

No que tange ao descumprimento de obrigações do plano de recuperação, o art. 60, § 1º, da LRE esclarece que "durante o período estabelecido no *caput* deste artigo, o descumprimento de qualquer obrigação prevista no plano acarretará a convolação da recuperação em falência, nos termos do art. 73 desta Lei".

O art. 73 da LRE traz as hipóteses de convolação da Recuperação Judicial em Falência, informando que "o juiz decretará a falência durante o processo de recuperação judicial: (I) por deliberação da assembleia geral de credores, na forma do art. 42 desta Lei; (II) pela não apresentação, pelo devedor, do plano de recuperação no prazo do art. 53 desta Lei; (III) quando houver sido rejeitado o plano de recuperação, nos termos do § 4º do art. 56 desta Lei; e (IV) por descumprimento de qualquer obrigação assumida no plano de recuperação, na forma do § 1º do art. 61 desta Lei".

Lembre-se que, havendo convolação em falência, dispõe o § 2º do art. 61 que "decretada a falência, os credores terão reconstituídos seus direitos e garantias nas condições originalmente contratadas, deduzidos os valores eventualmente pagos e ressalvados os atos validamente praticados no âmbito da recuperação judicial".

Não se pode esquecer do Plano Especial de Recuperação Judicial para as MEs e EPPs, previsto no art. 70 da LRE, o qual informa que "as pessoas de que trata o art. 1º desta Lei e que se incluam nos conceitos de microempresa ou empresa de pequeno porte, nos termos da legislação vigente, sujeitam-se às normas deste Capítulo".

Muito interessante lembrarmos que o art. 71 da LRE estabelece as condições do plano especial. De acordo com o art. 71, "o plano especial de recuperação judicial será apresentado no prazo previsto no art. 53 desta Lei e limitar-se-á às seguintes condições: (I) abrangerá todos os créditos existentes na data do pedido, ainda que não vencidos, excetuados os decorrentes de repasse de recursos oficiais, os fiscais e os previstos nos §§ 3º e 4º do art. 49; (II) preverá parcelamento em até 36 (trinta e seis) parcelas mensais, iguais e sucessivas, acrescidas de juros equivalentes à taxa Sistema Especial de Liquidação e de Custódia – SELIC, podendo conter ainda a proposta de abatimento do valor das dívidas; (III) preverá o pagamento da 1ª (primeira) parcela no prazo máximo de 180 (cento e oitenta) dias, contado da distribuição do pedido de recuperação judicial; (IV) estabelecerá a necessidade de autorização do juiz, após ouvido o administrador judicial e o Comitê de Credores, para o devedor aumentar despesas ou contratar empregados".

Na forma do art. 72 da LRE, "caso o devedor de que trata o art. 70 desta Lei opte pelo pedido de recuperação judicial com base no plano especial disciplinado nesta Seção, não será convocada assembleia geral de credores para deliberar sobre o plano, e o juiz concederá a recuperação judicial se atendidas as demais exigências desta Lei". Ademais, o parágrafo único estabelece que "o juiz também julgará improcedente o pedido de recuperação judicial e decretará a falência do devedor se houver objeções, nos termos do art. 55, de credores titulares de mais da metade de qualquer uma das classes de créditos previstos no art. 83, computados na forma do art. 45, todos desta Lei".

> O XXI Exame da OAB considerou correto que plano de recuperação extrajudicial não pode contemplar o pagamento antecipado de dívidas nem tratamento desfavorável aos credores que a ele não estejam sujeitos.

13.2.2 Da recuperação extrajudicial

Sobre a Recuperação Extrajudicial, o art. 161 da LRE estabelece que "o devedor que preencher os requisitos do art. 48 desta Lei poderá propor e negociar com credores plano de recuperação extrajudicial". Há ainda o requisito previsto no § 3º do art. 161 da LRE, o qual informa que "o devedor não poderá requerer a homologação de plano extrajudicial, se estiver pendente pedido de recuperação judicial ou se houver obtido recuperação judicial ou homologação de outro plano de recuperação extrajudicial há menos de 2 (dois) anos".

A abrangência do plano na recuperação extrajudicial encontra-se insculpida nos §§ 1º, 4º e 5º do art. 163 da LRE. De acordo com o § 1º, "o plano poderá abranger a totalidade de uma ou mais espécies de créditos previstos no art. 83, II, IV, V, VI e VIII do *caput*, desta Lei, ou grupo de credores de mesma natureza e sujeito a semelhantes condições de pagamento, e, uma vez homologado, obriga a todos os credores das espécies por ele abrangidas, exclusivamente em relação aos créditos constituídos até a data do pedido de homologação". Já o § 4º informa que "na alienação de bem objeto de garantia real, a supressão da garantia ou sua substituição somente serão admitidas mediante a aprovação expressa do credor titular da respectiva garantia". Por fim, o § 5º estabelece que, "nos créditos em moeda estrangeira, a variação cambial só poderá ser afastada se o credor titular do respectivo crédito aprovar expressamente previsão diversa no plano de recuperação extrajudicial".

Os credores não submetidos ao plano de recuperação extrajudicial encontram-se no § 1º do art. 161 da LRE, quando diz que "não se aplica o disposto neste Capítulo a titulares de créditos de natureza tributária, derivados da legislação do trabalho ou decorrentes de acidente de trabalho, assim como àqueles previstos nos arts. 49, § 3º, e 86, inciso II do *caput*, desta Lei".

Há que informar ainda que, na forma do § 4º do art. 161 da LRE, "o pedido de homologação do plano de recuperação extrajudicial não acarretará suspensão de direitos, ações ou execuções, nem a impossibilidade do pedido de decretação de falência pelos credores não sujeitos ao plano de recuperação extrajudicial".

Sobre o pedido de homologação, o art. 162 da LRE estabelece que "o devedor poderá requerer a homologação em juízo do plano de recuperação extrajudicial, juntando sua justificativa e o documento que contenha seus termos e condições, com as assinaturas dos credores que a ele aderiram". Ademais, o art. 163 da LRE informa que "o devedor poderá, também, requerer a homologação de plano de recuperação extrajudicial que obriga a todos os credores por ele abrangidos, desde que assinado por credores que representem mais de 3/5 (três quintos) de todos os créditos de cada espécie por ele abrangidos".

No que tange aos efeitos da homologação, o art. 165 informa que "o plano de recuperação extrajudicial produz efeitos após sua homologação judicial". Contudo, o § 1º do mesmo dispositivo esclarece que "é lícito, contudo, que o plano estabeleça a produção de efeitos anteriores à homologação, desde que exclusivamente em relação à modificação do valor ou da forma de pagamento dos credores signatários".

Por fim, cabe lembrar que o art. 166 estabelece que "se o plano de recuperação extrajudicial homologado envolver alienação judicial de filiais ou de unidades produtivas isoladas do devedor, o juiz ordenará a sua realização, observado, no que couber, o disposto no art. 142 desta Lei".

DIREITO PENAL

Nidal Ahmad

1. INTRODUÇÃO

Buscamos desenvolver esta obra de forma a proporcionar-lhe um estudo objetivo e claro na identificação da resposta adequada à questão objetiva proposta pela banca examinadora.

Direito penal tem fundamental importância na prova, já que contempla 6 questões objetivas, correspondendo a 7,5% do total e 15% do necessário à passagem para a segunda fase. Lembre-se: você precisa acertar, pelo menos, 40 questões. Vamos ajudá-lo(a) nessa tarefa!

A banca examinadora passou a adotar o padrão de elaboração de questões problematizadas, que, com uma leitura atenta e cuidadosa do enunciado, será plenamente possível identificar a resposta adequada ao caso proposto.

A experiência de longos anos na preparação para o exame da OAB nos revelou que o candidato necessita, precipuamente, organizar o raciocínio lógico e o conhecimento acerca do conteúdo.

Nesse contexto, esta obra se propõe a apresentar uma metodologia que proporcione ao leitor um estudo estratégico e sistematizado, buscando contemplar os principais conteúdos teóricos e práticos de forma objetiva e eficaz, sobretudo em relação à parte geral do Código Penal.

Por fim, convém registrar que não há, neste livro, a pretensão de esgotar qualquer tema. Nosso objetivo é abordar os pontos mais cobrados na primeira fase até aqui, de forma objetiva e clara, com dicas fundamentais e macetes que serão extremamente úteis aos seus estudos e na resolução das questões.

2. DA LEI PENAL NO TEMPO

2.1 PRINCÍPIOS

Há, basicamente, dois princípios que regem os conflitos de leis penais no tempo:

1º) o da irretroatividade da lei mais severa;

2º) o da retroatividade da lei mais benigna.

2.2 HIPÓTESES DE CONFLITOS DE LEIS PENAIS NO TEMPO

A) *ABOLITIO CRIMINIS*

Ocorre a chamada *abolitio criminis* quando a lei nova já não incrimina fato que anteriormente era considerado como ilícito penal. Ex.: o art. 240 do Código Penal previa como crime a prática de adultério. Com a edição da Lei n. 11.106/2005, que revogou esse artigo, adultério deixou de ser considerado crime. Nesse caso, a nova lei retroage para alcançar o fato não mais previsto como crime. É decorrência da previsão do art. 5º, XL, CF/88, e art. 2º do Código Penal.

B) *NOVATIO LEGIS IN MELLIUS*

Além da *abolitio criminis*, a lei nova pode favorecer o agente de várias maneiras. A lei posterior, sem deixar de incriminar o fato delituoso, mas que, de qualquer modo, favorecer o agente, aplica-se aos fatos anteriores, ainda que decididos por sentença condenatória transitada em julgado (art. 2º, parágrafo único, do Código Penal).

C) *NOVATIO LEGIS* INCRIMINADORA

A *novatio legis* incriminadora, ao contrário da *abolitio criminis*, considera crime fato anteriormente não incriminado. Como se trata de lei posterior mais severa, não retroage.

Ex.: a partir da Lei n. 11.466/2007, que incluiu no Código Penal o art. 319-A, passou a ser considerado crime a conduta de deixar o Diretor de Penitenciária e/ou agente público de cumprir o dever de vedar ao preso o acesso a aparelho telefônico, de rádio ou simular, que permita a comunicação com outros presos ou com ambiente externo. Esse delito somente irá incidir à conduta praticada a partir da vigência do art. 319-A do Código Penal. Incide, no caso, o princípio da irretroatividade da lei penal.

D) *NOVATIO LEGIS IN PEJUS*

Aqui, sem criar nova modalidade de crime, a lei posterior confere tratamento mais severo do que previa a lei anterior. Ex.: a Lei n. 11.343/2006, em seu art. 33, aumentou a pena do crime de tráfico de drogas. A lei nova mais severa somente gera efeitos aos fatos praticados a partir da sua vigência. Não retroage para prejudicar o réu. Incide, no caso, o princípio da irretroatividade da lei penal.

2.3 CRIME PERMANENTE E CRIME CONTINUADO E LEI PENAL MAIS BENÉFICA

Aplica-se a lei nova durante a atividade executória do crime continuado ou permanente, ainda que seja prejudicial ao réu, já que a cada momento da atividade criminosa está presente a vontade do agente.

É o que se extrai da Súmula 711 do STF: "A lei penal mais grave aplica-se ao crime continuado ou ao crime permanente, se a sua vigência é anterior à cessação da continuidade ou da permanência".

> No XIII Exame da OAB foi considerada correta a afirmativa no sentido de que, no contexto de crime de tráfico de drogas, consistente na conduta de ter em depósito, deve ser aplicada a lei mais severa, qual seja, aquela que passou a vigorar durante o período em que o agente ainda estava com a droga em depósito.

2.4 LEIS DE VIGÊNCIA TEMPORÁRIA

De acordo com o art. 3º do Código Penal, as leis excepcionais ou temporárias, embora decorrido o período de sua duração ou cessadas as circunstâncias que as determinaram, aplicam-se aos fatos praticados durante sua vigência.

Leis excepcionais são criadas para gerar efeitos em situações anormais, como, por exemplo, em caso de calamidade pública, guerras, epidemias. Cessam a sua vigência ao mesmo tempo que a situação excepcional também terminar.

Leis temporárias são criadas para vigorarem em um período de tempo previamente fixado pelo legislador. Trazem em seu bojo a data de cessação de sua vigência.

Em regra, uma lei somente pode ser revogada por outra lei posterior, que a revogue expressamente, que seja com ela incompatível ou que regule integralmente a matéria nela tratada (art. 2º, § 1º, da LICC).

As leis de vigência temporária constituem exceção a esse princípio, visto que perdem sua vigência automaticamente, sem que outra lei as revogue, ou seja, são autorrevogáveis.

Da mesma forma, são dotadas de ultratividade, já que continuam gerando efeitos em relação a um fato cometido durante a sua vigência, mesmo após a sua revogação.

> No XIX Exame da OAB, na questão que tratava da edição de uma lei que passou a prever que, entre 20 de agosto de 2014 e 31 de dezembro de 2015, o crime de dano qualificado contra o patrimônio público, que prevê pena de detenção de 6 meses a 3 anos e multa, passaria a ter pena de 2 a 5 anos de detenção, foi considerada correta a alternativa no sentido de que, no julgamento do agente que, no dia 20 de dezembro de 2015, destrói dolosamente um bem de propriedade da União, deveria o juiz, em caso de condenação, considerar a pena de 2 a 5 anos de detenção, pois a lei temporária tem ultratividade gravosa.

2.5 DO TEMPO DO CRIME

A análise do âmbito temporal da aplicação da lei penal necessita da fixação do momento em que se considera o delito cometido.

Nos termos do art. 4º do Código Penal, **adota-se a teoria da atividade**, segundo a qual se reputa praticado o delito no momento da conduta, não importando o instante do resultado.

Ex.: suponha que o marido efetue disparos de arma de fogo contra a sua esposa no dia 7 de março de 2015, vindo a vítima a falecer somente no dia 10 de março de 2015. Nesse caso, não incidiria a qualificadora do feminicídio, prevista no art. 121, § 2º, VI, do Código Penal, uma vez que essa circunstância passou a vigorar no dia 9 de março de 2015. Assim, nesse caso, para correta aplicação da norma penal, em relação ao tempo do crime, deve-se considerar o momento da conduta (desfecho dos tiros), e não o momento do resultado (ocorrência da morte).

3. DA LEI PENAL NO ESPAÇO

3.1 TERRITORIALIDADE

A Lei Penal é elaborada para vigorar dentro dos limites em que o Estado exerce a sua soberania.

Via de regra, pelo princípio da territorialidade, aplicam-se as leis brasileiras aos delitos cometidos dentro do território nacional. No sentido jurídico, considera-se território nacional todo o espaço em que o Brasil exerce sua soberania, aqui incluindo o espaço físico (limites geográficos do País) e o espaço jurídico (na hipótese de território nacional por equiparação).

Nos termos do art. 5º, § 1º, do Código Penal, constituem território brasileiro por equiparação:

A) embarcações e aeronaves brasileiras de natureza pública ou a serviço do governo brasileiro onde estiverem;

B) embarcações e aeronaves brasileiras, de propriedade privada, que estiverem navegando em alto-mar ou sobrevoando águas internacionais.

Os navios estrangeiros em águas territoriais brasileiras, desde que públicos, não são considerados parte do nosso território. Em face disso, os crimes neles cometidos devem ser julgados de acordo com a lei da bandeira que ostentam. Se, entretanto, são de natureza privada, aplica-se a lei brasileira (art. 5º, § 2º, do Código Penal).

> No XXI Exame da OAB, o enunciado narrou que revoltado com a conduta de um Ministro de Estado, Mário se esconde no interior de uma aeronave pública brasileira, que estava a serviço do governo, e, no meio da viagem, já no espaço aéreo equivalente ao Uruguai, desfere 5 facadas no Ministro com o qual estava insatisfeito, vindo a causar-lhe lesão corporal gravíssima, sendo considerada como correta a alternativa no sentido de que Mário poderá ser responsabilizado, segundo a lei brasileira, com base no critério da territorialidade.

3.2 LUGAR DO CRIME

A determinação do lugar em que o crime se considera praticado é decisiva no tocante à competência penal internacional. Surge o problema quando o crime se desenrola em lugares diferentes.

Nos termos do art. 6º do Código Penal, adota-se a teoria da ubiquidade ou mista, segundo a qual se considera lugar do crime tanto onde houve a conduta, quanto o local onde se deu o resultado.

Ex.: imaginemos que alguém residente no Brasil envie uma bomba para explodir e matar a vítima que se encontra na Inglaterra. A conduta foi praticada no Brasil e a consumação ocorreu na Inglaterra.

Agora, imaginemos a situação contrária, alguém residente na Inglaterra envia uma bomba para explodir e matar a vítima que se encontra no Brasil. A conduta foi praticada na Inglaterra e a consumação ocorreu no Brasil.

Nesses dois casos, aplicando-se a teoria da ubiquidade, incidirá a norma penal brasileira.

3.3 EXTRATERRITORIALIDADE

Nos termos do art. 5º do Código Penal, o legislador penal brasileiro adotou, como regra, o princípio da territorialidade.

Todavia, em situações específicas, a lei penal brasileira pode ser aplicada a crimes praticados exclusivamente em país estrangeiro. Incide, aqui, a hipótese da extraterritorialidade da lei penal brasileira, prevista no art. 7º do Código Penal.

Há duas espécies de extraterritorialidade: a) extraterritorialidade incondicionada, reservada para os casos mais graves, em que a lei penal brasileira se aplica a crimes praticados no exterior, sem a exigência de qualquer condição (art. 7º, I e § 1º, do Código Penal); b) extraterritorialidade condicionada, cuja aplicação da lei penal brasileira depende do implemento de diversas condições, previstas no art. 7º, II e §§ 2º e 3º, do Código Penal.

A extraterritorialidade excepcional incondicionada é prevista nas hipóteses do art. 7º, I, do Código Penal; a extraterritorialidade condicionada incide em relação às situações relacionadas no art. 7º, II e § 3º, do Código Penal.

> No XI Exame da OAB, na questão que um jovem francês residente na Bulgária atentou contra a vida do presidente do Brasil, que, na ocasião, visitava a Bulgária, foi considerada correta a alternativa no sentido de que seria aplicável a lei penal brasileira, pois o caso narrado traz hipótese de extraterritorialidade incondicionada, mesmo tendo sido o jovem francês absolvido segundo as leis do país estrangeiro.

4. CONFLITO APARENTE DE NORMAS

4.1 CONCEITO

É o conflito que se estabelece entre duas ou mais normas aparentemente aplicáveis ao mesmo fato. Há conflito, porque mais de uma norma pretende regular o fato, mas é aparente, porque apenas uma delas acaba sendo aplicada à hipótese.

4.2 PRINCÍPIOS PARA A SOLUÇÃO DOS CONFLITOS APARENTES DE NORMAS

A) PRINCÍPIO DA ESPECIALIDADE

Considera-se norma especial a que contém todos os elementos da norma geral, mais outro(s) que a especializa, que a destaca em relação àquela.

A norma do art. 123 do Código Penal, que trata do infanticídio, prevalece sobre a do art. 121, que cuida do homicídio, porque possui, além dos elementos genéricos deste último, os seguintes especializantes: "próprio filho", "durante o parto ou logo após" e "sob a influência do estado puerperal".

Nesse caso, a norma especial prevalece sobre a geral.

B) PRINCÍPIO DA SUBSIDIARIEDADE

Há relação de subsidiariedade entre normas quando descrevem graus de violação do mesmo bem jurídico, de forma que a infração subsidiária, porque de menor gravidade, é absorvida pela infração principal, de maior gravidade.

Ex.: quando o agente sequestra a vítima como condição para pagamento de resgate, o crime de sequestro (art. 148 do Código Penal) será absorvido pelo crime de extorsão mediante sequestro (art. 159 do Código Penal). Isso porque o crime de sequestro é subsidiário em relação ao crime de extorsão mediante sequestro.

C) PRINCÍPIO DA CONSUNÇÃO

Ocorre quando um ato definido por uma norma incriminadora é meio necessário ou normal fase de preparação ou execução de outro crime, bem como quando constitui conduta anterior ou posterior do agente, cometida com a mesma finalidade prática atinente àquele crime.

Trata-se da hipótese de crime-meio e do crime-fim.

Ex.: é o que se dá na violação de domicílio com a finalidade de praticar furto em residência. A violação de domicílio (art. 150 do Código Penal) é mera fase de execução do delito de furto (art. 155 do Código Penal). Nesse caso, o crime de furto absorve o crime de violação de domicílio, respondendo o agente, portanto, somente pelo delito de furto.

> No XX Exame da OAB, na prova reaplicada em Salvador, foi considerada correta a alternativa que previa o princípio da consunção na conduta do agente que, utilizando-se de um documento particular falso criado por terceira pessoa exclusivamente para tal fim, obteve indevida vantagem econômica em prejuízo de outrem, exaurindo o potencial lesivo da documentação, sendo o delito do art. 304 c/c o art. 298, ambos do Código Penal, absorvido pelo delito de estelionato, previsto no art. 171 do Código Penal. É a aplicação da Súmula 17 do STJ.

5. DO FATO TÍPICO

5.1 INTRODUÇÃO

Fato típico é o que se amolda ao modelo legal da conduta proibida. É o fato que se enquadra no conjunto de elementos descritivos do delito contidos na lei penal. Os elementos do fato típico são: a conduta, o resultado, nexo de causalidade e a própria tipicidade. Ausentes um desses elementos, o fato será atípico.

5.2 CONDUTA

Conduta é a ação ou omissão humana consciente e dirigida a determinada finalidade.

Para a caracterização da conduta, sob qualquer aspecto, é indispensável a existência do binômio vontade e consciência.

Pode-se dizer que há ausência de conduta, por exemplo, na coação física irresistível, que ocorre quando o agente pratica o movimento em consequência de força corporal exercida sobre ele. O agente que atua obrigado por uma força irresistível não age voluntariamente. Logo, o fato praticado pelo coagido fisicamente é atípico. Não responde por nenhum crime.

Diversa é a situação, contudo, quando se tratar de coação moral. Na coação moral, não há aplicação da força física, mas de ameaça ou intimidação, feita através da promessa de um mal, para que se determine o coato à realização do fato criminoso.

No caso da coação moral, o fato é revestido de tipicidade, mas não é culpável, em face da inexigibilidade de conduta diversa, aplicando-se a regra do art. 22, 1ª parte, do Código Penal (causa de exclusão da culpabilidade).

5.2.1 Dos crimes omissivos

A conduta delitiva não se limita a uma atividade positiva, ou seja, a uma ação, podendo, ainda, o agente praticar delito por meio de uma conduta omissiva, por um não fazer, por uma abstenção de um movimento corpóreo.

Os crimes omissivos podem ser próprios ou impróprios (ou comissivos por omissão).

5.2.1.1 Crimes omissivos próprios

Há um tipo penal específico descrevendo a conduta omissiva. O verbo nuclear do tipo descreve uma conduta omissiva. Nesse caso, o crime consiste em o sujeito amoldar a sua conduta ao tipo legal que descreve uma conduta omissiva.

Nos crimes omissivos basta a abstenção, é suficiente a desobediência ao dever de agir para a consumação do delito. O DEVER DO AGENTE É DE AGIR E NÃO DE EVITAR O RESULTADO. O resultado que eventualmente surgir dessa omissão será irrelevante para a consumação do crime, podendo apenas configurar uma majorante ou uma qualificadora.

> Ex.: omissão de socorro – art. 135 do Código Penal.

5.2.1.2 Crimes omissivos impróprios ou comissivos por omissão

Os crimes omissivos impróprios ou comissivos por omissão são aqueles em que o tipo penal descreve uma conduta ativa, ou seja, o verbo nuclear do tipo descreve uma ação. Nesse caso, o agente será responsabilizado por ter deixado de agir quando estava juridicamente obrigado a desenvolver uma conduta para evitar o resultado.

Nos crimes omissivos impróprios, o agente não tem simplesmente a obrigação de agir, mas a obrigação de agir para evitar um resultado. Assim, se podendo agir para evitar o resultado, o agente se mantém inerte, omisso, responderá pelo resultado gerado.

Para que alguém responda por crime comissivo por omissão é preciso que tenha o dever jurídico de impedir o resultado, previsto no art. 13, § 2º, do Código Penal:

a) Ter por lei obrigação de cuidado, proteção ou vigilância

Nesse caso, por expressa imposição da lei, o agente estará obrigado a agir para evitar o resultado. Assim, se o agente se omitir, ou seja, deixar de agir, quando lhe era possível, responderá pelo resultado gerado.

É o caso, por exemplo, dos pais em relação aos filhos (arts. 1.634 e 1.566, IV, ambos do Código Civil), ao dever de mútua assistência entre os cônjuges (art. 1.566, III, do Código Civil).

Ex.: mãe que deixa de alimentar o filho, que, por conta da sua negligência, acaba morrendo por inanição. Essa mãe deverá responder pelo resultado gerado, qual seja, homicídio culposo. Se, de outro lado, a mãe desejou a morte do filho ou assumiu o risco de produzi-la, responderá por homicídio doloso.

b) De outra forma, assumir a responsabilidade de impedir o resultado

Aqui a obrigação de agir para evitar o resultado não decorre de lei, mas do fato de o agente ter assumido a responsabilidade de impedi-lo.

Ex.: babá que, por negligência, deixa de cumprir corretamente sua obrigação de cuidar da criança, que acaba caindo na piscina e, por isso, morre afogada. Nesse caso, responderá pelo resultado gerado, qual seja, homicídio culposo. Se, de outro lado, desejou a morte da criança ou assumiu o risco de produzi-la, responderá por homicídio doloso.

Inserem-se também nesse contexto, por exemplo, o médico plantonista, o guia de alpinistas, o cuidador de idosos.

c) Com o comportamento anterior, criar o risco da ocorrência do resultado

Nesta hipótese, o sujeito, com o comportamento anterior, cria situação de perigo para bens jurídicos alheios penalmente tutelados, de sorte que, tendo criado o risco, fica obrigado a evitar que ele se degenere ou desenvolva para o dano ou lesão.

> Ex.: aluno veterano, por ocasião de um trote acadêmico, sabendo que a vítima não sabe nadar, joga o incauto calouro na piscina. Nesse caso, contrai o dever jurídico de agir para evitar o resultado, sob pena de responder por homicídio.

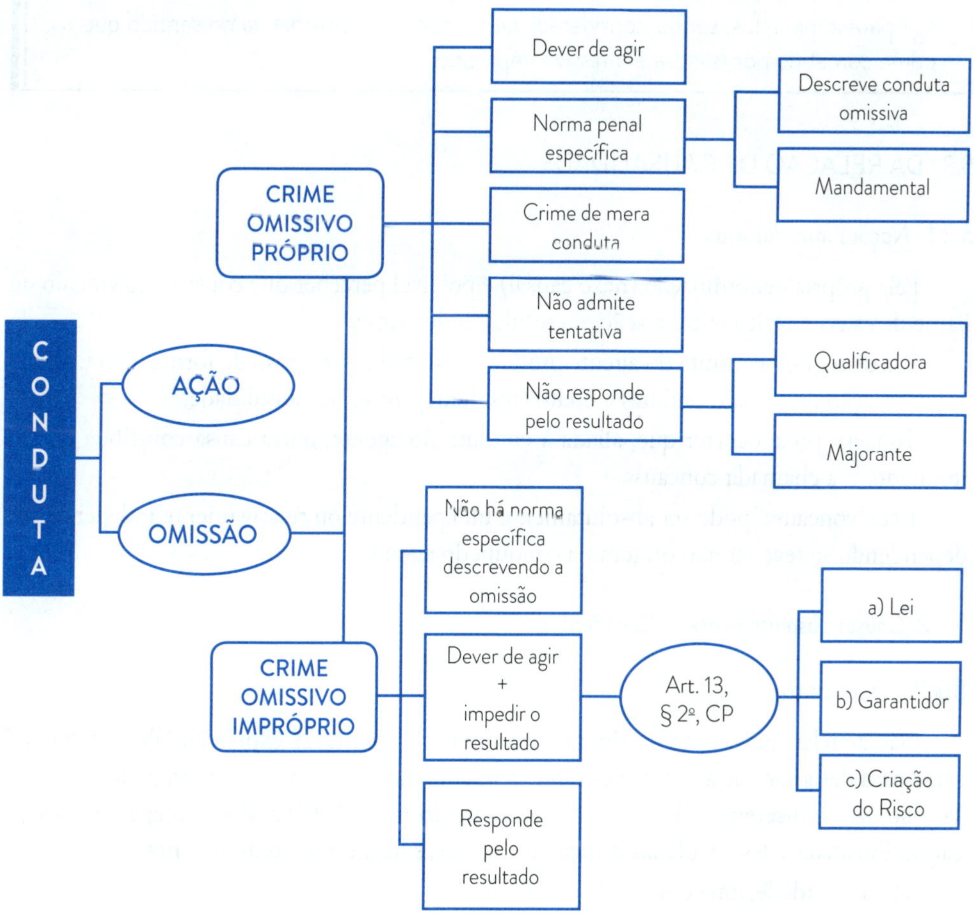

> No XXI Exame da OAB, o enunciado narrou que Carlos presta serviço informal como salva-vidas de um clube, não sendo regularmente contratado, apesar de receber uma gorjeta para observar os sócios do clube na piscina, durante toda a semana. Em seu horário de "serviço", com várias crianças brincando na piscina, fica observando a beleza física da mãe de uma das crianças e, ao mesmo tempo, falando no celular com um amigo, acabando por ficar de costas para a piscina. Nesse momento, uma criança vem a falecer por afogamento, fato que não foi notado por Carlos, sendo considerada correta a alternativa no sentido de que Carlos deve responder pelo crime de homicídio culposo, diante de sua omissão culposa, violando o dever de garantidor.
>
> No XIV Exame da OAB, o enunciado narrou que Isadora, mãe da adolescente Larissa, de 12 anos de idade, saiu um pouco mais cedo do trabalho e, ao chegar à sua casa, da janela da sala, vê seu companheiro, Frederico, mantendo relações sexuais com sua filha no sofá. Chocada com a cena, não teve qualquer reação. Não tendo sido vista por ambos, Isadora decidiu, a partir de então, chegar à sua residência naquele mesmo horário e verificou que o fato se repetia por semanas. Isadora tinha efetiva ciência dos abusos perpetrados por Frederico, porém, muito apaixonada por ele, nada fez. Assim, Isadora, sabendo dos abusos cometidos por seu companheiro contra sua filha, deixa de agir para impedi-los, sendo considerada como correta a alternativa no sentido que o crime cometido por Isadora é omissivo impróprio.

5.3 DA RELAÇÃO DE CAUSALIDADE

5.3.1 *Noções introdutórias*

Pela própria denominação (nexo causal) é possível perceber que consiste no vínculo ou liame de causa e efeito entre a ação e o resultado do crime.

Via de regra, a conduta do agente produz o resultado criminoso de forma direta. Trata-se de relação de causa (conduta) e efeito (resultado): nexo de causalidade.

Todavia, pode ocorrer que, aliada à conduta do agente, outra causa contribua para o resultado. É a chamada concausa.

Esta "concausa" pode ser absolutamente independente ou relativamente independente, dependendo se teve ou não origem na conduta do agente.

5.3.2 *Causas absolutamente independentes*

5.3.2.1 Conceito

São aquelas que não têm origem na conduta do agente. A expressão "absolutamente" serve para designar que a outra causa independente por si só produziu o resultado. São causas que não se inserem na linha do desdobramento natural da conduta do agente, ou seja, causas inusitadas, desvinculadas da ação do agente, surgindo de fonte distinta.

Há, na verdade, uma quebra do nexo causal.

5.3.2.2 Espécies de causas absolutamente independentes

a) Preexistentes

Trata-se de causa que existia antes da conduta do agente e produzem o resultado independentemente da sua atuação. Ou seja, com ou sem a ação do agente o resultado ocorreria do mesmo modo.

> Ex.: o agente desfere um disparo de arma de fogo contra a vítima, que, no entanto, vem a falecer pouco depois, não em consequência dos ferimentos recebidos, mas porque antes ingerira veneno com a intenção de suicidar.

Nesse caso, há a conduta do agente (efetuar o disparo), mas o que gerou o resultado morte foi outra causa (o veneno). Essa outra causa é **independente** da conduta do agente (porque por si só produziu o resultado). É **absolutamente** independente (porque não teve origem na conduta do agente, pois tendo ou não efetuado o disparo o resultado ainda assim se produziria). É **preexistente**, porque essa outra causa (veneno) já existia antes da ação do agente.

b) Concomitantes

São as causas que não têm nenhuma relação com a conduta e produzem o resultado independentemente desta, no entanto, por coincidência, atuam exatamente no instante em que a ação é realizada.

> Ex.: "A" desfere golpe de faca contra "B" no exato momento em que este vem a falecer *exclusivamente* por força de um ataque cardíaco.

Nesse caso, há a conduta do agente (desferir o golpe de faca), mas o que gerou o resultado morte foi outra causa (o ataque cardíaco). O ataque cardíaco se trata de causa **independente** da conduta do agente (porque por si só produziu o resultado). É **absolutamente** independente (porque não teve origem na conduta do agente, pois, tendo o agente desferido ou não o golpe, o resultado ainda assim se produziria). É **concomitante**, porque essa outra causa (ataque cardíaco) ocorreu exatamente no momento da ação do agente.

c) Supervenientes

São causas que surgem depois da conduta desenvolvida pelo agente.

> Ex.: "A" ministra veneno na alimentação de "B". Antes de o veneno produzir efeitos, há um desabamento ou incêndio na casa da vítima, que morre exclusivamente por conta dos escombros que caíram sobre sua cabeça ou queimada pelo fogo.

Nesse caso, há a conduta do agente (ministrar veneno), mas o que gerou o resultado morte foi outra causa (desabamento ou incêndio). O desabamento (ou incêndio) trata-se de causa **independente** da conduta do agente (porque por si sós produziram o resultado). É **absolutamente** independente (porque não teve origem na conduta do agente, pois, tendo ou não ministrado o veneno, o resultado ainda assim se produziria). É **superveniente**, porque essa outra causa (desabamento ou incêndio) ocorreu depois da conduta do agente.

Quando a causa é absolutamente independente da conduta do sujeito, o problema é resolvido pelo *caput* do art. 13 do Código Penal: há exclusão da causalidade decorrente da conduta. Ou seja, o agente responde somente por aquilo que deu causa.

Nos exemplos, a causa da morte não tem ligação alguma com o comportamento do agente. Em face disso, ele não responde pelo resultado morte, mas sim pelos atos praticados antes de sua produção. Isso porque ocorreu quebra do nexo causal. Assim, se o dolo era de matar, o agente responderia por tentativa de homicídio.

CUIDADO: se o enunciado apontar dolo de lesão corporal, por exemplo, o agente responderá por aquilo que deu causa: lesão corporal (leve, grave ou gravíssima).

5.3.3 *Causas relativamente independentes*

5.3.3.1 Conceito

Causas relativamente independentes são aquelas que tiveram origem na conduta do agente. Ou seja, essas causas somente surgiram porque o agente desenvolveu uma conduta.

Como são causas independentes, produzem por si sós o resultado, não se situando dentro da linha de desdobramento causal da conduta. Por serem, no entanto, apenas relativamente independentes, encontram sua origem na própria conduta praticada pelo agente.

5.3.3.2 Espécies de causas relativamente independentes

a) Preexistentes

A causa que efetivamente gerou o resultado já existia ao tempo da conduta do agente, que concorreu para a sua produção.

> Ex.: "A", com a intenção de matar, desfere um golpe de faca na vítima, que é hemofílica e vem a morrer em face da conduta, somada à contribuição de seu peculiar estado fisiológico. No caso, o golpe isoladamente seria insuficiente para produzir o resultado fatal, de modo que a hemofilia atuou de forma independente, produzindo por si só o resultado.

Nesse caso, há a conduta do agente (golpe de faca), mas o que desencadeou efetivamente o resultado morte foi outra causa (hemofilia). Essa outra causa é **independente** da conduta do agente (porque por si só produziu o resultado). É **relativamente** independente (porque teve origem na conduta do agente, pois, se não tivesse desferido a facada, essa outra causa não seria desencadeada e o resultado não ocorreria). É **preexistente**, porque essa outra causa (hemofilia) já existia ao tempo da ação do agente.

Nesse caso, como há uma soma de causas e não quebra do nexo causal, o agente responde pelo resultado pretendido. No caso, homicídio consumado, a menos que não tenha concorrido para ele com dolo ou culpa.

b) Concomitantes

A causa que efetivamente produziu o resultado surge no exato momento da conduta do agente.

> Ex.: considera-se o ataque à vítima, por meio de faca, que, no exato momento da agressão, sofre ataque cardíaco, vindo a falecer, apurando-se que a soma desses fatores (causas) produziu a morte, já que a agressão e o ataque cardíaco, considerados isoladamente, não teriam o condão do produzir o resultado morte.

Nesse caso, há a conduta do agente (golpe de faca), mas o que desencadeou efetivamente o resultado morte foi outra causa (ataque cardíaco). Essa outra causa é **independente** da conduta do agente (porque por si só produziu o resultado). É **relativamente** independente (porque teve origem na conduta do agente, pois, se não tivesse desferido a facada, essa outra causa não seria desencadeada e o resultado não ocorreria). É **concomitante**, porque essa outra causa (ataque cardíaco) ocorreu exatamente no momento da ação do agente.

Nesse caso, como há uma soma de causas e não quebra do nexo causal, o agente responde pelo resultado pretendido. No caso, homicídio consumado, a menos que não tenha concorrido para ele com dolo ou culpa.

c) Supervenientes

A causa que efetivamente produziu o resultado ocorre depois da conduta praticada pelo agente.

> Ex.: o agente desfere um golpe de faca contra a vítima, com a intenção de matá-la. Ferida, a vítima é levada ao hospital e sofre acidente no trajeto, vindo, por esse motivo, a falecer. A causa é independente, porque a morte foi provocada pelo acidente e não pela facada, mas essa independência é relativa, já que, se não fosse o ataque, a vítima não estaria na ambulância acidentada e não morreria. Tendo atuado posteriormente à conduta, denomina-se causa superveniente.

Nesse caso, há a conduta do agente (golpe de faca), mas o que desencadeou efetivamente o resultado morte foi outra causa (traumatismo decorrente do acidente). Essa outra causa é **independente** da conduta do agente (porque por si só produziu o resultado). É **relativamente** independente (porque teve origem na conduta do agente, pois, se não tivesse desferido a facada, a vítima não estaria na ambulância e, portanto, não teria falecido por conta do acidente). É **superveniente**, porque essa outra causa (traumatismo pelo acidente) surgiu depois da conduta do agente.

Na hipótese das **causas supervenientes**, embora exista nexo físico-naturalístico, a lei, por expressa disposição do art. 13, § 1º, Código Penal, que excepcionou a regra geral, exclui a imputação do resultado ao agente, devendo, no entanto, responder pelos atos anteriores efetivamente praticados.

Assim, o agente não responde pelo resultado ocorrido, mas somente pelos atos anteriores, que, no caso, foi tentativa de homicídio.

CUIDADO: se o enunciado apontar dolo de lesão corporal, por exemplo, o agente responderá pelos atos anteriores praticados, no caso, lesão corporal (leve, grave ou gravíssima).

> No XIV Exame da OAB, o enunciado narrou que Wallace, hemofílico, foi atingido por um golpe de faca em uma região não letal do corpo. Júlio, autor da facada, que não tinha dolo de matar, mas sabia da condição de saúde específica de Wallace, sai da cena do crime sem desferir outros golpes, estando Wallace ainda vivo. No entanto, algumas horas depois, Wallace morre, pois, apesar de a lesão ser em local não letal, sua condição fisiológica agravou o seu estado de saúde, sendo considerada como correta a alternativa no sentido de que o fato de Wallace ser hemofílico é uma causa relativamente independente preexistente, e Júlio não deve responder por homicídio culposo, mas, sim, por lesão corporal seguida de morte.
>
> No XII Exame da OAB, o enunciado narrou que Paula, com intenção de matar Maria, desfere contra ela quinze facadas, todas na região do tórax. Cerca de duas horas após a ação de Paula, Maria vem a falecer. Todavia, a *causa mortis* determinada pelo auto de exame cadavérico foi envenenamento. Posteriormente, soube-se que Maria nutria intenções suicidas e que, na manhã dos fatos, havia ingerido venenos, sendo considerada como correta a alternativa no sentido de que Paula responderá por tentativa de homicídio.

6. DOS CRIMES DOLOSO E CULPOSO

6.1 DO CRIME DOLOSO

Dolo é a vontade consciente de praticar a conduta típica.

No dolo direto, o agente quer o resultado e desenvolve uma conduta voltada à produção desse resultado. Aplica-se aqui a teoria da vontade.

> Ex.: o agente desfere golpes de faca na vítima com intenção de matá-la. O dolo se projeta de forma direta no resultado morte.

Ocorre o dolo eventual quando o sujeito assume o risco de produzir o resultado, isto é, admite e aceita o risco de produzi-lo. Há a previsão do resultado, mas, em vez de não seguir adiante no seu intento, o agente desenvolve uma conduta assumindo o risco de produzi-lo. Percebe que é possível causar o resultado e, não obstante, realiza o comportamento. Entre desistir da conduta e causar o resultado, prefere que este se produza.

Sobre o dolo eventual, o Código Penal adota a teoria positiva do consentimento, segundo a qual o sujeito não leva em conta a possibilidade do evento previsto, agindo e assumindo o risco de sua produção.

6.2 DO CRIME CULPOSO

6.2.1 Conceito

Extrai-se do art. 18, II, do Código Penal, que, no crime culposo, o agente desenvolve uma conduta voluntária, produzindo, no entanto, um resultado involuntário (não querido ou aceito pelo agente), mas que lhe era previsível (culpa inconsciente) ou excepcionalmente previsto (culpa consciente) e poderia ser evitado se empregasse a cautela necessária.

Via de regra, os tipos penais culposos não descrevem a conduta, limitando-se a apontar que determinado delito é culposo. Trata-se de um tipo penal aberto, sendo, por isso, necessário empregar um juízo de valor acerca da conduta do agente. Ex.: homicídio culposo, previsto no art. 121, § 3º, Código Penal.

Nesse sentido, se determinado delito não prevê a modalidade culposa, o fato praticado será atípico. Ex.: o crime de dano (art. 163 do Código Penal) não prevê a modalidade culposa. Logo, causar, por negligência ou imprudência, dano a patrimônio alheio constitui fato atípico.

Nos crimes culposos incide a denominada **previsibilidade objetiva**, ou seja, a possibilidade de uma pessoa dotada de prudência e cautela exigida a todos prever que poderá gerar um resultado. Em outras palavras, exige-se a diligência necessária objetiva quando o **resultado produzido era previsível para um homem comum, nas circunstâncias em que o sujeito realizou a conduta. O cuidado necessário deve ser objetivamente previsível. É típica a conduta que deixou de observar o cuidado necessário objetivamente previsível.**

De outro lado, se o resultado não era previsível sob a ótica de uma pessoa com discernimento, que não teria condições de antever que da sua conduta poderia resultar um delito, o fato será atípico.

6.2.2 Modalidades de culpa

a) Imprudência

É a prática de um fato perigoso.

> Ex.: dirigir em alta velocidade em via movimentada.

b) Negligência

É a ausência de precaução ou indiferença em relação ao ato realizado.

> Ex.: deixar arma de fogo ao alcance de uma criança.

c) Imperícia

É a falta de aptidão para o exercício de arte ou profissão. Consiste na incapacidade ou falta de conhecimento necessário para o exercício de determinado mister.

> Ex.: médico que deixa de tomar as cautelas devidas de assepsia em uma sala de cirurgia, demonstrando sua nítida inaptidão para o exercício profissional, situação que provoca a morte do paciente.

6.2.3 Culpa consciente

Na culpa consciente o resultado é previsto pelo sujeito, que espera levianamente que não ocorra ou que possa evitá-lo, confiando na sua atuação ou habilidade para impedir o resultado. É a chamada culpa com previsão.

> No XII Exame da OAB, o enunciado narrou que Wilson, competente professor de uma autoescola, guia seu carro por uma avenida à beira-mar. No banco do carona está sua noiva, Ivana. No meio do percurso, Wilson e Ivana começam a discutir: a moça reclama da alta velocidade empreendida. Assustada, Ivana grita com Wilson, dizendo que, se ele continuasse naquela velocidade, poderia facilmente perder o controle do carro e atropelar alguém. Wilson, por sua vez, responde que Ivana deveria deixar de ser medrosa e que nada aconteceria, pois se sua profissão era ensinar os outros a dirigir, ninguém poderia ser mais competente do que ele na condução de um veículo. Todavia, ao fazer uma curva, o automóvel derrapa na areia trazida para o asfalto por conta dos ventos do litoral, o carro fica desgovernado e acaba ocorrendo o atropelamento de uma pessoa que passava pelo local. A vítima do atropelamento falece instantaneamente. Wilson e Ivana sofrem pequenas escoriações. Cumpre destacar que a perícia feita no local constatou excesso de velocidade, sendo considerada correta a alternativa no sentido de que, em relação à vítima do atropelamento, Wilson agiu com culpa consciente.

7. DA CONSUMAÇÃO E TENTATIVA

7.1 DA CONSUMAÇÃO

7.1.1 Conceito

Determina o art. 14, I, do Código Penal que o crime se diz consumado "quando nele se reúnem todos os elementos de sua definição legal".

É o tipo penal integralmente realizado, ou seja, quando o fato praticado pelo agente se enquadra no tipo abstrato.

7.1.2 "Iter criminis"

O *iter criminis* é o conjunto de fases pelas quais passa o delito. É o caminho do crime. Compõe-se das seguintes etapas:

a) COGITAÇÃO.
b) ATOS PREPARATÓRIOS.
c) EXECUÇÃO.
d) CONSUMAÇÃO.

a) Cogitação

Aqui o agente delibera mentalmente a prática do delito.

A cogitação, via de regra, não constitui fato punível.

b) Atos preparatórios

O passo seguinte é a preparação da ação delituosa que se constitui dos chamados atos preparatórios, que são externos ao agente, que passa da cogitação à ação objetiva. É a fase da exteriorização da ideia do crime, através de atos, que começam a materializar a perseguição ao alvo idealizado.

> Ex.: a aquisição de arma para a prática de um homicídio ou a de uma chave falsa para o delito de furto; e o estudo do local onde se quer praticar o roubo.

Os atos preparatórios também não são puníveis, **salvo** quando o legislador os define como atos executórios de outro delito autônomo. Nesses casos, o sujeito pratica crime não porque realizou atos preparatórios do crime que pretendia cometer no futuro, mas sim porque praticou atos executórios de outro delito.

> Ex.: aquele que, desejando cometer uma falsidade, fabrica aparelho próprio para isso, responde pelo crime do art. 291 do CP (petrechos para falsificação de moeda). É punido não porque realizou ato preparatório (a fabricação do instrumento) da falsidade futura, mas porque realizou a conduta descrita no dispositivo citado.

c) Execução

É a <u>fase da realização da conduta</u> designada pelo núcleo da figura típica, constituída, como regra, de atos idôneos para chegar ao resultado, mas também daqueles que representarem atos imediatamente anteriores a estes, desde que se tenha certeza do plano concreto do autor.

> Ex.: comprar um revólver para matar a vítima é apenas a preparação do crime de homicídio. Agora, desferir o primeiro tiro em direção à vítima já constitui ato executório, já que o agente revelou conduta idônea em busca da consumação do delito.

d) Consumação

É o momento de conclusão do delito, reunindo todos os elementos do tipo penal.

7.2 DA TENTATIVA

7.2.1 Conceito

Nos termos do art. 14, II, do Código Penal, tentativa é a execução iniciada de um crime, que não se consuma por circunstâncias alheias à vontade do agente.

7.2.2 Elementos da tentativa

São elementos da tentativa:

a) Início da execução do crime

O início da execução é invariavelmente constituído de atos que principiem a concretização do tipo penal.

A tentativa somente é punível a partir do momento em que a ação ingresse na fase de execução. Só então se pode precisar a direção do atuar voluntário do agente no sentido de determinado tipo penal.

b) Não consumação do crime por circunstâncias alheias à vontade do agente

Iniciada a execução de um crime, o agente não consegue alcançar a consumação por circunstâncias alheias à sua vontade. Ou seja, o agente desenvolve conduta voltada à produção de determinado resultado, mas não consegue alcançá-lo. Ou seja, o agente quer o resultado, mas não consegue.

Ex.: desferir disparo contra a vítima, com a intenção de matar, que é submetida a uma intervenção cirúrgica exitosa e sobrevive. Trata-se de tentativa de homicídio.

7.2.3 Punibilidade da tentativa

Nos termos do art. 14, parágrafo único, do Código Penal, a tentativa nada mais é do que uma causa de redução da pena, em que se considera a pena do crime consumada e diminui-se em 1/3 a 2/3.

Quanto mais próximo o agente chegar à consumação, menor deverá ser a redução; quanto mais distante o agente chegar à consumação, maior deverá ser a redução.

8. DESISTÊNCIA VOLUNTÁRIA E ARREPENDIMENTO EFICAZ

8.1 DESISTÊNCIA VOLUNTÁRIA

A desistência voluntária consiste numa abstenção de atividade: **o sujeito cessa o seu comportamento delituoso.**

> Ex.: ladrão, dentro da residência da vítima e prestes a subtrair-lhe valores, desiste voluntariamente de consumar o furto e se retira.

8.2 ARREPENDIMENTO EFICAZ

O arrependimento eficaz ocorre **entre o término dos atos executórios e a consumação.**

O agente, nesse caso, **já fez tudo o que podia para atingir o resultado**, mas resolve interferir para evitar a sua consumação.

Assim, o arrependimento eficaz verifica-se quando o agente ultimou a fase executiva do delito e, desejando evitar o resultado, atua para impedi-lo.

> Ex.: se o agente estava tentando matar "A", esgota toda sua potencialidade lesiva e depois leva a vítima ao hospital, que, submetida a uma intervenção cirúrgica, acaba sobrevivendo, responderá unicamente pelas lesões corporais causadas.

8.3 CONSEQUÊNCIA

Nos termos do art. 15 do Código Penal, nos casos de desistência voluntária e o arrependimento eficaz **o agente responde pelos atos já praticados**. Dessa forma, retiram a tipicidade dos atos somente com referência ao crime cuja execução o agente iniciou.

Assim, se o ladrão, dentro da casa da vítima, desiste de consumar o furto, responde por violação de domicílio (art. 150 do CP). Se desiste de consumar o homicídio, responde por lesão corporal (leve, grave ou gravíssima), se antes ferira a vítima.

DICA: a **desistência voluntária** e o **arrependimento eficaz** excluem a tipicidade da tentativa. Assim, nesses casos jamais o agente responderá pelo crime tentado, mas somente pelos atos até então praticados, se constituírem fato típico.

> No XIX Exame da OAB, o enunciado narrou que, durante uma discussão, Theodoro, inimigo declarado de Valentim, seu cunhado, golpeou a barriga de seu rival com uma faca, com intenção de matá-lo. Ocorre que, após o primeiro golpe, pensando em seus sobrinhos, Theodoro percebeu a incorreção de seus atos e optou por não mais continuar golpeando Valentim, apesar de saber que aquela única facada não seria suficiente para matá-lo, sendo considerada como correta a alternativa no sentido de que Theodoro responderá pelo crime de lesão corporal, em virtude de sua desistência voluntária.

9. ARREPENDIMENTO POSTERIOR

Nos termos do art. 16 do Código Penal, o arrependimento posterior se caracteriza pela reparação do dano causado ou da restituição da coisa subtraída nos delitos cometidos sem violência ou grave ameaça, desde que por ato voluntário do agente, até o recebimento da denúncia ou da queixa.

Trata-se de uma causa de diminuição concedida ao agente quando estiverem presentes os seguintes requisitos: a) Crime cometido sem violência ou grave ameaça à pessoa; b) Reparação do dano ou restituição da coisa; c) Voluntariedade do agente; d) Até o recebimento da denúncia ou queixa.

> No XVIII Exame da OAB, o enunciado narrou que Mário subtraiu uma TV do seu local de trabalho. Ao chegar em casa com a coisa subtraída, é convencido pela esposa a devolvê-la, o que efetivamente vem a fazer no dia seguinte, quando o fato já havia sido registrado na delegacia, sendo considerada como correta a alternativa no sentido de que o comportamento de Mário, de acordo com a teoria do delito, configura arrependimento posterior, com reflexo exclusivamente no processo dosimétrico da pena.

10. CRIME IMPOSSÍVEL

10.1 CONCEITO

É a tentativa não punível, porque o agente se vale de meios absolutamente ineficazes ou volta-se contra objetos absolutamente impróprios, tornando impossível a consumação do crime.

É uma causa de exclusão da tipicidade.

10.2 DELITO IMPOSSÍVEL POR INEFICÁCIA ABSOLUTA DO MEIO

Ocorre quando o meio empregado pelo agente, pela sua própria natureza, é absolutamente incapaz de produzir o resultado.

> Ex.: o agente, querendo matar a vítima mediante veneno, ministra açúcar na alimentação, supondo ser arsênico.
>
> Ex.: pretender atirar na vítima com arma defeituosa, que jamais efetuaria disparo.

10.3 DELITO IMPOSSÍVEL POR IMPROPRIEDADE ABSOLUTA DO OBJETO

Ocorre quando **inexiste o objeto material** sobre o qual deveria recair a conduta, ou quando, **pela sua situação ou condição**, torna impossível a produção do resultado visado pelo agente.

A pessoa ou a coisa sobre que recai a conduta é absolutamente inidônea para a produção de algum resultado lesivo.

> Ex.: "A", pensando que seu desafeto está a dormir, desfere punhaladas, vindo a provar-se que já estava morto ao tempo da ação.

> No XV Exame da OAB, o enunciado narrou que Cristiane, revoltada com a traição de seu marido, Pedro, decide matá-lo. Para tanto, resolve esperar que ele adormeça para, durante a madrugada, acabar com sua vida. Por volta das 22h, Pedro deita para ver futebol na sala da residência do casal. Quando chega à sala, Cristiane percebe que Pedro estava deitado sem se mexer no sofá. Acreditando estar dormindo, desfere 10 facadas em seu peito. Nervosa e arrependida, liga para o hospital e, com a chegada dos médicos, é informada que o marido faleceu. O laudo de exame cadavérico, porém, constatou que Pedro havia falecido momentos antes das facadas em razão de um infarto fulminante. Cristiane, então, foi denunciada por tentativa de homicídio, sendo considerada como correta a alternativa no sentido de que Cristiane deverá alegar em seu favor a ocorrência de crime impossível por absoluta impropriedade do objeto.

11. ERRO DE TIPO

11.1 CONCEITO

A figura típica (ou tipo legal) é composta de elementos específicos ou elementares. Em outras palavras, os "elementos constitutivos do tipo" tratam de cada componente que constitui o modelo legal de conduta proibida.

11.2 ERRO DE TIPO ESSENCIAL

É o erro que incide sobre as elementares e circunstâncias do tipo.

Daí o nome erro essencial: incide sobre situação de tal importância para o tipo que, se o erro não existisse, o agente não teria cometido o crime, ou, pelo menos, não naquelas circunstâncias.

Portanto, há erro de tipo essencial quando a falsa percepção da realidade impede o sujeito de compreender a natureza criminosa do fato.

O erro de tipo essencial se subdivide em: INVENCÍVEL ou VENCÍVEL.

11.2.1 Invencível (ou escusável)

Ocorre quando não pode ser evitado pela normal diligência. Qualquer pessoa, empregando a diligência ordinária exigida pelo ordenamento jurídico, nas condições em que se viu o sujeito, incidiria em erro.

> Ex.: o agente se embrenha em mata virgem e fechada, distante de qualquer centro urbano, com a intenção de caçar animal. Pelas tantas, vislumbra um vulto se movimentando pela intensa vegetação. Supondo ser um animal, efetua um disparo. Atinge o alvo e constata, para sua surpresa, que abateu não um animal, mas um ser humano que, por coincidência, também caçava por ali.

Nos termos do art. 20, *caput*, do Código Penal, o **erro de tipo essencial invencível** exclui o **dolo e a culpa**, pois o sujeito não age dolosa ou culposamente.

11.2.2 Erro vencível (ou inescusável)

Ocorre quando pode ser evitado pela diligência ordinária, resultando de imprudência ou negligência. Qualquer pessoa, empregando a prudência normal exigida pela ordem jurídica, não cometeria o erro em que incidiu o sujeito.

É o erro evitável, indesculpável ou inescusável (cuidado: vencível = inescusável): poderia ter sido evitado se o agente empregasse mediana prudência.

Ex.: suponha-se que o agente vá caçar em mata próxima à zona urbana, onde costumam passar pessoas, e efetua um disparo de arma de fogo contra um vulto pensando ser um animal, atingindo, na verdade, uma pessoa que passava pelo local, matando-a. No caso, não obstante ter se verificado o erro de tipo, o erro, pelas circunstâncias, não era plenamente justificável, porquanto o agente agiu com imprudência, sem o devido cuidado objetivo, devendo responder por homicídio culposo.

O **erro de tipo essencial vencível** exclui o dolo, mas não a culpa, desde que previsto em lei o crime culposo, conforme segunda parte do art. 20, *caput*, do Código Penal.

No XII Exame da OAB, o enunciado narrou que Bráulio, rapaz de 18 anos, conhece Paula em um *show* de *rock*, em uma casa noturna. Os dois, após conversarem um pouco, resolvem dirigir-se a um motel e ali, de forma consentida, o jovem mantém relações sexuais com Paula. Após, Bráulio descobre que a moça, na verdade, tinha apenas 13 anos e que somente conseguira entrar no *show* mediante apresentação de carteira de identidade falsa, sendo considerada como correta a alternativa no sentido de que Bráulio não praticou crime, pois agiu em hipótese de erro de tipo essencial.

11.3 ERRO PROVOCADO POR TERCEIRO

Nos termos do art. 20, § 2º, do Código Penal, existe o erro provocado quando o sujeito a ele é induzido por conduta de terceiro. A provocação pode ser dolosa ou culposa.

A posição do terceiro provocador é a seguinte:

Responde pelo crime a título de dolo ou culpa, de acordo com o elemento subjetivo do induzimento.

A posição do provocado é a seguinte

a) Tratando-se de erro invencível, não responde pelo crime cometido, quer a título de dolo, quer de culpa.
b) Tratando-se de provocação de erro vencível, não responde pelo crime a título de dolo, subsistindo a modalidade culposa, se prevista na lei penal incriminadora.

11.4 ERRO DE TIPO ACIDENTAL

Incide sobre dados irrelevantes da conduta típica. Não impede o sujeito de compreender o caráter ilícito de seu comportamento. Mesmo que não existisse, ainda assim a conduta seria antijurídica.

11.4.1 Erro sobre objeto

Há erro sobre objeto quando o sujeito supõe que sua conduta recai sobre determinada coisa, sendo que, na realidade, ela incide sobre outra.

É o caso do sujeito subtrair **anel banhado a ouro pensando ser de ouro.** O erro é irrelevante, pois a tutela penal abrange a posse e a propriedade de qualquer coisa, **pelo que o agente responde por furto.**

11.4.2 Erro sobre pessoa

Ocorre quando há erro de representação, em face do qual o sujeito atinge uma pessoa supondo tratar-se da que pretendia ofender. Ela pretende atingir certa pessoa, vindo a ofender outra inocente pensando tratar-se da primeira.

Nos termos do art. 20, § 3º, 2ª parte, do Código Penal, reza o seguinte: "Não se consideram, neste caso" (erro sobre pessoa), "as condições ou qualidades da vítima, senão as de pessoa contra quem o agente queria praticar o crime". Significa que no tocante ao crime cometido pelo sujeito **não devem ser considerados os dados subjetivos da vítima efetiva**, mas sim esses dados em relação à vítima virtual (que o agente pretendia ofender).

Exs.:

a) O agente pretende cometer homicídio contra Pedro. Coloca-se de atalaia e, pressentindo a aproximação de um vulto e supondo tratar-se da vítima, atira e vem a matar o próprio pai. Sobre o fato não incide a agravante genérica prevista no art. 61, II, *e*, 1ª figura, do Código Penal (ter cometido o crime contra ascendente). o agente desfere golpes de faca na vítima com intenção de matá-la. O dolo se projeta de forma direta no resultado morte.

b) O agente pretende praticar um homicídio contra o próprio irmão. Põe-se de emboscada e, percebendo a aproximação de um vulto e o tomando pelo irmão, efetua disparos vindo a matar um terceiro. Sobre o fato incide a agravante do art. 61, II, *e*, 3ª figura, do Código Penal (ter sido o crime cometido contra irmão).

No XX Exame da OAB, o enunciado narrou que Wellington pretendia matar Ronaldo, camisa 10 e melhor jogador de futebol do time Bola Cheia, seu adversário no campeonato do bairro. No dia de um jogo do Bola Cheia, Wellington vê, de costas, um jogador com a camisa 10 do time rival. Acreditando ser Ronaldo, efetua diversos disparos de arma de fogo, mas, na verdade, aquele que vestia a camisa 10 era Rodrigo, adolescente que substituiria Ronaldo naquele jogo. Em virtude dos disparos, Rodrigo faleceu, considerando correta a alternativa no sentido de que o crime cometido por Wellington se trata de homicídio consumado, considerando-se as características de Ronaldo, pois houve erro sobre a pessoa.

No XVI Exame da OAB, o enunciado narrou que Paloma, sob o efeito do estado puerperal, logo após o parto, durante a madrugada, vai até o berçário onde acredita encontrar-se seu filho recém-nascido e o sufoca até a morte, retornando ao local de origem sem ser notada. No dia seguinte, foi descoberta a morte da criança e, pelo circuito interno do hospital, é verificado que Paloma foi a autora do crime. Todavia, constatou-se que a criança morta não era o seu filho, que se encontrava no berçário ao lado, tendo ela se equivocado quanto à vítima desejada, considerando correta a resposta no sentido de que Paloma deverá responder pelo crime de infanticídio.

12. ILICITUDE

São causas de exclusão da antijuricidade, previstas no art. 23 do Código Penal:

a) estado de necessidade;

b) legítima defesa;

c) estrito cumprimento do dever legal;

d) exercício regular de direito.

12.1 ESTADO DE NECESSIDADE

12.1.1 Conceito

É a causa de exclusão da ilicitude da conduta de quem, não tendo o dever legal de enfrentar o perigo atual, a qual não provocou por sua vontade, sacrifica um bem jurídico ameaçado por esse perigo para salvar outro, próprio ou alheio, cuja perda não era razoável exigir.

Tem como fundamento um estado de perigo para certo interesse jurídico, que somente pode ser resguardado mediante a lesão de outro.

Ex.: um pedestre joga-se na frente de um condutor de veículo automotor, que, para não atropelá-lo e, assim, preservar sua vida, decide desviar e colidir com outro veículo estacionado na via de rolamento. Entre sacrificar uma vida e um bem material, o agente optou sacrificar o bem de menor valor. Não pratica crime de dano, pois o fato, apesar de típico, não é ilícito.

12.1.2 Requisitos

a) Situação de perigo atual

Só o perigo atual permite a conduta lesiva. Se já ocorreu ou se é esperado no futuro não há estado de necessidade. Alguns autores também admitem o perigo iminente.

b) ameaça a direito próprio ou alheio: estado de necessidade próprio e de terceiro

A expressão "direito" deve ser entendida em sentido amplo, abrangendo qualquer bem jurídico, como a vida, a integridade física, a honra, a liberdade e o patrimônio

A intervenção necessária pode ocorrer para salvar um bem jurídico do sujeito ou de terceiro (estado de necessidade próprio e estado de necessidade de terceiro). No último caso, não se exige qualquer relação jurídica específica entre o sujeito que age em estado de necessidade e o terceiro (não se exige relação de parentesco, amizade ou subordinação entre o agente e o terceiro necessitado).

c) situação de perigo não causada voluntariamente pelo sujeito

O Código Penal determina que só pode alegar estado de necessidade quem pratica o fato para salvar de perigo atual direito próprio ou alheio "que não provocou por sua vontade".

Ou seja, quem provocou voluntariamente a situação de perigo, não poderá alegar estado de necessidade. Agora, se o perigo foi provocado culposa, entende-se que o provocador poderá alegar estado de necessidade, se praticou um fato típico para se salvar do perigo.

> Ex.: Tício mora no 3º andar de prédio de sua propriedade. Com ele reside colega de escritório. Com a intenção de receber seguro, Tício ateia fogo no edifício. O incêndio, porém, assume rapidamente proporções inesperadas e bloqueia praticamente todas as saídas. Tício, neste momento, percebendo que o colega usa uma corda para descer pela janela mata o companheiro para pegar a corda e salvar-se. O homicídio do companheiro de escritório não encontra no estado de necessidade causa de justificação, uma vez que Tício criara o perigo que ensejou a situação aflitiva.

d) inexistência de dever legal de enfrentar o perigo

Determina o art. 24, § 1º, do Código Penal que "Não pode alegar estado de necessidade quem tinha o dever legal de enfrentar o perigo". Assim, é indispensável que o sujeito não tenha, em face das circunstâncias em que se conduz, o dever imposto por lei, de sofrer o risco de sacrificar o próprio interesse jurídico.

Sempre que a lei impuser ao agente o dever de enfrentar o perigo, deve ele tentar salvar o bem ameaçado sem destruir qualquer outro, mesmo que para isso tenha de correr os riscos inerentes à sua função.

> Ex.: o bombeiro não pode deixar de subir a um edifício incendiado invocando a possibilidade de sofrer queimaduras.

e) inevitabilidade do comportamento lesivo

Ao definir o estado de necessidade, o Código Penal, exige, como pressuposto, a inexistência de um outro meio de evitar o perigo, isto é, quando o dano produzido pelo agente for inevitável.

Significa que o agente não tem outro meio de evitar o perigo ao bem jurídico próprio ou de terceiro que não praticar o fato necessitado. É inevitável a realização do comportamento lesivo em face da inevitabilidade do perigo de forma diversa.

Se o perigo pode ser afastado por uma conduta menos lesiva, a prática do comportamento mais lesivo não configura a excludente.

> Ex.: alguém se vê atacado por um cachorro feroz, embora possa se salvar fechando um portão, mata o cão. Não pode alegar estado de necessidade, porquanto havia outra forma de impedir a lesão ao seu bem jurídico (fechando o portão).

f) inexigibilidade de sacrifício do interesse ameaçado

A ponderação de bens está insculpida no final do art. 24 do Código Penal, ao admitir o estado de necessidade, para proteger direito próprio ou alheio "cujo sacrifício, nas circunstâncias, não era razoável exigir-se". A admissibilidade do estado de necessidade é orientado pelo princípio da razoabilidade.

É o requisito da proporcionalidade entre a gravidade do perigo que ameaça o bem jurídico do agente ou alheio e a gravidade da lesão causada pelo fato necessitado. Não se admite, p. ex., a prática de homicídio para impedir a lesão de um patrimonial de ínfimo valor.

g) elemento subjetivo do estado de necessidade: conhecimento da situação do fato justificante

Não há estado de necessidade quando o sujeito não tem conhecimento de que age para salvar um interesse próprio ou de terceiros.

> Ex.: no estado de necessidade o sujeito deve conhecer os elementos objetivos de justificação (o perigo atual, p. ex) e ter a vontade de salvamento. Se faltar a vontade de salvamento a conduta não fica justificada, apesar da existência dos elementos objetivos de justificação.

12.1.3 Causa de diminuição da pena

Nos termos do § 2º do art. 24, "Embora seja razoável exigir-se o sacrifício do direito ameaçado, a pena poderá ser reduzida de um a dois terços".

Significa que, embora reconheça que o sujeito estava obrigado a uma conduta diferente, pelo que não há estado de necessidade e deve responder pelo crime, o juiz deve reduzir a pena.

12.1.4 Excesso

Dá-se o nome de excesso no estado de necessidade à desnecessária intensificação da conduta inicialmente justificada. No comportamento com que pretende defender o bem jurídico em situação de perigo o agente vai além dos limites da proteção razoável.

O excesso pode ser doloso **ou** não intencional (culposo).

Há excesso doloso quando o agente supera conscientemente os limites legais. Neste caso, responde a título de dolo pelo fato constitutivo do excesso (art. 23, parágrafo único, do Código Penal).

> No XVI Exame da OAB, o enunciado narrou que Carlos e seu filho de dez anos caminhavam por uma rua com pouco movimento e bastante escura, já de madrugada, quando são surpreendidos com a vinda de um cão pitbull na direção deles. Quando o animal iniciou o ataque contra a criança, Carlos, que estava armado e tinha autorização para assim se encontrar, efetuou um disparo na direção do cão, que não foi atingido, ricocheteando a bala em uma pedra e acabando por atingir o dono do animal, Leandro, que chegava correndo em sua busca, pois notou que ele fugira clandestinamente da casa. A vítima atingida veio a falecer, ficando constatado que Carlos não teria outro modo de agir para evitar o ataque do cão contra o seu filho, não sendo sua conduta tachada de descuidada, considerando correta a alternativa no sentido de que Carlos atuou em estado de necessidade e não deve responder pela morte de Leandro.

12.2 LEGÍTIMA DEFESA

12.2.1 Conceito

Nos termos do art. 25 do Código Penal, a legítima defesa constitui uma causa de exclusão da ilicitude que consiste em repelir injusta agressão, atual ou iminente, a direito próprio ou alheio, usando moderadamente dos meios necessários.

12.2.2 Requisitos

a) agressão injusta, atual ou iminente

Agressão é a conduta humana que ataca ou coloca em perigo um bem jurídico. É irrelevante que a agressão não constitua um ilícito penal. A agressão, porém, não pode confundir-se com provocação do agente, devendo-se considerar a sua intensidade para valorá-la adequadamente.

Só as pessoas humanas, portanto, praticam agressões. O ataque de animais não enseja a legítima defesa, mas sim estado de necessidade, pois a expressão "agressão" indica conduta humana.

Agora, se o agente instiga um cão feroz a atacar a vítima, é permitida a legítima defesa, pois a conduta se trata de uma agressão humana praticada por meio de um instrumento que é o animal bravo.

b) agressão a direito próprio ou de terceiro

Tendo em vista o titular do bem jurídico sujeito à agressão, há duas formas de legítima defesa:

b.1) legítima defesa própria: ocorre quando o autor da repulsa é o próprio titular do bem jurídico atacado ou ameaçado.

b.2) legítima defesa de terceiro: ocorre quando a repulsa visa a defender interesse de terceiro.

Qualquer bem jurídico pode ser protegido através da ofensa legítima, não se fazendo distinção entre bens pessoais ou impessoais (vida, incolumidade pessoal, honra, pudor, liberdade, patrimônio, tranquilidade doméstica etc.).

> Ex.: alguém bate no suicida para impedir que ponha fim à própria vida.

c) repulsa com os meios necessários

São os eficazes e suficientes para repelir a agressão ao direito, causando o menor dano possível ao ofensor.

> Ex.: se o sujeito tem um pedaço de madeira a seu alcance e com ele pode tranquilamente conter a agressão, o emprego de arma de fogo revela-se desnecessário.

d) moderação na repulsa

Encontrado o meio necessário para repelir a injusta agressão, o sujeito deve agir com moderação, isto é, não empregar o meio além do que é preciso para evitar a lesão do bem jurídico ou de terceiro. Caso contrário, desaparecerá a legítima defesa ou aparecerá o excesso.

e) o elemento subjetivo da legítima defesa: conhecimento da situação de agressão e da necessidade de defesa

A par dos requisitos de ordem objetiva, previstos no art. 25 do CP, a legítima defesa exige requisitos de ordem subjetiva: é preciso que o sujeito tenha conhecimento da situação de agressão injusta e da necessidade da defesa.

12.2.3 Excesso

É a intensificação desnecessária de uma ação inicialmente justificada. Presente o excesso, os requisitos das descriminantes deixam de existir, devendo o agente responder pelas desnecessárias lesões causadas ao bem jurídico ofendido.

Nos termos do art. 23, parágrafo único, do Código Penal, o excesso pode ser doloso ou culposo.

a) Excesso doloso

Há excesso doloso quando o sujeito conscientemente vai além do necessário para repelir a agressão.

Ocorre quando o agente, ao se defender de uma injusta agressão, emprega meio que sabe ser desnecessário ou, mesmo tendo consciência de sua desproporcionalidade, atua com imoderação.

> Ex.: para defender-se de um tapa, o sujeito mata a tiros o agressor ou, então, após o primeiro tiro que fere e imobiliza o agressor, prossegue na reação até a sua morte.

Constatado o excesso doloso, o agente responde pelo resultado dolosamente.

> Ex.: aquele que mata quando bastava tão somente a lesão responde por homicídio doloso.

b) excesso culposo

Não houve intensificação intencional, pois o sujeito imaginava-se ainda sofrendo o ataque, tendo seu excesso decorrido de uma equivocada realidade.

O agente responderá pelo resultado produzido, a título de culpa.

> No XIII Exame da OAB, o enunciado narrou que Jaime, objetivando proteger sua residência, instala uma cerca elétrica no muro. Certo dia, Cláudio, com o intuito de furtar a casa de Jaime, resolve pular o referido muro, acreditando que conseguiria escapar da cerca elétrica ali instalada e bem visível para qualquer pessoa. Cláudio, entretanto, não obtém sucesso e acaba levando um choque, inerente à atuação do mecanismo de proteção. Ocorre que, por sofrer de doença cardiovascular, o referido ladrão falece quase instantaneamente. Após a análise pericial, ficou constatado que a descarga elétrica não era suficiente para matar uma pessoa em condições normais de saúde, mas suficiente para provocar o óbito de Cláudio, em virtude de sua cardiopatia, considerando como correta a alternativa no sentido de que, no caso, pode ser aplicado à hipótese o instituto da legítima defesa preordenada.

12.3 ESTRITO CUMPRIMENTO DO DEVER LEGAL

Quem pratica uma ação em cumprimento de um dever imposto por lei não comete crime. Ocorrem situação em que a lei impõe determinada conduta e, em face da qual, embora típica, não será ilícita, ainda que cause lesão a um bem juridicamente tutelado.

> Ex.: o policial que prende o agente em flagrante ou cumprindo mandado de prisão, embora atinja o seu direito de liberdade, não comete o crime previsto no art. 148 do CP, porque cumpre o dever que lhe é imposto por lei.

12.4 EXERCÍCIO REGULAR DE DIREITO

Qualquer direito, público ou privado, penal ou extrapenal, regulamente exercido, afasta a antijuridicidade. Mas o exercício deve ser regular, isto é, deve obedecer a todos os requisitos objetivos exigidos pela ordem jurídica.

Ex.: prisão em flagrante realizada por um particular.

13. CULPABILIDADE

Segundo a teoria limitada da culpabilidade adotada pelo Código Penal, **os elementos da culpabilidade** são:

a) A imputabilidade do sujeito;
b) Potencial consciência da ilicitude;
c) Exigibilidade de conduta diversa.

De outro lado, as causas excludentes de culpabilidade consistem na inimputabilidade, falta de potencial consciência de ilicitude e inexigibilidade de conduta diversa.

13.1 CAUSAS EXCLUDENTES DE CULPABILIDADE

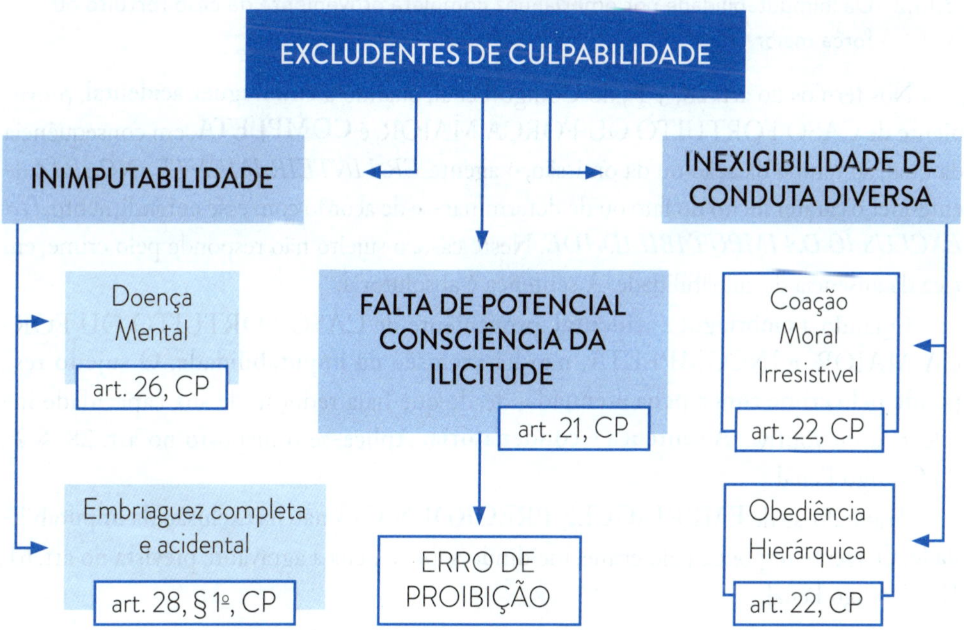

13.1.1 *Inimputabilidade*

13.1.1.1 Da inimputabilidade por doença mental ou desenvolvimento mental incompleto ou retardado

Nos termos do art. 26, *caput*, do Código Penal, para que seja considerado inimputável não basta que o agente seja portador de "doença mental ou desenvolvimento mental incompleto ou retardado". É necessário que, em consequência desses estados, seja "inteiramente incapaz de entender o caráter ilícito do fato ou de determinar-se de acordo com esse entendimento" (no momento da conduta). Adota-se o critério biopsicológico.

Nos casos do art. 26, parágrafo único, do Código Penal, **ingressam as doenças mentais que não retiram do sujeito a capacidade intelectiva ou volitiva, MAS DIMINUEM essa capacidade**, e outras anormalidades psíquicas que, diminuindo o entendimento e a vontade, não constituem doenças mentais.

Trata-se de causa de diminuição da pena. O agente responde pelo crime com pena privativa de liberdade atenuada ou medida de segurança. E a sentença é condenatória.

> No XI Exame da OAB, o enunciado narrou que para aferição da inimputabilidade por doença mental ou desenvolvimento mental incompleto ou retardado, sendo considerada correta a alternativa no sentido de que o critério adotado pelo Código Penal vigente é o biopsicológico.

13.1.1.2 Da inimputabilidade por embriaguez completa proveniente de caso fortuito ou força maior

Nos termos do art. 28, § 1º, do Código Penal, quando a **embriaguez acidental**, proveniente de CASO FORTUITO OU FORÇA MAIOR, é **COMPLETA**, em consequência da qual, ao tempo da ação ou da omissão, o agente *ERA INTEIRAMENTE INCAPAZ* de entender o caráter ilícito do fato ou de determinar-se de acordo com esse entendimento, *HÁ EXCLUSÃO DA IMPUTABILIDADE*. Neste caso, o sujeito não responde pelo crime, em face da ausência de culpabilidade. A sentença é absolutória.

Quando a **embriaguez acidental**, proveniente de CASO FORTUITO OU FORÇA MAIOR, é **INCOMPLETA, não há exclusão da imputabilidade. O sujeito responde pelo crime com a pena atenuada**, desde que haja redução de sua capacidade intelectiva ou volitiva. **A sentença é condenatória.** Aplica-se o disposto no art. 28, § 2º, do Código Penal.

Tratando-se de **EMBRIAGUEZ PREORDENADA não há exclusão da imputabilidade**. O agente responde pelo crime, incidindo sobre a pena a agravante prevista no art. 61, II, *l*, Código Penal.

No XVI Exame da OAB, o enunciado narrou que Patrício e Luiz estavam em um bar, quando o primeiro, mediante ameaça de arma de fogo, obriga o último a beber dois copos de tequila. Luiz ficou inteiramente embriagado. A dupla, então, deixou o local, sendo que Patrício conduzia Luiz, que caminhava com muitas dificuldades. Ao encontrarem Juliana, que caminhava sozinha pela calçada, Patrício e Luiz, se utilizando da arma que era portada pelo primeiro, constrangeram-na a com eles praticar sexo oral, sendo flagrados por populares que passavam ocasionalmente pelo local, ocorrendo a prisão em flagrante. Denunciados pelo crime de estupro, no curso da instrução, mediante perícia, restou constatado que Patrício era possuidor de doença mental grave e que, quando da prática do fato, era inteiramente incapaz de entender o caráter ilícito do seu comportamento, situação, aliás, que permaneceu até o momento do julgamento. Também ficou demonstrado que, no momento do crime, Luiz estava completamente embriagado, considerando como correta a alternativa no sentido de que a defesa técnica dos acusados deverá requerer, nas alegações finais, deveria alegar a absolvição de Luiz por ausência de culpabilidade em razão da embriaguez completa decorrente de força maior e a absolvição imprópria de Patrício, com aplicação, para este, de medida de segurança.

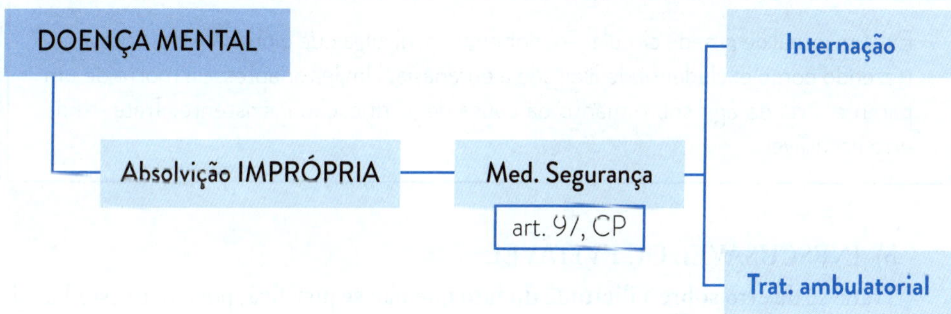

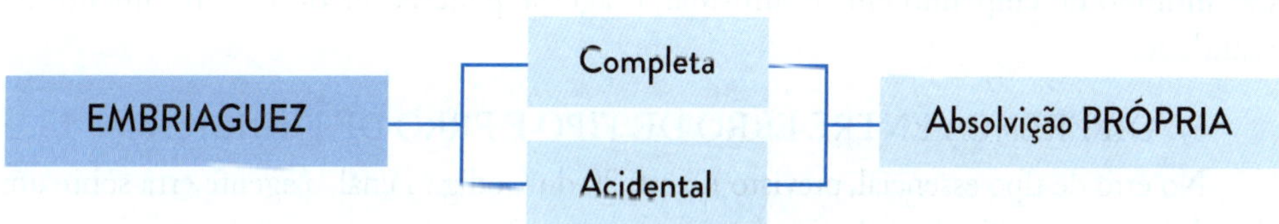

13.1.1.3 Menoridade penal

Nos termos do art. 27 do Código Penal, para os menores de 18 anos, o Código Penal adotou o sistema biológico.

Basta que seja menor de 18 anos para ser considerado inimputável. Assim, praticando um fato típico e ilícito, não respondem por crime por ausência de imputabilidade, que exclui a culpabilidade. Serão submetidos à procedimento previsto no Estatuto da Criança e Adolescente para apuração de ato infração e, via de consequência, aplicação de eventual medida socioeducativa.

13.2 FALTA DE POTENCIAL CONSCIÊNCIA DA ILICITUDE

13.2.1 Erro de proibição

13.2.1.1 Conceito

O erro de proibição está previsto no art. 21 do Código Penal. É o erro que **incide sobre a ilicitude do fato.** O agente, diante do erro, supõe lícito o fato por ele cometido. Ele sabe o que faz, mas supõe inexistir a regra de proibição.

13.2.1.2 Formas de erro de proibição

O erro de proibição pode ser: escusável ou inescusável.

a) ESCUSÁVEL OU INEVITÁVEL

Quando o erro sobre a ilicitude do fato é impossível de ser evitado, valendo-se o ser humano da sua diligência ordinária, **trata-se de uma hipótese de exclusão da culpabilidade.**

> Ex.: um jornal de grande circulação, por engano, divulga que o novo CP foi aprovado, trazendo como excludente de ilicitude a eutanásia. Um leitor apressa a morte de um parente, crendo agir sob o manto da causa de justificação inexistente. Trata-se de erro escusável.

b) INESCUSÁVEL OU EVITÁVEL

Trata-se de erro sobre a ilicitude do fato que não se justifica, pois, se tivesse havido um mínimo de empenho em se informar, o agente poderia ter tido conhecimento da realidade.

c) DIFERENÇA ENTRE ERRO DE TIPO E ERRO DE PROIBIÇÃO

No erro de tipo essencial, previsto no art. 20 do Código Penal, o agente erra sobre um dos elementos constitutivos do tipo (que nada mais são do que as expressões que integram o artigo que define o crime).

> Ex.: art. 121 matar alguém: essas duas expressões são elementos que constituem o tipo penal que define o delito de homicídio.

Aqui o agente age mediante uma falsa percepção da realidade. Ou seja, nas circunstâncias do caso concreto, ele não sabe o que faz. Se soubesse, não incorreria no erro, porque tem ciência da ilicitude da conduta.

> Ex.: rapaz mantém conjunção carnal com menina menor de 14 anos de idade, supondo ser ela maior de idade. Errou sobre um elemento que constitui o art. 217-A do CP, qual seja, "menor de 14 anos de idade".

O erro de proibição, previsto no art. 21 do Código Penal, é o erro que incide sobre a ilicitude do fato. O sujeito sabe o que faz, mas, incorrendo em erro, supõe inexistir a regra de proibição, ou seja, supõe que pratica conduta lícita.

> Ex.: holandês, em visita ao Brasil, porta substância entorpecente para consumo pessoal (sabe o que faz...), supondo ser conduta lícita, já que no seu País de origem é permitido (...mas erra sobre a ilicitude do fato).

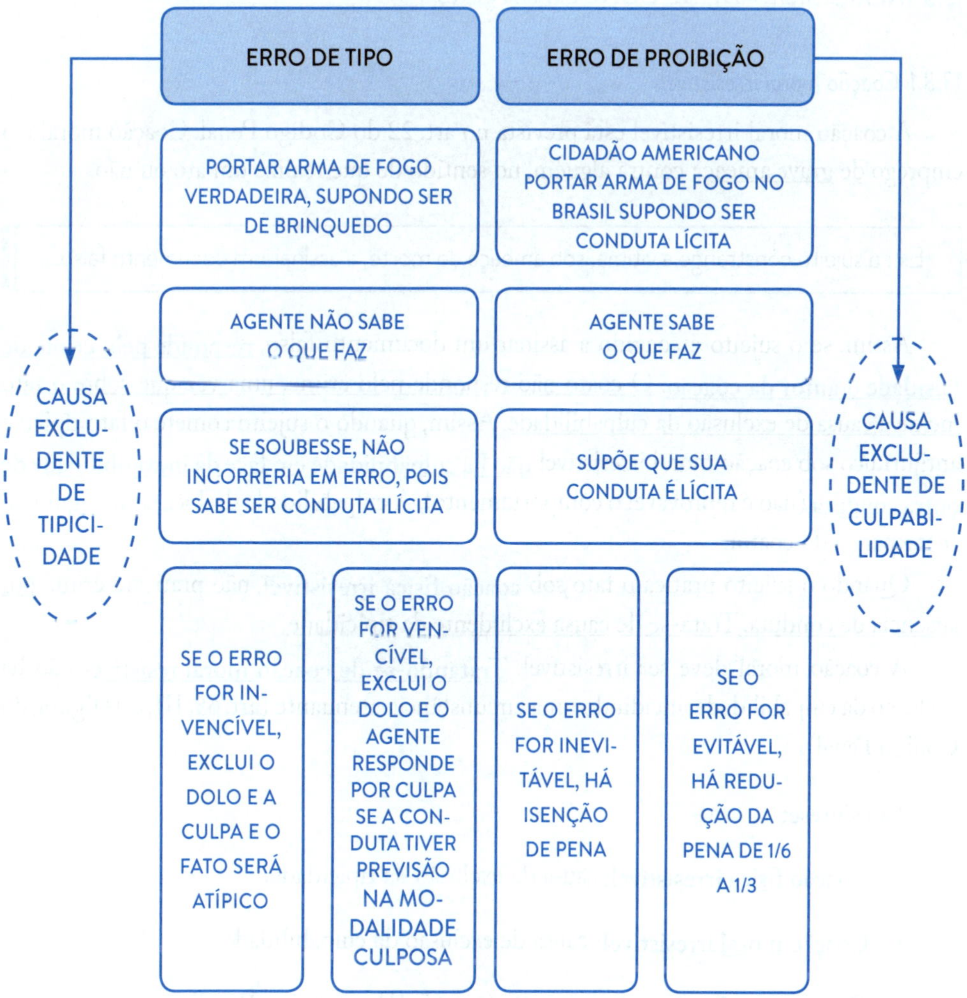

> No XII Exame da OAB, o enunciado narrou que Eslow, holandês e usuário de maconha, que nunca antes havia feito uma viagem internacional, veio ao Brasil para a Copa do Mundo. Assistindo ao jogo Holanda x Brasil decidiu, diante da tensão, fumar um cigarro de maconha nas arquibancadas do estádio. Imediatamente, os policiais militares de plantão o prenderam e o conduziram à Delegacia de Polícia. Diante do Delegado de Polícia, Eslow, completamente assustado, afirma que não sabia que no Brasil a utilização de pequena quantidade de maconha era proibida, pois, no seu país, é um habito assistir a jogos de futebol fumando maconha, sendo considerada correta a alternativa no sentido de que Eslow está em erro de proibição direto inevitável, razão pela qual deve ser isento de pena.

13.3 INEXIGIBILIDADE DE CONDUTA DIVERSA

13.3.1 Coação moral irresistível

A coação moral irresistível está prevista no art. 22 do Código Penal. Coação moral é o emprego de grave ameaça contra alguém, no sentido de que realize um ato ou não.

> Ex.: o sujeito constrange a vítima, sob ameaça de morte, a assinar um documento falso.

Assim, se o sujeito é coagido a assinar um documento falso, responde pelo crime de falsidade o autor da coação. O coato não responde pelo crime, uma vez que sobre o fato incide a causa de exclusão da culpabilidade. Assim, quando o sujeito comete o fato típico e antijurídico sob coação moral irresistível não há culpabilidade em face da inexigibilidade de outra conduta (não é reprovável o comportamento). A culpabilidade desloca-se da figura do coato para a do coator.

Quando o sujeito pratica o fato sob coação física irresistível, não praticará crime por ausência de conduta. Trata-se de causa excludente da tipicidade.

A coação moral deve ser irresistível. Tratando-se de coação moral resistível não há exclusão da culpabilidade, incidindo uma circunstância atenuante (art. 65, III, *c*, 1ª figura, do Código Penal).

Em síntese:

- **Coação física irresistível:** causa de exclusão da tipicidade.
- **Coação moral irresistível:** causa de exclusão da culpabilidade.
- **Coação moral resistível:** atenuante (art. 65, III, *c*, Código Penal).

No XVII Exame da OAB, o enunciado narrou que durante um assalto a uma instituição bancária, Antônio e Francisco, gerentes do estabelecimento, são feitos reféns. Tendo ciência da condição deles de gerentes e da necessidade de que suas digitais fossem inseridas em determinado sistema para abertura do cofre, os criminosos colocam, à força, o dedo de Antônio no local necessário, abrindo, com isso, o cofre e subtraindo determinada quantia em dinheiro. Além disso, sob a ameaça de morte da esposa de Francisco, exigem que este saia do banco, levando a sacola de dinheiro juntamente com eles, enquanto apontam uma arma de fogo para os policiais que tentavam efetuar a prisão dos agentes, sendo considerada correta a alternativa que indicava que Antônio não responderá pelo crime por ausência de tipicidade, enquanto Francisco não responderá por ausência de culpabilidade em sua conduta.

13.3.2 Obediência hierárquica

Ordem de superior hierárquico é a manifestação de vontade do titular de uma função pública a um funcionário que lhe é subordinado, no sentido de que realize uma conduta (positiva ou negativa).

A ordem ilegal pode ser: a) manifestamente ilegal; b) não manifestamente ilegal.

Quando a ordem é manifestamente ilegal, respondem pelo crime o superior e o subordinado.

No caso de a ordem não ser manifestamente ilegal, embora a conduta do subordinado constitua fato típico e antijurídico, não é culpável, em face de incidir um relevante erro de proibição. **Diante disso, o subordinado não responde pelo crime, em face da ausência de culpabilidade. A obediência hierárquica constitui, assim, causa de exclusão da culpabilidade.**

14. CONCURSO DE PESSOAS

14.1 CONCEITO DE CONCURSO DE PESSOAS

Trata-se de contribuição entre dois ou mais agentes para o cometimento de uma infração penal. Ocorre quando duas ou mais pessoas, em conjugação de esforços, reúnem-se para a prática de um ou mais delitos.

14.2 AUTORIA

Para se compreender o instituto do concurso de pessoas, mostra-se imprescindível estabelecer o conceito de autoria criminal, já que repercutirá na identificação da conduta de cada agente na prática delituosa.

Várias teorias buscam definir o conceito de autor, merecendo destaque duas posições apontadas pela doutrina:

a) **Teoria do domínio do fato**

De acordo com a teoria do domínio do fato, autor é quem tem o controle final do fato. É quem domina o decurso do crime e decide sobre sua prática, interrupção e circunstâncias. O partícipe não tem o domínio do fato, pois apenas coopera, induz e incita a prática do delito.

b) **Teoria restritiva**

Segundo essa teoria, autor é aquele que pratica a ação descrita no verbo nuclear do tipo penal, isto é, o que pratica o verbo nuclear do tipo: mata, subtrai, constrange, etc.

Em síntese, autor é aquele que realiza a conduta descrita no tipo penal, ou seja, executa a ação consubstanciada no verbo núcleo do tipo. O partícipe, por sua vez, apenas coopera com o delito, induzindo, instigando ou auxiliando materialmente seu autor.

14.3 PARTICIPAÇÃO

Conforme a teoria restritiva de autoria, partícipe é quem contribui para que o autor ou coautores realizem a conduta principal, ou seja, aquele que, sem praticar o verbo nuclear do tipo, concorre de algum modo para a produção do resultado.

A participação pode ser:

A) Moral

A determinação (ou induzimento) e a instigação são as formas de participação moral.

A.1) Induzimento ou determinação

Ocorre a determinação ou induzimento quando uma pessoa faz surgir na mente de outra a intenção delituosa.

> Ex.: Rafa incute na mente de Iuri a ideia homicida contra Jonas. A característica da determinação é a inexistência da resolução criminosa na pessoa do autor principal. Se Iuri matar Jonas, Rafa responde por homicídio na condição de partícipe.

A.2) Instigação

Instigar é reforçar uma ideia já existente. O agente já a tem em mente, sendo apenas reforçada pelo partícipe.

No caso do exemplo acima, Iuri já tinha em mente matar Jonas. Rafa apenas reforçou a ideia homicida. Rafa é partícipe do crime de homicídio, enquanto Iuri responde pelo crime na condição de autor.

B) Material

Ocorre na forma de auxílio. Considera-se, assim, partícipe aquele que presta ajuda efetiva na preparação ou execução do delito.

Auxilia na preparação quem fornece a arma ou informações úteis à realização do crime. Auxilia na execução quem permanece de atalaia, no sentido de avisar o autor da aproximação de terceiro, leva o ladrão em seu veículo ao local do furto, carrega a arma do homicida.

14.4 PARTICIPAÇÃO IMPUNÍVEL

Nos termos do art. 31 do Código Penal, para a participação ser punível, afigura-se imprescindível que o ato executório do crime tenha sido iniciado.

Ex.: Fabrício contrata Félix para matar Mafalda. Félix sai em busca de Mafalda e, ao avistá-la, apiedado, não dá início ao intento executório. Nesse caso, tanto Fabrício quanto Félix não respondem pelo delito de homicídio, pois sequer foi dado início ao ato executório.

14.5 TEORIA UNITÁRIA (OU MONISTA)

Conforme dispõe o art. 29 do Código Penal, todos os que contribuem para a prática do delito cometem o mesmo crime, não havendo distinção quanto ao enquadramento típico entre autor e partícipe.

Daí decorre o nome da teoria: todos respondem por um único crime (Teoria unitária).

14.6 REQUISITOS DO CONCURSO DE PESSOAS

A) PLURALIDADE DE CONDUTAS

Para que haja concurso de pessoas, exige-se que cada um dos agentes tenha realizado ao menos uma conduta relevante. Pode ser em coautoria, onde há duas condutas principais; ou autoria e participação, onde há uma conduta principal e outra acessória, praticadas, respectivamente, por autor e partícipe.

B) RELEVÂNCIA CAUSAL DAS CONDUTAS

Para justificar a punição de duas ou mais pessoas em concurso, afigura-se necessário que a conduta do agente tenha efetivamente contribuído, ainda que minimamente, para a produção do resultado.

Em outras palavras, se a conduta não tem relevância causal, isto é, se não contribuiu em nada para a produção do resultado, não pode ser considerada como integrante do concurso de pessoas.

C) DO LIAME SUBJETIVO E NORMATIVO (vínculo subjetivo e normativo entre os participantes)

As várias condutas não são suficientes para a existência da participação ou coautoria. Imprescindível é o elemento subjetivo, pelo qual cada concorrente tem consciência de contribuir para a realização do resultado.

Os agentes devem atuar conscientes de que participam de crime comum, ainda que não tenha havido acordo prévio de vontades. A ausência desse elemento psicológico inviabiliza o concurso de pessoas, ensejando condutas isoladas e autônomas.

Importante lembrar que a lei não requer acordo prévio entre agentes, sendo suficiente a consciência por parte das pessoas que de algum modo contribuem com o fato.

> Ex.: uma empregada doméstica, percebendo a presença de um ladrão, para vingar-se do patrão, deliberadamente deixa a porta aberta, facilitando a prática do furto. Há participação e, não obstante, o ladrão desconhecia a colaboração da empregada. Por consequência, a empregada também responderá pelo crime de furto.

Vínculo normativo guarda relação com os crimes culposos.

D) IDENTIDADE DE INFRAÇÃO PARA TODOS OS PARTICIPANTES

Nos termos do art. 29 do Código Penal, todos que concorrem para o crime respondem pelo mesmo delito.

> Ex.: alguém planeja a realização da conduta típica, ao executá-la, enquanto um desvia a atenção da vítima, outro lhe subtrai os pertences e ainda um terceiro encarrega-se de evadir-se do local com o produto do furto.

> No XVI Exame da OAB, o enunciado narrou que Maria Joaquina, empregada doméstica de uma residência, profundamente apaixonada pelo vizinho Fernando, sem que este soubesse, escuta sua conversa com uma terceira pessoa acordando o furto da casa em que ela trabalha durante os dias de semana à tarde. Para facilitar o sucesso da operação de amado, ela deixa a porta aberta ao sair do trabalho. Durante a empreitada criminosa, sem saber que a porta da frente se encontrava destrancada, Fernando e seu comparsa arrombam a porta dos fundos, ingressam na residência diversos objetos, sendo considerada correta a alternativa no sentido de que Maria Joaquina não deverá responder por qualquer infração penal, sendo a sua participação irrelevante para o sucesso da empreitada criminosa.

14.7 PUNIBILIDADE DO CONCURSO DE PESSOAS

A) PARTICIPAÇÃO DE MENOR IMPORTÂNCIA

A participação aqui referida diz respeito exclusivamente ao partícipe. Isso porque, ainda que tenha sido pequena, a contribuição do coautor não pode ser considerada de menor importância, uma vez que atuou diretamente na execução do crime. A sua culpabilidade, naturalmente superior à de um simples partícipe, será avaliada nos termos do art. 29, *caput*, do CP, e a pena a ser fixada obedecerá aos limites abstratos previstos pelo tipo penal infringido.

O partícipe que houver tido "participação de menor importância" poderá ter sua pena reduzida de um sexto a um terço, nos termos do art. 29, § 1º, do Código Penal.

Trata-se, pois, de uma causa de diminuição da pena.

B) DA COOPERAÇÃO DOLOSAMENTE DISTINTA OU DESVIOS SUBJETIVOS ENTRE OS PARTICIPANTES

Nos termos do art. 29, § 2º, do Código Penal, o agente que desejava praticar um delito, sem a condição de prever a concretização de crime mais grave, deve responder pelo que pretendeu fazer, não se podendo a ele imputar outra conduta indesejada, sob pena de se estar tratando de responsabilidade objetiva.

Esse dispositivo cuida da hipótese de o autor principal cometer delito mais grave que o pretendido pelo partícipe ou coautor.

Ex. "A" determina "B" a espancar "C". "B" mata "C". Segundo o art. 29, § 2º, "A" responde por crime de lesão corporal, cuja pena deve ser aumentada até metade se a morte da vítima lhe era previsível.

14.8 COMUNICABILIDADE DAS ELEMENTARES E CIRCUNSTÂNCIAS DO CRIME

Via de regra, as circunstâncias e condições pessoais relacionadas a um dos agentes não se comunicam aos outros que contribuíram para a prática delituosa.

Todavia, há determinadas circunstâncias ou condições pessoais que compõem, integram o tipo penal, figurando, no caso, como verdadeira elementar no tipo penal. Nesse caso, nos termos do art. 30 do Código Penal, quando também constituem o tipo penal, ou seja, figuram como elementares do tipo penal, as circunstâncias ou condições pessoais relacionadas a um dos sujeitos se comunicam aos demais coautores ou partícipes.

Ex.: "A", funcionário público, comete um crime de peculato (art. 312 do Código Penal), com a participação de "B", não funcionário público. A condição pessoal (funcionário público) é elementar do crime de peculato, comunicando-se, portanto, ao agente que não é funcionário público. Logo, os dois respondem por crime de peculato.

No XII Exame da OAB, o enunciado narrou que Lucas, funcionário público do Tribunal de Justiça, e Laura, sua noiva, estudante de direito, resolveram subtrair notebooks de última geração adquiridos pela serventia onde Lucas exerce suas funções. Assim, para conseguir seu intento, combinaram dividir a execução do delito. Lucas, em determinado feriado municipal, valendo-se da facilidade que seu cargo lhe proporcionava, identificou-se na recepção e disse ao segurança que precisava ir até a serventia para buscar alguns pertences que havia esquecido. O segurança, que já conhecia Lucas de vista, não desconfiou de nada e permitiu o acesso. Ressalte-se que, além de ser serventuário, Lucas conhecia detalhadamente o prédio público, razão pela qual se dirigiu rapidamente ao local desejado, subtraindo todos os *notebooks*. Após, foi a uma janela e, dali, os entregou a Laura, que os colocou no carro e saiu. Ao final, Lucas conseguiu deixar o edifício sem que ninguém suspeitasse de nada. Todavia, cerca de uma semana após, Laura e Lucas têm uma discussão e terminam o noivado.

Muito enraivecida, Laura procura a polícia e noticia os fatos, ocasião em que devolve todos os *notebooks* subtraídos, sendo considerada correta a alternativa no sentido de que Laura e Lucas devem responder pelo delito de peculato furto praticado em concurso de agentes.

15. DA FIXAÇÃO DA PENA

Nos termos do art. 68 do Código Penal, o nosso ordenamento jurídico adota o sistema trifásico na fixação da pena, ou seja, primeiro deve ser fixada a pena-base, atendendo-se ao critério do art. 59 do Código Penal; em seguida serão consideradas as circunstâncias atenuantes e agravantes; por último, as causas de diminuição e de aumento.

15.1 PRIMEIRA FASE DE FIXAÇÃO DA PENA

A pena-base é imposta com fundamento nas circunstâncias judiciais do art. 59 do Código Penal.

O juiz deve, nesta fase, observar rigorosamente os limites legais (mínimo e máximo). No caso do furto simples (art. 155 do CP), por exemplo, o juiz deve aplicar a pena-base entre os limites de 1 a 4 anos de reclusão, considerando as circunstâncias judiciais previstas no art. 59 do Código Penal.

Merece destaque a circunstância judicial voltada aos antecedentes criminais, sobretudo no que se pode considerar fatos desfavoráveis ao réu.

A Súmula 444 do STJ informa o que não pode ser considerado como maus antecedentes.

> **Súmula 444 STJ:** "É VEDADA A UTILIZAÇÃO DE INQUÉRITOS POLICIAIS E AÇÕES PENAIS EM CURSO PARA AGRAVAR A PENA-BASE".

De outro lado, consolidou-se o entendimento de que, em face do princípio da presunção de inocência, o juiz somente poderá considerar como antecedentes criminais desfavoráveis uma sentença penal condenatória transitada em julgado que não induza reincidência, ou seja, que não seja utilizada na segunda fase da aplicação da pena como circunstância agravante da reincidência, evitando-se, assim, o *bis in idem*. Neste contexto, prevalece o disposto na Súmula 241 do STJ: "A reincidência penal não pode ser considerada como circunstância agravante e, simultaneamente, como circunstância judicial".

ANTECEDENTES CRIMINAIS

NÃO PODE:

- **Inquérito policial**
- **Processo instaurado tramitando**
- **Condenação não transitada em julgado**

15.2 SEGUNDA FASE DA FIXAÇÃO DA PENA

15.2.1 Circunstâncias agravantes

A) PROIBIÇÃO DO *BIS IN IDEM*

O art. 61, *caput*, do Código Penal, dispõe que as circunstâncias mencionadas "sempre agravam a pena, quando não constituem ou qualificam o crime". Assim, quando uma das circunstâncias agravantes funcionar como elementar ou como circunstância qualificadora não se aplica a agravação do art. 61 do Código Penal. De outra forma, haveria *bis in idem*. O rol das agravantes é taxativo, não admitindo ampliação.

> Ex.: se o sujeito pratica homicídio por motivo fútil (art. 121, § 2º, II), não incide a agravante do art. 61, II, *a*, 1ª figura (ter sido o crime cometido por motivo fútil), pois a circunstância genérica funciona como "qualificadora" do homicídio (qualifica o delito).

B) CONCURSO DE AGRAVANTES COM ATENUANTES

Em que pese não constar expressamente no art. 67 do Código Penal, a jurisprudência tem entendido que o fato de o agente ser menor de 21 anos também é uma circunstância preponderante.

15.2.2 Circunstâncias atenuantes

Conforme o art. 65 do Código Penal, as circunstâncias atenuantes incidem quando:

a) for o agente menor de 21 (vinte e um), na data do fato, ou maior de 70 (setenta) anos, na data da sentença;
b) o desconhecimento da lei;
c) ter o agente cometido o crime por motivo de relevante valor social ou moral;
d) ter o agente procurado, por sua espontânea vontade e com eficiência, logo após o crime, evitar-lhe ou minorar-lhe as consequências, ou ter, antes do julgamento, reparado o dano;
e) ter o agente cometido o crime sob coação a que podia resistir, ou em cumprimento de ordem de autoridade superior, ou sob a influência de violenta emoção, provocada por ato injusto da vítima;
f) ter o agente confessado espontaneamente, perante a autoridade, a autoria do crime;
g) ter o agente cometido o crime sob a influência de multidão em tumulto, se não o provocou.

* CIRCUNSTÂNCIAS ATENUANTES INOMINADAS (ART. 66)

São circunstâncias que não estão previstas expressamente em lei e que servem de meios diretivos para o juiz aplicar a pena.

> Ex.: agente que se encontra desesperado em razão de desemprego ou moléstia grave na família.

15.2.3 *Terceira fase da aplicação da pena*

Na terceira e última fase de aplicação da pena, o juiz deve considerar as causas de aumento e de diminuição da pena presentes no caso concreto. Essas causas de aumento e de diminuição da pena podem estar previstas tanto na Parte Geral do Código Penal quanto na Parte Especial.

São causas de facultativo ou obrigatório aumento ou diminuição da sanção penal em quantidade fixada pelo legislador (1/3, 1/6, o dobro, metade etc).

Na parte geral do Código Penal encontramos, por exemplo, as seguintes causas de aumento e de diminuição da pena: arts. 14, parágrafo único; 24, § 2º; 26, parágrafo único; 28, § 2º; 29, § 1º; 60, § 1º; 70, *caput*; 71, *caput;* 73, 2ª parte, e 74, parte final.

Na parte especial, as causas de aumento e de diminuição da pena estão previstas, por exemplo, nos arts. 121, §§ 1º e 4º; 122, parágrafo único; 127 etc.

Qualificadoras são as circunstâncias legais especiais ou específicas previstas na parte especial do CP, que, agregadas à figura típica fundamental, têm função de aumentar a pena.

Quando o tipo penal prevê uma qualificadora, expressamente menciona o mínimo e o máximo da pena agravada.

> Ex.: art. 121, § 2º (reclusão, de 12 a 20 anos).

16. DA REINCIDÊNCIA

I) CONCEITO

Nos termos do art. 63 do Código Penal, a reincidência pressupõe uma **sentença condenatória transitada em julgado** por prática de crime. Há reincidência somente quando o **novo crime é cometido após** a sentença condenatória de que não cabe mais recurso.

> Ex.: o sujeito pratica um crime, sendo processado e condenado. Não recorre, vindo a sentença transitar em julgado. Meses depois, vem a praticar novo crime. É considerado reincidente uma vez que cometeu novo delito após o trânsito em julgado de sentença que o condenou por prática de crime.

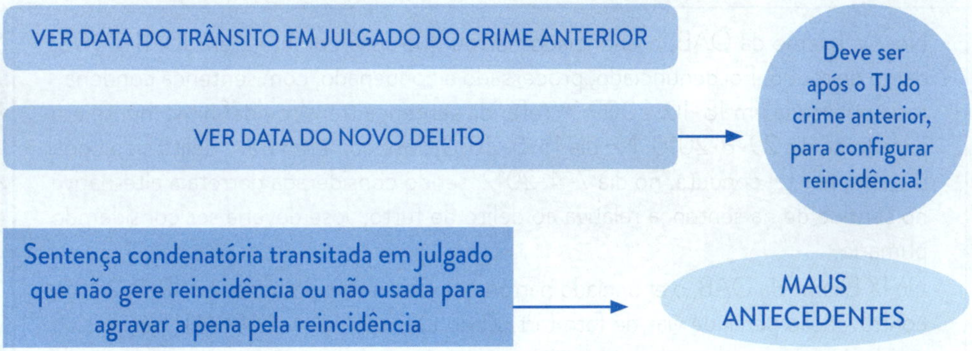

Além disso, complementando os pressupostos da reincidência, o art. 7º da Lei de Contravenções Penais (Decreto-lei n. 3.688/41) dispõe que: "verifica-se a reincidência quando o agente pratica uma contravenção depois de passar em julgado a sentença que o tenha condenado, no Brasil, ou no estrangeiro, por qualquer crime, ou, no Brasil, por motivo de contravenção". Assim, podem ocorrer várias hipóteses:

a) o agente, condenado irrecorrivelmente pela prática de um crime, vem a cometer outro delito: é reincidente (art. 63 do Código Penal);
b) o agente pratica um crime; condenado irrecorrivelmente, vem a cometer uma contravenção: é reincidente (art. 7º da LCP);
c) o sujeito pratica uma contravenção, vindo a ser condenado por sentença transitada em julgado; comete outra contravenção: é considerado reincidente (art. 7º da LCP);
d) o sujeito comete uma contravenção; é condenado por sentença irrecorrível; pratica um crime: **não** é reincidente (art. 63 do Código Penal).

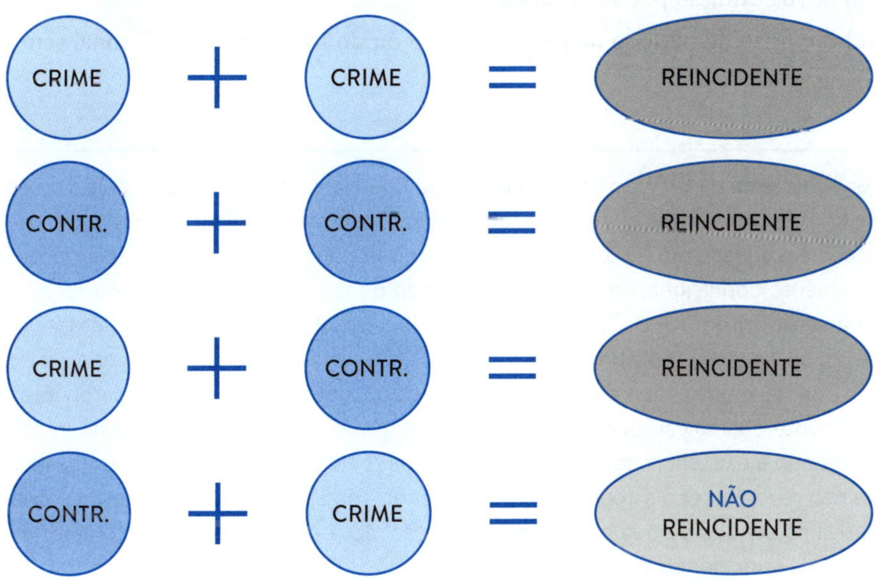

> No XV Exame da OAB, o enunciado narrou que José cometeu, em 10-11-2008, delito de roubo. Foi denunciado, processado e condenado, com sentença condenatória publicada em 18-10-2009. A referida sentença transitou definitivamente em julgado no dia 29-8-2010. No dia 15-5-2010, José cometeu novo delito sido condenado, por tal conduta, no dia 7-4-2012, sendo considerada correta a alternativa no sentido de na sentença relativa ao delito de furto, José deveria ser considerado primário.
>
> No IX Exame da OAB, o enunciado narrou que Guilherme praticou, em 18-2-2009, contravenção penal de vias de fato (art. 21 do Decreto-lei n. 3.688/41), tendo sido condenado à pena de multa. A sentença transitou definitivamente em julgado no dia 15-3-2010, mas Guilherme não pagou a multa. No dia 10-7-2010, Guilherme praticou crime de ato obsceno (art. 233 do CP), sendo considerada como correta a alternativa no sentido de que Guilherme não pode ser considerado reincidente por conta de uma omissão legislativa.

II) EFICÁCIA TEMPORAL DA CONDENAÇÃO ANTERIOR PARA EFEITO DA REINCIDÊNCIA

Se o agente vier a cometer novo crime depois de cinco anos da extinção da primeira pena, a anterior sentença condenatória não terá força de gerar a agravação da pena, uma vez que o réu não será considerado reincidente.

Assim, nos termos do art. 64, I, o termo inicial do **prazo de 5 anos** é a data:

a) do cumprimento da pena;

b) de sua extinção por outra causa;

c) do início do período de prova do *sursis* ou do livramento condicional sem revogação.

> No XX Exame da OAB, o enunciado narrou que Rafael foi condenado pela prática de crime a pena privativa de liberdade de 4 anos e 6 meses, tendo a sentença transitado em julgado em 10-2-2008. Após cumprir 2 anos e 6 meses de pena, obteve livramento condicional em 10-8-2010, sendo o mesmo cumprido com correção e a pena extinta em 10-8-2012. Em 15-9-2015, Rafael pratica novo crime, dessa vez de roubo, tendo como vítima senhora de 60 anos de idade, circunstância que era do seu conhecimento. Dois dias depois, arrependido, antes da denúncia, reparou integralmente o dano causado. Na sentença, o magistrado condenou o acusado, reconhecendo a existência de duas agravantes pela reincidência e idade da vítima, além de não reconhecer o arrependimento posterior, sendo considerada correta a alternativa no sentido de que o advogado de Rafael deve pleitear afastamento da agravante da reincidência.

17. REGIME INICIAL DE CUMPRIMENTO DE PENA

Ao proferir a sentença condenatória, o juiz deve, após fixar a quantidade de pena, determinar a espécie de regime para início de cumprimento da pena, observando as regras previstas no art. 33 do Código Penal e os crimes apenados com reclusão e detenção.

17.1 CRIMES APENADOS COM RECLUSÃO

No momento de proferir a sentença, o juiz, ao se deparar com um crime apenado com reclusão, detém, desde logo, a informação de que poderá fixar o regime inicial de cumprimento da pena fechado, semiaberto e aberto. Deverá, no entanto, observar determinados requisitos:

a) **Quantidade da pena**

a) Se o agente for condenado a pena superior a 8 anos deverá começar a cumpri-la em regime fechado;

b) o agente não reincidente, cuja pena seja superior a 4 anos e não exceda a 8, poderá, desde o princípio, cumpri-la em regime semiaberto;

c) o agente não reincidente, cuja pena seja igual ou inferior a 4 anos, poderá, desde o início, cumpri-la em regime aberto.

Súmula 269 do STJ: "É admissível a adoção do regime prisional semiaberto aos reincidentes condenados à pena igual ou inferior a 4 anos se favoráveis as circunstâncias judiciais".

REGIME FECHADO	+ 8 ANOS	⬅	PRIMÁRIO
REGIME SEMIABERTO	+ 4 ANOS até 8 ANOS	⬅	PRIMÁRIO
REGIME ABERTO	- 4 ANOS	⬅	Súmula 269 STJ

b) **Circunstâncias judiciais para fixação do regime carcerário**

Nesse ponto, merecem, ainda, destaque as Súmulas 719 do STF e 440 do STJ.

Súmula 719 do STF: "a imposição do regime de cumprimento mais severo do que a pena aplicada permitir exige motivação idônea".

Súmula 440 do STJ: "Fixada a pena-base no mínimo legal, é vedado o estabelecimento de regime prisional mais gravoso do que o cabível em razão da sanção imposta, com base apenas na gravidade abstrata do delito".

17.2 CRIMES APENADOS COM DETENÇÃO

a) Se a pena for superior a 4 anos: inicia em regime semiaberto.
b) Se a pena for igual ou inferior a 4 anos: inicia em regime aberto.
c) Se o condenado for reincidente: inicia no regime mais gravoso existente, ou seja, no semiaberto.
d) Se as circunstâncias do art. 59 do Código Penal forem desfavoráveis ao condenado: inicia no regime mais gravoso existente, ou seja, no regime semiaberto.
e) Importante: **não existe regime inicial fechado** na pena de detenção (art. 33, *caput*), a qual começa obrigatoriamente em regime semiaberto ou aberto.

REGIME SEMIABERTO	+ 4 ANOS até 8 ANOS
REGIME ABERTO	- 4 ANOS ⬅ PRIMÁRIO

17.3 REGIME INICIAL NOS CRIMES HEDIONDOS E EQUIPARADOS

Conforme prevê o art. 2º, § 1º, da Lei 8.072/90 (Lei dos Crimes Hediondos), os condenados por crimes hediondos, tráfico ilícito de entorpecentes, terrorismo e tortura devem necessariamente iniciar o cumprimento da pena em regime fechado, mesmo sendo a pena imposta inferior a 8 anos.

Ocorre, contudo, que o Supremo Tribunal Federal declarou inconstitucional tal dispositivo, por considerar que a obrigatoriedade do regime inicial fechado **viola o princípio constitucional da individualização da pena.**

18. PENAS RESTRITIVAS DE DIREITOS

18.1 NATUREZA JURÍDICA

São sanções penais autônomas e substitutivas.

São substitutivas porque derivam de permuta que se faz após a aplicação, na sentença condenatória, da pena privativa de liberdade.

São autônomas porque subsistem por si mesmas após a substituição. Isso significa que não são acessórias à pena de prisão.

Os requisitos para substituição da pena privativa de liberdade por restritiva de direitos estão previstos no art. 44 do Código Penal.

18.2 REQUISITOS OBJETIVOS

a) Quantidade da pena aplicada:

A pena não superior a 4 (quatro) anos, de reclusão ou detenção, independentemente da natureza do crime, se doloso ou culposo, pode ser substituída por pena restritiva de direitos.

No caso de condenação por crime culposo, a substituição será possível, independentemente da quantidade da pena imposta, não existindo tal requisito.

b) Natureza do crime cometido

As penas restritivas de direitos são aplicáveis aos crimes cometidos sem violência ou grave ameaça à pessoa.

18.3 REQUISITOS SUBJETIVOS

a) Réu não reincidente em crime doloso

É necessário que o sujeito não seja reincidente em crime doloso. O texto não trata de qualquer reincidente. Refere-se ao não reincidente em crime "doloso", de modo que não há impedimento à aplicação da pena alternativa quando:

a) os dois delitos são culposos;
b) o anterior é culposo e o posterior é doloso;
c) o anterior é doloso e o posterior é culposo.

Portanto, a reincidência não constitui obstáculo absoluto à imposição das penas alternativas (art. 44, § 3º). **A REINCIDÊNCIA QUE PROÍBE DE FORMA ABSOLUTA A SUBSTITUIÇÃO É A QUE OCORRE COM A "PRÁTICA DO MESMO CRIME DOLOSO", ISTO É, A ESPECÍFICA.**

b) A culpabilidade, os antecedentes, a conduta ou a personalidade ou ainda os motivos e circunstâncias recomendarem a substituição

Convém notar que esses requisitos constituem uma repetição das circunstâncias constantes do art. 59, *caput*, do CP, salvo duas: comportamento da vítima e consequências do crime, coincidentemente as únicas de natureza objetiva. Assim, o art. 44, III, do CP somente levou em conta as circunstâncias subjetivas do mencionado art. 59.

18.4 SUBSTITUIÇÃO DA PENA RESTRITIVA X TRÁFICO ILÍCITO DE ENTORPECENTES

Com relação ao tráfico ilícito de entorpecentes, o descabimento da substituição da prisão por penas restritivas de direitos encontra-se expresso no art. 44 da Lei n. 11.343/2006. Todavia, em setembro de 2010, ao julgar o HC 97.256, o STF declarou inconstitucional esta restrição contida na Lei de Drogas.

A propósito, o Senado editou Resolução n. 5, suspendendo a execução da expressão que vedava a conversão em penas restritivas de direitos nos crimes de tráfico ilícito de entorpecentes, conferindo o caráter *erga omnes* à decisão proferida pelo STF.

No XXI Exame da OAB, o enunciado narrou que Carlos, 21 anos, foi condenado a cumprir pena de prestação de serviços à comunidade pela prática de um crime de lesão corporal culposa no trânsito. Em 1º-1-2014, seis meses após cumprir a pena restritiva de direitos aplicada, praticou novo crime de natureza culposa, vindo a ser denunciado. Carlos, após não aceitar qualquer benefício previsto na Lei n. 9.099/95 e ser realizada audiência de instrução e julgamento, é novamente condenado em 17-2-2016. O juiz aplica pena de 11 meses de detenção, não admitindo a substituição por restritiva de direitos em razão da reincidência, sendo considerada correta a alternativa no sentido de que o(a) advogado(a) de Carlos, sob o ponto de vista técnico, deverá requerer, em recurso, a substituição da pena privativa de liberdade por restritiva de direitos.

19. CONCURSO DE CRIMES

19.1 CONCURSO MATERIAL

Ocorre o concurso material quando o agente, mediante mais de uma ação ou omissão, pratica dois ou mais crimes, idênticos ou não (art. 69, *caput,* do Código Penal).

Ex.: o agente ingressa na residência da vítima, furta e comete estupro.

Nos termos do art. 69, *caput*, do Código Penal, quando o agente realiza o concurso real de crimes, "aplicam-se cumulativamente as penas em que haja incorrido". Portanto, no concurso material as penas **são cumuladas, somadas.**

Ex.: se comete furto e estupro, as penas privativas de liberdade devem ser somadas.

19.2 CONCURSO FORMAL

19.2.1 Conceito

Ocorre o concurso formal (ou ideal) quando o agente, **mediante uma só ação ou omissão, pratica dois ou mais crimes** (art. 70, *caput,* do Código Penal). Difere do concurso material pela unidade de conduta. Ex. o agente, com um só tiro ou um golpe só, ofende mais de uma pessoa.

19.2.2 Concurso formal perfeito

Está previsto na primeira parte do art. 70 do Código Penal. Ocorre quando o agente pratica duas ou mais infrações penais através de uma única conduta. Resulta de um único desígnio. O agente, por meio de um só impulso volitivo, dá causa a dois ou mais resultados.

> Ex.: o agente dirige um carro em alta velocidade e acaba por atropelar e matar três pessoas.

19.2.3 Concurso formal imperfeito – art. 70, segunda parte

O concurso formal imperfeito encontra-se na parte final do art. 70 do Código Penal. É o resultado de desígnios autônomos. Aparentemente, há uma só ação, mas o agente intimamente deseja os outros resultados ou aceita o risco de produzi-los. Como se nota, essa espécie de concurso formal só é possível nos crimes dolosos.

> Ex.: o agente incendeia uma residência com a intenção de matar todos os moradores. O agente tem desígnios autônomos (intenção de matar) em relação a cada um dos moradores da residência.

19.2.4 Aplicação da pena

*** No concurso formal perfeito**

Se for homogêneo, aplica-se a pena de qualquer dos crimes, acrescida de 1/6 até a metade.

Se for heterogêneo, aplica-se a pena do mais grave, aumentada de 1/6 até a metade. O aumento varia de acordo com o número de resultados produzidos.

*** No concurso formal imperfeito**

As penas devem ser somadas, de acordo com a regra do concurso material.

> No XV Exame da OAB, o enunciado narrou que Roberto estava dirigindo seu automóvel quando perdeu o controle da direção e subiu a calçada, atropelando dois pedestres que estavam parados num ponto de ônibus, sendo considerada correta a alternativa no sentido de que se tratava de hipótese de concurso formal próprio ou perfeito.

19.3 CONCURSO MATERIAL BENÉFICO

Nos temos do art. 70, parágrafo único, do Código Penal, se, da aplicação da regra do concurso formal, a pena tornar-se superior à que resultaria da aplicação do concurso material (soma de penas), deve-se seguir este último critério. Portanto, na dosagem da pena, deve esta ser fixada com prudência para que o sujeito não seja prejudicado.

> Ex.: suponha-se que o agente tenha praticado um homicídio simples e uma lesão corporal leve em concurso formal. Aplicado o princípio do concurso material, sofreria pena mínima de sete anos de reclusão (seis anos pelo homicídio, mais 1/6 previsto no art. 70 do CP).

Aplicada a pena de acordo com o concurso material, seria de 6 anos de reclusão pelo homicídio e 03 meses de detenção pela lesão corporal leve (6 anos e 3 meses de pena privativa de liberdade).

Em face disso, a pena a ser aplicada não pode ser superior à que seria cominada se fosse caso de concurso material. Daí a razão da regra do parágrafo único do art. 70: "não poderá a pena exceder a que seria cabível" pelo princípio do concurso material.

> No VI Exame da OAB, o enunciado narrou que Otelo objetiva matar Desdêmona para ficar com o seguro de vida que esta havia feito em seu favor. Para tanto, desfere projétil de arma de fogo contra a vítima, causando-lhe a morte. Todavia, a bala atravessa o corpo de Desdêmona e ainda atinge Iago, que passava pelo local, causando-lhe lesões corporais. Considerando-se que Otelo praticou crime de homicídio doloso qualificado em relação a Desdêmona e, por tal crime, recebeu pena de 12 anos de reclusão, bem como que praticou crime de lesão corporal leve em relação a Iago, tendo recebido pena de 2 meses de reclusão, é correto afirmar que o juiz deverá somar as penas.

19.4 CRIME CONTINUADO

19.4.1 Conceito

Ocorre o crime continuado quando o agente, mediante mais de uma ação ou omissão, pratica dois ou mais crimes da MESMA ESPÉCIE, devendo os subsequentes, pelas condições de TEMPO, LUGAR, MANEIRA DE EXECUÇÃO E OUTRAS SEMELHANTES, ser havidos como continuação do primeiro (art. 71, *caput*, do Código Penal).

19.4.2 Crime continuado específico

Nos temos do art. 71, parágrafo único, do Código Penal, o crime continuado específico prevê a necessidade de três requisitos, que devem ocorrer simultaneamente:

a) Contra vítimas diferentes

Admite-se nexo de causalidade entre crimes que lesam interesses jurídicos pessoais, ainda que praticados contra vítimas diversas

Assim, admite a reforma penal nexo de continuidade entre homicídios, lesões corporais ou roubos contra vítimas diversas, podendo o juiz, de acordo com as circunstâncias judiciais do art. 59, *caput*, aumentar a pena de um dos delitos até o triplo, desde que a pena não seja superior à que seria imposta se o caso fosse de concurso material.

b) com violência ou grave ameaça à pessoa

Mesmo que o crime seja contra vítimas diferentes, se não houver violência – real ou ficta – contra a pessoa, não haverá a continuidade específica, mesmo que haja violência contra a coisa.

c) somente em crimes dolosos

Se a ação criminosa for praticada contra vítimas diferentes, com violência à pessoa, mas não for produto de uma conduta dolosa, não estará caracterizada a exceção.

19.4.3 Aplicação da pena

* Crime continuado comum: aplica-se a pena do crime mais grave, aumentada de 1/6 até 2/3.

* Crime continuado específico: aplica-se a pena do crime mais grave, aumentada até o triplo.

Se, da aplicação da regra do crime continuado, a pena resultar superior à que restaria se somadas as penas, aplica-se a regra do concurso material.

20. ERRO NA EXECUÇÃO (*ABERRATIO ICTUS*) E RESULTADO DIVERSO DO PRETENDIDO (*ABERRATIO CRIMINIS*)

20.1 ERRO NA EXECUÇÃO (*ABERRATIO ICTUS*)

Nos termos do art. 73 do Código Penal, *aberratio ictus* significa aberração no ataque ou desvio do golpe. Ocorre quando o sujeito, pretendendo atingir uma pessoa, vem a ofender outra.

O Código Penal vê na *aberratio ictus* com unidade de resultado um só delito (tentado ou consumado). Podem ocorrer duas hipóteses:

a) **a vítima efetiva (não visada) sofre lesão corporal:** o agente responde por tentativa de homicídio (como se a vítima virtual tivesse sofrido a lesão).

A lesão corporal culposa sofrida pela vítima efetiva fica absorvida pela tentativa de homicídio.

b) **a vítima efetiva morre:** na realidade haveria uma tentativa de homicídio contra a vítima virtual e um homicídio contra a vítima efetiva. No entanto, o CP vê uma unidade de crime, um só crime de homicídio doloso (como se o agente tivesse matado a vítima virtual).

Nos dois casos, de acordo com o que preceitua o art. 73, 1ª parte, *in fine*, deve ser atendido ao disposto no art. 20, § 3º, 2ª parte, do Código Penal.

Ex.: o agente pretende matar o próprio pai, que se acha conversando com Pedro, estranho. Atira e mata o terceiro (Pedro). Sobre o fato incide a circunstância agravante.

A *aberratio ictus* com resultado duplo ocorre quando o agente atinge a vítima virtual e terceira pessoa. Aplica-se a 2ª parte do art. 73: *"(...) No caso de ser também atingida a pessoa que o agente pretendia ofender, aplica-se a regra do art. 70 deste Código"*, ou seja, a regra do **concurso formal de crimes.**

Ex.: suponha-se que o agente, pretendendo matar Tício, venha também a atingir Caio. Podem ocorrer vários casos:

a) **O agente mata Tício e Caio:** na realidade, haveria um crime de homicídio doloso em relação a Tício e um homicídio culposo em relação a Caio. O agente responde por um crime de homicídio doloso (pena mais grave que a imposta ao homicídio culposo) aumentada a pena de 1/6 até metade.
b) **O agente fere Tício e Caio:** haveria tentativa de homicídio contra Tício e uma lesão corporal culposa em relação a Caio. Solução: responde por tentativa de homicídio, aumentando a pena de 1/6 até metade.
c) **O agente mata Caio e fere Tício:** na realidade, há dois crimes: homicídio culposo contra Caio e tentativa de homicídio contra Tício. COMO O AGENTE MATOU CAIO (VÍTIMA EFETIVA), É COMO SE TIVESSE MATADO TÍCIO (VÍTIMA VIRTUAL). Aplica-se a regra do concurso formal: pena de HOMICÍDIO acrescida de 1/6 até metade.

> No XIX Exame da OAB, o enunciado narrou que Pedro e Paulo bebiam em um bar da cidade quando teve início uma discussão sobre futebol. Pedro, objetivando atingir Paulo, desfere contra ele um disparo que atingiu o alvo desejado e também terceira pessoa que se encontrava no local, certo que ambas as vítimas faleceram, inclusive aquela cuja morte não era querida pelo agente, sendo considerada como correta a alternativa no sentido de que, para resolver a questão no campo jurídico, deve ser aplicada a modalidade de erro, consistente na *aberratio ictus*.

20.2 RESULTADO DIVERSO DO PRETENDIDO (*ABERRATIO CRIMINIS*)

A *aberratio criminis*, prevista no art. 74 do Código Penal, significa desvio do crime. Enquanto na *aberratio ictus*, o agente quer atingir uma pessoa e ofende outra (ou ambas). Na *aberratio criminis*, o agente quer atingir um bem jurídico e ofende outro (de espécie diversa).

Ex.: o agente joga uma pedra contra uma vidraça e acaba acertando uma pessoa, em vez do vidro.

Na *aberratio criminis* com unidade simples somente o bem jurídico diverso do pretendido é atingido. Ou seja, o agente quer atingir uma coisa e atinge uma pessoa. Responde pelo resultado produzido a título de culpa (homicídio culposo ou lesão corporal culposa, conforme o caso).

Na *aberratio criminis* com unidade complexa, ou resultado duplo, são atingidos tanto o bem visado quanto um diverso.

O agente quer atingir uma coisa, vindo a ofender esta e uma pessoa. Responde por dois crimes: dano (art. 163, CP) e homicídio ou lesão corporal culposa em concurso formal (concurso entre crime doloso e culposo). Aplica-se a pena do crime mais grave com o acréscimo de 1/6 até metade (regra do concurso formal de crimes – art. 70, CP).

21. DA SUSPENSÃO CONDICIONAL DA EXECUÇÃO DA PENA (*SURSIS*)

21.1 CONCEITO

Trata-se de um instituto de política criminal, tendo por fim a suspensão da execução da pena privativa de liberdade, evitando o recolhimento ao cárcere do condenado não reincidente, cuja pena não seja superior a 2 anos (ou 4 anos, se septuagenário ou enfermo), sob determinadas condições, fixadas pelo juiz, bem como dentro de período de prova pré-definido.

21.2 REQUISITOS

21.2.1 Requisitos objetivos

a) Qualidade da pena

Quanto à qualidade da pena, somente a pena privativa de liberdade, seja reclusão, seja detenção, admite o *sursis*. As penas restritivas de direitos e a multa não comportam *sursis* (art. 80, CP).

b) Quantidade da pena

O segundo requisito de ordem objetiva diz respeito à quantidade da pena privativa de liberdade: **não pode ser superior a 2 anos,** ainda que resulte, no concurso de crimes, de sanções inferiores a ela.

Tratando-se, entretanto, de condenado maior de setenta anos de idade, poderá ser suspensa a pena privativa de liberdade **não superior a 4 anos** (art. 77, § 2º, do CP).

c) Impossibilidade de substituição por pena restritiva de direitos

Somente se aplica o sursis caso não caiba substituição da pena privativa de liberdade por restritiva de direitos.

Portanto, somente em casos excepcionais, quando não for cabível a referida substituição, como, por exemplo, quando se tratar de crimes violentos contra a pessoa, como a lesão corporal – pode o juiz aplicar o *sursis*.

21.3 REQUISITOS SUBJETIVOS

a) Condenado não reincidente em crime doloso

Nem toda reincidência impede a concessão do *sursis*, mas tão somente a reincidência em crime doloso. Isso quer dizer que a condenação anterior, mesmo definitiva, por crime culposo ou por simples contravenção, por si só, não é causa impeditiva da suspensão condicional da pena.

b) Circunstâncias judiciais favoráveis ao agente

Além disso, o agente deve ostentar circunstâncias judiciais favoráveis, ou seja, que a culpabilidade, os antecedentes, a conduta social, personalidade, bem como os motivos e as circunstâncias autorizem a concessão do *sursis*.

> No XVI Exame da OAB, o enunciado narrou que Moura, maior de 70 anos, primário e de bons antecedentes, mediante grave ameaça, subtraiu o relógio da vítima Lúcia, avaliado em R$ 550,00 (quinhentos e cinquenta reais). Cerca de 45 minutos após a subtração, Moura foi procurado e localizado pelos policiais que foram avisados do ocorrido, sendo a coisa subtraída recuperada, não sofrendo a vítima qualquer prejuízo patrimonial. O fato foi confessado e Moura foi condenado pela prática do crime de roubo simples, ficando a pena acomodada em 4 anos de reclusão em regime aberto e multa de 10 dias., sendo considerada correta a alternativa no sentido de que a defesa poderia apelar buscando a aplicação do sursis da pena.

22. EXTINÇÃO DA PUNIBILIDADE

Em regra, as causas extintivas da punibilidade só alcançam o direito de punir do Estado, subsistindo o crime em todos os seus requisitos e a sentença condenatória irrecorrível.

Excepcionalmente, a causa resolutiva do direito de punir **apaga o fato praticado pelo agente e rescinde a sentença condenatória irrecorrível.** É o que acontece com a ***abolitio criminis e a anistia.***

Ordinariamente, as causas extintivas de punibilidade estão previstas no art. 107 do Código Penal. Todavia, o rol não é taxativo, uma vez que existem outras causas extintivas de punibilidade previstas no Código Penal e em leis especiais.

> Ex.: art. 312, § 3º, e art. 342, § 2º, todos do Código Penal.

22.1 CAUSAS DE EXTINÇÃO DE PUNIBILIDADE PREVISTAS NO ART. 107 DO CÓDIGO PENAL

I) MORTE DO AGENTE

Sendo personalíssima a responsabilidade penal, a morte do agente faz com que o Estado perca o direito de punir (*jus puniendi*), não se transmitindo a seus herdeiros qualquer obrigação de natureza penal (princípio da culpabilidade).

II) DA ANISTIA, GRAÇA E INDULTO

São espécies de indulgência, clemência soberana ou graça em sentido amplo. Trata-se de renúncia do Estado ao direito de punir.

A anistia é o esquecimento jurídico de uma ou mais infrações penais. Deve ser concedida em casos excepcionais, para apaziguar os ânimos, acalmar as paixões sociais, etc. Aplica-se, em regra, a crimes políticos (anistia especial), nada obstante que incida sobre delitos comuns (anistia comum). NÃO É APLICÁVEL, porém, aos delitos referentes a "prática de tortura, o tráfico ilícito de entorpecentes e drogas afins, o terrorismo e os definidos como crimes hediondos" (art. 5º, XLIII, CF/88, art. 2º, I, da Lei n. 8.072/90).

A anistia tem caráter da generalidade, abrangendo FATOS e não pessoas.

A anistia rescinde a sentença penal condenatória irrecorrível. Assim, se o sujeito vier a cometer novo delito, **não será considerado reincidente.**

A competência para concessão de anistia é exclusiva da União e privativa do Congresso Nacional (art. 48, VIII, CF/88), com a sanção do Presidente da República, só podendo ser concedida por meio de lei federal.

Enquanto a anistia e o indulto têm caráter de generalidade, incidindo sobre fatos e abrangendo uma generalidade de pessoas, a graça é individual, pois só atinge determinado criminoso.

A graça e o indulto somente extinguem a punibilidade, **subsistindo o crime, a condenação irrecorrível e seus efeitos secundários.** Assim, vindo a ser agraciado ou indulto, o sujeito que cometer novo crime será considerado reincidente.

A competência para conceder a graça e o indulto é do presidente da república, nos termos do art. 84, XII, da CF/88, podendo, nos termos do parágrafo único, delegar a atribuição "aos Ministros de Estado, ao Procurador-Geral da República ou ao Advogado-Geral da União".

Em resumo: compete, privativamente, ao presidente da República conceder graça e indulto; já a anistia é atribuição do Congresso Nacional, com a sanção do presidente da República.

Nos termos do art. 5º, XLIII, da CF/88, a graça e a anistia não podem ser aplicados em relação a delitos referentes à prática de tortura, tráfico ilícito de entorpecentes e drogas afins, terrorismo e aos definidos como crimes hediondos.

> No VIII Exame da OAB, o enunciado, após conceituar o instituto, como sendo causa extintiva da punibilidade consistente na exclusão, por lei ordinária com efeitos retroativos, de um ou mais fatos criminosos do campo de incidência do Direito Penal, considerou como correta a alternativa que tratava da anistia.

III) LEI POSTERIOR QUE DEIXA DE CONSIDERAR O FATO CRIMINOSO – *ABOLITIO CRIMINIS*

A lei penal retroage, atingindo fatos ocorridos antes de sua entrada em vigor, sempre que beneficiar o agente de qualquer modo (art. 5º, XL, CF/88, e art. 2º do CP).

A *abolitio criminis* é causa de extinção da punibilidade, nos termos do art. 107, III, do Código Penal, e gera o efeito de fazer cessar a execução e os efeitos penais da sentença condenatória (reincidência, maus antecedentes, lançamento do nome do réu no rol dos culpados).

Todavia, não apaga os efeitos civis da prática delituosa, já que a lei fala em cessação dos efeitos "penais" da sentença.

IV) DA DECADÊNCIA E PEREMPÇÃO

A decadência pode ocorrer por conta da perda do prazo para representação nos casos de ação penal pública condicionada à representação ou para o oferecimento da queixa-crime nos casos de ação penal privada.

O direito de queixa e de representação pode ser exercido dentro do **prazo de 6 meses**, contados do dia em que o ofendido ou seu representante legal veio a saber quem é o autor do crime (art. 103 do Código Penal).

Trata-se de prazo decadencial, que não se suspende nem se prorroga, e cuja fluência, iniciada a partir do conhecimento da autoria da infração, é causa extintiva da punibilidade do agente (art. 107, IV, do Código Penal).

V) DA RENÚNCIA

É a abdicação do ofendido ou de seu representante legal do direito de promover a ação penal privada.

A RENÚNCIA SÓ É POSSÍVEL ANTES DO INÍCIO DA AÇÃO PENAL PRIVADA. Assim, é oportuna a renúncia dentro dos seis meses previstos para o exercício da ação penal privada (art. 103, CP).

A renúncia pode ser: expressa e tácita.

A renúncia expressa consta de declaração assinada pelo ofendido, seu representante legal ou procurador com poderes especiais, que não precisa ser advogado (art. 50, CPP).

Importa renúncia tácita ao direito de queixa a prática de ato incompatível com a vontade de o ofendido ou seu representante legal iniciar a ação penal privada (art. 104, parágrafo único, 1ª parte, do Código Penal).

No caso de CONCURSO DE PESSOAS, a exclusão de um dos ofensores INDICA RENÚNCIA, não podendo o Promotor de Justiça aditar a queixa para nela incluir o ofensor excluído.

Dessa forma, SE TRÊS SÃO OS AUTORES DO CRIME DE AÇÃO PENAL PRIVADA, CUMPRE AO OFENDIDO OFERECER QUEIXA CONTRA TODOS OU NENHUM. A exclusão de um importa renúncia tácita, estendendo-se aos demais, nos termos do art. 49 do CPP.

VI) PERDÃO DO OFENDIDO

a) CONCEITO

PERDÃO é o ato pelo qual INICIADA A AÇÃO PENAL PRIVADA, o ofendido ou seu representante legal desiste de seu prosseguimento, nos termos do art. 105, *caput*, do Código Penal.

O PERDÃO SÓ É POSSÍVEL DEPOIS DE INICIADA A AÇÃO PENAL PRIVADA MEDIANTE O OFERECIMENTO DA QUEIXA, tendo o efeito até o trânsito em julgado da sentença condenatória. Transitada em julgado a sentença penal condenatória, não é mais admissível (art. 106, § 2º, CP).

b) TITULARIDADE DA CONCESSÃO DO PERDÃO

Se o ofendido é menor de 18 anos, a concessão do perdão cabe a representante legal.

Ao completar 18 anos, o ofendido torna-se maior e plenamente capaz; logo, somente ele poderá conceder o perdão.

O perdão pode ser concedido por procurador com poderes especiais (arts. 50 e 56 do CPP).

NO CASO DE HAVER DOIS OFENDIDOS, O PERDÃO CONCEDIDO POR UM NÃO PREJUDICA O DIREITO DO OUTRO (ART. 106, II, CP).

c) ACEITAÇÃO DO PERDÃO

O perdão NÃO PRODUZ EFEITOS QUANDO RECUSADO PELO QUERELADO (art. 106, III), pois este pode ter o interesse de provar a sua inocência.

d) EFEITOS DO PERDÃO ACEITO NO CONCURSO DE PESSOAS

Quando há dois ou mais querelados, O PERDÃO CONCEDIDO A UM DELES SE ESTENDE A TODOS, **sem que produza, entretanto, efeito em relação ao que o recusa** (art. 51 CPP; art. 106, I e III, CP).

Assim, havendo dois réus, o perdão aceito por um produz efeito de extinguir a punibilidade também em relação ao outro, SALVO SE OCORRE RECUSA. Neste caso, a ação penal continua em relação ao querelado que o recusou.

23. DA PRESCRIÇÃO

A prescrição penal é a perda da pretensão punitiva ou executória do Estado pelo decurso do tempo sem o seu exercício.

23.1 CONCEITO

A prescrição penal é a perda da pretensão punitiva ou executória do Estado pelo decurso do tempo sem o seu exercício.

Em regra, a prescrição alcança todas as infrações penais. Nos termos da Constituição Federal, porém, não se aplica aos crimes de racismo (art. 5º, XLII; Lei n. 7.716/89, com alterações da Lei n. 9.459/97) e aos referentes à ação de grupos armados, civis ou militares, contra a ordem constitucional e o estado democrático (XLIV). De modo que o decurso do tempo não extingue a prescrição em qualquer de suas formas.

23.2 PRAZOS PARA O CÁLCULO DA PRESCRIÇÃO

A prescrição é regulada pelos prazos previstos no art. 109 do Código Penal. Ou seja, os prazos previstos nesse artigo servem de parâmetro para o cálculo da prescrição da pretensão punitiva e executória.

Convém destacar que as penas restritivas de direitos, que substituem a pena privativa de liberdade, prescrevem no mesmo prazo das penas substituídas, nos termos do art. 109, parágrafo único, do Código Penal.

Exemplo: supõe-se que o agente tenha sido condenado a 1 ano pela prática do crime de furto, sendo a pena privativa de liberdade substituída por uma prestação de serviços à comunidade. Essa pena prescreverá em 4 anos.

23.3 REDUÇÃO DOS PRAZOS DE PRESCRIÇÃO EM FACE DA IDADE DO SUJEITO

O art. 115 do Código Penal determina que são reduzidos de metade os prazos da prescrição quando o criminoso era, ao tempo do crime, menor de 21 anos ou maior de 70 anos na data da sentença.

23.4 ESPÉCIES DE PRESCRIÇÃO

Existem duas modalidades de prescrição: a) a prescrição da pretensão punitiva estatal, que ocorre antes do trânsito em julgado da sentença condenatória; b) a prescrição da pretensão executória, que pressupõe a existência de sentença condenatória transitada em julgado.

A prescrição da pretensão punitiva subdivide-se em: a) prescrição da pretensão punitiva em abstrato; b) prescrição da pretensão punitiva em concreto, que, por sua vez, subdivide-se em prescrição da pretensão punitiva retroativa e superveniente/intercorrente.

23.5 PRESCRIÇÃO DA PRETENSÃO PUNITIVA EM ABSTRATO

23.5.1 Contagem do prazo da prescrição da pretensão punitiva em abstrato

Na prescrição da pretensão punitiva, o decurso do tempo faz com que o Estado perca o direito de punir no tocante à pretensão de o Poder Judiciário julgar a lide e aplicar a sanção penal.

A prescrição da pretensão punitiva ocorre antes de a sentença final transitar em julgado.

Para saber qual o prazo de prescrição da pretensão abstrata punitiva devemos verificar o limite máximo da pena imposta em abstrato no preceito sancionador e enquadrá-lo em um dos incisos do art. 109 do Código Penal.

Ex.: suponha-se que um sujeito cometa um crime de lesão corporal leve (pena de 3 meses a 1 ano), não se descobrindo a autoria. Se o Estado, dentro de 4 anos, não exercer o direito de punir, opera-se a extinção da punibilidade pela prescrição da pretensão punitiva. Aplica-se o disposto no art. 109 do Código Penal.

No concurso de crimes (concurso material, formal e continuado), a prescrição atinge a pretensão punitiva em relação a cada infração considerada isoladamente (art. 119 do Código Penal) e da Súmula 497 do STF.

23.5.2 Termos iniciais da prescrição da pretensão punitiva

Os termos iniciais da prescrição da pretensão punitiva estão previstos no art. 111 do Código Penal.

O primeiro termo inicial é a data da consumação do delito (I). Constitui exceção à teoria da atividade, pois, na prescrição, adota-se a teoria do resultado.

No caso da tentativa (II), o termo *a quo* da prescrição da pretensão punitiva é o dia da cessação da atividade criminosa.

No crime permanente (III), a prescrição começa a correr do dia em que cessou a permanência (CP, art. 111, III, 1ª figura). Suponha-se que a vítima de sequestro permaneça presa durante 30 dias. A prescrição começa a correr a partir do dia em que conseguiu a liberdade.

Nos crimes de bigamia e de falsificação ou alteração de assentamento de registro civil (arts. 235 e 299, parágrafo único, CP), a prescrição começa a correr da data em que o fato se tornou conhecido de qualquer autoridade pública (art. 111, IV).

Nos crimes contra a dignidade sexual de crianças e adolescentes, previstos no Código Penal ou em legislação especial, o termo inicial da prescrição ocorre da data em que a vítima completar dezoito anos, salvo se a esse tempo já houver sido proposta a ação penal (art. 111, V). Esse inciso foi introduzido no Código Penal pela Lei n. 12.650/2012.

Nesse sentido, se uma criança de 10 anos for vítima de crime de estupro de vulnerável, por exemplo, e a ação ainda não tiver sido instaurada, o prazo prescricional passará a correr a partir da data em que ela completar 18 anos.

PRESCRIÇÃO PRETENSÃO PUNITIVA EM ABSTRATO

DELITO – art. 155 do CP – pena de 1 a 4 anos

4 anos (pena máxima do delito em comento) ➡ Enquadra no inciso do art. 109 do CP.

Logo, art. 109, IV, CP – 8 anos.

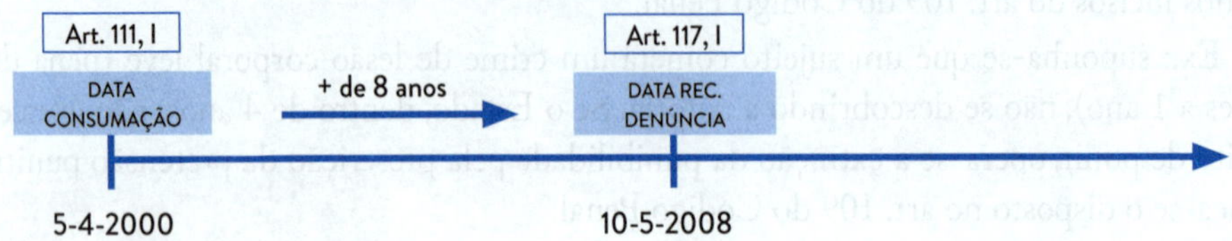

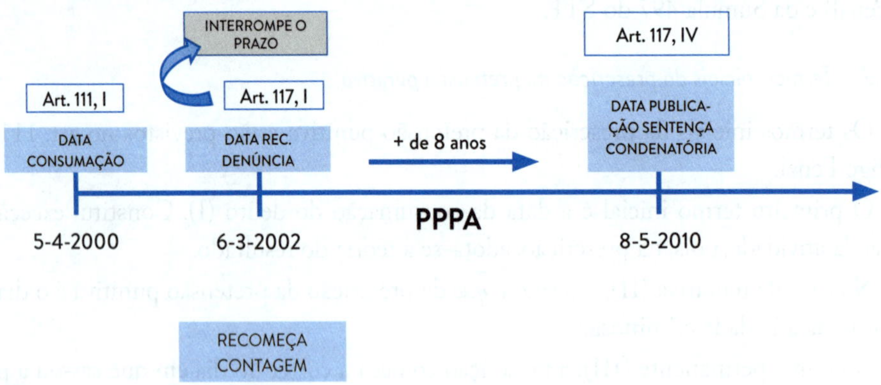

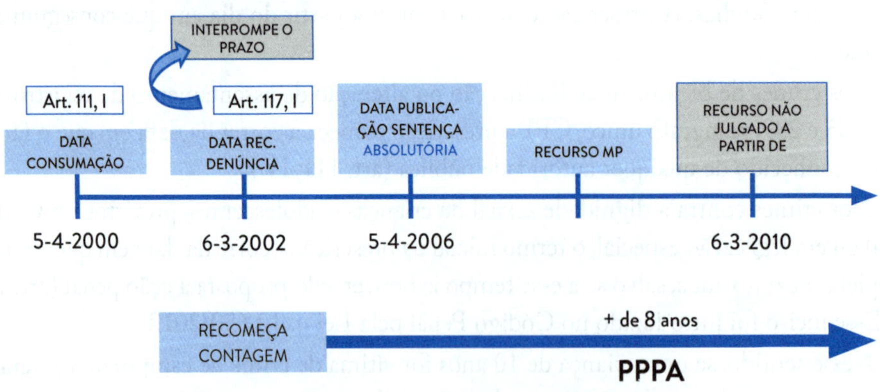

23.6 PRESCRIÇÃO DA PRETENSÃO PUNITIVA RETROATIVA

A prescrição retroativa tem por pressuposto o trânsito em julgado da sentença penal condenatória para a acusação. Com o trânsito em julgado da sentença penal condenatória para a acusação, tem-se que, a partir de eventual recurso da defesa, o Tribunal não poderá agravar a situação do réu, sob pena de incidir na *reformatio in pejus* direta, o que é vedado conforme prevê o art. 617 do Código Penal.

Assim, a base para calcular a prescrição se altera, passando a ser considerada a pena aplicada na sentença. Nesse caso, deve-se considerar a pena aplicada na sentença e enquadrá-la num dos incisos do art. 109 do Código Penal para verificar o prazo prescricional.

Verificado o prazo prescricional com base na pena aplicada na sentença, a prescrição retroativa deve ser considerada a partir da publicação da sentença ou acórdão condenatório para trás. Por isso o nome retroativa, porque sua incidência é verificada entre os marcos interruptivos existentes antes da sentença condenatória.

No contexto dos crimes de competência do Tribunal do Júri, a prescrição retroativa pode incidir: a) entre a data da publicação da sentença condenatória e a decisão confirmatória da pronúncia; b) entre a decisão confirmatória da pronúncia até a decisão de pronúncia; c) entre a pronúncia e o recebimento da denúncia.

PRESCRIÇÃO DA PRETENSÃO PUNITIVA EM CONCRETO RETROATIVA

ANTES DE 5-5-10 – OK.

DEPOIS 5-5-10.
Não cabe antes da denúncia ou queixa (art. 110, § 1º, parte final, CP).

DELITO – art. 155 – pena de 1 a 4 anos	
4 anos (pena máxima do delito em comento) ➡	Enquadra no inciso do art. 109, do CP.
Logo, art. 109, IV, CP – 8 anos	
PENA APLICADA: 1 ano e 8 meses	Enquadra no inciso do art. 109 do CP
Logo, art. 109, V, CP – 4 anos	

a) **Sentença condenatória**
b) **Não PPPA**
c) **Transitou em julgado MP (não pode *reformatio in pejus*)**
d) **Pena aplicada (DADO CONCRETO) ➡ Novo parâmetro para calcular prescrição**

23.7 PRESCRIÇÃO DA PRETENSÃO PUNITIVA INTERCORRENTE OU SUPERVENIENTE À SENTENÇA CONDENATÓRIA

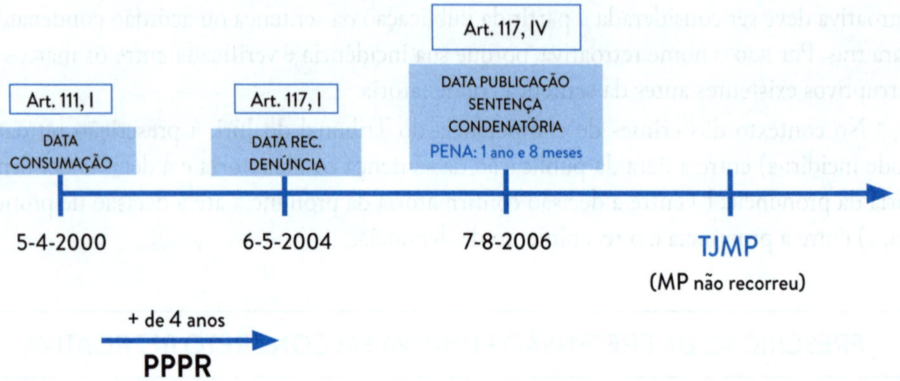

Em sendo espécie de prescrição da pretensão punitiva, a prescrição da pretensão punitiva intercorrente incide somente **antes do trânsito em julgado da sentença penal condenatória para todos.**

Nos termos do art. 110, § 1º, do Código Penal, não obstante tratar-se de prescrição da pretensão punitiva, **transitando em julgado** a sentença condenatória para a **acusação**, ou **sendo improvido** o seu recurso, a partir da sua publicação começa a correr prazo prescricional regulado pela **pena concreta.**

> Ex.: suponha-se que o réu venha a ser condenado a 2 anos de detenção, tendo transitado em julgado a sentença para a acusação. Sendo a pena aplicada de 2 anos, o prazo prescricional é de 4 anos (art. 109, V, do CP). O réu interpôs recurso de apelação, que, passados 4 anos, ainda não havia sido julgado pelo Tribunal. No caso, passados quatro anos entre a data da publicação da sentença sem que o recurso interposto pela defesa tenha sido apreciado, ocorrerá a prescrição da pretensão punitiva superveniente ou intercorrente, prevista no art. 110, § 1º, do CP.

PRESCRIÇÃO PRETENSÃO PUNITIVA EM CONCRETO SUPERVENIENTE	
DELITO art. 155 – Pena 1 a 4 anos	
4 anos (pena máxima do delito em comento) ➡	Enquadra no inciso do art. 109, do CP.
Logo, art. 109, inciso IV, CP – 8 anos	
PENA APLICADA: 1 ano e 8 meses ➡	Enquadra no inciso do art. 109, do CP
Logo, art. 109, inciso V, CP – 4 anos	

a) **Sentença condenatória**
b) **Não PPPA**
c) **Transitou em julgado MP (não pode *reformatio in pejus*)**
d) **Pena aplicada (DADO CONCRETO) ➡ Novo parâmetro para calcular prescrição**
e) **Não PPPR**

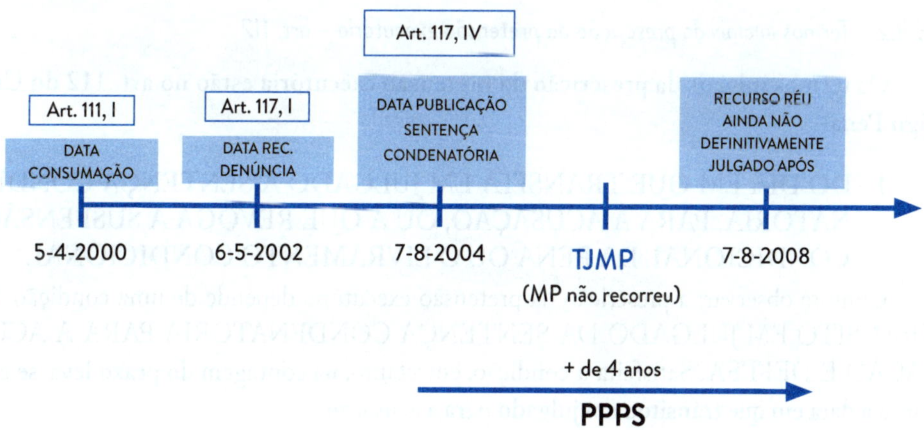

23.8 PRESCRIÇÃO DA PRETENSÃO EXECUTÓRIA

23.8.1 Conceito

Na prescrição da pretensão executória, o decurso do tempo sem o seu exercício faz com que o Estado perca o direito de executar a sanção imposta na sentença condenatória.

A prescrição da pretensão executória incide após o trânsito em julgado da sentença condenatória.

Nos termos do art. 110, *caput*, a prescrição, depois de transitar em julgado a sentença condenatória, regula-se pela pena imposta na sentença e verifica-se nos prazos fixados no art. 109, os quais se aumentam de 1/3 se o condenado é reincidente.

> Ex.: suponha-se que o agente tenha sido condenado irrecorrivelmente a quatro anos de reclusão pela prática do delito de roubo simples (art. 157 do CP). O prazo prescricional, considerando a pena aplicada, será de 8 anos (art. 109, IV, do CP). Nesse caso, se o Estado não iniciar a execução da pena dentro de 8 anos, opera-se a extinção da punibilidade pela prescrição da pretensão executória. Aplica-se o disposto no art. 110 do CP.
> Ex.: réu *condenado* a 1 ano de reclusão: prazo da prescrição executória: 4 anos (art. 109, V, CP).

Tratando-se de REINCIDENTE, o prazo da prescrição da PRETENSÃO EXECUTÓRIA DA PENA PRIVATIVA DE LIBERDADE É AUMENTADO DE 1/3 (art. 110, *caput, in fine,* do CP). Para tanto, é necessário que a sentença condenatória tenha reconhecido a reincidência.

No CONCURSO MATERIAL E FORMAL cada delito tem seu prazo prescricional ISOLADO, ainda que as penas tenham sido impostas na mesma sentença (art. 119).

23.8.2 Termos iniciais da prescrição da pretensão executória – art. 112

Os termos iniciais da prescrição da pretensão executória estão no art. 112 do Código Penal.

I – DO DIA EM QUE TRANSITA EM JULGADO A SENTENÇA CONDENATÓRIA, PARA A ACUSAÇÃO, OU A QUE REVOGA A SUSPENSÃO CONDICIONAL DA PENA OU O LIVRAMENTO CONDICIONAL

Cumpre observar: a prescrição da pretensão executória depende de uma condição: O TRÂNSITO EM JULGADO DA SENTENÇA CONDENATÓRIA PARA A ACUSAÇÃO E DEFESA. Satisfeita a condição, entretanto, **na contagem do prazo leva-se em conta a data em que transitou em julgado para a acusação.**

II – DO DIA EM QUE SE INTERROMPE A EXECUÇÃO, SALVO QUANDO O TEMPO DA INTERRUPÇÃO DEVA COMPUTAR-SE NA PENA

INTERROMPIDA A EXECUÇÃO DA PENA PELA FUGA DO CONDENADO, inicia-se a contagem do prazo prescricional da prescrição executória (art. 112, II, 1ª parte).

Nos casos dos arts. 41 e 42 do CP (superveniência de doença mental ou internação em hospital), em que se aplica o princípio da detração penal, embora interrompida a efetiva execução da pena, não corre a prescrição (art. 112, II, 2ª parte).

III – PRESCRIÇÃO NO CASO DE EVASÃO DO CONDENADO OU DE REVOGAÇÃO DO LIVRAMENTO CONDICIONAL – ART. 113

> Ex.: suponha-se que o detento fuja faltando 2 anos para o cumprimento da pena. A partir da data da fuga começa a correr a prescrição da pretensão executória (art. 112, II, 1ª parte), ocorrendo em 4 anos (art. 109, V, CP). Ou seja, se nesse período de 4 anos o apenado não for localizado para dar continuidade ao cumprimento da pena, ocorrerá a prescrição da pretensão executória.

PRESCRIÇÃO PRETENSÃO EXECUTÓRIA

DELITO art. 155 – Pena de 1 a 4 anos	
4 anos (pena máxima do delito em comento) ➡	Enquadra no inciso do art. 109, do CP.
Logo, art. 109, IV, CP – 8 anos	
PENA APLICADA: 1 ano e 8 meses ➡	Enquadra no inciso do art. 109, do CP
Logo, art. 109, V, CP – 4 anos	

a) **Transitou para todos a sentença penal condenatória**

b) **Não PPPA**

c) **Não PPPR**

d) **Não PPPS**

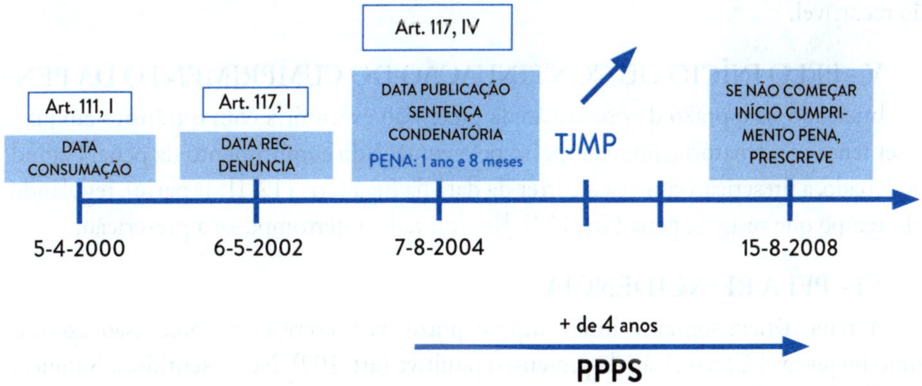

23.9 CAUSAS INTERRUPTIVAS DA PRESCRIÇÃO

Ocorrendo uma causa interruptiva, o curso da prescrição interrompe-se, desaparecendo o lapso temporal já decorrido, recomeçando sua contagem desde o início.

A incidência das causas do art. 117, salvo a do inciso V, faz com que seja extinto o prazo decorrido antes da interrupção, recomeçando a correr a prescrição por inteiro (§ 2º).

I - PELO RECEBIMENTO DA DENÚNCIA OU DA QUEIXA

O recebimento da denúncia interrompe o prazo prescricional, recomeçando a correr a prescrição da pretensão punitiva por inteiro, não se levando em conta o tempo já decorrido antes da interrupção.

II - PELA PRONÚNCIA

A pronúncia também interrompe a prescrição (art. 117, II). A decisão do juiz tem força de interromper a prescrição, ainda que o réu venha a ser absolvido no Júri.

III - PELA DECISÃO CONFIRMATÓRIA DA PRONÚNCIA

Se o RÉU RECORRE DA PRONÚNCIA e o Tribunal confirma, o acórdão também interrompe a prescrição (art. 117, III, CP), o mesmo ocorrendo quando é impronunciado (art. 409, *caput*, CPP) ou absolvido sumariamente (art. 411, CPP) e o tribunal o pronuncia.

IV - PELA PUBLICAÇÃO DA SENTENÇA OU ACÓRDÃO CONDENATÓRIOS RECORRÍVEIS

O art. 117, IV, do CP determina que a prescrição se interrompe pela sentença condenatória recorrível. A interrupção ocorre na data da publicação da sentença, i.e., no dia em que o escrivão recebe a sentença do juiz e a junta aos autos, independentemente do registro e de outras diligências.

O ACÓRDÃO CONDENATÓRIO, ainda que não unânime, e por isso sujeito a embargos infringentes, TAMBÉM INTERROMPE O PRAZO PRESCRICIONAL da pretensão punitiva. Isso ocorre quando, tendo sido absolvido em primeiro grau, O RÉU VEM A SER CONDENADO PELO ACÓRDÃO DO TRIBUNAL. Trata-se de acórdão recorrível.

V - PELO INÍCIO OU CONTINUAÇÃO DO CUMPRIMENTO DA PENA

Iniciando-se o prazo da prescrição da pretensão executória com o trânsito em julgado da sentença condenatória, interrompe-se pelo começo do cumprimento da pena. Fugindo o condenado, a prescrição começa a correr da data da fuga (art. 112, II, 1ª parte), regulando-se pelo tempo que resta da pena (art. 113). Recapturado, interrompe-se a prescrição.

VI - PELA REINCIDÊNCIA

A reincidência somente interrompe o prazo da prescrição da pretensão executória, sendo inaplicável à prescrição da pretensão punitiva (art. 109). Nesse sentido, a Súmula 220 do STJ: "A reincidência não influi no prazo da prescrição da pretensão punitiva".

No XVI Exame da OAB, o enunciado narrou que Felipe, menor de 21 anos de idade e reincidente, no dia 10 de abril de 2009, foi preso em flagrante pela prática do crime de roubo. Foi solto no curso da instrução e acabou condenado em 8 de julho de 2010, nos termos do pedido inicial, ficando a pena acomodada em 4 anos e reclusão em regime fechado e multa de 10 dias, certo que houve a compensação da agravante da reincidência com a atenuante da menoridade. A decisão transitou em julgado para ambas as partes em 20 de julho de 2010. Foi expedido mandado de prisão e Felipe nunca veio a ser preso, sendo considerada correta a alternativa no sentido de que a extinção da punibilidade pela prescrição da pretensão executória ocorrerá em 20 de novembro de 2015.

No XV Exame da OAB, o enunciado narrou que Francisco foi condenado por homicídio simples, previsto no art. 121 do Código Penal, devendo cumprir pena de seis anos de reclusão. A sentença penal condenatória transitou em julgado no dia 10 de agosto de 1984. Dias depois, Francisco foge para o interior do Estado, onde residia, ficando isolado num sítio, sendo capturado. Após a fuga, as autoridades públicas nunca conseguiram capturá-lo. No dia 10 de janeiro de 2014, Francisco procura um advogado, sendo considerada correta a alternativa no sentido de que incidiu a prescrição da pretensão executória.

No XXIV Exame da OAB, constou o seguinte enunciado: Decidido a praticar crime de furto na residência de um vizinho, João procura o chaveiro Pablo e informa do seu desejo, pedindo que fizesse uma chave que possibilitasse o ingresso na residência, no que foi atendido. No dia do fato, considerando que a porta já estava aberta, João ingressa na residência sem utilizar a chave que lhe fora entregue por Pablo, e subtrai uma TV. Chegando em casa, narra o fato para sua esposa, que o convence a devolver o aparelho subtraído. No dia seguinte, João atende à sugestão da esposa e devolve o bem para a vítima, narrando todo o ocorrido ao lesado, que, por sua vez, comparece à delegacia e promove o registro próprio, sendo considerada como correta a resposta no sentido de que somente João deverá responder pelo crime de furto simples, com causa de diminuição do arrependimento posterior, enquanto Pablo não responderá pelo crime contra o patrimônio, uma vez que a sua conduta foi irrelevante.

No XVIII Exame da OAB, o enunciado narrou que Mário subtraiu uma TV do seu local de trabalho. Ao chegar em casa com a coisa subtraída, é convencido pela esposa a devolvê-la, o que efetivamente vem a fazer no dia seguinte, quando o fato já havia sido registrado na delegacia, sendo considerada como correta a alternativa no sentido de que o comportamento de Mário, de acordo com a teoria do delito, configura arrependimento posterior, com reflexo exclusivamente no processo dosimétrico da pena.

DIREITO PROCESSUAL CIVIL

Vanderlei Garcia Junior

Caros leitores e prezados candidatos.

Iniciamos, neste momento, o nosso estudo de Direito Processual Civil para a 1ª Fase da OAB, analisando os principais artigos, regras e institutos do Código de Processo Civil de 2015, de forma que os auxiliem naquele momento derradeiro antes do Exame de Ordem e que os amparem da melhor forma possível na resolução das questões. Veremos as matérias de maneira estrutural e sequencial, conforme determina o CPC/2015.

Dessa forma, apresentaremos algumas colocações e dicas pontuais, sempre no intuito de auxiliá-los a alcançar a sua aprovação.

1. TEORIA GERAL DO PROCESSO

1.1 PROCESSO CIVIL E SUAS BASES ESTRUTURAIS

1. O CPC/2015 buscou uma **sistematização do processo**, de forma a facilitar a compreensão das regras procedimentais, juntando estruturas fundamentais, como a prevista em seu art. 1º, em que se evidencia a **constitucionalização do processo civil**, bem como de outras estruturas principiológicas como a boa-fé, a cooperação, a razoável duração do processo e, até mesmo, mantendo a ideia do processo sincrético, incorporando o cumprimento de sentença como uma fase do procedimento, como proposto pela reforma do CPC/73 pela Lei n. 11.232/2005. Portanto, para se ter uma ideia panorâmica de como os artigos estão agrupados e divididos no CPC, veja o quadro a seguir:

ESTRUTURA DO CÓDIGO DE PROCESSO CIVIL
Parte Geral
Livro I – Das Normas Processuais Civis (arts. 1º a 15).
Livro II – Da Função Jurisdicional (arts. 16 a 69).
Livro III – Dos Sujeitos do Processo (arts. 70 a 187).
Livro IV – Dos Atos Processuais (arts. 188 a 293).
Livro V – Da Tutela Provisória (arts. 294 a 311).
Livro VI – Da Formação, da Suspensão e da Extinção do Processo (arts. 312 a 317).
Parte Especial
Livro I – Do Processo de Conhecimento e do Cumprimento de Sentença (arts. 318 a 770).
Livro II – Do Processo de Execução (arts. 771 a 925).
Livro III – Do Processo nos Tribunais e dos Meios de Impugnação das Decisões Judiciais (arts. 926 a 1.044).
Livro Complementar
Disposições Finais e Transitórias (arts. 1.045 a 1.072).

2. **Processo Civil e Constituição Federal 1988:** importante rememorar a ligação íntima entre o Direito Processual Civil e o Direito Constitucional, ou seja, entre o CPC e a CF, já que esta é norma hierarquicamente superior àquela, devendo todas as normas infraconstitucionais obedecer aos limites e regras consubstanciadas na CF. Assim, existe aquilo que alguns chamam de ***diálogo das fontes*** em relação a essas duas normas que se relacionam de forma necessária, sustentando a existência de uma ***constitucionalização do direito processual civil*** que realmente se dá em moldes parecidos à constitucionalização do direito civil, em face da ligação entre ambas as temáticas, devendo o CPC ser interpretado conforme a CF (art. 1º do CPC).

3. **Acesso à Justiça:** o acesso a que se refere o art. 5º, XXXV, da CF/88 é o acesso a todo cidadão ao Poder Judiciário e a uma decisão justa, já que existem casos nos quais o cidadão não tem condições econômicas de aceder ao Judiciário. Para esses casos foram estabelecidas a figura da **gratuidade da justiça** (Lei n. 1.060/50) e a própria atuação da Defensoria Pública. O artigo acima noticiado refere que "A lei não excluirá da apreciação do Poder Judiciário lesão ou ameaça a direito".

a) O art. 3º do CPC/2015 repetiu a redação constante da CF/88, determinando que "Não se excluirá da apreciação jurisdicional ameaça ou lesão a direito".

b) Verifica-se que o próprio art. 3º do CPC, em seu § 1º, permitiu expressamente a utilização da **arbitragem** pelas partes, na forma da lei, bem como determinou como dever do Estado a promoção, sempre que possível, da solução consensual dos conflitos, mediante a conciliação, a mediação ou outros métodos, devendo ser sempre estimulados por juízes, advogados, defensores públicos e membros do Ministério Público, inclusive no curso do processo judicial (art. 3º, §§ 2º e 3º).

4. **Princípio da Inafastabilidade da Jurisdição:** ainda, o próprio art. 5º, XXXV, da CF/88, consagra o princípio da inafastabilidade da jurisdição, determinando que "a lei não excluirá da apreciação do Poder Judiciário lesão ou ameaça a direito".

5. **Princípio do Devido Processo Legal:** o princípio do devido processo legal (art. 5º, LIV, da CF) é considerado como **gênero principiológico** (ou *superprincípio*), do qual são consectários os demais princípios como o contraditório e a ampla defesa, por exemplo. Conhecido como *due process of law*, esse princípio tem origem no direito inglês (Magna Carta do Rei João Sem-Terra, de 1215) e apresenta tanto um caráter instrumental quanto uma dimensão substancial, hipótese na qual tem correspondência com o princípio da proporcionalidade.

6. **Princípio da *Perpetuatio Jurisdictionis*:** quanto ao princípio da *perpetuatio jurisdictionis*, é correto dizer que em geral visa proteger o autor da demanda, quando é fixada pela regra geral, mas pode também proteger o réu em determinadas situações. Ademais, havendo extinção do órgão jurisdicional, é possível a sua não aplicação, devendo a causa ser julgada pelo órgão que o substituiu.

7. **Princípio do Contraditório e da Ampla Defesa:** o contraditório (art. 5º, LV, da CF) é, pela definição clássica, a ciência bilateral dos atos e termos processuais e a possibilidade de assim contrariá-los. A ampla defesa (art. 5º, LV, da CF), por sua vez, é a mais ampla e lícita possibilidade de defesa das partes em detrimento da pretensão da parte adversária, utilizando os meios processuais e probatórios lícitos. Os princípios do contraditório e da ampla defesa têm como um de seus consectários lógicos de exteriorização a prerrogativa da produção probatória.

8. **Razoável Duração do Processo:** o art. 4º do CPC incorporou ao sistema processual civil infraconstitucional a garantia da razoável duração do processo, especificando que as partes têm o direito de obter a solução integral do mérito, incluindo a fase de execução e de cumprimento da sentença (atividade satisfativa), em prazo razoável.

1.2 NORMAS FUNDAMENTAIS DO CPC

Seguindo a estrutura do Código de Processo Civil, necessário observar as chamadas Normas Fundamentais, assim entendidas como as regras estruturais básicas sobre as quais a prestação da tutela jurisdicional pelo Estado será aplicada e interpretada. Dessa forma, temos:

1. **Princípio da Boa-fé Processual:** assim como estudado em Direito Civil, o CPC/2015 incluiu em nossa sistemática processual civil o **princípio da boa-fé objetiva**, com todos os consectários daí decorrentes, com os deveres anexos de lealdade processual, de informação e de cooperação.

2. **Princípio da Cooperação Processual:** mais uma inovação do CPC/2015, o princípio da cooperação determina, em seu art. 6º, que "todos os sujeitos do processo devem cooperar entre si para que se obtenha, em tempo razoável, a justa e efetiva decisão de

mérito". Referida cooperação somente poderá ser obtida pelos litigantes desde que atuem com a boa-fé, não só no sentido de evitarem a prática de comportamentos processuais reprováveis, mas, sobretudo, mediante a adoção de comportamentos positivos que contribuam para a rápida e efetiva solução do litígio.

3. Princípio da Paridade de Armas: importante observar que o art. 7º do CPC traz em seu texto a determinação expressa do princípio processual da paridade das armas, ou seja, a igualdade de tratamento entre as partes do processo, tanto em relação ao exercício de direitos e faculdades processuais, quanto aos meios de defesa, aos ônus, aos deveres e à aplicação das sanções processuais.

4. Princípio da Proibição da Decisão Surpresa: o CPC garantiu às partes o conhecimento de todos os atos processuais, devendo o juiz franquear às partes os meios necessários para a efetiva participação da demanda, com a oportunidade de oferecimento das alegações e provas que entenderem suficientes para o esclarecimento da lide, em respeito ao princípio do contraditório. Além disso, em seus arts. 9º e 10, o CPC/2015 vetou ao magistrado, em qualquer grau de jurisdição, a prolação de qualquer decisão, sem a prévia manifestação das partes, ainda que se trate de matérias de ordem pública.

1.3 JURISDIÇÃO

1. A jurisdição (proveniente do latim *jurisdictio – dizer o direito*) é caracterizada por ser o *poder* (que decorre da soberania do Estado que monopolizou a solução dos conflitos): *função* (já que é função do Estado, por meio do Judiciário, prestar a tutela jurisdicional efetiva) e *atividade* (visto que a jurisdição se dará por uma série sequencial de atos processuais exercidos pelo órgão estatal intitulado Poder Judiciário, visando tutelar interesses individuais ou coletivos).

A jurisdição somente será implementada se a parte interessada der o passo inicial, pois somente atuará o Estado-juiz depois de provocado por meio da ação, já que vige o *princípio da inércia inicial da jurisdição* (art. 2º do CPC).

a) São princípios decorrentes da jurisdição, além do **juiz natural**, o **princípio da indeclinabilidade**, ou seja, o juiz é proibido de não julgar (*non liquet*), e o **princípio da improrrogabilidade**, visto que os limites do poder jurisdicional estão previstos na Constituição Federal e, portanto, não podem ser reduzidos ou ampliados pelo legislador infraconstitucional.

2. Acrescentam-se, ainda, o **princípio da inafastabilidade**, visto que a lei não excluirá da apreciação do Poder Judiciário lesão ou ameaça a direito (art. 5º, XXXV, CF, e art. 3º, CPC) e o **princípio da indelegabilidade**, pois o Poder Judiciário não pode delegar a função jurisdicional a outro Poder ou órgão que não lhe pertence ou órgãos jurisdicionais entre si.

3. A jurisdição e suas características: a jurisdição civil, contenciosa e voluntária, é exercida pelos juízes, em todo o território nacional, assim como refere o art. 16 do CPC. São características da jurisdição a *unidade* (função exclusiva do Poder Judiciário); *secundariedade* (*ultima ratio*, última forma de obtenção da solução dos conflitos); *substitutividade* (com sua atuação o Judiciário substitui a vontade das partes que deverão respeitar a decisão); *imparcialidade* (atuação com imparcialidade em relação às partes); *criatividade* (por meio da decisão o Judiciário cria norma individual referente ao caso concreto); *inércia* (o Judiciário só age mediante provocação das partes); e *definitividade* (qualidade de ser definitiva ou imutável decorrente da coisa julgada).

4. Jurisdição especial e comum: mesmo que por definição se tenha a jurisdição como *una* e *indivisível*, por critérios didáticos apresentam-se algumas espécies de jurisdição, e, sob o ponto de vista da fixação **constitucional** de competência *material*, temos:

JUSTIÇA COMUM	Justiça Federal (arts. 106 a 110, CF)
	Justiça Estadual (arts. 125 a 126, CF)
JUSTIÇA ESPECIAL	Justiça do Trabalho (arts. 111 a 116, CF)
	Justiça Eleitoral (arts. 118 a 121, CF)
	Justiça Militar (arts. 122 a 124, CF)

1.4 COMPETÊNCIA

A competência é a demarcação dos limites em que cada juízo poderá atuar, sendo requisito processual de validade. A competência para a causa se estabelece levando em consideração os termos da demanda, isto é, à vista da petição inicial, e não a procedência ou improcedência da pretensão, bem como não a definem a legitimidade ou não das partes (pertinência subjetiva da lide).

1. A ação proposta perante tribunal estrangeiro não induz litispendência e não obsta a que a autoridade judiciária brasileira conheça da mesma causa e das que lhe são conexas, ressalvadas as disposições em contrário de tratados internacionais e acordos bilaterais em vigor no Brasil.

– Importante recordar que o STJ é competente para a homologação de sentenças estrangeiras e a concessão de *exequatur* às cartas rogatórias. Por isso, para ter valor jurídico, a sentença estrangeira deve passar pelo STJ seguindo a sistemática constitucional.

2. Dessa forma, a ação proposta perante tribunais estrangeiros, envolvendo o domínio de imóvel sediado no Brasil, não impede que a autoridade judiciária brasileira conheça de ação idêntica ou conexa, tampouco configurando litispendência. Recorde-se que há **conflito de competência** quando dois ou mais juízes se consideram competentes (conflito positivo) ou incompetentes (conflito negativo) para instruir e julgar determinada causa, ou, ainda, quando há controvérsia acerca da reunião ou separação de processos, conforme o art. 66 do CPC.

3. Quando a lei, em abstrato, fixar dois ou mais foros competentes, a competência em concreto será determinada pela **prevenção, que se dará no momento do registro ou a distribuição da petição inicial**. Afora isso, em comarca onde existe Vara única, a criação de uma Vara de família alteraria a competência da Vara cível para conhecer e julgar as demandas de família que já haviam sido nela propostas.

4. Compete à **autoridade judiciária brasileira**, com exclusão de qualquer outra: a) conhecer de ações relativas a imóveis situados no Brasil; b) em matéria de sucessão hereditária, proceder à confirmação de testamento particular e ao inventário e à partilha de bens situados no Brasil, ainda que o autor da herança seja de nacionalidade estrangeira ou tenha domicílio fora do território nacional; c) em divórcio, separação judicial ou dissolução de união estável, proceder à partilha de bens situados no Brasil, ainda que o titular seja de nacionalidade estrangeira ou tenha domicílio fora do território nacional (art. 23, I, II e III, do CPC).

5. O princípio da *perpetuatio jurisdictionis*, especificado no art. 43 do CPC, refere que a competência é determinada no **momento do registro ou da distribuição** da petição inicial, sendo irrelevantes as modificações do estado de fato ou de direito ocorridas posteriormente, salvo quando suprimirem o órgão judiciário ou alterarem a competência absoluta.

6. Nos termos do art. 64 do CPC, a incompetência será absoluta ou relativa e deverá ser alegada pelas partes como questão preliminar de contestação. Ademais, a **incompetência absoluta** pode ser alegada em qualquer tempo e grau de jurisdição e deve ser declarada de ofício e, após a manifestação da parte contrária, o juiz decidirá imediatamente a alegação de incompetência, sendo os autos remetidos ao juízo competente, caso a alegação de incompetência seja acolhida.

7. Analisemos, assim, os principais critérios de competência:

CRITÉRIOS	OBJETIVO	FUNCIONAL	TERRITORIAL
FIXAÇÃO	1) em razão do valor da causa; ou 2) da natureza da matéria.	1) em razão do objeto do juízo; ou 2) da hierarquia (1ª e 2ª instâncias e tribunais superiores); 3) ou das fases do procedimento.	Em razão da delimitação territorial, observados os limites dos *foros*.
COMPETÊNCIA	1) RELATIVA 2) ABSOLUTA	ABSOLUTA	RELATIVA

8. Importante inovação do CPC foi aquela prevista pelo § 4º do art. 64 do CPC, determinando o aproveitamento e a conservação dos efeitos das decisões proferidas pelo juízo incompetente até que outra seja proferida, salvo decisão judicial em sentido contrário, se for o caso, pelo juízo competente.

a) Verifique, ainda, que a incompetência relativa será **prorrogada se o réu não alegar a incompetência em preliminar de contestação**.

b) A **incompetência relativa** pode ser alegada, ainda, pelo Ministério Público nas causas em que atuar (art. 65, parágrafo único).

c) Verifique, didaticamente, as diferenças e os principais requisitos das competências absoluta e relativa:

	ABSOLUTA	RELATIVA
CRITÉRIOS	Funcional: matéria, hierarquia e pessoa. Territorial: ações reais e possessórias e ACP. Valor da causa: Juizados das Fazendas Públicas e Juizados Especiais Federais.	Territorial: regra: a competência fixada com base no foro é relativa. Valor da causa: Juizados Especiais Cíveis (regra: a competência fixada com base no valor da causa é relativa).
INTERESSE	Interesse público.	Interesse privado.
ALTERAÇÃO	Não se admite modificação (art. 62 do CPC/2015).	Admite modificação. Ex.: conexão e continência (art. 54, CPC/2015).
INCOMPETÊNCIA	Matéria de ordem pública. a) juiz pode conhecer de ofício; b) deve ser alegada como questão preliminar de contestação; no entanto não está sujeita à preclusão; c) pode ser reconhecido em qualquer fase do processo e grau de jurisdição; d) salvo decisão em contrário, conservam-se os efeitos da decisão proferida pelo juiz incompetente, até que outra seja proferida pelo juízo competente.	Matéria de ordem privada. a) depende de alegação da parte contrária; b) não poderá ser reconhecida de ofício; c) não gera a nulidade dos atos processuais decisórios; d) deve ser alegada em preliminar, sob pena de preclusão.
ALEGAÇÃO DA INCOMPETÊNCIA	Petição simples. Se alegada pelo réu, deverá ser feita em preliminar de contestação (art. 337, II, do CPC/2015).	Apenas em preliminar de contestação, sob pena de preclusão (art. 337, III, e art. 65 do CPC/2015).

9. Feitas essas considerações, relembremos algumas regras sobre a **modificação de competência**:

CONEXÃO	CONTINÊNCIA
São formas de modificação de competência relativa (art. 54 do CPC).	
Ocorre a conexão quando entre duas ou mais ações houver identidade de causa de pedir ou de pedido (art. 55 do CPC).	Haverá continência entre duas ou mais ações quando entre elas houver identidade de partes, causa de pedir, mas o pedido de uma, por ser mais amplo, abrange o das demais (art. 56 do CPC).
Serão reunidos para julgamento conjunto os processos que possam gerar risco de prolação de decisões conflitantes ou contraditórias, caso decididos separadamente, mesmo sem conexão entre eles (art. 55, § 3º, do CPC).	
As ações em conexão ou em continência serão julgadas pelo juízo prevento (art. 58 do CPC).	
Será considerado prevento o juízo onde ocorreu o primeiro registro ou distribuição (art. 59 do CPC).	

a) Os processos de **ações conexas** serão reunidos para decisão conjunta, salvo se um deles já houver sido sentenciado (art. 55, § 1º, do CPC).

Não deixem de ler, nesse sentido, o enunciado da Súmula 235/STJ – "A conexão não determina a reunião dos processos, se um deles já foi julgado".

b) Quando houver continência e a ação continente tiver sido proposta anteriormente, no processo relativo à ação contida será proferida sentença sem resolução de mérito, caso contrário, as ações serão necessariamente reunidas (art. 57 do CPC).

1.5 AÇÃO

1. **Teorias da Ação:** entre as diferentes teorias que tratam da natureza jurídica da ação, importa em destacar aquela adotada pelo nosso CPC/2015. As teorias são estas:

TEORIAS DA AÇÃO	
TEORIA IMANENTISTA OU CIVILISTA	Não distingue o direito de ação do direito material. Assim, o direito de ação não é autônomo; portanto, superada.
TEORIA CONCRETA DA AÇÃO	O direito de ação é autônomo, mas não é independente do direito material e consistiria no direito a um provimento jurisdicional favorável. Também superada.
TEORIA ABSTRATA DA AÇÃO	Além de o direito de ação ser autônomo, ele também é independente; por isso, "abstrato". Os seguidores defendem também que é incondicionado esse direito e, portanto, as condições da ação estariam incluídas na análise do mérito.
TEORIA ECLÉTICA	Representada por Liebman e adotada pelo CPC, o direito de ação é autônomo, independente, mas condicionado ao preenchimento de alguns requisitos, as condições da ação. A análise é preliminar e, portanto, a "carência de ação" (art. 485, VI, do CPC) resulta na extinção do processo sem resolução do mérito.

2. **Elementos da Ação:** as ações são identificadas pelos seus elementos. Estes se dividem em subjetivos e objetivos. Elementos subjetivos são as *partes* (quem participa da relação jurídico-processual fazendo parte do contraditório), diferentemente dos elementos objetivos que são a *causa de pedir* (fatos e fundamentos jurídicos que embasam os pedidos) e os *pedidos* (pretensão material efetivada ao Estado-juiz como decorrência da exposição dos fatos e dos fundamentos jurídicos). Essa é a chamada "*Teoria da Tríplice Identidade*".

a) Diferente do que ocorre com as condições da ação, os elementos da ação servem para identificá-la sob atenção aos fenômenos da **coisa julgada, litispendência e perempção**, que geram a extinção do processo sem resolução do mérito (art. 485, V, CPC/2015), e vêm para verificar outros fenômenos processuais, como a **conexão e a continência**.

CONEXÃO	CONTINÊNCIA	COISA JULGADA, LITISPENDÊNCIA E PEREMPÇÃO
Possuir 1 elemento igual.	Possuir 2 elementos iguais.	Possuir 3 elementos iguais.
Mesma **causa de pedir** ou mesmo **pedido**.	Mesmas **partes** e mesma **causa de pedir**, mas os **pedidos** são diferentes.	Mesmas **partes**, mesma **causa de pedir** e mesmo **pedido**.

3. **Condições da Ação:** As condições da ação são:

a) ***interesse de agir***: nada mais é do que haver necessidade ou utilidade da atuação judicial na causa;

b) ***legitimidade para a causa***: sujeito deve ser o legítimo a demandar nos termos do art. 18 do CPC/2015.

c) As condições da ação podem ser parcialmente extraídas dos arts. 17 e 485, VI, do CPC/2015, são requisitos para seu exercício regular e consequente exame de mérito. A falta de uma condição da ação, matéria de ordem pública, pode ser alegada a qualquer tempo ou grau de jurisdição, gerando a extinção do processo sem resolução de mérito, ocorrendo a chamada ***carência de ação***.

d) Ressaltando que, pelo CPC/2015, a **possibilidade jurídica do pedido** desapareceu enquanto "condições da ação"; no entanto a doutrina veio a concluir que ela não era senão uma hipótese de **improcedência** manifesta, tratando-se, pois, de questão de mérito.

Observe-se o quadro a seguir:

CONDIÇÕES DA AÇÃO	ELEMENTOS DA AÇÃO
1. Interesse de agir.	1. Partes.
2. Legitimidade *ad causam*.	2. Causa de pedir.
	3. Pedido.
Se faltar qualquer uma delas:	Se duas ações tiverem esses três elementos idênticos:
Extingue-se o processo, sem resolução de mérito.	

No XVI Exame da OAB, considerou-se como correta a alternativa que afirmava que, diante de impasse contratual, tanto o proprietário do imóvel quanto o locatário possuíam legitimidade para o ajuizamento da ação revisional de aluguel.

1.6 SUJEITOS PROCESSUAIS

Inicialmente, a partir das lições de Chiovenda, as partes poderiam ser entendidas como aqueles que pedem algo ou contra quem é possível pedir uma providência judicial.

Identificam-se, assim, tradicionalmente como **sujeitos processuais: autor, réu e juiz** (chamada de relação jurídica trilateral). Todavia, embora seja aceitável a clássica teoria trilateral, percebe-se recentemente que os sujeitos dentro da relação jurídica processual podem ser: **autor, réu, juiz, Ministério Público, perito, escrivão e o terceiro**.

1. **Partes:** a respeito das partes no processo, algumas considerações devem ser colocadas:

a) A **capacidade de ser parte** é a capacidade de ter direitos e obrigações passíveis de serem exigidos judicialmente.

a.1) a **capacidade processual** é a de alguém que pode, idoneamente, instaurar um processo, porque maior e capaz, por exemplo, assim como refere o art. 70 do CPC.

a.2) a **representação**, na esfera do processo civil, significa que o incapaz será representado ou assistido por seus pais, tutores ou curadores, na forma da lei civil, seguindo os ditames estipulados no art. 71 do CPC.

b) Veja, ainda, nos termos do art. 72 do CPC, que o juiz nomeará curador especial ao:

I – **incapaz**, se não tiver representante legal ou se os interesses deste colidirem com os daquele, enquanto durar a incapacidade;

II – **réu preso revel**, bem como **ao réu revel citado por edital ou com hora certa**, enquanto **não for constituído advogado.**

c) Importante verificar a hipótese de **litisconsórcio** previsto pelo art. 73 do CPC: "o cônjuge necessitará do **consentimento** do outro para propor **ação** que verse sobre **direito real imobiliário**, salvo quando casados sob o regime de separação absoluta de bens".

c.1) Esse **litisconsórcio entre os cônjuges** será necessário quando a ação:

I – versar sobre **direito real imobiliário**, salvo quando casados sob o regime de separação absoluta de bens;

II – resultar de **fato** que diga respeito a **ambos os cônjuges** ou de **ato** praticado por eles;

III – for fundada **em dívida contraída** por um dos cônjuges a bem da família;

IV – tenha por objeto o **reconhecimento**, a **constituição** ou a **extinção** de ônus sobre imóvel de um ou de ambos os cônjuges.

d) Lembre-se que, nas ações possessórias, a participação do cônjuge do autor ou do réu somente é indispensável nas hipóteses de composse ou de ato por ambos praticado.

2. **Responsabilidade das Partes:** nos termos do art. 79 do CPC, responde por perdas e danos aquele que litigar de má-fé como autor, réu ou interveniente. Dessa forma, considera-se **litigante de má-fé** aquele que:

LITIGÂNCIA DE MÁ-FÉ	
Inciso I	Deduzir pretensão ou defesa contra texto expresso de lei ou fato incontroverso.
Inciso II	Alterar a verdade dos fatos.
Inciso III	Usar do processo para conseguir objetivo ilegal.
Inciso IV	Opuser resistência injustificada ao andamento do processo.
Inciso V	Proceder de modo temerário em qualquer incidente ou ato do processo.

LITIGÂNCIA DE MÁ-FÉ	
Inciso VI	Provocar incidente manifestamente infundado.
Inciso VII	Interpuser recurso com intuito manifestamente protelatório.

a) Assim, **de ofício ou a requerimento**, o juiz condenará o litigante de má-fé a pagar **multa**, que deverá ser **superior a 1% e inferior a 10%** do valor corrigido da causa, a indenizar a parte contrária pelos prejuízos que esta sofreu e a arcar com os honorários advocatícios e com todas as despesas que efetuou.

3. **Honorários Advocatícios:** honorários advocatícios representam a **contraprestação devida ao advogado** pelo exercício e execução de seus serviços profissionais. Nesse sentido, o CPC, ao contrário da redação do revogado CPC/73, especificou que são devidos honorários advocatícios na **reconvenção**, no **cumprimento de sentença**, provisório ou definitivo, na **execução**, resistida ou não, e nos **recursos** interpostos, ainda que de forma cumulativa.

a) Observem as principais regras a respeito dos **Honorários Advocatícios**:

HONORÁRIOS ADVOCATÍCIOS	
Cabimento	Ações do procedimento comum ou especial.
	Reconvenção.
	Cumprimento de sentença, provisório ou definitivo.
	Execução.
	Recursos.
Os honorários serão fixados entre o mínimo de 10% e o máximo de 20% sobre o valor da condenação, do proveito econômico obtido ou, não sendo possível mensurá-lo, sobre o valor atualizado da causa, atendidos:	I – o grau de zelo do profissional;
	II – o lugar de prestação do serviço;
	III – a natureza e a importância da causa;
	IV – o trabalho realizado pelo advogado e o tempo exigido para o seu serviço.

b) Importante novidade do CPC/2015 foi a instituição dos **honorários recursais**, no qual o tribunal, ao julgar recurso, **majorará** os honorários fixados anteriormente, levando em conta o trabalho adicional realizado em grau recursal, observando, conforme o caso, o disposto nos §§ 2º a 6º do art. 85, no cômputo geral da fixação de honorários devidos ao advogado do vencedor, ultrapassar os respectivos limites estabelecidos nos §§ 2º e 3º do art. 85 para a fase de conhecimento (art. 85, § 11). Finalmente, os **honorários recursais são cumuláveis** com multas e outras sanções processuais, inclusive as previstas no art. 77 (art. 85, § 12).

c) Veja que, nos termos do art. 85, § 14, do CPC, os honorários constituem direito do advogado e **têm natureza alimentar**, com os mesmos privilégios dos créditos oriundos da legislação do trabalho, sendo vedada a compensação em caso de sucumbência parcial.

4. Gratuidade da Justiça: Nos termos do art. 98 do CPC: "A **pessoa natural ou jurídica, brasileira ou estrangeira**, com **insuficiência de recursos** para pagar as custas, as despesas processuais e os honorários advocatícios tem direito à **gratuidade da justiça**, na forma da lei".

GRATUIDADE DA JUSTIÇA	
Beneficiários	Pessoa **natural ou jurídica**, **brasileira ou estrangeira**.
Requisitos	**Insuficiência de recursos** para pagar as custas, despesas processuais e honorários advocatícios.
Espécies	**Total ou parcial**. **Novidade do CPC**: possibilidade de concessão do benefício com relação a algum ou a todos os atos processuais (art. 98, § 5º).
Momento de concessão	**Início** ou no **curso do processo**.
Requerimento	Pode ser formulado na **petição inicial**, na **contestação**, na **petição** para ingresso de terceiro no processo ou em **recurso** (art. 99).
Indeferimento	O juiz somente poderá indeferir o pedido se houver nos autos elementos que evidenciem a **falta dos pressupostos legais** para a concessão de gratuidade, devendo, antes de indeferir o pedido, determinar à parte a comprovação do preenchimento dos referidos pressupostos.
Impugnação	Deferido o pedido, a parte contrária poderá oferecer impugnação na **contestação**, na **réplica**, nas **contrarrazões de recurso** ou, nos casos de pedido superveniente ou formulado por terceiro, por meio de **petição simples**, a ser apresentada no prazo de 15 (quinze) dias, nos autos do próprio processo, sem suspensão de seu curso.
Recorribilidade	Contra a decisão que indeferir a gratuidade ou a que acolher pedido de sua revogação caberá **agravo de instrumento**, exceto quando a questão for resolvida na sentença, contra a qual caberá **apelação**. Observe que, se a gratuidade for concedida no deferimento da **petição inicial**, o réu deverá impugná-la como preliminar da **contestação** (art. 337, XII, do CPC).

No XXI Exame Unificado, a FGV considerou como correta a alternativa em que o juiz deferiu o requerimento de gratuidade de justiça e, querendo o réu atacar o benefício, deverá alegar na contestação que não estão presentes os requisitos para o deferimento do benefício de gratuidade, nos termos do art. 337, XIII, do CPC.

a) Importante observar o que dispõe o art. 98, § 3º, do CPC: "Vencido o beneficiário, as obrigações decorrentes de sua sucumbência ficarão sob condição suspensiva de exigibilidade e somente poderão ser executadas se, nos 5 (cinco) anos subsequentes ao trânsito em julgado da decisão que as certificou, o credor demonstrar que deixou de existir a situação de insuficiência de recursos que justificou a concessão de gratuidade, extinguindo-se, passado esse prazo, tais obrigações do beneficiário".

b) Novidade do CPC/2015 foi a possibilidade de parcelamento das despesas processuais, conforme o caso, por liberalidade do juiz, que o beneficiário tiver de adiantar no curso do procedimento.

c) Finalmente, sobrevindo o trânsito em julgado de decisão que revoga a gratuidade, a parte deverá efetuar o recolhimento de todas as despesas de cujo adiantamento foi dispensada, inclusive as relativas ao recurso interposto, se houver, no prazo fixado pelo juiz, sem prejuízo de aplicação das sanções previstas em lei. Não efetuado o recolhimento, o processo será extinto sem resolução de mérito, tratando-se do autor, e, nos demais casos, não poderá ser deferida a realização de nenhum ato ou diligência requerida pela parte enquanto não efetuado o depósito.

1.7 LITISCONSÓRCIO

1. O litisconsórcio significa a pluralidade de partes litigantes no processo. É a reunião de vários interessados em uma mesma demanda, na qualidade de autor e/ou de réu, para a defesa de interesses comuns. O litisconsórcio não se confunde, evidentemente, com a cumulação de ações, pois se refere a pessoas que integram uma das partes no pleito. Haverá litisconsórcio (art. 113 do CPC) quando:

a) entre as partes houver comunhão de direitos ou de obrigações relativamente à lide;

b) entre as causas houver conexão pelo pedido e pela causa de pedir;

c) ocorrer afinidade de questões por um ponto comum de fato ou de direito.

2. O litisconsórcio pode ser classificado de várias formas:

a) Quanto à posição das partes poderá o litisconsórcio ser: ativo (vários autores), passivo (vários réus) ou misto (vários autores e réus).

b) Em relação ao momento pode ser: inicial ou originário (desde o início da demanda) ou incidental ou ulterior (também conhecido como ulterior que se dá após o início da demanda e em seu curso).

c) Quanto à obrigatoriedade pode ser: necessário (obrigatório) ou facultativo (dependendo da vontade das partes).

d) Quanto à uniformidade da decisão: simples ou comum (aquele em que a decisão pode ser diferente para cada um dos litisconsortes) ou unitário (aquele no qual a decisão será necessariamente a mesma para os litisconsortes).

CLASSIFICAÇÃO DO LITISCONSÓRCIO	
Posição das partes: Ativo ou Passivo	Ativo: quando a ação possui dois ou mais autores.
	Passivo: quando a ação possui dois ou mais réus.
Quanto ao momento: Inicial ou Incidental	Inicial (ou Originário): quando a formação ocorre com a petição inicial.
	Incidental (ou Ulterior): quando a formação ocorre com a demanda em curso.
Quanto à obrigatoriedade: Facultativo ou Necessário	Facultativo (art. 113): pode ocorrer quando: I – entre as partes houver comunhão de direitos ou de obrigações relativamente à lide; II– entre as causas houver conexão pelo pedido ou pela causa de pedir; III – ocorrer afinidade de questões por ponto comum de fato ou de direito.
	Necessário (art. 114): o litisconsórcio será necessário: I – Por disposição de lei, ou quando II– Pela natureza da relação jurídica controvertida, a eficácia da sentença depender da citação de todos que devam ser litisconsortes.
Quanto à uniformidade da decisão: Simples ou Unitário	Simples (comum): o litisconsórcio será simples quando o resultado puder ser diverso entre os litisconsortes.
	Unitário: o litisconsórcio será unitário quando, pela natureza da relação jurídica, o juiz tiver de decidir o mérito de modo uniforme para todos os litisconsortes.

No XXII Exame Unificado, a FGV considerou como correta a alternativa em que, no caso de contrato celebrado entre o autor e dois réus, não será possível o ajuizamento da ação unicamente em face de um deles (réus), uma vez que a hipótese tratada no enunciado é de litisconsórcio necessário. Caso a ação não seja ajuizada em face do outro contratante, o juiz deverá determinar que seja requerida sua citação, sob pena de extinção do processo, nos termos do art. 115, parágrafo único, do CPC.

3. Por fim, não se esqueçam da leitura do art. 118 do CPC: "Cada litisconsorte tem o direito de promover o andamento do processo, e todos devem ser intimados dos respectivos atos".

1.8 INTERVENÇÃO DE TERCEIROS

1. A intervenção de terceiros se dará quando o **terceiro** (aquele que não é parte de um processo já existente) ingressar no processo para dele participar em posição diferenciada a das partes. A **natureza jurídica** da intervenção de terceiros é de um **incidente processual**. Será a intervenção **espontânea** quando esta vier do próprio terceiro nos casos da oposição e assistência, por exemplo. Distintamente será **provocada** a intervenção de terceiros quando advinda da provocação da parte originária do processo como nos casos da nomeação à autoria, denunciação da lide e do chamamento ao processo.

2. Em regra, a intervenção de terceiros é **cabível em qualquer procedimento**. Entretanto, ***incabível a intervenção de terceiros*** nos seguintes casos:

a) **Juizados Especiais** conforme art. 10 da Lei n. 9.099/95; e

b) **Ações de controle concentrado de constitucionalidade**, conforme arts. 7º, *caput*, e 18 da Lei n. 9.868/99.

3. Importante ressaltar que a oposição, que no CPC/73 era tratada como intervenção de terceiro, passou a ser **modalidade de procedimentos especiais**, previstos pelos arts. 682 a 686, do CPC/2015. Cabível será a oposição quando o terceiro pretender, no todo ou em parte, a coisa ou o direito sobre que controvertem autor e réu, podendo, até ser proferida a sentença, oferecer oposição contra ambos.

4. Quanto à **assistência**, ocorrerá quando, pendendo causa entre 2 (duas) ou mais pessoas, o terceiro juridicamente interessado em que a sentença seja favorável a uma delas poderá intervir no processo para assisti-la. A assistência será admitida em **qualquer procedimento** e em **todos os graus de jurisdição**, recebendo o assistente o processo no estado em que se encontre (art. 119, parágrafo único, do CPC).

5. A assistência pode ser **simples** (arts. 121 a 123 do CPC), que atuará como auxiliar da parte principal ou **litisconsorcial** (art. 124 do CPC), sempre que a sentença influir na relação jurídica entre ele e o adversário do assistido.

Observe que, no CPC/2015, se a **parte assistida for revel** ou, de qualquer outro modo, **omisso**, o assistente será considerado seu **substituto processual** (art. 121, parágrafo único, do CPC).

> No IX Exame Unificado, a FGV considerou como correta a alternativa em que afirmava que o terceiro deve demonstrar que possui interesse jurídico que a sentença seja favorável a uma das partes, para ser admitido como assistente.

6. O instituto da **nomeação à autoria** deixou de existir pelo CPC/2015; no entanto, suas ideias foram mantidas pelos arts. 338 e 339, como **hipóteses de correção da ilegitimidade passiva**. Na modalidade, alegando o réu, na contestação, ser parte ilegítima ou não ser o responsável pelo prejuízo invocado, o juiz **facultará ao autor**, em 15 (quinze) dias, a alteração da petição inicial para substituição do réu.

> No XXI Exame Unificado, a FGV considerou correta a alteração do sujeito passivo quando o réu alegar a sua ilegitimidade passiva na contestação, devendo requerer a alteração do sujeito passivo, identificando aquele que entende como o verdadeiro réu da ação.

7. O **chamamento ao processo,** requerida pelo réu, objetiva a **inclusão** do devedor principal ou dos coobrigados pela dívida a integrarem o polo passivo já existente, buscando que seja declarada judicialmente a responsabilidade de cada um (art. 130 do CPC).

a) Será cabível nas seguintes hipóteses:

I – do afiançado, na ação em que o fiador for réu;

II – dos demais fiadores, na ação proposta contra um ou alguns deles;

III – dos demais devedores solidários, quando o credor exigir de um ou de alguns o pagamento da dívida comum.

b) Observe que a citação daqueles que devam figurar em litisconsórcio passivo será **requerida pelo réu na contestação** e deve ser promovida no prazo de **30 (trinta) dias**, sob pena de ficar **sem efeito o chamamento.**

8. A **denunciação da lide,** que visa ao direito de garantia ou regresso, pode ser cabível em relação ao alienante imediato, no processo relativo à coisa cujo domínio foi transferido ao denunciante, a fim de que possa exercer os direitos que da evicção lhe resultam (art. 125, I, do CPC). Cabível ainda a denunciação da lide àquele que estiver obrigado, por lei ou pelo contrato, a indenizar, em ação regressiva, o prejuízo de quem for vencido no processo (art. 125, II, do CPC).

9. Nova modalidade de intervenção de terceiro previsto pelo CPC é o chamado *amicus curiae*, ou amigo da corte. Caberá quando o juiz ou o relator, considerando a relevância da matéria, a especificidade do tema objeto da demanda ou a repercussão social da controvérsia, por **decisão irrecorrível**, de **ofício** ou a **requerimento** das partes ou de quem pretenda manifestar-se, solicitar ou admitir a participação de pessoa **natural ou jurídica**, órgão ou **entidade especializada**, desde que apresentem **adequada representatividade** para contribuir e trazer elementos informativos para a prolação de uma melhor decisão.

10. O **incidente de desconsideração da personalidade jurídica** é modalidade prevista pelo CPC/2015 como **procedimento próprio e obrigatório** para a inclusão dos **sócios ou da pessoa jurídica** (no caso da **desconsideração inversa**, previsto expressamente pelo § 2º do art. 133 do CPC) no polo passivo da lide. O incidente será instaurado pela **parte** ou pelo **Ministério Público**, quando lhe couber intervir no processo, sendo **cabível em todas as fases do processo de conhecimento**, no **cumprimento de sentença** e na **execução de título executivo extrajudicial**. Ressaltando a necessidade de observação dos pressupostos e requisitos previstos pelas regras de direito material, para a desconsideração da personalidade jurídica.

11. Segue quadro sinótico para o entendimento das modificações das **intervenções de terceiros** no CPC:

CPC/1973	CPC/2015
Oposição (arts. 56 a 61)	Procedimento especial (arts. 682 a 686)
Nomeação à autoria (arts. 62 a 69)	Correção da ilegitimidade passiva (arts. 338 a 339)
Sem correspondência no Capítulo.	Assistência (simples e litisconsorcial) (arts. 119 a 124)
Denunciação da lide (arts. 70 a 76)	Denunciação da lide (arts. 125 a 129)
Chamamento ao processo (arts. 77 a 80)	Chamamento ao processo (arts. 130 a 132)
Sem correspondência	Incidente de desconsideração da personalidade jurídica (arts. 133 a 137)
Sem correspondência	*Amicus curiae* (art. 138)

1.9 MINISTÉRIO PÚBLICO, JUIZ E AUXILIARES DA JUSTIÇA

1. O Ministério Público tem **competência para intervir**: a) nas causas em que há **interesse público ou social**; b) nas causas em que há **interesse de incapaz**; c) nas ações que envolvam **litígios coletivos pela posse da terra rural ou urbana** (art. 178, I, II e III, do CPC).

2. Acerca da intervenção do Ministério Público no processo civil, seja na condição de parte, seja na condição de fiscal da lei, sempre goza do benefício do **prazo em dobro** para recorrer, assim como informa o art. 180 do CPC.

3. Observe que é nulo o processo quando o membro do Ministério Público não for intimado a acompanhar o feito em que deva intervir. Se o processo tiver tramitado sem conhecimento do membro do Ministério Público, o juiz invalidará os atos praticados a partir do momento em que ele deveria ter sido intimado. A nulidade só pode ser decretada após a intimação do Ministério Público, que se manifestará sobre a existência ou a inexistência de prejuízo (art. 279 do CPC).

4. Fique atento às hipóteses a respeito do impedimento e da suspeição:

IMPEDIMENTO (ART. 144)	SUSPEIÇÃO (ART. 145)
É critério objetivo de parcialidade.	É critério subjetivo de parcialidade.
Há impedimento do juiz, sendo-lhe vedado exercer suas funções no processo: I – em que interveio como mandatário da parte, oficiou como perito, funcionou como membro do Ministério Público ou prestou depoimento como testemunha; II – de que conheceu em outro grau de jurisdição, tendo proferido decisão; III – quando nele estiver postulando, como defensor público, advogado ou membro do Ministério Público, seu cônjuge ou companheiro, ou qualquer parente, consanguíneo ou afim, em linha reta ou colateral, até o terceiro grau, inclusive; IV – quando for parte no processo ele próprio, seu cônjuge ou companheiro, ou parente, consanguíneo ou afim, em linha reta ou colateral, até o terceiro grau, inclusive; V – quando for sócio ou membro de direção ou de administração de pessoa jurídica parte no processo; VI – quando for herdeiro presuntivo, donatário ou empregador de qualquer das partes; VII – em que figure como parte instituição de ensino com a qual tenha relação de emprego ou decorrente de contrato de prestação de serviços; VIII – em que figure como parte cliente do escritório de advocacia de seu cônjuge, companheiro ou parente, consanguíneo ou afim, em linha reta ou colateral, até o terceiro grau, inclusive, mesmo que patrocinado por advogado de outro escritório; IX – quando promover ação contra a parte ou seu advogado. Art. 147. Quando 2 (dois) ou mais juízes forem parentes, consanguíneos ou afins, em linha reta ou colateral, até o terceiro grau, inclusive, o primeiro que conhecer do processo impede que o outro nele atue, caso em que o segundo se escusará, remetendo os autos ao seu substituto legal.	Há suspeição do juiz: I – amigo íntimo ou inimigo de qualquer das partes ou de seus advogados; II – que receber presentes de pessoas que tiverem interesse na causa antes ou depois de iniciado o processo, que aconselhar alguma das partes acerca do objeto da causa ou que subministrar meios para atender às despesas do litígio; III – quando qualquer das partes for sua credora ou devedora, de seu cônjuge ou companheiro ou de parentes destes, em linha reta até o terceiro grau, inclusive; IV – interessado no julgamento do processo em favor de qualquer das partes.
Vício não sujeito à preclusão.	Vício sujeito à preclusão, mas o juiz poderá se declarar suspeito por motivo de foro íntimo, sem necessidade de declarar suas razões (art. 145, § 1º).
Pode ser alegado após o trânsito em julgado por meio de ação rescisória (art. 966, II)	Não pode ser objeto de ação rescisória.

5. Tanto o impedimento quanto a suspeição serão arguidas pela parte no prazo de 15 (quinze) dias, a contar do conhecimento do fato, em petição específica dirigida ao juiz do processo, na qual indicará o fundamento da recusa, podendo instruí-la com documentos em que se fundar a alegação e com rol de testemunhas (art. 146).

6. Importante mencionar que se aplicam os motivos de impedimento e de suspeição:

I – ao membro do Ministério Público;

II – aos auxiliares da justiça;

III – aos demais sujeitos imparciais do processo.

a) A parte interessada deverá arguir o impedimento ou a suspeição, em petição fundamentada e devidamente instruída, na primeira oportunidade em que lhe couber falar nos autos. O juiz mandará processar o incidente em separado e sem suspensão do processo, ouvindo o arguido no prazo de 15 (quinze) dias e facultando a produção de prova, quando necessária.

> Observe que, no XX Exame Unificado, a FGV considerou como correta a alternativa que afirma, por causa do impedimento para que o promotor de justiça exerça suas funções, o fato deverá ser informado ao juiz da causa em petição específica, porque durante uma ação de guarda a tramitar em uma vara de família, a ré, mãe da criança, descobriu que o advogado do pai (autor) é filho adotivo do irmão do promotor de justiça que atua no caso.

1.10 ATOS, PRAZOS E COMUNICAÇÃO DOS ATOS PROCESSUAIS

1. O ato processual é espécie do conhecido ato jurídico, tendo por finalidade instaurar, extinguir, modificar, desenvolver a relação jurídico-processual. Os atos processuais estão divididos, pelo CPC, em:

a) atos das partes (arts. 200 a 202 do CPC);

b) atos do Juiz (arts. 203 a 205 do CPC);

c) atos do escrivão ou do chefe da secretaria (arts. 206 a 211 do CPC).

2. Relembre-se que os atos das partes (autor, réu, terceiros intervenientes ou MP), que podem ser declarações unilaterais ou bilaterais de vontade, produzem imediatamente a constituição, a modificação ou a extinção de direitos processuais, assim como informa o art. 200 do CPC. Os atos do Juiz consistirão em sentenças, decisões interlocutórias e despachos conforme informa o art. 203 do CPC. Outrossim, os atos do escrivão ou do chefe da secretaria são atos de documentação, tais como a lavratura de termos e de comunicações (citações e intimações) necessárias assim como se pode depreender dos arts. 152, 206 a 211, do CPC.

3. Em matéria de atos e termos processuais é possível afirmar que se reputam válidos os que, realizados de outro modo, lhes preencham a finalidade essencial assim como informar o art. 188 do CPC do qual se pode depreender o princípio da instrumentalidade das formas.

4. Segundo a nova sistemática do CPC/2015, na contagem de prazos processuais em dias, estabelecida por lei ou pelo juiz, computar-se-ão somente os dias úteis, conforme determinação do art. 219.

5. Importante novidade trazida pelo CPC/2015 é a disposição constante do art. 190, que trata dos chamados "**negócios jurídicos processuais**". Referido dispositivo possibilita às **partes capazes** a convenção de **regras de procedimentos**, referentes ao processo (**antes ou durante o processo**), desde que o litígio verse sobre direitos que admitam **autocomposição**. O juiz somente **controlará** a validade das convenções.

– A convenção poderá fixar ônus, poderes, faculdades e deveres processuais, inclusive estipulando **calendários para a prática de atos processuais** (art. 191 do CPC), cuja **vinculação será obrigatória às partes e ao juiz**, sendo dispensada a intimação das partes, diante da prévia ciência da data de sua realização e possibilitando a sua modificação somente em casos excepcionais e devidamente justificados.

> No XX Exame Unificado, a FGV considerou como correta a alternativa em que o magistrado agiu incorretamente ao reconhecer de ofício a nulidade da cláusula prevista em negócio jurídico processual, uma vez que, tratando-se de objeto disponível, realizado por partes capazes, eventual negócio processual, que ajuste o procedimento às especificidades da causa, deve ser respeitado, conforme o art. 190 do CPC.

6. Observe que **não será permitida a negociação processual** se houver:

a) nulidade;

b) inserção abusiva em contrato de adesão; ou

c) alguma parte que se encontre em manifesta situação de vulnerabilidade.

7. Ressalvada disposição em contrário, computar-se-ão os prazos, **excluindo o dia do começo e incluindo o do vencimento**. Assim, os prazos somente começam a correr do primeiro dia útil após a intimação. Entretanto, pode ser **prorrogado o prazo** até o primeiro dia útil se o vencimento cair em dia em que o expediente forense for encerrado antes ou iniciado depois da hora normal ou houver indisponibilidade da comunicação eletrônica.

8. Para relembrar, é importante observar que **começa a correr o prazo**:

a) quando a citação ou intimação for pelo correio, **da data de juntada aos autos do aviso de recebimento**;

b) quando a citação ou intimação for por oficial de justiça, **da data de juntada aos autos do mandado cumprido**;

c) quando houver vários réus, **da data de juntada aos autos do último aviso de recebimento ou mandado citatório cumprido**;

d) quando o ato se realizar em cumprimento de carta de ordem, precatória ou rogatória, **da data de sua juntada aos autos devidamente cumprida**;

e) quando a citação for por edital, **finda a dilação assinada pelo juiz** (assim como informa o art. 241 do CPC).

9. As cartas representam a forma de comunicação entre juízos e podem ser de quatro tipos, quais sejam:

CARTAS	
PRECATÓRIA (art. 237, I, do CPC)	Será expedida para que órgão jurisdicional brasileiro pratique ou determine o cumprimento, na área de sua competência territorial, de ato relativo a pedido de cooperação judiciária formulado por órgão jurisdicional de competência territorial diversa (entre juízos nacionais).
DE ORDEM (art. 236, § 2º, do CPC)	Será expedida pelo tribunal para juízo a ele vinculado, se o ato houver de se realizar fora dos limites territoriais do local de sua sede.
ROGATÓRIA (art. 237, II, do CPC)	Será expedida para que órgão jurisdicional estrangeiro pratique ato de cooperação jurídica internacional, relativo a processo em curso perante órgão jurisdicional brasileiro (ato de cooperação internacional).
ARBITRAL (art. 237, IV, do CPC)	Será expedida para que órgão do Poder Judiciário pratique ou determine o cumprimento, na área de sua competência territorial, de ato objeto de pedido de cooperação judiciária formulado por juízo arbitral, inclusive os que importem efetivação de tutela provisória.

10. A citação é o ato pelo qual se chama a juízo o réu, o executado ou o interessado a fim de se defender e integrar a relação jurídica processual (art. 238 do CPC). O comparecimento espontâneo do réu ou do executado supre, entretanto, a falta de citação (art. 239, § 1º, do CPC). As intimações poderão ser realizadas pelo escrivão, pelo oficial de justiça, por publicação na imprensa, por edital e com hora certa e por meio eletrônico.

a) A citação poderá ser realizada (art. 246 do CPC):

FORMAS DE CITAÇÃO NO CPC (ART. 246)	
Pelo correio (art. 246, I, do CPC)	Em sendo o citando pessoa jurídica, será válida a entrega do mandado a pessoa com poderes de gerência geral ou de administração ou, ainda, a funcionário responsável pelo recebimento de correspondências. Aplicação da teoria da aparência (art. 248, § 1º, do CPC).
	Novidade do CPC: segundo o art. 248, § 4º, do CPC, nos condomínios edilícios ou nos loteamentos com controle de acesso, será válida a entrega do mandado a funcionário da portaria responsável pelo recebimento de correspondência, que, entretanto, poderá recusar o recebimento, se declarar, por escrito, sob as penas da lei, que o destinatário da correspondência está ausente.
Por oficial de justiça (art. 246, II, do CPC)	Citação por hora certa: quando, por 2 (duas) vezes, o oficial de justiça houver procurado o citando em seu domicílio ou residência sem encontrá-lo, deverá, havendo suspeita de ocultação, intimar qualquer pessoa da família ou, em sua falta, qualquer vizinho de que, no dia útil imediato, voltará a fim de efetuar a citação, na hora que designar.

FORMAS DE CITAÇÃO NO CPC (ART. 246)	
Pelo escrivão ou chefe de secretaria, se o citando comparecer em cartório (art. 246, III, do CPC)	Forma de citação pessoal do réu, do executado ou do interessado quando comparecer espontaneamente no cartório, a ser realizada pelo escrivão ou chefe de secretaria.
Por edital (art. 246, IV, do CPC)	Requisitos da citação por edital: circunstâncias autorizadoras; publicação do edital na rede mundial de computadores, no sítio do respectivo tribunal e na plataforma de editais do Conselho Nacional de Justiça, que deve ser certificada nos autos; determinação do prazo pelo juiz (entre 20 e 60 dias); e nomeação do curador especial em caso de revelia (art. 257).
Por meio eletrônico, conforme regulado em lei (art. 246, V, do CPC)	Com exceção das microempresas e das empresas de pequeno porte, as empresas públicas e privadas são obrigadas a manter cadastro nos sistemas de processo em autos eletrônicos, para efeito de recebimento de citações e intimações, as quais serão efetuadas preferencialmente por esse meio. O mesmo se aplica à União, aos Estados, ao Distrito Federal, aos Municípios e às entidades da administração indireta (art. 246, §§ 1º e 2º).

b) Efeitos da citação válida, ainda quando ordenada por juízo incompetente (art. 240 do CPC): induz litispendência; torna litigiosa a coisa e constitui em mora o devedor.

11. Intimação é o ato pelo qual se dá ciência a alguém dos demais atos e termos praticados no processo (art. 269 do CPC). Verifique que o CPC/2015 possibilita que um advogado intime o advogado da parte contrária, nos termos do art. 269, §1º: "é facultado aos advogados promover a intimação do advogado da outra parte por meio do correio, juntando aos autos, a seguir, cópia do ofício de intimação e do aviso de recebimento".

a) Os advogados poderão requerer que, na intimação a eles dirigida, figure apenas o nome da sociedade a que pertençam, desde que devidamente registrada na Ordem dos Advogados do Brasil (art. 272, § 1º, do CPC).

b) Constando dos autos pedido expresso para que as comunicações dos atos processuais sejam feitas em nome dos advogados indicados, o seu desatendimento implicará nulidade (art. 272, § 5º, do CPC).

c) A parte arguirá a nulidade da intimação em capítulo preliminar do próprio ato que lhe caiba praticar, o qual será tido por tempestivo se o vício for reconhecido. Não sendo possível a prática imediata do ato diante da necessidade de acesso prévio aos autos, a parte limitar-se-á a arguir a nulidade da intimação, caso em que o prazo será contado da intimação da decisão que a reconheça (art. 272, §§ 8º e 9º, do CPC).

1.11 TUTELAS PROVISÓRIAS

1. O CPC/2015, diferentemente da redação do revogado CPC/73, reservou um Livro específico para a análise das "*Tutelas Provisórias*", dividindo-os em dois Títulos para tratar

das "*Tutelas de Urgência*" e das chamadas "*Tutelas de Evidência*". As Tutelas de Urgência subdividiram-se em duas espécies: tutela de urgência antecipada e tutela de urgência cautelar. A propósito, segue o quadro esquemático:

<table>
<tr><td rowspan="8">TUTELAS PROVISÓRIAS (arts. 294 a 311)</td><td rowspan="4">TUTELAS DE URGÊNCIA (arts. 300 a 310)</td><td rowspan="2">ANTECIPADA</td><td>ANTECEDENTE</td><td rowspan="2">Probabilidade do direito; Perigo de dano ou risco ao resultado útil do processo.</td></tr>
<tr><td>INCIDENTAL</td></tr>
<tr><td rowspan="2">CAUTELAR</td><td>ANTECEDENTE</td><td rowspan="2">Probabilidade do direito; Perigo de dano ou risco ao resultado útil do processo.</td></tr>
<tr><td>INCIDENTAL</td></tr>
<tr><td rowspan="4">TUTELAS DE EVIDÊNCIA (art. 311)</td><td colspan="2">I – quando ficar caracterizado o abuso do direito de defesa ou o manifesto propósito protelatório da parte</td><td>Independe da demonstração de perigo de dano ou de risco ao resultado útil do processo.</td></tr>
<tr><td colspan="2">II – quando as alegações de fato puderem ser comprovadas apenas documentalmente e houver tese firmada em julgamento de casos repetitivos ou em súmula vinculante</td><td>Independe da demonstração de perigo de dano ou de risco ao resultado útil do processo. Pode ser concedida liminarmente (art. 311, parágrafo único).</td></tr>
<tr><td colspan="2">III – quando se tratar de pedido reipersecutório fundado em prova documental adequada do contrato de depósito, caso em que será decretada a ordem de entrega do objeto custodiado, sob cominação de multa</td><td>Independe da demonstração de perigo de dano ou de risco ao resultado útil do processo. Pode ser concedida liminarmente (art. 311, parágrafo único).</td></tr>
<tr><td colspan="2">IV – quando a petição inicial for instruída com prova documental suficiente dos fatos constitutivos do direito do autor, a que o réu não oponha prova capaz de gerar dúvida razoável</td><td>Independe da demonstração de perigo de dano ou de risco ao resultado útil do processo.</td></tr>
</table>

2. A antecipação dos efeitos da tutela, modalidade de tutela de urgência, é o adiantamento dos efeitos da decisão final a ser proferida, buscando, sempre que possível, evitar o dano que sofreria o direito subjetivo da parte. Assim, o juiz poderá, a requerimento da parte, antecipar, total ou parcialmente, os efeitos da tutela pretendida no pedido inicial, desde que demonstrada a probabilidade do direito e o perigo de dano ou risco ao resultado útil do processo. Por fim, não se concederá a antecipação da tutela quando houver perigo de irreversibilidade do provimento.

3. Importante observar que para a concessão da **tutela de urgência**, o juiz poderá **exigir caução real ou fidejussória idônea** para ressarcir os danos que a outra parte possa vir a sofrer, podendo ser dispensada se a parte economicamente hipossuficiente não puder oferecê-la. Essa disposição deve ser analisada juntamente com as hipóteses nas quais, sem prejuízo de eventual **indenização por dano processual**, a parte beneficiária da tutela de urgência responderá pelos prejuízos que a efetivação da medida houver causado à outra parte, quais sejam:

a) quando a **sentença lhe for desfavorável**;

b) quando obtida liminarmente a tutela em caráter antecedente, não fornecer os **meios necessários para a citação** do requerido no prazo de 5 (cinco) dias;

c) quando ocorrer a **cessação da eficácia da medida** em qualquer hipótese legal;

d) quando o juiz acolher a alegação de **decadência ou prescrição** da pretensão do autor.

4. Outra importante inovação do CPC/2015 no tratamento da matéria relativa às tutelas de urgência foi a possibilidade de **estabilização** da tutela antecipada requerida em caráter antecedente, conforme disposição expressa contida no art. 304: "*A tutela antecipada, concedida nos termos do art. 303, torna-se estável se da decisão que a conceder não for interposto o respectivo recurso*". Ressalta-se que da decisão que conceder a tutela antecipada em caráter antecedente caberá o recurso de **agravo de instrumento** (art. 1.015, I). No entanto, se não for impugnada, a tutela de urgência antecipada concedida provisoriamente em caráter antecedente se "estabiliza" e o **processo é extinto** (art. 304, §1º).

5. Quando a **urgência for contemporânea à propositura da ação**, a petição inicial pode limitar-se ao requerimento da tutela antecipada e à indicação do pedido de tutela final, com a exposição da lide, do direito que se busca realizar e do perigo de dano ou do risco ao resultado útil do processo. Concedida essa tutela antecipada, o autor deverá **aditar** a petição inicial, com a complementação de sua argumentação, a juntada de novos documentos e a confirmação do pedido de tutela final, em 15 (quinze) dias ou em outro prazo maior que o juiz fixar (art. 303, § 1º, I).

> No XXI Exame Unificado, a FGV cobrou uma questão que versava justamente sobre a tutela antecipada antecedente, concluindo que nos casos em que a urgência é contemporânea à propositura da ação, o CPC/15 prevê a possibilidade de requerimento da tutela de urgência em caráter antecedente, com o posterior aditamento da inicial nos termos do art. 303, § 1º, I, do CPC.

6. No procedimento de **tutela cautelar antecedente**, o réu será citado para, no prazo de 5 (cinco) dias, **contestar o pedido** e indicar as provas que pretende produzir (art. 306 do CPC). Não sendo contestado o pedido, os fatos alegados pelo autor presumir-se-ão aceitos pelo réu como ocorridos, caso em que o juiz decidirá dentro de 5 (cinco) dias (art. 307 do CPC).

a) **Cessa a eficácia** da tutela concedida em caráter antecedente, se:

I – o autor **não deduzir** o pedido principal no prazo legal;

II – **não for efetivada** dentro de 30 (trinta) dias;

III – o juiz julgar **improcedente** o pedido principal formulado pelo autor ou extinguir o processo sem resolução de mérito.

7. Se por qualquer motivo **cessar a eficácia da tutela cautelar**, é **vedado à parte** renovar o pedido, salvo sob **novo fundamento** (art. 308, parágrafo único, do CPC).

1.12 FORMAÇÃO, SUSPENSÃO E EXTINÇÃO DO PROCESSO

1. Nos termos do art. 313 do CPC, o **processo será suspenso:**

SUSPENSÃO DO PROCESSO	
Inciso I	Pela morte ou pela perda da capacidade processual de qualquer das partes, de seu representante legal ou de seu procurador;
Inciso II	Pela convenção das partes;
Inciso III	Pela arguição de impedimento ou de suspeição;
Inciso IV	Pela admissão de incidente de resolução de demandas repetitivas;
Inciso V	Quando a sentença de mérito: a) depender do julgamento de outra causa ou da declaração de existência ou de inexistência de relação jurídica que constitua o objeto principal de outro processo pendente; b) tiver de ser proferida somente após a verificação de determinado fato ou a produção de certa prova, requisitada a outro juízo;
Inciso VI	Por motivo de força maior;
Inciso VII	Quando se discutir em juízo questão decorrente de acidentes e fatos da navegação de competência do Tribunal Marítimo;
Inciso VIII	Nos demais casos que este Código regula;
Inciso IX	Pelo parto ou pela concessão de adoção, quando a advogada responsável pelo processo constituir a única patrona da causa;
Inciso X	Quando o advogado responsável pelo processo constituir o único patrono da causa e tornar-se pai.

a) No caso de **morte do procurador** de qualquer das partes, ainda que iniciada a audiência de instrução e julgamento, o juiz determinará que a parte constitua novo mandatário, no prazo de 15 (quinze) dias, ao final do qual extinguirá o processo sem resolução de mérito, se o autor não nomear novo mandatário, ou ordenará o prosseguimento do processo à revelia do réu, se falecido o procurador deste.

b) O prazo de suspensão do processo por **convenção das partes** nunca poderá exceder **1 (um) ano** nas hipóteses do inciso V e **6 (seis) meses** naquela prevista no inciso II.

c) No caso de suspensão **por parto ou pela concessão de adoção**, quando a advogada responsável pelo processo constituir a única patrona da causa, o período de suspensão será de **30 (trinta) dias**, contado a partir da data do parto ou da concessão da adoção, mediante apresentação de certidão de nascimento ou documento similar que comprove a realização do parto, ou de termo judicial que tenha concedido a adoção, desde que haja notificação ao cliente.

d) No caso de suspensão quando o **advogado responsável pelo processo constituir o único patrono da causa e tornar-se pai**, o período de suspensão será de **8 (oito) dias**, contado a partir da data do parto ou da concessão da adoção, mediante apresentação de certidão de nascimento ou documento similar que comprove a realização do parto, ou de termo judicial que tenha concedido a adoção, desde que haja notificação ao cliente.

2. PARTE ESPECIAL

2.1 PROCESSO DE CONHECIMENTO

1. **Petição inicial**: é o instrumento da demanda. O processo civil começa por iniciativa das partes (art. 2º do CPC), o que se dará com a propositura da ação através da petição inicial. Portanto, a petição inicial é o ato processual através do qual se exerce o direito de ação, implantando-se a atividade jurisdicional.

2. Verifique os **requisitos da petição inicial**:

REQUISITOS DA PETIÇÃO INICIAL (art. 319)		
Inciso I	O juízo a que é dirigida;	Requisito está diretamente relacionado às regras gerais de competência.
Inciso II	Os nomes, os prenomes, o estado civil, a existência de união estável, a profissão, o número de inscrição no CPF ou no CNPJ, o endereço eletrônico, o domicílio e a residência do autor e do réu;	Caso não disponha dessas informações, poderá o autor, na petição inicial, **requerer ao juiz diligências necessárias a sua obtenção** (§ 1º). A petição inicial **não será indeferida** se, a despeito da falta dessas informações, for possível a citação do réu ou se a obtenção de tais informações tornar impossível ou excessivamente oneroso o acesso à justiça (§ 2º).
Inciso III	O fato e os fundamentos jurídicos do pedido;	Corresponde à "**causa de pedir**".

<table>
<tr><th colspan="4">REQUISITOS DA PETIÇÃO INICIAL (art. 319)</th></tr>
<tr><td rowspan="3">Inciso IV</td><td rowspan="3">O pedido com as suas especificações;</td><td rowspan="3">O pedido deve ser certo (art. 322) e determinado (art. 324)</td><td>São pedidos implícitos, ou seja, compreendem-se no principal:
a) Juros legais (art. 322, §1º).
b) A correção monetária (art. 322, §1º).
c) As verbas de sucumbência, inclusive os honorários advocatícios (art. 322, §1º).
d) Prestações sucessivas (art. 323).</td></tr>
<tr><td>Admite-se o pedido genérico:
a) Nas ações universais, se o autor não puder individuar os bens demandados (art. 324, I).
b) Quando não for possível determinar, desde logo, as consequências do ato ou do fato (art. 324, II).
c) Quando a determinação do objeto ou do valor da condenação depender de ato que deva ser praticado pelo réu (art. 324, III).</td></tr>
<tr><td>Os pedidos podem ser cumulados quando:
a) Os pedidos sejam compatíveis entre si (art. 327, I)
b) Seja competente para conhecer deles o mesmo juízo (art. 327, II)
c) Seja adequado para todos os pedidos o tipo de procedimento (art. 327, III)
Observe que, quando, para cada pedido, corresponder tipo diverso de procedimento, será admitida a cumulação se o autor empregar o procedimento comum, sem prejuízo do emprego das técnicas processuais diferenciadas previstas nos procedimentos especiais a que se sujeitam um ou mais pedidos cumulados, que não forem incompatíveis com as disposições sobre o procedimento comum (art. 327, § 2º).</td></tr>
<tr><td>Inciso V</td><td>O valor da causa;</td><td colspan="2">A toda causa será atribuído valor certo, ainda que não tenha conteúdo econômico imediatamente aferível (art. 291).
O valor da causa seguirá as regras estabelecidas no art. 292.</td></tr>
</table>

REQUISITOS DA PETIÇÃO INICIAL (art. 319)		
Inciso VI	As provas com que o autor pretende demonstrar a verdade dos fatos alegados;	A petição inicial será instruída com os documentos indispensáveis à propositura da ação (art. 320). Admite-se também a juntada posterior de documentos formados após a petição inicial ou a contestação, bem como dos que se tornaram conhecidos, acessíveis ou disponíveis após esses atos, cabendo à parte que os produzir comprovar o motivo que a impediu de juntá-los anteriormente e incumbindo ao juiz, em qualquer caso, avaliar a conduta da parte de acordo com o art. 5º (art. 435, parágrafo único).
Inciso VII	A opção do autor pela realização ou não de audiência de conciliação ou de mediação.	Importante: não haverá a audiência quando ambas as partes manifestarem, expressamente, desinteresse na composição consensual (art. 334, § 4º, I); ou quando o direito não admitir autocomposição (art. 334, § 4º, II).

3. Indefere-se a petição inicial, quando: I – for inepta; II – a parte for manifestamente ilegítima; III – o autor carecer de interesse processual; IV – não atendidas as prescrições dos arts. 106 e 321.

a) Considera-se inepta a petição inicial quando: I – lhe faltar pedido ou causa de pedir; II – o pedido for indeterminado, ressalvadas as hipóteses legais em que se permite o pedido genérico; III – da narração dos fatos não decorrer logicamente a conclusão; IV – contiver pedidos incompatíveis entre si.

b) Contra a sentença de indeferimento liminar cabe apelação que possibilita juízo de retratação em 5 dias (art. 331 do CPC). Caso não haja retratação, o juiz determinará a citação do réu para contrarrazoar o recurso (art. 331, §1º, do CPC). Sendo a sentença reformada pelo tribunal, o prazo para a contestação começará a correr da intimação do retorno dos autos, observado o disposto no art. 334. Não interposta a apelação, o réu será intimado do trânsito em julgado da sentença.

POSTURAS DO JUIZ DIANTE DA PETIÇÃO INICIAL		
Recebimento	Emenda	Indeferimento da Inicial
Se a petição inicial estiver apta, o juiz despachará, ordenando a citação do réu para comparecer à audiência de conciliação, em sendo o caso, ou ainda para resposta.	Verificando o juiz que a petição inicial não preenche os requisitos dos arts. 319 e 320 ou que apresenta defeitos e irregularidades capazes de dificultar o julgamento de mérito, determinará que o autor, no prazo de 15 (quinze) dias, a emende ou a complete, indicando com precisão o que deve ser corrigido ou completado.	O art. 330 elenca outras hipóteses em que a petição inicial será indeferida, sendo elas: I – quando for inepta; II – quando a parte for manifestamente ilegítima; III – quando o autor carecer de interesse processual; IV – quando não atendidas as prescrições dos arts. 106 e 321.

4. Quanto à improcedência "liminar" do pedido, verifique:

IMPROCEDÊNCIA LIMINAR DO PEDIDO (ART. 332 DO CPC)	
Nas causas que dispensem a fase instrutória, o juiz, independentemente da citação do réu, julgará liminarmente improcedente o pedido que contrariar:	
Inciso I	Enunciado de súmula do Supremo Tribunal Federal ou do Superior Tribunal de Justiça;
Inciso II	Acórdão proferido pelo Supremo Tribunal Federal ou pelo Superior Tribunal de Justiça em julgamento de recursos repetitivos;
Inciso III	Entendimento firmado em incidente de resolução de demandas repetitivas ou de assunção de competência;
Inciso IV	Enunciado de súmula de tribunal de justiça sobre direito local.

5. O juiz também poderá julgar liminarmente improcedente o pedido se verificar, desde logo, a ocorrência de decadência ou de prescrição (art. 332, § 1º, do CPC). Nessa situação, haverá extinção do processo com resolução de mérito, quando o juiz decidir, de ofício ou a requerimento, sobre a ocorrência de decadência ou prescrição (art. 487, II, do CPC).

6. Nesses casos, de improcedência liminar, não sendo interposta a apelação, o réu será intimado do trânsito em julgado da sentença, nos termos do art. 241 do CPC. Todavia, interposta a apelação, o juiz poderá retratar-se em 5 (cinco) dias. Se houver retratação, o juiz determinará o prosseguimento do processo, com a citação do réu, e, se não houver retratação, determinará a citação do réu para apresentar contrarrazões, no prazo de 15 (quinze) dias (art. 332, § 4º, do CPC).

7. Caso a petição inicial preencha os requisitos essenciais (arts. 319 e 320) e não for o caso de improcedência liminar do pedido, o juiz designará – conforme autoriza o art. 334 do CPC – audiência de conciliação ou de mediação com antecedência mínima de 30 (trinta) dias, devendo ser citado o réu com pelo menos 20 (vinte) dias de antecedência.

8. Conforme prevê o art. 334, § 4º, do CPC, a audiência não será realizada:

DISPENSA DA AUDIÊNCIA DE CONCILIAÇÃO OU DE MEDIAÇÃO	
Quando ambas as partes manifestarem, expressamente, desinteresse na composição consensual (art. 334, § 4º, I)	O autor deverá demonstrar seu desinteresse na autocomposição já na petição inicial (arts. 319, VII, e 334, § 5º)
	O réu deverá demonstrar seu desinteresse, por petição, apresentada com 10 (dez) dias de antecedência, contados da data da audiência (art. 334, § 5º)
	Havendo litisconsórcio, o desinteresse na realização da audiência deve ser manifestado por todos os litisconsortes (art. 334, § 6º)
Quando o direito não admitir autocomposição (art. 334, § 4º, II)	Nessa situação o réu já será citado para contestar a ação (art. 335, III)

9. O não comparecimento injustificado do autor ou do réu à audiência de conciliação é considerado ato atentatório à dignidade da justiça e será sancionado com multa de até 2% por cento da vantagem econômica pretendida ou do valor da causa. Fique atento que essa multa é revertida em favor da União ou do Estado (art. 334, § 8º, do CPC).

10. Não esquecer que nesta audiência as partes devem estar acompanhadas por seus advogados ou defensores públicos (art. 334, § 9º, do CPC).

> No XX Exame Unificado, a FGV considerou como correta a alternativa em que o autor, em não querendo comparecer na audiência de conciliação ou mediação, deve ser informado que o seu não comparecimento é considerado ato atentatório à dignidade da justiça, sob pena de multa, nos termos do art. 334, § 8º, do CPC.

11. Contestação: é a resposta mais utilizada pelo réu, por meio da qual se alegará toda matéria de defesa (princípio da concentração das defesas), com a exposição das razões de fato e de direito, a impugnação da pretensão do autor e a especificação das provas que pretende produzir (art. 336 do CPC). A não apresentação da contestação acarreta a revelia (art. 344 do CPC).

TERMO INICIAL DO PRAZO PARA CONTESTAR (ART. 335)	
Inciso I	Regra: realização da audiência de conciliação ou de mediação. Neste caso, o termo inicial do prazo para contestar será a data da audiência ou da última sessão de conciliação, quando qualquer parte não comparecer ou, comparecendo, não houver autocomposição.
Inciso II	A audiência pode não ser realizada por vontade de ambas as partes. Desta forma, o termo inicial para contestar será a data do protocolo do pedido de cancelamento da audiência de conciliação ou de mediação apresentado pelo réu.
Inciso III	Lembre-se de que há casos em que o direito não admite autocomposição. Nessas situações o réu já será citado para contestar, sendo o termo inicial do prazo a data prevista no art. 231.

12. Com base no princípio da eventualidade (concentração) compete ao réu alegar, na contestação, toda a matéria de defesa, expondo as razões de fato e de direito, com que impugna o pedido do autor e especificando as provas que pretende produzir. Antes de discutir o mérito da causa, compete ao réu alegar: a) inexistência ou nulidade da citação; b) incompetência absoluta e relativa; c) incorreção do valor da causa; d) inépcia da petição inicial; e) perempção; f) litispendência; g) coisa julgada; h) conexão; i) incapacidade da parte, defeito de representação ou falta de autorização; j) convenção de arbitragem; k) ausência de legitimidade ou de interesse processual; l) falta de caução ou de outra prestação, que a lei exige como preliminar; m) indevida concessão do benefício de gratuidade de justiça.

13. A respeito da reconvenção, algumas regras específicas merecem destaque:

a) Será oferecida na contestação (art. 343 do CPC), devendo o réu demonstrar que sua pretensão é conexa com a ação principal ou com o fundamento da defesa.

b) Proposta a reconvenção, o autor será intimado, na pessoa de seu advogado, para apresentar resposta no prazo de 15 (quinze) dias (art. 343, § 1º).

c) Importante observar que, por ser considerada como uma ação incidental, a reconvenção é independente da ação principal, cuja desistência da ação ou a ocorrência de causa extintiva que impeça o exame de seu mérito não obsta ao prosseguimento do processo quanto à reconvenção (art. 343, § 2º).

d) Observe, ainda, que a reconvenção pode ser proposta contra o autor e terceiro (art. 343, § 3º) e pode ser proposta pelo réu em litisconsórcio com terceiro (art. 343, § 4º).

e) Se o autor for substituto processual, o reconvinte deverá afirmar ser titular de direito em face do substituído, e a reconvenção deverá ser proposta em face do autor, também na qualidade de substituto processual (art. 343, § 5º).

f) Finalmente não se esqueça que o réu pode propor reconvenção independentemente de oferecer contestação (art. 343, § 6º).

14. Em relação ao procedimento comum, caracteriza-se revelia a ausência de contestar do réu em relação à ação intentada pelo autor, reputando-se verdadeiros os fatos afirmados pelo autor. Todavia, revelia não significa procedência dos pedidos obrados pelo autor, já que poderá ser simplesmente inviável a demanda. Por fim, a revelia não induz, contudo, o efeito de veracidade dos fatos arguidos pelo autor se: (i) havendo pluralidade de réus, algum deles contestar a ação; (ii) se o litígio versar sobre direitos indisponíveis; (iii) se a petição inicial não estiver acompanhada do instrumento público, que a lei considere indispensável à prova do ato; ou (iv) se as alegações de fato formuladas pelo autor forem inverossímeis ou estiverem em contradição com prova constante dos autos.

15. Fase probatória: importante mencionar que todos os meios legais, bem como os moralmente legítimos, ainda que não especificados no CPC, são hábeis para provar a verdade dos fatos, em que se funda a ação ou a defesa. Ademais, os meios típicos de provas, fixados pelo CPC, são: o depoimento pessoal (arts. 385 a 388), a confissão (arts. 389 a 395), a exibição de documento (arts. 396 a 404), a prova documental (arts. 405 a 441), a prova testemunhal (arts. 442 a 463), a prova pericial (arts. 464 a 480) e a inspeção judicial (arts. 481 a 484).

a) A carga probatória, no processo civil brasileiro, é dinamizada. Assim, o ônus da prova incumbe ao autor, quanto ao fato constitutivo do seu direito, e ao réu, quanto à existência de fato impeditivo, modificativo ou extintivo do direito do autor, assim como informa o art. 373 do CPC. Ainda assim, não dependem de prova os fatos notórios; os fatos afirmados por uma parte e confessados pela parte contrária; os fatos admitidos, no processo, como incontroversos; e os fatos em cujo favor milita presunção legal de existência ou de veracidade, conforme art. 374 do CPC.

b) Pelas novas regras de **distribuição do ônus da prova** no CPC, poderá o juiz atribuir o ônus da prova de modo diverso, nos casos previstos em **lei** ou **diante de peculiaridades da causa** relacionadas à impossibilidade ou à excessiva dificuldade de cumprir o encargo probatório ou à maior facilidade de obtenção da prova do fato contrário, desde que o faça por **decisão fundamentada**, caso em que deverá dar à parte a oportunidade de se desincumbir do ônus que lhe foi atribuído. A distribuição diversa do ônus também poderá ocorrer por **convenção das partes**, salvo quando: I – recair sobre direito indisponível da parte; II – tornar excessivamente difícil a uma parte o exercício do direito.

c) Importante observar que o CPC/2015 prevê a possibilidade de utilização da **prova emprestada.** Desta forma, o juiz poderá admitir a utilização de prova produzida em outro processo, atribuindo-lhe o valor que considerar adequado, observado o contraditório (art. 372 do CPC).

d) A **produção antecipada de prova** no CPC é tratada no capítulo específico das provas em espécie, sendo admitida em três hipóteses, ou seja, nos casos em que: i) haja fundado receio de que venha a tornar-se impossível ou muito difícil a verificação de certos fatos na pendência da ação; ii) a prova a ser produzida seja suscetível de viabilizar a autocomposição ou outro meio adequado de solução de conflito; e iii) o prévio conhecimento dos fatos possa justificar ou evitar o ajuizamento de ação.

e) Novidade no CPC/2015 foi a inserção da **ata notarial** como meio de prova, especificando a possibilidade de documentar fatos jurídicos realizados, com a devida fé pública. Assim, a existência e o modo de existir de algum fato podem ser atestados ou documentados, a requerimento do interessado, mediante ata lavrada por tabelião.

f) A respeito da prova testemunhal, atente-se que o número de testemunhas arroladas **não pode ser superior a 10 (dez)**, sendo **3 (três), no máximo**, para a prova de cada fato (art. 357, § 1º). Ainda, o juiz poderá limitar o número de testemunhas levando em conta a complexidade da causa e dos fatos individualmente considerados (art. 357, § 7º).

g) Observe, ainda, que na **audiência de instrução e julgamento**, as perguntas serão formuladas pelas partes diretamente à testemunha, começando pela que a arrolou, não admitindo o juiz aquelas que puderem induzir a resposta, não tiverem relação com as questões de fato objeto da atividade probatória ou importarem repetição de outra já respondida (art. 459 do CPC).

16. Sentença e a fase decisória: a sentença é o ato do juiz que implica alguma das situações previstas nos arts. 485 e 487 do CPC e que põe fim à fase cognitiva do procedimento comum, bem como extingue a execução, assim como informa o art. 203, § 1º. Nos casos de resolução do mérito (art. 487 do CPC), tem-se a **sentença definitiva** (aquela que efetivamente houve acertamento do direito material, pois sentença que invadiu o conteúdo material da demanda e decidiu pela **procedência ou improcedência** dos pedidos), e, quando apenas por termo à relação processual (art. 485 do CPC), tem-se a **sentença terminativa** (aquela que atinge somente a relação jurídica processual, não abrangendo ou definindo o mérito da demanda).

REQUISITOS OU ELEMENTOS DA SENTENÇA	
RELATÓRIO	É a síntese de todos os acontecimentos ocorridos no processo. Com exceção das decisões prolatadas no âmbito dos juizados especiais (art. 38 da Lei n. 9.099/95), toda sentença tem que ter relatório sob pena de nulidade.
FUNDAMENTAÇÃO	É determinação constitucional o dever de fundamentação das decisões judiciais: art. 93, IX, da CF. O CPC/2015 dispõe no art. 489, §1º: **Não se considera fundamentada** qualquer decisão judicial, seja ela interlocutória, sentença ou acórdão, que: I – se limitar à indicação, à reprodução ou à paráfrase de ato normativo, sem explicar sua relação com a causa ou a questão decidida; II – empregar conceitos jurídicos indeterminados, sem explicar o motivo concreto de sua incidência no caso; III – invocar motivos que se prestariam a justificar qualquer outra decisão; IV – não enfrentar todos os argumentos deduzidos no processo capazes de, em tese, infirmar a conclusão adotada pelo julgador; V – se limitar a invocar precedente ou enunciado de súmula, sem identificar seus fundamentos determinantes nem demonstrar que o caso sob julgamento se ajusta àqueles fundamentos; VI – deixar de seguir enunciado de súmula, jurisprudência ou precedente invocado pela parte, sem demonstrar a existência de distinção no caso em julgamento ou a superação do entendimento.
DISPOSITIVO	É o momento em que o juiz resolverá as questões principais que as partes lhe submeterem. O juiz decidirá a lide nos limites em que foi proposta, sendo-lhe defeso conhecer de questões, não suscitadas, a cujo respeito a lei exige a iniciativa da parte. Assim, observa-se o nascimento de sentenças em desconformidade com os limites da lide. A sentença *citra petita* é aquela que não analisa amplamente o pedido obrado na inicial ou na manifestação defensiva, fazendo com que a sentença seja incompleta em relação aos pedidos. A sentença *ultra petita* é aquela que se caracteriza pelo excesso, no qual a magistrado vai além do que fora pedido pelo autor, dando-lhe mais do que fora pedido. A sentença I é aquela que adota providência jurisdicional diversa da postulada pelo autor ou acolhe fundamento defensivo não arguido pelo réu (art. 141 do CPC).

TERMINATIVA	DEFINITIVA
Segundo o art. 485, o juiz não resolverá o mérito quando:	Segundo o art. 487, o juiz resolverá o mérito quando:
I – indeferir a petição inicial; II – o processo ficar parado durante mais de 1 (um) ano por negligência das partes; III – por não promover os atos e as diligências que lhe incumbir, o autor abandonar a causa por mais de 30 (trinta) dias; IV – verificar a ausência de pressupostos de constituição e de desenvolvimento válido e regular do processo; V – reconhecer a existência de perempção, de litispendência ou de coisa julgada; VI – verificar ausência de legitimidade ou de interesse processual; VII – acolher a alegação de existência de convenção de arbitragem ou quando o juízo arbitral reconhecer sua competência; VIII – homologar a desistência da ação; IX – em caso de morte da parte, a ação for considerada intransmissível por disposição legal; X – nos demais casos prescritos no Código.	I – acolher ou rejeitar o pedido formulado na ação ou na reconvenção; II – decidir, de ofício ou a requerimento, sobre a ocorrência de decadência ou prescrição; III – homologar: a) o reconhecimento da procedência do pedido formulado na ação ou na reconvenção; b) a transação; c) a renúncia à pretensão formulada na ação ou na reconvenção.

Observe que no XXIII Exame Unificado, a FGV considerou como correta a assertiva na qual afirma que no caso da desistência da ação homologada judicialmente por sentença, a propositura de nova ação acarreta na distribuição por dependência, por se tratar de sentença terminativa, nos termos dos arts. 485, VIII, e 286, II, do CPC.

17. Coisa julgada: Coisa julgada consiste na qualidade de imutabilidade da sentença, especialmente de seu comando decisório, em razão de não estar mais sujeita a recurso (art. 502 do CPC).

a) Assim, a coisa julgada pode ser:

COISA JULGADA FORMAL	COISA JULGADA MATERIAL
- ocorre com o trânsito em julgado da decisão terminativa ou definitiva; - torna a relação processual imutável e indiscutível; - não gera qualquer repercussão no direito material, possibilitando-se novamente a discussão temática em outro processo.	- ocorre com o trânsito em julgado da decisão definitiva; - compõe o litígio fazendo dar-se uma modificação qualitativa na relação de direito material; - torna o direito material, acerca da sentença, imutável e indiscutível; - tem como pressuposto lógico a formação da coisa julgada formal.

b) Atente-se que o CPC/2015 ampliou o alcance da coisa julgada à resolução da **questão prejudicial**, decidida expressa e incidentemente no processo (art. 503, § 1º, do CPC). No entanto, para que isso ocorra, os seguintes requisitos deverão ser preenchidos:

I – dessa resolução depender o julgamento do mérito;

II – a seu respeito tiver havido contraditório prévio e efetivo, não se aplicando no caso de revelia;

III – o juízo tiver competência em razão da matéria e da pessoa para resolvê-la como questão principal.

b.1) Observe que essa extensão **não se aplica** se no processo houver restrições probatórias ou limitações à cognição que impeçam o aprofundamento da análise da questão prejudicial (art. 503, § 2º).

> Atente-se que no XXII Exame Unificado, a FGV considerou como correta a alternativa e que determinou como questão prejudicial, atingida pela coisa julgada, o fato da propositura de ação alimento em que o juiz decidiu favoravelmente ao réu, em razão de exame de DNA negativo, informando que o novo processo de investigação de paternidade deve ser extinto sem resolução do mérito.

2.2 LIQUIDAÇÃO E CUMPRIMENTO DE SENTENÇA

1. A sentença poderá não determinar o valor devido, caso no qual se procederá à sua liquidação. Do requerimento de liquidação de sentença será a parte intimada, na pessoa de seu advogado. A liquidação poderá ser requerida na pendência de recurso, processando-se em autos apartados, no juízo de origem, cumprindo ao liquidante instruir o pedido com cópias das peças processuais pertinentes.

2. Assim como informa o art. 509, I, do CPC, a *liquidação por arbitramento* tem cabimento quando **determinado pela sentença, convencionado pelas partes** ou ainda quando **exigir a natureza do objeto da liquidação**. Diferentemente, assim como alerta o art. 509, II, do CPC, far-se-á a *liquidação pelo procedimento comum*, quando, para determinar o valor da condenação, houver necessidade de alegar e provar **fato novo**.

3. Lembre-se que é defeso, na liquidação, discutir de novo a lide ou modificar a sentença que a julgou, pois a liquidação tem finalidade específica, qual seja liquidar a prestação a ser cumprida (art. 509, § 4º). Da decisão de liquidação caberá agravo de instrumento, conforme determinação do art. 1.015, parágrafo único, do CPC.

4. É **definitivo** o cumprimento da sentença transitada em julgado e **provisório** quando se tratar de sentença impugnada mediante recurso ao qual não foi atribuído efeito suspensivo.

a) O cumprimento provisório de sentença depende de **prestação de caução**. Com efeito, o levantamento de depósito em dinheiro e a prática de atos que importem transferência de posse ou alienação de propriedade ou de outro direito real, ou dos quais possa resultar grave dano ao executado, dependem de **caução suficiente e idônea**, arbitrada de plano pelo juiz e prestada nos próprios autos (art. 520, IV, do CPC).

5. **São títulos executivos judiciais:**

TÍTULOS EXECUTIVOS JUDICIAIS	
Inciso I	As decisões proferidas no processo civil que reconheçam a exigibilidade de obrigação de pagar quantia, de fazer, de não fazer ou de entregar coisa;
Inciso II	A decisão homologatória de autocomposição judicial;
Inciso III	A decisão homologatória de autocomposição extrajudicial de qualquer natureza;
Inciso IV	O formal e a certidão de partilha, exclusivamente em relação ao inventariante, aos herdeiros e aos sucessores a título singular ou universal;
Inciso V	O crédito de auxiliar da justiça, quando as custas, emolumentos ou honorários tiverem sido aprovados por decisão judicial;
Inciso VI	A sentença penal condenatória transitada em julgado;
Inciso VII	A sentença arbitral;
Inciso VIII	A sentença estrangeira homologada pelo Superior Tribunal de Justiça;
Inciso IX	A decisão interlocutória estrangeira, após a concessão do *exequatur* à carta rogatória pelo Superior Tribunal de Justiça.

No XXIII Exame Unificado, a FGV considerou como correta a alternativa em que afirma que a execução da sentença arbitral, por se tratar de um título executivo judicial, será promovida segundo as regras do cumprimento de sentença, art. 515, VII, do CPC.

6. No caso de condenação em quantia certa, ou já fixada em liquidação, e no caso de decisão sobre parcela incontroversa, o cumprimento definitivo da sentença far-se-á a requerimento do exequente, sendo o executado intimado para pagar o débito, no prazo de 15 (quinze) dias, acrescido de custas, se houver. Não ocorrendo pagamento voluntário no prazo, o débito será acrescido de **multa de dez por cento** e, também, de **honorários de advogado de dez por cento**. Efetuado o pagamento parcial no prazo previsto, a multa e os honorários incidirão somente sobre o restante.

7. Nos termos do art. 516 do CPC, o **cumprimento da sentença** efetuar-se-á perante:

I – os **tribunais**, nas causas de sua competência originária;

II – o **juízo que decidiu a causa** no primeiro grau de jurisdição;

III – o **juízo cível competente**, quando se tratar de sentença penal condenatória, de sentença arbitral ou de sentença estrangeira.

8. A **impugnação**, prevista no art. 525 do CPC, consiste na manifestação defensiva do executado na execução de título judicial, somente poderá versar sobre: a) falta ou nulidade da citação se, na fase de conhecimento, o processo correu à revelia; b) ilegitimidade de parte; c) inexequibilidade do título ou inexigibilidade da obrigação; d) penhora incorreta ou

avaliação errônea; e) excesso de execução ou cumulação indevida de execuções; f) incompetência absoluta ou relativa do juízo da execução; g) qualquer causa modificativa ou extintiva da obrigação, como pagamento, novação, compensação, transação ou prescrição, desde que superveniente à sentença.

9. A **apresentação de impugnação não impede a prática dos atos executivos**, inclusive os de expropriação, podendo o juiz, a requerimento do executado e desde que garantido o juízo com penhora, caução ou depósito suficientes, atribuir-lhe efeito suspensivo, se seus fundamentos forem relevantes e se o prosseguimento da execução for manifestamente suscetível de causar ao executado grave dano de difícil ou incerta reparação. **A decisão que resolver a impugnação é recorrível mediante agravo de instrumento, salvo quando importar extinção da execução, caso em que caberá apelação.**

10. Importante novidade do CPC/2015 foi a inserção do chamado **protesto da decisão judicial**. Segundo o art. 517 do CPC, a decisão judicial **transitada em julgado** poderá ser levada a protesto, nos termos da lei, depois de transcorrido o prazo para pagamento voluntário previsto no art. 523.

a) Para efetivar o protesto, incumbe ao exequente apresentar certidão de teor da decisão. A certidão de teor da decisão deverá ser fornecida no prazo de 3 (três) dias e indicará o nome e a qualificação do exequente e do executado, o número do processo, o valor da dívida e a data de decurso do prazo para pagamento voluntário (art. 517, §§ 1º e 2º).

2.3 EXECUÇÃO DE TÍTULO EXTRAJUDICIAL

1. A respeito da **execução, em geral**, observe o art. 784 do CPC, especificando quais são os **títulos executivos extrajudiciais**:

TÍTULOS EXECUTIVOS EXTRAJUDICIAIS	
Inciso I	A letra de câmbio, a nota promissória, a duplicata, a debênture e o cheque;
Inciso II	A escritura pública ou outro documento público assinado pelo devedor;
Inciso III	O documento particular assinado pelo devedor e por 2 (duas) testemunhas;
Inciso IV	O instrumento de transação referendado pelo Ministério Público, pela Defensoria Pública, pela Advocacia Pública, pelos advogados dos transatores ou por conciliador ou mediador credenciado por tribunal;
Inciso V	O contrato garantido por hipoteca, penhor, anticrese ou outro direito real de garantia e aquele garantido por caução;
Inciso VI	O contrato de seguro de vida em caso de morte;
Inciso VII	O crédito decorrente de foro e laudêmio;
Inciso VIII	O crédito, documentalmente comprovado, decorrente de aluguel de imóvel, bem como de encargos acessórios, tais como taxas e despesas de condomínio;

TÍTULOS EXECUTIVOS EXTRAJUDICIAIS	
Inciso IX	A certidão de dívida ativa da Fazenda Pública da União, dos Estados, do Distrito Federal e dos Municípios, correspondente aos créditos inscritos na forma da lei;
Inciso X	O crédito referente às contribuições ordinárias ou extraordinárias de condomínio edilício, previstas na respectiva convenção ou aprovadas em assembleia geral, desde que documentalmente comprovadas;
Inciso XI	A certidão expedida por serventia notarial ou de registro relativa a valores de emolumentos e demais despesas devidas pelos atos por ela praticados, fixados nas tabelas estabelecidas em lei;
Inciso XII	Todos os demais títulos aos quais, por disposição expressa, a lei atribuir força executiva.

2. A respeito da **responsabilidade patrimonial**, dispõe o art. 792 que a **alienação ou a oneração** de bem é considerada **fraude à execução**:

FRAUDE À EXECUÇÃO	
Inciso I	Quando sobre o bem pender ação fundada em direito real ou com pretensão reipersecutória, desde que a pendência do processo tenha sido averbada no respectivo registro público, se houver;
Inciso II	Quando tiver sido averbada, no registro do bem, a pendência do processo de execução, na forma do art. 828;
Inciso III	Quando tiver sido averbado, no registro do bem, hipoteca judiciária ou outro ato de constrição judicial originário do processo onde foi arguida a fraude;
Inciso IV	Quando, ao tempo da alienação ou da oneração, tramitava contra o devedor ação capaz de reduzi-lo à insolvência;
Inciso V	Nos demais casos expressos em lei.

a) Não se esqueça de que a **alienação** em fraude à execução é **ineficaz** em relação ao exequente. No caso de aquisição de bem não sujeito a registro, o terceiro adquirente tem o ônus de provar que adotou as cautelas necessárias para a aquisição, mediante a exibição das certidões pertinentes, obtidas no domicílio do vendedor e no local onde se encontra o bem (art. 792, §§ 1º e 2º).

b) Nos casos de desconsideração da personalidade jurídica, a fraude à execução verifica-se a partir da **citação** da parte cuja personalidade se pretende desconsiderar. Antes de declarar a fraude à execução, o juiz deverá **intimar o terceiro adquirente**, que, se quiser, poderá opor embargos de terceiro, no prazo de 15 (quinze) dias (art. 792, §§ 3º e 4º).

3. Sobre a **execução por quantia certa** fundada em título executivo extrajudicial:

a) O executado será citado para pagar a dívida no prazo de 03 (três) dias, contado da citação (art. 829 do CPC).

b) Perceba que, ao despachar a inicial, o juiz fixará, de plano, os honorários advocatícios de 10%, a serem pagos pelo executado (art. 827 do CPC). No caso de integral pagamento no prazo de 03 (três) dias, o valor dos honorários advocatícios **será reduzido pela metade** (art. 827, § 1º). Fique atento ainda que o valor dos honorários poderá ser **elevado até vinte por cento**, quando rejeitados os embargos à execução, podendo a majoração, caso não opostos os embargos, ocorrer ao final do procedimento executivo, levando-se em conta o trabalho realizado pelo advogado do exequente (art. 827, § 2º).

c) Caso o executado não efetue o pagamento no prazo de 03 dias, proceder-se-á a **penhora e avaliação**. A penhora recairá sobre os bens indicados pelo exequente, salvo se outros forem indicados pelo executado e aceitos pelo juiz, mediante demonstração de que a constrição proposta lhe será menos onerosa e não trará prejuízo ao exequente (art. 829, § 2º).

4. Sobre a penhora, verifique os casos de **impenhorabilidade**, conforme determina o art. 833 do CPC:

IMPENHORABILIDADE	
Inciso I	Os bens inalienáveis e os declarados, por ato voluntário, não sujeitos à execução;
Inciso II	Os móveis, os pertences e as utilidades domésticas que guarnecem a residência do executado, salvo os de elevado valor ou os que ultrapassem as necessidades comuns correspondentes a um médio padrão de vida;
Inciso III	Os vestuários, bem como os pertences de uso pessoal do executado, salvo se de elevado valor;
Inciso IV	Os vencimentos, os subsídios, os soldos, os salários, as remunerações, os proventos de aposentadoria, as pensões, os pecúlios e os montepios, bem como as quantias recebidas por liberalidade de terceiro e destinadas ao sustento do devedor e de sua família, os ganhos de trabalhador autônomo e os honorários de profissional liberal. Essa impenhorabilidade **não se aplica** à hipótese de penhora para pagamento de prestação alimentícia, independentemente de sua origem, bem como às importâncias excedentes a 50 (cinquenta) salários mínimos mensais, devendo a constrição observar o disposto nos arts. 528, § 8º, e 529, § 3º, do CPC;
Inciso V	Os livros, as máquinas, as ferramentas, os utensílios, os instrumentos ou outros bens móveis necessários ou úteis ao exercício da profissão do executado;
Inciso VI	O seguro de vida;
Inciso VII	Os materiais necessários para obras em andamento, salvo se essas forem penhoradas;
Inciso VIII	A pequena propriedade rural, assim definida em lei, desde que trabalhada pela família;
Inciso IX	Os recursos públicos recebidos por instituições privadas para aplicação compulsória em educação, saúde ou assistência social;

IMPENHORABILIDADE	
Inciso X	A quantia depositada em caderneta de poupança, até o limite de 40 (quarenta) salários mínimos. Essa impenhorabilidade **não se aplica** à hipótese de penhora para pagamento de prestação alimentícia, independentemente de sua origem, bem como às importâncias excedentes a 50 (cinquenta) salários mínimos mensais, devendo a constrição observar o disposto nos arts. 528, § 8º, e 529, § 3º, do CPC;
Inciso XI	Os recursos públicos do fundo partidário recebidos por partido político, nos termos da lei;
Inciso XII	Os créditos oriundos de alienação de unidades imobiliárias, sob regime de incorporação imobiliária, vinculados à execução da obra.

No XX Exame Unificado, a FGV cobrou uma questão em que era necessário que o candidato fizesse um cálculo usando o salário mínimo da época da prova, e, segundo o enunciado apresentado, a penhora eletrônica realizada sobre valores depositados em caderneta de poupança teria violado a impenhorabilidade de quantias até 40 salários mínimos prevista no art. 833, X, do CPC.

a) Atente-se, ainda, sobre a ordem de preferência da penhora, nos termos do art. 835 do CPC, cuja penhora observará, preferencialmente, a seguinte ordem:

ORDEM DE PREFERÊNCIA DA PENHORA	
Inciso I	Dinheiro, em espécie ou em depósito ou aplicação em instituição financeira;
Inciso II	Títulos da dívida pública da União, dos Estados e do Distrito Federal com cotação em mercado;
Inciso III	Títulos e valores mobiliários com cotação em mercado;
Inciso IV	Veículos de via terrestre;
Inciso V	Bens imóveis;
Inciso VI	Bens móveis em geral;
Inciso VII	Semoventes;
Inciso VIII	Navios e aeronaves;
Inciso IX	Ações e quotas de sociedades simples e empresárias;
Inciso X	Percentual do faturamento de empresa devedora;
Inciso XI	Pedras e metais preciosos;
Inciso XII	Direitos aquisitivos derivados de promessa de compra e venda e de alienação fiduciária em garantia;
Inciso XIII	Outros direitos.

b) A **penhora *on-line***, prevista no art. 854, do CPC, tem a finalidade de possibilitar a penhora de dinheiro em depósito ou aplicação financeira, o juiz, a requerimento do exequente, requisitará à autoridade supervisora do sistema bancário, preferencialmente por meio eletrônico, informações sobre a existência de ativos em nome do executado, podendo no mesmo ato determinar sua indisponibilidade, até o valor indicado na execução.

c) Importante relembrar que esse procedimento depende de **requerimento expresso do credor**, ou seja, não pode ser realizada de ofício, e, caso o juiz aceite esse requerimento do exequente, **sem dar ciência prévia do ato ao executado**, determinará às instituições financeiras que torne indisponíveis ativos financeiros existentes em nome do executado, limitando-se a indisponibilidade ao valor indicado na execução.

d) No prazo de **24 (vinte e quatro) horas** a contar da resposta, de ofício, o juiz determinará o cancelamento de eventual indisponibilidade excessiva, o que deverá ser cumprido pela instituição financeira em igual prazo (art. 854, § 1º).

e) Incumbe ao executado, no prazo de 05 (cinco) dias, comprovar que: I – as quantias tornadas indisponíveis são **impenhoráveis**; II – ainda remanesce **indisponibilidade** excessiva de ativos financeiros (art. 854, § 3º).

> No XXI Exame Unificado, a FGV considerou como correta a alternativa em que, em execução por título extrajudicial, foi bloqueado valor superior à dívida, o juiz, considerando o excesso do bloqueio, não deveria ter dado vista do processo ao exequente, mas promovido o cancelamento da indisponibilidade excessiva no prazo máximo de vinte e quatro horas, art. 854, § 1º, do CPC.

5. A respeito dos **embargos do devedor**, consigna-se que podem ser opostos, independentemente de penhora, depósito ou caução (art. 914 do CPC). Os embargos à execução serão **distribuídos por dependência**, **autuados em apartado** e instruídos com **cópias das peças processuais relevantes**, que poderão ser declaradas autênticas pelo próprio advogado, sob sua responsabilidade pessoal.

6. A **moratória**, prevista no art. 916 do CPC, pode ocorrer no prazo para embargos, reconhecendo o crédito do exequente e comprovando o depósito de 30% do valor em execução, inclusive custas e honorários de advogado, poderá o executado requerer seja admitido a pagar o restante em até 6 (seis) parcelas mensais, acrescidas de correção monetária e juros de 1% ao mês.

> No XXII Exame Unificado, a FGV considerou como correta a alternativa em que o juiz deferiu o pedido do executado de depositar o correspondente a 30% do valor devido e requerer o parcelamento do remanescente em até 6 (seis) prestações, estando a decisão do juiz equivocada, pois há vedação expressa para a concessão do parcelamento legal no caso de cumprimento de sentença, art. 916, § 7º, do CPC.

7. Os embargos à execução **não terão efeito suspensivo**. No entanto, o juiz poderá, a requerimento do embargante, atribuir o efeito suspensivo aos embargos quando verificados os requisitos para a concessão da tutela provisória e desde que a execução já esteja garantida por penhora, depósito ou caução suficientes.

2.4 PROCESSOS NOS TRIBUNAIS E OS MEIOS DE IMPUGNAÇÃO DAS DECISÕES JUDICIAIS

1. O CPC/2015 estabeleceu uma nova sistemática a respeito do **uso dos precedentes pelos tribunais**, estabelecendo, em seu art. 927:

PRECEDENTES JUDICIAIS OBRIGATÓRIOS	
Inciso I	As decisões do STF em controle concentrado de constitucionalidade.
Inciso II	Os enunciados de súmula vinculante.
Inciso III	Os acórdãos em incidente de assunção de competência ou de resolução de demandas repetitivas e em julgamento de recursos extraordinário e especial repetitivos.
Inciso IV	Os enunciados das súmulas do STF em matéria constitucional e do STJ em matéria infraconstitucional.
Inciso V	A orientação do plenário ou do órgão especial aos quais estiverem vinculados.

2. Verifique a nova técnica de julgamento estendido previsto no CPC/2015, especificando que, quando o resultado da apelação **não for unânime**, o julgamento terá prosseguimento em sessão a ser designada com a presença de outros julgadores, que serão convocados nos termos previamente definidos no regimento interno, em número suficiente para garantir a possibilidade de inversão do resultado inicial, assegurado às partes e a eventuais terceiros o direito de sustentar oralmente suas razões perante os novos julgadores.

3. Importante verificar, nesse momento, os **processos de competência dos Tribunais**:

PROCESSOS DE COMPETÊNCIA DOS TRIBUNAIS			
	Requisitos	Procedimento	Efeitos
Incidente de Assunção de Competência	(i) relevante questão de direito; (ii) com grande repercussão social; (iii) sem repetição em múltiplos processos; (iv) reconhecido interesse público.	(i) instaurado de ofício pelo relator ou a pedido das partes, do Ministério Público ou da Defensoria Pública; (ii) julgamento será feito pelo órgão colegiado.	O acórdão proferido vinculará todos os juízes fracionários, demonstrando a fixação dos limites territoriais do incidente aos seus órgãos e julgadores, exceto se houver revisão de tese.

PROCESSOS DE COMPETÊNCIA DOS TRIBUNAIS			
	Requisitos	Procedimento	Efeitos
Incidente de Arguição de Inconstitucionalidade	O controle de constitucionalidade é realizado de modo concentrado (abstrato) ou concreto (difuso), sendo que o primeiro é realizado pelo Supremo Tribunal Federal, enquanto o segundo pode ser exercido, de modo incidental, por qualquer juiz.	Arguida, em controle difuso, a inconstitucionalidade de lei ou de ato normativo do poder público, o relator, após ouvir o Ministério Público e as partes, fazendo valer o contraditório, submeterá a questão à turma ou à câmara à qual competir o conhecimento do processo.	Rejeitada a arguição, prosseguirá o julgamento do feito pelo tribunal, dando-se continuidade ao processo originário. Acolhida, a questão ventilada no incidente será submetida ao plenário do tribunal ou ao seu órgão especial, onde houver, para que seja apreciada a questão.
Conflito de Competência	a) quando dois ou mais juízes se declararem competentes para determinada causa (conflito positivo de competência); b) quando dois ou mais juízes reputarem-se incompetentes para certa demanda judicial, atribuindo um ao outro a competência (conflito negativo de competência); e c) quando entre dois ou mais juízes surgir controvérsia acerca da reunião ou da separação de processos.	O conflito de competência poderá ser suscitado por qualquer das partes envolvidas na relação processual, pelo Ministério Público ou pelo juiz. Poderá o relator, de ofício ou a requerimento de qualquer das partes, determinar o sobrestamento do processo e designará um dos juízes para resolver, em caráter provisório, as medidas urgentes, sempre objetivando a efetiva prestação jurisdicional.	Ao decidir o conflito, o tribunal declarará qual o juízo competente, pronunciando-se também sobre a validade dos atos do juízo incompetente, sendo os autos do processo em que se manifestou o conflito, portanto, remetidos ao juiz declarado competente.
Homologação de Decisão Estrangeira e Concessão do *Exequatur* à Carta Rogatória	(i) ser proferida por autoridade competente; (ii) ser precedida de citação regular, ainda que verificada a revelia; (iii) ser eficaz no país em que foi proferida; (iv) não ofender a coisa julgada brasileira; (v) estar acompanhada de tradução oficial, salvo disposição que a dispense prevista em tratado; (vi) não conter manifesta ofensa à ordem pública.	O pedido de execução deverá ser instruído com cópia autenticada da decisão homologatória ou do *exequatur*, conforme o caso, no intuito de municiar a autoridade brasileira com os elementos necessários para cumprir a decisão estrangeira em solo nacional.	A decisão estrangeira somente terá eficácia no Brasil após a homologação de sentença estrangeira ou a concessão do *exequatur* às cartas rogatórias, salvo disposição em sentido contrário de lei ou tratado.

PROCESSOS DE COMPETÊNCIA DOS TRIBUNAIS			
	Requisitos	**Procedimento**	**Efeitos**
Incidente de Resolução de Demandas Repetitivas	(i) a efetiva repetição de processos que contenham controvérsia sobre a mesma questão unicamente de direito; e (ii) risco de ofensa à isonomia e à segurança jurídica.	O pedido de instauração do incidente será dirigido ao presidente de tribunal: (i) pelo juiz ou relator, por ofício; (ii) pelas partes, por petição; ou (iii) pelo Ministério Público ou pela Defensoria Pública, por petição. Não serão exigidas custas processuais para o seu processamento; a competência para o julgamento do incidente de resolução de demandas repetitivas caberá ao órgão indicado pelo regimento interno dentre aqueles responsáveis pela uniformização de jurisprudência do tribunal.	A tese jurídica discutida, sejam favoráveis ou contrários, devendo ser aplicada, obrigatoriamente: I – a todos os processos individuais ou coletivos que versem sobre idêntica questão de direito e que tramitem na área de jurisdição do respectivo tribunal, inclusive àqueles que tramitem nos juizados especiais do respectivo Estado ou região; II – aos casos futuros que versem idêntica questão de direito e que venham a tramitar no território de competência do tribunal, salvo revisão na forma do art. 986 do CPC/2015.
Reclamação	(i) preservar a competência do tribunal; (ii) garantir a autoridade das decisões do tribunal; (iii) garantir a observância de enunciado de súmula vinculante e de decisão do Supremo Tribunal Federal em controle concentrado de constitucionalidade; (iv) garantir a observância de acórdão proferido em julgamento de incidente de resolução de demandas repetitivas ou de incidente de assunção de competência.	(i) possibilidade da propositura em qualquer tribunal, a reclamação deverá ser instruída com prova documental e dirigida ao presidente do tribunal; (ii) tem natureza jurídica de ação, sendo necessária a instrução e comprovação por prova documental, demonstrando a similaridade entre a reclamação e o mandado de segurança.	Quando reconhecida, ordena o que for adequado para a preservação de sua competência ou impõe o cumprimento de seu julgado.

> No XXI Exame Unificado, a FGV cobrou uma questão onde afirma que o juiz de 1º grau inadmitiu a apelação, usurpando a competência do tribunal ao realizar equivocadamente ao juízo de admissibilidade, sendo hipótese de reclamação nos termos do art. 988, I.

4. Finalmente, analisemos as principais questões a respeito da **Ação Rescisória**:

AÇÃO RESCISÓRIA	
Cabimento	Das **decisões de mérito transitadas em julgado** (art. 966). Observe que será rescindível a decisão transitada em julgado que, **embora não seja de mérito**, impeça: I – nova propositura da demanda; ou II – admissibilidade do recurso correspondente (art. 966, § 2º). a) Quando se verificar que a decisão foi proferida por força de prevaricação, concussão ou corrupção do juiz (art. 966, I). b) Quando a decisão for proferida por juiz impedido ou por juízo absolutamente incompetente (art. 966, II). c) Quando a decisão resultar de dolo ou coação da parte vencedora em detrimento da parte vencida ou, ainda, de simulação ou colusão entre as partes, a fim de fraudar a lei (art. 966, III). d) Quando a decisão ofender a coisa julgada (art. 966, IV). e) Quando a decisão violar manifestamente norma jurídica (art. 966, V). f) Quando a decisão for fundada em prova cuja falsidade tenha sido apurada em processo criminal ou venha a ser demonstrada na própria ação rescisória (art. 966, VI). g) Quando obtiver o autor, posteriormente ao trânsito em julgado, prova nova cuja existência ignorava ou de que não pôde fazer uso, capaz, por si só, de lhe assegurar pronunciamento favorável (art. 966, VII). h) Quando a decisão for fundada em erro de fato verificável do exame dos autos. (art. 966, VIII).
Legitimados	Quem foi parte no processo ou o seu sucessor a título universal ou singular (art. 967, I). O terceiro juridicamente interessado (art. 967, II). **Ministério Público:** se não foi ouvido no processo em que lhe era obrigatória a intervenção (art. 967, III, *a*). Quando a decisão rescindenda é o efeito de simulação ou de colusão das partes, a fim de fraudar a lei (art. 967, III, *b*). Em outros casos em que se imponha sua atuação (art. 967, III, *c*). Aquele que não foi ouvido no processo em que lhe era obrigatória a intervenção (art. 967, IV).
Petição inicial	A petição inicial será elaborada com observância dos requisitos essenciais do art. 319, podendo cumular ao pedido de rescisão, se for o caso, o de novo julgamento do processo (art. 968, I).

Petição inicial	O autor deverá depositar a importância de cinco por cento sobre o valor da causa, que se converterá em multa caso a ação seja, por unanimidade de votos, declarada inadmissível ou improcedente. Esse depósito não será exigido à União, aos Estados, ao Distrito Federal, aos Municípios, às suas respectivas autarquias e fundações de direito público, ao Ministério Público, à Defensoria Pública e aos que tenham obtido o benefício de gratuidade da justiça (art. 968, § 1º). Esse depósito não poderá ser superior a 1.000 (mil) salários mínimos (art. 968, § 2º).
Força executiva da decisão rescindenda	A propositura da ação rescisória não impede o cumprimento da decisão rescindenda, ressalvada a concessão de tutela provisória (art. 969)
Procedimento	1) O relator ordenará a citação do réu, designando-lhe prazo nunca inferior a 15 (quinze) dias nem superior a 30 (trinta) dias para, querendo, apresentar resposta, ao fim do qual, com ou sem contestação, observar-se-á, no que couber, o procedimento comum (art. 970). 2) Na ação rescisória, devolvidos os autos pelo relator, a secretaria do tribunal expedirá cópias do relatório e as distribuirá entre os juízes que compuserem o órgão competente para o julgamento (art. 971). 3) A escolha de relator recairá, sempre que possível, em juiz que não haja participado do julgamento rescindendo (art. 971, parágrafo único). Se os fatos alegados pelas partes dependerem de prova, o relator poderá delegar a competência ao órgão que proferiu a decisão rescindenda, fixando prazo de 1 (um) a 3 (três) meses para a devolução dos autos (art. 972). 4) Concluída a instrução, será aberta vista ao autor e ao réu para razões finais, sucessivamente, pelo prazo de 10 (dez) dias (art. 973). 5) Em seguida, os autos serão conclusos ao relator, procedendo-se ao julgamento pelo órgão competente (art. 973, parágrafo único).
Decisão	Na ação rescisória, quando o resultado do seu julgamento concluir pela rescisão da sentença e esse entendimento não tiver sido unânime entre os julgadores, deverá ser aplicada a técnica de julgamento prevista no art. 942 (técnica de julgamento estendido). Nesse caso, o prosseguimento do julgamento ocorrerá em órgão de maior composição previsto no regimento interno (art. 942, § 3º)
Prazo decadencial	1) O direito à rescisão se extingue em 2 (dois) anos contados do trânsito em julgado da última decisão proferida no processo (art. 975). 2) O prazo de dois anos prorroga-se até o primeiro dia útil imediatamente subsequente, quando expirar durante férias forenses, recesso, feriados ou em dia em que não houver expediente forense (art. 975, § 1º). Se fundada a ação no inciso VII do art. 966, o termo inicial do prazo será a data de descoberta da prova nova, observado o prazo máximo de 5 (cinco) anos, contado do trânsito em julgado da última decisão proferida no processo (art. 975, § 2º) 3) Nas hipóteses de simulação ou de colusão das partes, o prazo começa a contar, para o terceiro prejudicado e para o Ministério Público, que não interveio no processo, a partir do momento em que têm ciência da simulação ou da colusão (art. 975, § 3º).

> No XXIII Exame Unificado, a FGV considerou como correta a alternativa em que afirma ser cabível a ação rescisória, com base na aplicação equivocada do precedente mencionado, sem a consideração da distinção devidamente apontada, nos termos do art. 966, § 5º, do CPC.

2.5 RECURSOS

1. Recurso é o instrumento processual adequado ao *reexame de uma decisão judicial*, com a *finalidade* de obter a **reforma**, a **invalidação**, o **esclarecimento** ou a **integração** do julgado. Uma das características dos recursos é a *voluntariedade*, pois, se sentindo prejudicada, a parte poderá, conforme o cabimento legal, recorrer, sendo ônus seu a demonstração do *error in procedendo* ou do *error in judicando*.

2. Teoria Geral dos Recursos

a) A respeito do **juízo de admissibilidade** recursal:

JUÍZO DE ADMISSIBILIDADE			
REQUISITOS INTRÍNSECOS		**REQUISITOS EXTRÍNSECOS**	
Cabimento	É a interposição do recurso correto, sendo possível aplicar a fungibilidade.	Tempestividade	É a interposição do recurso no prazo certo.
Legitimidade	Partes; MP (parte ou *custos legis*); 3º prejudicado.	Dialeticidade	Deve o recorrente expor de forma precisa em que consiste o seu inconformismo com a decisão combatida.
Interesse	Utilidade (prejuízo) e necessidade (é o recurso ser o único meio de impugnação).	Preparo	Pagamento das custas judiciais recursais e a sua devida comprovação no ato de interposição.
Inexistência de óbice	Renúncia: antes da interposição. Desistência: após a interposição. Aceitação: é da decisão.	Regularidade formal	É o procedimento e a peça correta.

b) Sobre os **efeitos dos recursos**, importante observar:

EFEITOS DOS RECURSOS	
Devolutivo (todos os recursos)	Consiste em devolver ao tribunal a matéria que deve ser julgada.
Translativo (todos os recursos)	Previsto no art. 1.013, § 1º, do CPC, no qual o tribunal decide além do que lhe foi devolvido, desde que seja matéria de ordem pública, discutida e suscitada no processo, devendo ser verificado o art. 938, § 1º, do CPC.

EFEITOS DOS RECURSOS	
Expansivo subjetivo (todos os recursos)	Quem não recorre sofre os efeitos da decisão.
Expansivo objetivo (todos os recursos)	A matéria não recorrida, bem como determinados atos praticados no processo, e, até mesmo, a própria decisão sofrem os efeitos da decisão.
Suspensivo (depende do recurso)	Impede a execução imediata da decisão recorrida.
Ativo (regra somente no agravo de instrumento)	Em se tratando do recurso de agravo de instrumento, pode ser que o próprio relator, ao receber o recurso, liminarmente, defira a antecipação dos efeitos da tutela recursal para conceder o pedido que, anteriormente, havia sido indeferido pelo juiz.
Obstativo (todos os recursos)	É a qualidade do recurso interposto de obstar a preclusão e a formação da coisa julgada.
Substitutivo (todos os recursos)	É a circunstância de a decisão proferida pelo órgão julgador substituir e prevalecer sobre a decisão recorrida.

c) Observem as **principais regras** dos recursos previstos no CPC/2015:

TEORIA GERAL DOS RECURSOS	
Legitimidade	O recurso pode ser interposto pela **parte vencida**, pelo **terceiro prejudicado** e pelo **Ministério Público**, como parte ou como fiscal da ordem jurídica. Cumpre ao terceiro demonstrar a possibilidade de a decisão sobre a relação jurídica submetida à apreciação judicial atingir direito de que se afirme titular ou que possa discutir em juízo como substituto processual (art. 996).
Recurso Adesivo	Cada parte interporá o recurso independentemente, no prazo e com observância das exigências legais. Sendo vencidos autor e réu, ao recurso interposto por qualquer deles poderá aderir o outro (art. 997). O recurso adesivo fica **subordinado ao recurso independente**, sendo-lhe aplicáveis as mesmas regras deste quanto aos requisitos de admissibilidade e julgamento no tribunal, salvo disposição legal diversa, observado, ainda, o seguinte: I – será dirigido ao órgão perante o qual o recurso independente fora interposto, no prazo de que a parte dispõe para responder; II – será admissível na apelação, no recurso extraordinário e no recurso especial; III – não será conhecido, se houver desistência do recurso principal ou se for ele considerado inadmissível.
Desistência	O recorrente poderá, a qualquer tempo**, sem a anuência do recorrido ou dos litisconsortes**, **desistir do recurso**. A desistência do recurso não impede a análise de questão cuja repercussão geral já tenha sido reconhecida e daquela objeto de julgamento de recursos extraordinários ou especiais repetitivos.
Renúncia	A **renúncia ao direito** de recorrer **independe da aceitação** da outra parte. A parte que aceitar expressa ou tacitamente a decisão não poderá recorrer. Considera-se aceitação tácita a prática, sem nenhuma reserva, de ato incompatível com a vontade de recorrer.

3. APELAÇÃO

a) **Cabimento:** nos termos do art. 1.009 do CPC, das **sentenças** cabe apelação. Importante relembrar que as decisões interlocutórias não objeto de agravo de instrumento não são cobertas pela preclusão e devem ser suscitadas em **preliminar de apelação**, eventualmente interposta contra a decisão final, ou nas contrarrazões. (art. 1.009, § 1º, do CPC).

b) **Interposição:** perante o juízo de primeiro grau (art. 1.010 do CPC).

c) **Prazo:** 15 dias.

d) **Juízo de admissibilidade:** realizado diretamente no tribunal (art. 1.010, § 3º).

e) **Preparo:** cabível, nos termos do art. 1.007 do CPC.

> No XX Exame Unificado, a FGV considerou como correta a alternativa em que tendo o Juiz proferido decisão saneadora, rejeitando a impugnação ao valor da causa e determinando o prosseguimento do processo, poderá o autor formular pedido recursal de modificação da decisão que rejeitou a impugnação ao valor da causa, em suas razões recursais de eventual apelação, nos termos do art. 1.009, § 1º, do CPC.

4. AGRAVO DE INSTRUMENTO

a) **Cabimento:** cabe agravo de instrumento contra as decisões interlocutórias previstas taxativamente no art. 1.015 do CPC (rol taxativo).

b) **Interposição:** diretamente no tribunal competente (art. 1.016 do CPC).

c) **Prazo:** 15 dias.

d) **Juízo de admissibilidade:** realizado pelo relator no tribunal (art. 1.019 e 932 do CPC)

e) **Preparo:** cabível, nos moldes do art. 1.007 do CPC.

5. AGRAVO INTERNO

a) **Regras principais:** o agravo interno é o recurso cabível contra **decisão monocrática** ou **unipessoal do relator** nos recursos ou nas causas de competência originária de Tribunal de Justiça, de Tribunal Regional Federal, do Superior Tribunal de Justiça ou do Supremo Tribunal Federal.

a.1) É recurso que **não pode ser decidido monocraticamente**, em especial porque tem o propósito de apontar **vício na decisão monocrática** e de submeter as questões decididas pelo relator ao reexame do órgão colegiado.

a.2) Outro importante reforço ao dever de **fundamentação das decisões judiciais** veio, no agravo interno, com a vedação ao relator da mera reprodução dos fundamentos da decisão agravada, quando do julgamento pelo órgão colegiado.

a.3) Por fim, verifique a hipótese da condenação ao agravante ao pagamento de multa fixada entre **um e cinco por cento do valor atualizado da causa** em caso de manifesta inadmissibilidade do agravo ou de sua improcedência em votação unânime, estando **condicionada a interposição de qualquer outro recurso** ao depósito prévio e imediato do valor da multa, exceto à Fazenda Pública e aos beneficiários de gratuidade da justiça, que poderão efetuar o recolhimento ao final (art. 1.021, § 4º).

b) Interposição: perante o relator no Tribunal, que proferiu a decisão monocrática (art. 1.021, § 2º).

c) Prazo: 15 dias.

d) Juízo de admissibilidade: seguirá a sistemática do regimento interno do tribunal (art. 1.021 do CPC).

e) Preparo: cabível, nos moldes do art. 1.007 do CPC.

6. EMBARGOS DE DECLARAÇÃO

a) Cabimento: houver, na sentença, no acórdão ou na decisão interlocutória, **obscuridade** (falta de clareza) ou **contradição** (falta de coerência e contradição entre os fundamentos lançados e o dispositivo decisório).

a.1) For **omitido** ponto ou questão sobre o qual devia pronunciar-se o juiz ou tribunal de ofício ou a requerimento da parte.

a.2) Em caso de **correção de erro material**.

a.3) Houver notório **propósito de prequestionamento** (questionar determinada matéria exigida para interposição de outros recursos) – Súmula 98 do STJ.

a.4) Houver notório propósito de **modificação do julgado** (embargos de declaração com **efeito infringente ou modificativo**).

b) Prazo: 05 dias.

c) Juízo de admissibilidade: realizado pelo mesmo órgão prolator da decisão.

d) Preparo: isento de preparo (art. 1.023 do CPC).

7. RECURSO ORDINÁRIO

a) Cabimento: (i) No STF: acórdão que denegar os mandados de segurança, os *habeas data* e os mandados de injunção decididos em única instância pelos tribunais superiores (art. 1.027, I, do CPC); **(ii) No STJ:** acórdão que denegar os mandados de segurança decididos em única instância pelos TRFs ou pelos TJs (art. 1.027, II, *a*, do CPC). Sentenças nos processos em que forem partes, de um lado, Estado estrangeiro ou organismo internacional e, de outro, Município ou pessoa residente ou domiciliada no país (art. 1.027, II, *b*, do CPC).

b) Interposição: será interposto perante o presidente ou o vice-presidente do tribunal recorrido (art. 1.028, § 2º, do CPC), salvo no caso do art. 1.027, II, *b*, que obedecerá a mesma sistemática da apelação e do RISTJ (art. 1.028).

c) Prazo: 15 dias.

d) **Juízo de admissibilidade:** diretamente no Tribunal Superior (art. 1.028, § 3º).

e) **Preparo:** cabível, realizado nos moldes do art. 1.007 do CPC.

8. RECURSO ESPECIAL

a) **Cabimento:** decisão de única ou última instância, proferida pelos TJs ou TRFs que: (1) contrariar tratado ou lei federal, ou negar-lhes vigência; (2) julgar válido ato de governo local contestado em face de lei federal; (3) der à lei federal interpretação divergente da que lhe haja atribuído outro tribunal (art. 105, III, da CF).

b) **Interposição:** será interposto perante o presidente ou o vice-presidente do tribunal recorrido (art. 1.029 do CPC).

c) **Prazo:** 15 dias.

d) **Juízo de admissibilidade:** será feito pelo presidente ou o vice-presidente do tribunal recorrido (art. 1.030 do CPC).

e) **Preparo:** cabível, realizado nos moldes do art. 1.007 do CPC.

f) **Fungibilidade:** se o relator, no Superior Tribunal de Justiça, entender que o **recurso especial versa sobre questão constitucional**, deverá conceder prazo de 15 (quinze) dias para que o recorrente demonstre a existência de **repercussão geral** e se manifeste sobre a questão constitucional (art. 1.032 do CPC).

9. RECURSO EXTRAORDINÁRIO

a) **Cabimento:** decisão de única ou última instância que: (1) contrariar dispositivo da Constituição; (2) declarar a inconstitucionalidade de tratado ou lei federal; (3) julgar válida lei ou ato de governo local contestado em face da Constituição; (4) julgar válida lei local contestada em face de lei federal (art. 102, III, da CF)

b) **Interposição:** será interposto perante o presidente ou o vice-presidente do tribunal recorrido (art. 1.029 do CPC).

c) **Prazo:** 15 dias.

d) **Juízo de admissibilidade:** será feito pelo presidente ou o vice-presidente do tribunal recorrido (art. 1.030).

e) **Preparo:** cabível, realizado nos moldes do art. 1.007 do CPC.

f) **Fungibilidade:** se o Supremo Tribunal Federal considerar como **reflexa a ofensa** à Constituição afirmada no recurso extraordinário, por pressupor a **revisão da interpretação de lei federal** ou **de tratado**, remetê-lo-á ao Superior Tribunal de Justiça para **julgamento como recurso especial** (art. 1.033 do CPC).

10. AGRAVO EM RESP E RE

a) **Cabimento:** cabe agravo contra decisão do presidente ou do vice-presidente do tribunal recorrido que inadmitir recurso extraordinário ou recurso especial, salvo quando fundada na aplicação de entendimento firmado em regime de repercussão geral ou em julgamento de recursos repetitivos (arts. 1.030, § 1º, e 1.042 do CPC).

b) **Interposição:** a petição de agravo será dirigida ao presidente ou ao vice-presidente do tribunal de origem (art. 1.042, § 2º, do CPC).

c) **Prazo:** 15 dias.

d) **Juízo de admissibilidade:** diretamente no Tribunal Superior.

e) **Preparo:** isento (art. 1.042, § 2º)

11. EMBARGOS DE DIVERGÊNCIA

a) **Cabimento:** contra acórdão de órgão fracionário que: I – em recurso extraordinário ou em recurso especial, divergir do julgamento de qualquer outro órgão do mesmo tribunal, sendo os acórdãos, embargado e paradigma, de mérito; II – em recurso extraordinário ou em recurso especial, divergir do julgamento de qualquer outro órgão do mesmo tribunal, sendo um acórdão de mérito e outro que não tenha conhecido do recurso, embora tenha apreciado a controvérsia (art. 1.043 do CPC).

b) **Interposição:** será oposto no próprio Tribunal Superior e seguirá o respectivo regimento interno (art. 1.044 do CPC).

c) **Prazo:** 15 dias.

d) **Juízo de admissibilidade:** seguirá respectivamente a regra do regimento interno do STF ou do STJ.

e) **Preparo:** cabível, realizado nos moldes do art. 1.007 do CPC.

DIREITO PROCESSUAL DO TRABALHO

Rogério Renzetti

1. INTRODUÇÃO

Inicialmente, deve-se destacar que o Direito Processual em conjunto com o Direito Material do Trabalho representam 11 (onze) pontos na primeira fase do Exame de Ordem. Estamos diante de preciosos pontos para o certame, que não podem ser desperdiçados.

Direito Processual do Trabalho é o ramo jurídico que se constitui de um conjunto de princípios, regras, instituições e institutos próprios (autonomia) que regulam a aplicação do Direito do Trabalho.

Os temas abordados neste capítulo são recorrentes no Exame de Ordem, e ganham destaque: o procedimento sumaríssimo, provas, recursos e a execução.

A proposta que será apresentada é repassar ao examinando conhecimento facilitado das regras processuais.

2. PRINCÍPIOS GERAIS DO PROCESSO TRABALHISTA

Consideram-se os princípios como o ponto de partida para uma extensão, isto é, a origem ou a causa de algo e a razão fundamental ou a base sobre a qual assenta qualquer matéria ou tema.

Os princípios são veementemente utilizados no Processo do Trabalho, principalmente nos casos em que a CLT é omissa, de acordo com os arts. 769, 882 e 889 da CLT.

Tendo em vista que a temática se funda em artigos e textos normativos, visando a facilidade da compreensão, segue o quadro esquemático a seguir, com remissões aos artigos definidores de cada princípio:

PRINCÍPIO	FUNDAMENTAÇÃO/ DEFINIÇÃO	OBSERVAÇÃO
Ação, Demanda ou Inércia	Art. 2º do CPC	Exceção – Dissídio Coletivo suscitado pelo Presidente do TRT, em caso de suspensão do trabalho (art. 856 da CLT), EXECUÇÃO promovida *ex officio* pelo juiz nos casos em que as partes não estiverem representadas por um advogado (art. 878 da CLT).
Disponibilidade ou Indisponibilidade	Arts. 765 e 878 da CLT	
Verdade real	Arts. 9º e 765 da CLT	
Livre convencimento	Arts. 456, 818, 829 e 844 da CLT	
Oralidade	Arts. 840, § 2º, 846, 847, 848 e 850 da CLT	
Instrumentalidade das formas	Art. 794 da CLT; arts. 188, 276 e 277 do CPC	
Simplicidade	Arts. 840, § 1º, e 899 da CLT	Permite que o processo do trabalho tenha mais flexibilidade, buscando a facilidade no acesso à justiça, bem como na prestação jurisdicional.
Observância da ordem cronológica das decisões	Art. 12 do CPC	
Proteção	Art. 5º, XXXVI, da CF/88	
Irrenunciabilidade dos Direitos Trabalhistas	Art. 444 da CLT	Atenção ao empregado hipersuficiente, previsto no art. 444, parágrafo único, da CLT.
Conciliação	Arts. 764, § 1º, e 852-E da CLT; Súmula 418 do TST	Duas tentativas obrigatórias de conciliação no procedimento comum (ordinário). 1ª Após a abertura da audiência e antes da defesa (art. 846 da CLT). 2ª Depois das razões finais e antes da sentença (art. 850 da CLT).
Imediatidade ou imediação	Arts. 385 e 481 do CPC e art. 820 da CLT	Determina que as provas serão produzidas com a participação do juiz. Ex.: depoimento das partes (você pergunta para o juiz e ele transmite para a parte, oitiva das testemunhas, inspeção judicial).

PRINCÍPIO	FUNDAMENTAÇÃO/ DEFINIÇÃO	OBSERVAÇÃO
Jus Postulandi	Arts. 791 e 843, § 1º, da CLT; Súmula 425 do TST	
Irrecorribilidade imediata das decisões interlocutórias	Art. 893, § 1º, da CLT e Súmula 214 do TST	
Extrapetição	Súmula 211 do TST	Permite-se que o juiz, nos casos expressamente previstos em lei, condene o réu em pedidos não contidos na petição inicial, autorizando, portanto, que o julgador conceda mais do que o pleiteado, ou a mesma vantagem diversa da que foi requerida.
Concentração	Arts. 849 e 852-C da CLT	Determina que os atos processuais se concentrem em audiência. A ideia do legislador é que os atos processuais concentrem-se em um único momento.
Estabilidade	Art. 329 do CPC	
Preclusão	Arts. 795 da CLT e 278 do CPC	Confere segurança e estabilidade ao processo. A parte deve estar atenta a todo o momento ao andamento processual nas peças apresentadas, pois de acordo com o texto legal não se podem discutir nulidades a qualquer momento; temos prazos previstos na legislação vigente para dirigir o processo da melhor forma.
Inquisitivo ou inquisitório	Art. 765 da CLT	O processo começa por iniciativa da parte, mas se desenvolve por impulso oficial.

No IX Exame da OAB, considerou-se certo o posicionamento de que na Justiça do Trabalho, segundo o entendimento sumulado pelo TST, **o *jus postulandi* não se aplica à ação rescisória, à ação cautelar, ao mandado de segurança e aos recursos de competência do TST.**

3. DA ORGANIZAÇÃO DA JUSTIÇA DO TRABALHO

No Brasil, a Justiça Nacional é dividida em **justiça comum** e **justiça especial.**

Conforme dispõe o art. 111 da Constituição Federal, **são órgãos da Justiça do Trabalho:**

- **Tribunal Superior do Trabalho**
- **Tribunais Regionais do Trabalho**
- **Juízes do Trabalho**

Ante a composição apresentada, demonstra-se que o Poder Judiciário Brasileiro possui três graus de Jurisdição, conforme se observa a seguir:

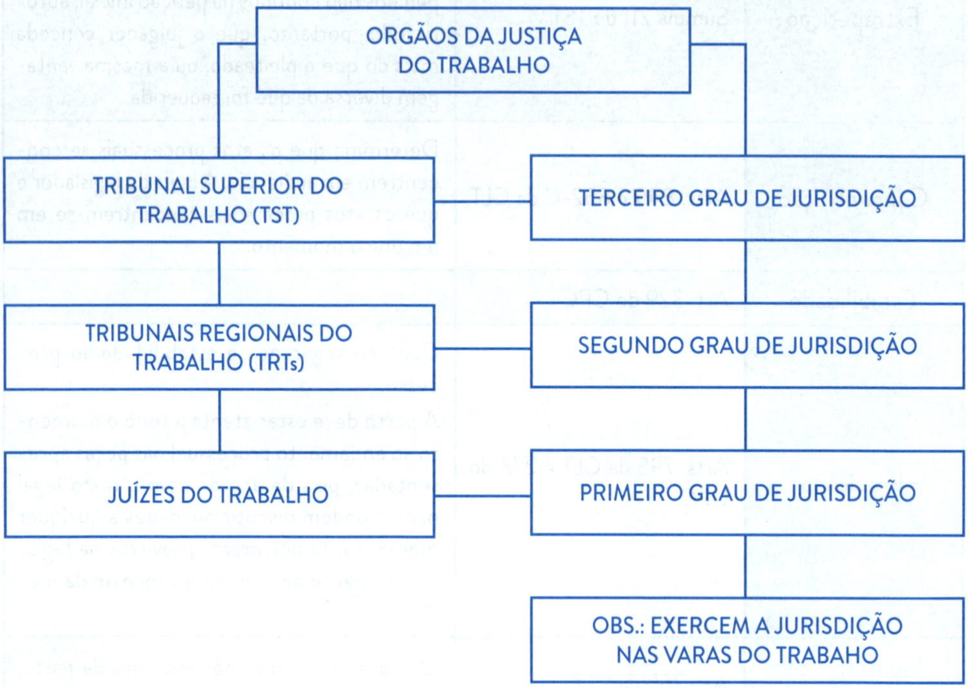

3.1 TRIBUNAL SUPERIOR DO TRABALHO (TST)

Surgimento: 1946 – A Justiça do Trabalho foi integrada ao Poder Judiciário. É órgão de cúpula da Justiça do Trabalho

Sede: Brasília

Jurisdição: todo o território nacional

Magistrados do TST = Ministros

Cabe ao TST conferir a decisão final em matéria trabalhista **infraconstitucional**; sua função é a de uniformizar a interpretação da legislação trabalhista no âmbito de sua competência.

COMPOSIÇÃO DO TST – IMPORTANTE LEMBRAR:

27 Ministros, escolhidos dentre brasileiros com mais de 35 anos e menos de 65 anos;
Notável saber jurídico e reputação ilibada;
Nomeados pelo Presidente da República, após aprovação pela maioria absoluta do Senado Federal

O Tribunal Superior do Trabalho, por meio do seu regimento interno (art. 59), estabeleceu que esse tribunal possui os seguintes órgãos:

- Tribunal Pleno;
- Órgão Especial;
- Seção Especializada em Dissídios Coletivos;
- Seção Especializada em Dissídios Individuais (SDI), dividida em duas subseções: Subseção de Dissídios Individuais I (SBDI-I) e Subseção de Dissídios Individuais II (SBDI-II); e
- Turmas (atualmente, oito Turmas).

Consideram-se as **Turmas** a composição mínima do colegiado, sendo que de cada uma delas participam **3 Ministros**.

Os atos praticados pelos Ministros do TST decorrem de um colegiado, de modo que as decisões, de forma especial, são proferidas em conjunto.

Competência do Tribunal Superior do Trabalho: fixada em lei. Atualmente, a lei que a regula é a de n. 7.701/1988.

3.2 TRIBUNAIS REGIONAIS DO TRABALHO (TRTs)

Surgimento: 1946 - A Justiça do Trabalho foi integrada ao Poder Judiciário (substituiu o Conselho Regional do Trabalho).

A EC n. 45/2004 deu uma redação adequada ao art. 115 da CF/88, dispondo sobre o seu funcionamento e estrutura.

Atualmente, o território nacional está dividido em 24 regiões para efeito da Jurisdição dos Tribunais Regionais, sendo dois deles situados no Estado de São Paulo, o da 2ª Região (capital de São Paulo, região metropolitana e Baixada Santista) e o da 15ª Região (cidade de Campinas e cidades do interior de São Paulo).

Não há Tribunal Regional do Trabalho nos seguintes Estados: Tocantins, Amapá, Acre e Roraima.

ATENÇÃO: alguns regimentos internos utilizam a nomenclatura "desembargadores". No entanto, a Constituição Federal utiliza a expressão "juízes".

Composição: o art. 115 da CF/88 dispõe que os Tribunais Regionais do Trabalho compõem-se de, no mínimo, sete juízes, recrutados, quando possível, na respectiva região, e nomeados pelo Presidente da República dentre brasileiros com mais de 30 e menos de 65 anos, sendo:

- 1/5 dentre advogados com mais de 10 anos de efetiva atividade profissional e membros do Ministério Público do Trabalho com mais de 10 anos de efetivo exercício, observado o disposto no art. 94 da CF;
- Os demais, mediante promoção de juízes do trabalho por antiguidade e merecimento, alternadamente.

FIQUE LIGADO: a promoção por merecimento e antiguidade somente ocorre no TRT. Não esqueça! No TST teremos indicação pelo próprio tribunal.

FIQUE LIGADO: em relação ao quinto constitucional reservado ao MPT, alegou-se que em razão da extinção da representação classista, o "quinto" deveria passar, por questões matemáticas, a ser "um terço", sendo que este entendimento não prosperou, conforme manifestação do STF (MS n. 23.769-BA, rel. Min. Ellen Gracie).

Competência originária: é competência originária dos TRTs o processamento e julgamento de ações de sua competência originária, tais como dissídios coletivos, mandados de segurança e ações rescisórias. Já a **competência recursal** diz respeito ao julgamento dos recursos das decisões de Varas do Trabalho.

Compete aos Tribunais Regionais do Trabalho elaborar o seu próprio Regimento Interno, nos termos do art. 96, I, *a*, da CF/88.

Os Tribunais Regionais do Trabalho estando compostos de forma plena deliberarão com a presença de metade mais um do número de seus magistrados e do Presidente, cujas decisões serão tomadas pelo voto da maioria simples, com exceção das hipóteses de declaração de inconstitucionalidade de lei ou ato do Poder Público (art. 97 da CF/88), nas quais o quórum será a maioria absoluta dos membros do Tribunal.

Nas sessões administrativas, o Presidente votará como os demais magistrados, cabendo-lhe, também, o voto de qualidade. É também função do Presidente o voto de desempate, havendo hipótese de declaração de inconstitucionalidade de lei ou ato do Poder Público. Caso seja julgado recurso contra decisão ou despacho do Presidente, do Vice-Presidente ou do Relator, na iminência de empate, prevalecerá a decisão ou o despacho recorrido.

Justiça itinerante: inserida pelo art. 115 da CF/88, para realizar audiências e demais funções de atividade jurisdicional, nos limites territoriais da respectiva jurisdição, servindo-se de equipamentos públicos e comunitários; a intenção é favorecer o acesso ao Judiciário das pessoas que residem em lugares distantes dos centros urbanos.

FIQUE LIGADO: o funcionamento descentralizado dos TRTs foi outra novidade inserida pelo art. 115 da CF/88, constituindo-se as Câmaras Regionais, visando assegurar o pleno acesso do jurisdicionado à justiça em todas as fases processuais. Poderão atuar nos Estados que não possuem TRT, como é o caso do Tocantins, Amapá, Roraima e Acre.

3.3 JUÍZES DO TRABALHO

O juiz singular exerce a jurisdição trabalhista no primeiro grau, desde a extinção das Juntas de Conciliação e Julgamentos (EC n. 24/99).

De acordo com a Súmula 10 do STJ, instalada a Vara do Trabalho, cessa a competência do juiz de direito em matéria trabalhista, inclusive para a execução das sentenças por ele proferidas. Conforme entendimento do **art. 113 da CF/88**, a lei disporá sobre a constituição, investidura, jurisdição, competência, garantias e condições de exercício dos órgãos da Justiça do Trabalho.

A jurisdição de cada Vara do Trabalho abrangia todo o território da comarca em que tinha sede, somente podendo ser estendida ou restringida por lei federal (art. 650 da CLT).

Cada TRT, no âmbito de sua região, a partir de ato próprio, alterará e estabelecerá a jurisdição das Varas do Trabalho, podendo transferir-lhes a sede de um Município para outro, de acordo com a necessidade de agilização da prestação jurisdicional no âmbito do Direito do Trabalho.

CURIOSIDADE: a Lei n. 6.947/81 estabelece normas para a criação de uma vara do trabalho, sendo que um dos requisitos se baseia na necessidade de que as reclamações trabalhistas em cada órgão já existente excedam a 1500 por ano.

Os Juízes de Direito e a investidura na jurisdição trabalhista: nas comarcas onde não existir Vara do Trabalho, a lei poderá atribuir a função jurisdicional trabalhista aos juízes de direito, nos termos do art. 668 da CLT.

ATENÇÃO: a competência funcional dos juízes de direito para processar e julgar as ações previstas no art. 114 da CF/88 decorre da inexistência de lei que estabeleça a competência territorial de Vara do Trabalho.

Decisões interlocutórias: não cabe de imediato nenhum recurso para o TRT das decisões interlocutórias proferidas por juiz de direito investido na jurisdição trabalhista, conforme art. 893, § 1º, da CLT.

3.4 SERVIÇOS AUXILIARES DA JUSTIÇA DO TRABALHO E DISTRIBUIDORES

Os servidores da Justiça do Trabalho e dos órgãos de auxílio que realizam os atos processuais e os serviços burocráticos da Justiça compõem as denominadas **secretarias,** sendo que nos Tribunais, há a presença de secretarias e dos funcionários dos gabinetes dos juízes dos TRTs e Ministros do TST, que desempenham a atividade de assessoramento burocrático e documentação do processo.

FIQUE LIGADO: o Capítulo VI da CLT dispõe sobre os servidores auxiliares da Justiça do Trabalho, sendo que a Seção I trata do funcionamento das Secretarias das Juntas de Conciliação e Julgamento (hoje chamadas de Varas do Trabalho) (arts. 710 a 717).

Cada Vara do Trabalho possuirá uma secretaria, sob a direção de funcionário que o Presidente designar, para exercer a função de secretário, e que receberá, além dos vencimentos correspondentes ao seu padrão, a gratificação de função fixada em lei, nos termos do art. 710 da CLT.

Competência das secretarias: de acordo com o art. 711 da CLT, é de competência das secretarias o recebimento, a autuação, o andamento, a guarda e a conservação dos processos e outros papéis que lhes forem encaminhados, a manutenção do protocolo de entrada e saída dos processos e demais papéis; o registro das decisões; a informação, às partes interessadas e seus procuradores, do andamento dos respectivos processos, cuja consulta lhes facilitará; a abertura de vista dos processos às partes, na própria secretaria; a contagem das custas devidas pelas partes, nos respectivos processos; o fornecimento de certidões sobre o que constar dos livros ou do arquivamento da secretaria; a realização das penhoras e demais diligências processuais; assim como o desempenho dos demais trabalhos que lhes forem cometidos pelo Juiz do Trabalho Presidente, para melhor execução dos serviços que lhe são afetos.

Composição das secretarias: diretor da secretaria, assistente de diretor (substitui o diretor em suas ausências), assistente do juiz (auxilia diretamente o juiz), secretário de audiências (secretaria as audiências e digita as atas), assistente de cálculos (auxilia o juiz na elaboração e conferência dos cálculos de liquidação), oficial de justiça avaliador (cumpre os mandados e diligências solicitadas pelo juiz), técnicos, analistas e demais funcionários, ingressados mediante concurso público de provas.

Distribuidores: presentes nas localidades em que há mais de uma Vara e nos Tribunais em que há mais de uma turma. Serão encarregados de fazer a distribuição das reclamações trabalhistas e de processos que chegam aos tribunais.

Competência do distribuidor: conforme o art. 714 da CLT, compete a distribuição, pela ordem rigorosa de entrada, e sucessivamente a cada Junta, dos feitos que, para esse fim, lhe forem apresentados pelos interessados; o fornecimento, aos interessados, do recibo correspondente a cada feito distribuído; a manutenção de 2 (dois) fichários dos feitos distribuídos, sendo um organizado pelos nomes dos reclamantes e o outro dos reclamados, ambos por ordem alfabética; o fornecimento a qualquer pessoa que o solicite, verbalmente ou por certidão, de informações sobre os feitos distribuídos; a baixa na distribuição dos feitos, quando isto lhe for determinado pelos Presidentes das Juntas, formando, com as fichas correspondentes, fichários à parte, cujos dados poderão ser consultados pelos interessados, mas não serão mencionados em certidões.

Nos termos do art. 715 da CLT, "os distribuidores são designados pelo Presidente do Tribunal Regional dentre os funcionários das varas e do Tribunal Regional, existentes na mesma localidade, e ao mesmo Presidente diretamente subordinados".

4. JURISDIÇÃO E COMPETÊNCIA

JURISDIÇÃO: refere-se ao poder/dever do Estado de prestar a tutela jurisdicional a todo aquele que tenha uma pretensão resistida por outrem, aplicando a regra jurídica à celeuma, sendo una e indivisível.

COMPETÊNCIA: medida da jurisdição, ou seja, a determinação da esfera de atribuições dos órgãos encarregados da função jurisdicional, cujas regras se encontram na Constituição e normas infraconstitucionais.

CRITÉRIOS PARA DETERMINAÇÃO DE COMPETÊNCIA: em razão da matéria (*ratione materiae*); pessoas (*ratione personae*); função (ou hierarquia) e território (*ratione loci*).

4.1 COMPETÊNCIA EM RAZÃO DA MATÉRIA E DA PESSOA

Competência em razão da matéria: definida em função da natureza da lide descrita na peça inaugural, ou seja, a competência é firmada em função da causa de pedir e dos pedidos contidos na petição inicial, de acordo com a redação do art. 114 da CF/88.

FIQUE LIGADO: **ações oriundas da relação de trabalho**

ANTES DA EC N. 45/2004 – A Justiça do Trabalho era competente para, em regra, processar e julgar apenas as ações oriundas das relações de emprego.

APÓS A EC N. 45/2004 – A Justiça do Trabalho passa a ser competente para processar e julgar as relações de trabalho.

Ações oriundas da relação de trabalho: após a EC n. 45/2004, passou a Justiça do Trabalho a ter competência para processar e julgar qualquer relação de trabalho e não só a relação de emprego.

OBS.: ações entre o consumidor e o prestador dos serviços são de competência da Justiça Comum e não da Justiça do Trabalho.

FIQUE LIGADO: ações acidentárias (previdenciárias) decorrentes de acidente de trabalho, embora envolvam situações decorrentes da relação de trabalho não se encontram na esfera de competência material da Justiça do Trabalho, sendo a Justiça Estadual competente para processar e julgar ação acidentária proposta pelo empregado (acidentado segurado) em face do INSS (seguradora) – Súmula 501 do STF e Súmula 15 do STJ. Relação de consumo, honorários advocatícios, ações penais: estas causas não são submetidas à competência da Justiça do Trabalho.

4.2 ENTES DE DIREITO PÚBLICO EXTERNO

Os entes de direito público externo dividem-se em estados estrangeiros e organismos internacionais (ONU, OIT, OTAN).

Quanto aos ESTADOS ESTRANGEIROS, analisam-se dois aspectos:

1) ATOS DE IMPÉRIO – atos praticados no exercício de suas prerrogativas SOBERANAS. Ex.: concessão de um visto para viajar para os EUA. Imunidade ABSOLUTA de jurisdição.
2) ATOS DE GESTÃO – atuação em matéria de ordem privada, equiparando-se ao PARTICULAR. Ex.: na contratação de empregados. NÃO há imunidade de jurisdição.

> **DE OLHO NOS TRIBUNAIS**
>
> **STF** – entes de direito público externo possuem "imunidade de execução".
>
> Embora tenha a Justiça laboral competência para processar e julgar demanda envolvendo os atos de gestão praticados pelos Estados estrangeiros, não possui competência para executar seus julgados, devendo socorrer-se aos apelos diplomáticos, mediante a denominada carta rogatória.
>
> São exceções os casos de:
>
> 1 – RENÚNCIA do Estado estrangeiro à intangibilidade de seus bens;
>
> 2 – Haver no território brasileiro BENS desvinculados das finalidades essenciais diplomáticas.

Entes de direito público externo: Estados estrangeiros, abrangendo embaixadas e consulados - não têm imunidade de jurisdição.

REGRA: têm imunidade de execução.

Organizações ou Organismos Internacionais – têm imunidade absoluta de jurisdição.

4.3 SERVIDORES DA ADMINISTRAÇÃO PÚBLICA

> **DE OLHO NOS TRIBUNAIS**
>
> **STF – SDI n. 3.395-6:** Justiça do Trabalho é incompetente para conciliar e julgar as ações envolvendo servidores públicos estatutários, sendo competente a Justiça Federal (no caso de ações que envolvam servidores públicos federais) ou a Justiça Estadual (na hipótese de ações que envolvam servidores públicos estaduais ou municipais).

STF – contratação temporária realizada pela Administração Pública, mesmo que irregular, a competência para julgamento de eventual ação não será da Justiça do Trabalho, mas sim da Justiça Federal ou Estadual (conforme o ente público envolvido).

Servidor da administração pública direta, indireta, autárquica ou fundacional regido pela Consolidação das Leis do Trabalho: será a Justiça laboral competente para conciliar e julgar os dissídios entre o denominado "empregado público" e a administração pública.

Empresa pública e sociedade de economia mista que, nos termos do art. 173, § 1º, II, da CF/88, explorem atividade econômica, serão submetidas ao regime próprio das empresas privadas, constituindo-se em pessoas jurídicas de direito privado, com empregados regidos pela norma consolidada.

LEGISLAÇÃO: Súmulas 97, 137 e 218 do STJ; OJ 138 SDI-1 TST; Súmula 430 do TST.

Ações que envolvam o exercício do direito de greve: art. 114, II, §§ 2º e 3º, da CF/88.

Também se inserem na competência da Justiça do Trabalho as ações decorrentes do exercício do direito de greve, inclusive as ações possessórias ajuizadas em decorrência do exercício do direito de greve, assim como **a ação de reintegração de posse e o interdito proibitório (Súmula Vinculante 23).**

O dissídio coletivo de greve pode ser ajuizado por qualquer empregador ou por seu sindicato, objetivando a declaração de abusividade da greve. Excepcionalmente a ação poderá ser ajuizada pelo Ministério Público do Trabalho, quando a greve atingir serviços ou atividades essenciais e colocar em risco o interesse público.

DE OLHO NOS TRIBUNAIS

ADI 3.684 (STF) – A Justiça do Trabalho não é competente para julgar as ações penais decorrentes do exercício do direito de greve.

Se a greve for de servidores públicos estatutários, a competência não será da Justiça do Trabalho.

Ações sobre representação sindical: de acordo com o art. 114, III, da CF/88, compete à Justiça do Trabalho processar e julgar ações sobre representação sindical, entre sindicatos, entre sindicatos e trabalhadores e entre sindicatos e empregadores.

Poderão ser objeto de ações propostas perante a Justiça do Trabalho:

a) ações declaratórias de vínculo jurídico e sindical entre sindicato e federação;
b) ações envolvendo o direito à filiação ou desfiliação;
c) ações concernentes à eleição de dirigente sindical e ao respectivo processo eleitoral;

d) ações dirigidas à proteção do sindicato contra atos atentatórios à liberdade sindical ou condutas antissindicais;

e) ações envolvendo direitos trabalhistas propostas por dirigente sindical licenciado em face do seu próprio sindicato – utilizadas nos casos em que o contrato de trabalho do dirigente sindical permanece suspenso durante o exercício do mandato, em que o sindicato obreiro, muitas vezes, compromete-se a arcar com as verbas trabalhistas devidas ao trabalhador durante o seu licenciamento da empresa (férias, 13º salário, salário etc.);

f) ações envolvendo contribuição assistencial, confederativa etc. que sejam propostas entre sindicato profissional e empregador, entre sindicato profissional e associado, ou mesmo entre sindicato da categoria econômica e membro da mesma categoria, mesmo que não previstos em instrumento normativo, mas apenas fixados em assembleia geral da categoria;

g) ações de cobrança executiva envolvendo a contribuição sindical promovidas pelas entidades sindicais em face do empregador;

h) ações de consignação de pagamento de contribuição sindical intentadas pelo empregador, quando há disputa entre dois sindicatos por base territorial, havendo dúvida sobre a quem efetuar o recolhimento do tributo.

Mandado de segurança, *habeas corpus* e *habeas data*: conforme o art. 114, IV, da CF/88, é competência da Justiça do Trabalho processar e julgar os mandados de segurança, *habeas corpus* e *habeas data*, quando o ato questionado envolver matéria sujeita à sua jurisdição.

Os mandados de segurança decorrentes dos atos administrativos praticados pelos órgãos de fiscalização das relações de trabalho são de competência da Vara do Trabalho.

Se o ato ilegal ou abuso de poder, ferindo direito líquido e certo do litigante, for praticado pelo Juiz do Trabalho, o mandado de segurança será impetrado diretamente no TRT.

Caso o ato seja praticado por Juiz do TRT, cabe ao próprio TRT o julgamento do *writ*. Da mesma forma, se o ato for praticado por ministro do TST, caberá o julgamento ao próprio TST.

Quanto ao *habeas corpus*, quando o ato questionado envolver matéria sujeita à jurisdição trabalhista, passa a ser julgado pela Justiça laboral. É cabível contra ato de autoridade judiciária trabalhista (em razão do descumprimento de uma ordem judicial ou do depositário infiel) e contra ato de particular que esteja, ilegalmente ou em abuso de poder, restringindo a liberdade de outrem, como ocorre quando o empregador mantém o empregado no local de trabalho durante o movimento grevista.

No caso do *habeas data*, será utilizado na hipótese da restrição do trabalhador ao acesso a dados pessoais constantes de registros ou bancos de dados de entidades governamentais ou de caráter público ou do servidor celetista para que tenha acesso ao seu prontuário no Estado, objetivando salvaguardar os direitos da personalidade, por meio da autodeterminação informativa, protegendo-se o direito à intimidade e à vida privada.

4.4 CONFLITOS DE COMPETÊNCIA ENTRE ÓRGÃOS COM JURISDIÇÃO TRABALHISTA

De acordo com o art. 114, V, da CF/88, poderá ocorrer conflito de competência quando:

- dois ou mais juízes se declaram competentes (conflito positivo de competência);
- dois ou mais juízes se declaram incompetentes (conflito negativo de competência);
- entre dois ou mais juízes houver controvérsia sobre a reunião ou separação de processos (arts. 66 do CPC e 804 da CLT).

Os conflitos de competência poderão ser suscitados pelos juízes e tribunais do trabalho, pelo Ministério Público do Trabalho ou pela parte interessada.

4.5 RESOLUÇÃO DOS CONFLITOS DE COMPETÊNCIA

TRTs: quando suscitados entre Varas do Trabalho da mesma região, entre juízes de direito investidos na jurisdição trabalhista da mesma região, ou entre Varas do Trabalho e juízes de direito investidos na jurisdição trabalhista (na mesma região) – art. 808 da CLT.

TST: quando suscitados entre TRTs, entre Varas do Trabalho e juízes de direito investidos na jurisdição trabalhista, sujeitos à jurisdição de Tribunais Regionais diferentes – art. 808 da CLT;

STJ: quando suscitado entre quaisquer tribunais, ressalvado o disposto no art. 102, I, *o*, bem como entre tribunal e juízes a ele não vinculados e entre juízes vinculados a tribunais diversos. Destaca-se a competência do STJ para julgar os conflitos entre Vara do Trabalho e juiz de direito não investido na jurisdição trabalhista – art. 105, I, *a*, CF/1988;

STF: quando suscitados entre o Superior Tribunal de Justiça e quaisquer tribunais, entre Tribunais Superiores, ou entre estes e qualquer outro tribunal. Ressalte-se a competência do STF para julgar o conflito de competência entre o TST e órgãos de outros ramos do Judiciário – art. 102, I, *o*, da CF/88.

4.6 OUTRAS CONSIDERAÇÕES

- A Justiça do Trabalho é a única competente para julgar ação indenizatória de acidente do trabalho, ainda que o empregado seja falecido.
- A competência estabelecida pela EC n. 45/2004 NÃO alcança os processos já SENTENCIADOS na Justiça Comum (Súmula 367 STJ).
- Nas ações relativas às penalidades administrativas impostas aos empregadores pelos órgãos de fiscalização das relações de trabalho, de acordo com o art. 114, VII, da CF/88, a competência material será da Justiça do Trabalho para o processamento e julgamento.

- A Justiça do Trabalho tem competência para executar apenas as contribuições sociais decorrentes de sentença condenatória em pecúnia que proferir ou objeto de acordo judicial homologado, o que não inclui as decisões meramente declaratórias.

> No XXI Exame da OAB afirmou-se que, de acordo com o entendimento consolidado do STF e do TST, a situação em que a Justiça do Trabalho possui competência para executar as contribuições devidas ao INSS é na ação trabalhista na qual se deferiu o pagamento de diferença por equiparação salarial.

4.7 COMPETÊNCIA TERRITORIAL DAS VARAS DO TRABALHO

Também recebe a denominação "em razão do lugar" – *ratione loci*.

A regra é que a competência seja a do local da prestação de serviços, independentemente de onde ocorreu a contratação (art. 651 da CLT).

Essa regra possui três exceções. Vejamos:

No caso do **AGENTE OU VIAJANTE COMERCIAL**, a regra será a competência da vara do trabalho em que a empresa tenha agência ou filial e a esta o trabalhador esteja subordinado. No caso de falta de agência ou filial ou se o empregado não estiver subordinado, poderá optar entre ajuizar a ação no seu domicílio ou localidade mais próxima.

O empregado **BRASILEIRO CONTRATADO PARA TRABALHAR NO ESTRANGEIRO** ajuizará a reclamação trabalhista no Brasil, salvo acordo internacional em sentido contrário.

Não há uma definição sobre o local, no Brasil, para a propositura da ação.

FIQUE LIGADO:

- A Lei n. 7.064/82 dispõe sobre a situação de trabalhadores contratados ou transferidos para prestar serviços no exterior.
- Se o empregado foi contratado no Brasil e transferido para o exterior, será aplicada a norma mais favorável (Brasil ou exterior).

EMPREGADOR QUE PROMOVE REALIZAÇÃO DE ATIVIDADE FORA DO LUGAR DO CONTRATO (companhias teatrais ou circos): a reclamatória, neste caso, pode ser ajuizada no local da contratação ou em um dos locais da prestação de serviços.

Caso a reclamação trabalhista seja ajuizada em local diverso do qual ocorreu a prestação de serviços, na audiência, poderá o reclamado apresentar "exceção de incompetência territorial" prevista nos arts. 799 e 800 da CLT. Se essa exceção não for apresentada, a competência prorroga-se, pois a competência territorial é relativa.

5. DOS ATOS, TERMOS E PRAZOS PROCESSUAIS

O processo é uma sucessão de atos processuais: petição inicial, citação/notificação, audiência, contestação, recursos etc.

- **ATOS:** necessário sujeito capaz, objeto lícito, forma prescrita ou não defesa em lei, ser público e legal.
- **OBJETIVO:** constituição, conservação, desenvolvimento da relação processual, modificação e extinção.
- **CITAÇÃO:** nos termos do art. 238 do CPC, é o ato pelo qual são convocados o réu, o executado ou o interessado para integrar a relação processual. O réu é aquele que figura na jurisdição contenciosa, onde há lide, e o interessado é aquele que atua no caso de jurisdição voluntária, graciosa ou administrativa.
- **INTIMAÇÃO:** conforme art. 269 do CPC, a intimação é o ato pelo qual se dá ciência a alguém dos atos e dos termos do processo.

FIQUE LIGADO: no Direito Processual do Trabalho utiliza-se a **NOTIFICAÇÃO**, sendo que a expressão citação e intimação é exceção.

- **Citação no Processo do Trabalho:** arts. 852-B, II, e 880 da CLT.
- **Intimação no Processo do Trabalho:** art. 852 da CLT – notificação postal automática do reclamado.

FIQUE LIGADO: de acordo com o art. 841 da CLT, recebida e protocolada a reclamação, o escrivão ou secretário, dentro de 48 (quarenta e oito) horas, remeterá a segunda via da petição, ou do termo, ao reclamado, notificando-o ao mesmo tempo, para comparecer à audiência do julgamento, que será a primeira desimpedida, depois de 5 (cinco) dias.

A notificação será feita em registro postal com franquia. Se o reclamado criar embaraços ao seu recebimento ou não for encontrado, far-se-á a notificação por edital, inserto no jornal oficial ou no que publicar o expediente forense, ou, na falta, afixado na sede da Junta ou Juízo.

O reclamante será notificado no ato da apresentação da reclamação ou na forma do parágrafo anterior.

PRESUNÇÃO DE RECEBIMENTO DA NOTIFICAÇÃO: de acordo com a Súmula 16 do TST, presume-se recebida a notificação 48 (quarenta e oito) horas depois de sua postagem. O seu não recebimento ou a entrega após o decurso desse prazo constitui ônus de prova do destinatário.

IMPESSOALIDADE NA ENTREGA DA NOTIFICAÇÃO: considera válida a entrega no endereço da reclamada, tendo em vista a desnecessidade de pessoalidade na entrega. É válida a entrega a qualquer empregado da empresa, ao porteiro ou zelador do edifício ou até mesmo depositada na caixa do correio.

NULIDADE DA CITAÇÃO: não se configura a nulidade da citação por ter sido a notificação recebida por vigilante na empresa, pois a citação no processo trabalhista não é pessoal (§ 1º do art. 841 da CLT) (TRT-4 – RO: 1715005419985040201 RS 0171500-54.1998.5.04.0201, rel. Vanda Krindges Marques, data de julgamento: 8-11-2000, 1ª Vara do Trabalho de Canoas).

Notificação da Fazenda Pública: de acordo com o Decreto-lei n. 779, de 21 de agosto de 1969, art. 1º, nos processos perante a Justiça do Trabalho, constituem privilégio da União, dos Estados, do Distrito Federal, dos Municípios e das autarquias ou fundações de direito público federais, estaduais ou municipais que não explorem atividade econômica o quádruplo do prazo fixado no art. 841, *in fine*, da CLT e o prazo em dobro para recurso;

PUBLICIDADE DOS ATOS PROCESSUAIS

Nos termos do arts. 5º, LX, e 93, IX, da CF/88, bem como do art. 770 da CLT, os atos processuais serão públicos, salvo quando contrariarem o interesse social.

ATENÇÃO!

- **DIA ÚTIL:** dia em que há expediente forense normal;
- **DIA NÃO ÚTIL**: é o dia em que não há expediente forense;
- **FERIADO:** os dias declarados por lei, sábados, domingos e dias em que não há expediente forense.

CONTAGEM DOS ATOS PROCESSUAIS TRABALHISTAS

Nos termos dos arts. 774 e 775 da CLT, o momento do início do prazo e o início da contagem se diferenciam.

- **INÍCIO DO PRAZO**: ocorre na data em que a intimação ou notificação for realizada.
- **CONTAGEM DO PRAZO**: apenas em dias úteis, com exclusão do dia do começo e inclusão do dia do vencimento.

  Os prazos processuais classificam-se em:
- **PRAZOS PEREMPTÓRIOS:** são os prazos que não podem ser alterados, mesmo pela vontade comum dos litigantes.
- **PRAZO COMUM:** o prazo flui, ao mesmo tempo, para ambas as partes.
- **PRAZO PARTICULAR:** o prazo deve ser cumprido por apenas um dos litigantes, o reclamante ou o reclamado.
- **PRAZO IMPRÓPRIO:** são os prazos estabelecidos para os atos a serem praticados pelos juízes e pelos seus auxiliares, sendo que o seu descumprimento não vem acompanhado de uma sanção de índole processual. Pode dar ensejo, todavia, a uma representação, conforme art. 235, *caput*, do CPC.

- **PRAZOS DILATÓRIOS:** são prazos que podem ser modificados por convenção das partes, desde que o requerimento seja apresentado antes do vencimento do prazo.

TERMOS PROCESSUAIS: trata-se da expressão do ato processual, expressa, escrita, a redução à escrita do termo processual, a reprodução gráfica de um ato processual ("levar para o papel aquilo que foi dito"). Interliga-se à prática do ato por escrito diretamente no processo, conforme arts. 772 e 773 da CLT.

DA DISTRIBUIÇÃO: há necessidade de distribuição do processo quando há mais de um juiz competente para julgar determinada demanda.

REGISTRO: todos os processos se sujeitam ao registro, devendo ser distribuídos onde houver mais de um juiz competente, de maneira alternada, obedecendo à rigorosa igualdade em consonância com o princípio do juiz natural.

> No que se refere à contagem dos prazos indicada acima, no XVIII Exame da OAB, considerou-se que o início do prazo será na segunda-feira e a contagem do prazo deverá ser iniciada na terça-feira, se forem dias úteis, quando em ação trabalhista a parte ré recebeu a notificação da sentença em um sábado.

6. DOS PROCEDIMENTOS

Três ritos ou procedimentos destacam-se no Processo do Trabalho: ordinário, sumaríssimo e sumário.

FIQUE LIGADO: além dos três procedimentos indicados, também temos no nosso processo o procedimento especial para o inquérito judicial para apuração de falta grave e a ação de consignação em pagamento.

6.1 TIPOS DE PROCEDIMENTO

Procedimento ordinário – é o procedimento comum, previsto nos **arts. 843 a 852 da CLT. Utilizado para as causas que excedam 40 vezes o salário mínimo** vigente na data do ajuizamento da reclamação.

Procedimento sumaríssimo – procedimento criado pela Lei n. 9.957/2000, que inseriu os arts. 852-A a 852-I da CLT. Aplicável às causas cujo valor não exceda a 40 vezes o salário mínimo vigente na data do ajuizamento da reclamação.

Procedimento sumário – também chamado de dissídio de alçada, está previsto no art. 2º da Lei n. 5.584/70, aplicável às causas cujo valor não exceda a dois salários mínimos.

6.2 DA RECLAMAÇÃO ESCRITA E VERBAL

De acordo com o art. 840 (CLT), a reclamação poderá ser **escrita** ou **verbal**. Sendo **escrita**, a reclamação deverá conter a designação do juízo, a qualificação das partes, a breve exposição dos fatos de que resulte o dissídio, o pedido, que deverá ser certo, determinado e com indicação de seu valor, a data e a assinatura do reclamante ou de seu representante. E se for **verbal**, a reclamação será reduzida a termo, em 2 (duas) vias datadas e assinadas pelo escrivão ou secretário, observado, no que couber, o disposto no parágrafo anterior.

Da reclamação verbal – perempção de instância: a reclamação verbal primeiro será distribuída, depois reduzida a termo. Após a distribuição, o reclamante deverá comparecer em juízo para reduzir a termo a reclamatória no prazo de 5 dias.

Se o reclamante não comparecer no prazo de 5 dias, **incorrerá na pena de perda, pelo prazo de 6 (seis) meses, do direito de reclamar perante a Justiça do Trabalho.** Tal impedimento é denominado no Processo do Trabalho como **perempção provisória**.

6.3 DA RECLAMAÇÃO ESCRITA

- **FUNDAMENTAÇÃO:** arts. 840 da CLT e 319 do CPC.
- **REQUISITOS:** art. 841, § 1º, da CLT: designação do juízo, qualificação das partes, causa de pedir (breve exposição dos fatos que resulte o dissídio), pedido (que deverá ser certo, determinado e com a indicação de seu valor), data e assinatura do reclamante ou de seu representante.
- **REQUISITOS NÃO EXIGIDOS:** pedido de citação e o requerimento de produção de provas. Diante da Reforma Trabalhista, instituída pela Lei n. 13.467/2017, entendemos que o valor da causa passa a ser um requisito da reclamação trabalhista, bem como a individualização dos valores de cada pedido. A lei não exige que o pedido esteja devidamente liquidado, com apresentação de cálculos detalhados, mas que indique o valor.
- **EFEITOS PROCESSUAIS DA PETIÇÃO INICIAL:** determina os limites da lide (pedido e causa de pedir) e também a natureza do provimento jurisdicional; serve de parâmetro para confronto com outras demandas já propostas (litispendência, conexão ou coisa julgada); fixa a competência em razão da matéria, funcional ou territorial e influi no procedimento a ser adotado no processo.

6.4 LEGITIMIDADE *AD CAUSAM* E INTERESSE PROCESSUAL

Trata-se de requisito de admissibilidade do processo, mas se inclui na classe dos pressupostos processuais.

Ausência de legitimidade: extinção do processo sem resolução de mérito (art. 485, VI, do CPC).

Legitimidade das partes: art. 17 (CPC). Para postular em juízo é necessário ter interesse e legitimidade.

Legitimidade das partes – Extraordinária: o art. 8º da CF/88 prevê ser livre a associação profissional ou sindical, sendo que cabe ao sindicato a defesa dos direitos e interesses coletivos ou individuais da categoria, inclusive em questões judiciais ou administrativas.

6.5 RESPOSTA DO RÉU

Conforme o art. 847 da CLT, não havendo acordo, o reclamado terá 20 minutos para aduzir sua defesa, após a leitura da reclamação, quando esta não for dispensada por ambas as partes. A parte poderá apresentar defesa escrita pelo sistema de processo judicial eletrônico até a audiência.

6.6 DAS EXCEÇÕES

Poderá ser de suspeição, impedimento ou incompetência relativa, conforme o art. 799 da CLT e a Súmula 214 do TST.

Nas exceções de impedimento e suspeição, conforme o art. 801 da CLT, o juiz é obrigado a dar-se por suspeito e pode ser recusado, em relação à pessoa dos litigantes, quando ocorrer inimizade pessoal; amizade íntima; parentesco por consanguinidade ou afinidade até o terceiro grau civil e interesse particular na causa.

As hipóteses de **impedimento**, conforme o Código de Processo Civil, encontram-se respaldadas no art. 144, enquanto as hipóteses de **suspeição** encontram-se no art. 145 do mesmo código, bem como no art. 801, parágrafo único, da CLT.

No caso da **exceção de incompetência relativa,** será alegada como preliminar de contestação e não como exceção, de acordo com o art. 337, II, do CPC.

ATENÇÃO! Esse entendimento não se aplica ao Processo do Trabalho, pois não há lacuna neste aspecto que autorize a aplicação do CPC. Logo, a incompetência relativa continua sendo objeto de peça autônoma (**exceção de incompetência em razão do lugar**), nos termos dos arts. 799 e 800 da CLT.

> No XVIII Exame da OAB, havia questão que versava sobre o seguinte: na qualidade de advogado de Mauro, você ajuizou reclamação trabalhista no local da prestação de serviços do empregado. Entretanto, o advogado da empresa ré, na audiência, apresentou exceção de incompetência em razão do lugar. Diante disso, à luz da CLT, o autor-exceto terá 24 horas improrrogáveis para se manifestar.

Com a promulgação da Reforma Trabalhista, Lei n. 13.467/2017, a sistemática da exceção de incompetência territorial na Justiça do Trabalho foi alterada, rompendo os princípios da unicidade e da concentração do processo do trabalho, visando a facilitar o acesso à justiça, mas, por outro lado, pode provocar demora significativa na tramitação do feito.

Doravante, a exceção de incompetência territorial seguirá a seguinte sistemática:

- será apresentada no prazo de 5 dias a contar na notificação, antes da audiência e em peça autônoma;
- protocolada a petição, será suspenso o processo e não se realizará a audiência a que se refere o art. 843 da CLT até que se decida a exceção;

- os autos serão imediatamente conclusos ao juiz, que intimará o reclamante e, se existentes, os litisconsortes, para manifestação no prazo comum de 5 dias;
- se entender necessária a produção de prova oral, o juízo designará audiência, garantindo o direito de o excipiente e de suas testemunhas serem ouvidos, por carta precatória, no juízo que este houver indicado como competente;
- decidida a exceção de incompetência territorial, o processo retomará seu curso, com a designação de audiência, a apresentação de defesa e a instrução processual perante o juízo competente.

6.7 DA RECONVENÇÃO

Conforme art. 343 do CPC, na contestação é lícito ao réu propor reconvenção para manifestar pretensão própria, conexa com a ação principal ou com o fundamento da defesa, que poderá ser proposta contra o autor e terceiro, bem como pelo réu em litisconsórcio com terceiro.

Na reconvenção o reclamado é chamado de reconvinte, e o reclamante, reconvindo.

No que tange à intimação do réu, uma vez proposta a reconvenção, o mesmo será intimado para apresentar resposta.

A desistência da ação ou a ocorrência de causa extintiva que impeça o exame de seu mérito não obsta ao prosseguimento do processo quanto à reconvenção.

O réu pode propor reconvenção independentemente de oferecer contestação.

Segundo a CLT, nos termos do art. 841, uma vez que foi recebida e protocolada a reclamação, o escrivão ou secretário, dentro de 48 (quarenta e oito) horas, remeterá a segunda via da petição, ou do termo, ao reclamado, notificando-o ao mesmo tempo, para comparecer à audiência do julgamento, que será a primeira desimpedida, depois de 5 (cinco) dias.

Exemplo: determinado empregado ajuíza uma reclamação trabalhista em face de seu empregador, postulando o pagamento de horas extras. O empregador, ora reclamado, comparece à audiência e oferece sua contestação, rebatendo a pretensão deduzida pelo empregado (reclamante), apresentando também reconvenção, cobrando uma indenização pelos danos causados pelo empregado na empresa.

6.8 DO PROCEDIMENTO SUMÁRIO

Lei n. 5.584/70 – rito de alçada, nas causas que não ultrapassem dois salários mínimos.

Nos dissídios individuais, proposta a conciliação, e não havendo acordo, o Juiz, antes de passar à instrução da causa, fixará o valor para a determinação do procedimento, caso seja indeterminado.

FIQUE LIGADO: **salvo se versarem sobre matéria constitucional, nenhum recurso caberá das sentenças proferidas** no procedimento sumário.

ATENÇÃO! Na prática, a reclamatória instruída pelo rito sumário segue, até a sentença, o mesmo procedimento do rito ordinário, havendo diferença apenas na fase recursal.

> No XIII Exame da OAB, foi dado o seguinte problema: em outubro de 2013, Gilberto ajuizou ação contra a empresa CSC Computadores Ltda., na qual ainda trabalha, postulando o pagamento de vale-transporte de 2 meses e o ticket refeição de 3 meses. O juiz julgou procedente o pedido e, para tanto, valeu-se da Lei n. 7.418/85 (Lei do Vale-transporte) e da análise da norma coletiva da categoria do autor, que, na cláusula 8ª, garante o benefício da alimentação. A sentença foi prolatada de forma líquida, no valor total de R$ 657,00, mesmo valor de alçada arbitrado na audiência, Considerou-se como correta a resposta que dizia: desta sentença não caberá recurso, tendo em vista a matéria discutida, bem como por se tratar de causa de alçada exclusiva da Vara.

6.9 DO PROCEDIMENTO SUMARÍSSIMO

Procedimento criado pela Lei n. 9.957/2000, que inseriu os arts. 852-A a 852-I da CLT.

Trata-se de um rito processual simples e célere, que busca a rapidez e efetividade no recebimento da prestação jurisdicional, nas demandas cujo valor dos pedidos não ultrapasse 40 salários mínimos.

Possibilidade de conversão do rito sumaríssimo em ordinário: de acordo com o art. 765 da CLT, os juízos e Tribunais do Trabalho terão ampla liberdade na direção do processo e velarão pelo andamento rápido das causas, podendo determinar qualquer diligência necessária ao esclarecimento delas.

FIQUE LIGADO: conforme previsão do art. 852-A da CLT, os **dissídios individuais** cujo valor não exceda a 40 vezes o salário mínimo vigente na data do ajuizamento da reclamação ficam submetidos ao procedimento sumaríssimo, **excluindo-se do procedimento sumaríssimo** as demandas em que é parte a **Administração Pública direta, autárquica e fundacional.**

7. DAS PROVAS

A fase probatória está regulamentada na CLT, nos arts. 818 a 830.

Objeto: comprovação dos fatos controvertidos, pertinentes e relevantes ao esclarecimento do processo.

A CLT disciplinava no art. 818: "a prova das alegações incumbe à parte que as fizer". A antiga redação não era completa, e por si só é de difícil interpretação e também aplicabilidade prática.

A nova redação do art. 818 da CLT incorpora ao Processo do Trabalho as disposições do art. 373 do CPC, tanto a teoria estática como a teoria dinâmica do ônus da prova.

- o reclamante tem o ônus de comprovar os fatos constitutivos do seu direito;
- o reclamado, os fatos modificativos, extintivos e impeditivos do direito do autor.

É possível, ainda, o juiz do trabalho atribuir o encargo probatório à parte que tem melhores condições de produzir a prova, aplicando a teoria dinâmica do ônus da prova.

Não dependem de prova: os fatos notórios; afirmados por uma parte e confessados pela parte contrária; admitidos no processo como incontroversos; e em cujo favor milita presunção legal de existência ou de veracidade (art. 374 do CPC).

Da prova emprestada: o juiz poderá admitir a utilização de prova produzida em outro processo, atribuindo-lhe o valor que considerar adequado, observado o contraditório (art. 372 do CPC).

Requisitos para prova emprestada:

- Ser validamente realizada no processo originário
- Ter relevância para o segundo processo
- A parte contra a qual se faz a prova deve ter participado do contraditório no processo originário

> No XXI Exame da OAB, apontou-se que um empregado ajuizou reclamação trabalhista postulando o pagamento de vale-transporte, jamais concedido durante o contrato de trabalho, bem como o FGTS não depositado durante o pacto laboral. Em contestação, a sociedade empresária advogou que, em relação ao vale-transporte, o empregado não satisfazia os requisitos indispensáveis para a concessão; no tocante ao FGTS, disse que os depósitos estavam regulares. Em relação à distribuição do ônus da prova, diante desse panorama processual e do entendimento consolidado pelo TST, deu-se por correta a afirmação de que o ônus da prova para ambos os pedidos, diante das alegações, será da sociedade empresária.
>
> Ainda no que diz respeito ao ônus da prova, o XIX Exame da OAB trouxe a seguinte questão: José ajuizou reclamação trabalhista em face da sociedade empresária ABCD Ltda., requerendo horas extras. A sociedade empresária apresentou contestação negando as horas extras e juntou os cartões de ponto, os quais continham horários variados de entrada e saída, marcados por meio de relógio de ponto. O advogado do autor impugnou a documentação, considerou-se como correta a alternativa que dizia: dada a variação de horários nos documentos, presumem-se os mesmos inválidos diante da impugnação, razão pela qual só caberá o ônus da prova à empresa ré.

7.1 MEIOS DE PROVA

7.1.1 *Depoimento pessoal – Seção IV – arts. 385 a 388 do CPC*

De acordo com o art. 848 da CLT, terminada a defesa, segue-se para a instrução do processo, podendo o presidente, *ex officio* ou a requerimento de qualquer juiz temporário, interrogar os litigantes.

A CLT dispõe que o "interrogatório" é uma mera faculdade do juiz. *Data venia*, o art. 848 da CLT deve ser interpretado em conjunto com o art. 820 da CLT, segundo o qual as partes e seus advogados também podem requerer o "interrogatório" da parte contrária, e não apenas o juiz.

Cabe à parte requerer o depoimento pessoal da outra parte, a fim de que esta seja interrogada na audiência de instrução e julgamento, sem prejuízo do poder do juiz de ordená-lo de ofício, conforme art. 385 do CPC.

Não comparecimento da parte intimada: se a parte que pessoalmente foi intimada para prestar depoimento pessoal e advertida da pena de confesso não comparecer ou, comparecendo, se recusar a depor, o juiz aplicar-lhe-á a pena.

É **vedado** a quem ainda não depôs assistir ao interrogatório da outra parte.

O depoimento pessoal da parte que residir em comarca, seção ou subseção judiciária diversa daquela onde tramita o processo poderá ser colhido por meio de **videoconferência ou outro recurso tecnológico de transmissão de sons e imagens em tempo real**, o que poderá ocorrer, inclusive, durante a realização da audiência de instrução e julgamento.

Terminado o interrogatório, poderá qualquer dos litigantes retirar-se, prosseguindo a instrução com o seu representante.

7.1.2 Confissão

Elementos da confissão:

- Reconhecimento de um fato alegado pela parte contrária;
- Voluntariedade da parte que reconhece o fato;
- Prejuízo ao confitente decorrente de seu ato.

CONFISSÃO FICTA – de acordo com o art. 844 da CLT, o não comparecimento do reclamante à audiência importa o arquivamento da reclamação, e o não comparecimento do reclamado importa revelia, além de confissão quanto à matéria de fato.

Não vale como confissão a admissão, conforme prevê o art. 392 do CPC, dos fatos relativos a direitos indisponíveis, sendo a confissão ineficaz se feita por quem não for capaz de dispor do direito a que se referem os fatos confessados, bem como se feita por um representante somente é eficaz nos limites em que este pode vincular o representado.

Além do mais, a confissão é irrevogável, mas pode ser anulada se decorreu de erro de fato ou de coação (art. 393 do CPC).

Por fim, conforme arts. 394 e 395 do CPC, em se tratando de confissão extrajudicial, quando feita oralmente, só terá eficácia nos casos em que a lei não exija prova literal, sendo a mesma indivisível, não podendo a parte que a quiser invocar como prova aceitá-la no tópico que a beneficiar e rejeitá-la no que lhe for desfavorável.

REPRESENTAÇÃO DO EMPREGADOR: o empregador pode ser representado por gerente ou qualquer outro preposto. O preposto é aquele que tem conhecimento do fato, cujas declarações lhe obrigarão, conforme art. 843 da CLT. A Reforma Trabalhista encerra a antiga discussão doutrinária e jurisprudencial sobre ostentar, ou não, o preposto da condição de empregado do reclamado.

Doravante, diante do § 3º do art. 843 da CLT, o preposto não precisa ser empregado da parte reclamada.

7.1.3 Prova testemunhal

Toda pessoa capaz, que não seja impedida ou suspeita e que tenha conhecimento dos fatos, pode ser testemunha (arts. 829 da CLT e 447 do CPC).

O suspeito ou impedido poderá ser ouvido como informante e não prestará o compromisso de dizer a verdade.

Não torna suspeita a testemunha o simples fato de estar litigando ou de ter litigado contra o mesmo empregador (Súmula 357 do TST).

PROCEDIMENTO	N. DE TESTEMUNHAS
ORDINÁRIO	MÁX. 3
SUMARÍSSIMO	MÁX. 2
INQUÉRITO PARA APURAÇÃO DE FALTA GRAVE	MÁX. 6

No Processo do Trabalho não há exigência de apresentação de **rol** de testemunhas.

O depoimento das partes e testemunhas que não souberem falar a língua nacional será feito por meio de intérprete nomeado pelo juiz.

> No XXIV Exame da OAB, a banca elaborou a seguinte questão: Jorge trabalhou em uma sociedade empresária francesa, no Brasil. Entendendo que o valor das horas extras não lhe havia sido pago corretamente, ajuizou ação trabalhista. Como impugnara os controles de horário, necessitou apresentar prova testemunhal, porém, sua única testemunha, apesar de trabalhar a seu lado, não fala português. Diante disso, Jorge requereu ao juiz a nomeação de um intérprete. O gabarito indicou que o custeio dos honorários do intérprete caberia a Jorge, parte interessada no depoimento da testemunha.

As testemunhas não poderão sofrer qualquer desconto pelas faltas ao serviço ocasionadas pelo seu comparecimento para depor, quando devidamente arroladas ou convocadas. Se a testemunha for funcionário civil ou militar e tiver de depor em hora de serviço, será requisitada ao chefe da repartição para comparecer à audiência marcada.

7.1.4 Prova documental

A **prova documental** somente será válida se estiver no original ou em cópia com declaração de autenticidade feita pelo advogado, sob sua responsabilidade pessoal, e caso seja impugnada sua autenticidade, a parte será intimada a apresentar cópias autenticadas ou originais para que sejam conferidas pelo serventuário designado pelo Juiz, nos termos do art. 830 da CLT.

A petição inicial deve estar acompanhada dos documentos em que se fundar, sendo que da mesma forma a defesa, nos moldes do art. 434 do CPC.

Na fase recursal não é possível a juntada de documentos, exceto se comprovado o justo impedimento para a sua oportuna apresentação, ou se referirem a fato posterior à sentença (Súmula 8 do TST).

DOCUMENTO LAVRADO EM LÍNGUA ESTRANGEIRA: será admitido no processo se estiver acompanhado da tradução por tradutor juramentado, nos termos do art. 192, parágrafo único, do CPC, bem como do art. 224 do Código Civil Brasileiro.

OBRIGATORIEDADE DA JUNTADA DE CONTROLE DE JORNADA: conforme redação da Súmula 338 do TST, é obrigatória a juntada de controle de horário por parte da reclamada, caso a mesma possua mais de dez empregados.

DOCUMENTO COMUM ÀS PARTES: nos termos da Orientação Jurisprudencial 36 da SDI-I do TST, o documento comum às partes, cujo conteúdo não seja impugnado, terá validade mesmo que em cópia não autenticada.

PROCEDIMENTO SUMARÍSSIMO: todas as provas serão produzidas na audiência de instrução e julgamento, ainda que não requeridas previamente. Sobre os documentos apresentados por uma das partes, manifestar-se-á imediatamente a parte contrária, sem interrupção da audiência, salvo absoluta impossibilidade, a critério do juiz.

7.1.5 Prova pericial

Tratando-se de processos que contenham fatos que dependam de análise de técnicos especializados, que são os profissionais da área como da medicina do trabalho ou engenharia para verificação de insalubridade ou periculosidade no ambiente de trabalho, grafotécnicos para análise de assinaturas ou preenchimentos de documentos, contadores para perícias contábeis ou cálculos de liquidação de sentença e outros, **serão nomeados pelo Juiz, que fixará o prazo para a entrega do laudo**.

A prova pericial consiste em **exame** (pessoas ou documentos), **vistoria** (imóveis) ou **avaliação** (para apuração de valores).

Quando a prova do fato depender de **conhecimento técnico ou científico**, o juiz será assistido por perito, assim considerado auxiliar da justiça, para tanto dotado de fé pública, conforme art. 156 do CPC.

O perito que por dolo ou culpa prestar informações inverídicas responderá pelos prejuízos causados à parte, ficando inabilitado por dois a cinco anos para funcionar em outras perícias, e incorrerá nas sanções que a lei penal estabelecer (art. 158 do CPC).

FIQUE LIGADO: o Juiz não estará adstrito ao laudo pericial, podendo formar sua convicção com outros elementos ou fatos provados nos autos, nos termos dos arts. 371 e 479 do CPC.

O perito será nomeado pelo Juiz, devendo haver correlação entre a especialidade do profissional e a natureza do exame, da vistoria ou da inspeção que se pretende efetivar, cabendo às partes, no prazo de cinco dias após a nomeação do perito, indicar assistentes técnicos, se acharem oportuno.

FIQUE LIGADO: cada parte poderá indicar um assistente técnico, cujo laudo deverá ser apresentado no mesmo prazo assinalado para o perito judicial, sob pena de desentranhamento dos autos.

Procedimento sumaríssimo: dispõe o art. 852-H da CLT que somente quando a prova do fato o exigir ou for legalmente imposta, será deferida a prova técnica. Portanto, deve o magistrado fixar o prazo, além do objeto da perícia, bem como a nomeação do perito.

ATENÇÃO! A prova pericial poderá ser determinada tanto de ofício (*ex officio)* pelo Juiz, quanto a requerimento das partes.

Responsabilidade pelo pagamento dos honorários periciais: a responsabilidade pelo pagamento dos honorários periciais é da parte sucumbente na pretensão objeto da perícia (e não da ação), salvo se beneficiária da justiça gratuita (art. 790-B da CLT).

Depósito prévio para honorários periciais: nos termos do art. 790-B, § 3º, da CLT, o juízo não poderá exigir adiantamento de valores para a realização de perícias.

Honorários periciais dos assistentes técnicos das partes: de acordo com a Súmula 341 do TST, a indicação do perito assistente é faculdade da parte, a qual deve responder pelos respectivos honorários, ainda que vencedora no objeto da perícia.

> No XXI Exame da OAB, afirmou-se que em pedido de reenquadramento formulado em reclamação trabalhista, foi designada perícia, com honorários adiantados pelo autor, e ambas as partes indicaram assistentes técnicos, sendo que após a análise das provas, o pedido foi julgado procedente. Nesta condição, o autor não terá o ressarcimento dos honorários que pagou ao seu assistente técnico, porque sua indicação é faculdade da parte.
>
> No XVIII Exame da OAB, considerou-se que a empresa pagará os honorários, pois foi sucumbente na pretensão objeto da perícia, no seguinte problema: Marcos ajuizou reclamação trabalhista em face de sua exempregadora, a sociedade empresária Cardinal Roupas Ltda., afirmando ter sofrido acidente do trabalho (doença profissional). Em razão disso, requereu indenização por danos material e moral. Foi determinada a realização de perícia, que concluiu pela ausência de nexo causal entre o problema sofrido e as condições ambientais. Na audiência de instrução, foram ouvidas cinco testemunhas e colhidos os depoimentos pessoais. Com base na prova oral, o juiz se convenceu de que havia o nexo causal e os demais requisitos para a responsabilidade civil, pelo que deferiu o pedido.

Manifestação das partes: após apresentado o laudo, o Juiz determinará a intimação das partes para se manifestarem. Poderá ainda o magistrado ouvir o perito em audiência, objetivando esclarecimentos sobre o objeto da perícia.

Realização de nova perícia: caso ache necessário, o magistrado poderá (de ofício ou a requerimento da parte) determinar a realização de nova perícia quando a matéria não lhe parecer suficientemente esclarecida; caso em que a segunda perícia terá por objeto os mesmos fatos sobre que recaiu a primeira, destinando-se a corrigir eventual omissão ou inexatidão dos resultados.

FIQUE LIGADO: a segunda perícia não substitui a primeira, cabendo o juiz avaliar livremente o valor de uma e de outra.

Ausência da reclamada na audiência: no caso de ausência da reclamada na audiência, que acarreta a revelia além da confissão da matéria fática, a jurisprudência tem entendido haver a obrigatoriedade de realização de perícia técnica para determinar a existência do agente insalubre ou perigoso.

Momento oportuno para requerimento de nomeação de perito: o momento oportuno para requerimento de nomeação do perito é para o reclamante na peça inicial. Para o reclamado, ocorre na peça de defesa.

OBSERVAÇÃO: nada impede que seja requerida em audiência ou a qualquer momento, se demonstrada a imprescindibilidade.

7.1.6 Inspeção judicial

Por fim, diante da nova redação do art. 790-A da CLT, os honorários periciais seguirão a seguinte sistemática:

- ainda que beneficiária da justiça gratuita, a parte responderá pelos honorários periciais;
- ao fixar o valor dos honorários periciais, o juízo deverá respeitar o limite máximo estabelecido pelo Conselho Superior da Justiça do Trabalho;
- o juízo poderá deferir o parcelamento dos honorários periciais, tanto em benefício do reclamante como do reclamado;
- o juízo não poderá exigir adiantamento de valores para realização de perícias;
- somente no caso em que o beneficiário da justiça gratuita não tenha obtido em juízo créditos capazes de suportar a despesa, ainda que em outro processo, a União responderá pelo encargo

Sobre a inspeção judicial, trata-se de um meio de prova aplicado no processo do trabalho, que depende da atuação direta do magistrado.

Conforme o art. 481 do CPC, pode o juiz, de ofício ou a requerimento da parte, em qualquer fase do processo, inspecionar pessoas ou coisas, a fim de se esclarecer sobre fato que interesse à decisão da causa.

O magistrado poderá ser assistido por um ou mais peritos durante a inspeção, conforme art. 482 do CPC.

As partes possuem direito de assistir a inspeção, prestando esclarecimentos e fazendo observações que sejam interessantes para a causa.

Após o término da diligência, o juiz mandará lavrar o auto, que mencionará tudo que for útil para o julgamento da causa, podendo constar desenho, gráfico ou fotografia, conforme art. 484 do CPC.

8. DAS AUDIÊNCIAS

A audiência é o ato pelo qual se ouvem as partes ou os demais integrantes do processo (testemunhas, peritos etc.).

É um ato processual de grande relevância, uma vez que a maioria dos atos processuais ali se concentram (**princípio da concentração**), como é o caso da conciliação, apresentação de defesa, colheita de depoimentos pessoais, oitiva das testemunhas, apresentação das razões finais e prolação da sentença.

A audiência será na primeira data desimpedida depois de cinco dias, ou seja, entre a data do recebimento da notificação e a data da audiência deverão decorrer pelo menos cinco dias.

- **local da audiência:** serão realizadas na sede do juízo ou tribunal.
- **exceção:** poderá ser designado outro local, em casos excepcionais, desde que notificado por meio de edital, publicado com antecedência mínima de 24 horas.
- **realização:** em dias úteis.
- **horário:** das 8h às 18h.

FIQUE LIGADO: as sessões nos tribunais ocorrerão das 14h às 17h, podendo ser prorrogadas pelo presidente em caso de manifesta necessidade (CLT, art. 701).

- **duração:** não pode ultrapassar cinco horas seguidas.
- **exceção:** pode ultrapassar cinco horas seguidas, quando houver matéria urgente.

FIQUE LIGADO: podem ser convocadas audiências extraordinárias, desde que haja publicação em edital afixado na sede do juízo ou tribunal, com a antecedência mínima de 24 horas.

Presença dos serventuários (art. 814 da CLT): nas audiências deverão estar presentes, comparecendo com a necessária antecedência, os escrivães ou secretários.

Abertura e pregão da audiência: conforme o art. 815 da CLT, na hora marcada o juiz ou presidente declarará aberta a audiência, sendo feita pelo secretário ou escrivão a chamada das partes, testemunhas e demais pessoas que devam comparecer.

Atraso na audiência: de acordo com o art. 815 da CLT, parágrafo único, se, em até 15 minutos após a hora marcada, o juiz ou presidente não houver comparecido, os presentes poderão retirar-se, devendo o ocorrido constar do livro de registro das audiências.

Nota-se que essa regra somente se aplica quando o juiz atrasar no comparecimento da primeira audiência da pauta. Se o atraso for decorrente da demora na realização das demais audiências, a mesma não possibilita a retirada das partes e advogados, de modo que, nessa última hipótese, retirando-se serão considerados ausentes.

> No XX Exame da OAB, afirmou-se como certa a afirmativa de que o advogado e o cliente poderão se retirar, devendo o ocorrido constar do livro de registro de audiências, quando em reclamação trabalhista, na qual você figurava como advogado da ré, seu processo era o primeiro da pauta de audiências, designado para as 9h00min. Entretanto, já passados 25 minutos do horário da sua audiência, o juiz ainda não havia comparecido e você e seu cliente tinham audiência em outra vara às 9h40min.

Ordem na audiência (art. 816 da CLT): vale destacar que o juiz ou presidente manterá a ordem nas audiências, podendo mandar retirar do recinto os assistentes que a perturbarem.

Registro da audiência (art. 817 da CLT): serão realizados em livro próprio, constando de cada registro os processos apreciados e a respectiva solução, bem como as ocorrências eventuais, podendo fornecer certidões às pessoas que o requererem.

Fracionamento da audiência (art. 849 da CLT): a audiência de julgamento será contínua; mas, se não for possível, por motivo de força maior, concluí-la no mesmo dia, o juiz ou presidente marcará a sua continuação para a primeira desimpedida, independentemente de nova notificação.

FIQUE LIGADO: a audiência una, especialmente nos grandes centros, ficou inviabilizada, passando os juízes a dividi-la, fracioná-la.

Audiência inaugural: quando há a primeira proposta de conciliação e apresentação de defesa;

Audiência de instrução: também chamada de "em prosseguimento", é a oportunidade em que ocorre a colheita de provas orais (interrogatório, oitiva das testemunhas, oitiva do perito e assistentes técnicos);

Audiência de julgamento: publicação da sentença.

Comparecimento das partes (art. 843 da CLT): na audiência de julgamento deverão estar presentes o reclamante e o reclamado, independentemente do comparecimento de seus representantes.

Exceção: reclamatória plúrima ou ações de cumprimento, quando os empregados poderão fazer-se representar pelo sindicato de sua categoria.

> No XV Exame, considerou-se certa a possibilidade de representação por outro empregado da mesma profissão ou pelo seu sindicato, tendo sido apresentado o seguinte problema: Jorge, que presta serviços a uma companhia aérea na China, é autor de um processo em face da Viação Brasil S/A, sua ex-empregadora. Na data da audiência, Jorge estará, comprovadamente, trabalhando na China.

Hipóteses em que as partes podem ser representadas

1. Representação do empregado pelo sindicato nas reclamações plúrimas.
2. Representação do empregado pelo sindicato nas ações de cumprimento.
3. Representação do empregador pelo gerente ou preposto.
4. Representação do empregado por outro empregado que pertença à mesma profissão ou pelo sindicato, em razão de doença ou qualquer outro motivo "poderoso", devidamente comprovado.

Representação do empregador pelo gerente ou preposto: diante do § 3º do art. 343 da CLT, o preposto do empregador não precisa mais ostentar a condição de empregado.

FIQUE LIGADO: o preposto deve ter conhecimento dos fatos, tendo a função de representar a parte na audiência, exaurindo sua atividade neste ato.

Poderá exercer todos os atos necessários na audiência, tais como realizar propostas de acordo, apresentar defesa oral, prestar depoimento pessoal e aduzir razões finais.

Por outro lado, encerrada a audiência, não poderá praticar outros atos processuais como, por exemplo, interpor recursos.

Preposto sem conhecimento dos fatos: nos termos do art. 386 do CPC, quando a parte, sem motivo justificado, deixar de responder ao que lhe for perguntado ou empregar evasivas, o juiz, apreciando as demais circunstâncias e os elementos de prova, declarará, na sentença, se houve recusa de depor, destacando-se que a partir da interpretação do art. 389 do CPC, haverá confissão judicial ou extrajudicial, quando a parte admite a verdade de fato contrária ao seu interesse e favorável ao do adversário.

> No XIX Exame da OAB, na questão relativa à seguinte história: a sociedade empresária Sucos Naturais Ltda., empresa de pequeno porte, teve contra si ajuizada uma reclamação trabalhista, na qual Alice, uma de suas ex-empregadas, postula o pagamento de horas extras. Para a audiência, a sociedade empresária enviou como preposto o empregado que foi contratado para substituir Alice. Em razão disso, o advogado da reclamante protestou contra tal fato, requerendo a aplicação da confissão, pois o preposto não havia presenciado os fatos, considerou-se como correta a alternativa que dizia que a impugnação deve ser rejeitada, pois o preposto precisa apenas ter conhecimento dos fatos.

Ausência do reclamante: de acordo com o art. 844 da CLT, o não comparecimento do reclamante à audiência importa o arquivamento da reclamação.

ATENÇÃO! O art. 844 da CLT foi alterado pela Reforma Trabalhista para fixar o pagamento de custas em caso de arquivamento do processo por ausência do reclamante na audiência, ainda que beneficiário da justiça gratuita, salvo se comprovar, no prazo de 15 dias, que a ausência ocorreu por motivo legalmente justificável, sendo certo que o pagamento das custas processuais, pelo reclamante, será condição para o ingresso de uma nova reclamatória.

Ausência do reclamado: conforme o art. 844 da CLT, o não comparecimento do reclamado importa revelia, além de confissão quanto à matéria de fato. O § 4º do art. 844 da CLT, inserido pela Reforma Trabalhista, trata da não aplicabilidade dos efeitos da revelia quando:

- havendo pluralidade de reclamados, algum deles contestar a ação;
- o litígio versar sobre direitos indisponíveis;
- a petição inicial não estiver acompanhada de instrumento que a lei considere indispensável à prova do ato;
- as alegações de fato formuladas pelo reclamante forem inverossímeis ou estiverem em contradição com prova constante dos autos.

FIQUE LIGADO: a ausência de ambas as partes na audiência inaugural produz o arquivamento do processo.

O não comparecimento do reclamante ou do reclamado à audiência de instrução, em que tenha sido intimado a depor, implica a confissão ficta (Súmula 74, I, do TST).

Caso o reclamante dê causa a dois arquivamentos seguidos da reclamação trabalhista por não comparecer à audiência, não poderá ajuizar nova reclamatória pelo prazo de seis meses. Tal impedimento é denominado **perempção provisória** no Processo do Trabalho.

A presença só do advogado em audiência, ainda que munido de procuração, não afasta a revelia, esta se afasta apenas se comprovada mediante atestado médico a impossibilidade de locomoção do empregador ou de seu preposto no dia da audiência (Súmula 122 do TST).

ATENÇÃO! Conforme § 5º do art. 844 da CLT, ainda que ausente o reclamado, presente o advogado na audiência, serão aceitos a contestação e os documentos eventualmente apresentados. Trata-se de providência que prestigia o contraditório e a ampla defesa, em compasso com o acesso à ordem jurídica justa pelo reclamado. Haverá confissão ficta pelo não comparecimento do reclamado ou se seu preposto, mas não a revelia, pois houve ânimo de defesa e apresentação de contestação. Diante da presente disposição, a Súmula 122 do TST será revogada.

Nos termos da OJ 152 da SDI-I do TST, pessoa jurídica de direito público sujeita-se à revelia.

Acordo judicial: nos termos do art. 764 da CLT, os dissídios individuais ou coletivos submetidos à apreciação da Justiça do Trabalho serão sempre sujeitos à conciliação.

Acordo judicial – rito sumaríssimo: conforme inteligência do art. 852-E da CLT, no rito sumaríssimo, uma vez aberta a sessão, o juiz esclarecerá as partes presentes sobre as vantagens da conciliação e usará os meios adequados de persuasão para a solução conciliatória do litígio, em qualquer fase da audiência.

Acordo judicial – rito ordinário

1ª tentativa de conciliação: na abertura da audiência inicial e antes da apresentação da defesa (art. 846 da CLT).

2ª tentativa de conciliação: depois das razões finais e antes da sentença (art. 850 da CLT).

É faculdade do juiz a homologação do acordo. Logo, é incabível o mandado de segurança contra ato do juiz que se recusou à homologação (Súmula 418 do TST).

O juiz homologa acordo por sentença, que é irrecorrível para as partes, salvo para a União quanto às contribuições previdenciárias (art. 831, parágrafo único, da CLT).

Nos termos da Súmula 100, V, do TST, o termo conciliatório transita em julgado na data da sua homologação.

> No XX Exame da OAB, considerou-se que feito o pregão em reclamação trabalhista, as partes sentam à mesa de audiência com seus respectivos advogados e informam ao juiz que conciliaram, mas que analisando os termos da petição inicial, o juiz entende que a proposta de acordo é lesiva ao trabalhador, e informa que em razão disso não irá homologá-la, sendo certo que é correta a atitude judicial porque a homologação de um acordo é faculdade do magistrado. Correta a atitude judicial porque a homologação de um acordo é faculdade do magistrado.

9. DA SENTENÇA E COISA JULGADA

A CLT não dispõe de um conceito de sentença, aplicando-se subsidiariamente o CPC, por força do art. 769 da CLT.

Neste sentido, o legislador conceituou: ressalvadas as disposições expressas dos procedimentos especiais, sentença é o pronunciamento por meio do qual o juiz, com fundamento nos arts. 485 e 487, põe fim à fase cognitiva do procedimento comum, bem como extingue a execução (art. 203, § 1º, do CPC).

Os pronunciamentos do juiz consistirão em sentenças, decisões interlocutórias e despachos.

Hipóteses de atuação do magistrado após proferida a sentença:

1. julgar Embargos de Declaração (arts. 494, II, do CPC e 897-A da CLT);
2. corrigir inexatidões materiais ou retificar erros de cálculo (art. 494, I, do CPC e 897-A da CLT);
3. conduzir processo de execução posterior (art. 877 da CLT);
4. proferir sentença de mérito, quando tenha, em ato anterior, extinguido o mesmo processo sem resolução do mérito, posicionamento este modificado pelo Tribunal, em função de recurso ordinário interposto pela parte prejudicada.

CLASSIFICAÇÃO

- **Quanto à natureza da ação:** sentença declaratória; sentença condenatória; sentença constitutiva.
- **Quanto ao resultado da lide:** sentença terminativa; sentença definitiva.

Ordem cronológica da conclusão: à luz do art. 12 do CPC, os juízes e os tribunais atenderão, preferencialmente, à ordem cronológica de conclusão para proferir sentença ou acórdão.

Conclusão: ato em que o escrivão ou chefe de secretaria certifica que o processo está pronto para a decisão, pois nada mais há para ser feito, por isso os autos são entregues ao gabinete do juiz para que ele profira a decisão.

9.1 REQUISITOS ESSENCIAIS DA SENTENÇA (ART. 489 DO CPC)

- relatório;
- fundamentos;
- dispositivo.

Relatório: é onde o juiz realiza a descrição resumida das principais ocorrências verificadas no curso do processo, indicando o pleito formulado pelo demandante e seus fundamentos, além das defesas opostas pelo demandado.

No procedimento sumaríssimo, o relatório é dispensável (art. 852-I, da CLT).

Motivação ou fundamentos: é onde o julgado expõe os fundamentos fáticos e jurídicos que motivaram a sua convicção na prolação da decisão, mediante análise circunstanciada dos argumentos dos litigantes. Uma vez ausente a fundamentação, gera-se nulidade do julgado.

Deverá o magistrado observar, nesta ordem:

- pressupostos processuais de constituição e desenvolvimento regular do processo;
- questões prejudiciais de mérito (prescrição, por exemplo);
- mérito propriamente dito.

Dispositivo: é a parte da sentença que tem conteúdo decisório, sendo que o magistrado apresenta a sua conclusão, extinguindo o processo com ou sem resolução de mérito. Se este requisito estiver ausente, fala-se na inexistência da sentença.

A sentença deverá apresentar ainda:

- prazo e condições para o seu cumprimento (art. 832, § 1º, da CLT);
- valor das custas processuais a serem pagas pelo vencido (art. 832, § 2º, da CLT);
- natureza jurídica das parcelas e discriminação do limite de responsabilidade de cada uma das partes pelo recolhimento das contribuições previdenciárias (art. 832, § 3º, da CLT).

Concluímos que, no Processo do Trabalho, a sentença tem seis requisitos: três essenciais e três secundários, acessórios.

9.2 PUBLICAÇÃO DA SENTENÇA

A intimação da sentença ocorre na audiência em que foi proferida. O reclamado **revel** deverá ser intimado via postal com aviso de recebimento.

A ata de audiência de julgamento será juntada ao processo, devidamente assinada, no prazo improrrogável de 48 horas.

Caso esse procedimento não seja observado, o prazo recursal será contado a partir da data em que for recebida a intimação da sentença pela parte. É o teor da Súmula 30 do TST.

9.3 JULGAMENTO *CITRA*, *ULTRA* E *EXTRA PETITA*

Princípio da congruência, correlação ou adstrição – O magistrado, ao proferir a sentença, deve se ater aos limites em que foi proposta a lide.

- *ultra petita* – sentença confere à parte mais do que foi pleiteado.
- *extra petita* – sentença que confere à parte pedido ou parcela do pedido diferente do que foi pleiteado.
- *citra petita* – sentença confere à parte menos do que foi por ela pleiteado, com omissão na análise das matérias invocadas.

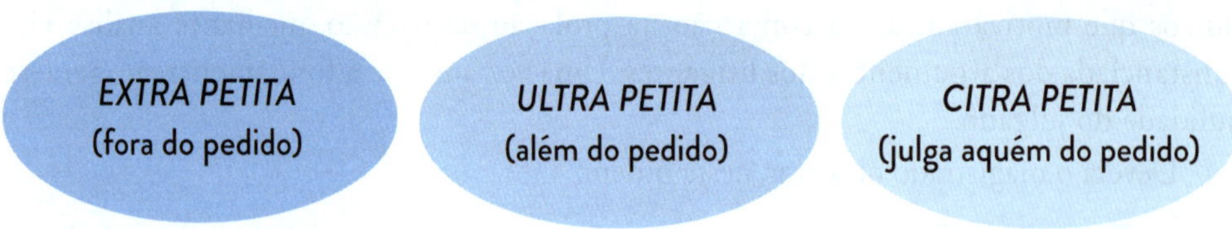

9.4 COISA JULGADA

Pondera-se que no momento em que a decisão se torna irrecorrível, ocorre o seu trânsito em julgado, surgindo a denominada coisa julgada.

A coisa julgada consiste no *status* assumido pelo pronunciamento judicial quando a decisão nele emanada não tenha sido objeto de apelo, ou mesmo se já foram esgotados todos os recursos possíveis, podendo a coisa julgada ser formal ou material.

Coisa julgada formal: qualquer sentença, seja definitiva ou terminativa, que transite em julgado, tornando impossível sua alteração, estará acobertada pelo manto da coisa julgada formal.

Coisa julgada material: trata-se da impossibilidade de modificação ou discussão da decisão de mérito não mais sujeita a recurso, conforme art. 502 do CPC.

10. TEORIA GERAL DOS RECURSOS

RECURSO: é o meio processual idôneo colocado à disposição da parte vencida, do terceiro prejudicado e do Ministério Público, para que a decisão judicial impugnada seja reformada, esclarecida, invalidada ou integrada.

10.1 PRINCÍPIOS RECURSAIS

Do duplo grau de jurisdição: busca-se o controle das decisões judiciais oriundas das instâncias inferiores pelos órgãos superiores (reexame da decisão). A Constituição Federal não prevê expressamente este princípio, apenas garante aos litigantes em processo judicial ou administrativo e aos acusados em geral o contraditório e a ampla defesa, com os meios e recursos a ela inerentes.

Da taxatividade: segundo este princípio, somente é possível o cabimento de um recurso que esteja previsto em lei, ou seja, na CLT ou na legislação extravagante, sendo o rol dos recursos trabalhistas taxativo e não meramente exemplificativo.

Unirrecorribilidade: somente é possível um único recurso específico para cada decisão. Veda-se a interposição simultânea.

Fungibilidade ou conversibilidade: quando um recurso for interposto de forma incorreta poderá ser convertido pelo juiz em um recurso corretamente cabível. Isto será possível desde que haja dúvida objetiva sobre o recurso cabível e que não seja caso de erro grosseiro.

Note-se, ainda, que caso o prazo de ambos seja diferente, o recurso só será admitido se interposto no prazo menor.

Dialeticidade: o recorrente deve motivar suas razões recursais para que o recorrido possa se defender e o Tribunal conhecer o objeto impugnado.

Vedação da *reformatio in pejus*: o Tribunal competente para o julgamento do recurso não pode piorar, agravar a situação do recorrente, salvo se houver recurso da outra parte.

Voluntariedade: segundo este princípio, impõe-se a provocação da parte, sendo, portanto, manifestação do poder de ação.

FIQUE LIGADO: **recursos cabíveis no processo do trabalho:** recurso ordinário; recurso de revista; embargos de declaração; embargos ao TST; agravo de petição; agravo de instrumento.

Além desses, admitem-se no processo do Trabalho o pedido de revisão e o recurso extraordinário, muito embora este não seja recurso trabalhista.

EFEITOS DOS RECURSOS

Quanto aos efeitos dos recursos, podemos destacar:

- **Efeito devolutivo:** trata-se da transferência ao juízo *ad quem* do conhecimento das matérias julgadas no juízo *a quo*. Destaca-se que todos os recursos são dotados do efeito devolutivo. Permite-se assim, ao credor, iniciar a execução provisória (art. 899 da CLT).

- **Efeito suspensivo:** embora a regra seja o efeito devolutivo, havendo o efeito suspensivo fala-se na suspensão da eficácia da decisão enquanto pender de julgamento o recurso contra ela interposto.

  Para se obter o efeito suspensivo do recurso, o recorrente tem que pleitear, nas razões recursais, a concessão de tutela provisória de urgência de natureza cautelar, demonstrando a necessidade de suspensão dos efeitos da sentença, nos termos da Súmula 414, I, do TST.

- **Efeito translativo:** trata-se da possibilidade de o tribunal conhecer de matérias de ordem pública que não dependem de manifestação das partes.

FIQUE LIGADO: o efeito translativo não se aplica aos recursos de natureza extraordinária, vez que obrigatoriamente devemos ter uma decisão prévia a respeito da matéria (prequestionamento).

Contrarrazões: conforme o art. 900 da CLT, uma vez interposto o recurso, será notificado o recorrido para oferecer as suas razões, em prazo igual ao que tiver tido o recorrente.

Requisitos de admissibilidade: o recurso existirá desde que presentes alguns requisitos de natureza obrigatória. São pressupostos processuais de validade e desenvolvimento do recurso, considerados como elementos de viabilidade da pretensão recursal, motivo pelo qual são considerados como pressupostos processuais e condições da ação na esfera recursal.

FIQUE LIGADO: o processamento dos recursos está condicionado à observância de determinados requisitos que são autorizantes do seu trâmite.

Juízo de admissibilidade do recurso: visa verificar a presença dos pressupostos recursais, condicionando-se a satisfação, pelo recorrente dos pressupostos (ou requisitos) previstos em lei para que o recurso interposto possa ser conhecido.

O primeiro juízo de admissibilidade será realizado pelo julgador da instância originária. Trata-se de juízo preliminar e superficial.

Em relação ao **cabimento,** a adequação do recurso é requisito fundamental para que o mesmo seja conhecido, visto que na esfera recursal para cada ato jurídico há um recurso correspondente.

O ato que será impugnado deve ensejar o recurso escolhido pelo recorrente. Não basta que o ato judicial atacado seja recorrível, mas sim que o recurso utilizado esteja em conformidade com a lei que estabelece determinados regramentos para possibilitar a impugnação da decisão judicial.

ATENÇÃO! Cabe à parte valer-se do recurso correto para que de fato a decisão seja impugnada, de modo que a inadequação do recurso implicará o não conhecimento do mesmo.

Quanto à **legitimidade recursal**, é necessário que a parte recorrente seja legítima, visto que nunca será admissível a ilegitimidade de parte.

Considera-se como parte ilegítima aquela pessoa à qual falta a legitimação conferida pela norma jurídica.

O art. 996 do CPC determina quem poderá interpor o recurso, destacando a **parte vencida, o terceiro prejudicado e o Ministério Público**.

Já a CLT, de acordo com o art. 898, especifica quem possui legitimidade para recorrer: os interessados, o Presidente do Tribunal e a Procuradoria da Justiça do Trabalho.

No tocante ao **interesse recursal**, trata-se da conexão existente entre a pretensão do recorrente ligada ao objeto da demanda e a necessidade da positividade do resultado.

FIQUE LIGADO: o recurso deve ser útil e necessário à parte, sob pena de não conhecimento por ausência de um pressuposto recursal subjetivo.

Também existe o interesse recursal quando a parte não obtém todos os benefícios que pretendia no processo.

O requisito **capacidade** destaca que as partes deverão ter capacidade para estar em juízo. Em caso de incapacidade a pessoa não poderá recorrer, uma vez que não lhe é possível exprimir o próprio interesse, de acordo com a redação do art. 17 do CPC, sendo necessária a representação por pais, tutores ou curadores, de acordo com o art. 71 do CPC.

A **regularidade formal dos recursos** diz respeito à forma com que a lei exige que seja apresentado o recurso. O recorrente deverá cumprir as regras estabelecidas quanto ao aspecto formal do recurso, sendo que a CLT determina em seu art. 899 que "os recursos serão interpostos por simples petição".

A **tempestividade** é o requisito recursal relacionado ao prazo que deve ser observado par a interposição do recurso.

ATENÇÃO! Via de regra, os prazos fixados para os recursos previstos na CLT são de **oito dias**, salvo os embargos de declaração (cinco dias), o recurso extraordinário (15 dias), e o pedido de revisão (48 horas).

Os prazos dos recursos são contados excluindo-se o dia do início e incluindo-se o dia do vencimento, de acordo com o art. 775 da CLT.

O **preparo** refere-se aos valores que devem ser recolhidos para que o recorrente possa interpor o recurso, portanto, é imprescindível a observação das regras estabelecidas pela justiça trabalhista, impreterivelmente. É o pagamento das taxas e despesas processuais para o recurso poder ser conhecido.

FIQUE LIGADO: no processo do trabalho há exigência do recolhimento das custas e também do depósito recursal.

Pagamento das custas: as custas serão pagas pelo vencido e comprovadas dentro do prazo recursal. O não pagamento e a não comprovação dentro do prazo legal implicará deserção.

Valor das custas: é fixado na sentença, de acordo com o art. 832, § 2º, da CLT, sendo um requisito essencial.

O valor da condenação para efeito de custas não se confunde com o valor da causa, pois o valor da condenação tem por base o somatório dos benefícios patrimoniais obtidos pelo autor no processo.

Depósito recursal: é um pressuposto objetivo do recurso, atrelado aos requisitos externos do direito de recorrer. Diante da redação do § 4º do art. 899 da CLT, o depósito recursal não será mais depositado em conta vinculada do reclamante ao FGTS e, sim, em conta vinculada ao juízo e corrigido com os mesmos índices da poupança.

O valor do depósito recursal será reduzido pela metade para entidades sem fins lucrativos, empregadores domésticos, microempreendedores individuais, microempresas e empresas de pequeno porte.

São isentos do depósito recursal:

- os beneficiários da justiça gratuita;
- as entidades filantrópicas; e
- as empresas em recuperação judicial.

ATENÇÃO! Se o reclamado, mesmo pessoa jurídica, for beneficiário da justiça gratuita, não realizará depósito recursal.

Atente-se por fim, que o depósito recursal poderá ser substituído por fiança bancária.

11. DOS RECURSOS EM ESPÉCIE

11.1 DO RECURSO ORDINÁRIO

Trata-se do primeiro recurso, que se interpõe no juízo originário. O objetivo é a **revisão do julgado pela instância superior de toda matéria impugnada**, de forma a serem analisados os fatos, as provas e o direito, nos moldes do art. 895 da CLT.

Cabimento do recurso ordinário para a instância superior – art. 895 da CLT:

> I – das decisões definitivas ou terminativas das Varas e Juízos, no prazo de 8 (oito) dias;
>
> II – das decisões definitivas ou terminativas dos Tribunais Regionais, em processos de sua competência originária, no prazo de 8 (oito) dias, quer nos dissídios individuais, quer nos dissídios coletivos.

FIQUE LIGADO: nas localidades em que não há Vara do Trabalho ou se esta não tem jurisdição sobre certa cidade, atua o juiz de Direito, sendo que da sua decisão em matéria trabalhista caberá recurso ordinário para o TRT que abrange a respectiva região, e não para o Tribunal de Justiça.

Admitindo-se o recurso ordinário, será intimada a parte adversa para apresentar contrarrazões no prazo de oito dias, nos termos do art. 900 da CLT, ressalvando-se que o prazo para contrarrazões é igual para todos, inclusive para as pessoas jurídicas de direito público e o Ministério Público do Trabalho.

No procedimento sumaríssimo, o recurso ordinário deve ser imediatamente distribuído, devendo o relator liberá-lo no prazo máximo de 10 dias para que seja colocado em pauta para julgamento, sem revisor.

Nesse procedimento é facultado ao Ministério Público do Trabalho exarar parecer **oral**, quando entender necessário, e será registrado na certidão de julgamento. O acórdão consistirá unicamente na certidão de julgamento, em que contenha a indicação suficiente do processo e da parte dispositiva, e das razões de decidir do voto prevalente. Se a sentença for confirmada pelos seus próprios fundamentos, a certidão de julgamento, registrando tal circunstância, valerá como acórdão.

11.2 RECURSO DE REVISTA

É um recurso de natureza extraordinária, não se admitindo o *jus postulandi*. Assim, é necessário que a demanda tenha sido iniciada perante a Vara do Trabalho e que o dissídio seja individual e tenha como finalidade a uniformização da jurisprudência e a correção da interpretação das leis pelos Tribunais, tendo previsão legal nos arts. 896 e 896-A da CLT.

Cabimento do recurso de revista para turma do TST – art. 896 da CLT

É cabível das decisões proferidas em grau de recurso ordinário, em dissídio individual, pelos Tribunais Regionais do Trabalho, quando:

a) derem ao mesmo dispositivo de lei federal interpretação diversa da que lhe houver dado outro Tribunal Regional do Trabalho, no seu Pleno ou Turma, ou a Seção de Dissídios Individuais do Tribunal Superior do Trabalho, ou contrariarem súmula de jurisprudência uniforme dessa Corte ou súmula vinculante do Supremo Tribunal Federal;

b) derem ao mesmo dispositivo de lei estadual, convenção coletiva de trabalho, acordo coletivo, sentença normativa ou regulamento empresarial de observância obrigatória em área territorial que exceda a jurisdição do Tribunal Regional prolator da decisão recorrida, interpretação divergente, na forma da alínea *a*;

c) proferidas com violação literal de disposição de lei federal ou afronta direta e literal à Constituição Federal.

Além da presença dos pressupostos genéricos de admissibilidade, o recurso de revista somente poderá ser utilizado nas restritas hipóteses elencadas no art. 896, *a*, *b* e *c*.

FIQUE LIGADO: para a interposição de recurso de revista, exige-se o **prequestionamento,** que é um requisito específico dos recursos de natureza extraordinária. Diz-se que a matéria está prequestionada quando a decisão recorrida aprecia expressamente a tese jurídica debatida nos autos. A parte vencida almeja reapreciação em grau recursal, ou seja, para ser cabível o recurso de revista, a decisão do acórdão regional deve debater expressamente a tese jurídica invocada pelo recorrente.

Por meio da Medida Provisória n. 2.226, de 4 de setembro de 2001, inseriu-se na Consolidação das Leis do Trabalho o art. 896-A, versando sobre a "**transcendência**" em sede de recurso de revista, o que significa que a causa deverá gerar reflexos de natureza econômica, política, social ou jurídica.

Agora, continuando a política de restrição ao recurso de revista, a Reforma Trabalhista o completa em seis parágrafos, exigindo a demonstração de transcendência do recurso, sob pena de ele não ser admitido.

O procedimento para verificação da transcendência, deve seguir a seguinte sistemática:

- poderá o relator, monocraticamente, denegar seguimento ao recurso de revista que não demonstrar transcendência, cabendo agravo desta decisão para o colegiado;
- em relação ao recurso que o relator considerou não ter transcendência, o recorrente poderá realizar sustentação oral sobre a questão da transcendência, durante cinco minutos em sessão;
- mantido o voto do relator quanto à não transcendência do recurso, será lavrado acórdão com fundamentação sucinta, que constituirá decisão irrecorrível no âmbito do tribunal;
- é irrecorrível a decisão monocrática do relator que, em agravo de instrumento em recurso de revista, considerar ausente a transcendência da matéria;
- o juízo de admissibilidade do recurso de revista exercido pela Presidência dos Tribunais Regionais do Trabalho limita-se à análise dos pressupostos intrínsecos e extrínsecos do apelo, não abrangendo o critério da transcendência das questões nele veiculadas.

Processamento: este é apresentado ao Presidente do TRT e suas razões são dirigidas à Turma do TST, que é o órgão incumbido de fazer o julgamento.

É papel do recorrente indicar os acórdãos divergentes com base nos quais pede a revista, transcrevendo-os ou juntando certidões.

Havendo decisão contrária a disposição de lei federal, o recorrente deverá apontar de forma literal em qual aspecto a lei foi ferida.

Procedimento sumaríssimo: somente será admitido recurso de revista por contrariedade a súmula de jurisprudência uniforme do Tribunal Superior do Trabalho ou a súmula vinculante do Supremo Tribunal Federal e por violação direta da Constituição Federal, afirmação adaptada à Lei n. 13.015, de 21 de julho de 2014, que acrescentou o § 9º do art. 896 da CLT, com as respectivas alterações. Com isso, busca-se restringir as hipóteses do recurso nesse procedimento para dar celeridade.

Recurso de revista na fase da execução é cabível apenas quando houver ofensa literal e direta à Constituição Federal (art. 896, § 2º, da CLT e Súmula 266 do TST).

FIQUE LIGADO: nas execuções fiscais e nas controvérsias da fase de execução que envolvam a certidão negativa de débitos trabalhistas (CNDT), cabe recurso de revista por violação à lei federal, divergência jurisprudencial e ofensa à Constituição Federal (art. 896, § 10, da CLT).

11.3 AGRAVO DE PETIÇÃO

Trata-se do recurso utilizado na execução trabalhista. O seu primeiro juízo de admissibilidade ocorrerá na Vara do Trabalho e as razões serão endereçadas ao TRT, que é o órgão que faz o segundo juízo de admissibilidade do presente recurso.

FIQUE LIGADO: o agravo de petição é o recurso cabível das decisões do Juiz do Trabalho proferidas em execução de sentença, de acordo com o art. 897, *a*, da CLT: "Cabe agravo, no prazo de 8 (oito) dias. a) de petição, das decisões do Juiz ou Presidente, nas execuções".

Poderá ser interposto em face das decisões definitivas ou terminativas proferidas em processo de execução trabalhista, bem como na decisão que julga eventuais embargos à execução ou embargos de terceiros. Caberá ainda, contra decisões que extinguem, total ou parcialmente, a execução.

Esse recurso é cabível para impugnar as decisões proferidas nos embargos, tanto à execução, à penhora, à arrematação, adjudicação e também nos embargos de terceiros na fase de execução.

O agravo de petição é dotado de requisito específico, que diz respeito à delimitação da matéria e dos valores impugnados.

Conforme dispõe o art. 897 da CLT, o agravo de petição só será recebido quando o agravante delimitar, justificadamente, as matérias e os valores impugnados. Trata-se de um pressuposto específico de admissibilidade do agravo de petição, evitando a sua utilização genérica.

FIQUE LIGADO: não se faz necessária a delimitação de matérias e valores, quando o recurso for exclusivamente de direito, ou seja, não houver discussões de valores.

11.4 EMBARGOS DE DECLARAÇÃO

Os embargos de declaração são utilizados no processo do trabalho a partir dos mesmos objetivos e finalidades que se impõem no processo civil, relacionando-se, portanto, aos atos processuais praticados pelos magistrados, mais precisamente com as decisões que estes proferem.

Os embargos de declaração consistem no questionamento sobre omissão, obscuridade e contradição da sentença ou acórdão, além de analisar o manifesto equívoco no exame dos pressupostos extrínsecos do recurso, conforme o art. 897-A da CLT.

Os embargos declaratórios também podem ser opostos com o intuito de **prequestionamento** da matéria (Súmula 297 do TST).

Em regra, não há manifestação da parte contrária nos embargos de declaração, salvo se o juiz vislumbrar efeito modificativo no julgado, hipótese em que deverá permitir a manifestação da outra parte no prazo de cinco dias, sob pena de nulidade da decisão (art. 897-A, § 2º, da CLT).

A interposição dos embargos **interrompe** (zera) o prazo para interposição de outros recursos até que seja proferida decisão para as duas partes, salvo quando intempestivos, irregular a representação da parte ou ausência de assinatura (art. 897-A, § 3º, da CLT).

O art. 1.026, § 2º, do CPC faz menção aos embargos protelatórios, que ensejam a aplicação de multa.

Por fim, vale ressaltar que também cabem os embargos declaratórios em face de decisão monocrática do relator nas hipóteses previstas no art. 932 do CPC, com o objetivo de suprir a omissão (Súmula 421 do TST).

11.5 EMBARGOS AO TST

Os embargos ao TST estão previstos no art. 894 da CLT e possuem natureza de recurso, tendo como finalidade principal a unificação da interpretação jurisprudencial de suas turmas, ou de decisões não unânimes em processos que são de competência originária do TST.

O procedimento dos embargos é regido pelo Regimento Interno do Tribunal Superior do Trabalho, devendo ser apresentados por petição do interessado no protocolo.

Inexiste grau de jurisdição entre as turmas e as seções especializadas do TST, sendo que essas turmas apreciarão os recursos de revista e do acórdão que julgarem, cabendo embargos para a Seção de Dissídios Individuais (SDI).

Os embargos destinam-se à impugnação de acórdãos das Turmas do TST, na hipótese de divergência da jurisprudência na interpretação do dispositivo da lei federal ou da Constituição Federal, ressalvados os processos que tramitam no procedimento sumaríssimo.

Os embargos foram divididos em **infringentes** e de **divergência**.

Embargos infringentes: são de competência da SDC – Seção Especializada em Dissídios Coletivos, cabíveis na impugnação de decisão não unânime proferida em dissídio coletivo de competência originária do TST (ex.: dissídios coletivos envolvendo empresas que exercem sua atividade econômica em base territorial que extrapole a jurisdição de um TRT).

Embargos de divergência: têm por objeto uniformizar a interpretação da legislação da competência do Tribunal Superior do Trabalho no âmbito da Seção dos Dissídios Individuais, que julga os recursos referentes aos conflitos individuais trabalhistas.

11.6 AGRAVO DE INSTRUMENTO

É interposto em face de decisões que denegam seguimento a recursos da linha principal, de um grau para outro de jurisdição, tais como: da Vara do Trabalho para o Tribunal Regional do Trabalho; do Tribunal Regional do Trabalho para o Tribunal Superior do Trabalho; do Tribunal Superior do Trabalho para o Supremo Tribunal Federal.

A previsão legal do agravo de instrumento está no art. 897, *b*, da CLT, e ele será julgado pelo Tribunal que seria competente para conhecer o recurso cuja interposição foi negada.

ATENÇÃO! O agravo de instrumento na Justiça do Trabalho somente é utilizado para destrancar recurso ao qual foi negado seguimento pelo primeiro juízo de admissibilidade, não se confundindo com o agravo de instrumento do Código de Processo Civil.

A Lei n. 12.275/2010 alterou a redação do art. 899, § 7º, da CLT, tornando necessário o depósito recursal de 50% do valor do depósito do recurso que se pretende destrancar para a interposição do agravo de instrumento.

Quando o agravo de instrumento tem a finalidade de destrancar recurso de revista que se insurge contra decisão que contraria a jurisprudência uniforme do Tribunal Superior do Trabalho, consubstanciada nas suas súmulas ou em orientação jurisprudencial, não haverá obrigatoriedade de se efetuar o depósito recursal.

Conforme o § 5º do art. 897 da CLT, "sob pena de não conhecimento, as partes promoverão a formação do instrumento do agravo de modo a possibilitar, caso provido, o imediato julgamento do recurso denegado".

O agravo de instrumento interposto contra o despacho que não receber agravo de petição não suspende a execução.

11.7 AGRAVO REGIMENTAL

Trata-se do recurso de regramento próprio dos Tribunais do Trabalho, diferentemente dos outros recursos, cuja previsão está fundada nos Regimentos Internos, não estando codificada a matéria que o disciplina.

Assemelha-se ao agravo de instrumento, sendo cabível contra as decisões que denegam seguimento a recursos. Ou seja, ele visa impugnar as decisões monocráticas proferidas pelos relatórios das Turmas dos Tribunais Regionais do Trabalho e do TST que negaram seguimento ao recurso, e também do juiz Corregedor nas correições parciais.

Também é utilizado para impugnar decisões proferidas por juízes de tribunais para as quais não haja um meio impugnativo específico legalmente previsto.

O agravo regimental é um recuso limitado. Funda-se na brevidade do processo, uma vez que não é passível de sustentação oral ou contrarrazões. Dessa forma, por ser reduzida a quantidade de atos, automaticamente se tem o objetivo alcançado em um espaço menor de tempo.

11.8 RECURSO ADESIVO

Trata-se de uma forma de interposição do recurso previsto na norma jurídica, que é aderido ao recurso da parte oposta, quando a parte se conforma com a decisão que lhe foi totalmente favorável, mas, diante do recurso da parte contrária, resolve a ele aderir, postulando a reforma da decisão da parte que lhe foi desfavorável.

O recurso adesivo não está previsto de forma expressa na CLT, motivo pelo qual se aplica subsidiariamente o art. 997 do CPC.

Deverá seguir as mesmas regras do recurso principal, com efeito devolutivo, não sendo necessário que a matéria nele veiculada se relacione com a do recurso principal, nos termos da Súmula 283 do TST.

FIQUE LIGADO: podem ser interpostos de forma adesiva: o recurso ordinário, o recurso de revista, os embargos ao TST e o agravo de petição.

O recurso adesivo não será conhecido se o recurso principal não for admitido, ou ainda se houver desistência do principal.

11.9 RECURSO EXTRAORDINÁRIO

É a medida recursal destinada a dar efetividade ao texto constitucional e assegurar a vigência do texto da Constituição quando este for contrariado por decisões dos Tribunais que estão abaixo do STF.

A sua finalidade é submeter ao Supremo Tribunal Federal o reexame das decisões proferidas pelos órgãos jurisdicionais hierarquicamente inferiores, com o objetivo de reformá-las total ou parcialmente.

As decisões trabalhistas passíveis de recurso extraordinário serão proferidas pelas Turmas, Seção de Dissídios Individuais ou Coletivos e do Pleno do TST, sendo em relação a este último a declaração da constitucionalidade ou não das leis.

No processo do trabalho, o recurso extraordinário é interposto contra a última decisão proferida no TST, geralmente advinda de embargos.

12. LIQUIDAÇÃO DE SENTENÇAS E EXECUÇÃO NOS PROCESSOS TRABALHISTAS

12.1 LIQUIDAÇÃO DE SENTENÇAS

As sentenças condenatórias que não forem cumpridas de forma voluntária necessitam de outra fase, denominada execução para a entrega do bem da vida a quem de direito, sendo certo que a execução só se inicia a partir da existência de um título líquido, certo e exigível.

Se a sentença não for líquida, há necessidade de liquidação da sentença, que busca complementá-la e prepará-la para a execução.

A liquidação poderá ser requerida pelo credor ou pelo devedor, conforme o art. 509 do CPC.

A liquidação poderá ser por **cálculos**, **arbitramento** e por **artigos**:

- **liquidação por cálculos:** quando depende apenas de cálculos aritméticos para se liquidar a sentença.
- **liquidação por arbitramento**: quando há necessidade de nomeação de perito, para que ocorra a liquidação.
- **liquidação por artigos**: ocorre quando se busca provar fato novo na liquidação.

> No XXI Exame da OAB, apresentou-se como correta a questão que dizia que a liquidação da sentença será por cálculo, no caso em que narrou-se que o juiz, em ação trabalhista proposta por Carlos em face da sociedade empresária ABCD Ltda., julgou procedente, em parte, o rol de pedidos. Nenhuma das partes apresentou qualquer recurso. O pedido versava exclusivamente sobre horas extras e reflexos, estando nos autos todos os controles de horário, recibos salariais, o termo de rescisão de contrato de trabalho (TRCT) e demais documentos inerentes ao contrato de trabalho em referência. Todos os documentos eram incontroversos.

12.2 JUROS E CORREÇÃO MONETÁRIA

Também devem ser incluídos na liquidação, ainda que omisso o pedido inicial ou a condenação, conforme Súmula 211 do TST.

De acordo com o art. 883 da CLT, os juros são devidos a partir do ajuizamento da reclamação. Já a Súmula 200 do TST dispõe que os juros incidirão sobre a importância da condenação já corrigida monetariamente.

No tocante aos créditos referentes ao FGTS, decorrentes de condenação judicial, serão corrigidos pelos mesmos índices aplicáveis aos débitos trabalhistas, de acordo com a redação da OJ n. 302 da SDI-1 do TST.

Intimação do requerido: ante a necessidade de se provar fato novo, o juiz determinará a intimação do requerido, na pessoa de seu advogado ou da sociedade de advogados a que estiver vinculado, para, querendo, apresentar contestação. Após, deverá ser observado, no que couber, o procedimento comum, de acordo com o art. 511 do CPC.

Impugnação da decisão de liquidação

Conforme dispõe o art. 884, § 3º, da CLT, "somente nos embargos à penhora poderá o executado impugnar a sentença de liquidação, cabendo ao exequente igual direito e no mesmo prazo".

A decisão de liquidação não é recorrível de imediato, devendo ser impugnada depois de garantido o juízo.

O executado poderá se valer dos embargos à execução, no prazo de cinco dias, contados da intimação da penhora. Já o exequente poderá se valer da impugnação contados da decisão de liquidação, também no prazo de cinco dias.

13. EXECUÇÃO TRABALHISTA

A execução trabalhista é compreendida como a fase processual em que se impõe o cumprimento do que foi determinado pela Justiça, o que inclui a cobrança forçada feita a devedores para garantir o pagamento de direitos.

Inicia-se a partir do momento em que houver condenação ou acordo não cumprido na fase de conhecimento, em que se discutiu ou não a existência de direitos. Portanto, ela tem início quando há condenação e o devedor não cumpre, espontaneamente, a decisão judicial, ou quando há acordo não cumprido.

Título executivo: constituem-se em títulos executivos a sentença condenatória; o acordo judicial; a sentença homologatória de laudo arbitral; a sentença estrangeira sobre matéria trabalhista homologada pelo STF e os acordos extrajudiciais feitos perante as comissões paritárias de empregados e empregadores, instituídas pela Lei n. 9.958/2000 e os termos de ajuste de conduta firmados perante o Ministério Público do Trabalho.

Os títulos executivos serão executados na Justiça do Trabalho, onde o devedor, espontaneamente, cumpre a obrigação ou é forçado pela Justiça a cumprir.

Caso o devedor seja forçado a cumprir, inicia-se o procedimento executório, a partir da iniciativa das partes ou por impulso oficial dado pelo juiz, nos casos em que as partes não estiverem representadas por advogado, nos autos do próprio processo da ação cognitiva ou através de carta de sentença.

Competência: de acordo com o art. 877 da CLT, é competente para a execução das decisões o juiz que tiver conciliado ou julgado originariamente o dissídio.

Execução forçada: conjunto de atos processualmente aglutinados, que se destinam a fazer cumprir coercitivamente a prestação a que a lei concede pronta e imediata exigibilidade.

13.1 MODALIDADES DE EXECUÇÃO

São modalidades de execução a provisória, a definitiva, a obrigação de dar, a obrigação de fazer ou não fazer, as singulares e plúrimas, e as de execução e falência.

Execução provisória: ocorre sempre que mesmo não havendo coisa julgada material e processual, puder a parte interessada requerer a extração da carta de sentença, com a finalidade de tornar mais ágil o processo executório. Cabe ao exequente juntar todas as peças que achar necessárias à execução, e esta deverá caminhar até a garantia integral do juízo ou mesmo o julgamento dos embargos à execução e agravo de petição.

Ressalte-se, entretanto, que quando implantado o processo judicial eletrônico não haverá a formação de autos suplementares e, tampouco, a extração de carta de sentença.

Caso seja necessária a penhora para se garantir o juízo, haverá a impossibilidade de alienação do bem, o que não permite ao credor receber a parte incontroversa.

Execução definitiva: ocorre sempre que, a partir da existência da coisa julgada material e formal, prossegue-se até se alcançar o objetivo da mesma, que é a satisfação do crédito exequendo ou cumprimento da obrigação de fazer ou não fazer.

FIQUE LIGADO: usualmente, executa-se a obrigação de dar quantia certa. Esta tem por finalidade expropriar bens do devedor até a completa satisfação do direito do credor.

Execução singular e plúrima: note-se que a primeira é aquela que tem como parte o empregado e do outro lado a empresa ou empregador. As plúrimas são aquelas que envolvem diversos exequentes e apenas uma empresa ou um exequente e várias empresas, de acordo com a redação do art. 842 da CLT.

Execução na falência: esse fenômeno enseja a execução única e coletiva contra o sujeito passivo, tendo em vista a formação de litisconsórcio necessário, consoante previsão contida no § 2º do art. 7º da Lei n. 11.101/2005, que trata das falências. As ações trabalhistas continuam a ser conhecidas e julgadas pela Justiça do Trabalho, mas se transitada em julgado à ação trabalhista e tendo esta natureza condenatória, o crédito, a partir do momento em que é definido em sentença de liquidação e cumprido o mandado de citação da massa falida, através do seu síndico, será devidamente habilitado no juízo falimentar.

> No XVII Exame da OAB, na seguinte questão: a sociedade empresária Beta S.A. teve a falência decretada durante a tramitação de uma reclamação trabalhista, fato devidamente informado ao juízo. Depois de julgado procedente em parte o pedido de diferenças de horas extras e de parcelas rescisórias, nenhuma das partes recorreu da sentença, que transitou em julgado dessa forma. Teve, então, início a execução, com a apresentação dos cálculos pelo autor e posterior homologação pelo juiz, considerou-se como certa a questão que dizia que o pagamento do valor homologado deverá ser feito no juízo da falência, que é universal.

13.2 FRAUDE À EXECUÇÃO

É o ato atentatório à dignidade da Justiça, no qual de forma maliciosa o devedor se opõe à execução, por meios ardis e artificiosos, resistindo às ordens judiciais, não indicando ao magistrado onde se encontram os bens passíveis de constrição, conforme disposto no art. 774 da CLT.

ATENÇÃO! Não confunda a fraude à execução com a fraude contra credores.

Ela se configura desde o instante em que o réu é citado para vir defender-se em processo de conhecimento, sendo que não se falará na fraude à execução se a alienação de bens do executado não comprometer sua condição financeira de responder à execução que lhe será promovida. Uma vez caracterizada, declaram-se como ineficazes todos os atos praticados com esse fim, e os bens tornam-se penhoráveis sem maiores formalidades.

Da penhora

Consiste na perda do poder de disposição do executado, imobilizando o seu direito dominial, já que torna os seus bens indisponíveis.

Se o executado, depois de citado, não pagar seu débito em 48 horas e nem oferecer bens à penhora, segue-se a constrição de seus bens até a garantia do crédito exequendo, de acordo com a previsão do art. 883 da CLT.

Auto de penhora e da avaliação: será lavrada pelo oficial de justiça com os nomes do credor e do devedor; dia, mês, ano e lugar; discriminação dos bens, dando-lhes suas características, estado de conservação e o valor estimativo dos mesmos, devendo o executado assinar, tomando ciência da penhora, designando-se o nome do fiel depositário o que acontecerá em até 48 horas após consumada a citação do executado para garantir a dívida.

Não concordando com a avaliação, nos termos da Lei n. 6.830/80, que trata da cobrança judicial da Dívida Ativa da Fazenda Pública, e dá outras providências, conforme § 1º do art. 13, o juiz designará novo avaliador. Assim, após apresentada a nova avaliação, de logo o juiz decidirá, cabendo agravo de petição se os embargos à penhora forem rejeitados.

Se o devedor impedir a entrada do oficial de justiça na sua residência ou estabelecimento, proceder-se-á ao arrombamento de portas, previamente autorizado pelo juiz. Se a resistência for de ordem física, o oficial de justiça requisitará força policial, conforme art. 846 do CPC.

A penhora de bem imóvel ou a ele equiparado deverá ser registrada no cartório de ofício próprio; se for veículo, no Detran; se forem ações, debênture, parte beneficiária, cota ou qualquer outro título, crédito ou direito societário nominativo na Junta Comercial, na Bolsa de Valores e na Sociedade Comercial (art. 14 da Lei n. 6.830/80).

13.3 EMBARGOS À EXECUÇÃO

Trata-se da ação incidental declarativa ou de cognição, objetivando uma sentença que extinga o processo de execução ou faça com que a realização da sanção expressa na sentença da ação principal se efetive sem excessos e ofensas ao direito do devedor.

Prazo: garantida a execução ou penhorados os bens, terá o executado cinco dias para apresentar embargos, cabendo igual prazo ao exequente para impugnação.

13.4 EMBARGOS DE TERCEIROS

Caso a penhora alcance bens que não pertençam ao executado, poderá o terceiro que for o titular, ou até mesmo o executado, se o bem estiver sob a sua posse, ingressar com embargos de terceiros, conforme art. 674 do CPC.

Os embargos devem ser propostos perante o juízo que determinou a apreensão do bem.

Prazo: deverá ser proposto no prazo de até cinco dias depois da arrematação, adjudicação ou remição, mas sempre antes da assinatura da respectiva carta ou auto. O exequente deverá ser intimado para que se manifeste no prazo de cinco dias sobre os embargos.

REFERÊNCIAS

LUCA, Guilherme de; RENZETTI FILHO, Rogério Nascimento. *Temas Controversos de Processo do Trabalho*. Recife: Armador, 2016.

MIESSA, Élisson. *Processo do Trabalho*: para os Concursos de Analista do TRT e do MPU. Salvador: Juspodivm, 2016.

RENZETTI FILHO, Rogério Nascimento. *Direito do Trabalho para Concursos*. 2. ed. São Paulo: Grupo GEN – Método, 2015.

SCHIAVI, Mauro. *Manual de Direito Processual do Trabalho*. 9. ed. São Paulo: LTr, 2015.

DIREITO PROCESSUAL PENAL

Bruno Trigueiro

1. INTRODUÇÃO

De início, é importante informar ao candidato do exame de ordem que geralmente a banca examinadora cobra cinco questões envolvendo a matéria de Direito Processual Penal. Essas questões, na maioria das vezes, cobram um assunto específico e exigem do candidato tão somente um conhecimento básico e superficial do tema.

Por conta disso, mostra-se de suma importância o conhecimento literal dos dispositivos constantes no Código de Processo Penal e dos enunciados das súmulas dos Tribunais Superiores (STF e STJ).

Ao analisarmos as provas anteriores, pudemos constatar que os assuntos mais cobrados na primeira fase da prova da OAB são Inquérito Policial, Ação Penal, Competência, Medidas Cautelares Prisionais e não Prisionais, Provas, Procedimentos e, sobretudo, Recursos.

Assim, tentamos neste capítulo passar o máximo de informações sobre os assuntos mais relevantes da nossa matéria, a fim de possibilitar a você o maior número de acertos na prova de Processo Penal. Ao longo do capítulo, apresentaremos questões anteriores elaboradas pela FGV, para que o candidato já vá se familiarizando com o método de cobrança da banca examinadora. Além disso, daremos algumas dicas que serão extremamente úteis ao estudo da nossa disciplina e na resolução das questões.

Por fim, é importante registrar que os assuntos foram apresentados na ordem cronológica em que é desenvolvida a persecução criminal, desde a fase investigativa até o trânsito em julgado da decisão final. Fizemos assim por acreditarmos que é a maneira mais didática de apresentação dos assuntos e a forma mais fácil de internalizar a matéria.

2. INQUÉRITO POLICIAL

2.1 CONCEITO

Para apuração das infrações penais e sua respectiva autoria a persecução penal comporta duas fases bem delineadas: a fase investigativa e a fase processual. O inquérito policial (IP) é o principal procedimento instigativo do nosso ordenamento jurídico. Digo principal, porque nós temos outros procedimentos investigativos que no caso concreto podem acabar suprindo a necessidade de abertura do IP, trazendo as provas necessárias para que o autor da ação (MP na ação pública e querelante na ação privada) possa então promover a demanda com o intuito de iniciar a segunda fase da persecução penal, que é a fase de processo judicial.

A primeira coisa importante no estudo desse assunto para a prova da OAB é o aluno tentar internalizar um conceito de IP, com a finalidade de descobrir as principais características desse procedimento e a sua finalidade principal.

Por conta disso, podemos conceituar o IP como **um procedimento administrativo, escrito, sigiloso, não contraditório e dispensável, a cargo da polícia judiciária e que tem por finalidade apurar a prática de uma infração penal e a respectiva autoria.**

> Para se ter uma noção da importância de memorizar esse conceito, a FGV já cobrou no VIII Exame de Ordem a seguinte questão: "Um Delegado de Polícia determina a instauração de Inquérito Policial para apurar a prática do crime de receptação, supostamente praticado por José. Com relação ao Inquérito Policial, assinale a afirmativa que não constitui sua característica (...)". A resposta dada pela banca foi a que dizia ser o IP um procedimento indispensável.

2.2 CARACTERÍSTICAS

Ultrapassado o conceito de IP, passamos a analisar as suas principais características:

a) **Procedimento administrativo** – É um procedimento de índole eminentemente administrativa, de caráter informativo, preparatório da ação penal e elaborado pelo Delegado de Polícia;
b) **Discricionário** – O delegado de polícia conduz as investigações da forma que melhor lhe aprouver, podendo produzir as diligências que entender necessárias ao descobrimento do fato delituoso. Como exceção, no entanto, a essa discricionariedade, nós temos o exame do corpo de delito. Isso porque o legislador obriga a sua realização quando a infração praticada deixar vestígios (art. 184 do CPP), tornando um ato vinculado para a autoridade policial;
c) **Escrito** – O inquérito, por exigência legal, deve ser escrito (art. 9º do CPP). Os atos produzidos oralmente serão reduzidos a termo;

d) Sigiloso – O inquérito não comporta publicidade, sendo procedimento essencialmente sigiloso para se ter um maior êxito das diligências realizadas no procedimento investigativo (art. 20 do CPP). No entanto, o sigilo do inquérito policial não é absoluto. Não se pode opor o sigilo do inquérito policial para o Juiz e o membro do Ministério Público que tenham, em tese, competência e atribuição, respectivamente, para atuarem naquele procedimento investigativo. Da mesma forma, não se pode esquecer da forma como se deve analisar o sigilo do inquérito policial para o advogado. Nesse ponto, o candidato deve lembrar do enunciado da Súmula Vinculante 14 do Supremo Tribunal Federal (STF), que aduz o seguinte: "É direito do defensor, no interesse do representado, ter acesso amplo aos elementos de prova que, já documentados em procedimento investigatório realizado por órgão com competência de polícia judiciária, digam respeito ao exercício do direito de defesa".

> A FGV, no V Exame de Ordem, cobrou do candidato o conhecimento da supracitada súmula vinculante, demonstrando a necessidade de sua memorização para efeito de prova.

e) **Oficialidade (art. 144, § 4º, da CF)** – Quem preside o inquérito policial é um órgão oficial do Estado (Polícia Civil, por exemplo);

f) **Oficiosidade** – Na ação penal pública incondicionada, a autoridade policial deve atuar de ofício. Na ação penal pública condicionada e ação penal privada (inclusive em casos de delação anônima), a autoridade policial depende da permissão da vítima para poder atuar;

g) **Autoritariedade** – O delegado de polícia, presidente do inquérito policial, é autoridade pública (art. 144, § 4º, da CF);

h) **Indisponibilidade** – A persecução criminal é de ordem pública e, uma vez iniciado o inquérito, não pode o delegado de polícia dispor do mesmo;

i) **Inquisitivo** – As atividades persecutórias ficam concentradas nas mãos de uma única autoridade e não há oportunidade para o exercício do contraditório ou da ampla defesa.

j) **Dispensabilidade** – O inquérito não é imprescindível para a propositura da ação penal, uma vez que não é o único procedimento investigativo do nosso ordenamento jurídico. O que é imprescindível para a propositura da demanda é a justa causa, entendida como o conjunto probatório mínimo necessário à propositura da ação.

2.3 PROCEDIMENTO

Estudar o procedimento do IP consiste em saber três coisas: como ele se inicia, como ele se desenvolve e, por fim, como ele termina.

A) FORMAS DE INSTAURAÇÃO DO INQUÉRITO POLICIAL (ART. 5º DO CPP).

A forma de instauração do IP vai depender do tipo de ação penal do crime que será objeto de investigação.

Dessa forma, se o crime investigado for de ação penal pública incondicionada, o IP poderá ser instaurado da seguinte forma:

- De ofício (art. 5º, I, do CPP);
- Por requisição do Ministério Público ou Juiz (art. 5º, II, do CPP): em que pese existir entendimento em sentido contrário, a maioria da doutrina entende que a palavra "requisição", encontrada no art. 5º, II, do CPP, teria natureza de ordem, devendo a autoridade policial dar início ao IP. Esse é o posicionamento que o candidato deverá adotar na prova da OAB;
- Requerimento da vítima (art. 5º, II, do CPP): diferentemente da requisição do promotor e do juiz, o requerimento da vítima não tem natureza de ordem, podendo a autoridade policial, se não observar a existência de tipicidade formal da conduta praticada pelo agente, indeferir a abertura do procedimento investigativo, podendo o ofendido, caso discorde da decisão prolatada, entrar com um recurso administrativo inominado para o Chefe de Polícia Civil, com base no § 2º do art. 5º do CPP;
- Auto de prisão em flagrante;
- Delação identificada (art. 5º, § 3º, do CPP): o IP também poderá ser instaurado em virtude de solicitação de qualquer pessoa do povo. Pode o IP ser instaurado em virtude de "denúncia anônima/delação apócrifa/*notitia criminis* inqualificada"? Em que pesa a CF consagrar a livre manifestação do pensamento, vedando o uso do anonimato (art. 5º, IV), o certo é que o STF e o STJ têm admitido a denúncia anônima apenas quando precedida de diligências preliminares que atestem a verossimilhança dos fatos narrados, não podendo, por si só, embasar a instauração do procedimento investigativo.

Se o crime investigado for de ação penal pública condicionada, o IP só poderá ser instaurado se tiver a condição de procedibilidade preenchida, a saber: representação do ofendido ou a requisição do Ministro da Justiça, conforme dispõe o art. 5º, § 4º, do CPP. Não pode o Delegado de Polícia instaurar o IP de ofício.

Por fim, se o crime investigado for de ação penal privada "a autoridade policial somente poderá proceder a instauração do inquérito a requerimento de quem tenha qualidade para intentá-la", não podendo instaurar o procedimento investigativo de ofício nem a requerimento de qualquer pessoa do povo, conforme preconiza o art. 5º, § 5º, do CPP. Para ter noção da importância de estudar as formas de instaração do IP, a FGV, no IV Exame de Ordem, considerou errada a assertiva que afirmava que nos crimes de ação privada, a autoridade policial poderia proceder a *instauração* do inquérito a requerimento de qualquer pessoa do povo que tiver conhecimento da existência de infração penal.

A banca considerou, no XII Exame de Ordem, sobre o inquérito policial INCORRETA a afirmativa de que *nos crimes de ação penal privada, não caberá instauração de inquérito policial, mas sim a lavratura de termo circunstanciado. D) O inquérito policial, mesmo nos crimes hediondos, poderá ser dispensável para o oferecimento de denúncia.*

B) DILIGÊNCIAS

Depois de instaurado o IP, a autoridade policial deverá proceder com a realização de diligências necessárias ao descobrimento do fato delituoso. Tais diligências estão previstas nos arts. 6º e 7º do CPP. No entanto, antes da análise dos elementos informativos que podem ser colhidos no procedimento investigativo, é importante o aluno internalizar duas coisas: (a) em primeiro lugar, diante da discricionariedade do Delegado de Polícia na condução do IP, ele só irá realizar aquelas diligências que reputar mais convenientes e oportunas para o descobrimento do delito, em que pese constar na redação do art. 6º do CPP a palavra "deverá", passando ao leitor a falsa impressão de que a autoridade seria obrigada a realizar todas as diligências constantes nos supracitados artigos; (b) em segundo lugar, as diligências estão previstas de maneira exemplificativas no CPP.

Na verdade, a autoridade policial poderá realizar, para o descobrimento do fato delituoso, qualquer diligência legal (prevista em lei como possível) ou que seja moralmente legítima, por não ferir a dignidade da pessoa humana, desde que não haja reserva judicial. Isso porque, como nós já sabemos, existem determinadas diligências que o Delegado de Polícia só poderá realizar numa investigação se tiver uma autorização judicial, como por exemplo, interceptação telefônica e busca e apreensão domiciliar.

Feitas essas observações, é importante o candidato ao exame de ordem memorizar as diligências previstas nos arts. 6º e 7º do CPP. Neste momento, destacaremos aquelas mais importantes para a prova:

- **ordenar a identificação do indiciado pelo processo datiloscópico, se possível, e fazer juntar aos autos sua folha de antecedentes:** a primeira parte trata da chamada identificação criminal do investigado, prevista no art. 5º, LVIII, da Constituição Federal. Hoje a identificação criminal está tratada a nível infraconstitucional pela Lei n. 12.037/2009;
- **colher informações sobre a existência de filhos, respectivas idades e se possuem alguma deficiência e o nome e o contato de eventual responsável pelos cuidados dos filhos, indicado pela pessoa presa:** essa diligência foi recentemente incluída no CPP pela Lei n. 13.257/2016, que trouxe algumas políticas públicas de proteção à criança e ao adolescente;

Reprodução simulada dos fatos: para verificar a possibilidade de haver a infração sido praticada de determinado modo, a autoridade policial poderá proceder à reprodução simulada dos fatos, desde que esta não contrarie a moralidade ou a ordem pública.

> É importante lembrar que o investigado não pode ser obrigado a participar de reprodução simulada dos fatos, sob pena de ferir o princípio da vedação à autoincriminação forçada (*nemo tenetur se detegere*). A FGV cobrou o conhecimento desta diligência no IV Exame de Ordem.

- **requisitar de quaisquer órgãos do poder público ou de empresas da iniciativa privada dados e informações cadastrais da vítima ou de suspeitos, bem como requisitar, mediante autorização judicial, às empresas prestadoras de serviço de telecomunicações e/ou telemática que disponibilizem imediatamente os meios técnicos adequados – como sinais, informações e outros – que permitam a localização da vítima ou dos suspeitos do delito em curso:** a Lei n. 13.344/2016 acrescentou no CPP o art.13-A, possibilitando ao membro do Ministério Público ou ao delegado de polícia requisitar, de quaisquer órgãos do poder público ou de empresas da iniciativa privada, dados e informações cadastrais da vítima ou de suspeitos da prática dos crimes de sequestro (art. 148 do CP), redução à condição análoga a de escravo (art. 149 do CP), tráfico de pessoas (art. 149-A do CP), extorsão mediante a restrição da liberdade da vítima (art. 158, § 3º, do CP), extorsão mediante sequestro (art. 159 do CP) e promoção ou auxílio de envio de criança ou adolescente de maneira ilegal para o exterior (art. 239 da Lei n. 8.069/90). A referida lei acrescentou, ainda, o art. 13-B, que permite ao membro do Ministério Público ou ao Delegado de Polícia requisitar, mediante autorização judicial, às empresas prestadoras de serviço de telecomunicações e/ou telemática que disponibilizem imediatamente os meios técnicos adequados – como sinais, informações e outros – que permitam a localização da vítima ou dos suspeitos do delito em curso, quando a referida diligência for necessária à prevenção e à repressão dos crimes relacionados ao tráfico de pessoas.

C) ENCERRAMENTO DO IP

O IP se encerra com a elaboração pelo Delegado de Polícia do relatório, no qual a autoridade fará minuciosa descrição do que tiver sido apurado no procedimento investigativo, enviando autos ao juiz competente para a adoção das providências legais cabíveis para o caso concreto. Nessa peça, poderá a autoridade policial indicar testemunhas que não tiverem sido inquiridas, mencionando o lugar onde possam ser encontradas. É nessa peça, ainda, que normalmente os Delegados de Polícia deixam para realizar ou não o indiciamento do investigado. Em que pese isso acontecer muito na prática forense penal, é importante lembrar que o CPP não estipulou um momento exato em que, no procedimento investigativo, deva ocorrer o indiciamento. Isso porque esse ato deve ocorrer no momento em que autoridade policial entender que as diligências apuradas apontam determinada pessoa como autora de uma infração penal, podendo isso ocorrer logo no início do procedimento, no meio, ou, como normalmente acontece, no seu fim (relatório).

Sobre o indiciamento, vale lembrar que o art. 2º, § 6º, da Lei n. 12.830/2013[1], exigiu que ele ocorresse sempre "por ato fundamentado, mediante análise técnico-jurídica do fato, que deverá indicar a autoria, materialidade e suas circunstâncias". Tal fato se justifica, porque o Delegado de Polícia não pode ser visto mais como um simples gestor de diligências, mas sim como um operador do direito, exigindo-se dele um conhecimento técnico-jurídico do fato.

D) PRAZO

Em relação ao prazo para a conclusão do IP, o candidato ao exame de ordem deverá observar se a banca examinadora está cobrando o regramento geral, ou alguma lei específica que possa trazer um prazo diferenciado para a conclusão do procedimento investigativo. Senão vejamos:

REGRA GERAL: o CPP estabelece no art. 10 o prazo para a conclusão do inquérito no âmbito da JUSTIÇA ESTADUAL – 10 dias, se o indiciado tiver sido preso em flagrante ou estiver preso preventivamente, contado o prazo, nesta hipótese, a partir do dia em que se executar a ordem de prisão. Esse prazo, em tese, é improrrogável, e, se for excedido de maneira irregular, torna a prisão ilegal, ensejando o seu relaxamento. Terminará no prazo de 30 dias, quando estiver solto, mediante fiança ou sem ela. Esse prazo pode ser prorrogado pelo juiz, a pedido fundamentado da autoridade policial.

EXCEÇÕES: JUSTIÇA FEDERAL: 15 dias, prorrogáveis por igual período, se o indiciado estiver preso, pressupondo autorização judicial (art. 66 da Lei n. 5.010/66). Se estiver solto, segue-se a regra geral, a saber: 30 dias; CRIMES CONTRA A ECONOMIA POPULAR: 10 dias, não importando se o investigado está preso ou solto (art. 10 da Lei n. 1.521/51); LEI DE DROGAS: para a apuração de crime de tóxico, reza o art. 51 da Lei n. 11.343/2006 que "o inquérito policial será concluído no prazo de 30 (trinta) dias, se o indiciado estiver preso, e de 90 (noventa) dias, quando solto", podendo os prazos "ser duplicados pelo juiz, ouvido o Ministério Público, mediante pedido justificado da autoridade de polícia judiciária"; INQUÉRITO POLICIAL MILITAR: de acordo com Código de Processo Penal Militar, o Inquérito Policial Militar tem o prazo de conclusão de 20 (vinte) dias, caso preso o investigado, e 40 (quarenta) dias, prorrogáveis por outros 20 (vinte), se solto (art. 20 do Decreto-lei n. 1.002/69).

2.4 ARQUIVAMENTO DO IP

Como nós já vimos, o IP se encerra com um minucioso relatório elaborado pelo Delegado de Polícia. Após isso, a autoridade policial encaminha o procedimento investigativo ao juiz, que deverá observar o tipo de ação penal que é o crime objeto de investigação para saber, então, qual procedimento deverá seguir.

Tratando-se de crime de ação penal pública, o juiz encaminhará os autos ao Ministério Público, que poderá adotar um dos seguintes comportamentos:

1 Dispõe sobre a investigação criminal conduzida pelo Delegado de Polícia.

1 – oferecer a denúncia – quando o membro do Ministério Público estiver diante do conjunto probatório mínimo necessário para a propositura da demanda (justa causa), ou seja, possuir prova da existência do delito e indícios suficientes de autoria;

2 – requerer novas diligências – o Ministério Público, não dispondo da justa causa necessária para a propositura da ação penal, pode requerer ao juiz a devolução dos autos do IP à autoridade policial, para a realização de novas diligências que entender imprescindíveis ao oferecimento da denúncia (art. 16 do CPP);

3 – requerer o arquivamento do IP – quando o membro do Ministério Público perceber que não há justa causa à propositura da ação e nem diligência derradeira para ser solicitada.

O IP só será arquivado se o juiz competente concordar com o pedido de arquivamento do MP. Caso o magistrado discorde, poderá adotar no âmbito estadual o disposto no art. 28 do CPP, remetendo os autos ao Procurador Geral de Justiça, que poderá denunciar em nome próprio, designar outro membro do Ministério Público para propor a inicial, ou, por fim, insistir no arquivamento, ao qual só então estará o juiz obrigado a determinar o arquivamento do procedimento investigativo. No âmbito federal, essa atribuição está a cargo da Câmara de Coordenação e Revisão do Ministério Público Federal (art. 62, IV, da Lei Complementar n. 75/93).

Cabe atentar, ainda, que uma vez arquivado o IP, ele poderá futuramente ser desarquivado, caso apareçam novas provas da prática da infração. Esse ato (desarquivamento), privativo do Ministério Público, ocorrerá quando o promotor, convencido da existência de novas provas (Súmula 524 do STF), oferecer a denúncia, exercendo a ação penal.

> No XVII Exame de Ordem a FGV cobrou do candidato a seguinte questão: "No dia 01/04/2014, Natália recebeu cinco facadas em seu abdômen, golpes estes que foram a causa eficiente de sua morte. Para investigar a autoria do delito, foi instaurado inquérito policial e foram realizadas diversas diligências, dentre as quais se destacam a oitiva dos familiares e amigos da vítima e exame pericial no local. Mesmo após todas essas medidas, não foi possível obter indícios suficientes de autoria, razão pela qual o inquérito policial foi arquivado pela autoridade judiciária por falta de justa causa, em 06/10/2014, após manifestação nesse sentido da autoridade policial e do Ministério Público. Ocorre que, em 05/01/2015, a mãe de Natália encontrou, entre os bens da filha que ainda guardava, uma carta escrita por Bruno, ex-namorado de Natália, em 30/03/2014, em que ele afirmava que ela teria 24 horas para retomar o relacionamento amoroso ou deveria arcar com as consequências. A referida carta foi encaminhada para a autoridade policial (...)". Nesse caso, foi dada como resposta correta a alternativa que afirmava que a carta escrita por Bruno poderia ser considerada prova nova e justificar o desarquivamento do inquérito pela autoridade competente.

Aqui, cabe destacar que o STF não permite o desarquivamento do IP quando ele ocorrer com fundamento na atipicidade da conduta praticada ou pela ocorrência de uma das causas extintivas da punibilidade, ocasião em que a decisão será acobertada pela imutabilidade da coisa julgada material.

Por fim, nos casos de ação penal privada, finalizado o IP o juiz deve aguardar a iniciativa da vítima, ou de quem tem qualidade para representá-la, para, através de seu advogado, acessar os autos do IP, disponíveis em cartório, a fim de oferecer a queixa-crime no prazo legal.

2.5 TERMO CIRCUNSTANCIADO DE OCORRÊNCIA

É um procedimento investigativo simplificado, previsto na Lei dos Juizados Especiais Criminais (Lei n. 9.099/95), que tem por finalidade apurar as infrações de menor potencial ofensivo (todos as contravenções penais e todos os crimes cuja pena máxima cominada seja até dois anos, cumulada ou não com multa).

3. AÇÃO PENAL

3.1 CONCEITO

A ação penal pode ser conceituada como o instrumento através do qual o titular da ação (Ministério Público na ação pública e querelante na ação penal privada) provoca o Estado-Juiz para que ele, por intermédio de um processo, se manifeste sobre a pretensão punitiva (*Jus Puniendi*).

Para que o Estado-Juiz possa analisar o mérito da ação penal (*Jus Puniendi*), o titular da ação deve preencher alguns requisitos necessários e condicionantes ao exercício regular do direito de ação.São as chamadas condições da ação. São elas: a) Possibilidade jurídica do pedido[2]; b) Interesse de agir; c) Legitimidade (*legitirnatio ad causam*); e d) Justa causa (a ação só pode ser validamente exercida se a parte autora lastrear a inicial com um mínimo probatório que indique os indícios de autoria, da materialidade delitiva, e da constatação da ocorrência de infração penal em tese). Além dessas condições genéricas, por vezes o legislador exige do autor da ação o prenchimento de algumas condições específicas conhecidas como condições de procedibilidade. As mais conhecidas são a representação da vítima ou a requisição do Ministro da Justiça, cabíveis nas infrações públicas condicionadas, e sem as quais o direito de ação não pode ser exercido.

3.2 CLASSIFICAÇÃO DAS AÇÕES PENAIS

A ação penal é tradicionalmente classificada como pública e privada. A pública pode ser dividida em incondicionada ou condicionada. Esta, por sua vez, se subdivide em ação penal pública condicionada à representação do ofendido e ação penal pública condicionada à requisição do Ministro da Justiça. Passemos a partir de agora a estudar de maneira pormenorizada cada um dos tipos de ação penal.

---

[2] Apesar de o Novo Código de Processo Civil (NCPC) ter suprimido a expressão "possibilidade jurídica do pedido", entendemos que ela ainda persiste no processo penal, uma vez que está ligada à tipicidade da conduta do agente. O pedido de condenação do acusado só será juridicamente possível se a conduta descrita na inicial (denúncia ou queixa) for típica.

3.2.1 *Ação penal pública incondicionada*

A ação penal é chamada de pública por ser titularizada pelo Ministério Público. É chamada de incondicionada porque prescinde de manifestação de vontade da vítima ou de terceiros para ser exercida.

São princípios regentes da ação penal pública incondicionada:

- **Obrigatoriedade:** havendo justa causa à propositura da ação e não existindo qualquer óbice ao ingresso da demanda, o Ministério Público está obrigado a patrocinar a persecução criminal, ofertando denúncia para que o processo seja iniciado;
- **Indisponibilidade:** uma vez proposta a ação, o Ministério Público não pode dela dispor, ou seja, não pode desistir da demanda intentada (art. 42 do CPP). A FGV, no X Exame de Ordem, cobrou a seguinte questão: "Um professor na aula de Processo Penal esclarece a um aluno que o Ministério Público, após ingressar com a ação penal, não poderá desistir dela, conforme expressa previsão do art. 42 do CPP. O professor estava explicando ao aluno o princípio da (...)". Claro que a resposta correta era o princípio da indisponibilidade.
- **Oficialidade:** a persecução penal está a cargo de um órgão oficial, qual seja, o Ministério Público;
- **Autoritariedade:** o promotor de justiça (ou o procurador da república, na esfera federal), órgão da persecução criminal, é autoridade pública;
- **Oficiosidade:** a ação penal pública incondicionada não carece de qualquer autorização para instaurar-se, devendo o Ministério Público atuar *ex officio;*
- **Divisibilidade:** apesar de alguns doutrinadores defenderem a tese de que na ação penal pública vigora o princípio da indivisibilidade, tendo o *parquet* o dever de ofertar a denúncia em face de todos os envolvidos na prática da infração penal, o STF e STJ entendem que o princípio regente é o da divisibilidade. Isso porque o oferecimento da denúncia contra um acusado ou mais não impossibilita a posterior acusação de outros;
- **Intranscendência ou pessoalidade:** a ação só pode ser proposta contra quem se imputa a prática do delito, ou seja, sobre quem tem responsabilidade criminal.

3.2.2 *Ação penal pública condicionada*

A ação pública condicionada é também titularizada pelo Ministério Público. Entretanto, depende de representação da vítima ou, se for o caso, de requisição do Ministro da Justiça.

3.2.2.1 Representação

- **Conceito:** a representação é uma condição de procedibilidade. É um pedido autorizador feito pela vítima ou por seu representante legal, visando à instauração da persecução criminal. Pode ser apresentada oralmente ou por escrito, pessoalmente ou por procurador com poderes especiais. Não é necessário qualquer rigor formal na sua apresentação. O importante é que a vítima revele o interesse claro e inequívoco de ver o autor do fato processado. Se a vítima for menor de 18 anos, o direito de representação deve ser exercido pelo representante legal. Em caso de morte ou declaração de ausência da vítima, o direito de representar passa ao cônjuge (incluída a companheira), ascendentes, descendentes ou aos irmãos.

- **Destinatários:** a representação, ofertada pela vítima, por seu representante ou por procurador com poderes especiais (não precisa ser advogado), pode ser destinada à autoridade policial, ao Ministério Público ou ao próprio juiz.
- **Prazo para o oferecimento:** como regra, o prazo é de seis meses do conhecimento da autoria da infração penal, devendo, em seu cômputo, ser incluído o dia do início e excluído o do vencimento. A Lei n. 9.099/95 prevê que a representação será apresentada oralmente na audiência preliminar, uma vez frustrada a composição civil dos danos;
- **Ausência de vinculação do Ministério Público:** a representação não é ordem nem vincula o promotor de justiça, que pode, inclusive, em sua peça acusatória, enquadrar a conduta delituosa em dispositivo legal diverso daquele eventualmente apontado pela vítima, ou até mesmo, em assim entendendo, promover o arquivamento.
- **Eficácia objetiva:** a exigência da representação é tão somente para constatação de que a vítima deseja ver processados os infratores, cabendo ao *parquet* delinear os limites subjetivos da denúncia, ofertando a inicial contra os demais co-autores ou partícipes (não indicados pela vítima), sem a necessidade de nova manifestação de vontade da mesma.
- **Retratação:** enquanto não **oferecida** a denúncia, a vítima pode retratar-se da representação, inibindo o início do processo. Já a Lei Maria da Penha, Lei n. 11.340/2006, que cria mecanismos para coibir a violência doméstica e familiar contra a mulher, prevê que só será admitida a renúncia à representação perante o juiz, em audiência especialmente designada com tal finalidade, antes do recebimento da denúncia e ouvido o Ministério Público.

3.2.2.2 Requisição do Ministro da Justiça

- **Conceito:** trata-se de ato de conveniência política, a cargo do Ministro da Justiça, autorizando a persecução criminal nas infrações que a exijam.
- **Destinatário:** o Ministério Público, na figura do Procurador Geral. Não existe prazo para oferecimento. Pode ser apresentada a qualquer tempo, enquanto a infração não estiver prescrita.
- **Retratação:** a doutrina está longe de pacificar o tema, havendo forte posição no sentido da admissibilidade de retratação da requisição até o oferecimento da

denúncia, em analogia à representação, bem como posição no sentido de não ser cabível, pois revelaria fragilidade do Estado Brasileiro.

- **Ausência de vinculação do Ministério Público:** a requisição não é ordem nem vincula o promotor de justiça, que pode, inclusive, em sua peça acusatória, enquadrar a conduta delituosa em dispositivo legal diverso daquele eventualmente apontado pelo Ministro da Justiça, ou até mesmo, em assim entendendo, promover o arquivamento.
- **Eficácia objetiva:** se não forem contemplados todos os criminosos, poderá o Ministério Público, de pronto, denunciar os que não foram enquadrados, sem a necessidade de aditamento pelo Ministro da Justiça.

3.2.3 Ação penal privada

Nos casos em que infrações penais atacam sobremaneira interesses da vítima, a persecução criminal é transferida excepcionalmente ao particular que atua em nome próprio, na tutela de interesse alheio (*jus puniendi* do Estado), na qualidade de legitimado extraordinário. A titularidade da ação cabe ao ofendido ou ao seu representante legal. No caso de morte ou declaração de ausência da vítima, o CPP aduz no seu art. 31 que o direito de queixa transfere-se ao cônjuge (incluído(a) o(a) companheiro(a)), ascendentes, descendentes e irmãos, nessa ordem preferencial. Para que um crime seja de ação penal privada, o legislador tem que mencionar que a infração somente se procede mediante queixa, já que esta é a petição inicial que será proposta perante o juiz para se iniciar o processo judicial.

São princípios regentes da ação penal privada:

a) **Da oportunidade ou conveniência:** é facultado à vítima decidir entre ofertar ou não a queixa, tendo ela a conveniência e a oportunidade de analisar se quer ou não a propositura da ação. Em outras palavras, o ofendido só promoverá a queixa se quiser promover. No entanto, a vítima não terá a vida toda para analisar a conveniência e a oportunidade de propor ou não a queixa, ela terá um prazo que caso não obedecido gerará a extinção da punibilidade pela ocorrência da decadência (art. 38 do CPP).

b) **Da disponibilidade:** uma vez proposta a ação penal, poderá o particular desistir da demanda, seja perdoando o acusado, seja pelo advento da perempção. Tanto o perdão quanto a perempção acarretam a extinção da punibilidade (art. 107, IV e V, do CP), contudo o perdão precisa ser aceito pelo imputado (ato bilateral), senão não operará efeitos. Uma vez oferecido o perdão mediante declaração nos autos, o demandado será intimado para dizer se concorda, dentro de três dias. Se nada disser, o silêncio implica em acatamento. Já a perempção revela a desídia do querelante que já exerceu o direito de ação, sendo uma sanção processual ocasionada pela inércia na condução da ação privada, desaguando na extinção da punibilidade. Suas hipóteses estão previstas no art. 60 do CPP. É muito importante o candidato memorizar todas as hipóteses de perempção para a prova da OAB.

> Para se ter uma noção disso, a FGV cobrou no XIII Exame de Ordem a seguinte questão: "Em determinada ação penal privada, na qual se apura a prática dos delitos de calúnia e difamação, a parte não apresenta, em alegações finais, pedido de condenação em relação ao delito de calúnia, fazendo-o tão somente em relação ao delito de difamação. Com relação ao caso apresentado, assinale a afirmativa correta (...)". A resposta correta era a alternativa que dizia que teria ocorrido a perempção em relação ao delito de calúnia.

c) **Da indivisibilidade:** o querelante, ao optar pelo processamento dos autores da infração, deve fazê-lo em detrimento de todos os envolvidos. Isso porque quando o querelante ajuíza a ação lançando no pólo passivo apenas parte dos envolvidos, mesmo sabendo da existência de outros e tendo elementos para processá-los (justa causa), estará renunciando ao direito de ação contra aqueles que deixou de processar, o que beneficia a todos os envolvidos, nos termos do art. 49 do CPP. A renúncia se dará de maneira expressa ou tácita. Será expressa, como o próprio nome já indica, quando houver declaração expressa do querelante no sentido de que não irá oferecer a queixa contra um dos autores da infração. Será tácita quando o querelante praticar ato incompatível com a vontade de ver processado o acusado da conduta delituosa. Como exemplo de renúncia tácita, podemos citar o fato de o querelante chamar um dos acusados da prática da infração para ser padrinho do seu filho ou mesmo de seu casamento. Por fim, é importante lembrar que a renúncia, diferentemente do perdão, é um ato unilateral, produzindo a extinção da punibilidade independentemente de aceitação.

> Esse princípio da indivisibilidade já foi cobrado no XIV Exame de Ordem, tendo a FGV perguntado o seguinte: "Fábio, vítima de calúnia realizada por Renato e Abel, decide mover ação penal privada em face de ambos. Após o ajuizamento da ação, os autos são encaminhados ao Ministério Público, pois Fábio pretende desistir da ação penal privada movida apenas em face de Renato para prosseguir em face de Abel. Diante dos fatos narrados, assinale a opção correta (...)". A resposta dada como correta foi a alternativa que dizia que a ação penal privada é indivisível; logo, Fábio não poderia desistir da ação penal apenas em face de Renato.

d) **Da intranscendência ou da pessoalidade:** a ação só pode ser proposta contra a pessoa a quem se imputa a prática do delito.

Após analisarmos os princípios regentes da ação privada, passemos a estudar os tipos/espécies de ação penal privada existentes no nosso ordenamento jurídico.

1) **Exclusivamente privada ou propriamente dita:** a ação é exercida pela vítima ou por seu representante legal, ou no caso de morte ou declaração de ausência da vítima, pelo cônjuge (incluído(a) o(a) companheiro(a)), ascendentes, descendentes e

irmãos, nesta ordem preferencial. Essa é a regra geral da ação penal privada. Isso significa dizer que quando o legislador mencionar que o crime somente se procede mediante queixa, o operador do direito tem que presumir que a ação privada será a exclusivamente privada ou a propriamente dita.

2) **Personalíssima:** o direito de ação só poderá ser exercido pela vítima e mais ninguém. A legitimidade não passa no caso de incapacidade para o representante legal. Da mesma forma, em caso de morte ou declaração judicial de ausência a legitimidade não passa para o cônjuge (incluído(a) o(a) companheiro(a)), ascendentes, descendentes e irmãos. Hoje, nós só temos um único crime de ação privada personalíssima que é o delito previsto no art. 236 do CP.
3) **Subsidiária da pública ou supletiva:** tem cabimento diante da inércia do MP, que, nos prazos legais (regra geral, cinco dias réu preso e 15 dias réu solto), deixa de atuar, não promovendo a denúncia ou, em sendo o caso, não se manifestando pelo arquivamento dos autos do inquérito policial, ou ainda, não requisitando novas diligências.

> A FGV no VI Exame de Ordem cobrou a seguinte questão: "Tício está sendo investigado pela prática do delito de roubo simples, tipificado no artigo 157, *caput*, do Código Penal. Concluída a investigação, o Delegado Titular da 41ª Delegacia Policial envia os autos ao Ministério Público, a fim de que este tome as providências que entender cabíveis. O *Parquet*, após a análise dos autos, decide pelo arquivamento do feito, por faltas de provas de autoria. A vítima ingressou em juízo com uma ação penal privada subsidiária da pública, que foi rejeitada pelo juiz da causa, que, no caso acima, agiu (...)". A resposta correta dada pela banca examinadora foi que o juiz agiu corretamente, uma vez que a Lei Processual não admite a ação penal privada subsidiária da pública nos casos em que o Ministério Público não se mantém inerte.

Se no prazo legal que o MP tem para se manifestar, ele não for inerte, não caberá ação penal privada subsidiária da pública. O *parquet*, na ação penal privada subsidiária, figura como interveniente adesivo obrigatório, atuando em todos os termos do processo, sob pena de nulidade absoluta. A sua participação é intensa, podendo adotar qualquer dos comportamentos previstos no art. 29 do CPP.

3.3 INICIAL ACUSATÓRIA

É a peça que inaugura o processo, contendo a imputação formulada pelo órgão acusador, sendo que, nos crimes de ação penal pública, recebe o nome de **denúncia**, enquanto que nas ações penais privadas é denominada de **queixa-crime**. Os principais requisitos da exordial estão previstos no art. 41 do CPP.

O prazo para o oferecimento da denúncia será de cinco dias se o denunciado estiver preso; 15 dias se o denunciado estiver solto (art. 46 do CPP). No entanto, o candidato tem que atentar que existem alguns prazos especiais para o oferecimento da denúncia no nosso ordenamento jurídico: a) 10 dias, para crime eleitoral (art. 357 do Código Eleitoral); b) 10 dias, para tráfico de drogas (art. 54, III, da Lei n. 11.343/2006); c) 48 horas, para crime de abuso de autoridade (art. 13 da Lei n. 4.898/65); d) dois dias, para crimes contra a economia popular (art. 10, § 2º, da Lei n. 1.521/51). O prazo para a oferta da inicial pública tem o início de contagem no dia em que o membro do Ministério Público receber os autos do inquérito policial ou das peças de informação. Encerrado o prazo em final de semana ou feriado, o mesmo será prorrogado para o primeiro dia útil subsequente.

Já a queixa-crime, regra geral, deve ser proposta, salvo disposição legal em sentido contrário, no prazo de seis meses, contados do conhecimento da autoria da infração. No entanto, temos algumas exceções que podemos mencionar, a saber: **a) Crime de induzimento a erro essencial e ocultação de impedimento ao casamento (ação privada personalíssima)**: seis meses após o trânsito em julgado da sentença que, no cível, anule o casamento por impedimento ou erro essencial; **b) Crimes contra a propriedade imaterial que deixem vestígios:** o prazo, nessas hipóteses, é de trinta dias, contados da homologação do laudo, que ficará em cartório à disposição do ofendido para que, em desejando, oferte a sua ação; **c) Ação privada subsidiária:** seis meses, a contar do dia em que se esgotar o prazo para o MP oferecer a denúncia.

É importante atentar que ao órgão do Ministério Público é facultado aditar a queixa-crime, e como *custos legis* poderá acrescentar elementos que influam na fixação da pena, dispondo do prazo de três dias para fazê-lo, conforme dispõe o art. 45 do CPP.

Por fim, consoante o art. 395 do CPP, a petição incial (denúncia ou queixa) poderá ser rejeitada pelo juiz quando: I) a petição inicial for manifestamente inepta; II) faltar pressuposto processual ou condição para o exercício da ação penal; III) faltar justa causa.

4. COMPETÊNCIA

4.1 CONCEITO E CRITÉRIOS PARA A DELIMITAÇÃO DA COMPETÊNCIA

Para se compreender bem um conceito de competência, é importante o operador do direito antes distinguir competência de jurisdição. Esta, no dizer do Professor Noberto Avena, pode ser compreendida como "o poder atribuído exclusivamente ao Judiciário (em razão da independência e da imparcialidade de seus membros) para decidir um determinado litígio segundo as regras legais existentes"[3]. Já a competência pode ser conceituada como uma limitação ao exercício da jurisdição. Em outras palavras, é o limite dentro do qual cada magistrado integrante do Poder Judiciário poderá exercer a sua jurisdição (dizer o direito).

Estudar competência, portanto, significa estudar as regras determinadas pelo legislador para se descobrir quem será o juiz natural (juiz competente) para processar e julgar um determinado processo. Essas regras criadas pelo legislador poderão levar em conta três critérios de competência: *ratione materiae* (em razão da matéria), *ratione personae* (em razão da pessoa) e *ratione loci* (em razão do lugar).

---

3 AVENA, Noberto. *Processo Penal*: Esquematizado. 6. ed. São Paulo: Método, 2014, p. 631.

4.2 FORMAS DE VERIFICAÇÃO DA COMPETÊNCIA DE UM ÓRGÃO JURISDICIONAL

Para a verificação da competência de um órgão juridicional, é necessário que o candidato ao exame de ordem tente responder algumas perguntinhas visando descobrir quem será o juiz natural da causa. São elas:

a) **Qual a justiça competente para processar e julgar a causa?**

Quando falamos em justiça competente, o candidato tem que lembrar que a justiça pode ser dividida da seguinte maneira:

- JUSTIÇA
  - JUSTIÇA COMUM
    - Justiça Estadual
    - Justiça Federal
  - JUSTIÇA ESPECIAL
    - Justiça Militar
    - Justiça Eleitoral
    - Justiça Trabalhista

Primeiramente, o operador do direito tem que observar se a infração praticada não é de competência de uma das Justiças Especiais. Nesse ponto, é importante fazermos uma observação: a Justiça do Trabalho não tem competência para processar e julgar uma ação penal condenatória. Os crimes praticados contra os funcionários da Justiça do Trabalho (Juízes e servidores), bem como contra a organização do trabalho, quando tenham por objeto a organização geral do trabalho ou direito dos trabalhadores considerados coletivamente, são de competência da Justiça Federal, nos termos do art. 109, IV e VI, da CF e Súmula 115 do extinto Tribunal Federal de Recursos.

Por sua vez, a Justiça Militar e a Justiça Eleitoral terão competência para processar e julgar, respectivamente, os crimes militares e eleitorais tipificados na legislação pertinente[4].

Se o crime não for de competência de nenhuma das Justiças Especiais, deve-se, então, observar se a competência é da Justiça Federal ou da Estadual. Primeiramente, deve-se tentar verificar se a competência é da Justiça Federal, uma vez que a Justiça Comum Estadual possui uma competência residual por excelência, o que significa dizer, em outras palavras, que a Justiça Estadual será competente quando nenhuma outra justiça for.

---

4 Os crimes militares estão a princípio previstos no Código Penal Militar, enquanto que os crimes eleitorais estão previstos na sua grande maioria no Código Eleitoral (Lei n. 4.737/65), embora alguns estejam catalogados em leis extravagantes.

A competência da Justiça Federal está disciplinada no art. 109 da CF, que disciplina tanto a competência em matéria cível/administrativa como também em matéria criminal. Por óbvio, reservaremos os nossos comentários na competência criminal de Justiça Federal.

Compete à Justiça Federal processar e julgar (art. 109 da CF):

- Os crimes políticos (inciso IV, primeira parte);
- Infrações penais praticadas em detrimento de bens, serviços ou interesses da União ou de suas entidades autárquicas, empresas públicas, excluídas as contravenções e ressalvada a competência da Justiça Militar e da Justiça Eleitoral (inciso IV, parte final);

CUIDADO: a Justiça Federal não tem competência para processar e julgar contravenções penais. Estas são de competência da Justiça Estadual. Além disso, os crimes que ataquem bens, serviços e interesses de sociedades de economia mista federal também são de competência da Justiça Estadual (Súmula 42 do STJ), uma vez que essa pessoa jurídica não foi prevista de maneira proposital pelo legislador entre as entidades que atraem a competência para a Justiça Federal. Por fim, o candidato deve atentar que também não foi previsto no supracitado inciso as Fundações Públicas. No entanto, em que pese a omissão legislativa, entende a doutrina que aqui deve-se fazer uma distinção: se for uma Fundação Pública com regime de direito público, ela será equiparada a uma autarquia (fundação autárquica), atraindo, portanto, a competência para a Justiça Federal. Entretanto, se for uma Fundação Pública com regime de direito privado, ela será essencialemente uma Fundação e como essa pessoa jurídica não foi prevista no art. 109, IV, da CF, a competência para processar e julgar os crimes que ataquem interesses dessa entidade será da Justiça Estadual.

> A FGV cobrou no XVI Exame de Ordem uma questão que exigia do candidato o conhecimento sobre o tema abordado. Dizia a questão: "Juan da Silva foi autor de uma contravenção penal, em detrimento dos interesses da Caixa Econômica Federal, empresa pública. Praticou, ainda, outra contravenção em conexão, dessa vez em detrimento dos bens do Banco do Brasil, sociedade de economia mista. Dessa forma, para julgá-lo será competente (...)". A banca deu como resposta a alternativa que previa a Justiça Estadual como competente para processar e julgar as duas infrações.

- Os crimes previstos em tratado ou convenção internacional, quando, iniciada a execução no País, o resultado tenha ou devesse ter ocorrido no estrangeiro, ou reciprocamente (inciso V);
- As causas relativas a direitos humanos que sejam objeto do incidente de deslocamento de competência, procedimento previsto no art. 109, § 5º, da CF (inciso V-A);

- Crimes contra a organização do trabalho (inciso VI, primeira parte): os crimes contra a organização do trabalho só serão de competência da Justiça Federal quando tenham por objeto a organização geral do trabalho ou direitos dos trabalhadores considerados coletivamente nos termos da Súmula 115 do extinto Tribunal Federal de Recursos. Caso contrário, serão de competência da Justiça Estadual;
- Crimes contra o sistema financeiro e a ordem econômico-financeira(inciso VI, parte final): é importante observar que não basta que o crime afete o sistema financeiro ou a ordem econômico-financeira para que a competência seja da Justiça Federal, é necessário que a lei ordinária, disciplinando a infração, preveja expressamente a competência federal, como exige o dispositivo constitucional (art. 109, VI);
- Os *habeas corpus*, em matéria criminal de sua competência ou quando o constrangimento provier de autoridade cujos atos não estejam diretamente sujeitos a outra jurisdição, bem como os mandados de segurança contra ato de autoridade federal, excetuados os casos de competência dos tribunais federais (incisos VII e VIII);
- Os crimes cometidos a bordo de navios ou aeronaves, ressalvada a competência da Justiça Militar (inciso IX): cabe destacar que o termo navio pressupõe embarcação de grande porte (art. 11 da Lei n. 2.180/54). As infrações praticadas em embarcações de pequeno porte serão apreciadas na esfera estadual;
- Os crimes de ingresso ou permanência irregular de estrangeiro (inciso X);
- A disputa sobre direitos indígenas (inciso XI).

Após descobrir qual a Justiça competente para processar e julgar a infração, deve-se passar para a formulação da segunda perguntinha.

b) O réu tem foro por prerrogativa de função?

De início, é importante destacar que essa segunda perguntinha pode, perfeitamente, ser formulada como a primeira pergunta para se descobrir o juiz natural da causa. Isso porque se a resposta for positiva (o réu tem foro por prerrogativa de função), de logo se descobrirá qual o órgão jurisdicional competente para processar e julgar a infração, não sendo mais necessária a formulação da primeira pergunta. Por exemplo, imaginemos que o Presidente da República esteja sendo acusado da prática de um crime comum. Qual será o juiz natural do processo? Basta o candidato indagar: o réu tem foro por prerrogativa de função? Resposta: sim. A CF prevê a competência do Supremo Tribunal Federal para processar e julgar o Presidente da República em crimes comuns (art. 102, I, *b*, da CF).

Desse modo, é de suma importância o candidato ao exame de ordem memorizar o foro por prerrogativa de função das principais autoridades do nosso País. Em razão disso, recomendamos a leitura dos seguintes dispositivos constitucionais: art. 102, I, *b* e *c*, da CF; art. 105, I, *a*, da CF; art. 108, I, *a*, da CF e art. 29, X, da CF.

A FGV já cobrou do candidato, para se ter um exemplo, no III Exame de Ordem, o conhecimento de que compete ao STJ processar e julgar Governadores de Estado e do Distrito Federal pela prática de crimes comuns.

Nesse momento, vamos destacar tão somente o foro por prerrogativa de função dos Prefeitos, por exigir do candidato o conhecimento não somente literal do assunto, mas também o conhecimento de algumas súmulas dos tribunais superiores.

Dispõe o art. 29, X, da CF que compete ao Tribunal de Justiça processar e julgar os Prefeitos. No entanto, o STF editou a Súmula 702, dispondo o seguinte: "A competência do tribunal de justiça para julgar prefeitos restringe-se aos crimes de competência da justiça comum estadual; nos demais casos, a competência originária caberá ao respectivo tribunal de segundo grau". Como se pode verificar, se o Prefeito praticar um crime eleitoral, ele será julgado pelo Tribunal Regional Eleitoral (TRE), ao passo que se ele praticar um crime que envolva bens, serviços ou interesse da União, Autarquias e Empresas Públicas Federais, a competência será do Tribunal Regional Federal (TRF). Em relação à competência do TRF para processar e julgar os Prefeitos, o candidato ainda tem que atentar para os enunciados das Súmulas 208 e 209 do STJ, que proclamam, respectivamente, o seguinte: "compete à Justiça Federal processar e julgar prefeito municipal por desvio de verba sujeita a prestação de contas perante órgão federal" e "compete à Justiça Estadual processar e julgar Prefeito por desvio de verba transferida e incorporada ao patrimônio municipal".

A FGV já exigiu do candidato o conhecimento dessas súmulas relacionadas aos Prefeitos. No VI Exame de Ordem, ela cobrou do candidato a seguinte questão: "A Constituição do Estado X estabeleceu foro por prerrogativa de função aos prefeitos de todos os seus Municípios, estabelecendo que 'os prefeitos serão julgados pelo Tribunal de Justiça'. José, Prefeito do Município Y, pertencente ao Estado X, está sendo acusado da prática de corrupção ativa em face de um policial rodoviário federal. Com base na situação acima, o órgão competente para o julgamento de José é (...)". A res posta correta foi o Tribunal Regional Federal.

Vale ressaltar, ainda, a problemática existente sobre o foro por prerrogativa de função de uma autoridade e a competência do Tribunal do Júri para processar e julgar os crimes dolosos contra a vida. Devemos lembrar que as autoridades com foro privilegiado estatuídos na **Constituição Federal** não irão a júri, sendo julgadas pelo respectivo tribunal competente. Já aquelas com foro por prerrogativa de função previsto na **Constituição Estadual**, como, por exemplo, na maioria das vezes vice-governadores e defensores públicos, caso pratiquem crimes dolosos contra a vida, serão julgados pelo Tribunal do Júri.

Não se pode esquecer que sempre que a autoridade que goza de foro privilegiado incorrer em infração penal, mesmo que esteja fora da jurisdição territorial do respectivo tribunal, será julgada perante o tribunal de origem. Assim, se um Juiz de Direito do Estado de

Pernambuco praticar um crime no Estado da Paraíba, ele será processado e julgado pelo Tribunal de Justiça de Pernnambuco e não pelo Tribunal de Justiça da Paraíba.

Por fim, cabe destacar que atualmente o entendimento do Supremo Tribunal Federal é no sentido de que uma autoridade só gozará de foro privilegiado enquanto exercer a sua função (critério da atualidade). Dessa forma, não há mais que se falar em manutenção da prerrogativa uma vez encerrado o cargo ou mandato.

> A FGV no XVII Exame de Ordem cobrou do candidato esse pensamento, formulando a seguinte questão: "Durante 35 anos, Ricardo exerceu a função de juiz de direito junto ao Tribunal de Justiça de Minas Gerais. Contudo, no ano de 2012, decidiu se aposentar e passou a morar em Florianópolis, Santa Catarina. No dia 22/01/2015, travou uma discussão com seu vizinho e acabou por ser autor de um crime de lesão corporal seguida de morte, consumado na cidade em que reside. Oferecida a denúncia, de acordo com a jurisprudência majoritária dos Tribunais Superiores, será competente para julgar Ricardo (...)". A resposta correta dada pela banca foi uma das Varas Criminais de Florianópolis.

Caso a autoridade não goze de foro por prerrogativa de função, deve-se prosseguir com a elaboração da terceira perguntinha:

c) **Qual o foro territorial competente para processar e julgar a infração?**

Foro no âmbito estadual é sinônimo de comarca, enquanto que na esfera federal é sinônimo de seção judiciária. Para responder a essa perguntinha o candidato deve observar as regras disciplinadas no CPP, a partir do art. 70.

Em regra, a competência é determinada pelo lugar em que se consumar a infração (Teoria do Resultado), ou, no caso de tentativa, pelo lugar em que for praticado o último ato de execução (Teoria da Atividade).

No caso de crimes à distância, que são aqueles em que os atos de execução (ação ou omissão) ocorrem em um local e a consumação (resultado) ocorre em outro local, estando um desses dois locais fora do território nacional, devem-se aplicar as regras de competência previstas nos §§ 1º e 2º do art. 70 do CPP. Nesse caso, a competência territorial no Brasil é estabelecida tanto pelo local da ação quanto pelo do resultado, desde que um ou outro aqui ocorram, adotando o CPP a teoria da ubiquidade (mista ou eclética).

Quando incerto o limite territorial entre duas ou mais jurisdições, ou quando incerta a jurisdição por ter sido a infração consumada ou tentada nas divisas de duas ou mais jurisdições, a competência firmar-se-á pela prevenção (art. 70, § 3º, do CPP). Da mesma forma, tratando-se de infração continuada ou permanente, praticada em território de duas ou mais jurisdições, a competência firmar-se-á pela prevenção (art. 71 do CPP).

Nos crimes de ação penal pública, em caso de não conhecimento do local do crime, a competência é determinada pelo domicílio ou residência do réu (critério subsidiário). Se o réu tiver mais de uma residência ou se não tiver residência certa ou for ignorado o seu paradeiro, a competência firmar-se-á pela prevenção (art. 72 do CPP).

CUIDADO: nos casos de exclusiva ação privada, o querelante poderá preferir o foro de domicílio ou da residência do réu, ainda quando conhecido o lugar da infração (critério concorrente). Como se pode verificar, na ação penal privada o foro de domicílio ou residência do réu é uma opção para o querelante intentar a ação.

Em crimes praticados a bordo de navios ou aeronaves devem-se observar as seguintes regras:

(a) viagens internacionais: se o navio ou a aeronave vem do estrangeiro para o Brasil, ou parte do Brasil em direção ao exterior, a competência será firmada, pressupondo que a infração aconteceu em território brasileiro, no local da saída, no primeiro caso, ou no da chegada, no último (arts. 89 e 90 do CPP); (b) viagens nacionais: se o navio ou a aeronave iniciar a viagem e a encerrar em território brasileiro, o juízo competente é estabelecido pela prevenção (art. 91 do CPP).

No caso de crimes praticados no exterior, o juízo competente será o da capital do Estado onde por último tiver residido o acusado, e caso o mesmo nunca tenha residido no Brasil, será julgado na capital da República (art. 88 do CPP).

Definido o foro territorial competente, pode acontecer de já se descobrir o juiz da natural da causa. Isso acontece nos locais de comarca de vara única. Em casos como esse, não restará dúvida quanto ao juiz competente para processar e julgar o feito, afinal, só há um juiz competente na localidade para analisar o processo. No entanto, à medida que chegamos perto dos maiores centros urbanos dos Estados da nossa federação, é natural que o Poder Judiciário crie mais de uma vara competente para apreciar os fatos que ocorram naquela localidade, inclusive, criando varas privativas para julgar determinada matéria, como, por exemplo, vara privativa do júri, vara privativa de entorpecentes etc.

Dessa maneira, para que o operador do direito descubra se na localidade em que foi praticada a infração há mais de uma vara (juízo) competente para processar e julgar o feito, é necessário fazer a quarta perguntinha.

d) Qual o juízo ou vara competente para processar e julgar a causa?

Para responder a essa pergunta, deve-se observar a lei de organização judiciária local, conforme estipula o art. 74 do CPP. É através dessa lei que iremos descobrir quais são as varas (e a competência de cada uma delas) existentes em determinada localidade. Caso haja mais de uma vara competente no local para processar e julgar o processo, deve-se proceder com a distribuição do feito, nos termos do art. 75 do CPP, que aduz o seguinte: "a precedência da distribuição fixará a competência quando, na mesma circunscrição judiciária, houver mais de um juiz igualmente competente".

Com a realização da distribuição, descobriremos quem é o juiz competente/natural para analisar o processo.

5. CONEXÃO E CONTINÊNCIA

A primeira coisa a que o candidato ao exame da ordem deve atentar, é que a conexão e a continência não são critérios que delimitam a competência de um órgão jurisidicional, mas sim critérios modificativos da competência. Assim, resta saber quais são os casos de conexão, quais são os casos de continência para, por fim, descobrir quais são as regras que delimitaram o foro prevalente que irá atrair os processos para julgamento.

A conexão é a interligação entre duas ou mais infrações, levando a que sejam apreciadas perante o mesmo órgão jurisdicional. São três tipos de conexão, a saber:

a) **Conexão intersubjetiva** (art. 76, I, do CPP): duas ou mais infrações interligadas, e estas infrações devem ter sido praticadas por duas ou mais pessoas. Subdividem-se em:
   a1) Conexão intersubjetiva por simultaneidade: nesta modalidade ocorrem várias infrações, praticadas ao mesmo tempo, por várias pessoas reunidas.
   a2) Conexão intersubjetiva concursal: ocorre quando várias pessoas, previamente acordadas, praticam várias infrações, embora diversos o tempo e o lugar.
   a3) Conexão intersubjetiva por reciprocidade: ocorre quando várias infrações são praticadas, por diversas pessoas, umas contra as outras.

b) **Conexão objetiva, material, teleológica ou finalista** (art. 76, II, do CPP): ocorre quando uma infração é praticada para facilitar ou ocultar outra, ou para conseguir impunidade ou vantagem.

c) **Instrumental ou probatória** (art. 76, III, do CPP): tem cabimento quando a prova de uma infração ou de suas elementares influir na prova de outra infração.

OBSERVAÇÃO: conexão na fase preliminar investigatória: a princípio não haverá reunião de inquéritos em razão da conexão. Contudo, se for necessário, ocorrerá com autorização judicial e com a oitiva do Ministério Público.

Por sua vez, a continência é o vínculo que une vários infratores a uma única infração, ou a reunião de várias infrações em um só processo por decorrerem de conduta única, ou seja, resultarem do concurso formal de crimes. A continência se divide em dois tipos:

a) **Continência por cumulação subjetiva** (art. 77, I, do CPP): ocorre quando duas ou mais pessoas concorrem para a prática da mesma infração.

b) **Continência por cumulação objetiva** (art. 77, II, do CPP): implica reunião em um só processo de vários resultados lesivos advindos de uma só conduta.

Havendo conexão ou continência, eis as regras de determinação do foro prevalente:

a) **Concurso entre júri × jurisdição comum ou especial**

- Se um crime doloso contra a vida for conexo a um crime comum, ambos serão apreciados pelo Tribunal Popular, pois este é o prevalente. O júri aprecia os crimes dolosos contra a vida e os crimes que lhes sejam conexos (art. 78, I, do CPP). Se houver a concorrência entre o júri e crime de competência da Justiça Federal, ambos serão apreciados dentro do júri a ser realizado na esfera federal.

CUIDADO: Havendo a concorrência entre o júri e crime de competência da jurisdição especial, seja ela militar ou eleitoral, deverá ocorrer separação de processos.

b) **Concurso entre jurisdições de diversas categorias:** o CPP estipula que em havendo concorrência entre órgãos de hierarquia distinta, prevalecerá o de maior graduação. No entanto, em que pese essa normatização, o candidato ao exame de ordem deve atentar para o entendimento mais recente do STF, manifestado no Inquérito 3515/SP, decidido em 13-2-2014. Entendeu o Pretório Excelso que caso uma pessoa que tenha foro por prerrogativa de função no STF pratique um crime em concurso com outros indivíduos sem foro privativo, a regra geral é de que haja o desmembramento dos processos e a situação fique da seguinte forma: o STF julgará o réu que tem foro privativo (ex: Deputado Federal) e o juiz de 1ª instância julgará os demais acusados. Assim, se quatro pessoas praticarem, em concurso, os crimes de peculato (art. 312 do CP), corrupção passiva (art. 317) e associação criminosa (art. 288), sendo um dos agentes ocupante do cargo de Deputado Federal, o STF somente julgará o parlamentar federal, devendo os demais ser julgados pelo juiz de 1ª instância.

A razão disso é porque a competência penal do STF é de direito estrito, estando prevista taxativamente na CF/88. Logo, não pode ser ampliada indevidamente por normas de direito infraconstitucional, como é o caso dos dispositivos do CPP que tratam sobre a reunião de processos em caso de conexão. Em outras palavras, não se pode ampliar a competência constitucional do STF por força de uma lei ordinária (CPP) que determina o julgamento em conjunto.

No entanto, em casos excepcionais, o STF entendeu que será possível que os demais réus que não têm foro por prerrogativa de função também sejam julgados pelo Tribunal Superior em um único processo. Isso se justifica quando o julgamento em separado puder trazer algum prejuízo relevante à prestação jurisdicional, devendo a junção dos autos ser decidida pelo Tribunal competente para julgamento. E se não houver o desmembramento e os réus sem foro privativo forem julgados em conjunto com a autoridade no STF, eles poderão alegar nulidade por violação a princípios constitucionais? Claro que não. A decisão que determina que não haverá o desmembramento e que os réus sem foro privativo também serão julgados pelo Tribunal não viola os princípios do juiz natural, da ampla defesa, do devido processo legal e do duplo grau de jurisdição (AP 470/MG). Sobre o tema, já foi editada a Súmula 704 do STF, que aduz o seguinte: "Não viola as garantias do juiz natural, da ampla defesa e do devido processo legal a atração por continência ou conexão do processo do corréu ao foro por prerrogativa de função de um dos denunciados".

c) **Concurso entre jurisdição comum × especial:** na concorrência entre a Justiça comum e a especializada, esta última prevalecerá. A regra não se aplica à justiça especializada militar, afinal, esta só aprecia infrações militares. Em havendo conexão entre crime militar e qualquer outra infração que não seja militar, resta a separação de processos, nos termos do art. 79, I, do CPP. Da mesma forma, não se aplica à justiça trabalhista, uma vez que esta não tem competência para julgar ação penal condenatória.

d) **Concurso entre jurisdições de mesma categoria:** havendo concorrência entre jurisdições de categoria similar,aplicaremos as seguintes regras:

d.1) Prevalecerá o local da consumação da infração mais grave;

CUIDADO: no caso de conexão entre um crime de competência da Justiça Federal e outro de competência da Justiça Estadual, a Justiça Federal será o foro prevalente mesmo que o crime federal seja menos grave do que o crime de competência da Justiça Estadual, conforme entendimento sumular do STJ (Súmula 122):

"Compete à Justiça Federal o processo e julgamento unificado dos crimes conexos de competência federal e estadual, não se aplicando a regra do art. 78, II, "a", do Código de Processo Penal".

d.2) Se as infrações interligadas tiverem igual gravidade, prevalecerá o juízo do local da consumação do maior número de crimes;

d.3) Se as infrações forem de igual gravidade e em igual quantidade, resolve-se pela prevenção.

Se mesmo havendo conexão ou continência, os processos tramitarem separadamente, a autoridade de jurisdição prevalente deverá avocar os processos que corram perante os outros magistrados, salvo se já houver, no processo desgarrado, a prolação de sentença definitiva (art. 82 do CPP).

Por fim, deve o candidato lembrar que mesmo existindo conexão e continência entre as infrações, há casos em que o processo correrá separadamente. Em algumas hipóteses a separação será obrigatória e em outras a separação ocorrerá de maneira facultativa. Podemos citar como principais casos de separação obrigatória: a) concurso entre a jurisdição comum e a militar; b) concurso entre a jurisdição comum e o juízo de menores e c) superveniência de doença mental. Como casos de separação facultativa (art. 80 do CPP) podemos citar: a) infrações praticadas em circunstância de tempo ou lugar diferentes; b) número excessivo de acusados e c) por qualquer outro motivo que o juiz reputar como relevante.

Não se pode esquecer também que no Processo Penal é consagrada, ainda, a teoria da *perpetuatio jurisdicionis*, que indica que havendo reunião de infrações e/ou infratores pela conexão ou continência, o juiz prevalente, mesmo que venha a absolver ou desclassificar a infração que determinou a atração, continuará competente para julgar as demais.

6. SUJEITOS PROCESSUAIS

6.1 NOÇÕES GERAIS

São diversas as pessoas/sujeitos que intervêm, direta ou indiretamente, numa relação processual. A doutrina classifica os sujeitos processuais de duas formas: a) sujeitos processuais principais ou essenciais, que são aqueles cuja participação no processo é fundamental para que se tenha uma relação processual regularmente instaurada. São eles: Juiz, autor (Ministério Público e querelante) e o réu; b) sujeitos processuais secundários, acessórios ou colaterais, aqueles cuja participação na relação processual é eventual, não sendo indispensável para a formação do processo. Como exemplo, podemos citar o assistente da acusação, peritos, intérpretes e o terceiro interessado. Abordaremos a seguir aqueles sujeitos processuais mais cobrados em prova. Em relação aos capítulos referentes aos funcionários da justiça, peritos e intérpretes, recomendamos a leitura fria e seca da lei.

6.2 JUIZ

O primeiro sujeito processual na realidade não é, propriamente, o juiz, mas sim o Estado-juiz em nome do qual ele deve oficiar. A principal função do juiz no processo é resolver o conflito de interesse colocado a sua apreciação. Para isso, ele deve se valer dos poderes que lhe são conferidos pelo nosso ordenamento jurídico, a fim de garantir efetividade à prestação jurisdicional. Os poderes do juiz se dividem em duas ordens:

a) Poderes de polícia ou administrativos: são aqueles poderes de que o juiz vai se valer para manter a ordem no curso do procedimento criminal. No CPP, nós temos vários artigos que demonstram expressão desse poder, como exemplo, os arts. 251, 497, I, e 794.
b) Poderes jurisdicionais: são aqueles relativos à condução do processo, colheita de prova, tomada de decisões e execução dos atos mandamentais. Subdividem-se em duas categorias:

b.1) Poderes-meios: que podem ser divididos em duas outras categorias, a saber:

- Atos ordinatórios: são destinados a impulsionar a relação processual até o seu final julgamento. São traduzidos nos despachos de mero expediente. Como exemplos, podemos citar o despacho de designação de audiência de instrução e julgamento e o despacho de determinação de citação do réu;
- Atos instrutórios: são os destinados a angariar elementos probatórios aos autos, a fim de formar a convicção do magistrado sentenciante. Podem ser praticados de ofício pelo juiz ou a requerimento das partes do processo. Como exemplo, podemos citar o interrogatório do acusado, a oitiva de testemunhas e a requisição de documentos para serem juntados ao processo.

b.2) Poderes-fins: que podem ser divididos em duas outras categorias, a saber:

- Atos decisórios: são os pronunciamentos jurisdicionais com conteúdo decisório. Exemplos: decretação da prisão preventiva ou mesmo decretação de sequestro de bens do acusado, sentença condenatória ou absolutória etc;
- Atos executórios: são os atos destinados a efetivar o resultado determinado na decisão efetuada pelo juiz no processo. Exemplo: determinação de recolhimento do réu para prisão, ou mesmo a inscrição do sequestro do imóvel no Cartório de Registro de Imóveis etc.

Para que o juiz possa exercer os seus poderes na relação processual, o legislador exigiu dele uma atuação imparcial, a fim de que ele não tenha interesse em prejudicar nem beneficiar indevidamente alguém no processo. Para consagrar essa imparcialidade, é que se criaram as hipóteses de impedimento e suspeição do juiz. É de suma importância para o candidato ao exame de ordem memorizar as hipóteses em que o órgão jurisdicional será considerado impedido e suspeito. As causas de impedimentos estão nos arts. 252 e 253 do CPP, enquanto que as de suspeição estão previstas no art. 254 do CPP.

6.3 MINISTÉRIO PÚBLICO

O art. 127 da CF dispõe que o Ministério Público é instituição permanente essencial à função jurisdicional do Estado, incumbindo-lhe a defesa da ordem jurídica, do regime democrático e dos interesses sociais e individuais indisponíveis.

No processo penal, o Ministério Público exerce duas principais funções. A primeira delas é ser titular da ação penal pública e a segunda é desempenhar a função de *custos legis*. Esta última é importante mencionar que o *parquet* exercerá mesmo quando estiver na titularidade da ação penal pública e não só quando estiver atuando na ação penal privada. Tal raciocínio é permitido pela redação do art. 257, I e II, do CPP, determinando que, além da promoção da ação penal pública, incumbe ao órgão ministerial, ainda, fiscalizar a execução da lei.

Para desempenhar essas funções, o legislador exige dos órgãos do Ministério Público uma atuação imparcial, prescrevendo o art. 258 do CPP, que a eles se estendem, no que lhes for aplicável, as prescrições relativas à suspeição e aos impedimentos dos juízes. Nesse ponto, deve o candidato se lembrar na hora da prova do enunciado da Súmula 234 do STJ, que aduz o seguinte: "a participação de membro do Ministério Público na fase investigatória criminal não acarreta o seu impedimento ou suspeição para o oferecimento da denúncia".

6.4 ACUSADO

O acusado é o sujeito passivo da ação penal condenatória e o suposto autor da infração penal. É chamado de acusado ou réu quando existe relação processual instaurada (a partir do recebimento da denúncia). Antes, quando do inquérito, o que se tem é mero suspeito ou, no máximo, indiciado.

Para ser acusado da prática da infração penal, o sujeito passivo da relação processual tem que possuir duas capacidades. A primeira é a **capacidade de ser parte** aferida com o fato de ser sujeito de direito e obrigações. A segunda é a **capacidade processual** ou também chamada de **capacidade de estar em juízo**, que no processo penal possui o acusado que tem mais de 18 anos.

No tocante à pessoa jurídica, prevalece o entendimento de que elas podem ser acusadas no processo penal, possuindo capacidade para estar em juízo, nos crimes contra a ordem econômica e financeira e contra a economia popular, bem como na hipótese de crimes ambientais, em face das regras estabelecidas, respectivamente, nos arts. 173, § 5º, e 225, § 3º, da CF.

No momento da propositura da demanda, o titular da ação deve realizar na exordial a identificação do acusado, a fim de que se possa delimitar quem será a pesssoa que deverá sofrer a responsabilização penal. A princípio, a identificação será realizada com todos os dados qualificativos que o titular da ação tiver em mãos, como, por exemplo, nome, prenome, data de nascimento, identidade, CPF etc. No entanto, vale ressaltar que o art. 259 do CPP aduz que "a impossibilidade de identificação do acusado com o seu verdadeiro nome ou outros qualificativos não retardará a ação penal, quando certa a identidade física. A qualquer tempo, no curso do processo, do julgamento ou da execução da sentença, se for descoberta a sua qualificação, far-se-á a retificação, por termo, nos autos, sem prejuízo da validade dos atos precedentes".

Por fim, outra regra de suma importância preconizada CPP é a prevista no art. 260, que proclama que "se o acusado não atender à intimação para o interrogatório, reconhecimento ou qualquer outro ato que, sem ele, não possa ser realizado, a autoridade poderá mandar conduzi-lo à sua presença".

6.5 DEFENSOR

A defesa técnica do acusado, que é aquela elaborada por pessoa dotada de capacitação técnica para tornar efetivo o direito de defesa, é indispensável no Processo Penal. Nenhum acusado, ainda que ausente ou foragido, poderá ser processado ou julgado sem defensor. A princípio, existe uma liberdade do acusado de contratar o defensor de sua confiança (defensor constituído), podendo, inclusive, a si mesmo defender-se, caso tenha habilitação. No entanto, se não o tiver, ser-lhe-á nomeado um defensor pelo juiz para representar o interesse do acusado na relação processual (defensor dativo), sob pena de nulidade absoluta do processo criminal (art. 564, III, *c*, do CPP). O defensor dativo será nomeado para aquele acusado que tenha condições de pagar um advogado. Tanto é assim, que o art. 263, parágrafo único, estipula que "o acusado, que não for pobre, será obrigado a pagar os honorários do defensor dativo, arbitrados pelo juiz". Já se o acusado for pobre e não tiver condições de pagar um advogado será representado pela Defensoria Pública, que por missão constitucional tem o dever de representar os interesses dos necessitados (art. 134 da CF).

O defensor de confiança do acusado deverá, a princípio, acostar aos autos o instrumento de mandato (procuração), sob pena de nulidade ou até mesmo de inexistência dos atos que vier praticar. Como exceção, no entanto, nós temos o art. 266 do CPP, a nosso ver em pleno vigor. Aduz o referido dispositivo legal que "a constituição de defensor independerá de instrumento de mandato, se o acusado o indicar por ocasião do interrogatório", devendo consignar o magistrado, no termo de audiência, esta circunstância. Trata-se da chamada nomeação ou constituição *apud acta*.

A defesa do réu no processo penal deve se mostrar eficiente, incorporando argumentos capazes de formar a convicção do juiz em favor do réu. Foi pensando nisso que a Lei n. 10.792/2003 acrescentou o parágrafo único do art. 261 do CPP, afirmando que "a defesa técnica, quando realizada por defensor público ou dativo, será sempre exercida através de manifestação fundamentada", pretendendo o legislador com isso evitar a apresentação de peças sem qualquer fundamentação jurídica, principalmente quando for o caso de defensor dativo, em que o patrocínio do réu é realizado por meio de profissional nomeado pelo juiz.

Quando nomeados pelo juiz, os defensores públicos e dativos são, a princípio, obrigados a aceitar o encargo, apenas podendo recusar o patrocínio da causa se apresentar um "motivo relevante", plenamente justificado ao magistrado (art. 264 do CPP). O próprio Estatuto da OAB (Lei n. 8.906/94) prevê, em seu art. 34, XII, como infração disciplinar "recusar-se a prestar, sem justo motivo, assistência jurídica, quando nomeado em virtude de impossibilidade da Defensoria Pública". Logicamente, quando nomeados, eles receberão honorários fixados pelo juiz, segundo a tabela organizada pelo Conselho Seccional da OAB e pagos pelo Estado, conforme estipula o art. 22, § 1º, do Estatuto da OAB.

Vale ressaltar, ainda, que uma vez constituído pela parte ou mesmo nomeado pelo juiz, o defensor não poderá abandonar o processo senão por motivo imperioso, comunicado previamente o juiz, sob pena de multa de 10 (dez) a 100 (cem) salários mínimos, sem prejuízo das demais sanções cabíveis (art. 265 do CPP). Percebam que não mais se condiciona a saída do defensor ao prévio consentimento do juiz, se exigindo tão somente a comunicação da saída do defensor dos autos ao juiz da causa, sob pena de pagamento da multa de 10 (dez) a 100 (cem) salários mínimos. Além disso, não se pode esquecer que o advogado não se exime de obedecer ao disposto no art. 5º, § 3º, do Estatuto da OAB, que estabelece que "o advogado que renunciar ao mandato continuará, durante os dez dias seguintes à notificação da renúncia, a representar o mandante, salvo se for substituído antes do término desse prazo".

Em relação ao não comparecimento do advogado à audiência designada pelo juiz, o candidato ao exame de ordem não pode se esquecer da disciplina estabelecida pelo legislador nos §§ 1º e 2º do art. 265, que estabelecem que a audiência poderá ser adiada se, por motivo justificado, o defensor não puder comparecer, sendo incumbência do defensor provar o impedimento até a abertura da audiência. Não o fazendo, o juiz não determinará o adiamento de ato algum do processo, devendo nomear defensor substituto, ainda que provisoriamente ou só para o efeito do ato.

Por fim, não se pode esquecer que não poderão funcionar como defensores no processo aqueles que sejam parentes do juiz, conforme vedação prevista no art. 267 do CPP.

6.6 ASSISTENTE DA ACUSAÇÃO

Para que se entenda bem quem é o assistente da acusação no processo penal, deve-se desenvolver o seguinte raciocínio: a ação penal pública é proposta pelo Ministério Público, conforme previsão constitucional (art. 129, I, da CF). No entanto, há crimes de ação penal pública que ocasionam danos a uma vítima determinada, existindo muitas vezes interesse dela em participar do processo, a fim de querer a responsabilização criminal do acusado. Tome-se como exemplo o crime de roubo. Quem irá promover a ação penal contra o acusado é o Ministério Público por ser um crime de ação penal pública incondicionada. No entanto, a vítima desse crime de roubo, querendo participar do processo, poderá se habilitar ao lado do órgão ministerial, a fim de perseguir a responsabilização criminal do réu.

Com essas considerações iniciais, já podemos extrair uma informação muito importante: só existe assistente da acusação em crimes de ação penal pública (condicionada ou incondicionada). Isso porque não há qualquer lógica existir esse sujeito acessório na ação penal privada, uma vez que nesta ação a vítima já será a própria titular da demanda. O próprio CPP, em seu art. 268, aduz que em todos os termos da ação pública, poderá intervir, como assistente do Ministério Público, o ofendido ou seu representante legal, ou, na falta, o cônjuge, ascendente, descendente ou irmão do ofendido. Não poderá, no entanto, ser assistente de acusação, por expressa vedação legal, o corréu (art. 270 do CPP), por não se conceber a possibilidade de uma pessoa figurar ao mesmo tempo nos polos ativo e passivo de uma demanda.

Outra informação importante que pode ser extraída da leitura do art. 268 do CPP é a de que não existe o assistente da acusação na fase investigativa. Ele só poderá figurar quando a ação penal pública tiver sido instaurada. Como se sabe, o entendimento do STF é no sentindo de que a ação penal só será considerada proposta quando o juiz receber a petição inicial, sendo esse o momento em que o assistente poderá pedir a sua habilitação para figurar ao lado do Ministério Público o auxiliando no exercício da acusação. O assistente poderá, no entanto, se habilitar até o trânsito em julgado da sentença, recebendo o processo no estado em que ele se encontrar (art. 269 do CPP).

Para que o assistente de acusação possa se habilitar no processo, faz-se necessário, primeiro, ele ser representado por um advogado, podendo advogar em causa própria caso tenha habilitação. O advogado deve ingressar uma petição nos autos solicitando ao juiz que habilite a vítima como assistente da acusação no processo. Nesse ponto, não se pode esquecer de que em todo pedido de habilitação do assistente o Ministério Público sempre será ouvido, conforme o art. 272 do CPP. Nesse parecer, o órgão ministerial somente apreciará razões de legalidade na habilitação, não tendo conveniência e oportunidade para dizer se quer ou não uma pessoa o auxiliando. Após, o juiz decidirá se habilitará ou não a vítima como assistente do Ministério Público. Nesse ponto, é importante observar que do despacho que admitir, ou não, o assistente, não caberá recurso, devendo, entretanto, constar dos autos o pedido e a decisão (art. 273 do CPP). Apesar de não haver previsão de recurso contra a decisão que habilita ou não a vítima como assistente, entende a doutrina que se a habilitação for negada de maneira irregular, ferindo o direito líquido e certo do ofendido de figurar como assistente de acusação, poderia ser utilizada a ação constitucional do mandado de segurança, funcionando esta ação como verdadeiro sucedâneo recursal.

Por fim, não se pode esquecer das faculdades que goza o assistente de acusação após ser habilitado no processo. O art. 271 do CPP estabelece que "ao assistente será permitido propor meios de prova, requerer perguntas às testemunhas, aditar o libelo e os articulados, participar do debate oral e arrazoar os recursos interpostos pelo Ministério Público, ou por ele próprio, nos casos dos arts. 584, § 1º, e 598". Em que pese existir forte corrente doutrinária no sentido de que o rol dos poderes do assistente seria taxativo, entendemos que tal posicionamento é insustentável, principalmente após a edição da Lei n. 12.403/2011, que deu nova redação ao art. 311 do CPP, atribuindo ao assistente, também, a faculdade de solicitar do juiz a decretação da prisão preventiva do acusado.

7. PROVAS

7.1 CONCEITO E FINALIDADE

A prova é o instrumento através do qual se forma a convicção do juiz sobre a existência ou inexistência dos fatos que estão sendo alegados pelas partes no processo. A finalidade principal da prova é a obtenção do convencimento daquele que vai julgar, decidindo a sorte do réu, condenando-o ou absolvendo-o. Com isso, costuma-se dizer que o destinatário direto das provas é o juiz que irá decidir o feito, e, indiretamente, as partes do processo.

7.2 OBJETO DA PROVA

Nos dizeres do professor Noberto Avenna, o objeto da prova "são todos os fatos, principais ou secundários, que reclamem uma apreciação judicial e exijam uma comprovação"[5]. Como se pode observar, o que é objeto da prova no processo penal são os fatos alegados no processo. Todavia, existem determinados fatos que se excluem da necessidade de comprovação, os quais consistem em fatos notórios, os fatos axiomáticos ou intuitivos (fatos evidentes); os fatos inúteis e os fatos sobre os quais recaem as presunções legais absolutas, uma vez que as relativas apenas invertem o ônus probatório.

> A FGV, no V Exame de Ordem, já cobrou esse pensamento do candidato, considerando errada a alternativa que dizia que "a prova objetiva demonstra a existência/inexistência de um determinado fato ou a veracidade/falsidade de uma determinada alegação. Todos os fatos, em sede de processo penal, devem ser provados".

7.3 ÔNUS DA PROVA

O ônus da prova é o encargo atribuído à parte de provar aquilo que alega. A demonstração probatória é uma faculdade, assumindo a parte omissa as consequências de sua inatividade.

Sobre o ônus da prova no Processo Penal, aduz o art. 156 do CPP que a prova da alegação incumbirá a quem a fizer, sendo, porém, facultado ao juiz, de ofício, ordenar, mesmo antes de iniciada a ação penal, a produção antecipada de provas consideradas urgentes e relevantes, observando a necessidade, adequação e proporcionalidade da medida, bem como determinar, no curso da instrução, ou antes de proferir sentença, a realização de diligências para dirimir dúvida sobre ponto relevante.

Notem que, devido ao fato de prevalecer no processo penal o princípio da verdade real ou material, que é aquele que indica que no processo penal o julgador possui o dever de apurar os fatos com o intuito de descobrir como estes efetivamente ocorreram, o juiz pode

---

[5] AVENA, Noberto. *Processo Penal*: Esquematizado. 6. ed. São Paulo: Método. 2014, p. 452.

determinar, de ofício, a produção de prova para dirimir dúvidas relevantes sobre a causa. A diferença é que durante a fase investigativa o magistrado somente poderá produzir de ofício provas que sejam consideradas urgentes e relevantes para não prejudicar a sua imparcialidade. Já na fase de processo judicial, o juiz pode determinar qualquer prova que ele entenda relevante para solucionar o conflito de interesse.

7.4 PROVAS ILÍCITAS

O princípio da liberdade probatória não é absoluto. A doutrina ensina que no nosso ordenamento jurídico existem algumas provas que são designadas proibidas ou vedadas toda vez que sua produção implique violação da lei ou de princípios de direito material ou processual. Temos assim, por classificação amplamente aceita, as provas vedadas, proibidas ou inadmissíveis, que é o gênero, do qual são espécies as:

a) provas ilícitas: violam disposições de direito material ou princípios constitucionais penais;
b) provas ilegítimas: violam normas processuais e os princípios constitucionais da mesma espécie.

> A FGV, no V Exame de Ordem, cobrou do candidato essa classificação, considerando errada a alternativa que dizia "são consideradas provas ilícitas aquelas obtidas com a violação do direito processual. Por outro lado, são consideradas provas ilegítimas as obtidas com a violação das regras de direito material".

O CPP não fez qualquer diferenciação entre prova ilícita e ilegítima, reputando na nova redação dada ao art. 157, *caput,* como ilícitas aquelas provas obtidas em violação a normas de caráter constitucional ou infraconstitucional (legal), que, por consequência, devem ser desentranhadas dos autos.Uma vez preclusa a decisão que determinou o desentranhamento, haverá a destruição da prova ilícita.

O CPP também regulamentou a teoria dos frutos da árvore envenenada (*fruits of poisonous tree*). Essa teoria foi construída originalmente pela Suprema Corte Norte-americana e mais tarde adotada pelo STF em vários julgados que apreciavam a ilicitude das provas produzidas no processo penal. Por essa teoria, os efeitos da ilicitude podem transcender a prova viciada, contaminando todo o material dela decorrente. Em um juízo de causa e efeito, tudo que é originário de uma prova ilícita seria imprestável, devendo ser desentranhado dos autos. No entanto, a teoria dos frutos da árvore envenenada não é absoluta. O CPP consagra, em seu art. 157, § 1º, duas exceções à regra de que as provas derivadas da ilícita são também ilícitas no processo penal. Aduz o referido dispositivo legal que "são também inadmissíveis as provas derivadas das ilícitas, **salvo quando não evidenciado o nexo de causalidade entre umas e outras**, ou quando as derivadas puderem ser obtidas por **uma fonte independente das primeiras**".

A primeira parte do § 1º consagrou a teoria da prova absolutamente independente que consiste em dizer que se existirem provas outras no processo, independentes de uma determinada prova ilícita produzida, não há de se falar em contaminação. Já a segunda parte do dispositivo consagrou a teoria da fonte independente ou também chamada de teoria da descoberta inevitável que ensina que se a prova, que circunstancialmente decorre de prova ilícita, seria conseguida de qualquer maneira, por atos de investigação válidos, ela será aproveitada, eliminando-se a contaminação. O § 2º do art. 157 do CPP explica que "considera-se fonte independente aquela que por si só, seguindo os trâmites típicos e de praxe, próprios da investigação ou instrução criminal, seria capaz de conduzir ao fato objeto da prova".

> A teoria dos frutos da árvore envenenada já foi cobrada pela FGV. No V Exame de Ordem, a banca considerou correta a alternativa que dizia que "a lei processual pátria prevê expressamente a inadmissibilidade da prova ilícita por derivação, perfilhando-se à 'teoria dos frutos da árvore envenenada' ('*fruits of poisonous tree*')".

7.5 SISTEMAS DE APRECIAÇÃO DA PROVA

Um dos temas mais importantes dentro do assunto provas no processo penal é o estudo sobre os vários sistemas de apreciação de provas que podem ser adotados num determinado ordenamento jurídico. Estudar sistemas de apreciação de provas é estudar o modo como a prova deve ser valorada no processo penal pelo juiz. Na doutrina geralmente são citados três sistemas de apreciação de provas, a saber:

1. Sistema da certeza moral do juiz ou íntima convicção: o juiz está absolutamente livre para decidir, despido de quaisquer amarras, estando dispensado de motivar a decisão, podendo, inclusive, utilizar o que não está nos autos;
2. Sistema da certeza moral do legislador, das regras legais ou da prova tarifada: a lei estipula o valor de cada prova, estabelecendo inclusive hierarquia entre estas, aniquilando praticamente a margem de liberdade apreciativa do magistrado;
3. Sistema do livre convencimento motivado ou persuasão racional: o juiz é livre para decidir e apreciar as provas que lhe são apresentadas, desde que o faça de forma motivada. Por esse sistema, não existe qualquer hieraquia nos meios de prova, bem como não há limitação quanto aos meios de prova, o que significa dizer que sendo lícitas e legítimas, mesmo que provas inominadas (não regulamentadas por lei), poderão ser admitidas na formação da convicção do legislador.

O nosso ordenamento jurídico adotou, como regra, o sistema do livre convencimento do juiz fundamentado na prova produzida sob o contraditório judicial (art. 155 do CPP). Não obstante, remanescem, ainda, algumas exceções que se constituem resquícios dos sistemas da íntima convicção e da prova tarifada. Como exemplo do primeiro, podemos citar o julgamento proferido pelo Tribunal do Júri, no qual o veredicto absolutório ou condenatório tem origem em um Conselho de Sentença, integrado por pessoas do povo que decidem sem precisar fundamentar as suas decisões. Como exemplo de consagração do sistema da prova tarifada, podemos citar o art. 62 do CPP, que dispõe que a extinção da punibilidade pela morte do acusado apenas poderá ser determinada à vista de certidão de óbito, bem como o art. 155, parágrafo único, do mesmo diploma processual, que estabelece que a prova de estado das pessoas, no âmbito penal, exige idênticas restrições às estabelecidas na lei civil.

Em virtude do propósito desta obra, trataremos, a partir de agora, somente daqueles meios de provas mais cobrados no exame de ordem. Por conta disso, pedimos a leitura ao candidato dos arts. 197 a 200 (Confissão), 201 (Ofendido), 226 e 239 (reconhecimento de pessoas e coisas acareação, documentos e indícios) do CPP.

7.6 EXAME DO CORPO DE DELITO

A primeira coisa importante que o candidato ao exame de ordem tem de observar na hora da prova é a diferença entre corpo de delito e exame do corpo de delito. O corpo de delito pode ser conceituado como sendo o conjunto de vestígios deixados pela infração. Já o exame do corpo de delito é a análise que os peritos fazem sobre os vestígios deixados pela infração. É a perícia que tem por objeto o próprio corpo de delito. O exame do corpo de delito pode ser direto (os peritos dispõem do próprio corpo de delito para analisar) ou indireto (realizado com a ajuda de meios acessórios, subsidiários, pois o corpo de delito não mais subsiste para ser objeto do exame). Em não sendo possível a realização do exame, seja o direto ou o indireto, podemos nos valer da prova testemunhal para atestar a materialidade delitiva, como dispõe o art. 167 do CPP. Os exames periciais são realizados por pessoa que tenha conhecimentos técnicos, científicos ou domínio específico em determinada área do conhecimento.

As perícias, como regra, passam a ser realizadas por um único perito oficial. É fundamental o nível universitário, sendo pré-requisito necessário para aqueles que almejam ingressar na polícia técnica.

Sendo a perícia complexa, abrangendo mais de uma área do conhecimento, é possível a atuação de mais de um perito oficial, cada um em sua respectiva especialidade (art. 159, § 7º). Na ausência de perito oficial, a autoridade pode valer-se dos peritos não oficiais ou juramentados, é dizer, pessoas idôneas, portadoras de curso superior, preferencialmente na área específica, dentre as que tiverem habilitação técnica relacionada com a natureza do exame. Exige-se dos peritos ainda a imparcialidade, sendo-lhes extensíveis as mesmas hipóteses de suspeição aplicadas aos magistrados.

Os peritos são auxiliares do juízo e as partes não interferem na nomeação, relevando acrescer que, nas perícias por precatória, os peritos serão nomeados no juízo deprecado, salvo nos crimes de ação penal privada, que, em havendo acordo das partes, os peritos podem ser nomeados pelo órgão deprecante (art. 177). Isso não significa dizer, a toda evidência, que as partes influenciarão na definição da figura do perito.

Quando da designação da realização da perícia, o juiz intimará as partes para querendo apresentarem quesitos a serem respondidos pelo perito oficial, bem como indicarem os seus assistentes técnicos. O assistente técnico é o perito de confiança das partes, que irá atuar com o fito de ratificar ou infirmar o laudo oficial. Não se exige do mesmo imparcialidade, já que o vínculo com a parte é da essência de sua atuação. Faculta-se ao MP, querelante, assistente de acusação, ofendido e ao acusado a sua indicação.Os peritos não oficiais prestarão o compromisso de bem e fielmente desempenhar o encargo.

A atuação do assistente ocorrerá somente na fase processual, e após a elaboração do laudo pelos peritos oficiais, de sorte que cabe ao juiz, após o ingresso do laudo oficial nos autos, deliberar pela admissibilidade ou não do assistente técnico indicado, intimando as partes da sua decisão, que é irrecorrível, o que não afasta a possibilidade do mandado de segurança, *habeas corpus* ou a discussão da negativa em preliminar de apelação.

O laudo pericial deve ser produzido pelo perito oficial no prazo de dez dias, comportando prorrogação, em casos excepcionais, a requerimento dos peritos e mediante autorização da autoridade, conforme previsão expressa do art. 160 do CPP.

Durante o curso do processo judicial, é permitido às partes requerer a oitiva dos peritos para esclarecerem a prova ou para responderem a quesitos, desde que o mandado de intimação e os quesitos ou questões a serem esclarecidos sejam encaminhados com antecedência mínima de 10 (dez) dias da audiência de instrução e julgamento, podendo apresentar as respostas em laudo complementar, bem como indicar assistentes técnicos que poderão apresentar pareceres em prazo a ser fixado pelo juiz ou ser inquiridos em audiência.

É importante ressaltar que, em que pese ser obrigatória a realização do exame do corpo de delito para comprovar a existência dos crimes materiais, no Brasil adotou-se o sistema liberatório, segundo o qual o juiz, quando da análise do laudo, pode aceitá-lo ou rejeitá-lo no todo ou em parte, desde que o faça de maneira fundamentada. Pode até mesmo acatar o parecer técnico do assistente, afastando as conclusões do laudo oficial.

O CPP regulamenta, ainda, algumas perícias específicas que podem ser realizadas no nosso ordenamento jurídico. São elas:

a) **Exame necroscópico** (art. 162 do CPP): é o exame realizado no cadáver, visando à indicação da causa morte. Deve ser realizado pelo menos seis horas depois do óbito. Entretanto, havendo evidência da morte, não haverá necessidade de aguardar tal lapso temporal, conforme se verifica da leitura do art. 162, parágrafo único, do CPP. O exame, como regra, envolve a análise interna e externa do cadáver. Pode se fazer necessária a exumação, objetivando identificar a real causa da morte, ou em que circunstâncias esta teria ocorrido, assim como identificar a pessoa que se encontra sepultada.
b) **Exame de lesões corporais** (art. 168 do CPP): as lesões corporais são classificadas em leves, graves e gravíssimas. Se o primeiro exame pericial tiver sido incompleto ou insuficiente para precisar num primeiro momento a real gravidade da lesão, será realizado o exame complementar de lesões corporais, dispondo os peritos do auto de corpo de delito anteriormente realizado. O exame complementar pode ser determinado de ofício, pelo juiz ou delegado, ou a requerimento do MP, do ofendido, do acusado ou do defensor. Sua não realização, por terem desaparecido os vestígios, pode ser suprida por prova testemunhal.

c) **Perícia em incêndio** (art. 173 do CPP): os peritos devem indicar as causas do incêndio, já que diversas peculiaridades circundam a matéria, permitindo a análise do enquadramento típico; a exposição a perigo da vida, integridade física ou patrimônio de outrem; a incidência de causas de aumento; a constatação da intenção do agente, já que o incêndio culposo também é apenado.

d) **Perícia laboratorial** (art. 170 do CPP): algumas perícias exigem o aparato laboratorial, com a realização de estudos experimentais ou práticos ligados aos diversos ramos da ciência. Nas perícias de laboratório, os peritos guardarão material suficiente para a eventualidade de nova perícia. Sempre que conveniente, os laudos serão ilustrados com provas fotográficas, ou microfotográficas, desenhos ou esquemas.

e) **Exame grafotécnico** (art. 174 do CPP): se presta a identificar a autoria de determinado documento, reconhecendo o responsável pelo escrito, o que se faz por comparação de letras. No exame para o reconhecimento de escritos, por comparação de letra, observar-se-á o seguinte procedimento: I – a pessoa a quem se atribua ou se possa atribuir o escrito será intimada para o ato, se for encontrada; II – para a comparação, poderão servir quaisquer documentos que a dita pessoa reconhecer ou já tiverem sido judicialmente reconhecidos como de seu punho, ou sobre cuja autenticidade não houver dúvida; III – a autoridade, quando necessário, requisitará, para o exame, os documentos que existirem em arquivos ou estabelecimentos públicos, ou nestes realizará a diligência, se daí não puderem ser retirados; IV – quando não houver escritos para a comparação ou forem insuficientes os exibidos, a autoridade mandará que a pessoa escreva o que lhe for ditado. Nesse ponto, é de se observar que a omissão em fornecer o escrito para a comparação não pode levar à presunção de culpa em desfavor do imputado, nem desaguar na responsabilização por desobediência, afinal, é ato inerente à autodefesa. Se estiver ausente a pessoa, mas em lugar certo, esta última diligência poderá ser feita por precatória, em que se consignarão as palavras que a pessoa será intimada a escrever.

f) **Exame nos instrumentos da infração** (art. 175 do CPP): os instrumentos utilizados no crime devem ser periciados não apenas para identificação do tipo de objeto (arma de fogo, arma branca, ácido sulfúrico), como também quanto à eficiência, a aptidão para provocar o resultado lesivo.

g) **Exame na destruição ou rompimento de obstáculo e na escalada**: disciplinado pelo art. 171 do CPP, ganha relevo na caracterização do furto qualificado. Aduz o CPP que nos crimes cometidos com destruição ou rompimento de obstáculo a subtração da coisa, ou por meio de escalada, os peritos, além de descrever os vestígios, indicarão com que instrumentos, por que meios e em que época presumem ter sido o fato praticado.

7.7 INTERROGATÓRIO DO ACUSADO

O interrogatório consiste no meio de prova através do qual o magistrado procede à oitiva do réu, a fim de descobrir informações importantes para a solução da causa. É corolário da ampla defesa e do contraditório, uma vez que é a oportunidade que o acusado tem de contar a sua versão dos fatos ao órgão julgador tentando influenciar no seu convencimento. A sua oportunidade está prevista em todos os procedimentos criminais. Quanto à natureza jurídica do ato, vem prevalecendo o entendimento de que possui uma natureza mista ou híbrida, já que pode ser considerado não só um meio de prova, mas também um instrumento de defesa do acusado.

Durante toda a persecução penal deve ser obrigatoriamente oportunizada a realização do interrogatório. Na fase pré-processual não há interrogatório propriamente dito. O indiciado ou o preso em flagrante prestará declarações perante a autoridade policial. Interrogatório é o ato realizado perante a autoridade judicial, e enquanto a sentença não transitar em julgado, sempre que possível, deve ser realizado, sob pena de nulidade. A nulidade ocorre não pela não realização efetiva do ato, e sim por sua supressão arbitrária.

A todo tempo o magistrado poderá proceder a novo interrogatório, *ex officio* ou a requerimento das partes. Até mesmo na pendência do julgamento da apelação, poderá o tribunal, câmara ou turma proceder a novo interrogatório, demonstrando a importância desse ato para o processo.

Na realização do ato, o juiz deve observar algumas formalidades, senão vejamos:

a) Em regra, deve ser realizado a portas abertas, já que se trata de ato público;
b) É ato personalíssimo e, portanto, não pode ser realizado por interposta pessoa;
c) O local em que o interrogatório deve ser realizado depende se o acusado está preso ou solto. Se ele estiver solto será ouvido no local em que o juiz desempenha as suas funções, mais precisamente, na sala de audiências da unidade jurisidicional em que ele exerce as suas funcões. Se o acusado estiver preso, o interrogatório será realizado, em sala própria, no estabelecimento em que estiver recolhido, desde que estejam garantidas a segurança do juiz, do membro do Ministério Público e dos auxiliares, bem como a presença do defensor e a publicidade do ato. Com a edição da Lei n. 11.900/2009, o legislador trouxe a possibilidade de o interrogatório acontecer por meio de videoconferência. Trata-se de medida de exceção. O magistrado, por decisão suficientemente motivada, de ofício ou a requerimento de qualquer das partes, pode realizar o interrogatório do réu preso por sistema de videoconferência ou outro recurso tecnológico de transmissão de sons e imagens em tempo real. Consoante o art. 185, § 2º, do CPP, para designação do interrogatório por videoconferência, basta atender uma das seguintes finalidades: (1) prevenir risco à segurança pública, quando exista fundada suspeita de que o preso integre organização criminosa ou de que, por outra razão, possa fugir durante o deslocamento; (2) viabilizar a participação do réu no referido ato processual, quando haja relevante dificuldade para seu comparecimento em juízo, por enfermidade ou outra circunstância pessoal; (3) impedir a influência do réu no ânimo de testemunha ou da vítima, desde que não seja possível colher o depoimento destas por videoconferência, nos termos do art. 217 do referido Código; e (4) responder à gravíssima questão de ordem pública. O CPP permite, ainda, no § 8º do art. 185, a realização de outros atos processuais que dependam da participação de pessoa que esteja presa através de

videoconferência, como acareação, reconhecimento de pessoas e coisas, e inquirição de testemunha ou tomada de declarações do ofendido;

d) o interrogatório, em regra, segue a forma oral. Temos que lembrar, no entanto, que o interrogatório do mudo, surdo e surdo-mudo pode acontecer por escrito. Senão vejamos: 1) ao surdo serão apresentadas por escrito as perguntas, que ele responderá oralmente; 2) ao mudo as perguntas serão feitas oralmente, respondendo-as por escrito; 3) ao surdo-mudo as perguntas serão formuladas por escrito e do mesmo modo dará as respostas;

e) Na hipótese de existirem dois ou mais réus no mesmo processo, não permite o CPP o interrogatório em conjunto. Os corréus serão interrogados separadamente, de sorte que uns não assistam previamente ao depoimento dos outros.

Na tomada do depoimento do acusado, o juiz deverá, de início, garantir ao interrogado o direito de entrevistar-se reservadamente com seu defensor, caso isto ainda não tenha ocorrido. A presença do advogado passou a ser obrigatória, sob pena de nulidade absoluta do feito, em razão da ausência de defesa técnica.

Na sequência, o acusado será qualificado, cientificado do teor da acusação que pesa contra si e informado do seu direito de permanecer calado, não tendo obrigação de responder as perguntas que lhe forem endereçadas. O silêncio não importará em confissão nem pode ser interpretado em prejuízo da defesa. Tem prevalecido o entendimento de que o direito ao silêncio não abrange os dados qualificativos.

O interrogatório está subdividido em duas partes. Na primeira etapa, o magistrado vai procurar conhecer o interrogado, individualizando-o, seguindo o art. 187, § 1º, do CPP, que traz elementos importantes para a dosimetria da pena e para aferir a co-culpabilidade social pela situação de delinquência do interrogado. Já a segunda etapa destina-se à aferição dos fatos apurados no processo. É a etapa de mérito. Nela o réu poderá aceitar como verdadeira ou negar a imputação que lhe é feita.

FIQUE LIGADO! Recentemente a Lei n. 13.257/2016 introduziu o § 10 ao art. 185 do CPP, exigindo que conste do interrogatório a informação sobre a existência de filhos do acusado, respectivas idades e se possuem alguma deficiência e o nome e o contato de eventual responsável pelos cuidados dos filhos, indicado pela pessoa presa.

Findas as perguntas, o juiz indagará à acusação e ao defensor se restou algum ponto a ser esclarecido, oportunizando reperguntas. O interrogado não está obrigado a responder as reperguntas, inclusive aquelas que forem formuladas pelo próprio advogado. As perguntas e respostas ficarão consignadas no termo de audiência, que todos os presentes devem assinar. O § 1º do art. 405 do CPP, inserido pela Lei n. 11.719/2008, assevera que quando possível, "o registro dos depoimentos do investigado, indiciado, ofendido e testemunhas será feito pelos meios ou recursos de gravação magnética, estenotipia, digital ou técnica similar, inclusive audiovisual, destinada a obter maior fidelidade das informações".

O interrogatório é um dos meios de prova mais cobrados pela FGV. Para se ter uma noção, a banca já cobrou mais de uma vez o conhecimento desse meio de prova no exame da ordem.

> No XVIII Exame de Ordem, a FGV considerou correto que o *interrogatório por videoconferência pode ser considerado válido se fundamentado, pelo magistrado, no risco concreto de fuga durante o deslocamento.*

7.8 TESTEMUNHAS

A testemunha é um terceiro estranho à relação de direito material (não é o autor nem o réu da infração) que tomou conhecimento sobre fatos relevantes para a solução da causa. É mais um meio de prova de que o juiz vai se utilizar para formar o seu convencimento.

Em regra, toda pessoa poderá ser testemunha. No entanto, não podemos esquecer as testemunhas dispensadas e proibidas de depor. As dispensadas estão previstas no art. 206 do CPP. São os parentes próximos do acusado. Como são pessoas dispensadas do testemunho, o depoimento é facultativo e, acaso optem por testemunhar, delas não será tomado o compromisso (art. 208 do CPP), o que permite concluir que serão ouvidas na qualidade de informantes. No entanto, de acordo com o próprio art. 206 do CPP, na impossibilidade de obter-se ou integrar-se, por outro modo, a prova, essas pessoas não podem recusar-se a depor, o que permite concluir que, em tal situação, seu depoimento é obrigatório.

Já as pessoas proibidas de depor estão previstas no art. 207 do CPP. São aquelas que, em razão de função, ministério, ofício ou profissão, devam guardar segredo. Assim, sempre que houver legítimo dever jurídico de sigilo quanto às informações recebidas, como ocorre, dentre outros, em relação aos médicos, psicólogos, advogado e sacerdotes, a proibição de testemunhar, com ou sem compromisso, existirá. No entanto, prevê o legislador que a pessoa proibida pode depor no processo caso, desobrigada pela parte interessada, quiser dar o seu testemunho.

Não se pode esquecer, ainda, que a testemunha presta o seu depoimento sob o compromisso de dizer a verdade. No entanto, existem algumas pessoas que o CPP dispensa do compromisso de dizer a verdade (art. 208). Não se deferirá o compromisso aos doentes e deficientes mentais e aos menores de 14 (quatorze) anos, nem às pessoas consideradas dispensadas do depoimento.

Caso o processo tramite na comarca onde a testemunha reside, deve esta comparecer à sede do juízo no dia e hora aprazados. As pessoas impossibilitadas de comparecer por enfermidade ou velhice serão ouvidas onde estiverem. Caso a testemunha resida em outra comarca, será ouvida através de carta precatória. Neste caso, a defesa deverá ser intimada da expedição da carta precatória para que possa acompanhar o seu trâmite no juízo deprecado. A ausência de intimação da expedição da carta implica em nulidade relativa, consoante a Súmula 155 do STJ. É importante lembrar que a precatória não suspende o curso do processo.

As disposições relativas ao interrogatório por videoconferência têm aplicação, no que couber, à realização de atos processuais que dependam da participação de pessoa que esteja presa, como a inquirição de testemunha (art. 185, § 8º, do CPP). Além disso, também para evitar a emissão de carta precatória, é possível a oitiva das testemunhas por "videoconferência, ou outro recurso tecnológico de transmissão de sons e imagens em tempo real" (§ 3º do art. 222 do CPP). Algumas pessoas, em razão do cargo que desempenham, serão ouvidas com a prerrogativa de ajustarem previamente local, dia e hora com o magistrado. É o que ocorre, por exemplo, com o Presidente e Vice-Presidente da República, senadores e deputados federais, ministros de Estado, deputados estaduais, juízes, entre outros.

Os militares, ao figurarem como testemunhas, serão requisitados ao seu superior hierárquico. Já os funcionários públicos, apesar da intimação pessoal ser obrigatória, têm a expedição do mandado comunicada ao chefe da repartição.

O procedimento para a oitiva da testemunha é bastante simples. Inicialmente, a testemunha devidamente intimada deverá comparecer no dia e hora aprazados, podendo, para tanto, ser conduzida coercitivamente. Caso não compareça, sofrerá as consequências previstas nos arts. 218 e 219 do CPP.

As testemunhas serão ouvidas separadamente (art. 210, parágrafo único, do CPP), além de dever ser compromissada, e advertida das penas cominadas ao falso testemunho. Uma vez compromissada, a testemunha será qualificada. Havendo dúvidas quanto à identidade da testemunha, o juiz patrocinará o esclarecimento pelos meios à sua disposição, ou até mesmo socorrer-se-á à autoridade policial para tal verificação.

Após a qualificação, oportuniza-se a contradita, ou seja, a impugnação da testemunha a ser ouvida. O depoimento obedecerá, em regra, a forma oral, sendo facultado à testemunha consultar apontamentos. Algumas pessoas (art. 222, § 1º, do CPP) podem acabar, devido ao cargo que exercem, optando pelo depoimento escrito.Atualmente, pela nova sistemática do CPP, as partes começam fazendo as perguntas às testemunhas. Essas perguntas serão formuladas pelas partes diretamente à testemunha, não admitindo o juiz aquelas que puderem induzir a resposta, não tiverem relação com a causa ou importarem na repetição de outra já respondida. Sobre os pontos não esclarecidos, o juiz poderá complementar a inquirição. As declarações serão reduzidas a termo, assinado por ela, pelo magistrado e pelas partes.

O testemunho deve ser um ato livre, despido de coação, expressa ou implícita.Havendo receio de intimidação da testemunha, prejudicando o próprio ato em sua veracidade, a inquirição será realizada por videoconferência (art. 217 do CPP).

7.9 BUSCA E APREENSÃO

Como o próprio nome sugere, a busca é a procura, a diligência que objetiva encontrar o que se deseja, ao passo que a apreensão é medida de constrição, para acautelar, por sob custódia, determinado objeto ou pessoa. A busca e apreensão é tratada pela legislação como meio de prova, embora a doutrina mais moderna entenda no sentido de que se trata de medida cautelar apta a angariar provas para o processo.

Pode ser determinada de ofício pela autoridade ou a requerimento das partes. Afora a situação de flagrante delito, a busca e apreensão domiciliar está adstrita a cláusula de reserva jurisdicional, cabendo privativamente ao judiciário a expedição do mandado (art. 5º, XI, da CF). Afora esta hipótese, não havendo possibilidade de violação domiciliar, outras autoridades podem determinar a medida.

> A FGV cobrou no XXI Exame de Ordem uma questão relacionada a esse tema, considerando válida uma busca e apreensão domiciliar realizada numa situação de flagrante delito.

Existem duas espécies de busca e apreensão, a saber:

a) **Busca domiciliar:** só poderá ser determinada quando fundadas razões a autorizarem, sendo necessário lastro mínimo indicando que os objetos ou pessoas estão realmente na casa passível da medida. Segundo o CPP, as hipóteses de sua decretação estão previstas no art. 240, § 1º. Proceder-se-á à busca domiciliar, quando fundadas razões a autorizarem, para: a) prender criminosos; b) apreender coisas achadas ou obtidas por meios criminosos; c) apreender instrumentos de falsificação ou de contrafação e objetos falsificados ou contrafeitos; d) apreender armas e munições, instrumentos utilizados na prática de crime ou destinados a fim delituoso; e) descobrir objetos necessários à prova de infração ou à defesa do réu; f) apreender cartas, abertas ou não, destinadas ao acusado ou em seu poder, quando haja suspeita de que o conhecimento do seu conteúdo possa ser útil à elucidação do fato; g) apreender pessoas vítimas de crimes e h) colher qualquer elemento de convicção.

Existe ampla liberdade temporal para a realização da medida de busca e apreensão, que pode ocorrer antes do início formal da persecução penal, durante a investigação preliminar, no curso da instrução processual, na fase recursal, ou até mesmo na fase executória.

Inicialmente, a medida é executada por oficiais de justiça ou por policiais. Antes de adentrarem na residência, os executores mostrarão e lerão o mandado ao morador, ou a quem o represente, intimando-o, na sequência, para abrir a porta.

Não sendo atendido o reclamo, será arrombada a porta e forçada a entrada. Se o morador criar obstáculos ou mantiver os já existentes no intuito de impedir o acesso ao objeto ou a coisa, poderá haver o emprego de força contra a coisa. Não estando presente o morador, a diligência não ficará frustrada: a porta poderá ser arrombada, assim como serão utilizados os meios necessários para a pronta localização.

Descoberta a pessoa ou a coisa procurada, esta será imediatamente apreendida e posta sob custódia da autoridade ou de seus agentes. Em se tratando de objetos, estes ficarão à disposição do magistrado ou da autoridade policial, conforme o caso. Já em se tratando de infratores, serão eles encaminhados ao competente estabelecimento prisional.

A diligência será encerrada com a lavratura de auto circunstanciado, assinado pelos executores, por duas testemunhas presenciais e eventualmente por um vizinho, nas hipóteses que prevêem a convocação do mesmo.

Se a busca domiciliar iniciar-se durante o dia, poderá estender-se, se necessário, para além das 18 horas, desde que a sua interrupção cause prejuízo ao ato. Havendo necessidade da apreensão de algum documento ou objeto que se encontre em repartição pública ou em outro local público de uso privativo, a autoridade judicial requisitará a sua apresentação, não sendo preciso, *a priori*, a determinação de busca e apreensão;

Devemos atentar que a Lei n. 11.768/2008 alterou o inciso II do art. 7º do Estatuto da OAB, que prevê como direito do advogado: "a inviolabilidade de seu escritório ou local de trabalho, bem como dos seus instrumentos de trabalho, de sua correspondência escrita, eletrônica, telefônica e telemática, desde que relativas ao exercício da advocacia".

Para efeito da apreensão, a diligência poderá adentrar por território de outra comarca, mesmo que situada em Estado diverso daquele onde a autoridade desempenha suas funções, nos casos do art. 250, § 1º, do CPP.

O mandado de busca e apreensão deve ser interpretado de forma restrita, não podendo a autoridade, no cumprimento da diligência, angariar todos os elementos que venha a encontrar na residência vasculhada e que não sejam objeto do mandado.

O ingresso pela autoridade em domicílio alheio fora das formalidades e finalidades legais caracteriza crime de abuso de autoridade.

b) **Busca pessoal:** ocorrerá quando houver fundada suspeita de que alguém oculte consigo coisas achadas ou obtidas por meios criminosos, instrumentos de falsificação ou de contrafação e objetos falsificados ou contrafeitos, armas e munições, instrumentos utilizados na prática de crime ou destinados a fim delituoso, objetos necessários à prova de infração ou à defesa do réu, cartas, abertas ou não, destinadas ao acusado ou em seu poder, quando haja suspeita de que o conhecimento do seu conteúdo possa ser útil à elucidação do fato ou para colher qualquer elemento de convicção.

8. PRISÕES CAUTELARES

8.1 NOÇÕES GERAIS

A prisão é o cerceamento da liberdade de locomoção, é o encarceramento do acusado. Pode advir de decisão condenatória transitada em julgado, que é a chamada prisão pena ou, ainda, ocorrer no curso da persecução penal, dando ensejo à prisão sem pena, também conhecida como cautelar, processual ou provisória. São classificadas como prisões cautelares: a prisão em flagrante, a prisão preventiva e a prisão temporária.

Deve-se ter em mente que as prisões cautelares devem ser entendidas como medidas de extrema excepcionalidade. Isso porque elas são decretadas no momento em que o ordenamento jurídico ainda considera o acusado inocente, afinal, consoante a Constituição Federal em seu art. 5º, LVII, "ninguém será considerado culpado até o trânsito em julgado de sentença penal condenatória".

Visando consagrar o princípio da presunção da inocência, a Lei n. 12.403/2011 introduziu no CPP, mais precisamente no art. 319, as chamadas medidas cautelares diversas da prisão. Essas medidas visam fazer com que o juiz consiga, com a decretação delas, proteger os interesses do processo ou da sociedade sem precisar restringir o direito de locomoção do acusado que ainda é considerado inocente pelo nosso ordenamento jurídico.

Dessa maneira, as prisões processuais passaram a ser consideradas medidas subsidiárias, que somente podem ser decretadas quando as medidas cautelares diversas da prisão se mostrarem insuficientes para garantir os interesses do processo ou da sociedade.

É preciso que o candidato esteja atento a toda sistemática de decretação dessas medidas cautelares, bem como as suas espécies. Para isso, faz-se necessária a leitura dos arts. 282 e 319, ambos do CPP, que pela importância transcrevemos abaixo:

SISTEMÁTICA DE DECRETAÇÃO	ESPÉCIES DE MEDIDAS CAUTELARES DIVERSAS DA PRISÃO
Art. 282. As medidas cautelares previstas neste Título deverão ser aplicadas observando-se a: I – necessidade para aplicação da lei penal, para a investigação ou a instrução criminal e, nos casos expressamente previstos, para evitar a prática de infrações penais; II – adequação da medida à gravidade do crime, circunstâncias do fato e condições pessoais do indiciado ou acusado. § 1º As medidas cautelares poderão ser aplicadas isolada ou cumulativamente. § 2º As medidas cautelares serão decretadas pelo juiz, de ofício ou a requerimento das partes ou, quando no curso da investigação criminal, por representação da autoridade policial ou mediante requerimento do Ministério Público. § 3º Ressalvados os casos de urgência ou de perigo de ineficácia da medida, o juiz, ao receber o pedido de medida cautelar, determinará a intimação da parte contrária, acompanhada de cópia do requerimento e das peças necessárias, permanecendo os autos em juízo. § 4º No caso de descumprimento de qualquer das obrigações impostas, o juiz, de ofício ou mediante requerimento do Ministério Público, de seu assistente ou do querelante, poderá substituir a medida, impor outra em cumulação, ou, em último caso, decretar a prisão preventiva (art. 312, parágrafo único). § 5º O juiz poderá revogar a medida cautelar ou substituí-la quando verificar a falta de motivo para que subsista, bem como voltar a decretá-la, se sobrevierem razões que a justifiquem. § 6º A prisão preventiva será determinada quando não for cabível a sua substituição por outra medida cautelar (art. 319).	Art. 319. São medidas cautelares diversas da prisão: I – comparecimento periódico em juízo, no prazo e nas condições fixadas pelo juiz, para informar e justificar atividades; II – proibição de acesso ou frequência a determinados lugares quando, por circunstâncias relacionadas ao fato, deva o indiciado ou acusado permanecer distante desses locais para evitar o risco de novas infrações; III – proibição de manter contato com pessoa determinada quando, por circunstâncias relacionadas ao fato, deva o indiciado ou acusado dela permanecer distante; IV – proibição de ausentar-se da Comarca quando a permanência seja conveniente ou necessária para a investigação ou instrução; V – recolhimento domiciliar no período noturno e nos dias de folga quando o investigado ou acusado tenha residência e trabalho fixos; VI – suspensão do exercício de função pública ou de atividade de natureza econômica ou financeira quando houver justo receio de sua utilização para a prática de infrações penais; VII – internação provisória do acusado nas hipóteses de crimes praticados com violência ou grave ameaça, quando os peritos concluírem ser inimputável ou semi-imputável (art. 26 do Código Penal) e houver risco de reiteração; VIII – fiança, nas infrações que a admitem, para assegurar o comparecimento a atos do processo, evitar a obstrução do seu andamento ou em caso de resistência injustificada à ordem judicial; IX – monitoração eletrônica.

8.2 PRISÃO EM FLAGRANTE

Trata-se de modalidade de prisão processual expressamente prevista no art. 5º, LXI, da CF, e regulamentada nos arts. 301 a 310 do CPP. É uma medida restritiva de liberdade, de natureza cautelar e caráter eminentemente administrativo, que não exige ordem escrita do juiz, porque o fato ocorre de inopino.

São hipóteses/espécies de prisão em flagrante:

- **Flagrante próprio** (art. 302, I e II, do CPP): nesse caso, o agente é surpreendido cometendo a infração penal ou quando acaba de cometê-la. A prisão deve ocorrer de imediato, sem o decurso de qualquer intervalo de tempo;
- **Flagrante impróprio** (art. 302, III, do CPP): o agente é perseguido, logo após a infração, em situação que faça presumir ser o autor do fato. Não existe um limite temporal para o encerramento da perseguição. Enquanto existir perseguição, a prisão em flagrante é válida, mesmo que ocorra dias depois da prática da infração. Esse flagrante foi cobrado no IX Exame da Ordem, demonstrando a importância de sua memorização;
- **Flagrante presumido** (art. 302, IV, do CPP): o agente é preso, logo depois de cometer a infração, com instrumentos, armas, objetos ou papéis que presumam ser ele o autor da infração. Notem que esta espécie de flagrante não exige perseguição;
- **Flagrante compulsório ou obrigatório** (art. 301, *in fine*, do CPP): as polícias civil, militar, rodoviária, ferroviária e o corpo de bombeiros militar, desde que em serviço, têm o dever de efetuar a prisão em flagrante, sempre que a hipótesese apresente no caso concreto;
- **Flagrante facultativo** (art. 301 do CPP): é a faculdade legal que autoriza qualquer do povo a efetuar ou não a prisão em flagrante;
- **Flagrante esperado:** é um flagrante fruto de construção doutrinária e jurisprudencial. É um flagrante considerado legal. Nele a atividade da autoridade policial antecede o início da execução delitiva. A polícia antecipa-se ao criminoso, e, tendo ciência de que a infração ocorrerá, sai na frente, fazendo campana (tocaia) e realizando a prisão quando os atos executórios são deflagrados. Nada impede que o flagrante esperado seja realizado por particular;
- **Flagrante preparado ou provocado:** é um flagrante fruto de construção doutrinária e jurisprudencial. Tem previsão na Súmula 145 do STF, que aduz o seguinte: *"Não há crime quando a preparação do flagrante pela polícia torna impossível a sua consumação"*. É um flagrante considerado ilegal, porque entende que quem é detido nessa situação não comete um crime.Nele o agente é induzido ou instigado a cometer um fato descrito como crime, e, neste momento, acaba sendo preso em flagrante;
- **Flagrante prorrogado, retardado, diferido, prolongado ou ação controlada:** previsto no art. 8º da Lei n. 12.850/2013 (Lei das Organizações Criminosas) e no art. 53,

II, da Lei n. 11.343/2006 (Lei de Drogas). Por esse flagrante, a autoridade policial tem a faculdade de aguardar, do ponto de vista da investigação criminal, o momento mais adequado para realizar a prisão, ainda que sua atitude implique a postergação da intervenção. Em outras palavras, consiste em atrasar o momento da prisão, mantendo acompanhamento sobre o criminoso, para que consiga melhores provas contra os envolvidos em organização criminosa ou tráfico de drogas;

- **Flagrante forjado:** é aquele armado, fabricado, realizado para incriminar pessoa inocente. É uma modalidade ilícita de flagrante, onde o único infrator é o agente forjador, que sendo agente público, também responderá por crime de abuso de autoridade;
- **Flagrante por apresentação:** quem se entrega à polícia espontaneamente não se enquadra em nenhuma das hipóteses legais autorizadoras do flagrante. Assim, não poderá ser autuado.

Além de internalizar as várias espécies de prisão em flagrante, deve o candidato ao exame de ordem atentar para as peculiaridades da prisão em flagrante para algumas espécies de crime.

Nos crimes permanentes, entendido como aqueles cuja consumação se alonga no tempo, a prisão em flagrante poderá ser realizada a qualquer tempo enquanto não cessar a permanência, nos termos do art. 303 do CPP.

Nos crimes de ação penal pública condicionada ou de ação penal privada, para a lavratura do auto de prisão em flagrante, deverá haver a manifestação de vontade do respectivo legitimado. Se a vítima não puder imediatamente ir à delegacia para se manifestar, por ter sido conduzida ao hospital ou por qualquer motivo relevante, poderá fazê-lo no prazo de entrega da nota de culpa (24h). Caso a vítima não emita autorização, deve a autoridade policial liberar o ofensor, sem nenhuma formalidade, documentando o ocorrido em boletim de ocorrência, para efeitos de praxe.

Nas infrações de menor potencial ofensivo, ao invés da lavratura do auto de flagrante, teremos a realização do termo circunstanciado, desde que o infrator seja imediatamente encaminhado aos juizados especiais criminais ou assuma o compromisso de comparecer, quando devidamente notificado (art. 69 da Lei n. 9.099/95). Caso contrário, o auto será lavrado, recolhendo-se o mesmo ao cárcere, salvo se for admitido a prestar fiança, nas infrações que a comportem, caso em que paga a fiança o agente será liberado.

É importante, ainda, estudarmos as regras aplicáveis ao procedimento de lavratura do auto de prisão em flagrante.

Em regra, a autoridade policial da circunscrição onde foi efetuada a prisão é a que possui atribuição para presidir o auto de prisão em flagrante. Além da autoridade policial, podem lavrar o auto de prisão em flagrante o juiz, quando o crime tiver sido praticado contra ele ou na presença dele e ele juiz estiver no exercício das suas funções (art. 307 do CPP), bem como os deputados e senadores, quando o crime tiver sido praticado nas dependências da casa legislativa, consoante o enunciado da Súmula 397 do STF.

A autoridade, antes de lavrar o auto, deve comunicar à família do preso ou pessoa por ele indicada a ocorrência da prisão.Aquele que levou o preso até a presença da autoridade (condutor) será ouvido, sendo suas declarações reduzidas a termo, colhida a sua assinatura, e sendo-lhe entregue cópia do termo e recibo de entrega do preso.

Na sequência, preconiza o art. 304 do CPP que serão ouvidas as testemunhas que tenham algum conhecimento do ocorrido e que acompanham o condutor. Nesse ponto, devemos atentar que a falta de testemunhas da infração não impedirá o auto de prisão em flagrante, mas, nesse caso, com o condutor, deverão assiná-lo pelo menos duas pessoas que hajam testemunhado a apresentação do preso à autoridade. Essas testemunhas que presenciam a entrega do preso à autoridade competente para lavrar o auto são chamadas de testemunhas instrumentárias ou indiretas.

Em que pese à lei ser omissa quanto à oitiva da vítima nesta fase, é de bom tom que a mesma seja ouvida, prestando sua contribuição para o esclarecimento do fato e para a caracterização do flagrante.

Após, a lei fala em interrogatório do acusado, o que é uma evidente impropriedade, afinal ainda não existe imputação nem processo. O preso será ouvido, assegurando-se o direito ao silêncio. Admite-se a presença do advogado, embora não seja imprescindível à lavratura do auto.

Ao final, convencida a autoridade que a infração ocorreu, que o conduzido concorreu para a mesma e que se trata de hipótese legal de flagrante delito, determinará ao escrivão que lavre e encerre o auto de flagrante.

Não estando convencida a autoridade de que o fato apresentado autorizaria o flagrante, deixará de autuar o mesmo, determinando a soltura do autuado. Os termos de declaração do condutor e das testemunhas serão anexados ao auto, e este último será assinado pela autoridade e pelo preso.

A lavratura do auto de prisão em flagrante deverá constar a informação sobre a existência de filhos, respectivas idades e se possuem alguma deficiência e o nome e o contato de eventual responsável pelos cuidados dos filhos, indicado pela pessoa presa.

Lavrado o auto de prisão em flagrante, deve a autoridade expedir, no prazo de 24 horas, a chamada nota de culpa. Esta se presta a informar ao preso os responsáveis por sua prisão, além dos motivos dela, contendo o nome do condutor e das testemunhas, sendo assinada pela autoridade (art. 306, § 2º, do CPP). A entrega da nota de culpa é de vital importância para a validade da prisão.

O auto de prisão em flagrante, acompanhado de todas as oitivas colhidas, será encaminhado à autoridade judicial competente em 24 horas da realização da prisão. Também deverão ser comunicados da prisão em flagrante do acusado o Ministério Público e a defesa do acusado. Caso o autuado não informe o nome de seu advogado, cópia integral do auto de prisão será encaminhado para a Defensoria Pública.

Segundo o art. 310 do CPP, ao receber o auto de prisão em flagrante, o juiz deverá fundamentadamente adotar umas das seguintes alternativas: 1) relaxar a prisão ilegal; 2) converter a prisão em flagrante em preventiva, quando presentes os pressupostos e fundamentos da prisão preventiva, e se revelarem inadequadas ou insuficientes as medidas cautelares diversas da prisão; ou 3) conceder liberdade provisória, com ou sem fiança.

A liberdade provisória poderá ser concedida em duas hipóteses: a primeira delas, quando estiverem ausentes os pressupostos e fundamentos da prisão preventiva, nos termos do art. 321 do CPP, ocasião em que o juiz poderá, se for o caso, impor uma das medidas cautelares previstas no art. 319 do CPP, desde que observadas a necessidade e a adequação de sua decretação; e a segunda, quando o juiz verificar, pelo auto de prisão em flagrante, que o agente praticou o fato sob o manto de uma das excludentes de ilicitude (estado de necessidade, legítima defesa, estrito cumprimento de um dever legal e exercício regular de um direito), ocasião em que poderá, fundamentadamente, conceder ao acusado liberdade provisória, mediante termo de comparecimento a todos os atos processuais, sob pena de revogação.

8.3 PRISÃO PREVENTIVA

Trata-se de modalidade de prisão processual decretada exclusivamente pelo juiz, sendo, portanto, um ato que se requer uma reserva jurisdicional. Pode ser decretada tanto na fase investigativa como também na fase de processo judicial. Na fase investigativa, no entanto, o juiz não poderá decretar a prisão de ofício, mas somente por provocação de quem tenha legitimidade para pedir a decretação da custódia cautelar. Já na fase de processo judicial, a prisão poderá ser decretada tanto de ofício pelo magistrado competente para apreciar o processo, como também por provocação dos legitimados.

Segundo o art. 311 do CPP, a prisão preventiva poderá ser decretada a requerimento do Ministério Público, do querelante ou do assistente, ou por representação da autoridade policial. No entanto, é importante ressaltar que o querelante e o assistente de acusação só poderão pedir a prisão preventiva na fase de processo judicial, uma vez que eles não existem durante a fase investigativa.

Por se tratar de uma medida com natureza cautelar, a prisão preventiva necessita da presença do *fumus commissi delicti* e do *periculum libertatis.* O primeiro nada mais siginifica que o preenchimento dos pressupostos da prisão preventiva, a saber: prova da existência da infração e indícios suficientes de autoria. Já o *periculum libertatis* consiste na necessidade da custódia cautelar do acusado, antes mesmo da condenação. É traduzido pela presença dos fundamentos da prisão preventiva previstos no art. 312 do CPP. São eles:

a) **garantia da ordem pública:** presente quando o acusado simboliza um risco à ordem social, pela possível prática de novas infrações, caso permaneça em liberdade;
b) **garantia da ordem econômica:** visa a evitar que o indivíduo, se solto estiver, continue a praticar novas infrações, afetando a ordem econômica e financeira do País;
c) **conveniência da instrução criminal:** tutela-se a livre produção probatória, impedindo que o agente comprometa a colheira de prova do processo de modo a prejudicar a busca da verdade;

d) **garantia de aplicação da lei penal:** evita-se a fuga do agente, que deseja eximir-se de eventual cumprimento da sanção penal;

e) **descumprimento das medidas cautelares diversas da prisão:** a prisão preventiva também poderá ser decretada em caso de descumprimento de qualquer das obrigações impostas por força de outras medidas cautelares diversas da prisão (art. 282, § 4º, do CPP).

Além do preenchimento dos pressupostos e fundamentos da custódia cautelar, o operador do direito tem que observar se a prisão preventiva é admissível para o caso concreto. As condições de admissibilidade da preventiva estão previstas no art. 313 do CPP.

Assim, a prisão preventiva será admissível para os seguintes casos:

1 – nos crimes dolosos punidos com pena privativa de liberdade máxima superior a 4 (quatro) anos (art. 313, I, do CPP): note-se que não cabe prisão preventiva para contravenção, só para crime. E não é qualquer crime, tem que ser um crime doloso e com pena máxima cominada superior a 4 (quatro) anos;

2 – se o réu for reincidente em crime doloso (art. 313, II, do CPP): é importante notar que essa condição de admissibilidade não necessita que o crime doloso praticado no período da reincidência possua pena máxima superior a 4 (quatro) anos, basta ser crime doloso, independentemente da pena máxima cominada ao delito;

3 – se o crime envolver violência doméstica e familiar contra a mulher, criança, adolescente, idoso, enfermo ou pessoa com deficiência, para garantir a execução das medidas protetivas de urgência. No III Exame de Ordem, a FGV considerou errada uma alternativa que diz "em caso de descumprimento de medida protetiva prevista na Lei 11.340/06, o juiz não poderá decretar a prisão preventiva do acusado";

4 – também será admitida a prisão preventiva quando houver dúvida sobre a identidade civil da pessoa ou quando esta não fornecer elementos suficientes para esclarecê-la, devendo o preso ser colocado imediatamente em liberdade após a identificação, salvo se outra hipótese recomendar a manutenção da medida.

Na decretação da prisão preventiva, o magistrado está obrigado a indicar no mandado os fatos que se subsumem à hipótese autorizadora da decretação da medida, sob pena de, não atendendo à exigência constitucional, reconhecimento da ilegalidade da prisão.

Além disso, a prisão preventiva é movida pela cláusula *rebus sic stantibus.* Assim, se a situação das coisas se alterar, revelando que a medida não é mais necessária, a revogação é obrigatória. Deve o magistrado revogar a medida, de ofício, ou por provocação, sem a necessidade de oitiva prévia do Ministério Público. O promotor será apenas intimado da decisão judicial, para, se desejar, apresentar o recurso cabível à espécie. Todavia, uma vez presentes novamente os permissivos legais, nada obsta a que o juiz a decrete novamente, quantas vezes se fizerem necessárias.

Vale ressaltar, ainda, que se pela análise dos autos perceber o magistrado que o agente atuou sob o manto de uma excludente de ilicitude, a preventiva não será decretada, conforme previsão expressa do art. 314 do CPP.

Por fim, é importante lembrar que o legislador trouxe a possibilidade de o juiz substituir a prisão preventiva pela domiciliar, consistente no recolhimento do indiciado ou acusado em sua residência, só podendo dela ausentar-se com autorização judicial. Consoante o art. 318 do CPP, poderá o juiz substituir a prisão preventiva pela domiciliar quando o agente for: 1) maior de 80 (oitenta) anos; 2) extremamente debilitado por motivo de doença grave; 3) imprescindível aos cuidados especiais de pessoa menor de 6 (seis) anos de idade ou com deficiência; 4) gestante; 5) mulher com filho de até 12 (doze) anos de idade incompletos; 6) homem, caso seja o único responsável pelos cuidados do filho de até 12 (doze) anos de idade incompletos.

Para realizar a substituição, o juiz exigirá prova idônea do preenchimento dos supracitados requisitos.

8.4 PRISÃO TEMPORÁRIA

A temporária é a prisão de natureza cautelar, com prazo preestabelecido de duração, cabível exclusivamente na fase do inquérito policial, objetivando o encarceramento em razão das infrações seletivamente indicadas na legislação.

A prisão temporária está adstrita à cláusula de reserva jurisdicional, e, em face do disposto no art. 2º da Lei n. 7.960/89, somente pode ser decretada pela autoridade judiciária, mediante representação da autoridade policial ou requerimento do Ministério Público. Em outras palavras, a temporária não pode ser decretada de ofício pelo juiz, pressupondo provocação ou do Ministério Público ou da autoridade policial.

Da mesma forma que a prisão preventiva, é essencial a presença do *fumus comissi delicti* e do *periculum libertatis* para que a prisão temporária seja decretada. O art. 1º da Lei n. 7.960/89 trata da matéria, admitindo a temporária nas seguintes hipóteses:

1) quando imprescindível para as investigações do inquérito policial;
2) quando o indiciado não tiver residência fixa ou não fornecer elementos ao esclarecimento de sua identidade;
3) quando houver fundadas razões, de acordo com qualquer prova admitida na legislação penal, de autoria ou participação do indiciado nos seguintes crimes: a) homicídio doloso; b) sequestro ou cárcere privado; c) roubo; d) extorsão; e) extorsão mediante sequestro; f) estupro; g) epidemia com resultado de morte; h) envenenamento de água potável ou substância alimentícia ou medicinal qualificado pela morte; i) quadrilha ou bando; j) genocídio, em qualquer de suas formas típicas; l) tráfico de drogas; m) crimes contra o sistema financeiro; n) crimes previstos na Lei de Terrorismo.

Além dos crimes supracitados, também se admite a prisão temporária para os crimes hediondos e assemelhados, quais sejam, tráfico, tortura e terrorismo, mesmo os não contemplados no rol do art. 1º da Lei n. 7.960/89, por força do § 4º do art. 2º da Lei n. 8.072/90 (Lei de Crimes Hediondos).

A grande discussão sobre o cabimento da temporária, no entanto, diz respeito ao preenchimento dos elementos que justifiquem a decretação da medida. São diversas as correntes sobre o tema, prevalecendo a que admite a temporária com base no inciso III ou que pelo menos que o crime seja considerado hediondo ou equiparado a hediondo, obrigatoriamente, pois ele materializaria a fumaça do bom direito para a decretação da medida *(fumus comissi delicti)*, e, além disso, uma das hipóteses dos incisos I ou II: ou a prisão é imprescindível para as investigações, ou o indiciado não possui residência fixa, ou não fornece elementos para a sua identificação.

Quanto ao prazo, é de se atentar que, diferentemente da prisão preventiva que não tem um prazo pré-fixado pelo legislador, a prisão temporária durará um total de 5 (cinco) dias, prorrogáveis por mais 5 (cinco) dias em caso de comprovada e extrema necessidade. No entanto, nos crimes hediondos e assemelhados, quais sejam, tráfico, terrorismo e tortura (§ 4º, art. 2º, Lei n. 8.072/90), o prazo da prisão temporária é de 30 (trinta) dias, prorrogáveis por mais 30 (trinta) dias, em caso de comprovada e extrema necessidade. A prorrogação, nas duas hipóteses citadas acima, pressupõe requerimento fundamentado, cabendo ao magistrado deliberar quanto a sua admissibilidade. Não cabe prorrogação de ofício. Na prorrogação, deve o magistrado ouvir o MP quando o pedido for realizado pela autoridade policial.

O juiz será provocado pela autoridade policial, mediante representação, ou por requerimento do Ministério Público. O juiz, apreciando o pleito, tem 24 horas para, em despacho fundamentado, decidir sobre a prisão, ouvindo para tanto o *parquet*, nos pedidos originários da polícia. Decretada a prisão, o mandado será expedido em duas vias, sendo que uma delas, que será entregue ao preso, servirá como nota de culpa. Efetuada a prisão, a autoridade policial informará o preso dos direitos assegurados na CF. Durante o prazo da temporária, pode o juiz, de ofício, a requerimento do órgão ministerial ou defensor, "determinar que o preso lhe seja apresentado, solicitar informações e esclarecimentos da autoridade policial e submetê-lo a exame de corpo de delito" (art. 2º, § 3º, da Lei n. 7.960/89). Por fim, decorrido o prazo legal o preso deve ser posto imediatamente em liberdade, salvo se for decretada a prisão preventiva.

A FGV por mais de uma vez cobrou em prova o conhecimento sobre essa modalidade de prisão cautelar. Como exemplo, podemos citar a questão cobrada no XVI Exame de Ordem, cuja afirmativa era de que a *prisão temporária pode ser definida como cautelar restritiva, decretada por tempo determinado, destinada a possibilitar as investigações de certos crimes considerados pelo legislador como graves, antes da propositura da ação penal*, sendo correto afirmar ainda que *findo o prazo da temporária sem prorrogação, o preso deve ser imediatamente solto.*

9. PROCEDIMENTOS

9.1 NOÇÕES GERAIS

O estudo do procedimento mostra-se de suma importância para o operador do direito, pois significa estudar o passo a passo que o juiz tem que seguir do recebimento da inicial até a prolação da decisão final. A depender do procedimento a ser adotado, o magistrado terá caminhos diferentes para seguir no processo.

Preconiza o art. 394 do CPP que o procedimento poderá ser comum ou especial. O procedimento comum é a regra, aplicando-se a todos os processos, salvo disposições em contrário no CPP ou em lei especial. Na esfera do procedimento comum, serão encontradas três categorias de procedimentos (§ 1º): 1) procedimento comum ordinário; 2) procedimento comum sumário; e, 3) procedimento comum sumaríssimo.

A definição da categoria do rito comum terá como parâmetro a pena máxima cominada ao crime (art. 394, § 1º, do CPP). O procedimento comum será ordinário, quando tiver por objeto crime cuja sanção máxima cominada for igual ou superior a 4 (quatro) anos de pena privativa de liberdade. Será procedimento sumário, quando tiver por objeto crime cuja sanção máxima cominada seja inferior a 4 (quatro) anos de pena privativa de liberdade e superior a dois. Já o procedimento sumaríssimo será adotado para as infrações penais de menor potencial ofensivo, que, em regra, são todas as contravenções penais e todo o crime cuja pena máxima abstrata não excede 2 (dois) anos, cumulado ou não com multa. Perceba que a pena de multa, nestas hipóteses, é indiferente para a aferição do tipo de procedimento, que é definido pela pena privativa de liberdade em abstrato.

Podemos afirmar que o procedimento comum ordinário é, por excelência, o nosso procedimento padrão, uma vez que as suas regras são aplicadas subsidiariamente aos procedimentos especial, sumário e sumaríssimo.

Considerando o propósito desta obra, abordaremos as regras aplicadas ao procedimento comum ordinário e sumaríssimo, devendo o aluno fazer a leitura do CPP no que diz respeito às regras aplicáveis aos procedimentos sumário e especial (arts. 406 a 538 do CPP).

9.2 PROCEDIMENTO COMUM ORDINÁRIO (ARTS. 394 A 405 DO CPP).

Podemos resumir o procedimento comum ordinário na seguinte sequência:

1º) Após finalizado o IP, ele será remetido ao Judiciário. Em alguns Estados a remessa é feita à Central de Inquérito do Ministério Público, se se tratar de crime de ação penal pública;

2º) Em se tratando de crime de ação penal pública, o juiz abrirá vista do procedimento investigativo ao Ministério Público que poderá oferecer a denúncia, requisitar novas diligências ao Delegado de Polícia (art. 16 do CPP), ou solicitar ao juiz o arquivamento do IP. Em caso de ação privada, o juiz aguardará o oferecimento, se for o caso, da queixa-crime pelo ofendido ou por parte de quem tenha qualidade para representá-lo;

3º) Oferecida a denúncia ou queixa, o juiz analisará se é caso de recebimento ou rejeição da inicial. A exordial será rejeitada nas hipóteses previstas no art. 395 do CPP. Preconiza o referido artigo que a denúncia ou queixa será rejeitada quando: a) for manifestamente inepta; b) faltar pressuposto processual ou condição para o exercício da ação penal; ou c) faltar justa causa para o exercício da ação penal;

4º) Recebida a inicial será determinada a citação do acusado para apresentar a resposta à acusação no prazo de 10 (dez) dias. Na resposta, o acusado poderá arguir preliminares e alegar tudo o que interesse à sua defesa, oferecer documentos e justificações, especificar as provas pretendidas e arrolar testemunhas, qualificando-as e requerendo sua intimação, quando necessário. Essa peça é obrigatória. Caso não seja apresentada no prazo legal, ou se o acusado, citado, não constituir defensor, o juiz nomeará defensor para oferecê-la, concedendo-lhe vista dos autos por 10 (dez) dias. Nessa fase, poderá ainda a defesa apresentar as exceções, que serão processadas em apartado, nos termos dos arts. 95 a 112 do CPP;

5º) Após a apresentação da resposta à acusação, o juiz observará se não é o caso de absolvição sumária do acusado. Aduz o art. 397 do CPP que o juiz deverá absolver sumariamente o acusado quando verificar: 1) a existência manifesta de causa excludente da ilicitude do fato; 2) a existência manifesta de causa excludente da culpabilidade do agente, salvo inimputabilidade; 3) que o fato narrado evidentemente não constitui crime; ou 4) extinta a punibilidade do agente;

OBSERVAÇÃO: determina o art. 394, § 4º, do CPP, que as hipóteses de rejeição da denúncia ou queixa (art. 395 do CPP), a necessidade de apresentação de resposta à acusação (art. 396-A do CPP) e as hipóteses de absolvição sumária do art. 397 do CPP devem ser obedecidas em todos os procedimentos de primeiro grau, ainda que não regulamentados pelo CPP.

6º) Não sendo causa de absolvição sumária, o juiz designará a audiência de instrução e julgamento, a ser realizada no prazo máximo de 60 dias. Na audiência serão realizados os seguintes atos processuais, nesta ordem: declarações do ofendido, inquirição das testemunhas arroladas pela acusação e pela defesa, nesta ordem, ressalvada a oitiva de testemunha por carta precatória, bem como aos esclarecimentos dos peritos, às acareações e ao reconhecimento de pessoas e coisas, interrogando-se, em seguida, o acusado. As provas serão produzidas numa só audiência, podendo o juiz indeferir as consideradas irrelevantes, impertinentes ou protelatórias. Vale ressaltar, ainda, que os esclarecimentos dos peritos dependerão de prévio requerimento das partes;

7º) Produzidas as provas, ao final da audiência, o Ministério Público, o querelante e o assistente e, a seguir, o acusado poderão requerer diligências cuja necessidade se origine de circunstâncias ou fatos apurados na instrução. Não havendo requerimento de diligências, ou sendo indeferido, serão oferecidas alegações finais orais por 20 (vinte) minutos, respectivamente, pela acusação e pela defesa, prorrogáveis por mais 10 (dez), proferindo o juiz, a seguir, sentença. Ao assistente do Ministério

Público, após a manifestação desse, serão concedidos 10 (dez) minutos, prorrogando-se por igual período o tempo de manifestação da defesa.Havendo mais de um acusado, o tempo previsto para a defesa de cada um será individual. Caso, no entanto, seja ordenada diligência considerada imprescindível, de ofício ou a requerimento da parte, a audiência será concluída sem as alegações finais. Neste caso, após realizada a diligência determinada, as partes apresentarão, no prazo sucessivo de 5 (cinco) dias, suas alegações finais, por memorial, e, no prazo de 10 (dez) dias, o juiz proferirá a sentença. Também será caso de apresentação da alegações finais, por memoriais, quando o juiz considerar que a causa complexa, ocasião em que concederá às partes o prazo de 5 (cinco) dias sucessivamente para a apresentação de memoriais. Após, terá o juiz o prazo de 10 (dez) dias para proferir a sentença;

8º) Do ocorrido em audiência será lavrado termo em livro próprio, assinado pelo juiz e pelas partes, contendo breve resumo dos fatos relevantes nela ocorridos. Sempre que possível, o registro dos depoimentos do investigado, indiciado, ofendido e testemunhas será feito pelos meios ou recursos de gravação magnética, estenotipia digital ou técnica similar, inclusive audiovisual, destinada a obter maior fidelidade das informações. No caso de registro por meio audiovisual, será encaminhado às partes cópia do registro original, sem necessidade de transcrição.

9.3 PROCEDIMENTO COMUM SUMARÍSSIMO (JUIZADOS ESPECIAIS CRIMINAIS)

O procedimento sumaríssimo é o aplicável aos processos que tiverem por fim apurar as chamadas infrações de menor potencial ofensivo, como tais consideradas todas as contravenções e os crimes a que a lei comine pena máxima não superior a dois anos, cumulada ou não com multa (art. 61 da Lei n. 9.099/95). Os Juizados Especiais Criminais, no âmbito da Justiça Estadual, estão regulados pela Lei n. 9.099/95, e, na esfera federal, pela Lei n. 10.259/2001. Segundo o art. 62 da Lei n. 9.099/95, o processo perante o Juizado Especial orientar-se-á pelos critérios da oralidade, informalidade, economia processual e celeridade, objetivando, sempre que possível, a reparação dos danos sofridos pela vítima e a aplicação de pena não privativa de liberdade.

Podemos resumir o procedimento do juizado da seguinte forma:

1º) em um primeiro momento existe uma **fase preliminar** no procedimento do juizado, que podemos sintetizar assim:

a) tomando conhecimento da existência de uma infração de menor potencial ofensivo, a autoridade policial deverá providenciar a lavratura de um termo circunstanciado de ocorrência (TCO) com posterior encaminhamento ao juizado;

b) com a chegada do TCO no juizado, será designada a realização de uma audiência preliminar. Nesse ato, estarão presentes o autuado (autor do fato), vítima, respectivos advogados, responsável civil e o órgão do Ministério Público. O juiz estimulará a composição dos danos civis, isto é, sugerirá que as partes se conciliem, mediante indenização ou retratação formulada pelo autor do fato. Uma vez obtida a composição, será lavrado o acordo e homologado por sentença irrecorrível, a qual terá eficácia de título executivo (art. 74 da Lei n. 9.099/95). Quanto aos reflexos que essa composição irá gerar na continuidade do procedimento, tudo dependerá do tipo de ação penal que é o crime objeto de julgamento (ação pública incondicionada, condicionada à representação do ofendido ou de ação privada). Senão vejamos:

- Se o crime for de ação penal pública incondicionada, a composição civil dos danos não interferirá na continuidade do procedimento, cabendo ao juiz que preside o processo passar a palavra para o Ministério Público para ele analisar se é o caso de propor ao autor do fato a transação penal com vista à aplicação imediata de pena restritiva de direito ou multa (art. 76 da Lei n. 9.099/95), deixando de oferecer a denúncia contra o acusado da prática da infração (princípio da obrigatoriedade regrada ou discricionariedade regrada).

ATENÇÃO: é muito importante o candidato fazer a leitura atenta do art. 76 da Lei n. 9.099/95. O referido artigo regulamenta o instituto da transação penal. Como se disse acima, a transação é uma proposta formulada pelo Ministério Público[6] ao autor do fato com vista à aplicação imediata de pena restritiva de direitos ou multa, a ser especificada na proposta. Não se admitirá a proposta se ficar comprovado: I – ter sido o autor da infração condenado, pela **prática de crime**, à **pena privativa de liberdade**, por **sentença definitiva**; II – ter sido o agente beneficiado anteriormente, no prazo de cinco anos, pela aplicação de pena restritiva ou multa de que trata a transação penal; III – não indicarem os antecedentes, a conduta social e a personalidade do agente, bem como os motivos e as circunstâncias, ser necessários e suficientes à adoção da medida.

No IV Exame de Ordem a FGV deu como alternativa correta uma questão que dizia que “tratando-se de crime de ação penal pública incondicionada, não sendo caso de arquivamento, o Ministério Público poderá propor a aplicação imediata de pena restritiva de direitos ou multas, a ser especificada na proposta”, demonstrando claramente a cobrança do instituto da transação penal.

Aceita a proposta pelo autor da infração e seu defensor, será submetida à apreciação do Juiz. Acolhendo a proposta do Ministério Público aceita pelo autor da infração, o Juiz aplicará a pena restritiva de direitos ou multa, que não importará em reincidência, sendo

[6] A jurisprudência da Corte Especial do Superior Tribunal de Justiça tem entendimento de que é possível a proposta de transação na ação penal de iniciativa privada, sendo do ofendido a legitimidade para propor o referido benefício. No caso de o querelante ficar silente, poderá o Ministério Público apresentar ao acusado a proposta de transação penal (STJ – Corte Especial – Apn. 634/RJ – Rel. Min. Félix Fischer – *DJe* 3-4-2012).

registrada apenas para impedir novamente o mesmo benefício no prazo de cinco anos. Da sentença homologatória caberá recurso de apelação. A imposição das penas previstas na transação não constará de certidão de antecedentes criminais, salvo para impedir novamente o mesmo benefício no prazo de cinco anos, e não terá efeitos civis, cabendo aos interessados propor ação cabível no juízo cível. E se o acusado descumprir com as propostas previstas na transação penal? Aqui não se pode esquecer do enunciado da Súmula Vinculante 35 do STF, que aduz o seguinte: "A homologação da transação penal prevista no artigo 76 da Lei 9.099/1995 não faz coisa julgada material e, descumpridas suas cláusulas, retoma-se a situação anterior, possibilitando-se ao Ministério Público a continuidade da persecução penal mediante oferecimento de denúncia ou requisição de inquérito policial". Cumprida, no entanto, a transação penal, será proferida sentença de extinção da punibilidade.

No XIX Exame de Ordem, a FGV cobrou este assunto.

Não havendo proposta de transação pelo Ministério Público por não ser cabível para a espécie ou por não aceitação da proposta pelo autor do fato, o juiz passará a palavra novamente para o *parquet* para adotar as providências cabíveis.

Dispõe o art. 77 da Lei n. 9.099/95 que se não for caso de arquivamento ou de pedido de novas diligências, o Ministério Público oferecerá ao Juiz, de imediato, denúncia oral. Se a complexidade ou circunstâncias do caso não permitirem a formulação da denúncia, o Ministério Público poderá requerer ao Juiz o encaminhamento das peças existentes para o Juízo Comum, para adoção do procedimento sumário (art. 538 do CPP).

- Se o crime for de ação penal pública condicionada à representação, a composição dos danos civis acarreta a renúncia automática do direito de representação, operando-se, consequentemente, o término da audiência e a extinção do procedimento (art. 74, parágrafo único, da Lei n. 9.099/95). Não havendo a composição, a audiência prosseguirá, indagando o juiz ao ofendido se ele deseja ou não oferecer a representação. Se ele não oferecer a representação, o procedimento será extinto por falta de uma condição de procedibilidade essencial para a continuidade do procedimento. Oferecida a representação, o juiz dará a palavra para o Ministério Público analisar se não é caso de promover a transação penal, adotando-se, a partir daí, o mesmo procedimento para o crimes de ação penal pública incondicionada.
- Se o crime for crime de ação privada, a composição dos danos civis acarreta a renúncia automática do direito de queixa, operando-se, consequentemente, o término da audiência e a extinção do procedimento (art. 74, parágrafo único, da Lei n. 9.099/95). Não havendo composição, a audiência terá prosseguimento. Em que pese existir posição em sentido contrário, prevalece o entendimento no âmbito do Superior Tribunal de Justiça (STJ) de que é possível a proposta de transação penal nos crimes de ação privada, bem como que a legitimidade para

realizá-la é do ofendido da prática da infração e não do Ministério Público. Se o autuado recusar a proposta, ou se a mesma não tiver cabimento, e contra ele for oferecida queixa crime, será designada nova audiência, de instrução e julgamento. A partir daí, o procedimento a ser seguido será o mesmo da ação penal pública incondicionada.

2º) Em um segundo momento, nós temos no juizado a adoção do **procedimento sumaríssimo**, que podemos sintetizar assim:

a) ao acusado será entregue cópia da denúncia ou da queixa, ficando com ela citado e ciente da designação de audiência instrução e julgamento. Não comparecendo o autor do fato à audiência preliminar, terá que ser citado pessoalmente. Não sendo encontrado, os autos serão remetidos ao juízo comum para adoção do procedimento sumário (art. 538 do CPP), já que não tem cabimento a citação por edital no juizado especial criminal (art. 66, parágrafo único);

b) aberta a audiência, será dada a palavra ao defensor para responder à acusação, objetivando convencer o magistrado de que a inicial acusatória deve ser rejeitada;

c) rejeitada a denúncia, caberá apelação em dez dias, julgada Turma Recursal. Uma vez recebida, se tiver sido oferecida suspensão condicional do processo pelo Ministério Público, o acusado poderá aceitá-la ou recusá-la. Se aceita a suspensão, com o estabelecimento das condições legais e extralegais, o processo ficará suspenso pelo período de prova (de dois a quatro anos), findo o qual, sem revogação, será declarada extinta a punibilidade.

ATENÇÃO: é muito importante o candidato fazer a leitura atenta do art. 89 da Lei n. 9.099/95. O referido artigo regulamenta o instituto da suspensão condicional do processo.

Nos crimes em que a pena mínima cominada for igual ou inferior a um ano, abrangidas ou não pela lei do juizado, o Ministério Público, ao oferecer a denúncia, poderá propor a suspensão do processo, por dois a quatro anos, desde que o acusado não esteja sendo processado ou não tenha sido condenado por outro crime, presentes os demais requisitos que autorizariam a suspensão condicional da pena (art. 77 do CP).

Aceita a proposta pelo acusado e seu defensor, na presença do Juiz, este, recebendo a denúncia, poderá suspender o processo, submetendo o acusado a período de prova, sob as seguintes condições: I – reparação do dano, salvo impossibilidade de fazê-lo; II – proibição de frequentar determinados lugares; III – proibição de ausentar-se da comarca onde reside, sem autorização do Juiz; IV – comparecimento pessoal e obrigatório a juízo, mensalmente, para informar e justificar suas atividades.

O Juiz poderá especificar outras condições a que fica subordinada a suspensão, desde que adequadas ao fato e à situação pessoal do acusado. A suspensão **será** revogada se, no curso do prazo, o beneficiário vier a ser processado por outro crime ou não efetuar, sem motivo justificado, a reparação do dano. A suspensão **poderá** ser revogada se o acusado vier a ser processado, no curso do prazo, por contravenção, ou descumprir qualquer outra condição imposta. Expirado o prazo sem revogação, o Juiz declarará extinta a punibilidade.

Por fim, deve-se se alertar que não correrá a prescrição durante o prazo de suspensão do processo.

A FGV, no IX Exame de Ordem, entendeu como afirmativas corretas:

- *A transação penal consiste na aplicação imediata de pena restritiva de direitos ou multas àquele a quem se imputa uma infração de menor potencial ofensivo.*
- *Em caso de delito persequível por ação penal pública condicionada à representação, havendo a representação do ofendido, o Ministério Público está legitimado para oferecer transação penal, mesmo que o ofendido se oponha e deseje a continuação do processo.*
- *Se, no curso da suspensão condicional do processo, o acusado vier a ser processado por contravenção penal, o benefício poderá ser revogado pelo juiz.*

3º) Recebida a denúncia, sendo a defesa preliminar exitosa, é possível, em tese, por força do § 4º do art. 394 do CPP, que o magistrado absolva sumariamente o réu (art. 397 do CPP). Não havendo absolvição sumária, serão ouvidas a vítima e as testemunhas de acusação e defesa[7];

4º) Após a oitiva das testemunhas será o acusado interrogado. Em seguida são iniciados os debates orais, com a sustentação do Ministério Público ou querelante e do defensor, pelo prazo que o juiz fixar. A sentença será proferida na própria audiência, podendo o juiz determinar a conclusão dos autos se, por motivo justificado, necessitar aprofundar cognição acerca do fato.

5º) Da sentença, caberá apelação, no prazo de dez dias, contados da ciência do Ministério Público ou da ciência do réu e do seu defensor, sendo o recorrido intimado para apresentar contrarrazões em dez dias;

6º) Da sessão de julgamento do apelo, as partes serão intimadas pela imprensa, ressalvados o Ministério Público e a Defensoria Pública, que têm a prerrogativa de intimação pessoal.

10. RECURSOS

10.1 CONCEITO

Recurso é um meio de impugnação voluntário de decisões judiciais com a finalidade de reformá-las, anulá-las ou aprimorá-las, dentro da mesma relação jurídica processual e antes da preclusão.

---

7 Importante lembrar que no procedimento sumaríssimo poderão ser arroladas até 3 (três) testemunhas.

10.2 PRINCÍPIOS

Para se ter uma noção completa desse instituto, é fundamental compreender os princípios regentes da matéria recursal. Podemos citar como principais princípios recursais os seguintes:

- Voluntariedade: o recurso é um ato de vontade da parte sucumbente no processo (parte perdedora). Todavia, o CPP prevê o recurso de ofício da sentença concessiva de *habeas corpus;* da sentença que absolve sumariamente o réu; da sentença de absolvição ou da deliberação que arquiva os autos do inquérito policial nos crimes contra a economia popular e saúde pública; da decisão que concede a reabilitação criminal; de indeferimento liminar pelo relator, no tribunal, da ação de revisão criminal, quando o pedido não estiver suficientemente instruído. Nessas hipóteses, independentemente de recurso voluntário da parte sucumbente, o juiz é obrigado a submeter a decisão que proferiu ao duplo grau de jurisdição.
- Taxatividade: para que seja possível o manejo de um recurso, se faz preciso que o ordenamento jurídico o preveja expressamente.
- Fungibilidade: não havendo erro grosseiro ou má-fé na interposição de um recurso equivocado, e sendo atendido o prazo limite do recurso que seria cabível, a parte não será prejudicada pela interposição de um recurso por outro, devendo o juiz, que venha a reconhecer a impropriedade de uma impugnação recursal, mandar processá-la em conformidade com o rito do recurso que seria cabível (art. 579 do CPP).
- Vedação da *reformatio in pejus*: o art. 617 do CPP veda a denominada *reformatio in pejus*. Esse princípio significa que havendo recurso exclusivo da defesa, o tribunal não pode proferir decisão que torne mais gravosa sua situação, ainda que haja erro evidente na sentença proferida. O STF consagra também o princípio da *reformatio in pejus indireta.* Apesar de não constar expressamente de texto legal, é pacífico que, se for anulada uma decisão em decorrência de recurso exclusivo da defesa, no novo julgamento o juiz não poderá tornar a situação do acusado mais gravosa do que aquela proferida na decisão inicial tornada sem efeito. Esse princípio foi cobrado no XII Exame de Ordem, numa questão que afirmava o seguinte: "A jurisprudência uníssona do Supremo Tribunal Federal admite a proibição da *reformatio in pejus* indireta. Por este instituto entende-se que (...)". A resposta correta foi a alternativa que afirmava que o juiz estaria proibido de prolatar sentença com condenação superior à que foi dada no primeiro julgamento quando o Tribunal, ao julgar recurso interposto apenas pela defesa, anulou a sentença proferida pelo juízo *a quo*.
- Princípio da pessoalidade recursal: previsto no art. 580 do CPP. No caso de concurso de agentes, a decisão do recurso interposto por um dos réus, se fundado em motivos que não sejam de caráter exclusivamente pessoal, aproveitará aos outros. Esse princípio já foi cobrado mais de uma vez no exame de ordem.

> Como exemplo, podemos citar a questão cobrada no XV Exame de Ordem que dizia o seguinte: "Tiago e Andrea agiram em concurso de agentes em determinado crime. O processo segue seu curso natural, culminando com sentença condenatória, na qual os dois são condenados. Quando da interposição do recurso, apenas Andrea apela. O recurso é julgado. Na decisão, fundada em motivos que não são de caráter exclusivamente pessoal, os julgadores decidem pela absolvição de Andrea. Nesse sentido, diante apenas das informações apresentadas pelo enunciado, assinale a afirmativa correta (...)". A resposta correta foi a alternativa que dizia que Andrea e Tiago teriam que ser absolvidos, pois os efeitos da decisão serão estendidos a este, devido ao fato de a decisão ter sido fundada em motivos que não são de caráter exclusivamente pessoal.

10.3 IMPEDIMENTOS

Alguns fatores podem obstar o recebimento ou a tramitação regular do recurso, traduzindo-se em verdadeiros impedimentos. Destacam-se:

a) **Desistência:** verifica-se quando o recorrente, acompanhado de seu advogado, não mais deseja persistir no inconformismo, solicitando que o recurso cesse seu trâmite.

b) **Renúncia:** caracterizada pela manifestação da parte no sentido de que não deseja recorrer da decisão, antes mesmo de interpor a impugnação cabível. Nesse ponto, devemos lembrar do enunciado da Súmula 705 do STF: "A renúncia do réu ao direito de apelação, manifestada sem a assistência do defensor, não impede o conhecimento da apelação por este interposta".

> No XI Exame de Ordem, a FGV cobrou a seguinte questão: "De acordo com a doutrina, recurso é todo meio voluntário de impugnação apto a propiciar ao recorrente resultado mais vantajoso. Em alguns casos, fenômenos processuais impedem o caminho natural de um recurso. Quando a parte se manifesta, esclarecendo que não deseja recorrer, estamos diante do fenômeno processual conhecido como (...)". A resposta correta foi renúncia.

Tanto a desistência como a renúncia são vedadas aos membros do Ministério Público. Aduz o art. 576 do CPP: "O Ministério Público não poderá desistir de recurso que haja interposto".

c) **Deserção:** atualmente ocorre somente quando o querelante deixa de pagar as custas devidas para a remessa e retorno dos autos (preparo) (art. 806, § 2º, parte final, CPP). Isso porque o Ministério Público como órgão estatal não efetua preparo. O acusado também não tem essa obrigação, sob pena de ferir os princípios do contraditório e ampla defesa. Também não se aplica mais a deserção por fuga do apelado, uma vez que a Lei n. 12.403/2011 revogou expressamente o art. 595 do CPP.

10.4 CONDIÇÕES E PRESSUPOSTOS DE ADMISSIBILIDADE RECURSAL

Para que seja analisado o mérito do recurso é preciso primeiro que se analise a sua admissibilidade (viabilidade). Por conta disso, a doutrina divide a apreciação do recurso em juízo de admissibilidade e juízo de mérito. O primeiro consiste na análise de pressupostos objetivos e subjetivos que, em regra, é realizada tanto pelo juízo de primeiro grau como também pelo juízo *ad quem*. O segundo consiste na apreciação do fundamento que se alega para fins de reforma ou anulação da decisão.

São pressupostos objetivos de admissibilidade:

a) **Previsão legal:** os recursos são aqueles expressamente gizados na lei processual penal (taxatividade);
b) **Forma prescrita em lei:** é de ser observada, sob pena de não recebimento, de negativa de seguimento ou de não conhecimento do recurso;
c) **Tempestividade:** diz respeito ao prazo dos recursos. A interposição do recurso tem que ser realizada dentro do prazo legal estipulado pelo legislador, sob pena de não conhecimento do mérito recursal;
d) **Adequação:** a parte sucumbente tem que se utilizar da via recursal adequada para combater a decisão judicial que visa impugnar. No entanto, não é um pressuposto inafastável, tendo em vista a possibilidade de aplicação do princípio da fungibilidade (art. 579 do CPP);
e) **A inexistência de fatos impeditivos:** como a renúncia, desistência e deserção.

Por sua vez, são pressupostos subjetivos de admissibilidade dos recursos:

a) **Interesse recursal:** dispõe o art. 577, parágrafo único, do CPP que "não se admitirá, entretanto, recurso da parte que não tiver interesse na reforma ou modificação da decisão". Esse pressuposto está ligado à ideia de prejuízo/sucumbência da parte recorrente;
b) **Legitimidade para recorrer:** dispõe o art. 577 do CPP: "O recurso poderá ser interposto pelo Ministério Público, ou pelo querelante, ou pelo réu, seu procurador ou seu defensor". Como se percebe da leitura do dispositivo legal, o acusado pode no processo penal recorrer pessoalmente. É a chamada postulação leiga. Deve-se atentar que esses sujeitos são tratados pela doutrina como legitimados recursais gerais. No entanto, admite-se, em situações específicas, que o assistente de acusação (*vide* arts. 271 e 598 do CPP) e o terceiro interessado possam interpor recurso, sendo considerados pela doutrina como legitimados recursais especiais.

10.5 EFEITOS RECURSAIS

Os recursos podem se dotados de um ou mais efeitos, a saber:

1. **Devolutivo:** o recurso entrega ("devolve") a matéria recorrida para ser apreciada pelo órgão com grau de jurisdição superior.

2. **Suspensivo:** o recurso suspende a produção dos efeitos da decisão impugnada, devendo o processo seguir seus trâmites normais.
3. **Regressivo:** a lei autoriza que o mesmo órgão que proferiu a decisão judicial exerça juízo de retratação, modificando-a.
4. **Extensivo:** ocorre em hipótese de concurso de agentes, mormente quando a decisão do recurso interposto por um dos réus, se fundado em motivos que não sejam de caráter exclusivamente pessoal, aproveita aos outros (art. 580 do CPP).

11. RECURSOS EM ESPÉCIE

Em virtude do propósito desta obra, trataremos daqueles recursos que mais são cobrados nos exames de ordem. São eles:

11.1 APELAÇÃO

A apelação é recurso manejável pela parte (sucumbente, ainda que parcialmente) para o fim de que uma decisão ou sentença seja reformada ou anulada pelo órgão de jurisdição de segundo grau.

A apelação será interposta por petição ou por termo nos autos, como regra, no prazo de cinco dias, podendo ser acompanhada de razões ou não. As razões poderão ser oferecidas no prazo de oito dias. Caso o processo seja de contravenção, o prazo para arrazoar será de três dias, que também o será para o caso da existência de assistente da acusação, em qualquer hipótese. Se a ação penal for movida pela parte ofendida, o Ministério Público terá vista dos autos, também pelo prazo de 3 (três) dias (art. 600, § 2º, do CPP). Quando forem dois ou mais os apelantes ou apelados, os prazos serão comuns. Se o apelante declarar, na petição ou no termo, ao interpor a apelação, que deseja arrazoar na superior instância serão os autos remetidos ao tribunal *ad quem* onde será aberta vista às partes, observados os prazos legais, notificadas as partes pela publicação oficial.

O prazo para a interposição da apelação, no caso de assistente não habilitado nos autos, será de quinze dias contados da expiração do prazo de recurso do MP (art. 598, parágrafo único, do CPP).

> No CPP, as hipóteses de cabimento da apelação estão previstas nos arts. 416 e 593. O primeiro artigo aduz que contra a sentença de impronúncia ou de absolvição sumária no tribunal do júri caberá apelação. Essa hipótese de cabimento já foi cobrada pela FGV no V Exame de Ordem.

Por sua vez, o art. 593 aduz que caberá apelação das sentenças definitivas de condenação ou absolvição proferidas por juiz singular; *(2)* das decisões definitivas, ou com força de definitivas, proferidas por juiz singular, quando não for comportável recurso em sentido estrito; *(3)* das decisões do tribunal do júri quando (a) advier nulidade subsequente à pronúncia, (b) a sentença do juiz-presidente contrariar dispositivo legal expresso ou a decisão dos jurados[8], (c) ocorrer equívoco ou injustiça na imposição de medida de segurança ou de pena[9] e, (d) a decisão dos jurados contrariar manifestamente a prova dos autos[10].

Nos juizados especiais, a apelação terá o prazo de dez dias e já será apresentada com as razões. A apelação por termo é aquela desprovida de rigor formal, bastando que o recorrente revele o seu inconformismo com a decisão, demonstrando o desejo do recurso, não se exigindo capacidade postulatória, que será necessária, entretanto, para a apresentação das razões. No âmbito do juizado, a apelação será cabível da decisão de rejeição da denúncia ou queixa e da sentença condenatória ou absolutória que poderá ser julgada por turma composta de três juízes em exercício no primeiro grau de jurisdição, reunidos na sede do Juizado.

11.2 RECURSO EM SENTIDO ESTRITO

As hipóteses de cabimento de Recurso em Sentido Estrito (RSE) estão previstas no art. 581 do CPP. Deve o candidato atentar, no entanto, que várias das hipóteses de cabimento do RSE previstas no art. 581 já não se aplicam mais, seja porque tratam de matéria de execução penal, quando, então, será cabível o recurso de agravo em execução (art. 197 da Lei n. 7.210/84), seja porque tratam de matéria que simplesmente já não se aplica mais no nosso ordenamento jurídico.

Cabe RSE contra as seguintes decisões (art. 581 do CPP):

a) (inciso I) contra a decisão que "não receber a denúncia ou a queixa". O recebimento da peça acusatória é irrecorrível, mas o réu pode manejar HC para trancar a ação penal caso o crime imputado na inicial comine pena privativa de liberdade;

> A FGV, no VIII Exame de Ordem, cobrou essa hipótese de cabimento de RSE, afirmando o seguinte: "Adão ofereceu uma queixa-crime contra Eva por crime de dano qualificado (art. 163, parágrafo único, IV). A queixa preenche todos os requisitos legais e foi oferecida antes do fim do prazo decadencial. Apesar disso, há a rejeição da inicial pelo juízo competente, que refere, equivocadamente, que a inicial é intempestiva, pois já teria transcorrido o prazo decadencial. Nesse caso, assinale a afirmativa que indica o recurso cabível (...)". A resposta correta foi RSE.

8 Se a sentença do juiz-presidente for contrária à lei expressa ou divergir das respostas dos jurados aos quesitos, o tribunal *ad quem* no julgamento do recurso fará a devida retificação.

9 Interposta a apelação com esse fundamento, o tribunal *ad quem*, se lhe der provimento, retificará a aplicação da pena ou da medida de segurança.

10 Nesse caso, se o tribunal *ad quem* se convencer de que a decisão dos jurados é manifestamente contrária à prova dos autos, dar-lhe-á provimento para sujeitar o réu a novo julgamento; não se admite, porém, pelo mesmo motivo, segunda apelação.

Como já foi visto na abordagem do procedimento sumaríssimo, no Juizado Especial Criminal, a rejeição da inicial acusatória enseja apelação, no prazo de 10 (dez) dias.

> A FGV também já cobrou essa hipótese recursal em prova. Aconteceu no XVI Exame de Ordem. Narrava a questão o seguinte: "Scott procurou um advogado, pois tinha a intenção de ingressar com queixa-crime contra dois vizinhos que vinham lhe injuriando constantemente. Narrados os fatos e conferida procuração com poderes especiais, o patrono da vítima ingressou com a ação penal no Juizado Especial Criminal, órgão efetivamente competente, contudo o magistrado rejeitou a queixa apresentada. Dessa decisão do magistrado caberá (...)". A resposta correta era a que dizia apelação, no prazo de 10 (dez) dias.

b) (inciso II) contra as decisões que concluírem pela incompetência do juízo. Entende a doutrina que essa hipótese de cabimento é para os casos em que o juiz reconhece a sua incompetência de ofício;
c) (inciso III) contra a decisão que julgar procedente as exceções, salvo a de suspeição;
d) (inciso IV) contra a sentença que pronunciar o réu. Lembrando que da decisão de impronúncia e absolvição sumária no Tribunal do Júri, o recurso cabível será apelação. Por fim, da decisão do juiz que ao final da primeira fase do júri desclassifica a infração para um crime que não é doloso contra a vida remetendo os autos ao juiz que seja competente para apreciar a infração, nos termos do art. 419 do CPP, o recurso cabível será o RSE por estar o juiz reconhecendo a sua incompetência para processar e julgar o delito;
e) (inciso V) contra a decisão "que conceder, negar, arbitrar, cassar ou julgar inidônea a fiança, indeferir requerimento de prisão preventiva ou revogá-la, conceder liberdade provisória ou relaxar a prisão em flagrante". Notem que para as decisões relacionadas à fiança, o recurso cabível será o RSE. Se não for o caso de fiança, mas de decisão relacionada à prisão, só será cabível o RSE para as decisões que prejudicar a acusação. Se a decisão em matéria de prisão prejudicar a defesa, caberá o *habeas corpus* como sucedâneo recursal;
f) (inciso VII) contra decisão "que julgar quebrada a fiança ou perdido o seu valor". Nessas duas hipóteses, o recurso terá efeito suspensivo apenas para impedir a implementação da sanção pecuniária, qual seja, a destinação de metade do valor da fiança para os cofres da União no caso da quebra, e a sua integralidade no caso da perda;
g) (incisos VIII e IX) contra a decisão que decretar a prescrição ou julgar, por outro modo, extinta a punibilidade ou que indeferir o pedido de reconhecimento da prescrição ou de outra causa extintiva da punibilidade no processo de conhecimento (condenatório). Já as decisões que declarem a extinção da punibilidade em processo de execução penal ou a prescrição da pretensão executória são agraváveis (agravo em execução);

h) (inciso X) contra a decisão do juiz de primeiro grau "que conceder ou negar a ordem de *habeas corpus*". Notem que para ser cabível RSE a decisão em *habeas corpus* tem que ser proferida por juiz de primeiro grau. Isso porque contra as **decisões denegatórias** em *habeas corpus*, proferidas em única ou última instância pelos Tribunais Regionais Federais ou pelos Tribunais dos Estados, do Distrito Federal e Territórios, caberá Recurso Ordinário Constitucional (ROC) para o STJ, nos termos do art. 105, II, *a*, da CF. Por sua vez, contra as decisões denegatórias prolatadas em *habeas corpus* em única instância pelos Tribunais Superiores, caberá ROC para o STF, nos termos do art. 102, II, *a*, da CF. Nesses casos, o prazo do recurso será de cinco dias, devendo a petição de interposição vir acompanhada das razões do pedido de reforma do julgado guerreado.

A FGV cobrou no XX Exame de Ordem (reaplicação) a seguinte questão: "Em razão de uma determinada conduta de um juiz de direito de 1ª instância, que atuava em uma Vara Criminal da Comarca de Curitiba, o advogado Frederico ingressou com um *habeas corpus* junto ao Tribunal de Justiça do Paraná, figurando como autoridade coatora o magistrado. A ordem de *habeas corpus* foi denegada pelo Tribunal. Dessa decisão, desconsiderando a hipótese de *habeas corpus*, caberá ao advogado interpor a seguinte medida (...)". A resposta correta foi ROC para o STJ.

i) (inciso XIII) contra decisão de primeiro grau de jurisdição que vier a anular, no todo ou parcialmente, o processo, a partir da instrução criminal;

j) (inciso XV) contra decisão de primeiro grau de jurisdição que não receber apelação ou julgá-la deserta. Aqui é importante observar que o RSE será cabível na hipótese de denegação do recurso de apelação. Caso a denegação seja do RSE ou do Agravo em execução, o curso cabível será o da Carta Testemunhável, por ser um recurso considerado subsidiário no nosso ordenamento jurídico (art. 639 do CPP). A Carta Testemunhável deve ser interposta/requerida perante o escrivão da vara (não é interposta perante o juiz) através de petição, no prazo de 48 (quarenta e oito) horas contadas da intimação do despacho denegatório do recurso ou da ciência do seu não processamento regular. O escrivão (ou o diretor de secretaria) dará recibo à parte da petição recursal que deverá conter a indicação das peças do processo a serem trasladadas (art. 640 do CPP). Com efeito, a entrega da carta, que conterá certidão circunstanciada e as peças trasladadas, tem o fito de assegurar ao interessado a possibilidade de reclamar/representar, mediante protocolização diretamente ao tribunal, se o juízo de primeiro grau persistir em negar seu processamento.

A FGV, no VI Exame de Ordem, considerou errada uma questão que afirmava que "a carta testemunhável tem o objetivo de provocar o reexame da decisão que denegar ou impedir seguimento de recurso em sentido estrito, agravo em execução e apelação".

k) (inciso XVI) contra decisão de primeiro grau de jurisdição que suspender o processo em face de questão prejudicial. Muito importante o candidato fazer a leitura das questões prejudiciais, tratadas nos arts. 92 a 94 do CPP;

l) (inciso XVIII) contra decisão de primeiro grau de jurisdição que julgar o incidente de falsidade. Muito importante o candidato fazer a leitura do procedimento de incidente de falsidade, tratado nos arts. 145 a 148 do CPP.

Nunca é demais lembrar que as hipóteses de cabimento de RSE contra incidentes que são decididos no processo de execução penal estão revogadas pela Lei de Execução Penal (art. 197 da Lei n. 7.210/84), sendo cabível hoje o recurso de agravo em execução. Sobre esse recurso é importante atentar que o STF tem o entendimento que deve ser aplicado a ele o mesmo procedimento previsto para o RSE, tendo, inclusive, editado o Tribunal Superior a Súmula 700, para estabeleber que o agravo em execução terá o mesmo prazo de interposição do RSE (cinco dias).

Como regra geral, a petição do recurso em sentido estrito é dirigida ao juiz de primeiro grau e as suas razões (e contrarrazões) ao órgão julgador *ad quem*.

Em algumas situações, o RSE deverá subir nos próprios autos do processo. Em outras situações, deverá ser formado um instrumento que subirá para o tribunal *ad quem*, devendo os autos do processo principal permanecer no juízo de primeiro grau.

O CPP preconiza que o recurso em sentido estrito deverá subir com os autos originais quando (art. 583 do CPP): (1) houver reexame necessário, como se dá com a absolvição sumária no rito do júri; (2) for o caso de despacho, decisão ou sentença que não receber a queixa ou a denúncia, que julgar procedentes as exceções (salvo a de suspeição), que pronunciar o acusado, que decretar a prescrição ou julgar extinta a punibilidade e, que negar ou conceder a ordem de *habeas corpus;* e, (3) não prejudicar o andamento do processo. É importante atentar que "o recurso da pronúncia subirá em traslado, quando, havendo dois ou mais réus, qualquer deles se conformar com a decisão ou todos não tiverem sido ainda intimados da pronúncia" (art. 583, parágrafo único, do CPP).

Não estando a hipótese de cabimento entre as citadas acima, o recurso deverá subir por instrumento, devendo o recorrente indicar, no respectivo termo, ou em requerimento avulso, as peças dos autos de que pretenda traslado (art. 587 do CPP).

O recurso em sentido estrito, geralmente, tem os efeitos devolutivo e regressivo. O art. 584, *caput*, do CPP, estatui que "os recursos terão efeito suspensivo nos casos de perda da fiança" e de deserção ou de denegação da apelação. De outra banda, "o recurso da pronúncia suspenderá tão somente o julgamento", e não eventual ordem de prisão dela decorrente.

O juízo de retratação está previsto no art. 589 do CPP. Aduz o referido artigo que "com a resposta do recorrido ou sem ela, será o recurso concluso ao juiz, que, dentro de dois dias, reformará ou sustentará o seu despacho, mandando instruir o recurso com os traslados que lhe parecerem necessários". É importante lembrar que só pode ser realizado o juízo de retratação no RSE uma única vez relativamente à mesma decisão judicial. Proclama o parágrafo único do art. 589 o seguinte: "se o juiz reformar o despacho recorrido, a parte contrária, por simples petição, poderá recorrer da nova decisão, se couber recurso, não sendo mais lícito ao juiz modificá-la" (art. 589, parágrafo único, do CPP).

11.3 EMBARGOS DE DECLARAÇÃO

O CPP prevê dois artigos para fundamentar as hipóteses de cabimento do recurso de embargos de declaração. O primeiro deles é o art. 382, que estatui que "qualquer das partes poderá, no prazo de dois dias, pedir ao juiz que declare a sentença, sempre que nela houver obscuridade, ambiguidade, contradição ou omissão". O outro é o art. 619, que traz o fundamento normativo para apresentação desse recurso no âmbito dos tribunais de segunda instância. O referido artigo aduz o seguinte: "aos acórdãos proferidos pelos Tribunais de Apelação, câmaras ou turmas, poderão ser opostos embargos de declaração, no prazo de dois dias contados da sua publicação, quando houver na sentença ambiguidade, obscuridade, contradição ou omissão".

Os embargos de declaração deverão ser apresentados mediante petição dirigida ao mesmo órgão que proferiu a decisão a qual se atribua ambiguidade, contradição, omissão ou obscuridade. O prazo para o seu ingresso é de dois dias contados da ciência do julgado, pela parte prejudicada. Não há efeito regressivo ou suspensivo da decisão embargada, malgrado o prazo para apresentação dos demais recursos seja interrompido.

Nos Juizados Especiais Criminais, além de o prazo de interposição ser diverso (cinco dias), não há menção na lei sobre a possibilidade de interposição do recurso para sanar ambiguidade, só havendo previsão para decisão obscura, contraditória ou omissa (art. 83 e parágrafos da Lei n. 9.099/95).

Os embargos são apreciados pelo próprio juiz, que apenas abrirá vista para a parte contrária respondê-los, caso o embargante pretenda conferir efeito infringente (ou modificativo) ao julgado.

A oposição de embargos de declaração interrompe o prazo para apresentação de outro recurso contra a decisão, o que significa dizer que a partir da intimação da sentença ou da decisão em embargos de declaração, o prazo para os demais recursos será integralmente devolvido. Tal efeito (interrupção do prazo) ocorrerá tanto para os embargos manejados no CPP, quanto para os apresentados no Juizado Especial Criminal.

11.4 EMBARGOS INFRINGENTES E DE NULIDADE

Previsto no art. 609, parágrafo único, do CPP, é um recurso que visa ao reexame de decisões não unânimes proferidas em segunda instância e desfavoráveis ao acusado, a serem apreciados no âmbito do próprio tribunal julgador. Como se pode observar, é recurso privativo da defesa, uma vez que só cabe de decisão desfavorável ao réu. Só caberá esse recurso quando o tribunal estiver julgando um RSE, Apelação ou Agravo em Execução.

> A FGV já cobrou o conhecimento deste recurso no IX Exame de Ordem. A questão dizia o seguinte: "Joel foi condenado pela prática do crime de extorsão mediante sequestro. A defesa interpôs recurso de Apelação, que foi recebido e processado, sendo certo que o tribunal, de forma não unânime, manteve a condenação imposta pelo juízo *a quo*. O advogado do réu verifica que o acórdão viola, de forma direta, dispositivos constitucionais, razão pela qual decide continuar recorrendo da decisão exarada pela Segunda Instância. De acordo com as informações acima, assinale a alternativa que indica o recurso a ser interposto (...)". A resposta correta era a alternativa que trazia os Embargos Infringentes como sendo o recurso cabível para a espécie.

Será interposto por petição, acompanhada de razões, no prazo de dez dias, a contar da publicação do acórdão. Conquanto não haja previsão legal de resposta do embargado, diante da possibilidade de modificação do julgado, deve haver intimação da acusação para contra-arrazoar os embargos no mesmo prazo de dez dias.

REFERÊNCIAS

AVENA, Noberto. *Processo Penal*: Esquematizado. 6. ed. São Paulo: Método, 2014.

CAPEZ, Fernando. *Curso de Processo Penal*. 22. ed. São Paulo: Saraiva, 2014.

NUCCI, Guilherme de Souza. *Manual de Direito Processual Penal e Execução Penal*. 12. ed. São Paulo: Forense, 2015.

________. *Código de Processo Penal Comentado*. 9. ed. São Paulo: RT, 2009.

OLIVEIRA, Eugênio Pacelli. *Curso de Processo Penal*. 19. ed. Rio de Janeiro: Atlas, 2015.

TÁVORA, Nestor; ALENCAR, Rosmar Rodrigues. *Curso de Direito Processual Penal*. 11. ed. Salvador: Jus Podivm, 2016.

DIREITO TRIBUTÁRIO

Rafael Novais

1. INTRODUÇÃO

O estudo do direito tributário a cada dia vem ganhando mais corpo e admiradores no País inteiro.

Parcela deste crescimento vem, exatamente, da forma objetiva como a disciplina se apresenta em concursos e certames, a exemplo do *Exame Unificado da OAB*.

Analisar o conceito legalista de tributo e suas espécies, princípios e imunidades tributárias, além dos preceitos formalistas do Código Tributário Nacional, desenvolverá habilidades capazes de enfrentar qualquer prova.

Dentro dessa obra coletiva, vamos abordar esse instigante ramo jurídico sob o olhar da atual banca que aplica o exame de ordem: a Fundação Getúlio Vargas (FGV).

A exigência das 5 (cinco) questões em primeira fase da OAB tem sido realizada de forma bem distribuída entre os regramentos do *Sistema Constitucional Tributário* (princípios e imunidades) e do *Código Tributário Nacional* (legislação, crédito, lançamento etc.).

Como forma de facilitar o estudo da matéria, a aplicação dos pontos mais importantes será seguida de esquemas, dicas e facilitadores, além da demonstração prática de como sua exigência é realizada no exame.

Estudar direito tributário pode representar o diferencial no exame de ordem, colaborando com a quantidade mínima de questões determinantes para aprovação na sua 1ª fase.

Por fim, ressalto que tudo aqui escrito foi feito com muito carinho e dedicação de um professor apaixonado pela docência e atento aos desejos de seus alunos de todo o Brasil na atividade de *facilitar o Direito Tributário.*

2. INTRODUÇÃO AO ESTUDO DO DIREITO TRIBUTÁRIO

2.1 CONCEITO DE TRIBUTO

O estudo da relação jurídico-tributária inicia-se com a análise do conceito de tributo adotado no ordenamento brasileiro.

Com objetivo de *padronização* em todo o país, o art. 146, III, *a*, da Constituição Federal determina a necessidade de edição de ***Lei Complementar*** (federal e de âmbito nacional) estabelecer normas gerais em matéria tributária, especialmente conceituando aquilo que seria tributo e suas respectivas espécies tributárias.

Neste sentido, o Código Tributário Nacional (Lei n. 5.172/66) foi recepcionado pela Carta Magna de 1988 exatamente como lei complementar, dispondo sobre diversas matérias inerentes ao específico estudo do direito tributário.

Conceitua-se ***tributo*** como "toda prestação pecuniária compulsória, em moeda ou cujo valor nela se possa exprimir, que não constitua sanção de ato ilícito, instituída em lei e cobrada mediante atividade administrativa plenamente vinculada" (art. 3º, CTN).

2.2 CARACTERÍSTICAS DO TRIBUTO

Para melhor compreensão sobre o complexo conceito de tributo, tema corriqueiro em provas da OAB, fique alerta à análise separada de suas características:

a) **Prestação pecuniária:** o tributo deve ser pago por meio de dinheiro (moeda), pois as despesas públicas também serão assim custeadas. A proibição estaria no pagamento de tributo através da prestação de serviços ou entrega de bens;

   Contudo, fique esperto: o termo "ou cujo valor nela se possa exprimir" autoriza a atualização monetária dos tributos, bem como a dação em pagamento de bens imóveis (art. 156, XI, CTN).

b) **Compulsória e instituída em lei:** a obrigação quanto ao pagamento dos tributos existe exatamente pelo fato de serem instituídos em lei, aplicando a máxima do princípio da legalidade (art. 5º, II, CF + art. 150, I, CF). A relação não será contratual e sim legal.

   Atente-se para a espécie legislativa adotada para criação dos tributos, pois a regra geral exigirá apenas a edição de leis ordinárias (maioria simples para aprovação – art. 47, CF). Por outro lado, em quatro espécies tributárias existirá exigência de lei complementar (maioria absoluta para aprovação – art. 69, CF): Empréstimos Compulsórios, Imposto sobre Grandes Fortunas, Impostos Residuais e Contribuições Sociais da Seguridade Social Residuais.

   Existindo relevância e urgência, o Presidente da República poderá editar *Medidas Provisórias* para criação ou aumento dos tributos, exceto para aqueles reservados à Lei Complementar (art. 62, § 1º, III, CF).

Reforçando sua memorização para o exame, observe o esquema:

Lei Ordinária (Maioria Simples) → **REGRA**

↓

Cabe Medida Provisória (Art. 62, CF)

Lei Complementar (Maioria Absoluta) →

1º) **Empréstimos Compulsórios** (art. 148, CF)

2º) **Imposto sobre Grandes Fortunas – IGF** (art. 153, VII, CF)

3º) **Impostos Residuais** (art. 154, I, CF)

4º) **Contribuições Sociais da Seguridade Social Residuais** (art. 195, § 4º, CF)

↓

Não Cabe Medida Provisória (Art. 62, § 1º, III, CF)

> No XVIII Exame Unificado OAB-FGV, a banca apresentou exemplo prático afirmando que *José* recebeu auto de infração sobre tributo que deveria ser instituído por *lei complementar*. O gabarito oficial apresentou os *Empréstimos Compulsórios* como alternativa correta.

c) **Não constitui sanção por ato ilícito:** a prestação tributária não equivale à punição. Os fatos geradores serão situações eleitas pelo legislador como lícitas (Exemplos: ser proprietário de imóvel ou veículo para fins de IPTU e de IPVA). As multas serão consideradas sanções por ilícitos, os tributos não.

Não esqueçam, contudo, que a origem lítica ou ilícita da relação não importa para fins da tributação. O que importa é o fato gerado ser lícito, não aquilo que o desencadeou.

Trata-se do princípio do *pecunia non olet (o dinheiro não cheira)*, estampado no art. 118 do CTN elevando a importância apenas do *fato gerador* (Exemplo: o traficante que aufere renda com sua atividade criminosa sujeita-se ao pagamento do Imposto sobre a Renda, pois o que importa é a licitude do fato gerador "renda" e não da origem dela).

> No XII Exame Unificado OAB-FGV, a banca apresentou exemplo prático afirmando que *três sociedades* obtiveram lucro não declarado, originado de conluio para tráfico de entorpecentes. O gabarito oficial aplicou o princípio do *pecunia non olet* (interpretação objetiva do fato gerador) para afirmar que o Imposto sobre a Renda seria devido.

d) **Cobrança vinculada:** a cobrança realizada pela administração fiscal deve ser feita de maneira *vinculada.* O agente do fisco (auditor) não poderá realizar juízo de conveniência ou oportunidade típicas em atos administrativos discricionários, sob pena de responsabilidade funcional (art. 142, paragráfo único, CTN).

2.3 FINALIDADES TRIBUTÁRIAS

Superada a análise do conceito de tributo e suas características, outro ponto introdutório relevante para o exame seria o estudo das finalidades tributárias. Doutrinariamente, podemos dividi-las em três:

I – Fiscal: seria a utilização da tributação como mecanismo de arrecadação de receitas para manutenção da máquina pública. Corresponde à principal finalidade dos tributo, na medida em que colabora para o pagamento das despesas públicas.

A título exemplificativo: IR para União, ICMS para os Estados e Distrito Federal, ISSQN para os Municípios.

II – Extrafiscal: a aplicação dos tributos como mecanismo de intervenção dos entes políticos na esfera econômica ou social. Seria a utilização da carga tributária para proteger indiretamente a população.

Como exemplo: O Imposto de Importação sendo utilizado pela União com objetivo de proteger as empresas brasileiras contra o ingresso de produtos estrangeiros em preços menores que o nacional.

III – Parafiscal: considerada medida excepcional na esfera tributária, a parafiscalidade se caracteriza quando o ente competente para "criação" do tributo (Competência em Sentido Estrito) repassa os poderes de "fiscalização, execução e arrecadação" a outro ente (Capacidade Tributária Ativa). Parte superior do formulário

Exemplo: A delegação do ITR Federal para Municípios fiscalizarem e cobrarem em suas regiões rurais (art. 153, § 4º, III, CF).

3. ESPÉCIES TRIBUTÁRIAS

O tributo, conceituado no art. 3º do CTN, enquadra-se como gênero que se divide em espécies tributárias.

O Código Tributário Nacional de 1966 adota a denominada *Teoria da Tripartição*, dividindo as espécies apenas em: ***Impostos, Taxas e Contribuições de Melhoria*** (art. 5º, CTN).

Já a Constituição Federal de 1988 acrescentou outras 2 (duas) espécies tributárias, passando a adotar a *Teoria da Pentapartição*, dividindo-as em: ***Impostos, Taxas, Contribuições de Melhoria, Empréstimos Compulsórios e as Contribuições Especiais*** (arts. 145, 148, 149, 149-A, CF).

Fique esperto, para memorização adote a seguinte dica:

> Tributo é um **"TIME Especial"**

Em que:

- **T** – Representa as "**T**axas".
- **I** – Representa os "**I**mpostos".
- **M** – Representa as Contribuições de "**M**elhoria".
- **E** – Representa os "**E**mpréstimos" Compulsórios.
- **Especial** – Representa as Contribuições "**Especiais**".

> No XIV Exame Unificado OAB-FGV, a banca afirmou não existir *bis in idem* na cobrança simultânea da *Contribuição Especial Social Sobre o Lucro Líquido (CSLL)* conjuntamente com o *Imposto sobre a Renda de Pessoas Jurídicas (IRPJ)*.

Passemos agora à análise separada de cada uma dessas espécies tributárias.

3.1 IMPOSTOS (ART. 16, CTN + ART. 145, I, CF)

Caracterizam-se como espécie tributária *contributiva*, em que o sujeito passivo irá contribuir para manutenção dos serviços públicos universais (*uti universi)*, sem exigir qualquer contraprestação.

Sua incidência, portanto, se dará sobre as *manifestações de riqueza* e independem de qualquer contrapartida individualizada do poder público ao contribuinte *(tributo não vinculado)*.

Exemplo: o proprietário de veículo automotor terrestre pagará IPVA sobre seu bem, mas não poderá exigir que aqueles valores sejam revertidos em benefício dele para conservação das vias em que trafega.

As competências vêm estampadas na Constituição Federal, designando:

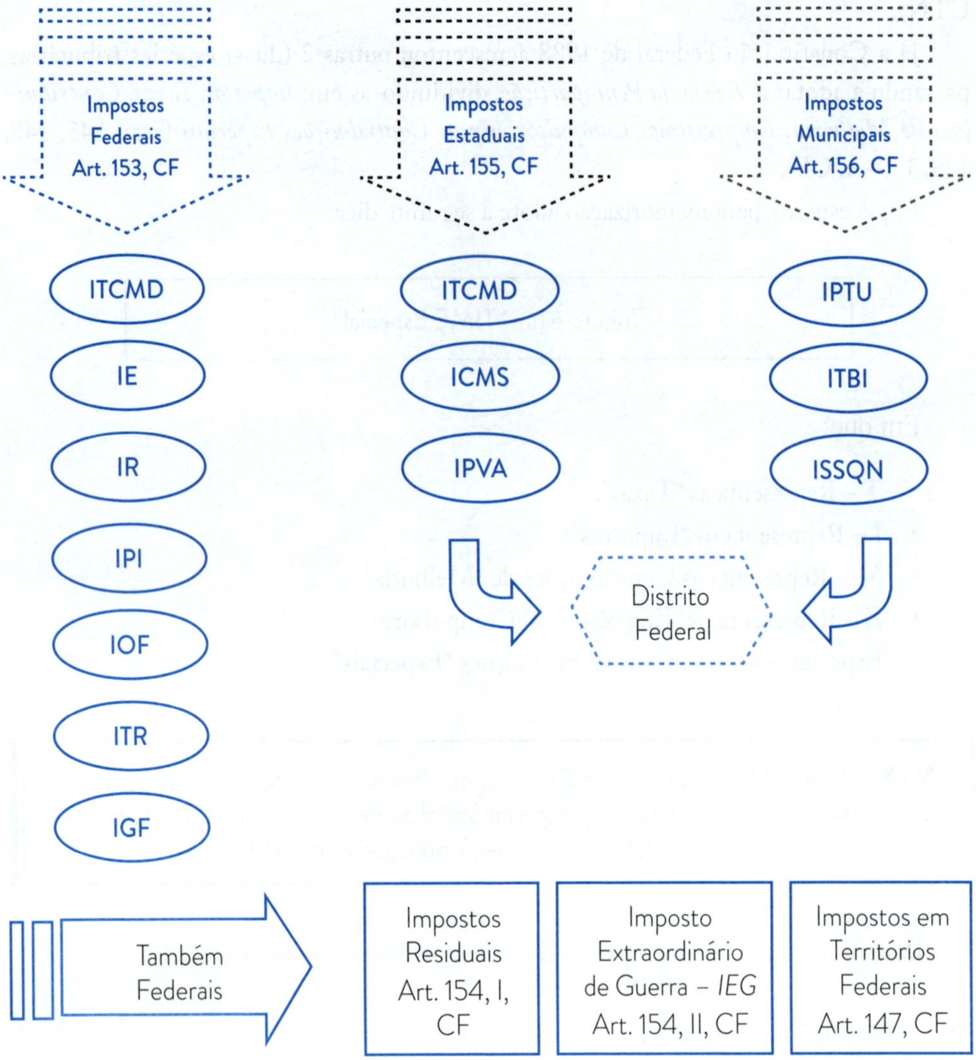

Do quadro apresentado, observe que as competências originárias para criação dos impostos encontram-se distribuídas nos arts. 153, 155 e 156 da CF, estudadas em capítulo próprio.

Entretanto, o texto constitucional também concedeu à União o poder de criação de duas novas categorias de impostos:

1. **Impostos Residuais (art. 154, I, CF):** denominada de competência residual, a União poderá criar novos impostos além daqueles existentes no ordenamento nacional. Para tanto deverá seguir os seguintes requisitos: criação mediante *Lei*

Complementar (maioria absoluta), *Fato Gerador e Base de Cálculo inéditas* (não poderá repetir aqueles que já existem na seara federal, estadual ou municipal) e respeitar a sistemática da *não cumulatividade* (utilizada para tributos plurifásicos ao retirar parcela que já foi paga em momentos anteriores sobre o mesmo bem ou serviço, a exemplo do ICMS).

2. **Imposto Extraordinário de Guerra – IEG (art. 154, II, CF):** considerando que a União concentra o dever de segurança nacional, existindo guerra externa ou sua iminência poderá instituir e cobrar imposto de cunho extraordinário. Fique esperto que os requisitos previstos para os *impostos residuais* não foram repetidos aqui, dando maior liberdade para criação nestes casos. De feição temporária, o prazo máximo para sua retirada será de até 5 (cinco) anos, contados do final da guerra/celebração da paz (art. 76, CTN).

Outro aspecto importante para fins do exame de ordem consiste na separação das competências dentro do *Distrito Federal* e nos *Territórios Federais*.

O *Distrito Federal* não poderá ser dividido em Municípios (art. 32, CF), obtendo a denominada ***competência cumulativa*** para, ao mesmo tempo, instituir e cobrar os impostos *estaduais e municipais* (arts. 147 e 155, CF).

Já nos *Territórios Federais* encontraremos a administração sendo exercida pela ***União,*** existindo autorização constitucional para divisão municipal (art. 33, § 1º, CF).

Assim, não ocorrendo divisão em Municípios, a ***União*** exercerá a cobrança de todos os impostos (federais, estaduais e municipais). Caso exista divisão municipal no território, a ***União*** apenas poderá cobrar os impostos federais e estaduais, ao passo que os respectivos municípios exercerão a competência daqueles municipais (art. 147, CF).

> No VI Exame Unificado OAB FGV, gabarito oficial apontou como correto o seguinte item: "Em Território Federal, os impostos estaduais são de competência da União. Caso o Território não seja dividido em Municípios, cumulativamente, os impostos municipais também são de competência da União".

3.2 TAXAS (ART. 77, CTN + ART. 145, II, CF)

Diversamente dos impostos, as taxas se caracterizam como tributo de feição *contraprestacional*. Para que União, Estados, Distrito Federal e Municípios possam cobrá-las será necessário que realizem atividade direcionada ao contribuinte (*tributo vinculado)*, dividindo-as em:

1. **Taxa de Polícia (art. 78, CTN):** cobrada pelo exercício do poder de *polícia administrativa*, assim entendido como limitações de liberdades individuais em prol do interesse coletivo.

Em outras palavras, o poder de fiscalização e regulamentação exercido pelo poder público sobre atividades relacionadas à segurança, higiene, ordem, costumes, disciplina da produção e mercado, dentre outras.

Como exemplo, podemos citar a atividade fiscalizatória desenvolvida pela *vigilância sanitária* sobre particulares que exercem atividades relacionadas a gêneros alimentícios.

Assim, o examinado deve ficar alerta para não confundir o poder de *polícia administrativa* com a *polícia judiciária* exercida nos serviços de segurança pública (policiais militares e civis).

O exercício do poder de *polícia administrativa* deve ser realizado de forma regular, dentro dos limites legais e sem abuso ou desvio de poder (art. 78, parágrafo único, CTN).

Interessante registrar que posicionamento do STF autoriza a cobrança mediante o exercício presumido do poder de polícia, quando existirem órgãos, agentes e ferramentas capazes de exercer a fiscalização ou regulamentação, mesmo que não ocorra diretamente no estabelecimento do contribuinte (RE 416.601/DF, RE 603.513/MG).

2. **Taxa de Serviço Público (art. 79, CTN):** exigidas nos casos de utilização, efetiva ou potencial, de *serviço público específico e divisível*, prestado ao contribuinte ou posto à sua disposição.

   Estudamos que o pagamento dos impostos servirá para manutenção da máquina pública com o custeio dos serviços públicos universais (*uti universi*).

   As taxas, por sua vez, destinam-se ao custeio de serviços públicos singulares (*uti singuli*). Considerando que alguns serviços públicos serão prestados à parcela determinada da sociedade, não seria justo que todos tivessem que pagar por eles.

   Desse modo, os serviços públicos passíveis da incidência de taxas seriam:

   - **Específicos (art. 79, II, CTN):** quando possam ser destacados em unidades autônomas de intervenção, de utilidade ou necessidades públicas – Quando se sabe por qual serviço estará pagando;
   - **Divisíveis (art. 79, III, CTN):** quando suscetíveis de utilização, separadamente, por parte de cada um dos seus usuários – Quando for possível a identificação separada dos seus contribuintes.

   Ressalte-se que o pagamento dessa taxa será devido quando ocorrer a efetiva prestação dos serviços públicos ou mesmo quando estiver potencialmente posto à disposição do usuário, tratando-se daqueles de utilização compulsória (art. 79, I, CTN).

   Exemplificando, a taxa pela emissão de passaporte será devida apenas se o sujeito utilizar tal serviço específico e divisível, ao passo que o serviço de coleta domiciliar do lixo será devida ainda que não necessite o usuário.

   Inclusive, o Supremo Tribunal Federal já pacificou entendimento quanto à constitucionalidade da taxa de coleta domiciliar (*Súmula Vinculante n. 19*), acatando a potencialidade do serviço posto à disposição da população.

> No XII Exame Unificado OAB FGV, a banca exigiu dos examinandos o entendimento sobre a *constitucionalidade* da taxa cobrada exclusivamente dos serviços públicos de coleta, remoção e tratamento ou destinação de lixo ou resíduos provenientes de imóveis.

Por outro lado, considera-se inconstitucional a taxa de iluminação pública – *TIP* (*Súmula Vinculante n. 41 e Súmula 670 do STF*), por não se tratar de serviço público específico e divisível.

Quanto à *base de cálculo* adotada para as taxas, fique atento.

A Constituição Federal expressamente proíbe a adoção de base de cálculo própria daquelas definidas para os *Impostos* (art. 145, § 2º, CF). A intenção é bem simples: as taxas não considerariam as manifestações de riquezas dos contribuintes (a taxa para emissão do passaporte será a mesma para todos os usuários, independentemente de suas condições financeiras).

Entretanto, levemente contrariando o preceito constitucional, o Código Tributário Nacional dispõe apenas sobre a proibição de utilização de idêntica base de cálculo dos *Impostos* (art. 77, parágrafo único, CTN). Assim, alguns elementos inerentes aos *Impostos* (manifestações de riquezas) poderiam ser aplicados no valor da taxa (posição adotada pelo STF através da *Súmula Vinculante n. 29*).

3.3 CONTRIBUIÇÕES DE MELHORIA (ART. 81, CTN + ART. 145, III, CF)

Caracterizado também como tributo contraprestacional, apenas poderá ser instituído e cobrado quanto ocorrer *Valorização Imobiliária* decorrente de *Obras Públicas.* Em outros termos, *União, Estados, Distrito Federal e Municípios* precisaram entregar específica atividade aos contribuintes (*tributo vinculado).*

Facilitando sua memorização para o exame, lembre:

> Contribuição de melhoria é um tributo "V I P"

Em que:

- V I – Representa as *"Valorização Imobiliária"*.
- P – Representa obras *"Públicas"*.

Merece destaque que a cobrança dessa espécie tributária exigirá o respeito a requisitos específicos, quais sejam (art. 82, CTN): *edital prévio* contendo memorial do projeto, orçamento da obra, custo a ser financiado pela contribuição, delimitação da zona beneficiada e fator de absorção do benefício para toda zona ou cada área (inciso I); prazo não inferior a 30 (trinta) dias para impugnação administrativa pelos interessados (inciso II) e regulamentação do processo administrativo, sem prejuízo da apreciação judicial (inciso III).

Outro aspecto fundamental para o exame de ordem consiste na identificação dos limites na cobrança da contribuição, dividindo-os em (arts. 81 e 82, § 1º, CTN):

1. **Limite Total:** O poder público não poderá arrecadar mais do que aquilo gasto na realização da obra, ou seja, uma espécie de "teto" para cobrança.
2. **Limite Individual:** Considerando que os imóveis poderão sofrer diferentes valorizações, a cobrança deve ser feita de maneira proporcional ao acréscimo realizado em cada um individualmente.

Imaginemos que algum Município da federação resolva realizar ***Obra Pública*** em determinada região, investindo R$ 100 mil reais, ocasionando ***Valorização Imobiliária*** em 100 unidades.

No momento da cobrança desta contribuição, terá como limite o valor R$ 100 mil reais, dividido de forma proporcional a valorização individual dos imóveis. Assim, proprietários com imóveis de maior valorização arcarão com parcela mais elevada do tributo.

3.4 EMPRÉSTIMOS COMPULSÓRIOS (ART. 15, CTN + ART. 148, CF)

Considerada espécie tributária autônoma a luz da Constituição Federal, contém as seguintes características:

1. **Competência exclusiva federal:** Apenas a *União* poderá instituir essa espécie tributária, sendo proibido aos *Estados, Distrito Federal e Municípios* sua criação.
2. **Reserva de Lei Complementar:** A criação dependerá da edição de lei complementar, ou seja, será necessário a aprovação por maioria absoluta no legislativo (art. 69, CF). Deste modo, mesmo que preenchido os critérios de relevância e urgência, *não caberá Medida Provisória* (art. 62, § 1º, III, CF).
3. **Situações autorizadoras:** Nos moldes constitucionais, a instituição poderá ocorrer nos casos de despesas extraordinárias decorrentes de *calamidade pública, guerra externar ou sua iminência,* bem como nos casos de *investimento público de caráter urgente e relevante interesse nacional.*

   Fique esperto, pois tratando-se dos casos de *calamidade pública, guerra externa ou sua iminência* não será necessário respeitar os princípios constitucionais da anterioridade tributária (anual e nonagesimal). Já no *investimento público,* ainda que urgente e relevante, será necessário o respeito a *ambas* anterioridades (art. 150, § 1º, CF).

   Ademais, a doutrina aponta pela não recepção do artigo 15, inciso III, do CTN que autorizava a utilização dos empréstimos em *"conjuntura exija a absorção temporária de poder aquisitivo".*
4. **Destino da arrecadação:** A receita arrecadada com este tributo já se encontra previamente vinculada as despesas que fundamentaram a instituição (art. 148, parágrafo único, CF).

5. **Restituição:** A semelhança com qualquer empréstimo tomado junto às instituições financeiras, a *União* deverá devolver os valores arrecadados aos contribuintes em prazo definido na lei instituidora (art. 15, § único, CTN). O detalhe fica por conta da obrigação em devolver através de dinheiro e não de forma diversa (RE 175.385/CE).

> No VII Exame Unificado OAB FGV, a banca abordou diversas características dos *empréstimos compulsórios*, aceitando como gabarito oficial aquela que negava o cabimento de *Medida Provisória* para sua criação.

3.5 CONTRIBUIÇÕES ESPECIAIS (ARTS. 149 E 149-A, CF)

Tributos criados com o objetivo de arrecadar valores e atuar em áreas específicas *(tributo finalístico)*. Segundo entendimento jurisprudencial, subdividem-se:

1. **Sociais:** Utilizada como forma de atuar no segmento <u>social</u> e garantir a manutenção dos <u>direitos sociais</u> (art. 6º, CF). Em regra, a competência será exercida pela *União*, destacando-se aquelas vinculadas à *Seguridade Social – Previdência, Assistência e Saúde* (art. 195, CF). Entretanto, tratando-se do regime próprio de *Previdência do Servidor Público* o recolhimento poderá ser feito pelo respectivo *Estado, Distrito Federal e Municípios* que lhe remunera (art. 145, § 1º, CF).
2. **Contribuição de Intervenção no Domínio Econômico – CIDE:** Instituídas pela *União* como forma de atuar em segmentos financeiros, estimulando ou desestimulando atividades.
3. **Corporativas:** Também de competência da União, realizando a instituição dessas contribuições para munir os sindicatos e conselhos profissionais de receitas para realização de suas atividades. Divide-se em *Anuidades* (CRM, CRO, CREA, dentre outros) e *Contribuições Sindicais* (vulgarmente denominadas de *Impostos Sindicais*). O destaque fica por conta da anuidade da OAB que, segundo entendimento do STF, não possui natureza jurídica de tributo (ADI 3.026/DF).
4. **Contribuição para o custeio do Serviço de Iluminação Pública – COSIP:** A competência dessa contribuição será exercida pelos *Municípios e Distrito Federal* com objetivo de arrecadar receitas para prestação do serviço de iluminação pública. Fique esperto que o artigo 149-A da CF foi acrescentado pela EC n. 39/02 para substituir as inconstitucionais Taxas de Iluminação Pública (Súmula 670, STF e Súmula Vinculante n. 41).

4. PRINCÍPIOS TRIBUTÁRIOS

Inaugurando importante estudo do direito tributário para o exame de ordem, a Constituição Federal reservou seção específica para tratar sobre as ***Limitações Constitucionais ao Poder de Tributar*** (arts. 150 a 152, CF).

Como o próprio título sugere, encontraremos uma série de normatizações que objetivam conceder garantias e proteções aos contribuintes contra atividades tributárias desarrazoadas exercidas pela União, Estados, Distrito Federal e Municípios.

Seguindo a doutrina tradicional, tais *limitações* dividem-se no estudo dos ***Princípios Tributários*** e nas ***Imunidades Tributárias.***

Neste momento, estudaremos os *princípios constitucionais tributários* consagrados na Carta Magna de 1988 e sempre exigidos em provas da OAB, sem prejuízo da análise de normas infraconstitucionais.

4.1 PRINCÍPIO DA LEGALIDADE (ART. 150, I, CF)

Nos termos já delineados no começo do estudo tributário, o conceito de tributo exige sua instituição por meio de lei (art. 3º, CTN). Trata-se de verdadeiro respeito ao direito fundamental da legalidade no ordenamento jurídico brasileiro, afinal "ninguém será obrigado a fazer ou deixar de fazer alguma coisa senão em virtude de lei" (art. 5º, II, CF).

Assim, o sistema constitucional tributário determinou expressa proibição para União, Estados, Distrito Federal e Municípios exigirem ou aumentarem tributo sem lei que o estabeleça.

O contribuinte somente se torna obrigado a realizar o pagamento do tributo em decorrência da obrigatoriedade da lei, definindo o campo material de incidência tributária, além das hipóteses de redução, extinção, exclusão, suspensão (art. 97, CTN).

Relembre, em regra a criação dos tributos dependerá da mera edição de *lei ordinária* (maioria simples – cabível *medida provisória*), ressalvadas às quatro espécies que exigem *lei complementar* (maioria absoluta – incabível *medida provisória*): *Empréstimos Compulsórios, Imposto sobre Grandes Fortunas, Impostos Residuais e Contribuições Sociais da Seguridade Social Residuais.*

A atenção especial do examinando deve ser com as raríssimas exceções à legalidade tributária, extremamente abordadas em provas, quais sejam:

a) **Alíquotas do II, IE, IPI, IOF (art. 153, § 1º, CF):** Classificados como *impostos extrafiscais* (poder de proteção da economia e aspectos sociais), suas alíquotas podem ser alteradas por ***ato do Poder Executivo*** (ex.: *Decreto*), nos limites da lei.

b) **Alíquotas da CIDE – Combustíveis (art. 177, § 4º, I, *b*, CF):** Ainda no cenário da *extrafiscalidade*, as alíquotas desta *Contribuição de Intervenção no Domínio Econômico sobre Combustíveis* podem ser reduzidas e reestabelecidas por ***ato do Poder Executivo*** (ex.: *Decreto*).

c) **Alíquotas do ICMS – Combustíveis (art. 155, § 4º, IV, CF):** A definição destas alíquotas será realizada através de *convênio* no âmbito do *Conselho de Política Fazendária – CONFAZ*, composto pelos secretários de Fazenda dos Estados e Distrito Federal.

d) **Definição da obrigação acessória (arts. 113, § 2º e 115, CTN):** Relacionada apenas as formalidades da relação tributária (livros, certidões, cadastros, inscrições etc.), sua definição poderá ocorrer por qualquer mecanismo da *legislação tributária* (leis, tratados internacionais, decretos ou normas complementares) e não apenas por lei em sentido estrito.

e) **A modificação do prazo para pagamento do tributo (art. 160, CTN):** O código adota prazo regra de 30 (trinta) dias para pagamento dos tributos, mas poderá ser alterado por qualquer integrante da *legislação tributária* (leis, tratados internacionais, decretos ou normas complementares) e não apenas por lei em sentido estrito.

f) **Atualização monetária (art. 97, § 2º, CTN):** A mera atualização monetária dos tributos não equivale a aumento, mas apenas recomposição do valor da moeda. Assim, bastaria um *Decreto* para atualizá-lo. Entretanto, fique alerta: se o novo valor *ultrapassar o* índice oficial de correção do tributo será necessária a criação de nova lei, pois não será apenas atualização e sim aumento (Neste sentido, *Súmula 160 do STJ*).

> No XI Exame Unificado OAB-FGV, a banca abordou o princípio da legalidade e suas exceções. O gabarito oficial exigia a indicação do IPI, IOF, II e IE como impostos que podem ter suas alíquotas majoradas por ato do Poder Executivo.

4.2 PRINCÍPIO DA ISONOMIA (ART. 150, II, CF)

Também com origem na proteção dos *direitos fundamentais* da Constituição Federal, o *princípio da isonomia tributária* equivale ao consagrado direito de igualdade (art. 5º, II, CF).

Deste modo, não será admitida a instituição de tratamento desigual entre contribuintes que se encontrem em situação equivalente.

Imaginemos, por exemplo, duas pessoas proprietárias, cada uma, de veículo automotor de mesmas características, ano e modelo. Não será admitida tributação diferenciada do IPVA em decorrência de aspectos pessoais (religião, família, raça, economias, profissão etc.).

Aliás, também será proibida a realização de qualquer distinção em razão de ocupação profissional ou função exercida pelos contribuintes, não importando a denominação jurídica dos rendimentos, títulos ou direitos.

Atente-se que, em casos excepcionais, admite-se a aplicação do *Princípio da Capacidade Contributiva* para considerar, sempre que possível, aspectos pessoais do contribuinte no momento de incidência dos impostos (art. 145, § 1º, CF + *Súmula 539, STF*).

4.3 PRINCÍPIO DA SEGURANÇA JURÍDICA (ART. 150, III, CF)

O princípio da segurança jurídica, também classificada como regras, destinam-se a evitar surpresas desagradáveis aos contribuintes, afastando repentinas cargas tributárias ou mesmo a cobrança em situações passadas.

Nos moldes constitucionais, dividem-se em:

a) **Irretroatividade:** Consiste na proibição dos entes políticos exigirem tributos em relação a fatos geradores ocorridos anteriormente a vigência da lei que os houver instituído ou aumentado. Em termos mais simples, não poderá realizar cobrança sobre situações passadas.

   A título exemplificativo, imaginemos a publicação de lei federal em 17-3-2010 estabelecendo a criação do *Imposto sobre Grandes Fortunas – IGF* (art. 153, VII, CF). A cobrança apenas poderá ser exercida sobre futuros fatos geradores, não podendo existir cobrança sobre casos anteriores a 17-3-2010.

   Fique esperto, pois a Constituição Federal não trabalha nenhuma exceção a este princípio em relação aos ***tributos***. Entretanto, no Código Tributário Nacional encontraremos pontuais exceções sobre a ***legislação tributária*** possibilitando a aplicação retroativa quando (art. 106, CTN): lei interpretativa e aos casos de diminuição ou desclassificação das multas e punições tributárias.

b) **Anterioridade (anual):** Determina a proibição de exigência do tributo no mesmo *Exercício Financeiro (ano civil)* em que tenha sido publicada a lei que houver instituído ou aumentado. Trata-se de regra que objetiva conceder período para que o contribuinte possa organizar sua "vida financeira" e suportar o pagamento da nova exação.

   Aplicando o mesmo exemplo anterior, o *Imposto sobre Grandes Fortunas – IGF* criado em 17-3-2010 não poderia ser exigido no mesmo exercício financeiro (2010), apenas podendo ser iniciada sua cobrança no próximo (2011).

   Atente-se que, diante de situações excepcionais atreladas aos aspectos de urgência e proteção, algumas ***exceções*** existem para autorizar a cobrança ainda no mesmo ano de publicação (arts. 150, § 1º, 155, § 2º, IV, *c*, 177, § 4º, I, *b*, 195, § 6º, CF). Logo mais estruturaremos tais exceções e quadro esquematizado.

c) **Anterioridade Nonagesimal (noventena):** Por meio deste princípio, os entes políticos tributantes não poderão exigir tributos antes de decorridos 90 (noventa) dias da data em que haja sido publicada a lei que os instituiu ou aumentou. Trata-se de mais uma regra que objetiva conceder prazo para organização da "vida financeira" do contribuinte que, além de esperar próximo ano, deterá de prazo mínimo de noventa dias. Originou-se da EC n. 42/2003 em função daqueles tributos que geralmente eram instituídos ou aumentados no final do ano, não se mostrando suficiente apenas a regra da anterioridade anual.

   Modificando o exemplo apresentado, imaginemos que a publicação da lei instituidora do *Imposto sobre Grandes Fortunas – IGF* ocorresse em 17-12-2010. Aplicar-lhe apenas a anterioridade anual já poderia ensejar a cobrança em 1º-1-2011, o que não concedia prazo para organização da "vida financeira" dos contribuintes.

   Deste modo, aplicando conjuntamente ambos os princípios da anterioridade (anual e nonagesimal) ao exemplo proposto, a cobrança do *IGF* apenas poderia ocorrer a partir de 17-3-2011 (considerando todos os meses com 30 dias).

À semelhança da anterioridade anual, aqui também existem exceções que autorizam a cobrança sem aguardar o período de 90 (noventa) dias.

Estruturando as exceções, para seu exame memorize:

QUADRO DE EXCEÇÕES CONSTITUCIONAIS DAS ANTERIORIDADES

ANUAL	NONAGESIMAL
Empréstimos Compulsórios (Guerra ou Calamidade)	Empréstimos Compulsórios (Guerra ou Calamidade)
IEG	IEG
II, IE, IOF, IPI	II, IE, IOF, IR
Cont. Sociais Seguridade Social	**Base de Cálculo** IPVA & IPTU
ICMS + CIDE – Combustíveis	

Por fim e não menos importante, também não será necessário aguardar as regras de anterioridades os casos de mera atualização monetária (RE 200.844/PR, RE 193.057/SP) ou modificação de prazo para recolhimento do tributo (*Súmula 669, STF, Súmula Vinculante n. 50*).

No XIV Exame Unificado OAB-FGV, a banca trabalhou exemplo prático em que **Decreto** majorou alíquota de 15% para 20% do *Imposto sobre a Importação - II*. A resposta correta abordava o respeito ao princípio da irretroatividade, pois o *II* excepciona-se dos princípios da legalidade e anterioridades (anual e nonagesimal). Já no VII Exame, a banca afastou as regras de anterioridade nos casos de ***redução*** dos tributos (pois estaria melhorando a situação do contribuinte).

4.4 PRINCÍPIO DA VEDAÇÃO AO CONFISCO (ART. 150, IV, CF)

A utilização deste princípio objetiva proibir a utilização de tributo com *efeito confiscatório*, ou seja, impedir que *União, Estados, Distrito Federal e Municípios* exagerem na atividade de cobrança dos tributos.

Considerando a *propriedade* como *direito fundamental* (art. 5º, *caput*, CF), o poder de tributar não pode ser exageradamente elevado a ponto de deixar o contribuinte sem condições de sustentar-se com sua família.

Entretanto, a análise deste princípio também depende da espécie tributária em estudo. Alguns tributos destacam-se pelo elemento *extrafiscal*, podendo ocasionar percentuais maiores como forma de desestimular o seu consumo.

Como exemplo, podemos citar a *seletividade do IPI* autorizando a cobrança maior sobre produtos não essenciais ao ser humano (bebidas alcoólicas, cigarros, etc.) e menor sobre aqueles de primeira necessidade (macarrão, carne, etc.).

> No XVIII Exame Unificado OAB FGV, a banca afastou a aplicação do princípio do não confisco sobre alíquota do IPI dos cigarros em 100%. A autorização deste percentual decorrer exatamente pela ausência de essencialidade ao ser humano, devendo seus valores serem elevados para desestimular seu consumo.

Ademais, para sua prova da OAB fique alerta para o alcance deste princípio também às ***multas tributárias***.

Entendimentos consolidados no Supremo Tribunal Federal (ADI 551/RJ, ADI 1.075/DF) apontam para a aplicação do *princípio do não confisco* em todo o ***crédito tributário***, englobando o ***tributo*** e a ***penalidade (multa) tributária*** (arts. 113, § 1º, e 139, CTN). Assim, também será confiscatória a multa aplicada em percentuais/valores desarrazoados.

4.5 PRINCÍPIO DA LIBERDADE DE TRÁFEGO (ART. 150, V, CF)

Caracteriza-se pela proibição na utilização de tributos como forma de limitar a locomoção de pessoas e seus bens no território nacional. De fato, estrutura-se como garantia individual do cidadão a liberdade de locomoção constitucional (art. 5º, XV, LXVIII, CF).

Atente-se que a única exceção ficava por conta do ***pedágio*** cobrado na utilização de vias conservadas pelo próprio poder público (*União, Estados, Distrito Federal ou Municípios*), que poderiam cobrar a espécie tributária *taxas* (RE 181.475/RS).

Entretanto, o Supremo Tribunal Federal evoluiu entendimento e passou a afastar a natureza jurídica de tributo ao pedágio, ainda que mantida via alternativa pelo próprio poder público, aplicando-o apenas a ideia de tarifa/preço público (ADI 800/RN).

Para fins do exame da OAB, fique esperto:

a) **Se a prova exigir a literalidade da CF:** Existe exceção ao princípio pela utilização do pedágio em vias mantidas pelo poder público.
b) **Se a prova exigir o entendimento jurisprudencial:** Não existirão exceções ao princípio, pois não existe pedágio com natureza de tributo.

4.6 PRINCÍPIOS OPONÍVEIS À UNIÃO (ART. 151, CF)

Considerando características próprias do poder de tributar concedido para União, a Carta Magna elencou específicos princípios a ele oponíveis. Tais princípios seriam:

a) **Unidade Geográfica (inciso I):** Proíbe que a União institua tributo que não seja uniforme em todo o território federal ou que realize discriminações (distinções ou preferências) entre Estados, Distrito Federal e Municípios. O raciocínio é bem simples, aplicar a tributação federal de forma isonomia em todo o País.

Entretanto, existe ***exceção*** relacionada a possibilidade quanto a concessão de específicos incentivos fiscais destinados a minorar as desigualdades regionais, sociais e econômicas (arts. 3º, III, 43, § 2º, III, CF).

b) **Uniformidade na Tributação da Renda (inciso II):** Considerando que a União detém o poder de tributar a *renda,* não poderá valer-se disso para realizar discriminações sobre a incidência das dívidas públicas e agentes públicos dos Estados, Distrito Federal e Municípios em seu benefício.

c) **Proibição de Isenções Heterônomas (inciso III):** A União apenas poderá conceder isenções de seus tributos federais, não podendo interferir na autonomia dos Estados, Distrito Federal e Municípios para querer retirar os tributos deles.

   Fique esperto a existência de 3 (três) exceções que autorizam a esfera federal intervir concedendo isenções para tributos que não seriam de sua competência:

   - ISS – Exportações (art. 156, § 3º, II, CF): Lei Complementar *federal* (de âmbito nacional), poderá retirar a incidência do deste imposto municipal sobre serviços prestados no exterior.
   - ICMS – Exportações (art. 155, § 2º, XII, *e*, CF): Lei Complementar *federal* (de âmbito nacional) poderá retirar a incidência deste imposto estadual sobre mercadorias remetidas ao exterior.
   - Tratados e Convenções Internacionais: Nas relações internacionais a representação será desenvolvida pela União, por meio do Presidente da República, atuando como *pessoa jurídica de direito público externo* (arts. 21, I, e 84, VIII, CF). Aplicando a ideia de *soberania* nacional, poderá conceder isenção de quaisquer tributos (*federais, estaduais ou municipais).*

> No II Exame Unificado OAB FGV, a banca trabalhou exemplo prático afirmando violação ao *Princípio da Uniformidade/Unidade Geográfica* na aplicação de lei federal discriminando alíquotas do IPI entre Estados.

4.7 PRINCÍPIO DA NÃO DISCRIMINAÇÃO DE PROCEDÊNCIA OU DESTINO (ART. 152, CF)

Aplicável agora para Estados, Distrito Federal e Municípios, este princípio determina a proibição destes entes em realizar discriminação, tomando como base a procedência ou destino de determinada mercadoria ou bem, ainda que proveniente do exterior.

Os Estados, por exemplo, não poderão realizar discriminação tributária aumentando arbitrariamente os tributos sobre mercadorias que procedam de outras regiões.

5. IMUNIDADES TRIBUTÁRIAS

Nas linhas iniciais do estudo sobre os princípios tributários já havíamos antecipado que as imunidades também correspondem a verdadeiras *limitações constitucionais ao poder de tributar*. Considerada como maior espécie de benefício tributário existente no ordenamento jurídico, sua importância origina-se do próprio disciplinamento em nível constitucional.

Em outros termos, as *Imunidades Tributárias* caracterizam-se como hipóteses de *não incidência constitucionalmente qualificada*, retirando desde a origem o poder de tributar concedido aos entes políticos para proteção de pessoas e/ou coisas, utilizando preceitos econômicos ou sociais.

Fique esperto, pois alguns doutrinadores adotam a conceituação de *imunidades* como *regra negativa de competência tributária.*

Por ter previsão na Carta Magna, essa regra não se confunde com outros institutos de desoneração, tais como *isenção* (estabelecida em lei e que opera retirando o lançamento), *alíquota zero* (ato do executivo que reduz o valor do lançamento para zero), *redução da base de cálculo e crédito presumido* (espécies de descontos concedidos).

Ressalte-se que o benefício da imunidade afastará o dever de cumprir a obrigação tributária *principal* (não pagará o tributo), permanecendo inalterada manutenção das obrigações *acessórias* (formalidades como certidões, livros, documentos etc.). Exemplo: Os *Partidos Políticos* deverão comprovar sua constituição e atividades (obrigações *acessórias*) para gozar da imunidade tributária dos impostos (art. 150, VI, *c*, CF).

Dentre algumas classificações adotadas sobe o tema, destacam-se:

a) **Quanto ao fim da proteção:** Serão denominadas de *subjetiva* a imunidade conferida para sujeitos-pessoas (ex.: imunidade religiosa). Já a imunidade *objetiva* será aquela concedida a objetos-coisas (ex.: imunidade ao livro). Estando ao mesmo tempo incidindo sobre pessoas e coisas, será classificada como *mista* (ex.: imunidade do ITR sobre as pequenas *glebas rurais* quando o *proprietário* não possua outro imóvel – art. 153, § 4º, II, CF).

b) **Quanto à origem:** A imunidade *política* será aquela originada de escolhas "politicas" feitas pelo legislador constituinte (ex.: imunidade de entidades assistenciais sem fins lucrativos). Já a imunidade *histórica* desencadeia-se de situações essenciais ao ordenamento jurídico (ex.: imunidade recíproca).

c) **Quanto à sua força:** Classificam-se como *autoaplicáveis* aquelas que não necessitam de complementação normativa (ex.: imunidade recíproca), ao passo que as *não autoaplicáveis* precisam de regulamentação em lei (ex.: imunidade das entidades educacionais sem fins lucrativos).

d) **Quanto à abrangência:** A imunidade pode ser do tipo *genérica*, quando retira vários tributos por meio de único dispositivo (ex.: imunidade cultural). Por outro lado, as *específicas* se conceituam como aquelas que retiram apenas alguns tributos e em pontuais situações (ex.: imunidade da CIDE na importação – art. 149, § 2º, I, CF).

Ao longo da Constituição Federal podemos encontrar diversas espécies de imunidades espalhadas. Entre elas, merecem destaque as imunidades *genéricas dos impostos* (art. 150, VI, CF), sempre exigidas no edital da 1ª fase OAB e analisadas nos tópicos seguintes.

5.1 IMUNIDADE RECÍPROCA (ART. 150, VI, A, CF)

Originada a autonomia concedida aos entes federativos (art. 18, CF), ***União, Estados, Distrito Federal e Municípios*** não poderão cobrar impostos uns dos outros. Atente-se que a proibição apenas atrela-se aos impostos, podendo ocorrer incidência natural das demais espécies.

A intenção do constituinte foi evitar que o poder de exigir *impostos* fosse utilizado por algum ente político para pressionar os demais, a exemplo do IR federal aplicado sobre receitas dos demais entes ocasionando severos prejuízos.

Ainda nos moldes constitucionais, as ***Autarquias*** e as ***Fundações Públicas*** também gozam da *imunidade recíproca* no que se refere ao patrimônio, renda e serviços vinculados a suas finalidades ou delas decorrentes (art. 150, § 2º, CF).

Ampliando a previsão constitucional, a jurisprudência do Supremo Tribunal Federal passou a beneficiar também com a imunidades as ***Empresas Públicas*** e ***Sociedades de Economia Mista***, desde que fossem verdadeiras prestadoras de *serviços públicos* e não as exploradoras de atividade econômica em concorrência com particulares (RE 407.099/RS, RE 638.315/BA, AC 1.550-2/RO, RE 253.472/SP).

No momento da prova, lembre:

> *Imunidade Recíproca* é a **"D E U sem M A F E"**

Em que:

- **D** – Representa o *"Distrito Federal"*.
- **E** – Representa os *"Estados"*.
- **U** – Representa a *"União"*.
- **sem** – Representa a *"Sociedade de Economia Mista"*.
- **M** – Representa os *"Municípios"*.
- **A** – Representa as *"Autarquias"*.
- **F** – Representa as *"Fundações Públicas"*.
- **E** – Representa as *"Empresas Públicas"*.

> No IV Exame Unificado OAB FGV, a banca apresentou questão com diversas alternativas induzindo a aplicação da imunidade recíproca para todas as espécies tributárias. O examinando deveria ficar esperto, pois tal benefício apenas desonera o dever de pagar *impostos*.

No X Exame, a abordagem estende o benefício também para as Autarquias, retirando o dever de pagar IPVA sobre seus veículos utilizados nas finalidades essenciais.

5.2 IMUNIDADE RELIGIOSA (ART. 150, VI, *B*, CF)

Considerando a importância que as religiões desempenham em uma sociedade, prezando pelos sentimentos de vida coletiva, amor e respeito, a Carta Magna prevê proteção ao local de culto e suas liturgias (art. 5º, VI, CF), bem como concede imunidade tributária para retirar a incidência dos impostos sobre os *templos de qualquer culto.*

Na aplicação deste benefício, a acepção da palavra *templo de qualquer culto* deve ser entendida como *entidade religiosa,* alcançando não apenas a estrutura física *templo* e sim todo seu conjunto – patrimônio, renda e serviços (art. 150, § 4º, CF).

Assim, por exemplo, o veículo utilizado pela igreja será agraciado pela imunidade para não pagar IPVA (os veículos dos funcionários da igreja não terão direito a imunidade).

Tratando-se de exame de ordem, fique esperto para algumas decisões judicias relevantes:

a) **Tipos de religião:** Ao determinar *qualquer culto* a Carta Magna não fez diferenciação para concessão da imunidade para entidades religiosas, merecendo proteção todas elas. Entretanto, sociedades ou instituições secretas não se caracterizam como religião e não terão direito à imunidade. Nesse sentido, o STF afastou imunidade tributária para *maçonaria* (RE 562.351/RS).

b) **Extensões de Imóveis:** Não apenas o imóvel em que será celebrado culto terá direito à imunidade, mas também suas extensões. Assim, conventos de freiras, casas paroquiais, salões da igreja, e até cemitérios *religiosos* gozam da imunidade (RE 325.822/SP, 578.562/BA).

c) **Imóvel alugado e estacionamento:** Imóveis pertencentes a instituições religiosas que forem alugados para terceiros, com ou sem exploração de atividade econômica, permanecerem imunes se o valor dos aluguéis for revertido para a instituição (RE 325.822/SP). No mesmo sentido, a exploração de imóvel religioso para fins de estacionamento estará também imune se o valor das receitas for aplicado na sua manutenção (RE 144.900/SP).

5.3 IMUNIDADE DE INSTITUIÇÕES (ART. 150, VI, C, CF)

Diante de sua atuação social, as instituições a seguir gozarão de imunidade tributária para não pagarem impostos:

1. *Partido Político e suas Fundações:* Baseando-se na ideia do *pluripartidarismo* (arts. 1º, V, e 17, CF), essas instituições não pagaram impostos como forma de evitar a interferência dos partidos da situação (no poder) sobre a oposição (fora do poder).

2. *Sindicatos dos Trabalhadores:* Considerando que os trabalhadores correspondem ao elo mais frágil da relação laboral, suas conquistas dependem da organização conjunta. A imunidade objetiva exatamente facilitar essa união não lhes cobrando impostos. Atente-se que os *sindicatos patronais* (aqueles formados pelos patrões) não gozam desta imunidade.
3. *Entidades de Educação e Assistência Social sem Fins Lucrativos:* Aplicando a essência de tais atividades, percebemos que sua prestação deveria ser fornecida pelo próprio *Estado.* A existência de entidades privadas sem fins lucrativos acarreta o direito à imunidade tributária para não pagamento de impostos.

Fique esperto que tais entidades apenas gozarão desta imunidade se preencherem específicos requisitos elencados no art. 14 do CTN (imunidade *não autoaplicáveis)*, como não ter finalidade lucrativa repartindo suas receitas (admite-se o pagamento de salários aos funcionários), aplicarem as receitas em suas atividades no País (não será admitida remessa de valores ao estrangeiro) e manutenção de escriturações das receitas e despesas em livros (continuam com o dever de manter as *obrigações tributárias acessórias*).

Por fim, dois importantes entendimentos merecem recordação:

a) **IPTU em imóveis alugados:** O imóvel de propriedade de qualquer destes entes permanecerá imune ao IPTU quando estiver alugado a terceiros se o valor do aluguel for revertido para suas atividades essenciais (*Súmula 724, STF, e Súmula Vinculante n. 52*).
b) **Previdência Privada Fechada:** Considerando que os beneficiários do regime de previdência privada fechada colaboram entregando valores, não se caracterizam como *assistência social* e, deste modo, não gozam de imunidade tributária. Apenas existirá direito à imunidade se não houver contribuição dos beneficiados (*Súmula 730, STF*).

5.4 IMUNIDADE CULTURAL (ART. 150, VI, *D*, CF)

Objetivando a propagação da cultura, este benefício tributário retira a incidência dos impostos sobre *livros, jornais, periódicos e o papel destinado à sua impressão*, diminuindo seu preço ao consumidor.

Classificada como espécie *objetiva*, a imunidade retira a incidência sobre os *objetos (coisas)* mencionados, não sendo aplicável para as pessoas jurídicas ou físicas que trabalham com os livros (*indústrias, livrarias, livreiros, dentre outros).* Assim, por exemplo, normalmente a livraria pagará o IPTU de seu imóvel e o IRPJ sobre seus rendimentos.

Aplicando entendimentos mais restritivos quanto aos insumos para confecção desses materiais, o Supremo Tribunal Federal filia-se a corrente restritiva ao aceitar apenas o *papel e seus derivados – capa de livros (RE 392.221/SP), fotocomposição (RE 178.863/SP) e aos filmes e papéis fotográficos (Súmula 657, STF).*

Dentre diversos julgados, para o exame de ordem destacamos:

a) **Publicidade e Propaganda:** Tratando-se de publicações exclusivamente sobre propaganda, não haverá imunidade tributária (RE 213.094/ES). Entretanto, existindo conjuntamente informações ou cultura (ainda que minimamente) haverá imunidade tributária sobre toda a publicação (RE 87.049/SP);
b) **Apostila:** Tratando-se de *veículo de transmissão de cultura simplificado* também gozará de imunidade tributária (RE 183.403/SP);
c) **Álbuns de Figurinha:** Diante da importância pedagógica para o desenvolvimento intelectual das crianças e jovens, haverá imunidade tributária para não incidência dos impostos (RE 221.239/SP, RE 179.893/SP).

> No XI Exame Unificado OAB-FGV, a banca apresentou questão exigindo conhecimento do examinando sobre a imunidade dos álbuns de figurinhas, retirando deles a incidência do ICMS.

Por fim, ressalte-se que em recentes julgados (RE 330.817 e RE 595.676), o Supremo Tribunal Federal evoluiu entendimento e passou a aplicar a regra de imunidade tributária para os livros em formato digital, prestigiando a evolução tecnológica da sociedade. A corte, inclusive, compreendeu que a imunidade também deve ser aplicada sobre equipamentos que exclusivamente são utilizados para reprodução digital dessas publicações, retirando sobre eles os impostos.

5.5 IMUNIDADE SOBRE OBRAS MUSICAIS NACIONAIS (ART. 150, VI, *E*, CF)

Inovação trazida pela Emenda Constitucional n. 75/13, teve como plano de fundo o combate à pirataria do setor artístico musical brasileiro. Concedendo imunidade para obras musicais (áudio) e literomusicais (áudio e vídeo), de autores ou intérpretes brasileiros, barateando os originais.

O elemento nacional fica ressaltado pela necessidade de produção no Brasil, além da presença do brasileiro como ***autor ou intérprete***.

Para o exame de ordem, memorize:

Obra/*status*	Imune	Imune	Imune	Não Imune
Autor	Nacional	Nacional	Estrangeiro	Estrangeiro
Intérprete	Nacional	Estrangeiro	Nacional	Estrangeiro

Além dos arquivos digitais, os suportes materiais (base física) dos CDS, DVDS, *Blu-ray*, dentre outros, também estarão dentro da proteção da imunidade.

Fique esperto, pois a imunidade tributária não será concedida na etapa de replicação industrial (cópias) de mídias óticas de leitura a *laser* (DVD, CD, *Blu-ray* etc.). Sendo outras mídias (Vinil, Fita Cassete etc.) haverá imunidade total.

5.6 IMUNIDADE ESPALHADAS NA CONSTITUIÇÃO FEDERAL

Além das imunidades previstas genericamente aos *impostos,* a Constituição Federal também aponta a existência de outras espécies, aqui indicados de maneira objetiva:

1) *Taxas:* petição e certidão (art. 5º, XXXIV, CF), ação popular (art. 5º, LXXIII, CF), certidão de nascimento e óbito aos reconhecidamente pobres (art. 5º, LXXVI, CF), *habeas corpus* e *habeas data* (art. 5º, LXXVII, CF), taxa de matrícula em universidades públicas (art. 206, IV, CF + *Súmula Vinculante 12*) e casamento civil (art. 226, § 1º, CF).
2) *CIDE e Contribuições Sociais:* receitas decorrentes de exportação (art. 149, § 2º, I, CF).
3) *IPI:* produtos industrializados destinados ao exterior (art. 153, § 3º, III, CF).
4) *ITR:* pequenas glebas rurais que exploradas pelo proprietário que não possua outro imóvel (art. 153, § 4º, II, CF).
5) *ICMS:* mercadorias ou serviços destinados ao exterior (art. 155, § 2º, X, *a*, CF), operações de destino de petróleo e seus derivados e energia elétrica a outros Estados (art. 155, § 2º, X, *b*, CF), ouro ativo financeiro (art. 155, § 2º, X, *c*, CF + art. 153, § 5º, CF), comunicação de radiodifusão sonora e de sons e imagens de recepção livre e gratuita (art. 155, § 2º, X, *d*, CF).
6) *ITBI:* realização de capital, fusão, incorporação, cisão ou extinção de pessoa jurídica com imóveis, salvo se sua atividade for imobiliária (art. 156, § 2º, I, CF).
7) *Todos os impostos:* operações relativas à energia elétrica, serviços de telecomunicações, derivados de petróleo, combustíveis e minerais do país, exceto II, IE e ICMS (art. 155, § 3º, CF) e transferência de imóveis desapropriados para reforma agrária (art. 184, § 5º, CF).
8) *Contribuições Sociais da Seguridade Social:* aposentadoria e pensões do regime geral (art. 195, II, CF) e das entidades de assistência social sem fins lucrativos (art. 195, § 7º, CF).

6. LEGISLAÇÃO TRIBUTÁRIA

6.1 ESPÉCIES

A expressão *Legislação Tributária* aparece no segundo livro do Código Tributário Nacional como *Gênero* que se divide nas seguintes *espécies: Leis, Tratados e Convenções Internacionais, Decretos* e as *Normas Complementares* (art. 96, CTN).

No momento da prova, lembre:

Legislação Tributária é a **“LETRA DE NORMAS”**

Em que:

- LE – Representa as *"Leis"*.
- TRA – Representa os *"Tratados e Convenções Internacionais"*.
- DE – Representa os *"Decretos"*.
- NORMAS – Representa as *"Normas Complementares"*.

Analisemos os principais aspectos dessas espécies:

a) *Leis* (art. 97, CTN): Considerada regra geral no direito tributário, a maioria das matérias estarão reservadas à edição de lei (*Princípio da legalidade tributária*).

   Assim, dependem da edição de lei: instituição, extinção, majoração ou redução de tributos, definição dos fatos geradores das obrigações tributárias principais, fixação de alíquotas e bases de cálculo, a cominação de penalidades em infrações cometidas, as hipóteses de exclusão, suspensão e extinção de créditos tributários, ou de dispensa ou redução de penalidades.

   Ressalte-se, ainda, o rol de matérias tributárias que necessitam da edição de *Lei Complementar,* aprovadas pela maioria absoluta (art. 146, CF):

   1. Dispor sobre conflitos de competência entre os entes políticos (*União, Estados, Distrito Federal e Municípios).*
   2. Regulação das limitações constitucionais ao poder de tributar (princípios e imunidades).
   3. Normas gerais para definição de tributos e de suas espécies, obrigação, lançamento, crédito, prescrição e decadência tributários, adequado tratamento tributário ao ato cooperativo praticado pelas sociedades cooperativas e definição de tratamento diferenciado e favorecido para as microempresas e para as empresas de pequeno porte.

> No III Exame Unificado OAB-FGV, a banca adotou alternativa correra a utilização de *Lei Complementar* como veículo legislativo adequado para dispor sobre conflitos de competência entre os entes políticos em matéria tributária

b) *Tratados e Convenções Internacionais* (art. 98, CTN): Utilizada pela União como mecanismo de atuação no cenário internacional, regulamentando e/ou fiscalizando eventuais impactos tributários (Bitributação internacional, por exemplo). Os *Tratados e Convenções revogam ou modificam a legislação tributária interna, e serão observados pela que lhes sobrevenha.*

c) *Decretos:* Detêm como principal missão realizar a aplicabilidade prática das leis, regulamentando alguns importantes pontos (regulamentos estaduais do ICMS em complemento das leis instituidoras, por exemplo).

d) *Normas Complementares:* Subdividem-se em atos normativos (realizados por autoridades administrativas), decisões administrativas (tomadas em processos administrativos quando a lei der eficácia normativa), práticas reiteradas (costumes realizados pela administração tributária) e convênios (celebrados entre os entes como forma de colaborar com a fiscalização de tributos).

6.2 VIGÊNCIA, APLICAÇÃO, INTEGRAÇÃO E INTERPRETAÇÃO

Sobre a *vigência da legislação tributária*, o Código Tributário Nacional apresenta a seguinte divisão:

I – Vigência no Espaço: Corresponde à identificação da *base territorial* de aplicação da legislação. Utilizando-se do *princípio da territorialidade* a norma tributária será aplicada dentro do espaço territorial do ente político.

Assim, por exemplo, as legislações sobre IPTU Municipal apenas poderão ser aplicadas dentro do respectivo município.

Tratando-se do exame da OAB, fique esperto para possíveis exceções previstas em *normas gerais ou convênios* (art. 102, CTN).

II – Vigência no Tempo: Atrela-se à identificação do exato momento que a norma jurídica começa a ter validade no ordenamento jurídico. Aplicam-se aqui as previsões gerais da *Lei de Introdução às Normas do Direito Brasileiro – LINDB* (Decreto-lei n. 4.657/42).

Deste modo, o legislador estará livre para estipular o momento de início da vigência da lei, podendo estabelecer na data da publicação da norma ou mesmo a *vacatio legis* (concessão de prazo para iniciar a vigência).

Na omissão, será considerada vigente após 45 (quarenta e cinco) dias de oficialmente publicada. Para *Normas Complementares e Impostos sobre Patrimônio e Renda*, o CTN estabeleceu disciplinamento (arts. 103 e 104, CTN).

Quanto à *aplicação da legislação tributária,* a regra segue o *princípio da irretroatividade,* determinando a aplicação para situações futuras e pendentes (art. 105, CTN).

Entretanto, importantes exceções existem para aplicação da norma ao passado (arts. 106 e 144, § 1º, CTN):

1. Lei meramente *interpretativa*, excluída a aplicação de penalidade à infração dos dispositivos interpretados.
2. Tratando-se de ato não definitivamente julgado, deixar de definir como infração, contrário à ação ou omissão, ou lhe comine penalidades menos severas.
3. Estabeleça novos critérios de fiscalização e garantias ao crédito tributário.

> No V Exame Unificado OAB-FGV, a banca abordou questão prática sobre redução da multa moratória (penalidade) de 30% para 20%. A resposta correta foi aquela que determinava a possibilidade de retroação da penalidade menos severa, tratando-se de ato não definitivamente julgado.

Existindo omissões na *Legislação Tributária*, as modalidades de *integração* também foram disciplinadas, aplicando-se a seguinte sequência (art. 108, CTN):

1º) Analogia;

2º) Princípios gerais do direito tributário;

3º) Princípios gerais de direito público; e

4º) Equidade.

Atente-se que a utilização da analogia não poderá resultar na exigência de tributo não previsto em lei, ao passo em que o emprego da equidade não poderá resultar na dispensa do pagamento de tributo devido (art. 108, §§ 1º e 2º, CTN).

> No II Exame Unificado OAB-FGV, a banca afirmou ser impossível a utilização da analogia para exigir tributo não previsto em lei.

Os critérios de *interpretação da legislação tributária* serão definidos pela prática, dependendo da modalidade adotada. O CTN, entretanto, disciplina regras pontuais:

a) **Conjunção com ramo do Direito Privado (arts. 109 e 110, CTN):** Considerando a relação interdisciplinar, a interpretação deve prezar pela independência do direito tributário sobre conceito e formas de seus ramos, não podendo impor suas diretrizes para mudar outros ramos.

b) **Interpretação Literal (art. 111, CTN):** Aqui não existirá margem para novas interpretações, devendo prevalecer aquilo que foi dito na legislação. Aplicam-se aos casos suspensão e exclusão (não extinção) do crédito tributário, outorga de isenção e dispensa do cumprimento de obrigações acessórias.

c) **Dúvida nas Penalidades (art. 112, CTN):** Valendo-se da máxima penal do *In dubio pro reo*, na dúvida sobre a interpretação de lei afeta a infrações e penalidade deve ser aplicada a mais favorável ao acusado.

7. OBRIGAÇÕES TRIBUTÁRIAS E O FATO GERADOR

A *obrigação tributária* surge com a realização do *fato gerador* do tributo, sendo declarada no procedimento administrativo de *lançamento.*

Nos termos do Código Tributário Nacional, dividem-se em duas espécies (art. 113, CTN):

I – Obrigação Principal (arts. 113, § 1º, e 114, CTN): Corresponde ao pagamento do *tributo ou penalidade pecuniária* e tem como *fato gerador* situação definida na *lei* como necessária e suficiente à sua ocorrência *(obrigação de DAR).*

Como exemplo, o dever que detém o comerciante em pagar os valores correspondentes ao *ICMS* e eventuais *multas* aos Estados e Distrito Federal.

II – Obrigação Acessória (arts. 113, § 2º, e 115, CTN): Equivalem às prestações, positivas ou negativas, no interesse da arrecadação ou da fiscalização dos tributos, tendo como *fato gerador* essa prática de ato ou abstenção de fato prevista na ***legislação tributária*** *(obrigação de FAZER/NÃO FAZER)*.

Utilizando-se do mesmo exemplo acima explanado, corresponde à obrigação acessória o dever de escrituração dos livros fiscais do ICMS pelo comerciante.

Para o exame da OAB, memorize:

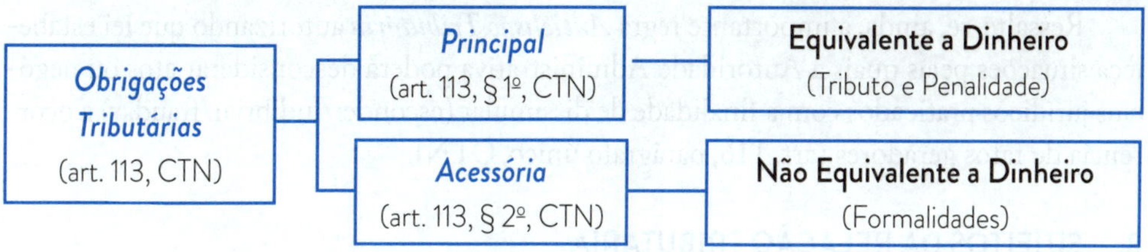

> No V Exame Unificado OAB-FGV, a banca abordou questão exigindo do examinando a identificação daquilo que seria *obrigação tributária principal*. Dentre alternativas que mencionavam obrigações acessórias (escrituração de livros contábeis, CNPJ e prestação de informações), a correta determinava o *pagamento do tributo ou penalidade pecuniária*.

Atente-se que no direito tributário, existirá relativa independência entre as obrigações, sendo possível a permanência das *obrigações acessórias* mesmo que ocorra a suspensão ou desoneração da *obrigação principal*. A concessão de imunidades tributárias ou isenções, por exemplo, não necessariamente retiram dos sujeitos beneficiados o dever de cumprir formalidades.

Ademais, o inadimplemento da obrigação acessória ensejará a aplicação da obrigação principal penalidade (art. 113, § 3º, CTN).

Quanto à interpretação do momento da ocorrência do fato gerador, explanamos:

a) **Situações de fato (art. 116, I, CTN):** Não haverá repercussão em outros ramos jurídicos além do tributário, devendo a lei específica do tributo estabelecer todas as disciplinas de sua aplicação (Ex.: Contribuição de Melhoria, Imposto de Importação e Exportação).

b) **Situações Jurídicas (art. 116, II, CTN):** Quanto à incidência tributária depender da repercussão em outros ramos jurídicos para incidir. Não trará previsão isolada, pois a conceituação de seus institutos será feita e outros ramos do direito (Ex.: A definição de transmissão da propriedade imobiliária para fins de ITBI será realizada pelo *Direito Civil*).

c) **Negócios Jurídicos Condicionais (art. 117, CTN):** A incidência dependerá do momento de implementação da condição. Se suspensiva, a tributação apenas incidirá quando a condição ocorrer; se resolutória, a tributação incidirá desde o início, ainda que posteriormente venha a ser resolvida a negociação.

d) **Interpretação independente da validade, natureza e efeitos dos atos praticados (art. 118, CTN):** Na esfera tributária prevalecerá a *"natureza econômica da tributação"* em detrimento da efetiva validade dos atos ou negócios jurídicos e seus efeitos. Dessa forma, incidirá tributos sobre fatos geradores, ainda que exista verdadeira nulidade em sua origem ou decorra de atividades ilícitas (*pecunia non olet).*

Ressalte-se, ainda, a importante regra *Antielisão Tributária* autorizando que lei estabeleça situações pelas quais a Autoridade Administrativa poderá desconsiderar atos ou negócios jurídicos praticados com a finalidade de dissimular (esconder/ludibriar/fraudar) a ocorrência de fatos geradores (art. 116, parágrafo único, CTN).

8. SUJEITOS DA RELAÇÃO TRIBUTÁRIA

8.1 IDENTIFICAÇÃO DOS SUJEITOS

O estudo do elemento subjetivo da relação tributária significa a identificação e estudo dos sujeitos que lhe compõem.

Como *sujeito ativo* encontraremos a pessoa jurídica de direito público responsável pela exigência, ou seja, aquele detentor da *capacidade tributária ativa* para realizar a cobrança do tributo (art. 119, CTN).

Ressalte-se que nem sempre quem exige o tributo *(sujeito ativo)* será aquele que o criou/institui (competência tributária em sentido estrito), a exemplo do ITR Federal sendo exigido pelos Municípios que assim optam (art. 153, § 4º, III, CF).

> No XVIII Exame Unificado OAB-FGV, a banca afirmou que a União poderia instituir tributo e *delegar* a capacidade tributária ativa (realizar atos de fiscalização e arrecadação) para autarquias.

Ocorrendo *desmembramento territorial* (surgimento de novos entes municipais ou estaduais), poderá ensejar a modificação do sujeito ativo diante da sub-rogação nos respectivos direitos creditícios (art. 120, CTN).

Ex.: O município de Salvador desmembrando-se da Bahia para tornar-se novo Estado. Os tributos estaduais naquele território passam a ter como credor o "Estado de Salvador".

O *sujeito passivo*, por sua vez, divide-se em (art. 121, CTN):

a) *Contribuinte*: Sujeito que pratica o *fato gerador* do tributo de forma pessoal e direta. Ex.: Proprietário de Imóvel para fins de IPTU (art. 34, CTN).

b) *Responsável tributário:* Quando não pratica o *fato gerador*, mas a lei expressamente designa sua responsabilidade (diante de verdadeira ligação com o contribuinte). Ex.: Pais respondem pelos tributos dos filhos menores (art. 134, I, CTN).

Nas *obrigações acessórias*, qualquer *pessoa* poderá ser enquadrada como sujeito passivo para cumprimento de suas prestações positivas ou negativas (art. 122, CTN).

8.2 CONTRATOS PRIVADOS E SOLIDARIEDADE

Diante do cenário legalista que define as relações tributárias, convenções particulares (acordos/contratos privados) não podem modificar a identificação do sujeito passivo da obrigação tributária (art. 123, CTN).

A lei pode até relativizar, mas em regra os acordos celebrados entre as partes não poderão modificar quem será o devedor de tributos. Ex.: Invalidade tributária para cláusulas estabelecidas em contratos de locação de imóveis, transferindo a obrigação do contribuinte proprietário para o inquilino.

> No XX Exame Unificado OAB-FGV – Replicação Salvador/BA, a banca abordou questão prática sobre locação de veículos e transferência contratual da responsabilidade pelo pagamento do IPVA aos inquilinos/locatários. O gabarito oficial afirmava existir validade do contrato entre as partes, mas que não produziria efeitos perante a Fazenda Pública Estadual que poderia exigir o imposto do proprietário do veículo.

Outro aspecto de fundamental importância e sempre exigidos em provas da OAB relaciona-se ao estudo da ***solidariedade tributária e seus efeitos.***

Diversamente do ramo civil, a *solidariedade tributária* apenas será identificada no polo passivo da relação. Em outros termos, a relação tributária podemos encontrar uma pluralidade de devedores, mas não de credores (o que ensejaria indevida *bitributação*).

Nos termos estampados no Código Tributário Nacional, divide-se em solidariedade (art. 124, CTN):

1. ***de fato***: Quando todos praticam juntos o mesmo fato gerador (ex.: três irmãos proprietários registrados de mesmo imóvel);
2. ***de direito***: Quando a lei aponta pela existência de solidariedade (ex.: casos de cisão de empresas, quando as novas respondem pelas dívidas da anterior).

Ressalte-se que, novamente divergindo da esfera cível, a solidariedade tributária não comporta benefício de ordem, ou seja, todos respondem pela integralidade da dívida (art. 124, parágrafo único, CTN).

Quanto aos ***efeitos da solidariedade,*** encontraremos (art. 125, CTN):

a) O pagamento realizado por um aproveitará a todos.
b) A isenção/remissão exonera todos os obrigados, ressalvado se concedido pessoalmente a um deles, subsistindo a solidariedade aos demais pelo saldo.
c) A interrupção da prescrição favorece ou prejudica a todos.

Entre eles, destaque a isenção/remissão como benefícios tributários que alcançará a todos (ex.: isenção do IPTU em imóvel localizado em área fomento cultural).

Entretanto, se o benefício da isenção/remissão for concedido por caráter pessoal (ex.: isenção do IPTU apenas para coproprietário portador de necessidades especiais), os demais permanecem devedores da quantia restante do tributo (retira-se apenas a parcela daquele beneficiado).

> No XIV Exame Unificado OAB-FGV, a banca não considerou a *interrupção da decadência* como efeito da solidariedade, já que o CTN apenas elenca a *interrupção da prescrição*.

8.3 CAPACIDADE PASSIVA E DOMICÍLIO TRIBUTÁRIO

Demonstrando a importância do direito tributário com a natureza econômica do fato gerador, o dever de pagar tributos prevalecerá sobre limitações impostas por outros ramos ao devedor.

Em outros termos, a capacidade tributária passiva (responsabilidade pelo pagamento do tributo) será definida com abstração/não dependerá (art. 126, CTN):

1. **Da capacidade civil das pessoas naturais:** Independentemente se absolutamente ou relativamente incapaz, quem pratica *fato gerador* será considerado devedor de tributos. Na prática, os responsáveis tributários respondem por aqueles que não tenham discernimento para realização do pagamento do tributo.
2. **De limitações no exercício de atividades ou administração de bens ou negócios:** Ainda que tenha alguma limitação desta natureza, se realiza *fato gerador* deve tributo. Ex.: Profissional médico que sofre sanção profissional para não atuar, mas continua exercendo a profissão. Arcará com os tributos inerentes a sua atividade, independentemente das punições disciplinares.
3. **Da formal constituição da pessoa jurídica:** Não será necessária a regular formalização da *pessoa jurídica*, bastando que se configure unidade econômica ou profissional. Assim, por exemplo, empresas mesmo sem CNPJ já respondem pelos eventuais fatos geradores tributários praticados.

Quanto ao domicílio tributário, o Código Tributário Nacional consagrou regras próprias que objetivam otimizar a localização do sujeito passivo e arrecadação.

Para o exame da OAB, adote o seguinte esquema:

PESSOA	REGRA (ART. 127, CTN)	INEXISTINDO ELEIÇÃO (ART. 127, INCISOS, CTN)	NÃO CABENDO INCISOS (ART. 127, § 1º, CTN)
Física (*natural*)	Eleição	Residência habitual ou centro habitual de atividades	Situação dos bens ou local da ocorrência dos atos e fatos
Jurídica de direito privado	Eleição	Sede ou cada um de seus estabelecimentos	Situação dos bens ou local da ocorrência dos atos e fatos
Jurídica de direito público	Eleição	Qualquer de suas repartições	Situação dos bens ou local da ocorrência dos atos e fatos

Atente-se que a regra de eleição poderá ser afastada se o sujeito passivo escolher local que impossibilite ou dificulte a fiscalização ou arrecadação, sendo aplicáveis as demais espécies da sequência (art. 127, § 2º, CTN).

9. RESPONSABILIDADE TRIBUTÁRIA

Quando estudados os sujeitos da relação tributária, identificamos como integrante do polo passivo o *contribuinte e responsável tributário* (art. 121, CTN).

Naquele momento explanamos que a figura da *responsabilidade tributária* surge com a designação de terceiro, por meio de lei, para responder pelos tributos devidos pelo contribuinte.

As espécies de responsabilidades poderão se enquadrar nas modalidades *por substituição* (desde o início o responsável atuará em nome do contribuinte) ou *por transferência* (iniciará com o contribuinte e algum ato ou fato jurídico lhe transfere ao terceiro).

Considerando a essencialidade do estudo para o exame da OAB, passemos à análise objetiva das modalidades de responsabilidade elencadas no Código Tributário Nacional.

9.1 AQUISIÇÃO DE BENS IMÓVEIS (ART. 130, CTN)

Em regra, o adquirente responderá por débitos tributários de impostos, taxas e contribuições de melhoria incidentes sobre bens imóveis adquiridos.

Trata-se de verdadeira responsabilidade por sucessão imobiliária, pois o anterior proprietário deixou a dívida (contribuinte), repassada ao adquirente (responsável tributário).

Atente-se que a responsabilidade incidirá sobre os débitos tributários atrelados ao bem imóvel e não pessoais de anterior proprietário.

> No XII Exame Unificado OAB-FGV, a banca apresentou caso concreto afirmando que o adquirente de imóvel responderia pelos débitos tributários de IPTU, Contribuição de Melhoria e Taxa de Coleta Domiciliar de Lixo. Afirmou, ainda, que não existiria responsabilização sobre Taxa de Inspeção Sanitária devida pelo exercício do poder de polícia, em função da atividade desenvolvida pessoalmente pelo anterior proprietário.

Visto à regra, duas importantes exceções existem:

1. **Prova da Quitação (art. 130, parte final, CTN):** Comprovar que no momento da transmissão do bem perante o oficial do *Cartório de Registro de Imóveis – CRI* (art. 1.245, CC) houve pagamento de todos os tributos até então existentes. Ocorrendo identificação posterior de débitos ainda passados, o novo adquirente não será responsabilizado.
2. **Aquisição em Hasta Pública (art. 130, parágrafo único, CTN):** Nos casos de aquisição de bens imóveis em *hasta pública (leilão judicial)* a responsabilidade do adquirente sub-roga-se pelo preço da arrematação, ou seja, só responde até limite do preço ofertado.

Em ambas as situações, o anterior proprietário permanecerá respondendo pelos valores não repassados ao adquirente.

> No III Exame Unificado OAB-FGV, a banca apresentou caso concreto afastando a responsabilidade do adquirente de imóvel em leilão judicial sobre o saldo devedor não coberto pelo preço da arrematação.

9.2 AQUISIÇÃO E REMIÇÃO DE BENS MÓVEIS (ART. 131, I, CTN)

Ao adquirir ou remir bens móveis, o adquirente ou remitente responderá por eventuais tributos sobre eles pendentes.

A *remição* aqui mencionada não se confunde com a *remissão* do crédito tributário. A primeira é modalidade do Direito Processual Civil (art. 876, NCPC), e a segunda é modalidade de extinção dos créditos tributários (art. 172, CTN).

Assim, a remição relacionada à responsabilidade consiste na atividade de oferecer bem móvel para o credor, ascendente, descente e cônjuge antes de oferecido ao público em hasta. Esses sujeitos, ao remirem o bem, pagarão os tributos devidos.

9.3 SUCESSÃO *CAUSA MORTIS* (ART. 131, II E III, CTN)

Aplicando preceitos próprios do direito civil, no momento da morte surgirá a figura espólio como conjunto de bens e direito do *de cujus* (art. 1.784, CC).

Durante o *processo de inventário ou arrolamento de bens*, esse espólio será considerado responsável tributário pelos débitos deixados em vida pelo falecido.

Realizada a *partilha ou adjudicação dos bens* com a identificação dos herdeiros e cônjuge meeiro, a esses caberá a responsabilização pelos débitos deixados até o fim do processo de inventário, limitado ao montante do *quinhão* hereditário deixado para cada um deles.

9.4 RESPONSABILIDADE EMPRESARIAL (ARTS. 132 E 133, CTN)

A reponsabilidade empresarial aplica como premissa maior a sucessão empresarial, fazendo com que as novas empresas respondam pelas dívidas deixas pelas anteriores.

Na divisão idealizada pelo Código Tributário Nacional, encontraremos:

a) **Casos de fusão, transformação e incorporação de empresas:** As novas empresas, resultantes destas operações, respondem pelos tributos devidos até à data do ato pelas pessoas jurídicas de direito privado fusionadas, transformadas ou incorporadas. Aplicando a lei da S.A., haverá responsabilidade solidária de empresas cindidas nos casos de cisão empresarial (art. 233, Lei n. 6.404/76).

b) **Aquisição de estabelecimento ou fundo de comércio:** Nos casos de aquisição, a responsabilidade será do adquirente que permanecer na mesma atividade. Divide-se em duas modalidades: *integral* (se o alienante/vendedor encerrar a atividade) ou *subsidiária* (se o alienante/vendedor continuar exercendo atividade econômica ou reiniciar dentro de 6 meses).

> No IV, VII e XX Exames Unificados OAB-FGV, a banca apresentou casos concretos afirmando a existência de responsabilidade tributária quando o adquirente continua a exploração do mesmo ramo empresarial da alienante, apenas diversificando as modalidades *integral ou subsidiária*.

9.5 RESPONSABILIDADE DE TERCEIROS (ARTS. 134 E 135, CTN)

O Código Tributário Nacional também estabelecerá a denominada "responsabilidade de terceiros", aplicáveis nos casos de impossibilidade de exigência dos tributos diretamente ao contribuinte.

Fique esperto, pois mesmo o CTN tendo mencionado ser solidária, trata-se de verdadeira espécie subsidiária, pois não se mostra possível exigir do devedor original.

Os pais, tutores, curadores, inventariante, síndico e o comissário (administrador judicial), tabelião, escrivães, serventuários e sócios respondem, cada qual dentro de sua respectiva relação com o contribuinte (art. 134, CTN).

Atuam em nome dos seus representados, passando a responder de forma pessoal se atuarem de forma excessiva com infração a lei, contratos ou estatuto social (art. 135, CTN).

9.6 RESPONSABILIDADE POR INFRAÇÕES (ARTS. 136 A 138, CTN)

A responsabilidade por infrações tributárias adotará, como regra, o critério ***objetivo***, não importando se a ausência de recolhimento do tributo ocorreu por dolo ou mera culpa (art. 136, CTN). Também as infrações poderão ser aplicáveis de maneira pessoal, se o agente praticar crime ou contravenção ou atuar com dolo específico (art. 137, CTN).

Por outro lado, importante tema para exame da OAB se relaciona ao afastamento da responsabilidade por infrações através do instituto da ***Denúncia Espontânea*** (art. 138, CTN).

Esta denúncia, em verdade, enquadra-se como verdadeira *confissão* de infrações feita pelo próprio contribuinte infrator, nos casos em que o fisco ainda não tinha conhecimento do fato gerador praticado.

Ao confessar o ocorrido, o devedor poderá recolher apenas o valor do tributo atualizado e com incidência dos juros, livrando-se do pagamento das penalidades/multas tributárias.

Fique esperto, pois se o fisco já tinha conhecimento dos fatos ocorridos, não haverá direito ao benefício (art. 138, parágrafo único, CTN).

> No II Exame Unificado OAB-FGV, a banca apresentou exemplo concreto em que o contribuinte apenas confessou a infração tributária após notificação da Fazenda Pública, perdendo direito ao benefício da denúncia espontânea.

10. CRÉDITO TRIBUTÁRIO

10.1 CONSTITUIÇÃO E ESPÉCIES DE LANÇAMENTO

A expressão ***Crédito Tributário***, nos termos do Código Tributário Nacional, corresponderá à *Obrigação Tributária Principal*, ou seja, ao ***tributo e à penalidade tributária*** (arts. 113, § 1º, e 139, CTN).

Em termos mais simples, o crédito tributário equivale ao pagamento de valores/numerário (tributos ou das multas).

Sua origem advém de ***Lançamento Tributário***, considerando-o como procedimento administrativo responsável pela verificação da ocorrência do fato gerador da obrigação, identificação da matéria tributária e do sujeito passivo, bem como o cálculo do montante do tributo e da respectiva penalidade (art. 142, CTN).

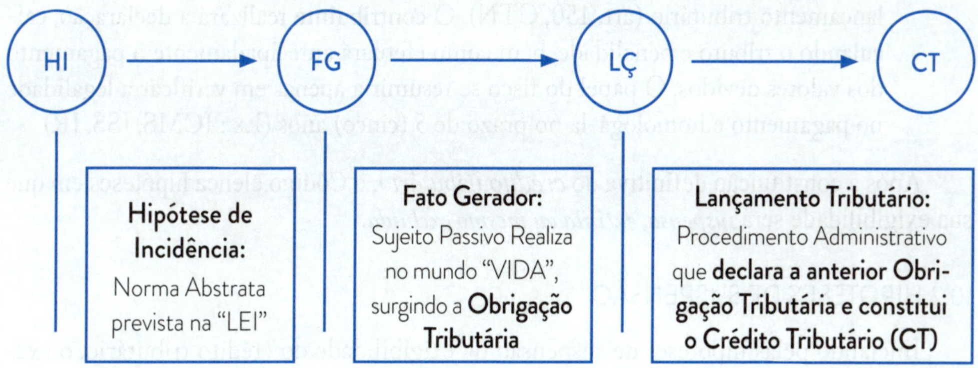

No momento do *lançamento tributário* a Fazenda Pública deverá aplicar a lei vigente na época do *fato gerador,* ainda que posteriormente modificada ou revogada, aplicando-se o princípio da irretroatividade (art. 150, III, *a*, CF, e arts. 105 e 144, CTN).

Se necessária conversão de moeda estrangeira, também será utilizado o câmbio do momento do fato gerador (art. 143, CTN).

Entretanto, nova legislação meramente formal poderá ser utilizada no momento da realização do fato gerador (art. 144, § 1º, CTN), além das retroações já permitidas na legislação material (art. 106, CTN).

> No XVII Exame Unificado OAB-FGV, a banca apresentou exemplo concreto afirmando que no momento do lançamento tributário poderia ser utilizada nova lei aos fatos geradores passados em relação à aplicação de penalidade tributária menos severa.

Uma vez finalizado o lançamento com a notificação ao contribuinte, só será modificado por: *impugnação do sujeito passivo, recurso de ofício e casos de iniciativa de ofício do fisco* (art. 145, CTN).

Por outro lado, não será possível o refazimento de lançamento já realizado para lhe modificar critérios jurídicos (art. 146, CTN).

As *modalidades de lançamento tributário* dividem-se em:

a) *Lançamento de Ofício (Direto):* Caracteriza-se pela predominância do papel do *fisco* na atividade administrativa de lançamento (art. 149, CTN). O contribuinte não participará dessa modalidade (ex.: IPTU e IPVA).

b) *Lançamento por Declaração (Misto):* Configura-se pela atividade desenvolvida em conjunto pelo sujeito passivo e *fisco* (art. 147, CTN). O contribuinte verificará o fato gerador e declarará, a Fazenda Pública utilizará as informações para calcular o tributo e eventual penalidade devida e ultimar os atos do lançamento (Ex.: II, IE, ITBI).

c) *Lançamento por Homologação ("Autolançamento"):* Conceitua-se pela concepção de que o próprio sujeito passivo exercerá a maioria dos procedimentos necessários ao lançamento tributário (art. 150, CTN). O contribuinte realizará a declaração, calculando o tributo e penalidade, bem como efetuará antecipadamente o pagamento dos valores devidos. O papel do fisco se resumiria apenas em verificar a legalidade no pagamento e homologá-la no prazo de 5 (cinco) anos (Ex.: ICMS, ISS, IR).

Após a constituição definitiva do *crédito tributário*, o Código elenca hipóteses em que sua exigibilidade será ***suspensa, extinta ou mesmo excluída.***

10.2 HIPÓTESES DE SUSPENSÃO

Iniciando pelas hipóteses de suspensão da exigibilidade do crédito tributário, o examinando deve ficar atento à concepção de que ainda não se discute a existência ou extinção de valores.

Trata-se, portanto, apenas de medida temporária de sobrestamento da exigência do crédito (tributo ou multa tributária).

Dividida em 6 (seis) hipóteses, passemos à abordagem objetiva delas (art. 151, CTN):

I. **Moratória:** Caracteriza-se quando a respectiva Fazenda Pública concede dilação de prazo para recolhimento do tributo, sem a incidência de penalidades ou juros, por situações de proteção econômica ou social. Poderá ser concedida em caráter geral ou individual, desde que respeitando requisitos específicos. Será revogada quando verificado que contribuinte não cumpria ou deixou de cumprir os requisitos necessários, incidido multa se agir com dolo (arts. 152 a 155, CTN).

II. **Depósito do montante integral:** Utilizado na seara administrativa ou judicial, opera-se quando o sujeito passivo deposita os valores exigíveis como forma de obter a suspensão da exigibilidade do crédito. Geralmente, utilizado quando o contribuinte pretende a discussão dos valores. Para obter a correta suspensão, o depósito deverá ser integral e em dinheiro (art. 155, II, CTN + Súmula n. 112, STJ).

III. **Reclamações e Recursos no PAT:** A apresentação de impugnação (reclamações) e recursos no Processo Administrativo Tributário (PAT) também suspende a exigibilidade do crédito tributário até efetiva resposta da própria administração pública julgadora (art. 155, III, CTN).

IV. **Liminar em Mandado de Segurança:** A impetração do Mandado de Segurança (MS) poderá ser acompanhada de pedido liminar para suspensão da exigibilidade do crédito tributário (expedição de certidão ou liberação de mercadorias indevidamente apreendidas pelo fisco). Para sua utilização, o impetrante deverá demostrar os requisitos do *fumus boni juris* – fumaça do bom direito – & *periculum in mora* – perigo da demora (art. 7º, III, Lei n. 12.016/2009).

V. **Liminar ou Tutela Antecipada em outras ações:** Utilizados nas demais espécies de processos judiciais tributários, também objetiva a suspensão da exigibilidade do crédito tributário. Atualizando os ditames processuais, o contribuinte deverá demonstrar a existência dos requisitos das *tutelas provisórias* (arts. 294 e seguintes do NCPC).

VI. Parcelamento: Conceitua-se como a dilação de prazo condicionada ao pagamento parcial da exação. Entre as diferenças para moratória encontramos os motivos para concessão (aqui não pelo viés econômico ou social e sim para facilitar o adimplemento da carga tributária), bem como a incidência de penalidades e juros (em regra não haverá na moratória). Aplicam-se subsidiariamente as normas relacionadas com a moratória (art. 155-A, CTN).

Fique atento, no exame da OAB mostra-se comum trocar as modalidades de suspensão com as de extinção ou exclusão. Assim, para facilitar a memorização, utilize:

> *Suspensão do Crédito* é **"REDE e COCO PARa MIM"**

Em que:

- RE – Representa as *"REclamações e Recursos Administrativos"*.
- DE – Representa o *"DEpósito Integral"*.
- CO – Representa a *"COncessão de Medida Liminar no MS"*.
- CO – Representa a *"COncessão de Tutela Antecipada/Provisória"*.
- *PARa* – Representa o *"PARcelamento"*.
- Min – Representa a *"Moratória"*.

Ressalte-se que a concessão da suspensão do crédito tributário (obrigação principal) não desonera o sujeito passivo quanto ao cumprimento das formais obrigações acessórias (art. 151, parágrafo único, CTN).

> No XV Exame Unificado OAB-FGV, a banca apresentou duas diferentes questões sobre as hipóteses de suspensão da exigibilidade do crédito tributário. A primeira afirmou ser válida a participação de empresa em licitação, mesmo com dívidas tributárias parceladas, considerando a suspensão da exigência. A segunda está relacionada à utilização de medida liminar no Mandado de Segurança.

10.3 HIPÓTESES DE EXTINÇÃO

O Código Tributário Nacional expressamente apresenta as modalidades de *extinção do crédito tributário*, designando a responsabilidade funcional pela inobservância de sua disciplina (art. 141, CTN).

Entretanto, doutrina e jurisprudência caminham no sentido da aceitação quanto à edição de leis prevendo outras modalidades de extinção dos créditos tributários (confusão ou dação em pagamento de bens móveis, como exemplos).

Extinguem o crédito tributário (art. 156, CTN):

I. **Pagamento:** modalidade mais usual de extinção do crédito tributário, o pagamento consiste na entrega pelo sujeito passivo de numerário correspondente ao montante da exação ao sujeito ativo, extinguindo a obrigação entre eles estabelecida.

   O CTN estabelece uma série de regramentos para essa modalidade, uma vez que diversas implicações podem ocorrer na atividade de pagamento, quais sejam: **cumulatividade da penalidade e ausência de presunções** (arts. 157 e 158, CTN), **definição do local e prazo para pagamento** (arts. 159 e 160, CTN), **encargos** (art. 161, CTN), **meios para pagamento** (art. 162, CTN), **imputação** (art. 163, CTN), **consignação em pagamento** (art. 164, CTN) **e a repetição do indébito** (arts. 165 a 169, CTN).

II. **Compensação:** conceituada como o encontro de contas, caracteriza-se pela quitação de tributos mediante a compensação de créditos que o devedor tributário detém com a mesma Fazenda Pública tributante, respaldada em lei (art. 170, CTN). Atente em que créditos ainda discutidos judicialmente não podem ser utilizados na atividade de compensação, antes do trânsito em julgado da respectiva decisão (art. 170-A, CTN + **Súmula 212, STJ**).

III. **Transação:** a lei poderá determinar como modalidade de extinção dos créditos tributários a transação, assim compreendida como a celebração de acordo entre os sujeitos ativo e passivo, mediante concessões mútuas, objetivando a terminação do litígio (art. 171, CTN).

IV. **Remissão:** conceituada como o *perdão*, total ou parcial, do crédito tributário respaldado em lei do respectivo ente tributante, valendo-se de critérios sociais ou econômicos (art. 172, CTN).

V. **Decadência e prescrição:** a decadência se caracteriza como o período que a Fazenda Púbica detém para a *constituição de seu direito ao crédito tributário*. Em outros termos, o prazo para que o fisco realize o lançamento tributário quando o contribuinte efetuar o fato gerador da tributação. Aplicando previsão geral, o prazo decadencial será de 5 (cinco) anos (art. 173, CTN), iniciando contagem especial para os casos de lançamento por homologação (art. 150, § 4º, CTN).

   A prescrição, por sua vez, corresponde ao período em que as Fazendas Públicas poderão efetuar a *exigência judicial de seu direito*. Seria o prazo de também 5 (cinco) anos para que o *fisco* ingresse com a ação judicial de execução fiscal (art. 174, CTN). Atente em que esse prazo poderá ser interrompido, reiniciando-se a contagem, no despacho inicial da execução fiscal, pelo protesto ou ato judicial que constitua o devedor em mora, bem como qualquer outro ato inequívoco que importe em reconhecimento do débito, ainda que extrajudicial (art. 174, parágrafo único, CTN).

VI. **Conversão de depósito em renda:** o anterior depósito utilizado para suspender a exigibilidade do crédito tributário (art. 151, II, CTN) será utilizado agora para extingui-lo quando convertido em renda em favor da respectiva Fazenda Pública. Ocorrerá quando o sujeito passivo não lograr êxito em demandas judiciais em que se discutia a exigência do crédito tributário.

VII. **Pagamento antecipado no lançamento por homologação:** nos casos de lançamento por homologação, o próprio sujeito passivo realizará a maior parte do procedimento administrativo ao verificar a ocorrência do fato gerador, declarar e calcular o tributo devido, bem como proceder ao pagamento antecipado da exação. O crédito tributário apenas será considerado extinto com a posterior homologação, expressa ou tácita, do pagamento (art. 150, §§ 1º e 4º, CTN).

VIII. **Consignação em pagamento:** a consignação em pagamento objetiva expressar o direito do devedor tributário em realizar o pagamento daquilo que entende devido e de forma correta, para não incidir em indevidas cobranças acrescidas de encargos moratórios. Apenas extinguirá o crédito tributário quando julgada procedente (art. 164, CTN).

IX. **Decisão administrativa:** considerada direito fundamental, a todos será garantido o contraditório e ampla defesa na esfera judicial e administrativa (art. 5º, LV, CF). Assim, o sujeito passivo que apresentar uma reclamação ou recurso administrativo e sagrar-se vencedor terá extinto o crédito tributário.

X. **Decisão judicial:** nos mesmos fundamentos apresentados na esfera administrativa, por meio de demandas judiciais o sujeito passivo também poderá obter decisão favorável que extinga o crédito tributário.

XI. **Dação de bens imóveis:** acrescentada por meio da LC n. 104/2001, a entrega de bem imóvel também passou a ser utilizada expressamente pelo CTN como modalidade de extinção do crédito tributário. Atente em que o respectivo ente não estaria obrigado a sua aceitação, estabelecendo na lei essa possibilidade.

> No III Exame Unificado OAB-FGV, a banca afirmou que *remissão* é uma modalidade de extinção dos créditos tributários e consiste na liberação da dívida por parte do credor, respaldada em lei autorizativa. Já no VII Exame, a banca afirmou que a *decadência* corresponde à expiração do prazo legal para lançamento do tributo, sem que a autoridade administrativa o tenha constituído.

10.4 HIPÓTESES DE EXCLUSÃO

Exclusão do crédito tributário caracteriza-se como medida adotada para obstar/evitar sua própria constituição por meio do lançamento tributário (art. 175, CTN).

Operam-se, basicamente, por questões econômicas ou sociais e têm previsão legal, mesmo que previstas em contrato, dividindo-se em ***isenção*** e ***anistia***.

A **isenção** obstará a constituição do crédito tributário em relação ao **tributo**, trazendo à lei concessiva os requisitos e condições para alcance do benefício, o prazo de sua duração e, sendo o caso, o território de sua aplicação (art. 176, CTN). Como regra, a isenção não alcançaria taxas, contribuições de melhorias e espécies ainda não instituídas (art. 177, CTN).

Uma vez concedido o benefício, o ente político poderá revogá-lo a qualquer tempo, pois não gera direito adquirido. Entretanto, tratando-se de *isenções onerosas*, concedidas por *prazo certo e sob preenchimento de condições,* enquanto o sujeito passivo permanecer cumprindo os requisitos exigíveis, não poderá o poder público retirar o benefício antes de findo o prazo de concessão (art. 178, CTN).

Ex.: Estado concede isenção do IPVA aos taxistas que estimulem o turismo em determinada região pelo período de 2 (dois) anos. Enquanto estiverem cumprindo os requisitos exigidos na lei concessiva, terão direito adquirido à isenção pelos 2 (dois) anos de concessão.

> No XVII Exame Unificado OAB-FGV, a banca trabalhou exemplo prático para afirmar que a *isenção onerosa* não poderia ser suprimida antes do prazo concessivo, se o beneficiário permanece cumprindo os requisitos exigidos.

A **anistia** impedirá a constituição do crédito tributário em relação à infração tributária, não se aplicando aos casos de crime, contravenções, dolo, fraude, simulação e conluio (art. 180, CTN).

Sanando a confusão existente com as modalidades de suspensão e extinção, utilize:

> *Exclusão do Crédito* é **"aI Ai"**

Em que:

- **aI** – Representa a *"Isenção"*
- **Ai** – Representa a *"Anistia"*

A **isenção e anistia** podem ser instituídas de forma geral ou individual (limitadamente). No caráter geral, todos que abstratamente se enquadrem na previsão legal gozam da benesse. No caráter individual, será necessário o preenchimento de requisitos e avaliação pela autoridade administrativa responsável (arts. 179 e 182 do CTN). O despacho de concessão de ambas poderá ser revogado, aplicando-se a mesma previsão de revogação da moratória (art. 155, CTN).

Ressalte-se, ainda, que a concessão desses benefícios da isenção e anistia não desobrigam o contribuinte de permanecer cumprindo as formalidades inerentes às obrigações tributárias *acessórias* (art. 175, parágrafo único, CTN).

> No XVI Exame Unificado OAB-FGV, a banca trabalhou exemplo prático para afirmar que as isenções concedidas ao tributo não dispensam do cumprimento das obrigações acessórias, pois elas são independentes da existência da obrigação principal.

10.5 GARANTIAS E PREFERÊNCIAS DO CRÉDITO TRIBUTÁRIO

O Código Tributário Nacional estabelece capítulo próprio para tratar sobre as garantias e privilégios do crédito tributário, estabelecendo normatizações que objetivam facilitar a atividade de cobrança e pagamento por parte do Poder Público.

O estabelecimento desses regramentos não será rol taxativo, pois outras legislações podem elencar específicas garantias e privilégios aplicáveis segundo a natureza dos tributos, sem alterar a natureza jurídica da obrigação em si (art. 183, CTN).

A *totalidade do conjunto patrimonial* do devedor (bens e rendas) responderão pelo pagamento do tributo, inclusive aqueles garantidos por ônus real ou cláusula de inalienabilidade ou impenhorabilidade. Apenas estariam ressalvados bens e rendas que a lei declare absolutamente impenhoráveis (art. 184, CTN). Conclui-se, portanto, que a responsabilidade patrimonial será de ***natureza pessoal.***

Quando o crédito tributário for inscrito em dívida ativa, o devedor não poderá alienar seus bens ou rendas, sob pena de **presunção de fraude à Fazenda Credora**. Por outro lado, se o sujeito passivo *reservar* bens e rendas suficientes para quitação das exações, poderá alienar parcela patrimonial (art. 185, CTN).

> Nos IX e XVI Exames Unificados OAB-FGV, a banca aplicou exemplos práticos para afirmar a existência de fraude à execução na alienação de bens sem reserva de montante suficiente para quitação de débitos tributários já inscritos em dívida ativa.

Com o advento da Lei Complementar n. 118/2005 houve o acréscimo do art. 185-A no CTN estabelecendo a possibilidade de o Magistrado determinar a indisponibilidade de bens e direitos do devedor tributário por meio de sistemas eletrônicos (usualmente conhecida como *penhora on-line ou BacenJud*). Com a comunicação dos órgãos competentes, eventual excesso deverá prontamente ser liberado (art. 185-A, CTN).

Ainda como garantias, encontraremos: **exigência de quitação de todos os tributos devidos pelo falido** (art. 191, CTN); **comprovação de quitação (ou suspensão) dos tributos para concessão de recuperação judicial** (art. 191-A, CTN); **quitação de todos os tributos como exigência da sentença de partilha ou adjudicação na sucessão *causa mortis*** (art. 192, CTN); **e quitação dos tributos para participação de licitação pública** (art. 193, CTN).

O CTN adota a supremacia do interesse público para determinar que o crédito tributário terá preferência sobre quaisquer outros, exceto aqueles relacionados à legislação/acidente do trabalho (art. 186, CTN).

Contudo, se o devedor tributário estiver em ***falência***, a ordem de preferência será diferenciada, perdendo o crédito tributário importantes posições, a saber (art. 186, parágrafo único, CTN):

1. Créditos extraconcursais (art. 188, CTN).
2. Importâncias restituíveis.

3. Legislação/acidente trabalho até 150 salários mínimos.
4. Créditos com garantia real até o limite do valor do bem.
5. Crédito tributário; exceção: multas.

> Nos II e XIX Exames Unificados OAB-FGV, a banca aplicou exemplos práticos para afirmar que o crédito tributário não preferirá aqueles com garantia real até o limite do valor dos bens gravados. Em ambas as questões, tratava-se de bem imóvel hipotecado.

Créditos tributários também serão pagos preferencialmente se surgirem durante o processo de inventário ou arrolamento (art. 189, CTN), bem como no curso de liquidação, judicial ou voluntária, de pessoas jurídicas de direito privado (art. 190, CTN).

Ocorrendo concorrência entre as Fazendas Públicas (tributos devidos para mais de um *fisco)*, a ordem de pagamento será estabelecida na seguinte forma (art. 187, parágrafo único, CTN): I – União; II – Estados, Distrito Federal e Territórios, conjuntamente e *pró rata*; III – Municípios, conjuntamente e *pró rata*.

Por fim, como verdadeiro privilégio concedido às Fazendas Públicas, a exigência judicial dos créditos tributários não se sujeita aos juízos universais de falência, recuperação judicial (concordata), inventário ou arrolamento (art. 187, CTN). Em outros termos, o *fisco* poderá optar por apresentar ação autônoma de execução fiscal, e não apenas habilitando seus créditos nas ações coletivas citadas.

11. ADMINISTRAÇÃO E REPARTIÇÃO DE RECEITAS

11.1 FISCALIZAÇÃO

A ***administração tributária*** corresponde ao gênero composto por um conjunto de dispositivos, objetivando regulamentar o poder de ***fiscalização*** (arts. 194 a 200, CTN), inscrição em ***dívida ativa*** (arts. 201 a 204, CTN) e emissão de ***certidões*** (arts. 205 ao 208, CTN).

Na ***fiscalização***, encontraremos a legislação tributária de cada ente estabelecendo, com respeito ao CTN, as competências e os poderes das autoridades administrativas, em caráter geral ou especificadamente para apenas algumas espécies tributárias (art. 194, CTN).

Todos os sujeitos estarão submetidos ao dever de fiscalização, inclusive aqueles agraciados pelos benefícios da imunidade ou isenção (art. 194, parágrafo único, CTN), bem como todos os documentos, livros, arquivos, papéis e mercadorias estarão sujeitos ao dever de exibição (art. 195, CTN).

> No XVI Exame Unificado OAB-FGV, a banca trabalhou exemplo prático para afirmar que a existência de imunidade tributária não dispensa o cumprimento das obrigações acessórias e o dever de submissão à fiscalização.

Para tanto, o sujeito passivo deverá conservar essas documentações (livros fiscais e comerciais) até que ocorra o prazo prescricional (art. 174 e art. 195, parágrafo único, CTN).

Quando a autoridade administrativa competente para proceder ou presidir a atividade de fiscalização iniciar seus trabalhos, lavrará o *TIF – Termo Inicial de Fiscalização* – com o objetivo de condicionar os procedimentos necessários e o prazo de duração. Esse termo será lavrado em livros fiscais do sujeito passivo ou de forma avulsa com documentação devidamente autenticada (art. 196, CTN).

Uma vez lavrado o *TIF*, dois importantes efeitos dele desencadeiam:

a) *Finalização da denúncia espontânea (art. 138, parágrafo único, CTN):* se já iniciado o procedimento de fiscalização, o devedor não mais poderá se beneficiar com a *espontaneidade* para se livrar do pagamento das multas.

b) *Antecipação do prazo decadencial (art. 173, parágrafo único, CTN):* o início da fiscalização reduz também o termo inicial de contagem do prazo decadencial da Fazenda Pública em constituir o crédito tributário, pois contará dessa fiscalização e não mais do primeiro dia do exercício financeiro subsequente.

Alguns sujeitos obtêm importantes informações em razão do seu ofício e, como consequência, estariam obrigados a colaborar com a atividade da administração pública fiscal, fornecendo dados sobre bens e negócios de terceiros. Destacam-se: tabeliães, escrivães, bancos, inventariantes, corretores, leiloeiros, dentre outros que a lei designar (art. 197, CTN).

Por outro lado, esses sujeitos não estariam obrigados a prestar informações sigilosas, quando seu cargo, ofício, função, ministério, atividade ou profissão exigirem segredo (art. 197, parágrafo único, CTN).

Como regra, os servidores da Fazenda Pública não poderão realizar divulgação de informações sobre a situação econômica ou financeira do sujeito passivo ou terceiro, bem como o estado de seus negócios ou atividade (art. 198, CTN).

Entretanto, algumas exceções serão aplicáveis, a saber: requisição de autoridade judiciária, solicitações de autoridade administrativa no interesse da Administração Pública, representações fiscais para fins penais, inscrições em dívida ativa da Fazenda Pública, parcelamento e moratória. Os intercâmbios dessas informações permanecerão sigilosas (art. 198, §§ 1º, 2º e 3º, CTN).

As leis ou convênios poderão autorizar a prestação mútua de assistência na atividade de fiscalização pela União, Estados, Distrito Federal e Municípios, mediante a permuta de informações (art. 199, CTN). Ocorrendo necessidade de permutar informações com Estados estrangeiros, a União representará o Estado Nacional e efetuará tratados, acordos ou convênios para esse fim (art. 21, I, CF e art. 199, parágrafo único, CTN).

No múnus público de atividade de fiscalização, as autoridades públicas (federais, estaduais, distritais ou municipais) poderão requisitar auxílio da força pública de quaisquer das esferas (art. 200, CTN).

11.2 DÍVIDA ATIVA E CERTIDÕES

A *Dívida Ativa* se constitui com o procedimento de inscrição regularmente realizado na repartição administrativa competente, depois de esgotado o prazo fixado para pagamento, pela lei ou por decisão final proferida em processo regular (art. 201, CTN).

Uma vez superado o prazo para pagamento (vencimento do tributo ou finalização do prazo estabelecido em processo administrativo) sem efetivo recolhimento, a repartição pública (geralmente as *Procuradorias*) efetuará a inscrição no livro da dívida ativa, lavrando-se à *CDA – Certidão de Dívida Ativa.*

Essa *CDA* será considerada título executivo extrajudicial (art. 784, IX, NCPC) hábil a legitimar o ingresso da Execução fiscal, comportando presunção de certeza, liquidez e exigibilidade (art. 204, CTN).

A presunção será do tipo *relativa,* podendo ser afastada por prova inequívoca, a cargo do sujeito passivo ou do terceiro a que aproveite (art. 204, parágrafo único, CTN).

A mera fluência dos juros de mora não retira a liquidez da *CDA* (art. 201, parágrafo único, CTN) que deverá conter, dentre outros, os seguintes elementos: o nome do devedor ou dos corresponsáveis, a quantia devida e a maneira de calcular os juros de mora acrescidos, a origem e natureza do crédito, mencionada especificamente a disposição da lei em que seja fundado, a data em que foi inscrita, o número do processo administrativo de que se originar o crédito e a indicação do livro e da folha da inscrição (art. 202, CTN).

Ocorrendo omissão ou erro em qualquer desses requisitos haverá nulidade da inscrição e do correspondente processo de cobrança, ressalvada a possibilidade de, até decisão de primeira instância judicial, serem sanados tais vícios (art. 203, CTN).

Para fins de emissão de *certidões*, encontraremos três diferentes espécies:

1. **Positiva:** usualmente denominada de *Certidão de Dívida Ativa – CDA,* nela encontraremos o apontamento quanto à existência de débitos tributários vencidos e não quitados pelo sujeito passivo (arts. 201 a 204, CTN).
2. **Negativa:** emitida quando constatado que o sujeito passivo se encontra adimplente com suas obrigações tributárias. Será expedida no prazo de 10 (dez) dias, contados da entrada do requerimento na repartição (art. 205, CTN).
3. **Positiva com efeitos de Negativa:** expedida nas situações em que as existências dos débitos tributários ainda não venceram (vincendos), casos de penhora em sede de execução fiscal, bem como nas demais modalidades de suspensão da exigibilidade do crédito (art. 206, CTN).

> Nos XV, XVII e XXI Exames Unificados OAB-FGV, a banca aplicou exemplos práticos para afirmar a possibilidade de emissão de *certidão positiva com efeito de negativa* nos casos de suspensão da exigibilidade do crédito tributário (art. 151, CTN).

Nas situações emergenciais para evitar caducidade de direito, poderá ser dispensada prova de quitação dos tributos, respondendo todos os interessados por eventuais tributos inadimplidos (art. 207, CTN).

Ademais, a emissão de certidão negativa com dolo ou fraude do servidor, acarretará sua responsabilização *pessoal/solidária* pelo crédito tributário e seus acréscimos, sem prejuízo das sanções penais e funcionais (art. 208, CTN).

11.3 REPARTIÇÃO DE RECEITAS TRIBUTÁRIAS

No que concerne às ***Repartições de Receitas Tributárias na Constituição,*** precisamos compreender que a Carta Magna designou o dever de entes com maior competência tributária e incidência territorial repassarem parcela de suas arrecadações aos menores.

Nesse contexto, a doutrina separa as repartições em duas modalidades:

1. **Diretas:** quando repassadas diretamente de um ente político para outro. Seriam os casos:
    a) IOF – Outro (art. 153, § 5º, CF).
    b) União aos Estados e Distrito Federal (art. 157, I e II, CF).
    c) União aos Municípios (art. 158, I e II, CF).
    d) Estados aos Municípios (art. 158, III e IV, CF).
    e) CIDE – Combustíveis (art. 159, III, § 4º, CF).

2. **Indiretas:** repasses realizados para específicos fundos criados para proteção e fomento de atividades sociais e econômicas. Dividem-se em:
    a) Fundos de participação dos Estados, Distrito Federal, Municípios e o setor produtivo das Regiões Norte, Nordeste e Centro-Oeste (art. 159, I, CF).
    b) Fundo de compensação das exportações (art. 159, II, CF).

12. IMPOSTOS EM ESPÉCIE

O estudo dos *Impostos em Espécie* analisa as principais características previstas no CTN e legislações específicas sobre os impostos de competência da *União, Estados e Municípios.*

Conforme exigência constitucional, os *fatos geradores, bases de cálculo e contribuintes* deveriam estar estabelecidos em *lei complementar federal de aplicação nacional* (art. 146, III, *a*, CF), funcionando o próprio CTN como tal lei na maioria dos casos.

Passemos ao estudo objetivo dos *Impostos em Espécie.*

12.1 IMPOSTOS FEDERAIS

Seguindo a sequência constitucional de competências (art. 153, CF), encontraremos os seguintes *impostos federais:*

12.1.1 *Imposto de Importação (II)*

a) **Finalidade:** *extrafiscal*, em proteção da economia interna, sendo exceção aos princípios da *legalidade* (art. 153, § 1º, CF) e *anterioridades anual e nonagesimal* (art. 150, § 1º, CF).

b) **Fato Gerador:** ingresso de produtos estrangeiros no território nacional (art. 19, CTN).

c) **Contribuinte:** o importador; o arrematante de produtos apreendidos ou abandonados; o destinatário de postagem internacional; e o adquirente de mercadoria entrepostada (art. 22, CTN, e art. 31 do DL n. 37/66).

d) **Base de Cálculo e Alíquotas:** unidade de medida adotada para alíquota *específica*; preço normal do produto para alíquota *ad valorem;* e preço da arrematação para produtos abandonados (art. 20, CTN).

e) **Lançamento:** por homologação (art. 150, CTN), podendo comportar declaração (art. 147, CTN) ou de ofício (art. 149, CTN).

12.1.2 *Imposto de Exportação (IE)*

a) **Finalidade:** *extrafiscal*, em proteção da sociedade e economia interna, sendo exceção aos princípios da *legalidade* (art. 153, § 1º, CF) e *anterioridades anual e nonagesimal* (art. 150, § 1º, CF).

b) **Fato Gerador:** saída de produtos nacionais ou nacionalizados do território nacional (art. 23, CTN).

c) **Contribuinte:** o exportador ou quem a lei a ele equiparar (art. 27, CTN).

d) **Base de Cálculo e Alíquotas:** unidade de medida adotada para alíquota específica ou preço normal do produto para alíquota *ad valorem* (art. 24, CTN).

e) **Lançamento:** por homologação (art. 150, CTN), podendo comportar modalidade de ofício (art. 149, CTN).

12.1.3 *Imposto sobre a Renda e Proventos de Qualquer Natureza (IR)*

a) **Finalidade:** *fiscal*, objetivando arrecadar valores aos cofres públicos federais, sendo exceção apenas ao princípio da *anterioridade nonagesimal* (art. 150, § 1º, CF). Respeitará específicos princípios da *generalidade, universalidade e progressividade* (art. 153, § 2º, I, CF).

b) **Fato Gerador:** disponibilidade econômica ou jurídica de renda (capital e/ou trabalho) ou proventos de qualquer natureza (qualquer outro acréscimo patrimonial) (art. 43, CTN). Atente-se quanto à não incidência do IR sobre indenizações (***Súmula 498, STJ***).

c) **Contribuinte:** pessoa física ou jurídica titular da disponibilidade econômica ou jurídica (art. 45, CTN).

d) **Base de Cálculo e Alíquotas:** montante real, arbitrado ou presumido (art. 44, CTN), mantendo cinco faixas de alíquotas (0%, 7,5%, 15%, 22,5%, 27,5%).

e) **Lançamento:** por homologação (art. 150, CTN), podendo comportar modalidade de ofício (art. 149, CTN).

> No VIII Exame Unificado OAB-FGV, a banca apresentou exemplo prático afirmando a não incidência do IR sobre os valores alcançados a título de indenização para aposentadoria.

12.1.4 *Imposto sobre Produtos Industrializados (IPI)*

a) **Finalidade:** *extrafiscal*, aplicando o princípio da *seletividade* (art. 153, § 3º, I, CF) para incidir de maneira diferenciada, segundo a essencialidade dos produtos ao ser humano, sendo exceção aos princípios da *legalidade* (art. 153, § 1º, CF) e *anterioridade anual* (art. 150, § 1º, CF).

b) **Fato Gerador:** atividade de industrialização, desembaraço aduaneiro (se procedente do exterior) e na arrematação de produtos industrializados apreendidos e abandonados (art. 46, CTN).

c) **Contribuinte:** industrial, importador, comerciante e arrematante (art. 51, CTN).

d) **Base de Cálculo e Alíquotas:** valor da operação de saída da indústria, preço de mercado nacional acrescido de tributação na importação e preço da arrematação (art. 47, CTN) e suas alíquotas devem respeitar a seletividade (art. 153, § 3º, I, CF).

e) **Lançamento:** por homologação (art. 150, CTN), podendo comportar modalidade de ofício (art. 149, CTN).

> No IX Exame Unificado OAB-FGV, a banca afirmou que o Imposto sobre Produtos Industrializados (IPI) se caracteriza por ser *ordinário* (de criação comum) *e seletivo* (aplicando-se diversamente sobre produtos).

12.1.5 *Imposto sobre Operações Financeiras (IOF)*

a) **Finalidade:** *extrafiscal*, utilizado como mecanismo de intervenção do poder público na economia nacional, sendo exceção aos princípios da *legalidade* (art. 153, § 1º, CF) e *anterioridades anual e nonagesimal* (art. 150, § 1º, CF).

b) **Fato Gerador:** operações financeiras que envolvem a tomada de crédito, realização de câmbio, emissão de apólice de seguro ou atividades em títulos mobiliários (art. 63, CTN).

c) **Contribuinte:** qualquer das partes na operação tributada (art. 66, CTN).

d) **Base de Cálculo e Alíquotas:** montantes de crédito, moeda nacional, prêmio, preço ou valor nominal (art. 64, CTN).

e) **Lançamento:** por homologação (art. 150, CTN), podendo comportar modalidade de ofício (art. 149, CTN).

12.1.6 *Imposto sobre a Propriedade Territorial Rural (ITR)*

a) **Finalidade:** *extrafiscal*,em função de sua incidência diferenciada de acordo com a efetiva função social da propriedade rural, aplicando-se alíquotas *progressivas* como mecanismo de desestimular a manutenção de propriedades improdutivas.

b) **Fato Gerador:** propriedade, domínio útil ou a posse de bem imóvel por natureza localizado fora da zona urbana de município (art. 29, CTN). Atente em que imóveis com atividades rurais inseridos na área urbana se submetem também ao ITR e não ao IPTU (art.15, DL n. 57/66).

c) **Contribuinte:** proprietário, titular de seu domínio útil ou possuidor a qualquer título com *animus domini* – ânimo de dono (art. 31, CTN).

d) **Base de Cálculo e Alíquotas:** valor fundiário, ou seja, valor da terra nua, sem considerar aquilo construído pelo homem (art. 30, CTN), aplicando-se alíquotas progressivas de acordo com o grau de utilização do imóvel (art. 153, § 4º, I, CF).

e) **Lançamento:** por homologação (art. 150, CTN), podendo comportar modalidade de ofício (art. 149, CTN).

12.1.7 *Imposto sobre Grandes Fortunas (IGF)*

a) **Finalidade:** *extrafiscal*, ao incidir sobre as grandes riquezas, em nítida intenção de redistribuição de riquezas.

b) **Fato Gerador, Contribuinte, Base de Cálculo, Alíquotas e Lançamento:** considerando que ainda não teve sua competência exercida, não existem previsões legais quanto a esses aspectos. Ressalte-se que a criação desse imposto requer a edição de lei complementar (art. 153, VII, CF).

12.2 IMPOSTOS ESTADUAIS

Aplicado para os *Estados e Distrito Federal* os *impostos estaduais* dividem-se em (art. 155, CF):

12.2.1 *Imposto sobre a Transmissão "Causa Mortis" e Doação (ITCMD)*

a) **Finalidade:** *fiscal*, objetivando aumentar a arrecadação estadual.

b) **Fato Gerador:** a transmissão *causa mortis* e doação de quaisquer bens ou direitos (art. 35, CTN, art. 155, I, CF).

c) **Contribuinte:** qualquer das partes na operação tributada para doação (art. 42, CTN) e os herdeiros ou legatários para *causa mortis*.

d) **Base de Cálculo e Alíquotas:** o valor venal dos bens ou direitos transmitidos (art. 38, CTN), respeitando a alíquota máxima de 8% fixada pelo Senado Federal na Resolução n. 9/92 (art. 155, § 1º, IV, CF).

e) **Lançamento:** por declaração (art. 147, CTN), podendo comportar modalidade de ofício (art. 149, CTN).

12.2.2 *Imposto sobre a Circulação de Mercadorias e Prestação de Serviços de Transporte Interestadual e Intermunicipal e de Comunicação (ICMS)*

a) **Finalidade:** *fiscal* e considerada a principal fonte de receita dos Estados.

b) **Fato Gerador:** circulação de mercadorias e prestação de serviços de transporte interestadual e intermunicipal e de comunicação (art. 1º, LC n. 87/96; art. 155, II, CF).

c) **Contribuinte:** sujeito que pratique com *habitualidade ou em volume* circulação de mercadorias ou prestação desses específicos serviços com *intuito comercial* (art. 4º, LC n. 87/96).

d) **Base de Cálculo e Alíquotas:** o valor da operação na saída de mercadorias de estabelecimentos ou o preço do serviço prestado (arts. 13 a 18, LC n. 87/96). As alíquotas internas serão definidas pelos Estados e a interestadual em Resolução do Senado Federal (Resolução n. 22/89 define as principais alíquotas). Na exportação, existe específica imunidade tributária (art. 155, § 2º, X, *a*, CF).

e) **Lançamento:** por homologação (art. 150, CTN), podendo comportar modalidade de ofício (art. 149, CTN).

12.2.3 *Imposto sobre Propriedade de Veículo Automotor (IPVA)*

a) **Finalidade:** *fiscal*, objetivando incrementar a arrecadação do Estado.

b) **Fato Gerador:** a propriedade de veículo automotor. Para o STF, apenas veículos automotores terrestres, não se aplicando às embarcações e aeronaves.

c) **Contribuinte:** o proprietário de veículos automotores.

d) **Base de Cálculo e Alíquotas:** o valor venal do veículo. As alíquotas mínimas serão definidas por Resolução do Senado Federal como forma de evitar a existência de guerra fiscal e poderão ser diferenciadas por tipo ou utilização (art. 155, § 6º, CF). Ressalte-se a existência de repasse dos valores aos municípios onde forem licenciados os veículos (art. 158, III, CF).

e) **Lançamento:** de ofício (art. 149, CTN), aplicando-se por homologação (art. 150, CTN) nos veículos novos ("zero quilômetro").

No XI Exame Unificado OAB-FGV, a banca afirmou que o Imposto sobre a Propriedade de Veículos Automotores (IPVA) será instituído pelo Estado e repartido com o Município em que tenha sido licenciado o veículo.

12.3 IMPOSTOS MUNICIPAIS

Aplicados para os *Municípios,* e também *Distrito Federal (competência cumulativa),* os *impostos municipais* dividem-se em (art. 156, CF):

12.3.1 Imposto sobre a Propriedade Predial e Territorial Urbana (IPTU)

a) **Finalidade:** *fiscal*, visando arrecadação municipal, com secundária finalidade *extrafiscal* de política urbana de função social da propriedade (art. 182, § 4º, II, CF).

b) **Fato Gerador:** a propriedade, domínio útil ou posse de bem imóvel por natureza ou acessão física localizado em área urbana ou urbanizável (de expansão urbana), definida em lei municipal se preenchidos requisitos (art. 32, CTN). Atente em que imóveis com atividades rurais inseridos em área urbana se submetem ao ITR e não ao IPTU (art. 15, DL n. 57/66).

c) **Contribuinte:** proprietário, titular do seu domínio útil ou possuidor a qualquer título com *animus domini* (art. 34, CTN).

d) **Base de Cálculo e Alíquotas:** o valor venal do imóvel (art. 33, CTN) e suas alíquotas podem ser progressivas em razão do valor do imóvel ou diferenciadas por localização e uso (art. 156, § 1º, CF).

e) **Lançamento:** de ofício (art. 149, CTN).

No II Exame Unificado OAB-FGV, a banca afirmou a incidência do Imposto sobre a Propriedade Predial e Territorial Urbana (IPTU) sobre sítio de recreio/lazer por estar inserido em área de expansão urbana dotada de alguns melhoramentos típicos da área urbana.

12.3.2 Imposto sobre a Transmissão de Bens Imóveis (ITBI)

a) **Finalidade:** *fiscal*, visando arrecadação Municipal.

b) **Fato Gerador:** a transmissão *inter vivos*, a qualquer título, por ato oneroso, de bens imóveis, por natureza ou acessão física, e de direitos reais sobre imóveis, exceto os de garantia, bem como cessão de direitos a sua aquisição (art. 156, II, CF).

c) **Contribuinte:** qualquer das partes na operação tributada (art. 42, CTN).

d) **Base de Cálculo e Alíquotas:** o valor venal do imóvel (art. 38, CTN).

e) **Lançamento:** por declaração (art. 147, CTN).

12.3.3 *Imposto sobre Serviços de Qualquer Natureza (ISSQN)*

a) **Finalidade:** fiscal, visando arrecadação municipal.
b) **Fato Gerador:** a prestação de serviços de qualquer natureza, ressalvados transporte interestadual ou intermunicipal e comunicação que ficam a cargo dos Estados (art. 1º, LC n. 116/2003; art. 156, III, CF).
c) **Contribuinte:** prestador do serviço (art. 5º, LC n. 116/2003).
d) **Base de Cálculo e Alíquotas:** o preço do serviço (art. 7º, LC n. 116/2003). As alíquotas devem ser fixadas em lei complementar nacional, atualmente entre o montante de 2% (art. 88, I, ADCT) e 5% (art. 8º, II, LC n. 116/2003).
e) **Lançamento:** por homologação (art. 150, CTN), sendo também cabível a modalidade de ofício (art. 149, CTN).

> No III Exame Unificado OAB-FGV, a banca afirmou que as alíquotas máximas e mínimas do Imposto sobre Serviços de Qualquer Natureza (ISS) deverão ser fixados por lei complementar nacional.

13. PROCESSO TRIBUTÁRIO

13.1 ASPECTOS GERAIS SOBRE A EXECUÇÃO FISCAL

Em linhas anteriores, verificamos que a constituição do crédito tributário será realizada internamente pelas Fazendas Públicas, por meio do *procedimento/processo administrativo de lançamento tributário* (art. 142, CTN).

Esse procedimento substituiria a conhecida *fase de conhecimento do processo judicial ordinário*, concedendo ao *fisco* o poder de declarar e constituir o crédito tributário unilateralmente.

Criada a relação tributária, o sujeito passivo (contribuinte ou responsável) será chamado para realização do pagamento do tributo, via de regra no prazo de 30 (trinta) dias, salvo se específica legislação tributária dispuser de forma diversa (art. 160, CTN).

Durante esse período, o devedor tributário poderá efetuar o pagamento do montante exigido, extinguindo-se o crédito tributário (art. 156, I, CTN), ou mesmo apresentar *Impugnação Administrativa*, nos moldes estabelecidos nas legislações específicas. Consagra-se o direito constitucional do contraditório e ampla defesa (art. 5º, LV, CF).

Entretanto, vencido o prazo sem o pagamento do tributo ou após encerrada discussão administrativa, o fisco finalizará o ato constitutivo do crédito com a *inscrição em dívida ativa* (art. 201, CTN). A partir de agora as novas medidas requererão apreciação judicial.

Ainda que inexistente fase de conhecimento, para que o *fisco* realize o pagamento forçado do tributo será necessário o ingresso da *Ação de Execução Fiscal*, regido pela específica *Lei de Execuções Fiscais – LEF* (Lei n. 6.830/80).

A intenção, sem sombra de dúvidas, seria a de prestigiar o princípio constitucional do *"due process of law"*, designando que a privação de liberdade ou bens somente será admitida com o *devido processo legal* (art. 5º, LIV, CF).

Desse modo, tendo em mãos a *Certidão de Dívida Ativa (CDA)*, deverá o respectivo fisco ingressar com a correta ***Ação de Execução Fiscal*** no prazo prescricional de 5 (cinco) anos, contados da constituição definitiva do crédito (art. 174, CTN).

Intentada a ação, o Magistrado determinará a citação do executado para, no prazo de 5 (cinco) dias, *pagar a dívida* ou proceder com a *garantia do juízo*, depositando valores ou entregando bens nos valores exigidos como forma de legitimar a discussão (arts. 7º, 8º e 9º, LEF). Ultrapassado o prazo sem manifestação do executado, será realizada a *penhora de bens* (arts. 10 e 11, LEF).

Não apresentada a defesa pertinente (*Embargo à Execução Fiscal, por exemplo)*, os valores serão levantados pelo fisco ou os bens serão adjudicados ou levados à hasta pública (leilão judicial) para quitação.

Fique atento, pois não localizado o devedor ou seus bens, a *Execução Fiscal* se sujeitará ao procedimento de decretação da ***Prescrição Intercorrente*** (art. 40, LEF), com a suspensão do feito por 1 (um) ano e posterior arquivamento "provisório". Se transcorrido o prazo de 5 (cinco) anos no arquivo sem interesse do *fisco*, será decretada a *Prescrição Intercorrente.*

> No VI Exame Unificado OAB-FGV, a banca afirmou existir carência de *Execução Fiscal* apresentada, quando contribuinte realiza anterior parcelamento do débito tributário e encontra-se cumprindo seu pagamento.

13.2 DEFESAS JUDICIAIS DO SUJEITO PASSIVO

Superados os aspectos gerais do processo judicial de *Execução Judicial* em favor das *Fazendas Públicas*, passemos agora à análise das defesas judiciais do sujeito passivo (contribuinte ou responsável tributário).

Além da defesa administrativa de *impugnação*, também serão ofertadas ao devedor específicas ações apresentadas perante o Poder Judiciário, apenas dependendo do momento ou situação jurídica da relação.

Enfrentando objetivamente o tema, encontraremos:

1. **Ação Declaratória de Inexistência de Relação Jurídico-Tributária (art. 19, I, NCPC):** típica ação tributária utilizada quando ainda não existe atividade concreta de lançamento tributário realizada pelo fisco. Inexistindo crédito tributário formalizado, a ação limitar-se-á à prévia declaração de inexistência de relação tributária.

   Ressalte-se que a propositura dessa ação não impedirá o fisco de efetuar, durante seu trâmite, o respectivo lançamento. Aconselha-se o requerimento de tutelas provisórias de *urgência ou evidência* para suspensão da exigibilidade do crédito tributário (art. 294, NCPC).

2. **Ação Anulatória de Débito Fiscal (art. 38, LEF):** peça processual utilizada com o objetivo de anular lançamento tributário já realizado pelo fisco. Trata-se, portanto, de ação desconstitutiva e não meramente declaratória.
   A suspensão da exigibilidade do crédito tributário poderá ser alcançada por meio das tutelas provisórias de *urgência ou evidência* (art. 294, NCPC), bem como pelo depósito do montante integral da dívida (art. 151, II, CTN; Súmula 112, STJ).

> No XXI Exame Unificado OAB-FGV, a banca apresentou exemplo prático em que afirmou que a utilização da Ação Anulatória implicará renúncia/desistência da impugnação ou recurso administrativo (art. 38, parágrafo único, LEF).

3. **Mandado de Segurança (art. 1º e seguintes da Lei n. 12.016/2009):** aplicáveis quando existir ilegalidade ou abuso praticado, ou em via de ser, pelas autoridades administrativas do fisco. Cabíveis nos mesmos casos das ações declaratória e anulatória, com a ressalva de que o direito deve ser líquido e certo (não comporta produção de provas), não cabe condenação em honorários advocatícios e seu prazo será decadencial de 120 dias (Súmula 632, STF).
   A suspensão da exigibilidade poderá ser requerida mediante liminar, quando preenchidos os elementos do *fumus boni iuris* e *periculum in mora* (art. 151, IV, CTN).
4. **Embargos à Execução Fiscal (art. 16, LEF):** a principal espécie de defesa processual quando já existente ação de execução fiscal apresentada no Judiciário. Sua utilidade decorre da ampla dilação probatória (diversas espécies de provas podem ser requeridas). Deverá ser oposta no prazo de 30 dias, contados da garantia do juízo (depósito, fiança bancária, seguro garantia ou penhora de bens).
   A suspensão da exigibilidade na execução dependerá do preenchimento dos requisitos da tutela provisória, além da garantia já informada (art. 919, § 1º, NCPC).

> No XIX Exame Unificado OAB-FGV, a banca apresentou exemplo prático afirmando que o prazo de 30 dias para oposição dos *Embargos à Execução Fiscal* seria contado a partir da intimação da penhora (art. 16, III, LEF).

5. **Exceção de Pré-Executividade (Súmula 393, STJ):** Não se trata de ação especifica, mas sim de incidente processual criado pela doutrina e abraçado pela jurisprudência nacional. Sua utilização será subsidiária aos embargos à execução, quando impossível a garantia do juízo, intempestividade e tratar-se de matéria de ordem pública (não exige dilação probatória/nulidades absolutas).
6. **Ação de Repetição do Indébito Tributário (arts. 165 e seguintes, CTN):** Utilizada para reaver valores indevidamente pagos ao fisco. O prazo dessa ação será de 5 anos,

devendo o valor devolvido ser atualizado monetariamente desde o pagamento indevido (Súmula 162, STJ) e com incidência de juros a partir da sentença (Súmula 188, STJ).

Fique esperto, pois, tratando-se de tributos indiretos, caracterizados pelo repasse econômico (ex.: ICMS), somente será possível a restituição se o contribuinte comprovar:

a) que não realizou o repasse econômico ao próximo da cadeia econômica (Súmula 546, STF); ou

b) obter autorização do contribuinte *de fato* para realizar o pedido de restituição (art. 166, CTN).

> No VIII Exame Unificado OAB-FGV, a banca apresentou exemplo prático afirmando que o empresário poderá requerer a restituição do IPI (*imposto indireto*) quando comprovar que assumiu seu pagamento sem transferência para terceiro.

7. **Ação de Consignação em Pagamento (art. 164, CTN):** ação manejada para exercer o *Direito de Pagamento* das obrigações tributárias quando o *fisco* realizar algum empecilho ou mesmo existir dúvidas sobre o real credor *(caos de bitributação).*
8. **Recursos (CF e NCPC):** espalhadas na Constituição Federal e no Novo Código de Processo Civil, também serão utilizadas na advocacia tributária como mecanismo de recorrer em decisões tomadas nos processos dessa natureza.

   Dentre elas, podemos destacar o agravo sobre decisões interlocutórias nas tutelas provisórias ou liminares (art. 1.015, I, NCPC) e o Recurso Extraordinário quando julgados afrontarem a Carta Magna (art. 102, III, CF).

REFERÊNCIAS

ALEXANDRE, Ricardo. *Direito Tributário Esquematizado*. São Paulo: Método, 2015.

ALEXANDRINO, Marcelo; PAULO, Vicente. *Direito Tributário na Constituição e no STF*. São Paulo: Método, 2014.

AMARO, Luciano. *Direito Tributário Brasileiro*. São Paulo: Saraiva, 2012.

BALEEIRO, Aliomar. *Direito Tributário Brasileiro*. Atualizado por Misabel Abreu Machado Derzi. Rio de Janeiro: Forense, 2015.

BARREIRINHAS, Robinson Sakiyama. *Como se preparar para o Exame de Ordem n. 4 tributário*. São Paulo: Método, 2010.

BECKER, Alfredo Augusto. *Teoria Geral do Direito Tributário*. 6. ed. São Paulo: Noeses, 2013.

BELTÃO, Irapuã. *Curso de Direito Tributário*. São Paulo: Atlas, 2014.

BORBA, Cláudio. *Direito Tributário*. São Paulo: Método, 2015.

CARRAZZA, Roque Antônio. *ICMS*. São Paulo: Malheiros, 2011.

CARVALHO, Paulo de Barros. *Curso de Direito Tributário*. São Paulo: Saraiva, 2002.

CASSONE, Vittorio. *Direito Tributário*. São Paulo: Atlas, 2014.

_______. *Interpretação do Sistema Tributário Nacional e o STF*. São Paulo: Atlas, 2013.

FABRETTI, Láudio Camargo. *Direito Tributário Aplicado*. São Paulo: Atlas, 2012.

HARADA, Kiyoshi. *Direito Financeiro e Tributário*. São Paulo: Atlas, 2014.

MACHADO, Hugo de Brito. *Curso de Direito Tributário*. São Paulo: Malheiros, 2008.

MACHADO SEGUNDO, Hugo de Brito. *Direito Tributário nas Súmulas do STF e STJ*. São Paulo: Atlas, 2010.

_______. *Código Tributário Nacional – Anotações à Constituição, ao Código Tributário Nacional e às Leis Complementares 87/1996 e 116/2003*. São Paulo: Atlas, 2014.

_______. *Processo Tributário*. São Paulo: Atlas, 2014.

MARTINS, Ives Gandra da Silva. *Comentários ao Código Tributário Nacional*. São Paulo: Saraiva, 1998.

MAZZA, Alexandre. *Manual de Direito Tributário*. São Paulo: Saraiva, 2015.

NOVAIS, Rafael. *Descomplicando Direito Tributário*. Recife: Armador, 2015.

NOVAIS, Rafael; SALDANHA, Rafael. *Passe na OAB 2ª Fase FGV – Completaço* – Prática Tributária. São Paulo: Saraiva, 2016.

ROCHA, João Marcelo. *Direito Tributário*. São Paulo: Método, 2013.

SABBAG, Eduardo. *Direito Tributário Essencial*. São Paulo: Método, 2015.

SANTI, Eurico Marcos Diniz de. *Lançamento tributário*, São Paulo: Max Limonad, 1999.

SCHOUERI, Luís Eduardo. *Direito Tributário*. São Paulo: Saraiva, 2012.

XAVIER, Alberto. *Do lançamento, teoria geral do ato, do procedimento e do processo tributário*. Rio de Janeiro: Forense, 1998.

YAMASHITA, Douglas. *Direito Tributário uma visão sistemática*. São Paulo: Atlas, 2014.

DIREITOS HUMANOS

Alexandre Nápoles

1. INTRODUÇÃO

Direitos Humanos é um **conjunto indivisível e interdependente de direitos imprescindíveis para uma vida digna e plena**. Tais direitos não são predeterminados, variam de acordo com o tempo e com o espaço. É a partir das necessidades, insatisfações e capacidade de mobilização de cada sociedade que esse rol de direitos vai se constituindo.

O **fundamento** dos Direitos Humanos situa-se na garantia da **dignidade da pessoa humana**. A dignidade é a qualidade que define a essência da pessoa humana, ou ainda é o valor que confere humanidade ao sujeito. Assim, os **Direitos Humanos são os fundamentos para a existência humana.**

2. TERMINOLOGIA

Devido à evolução histórica das lutas sociais por direitos, as denominações utilizadas para expressar as conquistas por tais direitos foram variado principalmente entre as terminologias Direitos do Homem, Direitos Fundamentais e Direitos Humanos. Muitas vezes essas denominações são utilizadas como sinônimas, mas há diferenças entre elas que devemos observar segundo sua origem e significado.

O termo **Direitos do Homem** revela um cunho **jusnaturalista,** significando um rol de **direitos naturais,** ainda **não positivados,** inerentes à natureza do homem. Esse conceito foi **bastante criticado**, pois os **direitos são conquistas históricas** da sociedade por meio de muita luta e **não algo inerente à condição humana**. Também há críticas pelo uso desse termo por **imprimir um caráter sexista**, excludente dos direitos das mulheres.

A denominação **Direitos Fundamentais** é referida para expressar a positivação, na **Carta Magna do Estado**, dos direitos inerentes à pessoa humana. São direitos garantidos e limitados dentro das fronteiras do Estado, dentro de uma ordem jurídica específica protegida pelo Direito Constitucional.

Já a expressão **Direitos Humanos** é utilizada para identificar **no plano internacional, por meio das normas internacionais,** os direitos inerentes à pessoa humana. Tem validade para todos os povos e em todos os tempos, independentemente de onde se encontrem territorialmente, revelando um caráter universal, intertemporal e inviolável.

3. CARACTERÍSTICAS DOS DIREITOS HUMANOS

- **Historicidade:** Os Direitos Humanos advêm de um processo histórico de **lutas sociais de cada povo**, não sendo atemporais e fixos. Assim, os Direitos Humanos não surgiram todos de uma única vez, mas foram **gradativamente conquistados** pela humanidade. Essa característica afasta a tese naturalista de que os direitos são inerentes à condição humana.
- **Proibição do Retrocesso:** Os Direitos Humanos **não podem ser suprimidos**, mas somente ampliados ou aprimorados. Veda-se o retrocesso em relação ao mínimo já concretizado dos direitos fundamentais.
- **Inalienabilidade:** Os Direitos Humanos são indisponíveis, não podem ser alienados ou negociados. Contudo, essa característica não obsta que seja atribuída, a alguns direitos, valoração econômica, como por exemplo, no caso do direito à propriedade.
- **Indivisibilidade e Interdependência:** Os Direitos Humanos devem possuir a **mesma proteção jurídica**, uma vez que são entendidos como um bloco único, indivisível e interdependente. Engloba os direitos civis, políticos, econômicos, sociais, culturais e ambientais. Para se garantir a proteção integral da dignidade humana o Estado, a sociedade e a família devem assegurar todos os Direitos Humanos conjuntamente.
- **Irrenunciabilidade ou Indisponibilidade:** O ser humano não pode abrir mão de sua condição humana para permitir a violação de seu Direito Humano. É possível o titular de um Direito Humano não exercê-lo, mas não se admite que ele renuncie a este direito.
- **Imprescritibilidade:** Os Direitos Humanos **não prescrevem**, ou seja, não se esgotam com passar do tempo. O titular não o perde mesmo que não o exerça. Importante observar que isso **não se confunde com a prescritibilidade da reparação econômica** advinda de uma violação aos Direitos Humanos, pois há prazos prescricionais no ordenamento jurídico dos países para se interpor ações indenizatórias.
- **Universalidade:** Os Direitos Humanos **se destinam a todas as pessoas** independentemente de etnia, religião, nacionalidade, sexo, idade, ou qualquer outra característica individual ou coletiva. Os Direitos Humanos **tem validade em todos os lugares do mundo**. Essa característica permite **flexibilizar o conceito de soberania nacional e jurisdição doméstica**, uma vez que tem como primado o indivíduo, sua liberdade e autonomia, em detrimento da soberania do Estado.

- **Relatividade:** Os Direitos Humanos **podem sofrer limitações, ser relativizados, pois não são absolutos.** Pelo fato de existir um **pluralismo cultural** é necessário respeitar as diferenças culturais de cada sociedade, pois as regras sobre moral e costume variam em cada país. Assim, quando há colisão entre bens jurídicos a serem protegidos se faz necessário se harmonizar os Direitos Humanos que se entrechocam protegendo-se a coletividade dos valores envolvidos.

4. A ORIGEM DOS DIREITOS HUMANOS

Não há consenso dentre os doutrinadores **quanto à exata origem dos Direitos Humanos.** Alguns afirmam que sua raiz deriva da cultura ocidental moderna, outros entendem que todas as culturas de alguma forma protegem a dignidade do ser humano. Há também quem advogue a tese de que o Ocidente não criou a ideia nem o conceito dos Direitos Humanos, mas sistematizou-os ao longo das eras com base no projeto de uma filosofia dos Direitos Humanos.

A construção dos Direitos Humanos ocorreu de forma paulatina ao longo da história da humanidade por meio de avanços e retrocessos na garantia de direitos. Até os dias atuais muitas lutas ainda são travadas contra a opressão a partir da insatisfação de grupos de indivíduos que buscam conquistar valores individuais e sociais como da liberdade, igualdade e justiça.

A evolução dos Direitos Humanos pode ser sistematizada em gerações ou dimensões de direitos que expressam as principais conquistas sociais. O **fundamento** desses momentos é a **proteção da dignidade humana**, qualidade moral **intrínseca a todos os seres humanos**.

O **cristianismo** contribuiu para difundir a crença na igualdade de todos os homens, independentemente de origem, raça, sexo ou credo, **influenciando diretamente a consagração dos direitos fundamentais**, enquanto necessários à dignidade da pessoa humana.

Assim, os Direitos Humanos surgem a partir de uma **insatisfação social** em relação à determinada **opressão sofrida** por grupos da sociedade que se **mobilizam, lutam** para mudar a realidade estabelecida e **positivam** suas conquistas em normas.

5. A MAGNA CARTA, DE 1215 (*MAGNA CHARTA LIBERTATUM*)

A Magna Carta de 1215 trata-se de um acordo firmado entre o rei João da Inglaterra, conhecido como João Sem Terra, o alto clero e os barões ingleses. Esse acordo foi assinado pelo Rei João porque seu reinado quedou enfraquecido a partir de três acontecimentos: a disputa com um rival pelo trono; o ataque bélico praticado pelo Rei francês Filipe Augusto contra o ducado da Normandia, pertencente ao monarca inglês; e o conflito instaurado contra o papado para designação de bispos nas terras inglesas.

A importância histórica da Magna Carta relaciona-se ao reconhecimento de direitos da nobreza e do clero originários da *law of the land* (lei da terra). Ela é **considerada**

o primeiro documento escrito a conter os poderes do monarca, vinculando-o às próprias leis que edita.

> Fique atento aos direitos e garantias que a Magna Carta estabelecia em seu texto, pois isso foi objeto de **questionamento no XI Exame de Ordem**. Os direitos são: limitações tributárias para o Estado; liberdade da Igreja da Inglaterra; proporcionalidade entre o delito cometido e à sanção a ser aplicada pelo poder público; previsão **do devido processo legal (*due process of law*)**; liberdade de locomoção; liberdade para entrar e sair do país; e livre acesso à justiça.

6. O *HABEAS CORPUS ACT*, DE 1679

O *Habeas Corpus Act* de 1679 foi criado pelo Parlamento da Inglaterra durante o reinado do rei Charles II, constituindo-se num dispositivo processual para obrigar os tribunais a **examinar a legalidade da detenção** de um prisioneiro a fim de salvaguardar sua liberdade individual e, portanto, **evitar prisão ilegal ou arbitrária**.

Importante mencionar que o *habeas corpus* já existia na Inglaterra antes mesmo da Magna Carta de 1215, mas não possuía eficácia devido à inexistência de regras processuais. Com a lei de 1679, esse direito foi regulamentado por meio da criação de uma ação judicial própria.

Esse documento teve grande importância histórica, pois se tornou referência para a proteção das liberdades fundamentais, como, por exemplo, na América Latina por meio do mecanismo judicial mexicano *juicio de amparo* e do mandado de segurança aqui no Brasil.

7. A DECLARAÇÃO DE DIREITOS (*BILL OF RIGHTS*), DE 1689

A Declaração de Direitos de 1689 é um documento elaborado pelo Parlamento da Inglaterra, durante o reinado do Príncipe de Orange (Guilherme III) e da sua mulher Maria Stuart, que assegurou, entre outros direitos, a liberdade, a vida e a propriedade privada, bem como consolidou o poder do Parlamento na Inglaterra.

A **importância histórica** desse documento se configura pelo fato do *Bill of Rights* **encerrar, pela primeira vez, o regime monárquico absoluto inglês**. O poder foi repartido com o Parlamento que assumiu a função de legislar e de criar tributos. Isso acarretou a **institucionalização da separação dos poderes no Estado** e a **proteção das liberdades individuais**, sendo considerados os principais legados dessa Declaração.

Outrossim, a Declaração de Direitos tornou o Parlamento o principal órgão de defesa dos súditos contra os arbítrios do rei, assim como fortaleceu a instituição do tribunal do júri, trouxe o direito de petição e a proibição de penas inusitadas ou cruéis.

8. AS DECLARAÇÕES DE INDEPENDÊNCIA E DA VIRGÍNIA DOS ESTADOS UNIDOS DA AMÉRICA

As Declarações Norte Americanas de Independência e da Virgínia são importantes documentos no estudo da afirmação histórica dos Direitos Humanos, pois **reconhecem a existência de direitos individuais** inerentes a todos os seres humanos, independente das diferenças de raça, religião, sexo ou cultura.

Com 18 artigos, a Declaração de Direitos da Virgínia foi elaborada em 12 de junho de 1776. Possui inspiração iluminista e contratualista. Objetivou proclamar os **direitos naturais e positivados inerentes ao ser humano,** dentre os quais o direito de se rebelar contra um governo "inadequado". Ademais, afirma os princípios da igualdade de todos perante a lei, rejeita privilégios e a hereditariedade dos cargos públicos.

A principal característica da Declaração da Independência dos Estados Unidos é representada pelo fato de ser ela o primeiro documento a afirmar os princípios democráticos na história política moderna, bem como inserir, pela primeira vez, o direito à vida.

Importante destacar que as declarações americanas **não trouxeram a preocupação em proteger direitos sociais e coletivos**, mas somente direitos individuais, como o direito à vida, propriedade e liberdade.

9. A DECLARAÇÃO UNIVERSAL DOS DIREITOS DO HOMEM E DO CIDADÃO

Com a Revolução Francesa em 1789, e a tomada da prisão da Bastilha pela população, caía a monarquia francesa e chegava-se ao fim o Antigo Regime. No mesmo ano a população, juntamente com alguns representantes do clero e da nobreza, reuniu-se em Assembleia Nacional Constituinte e aprovou a Declaração Universal dos Direitos do Homem e do Cidadão.

A Declaração trouxe grandes avanços sociais, como a garantia de direitos iguais para todos os cidadãos e a participação política para o povo. Com **influência jusnaturalista** neste documento foram declarados que os direitos seriam naturais, abstratos, imprescritíveis, inalienáveis, individuais e universais. Consagraram-se os direitos à liberdade e à igualdade, sendo o lema dos revolucionários: **"Liberdade, Igualdade e Fraternidade".**

A Declaração foi a primeira Carta de Direitos com **vocação universal**, influenciando em outros países e na elaboração de tratados e declarações de Direitos Humanos, como a Declaração Universal dos Direitos Humanos da ONU de 1948.

10. A INTERNACIONALIZAÇÃO DOS DIREITOS HUMANOS OU PROTEÇÃO INTERNACIONAL DA PESSOA HUMANA

A internacionalização dos Direitos Humanos é a **proteção dos direitos essenciais do ser humano no âmbito internacional**.

Os **principais precedentes do processo de internacionalização** ocorreram antes da Segunda Guerra Mundial, com a positivação das normas de **Direito Humanitário** (com início em 1860), a fundação da **Organização Internacional do Trabalho – OIT** e a criação da **Liga das Nações** (a OIT e a Liga das Nações foram criadas em 1919 por meio do Tratado de Versalhes), uma vez que rompem com o conceito de soberania, já que admitem intervenções nos países em prol da proteção dos direitos humanos. Cuidado com essa dica pois já foi alvo de pergunta no X Exame.

No entanto, a verdadeira **consolidação da proteção internacional da pessoa humana se deu após a Segunda Guerra Mundial**, com a **criação da Organização das Nações Unidas – ONU**, por meio da Carta da ONU (1945) e a aprovação da Declaração Universal dos Direitos Humanos (1948).

Para que a proteção da pessoa humana se internacionalizasse foram necessários dois fatores:

1) a relativização do conceito de soberania estatal;
2) o indivíduo ganhar status de sujeito de Direito Internacional.

A proteção dos direitos do ser humano no plano internacional incide em **três eixos** do Direito Internacional Público que se inter-relacionam: o **Direito Internacional dos Direitos Humanos (DIDH)**, o **Direito Internacional Humanitário (DIH)** e o **Direito Internacional dos Refugiados (DIR).**

O DIDH visa a proteção do ser humano de forma genérica, englobando a defesa e promoção dos direitos civis, políticos, econômicos, sociais e culturais. Tem abrangência universal e também regional. O DIDH não **está sujeito ao princípio da reciprocidade** que domina o Direito Internacional Público principalmente nos aspectos econômicos e políticos. Assim, os Estados obrigam-se a respeitar os Direitos Humanos sem que haja qualquer contraprestação a elas devida. Com isso, a noção contratualista de bilateralidade, comum ao Direito dos Tratados, não se aplica aos Tratados de Direitos Humanos.

O DIH busca proteger o ser humano na situação específica dos conflitos armados, seja este internacional ou interno, restringindo os meios e métodos de combate. É o **precedente histórico mais antigo** do atual sistema internacional de proteção dos Direitos Humanos. O DIH visa a **reduzir o impacto dos conflitos** armados na dignidade da pessoa humana, regulando a proteção jurídica mínima e a **assistência às vítimas** dos conflitos (militares fora de combate e civis).

O DIR atua na proteção do refugiado, desde a saída do seu local de residência, até o trânsito de um país a outro, concessão do refúgio no local de acolhimento e seu eventual término.

11. GERAÇÕES OU DIMENSÕES DOS DIREITOS HUMANOS

Os Direitos Humanos foram classificados pela doutrina, de forma didática, em gerações ou dimensões com características próprias, uma vez que os direitos não foram reconhecidos todos de uma única vez, mas através de um processo histórico de lutas sociais.

O **XII Exame** cobrou o conhecimento das gerações/dimensões dos Direitos Humanos seguindo a didática criada pelo jurista tcheco Karel Vasak da evolução histórica dos direitos fundamentais, que sistematizamos no quadro abaixo:

	1ª GERAÇÃO / DIMENSÃO	2ª GERAÇÃO / DIMENSÃO	3ª GERAÇÃO / DIMENSÃO
Direitos protegidos	Civis e políticos (Ex: vida, liberdades públicas, propriedade, voto e nacionalidade)	Econômicos, sociais e culturais (Ex: saúde, educação, trabalho, moradia e previdência social)	Difusos, coletivos e humanidade (Ex: meio ambiente, desenvolvimento, autodeterminação dos povos, patrimônio comum da humanidade e paz)
Princípios	Liberdade	Igualdade	Solidariedade e fraternidade
Contexto histórico de criação	Lutas contra o Absolutismo Monárquico	Revolução Industrial e Pós 1ª Guerra Mundial	Pós 2ª Guerra Mundial
Principais normas onde foram positivados os Direitos Humanos	Declaração de Virgínia (EUA - 1776) e Declaração dos Direitos do Homem e do Cidadão (França-1789)	Constituição Mexicana de 1917, Constituição Alemã de 1919 (Constituição de Weimar) e Tratado de Versalhes (1919)	Declaração Universal dos Direitos Humanos (ONU -1948)

É importante mencionar que o **termo "geração"** de Vasak **é muito criticado pela doutrina**, pois remete a uma ideia de superação, de sucessão ou mesmo de negação de uma "geração de direitos" pela outra geração mais nova, o que não ocorre na prática. Na verdade os diversos direitos fundamentais foram pautados não de forma estanque e compartimentada, mas de forma conjunta nos diversos períodos históricos. Por isso, **prefere-se utilizar o termo "dimensão"** já que é mais adequado **para expressar a complementariedade entre todos os direitos fundamentais**.

O jurista **Paulo Bonavides** defende a existência de uma **Quarta Geração** Direitos Humanos decorrentes da globalização dos direitos humanos, correspondendo aos **direitos de participação democrática, direito ao pluralismo, limites à manipulação genética e bioética.**

Bonavides também sustenta que o **direito à paz em toda a humanidade** seria uma **Quinta Geração de Direitos Humanos**. Contudo, parte da doutrina critica a existência de novas gerações de direitos apontando falhas na diferenciação entre as novas gerações e as anteriores.

12. A ORGANIZAÇÃO DAS NAÇÕES UNIDAS - ONU

A Organização das Nações Unidas – ONU surgiu com a entrada em vigor da **Carta das Nações Unidas**, em 24 de outubro de 1945. O principal **objetivo da ONU é manter a paz e a segurança internacionais e** sua atuação é **baseada no princípio da igualdade** de todos os seus Estados Membros.

A ONU conta hoje com 193 países membros. Os **principais órgãos** da organização estão lançados no art. 7º da Carta das Nações Unidas, quais sejam: a **Assembleia Geral**, o **Conselho de Segurança**, o **Conselho Econômico e Social**, o **Conselho de Tutela**, a **Corte Internacional de Justiça** e o **Secretariado.**

A **Assembleia Geral** é **constituída por todos os Estados Membros das Nações Unidas.** Ela poderá discutir quaisquer questões ou assuntos que estiverem dentro das finalidades da Carta das Nações Unidas, ou que se relacionarem com as atribuições e funções dos órgãos da ONU, bem como expedir recomendações aos Estados Membros e ao Conselho de Segurança.

As **decisões da Assembleia Geral, em questões importantes** lançadas no art. 18.2 da Carta da ONU, serão tomadas por **2/3 dos Membros presentes e votantes.** As **demais decisões** serão tomadas por **maioria dos Membros presentes e que votem.**

O **Conselho de Segurança é composto por 15 Estados Membros** da ONU. **China, França, Rússia, Reino Unido e EUA são membros permanentes e detêm o poder de veto.** A Assembleia Geral elegerá 10 outros membros (não permanentes) para mandato de 02 anos. A principal **responsabilidade do Conselho é manter a paz e segurança internacionais.**

As decisões do Conselho de Segurança devem ser seguidas por todos os países membros. O quorum para **decisões processuais é de 09 membros.** Para **decisões materiais** o quorum também é de **09 membros, mas não pode ter nenhum voto contrário dos 05 membros permanentes.**

O **Conselho Econômico e Social é composto por 54 membros** eleitos pela Assembleia Geral. Dentre as atribuições do órgão destacamos a **responsabilidade para realizar estudos e relatórios** a respeito de assuntos internacionais **de caráter econômico, social, cultural, educacional, sanitário e conexos,** bem como **fazer recomendações** a respeito de tais assuntos à Assembleia Geral, aos Membros da ONU e às entidades especializadas interessadas. As **decisões** do Conselho serão tomadas por **maioria dos membros presentes e votantes.**

O **Conselho de Tutela** é o órgão responsável por **promover a descolonização e autodeterminação dos povos,** fazendo com que os territórios tutelados pela ONU consigam instituir governo próprio soberano. **Com a independência do Palau,** o último território sob tutela da ONU, o Conselho, em 01 de Novembro de 1994, **suspendeu formalmente as suas atividades.**

A **Corte Internacional de Justiça, principal órgão judiciário da ONU,** é composta por **15 juízes.** Possui **competência jurisdicional e consultiva.** Todos os Membros das Nações Unidas estão submetidos à Corte. Um Estado que não seja membro da ONU poderá estar submetido à jurisdição da Corte mediante recomendação do Conselho de Segurança. **Somente julga litígio entre Estados, não julga indivíduos.**

O **Secretariado é composto por um Secretário-Geral e do pessoal exigido pela Organização.** O **Secretário-Geral** é indicado pela Assembléia Geral mediante a recomendação do Conselho de Segurança. Ele é o **principal funcionário administrativo da ONU.** A função do Secretariado é prestar serviços aos outros órgãos da ONU, além de chamar a atenção do Conselho de Segurança sobre qualquer assunto a ele pertinente.

13. SISTEMA GLOBAL DE PROTEÇÃO AOS DIREITOS HUMANOS

O sistema global de proteção aos direitos humanos, ou sistema onusiano, é um **conjunto de mecanismos de proteção** aos direitos humanos, gerido pela ONU ou por órgãos internacionais que têm o apoio da ONU, que tem a finalidade de zelar pelo cumprimento dos deveres estabelecidos na Carta da ONU e demais tratados internacionais de Direitos Humanos da ONU.

É importante destacar que o Direito Internacional dos Direitos Humanos não pretende substituir o sistema nacional, ele é **suplementar, subsidiário, complementar** ao direito nacional. Assim, poderá ser provocado sempre que os instrumentos nacionais sejam **omissos ou falhos** em seu dever de evitar ou punir as violações aos direitos humanos.

> O **X Exame** exigiu o conhecimento acerca dos mecanismos de proteção aos Direitos Humanos do sistema onusiano. São eles:
>
> 1) **Convencional** – São criados por meio de Convenções ou Tratados Internacionais de Direitos Humanos. Esses mecanismos somente podem ser aplicados aos Estados que ratificaram a Convenção ou Tratado. Ex: Comitê da Convenção para os Direitos da Criança.
> 2) **Não Convencionais** – Decorrem de medidas afirmativas de consenso da comunidade internacional ou resoluções, não sendo advindos de Convenções ou Tratados. Aplicam-se em relação a qualquer Estado, independentemente de ratificação de Convenção. Ex: Conselho de Direitos Humanos e Relatores Especiais.

Os órgãos do Sistema Global são:

1) Conselho de Direitos Humanos;
2) Relatores Especiais de Direitos Humanos;
3) Alto Comissariado de Direitos Humanos;
4) Comitês de Tratados Internacionais (*Treaty bodies*);
5) Tribunal Penal Internacional.

1. **Conselho de Direitos Humanos** é um órgão intergovernamental, composto por 47 Estados-membros, que **assessora a Assembleia Geral da ONU.** Substituiu a Comissão de Direitos Humanos que era subordinada ao Conselho Econômico e Social. Foi criado em 2006 pela Resolução 60/251 aprovada por 170 votos a favor e 04 contras (EUA, Israel, Ilhas Marshall e Palau).

   Principais funções:

   a) Promover e fiscalizar a observância da proteção de Direitos Humanos pelos Estados-membros da ONU;

b) Gerir o Sistema dos Relatores Especiais e o mecanismo de Revisão Periódica Universal – RPU.

Revisão Periódica Universal (*Universal Periodic Review*) é um mecanismo responsável pela **avaliação periódica** da situação dos Direitos Humanos em **todos os países do mundo.** Esta análise é efetuada **a cada 04 ou 05 anos, de forma não seletiva,** por um Grupo de Trabalho composto por Estados-membros da ONU.

No âmbito do debate ocorrido no seio deste Grupo de Trabalho, são formuladas **recomendações ao Estado que não são juridicamente vinculantes,** ou seja, busca-se a **cooperação e adesão voluntária dos Estados,** não sua condenação.

O Brasil já foi submetido a esta Revisão Periódica por duas vezes, em 2008 e 2012.

2. **Relatores especiais (*ou experts independentes*)** são especialistas independentes que acompanham questões ou situações de Direitos Humanos e reportam sobre elas ao Conselho de Direitos Humanos ou à Assembleia Geral.

   Podem **atuar individualmente** (intitulados de Relatores Especiais, ou Especialista Independentes) **ou em grupos de trabalho** (compostos por 05 membros, um por cada grupo regional).

   A **abrangência de atuação pode ser temática** (acompanham certo tema de direitos humanos) **ou por países** (acompanham a situação geral de direitos humanos em determinado país).

   Eles têm **jurisdição sobre todos os Estados membros da ONU, independentemente do país ser ou não Parte em qualquer tratado de direitos humanos** em concreto. Atualmente há 42 Relatores temáticos e 14 relatores por país. O Brasil já recebeu a visita de diversos relatores especiais temáticos, tais como, da Relatora sobre a eliminação da violência contra a mulher, em 1996 e do Relator sobre a tortura, em 2000.

   Funções:

   a) investigar situações de Direitos Humanos,

   b) realizar visitas in loco;

   c) receber denúncias ou comunicações; e

   d) produzir recomendações aos Estados que não vinculam juridicamente.

3. **Alto Comissariado de Direitos Humanos** trata-se de uma unidade do Secretariado das Nações Unidas, criada em 1993 pela resolução 48/141 da Assembleia Geral. É liderado pelo Alto Comissário das Nações Unidas para os Direitos Humanos que **é o principal funcionário da ONU responsável por questões de direitos humanos**. O Alto Comissário é indicado pelo Secretário Geral da ONU e aprovado pela Assembleia Geral para exercer **mandato de 04 anos** renovável uma única vez.

   Dentre suas atribuições compete ao Alto Comissário:

   – promover e proteger o efetivo gozo de todos os direitos civis, políticos, econômicos, sociais e culturais;

   – fazer recomendações aos órgãos da ONU para aprimorar a promoção e defesa dos Direitos Humanos.

4. **Comitês de Tratados Internacionais de Direitos Humanos** – são órgãos compostos por especialistas em matéria de Direitos Humanos, independentes e autônomos, que visam **monitorar a implementação dos Tratados** Internacionais de Direitos Humanos ratificados pelos Estados.

   Atente-se ao fato de que os Comitês somente podem monitorar os Estados que ratificaram os respectivos tratados que deram origem ao Comitê. Assim, não pode o Comitê monitorar um Estado que não ratificou o tratado, como também não pode o Comitê monitorar os Estados em temas que não são afetos ao conteúdo do Tratado que deu origem ao Comitê.

   Cada país signatário deve apresentar, periodicamente, um relatório sobre o cumprimento do instrumento internacional monitorado por cada Comitê, que, em seguida, fará recomendações que devem ser levadas em conta pelo país em seu próximo relatório.

   Atualmente há **09 Comitês de Tratados** em atividade:

   - Comitê de **Direitos Humanos**;
   - Comitê de **Direitos Econômicos, Sociais e Culturais**;
   - Comitê pela Eliminação de Toda Forma de **Discriminação Racial**;
   - Comitê pela Eliminação de Toda Forma de **Discriminação contra a Mulher**;
   - Comitê contra a **Tortura**;
   - Comitê sobre os Direitos da **Criança**;
   - Comitê sobre os Direitos das **Pessoas com Deficiência**;
   - Comitê contra o **Desaparecimento Forçado**;
   - Comitê sobre os Direitos dos **Trabalhadores Migrantes**.

   Principais Funções:

   a) examinar relatórios dos governos e da sociedade civil;
   b) receber e considerar as comunicações interestatais e as petições individuais;
   c) auxiliar os Estados a melhorar a implementação dos tratados de Direitos Humanos;
   d) esclarecer sobre a interpretação do significado e do conteúdo dos tratados de Direitos Humanos; e
   e) emitir recomendações, não vinculantes juridicamente, para realização de reparações quando entender que o Estado violou os Direitos Humanos.

O **X Exame** questionou sobre os dois sistemas normativos da ONU, que são:

1) **sistema normativo geral** – é integrado pela Carta Internacional dos Direitos Humanos que é composta pela DUDH mais o Pacto Internacional dos Direitos Civis e Políticos e o Pacto Internacional dos Direitos Econômicos, Sociais e Culturais. Esse conjunto de normas é endereçado a toda pessoa humana, independente de qualquer característica individual.

2) **sistema normativo especial** – destinados principalmente à proteção de pessoas ou grupos particularmente vulneráveis, como a Convenção Internacional contra a Tortura, a Convenção Internacional sobre a Eliminação de todas as formas de Discriminação Racial, a Convenção Internacional sobre a Eliminação de todas as formas de Discriminação contra a Mulher etc.

14. TRIBUNAL PENAL INTERNACIONAL

O Tribunal Penal Internacional (TPI) é o **primeiro tribunal penal internacional permanente.** Sua sede fica em Haia, Holanda. Possui **personalidade jurídica internacional** e foi aprovado por 120 votos favoráveis, 7 contrários e 21 abstenções, no âmbito da Conferência de Roma, em 17/07/1998, mas somente **entrou em vigor em 01 de julho de 2002**, por meio do **Estatuto de Roma.**

Antes de o TPI existir já **havia funcionado 4 Tribunais Penais Internacionais** ad hoc **(de exceção) e temporários** com a finalidade de **punir indivíduos**, não Estados, por crimes de guerra e contra a humanidade, quais sejam:

1) **Tribunal de Nüremberg,** ou Tribunal Internacional Militar, que funcionou de 20/11/1945 a 01/10/1946 com o objetivo de **julgar os dirigentes do nazismo e organizações criminosas** (SS, Gestapo, Partido Nazista e SA) por crimes de guerra e contra humanidade cometidos durante a Segunda Guerra Mundial. Foi o **único tribunal internacional que julgou pessoas jurídicas.** Houve a aplicação da pena de morte por enforcamento e prisão perpétua.
2) **Tribunal de Tóquio,** ou Tribunal Militar Internacional para o Extremo Oriente, que funcionou de 03/05/1946 a 12/11/1948 com o objetivo de **julgar os líderes do Império do Japão** pelos crimes contra a paz, crimes de guerra e crimes contra a humanidade cometidos durante a Segunda Guerra Mundial. Também aplicou penas de morte por enforcamento e prisão perpétua.
3) **Tribunal para Ex-Iugoslávia foi o primeiro Tribunal Penal Internacional criado pela ONU,** em 1993, por meio da Resolução n. 827 do Conselho de Segurança. Seu objetivo foi processar e julgar os crimes humanitários e genocídios cometidos durante as Guerras iugoslavas a partir de 1991. **O Tribunal teve suas atividades encerradas em 31 de dezembro de 2017 pelo Conselho de Segurança da ONU.** O órgão contava com 25 juízes e em seu último veredito emitido condenou o ex-chefe militar sérvio-bósnio Ratko Mladić, de 74 anos, à prisão perpétua por genocídio, crimes de guerra e contra a humanidade.
4) **Tribunal de Ruanda foi o segundo Tribunal Penal Internacional criado pela ONU,** em 1994, por meio da Resolução n. 955 do Conselho de Segurança. Sua missão foi processar e julgar os crimes de genocídio, de guerra e contra a humanidade ocorridos em Ruanda durante a guerra civil de 1994. A pena máxima que o Tribunal impôs foi a prisão perpétua.

O TPI faz parte do sistema global de proteção aos direitos humanos, mas é um **órgão independente e autônomo**. É composto por **18 juízes** eleitos pelos Estados Partes para um **mandato de 09 anos**, não cabendo recondução.

A **jurisdição penal do TPI é complementar, subsidiária ou suplementar,** ou seja, o Tribunal só exercerá sua jurisdição quando o Estado Parte for falho ou omisso na realização da justiça. Ademais, **somente o Estado que expressamente ratificou o Estatuto de Roma estará submetido à jurisdição do TPI**. Destacamos que **não cabe reservas na ratificação do Estatuto** (Art. 120 do Estatuto).

> No **XIII Exame** se questionou sobre a jurisdição do TPI. Atente-se que **compete ao Tribunal julgar indivíduos** e não Estados. Além disso, a Corte só terá **competência sobre crimes ocorridos após a entrada em vigor do Estatuto de Roma**, ou seja, só poderá processar e julgar casos que tenham ocorrido **após 01/07/2002**.

A jurisdição do Tribunal se limitará aos **crimes mais graves** que preocupam a comunidade internacional em seu conjunto, quais sejam (art. 5º):

1) **genocídios**
2) **de guerra**
3) **contra a humanidade**
4) **de agressão**

O Estatuto de Roma aplica os seguintes princípios de direito penal:

PRINCÍPIOS (ARTS. 22 A 29)	DEFINIÇÕES
Nullum crimen sine lege	Ninguém será penalmente responsável a menos que sua conduta constitua, no momento em que ocorrer, um crime sob a jurisdição do TPI.
Nulla poena sine lege	Um indivíduo condenado pelo TPI somente poderá será punido em conformidade com o Estatuto de Roma.
Irretroatividade ratione personae	Ninguém será penalmente responsável, em conformidade com o Estatuto de Roma, por uma conduta anterior a sua entrada em vigor.
Responsabilidade penal individual	Um indivíduo que cometer um crime sob a jurisdição do TPI será individualmente responsável e passível de pena.
Exclusão de jurisdição sobre menores de 18 anos	O TPI não terá jurisdição sobre menores de 18 anos de idade no momento da prática do crime.
Irrelevância de função oficial	O Estatuto de Roma será aplicável a todos os indivíduos sem distinção alguma fundamentada em sua função oficial.

PRINCÍPIOS (ARTS. 22 A 29)	DEFINIÇÕES
Responsabilidade de comandantes e outros superiores	O indivíduo que atue efetivamente como comandante militar será responsável penalmente pelos crimes sob a jurisdição do TPI que tiverem sido cometidos por forças sob o seu comando e controle efetivo, ou sua autoridade e controle efetivo por não ter exercido apropriadamente o controle sobre sua tropa.
Imprescritibilidade	Os crimes sob a jurisdição do TPI não prescrevem.

Quem terá **legitimidade** para provocar o **acionamento da jurisdição do** TPI são:

1) Os Estados parte;
2) O Conselho de Segurança; ou
3) O Promotor do TPI.

Em regra a pena máxima aplicável é de **30 anos de reclusão** (art. 77). Ainda é possível aplicar pena de **multa e perda dos bens** adquiridos com produto do crime. **Excepcionalmente**, quando justificada pela extrema gravidade crime e as circunstâncias pessoais do condenado, é possível a **prisão perpétua. Não é cabível a pena de morte.**

Os Estados Partes **deverão cooperar com o Tribunal** nas fases do inquérito e no procedimento contra crimes da competência deste (art. 86).

Em **caso de urgência**, o Tribunal poderá pedir a **prisão provisória** do indivíduo procurado, até que sejam apresentados o pedido de entrega e os documentos probatórios (art. 92).

O Brasil está submetido à jurisdição do TPI desde 1º de setembro de 2002. Cuidado para não confundir com a data em que o Tribunal entrou em vigor: 1º de JULHO de 2002.

É importante também não confundir o Tribunal Penal Internacional (TPI) com o Tribunal Internacional de Justiça (TIJ), ambos com sede na Haia. A principal diferença é que o TPI é um tribunal penal autônomo que julga indivíduos e o TIJ é um tribunal da ONU que julga litígios entre os Estados.

É possível o Brasil entregar um nacional ao TPI para ser processado mesmo o art. 5º, LI, da CF/88 vedar a extradição de brasileiros natos ou naturalizados. Isso, pois, a entrega é instituto jurídico distinto da extradição. A entrega decorre da relação ente o Estado e um órgão internacional. Já a extradição ocorre nas relações entre dois Estados. Assim, não há incompatibilidade entre a CF/88 e o Estatuto de Roma, já que a CF/88 veda apenas a extradição.

15. A DECLARAÇÃO UNIVERSAL DOS DIREITOS HUMANOS

Aprovada em 10 de dezembro de 1948, por meio da Resolução 217-A (III) da Assembleia Geral da ONU, a Declaração Universal dos Direitos Humanos – DUDH significou um marco da consagração da **universalidade** dos direitos humanos, uma vez que sua aplicação se estendeu a todas as pessoas, de todos os países, independente de raça, cor, religiões, sexo ou qualquer outra característica pessoal.

A DUDH consolida, assim, uma **ética universal** a partir do respeito à dignidade humana, e uma **ordem pública mundial,** servindo de inspiração para a criação de diversos tratados e convenções internacionais. Introduz, outrossim, a **indivisibilidade e interdependência** dos direitos humanos ao contemplar os direitos civis e políticos juntamente com os econômicos, sociais e culturais. Desse modo, a DUDH inova ao trazer em seu texto os princípios da **liberdade,** da **igualdade** e da **fraternidade.**

A DUDH não é um tratado internacional, mas uma declaração decorrente de uma Resolução da Assembléia Geral da ONU. Assim, **formalmente não tem força de lei e não pode obrigar os Estados juridicamente, apenas moralmente.** Contudo, uma parte da doutrina defende que no **sentido material,** a DUDH tem **força jurídica obrigatória e vinculante,** pois se tornou um **direito costumeiro internacional e um princípio geral de Direito Internacional.**

A DUDH, juntamente com o Pacto Internacional dos Direitos Civis e Políticos e o Pacto Internacional dos Direitos Econômicos Sociais e Culturais, formam a **Carta Internacional dos Direitos Humanos** ou *International Bill of Rights*, que inaugura o sistema global de proteção dos direitos humanos.

A Declaração em seus trinta dispositivos aborda os seguintes direitos:

Civis	Vida, liberdades individuais, propriedade, privacidade, igualdade perante a lei, segurança pessoal, não ser escravizado, não ser torturado, não receber penas cruéis, desumanas ou degradantes, não ser preso arbitrariamente, ser julgado por tribunal independente e imparcial, asilo, proteção à família e ao casamento.
Políticos	Votar, ser votado e nacionalidade.
Econômicos e Sociais	Trabalho, segurança social, alimentação, moradia, educação, saúde, bem-estar, associação sindical, previdência social, vestuário, lazer, proteção à maternidade e à infância.
Culturais	Cultura.

OBS.: Importante notar que a **DUDH não trouxe em seu texto a proteção aos direitos ambientais, do consumidor e aos transportes,** pois não havia consenso entre os países membros.

O PACTO INTERNACIONAL DOS DIREITOS CIVIS E POLÍTICOS (PIDCP) E SEUS PROTOCOLOS ADICIONAIS

O PIDCP foi adotado em 1966 pela Assembleia Geral da ONU, mas somente entrou em vigor em 1976 quando o 35º Estado ratificou-o. **Para o Brasil,** o Pacto entrou **em vigor** em 24 de abril de **1992.**

O Pacto e seu Protocolo Facultativo tem a finalidade de **regulamentar e tornar juridicamente vinculante** os direitos civis e políticos previstos na DUDH, assim como de criar **mecanismos de monitoramento** dos Estados Partes. Esse monitoramento é realizado pelo **Comitê de Direitos Humanos** por meio de três mecanismos:

1) recepção de relatórios dos Estados Partes;
2) comunicações interestatais; e
3) petições de vítimas.

> A **abolição da pena de morte** é tratada no Segundo Protocolo Adicional ao PIDCP, que entrou em vigor no Brasil em 2009. Esse tema foi **abordado no XV Exame**. Segundo o art. 1.1. do Protocolo **a pena de morte é proibida de forma geral**, admitindo, como **exceção**, apenas para o caso de **infração penal grave** de natureza **militar e cometida em tempo de guerra, desde que o Estado Parte tenha formulado tal reserva no ato da ratificação do Protocolo**. Analisaremos adiante o tema da pena de morte conforme a Convenção Americana de Direitos Humanos.

16. O PACTO INTERNACIONAL DOS DIREITOS ECONÔMICOS SOCIAIS E CULTURAIS DA ONU (PIDESC)

O PIDESC foi adotado junto com o PIDCP em 1966 pela Assembleia Geral da ONU, mas somente entrou em vigor em 1976 quando o 35º Estado ratificou-o. **Para o Brasil,** o Pacto entrou **em vigor** em 12 de dezembro de **1991.**

O Pacto possui 31 artigos que **garantem efetividade** aos direitos econômicos, sociais e culturais previstos na DUDH, assim como cria o **mecanismo de monitoramento** dos Estados Partes, realizado pelo **Conselho Econômico e Social,** por meio da **recepção de relatórios dos Estados Partes**.

Perceba que o **Pacto não criou um Comitê específico** de monitoramento, como fez o PIDCP. O Comitê dos Direitos Econômicos, Sociais e Culturais somente foi criado posteriormente por meio de resolução do Conselho Econômico e Social.

O PIDESC reconheceu que os direitos sociais são **realizados de forma progressiva**, o que **não exclui a obrigatoriedade** de sua promoção, a **exigibilidade pela via judicial,** e a **vedação ao retrocesso social**.

O Protocolo Facultativo ao PIDESC entrou em vigor em 2013 (o Brasil ainda não ratificou) e trouxe quatro mecanismos de efetivação dos direitos:

1) petição de indivíduos ou grupo de indivíduos;
2) comunicações interestatais;
3) procedimento de investigação;
4) medidas cautelares.

17. CONVENÇÃO SUPLEMENTAR SOBRE A ABOLIÇÃO DA ESCRAVATURA, DO TRÁFICO DE ESCRAVOS E DAS INSTITUIÇÕES E PRÁTICAS ANÁLOGAS À ESCRAVATURA

A Convenção foi adotada em 1956 pela ONU, mas só entrou em vigor em 1957. Para o **Brasil entrou em vigor** em 06 de janeiro de **1966.** Nos 15 artigos o documento tem o objetivo de enfrentar as práticas análogas à escravidão, denominada escravidão contemporânea ainda existente no Brasil e no mundo.

> O **XIX Exame** questionou o **conceito de escravidão** previsto no art. 7º da Convenção, qual seja: "é o **estado ou a condição** de um indivíduo sobre o qual se exercem todos ou parte dos poderes atribuídos ao **direito de propriedade**".

A Convenção ainda traz outros conceitos dos quais destacamos:

1) **Tráfico de escravos** – o ato de transportar escravos de um país a outro, por qualquer meio de transporte, ou a cumplicidade nesse ato.
2) **Servidão por dívidas** - é o estado ou a condição resultante do fato de que um devedor se haja comprometido a fornecer, em garantia de uma dívida, seus serviços pessoais ou os de alguém sobre o qual tenha autoridade, se o valor desses serviços não for equitativamente avaliado no ato da liquidação da dívida ou se a duração desses serviços não for limitada nem sua natureza definida.

18. CONVENÇÃO SOBRE ELIMINAÇÃO DE TODAS AS FORMAS DE DISCRIMINAÇÃO RACIAL

A Convenção foi adotada 1966 pela Assembleia Geral da ONU, mas só entrou em vigor em 1969. **Para o Brasil** a Convenção entrou em **vigor em 1968**.

O documento possui 25 artigos e condena todas as práticas de discriminação e segregação, ressaltando, em seu preâmbulo, que "qualquer doutrina de superioridade baseada em **diferenças raciais** é **cientificamente falsa, moralmente condenável, socialmente injusta e perigosa** (..)".

No art. 1º, a Convenção traz a seguinte definição de **discriminação racial**: "Qualquer **distinção, exclusão, restrição, ou preferência** baseada em raça, cor, descendência ou origem nacional ou étnica que tem por **objetivo ou efeito anular ou restringir** o reconhecimento, gozo ou exercício num mesmo plano (em igualdade de condições), de **direitos humanos e liberdades fundamentais** no domínio político, econômico, social, cultural ou qualquer outro domínio da vida".

Esse Tratado cria um **Comitê para Eliminação da Discriminação Racial** que monitora os Estados Partes por meio de **três mecanismos**:

1) Relatórios periódicos apresentados pelos Estados Partes;
2) Comunicação interestadual; e
3) Peticionamento individual.

Vale lembrar que nossa CF/88, no art. 4º, VIII, ressaltou o **repúdio ao racismo** como um dos **princípios que regem as relações internacionais**. Assim como considerou, em seu art. 5º, XLIV, **crime inafiançável e imprescritível**, sujeito a pena de reclusão.

19. CONVENÇÃO SOBRE ELIMINAÇÃO DE TODAS AS FORMAS DE DISCRIMINAÇÃO CONTRA A MULHER E SEU PROTOCOLO FACULTATIVO

A Convenção foi adotada 1979 pela Assembleia Geral da ONU, mas só entrou em vigor em 1981. **Para o Brasil** a Convenção entrou **em vigor em** 02 de março de **1984, com a reserva** do art. 29.2 que trata da **possibilidade de arbitragem** quando houver controvérsias entre dois ou mais Estados Partes com relação à interpretação ou aplicação da Convenção.

A Convenção é composta por 30 artigos. O artigo 1º define discriminação contra mulher como: "toda **distinção, exclusão ou restrição baseada no sexo** e que tenha por objeto ou resultado **prejudicar ou anular** o reconhecimento, gozo ou exercício pela mulher, independentemente de seu estado civil, com base na igualdade do homem e da mulher, dos **direitos humanos e liberdades fundamentais** nos campos político, econômico, social, cultural e civil ou em qualquer outro campo".

A Convenção cria o **Comitê pela Eliminação de Toda Forma de Discriminação contra a Mulher** que irá monitorar os Estados Partes por do **mecanismo do exame de Relatórios periódicos** apresentados pelos Estados Partes.

O **Protocolo Facultativo** entrou em vigor em 2000, mas para o Brasil o documento só entrou em vigor em 2002. Seu objetivo foi **aperfeiçoar o sistema de monitoramento** da Convenção **criando a possibilidade do indivíduo enviar petição ao Comitê** denunciando violações aos direitos nela previstos.

20. CONVENÇÃO CONTRA A TORTURA E OUTROS TRATAMENTOS OU PENAS CRUÉIS, DESUMANOS OU DEGRADANTES E SEU PROTOCOLO OPCIONAL

A Convenção foi adotada 1984 pela Assembleia Geral da ONU, mas só entrou em vigor em 1987. **Para o Brasil** a Convenção entrou **em vigor** em 28 de outubro de **1989**.

O documento possui 33 artigos. No art. 1º há definição do termo tortura que iremos destrinchá-lo em três elementos:

1) **natureza do ato** – qualquer ato pelo qual **dores ou sofrimentos agudos**, físicos ou mentais, são infligidos **intencionalmente** a uma pessoa.

2) **finalidade do ato** –
   a) a fim de obter, dela ou de uma terceira pessoa, informações ou confissões;
   b) de castigá-la por ato que ela ou uma terceira pessoa tenha cometido ou seja suspeita de ter cometido;
   c) de intimidar ou coagir esta pessoa ou outras pessoas;
   d) ou por qualquer motivo baseado em discriminação de qualquer natureza;

3) **envolvimento de agente público** – quando tais dores ou sofrimentos são infligidos por um funcionário público ou outra pessoa no exercício de funções públicas, ou por sua instigação, ou com o seu consentimento ou aquiescência.

OBS: O dispositivo **não considera como tortura** as dores ou sofrimentos que sejam **consequência unicamente de sanções legítimas**, ou que sejam inerentes a tais sanções ou delas decorram.

A **ordem de um funcionário superior** ou autoridade pública não pode ser **invocada como justificativa para a tortura**, pois, conforme prevê o art. 2.3, há a responsabilidade penal mesmo nesses casos.

A Convenção cria o **Comitê contra a Tortura** que irá monitorar os Estados Partes por meio de três mecanismos:

1) Relatórios periódicos apresentados pelos Estados Partes;
2) Comunicação interestadual; e
3) Peticionamento individual.

O **XV Exame** cobrou conhecimento acerca do **Protocolo Opcional**. Tal protocolo entrou em vigor para o Brasil em 2007 e estabelece que cada Estado deverá designar ou manter, em nível doméstico, um ou mais mecanismos preventivos nacionais. Por meio da Lei n. 12.847/13, o Brasil pretendeu atender à exigência do Protocolo, ao criar o **Mecanismo Nacional de Prevenção e Combate à Tortura**. No art. 9º, I, há a previsão da competência do Mecanismo **planejar, realizar e monitorar visitas periódicas e regulares**` a pessoas privadas de liberdade. Essas visitas periódicas e regulares constituem o cumprimento do **objetivo do Protocolo Opcional** que têm a intenção de prevenir a tortura e outros tratamentos ou penas cruéis, desumanos ou degradantes.

21. CONVENÇÃO SOBRE OS DIREITOS DAS CRIANÇAS E SEUS PROTOCOLOS FACULTATIVOS

A Convenção foi adotada 1989 pela Assembleia Geral da ONU, mas só entrou em vigor em 1990. **Para o Brasil** a Convenção entrou **em vigor** em 23 de outubro de **1990.**

A Convenção é composta por 54 artigos. O artigo 1º define criança como sendo: "**todo ser humano com menos de 18 anos de idade**, a não ser que, em conformidade com a lei aplicável à criança, a maioridade seja alcançada antes".

Cuidado porque o Estatuto da Criança e do Adolescente, em seu art. 2º, diferencia criança (indivíduo até 12 anos incompletos) de adolescente (indivíduo entre 12 e 18 anos incompletos).

O art. 3º traz o princípio do "**interesse superior da criança**" (*best interests of the child*) que impõe que todas as ações relativas às crianças, levadas a efeito por instituições públicas ou privadas de bem estar social, tribunais, autoridades administrativas ou órgãos legislativos, deva levar em consideração o interesse maior da criança.

A prova do **VIII Exame** questionou sobre o **direito de acesso à informação** previsto no art. 17 da Convenção. Segundo o dispositivo as crianças têm direito a informações e materiais que visem a **promover** seu **bem-estar social, espiritual e moral e sua saúde física e mental**. Para tanto, os Estados Partes:

a) incentivarão os meios de comunicação a difundir informações e **materiais de interesse social e cultural** para a criança;

b) promoverão a cooperação internacional na produção, no intercâmbio e na divulgação dessas informações e desses **materiais procedentes de diversas fontes culturais, nacionais e internacionais**;

c) incentivarão a produção e difusão de **livros para crianças**;

d) incentivarão os meios de comunicação no sentido de, particularmente, considerar as **necessidades lingüísticas da criança que pertença a um grupo minoritário ou que seja indígena**;

e) promoverão a elaboração de diretrizes apropriadas a fim de **proteger a criança contra toda informação e material prejudiciais ao seu bem-estar**.

O **VIII Exame** perguntou sobre o direito a **liberdade de expressão** previsto no art. 13 da Convenção. A prova queria saber se esse direito **poderia ser exercido de modo irrestrito, e a resposta é negativa**. O exercício desse direito poderá estar sujeito à restrições:

a) para o respeito dos direitos ou da reputação dos demais, ou;

b) para a proteção da segurança nacional ou da ordem pública, ou para proteger a saúde e a moral públicas.

A Convenção cria **o Comitê sobre os Direitos das Crianças** que irá monitorar os Estados Partes por meio dos mecanismos de **exame de Relatórios periódicos** apresentados pelos Estados Partes.

O **direito das vítimas peticionarem diretamente** ao Comitê somente surgiu em 2014 com a adoção do 3º Protocolo Facultativa à Convenção da Criança. O **Brasil ainda não ratificou esse documento**, assim, os casos brasileiros não podem ser denunciados diretamente pelas vítimas ao Comitê.

Foram elaborados dois Protocolos Facultativos à Convenção, em 2002, sobre os temas:

a) relativo ao envolvimento de crianças em conflitos armados;

b) referente à venda de crianças, à prostituição infantil e à pornografia infantil. O Brasil ratificou ambos em 2004.

22. CONVENÇÃO DOS DIREITOS DE TODOS OS TRABALHADORES MIGRANTES E DOS MEMBROS DAS SUAS FAMÍLIAS

Adotada pela Assembleia Geral da ONU em 1990, o documento entrou em vigor em 2003. O **XVI Exame** quis saber **se o Brasil ratificou essa Convenção e a resposta é negativa**, por isso essa **norma não produz efeito jurídico em território brasileiro**.

Cabe ressaltar que o Brasil é o único país membro do Mercosul que não é signatário do acordo.

O principal **objetivo** da Convenção é estabelecer normas internacionais para **uniformizar o tratamento** a todos os trabalhadores migrantes e aos membros das suas famílias **sem qualquer tipo de discriminação**.

A Convenção, em seus 93 artigos, traz diversos conceitos dos quais destacamos:

1) **Trabalhador migrante** - Pessoa que vai exercer, exerce ou exerceu uma atividade remunerada num Estado de que não é nacional.
2) **Trabalhador itinerante** – Trabalhador migrante que, tendo a sua residência habitual num Estado, tem de viajar para outros Estados por períodos curtos, devido à natureza de sua ocupação.

A Convenção cria o **Comitê sobre os Direitos dos Trabalhadores Migrantes** que irá monitorar os Estados Partes por meio de três mecanismos:

1) Relatórios periódicos apresentados pelos Estados Partes;
2) Comunicação interestadual; e
3) Peticionamento individual.

23. CONVENÇÃO INTERNACIONAL PARA A PROTEÇÃO DE TODAS AS PESSOAS CONTRA O DESAPARECIMENTO FORÇADO

A Convenção foi adotada 2007 pela Assembleia Geral da ONU, mas só entrou em vigor em 2010. **Para o Brasil** a Convenção entrou **em vigor em 29 de dezembro de 2010**.

O documento possui 45 artigos. O art. 2º traz o **conceito de desaparecimento forçado** que foi cobrado na **prova do XV Exame**, que destacamos: "a **prisão, a detenção, o sequestro ou qualquer outra forma de privação** de liberdade que seja perpetrada pelo **Estado** ou por pessoas ou grupos de pessoas agindo **com a autorização, apoio ou aquiescência do Estado**, e a subseqüente **recusa em admitir a privação** de liberdade ou a ocultação do destino ou do **paradeiro** da pessoa desaparecida, privando-a assim da proteção da lei".

É importante perceber que **nenhuma circunstância excepcional**, seja **estado de guerra** ou ameaça de guerra, **instabilidade política** interna ou qualquer outra emergência pública, poderá ser invocada como **justificativa para o desaparecimento forçado**, conforme estabelece o art. 1º da Convenção.

O art. 5º considera **crime contra a humanidade** a prática generalizada ou sistemática de desaparecimento forçado.

A Convenção cria o **Comitê contra o Desaparecimento Forçado** que irá monitorar os Estados Partes por meio de cinco mecanismos:

1) Relatórios periódicos apresentados pelos Estados Partes;
2) Comunicação interestadual;
3) Peticionamento individual;
4) Exame de pedido de busca e localização de uma pessoa desaparecida, em regime de urgência;
5) Visita ao Estado Parte.

24. CONVENÇÃO SOBRE OS DIREITOS DAS PESSOAS COM DEFICIÊNCIA (CONVENÇÃO DE NOVA IORQUE) E SEU PROTOCOLO FACULTATIVO

A Convenção foi adotada pela Assembleia Geral da ONU em 2007, mas só entrou em vigor em 2008. **Para o Brasil** a Convenção entrou **em vigor** em 31 de agosto de **2008.**

O objetivo da Convenção é **promover, proteger e assegurar o exercício pleno e equitativo** de todos os direitos humanos e liberdades fundamentais por todas as pessoas com deficiência e **promover o respeito** pela sua dignidade inerente.

A Convenção tem 50 artigos. O art. 1º traz o **conceito de pessoa com deficiência**: "são aquelas que têm **impedimentos de longo prazo de natureza física, mental, intelectual ou sensorial**, os quais, em interação com diversas barreiras, podem **obstruir sua participação plena e efetiva na sociedade** em igualdades de condições com as demais pessoas." . Percebe-se que a deficiência é considerada um **conceito social (e não médico)**.

Destacamos também que a Convenção traz **8 princípios** diretivos, que são:

a) O respeito pela dignidade inerente, a autonomia individual, inclusive a liberdade de fazer as próprias escolhas, e a independência das pessoas;
b) A não discriminação;
c) A plena e efetiva participação e inclusão na sociedade;
d) O respeito pela diferença e pela aceitação das pessoas com deficiência como parte da diversidade humana e da humanidade;
e) A igualdade de oportunidades;
f) A acessibilidade;
g) A igualdade entre o homem e a mulher;
h) O respeito pelo desenvolvimento das capacidades das crianças com deficiência e pelo direito das crianças com deficiência de preservar sua identidade.

No ordenamento jurídico brasileiro, até o presente momento, essa é a **única** Convenção Internacional de Direitos Humanos que possui ***status* de emenda constitucional,** pois foi incorporada com o rito previsto no § 3º, do art. 5º, da CF/88.

Esse Tratado cria o **Comitê sobre os Direitos das Pessoas com Deficiência** que monitora os Estados Partes por meio de **dois mecanismos**:

1) Relatórios periódicos apresentados pelos Estados Partes;
2) Peticionamento individual.

25. CONFERÊNCIA DE VIENA DE 1993

A **Conferência** foi a segunda grande Conferência realizada pela ONU (a primeira foi em Teerã, 1968) e teve como destaque a **reafirmação dos paradigmas da universalidade, indivisibilidade e interdependência dos Direitos Humanos** instituídos na DUDH, concedendo maior eficácia e proteção aos direitos humanos.

26. HIERARQUIA DOS TRATADOS INTERNACIONAIS DE DIREITOS HUMANOS

Os Tratados e Convenções internacionais **são fontes formais de direito internacional**, operando efeitos para o ordenamento jurídico interno dos países que os ratificarem. O Brasil ratificou a maior parte das Convenções e Tratados Internacionais de Direitos Humanos após a CF/88.

A hierarquia dos tratados e convenções internacionais de Direitos Humanos possui um duplo estatuto:

1) **Natureza constitucional** - quando o Tratado ou Convenção internacional de direitos humanos for aprovado pelo *quorum* de **3/5 dos membros de cada Casa do Congresso Nacional** e em **2 turnos de votação,** previsto no § 3º, do art. 5º da CF/88.

OBS: Até o presente momento **somente a Convenção sobre os Direitos das Pessoas com Deficiência e seu Protocolo Facultativo** foram aprovados pelo quorum qualificado do § 3º, do art. 5º da CF/88, e detêm **status equivalente a emenda constitucional**.

2) **Natureza de norma supralegal -** Quando o Tratado ou Convenção internacional de direitos humanos for **ratificado pela rito comum** (maioria simples e em único turno em cada Casa do Congresso) e não pelo rito do § 3º, art. 5, CF. Assim, todo o ordenamento infraconstitucional em sentido contrário ao texto internacional terá sua eficácia paralisada. Esse entendimento surgiu no julgamento do RE 466.343 pelo STF.

> A **prova do XIII Exame** acertadamente afirmou que a **natureza supralegal das Convenções de Direitos Humanos** faz com que elas sejam **hierarquicamente superiores ao código civil e ao de processo civil. OBS: Status de lei ordinária** – Quando o Tratado ou Convenção internacional for de qualquer outra natureza que não seja de Direitos Humanos.

Tendo em vista o posicionamento do STF no RE 466.343 e no RE 349.703, **somente cabe prisão civil por dívida no caso de devedor de alimentos.** Assim, não poderá mais ser decretada a prisão do depositário infiel. Ressalte-se, todavia, que o **art. 5ª, LXVII, CF**, que prevê a prisão do depositário infiel, **NÃO FOI REVOGADO,** ocorrendo apenas a **paralisação dos efeitos** dessa norma por ser frontalmente contrária ao Pacto de San José e ao Pacto Internacional dos Direitos Civis e Políticos.

OBS: Sobre o tema, o STF editou a Súmula Vinculante n. 25: É ilícita a prisão civil de depositário infiel, qualquer que seja a modalidade do depósito.

Segundo boa parte da doutrina, o procedimento de **denúncia** (ato de retirada ou "rescisão") do Tratado ou Convenção Internacional de Direitos Humanos precisará **somente da vontade unilateral do Chefe do Poder Executivo ou de Lei do Poder Legislativo.** Contudo, Flávia Piovesan entende que a denúncia precisaria ser apreciada pelo **Congresso Nacional, uma vez que há a proibição do retrocesso.**

27. SISTEMAS REGIONAIS DE PROTEÇÃO AOS DIREITOS HUMANOS

Os sistemas regionais de proteção aos direitos humanos **complementam o sistema global**, tendo em vista que têm o mesmo objetivo: a proteção do indivíduo e o combate às violações dos direitos humanos. Assim, **caberá à vítima escolher em qual sistema irá demandar** o Estado violador e qual sistema é mais favorável ao seu pleito.

Havendo **conflito entre normas** pertencentes aos sistemas global e o regional, deve ser aplicada a **norma mais benéfica à pessoa humana.**

Há 3 sistemas regionais de proteção: o Europeu, o Interamericano e o Africano.

28. SISTEMA INTERAMERICANO DE PROTEÇÃO AOS DIREITOS HUMANOS

O Sistema Interamericano (SI) é coordenado pela Organização dos Estados Americanos (OEA) que foi criada em 1948 pela Carta da OEA.

Assim como o Sistema Global, o SI **tem caráter suplementar ou subsidiário** em relação à jurisdição nacional, ou seja, só será acionado quando se esgotar os recursos internos do Estado demonstrando omissão ou falha em seu dever de atuar.

Os principais marcos legais do SI são:

a) Declaração Americana dos Direitos e Deveres do Homem (DADDH);e
b) Convenção Americana de Direitos Humanos (CADH), ou Pacto de San José da Costa Rica.

O SI possui dois órgãos de monitoramento: a Comissão Interamericana de Direitos Humanos (CIDH) e a Corte Interamericana de DH (Corte IDH).

ATENÇÃO! A CIDH e a Corte julgam Estados, não indivíduos.

A OEA possui **09 Relatorias Especiais** sobre temas de direitos humanos que são vinculadas à CIDH. Tais órgãos produzem **relatórios temáticos** com **recomendações não vinculantes juridicamente** aos Estados Partes. As Relatorias atuam nos seguintes temas:

a) para a Liberdade de Expressão;
b) sobre os direitos das mulheres;
c) sobre os direitos dos migrantes;
d) sobre os direitos da criança;
e) sobre os direitos de LGBT;
f) sobre os direitos dos afrodescendentes;
g) sobre os direitos dos povos indígenas;
h) sobre os defensores de direitos humanos;
i) sobre os direitos econômicos, sociais e culturais.

29. CONVENÇÃO AMERICANA DE DIREITOS HUMANOS (CADH)

A Convenção Americana, também conhecida com Pacto de San José da Costa Rica, foi assinada em 1969, mas somente entrou em vigor em 1978. Para o **Brasil** entrou **em vigor** em 25 de setembro de **1992** com a **reserva** no sentido de **não incluir** o direito automático de **visitas e inspeções *in loco* da Comissão Interamericana**, as quais dependerão da anuência expressa do Estado.

É o **principal documento** do Sistema Interamericano. Seu texto possui **aplicação imediata**, podendo seus direitos serem exigidos de plano. Apenas os países membros da OEA podem aderir à CADH.

O **Pacto em seus 82 artigos não traz qualquer direito social, cultural ou econômico**, apenas determina que os Estados devam, progressivamente, realizar esses direitos (art. 26). Tais direitos estão consagrados no **Protocolo Adicional de San Salvador** adotado em 1988 e passando a vigorar no Brasil em 16 de novembro de 1999.

Fique atento ao **direito à vida**, lançado no art. 4º da CADH. O Pacto assegura que esse direito deva ser protegido pela lei e, em geral, **desde o momento da concepção**, e que **ninguém pode ser privado da vida arbitrariamente.**

- Sobre a **pena de morte** esse artigo enaltece que nos países que não houverem abolido a pena de morte, esta só poderá ser imposta pelos **delitos mais graves**, em cumprimento de **sentença final de tribunal competente** e em **conformidade com lei** que estabeleça tal pena, promulgada **antes de haver o delito** sido cometido. Tampouco se estenderá sua aplicação a delitos aos quais não se aplique atualmente.
- **Não se pode restabelecer a pena de morte nos Estados que a hajam abolido**, assim como **não pode a pena de morte ser aplicada por delitos políticos**, nem por delitos comuns conexos com delitos políticos.

- **Não se deve impor a pena de morte** a pessoa que, no momento da perpetração do delito, for **menor de 18 anos**, ou **maior de 70**, nem aplicá-la a **mulher em estado de gravidez.**
- Toda **pessoa condenada à morte tem direito a solicitar anistia, indulto ou comutação da pena**, os quais podem ser concedidos em todos os casos. Não se pode executar a pena de morte enquanto o pedido estiver pendente de decisão ante a autoridade competente.

> A **prova do XX Exame** exigiu o conhecimento acerca das **garantias judiciais** previstas no art. 8 da CADH. Segundo o dispositivo toda pessoa acusada de delito tem direito a que se **presuma sua inocência** enquanto não se comprove legalmente sua culpa. Durante o processo, toda pessoa tem direito, em plena igualdade, às seguintes **garantias mínimas:**
>
> **a)** direito do acusado de ser assistido **gratuitamente por tradutor ou intérprete**, se não compreender ou não falar o idioma do juízo ou tribunal;
>
> **b)** comunicação prévia e pormenorizada ao acusado da **acusação formulada**;
>
> **c)** concessão ao acusado do **tempo** e dos meios adequados para a **preparação de sua defesa**;
>
> **d)** direito do acusado de **defender-se pessoalmente ou** de ser assistido por um **defensor de sua escolha** e de comunicar-se, livremente e em particular, com seu defensor;
>
> **e)** direito irrenunciável de ser assistido por um **defensor proporcionado pelo Estado**, remunerado ou não, segundo a legislação interna;
>
> **f)** direito da defesa de **inquirir as testemunhas** presentes no tribunal e de obter o comparecimento, como testemunhas ou peritos, de outras pessoas que possam lançar luz sobre os fatos;
>
> **g)** direito de **não ser obrigado a depor contra si mesma**, nem a declarar-se culpada;
>
> **h)** direito de **recorrer da sentença** para juiz ou tribunal superior.
>
> O **XVIII Exame** cobrou o posicionamento da CADH em relação ao **direito de liberdade de expressão.** Previsto no art. 13, o exercício desse direito **não pode estar sujeito a censura prévia, mas a responsabilidades ulteriores**, que devem ser expressamente fixadas pela lei e ser necessárias para assegurar:
>
> **a)** o respeito dos direitos e da reputação das demais pessoas;
>
> **b)** a proteção da segurança nacional, da ordem pública, ou da saúde ou da moral públicas.

Ainda segundo a CADH, a lei pode submeter os **espetáculos públicos a censura prévia**, com o objetivo exclusivo de regular o acesso a eles, **para proteção da moral da infância e da adolescência.** Destacamos que o art. 220, § 3º da CF/88 também prevê a possibilidade de regulamentação, por lei federal, diversões e espetáculos públicos.

O art. 13 também impõe que a lei **proíba toda propaganda a favor da guerra**, bem como toda apologia **ao ódio nacional, racial ou religioso** que constitua incitamento à discriminação, à hostilidade, ao crime ou à violência.

30. COMISSÃO INTERAMERICANA DE DIREITOS HUMANOS (CIDH)

A CIDH é o **órgão principal e autônomo** da OEA encarregado da promoção e proteção dos direitos humanos no continente americano. Sua **função é essencialmente política**, não sendo jurisdicional.

Sediada em Washington-EUA, a CIDH é composta por **7 membros** chamados de **Comissários**. Estes são **independentes** e eleitos para um **mandato de 04 anos** com possibilidade de única reeleição. Não pode fazer parte da CIDH mais de um Comissário nacional de um mesmo país.

A CIDH realiza seu trabalho com base em três pilares:

1) o sistema de Petição Individual;
2) o monitoramento da situação dos direitos humanos nos Estados Membros por meio de visitas *in loco*; e
3) a atenção a linhas temáticas prioritárias por meio dos Relatores Especiais.

Quem pode acessar a CIDH são:

a) Qualquer indivíduo (não precisa ter vínculo com a vítima);
b) Grupo de indivíduos e organizações não governamentais;
c) Estado-membro da OEA que tenha ratificado a CADH;

A CIDH não exige a representação de um/a advogado/a na apresentação e tramitação da petição.

Os **requisitos para admissão** de uma petição ou comunicação pela CIDH são (art. 46):

a) **Esgotamento dos recursos internos:** o peticionário deve provar que acionou e esgotou todos os mecanismos nacionais administrativos e judiciais antes de provocar a CIDH;
b) **Prazo para interposição:** 6 meses, a partir da data em que o prejudicado tenha sido notificado da decisão definitiva;
c) **Litispendência:** a matéria não esteja pendente de outro processo de solução internacional; e
d) **Identificação do peticionário:** com o nome, a nacionalidade, a profissão, o domicílio e a assinatura da pessoa ou pessoas ou do representante legal da entidade que submeter a petição.

Não se aplicará o prazo de 6 meses ou será requerido o esgotamento dos recursos internos se:

a) **não existir**, na legislação interna do Estado de que se tratar, o **devido processo legal** para a proteção do direito violado;
b) **não se houver permitido o acesso** aos recursos da jurisdição interna, ou houver sido ele **impedido de esgotá-los**; e
c) houver **demora injustificada** na decisão sobre os mencionados recursos.

O **XII Exame** cobrou conhecimento sobre as **Medidas Cautelares.** Esse mecanismo é previsto para **evitar danos irreparáveis às pessoas ou perecimento de direito**, não implicando em pré-julgamento do mérito do caso. Nesse caso **não será necessário esgotar os recursos internos.**

- A cautelar **poderá ser também de natureza coletiva** a fim de prevenir um dano irreparável às pessoas em virtude do seu vínculo com uma organização, grupo ou comunidade de pessoas determinadas ou determináveis.
- Tais medidas podem ser tomadas **sem ouvir previamente o Estado.**
- As medidas cautelares **não tem força jurídica vinculante.** Se o Estado descumpri-las, a CIDH poderá levar o caso à Corte IDH requerendo a aplicação de **medidas provisórias que têm força jurídica vinculante.**

A prova do **XVII Exame** quis saber qual o rito do Processo perante a CIDH. Esse rito possui quatro fases:

1ª fase – da admissibilidade;

2ª fase – da conciliação;

3ª fase – do Primeiro Informe/Relatório; e

4ª fase – do Segundo Informe/Relatório ou a propositura de uma ação de responsabilidade internacional perante a Corte IDH.

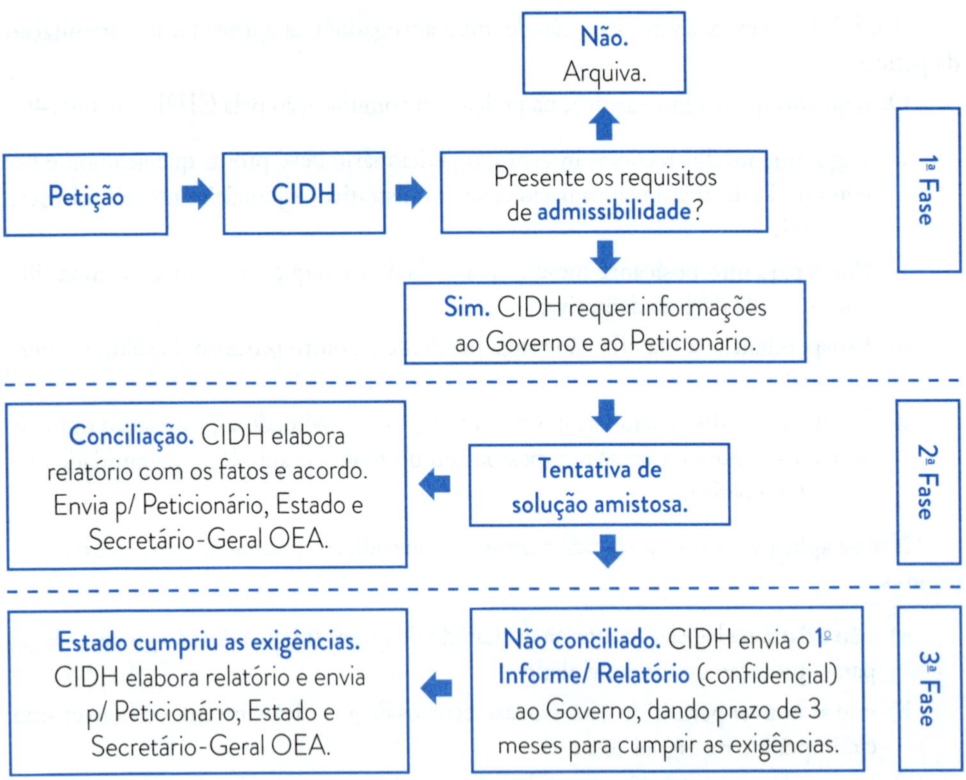

> A **prova do X Exame** questionou se a Comissão possui competência para atribuir **responsabilidades individuais e a resposta é negativa**, pois a CIDH apenas pode responsabilizar internacionalmente um Estado membro da OEA, consoante dispõe o art. 44 da CADH.

31. CORTE INTERAMERICANA DE DIREITOS HUMANOS (CORTE IDH)

A Corte IDH é o **órgão judicial autônomo** criado pela CADH. Sua jurisdição é **contenciosa e consultiva.**

Em relação à competência consultiva, qualquer membro da OEA pode solicitar o parecer da Corte relativo à interpretação da CADH ou de qualquer outro tratado referente à proteção dos direitos humanos nos Estados americanos.

A Corte fica sediada em San José, na Costa Rica, e é **composta** por **7 juízes** nacionais de Estados-membros da OEA. Não deve haver dois juízes da mesma nacionalidade. O **mandato dos juízes é de 06 anos** cabendo uma única reeleição.

A **submissão à jurisdição da Corte não é obrigatória.** Assim, um Estado pode ser membro da OEA, ter ratificado a CADH, e não aceitar a jurisdição do órgão. Se o Estado **reconhecer a jurisdição deve fazer por meio de declaração específica e sem reserva ao aceite.**

O **Estado brasileiro reconheceu a competência** jurisdicional da Corte IDH **por prazo indeterminado**, em 03 dezembro de 1998, por meio do Decreto Legislativo n. 89/98.

Quem pode acessar a Corte IDH: Apenas a **Comissão Interamericana** e os **Estados-Partes** da OEA que expressamente reconhecerem a jurisdição da Corte

ATENÇÃO: O **indivíduo não pode acessar diretamente a Corte**, pois depende da Comissão ou de outro Estado para que seu caso seja apreciado pelo órgão.

Ao final do processo na Corte IDH, se for comprovada a ocorrência de violações de Direitos Humanos, será **prolatada uma sentença** contra o Estado.

> A **prova do XIV Exame** questionou sobre a **sentença da Corte IDH**. Essa sentença tem caráter **definitivo e inapelável** (art. 67 da CADH). Ela é uma sanção internacional que deve ser **cumprida espontaneamente** pelo Estado. Caso contrário, sua execução deve ser feita nos termos da **execução contra a Fazenda Pública. Não necessita de homologação do STJ**, uma vez que é oriunda de organismo internacional e não de Estado estrangeiro. É considerada **título executivo judicial**, devendo ser executada por **juiz federal**, (art. 109, I, CF), contra a União (art. 21, I, CF).
>
> O **XVIII Exame** quis saber se os **Estados e os Municípios**, por terem capacidade jurídica, **poderiam responder pelos seus atos administrativos no âmbito internacional**. A resposta é **negativa**. A **União é a única responsável** para responder internacionalmente por todas as violações de direitos humanos ocorridas no Brasil, uma vez que o art. 21, I, da CF/88, estabelece como sua a competência para participar de organizações internacionais.

Ademais, segundo o art. **28.1 da CADH** "Quando se tratar de um Estado-parte constituído como Estado federal, o **governo nacional** do aludido Estado-parte **cumprirá** todas as disposições da presente Convenção, relacionadas com as matérias sobre as quais exerce competência legislativa e judicial".

Casos Contenciosos contra o Brasil: Sete casos foram abertos. Cinco casos já foram finalizados, havendo **quatro condenações** e **uma absolvição** (Caso Nogueira de Carvalho, 2006, arquivado por falta de provas). Há ainda dois casos tramitando contra o Brasil.

- **Caso Gomes Lund (Guerrilha do Araguaia)** - Última decisão da Corte contra o Brasil (24/11/2010). O Tribunal concluiu que o Estado brasileiro é responsável pela **não apuração e punição de detenções arbitrárias, torturas e desaparecimentos forçados de 62 pessoas,** entre **1972 e 1974**. A Corte considerou que a Lei de Anistia (Lei 6.683/79) é incompatível com a CADH.

CUIDADO: O STF, na ADPF 153, entendeu que Lei da Anistia tem validade.

Para facilitar o entendimento sobre as **diferenças entre a CIDH e a Corte IDH** elaboramos o quadro abaixo:

	CIDH	CORTE IDH
Sede	Washington - EUA.	San José – Costa Rica.
Membros	7 Comissários.	7 Juízes.
Função	Política.	Jurisdicional e Consultiva.
Produto final do processo	Recomendações.	Sentença.
Quem pode acionar	Qualquer indivíduo, grupo de indivíduos, ONG´s e Estados Partes da CADH.	Somente a CIDH ou os Estados Partes que aceitaram a jurisdição da Corte.

32. CONVENÇÃO 169 DA OIT SOBRE POVOS INDÍGENAS E TRIBAIS

A Convenção foi adotada pela Organização Internacional do Trabalho (OIT) 1989, entrando em vigor internacional em 1991. Para o Brasil, o documento entrou em vigor em 25 de julho de 2003.

Até o presente momento é a **única Convenção Internacional em vigor que trata sobre os direitos dos povos indígenas** com foco na igualdade e combate à discriminação.

O documento possui 44 artigos. **Aplica-se aos homens e mulheres que tenham consciência de sua identidade indígena ou tribal.** Assim, a Convenção utilizou o **critério da autoidentificação** para definir quem é integrante de povo indígena ou tribal.

De acordo com o art. 2º da Pacto, os **governos deverão assumir a responsabilidade** de desenvolver, **com a participação dos povos** interessados, uma ação coordenada e sistemática com vistas a **proteger os direitos desses povos e a garantir o respeito pela sua integridade.**

A consulta e a participação dos povos indígenas e tribais são os objetivos principais da Convenção. Outros temas abordados:

1) direitos de **propriedade** e de **posse** sobre as **terras** que tradicionalmente ocupam;
2) Contratação, Condições de **Emprego** e programas de formação profissional;
3) **Seguridade Social** e **Saúde**;
4) Educação e Meios de Comunicação.

A **prova do XX Exame** cobrou conhecimento sobre a abordagem da Convenção em relação aos **recursos naturais eventualmente existentes em terras indígenas.**

- A questão corretamente afirmou, com base no art. 15.2, que em caso de **a propriedade dos minérios ou dos recursos do subsolo pertencer ao Estado, o governo deverá estabelecer ou manter consultas dos povos interessados**, a fim de determinar se os interesses desses povos seriam prejudicados, **antes de empreender ou autorizar qualquer programa de prospecção ou exploração dos recursos existentes.**
- É importante saber que o art. 15. 1 da Convenção 169 **protege os recursos naturais existentes nas terras** dos povos indígenas e tribais e **prevê expressamente o direito desses povos de participarem da utilização, administração e conservação dos recursos naturais existentes.**

33. DIREITOS HUMANOS NA CONSTITUIÇÃO FEDERAL DE 1988

A CF/88 apresenta **nova topografia constitucional,** uma vez que seus primeiros capítulos possuem avançado rol de **direitos e garantias fundamentais considerados *cláusula pétrea*.** As constituições anteriores enfatizavam temas voltados à estrutura e funcionamento do Estado.

A CF/88 também **inova** ao incluir na **seara dos direitos e garantias fundamentais**, além dos direitos civis e políticos, os **direitos sociais** (Cap. II, Título II). Anteriormente as normas relativas a tais direitos encontravam-se dispersa no âmbito da ordem econômica social. Assim, encontra-se latente o respeito ao **princípio da indivisibilidade e interdependência** dos dh´s.

Principais artigos a serem estudados da CF/88 relativo ao tema:

- 1º ao 4º (Princípios fundamentais);
- 5º ao 16 (Direitos e Garantias Fundamentais);
- 226 a 230 (Da família, da criança, do adolescente e do idoso);
- 231 e 232 (Dos índios).

34. INCIDENTE DE DESLOCAMENTO DE COMPETÊNCIA (IDC)

O IDC, também conhecido como a **federalização das graves violações contra os Direitos Humanos**, surgiu com a EC 45/2004, que introduziu um novo § 5º, e novo inciso V-A, no art. 109 da CF/88.

> O **XVIII Exame** buscou saber sobre a **finalidade do IDC**. A alternativa correta era a que afirmava que IDC visa **assegurar o cumprimento de obrigações decorrentes de tratados internacionais de Direitos Humanos dos quais o Brasil seja parte**, nos termos do § 5º, do art. 109.

FIQUEM ATENTOS: pois **poderá haver o deslocamento da competência** em casos de **natureza cível ou criminal,** basta haver **grave violação aos direitos humanos.**

> Para ocorrer o IDC devem ser cumpridos os pressupostos materiais e formais. Esses já foram objeto de atenção da **prova do XII Exame.**
>
> **Pressupostos materiais:**
>
> 1) a existência de **grave violação** a Direitos Humanos;
> 2) o risco de **responsabilização internacional** decorrente do descumprimento de obrigações jurídicas previstas em tratados internacionais de Direitos Humanos dos quais o Brasil seja parte;
> 3) e a **incapacidade das instâncias e autoridades** locais em oferecer respostas efetivas.
>
> **Pressupostos formais:**
>
> 1) Somente o **Procurador Geral da República (PGR)** poderá suscitar o IDC (tem legitimidade ativa);
> 2) O **STJ** é o foro competente para receber o IDC;
> 3) O IDC poderá ser manejado em qualquer fase do **inquérito ou processo**.

O IDC é importante para:

a) se evitar a **impunidade** em um grave caso de violação aos direitos humanos;
b) se evitar um **constrangimento internacional** do Estado Brasileiro;
c) o Estado Brasileiro, por meio da **União, se posicione e oferte resposta** ao grave caso, uma vez que é a União a **única responsável no plano internacional** para responder por todas as violações de direitos humanos ocorridas no Brasil (art. 21, I,CF).

No âmbito internacional **não se aceita o argumento da separação dos poderes e do pacto federativo** para se esquivar das responsabilidades assumidas, assim não importa se o agente violador é do Poder Executivo, Legislativo ou Judiciário, ou mesmo de um Município, Estado ou da União, uma vez que a **soberania é uma e indivisível.**

O PGR suscitou **quatro vezes o IDC e o STJ somente admitiu 3 casos como procedentes**, o IDC n. 2 (Manoel Mattos), o IDC n. 3 (violência policial e atuação de grupos de extermínio no Estado de GO) e o IDC n. 5 (Thiago Faria Soares).

No IDC n. 1 (Dorothy Stang), o STJ julgou improcedente. E o IDC n. 4 foi extinto por ilegitimidade ativa, pois não foi o PGR quem suscitou.

REFERÊNCIAS

CASTILHO, Ricardo. *Direitos Humanos*. 3. ed. São Paulo: Saraiva, 2015.

COMPARATO, Fábio Konder. *A afirmação histórica dos Direitos Humanos*. 8. ed. São Paulo: Saraiva, 2013.

FERREIRA FILHO, Manoel Gonçalves. *Direitos Humanos Fundamentais*. 15. ed. São Paulo: Saraiva, 2016.

PEREZ LUÑO, Antonio Enrique. *Derechos Humanos, Estado de Derecho y Constitución*. Madri: Tecnos, 2001.

PIOVESAN, Flávia. *Direitos Humanos e o Direito Constitucional Internacional*. 8. ed. rev., atual. e ampl. São Paulo: Saraiva, 2007.

RAMOS, André de Carvalho. *Curso de Direitos Humanos*. 3. ed. rev., atual. e ampl. São Paulo: Saraiva, 2016.

SARLET, Ingo Wolfgang. *Dignidade da pessoa humana e direitos fundamentais*. Porto Alegre: Livraria do Advogado, 2001.

SILVA, José Afonso da. *Curso de Direito Constitucional Positivo*. 24. ed. São Paulo: Malheiros, 2005.

TRINDADE, Antônio Augusto Cançado. *A proteção internacional dos Direitos Humanos, Fundamentos Jurídicos e Instrumentos Básicos*. 1. ed. São Paulo: Saraiva, 1991.

ESTATUTO DA CRIANÇA E DO ADOLESCENTE – ECA

Marcelo Hugo da Rocha

1. INTRODUÇÃO

Erroneamente, os examinandos julgam que esta disciplina, por ter apenas duas questões na prova da OAB, deve ser relegada em relação às demais. Grande equívoco! Pois são duas questões que podem ser gabaritadas e que farão a diferença ao final da contagem.

Como podem ser gabaritadas? É uma disciplina que está focada, essencialmente, num único estatuto legal, o ECA – Estatuto da Criança e do Adolescente, Lei n. 8.069, de 1990, e que já foi, amplamente, modificada. Ademais, a banca tem abordado, tempos em tempos, matérias específicas, assim, observando a tendência da aplicação, é possível focar os estudos.

A partir da abordagem desta obra, também será possível avaliar quais temas foram mais solicitados em determinada época, bastando conferir o número do Exame de Ordem indicado nos destaques. Bons estudos e vamos gabaritar ECA!

2. O ECA – ESTATUTO DA CRIANÇA E DO ADOLESCENTE

A respeito da Lei n. 8.069, para ser mais bem compreendida, é importante ter um panorama dos seus títulos, lembrando que ela é dividida em duas partes: a parte geral e a parte especial. Sendo assim, segue um quadro para visualizá-la de fora para dentro:

PARTE	TÍTULO	REFERÊNCIA	ARTIGOS
Parte Geral	I	Disposições preliminares	Art. 1º ao art. 6º
	II	Direitos fundamentais	Art. 7º ao art. 69
	III	Prevenção	Art. 70 ao art. 85
Parte Especial	I	Política de atendimento	Art. 86 ao art. 97
	II	Medidas de proteção	Art. 98 ao art. 102
	III	Prática de ato infracional	Art. 103 ao art. 128
	IV	Medidas pertinentes aos pais ou responsável	Art. 129 e art. 130
	V	Conselho tutelar	Art. 131 ao art. 140
	VI	Acesso à Justiça	Art. 141 ao art. 224
	VII	Crimes e das infrações administrativas	Art. 225 ao art. 258-C
		Disposições finais e transitórias	Art. 259 ao art. 267

Percebe-se, à primeira vista, que o título dos **direitos fundamentais** e o título do **acesso à Justiça** são aqueles que mais dispositivos compreendem, o que, numericamente, já é um indicativo da probabilidade de serem mais visados na cobrança de exames e concursos. E de acordo com os números da obra **Passe na OAB – 1ª Fase FGV – 5.251 Questões Comentadas – 8. ed. 2016**, publicada pela Editora Saraiva, o título de **direitos fundamentais é o campeão em abordagens pela banca FGV. Em segundo lugar, acesso à Justiça**.

Deste modo, vamos dividir nossa abordagem pelos títulos conforme está estabelecido pela própria **lei do Estatuto, sempre pedindo que o nosso leitor acompanhe pelo texto legal em mãos.**

3. DISPOSIÇÕES PRELIMINARES

Importa destacar para fins do ECA a seguinte distinção:

CRIANÇA	ADOLESCENTE
Pessoa até 12 anos incompletos (11 anos).	Pessoa entre 12 e 18 anos.

E, de acordo com o parágrafo único do art. 2º do ECA, "nos casos expressos em lei, aplica-se excepcionalmente este Estatuto às pessoas entre dezoito e vinte e um anos de idade".

De acordo com a banca FGV, no XVI Exame, sobre este artigo, "o texto destacado no parágrafo único desarmoniza-se da regra do Código Civil de 2002 que estabelece que a maioridade civil dá-se aos dezoito anos; por esse motivo, a regra indicada no enunciado não tem mais aplicabilidade no âmbito civil".

Importa ainda destacar, como atualização muito recente, que os direitos enunciados nesta Lei aplicam-se a **todas as crianças e adolescentes**, sem discriminação de nascimento, situação familiar, idade, sexo, raça, etnia ou cor, religião ou crença, deficiência, condição pessoal de desenvolvimento e aprendizagem, condição econômica, ambiente social, região e local de moradia ou outra condição que diferencie as pessoas, as famílias ou a comunidade em que vivem, conforme o parágrafo único do art. 3º incluído pela Lei n. 13.257/2016.

Ainda sobre o Estatuto por si, na sua **interpretação**, levar-se-ão em conta os fins sociais a que ela se dirige, as exigências do bem comum, os direitos e deveres individuais e coletivos, e a condição peculiar da criança e do adolescente como pessoas em desenvolvimento. Assertiva que já caiu em provas quando a banca era CESPE.

4. DIREITOS FUNDAMENTAIS

Inicialmente, é preciso destacar que o capítulo III, do **direito à convivência familiar e comunitária**, é o mais importante para fins de Exame da OAB, uma vez que trata de assuntos como da **família natural** e **família substituta** (*vide* guarda, tutela e adoção). Assim, vamos focar nestes assuntos!

No entanto, antes de alcançar o tema mais requisitado dentro deste título, o legislador assegurou outros direitos que destacamos, a saber:

- A criança e o adolescente têm **direito a proteção à vida e à saúde**, mediante a efetivação de políticas sociais públicas que permitam o nascimento e o desenvolvimento sadio e harmonioso, em condições dignas de existência.
- **É assegurado a todas as mulheres** o acesso aos programas e às políticas de saúde da mulher e de planejamento reprodutivo e, às gestantes, nutrição adequada, atenção humanizada à gravidez, ao parto e ao puerpério e atendimento pré-natal, perinatal e pós-natal integral no âmbito do SUS.
- **É assegurado acesso integral às linhas de cuidado voltadas à saúde** da criança e do adolescente, por intermédio do SUS, observado o princípio da equidade no acesso a ações e serviços para promoção, proteção e recuperação da saúde.
- A criança e o adolescente têm **direito à liberdade** (*vide* art. 16)**, ao respeito** (art. 17) **e à dignidade como pessoas humanas** (art. 18) em processo de desenvolvimento e como sujeitos de direitos civis, humanos e sociais garantidos na Constituição e nas leis.

Segundo a FGV, no IX Exame da OAB, assegurar o direito fundamental à vida e à saúde da criança e do adolescente é dever da família, da sociedade e do Poder Público. Para tanto, considerou correto, de acordo com os §§ 2º e 3º do art. 8º do ECA, que o atendimento pré-natal à gestante inclui o dever do Poder Público de propiciar apoio alimentar à gestante, como forma de assegurar o direito à vida e à saúde do nascituro

Dentro do tema em destaque, não custa lembrar que a regra geral está no art. 19 do ECA, qual seja, é direito da criança e do adolescente ser criado e educado no seio de sua família e, **excepcionalmente, em família substituta**, assegurada a convivência familiar e comunitária, em ambiente que garanta seu desenvolvimento integral. Em outras palavras, a criança e o adolescente devem:

O XX Exame da OAB considerou como certa a situação de uma criança com seis anos de idade ficar sob guarda de sua mãe, mesmo que esta tenha sido submetida a tratamento em internação em clínica de reabilitação e depois conseguido alta médica, à luz da proteção integral do art. 19 do ECA em estabelecer como regra o direito do menor ser criado e educado no seio de sua família apesar do litígio tenha sido contra seus avós maternos.

Devemos observar também que não há mais qualquer distinção entre os filhos, uma vez que o art. 20 do ECA determina que os filhos, havidos ou não da relação do casamento, ou por adoção, terão os mesmos direitos e qualificações, proibidas quaisquer designações discriminatórias relativas à filiação.

A questão do **poder familiar**, vencida a expressão "pátrio poder", também interessa destacar, pois ele será exercido, em igualdade de condições, pelo pai e pela mãe, na forma do que dispuser a legislação civil, assegurado a qualquer deles o direito de, em caso de discordância, recorrer à autoridade judiciária competente para a solução da divergência.

Reforça ainda esta posição a disposição que garante **direitos iguais e deveres**, bem como responsabilidades compartilhados no cuidado e na educação da criança à mãe e o pai, ou os responsáveis, devendo ser resguardado o direito de transmissão familiar de suas crenças e culturas, assegurados os direitos da criança estabelecidos no ECA.

Nunca é tarde de lembrar que a **falta ou a carência de recursos materiais não constitui motivo suficiente para a perda ou a suspensão do poder familiar.** Certamente, é consequência da regra geral que a criança e o adolescente devem ficar com a sua **família natural** e a falta de dinheiro não é exceção para tal. Assim, não existindo outro motivo que por si só autorize a decretação da medida, a criança ou o adolescente será mantido em sua **família de**

origem, a qual deverá obrigatoriamente ser incluída em serviços e programas oficiais de proteção, apoio e promoção.

Ademais, nem a **condenação criminal do pai ou da mãe** implicará a destituição do poder familiar, exceto na hipótese de condenação por crime doloso, sujeito à pena de reclusão, contra o próprio filho ou filha. A excepcionalidade da regra da **família natural** é tanta que a perda e a suspensão do poder familiar serão **decretadas judicialmente**, em procedimento contraditório.

Família natural	• É a comunidade formada pelos pais ou qualquer deles e seus descendentes.
Família substituta	• A colocação em família substituta far-se-á mediante guarda, tutela ou adoção, independentemente da situação jurídica da criança ou adolescente nos termos do ECA.

A lei conceitua como **família extensa** ou **ampliada** aquela que se estende para além da unidade pais e filhos ou da unidade do casal, formada por parentes próximos com os quais a criança ou adolescente convive e mantém vínculos de afinidade e afetividade (art. 25, parágrafo único).

Interessa ainda destacar que o **reconhecimento do estado de filiação** é direito personalíssimo, indisponível e imprescritível, podendo ser exercitado contra os pais ou seus herdeiros, sem qualquer restrição, observado o segredo de Justiça. Além disso, o reconhecimento pode **preceder o nascimento** do filho ou **suceder-lhe ao falecimento**, se deixar descendentes.

E os **filhos havidos fora do casamento** poderão ser reconhecidos pelos pais, conjunta ou separadamente, no próprio termo de nascimento, por testamento, mediante escritura ou outro documento público, qualquer que seja a origem da filiação.

A respeito da **família substituta**, importa realçar três regras importantes:

A COLOCAÇÃO EM FAMÍLIA SUBSTITUTA		
Não admitirá transferência da criança ou adolescente a terceiros ou a entidades governamentais ou não governamentais, sem autorização judicial.	Não será deferida a pessoa que revele, por qualquer modo, incompatibilidade com a natureza da medida ou não ofereça ambiente familiar adequado.	Estrangeira constitui medida excepcional, somente admissível na modalidade de adoção.

O IX Exame da OAB considerou como correta assertiva a respeito da família substituta e com base no Estatuto da Criança e do Adolescente, que colocação em família substituta de **maior de doze anos** de idade far-se-á mediante consentimento do menor, colhido em audiência.

Também já foi cobrada questão sobre os requisitos para colocação em família substituta de **criança e adolescente indígena**. Portanto, seguem as regras (e que não excluem as demais):

- As crianças e adolescente indígenas devem ser consideradas e respeitadas sua identidade social e cultural, os seus costumes e tradições, bem como suas instituições, desde que não sejam incompatíveis com os direitos fundamentais reconhecidos por esta Lei e pela Constituição Federal.
- A colocação familiar deve ocorrer prioritariamente no seio de sua comunidade ou junto a membros da mesma etnia.
- Exige-se a intervenção e oitiva de representantes do órgão federal responsável pela política indigenista, no caso de crianças e adolescentes indígenas, e de antropólogos, perante a equipe interprofissional ou multidisciplinar que irá acompanhar o caso.

> O XIV Exame da OAB considerou como correta a afirmativa que o ECA disciplina procedimento específico para a colocação em família substituta de criança ou adolescente indígena, que requer, obrigatoriamente, a intervenção e oitiva de representantes de órgão federal responsável pela política indígena e de antropólogos.

Sobre a **guarda**, atente-se a estes comandos legais:

GUARDA	
GUARDA	• obriga a prestação de assistência material, moral e educacional à criança ou adolescente, conferindo a seu detentor o direito de opor-se a terceiros, inclusive aos pais. • destina-se a regularizar a posse de fato, podendo ser deferida, liminar ou incidentalmente, nos procedimentos de tutela e adoção, exceto no de adoção por estrangeiros. • excepcionalmente, deferir-se-á a guarda, fora dos casos de tutela e adoção, para atender a situações peculiares ou suprir a falta eventual dos pais ou responsável, podendo ser deferido o direito de representação para a prática de atos determinados. • confere à criança ou adolescente a condição de dependente, para todos os fins e efeitos de direito, inclusive previdenciários. • não impede o exercício do direito de visitas pelos pais, assim como o dever de prestar alimentos, que serão objeto de regulamentação específica, a pedido do interessado ou do MP, salvo expressa e fundamentada determinação em contrário, da autoridade judiciária competente, ou quando a medida for aplicada em preparação para adoção. • poderá ser revogada a qualquer tempo, mediante ato judicial fundamentado, ouvido o Ministério Público.

O II Exame da OAB considerou como **ERRADA** a assertiva que afirmava que "a guarda somente obriga seu detentor à assistência material a criança ou adolescente". Está ERRADA, porque também obriga a prestação de **assistência educacional.**

A respeito da tutela, observe estas disposições legais:

TUTELA	
TUTELA	• será deferida, nos termos da lei civil, a pessoa de até 18 (dezoito) anos incompletos. • pressupõe a prévia decretação da perda ou suspensão do poder familiar e implica necessariamente o dever de guarda. • poderá ser destituída se decretada judicialmente, em procedimento contraditório, nos casos previstos na legislação civil, bem como na hipótese de descumprimento injustificado dos deveres e obrigações a que alude o art. 22 do ECA.

Lembre-se que são hipóteses de extinção do poder familiar, segundo o Código Civil (art. 1.635):

- pela morte dos pais ou do filho;
- pela emancipação, nos termos do art. 5º, parágrafo único;
- pela maioridade;
- pela adoção;
- por decisão judicial, na forma do art. 1.638.

Assim, o pai ou a mãe que contrai novas núpcias, ou estabelece união estável, não perde, quanto aos filhos do relacionamento anterior, os direitos ao poder familiar, exercendo-os sem qualquer interferência do novo cônjuge ou companheiro. Tal regra aplica-se ao pai ou à mãe solteiros que casarem ou estabelecerem união estável.

O Código Civil também traz situações de suspensão do poder familiar, quais sejam (art. 1.637):

- Se o pai, ou a mãe, [1] abusar de sua autoridade, [2] faltando aos deveres a eles inerentes ou [3] arruinando os bens dos filhos, cabe ao juiz, requerendo algum parente, ou o Ministério Público, adotar a medida que lhe pareça reclamada pela segurança do menor e seus haveres, até suspendendo o poder familiar, quando convenha.
- Suspende-se igualmente o exercício do poder familiar ao pai ou à mãe [4] condenados por sentença irrecorrível, em virtude de crime cuja pena exceda a dois anos de prisão

E, por fim, a **perda do poder familiar** por ATO JUDICIAL, o pai ou a mãe que:

- castigar imoderadamente o filho;
- deixar o filho em abandono;
- praticar atos contrários à moral e aos bons costumes;
- incidir, reiteradamente, nas faltas previstas no artigo antecedente.

Sobre **adoção**, abordaremos de outra forma, pois o tema é mais complexo, até porque é uma medida excepcional e irrevogável, à qual se deve recorrer apenas quando esgotados os recursos de manutenção da criança ou adolescente na família natural ou extensa.

É bom que se entenda que a adoção atribui a condição de filho ao adotado, com os mesmos direitos e deveres, inclusive sucessórios, desligando-o de qualquer vínculo com pais e parentes, salvo os impedimentos matrimoniais. Observa-se que o adotando [aquele que será adotado] deve contar com, **no máximo, dezoito anos** à data do pedido, salvo se já estiver sob a guarda ou tutela dos adotantes.

Há regras que devem ser atendidas para quem deseja adotar, quais sejam:

- Podem adotar os **maiores de 18 anos**, independentemente do estado civil.
- **Não podem** adotar os ascendentes e os irmãos do adotando.
- Para **adoção conjunta**, é indispensável que os adotantes sejam casados civilmente ou mantenham união estável, comprovada a estabilidade da família.
- O adotante há de ser, **pelo menos, dezesseis anos mais velho** do que o adotando.
- Os **divorciados**, os **judicialmente separados** e os **ex-companheiros** podem adotar conjuntamente, contanto que acordem sobre a guarda e o regime de visitas e desde que o estágio de convivência tenha sido iniciado na constância do período de convivência e que seja comprovada a existência de vínculos de afinidade e afetividade com aquele não detentor da guarda, que justifiquem a excepcionalidade da concessão. Desde que demonstrado efetivo benefício ao adotando, será assegurada a guarda compartilhada.
- A adoção poderá ser deferida ao **adotante** que, após inequívoca manifestação de vontade, **vier a falecer no curso do procedimento**, antes de prolatada a sentença.

> O XXI Exame da OAB considerou como correta a afirmativa que um casal que tinha a guarda judicial de uma criança e que vem a se divorciar, mas pretende a guarda em conjunto, poderá adotá-la, desde que acorde com relação à guarda (unipessoal ou compartilhada) e à visitação. O V Exame da OAB também abordou situação similar.
>
> O XII Exame da OAB considerou como correta a afirmativa de que bisavô não pode adotar seu bisneto (uma criança), mesmo que a mãe consinta, já que tal medida excepcional não é permitida quando o adotante é ascendente ou irmão do adotando.
>
> O X Exame da OAB concluiu que a adoção produz os seus efeitos a partir do trânsito em julgado da sentença constitutiva, porém, se o adotante vier a falecer após inequívoca manifestação de vontade no curso do procedimento, os efeitos retroagirão à data do óbito.

A **adoção** depende também:

- Em apresentar **reais vantagens** para o adotando e fundar-se em motivos legítimos.
- Do **consentimento dos pais ou do representante legal** do adotando, mas que pode ser dispensado em relação à criança ou adolescente cujos pais sejam desconhecidos ou tenham sido destituídos do poder familiar.
- Do **consentimento do adotando** caso seja maior de doze anos de idade.
- De **estágio de convivência prévio** com a criança ou adolescente, pelo prazo máximo de 90 dias (prorrogável por até igual período), observadas a idade da criança ou adolescente e as peculiaridades do caso, mas poderá ser dispensado se o adotando já estiver sob a tutela ou guarda legal do adotante durante tempo suficiente para que seja possível avaliar a conveniência da constituição do vínculo. Atente-se que a *simples guarda de fato* **não autoriza**, por si só, a dispensa da realização do estágio de convivência.
- De **sentença judicial**, cujo vínculo da adoção será constituído, e será inscrita no registro civil mediante mandado do qual não se fornecerá certidão.

Um tema bastante peculiar, porém atual, é a **adoção internacional**.

ADOÇÃO INTERNACIONAL

- Considera-se adoção internacional aquela na qual o pretendente possui residência habitual em país-parte da Convenção de Haia, de 29 de maio de 1993, relativa à Proteção das Crianças e à Cooperação em Matéria de Adoção Internacional, e deseja adotar criança em outro país-parte da Convenção.
- Somente será deferida se, após consulta ao cadastro de pessoas ou casais habilitados à adoção, mantido pela Justiça da Infância e da Juventude na comarca, bem como aos cadastros estadual e nacional, não for encontrado interessado com residência permanente no Brasil.
- Somente terá lugar quando restar comprovado: I – que a colocação em família adotiva é a solução adequada ao caso concreto; II – que foram esgotadas todas as possibilidades de colocação da criança ou adolescente em família adotiva brasileira, com a comprovação, certificada nos autos, da inexistência de adotantes habilitados residentes no Brasil com perfil compatível com a criança ou adolescente, após consulta aos cadastros mencionados nesta Lei; III – que, em se tratando de adoção de adolescente, este foi consultado, por meios adequados ao seu estágio de desenvolvimento, e que se encontra preparado para a medida, mediante parecer elaborado por equipe interprofissional, observado o disposto nos §§ 1º e 2º do art. 28 do ECA.
- Os brasileiros residentes no exterior terão preferência aos estrangeiros, nos casos de adoção internacional de criança ou adolescente brasileiro.
- Observará o procedimento previsto nos arts. 165 a 170 do ECA, com vista às adaptações do art. 52.
- Em caso de adoção por pessoa ou casal residente ou domiciliado fora do País, o estágio de convivência, cumprido no território nacional, será de, no mínimo, 30 (trinta) dias e, no máximo, 45 (quarenta e cinco) dias, prorrogável por até igual período, uma única vez, mediante decisão fundamentada da autoridade judiciária.

A banca FGV no VI Exame da OAB considerou que a adoção internacional é medida excepcional; entretanto, em virtude do consentimento da mãe para a adoção de seu filho pelo casal adotante, este só não terá prioridade se houver casal de brasileiro, residente no Brasil, habilitado para a adoção.

O IX Exame da OAB, ao tratar sobre o estágio de convivência precedente à adoção, deixou consignado que o período do estágio de convivência prévio a adoção internacional deverá ser cumprido no Brasil e terá prazo mínimo de 30 dias, ao passo que para a adoção nacional inexiste prazo mínimo, podendo, inclusive, ser dispensado na hipótese de prévia convivência familiar em decorrência da guarda legal ou da tutela.

Para concluir o tema da **adoção**, outras disposições devem ser observadas, a saber:

- O **adotado tem direito de conhecer** sua origem biológica, bem como de obter acesso irrestrito ao processo no qual a medida foi aplicada e seus eventuais incidentes, após completar 18 (dezoito) anos.
- A **morte dos adotantes não restabelece o poder familiar dos pais naturais.**
- A **adoção por brasileiro residente no exterior** em país ratificante da Convenção de Haia, cujo processo de adoção tenha sido processado em conformidade com a legislação vigente no país de residência e atendido o disposto na alínea *c* do art. 17 da referida Convenção, será automaticamente recepcionada com o reingresso no Brasil. E caso não seja atendido este disposto da alínea *c*, deverá a sentença ser homologada pelo STJ.
- Nas **adoções internacionais, quando o Brasil for o país de acolhida** e a adoção não tenha sido deferida no país de origem porque a sua legislação a delega ao país de acolhida, ou, ainda, na hipótese de, mesmo com decisão, a criança ou o adolescente ser oriundo de país que não tenha aderido à Convenção referida, o processo de adoção **seguirá as regras da adoção nacional.**
- O prazo máximo para conclusão da ação de adoção será de 120 (cento e vinte) dias, prorrogável uma única vez por igual período, mediante decisão fundamentada da autoridade judiciária (prazo incluído pela Lei n. 13.509/2017).

O XX Exame da OAB considerou como correta a afirmativa de que casal de brasileiros domiciliado no exterior pode adotar criança, já disponível nos cadastros de habilitação para adoção nacional e internacional, desde que ingresse com pedido de habilitação junto à Autoridade Central do país de acolhida, para que esta, após a habilitação do casal, envie um relatório para a Autoridade Central Estadual e para a Autoridade Central Federal Brasileira, a fim de que obtenham o laudo de habilitação à adoção internacional.

Também são direitos da criança e do adolescente a **educação, a cultura, o esporte e o lazer**, observado que os pais ou responsável têm a obrigação de matricular seus filhos ou pupilos na rede regular de ensino.

O último capítulo dentro deste título trata dos direitos à **profissionalização e à proteção no trabalho**, observado que:

- É **proibido qualquer trabalho** a *menores* de **quatorze anos** de idade, *salvo* na condição de aprendiz.
- Considera-se **aprendizagem** a formação técnico-profissional ministrada segundo as diretrizes e bases da legislação de educação em vigor, sendo que ao adolescente *até* **quatorze anos** de idade é assegurada **bolsa de aprendizagem**.
- Ao **adolescente aprendiz**, *maior* de **quatorze anos**, são assegurados os direitos trabalhistas e previdenciários.

> A banca FGV no IV Exame da OAB considerou que adolescente com 14 anos não poderá trabalhar em mercearia como ensacador de compras, pois tal atividade não é enquadrada como de formação técnico-profissional; portanto, não se pode afirmar que o menor exercerá atividade laborativa na condição de aprendiz.

5. PREVENÇÃO

Neste título vamos encontrar a regra geral de que é **dever de todos** *prevenir* a ocorrência de ameaça ou violação dos direitos da criança e do adolescente. O legislador tratou num capítulo próprio a **prevenção especial** quanto à informação, cultura, lazer, esportes, diversões, espetáculos, produtos e serviços, bem como da autorização para viajar.

Destacam-se algumas regras:

INFORMAÇÃO, CULTURA, LAZER, ESPORTES, DIVERSÕES E ESPETÁCULOS

- As crianças menores de dez anos somente poderão ingressar e permanecer nos locais de apresentação ou exibição quando acompanhadas dos pais ou responsável.
- Nenhum espetáculo será apresentado ou anunciado sem aviso de sua classificação, antes de sua transmissão, apresentação ou exibição.
- As revistas e publicações contendo material impróprio ou inadequado a crianças e adolescentes deverão ser comercializadas em embalagem lacrada, com a advertência de seu conteúdo.
- As revistas e publicações destinadas ao público infanto-juvenil não poderão conter ilustrações, fotografias, legendas, crônicas ou anúncios de bebidas alcoólicas, tabaco, armas e munições, e deverão respeitar os valores éticos e sociais da pessoa e da família.

PRODUTOS E SERVIÇOS

- É proibida a venda à criança ou ao adolescente de: I – armas, munições e explosivos; II – bebidas alcoólicas; III – produtos cujos componentes possam causar dependência física ou psíquica ainda que por utilização indevida; IV – fogos de estampido e de artifício, exceto aqueles que pelo seu reduzido potencial sejam incapazes de provocar qualquer dano físico em caso de utilização indevida; V – revistas e publicações contendo material impróprio ou inadequado a crianças e adolescentes ; VI – bilhetes lotéricos e equivalentes.
- É proibida a hospedagem de criança ou adolescente em hotel, motel, pensão ou estabelecimento congênere, salvo se autorizado ou acompanhado pelos pais ou responsável.

AUTORIZAÇÃO PARA VIAJAR

- Nenhuma criança poderá viajar para fora da comarca onde reside, desacompanhada dos pais ou responsável, sem expressa autorização judicial.
- A **autorização não será** exigida quando: a) tratar-se de comarca contígua à da residência da criança, se na mesma unidade da Federação, ou incluída na mesma região metropolitana; b) a criança estiver acompanhada: 1) de ascendente ou colateral maior, até o terceiro grau, comprovado documentalmente o parentesco; 2) de pessoa maior, expressamente autorizada pelo pai, mãe ou responsável.
- A autoridade judiciária poderá, a pedido dos pais ou responsável, conceder **autorização válida por dois anos.**
- Quando se tratar de **viagem ao exterior**, a autorização é dispensável, se a criança ou adolescente: I – estiver acompanhado de ambos os pais ou responsável; II – viajar na companhia de um dos pais, autorizado expressamente pelo outro através de documento com firma reconhecida.
- **Sem prévia e expressa autorização judicial**, nenhuma criança ou adolescente nascido em território nacional poderá sair do País em companhia de estrangeiro residente ou domiciliado no exterior.

O XXI Exame da OAB cobrou sobre a exigência de autorização à viagem ao exterior ao considerar que a mãe de uma criança, que está na guarda de fato da avó paterna, solicite ao pai que faça uma autorização de viagem com firma reconhecida.

A banca FGV no IX Exame da OAB considerou como correta a assertiva que considerava proibida uma adolescente de 17 anos, independentemente de estar em companhia de seu namorado, pessoa maior de idade, de se hospedar em local livremente por eles escolhido, sem portar expressa autorização de seus pais ou responsável. Em situação similar, mas pelo VIII Exame da OAB, casal de adolescentes pode ter negada a sua hospedagem se não tiver autorização específica e desacompanhados dos pais, por titular de estabelecimento em razão do art. 82 do ECA.

6. POLÍTICA DE ATENDIMENTO

Este título inaugura a parte especial do ECA a partir do art. 86 da lei e trata de um conjunto articulado de ações governamentais e não governamentais, da União, dos Estados, do Distrito Federal e dos Municípios. O texto prevê **linhas** (*vide* art. 87) e **diretrizes** (*vide* art. 88) de ação da política de atendimento.

Trata ainda das **entidades de atendimento**, que podem ser tanto governamentais como não governamentais, e são responsáveis pela manutenção das próprias unidades, assim como pelo planejamento e execução de programas de proteção e socioeducativos destinados a crianças e adolescentes observados os regimes do art. 90 do ECA.

> O XII Exame considerou como correta a afirmativa de que a criança ou o adolescente, mesmo inserido em programa de acolhimento institucional ou familiar, deve ser estimulado a manter contato com seus pais ou responsável. Tal assertiva está inserida nos princípios que devem ser adotados por entidades que desenvolvam programas de acolhimento familiar ou institucional. *Vide* art. 92 do ECA.

As entidades que desenvolvem programas de internação devem seguir, entre outras, as obrigações do art. 94 do ECA. Ademais, as **entidades, públicas ou privadas**, que abriguem ou recepcionem crianças e adolescentes, ainda que em caráter temporário, devem ter, em seus quadros, profissionais capacitados a reconhecer e reportar ao Conselho Tutelar suspeitas ou ocorrências de maus-tratos.

Estas entidades são fiscalizadas pelo Judiciário, pelo Ministério Público e pelos Conselhos Tutelares e estão sujeitas às medidas aplicáveis e previstas no art. 97 do ECA, seja governamentais, seja não governamentais.

7. MEDIDAS DE PROTEÇÃO

Na **aplicação das medidas** levar-se-ão em conta as **necessidades pedagógicas**, preferindo-se aquelas que visem ao fortalecimento dos vínculos familiares e comunitários, cujos princípios estão previstos no parágrafo único do art. 100 do ECA.

> Dentre estes princípios que regem a aplicação das medidas de proteção, a banca FGV cobrou no XVI Exame da OAB o princípio da prevalência da família, pois a reintegração à família natural deve ser priorizada, e que, segundo o inciso X do art. 100 do ECA, a promoção de direitos e na proteção da criança e do adolescente deve ser dada prevalência às medidas que os mantenham ou reintegrem na sua família natural ou extensa ou, se isto não for possível, que promovam a sua integração em família substituta.

O XI Exame da OAB confirmou que a aplicação das medidas específicas de proteção previstas pelo ECA pode se dar cumulativamente, devendo a autoridade competente escolher a mais adequada diante das necessidades específicas do destinatário.

8. PRÁTICA DE ATO INFRACIONAL

O ECA conceitua o **ato infracional** como a conduta descrita como crime ou contravenção penal (art. 103). E quem pratica o ato infracional responderá pelas medidas previstas no ECA.

Distinguem-se as medidas para crianças e adolescentes, a saber:

CRIANÇAS	ADOLESCENTES
Medidas específicas de proteção	Medidas socioeducativas
• I – encaminhamento aos pais ou responsável, mediante termo de responsabilidade; • II – orientação, apoio e acompanhamento temporários; • III – matrícula e frequência obrigatórias em estabelecimento oficial de ensino fundamental; • IV – inclusão em serviços e programas oficiais ou comunitários de proteção, apoio e promoção da família, da criança e do adolescente; • V – requisição de tratamento médico, psicológico ou psiquiátrico, em regime hospitalar ou ambulatorial; • VI – inclusão em programa oficial ou comunitário de auxílio, orientação e tratamento a alcoólatras e toxicômanos; • VII – acolhimento institucional; • VIII – inclusão em programa de acolhimento familiar; • IX – colocação em família substituta.	• I – advertência (art. 114, parágrafo único, e art. 115); • II – obrigação de reparar o dano (art. 116); • III – prestação de serviços à comunidade (art. 117); • IV – liberdade assistida (arts. 118 e 119); • V – inserção em regime de semiliberdade (art. 120); • VI – internação em estabelecimento educacional (arts. 121 ao 125); • VII – qualquer uma das previstas para as crianças: I a VI.

Dentre as medidas socioeducativas, a banca FGV tem preferência absoluta em cobrar conhecimento sobre a **internação**.

A banca FGV cobrou tanto no XX Exame como no XVII Exame da OAB a compreensão das hipóteses que cabem a medida de **internação**, dentre elas, a prática de ato infracional cometido mediante grave ameaça ou violência a pessoa (art. 122, I, ECA).

Também em relação à internação, o X Exame da OAB considerou como correta a afirmativa de que não comporta período determinado e não pode ultrapassar o máximo de três anos, independente do emprego ou não de violência no ato infracional praticado.
No VI Exame da OAB, a FGV considerou como correta a afirmação de que a internação, como uma das medidas socioeducativas previstas pelo ECA, não poderá exceder o período máximo de três anos, e a liberação será compulsória aos 21 anos de idade.

Alguns **direitos individuais** que o legislador destacou:

- Nenhum **adolescente** será privado de sua liberdade senão em flagrante de ato infracional ou por ordem escrita e fundamentada da autoridade judiciária competente.
- A apreensão de qualquer **adolescente** e o local onde se encontra recolhido serão *incontinenti* comunicados à autoridade judiciária competente e à família do apreendido ou à pessoa por ele indicada, observado desde logo a possibilidade de liberação imediata.
- A internação, antes da sentença, pode ser determinada pelo prazo máximo de **quarenta e cinco dias**.
- O **adolescente** civilmente identificado não será submetido a identificação compulsória pelos órgãos policiais, de proteção e judiciais, salvo para efeito de confrontação, havendo dúvida fundada.
- Nenhum **adolescente** será privado de sua liberdade sem o devido processo legal.
- São asseguradas ao **adolescente**, entre outras, as garantias do art. 111 do ECA.
- *Em hipótese alguma e sob pretexto algum*, será admitida a prestação de trabalho forçado.
- Os **adolescentes** portadores de doença ou deficiência mental receberão tratamento individual e especializado, em local adequado às suas condições.
- São direitos do **adolescente** privado de liberdade, entre outros, aqueles elencados no art. 124 do ECA.
- Exceto no caso de advertência, as demais medidas pressupõe a existência de provas suficientes da autoria e da materialidade da infração, ressalvada a **hipótese de remissão** (*vide* art. 127).

Sobre os direitos do adolescente privado de liberdade, a banca FGV cobrou conhecimento no VII Exame da OAB, cuja afirmativa correta tratava que as visitas dos pais de adolescente internada poderiam ser suspensas temporariamente, mas em tal situação permanece o seu direito de continuar internada na mesma localidade ou naquela mais próxima ao domicílio de seus pais.

A respeito da **remissão**, temos duas possibilidades e com distintas consequências, a saber:

- **Antes de iniciado o procedimento judicial** para apuração de ato infracional, o representante do Ministério Público poderá conceder a remissão, como forma de **exclusão do processo**, atendendo às circunstâncias e conseqüências do fato, ao contexto social, bem como à personalidade do adolescente e sua maior ou menor participação no ato infracional.
- **Iniciado o procedimento**, a concessão da remissão pela autoridade judiciária importará na **suspensão ou extinção** do processo.

Ademais, a remissão **não implica necessariamente** o reconhecimento ou comprovação da responsabilidade, nem prevalece para efeito de antecedentes, podendo incluir eventualmente a aplicação de qualquer das medidas previstas em lei, exceto a colocação em regime de semiliberdade e a internação. E a medida aplicada por força da remissão **poderá ser revista judicialmente**, a *qualquer tempo*, mediante pedido expresso do adolescente ou de seu representante legal, ou do MP.

9. MEDIDAS PERTINENTES AOS PAIS OU RESPONSÁVEL

Objetivamente, são medidas aplicáveis aos pais ou responsável:

MEDIDAS PERTINENTES AOS PAIS OU RESPONSÁVEL
• I – encaminhamento a serviços e programas oficiais ou comunitários de proteção, apoio e promoção da família; • II – inclusão em programa oficial ou comunitário de auxílio, orientação e tratamento a alcoólatras e toxicômanos; • III – encaminhamento a tratamento psicológico ou psiquiátrico; • IV – encaminhamento a cursos ou programas de orientação; • V – obrigação de matricular o filho ou pupilo e acompanhar sua freqüência e aproveitamento escolar; • VI – obrigação de encaminhar a criança ou adolescente a tratamento especializado; • VII – advertência; • VIII – perda da guarda; • IX – destituição da tutela; • X – suspensão ou destituição do poder familiar.

O XX Exame da OAB já exigiu compreensão da diferença entre destituição do poder familiar e a suspensão do poder familiar, hipóteses contidas no Código Civil conforme já comentado anteriormente.

Por fim, verificada a hipótese de maus-tratos, opressão ou abuso sexual impostos pelos pais ou responsável, a autoridade judiciária poderá determinar, como medida cautelar, o afastamento do agressor da moradia comum. E da medida cautelar constará, ainda, a fixação provisória dos alimentos de que necessitem a criança ou o adolescente dependentes do agressor.

10. CONSELHO TUTELAR

De acordo com o ECA, o **Conselho Tutelar** é órgão permanente e autônomo, não jurisdicional, encarregado pela sociedade de zelar pelo cumprimento dos direitos da criança e do adolescente, definidos nesta Lei, sendo que haverá, no mínimo, 1 em cada Município e em cada Região Administrativa do Distrito Federal.

> O VIII Exame da OAB considerou como correta a afirmativa de que o Conselho Tutelar, considerando sua natureza não jurisdicional, destaca-se no aconselhamento e na orientação à família ou responsável pela criança ou adolescente, inclusive na hipótese de inclusão em programa oficial ou comunitário de auxílio, orientação e tratamento a alcoólatras e toxicômanos.

Para a candidatura a **membro do Conselho Tutelar**, serão exigidos os seguintes requisitos: I – reconhecida idoneidade moral; II – idade superior a vinte e um anos; e III – residir no município. As **atribuições do Conselho Tutelar** estão previstas no art. 136 do ECA, de leitura obrigatória.

> O XVII Exame da OAB entendeu que um conselheiro tutelar ao avistar uma agressão de uma mãe ao seu filho menor que intervenha imediatamente, orientando a respectiva genitora para que não corrija o filho dessa forma, e analisar se não seria recomendável a aplicação de uma das medidas previstas no ECA.

11. ACESSO À JUSTIÇA

Neste título, o legislador trata, essencialmente, da parte processual, pois até aqui o que se viu foi a parte material do ECA. Importa destacar, logo no início, que as ações judiciais da competência da Justiça da Infância e da Juventude são **isentas de custas e emolumentos**, ressalvada a hipótese de litigância de má-fé.

Saiba distinguir:

MENORES DE DEZESSEIS ANOS	MAIORES DE DEZESSEIS E MENORES DE VINTE E UM ANOS
serão representados	serão assistidos

O XIX Exame da OAB cobrou esta distinção quando tratou de situação hipotética de um adolescente de 17 anos ao assinar um contrato de trabalho sem ter um responsável acompanhando e que segundo o ECA podem ser seus pais, tutores ou curadores.

O legislador previu a figura do **curador especial** e que será concedida pela autoridade judiciária, sempre que os interesses das crianças e adolescentes colidirem com os de seus pais ou responsável, ou quando carecer de representação ou assistência legal ainda que eventual.

A banca FGV, no V Exame da OAB, cobrou conhecimento da regra do curador especial.

Aos procedimentos regulados no ECA aplicam-se subsidiariamente as normas gerais previstas na legislação processual pertinente, no atual caso, o Código de Processo Civil de 2015, inclusive o sistema recursal.

O XI Exame da OAB considerou como correta a afirmativa de que será adotado o sistema recursal do Código de Processo Civil aos procedimentos afetos à Justiça da Infância e da Juventude.

Os procedimentos previstos pelo ECA são os seguintes:

- **Da Perda e da Suspensão do Poder Familiar**
- **Da Destituição da Tutela**
- **Da Colocação em Família Substituta**
- **Da Apuração de Ato Infracional Atribuído a Adolescente**
- **Da Apuração de Irregularidades em Entidade de Atendimento**
- **Da Apuração de Infração Administrativa às Normas de Proteção à Criança e ao Adolescente**
- **Da Habilitação de Pretendentes à Adoção**

Cada um deles tem seus requisitos próprios, exceto o procedimento da destituição da tutela, pois segue os mesmos da perda e da suspensão do poder familiar. Importa destacar ainda que no caso da **apuração de ato infracional**, se for constatado que se trata de criança, esta será encaminhada para o Conselho Tutelar. No entanto, se for adolescente, duas situações:

Adolescente apreendido	Por força de ordem judicial	➡ Encaminhado à autoridade judiciária
	Em flagrante de ato infracional	➡ Encaminhado à autoridade policial competente

O XVIII Exame da OAB cobrou, dentro de uma situação hipotética, a destinação de crianças e adolescentes em caso da prática de ato infracional.

12. CRIMES E INFRAÇÕES ADMINISTRATIVAS

Conforme o título entrega, a tipificação dos crimes se apresenta já a partir do art. 228, crimes estes praticados contra a criança e o adolescente, por ação ou omissão, sem prejuízo do disposto na legislação penal. As infrações administrativas são tratadas a partir do art. 245 do ECA.

De acordo com o ECA, aplicam-se aos crimes definidos nesta Lei as normas da Parte Geral do **Código Penal** e, quanto ao processo, as pertinentes ao Código de **Processo Penal**. Atente-se que os crimes definidos nesta Lei são de **ação pública incondicionada**.

Sugere-se a leitura destes dispositivos legais, em especial, daqueles que já foram objeto de prova, a seguir indicados.

O XIX Exame da OAB considerou como correta a afirmação de que induzir adolescente à prática de ato tipificado como infração penal configura crime nos termos do ECA, art. 244-B, § 1º, ainda que realizada por meio eletrônico e que não venha a ser provada a corrupção do adolescente, por se tratar de delito formal.
O XIV Exame da OAB considerou como correta a afirmação de que hotel que aceita hospedagem de adolescente desacompanhada dos pais, responsáveis, ou sem autorização escrita desses ou da autoridade judiciária responde por infração administrativa sujeitando-se à aplicação de pena de multa, art. 250 c/c art. 82, ECA.
A banca FGV fundamentou a resposta em questão do XV Exame da OAB na tipificação do art. 238 e parágrafo único do ECA.

REFERÊNCIAS

LÉPORE, Paulo Eduardo. *Estatuto da Juventude Comentado*. São Paulo: Saraiva, 2013.

ÉTICA PROFISSIONAL

Clara Maria C. Brum de Oliveira

1. INTRODUÇÃO

A disciplina Ética Profissional oferecida nos cursos de graduação em Direito oportuniza o conhecimento e estudo dos instrumentos normativos da advocacia no Brasil elaborados pelo Conselho Federal da Ordem dos Advogados do Brasil, a saber: Estatuto da Advocacia e da Ordem dos Advogados do Brasil (EOAB) – Lei n. 8.906/94; o Código de Ética e Disciplina da Ordem dos Advogados do Brasil (CED/2015); o Regulamento Geral da Ordem dos Advogados do Brasil (RGOAB); e os Provimentos do Conselho Federal (Prov.). Estes últimos não figuram como conteúdo da prova objetiva, no Prov. n. 144/2011 nem nos respectivos editais. Recomenda-se a leitura cuidadosa do EOAB, RGOAB e do CED. Leia, também, o Provimento n. 144/2011. Por quê? Porque esse documento organiza o Exame de Ordem no Brasil em todos os seus detalhes, tais como: a banca examinadora; e a banca revisora, dentre outras informações importantes para o candidato. *Vamos conhecer a legislação da* OAB?

2. A ADVOCACIA

2.1 O EXAME DE ORDEM E A ADVOCACIA

O senso comum acredita que o êxito no Exame de Ordem, prova de habilitação para o exercício da advocacia, resultará no ingresso automático nos quadros da OAB. Ocorre que esta prova é apenas uma das exigências (art. 6º do Prov. n. 144/2011).

O art. 8º do EOAB elenca todos os requisitos necessários para o pedido de inscrição como advogado. A aprovação no Exame de Ordem é, por conseguinte, requisito necessário, dentre os demais requeridos para a inscrição nos quadros da OAB (art. 8º, IV, da Lei n. 8.906/94 c/c o Prov. n. 144/2011).

Sabemos que os alunos nos dois últimos períodos da graduação em Direito poderão se submeter ao referido exame (art. 7º, § 1º, EOAB). Todavia, os estudantes que exercem atividades incompatíveis com a atividade advocatícia podem prestar o Exame de Ordem? Sim, podem ainda que vedada a sua inscrição na OAB. O Exame de Ordem possui natureza de prova de habilitação; e, uma vez que o candidato tenha êxito, poderá solicitar sua inscrição futuramente quando deixar de ser incompatível, pois a validade da prova é por prazo indeterminado (art. 7º, § 1º, EOAB).

E o estrangeiro ou brasileiro formado no exterior poderá prestar o Exame de Ordem? Poderá prestar o Exame de Ordem se o diploma obtido no exterior for revalidado, conforme estabelece o art. 7º, § 2º, Prov. n. 144/2011. Somente os bacharéis em Direito podem se submeter ao Exame de Ordem como um dos requisitos para ingresso nos quadros da advocacia (art. 3º, EOAB).

O art. 2º, §§ 1º, 2º e 3º, EOAB, reforçam o papel do advogado no Estado Democrático de Direito. Em sua atividade profissional, viabiliza a relação entre cidadão e Estado na busca do justo: no seu *ministério privado*, no exercício regular da profissão na esfera privada, presta *serviço público* e *exerce função social*. E mais. O advogado contribui na postulação de decisão favorável ao seu constituinte, ao convencimento do julgador e seus atos constituem *múnus público*, sendo inviolável por suas manifestações, nos limites da lei.

Função social significa pugnar pela concretização da aplicação de direitos, na construção da justiça e do bem comum. *Serviço* **público** significa compromisso com os direitos fundamentais na defesa de direitos coletivos. Temos também no Código de Ética e Disciplina que adverte ser a advocacia uma profissão *sui generis*, que não se confunde com as demais atividades. Vejamos:

ART. 3º, CED	ART. 4º, CED	ART. 5º, CED	ART. 6º, CED	ART. 7º, CED
Direito como instrumento para mitigar as desigualdades.	Liberdade e independência técnica do advogado.	Advocacia não se confunde com procedimentos de mercantilização.	Compromisso com a verdade, a justiça e a boa-fé.	Vedação à captação de clientela.

No XIX Exame de Ordem, verificamos uma questão que observa a possibilidade de recusa de assistência jurídica a jurisdicionado na impossibilidade da defensoria pública. Na hipótese, foi observado o teor do art. 4º e seu parágrafo único do CED que trata da liberdade e independência técnica do advogado. Veja também o XVI Exame de Ordem.

3. DA INSCRIÇÃO

3.1 DO ESTAGIÁRIO

O art. 9º, EOAB, observa o pedido de inscrição do estagiário no Conselho Seccional da OAB do local do seu curso de graduação. Os requisitos para sua inscrição nos quadros de estagiários são basicamente os mesmos para o advogado, com exceção da apresentação do diploma.

O estágio compreenderá uma carga horária de 300 horas e envolve, ainda, o estudo do EOAB e CED/2015. A habilitação do estagiário está expressa no art. 29, §§ 1º e 2º, RGOAB, a saber: a) retirar e devolver autos em cartório; b) obter certidões junto aos escrivães e chefes de secretaria; c) assinar petições de juntada de documentos a processos judiciais e administrativos. Apenas isso! Para atos extrajudiciais, poderá realizar tudo o que for autorizado pelo cliente e advogado. A validade da carteira é de 2 anos, prorrogável por mais 1 ano.

E se o estudante exercer atividade incompatível poderá solicitar sua inscrição como estagiário? Poderá frequentar o estágio ministrado pela Instituição, para fins de aprendizagem, entretanto, será vedada a inscrição na OAB (art. 9º, § 3º, EOAB c/c art. 28, EOAB).

É importante observar que os *bacharelandos incompatíveis* não podem ter inscrição na OAB; porém, ao final do curso, podem se submeter ao exame e, em momento futuro, após aposentadoria, por exemplo, requerer sua inscrição.

> No VIII Exame de Ordem, OAB/FGV, verificamos uma questão em que o estudante de Direito é um general de brigada e decide solicitar sua inscrição como Estagiário. O pedido será indeferido porque é militar na ativa, logo há incompatibilidade também para o estágio.

3.2 DA INSCRIÇÃO DO ADVOGADO

Estudamos que EOAB estabelece que os inscritos na OAB são denominados "advogados", de modo a possuir capacidade postulatória (art. 3º, EOAB). Mas *quais os requisitos para a inscrição nos quadros da OAB?*

São aqueles elencados no art. 8º, EOAB. A inexistência de qualquer um deles acarretará o indeferimento do pedido, o que significa dizer que a aprovação no Exame de Ordem é apenas um dos requisitos e não o único, como mencionado acima.

- Capacidade civil (ver o art. 1º do CC);
- Diploma ou certidão de graduação em direito (ver o art. 23, RG);
- Título de Eleitor e quitação do serviço militar, se brasileiro;
- Aprovação em Exame de Ordem – natureza de prova de habilitação;

- **Não exercer atividade incompatível com a advocacia** – art. 28, EOAB c/c art. 20, § 2º, RG;
- Idoneidade moral – art. 8º, VI, e §§ 3º e 4º, EOAB);
- Prestar compromisso perante o Conselho – ato personalíssimo (art. 20, § 1º, RG);

O que significa inidoneidade moral? Primeiramente, temos duas possibilidades: a) não ter sofrido condenação criminal transitada em julgado; b) não praticar crime infamante. E o que podemos entender por crime infamante? Trata-se de uma **conduta** capaz de causar repúdio na sociedade, contrária ao seu dever moral e profissional. Neste ponto, a lei observa que qualquer pessoa, devidamente qualificada, poderá levar a conhecimento da OAB, de maneira que, para tanto, instaurar-se-á um procedimento nos moldes do processo ético disciplinar para se verificar a hipótese, o que exigirá quórum de 2/3 dos membros do Conselho Seccional competente para declarar o candidato à inscrição como *inidôneo por prática de crime infamante.*

3.3 TIPOS DE INSCRIÇÃO NA OAB

3.3.1 *Inscrição principal*

A *inscrição principal* deverá ser feita no Conselho Seccional do *domicílio profissional* do advogado (art. 10, EOAB). Eventual mudança de domicílio, o advogado poderá requerer a transferência de sua inscrição para o território de outra Seccional da OAB. Com a sua inscrição na OAB, o advogado atua ilimitadamente no território de sua Seccional, podendo realizar atos privativos de advogado em qualquer cidade dos entes da federação, desde que não ultrapasse, em outro território, o limite anual de 5 causas privativas de advogados. Exemplo: um advogado, inscrito na OAB-RJ, poderá, no presente ano, ter 5 causas em Manaus; 3 causas em João pessoa; 2 causas em SP; e assim por diante.

3.3.2 *A inscrição suplementar*

Se o advogado configurar *habitualidade* profissional em outro território diferente do território da sua Seccional; ou seja, local de sua inscrição principal, terá que solicitar mais uma inscrição. A *habitualidade* se configura quando o advogado realizar mais de 5 atos privativos em causas distintas, por ano, em território de outra Seccional (art. 10, § 2º, EOAB c/c art. 26, RG; art. 34, § 1º, do RG).

O advogado pode patrocinar causas fora do seu domicílio profissional desde que não ultrapasse o limite de cinco (5) causas por ano em outro território. Se ultrapassar o limite legal, deverá proceder à inscrição suplementar (art. 26 do RGOAB), sob pena de nulidade dos atos praticados. É importante mencionar que cada inscrição suplementar resultará numa anuidade para o advogado.

Observe-se que o limite de até no máximo 5 atos privativos é *por ano*. Nesse sentido, não importará o tempo de duração do processo naquele território. Novo ano, se reinicia a contagem e poderá realizar mais 5 atos distintos em causas distintas naquele território.

Exemplo:

Advogado "A" – inscrito na OAB-PR = tem 5 causas este ano em RJ: está no limite legal, não configurando habitualidade;

Advogado "B" – inscrito na OAB-SP = tem, neste ano, 6 causas em MG; 3 em SC; e 2 no RJ. Terá uma inscrição suplementar em MG por ter mais de 5 causas por ano naquele território.

VALE LEMBRAR! Não será contabilizado para fins de inscrição suplementar o *Habeas corpus*. E mais! Veremos que para abertura de filial de Sociedade de Advogados em território de outra Seccional precisaremos de inscrição suplementar para todos os advogados sócios.

A inscrição suplementar confere ao advogado nova carteira, com número específico da Seccional e identificada pela expressão: "inscrição suplementar". O advogado estará habilitado a exercer a advocacia com habitualidade e ilimitadamente, também, naquela Seccional, além da que possui como inscrição principal.

4. ATIVIDADES PRIVATIVAS DA ADVOCACIA

Atividades privativas dos inscritos na OAB estão no art. 1º do EOAB, a saber:

PROCURATÓRIO JUDICIAL	PROCURATÓRIO EXTRAJUDICIAL
Postulação a órgão do Poder Judiciário (inciso I).	As atividades de consultoria, assessoria e direção jurídicas (inciso II).

Precisamos ajustar o artigo do EOAB, conforme decisão do STF, em ADI 1.127-8, que mandou riscar o termo "qualquer" presente na redação original do inciso I, que se refere ao procuratório judicial.

No inciso II do art. 1º do EOAB, encontramos a atividade privativa extrajudicial. Destarte, a função de diretoria e gerência jurídica em qualquer empresa pública ou privada é privativa de advogado. Somente advogados podem ser gestores de departamento jurídico em pessoas jurídicas de direito público ou privado (art. 1º, II, EOAB, deve ser combinado com o art. 7º, RG).

No VIII Exame de Ordem OAB/FGV, verificamos uma questão em que bacharel em direito não inscrito na OAB decide prestar consultoria jurídica. Trata-se de exercício ilegal da profissão, pois a atividade de consultoria é privativa de advogado.

Há, também, a exigência legal do visto do advogado em atos e contratos constitutivos de pessoas jurídicas. A OAB adverte, no parágrafo único do art. 2º do RGOAB, que o visto do advogado, no caso de atividade extrajudicial, deve resultar da efetiva participação do profissional. Há exceção? Sim, para as microempresas (ME) e empresas de pequeno porte (EPP), conforme o art. 9º, § 2º, da LC n. 123/2006: "Não se aplica às microempresas e às empresas de pequeno porte o disposto no § 2º do art. 1º da Lei n. 8.906/94". Acrescente-se que o empresário individual também não necessita desta assessoria.

O art. 2º, paragráfo único, do RGOAB estabelece que não poderão visitar estatutos de pessoas jurídicas, os advogados que prestem serviços a órgãos ou entidades da Administração Pública direta ou indireta; da unidade federativa a que se vincule a Junta Comercial; ou quaisquer repartições administrativas com competência para registro.

> **Exemplo: Advogado "A"** é contratado pela Junta Comercial de sua Cidade para elaborar um parecer sobre determinada situação. Durante o período em que está prestando serviços advocatícios a esta entidade, um cliente resolve contratá-lo para o registro de uma Sociedade Anônima. Como ele não poderá ter clientes com interesses opostos, não poderá **visitar** o referido estatuto enquanto estiver prestando assessoria jurídica para Junta Comercial.

4.1 EXCEÇÕES À INDISPENSABILIDADE DA ADVOCACIA

Estudamos que a advocacia é indispensável à administração da justiça, no entanto sabemos que a indispensabilidade do advogado é relativa, porquanto existem situações em que a parte poderá agir sem a presença de um advogado, a saber:

- Juizados Especiais Cíveis – Lei n. 9.099/95, art. 9º.
- Juizados Especiais Cíveis Federais – Lei n. 10.259/2001, art. 10.
- Justiça do Trabalho: art. 791, CLT.
- Ação Revisional Penal: art. 623, CPP.
- Proc. Disciplinar Administrativo: Súmula Vinculante n. 5.
- Lei de Alimentos: art. 2º da Lei n. 5.478/68.
- Ação Direta de Inconstitucionalidade proposta pelo Presidente da República.

Nos Juizados Especiais Criminais, a assistência técnica é absolutamente *necessária* por força do princípio constitucional expresso no art. 5º, LV, CF/88, que assegura aos acusados a ampla defesa.

Não podemos confundir as hipóteses em que a parte poderá agir sozinha perante o Poder Judiciário, com a situação em que há a indicação de Advogados para figurar nos Juizados Especiais Cíveis. Trata-se, por conseguinte, de competência da Subseção da OAB ou, na sua ausência, pelo Conselho Seccional. Desta feita, a OAB poderá indicar advogados para representar a advocacia perante os Juizados especiais (art. 1º, I, EOAB, deve ser combinado com o art. 8º, § 2º, RG).

VALE LEMBRAR! No Mandado de Segurança, na Ação Popular, Ação Civil Pública e Ação Coletiva, a presença do advogado é requisito essencial.

4.2 PRÁTICA FORENSE

Comprova-se um ano de prática forense mediante a participação mínima em cinco atos privativos previstos no art. 1º, EOAB, em causas ou questões distintas, conforme exprime o art. 5º do RGOAB. A lei estabelece a regra de, no mínimo, 5 atos privativos da advocacia, em causas distintas para configurar 1 ano de prática forense. Nesse sentido, o advogado deverá comprovar a prática forense mediante apresentação dos seguintes documentos:

- Certidão expedida por cartórios ou secretarias.
- Cópia autenticada de atos privativos.
- Certidão expedida por órgão público em que exerceu atividade privativa.

4.3 DO CANCELAMENTO

O art. 11 do EOAB apresenta as hipóteses de cancelamento da inscrição na OAB. O pedido pode ser requerido pelo próprio advogado (inciso I); ou ser imposto como consequência de sanção disciplinar (exclusão), facultando-se ao advogado expulso o direito de requerer a sua reabilitação um ano após o cumprimento da sanção, desde que fundamente com provas efetivas de bom comportamento (inciso II). Caso a sanção disciplinar resulte de prática de crime, exige-se também a reabilitação criminal. Se falecer, por óbvias razões, a família irá requerer o cancelamento da inscrição (inciso III). *Mas o inciso IV, o mais frequente nos Exames de Ordem*, fala de uma hipótese muito comum: passar a exercer atividade *incompatível* com a advocacia em *caráter permanente. Exemplo:* **Advogado "A"** obteve êxito no concurso para magistratura. Atividade incompatível permanente = cancelamento da inscrição.

O pedido de cancelamento implicará a perda do número de inscrição. Na eventual possibilidade de um novo pedido de inscrição, o requerente terá que fazer prova da capacidade civil, não exercer atividade incompatível, ser idôneo moralmente e prestar novo compromisso. Somente na hipótese de exclusão, o novo pedido de inscrição deverá ser acompanhado de provas de reabilitação. *Vale lembrar!* Temos que acrescentar ao art. 11 do EOAB a hipótese de art. 22, parágrafo único, do RGOAB, pois temos outra hipótese de cancelamento da inscrição de advogado se ocorrer a terceira suspensão relativa ao não pagamento de anuidades distintas.

4.4. DA LICENÇA

O art. 12 do EOAB trata das situações em que o advogado solicita licença por tempo *determinado*. Essa hipótese é muito comum nos casos de mandato eletivo, exercício de cargo de confiança ou em comissão, doenças curáveis etc. A licença é sempre *temporária*. Temos três incisos neste artigo: o requerimento do interessado, desde que fundamentado (I); a hipótese de exercício temporário de *atividade incompatível* (II); sofrer doença mental, curável (III).

4.5 DA NULIDADE DOS ATOS

Os atos praticados por não inscritos, impedidos, licenciados ou suspensos são nulos, conforme prevê o art. 4º e seu parágrafo único do EOAB. No art. 4º do RGOAB, está expressamente mencionado que o exercício de atos privativos de advocacia por profissional ou sociedade não inscrita na OAB configura *exercício ilegal da profissão.*

5. DO MANDATO ADVOCATÍCIO

O exercício da advocacia decorre de um contrato de mandato e, neste ponto, o art. 5º do EOAB estabelece que "O advogado postula, em juízo ou fora dele, fazendo prova do mandato". A procuração é um *instrumento* desse contrato de mandato em que são explicitados *os poderes da representação*. O § 1º do art. 5º do EOAB, estabelece uma exceção quando permite a atividade advocatícia sem procuração, em caso de urgência. Nesta hipótese, o prazo para apresentar o instrumento é de quinze dias, prorrogável por igual período. Observa-se que a declaração de urgência feita pelo advogado é dotada de presunção legal de veracidade (ver art. 104, § 1º, do CPC).

a. Da relação com o cliente

Dever de informação

O art. 9º do CED observa a regra do *princípio da informação*, segundo o qual o advogado tem o dever de informar o cliente, de modo claro e inequívoco, os eventuais riscos da sua pretensão e das consequências da demanda. Acrescenta a regra que se deve, também, esclarecer, desde logo, a quem lhe solicite parecer ou patrocínio, qualquer circunstância que possa influir na resolução de submeter-lhe a consulta ou confiar-lhe a causa. No art. 10 do CED, observa-se a possibilidade de rompimento do contrato de mandato através da figura da renúncia (por parte do Advogado); revogação (por parte do cliente); ou substabelecimento sem reservas de poderes (advogado e cliente).

Ausência de subordinação

No exercício do mandato não existe subordinação, uma vez que o advogado atua como patrono da parte, de modo que, nesse mister, deve-se imprimir à causa orientação que lhe pareça mais adequada. Por quê? Porque possui o conhecimento do melhor caminho a seguir. Essa recomendação está expressa no art. 11 do CED.

Independência técnica

Ainda nesse sentido, o art. 24 do CED reforça a tese da independência técnica quando observa que o advogado não se sujeita à imposição do cliente que pretenda ver com ele atuando outros colegas para com ele trabalhar no processo.

> No XX Exame de Ordem, verificamos uma questão que observa a referida tese, combinando o art. 24 com o art. 26, *caput*, ambos do CED.

Prestação de contas

O dever de *prestação de contas* expresso no art. 12 do CED assevera um dever e direito do advogado, passível de processo ético disciplinar perante a OAB, prevista no art. 34, XXI, do EOAB.

Extinção do mandato

A *extinção do mandato* ocorre com o término da prestação do serviço, conforme estabelece o art. 13 do CED: "Concluída a causa ou arquivado o processo, presume-se cumprido e extinto o mandato". Este artigo deve ser lido com o art. 18 do CED, que observa que o mandato não se extingue pelo decurso de tempo, salvo se expresso no instrumento de mandato.

ATENÇÃO! Esta questão é importante, porque a OAB, em exames antigos, indagava com frequência se a procuração, como instrumento do mandato, teria prazo de validade. Destarte, poder-se-ia responder com tranquilidade que não, visto que sua vigência está vinculada à presunção do art. 13, salvo situação de renúncia, revogação ou substabelecimento sem reservas de poderes. Todavia, ocorre que este artigo deve estar relacionado, também, ao sentido do art. 14 do CED, de vez que, em certas ocasiões, o advogado poderá receber convites de potenciais clientes para assumir uma causa que já tem, em verdade, patrono constituído nos autos. Esse tipo de convite deve ser analisado com muita cautela, pois que há o *princípio do coleguismo e solidariedade* reforçado no art. 14 do CED.

Diligência e cuidado

O art. 15 do CED estabelece que o advogado não deve deixar ao abandono ou ao desamparo as causas sob seu patrocínio, sendo recomendável que, em face de dificuldades insuperáveis ou inércia do cliente quanto a providências que lhe tenham sido solicitadas, renuncie ao mandato.

Conduta ilibada e sigilo profissional

Os princípios da conduta ilibada e do sigilo profissional expressos nos arts. 21 e 22 do CED apresentam a hipótese de sigilo ao postular em nome de terceiros, contra ex-cliente ou ex-empregador, bem como abster-se de patrocinar causa contrária à validade ou legitimidade de ato jurídico, em cuja formação haja colaborado ou intervindo de qualquer maneira em situações similares. O que se observa é a situação de o advogado utilizar informações recebidas em razão da profissão contra o próprio ex-cliente.

Preposto ou patrono

Existe a expressa proibição de que o advogado funcione, no mesmo processo, ao mesmo tempo, como patrono e preposto do empregador ou cliente, consoante estabelece o art. 25 do CED, porque são duas figuras diferentes.

Conflito de interesses

O art. 19 do CED observa um princípio ético importante, segundo o qual é vedada ao advogado ou sociedade de advogados a representação de clientes com interesses opostos. A sociedade de advogados ou escritório de advocacia não pode estar, simultaneamente, no polo passivo e ativo, numa mesma causa judicial (Cf. o art. 355 do CP).

Com base neste princípio ético, o art. 20 do CED assevera que, nas hipóteses de conflitos de interesse entre constituintes e não conseguindo o advogado harmonizá-los, caber-lhe-á optar, com prudência e discrição, por um dos mandatos, renunciando aos demais, resguardado sempre o sigilo profissional.

Não há causa criminal indigna de defesa

O art. 23 do CED estabelece ser direito e dever de o advogado assumir a defesa criminal, independentemente de sua visão pessoal. Em seu parágrafo único, assevera que não há causa criminal indigna de defesa no Estado Democrático de Direito.

b. Da Renúncia ou Revogação do Mandato

O cliente ou advogado (art. 5º, EOAB) podem encerrar o contrato de mandato a qualquer tempo. O que temos que respeitar é a recomendação da OAB, no sentido de que o advogado não deve abandonar a causa ou desamparar seu cliente (art. 15, CED); e que, em qualquer caso, seja *renúncia*, seja *revogação*, a outra parte deverá ser cientificada.

A *renúncia* por parte do Advogado é um ato unilateral e implica omissão do motivo (art. 16 do CED). Observa-se que o advogado deve comprovar haver cientificado o seu cliente, uma vez que o termo inicial para a contagem do prazo de 10 dias, em que continua a representá-lo, conta-se a partir da data da notificação. Nesse sentido, deverá notificar seu cliente, preferencialmente, por meio de carta com aviso de recebimento; e, em seguida, comunicar o juízo (art. 6º, RGOAB, e art. 112, CPC). Poderá ocorrer a contratação de novo patrono antes de findar o prazo de 10 dias, nesta hipótese o advogado renunciante ficará liberado antecipadamente.

> No XV Exame de Ordem, verificamos uma questão que observa a situação em que o advogado renuncia aos poderes conferidos em procuração e cumpre a regra dos 10 dias para ser substituído.

O cliente poderá optar por *revogar* o mandato conferido em procuração, com omissão de motivo. Há a possibilidade de a revogação ser tácita ou expressa. O novo patrono deverá esclarecer ao cliente potencial que este deverá, em primeiro lugar, revogar a procuração anterior dando plena ciência ao advogado da sua intenção e ajustar honorários proporcionais pelos serviços prestados até a data da revogação (art. 17 do CED e art. 111, CPC).

c. Do substabelecimento COM ou SEM reservas de poderes

Conforme o art. 24 do CED, o advogado não é obrigado a aceitar a indicação de outro advogado para atuar com ele no processo. Desta feita, temos a possibilidade de substabelecer *com* ou *sem* reservas de poderes a outro advogado.

O primeiro tipo é o substabelecimento *com* reservas de poderes ato pessoal do advogado e não exigirá o conhecimento do seu cliente, visto que o advogado permanece como patrono da causa (art. 26, *caput*, do CED). Recomenda-se nesta hipótese ajustar os honorários diretamente com o colega advogado, porquanto somente o advogado substabelecente poderá levantar os honorários (art. 26, § 2º, do CED).

> No XIX Exame de Ordem, verificamos uma questão que observa a situação do advogado substabelecido e a possibilidade de levantar honorários. Somente o advogado substabelecente poderá levantar honorários na forma do art. 26, EOAB. Veja também o XV Exame de Ordem.

O segundo tipo vem a ser o *sem* reservas de poderes. Este tipo romperá o contrato de mandato e deve ser feito com a devida cautela, pois que o advogado estará obrigado a cientificar previamente o seu cliente. Por quê? Porque quando *substabelece sem reservas de poderes* está transferindo *todos* os poderes recebidos em procuração para outro advogado, imediatamente e, só poderá fazê-lo, se autorizado pelo cliente. Ressalte-se, por fim, que o advogado não deve aceitar procuração de quem já tenha patrono constituído, sem o prévio conhecimento do colega de profissão (art. 14, CED).

6. ADVOCACIA PÚBLICA

O EOAB estabelece que exercem a atividade de advocacia os integrantes da Advocacia Geral da União, Procuradoria da Fazenda Nacional, da Defensoria Pública e das Procuradorias e Consultorias Jurídicas dos estados, do Distrito Federal, dos Municípios e das respectivas entidades de administração indireta e fundacional (art. 3º, § 1º, EOAB).

O RGOAB observa, neste ponto, que os advogados públicos são elegíveis e podem integrar qualquer órgão da OAB (art. 9º, RGOAB). Como inscritos sujeitam-se ao regime do EOAB, RGOAB, CED, inclusive quanto às sanções disciplinares como os advogados privados, sem prejuízo do regime próprio a que se subordinem (art. 10, RGOAB).

O Provimento n. 114/2006 dispõe sobre a Advocacia Pública e no art. 1º do Provimento n. 114/2006, encontramos a definição para "advogado público". O art. 2º, Prov. n.

114/2006, apresenta o rol das carreiras da advocacia pública e devemos combinar este artigo com os seguintes arts. 131, 132 e 134 da CRFB/88, bem como o art. 75 do CPC. Destarte, deverá ter inscrição principal perante o Conselho Seccional da OAB em cujo território tenha lotação (arts. 3º e 4º, Prov. n. 114/2006) e, caso seja transferido para o território de outra Seccional, fará a mudança na inscrição e ficará dispensado do pagamento da anuidade no território da nova Seccional (art. 3º, parágrafo único, Prov. n. 114/2006).

VALE A DICA! Há muita controvérsia sobre a obrigatoriedade da inscrição do advogado público na OAB. Não obstante, o entendimento a ser defendido no exame de ordem é o da OAB, por conseguinte, há obrigatoriedade.

É dever do advogado público a independência técnica, exercendo as atividades de acordo com suas convicções profissionais e em estrita observância aos princípios constitucionais da administração pública (art. 5º, Prov. n. 114/2006).

Neste ponto, o novo CED da OAB inovou ao trazer um capítulo específico para a advocacia pública: o art. 8º, que estabelece a obrigatoriedade de cumprimento dos preceitos éticos estabelecidas pela OAB, reforça a independência técnica e destaca o dever de urbanidade no art. 8º, §§ 1º e 2º, do CED.

Os advogados públicos advogam na qualidade de "advogados impedidos"; ou seja, advogam com restrição, na forma do art. 30, I, EOAB. Todos são advogados, inscritos, também, na OAB; porém, em razão do exercício da advocacia pública, a atuação possui impedimentos (restrição). Essa restrição cessará com a aposentadoria (art. 7º do Prov. n. 114/2006). Neste contexto, registra-se a restrição geral prevista no art. 30, I, do EOAB, entretanto não impede que a instituição estabeleça restrição ainda maior como é o caso da AGU e da Defensoria Pública, por exemplo.

7. ADVOGADOS ESTRANGEIROS (PROV. N. 91/2000 E 129/2008)

a. Advogado estrangeiro

O advogado estrangeiro ou brasileiro formado no exterior, *exceto o português*, não poderá atuar no procuratório nacional. Atuará apenas como *consultor* em Direito estrangeiro de seu país de origem. É o que estabelece o art. 1º e seu § 1º do Prov. n. 91/2000, que dispõe sobre a atividade de consultores e sociedades de consultores em direito estrangeiro no Brasil.

O referido art. 1º, em seu § 2º, estabelece também que a sociedade de advogados e os consultores estrangeiros não podem aceitar procuração, ainda que esta seja restrita para fins de substabelecimento de poderes. Em razão desta restrição, o advogado ou sociedade estrangeira precisará solicitar sua inscrição nos quadros da OAB, no local em que pretende exercer atividade na categoria de consultor em direito estrangeiro de seu país de origem, cumprindo requisitos estabelecidos no art. 2º do Provimento n. 91/2000.

Deferida a autorização, o advogado estrangeiro poderá fazer sua inscrição na OAB e prestará o compromisso na forma do art. 2º, § 3º, do Provimento n. 91/2000. A sociedade de advogados estrangeiros seguirá a mesma restrição com a aprovação e arquivamento dos atos constitutivos na sede da Seccional, em cujo território for escolhido para sede social da sociedade. Somente será integrada por advogados estrangeiros já habilitados na OAB na qualidade de consultores e sua razão social deverá usar obrigatoriamente a expressão "Consultores em Direito estrangeiro" (arts. 3º e 4º do Prov. n. 91/2000).

b. Advogado de nacionalidade portuguesa

O advogado de nacionalidade portuguesa, em situação regular, na Ordem dos Advogados de Portugal, poderá se inscrever na OAB na forma do Prov. n. 129/2008 e atuar livremente no procuratório nacional. Destarte, observará os requisitos do art. 8º, do EOAB, com a dispensa do Exame de Ordem, porque já o fez em Portugal. Nada impede que o advogado português ingresse em território nacional na qualidade de advogado consultor. Em qualquer hipótese, deverá solicitar sua inscrição na OAB.

8. DAS PRERROGATIVAS

a. Princípio da isonomia

O art. 6º e seu parágrafo único do EOAB ressaltam o princípio constitucional da isonomia e independência, que visam garantir o efetivo exercício profissional da advocacia. Devemos combiná-los com os arts. 133, CF/88, e 2º, 27 e 28, CED, que tratam da importante atuação do advogado na administração da justiça e do seu dever de urbanidade. O advogado tem o compromisso com a urbanidade; ou seja, deve tratar a todos com respeito e consideração, ao mesmo tempo em que preservará seus direitos e prerrogativas, devendo exigir igual tratamento de todos com quem se relacione.

b. Das prerrogativas

O art. 7º do EOAB apresenta o rol de prerrogativas à atividade advocatícia, de vez que apresenta as garantias constitucionais ao exercício da profissão. Compete ao Conselho Federal, ao Conselho Seccional ou à Subseção (art. 15 do RGOAB), as providências judiciais e extrajudiciais cabíveis, quando há violações de prerrogativas em seus territórios.

Vejamos as prerrogativas:

Art. 7º, I, EOAB. O inciso I do artigo observa que o advogado inscrito na OAB está habilitado para atuar em todo território nacional, sendo certo que deverá observar a regra já estudada da inscrição suplementar.

> No XIX Exame de Ordem, verificamos uma questão que observa exatamente esta prerrogativa do art. 7º, I, do EOAB que nos remete ao art. 10, § 2º, do EOAB. Se o advogado configurar habitualidade em território de outra Seccional que não seja a da sua inscrição principal, terá que solicitar a inscrição suplementar.

Art. 7º, II, EOAB. Neste inciso, temos a regra da impossibilidade de mandado de busca e apreensão para obter documentos do cliente do advogado. O escritório ou local de trabalho são invioláveis. Devemos cumular o inciso em contento com os *§§ 6º e 7º, do art. 7º do EOAB*, pois que verificamos neles as únicas hipóteses em que será possível a quebra da referida inviolabilidade, qual seja a hipótese de advogado formalmente investigado pela prática de crime e de cliente na qualidade de partícipe ou coautor do mesmo crime.

Quais os requisitos para quebra da inviolabilidade do escritório de advogado?

O principal é a hipótese de advogado formalmente investigado por prática de crime. Deste requisito que possibilita a quebra da inviolabilidade do escritório ou local de trabalho decorrem os demais, a saber: competência exclusiva da autoridade judiciária em decisão motivada; mandado de busca e apreensão específico e pormenorizado; a presença de representante da OAB para o cumprimento da diligência.

Quais os requisitos para quebra da inviolabilidade do cliente do advogado?

Quando o cliente estiver na qualidade de partícipe ou coautor pela prática do mesmo crime, que deu causa à quebra da inviolabilidade do escritório do advogado. Por quê? Porque há o dever de sigilo profissional e neste caso, vale lembrar a regra penal do art. 154.

Dever de sigilo

No art. 35 do CED de 2015, observa-se que o advogado tem o dever de guardar sigilo profissional dos fatos conhecidos em razão do exercício da profissão. Trata-se, logo, de um dever de ordem pública, consoante exprime o art. 38 do CED de 2015. Por esta razão, há a presunção de serem confidenciais as comunicações de qualquer natureza entre advogados e seus clientes (art. 36, § 1º, CED). As mesmas regras do sigilo aplicam-se ao advogado nas funções de mediador, conciliador e árbitro (art. 36, § 2º, CED). Há exceção? Sim. O art. 37, CED estabelece que o referido sigilo cederá em face de circunstâncias excepcionais, que configurem justa causa como nos casos de grave ameaça ao direito à vida e à honra ou que envolvam defesa própria.

Art. 7º, III, EOAB. É interessante destacar que a incomunicabilidade do indiciado só poderá ser decretada por juiz de direito; e, mesmo incomunicável, há o direito de conversar com seu advogado, contra quem jamais prevalecerá a incomunicabilidade. Temos que vincular este direito ao conteúdo expresso no art. 2º, *parágrafo único*, II do CED. O descumprimento da regra importará em crime de abuso de autoridade – Lei n. 4.898/65, art. 3º, alínea *f.* (c/c art. 5º, LXIII, CF/88).

Art. 7º, IV, § 3º, EOAB. A prisão em flagrante do advogado, por motivo de exercício profissional, só deverá ocorrer em hipótese de crime inafiançável. O STF decidiu pela constitucionalidade do inciso, com a ressalva da validade da prisão, caso a OAB não envie em tempo hábil um representante. Cabe à autoridade competente, a prova da comunicação expressa da prisão à OAB. Na hipótese, o Presidente da Seccional ou subseção integra a defesa no processo ou inquérito – art. 16, RGOAB.

Art. 7º, V, EOAB. Se for preso, ficará em Sala de Estado Maior ou prisão domiciliar até o trânsito em julgado da sentença penal condenatória, em todas as hipóteses em que o advogado deva ser preso pelo cometimento de crimes comuns, inclusive aqueles não relacionados ao exercício da profissão. O STF declarou a inconstitucionalidade da expressão *"assim reconhecidas pela OAB"*, constante no dispositivo supra (ADI 1.127-8, STF, maio de 2006).

VALE A DICA! Há uma diferença importante entre os incisos IV e V do art. 7º, EOAB. O direito a sala de estado maior ou prisão domiciliar é uma prerrogativa para todos os advogados que forem presos antes do transitado em julgado da sentença penal condenatória, sem interessar se o crime foi ou não praticado no exercício da profissão. O inciso IV só poderá ser invocado no exercício da profissão.

O art. 7º, VI, alíneas a-d, EOAB, estabelece o direito ao ingresso em órgãos judiciários e locais públicos. "Livre acesso" aos locais onde o advogado deva praticar ato ou colher prova ou informação útil ao exercício da atividade profissional, tais como: a) salas de sessões dos tribunais; b) salas de audiências judiciais; c) cartórios, delegacias e prisões; d) reunião ou assembleia (procuração com poderes especiais).

O art. 7º, e incisos VII e VIII, EOAB reforçam a independência do advogado e a inexistência de vínculo hierárquico, desde que observadas regras legais e éticas de convivência profissional reciprocamente respeitosas. Podendo neste caso: a) permanecer sentado ou em pé; b) dirigir-se diretamente a magistrados.

ATENÇÃO! O inciso IX do art. 7º do EOAB foi declarado inconstitucional pelo STF no julgamento das ADI 1.127-8 e 1.105-7 (26-05-2006).

O art. 7º, X, EOAB observa o direito ao uso da palavra oral para esclarecimentos e reclamações, no tocante à intervenção extraordinária que denota o dever de diligência por parte do causídico. Neste mesmo sentido, o art. 7º, XI e XII, EOAB reforçam o direito à reclamação e a ausência de forma específica para seu exercício profissional, podendo fazê-lo sentado ou em pé, em juízo, tribunal, órgão de deliberação coletiva da Administração Pública ou Poder Judiciário.

> No XVI Exame de Ordem, verificamos uma questão que apresenta a situação de um advogado que necessita fazer o uso da palavra pela ordem para esclarecimento de fatos. Nesta questão, o examinador tenta confundir a hipótese deste inciso com o teor do inciso IX do mesmo artigo que foi declarado inconstitucional.

O art. 7º, XIII ao XV, EOAB estabelece a prerrogativa para o acesso aos autos de processos judiciais ou administrativos findos ou em andamento. O advogado tem o *direito de exame* e o *direito de vista*. Entende-se por *exame dos autos* o direito irrestrito do advogado, mesmo sem procuração, para tirar cópias, fazer apontamentos, salvo as hipóteses de segredo de justiça. Entende-se por *direito de vista* o direito de o advogado constituído nos autos retirá-los do cartório, secretaria ou repartição e levá-los para seu escritório pelo prazo legal. Quando um advogado tem o direito de vista SEM procuração? Quando se tratar de autos findos e por 10 dias (RT, 678:194).

> No XVI Exame de Ordem, verificamos uma questão que apresenta exatamente a hipótese de vista de autos findos pelo prazo de 10 dias.

O art. 7º, XIV, EOAB, com nova redação dada pela Lei n. 13.245, de 2016, assinala que o advogado poderá examinar, em qualquer instituição responsável por conduzir investigação, mesmo sem o instrumento de procuração, autos de flagrante e de investigações de qualquer natureza, findos ou em andamento, ainda que conclusos à autoridade, podendo copiar peças e tomar apontamentos, em meio físico ou digital. Este inciso XIV deve ser cumulado com os parágrafos 10, 11 e 12, todos inseridos pela Lei n. 13.245/2016.

E o que estabelecem? Estabelecem que, se nos processos que tramitam em segredo de justiça, a apresentação da procuração será requerida, bem como certa restrição na hipótese de investigação em andamento ainda não documentada nos autos. O parágrafo 12 assevera que a violação da prerrogativa do inciso XIV do art. 7º poderá ensejar medidas criminais e funcionais por abuso de autoridade, sem prejuízo do direito subjetivo do advogado de requerer acesso aos autos ao juiz competente.

> No XIX Exame de Ordem, verificamos uma questão que observa exatamente esta prerrogativa do art. 7º, XIV, c/c § 10, do EOAB – o direito de vistar autos de inquérito com sigilo, o que requer a apresentação da procuração.

O art. 7º, § 1º, EOAB, observa o que não se aplica ao disposto nos incisos XV e XVI. Assim, o direito de exame não alcança os processos sob os auspícios do regime de segredo de justiça. Também não poderá ser invocado, na hipótese de existirem nos autos documentos originais de difícil restauração ou ocorrer circunstância relevante, que justifique a permanência dos autos no cartório, secretaria ou repartição, reconhecida pela autoridade em despacho motivado, proferido de ofício, mediante representação ou a requerimento da parte interessada. Acrescenta-se ainda que, até o encerramento do processo, ao advogado que houver deixado de devolver os respectivos autos no prazo legal e só o fizer depois de intimado para devolvê-lo.

Na hipótese de violação das prerrogativas, o advogado poderá requerer o desagravo público, conforme previsto no *art. 7º, XVII e § 5º, EOAB*. A prerrogativa estabelece que no caso de ofensa proferida a inscrito na OAB, no exercício da profissão ou de cargo ou função de órgão da OAB, o Conselho competente deve promover o desagravo público do ofendido, sem prejuízo da responsabilidade criminal em que incorrer o infrator. O desagravo público é um procedimento formal com o objetivo de registrar o repúdio coletivo ao ofensor. O desagravo não depende nem é prejudicado por processo criminal, em que o advogado ofendido ajuíze contra o ofensor. O Regulamento Geral estabelece as regras para o procedimento do desagravo. É importante observar que se trata de uma sessão pública, na qual o advogado expressa seu repúdio com o apoio da instituição.

No art. 18 do RGOAB, identificamos o procedimento do desagravo público quando ofendido, comprovadamente, em razão do exercício profissional ou de cargo ou função da OAB. Poderá ocorrer a seu pedido ou de qualquer pessoa, porque a ofensa ultrapassa a pessoa física do advogado e alcança toda a classe, ainda que não haja a concordância do ofendido.

> No XX Exame de Ordem OAB/FGV, verificamos uma questão sobre desagravo, particularmente envolvendo o art. 18, § 7º, do RGOAB. O desgravo público não dependerá da concordância do ofendido.

Conquanto o desagravo deva ser organizado pelo Conselho Seccional do local do fato, o art. 19, RGOAB, estabelece que se competirá ao Conselho Federal promover o desagravo público de Conselheiro Federal ou de Presidente de Conselho Seccional, quando ofendidos no exercício das atribuições de seus cargos, ainda quando a ofensa a advogado se revestir de relevância e grave violação às prerrogativas profissionais, com repercussão nacional. Neste caso, especificamente, o Conselho Federal, observado o procedimento previsto Regulamento, indicará seus representantes para a sessão pública de desagravo, na sede do Conselho Seccional, salvo no caso de ofensa a Conselheiro Federal.

O art. 7º, XIX, EOAB, apresenta como prerrogativa da advocacia a possibilidade de o advogado recusar-se a depor como testemunha, em razão do sigilo profissional conforme o art. 38 do CED.

> No XX Exame de Ordem, verificamos uma questão que observa exatamente esta prerrogativa do art. 7º, XIX, do EOAB que envolve também a questão do sigilo profissional.

O art. 7º, XX, EOAB traz como prerrogativa a possibilidade de retirada do recinto, de modo a "Retirar-se do recinto onde se encontre aguardando pregão após 30 minutos de espera, desde que a autoridade não tenha comparecido" (ausência efetiva do juiz). Não se aplica a regra, quando o juiz estiver presente e o retardamento se der em virtude de atrasos ou prolongamentos de audiências imediatamente anteriores (LÔBO, 2015).

> No XIV Exame de Ordem, verificamos uma questão que observa a prerrogativa expressa no inciso XX do art. 7º do EOAB. Na questão, o caso menciona situação de atraso, mas não em ausência da autoridade. Neste caso, não se poderá invocar a prerrogativa.

A Lei n. 13.245, de 2016, inclui novo inciso ao art. 7º do EOAB, o inciso XXI. A novidade foi assegurar como prerrogativa a possibilidade de assistir a seus clientes investigados durante a apuração de infrações, sob pena de nulidade absoluta do respectivo interrogatório ou depoimento; e, subsequentemente, de todos os elementos investigatórios e probatórios dele decorrentes ou derivados, direta ou indiretamente, podendo, inclusive, no curso da respectiva apuração: a) apresentar razões e quesitos. A alínea *b* foi vetada.

O advogado tem imunidade profissional, não constituindo injúria e difamação qualquer manifestação de sua parte, no exercício de sua atividade, em juízo ou fora dele, sem prejuízo das sanções disciplinares perante a OAB, pelos excessos que cometer, conforme o art. 7º, § 2º, EOAB. Neste parágrafo, convém retirar do rol das imunidades o crime de desacato, visto que foi decidido em ADI que não se aplica a excludente da ilicitude àquele que ofende o magistrado. Vejamos, ainda, que a imunidade profissional do advogado não se estende, também, ao crime de calúnia. Desta feita, o advogado tem imunidade para os crimes de injúria e difamação apenas, não obstante poderá ser punido pela OAB por excessos que, porventura, vir a cometer no exercício da profissão em processo ético-disciplinar.

O art. 7º-A do EOAB estabelece as prerrogativas da mulher advogada, a saber: se gestante, não se submete aos detectores de metais e ao raio X e tem o direito a reserva de vaga na garagem do Fórum. Se lactante, adotante ou que der à luz, tem direito à creche ou local adequado. Se gestante, lactante, adotante ou que der à luz, tem preferência na ordem das sustentações orais e audiências. Se adotante ou que der à luz, tem direito à suspensão de prazos processuais, quando for a única advogada no processo.

c. Dos deveres da advocacia

Os deveres estão no CED, particularmente no art. 2º e seu parágrafo único. Vamos estudá-los? O art. 2º caput do CED observa o conteúdo do art. 133 da CRFB/88 e do art. 2º do EOAB, reforçando a indispensabilidade da advocacia para o Estado Democrático de Direito.

No parágrafo único do art. 2º do CED, deparamo-nos com alguns deveres importantes vinculados aos princípios deontológicos da advocacia. Os incisos destacam a ideia de boa-fé, honestidade, a independência na atuação, o empenho, a importância da reputação que, logo, sempre repercute para classe profissional, a boa formação para o desempenho das atividades privativas, a postura ética de evitar ter contato com a parte contrária (*ex adverso*) sem sua autorização e a presença de seu patrono. Enfim, deveres éticos condizentes com o rol de prerrogativas e sua posição na CRFB/88.

> No XIX Exame de Ordem, verificamos uma questão que observa exatamente a atuação do advogado com destemor, independência e honestidade na forma dos deveres elencados no art. 2º, parágrafo único, do CED, que envolve também a questão do sigilo profissional.

d. Da responsabilidade civil do advogado

No EOAB, art. 32, encontramos a responsabilidade do profissional de advocacia "pelos atos que, no exercício profissional, praticar com dolo ou culpa". O *caput* deste artigo deve estar relacionado com o art. 31 e seus parágrafos, art. 33 e todo o Código de Ética e

Disciplina da OAB. O advogado não é responsável pelo resultado da demanda, entretanto, por sua postura e pela boa aplicação da lei ao convencimento do julgador. A Súmula 2 do Conselho Federal da Ordem dos Advogados do Brasil já pacificou o entendimento no sentido de a advocacia não se enquadrar nas regras do Código do Consumidor.

10. A PUBLICIDADE E A ADVOCACIA

As regras pertinentes à publicidade estão previstas no capítulo VIII do CED, que trata da publicidade nos arts. 39 a 46 e devem ser lidos em conjunto com o Prov. n. 94/2000.

No art. 39 do CED, encontramos a observação segundo a qual a publicidade profissional do advogado tem caráter meramente *informativo* e deve priorizar a discrição e sobriedade da profissão, não podendo configurar captação de clientela ou mercantilização da profissão.

Desse modo, observa-se: publicidade da advocacia – apenas informativa! Não é permitido: a) A contratação de um agenciador de causas mediante pagamento de comissão ou não; b) Publicidade ostensiva com caráter mercantilista; c) Divulgação da atividade advocatícia em conjunto com outras atividades.

O que podemos entender por publicidade informativa?

O anúncio ou publicidade contendo a identificação pessoal e curricular do Advogado, número de inscrição e endereço do escritório. Poderá acrescentar as áreas ou matérias jurídicas de exercício preferencial (art. 2º do Prov. n. 94/2000).

No que se refere ao envio de mala direta, é importante observar o art. 3º do Prov. n. 94/2000, que autoriza, especificamente, o envio de comunicação de mudança de endereço e de alteração de outros dados de identificação do escritório nos diversos meios de comunicação escrita, bem como, correspondência aos clientes e colegas de profissão.

> No XV Exame de Ordem, verificamos uma questão que observa o envio de mala direta em razão de alteração de endereço, para clientes e amigos.

Nesse sentido, proíbe-se a publicidade em veículos como rádio, cinema e televisão (art. 40, I, CED). Proíbem-se, também, o uso de outdoors, painéis luminosos ou formas assemelhadas de publicidade (art. 40, II, CED c/c art. 6º, *a* a *d*, do Prov. n. 94/2000). As inscrições em muros, paredes, veículos, elevadores ou em qualquer espaço público são igualmente vedadas (art. 40, III, CED), bem como a divulgação de serviços de advocacia juntamente com a de outras atividades ou, até mesmo, a indicação de vínculos entre uns e outras (art. 40, IV, CED).

Há a possibilidade de uso de placas ou painéis?

Sim, mas com restrição. No parágrafo único do referido art. 40 do CED, afirma-se a possibilidade de utilização de placas, painéis luminosos e inscrições em fachadas da sede do escritório ou Sociedade de Advogados.

Existem advogados que escrevem textos em colunas de jornais e revistas. Como devem proceder?

O art. 41 do CED estabelece que as colunas que o advogado mantiver nos meios de comunicação social ou os textos que por meio dele divulgar sua atividade advocatícia não deverão induzir o leitor a litigar nem promover, dessa forma, captação de clientela. A publicidade poderá ocorrer em meio impresso ou na *internet*? A telefonia e a *internet* podem ser utilizadas como veículo de publicidade, inclusive para o envio de mensagens a destinatários certos, contanto que estas não impliquem o oferecimento de serviços ou representem forma de captação de clientela (art. 46 e parágrafo único, CED c/c art. 5º, parágrafo único, do Prov. n. 94/2000).

O art. 43 do CED estabelece que, na hipótese de eventual participação em programa de televisão, rádio, entrevistas na imprensa, reportagens televisionadas ou veiculadas por qualquer outro meio, deve-se visar a objetivos exclusivamente ilustrativos, educacionais e instrutivos, sem que haja propósito de promoção pessoal ou profissional, de maneira que, em qualquer caso, serão vedados pronunciamentos sobre métodos de trabalho usados por seus colegas de profissão.

No VIII Exame de Ordem OAB/FGV, verificamos uma questão em que advogado realiza publicidade irregular para captação de clientela: distribui panfletos em vias públicas e utiliza uma placa no endereço do escritório contendo valores de honorários abaixo da tabela de honorários da OAB (art. 48, § 6º, CED).

11. SOCIEDADE DE ADVOGADOS E A SOCIEDADE UNIPESSOAL

Um advogado poderá formar uma Sociedade de Advogados ou constituir uma Sociedade Unipessoal de Advocacia. A Sociedade de Advogados tem natureza jurídica de *sociedade simples*. É importante ressaltar que a Sociedade de Advogados, conquanto seja uma sociedade simples, é regida integralmente pelas disposições estabelecidas na Lei n. 8.906/94, arts. 15 a 17, pelo Código de Ética e Disciplina, pelo Regulamento Geral (arts. 37 a 43) e pelos Provimentos do Conselho Federal da OAB, em particular o Prov. n. 112/2006.

A Sociedade de Advogados e a Sociedade Unipessoal possuem regra específica para aquisição de sua personalidade jurídica. Atenção! Ambas só adquirem personalidade jurídica com o seu registro no Conselho Seccional da sua base territorial, mais especificamente na OAB do local em que funcionará a sede da sociedade.

O Conselho Seccional da OAB é o órgão competente para tal, sob pena de nulidade. Destarte, o Conselho poderá aprovar os atos constitutivos e conceder o registro em livro específico com numeração sucessiva. A partir do momento em que adquire a personalidade jurídica as alterações supervenientes, deverão ser averbadas no registro após aprovação prévia do Conselho, art. 7º do Prov. n. 112/2006.

Não são admitidas sociedades de advogados que assumam a forma de sociedade por quotas, limitada, ou qualquer outra forma de sociedade empresária. Ademais, o número de registro da sociedade inscrita na OAB deve figurar em todos os contratos que celebrar, consoante exprime o art. 7º, § 2º, do Prov. n. 112/2006.

A própria essência da sociedade, como uniprofissional, afasta a inclusão de atividades outras, que não a atividade advocatícia como, por exemplo, a administração e venda de imóveis, contabilidade, consultoria econômica, religião, política etc., de vez que se rejeitou o modelo mercantil e a associação com outras áreas de atuação profissional. Nesse sentido, proíbe-se o uso de nome fantasia, o uso de símbolos comuns nas atividades mercantis e a propaganda, permitindo-se a publicidade discreta e informativa.

O Estatuto determina que as procurações sejam individuais e que, por razões éticas, nenhum dos profissionais poderá integrar mais de uma sociedade de advogados na mesma base territorial. A restrição ética não alcança os contratos de associação entre a Sociedade de Advogados e advogados (art. 39, parágrafo único, do RGOAB) para patrocínio comum sem vínculo de subordinação.

Consoante art. 8º, §§ 2º e 3º, do Prov. n. 112/2006, a cada advogado associado deverá ser elaborado um contrato em separado, contendo todas as cláusulas que irão reger as relações e condições da associação estabelecida pelas partes. O referido *contrato de associação*, por conseguinte, não poderá resultar em sociedade, porquanto somente pessoas naturais, advogados regularmente inscritos na OAB, podem figurar como sócios em Sociedade de Advogados.

A Sociedade de Advogados poderá ter filial em outras Seccionais (outro Estado ou Distrito Federal), desde que previsto em seu ato constitutivo. Para tanto, todos os sócios obrigam-se à inscrição suplementar na Seccional onde figurar a filial. Por óbvias razões, os advogados de uma mesma sociedade não podem patrocinar clientes com interesses opostos. A regra expressa nos §§ 4º e 6º do art. 15 é reforçada no art. 19 do Código de Ética e Disciplina da OAB. Com isso, pretende-se evitar condutas que configurem tergiversação ou patrocínio infiel, crimes previstos no art. 355, *caput* e parágrafo único do CP.

A própria essência da Sociedade de Advogados, como uma sociedade uniprofissional, afasta a inclusão de atividades outras que não a atividade advocatícia como, por exemplo, a administração e venda de imóveis, contabilidade, consultoria econômica, religião, política etc, conforme já assinalado. Por este ângulo jurídico, proíbe-se o uso de nome fantasia, o uso de símbolos comuns nas atividades mercantis e a propaganda, permitindo-se a publicidade discreta e informativa.

O contrato de uma Sociedade de Advogados deverá respeitar os requisitos expressos no art. 2º e seus incisos do Prov. n. 112/2006, a respeito da denominação; finalidade; sede; duração; administração; representação judicial e extrajudicial; responsabilidade solidária e subsidiária dos sócios; extinção e qualificação dos fundadores, dentre outros. Neste provimento, há, ainda, a possibilidade, ou não, de o sócio exercer a advocacia autonomamente e de auferir, ou não, os respectivos honorários como receita pessoal, assim como a sociedade entre cônjuges, independente do regime de casamento.

A denominação da sociedade poderá conter o nome de todos os sócios acrescido das expressões: Sociedade de Advogados; Advocacia; Advogados Associados. Ou poderá conter o nome de um advogado sócio ou dois deles acrescidos das expressões acima mencionadas. A denominação poderá ser alterada por ocasião de falecimento, salvo se o estatuto da sociedade previu a permanência do nome após falecimento de sócio. Observa-se que é vedado o uso de nomes de grandes Juristas.

No XV Exame de Ordem, verificamos uma questão que apresenta a situação de um advogado cujo nome integra a razão social da sociedade e que vem a falecer. Para a manutenção do nome deste advogado na razão social, é preciso ter uma cláusula autorizando a permanência do nome após o falecimento.

Na possibilidade de um dos sócios cujo nome figura na denominação da sociedade vir a exercer, em caráter temporário, atividade incompatível com a advocacia ou situação que resulte em hipótese de impedimento, exige-se averbação no registro da sociedade. Não obstante, se a incompatibilidade for permanente como, por exemplo, o advogado logrou êxito em concurso público de provas e títulos para carreira incompatível com a atividade advocatícia, a alteração será obrigatória.

VALE A DICA! Antes de estudar o Prov. n. 112/2006 do CFOAB, acesse o *site* da sua Seccional da OAB e busque o modelo de contrato social para abertura da Sociedade de Advogados. Estude o art. 2º do Provimento, verificando as cláusulas redigidas no modelo fornecido pela OAB. O seu estudo ficará mais interessante.

12. DO ADVOGADO EMPREGADO

O *advogado empregado* é aquele que possui vínculo empregatício na qualidade de advogado, sem prejudicar sua independência técnica – art. 18 do EOAB. O seu empregador deverá observar as regras do EOAB, de modo a, supletivamente, aplicar as regras da legislação trabalhista no que couber.

O advogado empregado não está, por conseguinte, obrigado a prestar serviços advocatícios particulares ao seu empregador, podendo inclusive recusar o patrocínio de causa que contrarie seus princípios (art. 4º do CED). Ademais, não poderá atuar simultaneamente como advogado e preposto, conforme dispõe o art. 25 do CED e o art. 3º do RGOAB.

E como ficará na hipótese de honorários de sucumbência do advogado empregado?

A Lei menciona que os honorários de sucumbência não integram o salário do *advogado empregado,* porque decorrem da atividade advocatícia. Atenção! Em razão da ADI 1.194-4, ajuizada pela Confederação Nacional das Indústrias, não se aplica o disposto no art. 21, *caput*, do EOAB, ao advogado empregado, no entanto, a interpretação do STF, segundo a qual a percepção dos honorários de sucumbência, poderá ser *livremente pactuada entre empregado e empregador* e ficar integralmente ou não para o advogado empregado – direito disponível.

13. OS HONORÁRIOS ADVOCATÍCIOS

Não há critérios definitivos que possam delimitar a fixação dos honorários advocatícios, no tocante ao mínimo a ser observado por intermédio da tabela da OAB, que é sempre organizada pela Seccional.

A natureza jurídica dos honorários advocatícios é de alimentos, incluídos os de sucumbência (STJ, Inf. 345/STF; RE 470407-DF). Desta feita, os honorários contratuais e os sucumbenciais possuem natureza de alimentos.

No art. 22 do EOAB, *caput*, a lei estabelece que advogados recebem honorários pelos serviços prestados e, na hipótese, temos três formas diferentes, a saber:

1 – Honorários convencionados ou contratados;
2 – Honorários arbitrados judicialmente;
3 – Honorários de sucumbência.

O art. 48, § 1º, do CED estabelece que o contrato de prestação de serviços de advocacia não exige uma forma especial, mas deve ser redigido com clareza e precisão, de modo que, nesse sentido, dever-se-á informar qual o seu objeto, o valor dos honorários ajustados, e, conseguintemente, qual será a forma de pagamento, a extensão do patrocínio, se o valor ajustado abrangerá todos os atos do processo ou limitar-se-á a determinado grau de jurisdição, além de dispor sobre a hipótese de a causa encerrar-se mediante transação ou acordo.

A eventual possibilidade de compensação de créditos, pelo advogado, de importâncias devidas ao cliente, somente será permitida quando o contrato de prestação de serviços vier a autorizar ou quando houver autorização especial do cliente para tal finalidade. É o que exprime o § 2º do art. 48 do CED. É muito comum a necessidade de contratação de peritos, bem como sobre o pagamento de custas e emolumentos, os quais, na ausência de disposição em contrário, presume-se que devam ser atendidos pelo cliente diretamente (§ 3º do art. 48 do CED).

Caso o contrato preveja que o advogado antecipe tais despesas, ser-lhe-á lícito reter o respectivo valor atualizado, no ato de prestação de contas, mediante comprovação documental (§ 3º do art. 48 do CED). O CED adverte-se, neste ponto, que as disposições deste capítulo sobre honorários aplicar-se-iam à mediação, à conciliação, à arbitragem ou a qualquer outro método adequado de solução dos conflitos (§ 4º do art. 48, CED). O que ocorre é a vedação expressa para eventual possibilidade de diminuição dos honorários contratados em decorrência da solução do litígio por qualquer mecanismo adequado de solução extrajudicial (§ 5º do art. 48, CED).

> No XX Exame de Ordem, verificamos duas questões sobre honorários, a saber: a) uma questão que observa a vedação do art. 48, § 5º, do CED; b) outra tratando da execução dos honorários nos mesmos autos na forma do art. 24, § 4º, do EOAB.

Na fixação dos honorários, o advogado deverá agir com moderação e considerar os critérios ofertados no art. 49 do CED, que consideram a relevância da causa, o tempo, o poder aquisitivo do cliente, dentre outros critérios.

Ressalte-se que as tabelas de honorários estabelecidas pelos Conselhos Seccionais são simples referenciais mínimos nas relações entre cliente e advogado, como decidiu o Órgão Especial do Conselho Federal da OAB (Proc. n. 200/97/OEP), sendo apenas vinculante para o advogado que os cobrar do Estado, quando prestar assistência jurídica aos necessitados (LÔBO, 2015). Cabe explicitar que não poderão ocorrer cobranças abaixo do valor mínimo estabelecido em tabela; e, neste ponto, o advogado deverá observar o art. 48, § 6º, do CED.

13.1 EXECUÇÃO DOS HONORÁRIOS

O advogado tem, portanto, direito autônomo para executar seus honorários, podendo o precatório ser expedido em seu favor (art. 23, EOAB). Na hipótese de revogação, renúncia ou substabelecimento sem reservas, os honorários são proporcionais ao trabalho realizado (art. 17, CED). Sobrevindo o falecimento ou incapacidade civil do advogado, os sucessores ou representantes legais recebem os honorários, inclusive os sucumbenciais (art. 24, § 2º, EOAB).

A OAB, no art. 22, § 3º, EOAB, apresenta uma sugestão na hipótese de ausência de estipulação quanto à forma de pagamento, em contrato escrito. Desta feita, sugere que o advogado cobre um terço no início, outro até decisão em 1ª instância e o restante no final.

É de bom alvitre enfatizar que o contrato escrito e a sentença que fixar honorários são títulos executivos e constitui crédito privilegiado geral, na forma do art. 83, V, *c*, da Lei n. 11.101/2005. Cabe, ainda, ressaltar que não devemos confundir gratuidade de Justiça e assistência jurídica gratuita, porque são situações diferentes; não obstante, nesse caso, um advogado, cujo cliente solicita a gratuidade de justiça não está obrigado a renunciar os honorários contratados.

13.2 HONORÁRIOS *QUOTA LITIS* (HONORÁRIOS CONTRATADOS)

O Código de Ética e Disciplina, no art. 50, admite em princípio o pacto de *quota litis*, para clientes *sem condições pecuniárias*, observados os seguintes requisitos: a) excepcionalidade; b) contrato escrito; c) pagamento em pecúnia; d) cliente comprovadamente sem condições pecuniárias.

Acrescente-se, pois, que a definição para contrato com cláusula *quota litis* está expressa no § 1º do art. 50 do CED, o que o diferencia claramente de contratos de êxito. Vejamos: "A participação do advogado em bens particulares do cliente só é admitida em *caráter excepcional, quando esse, comprovadamente, não tiver condições pecuniárias de satisfazer o débito de honorários* e ajustar com o seu patrono, em instrumento contratual, tal forma de pagamento" (grifos nossos).

13.3 PRESCRIÇÃO PARA COBRANÇA DE HONORÁRIOS

O prazo prescricional da ação de cobrança de honorários é de 5 (cinco) anos. O termo inicial para contagem do prazo segue a regra processual a iniciar-se do vencimento do contrato; trânsito em julgado quando arbitrado judicialmente; ultimação da atividade extrajudicial; desistência, transação, renúncia ou revogação do mandato (o termo inicial é o dia útil seguinte).

O art. 25-A do EOAB institui a prescrição em cinco anos para prestação de contas pelas quantias recebidas pelo advogado de seu cliente, ou de terceiros por conta dele, sob pena de infração ética disciplinar, na forma do art. 34, XXI, EOAB, punível com suspensão.

Os honorários poderão ser executados pelo advogado, assistindo-lhe direito autônomo para promover a execução da parte da sentença que os estabelecer ou para postular, quando for o caso, a expedição de precatório ou requisição de pequeno valor em seu favor. Cabe ressalvar que é o que estabelece o art. 50, CED.

Na hipótese de substabelecimento com reservas, a verba correspondente aos honorários da sucumbência será repartida entre o substabelecente e o substabelecido, proporcionalmente à atuação de cada um no processo ou conforme haja sido entre eles ajustado (art. 50, § 1º, CED).

> No XX Exame de Ordem, OAB-FGV, verificamos uma questão em que a advogada poderá receber o pagamento dos honorários nos mesmos autos ou, se desejar, em ação autônoma.

A Ordem dos Advogados do Brasil e/ou os seus Tribunais de Ética e Disciplina poderão ser solicitados a indicar mediador para dirimir conflitos sobre a distribuição dos honorários da sucumbência, entre advogados (art. 51, § 2º, CED). Sendo certo que, na hipótese que prevê o CED, ressalta-se a necessidade de se buscar preliminarmente a conciliação (art. 51, § 3º, CED).

O crédito por honorários advocatícios, seja do advogado autônomo, seja de sociedade de advogados, não autoriza o saque de duplicatas ou qualquer outro título de crédito de natureza mercantil, podendo, apenas, ser emitida fatura quando o cliente assim pretender, com fundamento no contrato de prestação de serviços, a qual, porém, não poderá ser levada a protesto (art. 52, CED). Todavia, poderá ser levado a protesto o cheque ou a nota promissória emitida pelo cliente em favor do advogado, depois de frustrada a tentativa de recebimento amigável (art. 52, parágrafo único, CED).

O art. 53 e seu parágrafo único, CED, estabelecem que é lícito ao advogado ou à sociedade de advogados empregar, para o recebimento de honorários, sistema de cartão de crédito, mediante credenciamento junto à empresa operadora do ramo. E, nessa hipótese, eventuais ajustes com a empresa operadora de cartões que impliquem pagamento antecipado não afetarão a responsabilidade do advogado perante o cliente, em caso de rescisão do contrato de prestação de serviços, devendo ser observadas as disposições deste quanto à hipótese.

13.4 ADVOCACIA *PRO BONO*

É possível trabalhar sem remuneração? O Estatuto prevê uma hipótese de gratuidade no exercício da advocacia. Especificamente, quando o advogado receber mandato de um colega para defendê-lo em processo oriundo de ato ou omissão praticado profissionalmente – art. 22, § 5º, EOAB. Além dessa hipótese, há a advocacia *pro bono*. O art. 30, CED, observa que, no exercício da advocacia *pro bono*, em que ocorre a prestação gratuita, eventual e voluntária de serviços jurídicos, o advogado deverá apresentar o mesmo zelo e a dedicação habituais, de forma que a parte assistida se sinta amparada e confie no seu patrocínio.

14. INCOMPATIBILIDADES E IMPEDIMENTOS

As hipóteses de incompatibilidades e impedimentos com a advocacia estão elencadas nos arts. 27 a 30 do EOAB. Inicia-se com a leitura do art. 27 do EOAB, que contém a definição para os conceitos de incompatibilidade e impedimento. Destarte, a incompatibilidade implica a *proibição total* de advogar ao bacharel em direito que exerça ou passe a exercer cargos ou funções, que o Estatuto expressamente indica como proibidos de serem cumulados. Poderá ser prévia ou superveniente. A proibição é total, porém pode ser *permanente* ou *temporária*, dependendo do exercício ou natureza do cargo ou função.

A *incompatibilidade superveniente*, quando *permanente*, acarreta o cancelamento definitivo da inscrição, que, cancelada, jamais se restaura e extingue todos os efeitos dela decorrentes (LÔBO, 2015). A *incompatibilidade prévia* impossibilita a inscrição nos quadros da OAB. Exemplo: "A", bacharel em Direito é nomeado para a função de gerente em instituição financeira. É formado em Direito, fez a prova do Exame de Ordem com êxito, no entanto não poderá requerer sua inscrição nos quadros da advocacia, por exercer cargo incompatível na forma do art. 28, EOAB. Se a *incompatibilidade* for *superveniente*, mas *temporária*, resultará na licença (art. 12, EOAB).

Exemplo: **Advogado "B"** deseja disputar um cargo para prefeito de sua cidade. Como a função é incompatível com a advocacia e, é mandato eletivo, solicitará, caso eleito e antes da diplomação, uma licença dos quadros da advocacia.

Vamos analisar o art. 28, EOAB, e seus incisos?

Devemos cumular os incisos do art. 28 do EOAB com os arts. 11, IV (situação permanente – cancelamento), e 12, II (situação temporária – licença), do EOAB, que tratam da hipótese de cancelamento ou licença nos casos de incompatibilidade. Na hipótese de o profissional se tornar incompatível, estará proibido de exercer a advocacia judicial ou extrajudicial, mesmo que em causa própria. A proibição cessará por ocasião de aposentadoria, falecimento ou exoneração da função incompatível. Atente-se que se o titular do cargo público for posto em disponibilidade remunerada, ou não, permanecerá incompatível. O art. 28, EOAB, observa, então, que a advocacia é incompatível (proibição total), mesmo em causa própria, com as seguintes atividades, a saber:

No *inciso I*, temos duas situações distintas. A primeira: os *titulares dos entes públicos* com fundamento no princípio da isonomia. Nessa hipótese, temos que mencionar que vices e suplentes estão submetidos ao mesmo óbice, independentemente do efetivo exercício do cargo. Acrescente-se que a função eletiva exigirá exclusividade.

Em seguida, encontramos a incompatibilidade para os parlamentares que ocupam a *mesa diretora* de sua Casa legislativa a qualquer título, segunda hipótese neste inciso. Convém observar que os Senadores da República, os Deputados Federais, os Deputados Estaduais, os Deputados Distritais e os Vereadores, *a priori* impedidos na forma do art. 30, II, EOAB, tornam-se incompatíveis na forma do art. 28, I, segunda parte, EOAB, quando ocupam a *função diretora* de suas Casas legislativas, incluindo-se também os seus substitutos legais. Exemplo: Senador da República "A" é também advogado e atua na qualidade de advogado impedido, conforme a restrição do art. 30, II, EOAB. Ocorre que foi eleito Presidente do Senado. Tornou-se incompatível com a advocacia pelo art. 28, I, EOAB, durante o período em que ocupar a mesa diretora de sua Casa legislativa.

> No VIII Exame de Ordem OAB-FGV, verificamos uma questão em que advogado passa a ocupar cargo de vereador do seu Município e está compondo a mesa diretora de sua Casa legislativa, logo estará incompatível com a advocacia enquanto estiver ocupando cargo vinculado à mesa da Casa legislativa. Se fosse mero parlamentar seria impedido na forma do art. 30, II, EOAB. Veja também o XIV Exame de Ordem.

No *inciso II*, encontramos *as funções de julgamento*: magistrados, demais sujeitos com o poder de julgar, com o poder de decidir a vida do cidadão, que recorre ao Judiciário ou ao Poder Público. Desta feita, cabe notar que, aos membros do Ministério Público, é vedado exercer a advocacia, sendo inclusive motivo de exclusão daquele órgão.

Destarte, devemos combinar o inciso II do art. 28 deste Estatuto com os arts. 92 e 95 da CF/88. Observe-se que os juízes leigos e os conciliadores não são incompatíveis, porém impedidos, conforme art. 7º e parágrafo único da Lei n. 9.099/95. Ocorre que o juiz leigo não é titular de Vara ou Juizado. Acrescente-se, ainda, que a função de juiz classista foi extinta com a Emenda Constitucional n. 24, de 1999. Convém recordar que não existe uma magistratura eleitoral de carreira, visto que a Justiça Eleitoral é exercida por membros do Poder Judiciário que atuarão na competência eleitoral, na forma do art. 121, § 2º, da CF/88.

Sabemos que os Ministros dos Tribunais de Contas da União possuem as mesmas garantias dos Ministros do STJ, conforme estabelece a Constituição Federal de 1988, em seu art. 73, § 3º. Quando a lei menciona órgãos de deliberação coletiva (função de julgar) incluem-se na hipótese as autarquias, fundações públicas, empresas de economia mista e empresas públicas. Todos que atuam em órgão de deliberação coletiva ficam incompatíveis com o exercício da advocacia.

> No VIII Exame de Ordem OAB-FGV, verificamos uma questão em que o advogado pretende ingressar na Magistratura mediante lista sêxtupla. A incompatibilidade só ocorrerá com a posse no cargo. Apenas ser indicado e figurar na referida lista não altera sua atuação como advogado.

No *inciso III*, a lei focaliza as funções de direção, função com poder de decisão sobre terceiros. Trata-se da autoridade do órgão que tem o poder de proferir ou realizar ato decisório final. É o "Diretor" que não se submete a controle hierárquico, a saber: Assessor Superior, Coordenador Geral, Secretário de Educação, Secretário de Segurança Pública etc.

> No XIX Exame de Ordem, verificamos uma questão que observa a situação de um advogado, Conselheiro da OAB, que passa a exercer atividade incompatível com a advocacia, na forma do inciso III do art. 28, EOAB.

No *inciso IV*, deparamo-nos com a hipótese dos serventuários da Justiça, que são incompatíveis com a advocacia e os terceirizados prestadores de serviços ao Poder Judiciário. Exemplos: os analistas, técnicos e auxiliares judiciários, oficiais de justiça, escrivães e diretores de secretaria e outros profissionais, como dentistas, médicos, contadores etc. Aqueles que prestam serviços notariais e de registros públicos, atividades delegadas, são incompatíveis com a advocacia.

O *inciso V* fala da atividade policial de qualquer natureza, em caráter transitório ou permanente, incluindo-se os cargos vinculados direta ou indiretamente à atividade policial. A saber: peritos criminais, médicos legistas, psicólogos, professores, assistentes sociais e todos os terceirizados vinculados à Secretaria de Segurança Pública.

No *inciso VI,* temos os servidores militares na ativa, ainda que em serviço burocrático. Incluem-se na hipótese não só os militares das Forças Armadas, integrantes do Exército, Marinha e Aeronáutica, como também os servidores estaduais, que integram a Polícia Militar e o Corpo de Bombeiros. Desse modo, conclui-se que aqueles que estão cumprindo o serviço militar obrigatório ficam incompatíveis durante o período em que estiveram no serviço militar.

O *inciso VII* trata das atividades de fiscalização. São os cargos relacionados à receita pública, tais como: Auditores Fiscais da Receita Federal, Técnicos da Receita Federal, Auditores Fiscais do INSS, Auditores Fiscais do Trabalho e os fiscais de tributos estaduais e municipais. Funções com competência para lançamento, arrecadação ou fiscalização. Nesse caso, trata-se de funções vinculadas ao erário público.

No *inciso VIII,* verificamos a incompatibilidade dos dirigentes, gerentes e seus substitutos que trabalhem nas instituições financeiras públicas ou privadas. Cabe acrescentar que não se enquadram na restrição aqueles que atuam no departamento jurídico de tais instituições. As funções de direção e gerência revelam o poder decisório para conceder empréstimos, aprovar projetos financeiros, realizar operações financeiras, sigilo bancário, contratos de seguro que, por fim, influenciam a vida financeira de terceiros.

> No XIX Exame de Ordem da OAB-FGV de 2016, encontramos uma questão com três hipóteses de incompatibilidade prévia: gerente de banco, prefeito e policial militar. Todos poderão prestar o exame de ordem, mas a incompatibilidade prévia não permitirá a inscrição nos quadros.

Devem-se observar atentamente os parágrafos do art. 28, que apresentam informações importantes sobre a incompatibilidade que permanece mesmo quando o interessado solicita licença no cargo, ainda que sem vencimento.

> No XV Exame de Ordem OAB-FGV, verificamos uma questão em que um magistrado licenciado resolve solicitar sua inscrição nos quadros da advocacia. O pedido foi indeferido em razão da incompatibilidade.

Não há incompatibilidade para aqueles que supostamente ocupam a função de chefia, não obstante em cargo meramente burocrático sem poder de decisão sobre a vida de terceiros e pertinente aos coordenadores/diretores de cursos jurídicos nas universidades públicas que, na hipótese, não ficam incompatibilizados. É preciso ter cautela para não confundir o coordenador ou diretor do curso de Direito com o reitor da universidade pública, que não está incluído nesta exceção. Assim, os parágrafos podem ser resumidos em:

§ 1º – destina-se aos funcionários públicos sem poder de decisão sobre a vida de terceiros – cargos burocráticos.

§ 2º – destina-se aos coordenadores/diretores de curso de Direito em universidades públicas.

VALE A DICA! O art. 28 do EOAB observa os cargos com muito poder sobre a vida de terceiros. Guarde a seguinte lista: Chefe do Executivo, Mesa do Legislativo, Poder Judiciário (todos), MP, TCE/TCU, Chefes da Administração Pública, Policiais (todos), Militares na ativa, fiscais e gerentes de bancos.

> No XX Exame, a banca consignou que a aplicação de penalidade a servidor público sem a devida ampla defesa viola as garantias constitucionais da ampla defesa e do contraditório, razão pela qual o princípio da verdade sabida não guarda compatibilidade com a ordem constitucional vigente.

14.1 REGRA ESPECIAL PARA OS DIRIGENTES DA ADVOCACIA PÚBLICA

O art. 29, EOAB, estabelece que os Procuradores-*Gerais*, Advogados-*Gerais*, Defensores-*Gerais* e dirigentes de órgãos jurídicos da Administração Pública direta, indireta e fundacional, são exclusivamente legitimados para o exercício da advocacia vinculada à função que exerçam durante o período da investidura. Deve-se, logo, esclarecer que o artigo menciona os *chefes* da advocacia pública.

Na hipótese do art. 29, EOAB, identificamos um *impedimento especial* em que o advogado, exercendo *a função de diretor* de departamento jurídico ou a *chefia de sua instituição*, como o caso da Advocacia Pública, Defensor-Geral, Advogado-Geral, por exemplo, ficará estritamente vinculado à função, durante o período da investidura na função jurídica. Há o exercício da advocacia restrito às atribuições durante o período da investidura.

14.2 IMPEDIMENTO

O *impedimento* é a proibição *parcial* ao exercício da advocacia – uma restrição no art. 30, I e II, do EOAB. O impedido advoga, mas o faz com restrições. Destarte, o impedimento permite o exercício da advocacia dentro de certos limites como acontece na advocacia pública, exercida pelos integrantes da Advocacia-Geral da União, da Defensoria Pública, Procuradorias, consultorias jurídicas dos entes da Federação, autarquias, fundações públicas, obrigando-se à inscrição na OAB para o exercício de suas funções.

Na regra do *inciso I* do art. 30, EOAB, observa-se que os servidores públicos podem ser advogados, mas advogam com impedimento; ou seja, não podem advogar *contra* a Fazenda que os remunere, especificamente é a restrição.

Na regra do *inciso II*, constatamos a restrição para os parlamentares, membros do Poder Legislativo, em seus diferentes níveis, contra ou a favor das pessoas jurídicas de direito público, empresas públicas, sociedades de economia mista, fundações públicas, entidades paraestatais ou empresas concessionárias ou permissionárias de serviço público. Importa relembrar que o parlamentar que ocupar a mesa diretora de sua Casa legislativa deixará de ser impedido e se tornará incompatível pelo art. 28, I, EOAB.

Nessa hipótese do *inciso II*, cita-se o parlamentar, em qualquer nível, seja Senador da República, Deputado Federal, Deputado Estadual ou Vereador, que *não* estará na direção de sua Casa legislativa, logo poderá advogar com impedimento previsto neste inciso. Exemplo: Advogada "A", Deputada Federal, ajuizou uma ação em face da Caixa Econômica Federal. Com base no art. 30, II, EOAB, estará justamente atuando no âmbito de seu impedimento, será punida pela OAB e por sua Casa legislativa, bem como seus atos serão considerados nulos na forma do art. 4º do EOAB.

14.3 DOCENTES DE CURSOS JURÍDICOS DE UNIVERSIDADES PÚBLICAS

No art. 30, parágrafo único, do EOAB, há uma exceção para os *professores de direito* das universidades *públicas;* e, outrossim, conquanto sejam servidores públicos, estão liberados para advogar mesmo contra a Fazenda que os remunere. Como fica o assessor de Desembargador? E os conciliadores e juízes leigos? O assessor de desembargador, sendo advogado, exerce cargo de provimento temporário incompatível com a Advocacia, na forma do art. 28, IV, do EOAB.

> No VIII Exame de Ordem OAB-FGV, identificamos uma questão em que o advogado é professor de Direito de uma universidade pública. Nesta hipótese é excepcionado pelo art. 30, parágrafo único, do EOAB.

15. INFRAÇÕES ÉTICO-DISCIPLINARES E O TRIBUNAL DE ÉTICA E DISCIPLINA

O EOAB nos oferece um rol no art. 34 com 29 hipóteses de condutas, que configuram infração ético-disciplinar se praticadas por advogados. Não podemos esquecer que, além deste artigo, também se consideram como infração disciplinar atos contrários às demais normas previstas no EOAB, CED, RGOAB e Provimentos.

Desta feita, temos no artigo mencionado 17 hipóteses passíveis de censura, 9 tipos que ensejam a sanção de suspensão e 3 casos para exclusão. E acrescente-se que o Processo Ético-disciplinar instaurado perante o Tribunal de Ética e Disciplina da Seccional da OAB não afasta possíveis ações no âmbito criminal e cível.

VALE A DICA! Memorizar as três hipóteses de exclusão e nove hipóteses de suspensão. Todo o resto será passível de censura, desde que não ocorra hipótese de reincidência, ok?

Vamos conhecer primeiro as sanções ético-disciplinares previstas no EOAB:

- **Advertência** – art. 36, parágrafo único, EOAB – sanção levíssima – aplicável somente uma única vez quando o fato for punível com censura e há atenuantes na conduta do advogado que justificam a conversão de censura em advertência.
- **Censura** – art. 36, *caput*, EOAB – é uma sanção leve, uma reprimenda ou repreensão que ficará anotada nos assentamentos do advogado. Poderá ser cumulada com multa.
- **Suspensão** – art. 37, incisos e parágrafos, EOAB – uma sanção grave em que há proibição de advogar em todo o território nacional, por determinado período, podendo ser por prazo indeterminado em algumas hipóteses previstas na Lei. Cumulável com multa.
- **Multa** – art. 35, IV, EOAB – sanção acessória aplicada como agravante nas sanções de censura e suspensão.
- **Exclusão** – art. 38, incisos e parágrafo único, EOAB – sanção gravíssima em que o advogado é excluído dos quadros da advocacia.

Advertência:

Se materializa por intermédio de um ofício reservado, sem figurar nos assentamentos dos inscritos, mas somente poderá ser aplicável uma única vez. Trata-se da hipótese em que há as atenuantes do art. 40 do EOAB. A censura ficará registrada nos assentamentos do advogado.

Ressalte-se que a reincidência sempre ocorrerá na hipótese de aplicação de uma segunda sanção, salvo se a anterior for advertência. Atenção: não há necessidade de identidade de tipos para configurá-la, nem se aplica a regra do Direito Penal. Ainda quando tenha sido punido em 1998, o advogado continuará reincidente, salvo pedido de reabilitação formal perante a OAB.

Censura:

A aplicação da censura está prevista nos incisos I a XVI e XXIX do art. 34, EOAB. Além desse rol, temos, ainda, os demais artigos do EOAB, CED, RGOAB e provimentos, que ensejam a punição com censura. O tribunal de ética poderá converter a censura em advertência na hipótese de acolhimento de atenuantes na conduta do advogado, conforme estabelece o art. 40, EOAB c/c art. 36, parágrafo único, EOAB.

> No XX Exame de Ordem OAB-FGV, verificamos uma questão em que se observa a conduta típica do art. 34, VIII, EOAB. O advogado não pode fazer acordo com a parte contrária sem autorização do seu cliente e ciência do advogado da parte contrária.

Suspensão:

A suspensão acarreta ao infrator a interdição do exercício profissional, em todo o território nacional, pelo prazo de trinta dias a doze meses; entretanto, nas hipóteses dos incisos XXI e XXIII do art. 34, a suspensão perdura até que satisfaça integralmente a dívida, inclusive com correção monetária. São as hipóteses de falta de prestação de contas, retenção abusiva dos autos, não pagamento das contribuições à OAB e inépcia profissional. É importante mencionar que a suspensão não desobriga o inscrito dos pagamentos das contribuições obrigatórias à OAB, nem tampouco desvincula o inscrito dos deveres éticos estabelecidos no EOAB e CED. Ademais, qualquer ato praticado após o início da execução da penalidade disciplinar de suspensão será nulo. O Tribunal de Ética e Disciplina pode suspender preventivamente o advogado no caso de repercussão prejudicial à dignidade da advocacia – ver art. 70, § 3º, do EOAB.

Exclusão:

Os incisos XXVI, XXVII e XXVIII do art. 34, EOAB, trazem situações ainda mais graves, logo puníveis com exclusão, sanção gravíssima. Temos o uso de documento falso para inscrição na OAB, inidoneidade moral, que significa um conceito indeterminado, conquanto denote a conduta que contamina a imagem da profissão. Destarte, cada caso será analisado pelo Conselho competente. Acrescente-se, ainda, o crime infamante, que é aquele que acarreta desonra, indignidade, má fama, que causam repúdio social. Não existe um tipo penal designado por crime infamante, todavia é uma nomenclatura específica da ética profissional.

ATENÇÃO! Exclui-se o advogado por ocasião da aplicação da terceira sanção de suspensão. Esta será convertida em exclusão. Após um ano do cumprimento de qualquer sanção disciplinar o inscrito poderá pedir reabilitação, ato personalíssimo, desde que apresente provas de bom comportamento. A única hipótese que ultrapassará o prazo de um ano é a de crime, o que implicará a reabilitação criminal como requisito para a reabilitação junto à OAB (art. 41, EOAB).

> No VIII Exame de Ordem OAB-FGV, confirmamos uma questão em que o advogado é excluído dos quadros da OAB em processo ético-disciplinar, em razão de condenação criminal. Ocorre que, após cumprimento de pena e reabilitação criminal, poderá solicitar a sua nova inscrição nos quadros da advocacia.

Tabela para Estudo:

CENSURA	SUSPENSÃO	EXCLUSÃO
Praticar o estagiário, ato excedente de sua habilitação. Art. 34, XXIX c/c art. 3º, § 2º, do EOAB e art. 29 do RG.	Prestar concurso a clientes ou a terceiros para realização de ato contrário à lei ou destinado a fraudá-la. Art. 34, XVII.	Fazer falsa prova de qualidade dos requisitos para inscrição na OAB. Art. 34, XXVI.
Exercer a profissão, quando impedido de fazê-lo, ou facilitar, por qualquer meio, o seu exercício aos não inscritos, proibidos ou impedidos. Art. 34, I, c/c arts. 27 e 30 do EOAB.	Solicitar ou receber de constituinte qualquer importância para aplicação ilícita ou desonesta. Art. 34, XVIII.	Tornar-se moralmente inidôneo para o exercício da advocacia. Art. 34, XXVII.
Manter a sociedade profissional irregular. Art. 34, II, c/c arts. 15 e 17 do EOAB; arts. 37 a 43 do RG; Prov. n. 92/2000.	Receber valores, da parte contrária ou de terceiros, relacionados com o objeto do mandato, sem expressa autorização do constituinte. Art. 34, XIX.	Praticar crime infamante. Art. 34, XXVIII.
Valer-se de agenciador de causas. Art. 34, III.	Locupletar-se, por qualquer forma, à custa do cliente ou da parte adversa, por si ou interposta pessoa. Art. 34, XX, c/c art. 38 do CED.	Aplicação, por três vezes, de suspensão. Art. 38, I e parágrafo único.
Angariar ou captar causas. Arts. 28 a 34 do CED c/c art. 39 do CED e Prov. n. 75/92.	Recusar-se, injustificadamente, a prestar contas ao cliente de quantias recebidas dele ou de terceiros por conta dele. Art. 34, XXI, c/c art. 37, § 2º, do EOAB e Prov. n. 70/89.	
Assinar qualquer escrito destinado a processo judicial ou para fim extrajudicial que não tenha feito ou em que não tenha colaborado. Art. 34, V.	Reter, abusivamente, ou extraviar autos recebidos com vista ou em confiança. Art. 34, XXII, c/c art. 356 do CP; art. 196 do CPC; art. 7º, § 1º, 3, do EOAB.	
Advogar contra literal disposição de lei. Art. 34, VI, c/c art. 2º, VII, do CED.	Deixar de pagar as contribuições, multas e preços de serviços devidos à OAB, DEPOIS de regularmente notificado a fazê-lo. Art. 34, XXIII, c/c art. 37, § 2º, do EOAB.	

CENSURA	SUSPENSÃO	EXCLUSÃO
Violar, sem justa causa, sigilo profissional. Art. 34, VII, c/c arts. 19, 25, 26 e 27 do CED.	Incidir em erros reiterados que evidenciem inépcia profissional. Art. 34, XXIV, c/c art. 37, § 3º, do EOAB.	
Estabelecer entendimento com a parte adversa sem autorização do cliente ou ciência do advogado contrário. Art. 34, VIII, c/c art. 2º, VIII, e, do CED.	Manter CONDUTA incompatível com a advocacia. Art. 34, XXV, c/c art. 37, parágrafo único, do EOAB: prática reiterada de jogo de azar, não autorizado; incontinência pública e escandalosa; embriaguez ou toxicomania habitual.	
Prejudicar, por culpa grave, interesse confiado a seu patrocínio. Art. 34, IX.		
Acarretar conscientemente, por ato próprio, a anulação ou a nulidade do processo em que funcione. Art. 34, X.		
Abandonar a causa sem justo motivo ou antes de decorridos dez dias da comunicação da renúncia. Art. 34, XI, c/c art. 12 do CED; art. 45 do CPC; art. 5º, § 3º, do EOAB.		
Recusar-se a prestar, sem justo motivo, assistência jurídica quando nomeado em virtude de impossibilidade da Defensoria Pública. Art. 34, XII.		
Fazer publicar na imprensa, desnecessária e habitualmente, alegações forenses ou relativas a causas pendentes. Art. 34, XIII. Prov. n. 94/2000.		
Deturpar o teor de dispositivo de lei, de citação doutrinária e de julgado, bem como de depoimentos, documentos e alegações da parte contrária, para confundir o adversário ou iludir o juiz da causa. Art. 34, XIV.		
Fazer, em nome do constituinte, sem autorização escrita deste, imputação a terceiro de fato definido como crime. Art. 34, XV.		

CENSURA	SUSPENSÃO	EXCLUSÃO
Deixar de cumprir, no prazo estabelecido, determinação emanada do órgão ou autoridade da Ordem, em matéria da competência desta, depois de regularmente notificado. Art. 34, XVI.		
Violação a preceito do Código de Ética e Disciplina. Art. 36, II, EOAB.		

15.1 O TRIBUNAL DE ÉTICA E DISCIPLINA

O poder de punir disciplinarmente os inscritos na OAB compete exclusivamente ao Conselho Seccional, em cuja base territorial tenha ocorrido a infração, salvo se a falta for cometida perante o Conselho Federal (art. 70, EOAB). Cabe ao Tribunal de Ética e Disciplina (TED), do Conselho Seccional competente, julgar os processos disciplinares, instruídos pelas Subseções ou por relatores do próprio Conselho, consultas em tese e litígios entre advogados.

> No XV Exame de Ordem OAB-FGV, percebemos uma questão que indaga de quem é a competência para punir o advogado. Será do Conselho Seccional, através do Tribunal de Ética e Disciplina do local em que ocorreu a infração ético-disciplinar.

O Tribunal de Ética e Disciplina do Conselho onde o acusado tenha inscrição principal pode *suspendê-lo preventivamente* em caso de repercussão prejudicial à dignidade da advocacia, depois de ouvi-lo em sessão especial para a qual deve ser notificado a comparecer, salvo se não atender à notificação. Neste caso, o processo disciplinar deve ser concluído no prazo máximo de noventa dias (art. 70, § 3º, EOAB). É importante mencionar que a jurisdição disciplinar não exclui a comum e, quando o fato constituir crime ou contravenção, deve ser comunicado às autoridades competentes (art. 71, EOAB). Não podemos confundir, no entanto, o processo disciplinar (sempre na Seccional do local do fato) com a hipótese de suspensão preventiva (Seccional da inscrição principal).

A primeira fase do processo disciplinar poderá ocorrer numa subseção; contudo o julgamento somente perante o Tribunal de Ética e Disciplina, na sede da Seccional da OAB do local do fato. O processo disciplinar instaura-se de ofício ou mediante representação de qualquer autoridade ou pessoa interessada (art. 72, EOAB). Tramitará em sigilo, até o seu término (art. 72, § 1º, EOAB). Poderá ser instaurado de ofício ou mediante representação do interessado (art. 55, CED). A representação não poderá ser anônima (art. 55, § 2º, CED). E deverá ser endereçada ao Presidente do Conselho Seccional ou ao Presidente da Subseção, por escrito ou verbalmente (art. 56, CED). Podendo, também, ser dirigida ao Tribunal de Ética e Disciplina para instaurar o processo ético-disciplinar; e, neste caso, a representação poderá ser dirigida ao seu presidente (art. 56, parágrafo único, CED).

A representação deverá conter a identificação do representante, com a sua qualificação; a narração dos fatos; os documentos e a indicação de outras provas a ser produzidas, bem como, se for o caso, o rol de testemunhas, até o máximo de cinco; a assinatura do representante ou a certificação de quem a tomou por termo, na impossibilidade de obtê-la (art. 57, CED). Observação importante: a competência para representações em face de (art. 58, § 5º, CED):

- *Membros do CFOAB/Pres. dos Conselhos:* serão processados e julgados no CFOAB – 2ª Câmara em sessão plenária.
- *Membros da Diretoria do CFOAB/ Honorários vitalícios/ Medalha Rui Barbosa*: serão processados e julgados pelo Conselho Pleno do CFOAB.
- *Dirigentes de Subseção*: Conselho Seccional.

Em síntese, o processo ético-disciplinar acontece em duas fases distintas. Inicia-se, pois, com a representação na OAB e, não sendo hipótese de arquivamento, instaura-se o procedimento com a notificação do representado para defesa prévia, no prazo de 15 dias (art. 59, § 1º, CED, c/c art. 137-D, RGOAB).

Na hipótese de revelia, há indicação de defensor dativo. Essa fase termina após a etapa para as razões finais. A segunda fase começa com a remessa dos autos do processo ao presidente do TED e a nomeação do segundo relator para elaboração do voto para sessão de julgamento, momento em que após o voto do relator é facultado ao advogado a sustentação oral. Aplica-se a sanção ou não.

O Conselho Seccional pode adotar as medidas administrativas e judiciais pertinentes, objetivando que o profissional suspenso ou excluído devolva os documentos de identificação (art. 74, EOAB). É permitida a revisão de processo disciplinar por erro de julgamento ou por condenação baseada em falsa prova (art. 73, § 5º, EOAB), cabendo recurso ao Conselho Federal de todas as decisões definitivas proferidas pelo Conselho Seccional, quando não tenham sido unânimes ou, sendo unânimes, contrariem Lei, decisão do Conselho Federal ou de outro Conselho Seccional e, ainda, o Regulamento Geral, o Código de Ética e Disciplina e os Provimentos.

Além dos interessados, o Presidente do Conselho Seccional é legitimado a interpor o recurso referido neste artigo (art. 75 e parágrafo único, EOAB). E cabe recurso ao Conselho Seccional de todas as decisões proferidas por seu presidente, pelo Tribunal de Ética e Disciplina ou pela diretoria da Subseção ou da Caixa de Assistência dos Advogados (art. 76, EOAB).

Todos os recursos têm efeito suspensivo, exceto quando tratarem de eleições (arts. 63 e s.), de suspensão preventiva decidida pelo Tribunal de Ética e Disciplina e de cancelamento da inscrição obtida com falsa prova. O Regulamento Geral disciplina o cabimento de recursos específicos, no âmbito de cada órgão julgador (art. 77, EOAB).

No art. 69, §§ 1º ao 5º, CED, constata-se que o advogado que tenha sofrido sanção disciplinar poderá requerer sua reabilitação, no prazo e nas condições previstos no Estatuto da Advocacia e da Ordem dos Advogados do Brasil, no art. 41. A competência para receber o pedido é do Conselho Seccional, quando aplicada a sanção disciplinar. Nos casos de competência originária do Conselho Federal, perante este tramitará o pedido de reabilitação, que será instruído com provas de bom comportamento, no exercício da advocacia e na vida social, cumprindo à Secretaria do Conselho competente certificar nos autos o efetivo cumprimento da sanção disciplinar pelo requerente.

A prescrição da pretensão punitiva dos inscritos é de 5 anos a contar da constatação oficial do fato pela OAB, ou seja, data do juízo de admissibilidade proferido pelo primeiro relator (art. 43, EOAB). A prescrição intercorrente ocorrerá sempre que o processo ético ficar paralisado por mais de 3 anos, podendo ser arquivado de ofício ou a requerimento do interessado (art. 43, § 1º, EOAB).

> No VIII Exame de Ordem OAB-FGV, percebemos uma questão sobre o fenômeno prescritivo, na forma do art. 43, EOAB. A prescrição tem como termo inicial para contagem do prazo a data da constatação oficial do fato pela OAB. Veja também o XV Exame de Ordem.

16. A ORDEM DOS ADVOGADOS DO BRASIL

Temos a seguinte estrutura no Brasil:

- 1 Conselho Federal da OAB em Brasília.
- 1 Conselho Seccional da OAB em cada Estado e Distrito Federal.
- No território de cada seccional, várias subseções da OAB e 1 Caixa de Assistência dos Advogados.

A OAB é um conselho profissional diferente dos demais conselhos. É uma organização designada pela expressão *entidade "sui generis"* ou *autarquia de regime especial*, que presta serviço público não estatal, dotada de personalidade jurídica e forma federativa, sem manter com órgãos da Administração Pública qualquer vínculo funcional ou hierárquico (art. 44 do RG e art. 44, § 1º, EOAB). Logo, a OAB não se insere no modelo tradicional de autarquias.

Quais as suas finalidades institucionais?

O art. 44, I e II, EOAB, estabelece como finalidades institucionais da OAB: a) defender a Constituição, a ordem jurídica do Estado Democrático de Direito e os direitos humanos; b) pugnar pela justiça social e pela boa aplicação das leis; c) pugnar pela rápida administração da justiça e aperfeiçoamento da cultura e das instituições jurídicas; d) promover, com exclusividade, a Advocacia no Brasil.

Quais os órgãos que integram a OAB?

São órgãos da OAB, na forma do art. 45, I a IV, EOAB: Conselho Federal (sede em Brasília); Conselho Seccional (um em cada ente da Federação); Subseção (existem no território das seccionais); e Caixa de Assistência dos Advogados (temos uma no território de cada seccional). Por constituir serviço público, a OAB goza de imunidade tributária total em relação a seus bens, rendas e serviços (art. 9º, IV, *a*, do CTN e art. 150, VI, *a*, da CRFB/88 – art. 44, § 5º, EOAB). Os atos conclusivos dos órgãos da OAB, salvo quando reservados ou de administração interna, devem ser publicados na imprensa oficial ou afixados no fórum, na íntegra ou em resumo (art. 44, § 6º, EOAB).

Compete à OAB fixar e cobrar, de seus inscritos, contribuições, preços de serviços e multas (não tem natureza tributária) – art. 46, EOAB. Constitui, por conseguinte, título executivo extrajudicial a certidão emitida pela diretoria do Conselho competente, relativa à contribuição de seus inscritos – art. 46, parágrafo único, EOAB. O pagamento da contribuição anual à OAB isenta os inscritos nos seus quadros do pagamento obrigatório da contribuição sindical – art. 47, EOAB.

ATENÇÃO: o art. 47 do EOAB ficou prejudicado com a reforma trabalhista em que a Contribuição Sindical passou a ser opcional ao trabalhador (cf. art. 582, CLT).

Os Presidentes dos Conselhos e das Subseções da OAB têm legitimidade para agir, judicial e extrajudicialmente, contra qualquer pessoa que infringir as disposições ou os fins da Lei n. 8.906/94 (art. 49, EOAB). Há, ainda, legitimidade para intervir, inclusive como assistentes, nos inquéritos e processos em que sejam indiciados, acusados ou ofendidos os inscritos na OAB (art. 49, parágrafo único, EOAB). O cargo de conselheiro ou de membro de diretoria de órgão da OAB é de exercício gratuito e obrigatório, considerado serviço público relevante, inclusive para fins de disponibilidade e aposentadoria (art. 48, EOAB).

O art. 50, EOAB, assegura aos Presidentes dos Conselhos da OAB e das Subseções a requisição de cópias de peças de autos e documentos a qualquer tribunal, magistrado, cartório e órgão da Administração Pública direta, indireta e fundacional. Não obstante, em ADI 1.127-8, julgada parcialmente em 17-5-2006, aplicou-se interpretação conforme o STF para entender que a pedido julgado a requisição deve ser motivada.

> No XIX Exame de Ordem, há uma questão que observa exatamente o art. 50, EOAB, e a decisão do STF que assegurou a prerrogativa desde que acompanhada de motivação.

16.1 O CONSELHO FEDERAL

O Conselho Federal é composto por conselheiros federais organizados em delegações de cada unidade federativa. Cada delegação é formada por três conselheiros federais (art. 51, I e § 1º, EOAB, e art. 62, RG) eleitos em suas seccionais; ex-presidentes (membros honorários vitalícios) – com direito à voz (art. 51, II e § 2º, EOAB, e art. 62, § 1º, RG).

Os agraciados com a "Medalha Rui Barbosa" podem participar das sessões do Conselho Pleno, com direito à voz (art. 152, RG), bem como presidentes dos Conselhos Seccionais – junto à delegação respectiva e direito à voz (art. 52, EOAB, e art. 62, § 3º, EOAB).

No exercício do mandato, o conselheiro federal atua no interesse da advocacia nacional e não apenas no de seus representados diretos (art. 65, RG). O cargo de conselheiro federal é incompatível com o de membro de outros órgãos da OAB, exceto quando se tratar de ex-presidente do Conselho Federal e do Conselho Seccional, ficando impedido de debater e votar as matérias quando houver participado da deliberação local (art. 65, § 1º, RG). Compete ao Conselho Federal fornecer ajuda econômica aos que não tenham capacidade financeira para suportar a despesa correspondente (art. 66, parágrafo único, RG).

> No XV Exame de Ordem, identificamos uma questão que observa a eleição para integrar o corpo de conselheiros federais. Estes são eleitos nas eleições nos Conselhos Seccionais. Cada Conselho Seccional elegerá três conselheiros federais para representá-los no Conselho Federal.

Os conselheiros federais, integrantes de cada delegação, após a posse, são distribuídos pelas três Câmaras especializadas, mediante deliberação da própria delegação (art. 67, RG).

A diretoria do Conselho Federal, eleita pelos conselheiros federais em 31 de janeiro, é composta de presidente, vice-presidente, secretário-geral, secretário-geral adjunto e tesoureiro (art. 55, EOAB).

O presidente exerce a representação nacional e internacional da OAB e poderá convocar o Conselho Federal, presidi-lo e representá-lo ativa e passivamente, em juízo ou fora dele, além promover-lhe a administração patrimonial e dar execução às suas decisões (art. 62, § 2º, RG, e art. 55, § 1º, EOAB).

Nas deliberações do Conselho Federal, o presidente exerce apenas o voto de qualidade ("Voto Minerva"[1]), conforme o art. 55, § 3º, EOAB. Nas deliberações do Conselho, o voto é por delegação e não pode ser exercido nas matérias de interesse da unidade que represente – art. 68, RG. Os conselheiros federais votam por deleção, cada delegação constituída por três conselheiros federais de cada ente da Federação, representante da Seccional, equivale a um voto.

Somente na eleição para a escolha da diretoria do Conselho Federal, cada membro da delegação terá direito a 1 (um) voto separadamente, vedado aos membros honorários vitalícios (art. 53, § 3º, EOAB).

---

1 A expressão "Voto Minerva" refere-se à mitologia grega, na obra Ilíada em que Homero narra o julgamento de Orestes por ter matado a própria mãe, Climnestra, e seu amante, Egisto, que haviam assassinado seu pai, Agamêmnon quando regressara da guerra de Troia. Orestes foi julgado por 12 cidadãos, resultando em empate e a deusa Atena, para os romanos, Minerva, proferiu o voto de desempate. Por isso, quando há a necessidade de um voto de desempate, usamos a referida expressão. Cf. SNODGRASS, Mary Ellen. *Clássicos gregos*. Portugal: Publicações Europa-América, 1992.

São órgãos do Conselho Federal: (art. 64, I a V, RG)

- Conselho Pleno (Conselheiros Federais e ex-presidentes) – arts. 74 a 83, RGOAB.
- Órgão Especial do Conselho Pleno (1 (um) conselheiro federal de cada delegação e ex-presidentes) – art. 67, § 3º, EOAB, e arts. 84 a 86, RGOAB.
- 1ª, 2ª e 3ª Câmaras – art. 87, RGOAB.
- Diretoria.
- Presidente Nacional.

Importa esclarecer que o patrimônio do Conselho Federal, do Conselho Seccional, da Caixa de Assistência dos Advogados e das Subseções é constituído de bens móveis e imóveis e outros bens e valores, que tenham adquirido ou venham a adquirir (art. 47, RG). A alienação ou oneração de bens *imóveis* depende de aprovação do Conselho Federal ou do Conselho Seccional, competindo à diretoria do órgão decidir pela aquisição de qualquer bem e dispor sobre os bens *móveis* (art. 48, RG).

No VIII Exame de Ordem OAB/FGV, verificamos uma questão sobre a competência do Conselho Federal na forma do art. 54, EOAB.

16.2 O CONSELHO SECCIONAL

Os Conselhos Seccionais foram criados mediante Resolução do Conselho Federal (art. 46, RG) e os **cargos** da diretoria do Conselho Seccional têm as mesmas denominações atribuídas aos da diretoria do Conselho Federal (art. 49, RG). As funções de diretoria da Subseção e da Caixa de Assistência dos Advogados seguem as mesmas denominações (art. 49, parágrafo único, RG).

Os Conselhos Seccionais localizam-se nos entes da Federação. Temos, portanto, um Conselho Seccional no RJ, outro em MG, outro em PA e assim por diante. Este Conselho compõe-se de conselheiros em número proporcional ao de seus inscritos. Os ex-presidentes são membros honorários vitalícios, com direito à voz nas sessões do Conselho. E o presidente do IAB local é membro honorário, igualmente nas sessões do Conselho.

Nas sessões do Conselho Seccional, o presidente do Conselho Federal, os conselheiros federais da delegação, o presidente da Caixa de Assistência e os presidentes das Subseções têm direito à voz. A competência privativa do Conselho Seccional foi elencada nos arts. 58, EOAB, e 105, RGOAB, dentre as quais destacamos a competência para criar as Subseções e a Caixa de Assistência dos Advogados e fixar a tabela de honorários, válida para todo o território estadual (art. 111, RG).

O Conselho Seccional pode dividir-se em órgãos deliberativos e instituir comissões especializadas, para melhor desempenho de suas atividades. Os órgãos do Conselho podem receber a colaboração gratuita de advogados não conselheiros, inclusive para instrução processual, considerando-se função relevante em benefício da advocacia.

No Conselho Seccional e na Subseção, que disponha de conselho é obrigatória a instalação e o funcionamento da Comissão de Direitos Humanos, da Comissão de Orçamento e Contas e da Comissão de Estágio e Exame de Ordem (arts. 109 a 114, RGOAB).

16.3 SUBSEÇÃO

Criada pelo Conselho Seccional mediante Resolução, que fixa sua área territorial e seus limites de competência e autonomia (art. 60, EOAB, c/c art. 118, RG), **a sua área** territorial pode abranger um ou mais municípios, ou parte de município, inclusive da capital do Estado, contando com um mínimo de quinze advogados, nela profissionalmente domiciliados. É administrada por uma diretoria, com atribuições e composição equivalentes às da diretoria do Conselho Seccional (art. 118, § 2º, RG).

Havendo mais de cem advogados, a Subseção pode ser integrada, também, por um conselho em número de membros fixado pelo Conselho Seccional. Ao Conselho da Subseção, quando houver, compete exercer as funções e atribuições do Conselho Seccional, na forma do regimento interno deste, dentre outras competências elencadas no art. 61, EOAB, e art. 120, RG.

16.4 CAIXA DE ASSISTÊNCIA DOS ADVOGADOS – CAA

Possui personalidade jurídica própria e destina-se a prestar assistência aos inscritos no Conselho Seccional a que se vincule. Pode, em benefício dos advogados, promover a seguridade complementar. A sua diretoria é composta de cinco membros, com atribuições definidas no seu regimento interno (art. 62, EOAB). Adquire personalidade jurídica com a aprovação e registro de seu estatuto pelo respectivo Conselho Seccional da OAB, na forma do regulamento geral (art. 121, RG).

Cabe à CAA a metade da receita das anuidades recebidas pelo Conselho Seccional, considerado o valor resultante após as deduções regulamentares obrigatórias (art. 62, EOAB). Em caso de extinção ou desativação da Caixa, seu patrimônio se incorpora ao do Conselho Seccional respectivo, na forma do art. 62, § 6º, EOAB. O Conselho Seccional, mediante voto de dois terços de seus membros, pode intervir na Caixa de Assistência dos Advogados, no caso de descumprimento de suas finalidades, designando diretoria provisória, enquanto durar a intervenção (art. 62, § 7º, EOAB).

A Coordenação Nacional das Caixas é composta de seus Presidentes e é órgão de assessoramento do Conselho Federal da OAB para política nacional de assistência e seguridade dos advogados, tendo o seu coordenador direito à voz nas sessões (art. 126, RG).

Na hipótese de conflito de competência entre subseções ou entre subseção e o Conselho Seccional, a decisão será do Conselho Seccional. A decisão do Conselho Seccional sobre o referido conflito, não sendo unânime ou contrariando a legislação da OAB, poderá ser revista em sede de recurso voluntário pelo Conselho Federal (art. 119, RGOAB).

> No XIX Exame de Ordem, encontramos uma questão que observa exatamente o *caput* do art. 119 do RGOAB.

16.5 CONFERÊNCIA NACIONAL DOS ADVOGADOS

Reúne-se trienalmente, no segundo ano do mandato, tendo por objetivo o estudo e o debate das questões e problemas que, **de fato**, digam respeito às finalidades da OAB e ao congraçamento dos advogados. É órgão consultivo máximo do Conselho Federal (art. 145, RG). Os membros das conferências estão elencados no art. 146 do RGOAB e envolvem conselheiros, advogados, estagiários e convidados expositores ou não. As conferências dos Estados seguem a mesma regra.

16.6 MEDALHA RUI BARBOSA

É a comenda máxima conferida pelo Conselho Federal às grandes personalidades da Advocacia e só poderá ser concedida uma única vez, entregue em sessão solene, na forma do art. 152, RG.

16.7 ELEIÇÕES NA OAB

A eleição na OAB ocorre na segunda quinzena do mês de novembro. A votação é secreta, direta dos advogados inscritos (art. 63, EOAB). O Conselho Seccional deverá convocar, até 45 dias antes do dia 15 de novembro do último ano do mandato, os advogados inscritos para votação obrigatória (art. 128, RG).

Qual a composição da comissão eleitoral?

É composta de cinco membros, advogados, sendo um presidente, que não integre qualquer das chapas concorrentes. Poderá designar subcomissões para auxiliar suas atividades nas subseções. Qualquer advogado é apto para arguir suspeição de membro da Comissão Eleitoral (arts. 129 e 131, RG).

Em que caso poderá a Seccional substituir membro da Comissão?

Quando, comprovadamente, não estejam cumprindo suas atividades, em prejuízo da organização e execução das eleições (art. 129, § 5º, RG).

Quais os requisitos para o registro das chapas?

As chapas são completas, com indicação dos candidatos aos cargos de diretoria do Conselho Seccional, de conselheiros seccionais, de conselheiros federais, de diretoria da Caixa de Assistência dos Advogados e de suplentes, se houver, sendo vedadas candidaturas isoladas ou que integrem mais de uma chapa. O mandato é de três anos, iniciando-se em 1º de janeiro para o Conselho Seccional e 1º de fevereiro para o Conselho Federal. Destaque-se, ainda, a proibição de propaganda em televisão, rádio e *outdoor*.

Requisitos de elegibilidade:

- Exercício da profissão há mais de cinco anos.
- Candidato inscrito na Seccional (principal ou suplementar).

- O candidato deve estar em dia com o pagamento das contribuições obrigatórias.
- Não exerça cargo incompatível, permanente ou temporário.
- Ausência de condenação disciplinar, salvo reabilitação.
- Não ocupar cargo exonerável *ad nutum*, i. e., cargos de provimento em comissão, de funções de confiança ou administração na Administração Pública direta ou indireta (ex. juiz leigo).
- Não poderá haver candidaturas isoladas ou pessoais.

> No XIX Exame de Ordem, verificamos uma questão que observa o requisito do art. 131-A do RGOAB em que o candidato precisa comprovar 5 anos de exercício profissional como advogado.

Quem está obrigado a votar? Como se dá a eleição do candidato?

Todos os advogados inscritos na OAB, sob pena de multa equivalente a 20% do valor da anuidade, salvo ausência justificada por escrito, a ser apreciada pela diretoria do Conselho Seccional (art. 134, RG). São considerados eleitos os integrantes da chapa que obtiver a maioria dos votos válidos, proclamada vencedora pela Comissão Eleitoral, sendo empossados em 1º de janeiro (art. 136, § 1º, RG).

O advogado licenciado, em virtude de incompatibilidade temporária (art. 28, EOAB), não poderá votar. O advogado que possui inscrição suplementar poderá optar pela Seccional para exercer o seu direito ao voto (art. 134, § 4º, RGOAB). Em 31 de janeiro, o CFOAB elege sua diretoria em eleição indireta (art. 67, EOAB). Com exceção do candidato à Presidente do CFOAB, os demais diretores devem ser do corpo de Conselheiros Federais eleitos.

O voto é unipessoal de cada Conselheiro Federal. Os eleitores no Conselho Federal são os conselheiros federais eleitos na última eleição no Conselho Seccional, excluindo-se os ex-presidentes do Conselho Federal. O voto é secreto e a diretoria eleita toma posse no dia 1º de fevereiro. Para concorrer no Conselho Federal, o EOAB exige o apoio de, no mínimo, 6 Seccionais para as chapas. O sistema é de maioria de votos válidos. No Conselho Seccional ou Federal, o mandato de membro da OAB é público, advindo de exercício gratuito e obrigatório.

Nas hipóteses de vacância nos cargos de diretoria do Conselho Federal ou Seccional, inclusive o de presidente, o substituto será eleito pelo Conselho a que se vincule, dentre seus membros (art. 50, RGOAB). Já na hipótese de extinção do mandato antes do término, precisamos observar as hipóteses do art. 66, EOAB: cancelamento ou licença; condenação disciplinar; não comparecimento a três reuniões ordinárias consecutivas.

> No XX Exame de Ordem OAB-FGV, percebemos duas questões sobre mandatos na OAB: uma observando o art. 50, RGOAB, e outra trazendo a hipótese de condenação disciplinar presente no art. 66, II, EOAB.

REFERÊNCIAS

BRASIL. *Estatuto da Advocacia e da Ordem dos Advogados do Brasil*. Lei n. 8.906, de 4 de julho de 1994. Coleção Saraiva de Legislação. 20. ed. São Paulo: Saraiva, 2016.

COÊLHO, Marcus Vinicius Furtado. *Comentários ao Código de Ética dos Advogados*. São Paulo: Saraiva, 2016.

LÔBO, Paulo. *Comentários ao Estatuto da Advocacia e da OAB*. São Paulo: Saraiva, 2015.

ORDEM DOS ADVOGADOS DO BRASIL. *Código de Ética e Disciplina da OAB*. 2015.

________. *Regulamento Geral do Estatuto da Advocacia e da OAB*. 13 de fevereiro de 1995. Coleção Saraiva de Legislação. 20. ed. São Paulo: Saraiva, 2016.

SNODGRASS, Mary Ellen. *Clássicos gregos*. Portugal: Publicações Europa-América, 1992.

FILOSOFIA DO DIREITO

Bruno Villar

1. INTRODUÇÃO

A disciplina Filosofia do Direito é uma matéria que forma o eixo das propedêuticas da graduação de Bacharelado em Direito. E, para a surpresa de muitos, começou a ser exigida no X Exame Nacional da OAB. A dúvida é a seguinte: vale a pena estudar uma disciplina que tenha como costume exigir apenas duas questões, ou seja, 2,5% em relação ao total de 80 questões? Sim, pois o conhecimento do Direito tem como base de sustentação os princípios ou conceitos filosóficos, tais como: ética, moral, justiça e outros.

A Filosofia tem como finalidade questionar o mundo e a existência humana, por isso uma mesma pergunta pode apresentar diversas respostas, a sua forma de responder a um questionamento depende da escola filosófica. Um exemplo disso é o conceito de justiça que possui diversas concepções dentro do ramo filosófico, por isso é de extrema importância conhecer os filósofos e suas escolas filosóficas sobre determinado tema. Agora, quando falamos na Filosofia do Direito a quantidade de perguntas tem como finalidade estudar um único ser que seria o Direito e a sua função seria pensar, criticar e analisar metodicamente o Direito, como um ser.

FIQUE LIGADO! É importante conhecer alguns ramos de estudos filosóficos com ênfase no Direito (como ser), que são:

*Ontologia Jurídica: é a atitude de pensar, crítica e metodicamente, o Direito, em sua totalidade, no que diz respeito à sua existência em relação com outros objetos.

DICA: a pergunta ontológica seria: o que é o Direito?

*Gnosiologia Jurídica: é a atitude de pensar, crítica e metodicamente, acerca da possibilidade de conhecer o Objeto, que é o Direito.

DICA: a pergunta gnosiológica seria: como conhecemos o Direito?

*Epistemologia Jurídica: é a atitude de pensar, crítica e metodicamente, acerca de possibilidade do conhecimento científico do Objeto, que é o Direito.

DICA: a pergunta: é possível um estudo científico do Direito?

Esses vocábulos acima definem como será analisado o Direito, no segmento da Filosofia do Direito.

Caro leitor, não pense que está apenas estudando para duas questões do Exame da OAB, quando, na verdade, você está construindo todo o embasamento para a construção de um entendimento do Direito como Ciência. Então, pronto para fechar a prova de Filosofia da OAB?

2. RESUMO DAS PRINCIPAIS CORRENTES FILOSÓFICAS

Para aumentar a nossa capacidade de compreensão da Filosofia do Direito é necessário conhecer ou pelo menos ter uma noção das principais correntes filosóficas e suas ideias.

- Idealistas: acreditam que o mundo externo e material é produzido pela mente ou pelas ideias, de que não pode existir separadamente. A realidade, por conseguinte, começa dentro da mente e não fora dela.
- Materialistas: possuem uma visão completamente oposta à dos idealistas sobre a natureza da realidade. Os materialistas acreditam que tudo o que existe é matéria ou depende da matéria para existir. O mundo real está fora de nós, não em nossa mente.
- Escolásticos: pensadores cristãos que tentaram entender e explicar as doutrinas cristãs à luz da antiga filosofia grega. Os pensadores cristãos que viveram nos primeiros séculos após o nascimento de Cristo eram conhecidos como "Pais da Igreja".
- Racionalistas: consideram que as verdades sobre a realidade só podem ser reveladas através da razão, e não pelo que os sentidos nos apresentam sobre o mundo.
- Empirismo: é o oposto de racionalismo. Os empíricos acreditam que o verdadeiro conhecimento do mundo é obtido através dos sentidos, e não através da razão. Esses filósofos argumentam que temos ideias apenas porque temos percepções. Todo conhecimento é baseado na experiência.
- Pragmatismo: é uma visão prática da filosofia. Os pragmáticos julgam a verdade de uma ideia em relação à sua utilidade na vida real.
- Dogmatismo: é a tendência de um indivíduo, de afirmar ou crer em algo como verdadeiro e indiscutível, e é um termo muito utilizado pela religião e pela filosofia.
- Ceticismo: é a doutrina do constante questionamento.
- Utilitarismo: O credo que aceita como fundamento da moralidade a Utilidade, ou o Princípio da Maior Felicidade, assegura que as ações são corretas na medida em

que tendem à promoção da felicidade, e são incorretas ao tenderem à produção do oposto da felicidade. Por felicidade é entendido como prazer e ausência de dor; por infelicidade, dor e privação do prazer.

- Consequencialismo: é toda e qualquer teoria ética segundo a qual o fator decisivo da ação moral não é a intenção, abstratamente considerada, o procedimento, a norma, mas sim o resultado, a consequência da ação.
- Convencionalismo: foi uma corrente filosófica defendida por alguns sofistas gregos do século V a.C., como por exemplo Protágoras e Górgias: a ordem política é produto de uma espécie de contrato social; as leis, votadas democraticamente, são convencionais; a linguagem e a verdade são também resultado de convenções.
- Fundamentalismo: É a concepção epistemológica de que todo conhecimento fatual está ancorado em uma base muito firme ou fundamento.

3. GRÉCIA ANTIGA

A Grécia Antiga foi o berço da criação do pensamento filosófico ocidental e tem como fundador, ou melhor, pai da filosofia, Tales de Mileto. Esse filósofo pertenceu a um grupo conhecido como pré-socráticos, que tinha como finalidade estudar a origem do universo e a existência humana.

FIQUE LIGADO! No período grego ainda não tinha uma distinção formal entre moral e direito.

A nível de estudo, temos três grandes filósofos gregos que influenciaram o estudo do direito, são eles: Sócrates, Platão e Aristóteles. Sendo o Aristóteles, o mais cobrado em prova.

CURIOSIDADE IMPORTANTE! Na Grécia Antiga, existiu um grupo de filósofos chamados de Sofista, que cobravam para ensinar. Outra atividade dos Sofistas é ensinar ou escrever a defesa das pessoas que estavam sendo julgadas pelo Tribunal de Heliaia, instituição responsável por inspirar a criação do tribunal do Júri.

4. SÓCRATES

Sócrates é uma figura essencial do pensamento filosófico ocidental, sendo responsável por apresentar diversas ideias, tais como:

- Para muitos autores, ele é o responsável pela criação da ideia do conceito, ou seja, como produzir uma concepção verdadeira de algo.
- Associou a ideia de justiça a legalidade, o justo seria aquele que obedece a lei da sua cidade. Exemplo: Apesar de ter sido condenado injustamente de aliciar os jovens de Athenas e ser oferecido a possibilidade fuga, ele prefere continuar preso e tomar o veneno. Para ele, o importante seria o cumprimento da lei.

- É o primeiro filósofo, crédito de Aristóteles, a buscar conceitos universais para as virtudes morais.
- É criador da Maiêutica, que significa dar à luz. É um método baseado na presunção que a verdade está latente em todo Ser Humano, o processo utilizado é uso de perguntas simples para auxiliar na busca dessa verdade. Logo, podemos dizer que é um método que conduz a pessoa a encontrar a verdade dentro de si, o chamado "conhece a ti mesmo".

5. PLATÃO

O filosofo Platão é discípulo de Sócrates, e para alguns especialistas, depois dele todo conhecimento filosófico é apenas nota de rodapé. São as obras escritas por Platão que conhecemos um pouco do pensamento socrático. As principais contribuições são:

- Apresentou o Mito da caverna, que fala como o ser humano está preso à mundo das sombras, ou seja, vivemos sem buscar o conhecimento (o sol), que seria o responsável por nos libertar da escravidão.
- Escreveu diversas obras, sendo a República, sua grande obra e onde encontramos sua ideia sobre a justiça e forma perfeita de governo.
- Tem como ideia de justiça a fórmula " fazer o que é seu", ou seja, dar a cada um o que é de direito e cada um deve desempenhar um papel na sociedade de acordo com a sua alma (alguns nascem para ser filósofos outros para ser artesão e assim sucessivamente).

6. ARISTÓTELES

Aristóteles contribui muito para construção do conhecimento humano. Ele foi o primeiro a construir um modelo lógico formal, Kant chamou a lógica Aristotélica de "pré-ciência". Uma das obras essências para o estudo ético é a "Ética a Nicômaco". Para ele, a ética é um meio que visa a felicidade (para os gregos, o conceito de felicidade não é a realização de desejos, mas na ideia de evitar o sofrimento). A ideia central da ética do homem de Estagira é ideia do meio termo, isto é, o sentido da vida é buscar o "meio-termo".

> No XI Exame Unificado da OAB, foi considerada a seguinte afirmação de Aristóteles: "Temos pois definido o justo e o injusto. Após distingui-los assim um do outro, é evidente que a ação justa é intermediária entre o agir injustamente e o ser vítima da injustiça; pois um deles é ter demais e o outro é ter demasiado pouco." (Aristóteles. *Ética a Nicômaco*. Coleção Os Pensadores. São Paulo: Abril Cultural, 1973, p. 329.). A banca concluiu que para Aristóteles a justiça deve sempre ser entendida como espécie de meio termo.

Nessa questão, foi cobrado conceito clássico do pensamento Aristotélico sobre a ética que é o meio termo. É importante conhecer que a ideia de meio termo como um meio entre os dois extremos da situação, isto é, a justiça seria o meio entre duas injustiças.

Outro conceito essencial, é a justiça como uma virtude que tem como finalidade buscar o meio termo. Ele dividia a justiça em duas classes: universal e particular.

No livro *Ética a Nicômaco*, temos duas passagens importantes para compreender a ideia de lei e justiça em Aristóteles.

> "O termo injusto se aplica tanto às pessoas que infringem a lei quanto às pessoas ambiciosas (no sentido de quererem mais do que aquilo a que têm direito) e iníquas, de tal forma que as cumpridoras da lei e as pessoas corretas serão justas. O justo, então, é aquilo conforme à lei e correto, e o injusto é o ilegal e iníquo" (ARISTÓTELES).

Para ele, as pessoas justas são aquelas que desejam o que é de direito. No momento, que é dado alguém mais do que merecia então outra pessoa vai receber menos que merecia e daí nasce a injustiça.

Nessa segunda passagem do livro de ensinamentos éticos a Nicômaco, temos a ideia do pensamento aristotélico sobre a justiça.

> "A justiça é a forma perfeita de excelência moral porque ela é a prática efetiva da excelência moral perfeita. Ela é perfeita porque as pessoas que possuem o sentimento de justiça podem praticá-la não somente a si mesmas como também em relação ao próximo" (ARISTÓTELES).

É importante pontuar que a ideia de moral e direito ainda não tinha um parâmetro de separação de conceitos para os gregos.

Vimos que a justiça é dividida em universal e particular, porém é de extrema importância conhecer as subdivisões do conceito de justiça.

A **Justiça Distributiva** é definida pela seguinte ideia: "O justo nesta acepção é, portanto, o proporcional, e o injusto é o que viola a proporcionalidade. Neste último caso, um quinhão se torna muito grande e outro muito pequeno, como realmente acontece na prática, pois a pessoa que age injustamente fica com um quinhão muito grande do que é bom e a pessoa que é tratada injustamente fica com um quinhão muito pequeno. No caso do mal, o inverso é verdadeiro, pois o mal maior, já que o mal menor deve ser escolhido em preferência ao maior, e o que é digno de escolha é um bem, e o que é mais digno de escolha é um bem ainda maior." (ARISTÓTELES)

A **Justiça Corretiva** é definida pela seguinte ideia: "é a que desempenha função corretiva nas relações entre as pessoas. Esta última se subdivide em duas: algumas relações são voluntárias e outras são involuntárias; são voluntárias a venda, a compra, o empréstimo a juros, o penhor, o empréstimo sem juros, o depósito e a locação (estas relações são chamadas voluntárias porque sua origem é voluntária); das involuntárias, algumas são sub-reptícias (como o furto, o adultério, o envenenamento, o lenocínio, o desvio de escravos, o assassino traiçoeiro, o falso testemunho), e outras são violentas, como o assalto, a prisão, o homicídio, o roubo, a mutilação, a injúria e o ultraje" (ARISTÓTELES).

FIQUE LIGADO! A Justiça Corretiva divide-se em:

> Justiça Comutativa – que preside os contratos em geral: compra e venda, locação, empréstimo etc. Esse tipo de justiça é essencialmente preventiva, uma vez que a justiça prévia iguala as prestações recíprocas antes mesmo de uma eventual transação.
>
> Justiça Reparativa – visa reprimir a injustiça, a reparar ou indenizar o dano, estabelecendo, se for o caso, a punição. Aristóteles argumenta que, num mundo onde a maioria dos indivíduos se encontra submetida às paixões, é preciso conceber uma *polis* dotada de leis justas. Para isso, é necessário estudar a ciência da legislação, a qual é uma parte da Política. É melhor ser governado por leis do que por excelentes governantes, porque as leis não estão sujeitas às paixões, enquanto os homens, por mais excelentes que sejam não estão livres delas.

Na Justiça Política, temos o seguinte conceito: "se apresenta entre as pessoas que vivem juntas com o objetivo de assegurar a autossuficiência do grupo – pessoas livres e proporcionalmente ou aritmeticamente iguais. Logo, entre pessoas que não se enquadram nesta condição não há justiça política, e sim a justiça em um sentido especial e por analogia" (ARISTÓTELES).

Ainda temos a seguinte ideia de Justiça Doméstica: "a justiça do senhor para com o escravo e a do pai para com o filho não são iguais à justiça política, embora se lhe assemelhem; na realidade, não pode haver injustiça no sentido irrestrito em relação a coisas que nos pertencem, mas os escravos de um homem, e seus filhos até uma certa idade em que se tornam independentes, são por assim dizer partes deste homem, e ninguém faz mal a si mesmo (por esta razão uma pessoa não pode ser injusta em relação a si mesma)" (ARISTÓTELES).

Para concluir a ideia de justiça, temos mais duas concepções:

> Justiça Natural: tem uma força que rompe com as barreiras políticas, sendo que transcende a vontade humana e são imutáveis, e tem a mesma forma em todo lugar, "como o fogo que queima aqui e na Pérsia" (ARISTÓTELES).
>
> Justiça Legal: tem fundamento na lei, que é definida pela vontade do legislador.

Professor, preciso conhecer essas definições de justiça? Sim, pois foi cobrado duas vezes o tema, uma vez na concepção aristotélica e outra na visão de São Tomás de Aquino, que foi influenciado pela concepção de pensamento aristotélico.

> No XX Exame da OAB, entendeu-se que, a partir da leitura de Aristóteles (*Ética a Nicômaco*), "... uma espécie é a que se manifesta nas distribuições de honras, de dinheiro ou das outras coisas que são divididas entre aqueles que têm parte na constituição (pois aí é possível receber um quinhão igual ou desigual ao de um outro)...", quanto à classificação de justiça constante do texto corresponderia à Justiça Distributiva.

FIQUE LIGADO! O justo nesta acepção é, portanto, o proporcional, e o injusto é o que viola a proporcionalidade.

7. PENSAMENTO JURÍDICO NA IDADE MÉDIA

Durante a Idade Média, ocorreu uma forte centralização da produção do conhecimento por parte da Igreja. Por questões de análise de provas é necessário ter o conhecimento de dois pensadores medievais: Santo Agostinho e São Tomás de Aquino.

FIQUE LIGADO! Nessa Escola cristã, a ideia do Direito está relacionada com a vontade divina. Existe uma forte tentativa de comprovar a existência de Deus através do uso da razão e associar a ideia de justiça à ideia de "justiça divina".

8. SANTO AGOSTINHO

O filósofo Agostinho de Hipona foi bispo católico no século IX; afirmava que não é possível definir direito sem justiça. Ele acreditava na ideia de que o direito estava ligado à religião. Por isso, ele afirmava que as leis humanas deveriam ser cumpridas e tinham como finalidade manter a paz e ordem do povo.

FIQUE LIGADO! As leis humanas, para Agostinho, são reflexos da lei estabelecida por Deus.

9. SÃO TOMÁS DE AQUINO

São Tomás foi o responsável por apresentar uma nova visão direito no século XIII. Ele compilou o pensamento jurídico agostiniano, que pregava a união entre o direito associado ao evangelho, com a cultura romana do *Corpus iuris civilis.*

Essa junção de visões, permitiu restaurar o sentido do legislador e as leis são classificadas em lei eterna e lei natural.

Lei eterna: é lei divina que tem como finalidade equilibrar o mundo.
Lei natural: é a lei que existe em função da virtude como ordem natural das coisas.

Para Tomás, a lei eterna se encontra acima da lei natural.

FIQUE LIGADO! Para alguns especialistas, no pensamento tomasiano encontramos a origem das liberdades individuais do direito europeu moderno.

Para concluir o estudo de Tomás de Aquino, é necessário apresentar sua concepção de justiça. Vamos começar por uma questão da OAB? Rumo ao sonho.

(XX Exame Reaplicação em Salvador) Na sua mais importante obra, a *Summa Theologica*, Santo Tomás de Aquino trata os conceitos de justiça comutativa e de justiça distributiva de tal maneira que eles passariam a ser largamente utilizados na Filosofia do Direito. Os conceitos corretos seriam: a Justiça Comutativa regula as relações mútuas entre pessoas privadas, e a Justiça Distributiva regula a distribuição proporcional dos bens comuns.

Não se esqueça que Tomás segue uma linha de pensamento aristotélico, na *Suma Teológica* temos as seguintes visões de Justiça:

A **Justiça Comutativa** é a trocar, permutar, assim chamada porque regula o intercâmbio entre pessoas iguais, que se encontram no mesmo plano. Sua finalidade consiste em estabelecer uma igualdade fundamental nas relações entre os seres humanos e exigir que essa igualdade seja restabelecida quando violada. Para ele, justo é o igual e injusto é o desigual.

A **Justiça Distributiva** tem por objetivo permitir que pessoas participem do bem comum mediante uma distribuição equitativa, de acordo com seus méritos ou suas habilidades. O resumo da ideia seria dar o que lhe é de direito.

10. ESCOLAS DO DIREITO

10.1 DIREITO NATURAL

O direito natural é uma escola jurídica que acredita que o direito está relacionado com a ideia de natureza, ou seja, o homem já nasce com a concepção de alguns elementos. É importante ressaltar que o Direito Natural tem uma divisão histórica clássica.

FIQUE LIGADO!

* Direito Natural Cosmológico surgiu com os gregos, que o cosmo seria a base do Direito.
* Direito Natural Teológico, em que temos Deus como o responsável pelas leis imutáveis, surgiu com os pensadores Cristãos Medievais.
* Direito Natural Moderno ou Jusnaturalismo tem como base a ideia antropológica, ou seja, o homem como centro, e como fundador, Jean Jacques Rousseau.

Para os pensadores do Direito Natural Moderno, o direito natural está relacionado com a racionalidade, ou seja, o direito está ligado à razão humana. Por isso, eles acreditavam que, a partir de princípios morais (exemplo: "fazer o que é certo"), é possível validar regras jurídicas.

Os defensores do direito natural acreditam que o homem possui alguns conceitos intrínsecos, tais como: justiça ou liberdade. A diferença estava na fundamentação de quem tinha criado tal conceito.

Os contratualistas usavam o direito natural como elemento hipotético para justificar o contrato social que ocorria na sociedade.

10.2 DIREITO POSITIVO

O positivismo foi uma corrente de pensamento europeu, que teve como fundador Augusto Comte, para quem o conhecimento se divide em três estágios: o teológico, o metafísico e o positivo.

FIQUE LIGADO!

Estágio Teológico: os fatos se explicam pela intervenção contínua de agentes sobrenaturais.

Estágio Metafísico: os agentes naturais são substituídos por forças abstratas atribuídas à natureza.

Estágio Positivo: nesse estágio, o homem deixa de procurar entender as causas dos fenômenos e passa a tentar compreender as leis que os ligam. Nesse estágio é importante conciliar a teoria e a técnica, o raciocínio e a observação.

Para a escola do Direito Positivo, o direito está associado à ideia de lei. A lei é válida quando legislada pelo Estado. Não existe nesse caso a discussão se é "justo ou não". Por isso, podemos afirmar que o direito positivo introduz o conceito de normas jurídicas como sendo a referência a ser seguida, ou seja, as leis devem ser cumpridas e são obrigatórias. Exemplo: quando uma pessoa tem uma obrigação jurídica é dizer que o seu caso pertence a alguma regra jurídica válida.

Principais ideias do positivismo:

* O Direito Positivo é uma escola que se baseia na ideia do direito posto, ou seja, a lei é a norma a ser cumprida, sendo obrigatória e válida.
* O Direito Positivo é um conjunto de regras utilizado direta ou indiretamente com o propósito de determinar qual o comportamento poderá sofrer uma coação exercida pelo poder público.
* O Direito é visto como ciência, e, como tal, precisa de um método de estudo.
* A finalidade do Direito Positivo é criar uma teoria formal do Direito.
* Os principais nomes do positivismo jurídico são Hans Kelsen e Herbert Hart.

Resumo das concepções positivistas: *O direito de uma comunidade é um conjunto de regras utilizado direta ou indiretamente com o propósito de determinar qual comportamento poderá sofrer uma coação exercida pelo poder público.

(XXIV Exame Unificado da OAB) Segundo John Locke: "O povo maltratado em geral, e contrariamente ao que é justo, estará disposto em qualquer ocasião a livrar-se do peso que o esmaga". O Art. 1º, parágrafo único, da Constituição Federal de 1988 afirma que "todo o poder emana do povo, que o exerce por meio de representantes eleitos ou diretamente". Muitos autores associam tal disposição ao conceito de direito de resistência, um dos mais importantes da Filosofia do Direito, de John Locke.

O exame solicitava que fosse assinalada a opção que melhor expressava o conceito, conforme desenvolvido por Locke na sua obra *Segundo Tratado sobre o Governo Civil*. A alternativa correta é que diz: Sempre que os governantes agirem de forma a tentar tirar e destruir a propriedade do povo ou deixando-o miserável e exposto aos seus maus tratos, ele poderá resistir.

FIQUE LIGADO! **John Locke é o responsável pela concepção do direito natural baseado na racionalidade humana. Ele defende a ideia de que o povo tenha o direito de resistência para evitar um governo tirano ou injusto.**

(XXIV Exame Unificado da OAB) Em Montesquieu temos que: "É verdade que nas democracias o povo parece fazer o que quer, mas a liberdade política não consiste nisso". No preâmbulo da Constituição da República, os constituintes afirmaram instituir um Estado Democrático destinado a assegurar, dentre outras coisas, a liberdade. Esse é um conceito de fundamental importância para a Filosofia do Direito, muito debatido por inúmeros autores. Uma importante definição utilizada no mundo jurídico é a que foi dada por Montesquieu em seu *Do Espírito das Leis*. A alternativa correta é que diz: Liberdade é o direito de fazer tudo o que as leis permitem.

Com a ideia clássica da divisão do poder em três instituições independentes (Executivo, Legislativo e Judiciário) Montesquieu tem a seguinte ideia sobre liberdade: "É verdade que nas democracias o povo parece fazer o que quer; mas a liberdade política não consiste nisso. Deve-se ter sempre presente em mente o que é independência e o que é liberdade. A liberdade é o direito de fazer tudo o que as leis permitem; se um cidadão pudesse fazer tudo o que elas proíbem, não teria mais liberdade, porque os outros também teriam tal poder".

11. HANS KELSEN

É um dos grandes nomes do positivismo jurídico. Ele apresentou a Teoria Pura do Direito, ou seja, o fenômeno jurídico seria associado a normas, sem se preocupar com conceitos morais. Sua teoria ficou conhecida como **normativismo jurídico**.

A ideia de unir o estudo do Direito a outras áreas do saber, tais como: Filosofia, Economia, Cultura e outras, era refutada por Kelsen. O Direito deveria ser visto como ciência, e seu método de estudo deveria se basear apenas na análise de normas jurídicas.

Kelsen considerava a norma válida de acordo com a sua eficácia. Por exemplo, se as leis da milícia das comunidades cariocas permitem manter a segurança coletiva, ou seja, a ordem, então essa norma, mesmo indo contra o Estado, era considerada válida, pois ela cumpria a sua eficácia para aquela comunidade. Para ele, qualquer conteúdo pode ser Direito.

12. HERBERT HART

Hart afirmava que sistema legal moderno é resultado da união entre as regras primárias e regras secundárias.

As regras primárias são regras que impedem de alguma maneira o uso da violência ou fraude em geral. Essas regras são fundamentais para coexistência benéfica entre as pessoas, porém tais regras só têm funcionalidade em pequenas comunidades. Essas regras estão associadas a uma ideia de pré-legal, ou seja, seriam regras costumeiras que permitem uma boa convivência entre as pessoas daquela comunidade.

As regras secundárias são regras que tratam das regras primárias, ou seja, permitem dar eficácia às regras primárias. As regras secundárias seriam responsáveis por solucionar os problemas clássicos que as regras primárias apresentam que são: as regras primárias de grupo são possuem uma formatação de sistema legal; segundo defeito, seria o caráter estático das regras primárias e por último, são regras baseadas em pressão social e não existe um órgão regulamentador para analisar se uma regra foi descumprida ou não.

> (XII Exame Unificado da OAB) Para Hart, é necessário um mínimo de direito natural para o estudo jurídico. Considere a seguinte afirmação de Herbert L. A. Hart: "Seja qual for o processo escolhido, precedente ou legislação, para a comunicação de padrões de comportamentos, estes, não obstante a facilidade com que atuam sobre a grande massa de casos correntes, revelar-se-ão como indeterminados em certo ponto em que a sua aplicação esteja em questão" (HART, Herbert. *O Conceito de Direito*. Lisboa: Calouste Gulbenkian, 1986, p. 141). Hart admite um grau de indeterminação nos padrões de comportamento previstos na legislação e nos precedentes judiciais. A alternativa correta trata-se da textura aberta do direito, expressa por meio de regras gerais de conduta, que deve ganhar um sentido específico dado pela autoridade competente, à luz do caso concreto.

Segundo Hart, a textura aberta é o termo utilizado para apresentar a possibilidade de lacuna na aplicação das leis. Para ele, não é apenas nas leis, mas em qualquer tipo de linguagem.

"Em todos os campos da experiência, e não só no das regras, há um limite à natureza da linguagem, quanto à orientação que a linguagem geral pode oferecer. Haverá na verdade casos simples que estão sempre a ocorrer em contextos semelhantes, aos quais as expressões gerais são claramente aplicáveis (...), mas haverá também casos em que não é claro se se aplicam ou não (...)" (HART, p. 124).

13. ESCOLA HISTORICISTA ALEMÃ

O Historicismo Jurídico surgiu no século XIX, na Alemanha, e teve como fundador, na visão de alguns autores, Gustav Hugo; porém, o grande desenvolvedor foi Savigny, discípulo de Gustav. Essa corrente jurídica tem como influência a ideia do historicismo filosófico, que tem como finalidade estudar a história como agente, ou seja, é necessário estudar o processo histórico para melhor compreender a sociedade, um dos nomes relacionados a essa corrente é do filósofo alemão Hegel.

A Escola Histórica do Direito tem como finalidade, no seu surgimento, combater o processo racional do direito natural e a sua tentativa de universalizar o fenômeno jurídico. Por isso, os seguidores dessa corrente jurídica defendiam a ideia do estudo da História e da cultura como elementos essenciais na construção do fenômeno jurídico. Dessa maneira, o direito como norma jurídica deixa de ser o precursor do processo jurídico e dá lugar aos costumes e cultura de um povo. Para eles, o Direito deve ser o "espírito do povo" (*Volksgeist*).

O motivo que levou ao surgimento do Historicismo Jurídico já foi visto; porém, é necessário compreender melhor um pouco dos objetivos dessa corrente jurídica. Um ponto essencial desse modelo de estudo do fenômeno jurídico é dar um papel de destaque aos costumes e a história na hora de estudar o processo jurídico. É importante ter em mente que, antes do século XIX, o direito era visto de maneira especulativa e formal, ou seja, não existia a preocupação de estudar o direito através de um viés histórico, sociológico, antropológico ou econômico. Além disso, tais estudos sociais ainda estavam engatinhando, se analisarmos tais conceitos sociais durante o início do século XIX. Por isso, a bandeira levantada por essa escola foi fundamental para repensar como ocorre o processo jurídico, isto é, as leis surgem como resposta a uma situação passada (fato) ou são universais e imutáveis, como acreditavam os jusnaturalistas? É possível notar que uma ideia central do Historicismo é a tentativa de acabar a ideia de direito dos homens (visão universal) e analisar o direito de acordo com a cultura que o homem está inserido.

A partir do Historicismo, o direito ganha um novo parâmetro de estudo e desenvolvimento. Não podemos negar, que em algum momento, será necessário estudar a cultura e a história para compreender o fenômeno jurídico. Por isso, temos código de leis diferentes num comparativo entre países, pois o fator social influencia na construção do pensamento jurídico de um determinado povo. Em resumo, pode-se dizer que o Historicismo Jurídico trouxe mais um elemento para compressão do direito como fenômeno social e mutável.

Savigny é considerado o nome de maior destaque entre os participantes da Escola Histórica do Direito e também o maior desenvolvedor de tal corrente. Para Savigny, a fonte originária do direito seria o "espírito do povo" (*volksgeist*); por isso, ele defendia a ideia de um direito continuado, ou seja, o direito estar sempre sofrendo mutações.

Uma passagem histórica da vida de Savigny, e de grande relevância para o Historicismo Jurídico, é o debate travado entre ele e Thibaut sobre a criação do Código Civil Alemão. Nesse período, a Alemanha ainda não estava unificada e o Código seria usado como uma ferramenta para auxiliar na unificação da Alemanha. Enquanto Thibaut defendia a ideia da necessidade de um Código de Leis para aumentar a segurança jurídica e acabar com as leis espaçadas, Savigny tinha uma reação contrária à criação do Código, pois ele acreditava que o direito era algo mutável, isto é, um processo histórico de constante construção, e o Código, na sua visão, seria um processo de "fossilização do Direito", pois acaba por engessar o processo jurídico. Infelizmente, para Savigny, o vencedor do debate foi Thibaut, e, com isso, foi promulgada o BGB (Livro de Leis do Cidadão).

Para compreender o Historicismo Jurídico, é essencial estudar a tese defendida por Savigny, pois ela fornece o norte para compreender a importância dessa escola jurídica para a compreensão do fenômeno jurídico. O pensamento dele foi tão importante que influenciou o pensamento de Karl Marx, discente de Savigny na disciplina de Jurisprudência.

14. UTILITARISMO

Um dos temas mais cobrados em Filosofia do Direito na prova da OAB é utilitarismo, apesar de não ser uma corrente tradicional na academia jurídica brasileira. O utilitarismo está mais relacionado com estudos econômicos, porém o modelo ético utilitarista tem sido bem discutido na atualidade.

FIQUE LIGADO! O pensamento utilitarista tem influenciado uma nova discussão sobre a ética, sem utilização de um conceito religioso ou universal.

Na concepção de Tim Mulgan, na obra *Utilitarismo*, as ideias utilitaristas são encontradas em muitos filósofos ao longo da história humana – dos gregos antigos até as principais figuras do Iluminismo escocês (tendo como destaque David Hume e Adam Smith). Porém, a aceitação do termo "utilitarista" como escola filosófica só aconteceu no final do século XVIII.

A concepção utilitarista está associada com o princípio da maior felicidade. Porém, é necessário ressaltar que o conceito de felicidade não está relacionado apenas com a visão individual, está associado com todos aqueles cujo bem-estar poderá ser afetado pela nossa conduta. Desse modo, o pensamento utilitarista advoga numa linha de estrita igualdade na consideração dos interesses. Por isso, o padrão último da moralidade é unicamente a promoção imparcial da felicidade. A ideia central do utilitarismo é expressa no ensaio *O Utilitarismo,* de John Stuart Mill, no qual apresenta uma explicação bem sucinta do Princípio da Maior Felicidade ou Princípio da Utilidade.

"O credo que aceita a utilidade ou o Princípio da Maior Felicidade, como fundamento da moralidade, defende que as ações estão certas na medida em que tendem a promover a felicidade, erradas na medida em que tendem a produzir o reverso da felicidade" (MILL, *O Utilitarismo*, p. 55).

O utilitarismo visa promover o maior bem-estar, isto é, os atos devem ser baseados em gerar a maior felicidade. Porém, fica uma dúvida sobre o que seria o bem-estar. Alguns alegam que o bem-estar é algo prazeroso. Tal afirmação resulta em uma definição difícil de apresentar, pois como é possível reconhecer uma experiência como algo prazeroso? Se realizarmos uma mesma experiência com diversas pessoas é natural encontrar opiniões prazerosas ou não. Por isso, existem três formas básicas sobre a visão do prazer.

1) Prazer Fisiológico – o nível do prazer ou dor (ausência do prazer) de um organismo particular é um fato natural, mensurável da maneira científica normal. Um cientista pode dizer se o sexo gera prazer em uma pessoa examinando as ondas cerebrais no momento do ato.

2) Prazer Fenomenológico – o valor do prazer é obtido através de como a experiência é sentida. Dessa forma, a experiência possui um valor mais intrínseco.
3) Preferência – o valor do prazer depende do comparativo utilizado pela análise de duas experiências. Por exemplo, uma pessoa que gosta de futebol, então vai preferir jogar futebol a jogar basquete, pois jogar futebol é uma opção mais prazerosa para ela.

Por essas visões diferentes, temos uma discussão sobre a ideia de bem-estar e felicidade no pensamento utilitarista. Infelizmente, para analisar algumas experiências prazerosas é necessário separar os parâmetros, por isso é difícil definir o termo prazer de maneira geral.

Para John Stuart Mill, é necessário pensar os prazeres de forma qualitativa e incluir como parâmetro os prazeres ligados ao espírito e sentimentos nobres (amizade, honestidade, amor etc.).

(XII Exame Unificado da OAB) O utilitarismo é uma filosofia moderna que conquistou muitos adeptos nos séculos XIX e XX, inclusive no pensamento jurídico. As principais características do utilitarismo são convencionalismo, consequencialismo e antifundacionalismo.

A questão citada é muito questionada por alguns professores, pois a alternativa que apresenta as características convencionalismo, consequencialismo e antifundacionalismo seria equivocada. Vamos relembrar o significado de tais características, ok?

O **"convencionalismo"** diz respeito à doutrina segundo a qual a verdade de algumas proposições válidas em um ou mais campos se deva ao acordo comum ou ao entendimento (tácito ou expresso) daqueles que utilizam essas proposições (ABBAGNANO, p. 207).

Para Mill, a busca pela felicidade devia estar associada à qualidade do prazer , por isso podemos utilizar como referência para relacionar tal característica com o utilitarismo.

O "consequencialismo" pode ser definido como o conjunto de doutrinas filosóficas que avalia ações pelo valor de suas consequências e prega que a melhor ação é aquela que tem as melhores consequências.

O valor moral no consequencialismo é validado de acordo com a seguinte ideia: se algo é bom, então deve ser promovido. Dessa forma, é possível afirmar que o valor moral está relacionado com o ato de promover. Por isso, existe uma associação da ideia utilitarista com o consequencialismo.

O princípio consequencialista é considerado, por muitos estudiosos, a característica definidora da tradição utilitarista, sendo o utilitarismo a representação de uma forma do consequencialismo. Para Tim Mulgan, na obra *Utilitarismo* ele apresenta a seguinte ideia dessa relação: "O utilitarismo é consequencialismo (a moralidade promove o valor) mais ética do bem-estar (valor é bem-estar humano agregado)".

O antifundacionalismo consiste em uma permanente rejeição de quaisquer entidades metafísicas, conceitos abstratos, categorias apriorísticas, princípios perpétuos, instâncias últimas, entes transcendentais, dogmas etc. Trata-se, assim, de negar que o pensamento seja passível de fundações estáticas, perpétuas, imutáveis.

Essa característica que mais gerou discussão sobre a sua relação com o utilitarismo. A ideia principal do utilitarismo é combater com a ética universal, por isso é possível discutir sobre a aceitação ou não de tal elemento dentro do pensamento utilitarista.

(XIV Exame Unificado da OAB) O filósofo inglês Jeremy Bentham, em seu livro *Uma introdução aos princípios da moral e da legislação*, defendeu o princípio da utilidade como fundamento para a moral e para o Direito.

Para esse autor, o princípio da utilidade é aquele que aprova ou desaprova qualquer ação, segundo a tendência que tem a aumentar ou diminuir a felicidade das pessoas cujos interesses estão em jogo.

Jeremy Bentham, considerado o fundador do pensamento utilitarista, e sua obra *Princípios da Moral e Legislação* tida como o marco histórico do surgimento da Corrente Filosófica Utilitarista, tenta reduzir a Ética a um modelo exato. Sua tentativa era tornar a Ética uma ciência exata como a Matemática. Por isso, o utilitarismo é conhecido também como uma ética baseada em cálculos matemáticos.

FIQUE LIGADO! O pensamento utilitarista tinha como finalidade promover a maior felicidade.

(XXI Exame Unificado da OAB) Há um limite para a interferência legítima da opinião coletiva sobre a independência individual, e encontrar esse limite, guardando-o de invasões, é tão indispensável à boa condição dos negócios humanos como a proteção contra o despotismo político. (John Stuart Mill) A consciência jurídica deve levar em conta o delicado balanço entre a liberdade individual e o governo das leis. No livro *A Liberdade. Utilitarismo*, John Stuart Mill sustenta que um dos maiores problemas da vida civil é a tirania das maiorias. Conforme a obra citada, a opção que expressa corretamente a maneira como esse autor entende o que seja tirania e a forma de proteção necessária é: A sociedade, quando faz as vezes do tirano, pratica uma tirania mais temível do que muitas espécies de opressão política, pois penetra nos detalhes da vida e escraviza a alma. Por isso, é necessária a proteção contra a tirania da opinião e do sentimento dominantes.

Outro famoso princípio de Mill é o da liberdade, também conhecido como o princípio do dano.

O único propósito pelo qual o poder pode ser legitimamente exercido sobre qualquer membro de uma comunidade civilizada, contra a sua vontade, é o de evitar danos a outros. O seu próprio bem, seja físico ou moral, não é uma garantia suficiente (MILL, *Sobre a Liberdade*, p. 68).

O princípio da liberdade é uma ideia centrada no respeito à individualidade, porém ela pode ser perdida no momento que você invade a individualidade de outro ser. Dessa forma, ele apresenta uma justificativa para a necessidade de punição para algumas pessoas. Para ele, é dever do Estado ensinar as pessoas que existem um prazer superior e que essa deve ser a nossa busca e se tivermos ligados à busca por prazeres inferiores que impossibilite a individualidade do próximo, então tal pessoa deve ser punida com o intuito de conscientizar o ser da necessidade em promover a felicidade.

FIQUE LIGADO! O princípio da liberdade está relacionado com a ideia de respeito à individualidade de maneira que não invada o espaço do outro.

15. IMMANUEL KANT

O filósofo mais influente na tradição deontológica é o alemão Immanuel Kant. Ele defendia a tese que a teoria da obrigação moral deveria conter apenas um único princípio fundamental, que seria o imperativo categórico. Esse princípio pregava a ideia de que deveríamos seguir máximas que possam ser universalizadas. Se certa máxima não pode ser seguida por todos, então não deve ser universalizada. O imperativo categoria é definido na obra Metafisica dos costumes da seguinte forma: "Age somente, segundo uma máxima tal, que possas querer ao mesmo tempo que se torne lei universal" (KANT).

O pensamento Kantiano é uma **possível oposição** ao pensamento utilitarista, "os fins justificam o meio". A tentativa de Kant é apresentar uma noção de ética através de uma visão universal. Vale salientar que a deontologia moral, "regra do dever ser", foi criada por Jeremy Bentham, pensador utilitarista. A deontologia moral começa focada na formação do conjunto de regras que visam a busca pela felicidade, no sentido de buscar os prazeres superiores da vida. A resposta de Kant foi fornecer uma concepção universal do processo ético e não apenas um modo de como agir em cada situação, ou seja, extinguir o problema do relativismo moral.

FIQUE LIGADO! Um dos elementos essenciais do pensamento Kantiano é imperativo categórico, porém iremos estudar os três tipos de imperativos:

> **Imperativo Categórico:** age somente, segundo uma máxima tal, que possas querer ao mesmo tempo que se torne lei universal.
>
> **Imperativo Universal:** age como se a máxima de tua ação devesse tornar-se, por tua vontade, lei universal da natureza.
>
> **Imperativo Prático:** age de tal modo que possas usar a humanidade, tanto em tua pessoa como na pessoa de qualquer outro, sempre como um fim ao mesmo tempo e nunca apenas como um meio.

(XV Exame Unificado da OAB) Na Doutrina do Direito, Kant busca um conceito puramente racional e que possa explicar o direito independentemente da configuração específica de cada legislação. Mais precisamente, seria o direito entendido como expressão de uma razão pura prática, capaz de orientar a faculdade de agir de qualquer ser racional. A opção que contém, segundo Kant, essa lei universal do direito é a que diz: Age exteriormente, de modo que o livre uso de teu arbítrio possa se conciliar com a liberdade de todos, segundo uma lei universal.

A concepção da lei universal do direito está associada à seguinte ideia: "age exteriormente de modo que o livre uso de teu arbítrio possa se conciliar com a liberdade de todos, segundo uma lei universal..." (KANT, p. 46).

(XIX Exame Unificado da OAB) Segundo o filósofo Immanuel Kant, em sua obra *Fundamentação da Metafísica dos Costumes*, a ideia de dignidade humana é entendida como algo que está acima de todo o preço, pois, quando uma coisa tem um preço, pode-se pôr em vez dela qualquer outra como equivalente; mas quando uma coisa está acima de todo o preço, e portanto não permite equivalência, então ela tem dignidade.

Segundo Kant, "No reino dos fins tudo tem um preço ou uma dignidade. Uma coisa que tem um preço pode ser substituída por qualquer outra coisa equivalente; pelo contrário, o que está acima de todo preço e, por conseguinte, o que não admite equivalente, é o que tem uma dignidade".

FIQUE LIGADO! Para Kant, a dignidade humana está acima de qualquer preço.

(X Exame Unificado da OAB) "Manter os próprios compromissos não constitui dever de virtude, mas dever de direito, a cujo cumprimento pode-se ser forçado. Mas prossegue sendo uma ação virtuosa (uma demonstração de virtude) fazê-lo mesmo quando nenhuma coerção possa ser aplicada. A doutrina do direito e a doutrina da virtude não são, consequentemente, distinguidas tanto por seus diferentes deveres, como pela diferença em sua legislação, a qual relaciona um motivo ou outro com a lei".

Pelo trecho acima podemos inferir que Kant estabelece uma relação entre o direito e a moral. A alternativa correta disse que a conduta moral refere-se à vontade interna do sujeito, enquanto o direito é imposto por uma ação exterior e se concretiza no seu cumprimento, ainda que as razões da obediência do sujeito não sejam morais.

Para Kant, existe uma distinção entre moral e direito.

De acordo com a moral, a lei suprema é: "age apenas segundo uma máxima tal que possas ao mesmo tempo querer que ela se torne lei universal" (KANT, 2007).

Pelo direito, "age exteriormente de tal sorte que o livre uso do teu arbítrio possa coexistir com a liberdade de cada um segundo uma lei universal" (KANT, 2007).

FIQUE LIGADO! A moral é fórum íntimo, ou seja, se descumprir não será punido. Agora, quando descobrimos uma norma jurídica, existe a punição.

16. ÉTICA E MORAL

Na sociedade contemporânea, atingimos um ápice na discussão sobre a Ética e a sua efetiva relevância diante da observação do comportamento humano em suas interações. Profissionais dos variados âmbitos possuem um código de ética como forma de conduta. Cada vez mais o "dever agir" é discutido pela comunidade acadêmica. Um exemplo é a discussão sobre a bioética e a criação de um limite para os cientistas na busca por compreender a existência da natureza. Mas uma coisa é certa: A maioria das pessoas usa o termo "ética", porém desconhece seu real significado e sua aplicabilidade.

Para compreender as discussões éticas que serão apresentadas neste artigo é necessário ter em mente uma noção do que seria o uso do verbete Ética e a diferença entre ética e moral. No dicionário filosófico de Nicola Abbagnano a palavra Ética é definida da seguinte forma:

> ÉTICA (gr. xò rjGiKá; lat. Ethica; in. Ethics; fr. Éthique; ai. Ethik; it. Ética). Em geral, ciência da conduta. Existem duas concepções fundamentais dessa ciência: 1 – a que a considera como ciência do /zm para o qual a conduta dos homens deve ser orientada e dos meios para atingir tal fim, deduzindo tanto o fim quanto os meios da natureza do homem; 2 – a que a considera como a ciência do móvel da conduta humana e procura determinar tal móvel com vistas a dirigir ou disciplinar essa conduta. Essas duas concepções, que se entremesclaram de várias maneiras na Antiguidade e no mundo moderno, são profundamente diferentes e falam duas línguas diversas. A primeira fala a língua do ideal para o qual o homem se dirige por sua natureza e, por conseguinte, da "natureza", "essência" ou "substância" do homem. Já a segunda fala dos "motivos" ou "causas" da conduta humana, ou das "forças" que a determinam, pretendendo ater-se ao conhecimento dos fatos (ABBAGNANO, 2012, p. 444).

Ao analisar filosoficamente o sentido da palavra Ética, nota-se que existem dois caminhos no sentido, o primeiro está associado a ideia de fim, ou seja, a busca que é realizada para alcançar a perfeição, também chamada de felicidade. Um seguidor dessa corrente é filosofo grego Aristóteles que afirmava " o meio termo como processo para alcançarmos a felicidade", por isso ele dizia que o homem só poderia ser considerado justo após a sua morte (enquanto existisse a nossa vida terrestre a pessoa está passível a perder na busca por uma vida justa e honesta). Na segunda linha ética, são defendidos motivos para se manter uma vida ética.

Agora, vamos conhecer o sentido do termo moral no dicionário filosófico de Nicola Abbagnano:

> MORAL 1 (lat. Moralia; in. Morais; fr. Mora lt*; ai. Moral; it. Morale). 1. O mesmo que Ética. 2. Objeto da ética, conduta dirigida ou disciplinada por normas, conjunto dos mores. Neste significado, a palavra é usada nas seguintes expressões: "M. dos primitiveis", "M. contemporânea", etc. MORAL 2 (gr.rjíhKÓÇ; lat. Moralis; in. Moral; fr. Moral; ai. Moral; it. Morale). Este adjetivo tem, em primeiro lugar, os dois significados correspondentes aos do substantivo moral: l' – 1 atinente à doutrina ética, 2" – atinente à conduta e, portanto, suscetível de avaliação M, especialmente de avaliação M. positiva. Assim, não só se fala de atitude M. para indicar uma atitude moralmente valorável, mas também coisas positivamente valoráveis, ou seja, boas. Em inglês, francês e italiano, esse adjetivo depois passou a ter o significado genérico de espiritual", que ainda conserva em certas expressões. Hegel lembrava este significado com referência ao francês {Ene, § 503); ele ainda persiste, p. ex., na expressão "ciências morais", que são as "ciências do espírito" (ABBAGNANO, 2012, p. 795).

Mais uma vez, temos duas concepções no sentido de moral; por isso existe uma confusão tanto do termo "ética" como do termo "moral". A linha utilizada seria a com base no estudo etimológico dos verbetes. A palavra "ética" vem do grego *ethos*, no sentido de sua etimologia, e significa literalmente morada, habitat, refúgio. E a palavra "moral" deriva do latim *mores*, que significa "costume"; ou seja, a moral está ligada à ideia de cultura; e ética é estudo filosófico sobre a conduta moral. Sendo assim, a ética seria responsável pelo questionamento sobre a moral.

A ética começou a ser analisada pelos gregos como uma busca por princípios universais, que eram baseados ou na razão ou no cosmo ou na natureza. A corrente filosófica utilitarista convida a uma reflexão sobre a ética através do uso de um relativismo moral. O filosofo Kant se opõe à ideia de uma ética relativista e, por isso, apresenta como opção, para contrapor ao relativismo, a idcia de uma ética universal, ou seja, um modelo moral baseado em princípios universais.

PARA REFLETIR! A ética aristotélica era um conjunto de regras que tinha como finalidade desenvolver no homem as virtudes, que seriam baseadas no meio-termo e como a bússola necessária para o homem encontrar a felicidade. Para Aristóteles, a justa medida era a resposta para solucionar os problemas morais. Para os utilitaristas, as ações deveriam promover a maior felicidade. Um detalhe interessante é que em ambos os modelos éticos, aristotélico e utilitarista, a felicidade é causa final da existência humana. Se analisarmos os principais modelos éticos ou concepção religiosa, a vida do homem está resumida na busca da felicidade. O detalhe é a diferença do conceito de felicidade. Para Aristóteles, seria encontrar uma justa medida; para um budista seria encontrar a iluminação; no caso do católico seria ir para o reino do céu. A noção de felicidade é a base da construção para um determinado modelo ético. A felicidade como um fim é o referencial das principais crenças.

17. CONTRATUALISTAS

Contratualista é o termo usado para os filósofos que utilizam a ideia de um contrato social necessário para manter a ordem entre os homens. Os principais nomes dessa corrente são: Thomas Hobbes, Jean Jacques Rosseau e John Locke.

FIQUE LIGADO! A sociedade existe por meio de contrato social que é aceito pela humanidade, sendo que os homens perdem a sua liberdade total, porém tem garantidos alguns direitos, como a da manutenção da propriedade privada.

Para Hobbes, o contrato social é um acordo para manter uma certa convivência entre os homens. Ele é o autor da célebre frase: " O homem é lobo do próprio homem".

Rosseau defendia a ideia que o homem nasce bom, mas a sociedade o corrompe.

Não se esqueça: o direito natural é usado como elemento hipotético para garantir o contrato social. Uma vez Hobbes foi questionado sobre quando existiu o direito natural e ele respondeu: "Não sei se existiu, se existe ou se existirá um dia". Por isso, o direito natural seria apenas uma proposição na construção do argumento sobre a necessidade de um contrato social.

> (XXI Exame Unificado da OAB) De acordo com o contratualismo proposto por Thomas Hobbes em sua obra *Leviatã*, o contrato social só é possível em função de uma lei da natureza que expresse, segundo o autor, a própria ideia de justiça. A opção que, segundo o autor na obra em referência, apresenta esta lei da natureza é: Que os homens cumpram os pactos que celebrem.

No capítulo XV da Obra *Leviatã*, intitulada "De Outras Leis da Natureza", Hobbes estabelece a terceira lei da natureza, segundo a qual é fundamental que "os homens cumpram os pactos que celebrarem. Sem esta lei os pactos seriam vãos, e não passariam de palavras vazias; com o direito de todos os homens a todas as coisas ainda em vigor, permanecemos na condição de guerra. Nesta lei da natureza reside a fonte e a origem da JUSTIÇA. Porque sem um pacto anterior não há transferência de direito, e todo homem tem direito a todas as coisas; consequentemente nenhuma ação pode ser injusta. Mas, depois de celebrado um pacto, rompê-lo é injusto. E a definição da INJUSTIÇA não é outra senão o não cumprimento de um pacto. E tudo o que não é injusto é justo" (HOBBES, 2003, p. 124).

FIQUE LIGADO! O contrato social é um contrato que celebramos com o Estado, e, com isso, abrimos mão de uma parte da nossa liberdade para garantir a nossa convivência.

18. HERMENÊUTICA JURÍDICA

A ideia de Hermenêutica, na Filosofia, está associada a um método que permita conhecer o texto melhor do que o próprio autor. A função da Hermenêutica Jurídica é apresentar métodos para auxiliar na interpretação do direito.

Tipos de interpretação:

Interpretação histórica, sociológica e evolutiva

É preciso ver as condições específicas do tempo em que a norma incide, mas não podemos desconhecer as condições em que ocorreu a sua gênese (Tercio Sampaio Junior).

Interpretação teleológica e axiológica

As normas devem ser aplicadas atendendo, fundamentalmente, ao seu espírito e à sua finalidade. (...) procura revelar o fim da norma, o valor ou bem jurídico visado pelo ordenamento com a edição de dado preceito (Luís Roberto Barroso).

FIQUE LIGADO! No direito brasileiro, a própria Lei de Introdução ao Código Civil, em seu art. 5º, contém uma exigência teleológica: "Na aplicação da lei, o juiz atenderá aos fins sociais a que ela se dirige e às exigências do bem comum".

Interpretação gramatical, lógica e sistemática

I – Questões léxicas: questões de conexão das palavras nas sentenças (Interpretação Gramatical).

II – Questões lógicas: questões de conexão de uma expressão com outras expressões dentro de um contexto.

III – Questões sistemáticas: questões de conexão das sentenças num todo orgânico, estrutural, pressupondo a unidade do sistema jurídico (Interpretação Sistemática).

Interpretação especificadora

É aquela em que o intérprete se limita a declarar o sentido da norma jurídica interpretada, sem ampliá-la nem restringi-la. Parte do pressuposto de que o sentido da norma cabe na letra de seu enunciado.

DICA: interpretação especificadora é também conhecida como declarativa.

Interpretação restritiva

É a que restringe o sentido e o alcance apresentados pela expressão literal da norma jurídica. Toda vez que o sentido da norma é limitado pelo intérprete, não obstante a amplitude da sua expressão literal.

Interpretação extensiva

Amplia o sentido e o alcance apresentados pelo que dispõe literalmente o texto da norma jurídica.

DICA: a norma disse menos do que queria.

(X Exame Unificado da OAB) A hermenêutica aplicada ao direito formula diversos modos de interpretação das leis. A interpretação que leva em consideração principalmente os objetivos para os quais um diploma legal foi criado é chamada de: d) interpretação teleológica, pois o sentido da lei deve ser considerado à luz de seus objetivos.

FIQUE LIGADO! A interpretação teológica busca uma finalidade para a lei.

(XVII Exame unificado da OAB) Segundo o jusfilósofo alemão Karl Larenz, os textos jurídicos são problematizáveis porque estão redigidos em linguagem corrente ou em linguagem especializada, mas que, de todo modo, contêm expressões que apresentam uma margem de variabilidade de significação. Nesse sentido, a opção que exprime o pensamento desse autor acerca da ideia de interpretação da lei é: os textos jurídicos, em princípio, são suscetíveis e carecem de interpretação porque toda linguagem é passível de adequação a cada situação.

Uma das principais obras de Karl Larenz é a *Metodologia da Ciência do Direito*.

Segundo Larenz (1997, p. 283), "Os textos jurídicos são problematizáveis deste modo porque estão redigidos em linguagem corrente, ou então numa linguagem especializada a eles apropriada, cujas expressões – com ressalva de números, nomes próprios e determinados termos técnicos – apresentam uma margem de variabilidade de significação que torna possível inúmeros cambiantes de significação. É precisamente na profusão de tais cambiantes que se estriba a riqueza expressiva da linguagem e a sua susceptibilidade de adequação a cada situação. Seria deste modo um erro aceitar-se que os textos jurídicos só carecem de interpretação quando surgem como particularmente 'obscuros', 'pouco claros' ou 'contraditórios'; pelo contrário, em princípio todos os textos jurídicos são susceptíveis e carecem de interpretação".

(XVIII Exame Unificado da OAB) "A solução do conflito aparente de normas dá-se, na hipótese, mediante a incidência do critério da especialidade, segundo o qual prevalece a norma específica sobre a geral."

É conhecida a distinção no âmbito da Teoria do Direito entre antinomias aparentes (ou antinomias solúveis) e antinomias reais (ou antinomias insolúveis).

Para o jusfilósofo Norberto Bobbio, uma antinomia real se caracteriza quando estamos diante de normas colidentes e o intérprete é abandonado a si mesmo pela falta de um critério ou pela impossibilidade de solução do conflito entre os critérios existentes.

A antinomia é a presença de duas normas conflitantes, válidas e emanadas de autoridade competente, sem que se possa dizer qual delas merecerá aplicação em determinado caso concreto (lacunas de colisão) (Flávio Tartuce).

Segundo Norberto Bobbio (1995, p. 92), "há casos de antinomias nos quais não se pode aplicar nenhuma das regras pensadas para a solução. Há casos em que se podem aplicar ao mesmo tempo duas ou mais regras em conflito entre si. Chamamos as antinomias solúveis de aparentes; chamamos as insolúveis de reais. Diremos, portanto, que as antinomias reais são aquelas em que o intérprete é abandonado a si mesmo ou pela falta de um critério ou por conflito entre os critérios dados".

(XX Exame Unificado da OAB) O raciocínio analógico é típico do pensamento jurídico. Esse é um tema debatido por vários teóricos e filósofos do Direito. Para Norberto Bobbio, na obra *Teoria do Ordenamento Jurídico*, trata-se de um método de autointegração do Direito. A opção que, segundo esse autor, apresenta o conceito de analogia é: Existindo relevante semelhança entre dois casos, as consequências jurídicas atribuídas a um caso já regulamentado deverão ser atribuídas também a um caso não regulamentado.

FIQUE LIGADO! Analogia Jurídica é um método de interpretação jurídica utilizado quando ocorrer uma ausência de previsão específica em lei, aplicando-se uma disposição legal que regula casos idênticos, semelhantes, ao da controvérsia.

Segundo Bobbio (1995), a autointegração consiste na integração cumprida através do mesmo ordenamento, no âmbito da mesma fonte dominante, sem recorrência a outros ordenamentos e com o mínimo recurso a fontes diversas da dominante. Para ele, "Entende-se por analogia o procedimento pelo qual se atribui a um caso não regulamentado a mesma disciplina que a um caso regulamentado semelhante. A analogia é certamente o mais típico e o mais importante dos procedimentos interpretativos de um determinado sistema normativo: é o procedimento mediante o qual se explica a assim chamada tendência de cada ordenamento jurídico a expandir-se além dos casos expressamente regulamentados. É também conhecida como *argumentum a simili* ou técnica da *analogia legis*".

REFERÊNCIAS

ABBAGNANO, Nicola. *Dicionário de Filosofia*. São Paulo: Martins Fontes, 2007.

ARISTÓTELES. *Ética a Nicômaco*: Livro 1. 4. ed. São Paulo: Nova Cultural, 1991.

BARROS, José D' Assunção. *Teoria da História*. 4. ed. Petrópolis, Rio de Janeiro: Vozes, 2014.

BITTAR, Eduardo Carlos Bianca. *Curso de Filosofia do Direito*. 10. ed. São Paulo: Atlas, 2012.

BOBBIO, Norberto. *Teoria do Ordenamento Jurídico*. 10. ed. Brasília: Editora Universidade de Brasília, 1999.

GUSMÃO, Paulo Dourado de. *Filosofia do Direito*. 10. ed. Rio de Janeiro: Forense, 2014.

HOBBES, Thomas. *Leviatã*: ou Matéria, Forma e Poder de uma República Eclesiástica e Civil. São Paulo: Martins Fontes, 2003.

KANT, Immanuel. *Fundamentação da Metafísica dos Costumes.* Tradução de Antônio Pinto de Carvalho. São Paulo: Companhia Editora Nacional, 1964.

MILL, John Stuart. *Sobre a Liberdade.* Tradução de Pedro Madeira. Rio de Janeiro: Nova Fronteira, 2011.

MULGAN, Tim. *Utilitarismo.* Petrópolis: Vozes, 2012.

NUNES, Rizzatto. *Manual da Filosofia do Direito.* 4. ed. revista e ampliada. São Paulo: Saraiva, 2011.

OLIVEIRA, André Gualtieri de. *Filosofia do Direito.* São Paulo: Saraiva, 2012. (Coleção Saberes do Direito.)

REALE, Miguel. *Filosofia do Direito.* 20. ed. São Paulo: Saraiva, 2002.

DIREITO INTERNACIONAL

Guilherme de Luca

1. CONSIDERAÇÕES SOBRE O DIREITO INTERNACIONAL

Acerca da existência do Direito Internacional Público, há duas correntes doutrinárias, importantes para a sua prova:

1ª Corrente: Não existe:

- O direito internacional público não possui Poder Legislativo; logo, considera-se não existir normas.
- O direito internacional não tem Poder Judiciário acima dos Estados.
- Não há um poder acima dos países obrigando-os a cumprir suas obrigações internacionais.

2ª Corrente: Existe:

- Embora se reconheça inexistir um Poder Legislativo internacional, há normas internacionais, destacando-se os Tratados.
- Quanto à normatização do Direito Internacional Público, ela ocorre de forma horizontal, ou seja, os próprios países se autonormatizam.
- Os países são responsáveis pela criação e aplicação de normas de igualdade entre todas as nações, devendo desconsiderar-se o poder econômico e a extensão territorial, assim como qualquer outro elemento capaz de diferenciá-lo dos demais.
- Não há poder acima dos países normatizando-os.
- Embora não haja um Poder Judiciário internacional de aplicação absoluta, existem os Tribunais Internacionais, criados pelos países.

- Ademais, não existe um poder acima dos Estados obrigando-os ao cumprimento dos compromissos internacionais, mas a Comunidade Internacional poderá articular-se para pressionar o Estado descumpridor a atender suas obrigações internacionais.

FIQUE LIGADO! Existem normas internacionais, mas não se tem o Poder Legislativo editando nem o poder acima dos países editando as normas que eles têm de cumprir.

> De acordo com o que foi cobrado em 2010, no âmbito do direito internacional, a soberania, importante característica do palco internacional, significa a possibilidade de igualdade entre os países, independentemente de sua dimensão ou importância econômica mundial.

2. SUJEITOS DE DIREITO INTERNACIONAL PÚBLICO

2.1 CONCEITO

Os sujeitos de Direito Internacional Público são pessoas jurídicas de direito público externo criadas como associações entre Estados, cuja finalidade, necessariamente, é reconhecida internacionalmente, criada por Tratado e podendo firmá-los em nome próprio, independentemente em relação aos seus membros que são os Estados.

Principais órgãos das organizações internacionais

- Assembleia Geral.
- Secretaria.
- Conselhos.

DE OLHO NA DICA: SAC – Secretaria, Assembleia Geral, Conselhos.

Estrutura das organizações internacionais

- Secretário-geral.
- Altos funcionários.
- Demais funcionários.

2.2 SUJEITO DE DIREITO INTERNACIONAL/PESSOA JURÍDICA DE DIREITO INTERNACIONAL

É uma entidade com capacidade para possuir direitos e deveres internacionais e com capacidade para defender seus direitos através de reclamações internacionais.

2.3 DIREITO DAS GENTES

É a capacidade de reclamar a respeito de violações ao direito internacional perante cortes internacionais, capacidade para celebrar tratados válidos no plano internacional e, ainda, gozar de privilégios e imunidades concedidos por jurisdições nacionais.

FIQUE LIGADO! Diz à doutrina que os Estados e as Organizações Internacionais são sujeitos.

2.4 ESTADOS

Os Estados são pessoas jurídicas de direito público externo, composto dos elementos objetivos e subjetivos.

ESTADOS	
ELEMENTOS OBJETIVOS	ELEMENTOS SUBJETIVOS
Dizem respeito aos elementos necessários para existir: território, governo, soberania e população (TG/SP).	Reconhecimento pelos demais sujeitos de direito internacional público de sua existência.

DE OLHO NA DICA: para memorizar os elementos objetivos caracterizadores dos Estados, grave a sigla: TG/SP = Território, Governo, Soberania e População.

3. CLASSIFICAÇÃO DAS ORGANIZAÇÕES INTERNACIONAIS

Políticas

Possuem ampla finalidade.

Técnicas

São aquelas especializadas, com a finalidade restrita. Ex.: ONU, OMC, FMI, OMS, BIRD.

Exceções de sujeitos de direito internacional público

Embora sejam sujeitos, não se classificam nem como Estado e nem como Organização. Ex.: Santa Sé e Cruz Vermelha Internacional.

Outros sujeitos admitidos por parte da doutrina

Pessoas físicas, empresas transnacionais, organizações não governamentais. (Há quem entenda que os mencionados exemplos são representados pelo Estado em que estiver escolhido, mas há casos extremos em que eles têm de, por conta própria, representar-se.)

Fontes do Direito Internacional Público

Considera-se como elementos utilizados pelos julgadores de Tribunais Internacionais para tomar suas decisões, para decidir. Exemplo: os adotados pela Corte Internacional de Justiça.

3.1 FONTES

a) **Tratados ou Normas Internacionais:** principais fontes, consignadas como normas internacionais. Elaboradas pelos sujeitos de direito internacional público.
b) **Costumes Internacionais:** práticas reiteradas e uniformes mantidas pelo sujeito de direito internacional público, considerada norma não escritas.
c) **Preceitos Internacionais:** adotadas pelos Estados como basilares para suas relações internacionais, como os bons costumes, respeitando a soberania, a autodeterminação dos povos etc.
d) **Doutrina:** estudos sobre o direito internacional público em livros, artigos, ou qualquer forma de conhecimento do direito.
e) **Jurisprudência:** julgados dos Tribunais Internacionais para se aplicar em casos semelhantes.
f) **Equidade:** julgamento por meio da formação do julgador e de acordo com suas convicções acerca do que é justo. Acerca do que é o direito em razão da falta de outras fontes.

4. TRATADOS

4.1 CONCEITO

São normas internacionais elaboradas pelos sujeitos de direito internacional público, seguindo os ditames da Convenção de Viena sobre o Direito dos Tratados, que são firmados para regulamentar suas relações. Trata-se de um instrumento formal.

4.2 CARACTERÍSTICAS

Denominação (nome no tratado).

Consideranda, que é a parte que traz as razões que levaram as partes a firmarem o tratado.

Preâmbulo, que é a qualificação das partes.

Articulado, que é a parte normativa.

Fecho, que é a data, idioma em que foi firmado e assinatura das partes.

Selo, que é a autenticação fornecida pelos pactuantes, mostrando a originalidade dos tratados.

ATENÇÃO! Os tratados podem receber outros nomes.

Convenção: tratados com grande número de pactuantes, que geram normas mesmo para os não pactuantes.

Carta: tratado que cria organizações internacionais.

Concordata: tratado com a Santa Sé.

Protocolo: tratado que cria especificações para outro tratado, funcionando como acessório.

> Em 2007, a OAB considerou que, em relação aos Tratados, acordos e convenções no âmbito do direito internacional, o Brasil submete-se à jurisdição de tribunal penal internacional a cuja criação tenha manifestado adesão.

4.3 FIRMAMENTO DOS TRATADOS

Tratados firmados por Estados, países que podem firmar.

Tratados firmados por Organizações Internacionais.

Tratados firmados por Estados poderão ser assinados pelo Chefe de Estado (na ausência pelo Ministro das Relações Exteriores) e pelo Mandatário (espécie de procurador com carta de plenos poderes).

4.4 EFEITOS DOS TRATADOS

Função Contratual: é um compromisso entre os pactuantes.

Efeito Normativo: serve para resolver conflitos.

RATIFICAÇÃO = Confirmação sobre a vigência e validade dos tratados.

4.5 INCORPORAÇÃO DOS TRATADOS INTERNACIONAIS DE PROTEÇÃO DOS DIREITOS HUMANOS AO DIREITO BRASILEIRO

Para que o tratado internacional incorpore-se no Direito brasileiro, deve seguir-se um procedimento complexo, a partir do cumprimento da: **negociação, assinatura, aprovação parlamentar e aprovação do texto.**

Nota-se que a incorporação dos tratados internacionais sobre Direitos Humanos ganhou inovação com a EC n. 45/2004, que acrescentou o § 3º ao art. 5º da CF, sendo, na prática, uma cópia do § 2º do art. 60 da mesma Constituição Federal.

ATENÇÃO! Antes da EC n. 45/2004, os tratados internacionais, independentemente de serem de Direitos Humanos, quando incorporados ao ordenamento jurídico brasileiro recebiam o mesmo tratamento ofertado às normas infraconstitucionais, mesmo havendo uma incoerência enorme, já que existiam dois dispostos constitucionais que assegurariam a eficácia constitucional:

> Art. 4º, II – "Art. 4º A República Federativa do Brasil rege-se nas suas relações internacionais pelos seguintes princípios: II – prevalência dos direitos humanos"; e art. 5º, § 2º, da CF/88: "Os direitos e garantias expressos nesta Constituição não excluem outros decorrentes do regime e dos princípios por ela adotados, ou dos tratados internacionais em que a República Federativa do Brasil seja parte".

Compete à União "manter relações com Estados estrangeiros e participar de organizações internacionais", conforme art. 21, I, CF/88.

Cabe ao **Presidente da República a competência privativa** para negociar, já que é o agente das negociações internacionais. Todavia, admite-se a delegação de tal função mediante carta de plenos poderes, em que se manterão as relações com o Estado estrangeiro, celebrando tratados, convenções e atos internacionais que precisam do referendo do Congresso Nacional, conforme exposto no art. 84, VII e VIII, da CF/88.

Posteriormente, segue-se o momento da assinatura ou autenticação por esta autoridade competente.

ATENÇÃO! A exigibilidade dos tratados depende de atos posteriores.

Deve haver, também, a colaboração entre os Poderes Executivo e Legislativo, que se apresenta de forma indispensável para a conclusão de um tratado no ordenamento jurídico brasileiro, tendo em vista que, muito embora a competência seja do Presidente da República, é papel do Congresso Nacional, por meio de decreto legislativo, autorizar a ratificação, que é o aceite definitivo do ato internacional.

Conforme o art. 49, I, da CF/88: "É da competência exclusiva do Congresso Nacional resolver definitivamente sobre tratados, acordos ou atos internacionais que acarretem encargos ou compromissos gravosos ao patrimônio nacional".

RESUMINDO:

1. Projeto é encaminhado à comissão temática pertinente da Câmara dos Deputados.
2. Caso seja aprovado, o projeto será votado em plenário.
3. Para adquirir *status* de paridade com as normas constitucionais, o projeto deverá receber três quintos (60%) de votos favoráveis:
   3.1 Caso seja aprovado em primeira votação, por maioria simples (metade dos votos mais um), ficará dispensado o segundo turno na Câmara dos Deputados.
   3.2 Mas, caso seja aprovado por três quintos dos votos, será votado em segundo turno.

4. Posteriormente, o projeto segue para o Senado Federal:
    4.1 Caso seja aprovado por maioria simples na Câmara dos Deputados, precisará apenas de maioria simples dos senadores para aprovação. Fala-se que não terá equivalência às normas constitucionais.
    4.2 Mas, se for aprovado por três quintos dos votos na Câmara dos Deputados, será votado em dois turnos, tendo que alcançar os mesmos três quintos.
5. Posteriormente, projeto é promulgado pelo presidente do Congresso Nacional (art. 57, § 5º, da Constituição) por meio de decreto legislativo.
6. Finalmente, o presidente da República editará o decreto presidencial promulgatório.

> Em 2009, o Exame da OAB entendeu que os tratados são, por excelência, normas de direito internacional público. No modelo jurídico brasileiro, como nas demais democracias modernas, tratados passam a integrar o direito interno estatal, após a verificação de seu *iter* de incorporação. A respeito dessa temática, de acordo com o ordenamento jurídico brasileiro, aprovados por decreto legislativo no Congresso Nacional, os tratados podem ser promulgados pelo presidente da República.

4.6 EXTINÇÃO DOS TRATADOS

Denúncia em tratado bilateral: se uma parte denunciou o tratado, a outra parte não tem como cumprir sozinho.

Distrato: tratado criado para colocar fim ao outro tratado.

Tratado por prazo determinado: extingue-se ante o lapso temporal nele previsto.

Perda do objeto: a finalidade do tratado se perdeu.

> Em 2010, o Exame da OAB compreendeu que os tratados internacionais sobre direitos humanos firmados pela República Federativa do Brasil serão equivalentes às emendas constitucionais, se forem aprovados, em cada Casa do Congresso Nacional, em dois turnos, por três quintos dos votos dos respectivos membros.

5. DA ORGANIZAÇÃO DAS NAÇÕES UNIDAS – ONU

A ONU diz respeito à organização intergovernamental cuja finalidade é a promoção da cooperação internacional.

Sucede a Liga das Nações, sendo estabelecida em 24 de outubro de 1945, após o término da Segunda Guerra Mundial, visando impedir novos conflitos como aquele ocorrido. Sua sede encontra-se localizada em Manhattan, Nova York, possuindo extraterritorialidade (vários escritórios em diversos países, incluindo o Brasil).

O financiamento da ONU ocorre a partir das contribuições avaliadas e voluntárias decorrentes dos países-membros.

Dentre os objetivos, destacam-se a segurança e a paz mundial, promoção dos direitos humanos, auxílio no desenvolvimento econômico e progresso social, proteção ao meio ambiente e ajuda humanitária em razão de fome, desastres naturais e conflitos armados.

ATENÇÃO! No Direito Internacional, a extraterritorialidade, de forma simplificada, é o estado de ser isento da jurisdição da lei local, dadas as negociações diplomáticas. Geralmente, aplicam-se em lugares físicos, como embaixadas estrangeiras, bases militares de países estrangeiros ou nos escritórios da ONU. Assim, o prédio ou terreno de um país estrangeiro é considerado como uma extensão do próprio país.

Exemplos comuns de extraterritorialidade: pessoas e bens de Estados e entidades soberanas estrangeiras, embaixadores e agentes diplomáticos, navios oficiais em águas estrangeiras.

Estrutura da ONU

Figura 1 – Estrutura da ONU

Fonte: Autor, 2017.

FIQUE LIGADO! Embora a ONU possua órgão com participação de todos os Estados, mas que tenha restrita intervenção de um só país ou pequeno grupo de países, tal como ocorre com a Assembleia Geral, ela possui outros órgãos compostos pelos Estados considerados mais poderosos e que se sagraram vencedores na Segunda Guerra Mundial, possuindo cargo permanente e poder de veto em decisões tomadas pela Assembleia, desde que diga respeito a questões de segurança.

• **Assembleia Geral**

Todos os países-membros da ONU fazem parte da Assembleia Geral, podendo designar até **cinco representantes** (art. 9º, Carta da ONU), embora ambos os representantes sejam **apenas um voto** e não cinco.

As reuniões desse órgão ocorrem uma vez ao ano, podendo realizar-se convocações extraordinárias (art. 20, Carta da ONU). Trata-se de um órgão temporário e não permanente.

Requisitos para ingresso na ONU: ser amante da paz; aceitar formalmente as obrigações decorrentes da Carta; estar capacitado para cumprir tais obrigações; demonstrar estar disposto a fazê-lo.

Quórum de votação: 2/3 dos membros presentes e votantes para questões importantes, sendo que os demais assuntos são decididos pela maioria dos presentes e votantes.

Questões importantes: referente recomendações relativas à paz e à segurança, eleição de membros (para compor Conselhos, admissão, suspensão e expulsão), funcionamento de tutela e ao orçamento (art. 18, Carta da ONU).

Competência: É ampla, pois podem deliberar e fazer **recomendações sobre "quaisquer questões ou assuntos que estiverem dentro das finalidades da presente Carta** ou que se relacionarem com as **atribuições e funções de qualquer dos órgãos nela previstos**", ressaltando a possibilidade de fazer tais recomendações quando o Conselho de Segurança estiver apreciando a mesma matéria (art. 10, CC; art. 12, Carta da ONU). Estas recomendações podem ser dirigidas aos membros da ONU, a eventuais Estados interessados e ao Conselho de Segurança (art. 11, Carta da ONU) (GARCIA; DE LAZARI, 2014, p. 533).

A Assembleia Geral tem competência também, para o exame de relatórios do Conselho de Segurança e demais órgãos das Nações Unidas (art. 15, Carta da ONU).

OBSERVAÇÃO: as recomendações podem constar de medidas que a Assembleia Geral entenda necessária para solucionar pacificamente qualquer situação no âmbito de sua competência (arts. 13 e 14, Carta da ONU).

Atribuições **EXCLUSIVAS** da Assembleia Geral:

- Eleger membros não permanentes do Conselho de Segurança.
- Eleger membros dos Conselhos de Tutela e Econômico e Social.
- Votar o orçamento da ONU.
- Aprovar acordos de tutela.
- Autorizar os organismos especializados a solicitarem pareceres à CIJ[1].
- Coordenar as atividades desses organismos.

Resoluções: manifestações de vontade da Assembleia Geral. Estes documentos se contrapõem com as decisões emanadas do Conselho de Segurança, que são impositivas, devendo

1 Corte Internacional de Justiça (CIJ).

todos os Estados-Membros acatá-las, sob o risco de sofrer sanção por parte da ONU, no caso de descumprimento. As resoluções são unicamente recomendações feitas aos Estados-Membros ou ao Conselho de Segurança, ausente de qualquer elemento de constrangimento.

Comissões: auxiliam a Assembleia Geral na **organização de sua reunião anual**. São sete: política, política especial (*ad hoc*) econômica, social, tutelar, administrativa, financeira e a comissão jurídica.

- **Conselho de Segurança**

Composição: quinze membros das Nações Unidas, **sendo cinco permanentes** (China, França, Rússia, Reino Unido e Estados Unidos) e **dez não permanentes, eleitos pela Assembleia Geral** para um mandato de dois anos, cada qual contando com um representante que terá direito a um voto (art. 23, Carta da ONU).

Quórum para votação: questões processuais menos importantes são tomadas pelo **voto afirmativo de nove membros**. Demais questões é necessário que de nove votos, **cinco sejam dos membros permanentes**, de modo que, se um membro permanente votar contra, impede que a decisão seja tomada pelo Conselho de Segurança (instituto do veto). Por isso, se algum membro for parte da controvérsia, deverá se abster de votar (art. 27, Carta da ONU).

Reuniões: Realizadas periodicamente, funcionando de forma contínua, razão pela qual é tratado como órgão permanente da ONU (art. 28, Carta da ONU).

A Composição do Conselho de Segurança pode ser representada pela imagem a seguir:

Figura 2- Conselho de Segurança da ONU

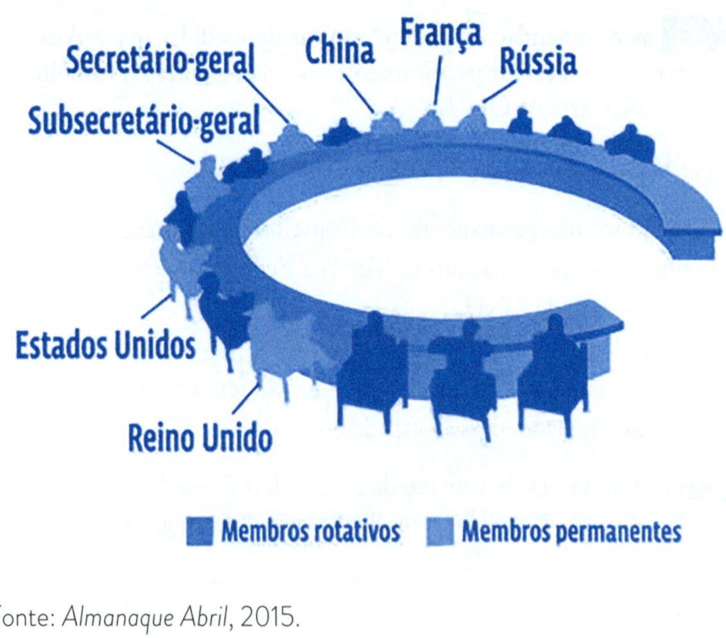

Fonte: *Almanaque Abril*, 2015.

Atuação: o Conselho de Segurança **atua em nome dos demais membros da ONU**, visando à manutenção da paz e da segurança mundial, apresentando relatórios anuais à Assembleia Geral (art. 24, Carta da ONU), justificando a sua ampla competência, em especial aos assuntos relacionados às guerras, conflitos armados e desarmamento.

O Conselho de Segurança **poderá:**

- Convidar partes para resolver as controvérsias, pacificamente (art. 33, Carta da ONU).
- Investigar sobre qualquer controvérsia ou situação suscetível de provocar atritos entre as nações ou dar origem a uma controvérsia (art. 34, Carta da ONU).
- Fazer recomendações às partes buscando uma solução pacífica (art. 38, Carta da ONU).
- Determinar a existência de qualquer ameaça à paz, ruptura da paz ou ato de agressão, recomendando medidas definitivas ou provisórias (art. 39, CC; art. 40, Carta da ONU).
- Decidir sobre o emprego de força (arts. 43 e 44, Carta da ONU).

Atribuições **exclusivas** do Conselho de Segurança:

- Ação no caso de ameaça à paz.
- Aprovar e controlar a tutela estratégica.
- Execução forçada das decisões da CIJ.

- **Conselho Econômico e Social**

Composição: composto por 54 membros, com representantes eleitos pela Assembleia Geral, sendo substituídos anualmente em parte, visto que também anualmente ocorrem eleições para parcela das vagas com mandato de 3 anos (art. 61, Carta da ONU). **Cada representante tem direito a um voto e as decisões são tomadas pela maioria dos membros presentes e votantes** (art. 67, Carta da ONU).

Funções: elaboração de estudos e relatórios sobre assuntos internacionais de caráter econômico, social, cultural, educacional, sanitários e conexos, em especial no que se refere ao respeito e à observância dos direitos humanos e das liberdades fundamentais, recomendando e efetuando consultas à Assembleia Geral e entidades especializadas, bem como preparando projetos de convenções e convocando conferências (arts. 62 e 63, Carta da ONU).

O Conselho Econômico e Social ainda fornece informações ao Conselho de Segurança quando requisitadas (art. 65, Carta da ONU), além de cumprir as determinações da Assembleia Geral (art. 66, Carta da ONU).

Ele é responsável pela criação de comissões visando proteger os Direitos Humanos e demais assuntos econômicos e sociais.

OBSERVAÇÃO: os interlocutores da ECOSOC compõe um complexo sistema de relações, dada a sua ampla competência que leva à criação de inúmeros órgãos subsidiários.

Doravante, este Conselho não possui instrumentos materiais e/ou jurídicos para impor as suas decisões, podendo apenas sugerir políticas e obrigações não coativas.

Figura 3 – Conselho Econômico e Social

Fonte: Autor, 2016.

- **Conselho de Tutela**

Trata-se de uma vinculação ao Sistema Internacional de Tutela, em que os territórios **podem ser colocados em tutela**, segundo o art. 77 da Carta da ONU, quando:

- Estiverem sob mandato.
- Puderem ser separados de Estados inimigos em virtude da Segunda Guerra Mundial.
- Forem voluntariamente colocados em tal posição por seus administradores.

Finalidade da tutela: fazer com que o território passe a respeitar e adotar os ditames das Nações Unidas.

Composição: composto por membros administradores dos territórios tutelados, além de membros permanentes do Conselho de Segurança quando eles não forem administrados, e membros eleitos de modo que a cada administrador corresponda a um membro eleito não administrador (art. 86, Carta da ONU), cada qual com um voto (art. 89, Carta da ONU).

ATENÇÃO! As situações de tutela foram extintas em 1º de novembro de 1994, sendo que as atividades foram suspensas e as reuniões que, antes eram anuais, somente ocorrerão quando novas situações exigirem. Assim, atualmente, o Conselho de Tutela só é composto pelos cinco membros do Conselho de Segurança, não estando em funcionamento.

- **Corte Internacional de Justiça (CIJ)**

Principal órgão judiciário das Nações Unidas, que se dispõe de uma jurisdição eminentemente facultativa, absolutamente distinta dos órgãos judiciais internos dos Estados. O seu estatuto é parte integrante da Carta das Nações Unidas de 1945, a qual disciplina de maneira geral esse órgão, conforme capítulo XIV.

Muito embora seja o principal órgão jurisdicional da ONU, **nada impede que os membros da organização confiem a solução de seus conflitos a outros tribunais internacionais** (art. 95, Carta da ONU).

A sede da Corte Internacional de Justiça é em Haia, na Holanda; todavia, a CIJ autoriza que seus julgamentos ocorram em outras localidades (art. 22, Estatuto CIJ).

Trata-se de um órgão permanente, que deixa de funcionar apenas nas férias judiciárias (art. 23, Estatuto CIJ).

O funcionamento ocorre em sessão plenária, onde o seu pleno tomará as decisões, sendo que o quórum de 9 juízes se mostra suficiente para que a sessão seja instaurada (art. 25, Estatuto CIJ). Câmaras poderão ser formadas visando decidir questões cujo caráter seja especial (art. 26, Estatuto CIJ).

Somente os Estados poderão ser partes em questões perante a Corte (art. 34, Estatuto CIJ), cujas partes serão representadas por agentes, que terão assistência de consultores ou advogados, que gozarão de privilégios e imunidades necessárias ao livre exercício de suas atribuições perante a Corte (art. 41, Estatuto CIJ).

A Corte Internacional de Justiça adota como **idiomas oficiais as línguas francesa e inglesa** (art. 39, Estatuto CIJ).

Composição: composta por 15 juízes independentes, dentre pessoas com **alta consideração moral e condições para, no país de que é nacional, exercer as mais elevadas funções judiciárias** (arts. 2º e 3º, Estatuto CIJ).

Membros são escolhidos pela Assembleia Geral e pelo Conselho de Segurança a partir de uma lista apresentada pelos grupos nacionais da Corte Permanente de Arbitragem ou grupos indicados para este fim pelos Estados-membros não representados (art. 4º, Estatuto CIJ).

Nota-se que **nenhum grupo poderá indicar mais de quatro pessoas e nunca mais que o dobro de número de vagas a serem preenchidas.** Destas, duas vagas, no máximo, poderão ser de sua nacionalidade (art. 5º, Estatuto CIJ). A lista geral será elaborada pelo secretário-geral e enviada à Assembleia Geral e ao Conselho de Segurança, que votarão de forma independente, cujo quórum será a maioria absoluta (arts. 7º, 8º e 10, Estatuto CIJ).

Os membros da Corte serão eleitos por nove anos e **poderão ser reeleitos**; dos juízes eleitos na primeira eleição, cinco terminarão suas funções no fim de um período de três anos e outros cinco no fim de um período de seis anos. Os juízes, cujas funções deverão terminar no fim dos referidos períodos iniciais de três e seis anos, serão escolhidos por sorteio, que será efetuado pelo secretário-geral imediatamente depois de terminada a primeira eleição.

Os membros da Corte continuarão no desempenho de suas funções até que suas vagas tenham sido preenchidas. Ainda depois de substituídos, deverão terminar qualquer questão cujo estudo tenham começado. No caso de renúncia de um membro da Corte, o pedido de demissão deverá ser dirigido ao Presidente da Corte, que o transmitirá ao secretário-geral. Esta última notificação significará a abertura de vaga (art. 13, Estatuto CIJ).

Nenhum membro da Corte poderá exercer qualquer função política ou administrativa ou dedicar-se a outra ocupação de natureza profissional, podendo servir como agente, consultor ou advogado em qualquer questão na qual anteriormente tenha intervindo como agente consultor ou advogado de uma das partes, como membro de um tribunal nacional ou internacional ou de uma comissão de inquérito ou em qualquer outro caráter (arts. 16 e 17, Estatuto CIJ).

Os membros da Corte, quando no exercício de suas funções, gozarão dos privilégios e imunidades diplomáticas (art. 19, Estatuto CIJ).

Se, por qualquer razão especial, o membro da Corte considerar que não deve tomar parte no julgamento de uma determinada questão, deverá informar o presidente sobre isso. Se o presidente considerar que, por uma razão especial, um dos membros da Corte não deve se posicionar em uma determinada questão, deverá informá-lo disso. Se, em qualquer desses casos, o membro da Corte e o presidente não estiverem de acordo, o assunto será resolvido por decisão da Corte (art. 24, Estatuto CIJ).

Nota-se não ocorrer comprometimento da imparcialidade do juiz o fato de ele ser nacional de um Estado-parte. Mas a sua permanência do nacional no julgamento garantirá à outra parte a nomeação de um **juiz *ad hoc***, que, de forma preferencial, figure na lista de candidatos a uma vaga na Corte. Mas, se nenhum dos Estados-partes tiver nacional enquanto juiz da Corte, ambos poderão nomear um juiz *ad hoc*. Com a formação de Câmara especial, composto por, no máximo, cinco membros, caso haja necessidade do presidente, solicitará que um membro que seja juiz da Corte dê lugar ao juiz nacional. Se as partes forem pluralmente interessadas na mesma questão, ambas serão consideradas uma só parte, nomeando-se apenas um juiz *ad hoc* (art. 31, Estatuto CIJ).

Competência: a competência da Corte abrange todas as questões que as partes lhe submetam, bem como todos os assuntos especialmente previstos na Carta das Nações Unidas ou em tratados e convenções em vigor. Acerca da abrangência dessa competência, inserem-se todas as controvérsias de ordem jurídica que tenham por objeto:

a) a interpretação de um tratado;
b) qualquer ponto de direito internacional;
c) a existência de qualquer fato que, se verificado, constituiria violação de um compromisso internacional;
d) a natureza ou extensão da reparação devida pela ruptura de um compromisso internacional.

Em razão de a competência ser absolutamente abrangente, pode ou não envolver questões de Direitos Humanos. Não se trata do tribunal internacional que julga exclusivamente questões de Direitos Humanos.

Os Estados-partes que aceitam a jurisdição da Corte podem fazê-lo de forma limitada ou ilimitada. Essas limitações envolverão um prazo determinado ou uma condição de reciprocidade entre um ou vários Estados (art. 36, Estatuto CIJ).

São reservas comuns que os Estados-membros fazem à jurisdição da Corte: reciprocidade, prazo determinado, em relação a apenas alguns Estados ou excluindo só alguns Estados, somente quanto à jurisdição doméstica, aplicação a litígios futuros. Admitem-se tais reservas ante o fato de o Estado ser livre para reconhecer as cláusulas como obrigatória ou não, limitando a sua aceitação, sendo mais interessante para a justiça internacional aceitar a cláusula facultativa com reservas do que não haver qualquer aceitação.

A Corte, cuja função é decidir de acordo com o direito internacional as controvérsias que lhe forem submetidas, aplicará: as convenções internacionais, quer gerais, quer especiais, que estabeleçam regras expressamente reconhecidas pelos Estados litigantes; o costume internacional, como prova de uma prática geral aceita como sendo o direito; os princípios gerais de direito, reconhecidos pelas nações civilizadas; sob ressalva da disposição do art. 59, as decisões judiciárias e a doutrina dos juristas mais qualificados das diferentes nações, como meio auxiliar para a determinação das regras de direito (art. 38, Estatuto CIJ).

Processo: o processo constará de **duas fases: uma escrita e outra oral.** O processo escrito compreenderá a comunicação à Corte e às partes de memórias, contramemórias e, se necessário, réplicas, assim como quaisquer peças e documentos em apoio das mesmas. Ele consistirá na audiência, pela Corte, de testemunhas, peritos, agentes, consultores e advogados (art. 43, Estatuto CIJ).

Os debates serão dirigidos pelo presidente, ou, no impedimento deste, pelo vice-presidente; se ambos estiverem impossibilitados de presidir, o mais antigo dos juízes presentes ocupará a presidência (art. 45, Estatuto CIJ).

A Corte proferirá decisões referentes ao andamento do processo, da forma e do tempo, bem como requererá documentos e informações; ordenará inquéritos ou perícias; e também decidirá se receberá provas e depoimentos fora do prazo (arts. 48 a 52, Estatuto CIJ).

No Estatuto da CIJ, art. 53, **há a previsão da revelia**, ao descrever que, se uma das partes deixar de comparecer perante a Corte ou de apresentar a sua defesa, a outra parte poderá solicitar à Corte que decida a favor de sua pretensão.

Após os debates, a Corte decidirá a controvérsia, para que se tenha uma decisão. A decisão da Corte só será obrigatória para as partes litigantes e a respeito do caso em questão (art. 59, CIJ). A **sentença é definitiva e inapelável**. Em caso de controvérsia quanto ao sentido e ao alcance da sentença, caberá à Corte interpretá-la a pedido de qualquer das partes (art. 60, CIJ).

Em relação ao **recurso, o pedido de revisão de uma sentença só poderá ser feito em razão do descobrimento de algum fato susceptível de exercer influência decisiva**, o qual, na ocasião de ser proferida a sentença, era desconhecido da Corte e também da parte que solicita a revisão, contanto que tal desconhecimento não tenha sido devido à negligência (art. 61, CIJ).

Para casos de descumprimento da sentença da Corte, a **parte lesada poderá requerer ao Conselho de Segurança que faça recomendações ou decida sobre medidas que deverão ser tomadas para o seu cumprimento**, caso entenda ser necessário (art. 94, Carta da ONU).

Função consultiva: no que tange à função consultiva, o pedido deverá ser escrito, com exposição do assunto e juntada de documentos. Os Estados-membros serão notificados sobre o pedido e poderão comparecer perante a Corte. Quanto ao parecer, será proferido em sessão pública. No mais, segue-se o procedimento previsto nos conflitos litigiosos (arts. 65 a 68, Estatuto CIJ).

- **Secretariado**

Desempenha função administrativa na ONU.

Composição: Secretário-geral recomendado pelo Conselho de Segurança e aprovado pela Assembleia Geral e por um grupo de pessoas que o assiste por ele nomeado (art. 97 c/c art. 101, Carta da ONU).

Secretário-geral: deve comparecer em todas as reuniões dos principais órgãos, além de elaborar relatório anual à Assembleia (art. 98, Carta da ONU), havendo sempre preocupação com a Carta da ONU quanto a sua imparcialidade (art. 100, Carta da ONU).

O Secretário-geral exerce grande influência dentro da organização, junto aos Estados-Membros e perante o mundo exterior.

> Em 2011, no Exame da OAB, a FGV considerou que a Conferência de Bretton Woods (1944), realizada no ocaso da Segunda Guerra Mundial, é considerada um marco na história do Direito Internacional no século XX, porque estabeleceu as bases do sistema econômico e financeiro internacional, por meio da criação do Banco Mundial – BIRD, do Fundo Monetário Internacional – FMI e do Acordo Geral de Tarifas Aduaneiras e Comércio – GATT.

6. SISTEMA INTERNACIONAL DE PROTEÇÃO DOS DIREITOS HUMANOS

Considerações relevantes acerca dos direitos humanos e a proteção internacional: O Direito Internacional dos Direitos Humanos concede a titularidade de direitos decorrentes do ordenamento jurídico internacional, de modo que gere obrigações positivas para o Estado. Com isso, o reconhecimento dos direitos dos indivíduos diante do Estado, bem como a criação de mecanismos internacionais de supervisão, são inovações em relação ao Direito internacional clássico.

Intenção: crescente efetividade dos Direitos Humanos no mundo, independente dos instrumentos utilizados para que se atinja tal pretensão. Característica de complementaridade, que se relaciona com a necessidade de coexistência de um sistema regional de proteção internacional de Direitos Humanos diante do sistema global.

ATENÇÃO! Embora o sistema de proteção dos Direitos Humanos seja global, é necessária a criação de sistemas regionais, sem os quais não é possível levar em consideração as características culturais das diversas localidades na questão dos Direitos Humanos. Com isso, nas regiões do globo com sistemas regionais mais fortalecidos, diminui-se a necessidade de se recorrer ao sistema global, ao passo que aqueles que possuem sistemas falhos ou embrionários demandam maior esforço da ONU. Assim, os sistemas regionais descentralizam a ONU e consideram os diferentes elementos culturais, religiosos e sociais das mais diversas regiões, tornando pleno o sistema internacional.

Classificação das Organizações Internacionais

- **Associação voluntária de sujeitos de Direito Internacional:** embora a expressão "sujeito de Direito Internacional" abranja exclusivamente Estados, quando os Estados ingressam em uma organização internacional, adquirem o *status* de membro, sendo que este ingresso deva ocorrer de forma voluntária.
- **Ato institutivo de natureza internacional:** as organizações INTERNACIONAIS são criadas via tratados e convenções, aceitando-se o ingresso de novos Estados, mesmo após instituídas.
- **Personalidade internacional:** em razão da personalidade internacional, as organizações internacional são entes de aspecto estável.
- **Ordenamento jurídico interno:** as organizações internacionais são dotadas de estatuto interno regulamentando as relações entre os seus órgãos.
- **Exercício de poderes próprios:** os poderes das organizações internacionais são fixados no tratado que as cria, atendendo às finalidades comuns de seus membros. Elas criam normas internacionais, via deliberações, que poderão ter valor obrigatório.
- **Existência de órgãos próprios:** embora a estrutura seja variável, geralmente se encontra um Conselho, que será o órgão executivo onde estão representados alguns Estados, uma Assembleia com representação de todos os membros e um Secretariado, que exerce a parte administrativa das funções.

Mecanismos de monitoramento e proteção internacional dos Direitos Humanos

- **Sistema de petições:** decorre de **reclamações individuais ou dos Estados**, onde a admissibilidade consigna-se nos respectivos instrumentos de Direitos Humanos que as preveem. Havendo diversas convenções que tratam do mesmo problema internacional, aplicará a convenção mais abrangente referente à temática em discussão, em que cabe ao reclamante escolher qual procedimento, dentre os previstos nos instrumentos coexistentes, que considere mais favorável a seu caso, tendo em vista que arcará com a solução dada.
- **Sistema de relatórios:** método **de controle dos Direitos Humanos exercidos de ofício pelos órgãos de supervisão internacional instituído a partir dos tratados**, ou pelos Estados-partes. Alguns tratados preveem que os Estados-partes

devem enviar relatórios periódicos aos órgãos de supervisão, visando informarem sobre o cumprimento dos pactos. Estes órgãos de supervisão, após recebidos os relatórios, poderão tomar as medidas necessárias, se se constatar violação aos Direitos Humanos.

- **Procedimento de investigação:** pode ser permanente ou designado, sendo que os **primeiros são institucionalizados e com previsão nos tratados para situações específicas, bem como os últimos decorrem indiretamente do sistema de relatórios e de petições.**

Em razão dos eventos da Segunda Guerra Mundial, consideráveis fatores contribuíram para que se fortalecesse o processo de internacionalização dos direitos humanos, destacando a relevante expansão de organizações internacionais com propósitos de cooperação internacional. Esta denominada "nova ordem pós-Segunda Guerra Mundial" é simbolizada pela Carta das Nações Unidas, assinada em São Francisco, em 1945 (e ratificada no mesmo ano pelo Brasil), e pelas suas organizações.

ATENÇÃO! A criação da Nações Unidas e de suas agências especializadas inicia a nova ordem internacional que instaura um novo modelo de conduta nas relações internacionais, visando à manutenção da paz, segurança internacional, desenvolvimento de relações amistosas entre os Estados, alcance da cooperação internacional no plano econômico, social e cultural, alcance de um padrão internacional de saúde, proteção ao meio ambiente, criação de uma nova ordem econômica internacional e proteção internacional dos direitos humanos.

- Carta das Nações Unidas em 1945

Trata-se da **consolidação do movimento de internacionalização dos Direitos Humanos**, a partir do consenso de Estados que elevam a promoção desses direitos a propósito e finalidade das Nações Unidas.

A defesa, a promoção e o respeito aos direitos humanos podem ser constatados nos arts. 1º (3), 13 (*b*), 55 (*c*), 56, 62 (2 e 3), da Carta das Nações Unidas:

> *Art. 1º – Os propósitos das Nações Unidas são:*
>
> *(3) – Conseguir uma cooperação internacional para resolver os problemas internacionais de caráter econômico, social, cultural ou humanitário, e para promover e estimular o respeito aos direitos humanos e às liberdades fundamentais para todos, sem distinção de raça, sexo, língua ou religião.*
>
> *Art. 13 – b) promover a cooperação internacional nos terrenos econômico, social, cultural, educacional e sanitário, e favorecer o pleno gozo dos direitos humanos e das liberdades fundamentais, por parte de todos os povos, sem distinção de raça, língua ou religião.*
>
> *Art. 55 – Com o fim de criar condições de estabilidade e bem-estar necessárias às relações pacíficas e amistosas entre as Nações, baseadas no respeito ao princípio da igualdade de direitos e da autodeterminação dos povos, as Nações Unidas favorecerão: c) o respeito*

> *universal e efetivo dos direitos humanos e das liberdades fundamentais para todos, sem distinção de raça, sexo, língua ou religião.*
>
> *Art. 56 – Para a realização dos propósitos enumerados no art. 55, todos os membros da Organização se comprometem a agir em cooperação com esta, em conjunto ou separadamente.*
>
> *Art. 62 – Conselho Econômico e Social*
>
> *(2) – Poderá igualmente fazer recomendações destinadas a promover o respeito e a observância dos direitos humanos e das liberdades fundamentais para todos.*
>
> *(3) – Poderá preparar projetos de convenções a serem submetidos à Assembleia Geral, sobre assuntos de sua competência.*

Pondera-se que a Carta **não define o conteúdo das expressões *direitos humanos e liberdades fundamentais***, que foram definidas apenas três anos após o advento da Carta das Nações Unidas, a Declaração Universal dos Direitos Humanos, em 1948, que veio a definir com precisão o elenco dos *Direitos Humanos e liberdades fundamentais* a que fazia menção os artigos supramencionados da Carta.

Objetivando a promoção, o encorajamento e o respeito aos direitos humanos e liberdades fundamentais de todos, a Comissão de Direitos Humanos recebeu a incumbência de elaborar uma Carta Internacional de Direitos, que se pautou na redação de uma Declaração.

A Carta da ONU visou à internacionalização dos direitos humanos, em que os Estados-partes, ao aderirem à Carta, que é um tratado multilateral, reconhecem que os Direitos Humanos são objeto de legítima preocupação internacional e não mais de sua exclusiva jurisdição doméstica.

- Comitê de Direitos Humanos

Inicialmente, havia uma comissão de Direitos Humanos, que fazia parte do Conselho Econômico e Social, composto por 53 representantes do governo, eleitos para mandato de três anos.

Referido Comitê foi instituído a partir do Pacto Internacional dos Direitos Civis e Políticos, cuja atribuição era a de analisar denúncias e relatórios encaminhados por indivíduos ou até mesmo pelos Estados-membros. Ademais, para assegurar a autoridade, foi criado posteriormente o Alto Comissariado da ONU para Direitos Humanos, e, posteriormente, o Conselho de Direitos Humanos em 3 de abril de 2006, que adquiriu *status* equiparados ao de conselho da ONU, que na prática não substituiu, mas apenas complementou a função do Comitê de Direitos Humanos.

O Conselho de Direitos Humanos, atualmente é integrado por 47 membros eleitos diretamente por voto secreto de membros da Assembleia Geral, respeitando sempre a distribuição geográfica, na seguinte proporção: 13 membros de Estados africanos, 13 membros de Estados asiáticos, 8 membros de Estados da América Latina e Caribe, 7 membros de Estados da Europa Ocidental, 6 membros de Estados do Leste Europeu.

Competências do Conselho de Direitos Humanos da ONU

- Atuar na prevenção da violação dos Direitos Humanos.
- Debater temas de Direitos Humanos.
- Inserir obrigações de Direitos Humanos.
- Promoção da educação e do ensino de Direitos Humanos.
- Dar assistência técnica referente a temas dos Direitos Humanos.
- Mapear o cumprimento dos Direitos Humanos no mundo.
- Cooperar com os Estados, entidades e sociedades civis para a tutela dos Direitos Humanos.

Declaração Universal dos Direitos do Homem

A Declaração Universal dos Direitos Humanos foi aprovada pela Resolução n. 217 da Assembleia Geral das Nações Unidas, no dia 10 de dezembro de 1948, e que votaram a favor 40 países, contra 8 que se abstiveram (África do Sul, Arábia Saudita, Bielo-Rússia, Iugoslávia, Polônia, Tchecoslováquia, Ucrânia e União Soviética), bem como nenhum país votou contra.

Caracteriza-se por sua amplitude de também tratar de valores relativos aos Direitos Humanos, direitos civis, políticos, sociais, econômicos e culturais.

Objetivo: delinear uma ordem pública mundial fundada no respeito à dignidade humana, consagrando valores básicos universais, tendo em vista que a dignidade é inerente a toda pessoa humana, titular de direitos iguais e inalienáveis. Para ser titular de referidos direitos, basta ser pessoa.

Valor jurídico da Declaração: não é um tratado nem pretende ser um instrumento legal ou que contenha obrigação legal.

Propósito: promoção do reconhecimento universal dos Direitos Humanos e das liberdades fundamentais a que faz menção a Carta da ONU.

Trata-se da interpretação autorizada da expressão "direitos humanos", constante da Carta das Nações Unidas, apresentando, por esse motivo, força jurídica vinculante.

Os Estados-membros das Nações Unidas têm a obrigação de promover o respeito e a observância universal dos direitos proclamados pela Declaração.

Estrutura Normativa Global

No passado, a doutrina discutiu acerca da força obrigatória e vinculante da Declaração Universal dos Direitos Humanos, sob a argumentação de que sozinha não teria efetividade, devendo transformá-la em um tratado internacional para assegurar poderes. Mas, em 1966, optou-se pela elaboração de dois tratados internacionais, em que o conjunto formado pela Declaração Universal dos Direitos Humanos, pelo Pacto Internacional dos Direitos Civis e Políticos e pelo Pacto Internacional dos Direitos Econômicos, Sociais e Culturais passou a compor o chamado **Sistema Global dos Direitos Humanos**.

- *PACTO INTERNACIONAL DOS DIREITOS CIVIS E POLÍTICOS (PIDCP)*

O Pacto Internacional dos Direitos Civis e Políticos **consagra os direitos civis e políticos de forma mais extensa que o da própria Declaração Universal**, em que cabe ao Estado-parte estabelecer um sistema normativo responsável em responder com eficácia às violações de direitos civis e políticos, cujas obrigações são de natureza negativa e também positiva.

O **Pacto permite limitações em relação a determinados direitos quando necessários à segurança nacional ou à ordem pública.**

Ao ratificar o Pacto, os Estados-partes obrigam-se a encaminhar relatórios sobre as medidas legislativas, administrativas e judiciárias, visando inserir os direitos enunciados pelo Pacto. O Comitê de Direitos Humanos é o principal órgão de monitoramento.

Pondera-se que, em 16 de dezembro de 1966, foi editado o Protocolo Facultativo ao PIDCP, cujo avanço foi a criação do mecanismo de petições individuais, permitindo que as vítimas de violação pudessem apresentar as suas alegações.

- *PACTO INTERNACIONAL DOS DIREITOS ECONÔMICOS, SOCIAIS E CULTURAIS*

Referido pacto **regula de forma ampla o direito ao trabalho, justa remuneração, direito de associação em sindicatos, nível de vida adequado, saúde e participação na vida cultural da comunidade.**

Tem como compromisso a fiscalização de relatórios dos Estados-membros, **analisando a implementação dos direitos ou o seu desrespeito, principalmente em um ambiente economicamente globalizado** como é o mundo de hoje.

Trata-se de uma expansão dos direitos sociais, econômicos e culturais contidos na Declaração Universal.

Enquanto o Pacto dos Direitos Civis e Políticos estabelece direitos endereçados aos indivíduos, o **Pacto dos Direitos Econômicos, Sociais e Culturais estabelece deveres endereçados ao Estado**, tendo em vista que esse direito apresenta realização progressiva, e que são direitos condicionados à atuação do Estado.

O monitoramento e a implementação dos direitos desse pacto, inclui relatórios encaminhados pelos Estados-partes, que devem consignar as medidas adotadas pelo Estado-parte no sentido de conferir observância aos direitos reconhecidos, expondo, inclusive, os fatores e as dificuldades no processo de implementação das obrigações decorrentes do Pacto.

Visa inserir a obrigação dos Estados em reconhecer e progressivamente implementar os direitos nele enunciados.

Os direitos contemplados por esta convenção podem ser classificados conforme a seguir:

a. Povos indígenas, remanescentes de quilombos e outras minorias.
b. Meio ambiente e desenvolvimento sustentável.
c. Discriminação e desigualdades.
d. Gênero.
e. Situação agrária.

f. Desenvolvimento econômico próprio.
g. Trabalho e sindicalização.
h. Previdência Social.
i. Descanso e lazer.
j. Família.
k. Saúde.
l. Alimentação.
m. Criança e adolescente.
n. Educação.
o. Cultura.
p. Moradia.

- *CONVENÇÃO INTERNACIONAL SOBRE A ELIMINAÇÃO DE TODAS AS FORMAS DE DISCRIMINAÇÃO RACIAL*

A partir da chegada de dezessete países africanos à Organização das Nações Unidas, no ano de 1960, atrelada à realização da primeira Conferência de Cúpula dos Países Não Alinhados, em Belgrado, em 1961, e também o ressurgimento de atividades nazifascista na Europa, reforçou-se a necessidade de elaboração de uma Convenção que buscasse proteger todos os povos, sejam índios, negros, brancos, orientais.

Em 21 de dezembro de 1965, foi instituída pela Assembleia Geral das Nações Unidas, passando a vigorar em 4 de janeiro de 1969, ratificada no Brasil em 27 de março de 1968 a Convenção Internacional sobre a Eliminação de Todas as Formas de Discriminação Racial trazendo em seu preâmbulo a afirmação de que "**qualquer doutrina de superioridade baseada em diferenças raciais é cientificamente falsa, moralmente condenável, socialmente injusta e perigosa, inexistindo justificativa para a discriminação racial, em teoria ou em prática, em lugar algum**".

- *CONVENÇÃO CONTRA A TORTURA E OUTROS TRATAMENTOS OU PENAS CRUÉIS, DESUMANOS OU DEGRADANTES*

Referida Convenção foi celebrada em dezembro de 1994, tendo como **objetivo preservar os indivíduos e grupos mais fracos dos danos decorrentes de deliberada inflição de dor ou sofrimentos físicos e mentais, ou castigos, intimidações ou coações de qualquer natureza, agravando-se caso cometido por agentes do Estado em situação de autoridade.**

- *CONVENÇÃO PARA A PREVENÇÃO E REPRESSÃO DO CRIME DE GENOCÍDIO*

Em razão das atrocidades cometidas pelos nazistas durante a Segunda Guerra Mundial, que ocasionou na imediata necessidade de prevenção às novas ocorrências dos referidos crimes, objetivou-se a criação de tribunais internacionais que julgassem crimes de guerra contra a humanidade, tais como o tribunal militar internacional de Nuremberg, em 1945, pela Carta de Londres. No ano seguinte foi criado o Tribunal de Tóquio.

Os resultados preliminares das investigações desses dois tribunais levaram a ONU a inserir a Convenção para a Prevenção e Repressão do Crime de Genocídio, em 9 de dezembro de 1948, que, no Brasil, foi adotada pelo Decreto n. 30.822, de 6 de maio de 1952, e atualmente incorporada na Constituição de 1988 (art. 5º, § 4º), por meio da Emenda n. 45/2004.

Reitera-se que a intenção de uma convenção nesses termos já havia sido ventilada nas conferências de paz de Haia em 1899.

Assim, definiu-se o que constituía o genocídio, conforme art. 2º: "qualquer dos seguintes **atos, cometidos com a intenção de destruir, no todo ou em parte, um grupo nacional, étnico, racial ou religioso**: assassinato de membros de grupo, dano grave à integridade física ou mental de membros do grupo, submissão intencional do grupo a condições de existência que lhe ocasionem a destruição física total ou parcial, medidas destinadas a impedir os nascimentos no seio do grupo, a transferência forçada de crianças de um grupo para outro grupo".

A sua vigência vale para tempos de paz e tempos de guerra.

Ao longo dos anos, a ONU e a comunidade internacional criaram tribunais específicos, chamados *ad hoc*, para julgar crimes cometidos em conflitos determinados. Mas, para prevenir a necessidade de tornar a criar tribunais específicos em vários momentos, a ONU decidiu investir na criação de uma corte criminal internacional permanente, que fosse encarregada de julgar crimes dessa natureza, em nível global.

• *O TRIBUNAL PENAL INTERNACIONAL (TPI)*

O Estatuto do Tribunal Penal Internacional foi elaborado em Roma, no ano de 1998, ocasião em que um total de 120 nações votou favorável (houve 21 abstenções e sete votos contrários – dentre estes os Estados Unidos).

O art. 5º do Estatuto diz que a **competência material do TPI é julgar crimes de genocídio, crimes contra a humanidade, crimes de guerra e crimes de agressão.**

O art. 7º do Estado do TPI traz os crimes: homicídio; extermínio; escravidão; deportação ou transferência forçada de uma população; prisão ou outra forma de privação da liberdade física grave; tortura; agressão sexual, escravatura sexual, prostituição forçada, gravidez forçada, esterilização forçada ou qualquer outra forma de violência no campo sexual de gravidade comparável; perseguição de um grupo ou coletividade que possa ser identificado, por motivos políticos, raciais, nacionais, étnicos, culturais, religiosos ou de gênero; desaparecimento forçado de pessoas; crime de *apartheid*.

Esse tribunal é composto por dezoito juízes, sendo que cada um é indicado para um mandato de nove anos.

• O SISTEMA REGIONAL DE PROTEÇÃO DOS DIREITOS HUMANOS

Visando oferecer um sistema mais ágil e eficaz no recebimento de denúncias, para problemas que não justificasse a inserção do sistema global de proteção dos Direitos Humanos, além de almejar denúncias, investigação, verificação e solução dos problemas mais concretos, a ONU estimulou a **criação de sistemas regionais, sendo eles três: interamericano, europeu e africano.**

Quanto ao sistema árabe, ele se apresenta de forma incipiente.

Dentre as vantagens dos sistemas regionais, que se encontram subordinados ao sistema global, é a existência de um aparato jurídico próprio, que reflete com mais autenticidade e proximidade as peculiaridades e características históricas dos países envolvidos.

- *SISTEMA EUROPEU*

Foi criado a partir da Convenção Europeia de Direitos Humanos, em 1950, tendo como amparato a Corte Europeia de Direitos Humanos (criada em 1959, na cidade de Estrasburgo, França).

Trata-se do sistema mais desenvolvido dentre os que integram o Sistema Global de Direitos Humanos.

Esta Corte Europeia de Direitos Humanos está acima dos tribunais nacionais, onde os indivíduos que afirmarem não haver recebido justiça em seus países têm a possibilidade de processá-los, podendo a Corte ordenar o pagamento de indenizações às vítimas. Na prática, muitos países ignoram estas sentenças condenatórias.

- *SISTEMA AFRICANO*

Criado em 21 de outubro de 1986, por meio da Carta de Banjul, teve por princípio a reconstrução dos sistemas políticos e a implementação dos direitos humanos vilipendiados, como liberdade de associação, liberdade de imprensa, eleições regulares, direito à vida etc. Por vez, vale ressaltar que o escopo jurídico do sistema africano não contemplava os direitos humanos, havendo a necessidade do continente em integrar-se ao Sistema Global de Proteção aos Direitos Humanos, criando o Sistema Africano de Proteção aos Direitos Humanos, conforme ocorrido na Conferência de Lagos, na Nigéria, em 1961, em que participaram representantes de 23 países africanos e de 9 países de fora do continente.

Em 1978, com um pedido oficial da Nigéria, na Assembleia Geral da ONU, de assistência para o estabelecimento de instituições regionais de direitos humanos, que a temática foi abordada. A Carta Africana de Direitos Humanos foi esboçada e começou a ser negociada. Pondera-se que a Carta Africana de Direitos Humanos tem dubiedade, porque conflita em muitos casos com legislações internas, as quais não sobrepuja.

- *SISTEMA INTERAMERICANO*

Este Sistema foi instituído por meio da Carta da Organização dos Estados Americanos – OEA, que foi aprovada na Nona Conferência Internacional Americana, em Bogotá, Colômbia, em 1948, entrando em vigor em dezembro de 1951.

Acerca da OEA, trata-se da organização regional mais antiga do mundo, concebida na Primeira Conferência Internacional Americana, realizada em Washington, Estados Unidos, entre outubro de 1889 e abril de 1890, ocasião em que foi aprovada a União Internacional das Repúblicas Americanas, efetivando-se em 1948, em Bogotá, na Colômbia, quando foi assinada a Carta da OEA.

Atualmente, a OEA tem 35 Estados-membros: Antígua e Barbuda, Argentina, Bahamas, Barbados, Belize, Bolívia, Brasil, Canadá, Chile, Colômbia, Costa Rica, Dominica, El Salvador, Equador, Estados Unidos, Grenada, Guatemala, Guiana, Haiti, Honduras, Jamaica, México, Nicarágua, Panamá, Paraguai, Peru, República Dominicana, Saint Kitts e Nevis, Santa Lúcia, São Vicente e Granadinas, Suriname, Trinidad e Tobago, Uruguai e Venezuela. Além disso, a Organização concedeu o *status* de observador permanente a 62 Estados e à União Europeia.

- *CONVENÇÃO AMERICANA DE DIREITOS HUMANOS*

Trata-se do documento mais importante do sistema interamericano que é a Convenção Americana de Direitos Humanos, que ficou conhecida como Pacto de San José da Costa Rica, assinada em 1969, na capital da Costa Rica, durante a Conferência Especializada Interamericana sobre Direitos Humanos, e levou outros nove anos para entrar em vigor.

No Brasil, esta Convenção só foi ratificada em 25 de setembro de 1992.

O Pacto de San José da Costa Rica tem 82 artigos, sendo que na primeira parte enumera os deveres dos Estados, tais como a obrigação de respeitar os direitos; considerar, para efeitos da Convenção, que pessoa é todo ser humano; dever de adotar disposições de direito interno; além de estabelecer os deveres das pessoas e indicar, como foro de discussões e arbitragem para eventuais desrespeitos aos seus mandamentos, a Comissão Interamericana de Direitos Humanos e Corte Interamericana de Direitos Humanos, localizada em San José da Costa Rica.

No que tange à formação, é composta por sete juízes, cada um representando um Estado-membro.

7. DOMÍNIO INTERNACIONAL PÚBLICO OU DOMÍNIO PÚBLICO INTERNACIONAL

7.1 CONCEITO

Em determinadas áreas do globo terrestre e, também fora dele, nenhum Estado detém a soberania.

Polo Norte

Não tem área territorial, visto ser uma calota de gelo no extremo norte do globo terrestre.

Há muitos interesses internacionais, tais como a utilização como atalho e sem obstáculos para a aviação, bem como a exploração de recursos naturais.

Alguns países pleiteiam a soberania (mesmo não existindo), alegando ter o domínio ante a sua posição geográfica (EUA, Canadá, Rússia, Noruega e Dinamarca).

Tratado do Polo Norte: determina a utilização pacífica do Polo Norte, principalmente relacionada à exploração científica, devendo haver ampla proteção ambiental, assim como a vedação da exploração de certos recursos naturais e de realização de atividades não pacíficas.

Antártica ou Antártida

Diferente do Polo Norte, nela há massa territorial, razão pela qual há mais interesse e discussão.

Há muitos interesses internacionais, tais como a utilização como atalho e sem obstáculos para a aviação, a exploração de recursos naturais e a utilização da massa territorial e exploração dos minérios.

Reivindicam a soberania: Chile, Argentina, Grã-Bretanha, África do Sul, Austrália.

Tratado da Antártida: determina a utilização pacífica; suspensão das reinvindicações territoriais (não impede); impede a exploração de recursos minerais e permite as pesquisas científicas. Os países podem instalar suas bases para pesquisas.

Mar territorial e o mar internacional

- Mar territorial: avanço da soberania do Estado, desde sua base territorial, do seu litoral, em direção ao mar/oceano, de forma horizontal. Há variações da extensão do mar territorial de um Estado para outro. É uma faixa de águas costeiras que alcança 12 milhas náuticas (22 quilômetros) a partir do litoral de um Estado, que é considerado parte do território soberano daquele Estado (excetuados os acordos com Estados vizinhos cujas costas distem menos de 24 milhas náuticas (44 quilômetros)).

  No caso do Brasil, tendo em vista a inexistência de continente próximo, há 200 milhas marítimas, sendo que as doze primeiras determinam a soberania absoluta brasileira e as demais, a zona econômica exclusiva (que é a faixa marítima que o Estado tem exclusividade na exploração de recursos naturais).
- Mares internacionais: faixas oceânicas não atingidas pela soberania de nenhum Estado. Regulada por tratados que determinam seu uso pacífico, aceitação para exploração científica, compartilhamento na exploração de recursos naturais.

Rios internacionais: são aqueles que estabelecem fronteiras entre Estados ou de curso sucessivo. O regime jurídico é internacional, regulamentado por tratados.

Espaço de domínio internacional público: pode ser o espaço aéreo ou extra-atmosférico.

- Espaço aéreo: possui regime jurídico nacional, e acompanha verticalmente o seu território e o seu mar territorial e a responsabilidade do transporte aéreo internacional, regulado pela Convenção de Varsóvia.
- Espaço extra-atmosférico: está acima do espaço atmosférico. Regulado por tratados internacionais.

8. CONFLITOS INTERNACIONAIS

Definição: são desavenças, desacordos, desentendimentos entre os Estados. Ex.: questões de fronteiras, disputa territorial, disputa por recursos naturais, divergências comerciais ou descumprimento de compromissos e tratados internacionais. (Não se confunde com a guerra.)

8.1 FORMAS DE SOLUÇÃO PACÍFICA DOS CONFLITOS INTERNACIONAIS

Solução diplomática: envolve a negociação de uma saída ou solução por meio do corpo diplomático dos países envolvidos.

Bons ofícios: um terceiro, que não necessariamente precisa ser o Estado, mas que tenha boa relação com as partes, irá aproximá-las, com o objetivo de trazê-las ao diálogo, não interferindo na negociação.

Conciliação: um terceiro Estado ou indivíduo será nomeado pelas partes, que utilizará técnicas visando à composição para se firmar um acordo.

Mediação: um terceiro será nomeado pelas partes, para instaurar um procedimento de mediação, ouvindo-as, para que elas cheguem a um acordo e ao final proporá uma solução.

Solução política: uma organização internacional irá mediar o conflito entre as partes, tentando fazer com que elas se componham, bem como poderá decidir sobre o problema, caso tenha poderes dados pelas partes. Ex.: o que a ONU ou OMC faz.

Soluções jurisdicionais: são as soluções que determinam decisão, em que alguém irá decidir. Ex.: arbitragem.

Solução judicial: um tribunal internacional julgará o conflito, determinando qual parte terá razão. Ex.: Corte Internacional de Justiça, que julgará Estados, verificando quem tem razão.

Solução não pacífica: é a guerra, sendo que é uma forma de solução por meio da medição de força. As partes possuem um conflito e acabam chegando na briga efetiva, nas vias de fato. Acerca da guerra, a mesma tem regras estabelecidas nas normas internacionais (*Jus bello* - direito de guerra), em que se estabelecem os limites do conflito. Convenção de Genebra editou importantes regras.

Direito de jurisdição: estuda o alcance do poder de um Estado de julgar indivíduos.

Extraterritorialidade: alcance do poder de julgar de um Estado sobre os indivíduos que não estejam em seu território. Ex.: julgar diplomatas.

> Em 2015, a FGV, no XVI da OAB, considerou que o litígio que envolve Estados e organizações internacionais, podendo ser de natureza econômica, política ou meramente jurídica, é conceituado como controvérsia internacional como os bons ofícios, que se caracterizam pela oferta espontânea de um terceiro que colabora com a solução de controvérsias, podendo ser um Estado, um organismo internacional ou uma autoridade.

9. DIREITO DE JURISDIÇÃO, DIREITO DE JULGAR DIPLOMATAS

Iure imperial tim ou *iure imperial*: são os atos praticados por um indivíduo em favor do seu Estado, que não são de interesse próprio.

Iure gestionis: atos praticados pelo indivíduo segundo seus interesses particulares.

9.1 DIFERENÇA ENTRE EMBAIXADA E CONSULADO

EMBAIXADA: representação política de um Estado no outro, sendo una (permite-se um por Estado), guiando as posições de um Estado em outro. Regra geral: Localizada na capital do outro Estado.

CONSULADO: relacionado às atividades com serviços a favor dos seus cidadãos, quando no exterior. Ex.: serviços cartoriais, tabelião, consularização, nacionalização de documentos, concessão de vistos de entrada. (Não necessariamente será UNA – acontecerá a partir dos interesses do Estado.)

Privilégios diplomáticos: formas de proteção dos representantes de um Estado quando no exterior, reguladas pela Convenção de Viena, sobre os privilégios diplomáticos. Esta convenção dispõe que os representantes diplomáticos em outro Estado deverão ser creditados; dessa forma, o Estado que os recebe deverá aceitá-los desde pronto, como representante do outro Estado em seu território.

Imunidades: imunidades penal (não serem processados por crimes pelo outro Estado); civil, para não serem demandados; tributária, para não terem que pagar impostos no Estado onde estejam exercendo a representação.

Inviolabilidades: a pessoa do diplomata; os funcionários da representação diplomática, assim como o imóvel da embaixada; imóveis da residência do embaixador; correspondências; malote; móveis; arquivo de informática etc.

> Em 2013, a FGV, no Exame da OAB, considerou que, quando um agente diplomático comete um crime de homicídio no Estado acreditado, poderá ser julgado pelo Estado acreditado, desde que o Estado acreditante renuncie expressamente à imunidade de jurisdição.
>
> Já em 2011, a FGV, no Exame da OAB, considerou que, quando uma embaixada de um Estado estrangeiro localizada no Brasil contrata um empregado brasileiro para os serviços gerais, deixando de pagar ao final do ano o 13º salário, por entender que, em seu país, este não era devido, e se o empregado, insatisfeito, recorrer à Justiça do Trabalho, bem como a ação for julgada procedente, mas a embaixada não cumprir a sentença, se ocorrer a solicitação da penhora de um carro da embaixada, cabe ao Juiz do Trabalho indeferir a penhora, pois o Estado estrangeiro, no que diz respeito à execução, possui imunidade, e seus bens são invioláveis.

10. PROTEÇÃO INTERNACIONAL DOS DIREITOS HUMANOS

Definição de direitos humanos (DH) ainda é debatida na doutrina.

Os direitos humanos são:

- universais (pertencem a todos os seres humanos, sem distinção de raça, sexo, idade etc.);
- inerentes (pertencem a todos os indivíduos pelo simples fato de serem pessoas humanas);

- históricos (não constituem uma lista fechada, mas um rol permanentemente acrescido e modificado);
- indivisíveis;
- interdependentes;
- indisponíveis;
- inalienáveis;
- irrenunciáveis; e
- complementares.

11. CARACTERÍSTICAS, VERTENTES E CLASSIFICAÇÃO DOS DIREITOS HUMANOS

11.1 CARACTERÍSTICAS DOS DIREITOS HUMANOS

Trata-se de características são adjunções conferidas aos direitos humanos, a partir de um rol **meramente exemplificativo**, que ajuda a compreender a importância dos direitos humanos.

Dessa forma, acerca das características, destacam-se: historicidade, universalidade, inalienabilidade, imprescritibilidade, irrenunciabilidade, inviolabilidade, indivisibilidade, complementaridade, interdependência, efetividade, relatividade e limitabilidade.

- **Historicidade:** os direitos humanos são produtos de um processo temporal e complexo no qual vão se formando as suas nuanças. Eles apresentam natureza histórica, superando diversos fatos até chegarem aos dias atuais. Não são **estacionários**, estando em constante evolução e modificação, a partir das novas necessidades adequadas aos novos tempos.
- **Proibição de retrocesso:** uma vez originados os Direitos Humanos, se tornam essenciais a sua proteção, vedando-se a regressão e desproteção.
- **Universalidade:** os Direitos Humanos destinam-se a todos os seres humanos, indistintamente, não podendo contemplar raça, cor, credo ou ideologia assumida, de forma diferencial. A universalidade não apenas defende a proteção equivalente a todos, como também importa dizer que **determinados grupos são mais necessitados e, portanto, devem receber maior proteção por parte do Estado**. Ex.: Estatuto do Idoso, Lei Maria da Penha, Estatuto da Igualdade Racial etc.
- **Inalienabilidade:** os Direitos Humanos são **intransferíveis e inegociáveis**. Não existe possibilidade alguma de transferência a qualquer título.
- **Imprescritibilidade:** os Direitos Humanos **não se perdem com o passar dos anos**, sendo sempre exigíveis. Ademais, tendo em vista que são sempre exercíveis e exercidos, não deixam de existir pela falta de uso (prescrição).
- **Irrenunciabilidade:** os Direitos Humanos **não podem ser** renunciados pelo seu titular devido, pois são fundamentais para a dignidade da pessoa humana. O máximo

que se admite é a limitação voluntária de seu exercício, desde que dentro de um determinado caso concreto e por período determinado.

- **Inviolabilidade:** os Direitos Humanos **não podem ser violados em razão de leis infraconstitucionais, nem por atos administrativos** decorrentes de agentes do Poder Público, sob pena de responsabilidade civil, penal e administrativa.
- **Indivisibilidade:** esses Direitos compõem um único **conjunto de direitos que não podem ser analisados de forma isolada**, separada, mas sim sistêmica. Portanto, não basta garantir um direito humano e abrir mão de outro, devendo a observação ser conjunta, na garantia universal.

- **Vertentes dos Direitos Humanos**

Segundo a doutrina, os Direitos Humanos podem ser classificados em duas categorias: *lato sensu* e *stricto sensu.*

Acerca dos Direitos Humanos ***stricto sensu***, nota-se que são aqueles assegurados em tempos de paz. Já os Direitos Humanos ***lato sensu*** são aqueles relacionados ao direito de asilo, direito dos refugiados e direito humanitário.

- **Direito de asilo:** nos dias atuais, o direito de asilo divide-se em duas categorias: o **asilo territorial** e o **asilo diplomático**. Acerca das condições para concessão de asilo entre países da América Latina, destaca-se a Convenção sobre Asilo Diplomático de Caracas, de 1954 (que serviu de base para a Declaração sobre Asilo Territorial da ONU, de 1967).

  O solicitante deve ser perseguido por motivos políticos e não tenha cometido crime contra a paz, crimes de guerra ou crimes contra a humanidade. Ademais, ele é temporário e serve como garantia da segurança da pessoa que se encontra ameaçada ou perseguida.

  (Sugestão de leitura: Estatuto do Estrangeiro – tema do asilo político – arts. 28 e 29.)
- **Direito dos refugiados:** encontra-se previsto na Convenção do Estatuto dos Refugiados, que a ONU promulgou em 28 de julho de 1951, cuja intenção do documento era a de levar os países a acolher e proteger pessoas que, em sua terra de origem, fossem perseguidas em virtude da sua raça, religião, nacionalidade, filiação a certo grupo social ou das suas opiniões políticas.

  É dever do refugiado obedecer às leis do país que lhe oferecer refúgio e terá direito a não ser discriminado quanto à raça, religião ou país de origem, podendo continuar a residir no país asilante.

  (Sugestão de leitura: Estatuto dos Refugiados – Lei n. 9.474/94.)
- **Direito humanitário:** direitos decorrentes das atrocidades que ocorreram nas grandes guerras mundiais, sendo elaborados a partir da Convenção de Genebra em 1949. Destacam-se quatro convenções: Convenção para a Melhoria da Sorte dos Feridos, Enfermos e dos Exércitos em Campanha; Convenção para a Melhoria da Sorte dos Feridos, Enfermos e Náufragos das Forças Armadas no Mar; Convenção

para a Proteção dos Prisioneiros de Guerra e Convenção para a Proteção dos Civis em Tempos de Guerra, além de dois protocolos acrescentados em 1977.

- **Classificação Constitucional dos Direitos Humanos**

A Constituição Federal Brasileira utiliza a expressão "direitos fundamentais" como gênero, sendo que as espécies são os *direitos individuais* (art. 5º, CF/88), direitos sociais (art. 6º, CF/88), direitos da nacionalidade (arts. 12 e 13, CF/88) e direitos políticos (arts. 14 a 17, CF/88).

11.2 CLASSIFICAÇÃO DOS DIREITOS HUMANOS

A doutrina tem classificado os direitos fundamentais em uma ordem cronológica, representados por acontecimentos históricos marcantes; por isso, muitas vezes, é tratado de direitos humanos de primeira geração, segunda geração e terceira geração.

Direitos da primeira dimensão: decorrentes da luta pela liberdade na demarcação entre o Estado e o que não era Estado, cuja inspiração é puramente individual. São também classificados como direitos de oposição ou de resistência em face do Estado, destacando, de modo especial, a conquista pelo Direito Civil e políticos. Surgiram em meados dos séculos XVII e XVIII. Dentre os principais eventos ensejadores desta dimensão de direitos, destacam-se a Revolução Francesa de 1789, que foi o maior movimento político e social já ocorrido no mundo, e também a Revolução norte-americana, movimento que visava à independência dos Estados Unidos.

Direitos da segunda dimensão: trazem a ideia de se outorgar aos detentores de direito as garantias e prestações sociais advindas do próprio Estado, objetivando-se sempre a igualdade. Assim, a partir dessa dimensão, o Estado tem a função promocional da prestação, uma vez que a sociedade livre almeja por melhores condições sociais. Decorre do ápice da Revolução Industrial na Europa no século XIX em consonância às constantes injustiças sociais. Além de tais reinvindicações da sociedade em face do Estado, aponta-se para o surgimento de diversos movimentos sindicais, cujo objetivo era a proteção dos direitos sociais, visando ao respeito pelas condições dignas do trabalhador, além de remuneração adequada e assistência social em caso de invalidez e velhice, amparando a parte social hipossuficiente.

Direitos da terceira dimensão: aponta-se para o viés coletivo ou difuso e para a fraternidade. A sociedade reivindicou e clamou pelo direito de viver em um ambiente limpo e despoluído, além de haver a necessidade de proteção aos direitos do consumidor, qualidade de vida digna, assim como a paz mencionada na Declaração Universal dos Direitos Humanos do ano de 1948.

Direitos da quarta e quinta dimensão: não há um consenso doutrinário acerca do seu conteúdo, visto que alguns doutrinadores apontam que a **quarta geração diz respeito aos direitos relacionados à engenharia genética e outros dizem estar relacionada aos direitos fundamentais decorrentes do capitalismo e comunismo**. No mesmo sentido, quanto aos direitos da quinta dimensão, parcela doutrinária aponta estarem relacionados aos direitos da tutela da paz e outros doutrinadores entendem que se referem a direitos decorrentes da tecnologia na sociedade.

OBS.: geralmente são cobrados nos concursos públicos os direitos da primeira até a terceira dimensão, tendo em vista que a própria doutrina não consentiu acerca dos direitos da quarta e quinta dimensão.

Portanto, resumem-se a seguir as três primeiras dimensões:

GERAÇÃO	CARACTERÍSTICAS	FONTE
Direitos da primeira dimensão	- Caráter Individualista. - Limitavam o poder do Estado, além de defender o indivíduo diante do poder do soberano. - Fala-se também das noções de direitos individuais exercidos coletivamente na forma de liberdades públicas.	- Magna Carta. - John Locke e a doutrina liberal. - Montesquieu e *O Espírito das Leis*. - Revolução norte-americana. - Revolução Francesa e Declaração dos Direitos do Homem e do Cidadão.
Direitos da segunda dimensão	- Decorrem do caráter Individual e Estatal. - O Estado era obrigado a interferir na economia, para evitar injustiças cometidas pelo capitalismo. - Surgem os direitos sociais, econômicos e culturais.	- Revolução Industrial. - Revolução Mexicana de 1917. - Revolução Russa de 1918. - Constituição da República de Weimar, em 1919. - Declaração Universal dos Direitos do Homem, 1948.
Direitos da terceira dimensão	- Tutela Coletiva. - Direitos de solidariedade (paz, desenvolvimento, patrimônio, autodeterminação dos povos, comunicação e meio ambiente). - Direitos difusos e coletivos (meio ambiente, proteção da infância e juventude e defesa do consumidor, entre outros).	- Karel Vazak. - Carta Africana dos Direitos do Homem e dos Povos. - Carta de Paris para uma Nova Europa.

11.3 CLASSIFICAÇÃO DOS DIREITOS FUNDAMENTAIS A PARTIR DO DIREITO BRASILEIRO

Direito Constitucional: segundo a classificação adotada por José Afonso da Silva (2001, p. 182-183), a classificação do Direito Constitucional agrupa os direitos fundamentais com base no critério de seu conteúdo, que, ao mesmo tempo, se refere à natureza do bem protegido e do objeto de tutela.

Critérios de classificação segundo José Afonso da Silva:

(a) direitos fundamentais do homem-indivíduo, que são aqueles que reconhecem autonomia aos particulares, garantindo iniciativa e independência aos indivíduos diante dos demais membros da sociedade política e do próprio Estado; por isso são reconhecidos como direitos individuais, como é de tradição do Direito Constitucional brasileiro (art. 5º);

(b) direitos fundamentais do homem-nacional, que são os que têm por conteúdo e objeto a definição da nacionalidade e suas faculdades;

(c) direitos fundamentais do homem-cidadão, que são os direitos políticos (art. 14, direito de eleger e ser eleito;

(d) direitos fundamentais do homem-social, que constituem os direitos assegurados ao homem em suas relações sociais e culturais (art. 6º: saúde, educação, seguridade social etc.);

(e) direitos fundamentais do homem-membro de uma coletividade, que a Constituição adotou como direitos coletivos (art. 5º);

(f) uma nova classe que se forma é a dos direitos fundamentais ditos de terceira geração, direitos fundamentais do homem-solidário, ou direitos fundamentais do gênero humano (direito à paz, desenvolvimento, comunicação, meio ambiente, patrimônio comum da humanidade).

A Constituição Federal classifica os direitos fundamentais em seis grupos:

- direitos individuais (art. 5º);
- direitos à nacionalidade (art. 12);
- direitos políticos (arts. 14 a 17);
- direitos sociais (arts. 6º e 193 e s.);
- direitos coletivos (art. 5º);
- direitos solidários (arts. 3º e 225).

11.4 DIREITOS INDIVIDUAIS E COLETIVOS

Trata-se dos direitos fundamentais do homem como um indivíduo, reconhecendo a autonomia aos particulares, além de garantir a iniciativa e independência aos indivíduos perante os demais membros da sociedade política e do próprio Estado. Relaciona-se a liberdade-autonomia.

Classificam-se como o **sujeitos passivos** desses direitos todos os indivíduos que não o seu titular, a que se acrescentam todos os entes públicos ou privados, inclusive e especialmente o Estado. Já o **sujeito ativo**, segundo a redação do art. 5º da CF/88, asseguram-se os direitos tanto aos brasileiros como aos estrangeiros residentes no País.

Inserem-se na tutela desses direitos apenas as pessoas físicas, o indivíduo. Por outro lado, a redação constitucional traz a ideia de que muitos dos direitos apresentados na redação do art. 5º se estendem às pessoas jurídicas, ponderando o princípio da isonomia, o princípio da legalidade, o direito de resposta, o direito de propriedade, o sigilo da correspondência e das comunicações em geral, a inviolabilidade do domicílio, a garantia do direito adquirido, ao ato jurídico perfeito e à coisa julgada, a proteção jurisdicional e o direito de impetrar mandado de segurança etc.

Estrangeiro não residente: no que diz respeito à posição do estrangeiro não residente em face dos direitos e garantias assegurados no art. 5º, da CF/88, não é fácil de analisar, uma vez que a norma apenas menciona os brasileiros e estrangeiros residentes no País. Assim, interpretando, **de forma literal, o estrangeiro não residente não gozará de nenhum dos direitos e garantias nele enunciados.** Doravante, **isto não ocorre, já que para proteger os estrangeiros não residentes há normas internacionais a que o Brasil se submete, e que suas autoridades têm que respeitar e cumprir, assim como existem normas legais, em legislação especial, que definem os direitos e a condição jurídica do estrangeiro não residente que tenha ingressado regularmente no território brasileiro.** A CF/88, ao não incluir os estrangeiros não residentes, não pontua possibilidade de legislação ordinária abusiva em relação a eles, tendo em vista que, além da existência de normas de Direito Internacional vinculantes, o Brasil é subscritor das Declarações Universal e Americana dos Direitos Humanos, em que o § 2º do art. 5º dispõe que a consideração de que a pessoa humana tem uma dimensão supranacional que mereceu um mínimo de respeito e postula um tratamento condigno, ao menos no que tange àqueles direitos de natureza personalíssima.

Direitos Individuais e as garantias

Nota-se que os **direitos representam certos bens, enquanto as garantias destinam-se a assegurar a fruição desses bens.** Acerca das garantias, são pontuadas como direitos fundamentais, visto a existência de um Direito que não irá sofrer censura, uma vez que se ofertam todos os remédios judiciais para tal proteção, como, por exemplo, o mandado de segurança ou o *habeas corpus*.

Dentro dessa temática, analisa-se a questão das liberdades, que não são absolutas, mas que devem ser objeto de tutela e atenção. Reserva-se à lei positivar as liberdades, além de definir as sanções aplicáveis a aqueles que serão punidos por qualquer tipo de abusos no exercício dos direitos. A Constituição Federal veda que as liberdades sejam positivadas por meio de lei delegada, conforme art. 68, § 1º, II.

Direitos Coletivos: durante a fase elaboração da norma constitucional, alguns anteprojetos contemplavam a regulamentação dos Direitos Coletivos em capítulo separado, inserindo-se, inclusive, a liberdade de reunião, a liberdade de associação, a liberdade de associação profissional e sindical e o direito de greve. Por vez, coube ao Constituinte suprimir essa ideia de divisão, inserindo o conteúdo entre o capítulo dos direitos individuais e coletivos e o dos direitos sociais.

ATENÇÃO! Os direitos coletivos dos indivíduos encontram-se entre os direitos individuais. Já os direitos coletivos dos trabalhadores encontram-se positivados junto aos direitos sociais.

12. SISTEMA UNIVERSAL DE PROTEÇÃO AOS DIREITOS HUMANOS

A proteção internacional aos direitos humanos sofreu a influência de três grandes marcos:

- Direito internacional humanitário (1864);
- Liga das Nações (1919); e a
- Organização Internacional do Trabalho (1919).

ATENÇÃO! Redefiniram-se o âmbito e o alcance do tradicional conceito de soberania estatal para aceitação da tutela dos direitos humanos como tema de interesse internacional.

13. PRINCIPAIS DOCUMENTOS JURÍDICOS DE PROTEÇÃO INTERNACIONAL DOS DIREITOS HUMANOS ADOTADOS NO ÂMBITO DA ONU

(1) Declaração Universal dos Direitos do Homem (1948), que, embora não seja um tratado internacional de caráter vinculante, mas uma Resolução da Assembleia Geral (AG) da ONU, é considerada um marco da proteção internacional dos direitos humanos, pois consagra um parâmetro mínimo de proteção da dignidade da pessoa humana.

(2) Pacto Internacional sobre Direitos Civis e Políticos (1966).

(3) Pacto Internacional dos Direitos Econômicos, Sociais e Culturais (1966).

(4) Outros tratados internacionais específicos, como Convenção para a Repressão do Crime de Genocídio e Convenção sobre os direitos da criança e protocolos facultativos etc.

DH assegurados no sistema universal de duas formas:

- Mediante os órgãos criados no âmbito da ONU.
- Mecanismos criados no âmbito de tratados internacionais de direitos humanos.

14. ÓRGÃOS CRIADOS NO ÂMBITO DA ONU

- Conselho de Direitos Humanos.
- Alto Comissariado das Nações Unidas para os Direitos Humanos.

14.1 MECANISMOS CRIADOS NO ÂMBITO DE TRATADOS INTERNACIONAIS DE DIREITOS HUMANOS

- Comitê de DH.
- Econômicos, Sociais e Culturais.

- Comitê contra a Tortura.
- Comitê sobre a Eliminação da Discriminação contra a Mulher.

15. SISTEMA REGIONAL DE PROTEÇÃO AOS DIREITOS HUMANOS

Diversos esquemas regionais também consagraram mecanismos de tutela aos DH, dentre os quais se pode destacar o Sistema Interamericano.

Diplomas normativos principais:

- Declaração Americana dos Direitos e Deveres do Homem.
- Carta da Organização dos Estados Americanos, Convenção Americana de Direitos Humanos (Pacto de San Jose).
- Protocolo Relativo aos Direitos Sociais e Econômicos (Protocolo de San Salvador).

16. NACIONALIDADE

Nacionalidade é um vínculo jurídico político estabelecido entre o Estado Soberano e o indivíduo.

Cada Estado compete legislar sobre sua nacionalidade, definindo critérios de aquisição e perda de nacionalidade.

Brasil: escolhe os requisitos a serem preenchidos por um indivíduo para que seja considerado brasileiro nato ou naturalizado.

O direito internacional apenas exige que sejam observadas as regras gerais acerca do tema, porquanto considera ser o Estado soberano o único outorgante possível da nacionalidade.

16.1 AQUISIÇÃO DE NACIONALIDADE

Segundo o direito das gentes, a nacionalidade pode ser:

(1) ORIGINÁRIA/INVOLUNTÁRIA/PRIMÁRIA: atribuída à pessoa quando nasce, pelo critério do *ius soli* (do lugar do nascimento/territorialidade) e/ou do *ius sanguinis* (da nacionalidade dos pais/consanguinidade); ou

(2) DERIVADA/VOLUNTÁRIA/SECUNDÁRIA: adquirida após o nascimento, mediante a naturalização.